JN494890

제8판

행정법

Administrative Law

하명호

박영사

제8판 머리말

지난해에는 정말 너무도 많은 사건과 사고가 있었던 한 해였다. 개인적으로는 법조인들이나 법조 출신 인사들이 그 사건의 중심에 서서 중요한 역할을 했다는 것이 커다란 충격이었다. 이건 우리 법학 교육의 실패다. 법의 정신이나 기본 원리를 함양시키는 것이 아니라 그저 표피적이고 지엽말단적인 지식만 습득시키는 구조적 문제에서 비롯되었으리라고 생각한다. 특히 사법이나 다른 법 영역보다 공법교육을 소홀히 취급하게 하는 풍토도 한몫을 차지했다고 본다. 이 책이 공법적인 사고를 배양시켜 다시는 이러한 일이 반복되지 않도록 하는 데 일조하는 기초적인 교본이 되기를 희망한다.

제8판에서도 항상 그렇듯이 행정법령의 제·개정 사항과 새롭게 선고된 행정판례를 빠짐없이 보충하였다. 이 개정판을 출간할 수 있도록 꼼꼼하게 편집을 해주신 장유나 차장에게 감사를 드린다. 그리고, 부족한 졸저를 읽어주시고 성원해주시는 독자분들께 늘 고마운 마음을 가지고 있다.

2026. 1.

안암동 연구실에서

저자 드림

머 리 말

이 책이 출간되면 네 번째 단행본이 된다. 이제 익숙해질 만도 한데, 어차피 읽혀지지도 않을 것을 자원만 낭비하는 것은 아닌지 매번 고민하게 된다. 그럼에도 불구하고 오랜 망설임 끝에 출간하기로 마음먹은 핑곗거리가 있다.

법학을 전공하는 사람이라면 누구나 걱정하듯이 학문으로서의 법학교육은 매우 어려운 일이 되어버렸다. 법학전문대학원이 출범한 이후 법학을 전공하는 학생들은 거의 모두 수험생이 되어버렸기 때문이다. 수험생이 법학을 체계적으로 공부한다는 것은 그 처지에서 합리적인 선택이 아니다. 수험생은 합격이라는 목표를 달성하기에 가장 효율적인 공부방법을 선택하는 게 선(善)이기 때문에, 요령 있게 정리하고 단편적으로 많이 아는 것이 중요하다. 이렇게 배출된 법조인의 책꽂이에는 교과서 대신 수험서가 꽂히게 되고 심지어 그것이 학문적인 글쓰기에 참고문헌으로 인용되기도 하는 것이 서글픈 현실이다.

이 책을 출간하게 된 목적은 소박하다. 법학을 전공하는 학생들이나 아직은 행정법에 익숙하지 않은 실무가들에게 행정법의 법리와 판례를 이해하는 데 체계성을 부여하고 싶을 뿐이다. 그러기 위해서 되도록 구어체를 써서 쉽게 읽히도록 노력하였고, 내용적으로도 적지 않은 부분을 생략하였다. 법학교육에서 교과서가 외면받게 된 것이 제도의 탓만은 아니라고 생각하기 때문이다.

이 책을 쓸 수 있도록 도와준 분들이 많이 있다. 자료수집과 교정 등 궂은일을 맡아준 사랑하는 제자들인 류광환, 박상준, 윤호상 법무관, 김주희 조교에게 고마운 마음을 전한다. 망설이는 나에게 오랜 기간 은근하게 출간을 권유하고 끈기 있게 기다려주신 박영사 전략기획팀 조성호 상무님, 꼼꼼하게 편집을 도와주신 한두희 대리 등 박영사 관계자 분들께도 깊이 감사드린다.

2019. 1.

안암동 연구실에서

저자 드림

차 례

제 1 편 행정법 통론

제 1 장 행정법의 의의

제 2 장 행정상 법률관계

제2편 행정작용법

제1장 행정행위

제2장 행정입법

제 3 장 그 밖의 행정의 주요 행위형식

제3편 행정절차 · 행정조사 · 정보공개

제 1 장 행정절차

제 2 장 행정조사와 개인정보보호

제 3 장 정보공개

제 4 편 행정상 실효성확보수단

제 1 장 개 설

제 2 장 행정상 강제집행

제4장 행 정 벌

제 5 장 새로운 실효성확보수단

제 5 편 행정구제법

제 1 장 국가배상

제 2 장 손실보상

제 3 장 행정소송

제 4 장 행정심판

제 6 편 행정조직법

제 1 장 행정조직법 통론

제 2 장 지방자치법

제 3 장 공무원법

제 7 편　개별행정법

제 1 장　경찰행정법

제 2 장 급부행정법

제 3 장 공용부담법

| 제 1 편 |

행정법 통론

제 1 장 행정법의 의의

제 1 절 행정법의 개념

행정법은 행정의 조직 · 작용 · 절차 및 구제에 관한 공법이다. 행정법은 행정조직법, 행정작용법(행정의 행위형식, 행정의 실효성 확보수단, 특별행정작용), 행정절차법, 행정구제법으로 구성되어 있다. 아래에서는 행정법의 개념에 대하여 살펴보기로 한다.

Ⅰ. 「행정」에 관한 법

1. 행정의 개념

가. 형식적 의미의 행정

형식적 의미의 행정이란 실정법에 의하여 행정부에 부여되어 있는 작용을 말한다. 이렇게 행정을 제도적 · 형식적으로만 파악한다면, 입법이나 사법과 성질상의 차이를 규명할 수 없다. 따라서 행정의 실질적 의미를 파악할 필요가 있다.

나. 실질적 의미의 행정

행정을 실질적으로 파악하고자 하는 견해에는 적극설, 소극설(공제설), 기관양태설 등이 있다. ① 적극설은 행정을 실질적 징표를 사용하여 적극적으로 정의하려고 하는 견해이다. 그중에는 국가목적 또는 공익의 실현작용이라고 정의하는 목적설과 행정이 국가목적 또는 공익의 구체적인 결과를 현실적으로 실현시킨다는 점에 착안하여 입법 · 사법과 구별하는 결과실현설 등이 있다. ② 소극설(공제설)은 행정을 입법과 사법을 제외한 나머지 국가작용이라고 소극적으로 정의하는 견해이다. ③ 기관양태설은 작용을 담당하고 있는 기관의 조직형태에 착안하여 정의하고자 하는데, 가령 상하복종관계에 있는 기관에 의한 법집행작용이라고 정의하는 견해가 여기에 속한다.

오늘날 행정의 영역이 방대하고 그 내용이 다양하기 때문에 행정을 적극적으로 정의하기 어렵게 되었다. 따라서 행정을 고정된 영역에 한정시키지 말고 언제든지 새로운 공적 과제를 행정의 개념에 포함시킬 수 있도록 할 필요가 있으므로, 소극설을 취하는 것이 바람직하다.[1)]

---

1) 김남진 · 김연태, 행정법Ⅰ, 제28판, 법문사, 2024, 5면.

2. 행정의 분류

가 주체에 의한 분류

행정은 그 주체에 따라, ① 시원적 행정주체인 국가에게 권리 · 의무가 귀속되는 '국가행정', ② 지방자치단체의 주민이 자주적으로 지방의 행정을 행하는 것과 같이 구성원이 주체가 되는 '자치행정', ③ 국가나 지방자치단체가 자신의 행정을 다른 단체 또는 사인에게 위임하여 행하는 '위임행정'으로 분류된다.

나. 임무 또는 목적에 의한 분류

행정은 그 임무 또는 목적에 따라, ① 공공의 안녕과 질서를 유지하기 위한 '질서행정', ② 사회공공의 복리증진을 위하여 적극적으로 사회구성원의 생활여건의 보장 · 향상을 추구하는 '급부행정', ③ 국민의 경제 · 사회적, 지역적 생활을 일정한 방향으로 이끌며 촉진시키는 '유도행정', ④ 조세, 부담금 등을 부과 · 징수하는 '공과행정', ⑤ 행정을 위하여 필요한 인적 · 물적 수단을 확보하며 관리하는 '조달행정'으로 분류된다.

다. 법적 효과에 의한 분류

행정은 그 법적 효과에 따라, ① 도로교통의 제한, 영업금지, 공용수용, 세금의 부과 등과 같이 개인의 자유와 권리를 제한하거나 의무 또는 부담을 부과하는 '부담적 행정' 또는 '침익적 행정', ② 금전 · 물품 · 서비스 등의 제공, 허가 · 특허 · 인가 등과 같이 개인에게 금전이나 편익을 제공하거나 이미 과해진 의무 또는 부담을 해제하여 주는 '수익적 행정'으로 분류된다.

부담적 행정과 수익적 행정은 복합적으로 이루어지거나 교착되어 행해지는 경우도 많아서, 양자의 구별이 항상 명확한 것은 아니다. 그러나 부담적 행정인지 수익적 행정인지에 따라 법률상 다르게 취급하여야 할 경우가 많으므로, 위와 같은 구별은 의미가 매우 크다.

라. 법적 기속에 의한 분류

행정은 그에 대한 법적 기속에 따라, ① 일정한 요건이 충족되는 경우에는 반드시 일정한 행정활동을 하여야 하는 '기속적 행정', ② 법률로부터 어떤 행정활동을 할 수도 안 할 수도 있는 자유(결정재량) 또는 여러 종류의 활동 중 어느 하나를 선택할 수 있는 자유(선택재량)를 부여받은 '재량적 행정', ③ 기속적 행정이나 재량적 행정과 달리 개별적인 수권규정에 근거하지 않는 법률로부터 '자유로운 행정'으로 분류된다.

마. 수단에 의한 분류

행정은 수단의 강제성 여부에 따라, ① 행정주체가 개인에게 일방적으로 명령 · 강제하거나 개인의 법적 지위를 일방적으로 형성·변경·소멸시키는 '권력적 행정'과 ② 강제성을 가지지 않는 '비권력적 행정'으로 분류된다.

바. 법적 형식에 의한 분류

실무상 적용되는 법규나 법원칙 및 쟁송수단을 찾을 때 중요한 의미가 있는 분류는 법적 형식을 기준으로 하는 것이다. 이 기준에 따라, 행정은 ① 공법에 의하거나 공법의 규율을 받으면서 행해지는 '공법상의 행정' 또는 '공법행정'과 ② 사법상의 규율을 받으면서 행해지는 '사법상의 행정' 또는 '국고행정'으로 분류된다. 이는 공·사법 구별논의와 밀접하게 관련되므로 뒤에서 다시 살펴본다.

3. 통치행위

가. 통치행위의 의의

국가작용 중에 국가최고기관의 정치적·국가 지도적 행위와 같이 정치적인 성격이 강하기 때문에 사법부가 합헌성이나 합법성을 심사할 수 있는지 여부가 문제되는 법집행작용이 있다. 이를 통치행위라 한다. 통치행위는 법적 효과를 수반하는 것(법적 통치행위)과 아무런 법적 효과를 수반하지 않는 것(사실적 통치행위)으로 구별할 수 있다.

그중에서 개인의 권리보호와 관련이 없는 순수한 정치적 행위에 대해서는 여기에서 논의할 필요가 없다(예컨대, 대통령의 외교에 관한 행위, 영예의 수여,[2] 국무총리 및 국무위원의 임면 등). 그러나, 법적 통치행위는 법적 효과를 수반하여 법률적 판단이 가능함에도 불구하고 고도의 정치성을 이유로 사법심사의 대상에서 제외되어야 하는지가 행정법적으로 문제가 된다.

나. 통치행위이론 인정 여부

(1) 통치행위이론 긍정설

① 사법자제설: 통치행위가 사법심사의 대상이 되지 않는 이유는 법원이 스스로 사법심사를 자제하기 때문이라는 견해이다. 정치적으로 독립한 사법부가 정치적인 책임도 지지 않으면서 정치문제에 개입하여 결정을 함으로써 초래하게 될지 모르는 위험을 미연에 방지해야 한다는 것이다.

② 재량행위설(합목적성설): 통치행위는 국가최고기관의 정치적 재량에 의하여 결정되는 것이어서 그 권한의 행사는 타당성 또는 합목적성 여부의 문제만 발생할 뿐 위법성의 문제

---

2) 판례에 의하면, 서훈취소는 서훈수여의 경우와 달리 이미 발생된 서훈대상자 등의 권리 등에 영향을 미치는 행위로서 관련 당사자에게 미치는 불이익의 내용과 정도 등을 고려하면 통치행위에 해당하지 않는다(대법원 2015. 4. 23. 선고 2012두26920 판결).

는 발생하지 않으므로, 통치행위는 사법심사의 대상이 되지 않는다고 보는 견해이다.

③ 내재적 한계설(권력분립설): 정치적으로 책임을 지지 않는 법원이 정치문제를 심사하는 것은 사법권에 존재하는 내재적 한계를 넘어서기 때문에, 통치행위는 사법심사의 대상이 되지 않는다는 견해이다. 이 견해는 법치국가의 원리뿐만 아니라 국민주권의 원리·권력분립의 원리 등 헌법상의 원리들은 서로 조화를 이루어야 하므로, 법치국가의 원리에도 내재적 한계가 있다는 것이다. 따라서 정치적으로 중요한 의미를 가지는 행위의 당부는 국민주권의 원리에 따라 국민의 의사에 바탕을 두고 해결하여야지 법원에 의하여 해결할 것이 아니고, 권력분립의 원리상 국회와 정부의 권한으로 되어 있는 고도의 정치성을 띤 국가행위는 정치적 책임이 없는 사법부가 관여할 일이 아니라고 한다.

(2) 통치행위이론 부정설

이 견해는 실질적 법치주의가 확립되고 국민의 재판청구권이 일반적으로 인정되어 있으며 행정소송상 개괄주의가 채택되어 있는 현대국가에서는 법률적 판단의 대상이 될 수 있는 국가작용은 모두 사법심사의 대상이 되어야 한다는 것이다. 순수한 정치문제가 아니고 그 속에 법률문제가 결부되어 있는데 사법심사를 부인한다면 개괄적인 사법심사를 인정하고 있는 헌법 제107조 제2항에 반할 뿐만 아니라 국민의 기본권 보장에도 철저하지 않게 되기 때문이라고 한다.

(3) 판 례

(가) 대법원의 입장

대법원은 기본적으로 사법자제설이나 내재적 한계설에 입각하여 통치행위이론 긍정설에 있다. 그에 따라 법원이 계엄선포의 요건의 구비 여부나 선포의 당·부당을 심사할 수 없다고 판시하였고,[3] 계엄선포 및 그에 바탕을 둔 계엄포고가 유효하다는 전제하에 피고인에 대한 계엄포고위반죄를 인정하였다.[4]

반면에 피고인들이 군사반란으로 국권을 사실상 장악하는 한편 헌법기관인 국무총리와 국무회의의 권한을 사실상 배제하고자 하는 국헌문란의 목적을 달성하기 위하여 대통령과 국무총리 및 국무위원들을 강압하여 비상계엄의 전국 확대를 의결·선포하게 한 사안에서, "비상계엄의 선포나 확대가 국헌문란의 목적을 달성하기 위하여 행하여진 경우에는 법원은 그 자체가 범죄행위에 해당하는지의 여부에 관하여 심사할 수 있다."라고 판시하였다(5·18 사건).[5] 또한 유언비어 날조·유포로 인한 대통령 긴급조치위반죄의 재심사건에서,

---

3) 대법원 1964. 7. 21.자 64초3, 64초4, 64초6 결정, 대법원 1979. 12. 7.자 79초70 결정.
4) 대법원 1980. 8. 26. 선고 80도1278 판결, 대법원 1981. 4. 28. 선고 81도874 판결, 대법원 1982. 9. 14. 선고 82도1847 판결.
5) 대법원 1997. 4. 17. 선고 96도3376 판결.

긴급조치 제1호는 국민의 기본권에 대한 제한과 관련된 조치로서 형벌법규와 국가형벌권의 행사에 관한 규정을 포함하고 있는데, 기본권 보장의 최후 보루인 법원으로서는 마땅히 긴급조치 제1호에 규정된 형벌법규에 대하여 규범통제를 행할 수 있다고 전제하고 긴급조치 제1호가 위헌 · 무효라고 판시하였다.[6)]

❑ **대북송금행위사건(대법원** 2004. 3. 26. **선고** 2003**도**7878 **판결)**

〈사실관계〉 검찰은 피고인들이 남북정상회담의 개최과정에서 재정경제부장관에게 신고하지 않거나 통일부장관의 협력사업 승인을 얻지 않은 채 북한 측에 사업권의 대가 명목으로 송금한 행위에 대하여 외국환거래법위반죄, 남북교류협력에 관한 법률위반죄, 특정경제범죄 가중 처벌 등에 관한 법률위반(배임)죄 등으로 기소하였다. 이에 대하여 피고인들은 공소사실이 남북정상회담에 도움을 주기 위한 시급한 필요에서 비롯된 통치행위로서 사법심사의 대상이 되지 않는다고 주장하였다.

〈판시사항〉 대법원은 "입헌적 법치주의국가의 기본원칙은 어떠한 국가행위나 국가작용도 헌법과 법률에 근거하여 그 테두리 안에서 합헌적 · 합법적으로 행하여질 것을 요구하며, 이러한 합헌성과 합법성의 판단은 본질적으로 사법의 권능에 속하는 것이다. 다만, 국가행위 중에는 고도의 정치성을 띤 것이 있고, 그러한 고도의 정치행위에 대하여 정치적 책임을 지지 않는 법원이 정치의 합목적성이나 정당성을 도외시한 채 합법성의 심사를 감행함으로써 정책결정이 좌우되는 일은 결코 바람직한 일이 아니며, 법원이 정치문제에 개입되어 그 중립성과 독립성을 침해당할 위험성도 부인할 수 없으므로, 고도의 정치성을 띤 국가행위에 대하여는 이른바 통치행위라 하여 법원 스스로 사법심사권의 행사를 억제하여 그 심사대상에서 제외하는 영역이 있다. 그러나 이와 같이 통치행위의 개념을 인정한다고 하더라도 과도한 사법심사의 자제가 기본권을 보장하고 법치주의 이념을 구현하여야 할 법원의 책무를 태만히 하거나 포기하는 것이 되지 않도록 그 인정을 지극히 신중하게 하여야 하며, 그 판단은 오로지 사법부만에 의하여 이루어져야 하는 것이다."라고 판시하면서, "남북정상회담의 개최는 고도의 정치적 성격을 지니고 있는 행위라 할 것이므로 특별한 사정이 없는 한 그 당부를 심판하는 것은 사법권의 내재적 · 본질적 한계를 넘어서는 것이 되어 적절하지 못하지만, 피고인들의 송금행위 자체는 헌법상 법치국가의 원리와 법 앞에 평등원칙 등에 비추어 볼 때 사법심사의 대상이 된다."라고 판단하였다.

㈏ 헌법재판소의 입장

헌법재판소는 국군의 이라크파병 결정에 대한 위헌확인 사건에서 "이 사건 파병결정은 그 성격상 국방 및 외교에 관련된 고도의 정치적 결단을 요하는 문제로서, 헌법과 법률이 정한 절차를 지켜 이루어진 것임이 명백하므로, 대통령과 국회의 판단은 존중되어야 하고 헌법재판소가 사법적 기준만으로 이를 심판하는 것은 자제되어야 한다."라는 이유로 헌

6) 대법원 2010. 12. 16. 선고 2010도5986 전원합의체 판결. 마찬가지 취지로 1979. 10. 18.자 비상계엄선포에 따른 계엄포고 제1호에 대한 대법원 2018. 11. 29. 선고 2016도14781 판결도 있다.

법소원심판청구를 각하하였다.7)

다만 헌법재판소는 대통령이 발한 금융실명거래 및 비밀보장에 관한 긴급재정경제명령에 대한 위헌확인 사건에서, 대통령의 긴급재정경제명령이 국가긴급권의 일종으로 통치행위에 속한다고 하면서도 "그것이 국민의 기본권 침해와 직접 관련되는 경우에는 당연히 헌법재판소의 심판대상이 될 수 있는 것이다."라고 판시하였다.8)

(4) 검 토

고도의 정치적 결단에 의한 행위로서 그 결단을 존중하여야 할 필요성이 있는 행위라는 의미에서 통치행위의 개념 자체는 인정할 수 있다. 그러나 법치주의가 지배하고 행정소송에서 개괄주의가 채택되어 있는 헌법체계 하에서 아무리 통치행위라고 하더라도 그것에 의하여 개인의 권리가 침해된다면 사법심사의 대상에서 배제할 수는 없을 것이다(통치행위 이론 부정설). 따라서 국회의원의 징계 · 제명처분(헌법 제64조 제4항)과 같이 헌법에서 명문으로 법원에 제소할 수 없다고 규정하고 있는 경우를 제외하고, 법률문제가 포함되어 있다면 법원의 심사 · 판단이 행해져야 한다.

고도의 정치성을 띤 행위라고 하더라도 실정법에 엄격한 요건이 규정되어 있는 경우 그 요건의 구비 여부는 법원의 심사대상이 되어야 한다. 또한 국민주권의 원리, 비례의 원칙 등 헌법상의 원칙들에 위배되어서는 안 된다. 다만 고도의 정치성을 띤 행위에는 결정기관에 정치적 형성의 자유가 인정될 수는 있다. 그렇다고 하더라도 그에 대한 사법심사의 통제밀도가 낮아질 뿐인 것이다. 이러한 경우에도 그 행위가 기본권 침해와 관련된다면 결정기관의 재량의 여지는 축소되고 그에 따라 사법심사의 범위는 확대되어야 할 것이다.

이러한 관점에서 대법원이 계엄선포의 요건의 구비 여부나 선포의 당 · 부당의 심사를 포기한 것이나 헌법재판소가 국군의 이라크파병결정에 대한 헌법소원에 대하여 사법자제를 이유로 각하한 것은 문제라고 생각한다.

그러나 대북송금행위 사건과 긴급조치 위반 사건 등에서는 기본적으로 위와 같은 종래의 태도를 유지하면서도 사법심사의 자제로 인하여 기본권을 보장하고 법치주의 이념을 구현하여야 할 법원의 책무를 태만히 하거나 포기하는 것이 된다고 인정될 경우에는 사법심사를 자제해서는 안 된다고 판시하였다. 이는 정치성을 띤 모든 행위에 대하여 사법심사를 전면적으로 부정하지 않고 어떠한 경우에 통치행위로서 사법권의 내재적 · 본질적 한계를 넘어서지 않게 되는지 여부에 대한 판단기준을 제시하였다는 점에서 평가할 만하다.

다만 통치행위에 대한 사법심사권 행사 여부에 관한 판단은 오로지 사법부에 의하여

7) 헌재 2004. 4. 29. 선고 2003헌마814 결정.
8) 헌재 1996. 2. 29. 선고 93헌마186 결정.

이루어진다고 판시하였는데, 이러한 입장은 자칫 객관적인 기준이 아니라 법원의 자의적인 판단에 따라 사법심사권 행사 여부가 결정될 수 있다는 점에서 우려된다.

Ⅱ. 행정에 관한 「공법」

1. 공법의 개념과 행정법관계의 특수성

공법은 행정주체와 사인 상호간이나 행정주체 및 행정기관 상호간의 공법상 법률관계를 규율한다는 점에서 사인 상호간의 법률관계를 규율하는 사법과 구별된다. 특히 행정법은 공법 중에서도 '행정에 고유한 법'을 의미한다.

행정법은 사법에 대하여 규정형식과 내용 및 성질상의 특수성이 있다. 특히 행정주체가 사인에게 행하는 행정작용 중의 하나인 행정행위는 그것이 법률에 위반하더라도 그 하자가 중대 · 명백하여 무효가 아니라면 권한 있는 기관에 의하여 취소될 때까지는 유효한 것으로 통용되고(공정력),[9] 소송에 의하지 않더라도 스스로 상대방의 의무이행을 실현할 수도 있다(집행력).

2. 사법과 구별의 필요성

위와 같은 개념상의 차이와 특수성에도 불구하고 공법을 정확히 정의하기는 쉽지 않고 사법과 구별하기도 쉽지 않다. 공법과 사법을 구별하는 이유는 크게 두 가지이다.

실체법적인 관점에서, 구체적 법률관계에 적용할 법규나 법원칙을 결정하기 위하여 필요하다. 우리의 현행 법질서는 공법관계인가 사법관계인가에 따라 적용될 법규나 법원칙을 달리하기 때문이다. 예컨대, 국가가 당사자가 되는 어떠한 계약이 그 체결과정에서 국가계약법령에 어긋나게 된 경우, 만일 그 계약관계가 공법관계라면 그 자체로 위법하여 무효가 될 수 있으나, 사법관계라면 그것만으로 무효가 되는 것이 아니라 민법에 따라 선량한 풍속 기타 사회질서에 반하는 행위이어야 무효가 될 수 있다.

쟁송법적인 관점에서는, 분쟁해결을 위한 쟁송수단의 선택과 결정을 위하여 필요하다. 예컨대, 공법상의 법률관계에 관한 다툼에는 행정소송법이 적용되지만 사법상의 법률관계에 관한 분쟁은 민사소송법이 적용되는데, 양자의 적용 범위를 정하기 위해서도 그 구별이 필요하다.

---

9) 예를 들면, 과세처분이 무효가 아니라 취소사유만 있다면, 처분청이 스스로 취소하거나 행정심판이나 행정소송에 의하여 취소되기 전에는 상대방은 납세의무를 부담하게 된다.

3. 구별기준

공법과 사법의 구별은 실정법을 바탕으로 하여야 하는 것이지만, 실정법에 특별한 규정이 없는 경우가 대부분이고, 이때 그 구별기준이 문제가 된다. 그 기준에 관하여 다음과 같은 관점이 있다.

① **주체설**: 법률관계의 주체를 기준으로, 국가 또는 공공단체 등 행정주체를 일방당사자로 하는 법률관계를 규율하는 법이 공법이고, 사인 상호간의 법률관계를 규율하는 법이 사법이라고 한다.

② **종속설**: 법률관계가 상하관계인지 대등관계인지에 따라 상하관계에 적용되는 법이 공법이고 대등관계에 적용되는 법이 사법이라고 한다.

③ **이익설**: 법의 규율 목적이 공익에 봉사하는 법이면 공법이고 사익에 봉사하는 법이면 사법이라 한다.

④ **귀속설(신주체설)**: 권리 · 의무의 귀속주체를 기준으로, 공권력의 담당자를 권리 · 의무의 귀속주체로 하며 공권력의 행사에 적용되는 법을 공법이라 하고, 모든 사람에게 권리 · 의무가 귀속되며 모든 사람에게 적용되는 법을 사법이라 한다.

⑤ **복수기준설**: 복수의 기준에 의하여 공법과 사법을 구별하여야 한다는 견해로서, 우리나라에서의 지배적인 학설이다.

복수기준설은 법리구성에 문제가 없는 것은 아니지만, 구체적인 문제를 해결하기 위하여 불가피하게 복수의 기준을 취하는 것이 유용한 경우가 많다. 이러한 관점에서 우선 종속설과 귀속설의 결합(국가 또는 공권력의 담당자가 일방의 당사자로서 참가하고 있고 강제력을 가지고 활동하는지 여부)에 따라 구별해보고, 그 기준에 의하여 해결되지 않는 경우 보충적으로 이익설(공익의 실현을 목적으로 하는지 여부)을 적용하는 것이 타당하다.

4. 개별 영역에서 공 · 사법의 구별

공 · 사법의 구별이 특히 문제되는 경우는 다음과 같은데, 여기에서는 개략적으로만 서술하고 자세한 것은 해당부분에서 다시 설명하기로 한다.

가. 공법상 계약

(1) 문 제 점

공법상 계약이란 행정주체 상호간 또는 행정주체와 사인 상호간에 공법적 효과의 발생을 내용으로 하는 계약을 말한다. 공법상 계약과 사법상 계약의 구별이 특히 문제되는 것은 행정주체와 사인 사이에 계약이 체결될 때이다. 이러한 행정주체와 사인 간의 계약은 보통 대등한 관계를 전제로 하기 때문에 앞에서 본 귀속설이나 종속설은 유용한 판단기준이 되지 못하고, 그 계약을 통해 취해지는 업무의 목적 및 계약의 전체적 성격에 비추어 공법상 계약인지 여부를 결정할 수밖에 없다.

(2) 공법상 계약 여부가 문제되는 경우

㈎ 행정의 사법상 보조작용을 위한 계약

국가나 지방자치단체가 사인과 물품매매계약 · 건물임대차계약 · 공사도급계약 등을 체결하거나 국 · 공유 일반재산을 대부 · 매각 · 교환 · 양여하는 행위는 국가나 지방자치단체가 사경제주체로서 상대방과 대등한 위치에서 행하는 사법상 계약이다(판례).

국가를 당사자로 하는 계약에 관한 법률(국가계약법)은 국가가 계약을 체결하는 경우 원칙적으로 경쟁입찰에 의하여야 한다는 점과 입찰절차나 낙찰자 결정기준을 정하고 있다.[10] 대법원은 국가가 당사자가 되는 공공계약이 국가계약법의 적용을 받더라도 사법상의 계약으로서 사적자치와 계약자유의 원칙 등 사법의 원리가 그대로 적용된다고 판시하였다.[11] 따라서 계약담당공무원이 국가계약법령과 세부심사기준에 어긋나게 적격심사를 한 경우에도 그것만으로 무효가 되는 것이 아니고 이를 위배한 하자가 입찰절차의 공공성과 공정성을 현저히 침해할 정도로 중대할 뿐 아니라 상대방도 이러한 사정을 알았거나 알 수 있었을 경우 또는 선량한 풍속 기타 사회질서에 반하는 행위에 의하여 이루어진 것이 분명한 경우에 한하여 민법상의 법리에 따라 무효가 된다.[12]

㈏ 전문직공무원 채용계약

전문직공무원은 공무원법의 규정 중 보수와 복무에 관한 규정을 제외한 나머지 규정이 적용되지 않고, 계약의 해지 외에는 일반공무원에게 적용되는 징계 등의 제재수단을 가할 수 없다. 따라서 전문직공무원 채용계약을 일반공무원 임용행위와 같은 동의에 의한 행정행위로 보기는 어렵다.[13] 그러나 전문직공무원도 공무원법상 복무에 관한 규정이 준용되므로, 전문직공무원 채용계약으로 인하여 일반 사인의 근로계약과는 달리 정치행위, 집단

---

10) 국가가 사인과 계약을 체결할 때에는 국가계약법령에 따른 계약서를 따로 작성하는 등 요건과 절차를 이행하여야 하고, 이러한 법령상 요건과 절차를 거치지 않은 국가와 사인 사이에 계약은 효력이 없다는 것이 판례이다(대법원 2015. 1. 15. 선고 2013다215133 판결).

11) 대법원 2016. 6. 10. 선고 2014다200763, 200770 판결. 다만 국가계약법에 따른 공공계약이라고 하더라도 공법상의 법령에 근거하여 체결되었다면 공법관계라고 볼 수 있다. 국책사업인 '한국형 헬기 개발사업'에 개발주관사업자 중 하나로 참여하여 방위사업청과 '한국형헬기 민군겸용 핵심구성품 개발협약'을 체결한 경우 위 협약의 법률관계는 공법관계에 해당하므로, 이에 관한 분쟁은 행정소송으로 제기하여야 한다고 한 사례가 있다(대법원 2017. 11. 9. 선고 2015다215526 판결).

12) 대법원 2001. 12. 11. 선고 2001다33604 판결, 대법원 2006. 4. 28. 선고 2004다50129 판결, 대법원 2006. 6. 19.자 2006마117 결정.

13) 대법원 1996. 5. 31. 선고 95누10617 판결.

행위 등이 금지되는 등의 공법적 효과가 발생한다.

이러한 점을 종합하면, 전문직공무원 채용계약은 공무원법상의 일반공무원 임용행위와 사법상 근로계약의 중간적 성질을 가진다.[14] 따라서 전문직공무원 채용계약은 행정주체(지방자치단체)와 사인 상호간에 공법상 근무관계의 발생을 목적으로 체결하는 공법상 계약관계로 볼 수 있다.[15]

이러한 관점에서 대법원은 공중보건의사 채용계약,[16] 국방홍보원장 채용계약,[17] 서울특별시립무용단원의 위촉,[18] 광주광역시립합창단원의 위촉,[19] 서울특별시 경찰국 산하 연구소 전임연구위원 채용계약[20]은 모두 공법상 계약에 해당하므로, 그 계약을 둘러싼 분쟁은 공법상 당사자소송에 의하여야 한다고 판시하였다.[21]

❑ **연구소 연구위원 채용계약 해지사건(대법원** 1993. 9. 14. **선고** 92누4611 **판결)**

〈사실관계〉 원고는 피고 서울특별시의 경찰국 산하 연구소 소장으로부터 지방전문직공무원인 위 연구소의 전임연구위원으로 채용된 이후 1년마다 계약을 갱신하여 오던 중, 피고가 원고의 업무태만 및 복무상 의무 위반을 이유로 지방전문직공무원규정 제7조 제1호 및 제4호에 의거하여 채용계약을 해지하였다. 그러자 원고는 공법상 당사자소송으로 피고의 채용계약 해지 의사표시의 무효확인을 구하는 내용의 소를 제기하였다.

〈판시사항〉 현행 실정법이 지방전문직공무원 채용계약 해지의 의사표시를 일반공무원에 대한 징계처분과는 달리 항고소송의 대상이 되는 처분 등의 성격을 가진 것으로 인정하지 않고, 지방전문직공무원규정 제7조 각호의 1에 해당하는 사유가 있을 때 지방자치단체가 채용계약관계의 한쪽 당사자로서 대등한 지위에서 행하는 의사표시로 취급하고 있는 것으로 이해되므로, 지방전문직공무원 채용계약 해지의 의사표시에 대해서는 대등한 당사자 간의 소송형식인 공법상 당사자소송으로 그 의사표시의 무효확인을 청구할 수 있다.

---

14) 백윤기, "전문직공무원 채용해지에 대한 쟁송", 재판의 한길－김용준 헌법재판소장 화갑기념, 김용준 헌법재판소장 화갑기념논문집 간행위원회(1998. 11), 911면.

15) 공법상 계약 등을 원인으로 형성된 공법상 신분 · 지위에 관한 관계는 사법관계가 아니라 공법관계로 보아야 한다. 대법원도 구 도시재개발법에 의한 재개발조합에 강제가입되는 조합원의 자격 인정 여부에 관하여 다툼이 있는 경우에는 공법상의 당사자소송에 의하여 그 조합원 자격의 확인을 구할 수 있다고 판시하였다(대법원 1996. 2. 15. 선고 94다31235 판결, 대법원 1997. 11. 28. 선고 95다43594 판결).

16) 대법원 1996. 5. 31. 선고 95누10617 판결. 반면에 국 · 공립병원의 전공의는 공무원연금법상 급여대상인 국가공무원법상의 전문직공무원이 아니라고 판시하였다(대법원 1994. 12. 2. 선고 94누8778 판결).

17) 대법원 2002. 11. 26. 선고 2002두5948 판결.

18) 대법원 1995. 12. 22. 선고 95누4636 판결.

19) 대법원 2001. 12. 11. 선고 2001두7794 판결.

20) 대법원 1993. 9. 14. 선고 92누4611 판결.

21) 다만 창덕궁관리소장에 의한 1년 단위 비원안내원 채용계약에 대해서는 사법계약으로 보았다(대법원 1995. 10. 13. 선고 95다184 판결).

나. 공물 · 영조물 · 공기업 이용관계

(1) 공물의 이용관계

공물이라 함은 '국가 등 행정주체에 의하여 또는 관습법에 따라 직접 공적 목적에 제공되어 공법적 규율을 받는 유체물과 무체물 및 물건의 집합체(시설)'을 말한다. 공물의 보통사용은 행정청의 허락 없이 사용목적에 따라 공물을 사용하는 것을 뜻하는데, 그 법적 성질에 관하여, 사권설, 반사적 이익설, 인신적 자유의 유출설, 공권설 등이 대립하고 있지만 공권설이 통설이다. 그러나, 그것은 행정청에 대하여 자신의 정당한 보통사용을 수인할 것과 그 사용을 위법하게 제한 · 방해하지 않을 것을 구할 수 있는 권리에 머물 뿐이고, 공물이 변경되거나 폐지되지 않고 현상태를 유지하도록 요구할 수는 없다. 다만 도로나 하천과 같은 공물에 인접하여 거주하거나 토지 등을 소유하고 있는 사람(인접주민)에게는 일반인의 보통사용을 넘어서는 법률상 이익이 인정되는데, 이를 '인접주민의 고양된 보통사용'이라고 한다. 인접주민이 경우 기존의 도로 외에는 다른 통행수단이 없는 등의 특별한 요건 하에서는 그 폐지에 대항할 수 있는 공권이 인정될 수도 있다.

그밖에도 공물의 사용관계에는 공물을 보호하고 사용자 간의 이해조정 등을 위하여 그의 사용을 일반적으로 금지시킨 다음 행정청의 허가를 받아 사용하도록 하는 것을 '공물의 허가사용'이나 특정인에게 일반인에게 인정되지 않는 공물의 사용권을 설정하여 사용하는 관계인 '공물의 특허사용'이 있다. 이러한 사용관계는 모두 공법관계로 볼 수 있다.

(2) 행정재산의 목적외 사용관계

공물이 목적의 관점에서 착안한 개념이라고 한다면, 국 · 공유재산은 소유의 관점에서 국가 또는 지방자치단체 소유의 재산을 말하고, 행정재산과 일반재산의 2가지로 구분되는데(국유재산법 제6조, 공유재산법 제5조), 행정재산은 국 · 공유 공물이고, 일반재산은 행정재산 이외의 모든 국 · 공유재산이다. 국유재산법령 등에 의하면, 행정재산은 처분하지 못하고 그 용도나 목적에 장애가 되지 않는 범위에서만 사용허가를 할 수 있다. 이러한 사용허가에 의하여 발생하는 행정재산의 사용관계를 행정재산의 목적외 사용관계라 하는데, 위 사용관계가 공법관계인지 아니면 사법관계인지에 관하여 사법관계설, 공법관계설, 이원적 법률관계설 등의 다툼이 있고, 판례는 공법관계설에 있다.[22]

(3) 영조물의 이용관계

영조물이라 함은 국가 등 행정주체가 그의 목적을 달성하기 위하여 제공한 인적 · 물적 시설의 종합체(조직체) 중에서 국공립교육 · 연구기관, 교도소, 도서관, 박물관, 병원 등과

---

22) 국가 또는 지방자치단체의 사물인 일반재산의 대부 · 매각 · 교환 · 양여가 사법관계임은 앞에서 살펴보았다.

같이 정신 · 문화적 또는 진료적 목적에 계속적으로 제공된 것을 말한다(협의의 영조물). 과거에는 영조물의 이용관계를 뒤에서 설명하는 특별권력관계로서의 성질을 가지는 것으로 보아 공법관계로 보았다. 그러나 영조물의 이용관계의 성질은 앞에서 설명한 공 · 사법관계의 일반적 구분기준에 따라 개별적으로 판단하여야 한다. 그리고 영조물의 이용관계가 사법관계인 경우에도 사법 자체의 강행규정(민법 제2조, 제103조)이나 헌법상의 평등조항, 생존권 보장 등의 기본권 규정에 의하여 구속되고(행정사법의 법리 적용), 실정법상으로도 많은 제약이 따른다.

(4) 공기업의 이용관계

공기업이라 함은 국가 · 지방자치단체 및 그에 의하여 설립된 법인이 사회공공의 이익을 위하여 직접 경영하거나 경영에 참가하는 기업을 말한다. 한편, 특허기업은 행정주체로부터 특허를 받아 공익사업을 경영하는 기업을 의미하는데, 특허기업은 공적 목적을 수행하기는 하지만 엄연히 사기업이고 공기업에 적용되는 정부기업예산법, 공공기관운영법, 지방공기업법 등 주요 법률이 적용되지 않기 때문에 공기업의 개념에서 배제된다.

공기업도 기업의 일종이라는 점에서 사인이 경영하는 동종의 사업과 본질적으로 다를 것이 없다. 따라서, 공기업의 이용관계는 기본적으로 사법관계의 성질을 가진다. 다만 이용대가의 징수에 행정상 강제집행이 인정되거나 이용대가의 부과 · 징수에 대하여 행정쟁송이 인정되는 것과 같이 법령에 명시적인 규정이 있는 경우이거나 그렇지 않다고 하더라도 그 법률관계의 공공성, 공익성이 특별히 강한 경우에는 그 범위에서 공법관계라고 볼 수 있다. 공기업의 이용관계가 사법관계인 경우에도 행정사법의 법리가 적용될 수 있다.

다. 입찰참가자격제한행위

국가나 지방자치단체와의 계약을 위반한 사업자들에 대하여 국가행정청이나 지방자치단체장이 국가를 당사자로 하는 계약에 관한 법률 제27조나 지방자치단체를 당사자로 하는 계약에 관한 법률 제31조에 의하여 가하는 입찰참가자격제한행위는 공법행위로서 항고소송의 대상인 처분이라는 것이 다수설이고, 판례도 같다.[23)]

---

23) 판례는 입찰참가자격제한행위의 주체가 행정청인 경우에 오래전부터 그 처분성을 인정하여왔다(대법원 1979. 6. 26. 선고 79누34 판결, 대법원 1979. 10. 30. 선고 79누253 판결 등을 비롯한 확립된 판례). 만일 입찰참가자격제한행위를 사법상의 효력만 가지는 통지행위라고 본다면 민사소송으로 무효확인소송을 제기하여야 하는데, 그 통지행위의 취지가 상대방에게 장래의 입찰에 참가할 수 없다는 것을 알려주는 것에 불과하여 그로써 새로운 법률관계가 형성되거나 기존의 법률관계가 변경 · 소멸되는 것은 아니므로, 확인의 이익이 부정되어 권리구제를 받을 길이 묘연해질 수 있다(대법원 1998. 3. 24. 선고 97다33867 판결 참조). 다만 국가계약법령에 의하면, 입찰을 거쳐 계약을 체결한 상대방에게 계약조건 위반을 이유로 입찰참가자격제한처분을 하기 위해서는 입찰공고와 계약서에 미리 계약조건과 그 계약조건을 위반할 경우 입찰참가자격 제한을 받을 수 있다는 사실을 모두 명시하여야 하고, 만일 이를 명시하지 않았다면 위 규정들을 근거로 입찰참가자격제한처분을 할 수 없다(대법원 2021. 11. 11. 선고 2021

한편, 한국토지주택공사 등의 정부투자기관에 의한 입찰참가자격제한행위에 관해서는 그 근거가 되는 정부투자기관회계규정이 법적 구속력이 없는 행정규칙이라는 이유로 사법상의 통지행위에 불과하다는 것이 판례이었다. 그런데, 1999. 2. 5. 정부투자기관 관리기본법 제20조 제2항의 개정으로 입찰참가자격제한의 근거규정이 마련된 이상 정부투자기관에 의한 입찰참가자격제한행위는 공법행위로서 처분의 성질을 갖는다고 보아야 한다. 같은 맥락에서 정부투자기관 관리기본법이 폐지되고 신설된 공공기관의 운영에 관한 법률(공공기관운영법)에도 근거규정을 두고 있으므로(제39조 제2항), 공기업 및 준정부기관의 입찰참가자격제한행위도 공법행위로서 처분으로 보아야 한다. 대법원도 위 조항의 적용여부에 따라 한국토지주택공사에 대해서는 이를 인정하였고,[24] 수도권매립지관리공사에 대해서는 이를 부인하였다.[25]

라. 국가배상

공법적 원인으로 인한 손해배상을 규율하는 국가배상법의 법적 성격에 관하여, 대법원은 국가배상법이 민사상 손해배상책임에 관한 특별법에 불과하다는 입장이고,[26] 실무는 일관되게 국가배상사건을 민사소송으로 처리하고 있다. 그러나 국가배상법은 공법적 원인에 의하여 발생한 손해에 대한 국가 등의 배상책임을 규정한 법이라는 점에서 공법으로 보아야 하고, 국가배상소송은 공법상 당사자소송으로 다루어야 할 것이다.

한편, 국가배상법 제2조에 의한 국가배상책임이 성립하기 위한 요건 중의 하나인 가해행위의 직무집행성 여부에 따라 국가배상법이 적용되거나 민법이 적용되는 관계에 놓이게 된다. 위와 같은 직무집행의 범위에 대해서는 행정작용 중 권력작용과 비권력적 공행정작용만 포함하는 견해(광의설)가 통설이고 판례이다. 따라서 국가배상법의 성격을 판례와 같이 보더라도, 여전히 공무원의 직무집행행위가 공법행위인지 여부를 구체적으로 판명할 필요가 있다.

마. 손실보상청구

현행법상 손실보상금의 결정 및 불복절차는 크게 ① 공익사업을 위한 토지 등의 취득 및 보상에 관한 법률(토지보상법) 제40조, 제83조 내지 제85조에 규정된 절차 및 방법에 의하도록 한 경우, ② 사업주체인 행정청 또는 토지수용위원회 등과 같은 제3의 행정청이 일방적으로 보상금액을 결정하도록 하면서(당사자 간에 협의를 거친 후 협의 불성립시 재결신청에

두43491 판결).

24) 대법원 2013. 9. 12. 선고 2011두10584 판결.

25) 수도권매립지관리공사는 공공기관운영법 제5조 제4항에 의한 '기타 공공기관'에 불과하여 같은 법 제39조에 의한 입찰참가자격 제한조치를 할 수 없기 때문이다(대법원 2010. 11. 26.자 2010무137 결정).

26) 대법원 1972. 10. 10. 선고 69다701 판결, 대법원 1971. 4. 6. 선고 70다2955 판결.

의하여 토지수용위원회 등이 재결하도록 한 경우 포함), 그 결정(재결)에 대한 불복방법을 특별히 규정하고 있지 않은 경우, ③ 전심절차를 거쳐 보상금지급청구의 소를 제기하도록 되어 있는 경우, ④ 법률에서 재산권 침해와 그에 대한 보상의무에 관해서만 규정하고, 보상금 결정방법 및 불복절차에 관하여 아무런 규정을 두지 않은 경우 등으로 나누어 볼 수 있다.

위 ①의 경우는 지방 또는 중앙토지수용위원회의 재결(보상금 결정)에 대하여 보상금을 지급할 자를 피고로 하여 보상금증감의 소(형식적 당사자소송)를 제기하여야 하고, ②의 경우는 행정청(토지수용위원회 포함)의 보상금 결정(재결)의 취소를 구하는 항고소송으로 불복하면 된다.[27] ③의 경우에는 전심절차를 거쳐, ④의 경우는 곧바로 각 보상금지급청구소송을 제기할 수 있다. 그런데 위 ③, ④의 경우 소송의 형태가 문제되는데, 보상금청구권의 성질을 공권으로 보게 되면 그 소송은 공법상 당사자소송이 되지만, 그 성질을 사권으로 보게 되면 그 소송은 민사소송이 된다.

손실보상은 재산권에 대한 적법한 공권적 침해로 인하여 발생한 특별한 희생을 전보하기 위하여 행하는 공법에 특유한 제도이다. 그리고 손실보상청구권은 개인의 공권력주체에 대한 권리이다. 따라서 손실보상청구권은 공권으로 보아야 할 것이다. 판례는 종래에는 손실보상청구권을 사법상의 권리로 보고 민사소송으로 다루었다. 그러나 구 하천법 부칙상 손실보상청구소송에 관하여, 그동안의 입장을 변경하고 공법상 당사자소송으로 다루어야 한다고 판시한 이래,[28] 점차 당사자소송으로 보는 경향 하에 있다.

바. 공법상 부당이득반환청구

공법상의 원인에 기하여 급부가 되었으나 그 원인이 무효이거나 취소됨으로써 부당이득반환청구권이 성립된 경우, 부당이득은 사법상의 제도이므로 그 반환청구권은 사권으로 보아야 한다는 사권설과 공법상의 원인에 기하여 생긴 결과의 조정을 위한 제도는 역시 공법상의 제도이므로 공법상 부당이득반환청구권도 공권의 성질을 가지는 것으로 보는 공권설이 대립한다. 대법원은 무효인 조세부과처분에 인한 부당이득반환청구소송을 민사소송으로 다루어야 한다고 판시한 이래 일관되게 사권설을 취하고 있었다.[29]

공법상 부당이득반환청구의 지도원리는 공평의 관념이라는 사법상의 원리가 아니라 행정의 법률적합성의 원칙에서 찾아야 한다. 뿐만 아니라 가령 세법에서의 부당이득반환청구는 ① 비채변제의 법리가 적용되지 않고,[30] 국세기본법이 적용되는 결과 ② 소멸시효도

---

27) 대법원 2001. 6. 29. 선고 99다56468 판결.
28) 대법원 2006. 5. 18. 선고 2004다6207 전원합의체 판결.
29) 대법원 1969. 12. 9. 선고 69다1700 판결 등 다수. 다만 최근 부가가치세 환급세액의 지급을 구하는 소송은 민사소송이 아닌 공법상 당사자소송으로 제기하여야 한다고 판시하였다(대법원 2013. 3. 21. 선고 2011다95564 전원합의체 판결).
30) 대법원 1995. 2. 28. 선고 94다31419 판결.

5년이며, ③ 민법과 달리 과세주체의 선의·악의를 불문하고 납세자가 과다납부한 금액 전액과 이에 대한 일정한 법정이자를 지급하도록 하고 있는 점 등과 같이 민법에서와는 다른 특수성이 있다.

원래 공법상 부당이득의 성격에 관한 논의는 행정소송사항에 관하여 열기주의를 채택하여 행정구제의 범위가 매우 좁았던 시대에 사권설을 취함으로써 사법재판소에 의한 구제라도 할 수 있게 하기 위한 것에서 시작되었다. 그런데 오늘날 우리나라의 행정소송법은 공법상의 권리관계에 관한 소송을 인정하고 있으므로, 공법상 당사자소송에 의한 구제의 길이 열려 있다. 따라서 공권설이 보다 바람직하다.[31]

사. 행정주체 상호간의 비용부담청구

법령에 의하여 관리주체와 비용부담주체가 다르게 정해져 있는 경우 관리주체가 비용을 구하는 소나 비용부담주체가 과불금의 반환을 구하는 소, 국가와 지방자치단체 중 공무원을 선임·감독한 자와 비용부담자가 다를 때 어느 하나가 국가배상을 시행하고 내부관계에서 그 손해를 배상할 책임이 있는 자에게 행사하는 구상금청구소송(국가배상법 제6조 제2항) 등은 행정주체가 당사자가 되는 소송으로서 공법상의 권리관계에 관한 소송이므로 당사자소송에 해당한다. 그러나 국도상에 방치되어 있던 폐아스콘더미로 인하여 발생한 교통사고와 관련된 손해배상청구사건에서 국가배상법상 사무관리자와 비용부담자가 다른 경우 발생하는 구상관계를 민사소송으로 다룬 판례가 있다.[32]

아. 환매권의 행사

환매권이란 공용수용의 목적물이 해당 공익사업에 불필요하게 되었거나 그것이 현실적으로 수용의 전제가 된 공익사업에 공용하지 않는 경우 원래의 피수용자가 일정한 요건하에 다시 매수하여 소유권을 회복할 수 있는 권리를 말한다.[33] 토지보상법 등에서 환매권을 규정하고 있다. 이러한 환매권이 공권인지 아니면 사권인지가 문제된다. 사업인정 전 취득으로 인한 환매권의 경우에는 사업시행자가 사업인정 전 사법적 수단에 의하여 취득한 토지를 토지소유자가 환매하는 것이므로 사법상 권리라고 보는데 무리가 없다. 문제는 사업인정 후 취득으로 인한 환매권의 법적 성질에 관한 것이다.

환매권 행사에 의하여 발생하는 매매관계에 사업시행자가 공권력의 담당자로서 참가하고 있다고 보기 어렵고, 강제력을 가지고 활동한다고도 볼 수 없다. 게다가 이러한 법률관계는 환매권자의 사익 실현을 목적으로 한다. 따라서 환매권에 의하여 발생하는 매매관

---

31) 하명호, "공법상 부당이득의 법리", 인권과 정의 제490호, 대한변호사협회(2020. 6), 183면.
32) 대법원 1998. 7. 10. 선고 96다42819 판결.
33) 헌재 1994. 2. 24. 선고 92헌가15 내지 17, 20 내지 24 결정.

계는 사법관계이고, 이러한 법률관계의 발생 원인이 되는 환매권 또한 사권일 수밖에 없다. 대법원[34)]과 헌법재판소[35)]도 같은 입장에 있다.

자. 사회보장급부청구

판례는 산업재해보상보험법, 공무원연금법 등 각종 사회보장 관계 법률에 따른 급부청구권을 공권으로 보아 그에 관한 소송을 행정소송으로 처리하고 있다. 참고로 소송형태와 관련해서는 근거 법령상 행정청의 인용결정에 의하여 구체적 급부청구권이 발생하는 경우에는 항고소송에 의하고,[36)] 행정청의 1차적 판단 없이 곧바로 구체적 급부청구권이 발생하는 경우에는 공법상 당사자소송에 의하고 있다.[37)]

Ⅲ. 행정에 관한 「국내공법」

넓은 의미의 행정에는 국내행정만이 아니라 국가의 외국과의 관계에 대한 행정도 포함될 수 있다. 그러나 국제행정은 국제조약이나 확립된 국제법규 등 국제법의 규율을 받고, 그 국제법은 국내법과는 원리와 성질을 달리하므로, 행정법과는 달리 취급되고 있다.

다만, 헌법 제6조 제1항에서 "헌법에 의하여 체결·공포된 조약과 일반적으로 승인된 국제법규는 국내법과 같은 효력을 가진다."라고 규정하고 있으므로, 국제법 중에서는 그 한도 내에서 국내법으로서의 효력을 가지게 되어 행정법의 일부를 구성하는 경우가 있다.

제2절 행정법의 법원

Ⅰ. 의 의

행정법의 법원(행정법의 인식근거)에는 헌법·법률·조약 및 국제법규·명령·자치법규와 같은 성문법원뿐만 아니라 관습법·판례법·조리와 같은 불문법원도 포함된다. 이는 행정에 대한 사법심사에서 문제가 되는 공행정작용의 위법성을 판단하는 기준이 된다.

---

34) 대법원 1992. 4. 24. 선고 92다4673 판결, 대법원 1989. 12. 12. 선고 88다카15000 판결.

35) 헌재 1994. 2. 24. 선고 92헌마283 결정, 헌재 1995. 3. 23. 선고 91헌마143 결정.

36) 대법원 1991. 2. 12. 선고 90다10827 판결, 대법원 1995. 9. 15. 선고 93누18532 판결, 대법원 1996. 4. 23. 선고 95다53775 판결, 대법원 1996. 12. 6. 선고 96누6417 판결, 대법원 1999. 11. 26. 선고 97다42250 판결 등.

37) 대법원 1992. 12. 24. 선고 92누3335 판결, 대법원 1997. 5. 30. 선고 95다28960 판결, 대법원 1998. 12. 23. 선고 97누5046 판결 등.

Ⅱ. 성문법원

1. 헌법 및 헌법원리

가. 최고법원으로서의 헌법

헌법은 국가의 기본법으로서 행정조직 · 행정작용 · 행정구제 등 행정에 관한 기본적 사항을 포괄하고 있어서 행정법의 중요한 법원이 된다. 아울러 헌법은 국가의 최고법으로서 다른 형식의 성문법원에 대하여 우월한 효력을 가진다.

나. 헌법에서 도출되는 행정법의 지도원리

(1) 민주국가의 원리

㈎ 의의 및 근거

헌법은 제1조에서 "① 대한민국은 민주공화국이다. ② 대한민국의 주권은 국민에게 있고, 모든 권력은 국민으로부터 나온다."라고 규정하고 있다. 모든 권력이 국민으로부터 나온다는 것은 그 권력이 국민을 위하여 행사되어야 한다는 것을 뜻한다. 따라서 헌법 제1조로부터 국민에 의한, 국민을 위한 통치라는 민주국가의 원리가 도출되고 이러한 민주국가의 원리가 행정을 포함한 모든 국가기능의 기본원리가 된다.

㈏ 행정을 통한 구현

① 국민의 공복으로서 공무원: 민주국가의 원리에 부합하는 행정이 되려면 무엇보다도 행정을 실제로 담당하고 있는 공무원이 특정한 이해관계에 얽매이거나 특정인 또는 특정계층에게 종속되지 않고 공평무사하게 국민을 위하여 공무를 수행할 수 있어야 한다. 그리하여 헌법 제7조 제1항은 "공무원은 국민전체에 대한 봉사자이며, 국민에 대하여 책임을 진다."라고 규정함으로써 이를 명백히 하고 있다.

② 지방자치의 실시: 민주주의는 지방자치와 밀접한 관계에 있다. 헌법 제117조 제2항에서도 "지방자치단체는 주민의 복리에 관한 사무를 처리하고 재산을 관리하며, 법령의 범위 안에서 자치에 관한 규정을 제정할 수 있다."라고 규정하여 지방의 행정을 주민자치의 형태로 행하도록 하고 있다.

③ 국민의 행정에의 참가: 국민의 행정에의 참가를 통한 행정의 민주화가 이루어질 때 참다운 민주주의가 실현될 수 있다. 국민의 행정에의 참가는 우리나라에서도 여러 가지 형태로 실현되고 있다. 1996년에 제정된 행정절차법에서는 국민의 의견청취(의견제출, 청문 및 공청회), 처분의 이유제시 등에 관하여 규정하고 있다.

④ 행정의 공개 · 투명화: 국민이 행정에 참가하기 위해서는 행정의 공개 · 투명화가 전제가 되어야 한다. 이를 위하여 우리나라에서는 1996년에 공공기관의 정보공개에 관한 법

률(정보공개법)이 제정되었다.

(2) 법치국가의 원리

법치국가의 원리란 ① 행정이 헌법과 법률에 적합하게 행해져야 한다는 법률적합성의 원칙과 ② 행정이 이해할 수 있는 기준에 의하여 행해짐으로써 예측가능성이 확보되어야 한다는 법적 안정성의 원칙 및 ③ 행정작용에 의하여 권리·이익이 침해받은 국민이 권리를 구제받을 수 있는 수단인 행정구제제도가 마련되어 있어야 한다는 것을 내용으로 하는 헌법원리이다.

헌법상의 권력분립에 관한 규정(제40조, 제66조 제4항, 제101조), 기본권 보장에 관한 규정(제10조 이하), 사법심사에 관한 규정(제107조 등), 그 규정들을 구체화하기 위하여 제정된 수많은 법률이 이 원리의 근거가 된다.

(3) 사회국가의 원리

(가) 의의 및 근거

사회국가란 자유주의 또는 시장경제원리로 인하여 파생된 모순과 폐단을 시정하고, 모든 사람이 인간다운 생활을 할 수 있는 경제적·사회적 정의를 적극적으로 실현하고자 하는 국가체제를 말한다. 사회국가 대신 복지국가, 복리국가라는 용어도 종종 사용된다.

사회국가의 원리는 모든 국민의 인간다운 생활권, 국가의 사회보장·사회복지 증진노력의무, 여성의 복지와 권익향상을 위한 노력의무, 노인·청소년의 복지향상을 위한 정책실시의무, 생활무능력자에 대한 국가의 보호, 재해예방과 그 위험으로부터의 국민보호를 위한 노력의무 등을 규정하고 있는 헌법 제34조에 잘 나타나 있다. 그리고 경제에 관한 규제와 조정을 할 수 있도록 한 헌법 제119조 제2항을 비롯한 경제헌법조항(제9장)에도 사회국가 원리의 근거가 된다.

(나) 행정을 통한 구현

오늘날 국가는 단순히 사회의 질서유지 임무만 수행하면 충분한 것이 아니라 사회국가로서의 책무도 부담하고 있고, 행정은 이와 같은 책무를 이행하기 위한 일상적 업무를 수행하고 있다. 사회국가의 원리는 주로 급부행정을 통하여 구현되는데, 이는 "주는 활동을 통해 공동체 구성원의 이익추구를 직접적으로 촉진하는 공행정"이라고 정의할 수 있다. 그런데 사회국가의 실현을 위한 행정의 역할은 생활무능력자의 구호와 같은 업무에만 한정되는 것은 아니다.

급부행정은 임무를 기준으로 공급행정·사회보장행정·조성행정 등으로 구분할 수 있다. 도시적·문화적 생활을 영위하는 개인은 남으로부터 도움이나 공급 없이는 하루도 생활하기 어려운 상황이 되면서 공급행정법이 주목받게 되었고, 자유주의적 사상 하에서 계급적 소외 · 지역적 불균형 등의 심각한 부작용이 발생함에 따라 사회보장행정법이 체계를 갖추게 되었으며, 국가의 발전전략에 따라 개인이나 기업을 구조적으로 개선시키는 것이 필요해지면서 그것을 직접 목적으로 하는 조성행정법이 성립하게 되었다.

(4) 문화국가의 원리

문화국가란 인간의 정신적 · 문화적 활동을 보장하고 창달하는 것을 헌법적 과제로 정하고 있는 국가체제를 말한다. 이러한 문화국가의 원리는 헌법 제9조의 "국가는 전통문화의 계승 · 발전과 민족문화의 창달에 노력하여야 한다."라는 조항을 비롯하여, 제19조의 국민의 기본권으로서의 양심의 자유, 제20조의 종교의 자유, 제21조의 언론 · 출판의 자유, 제22조의 학문 · 예술의 자유와 저작권 등 보호에 관한 각 조항을 근거로 한다. 그리고 이와 같은 문화국가 원리를 실현하기 위하여 수많은 개별법이 제정되어 있는데, 행정은 일차적으로 이러한 문화관련 개별법을 성실하게 집행하여 문화국가 원리를 구현한다.

예컨대, 문화재보호법은 문화국가의 원리에 따라 문화재의 보존 · 관리를 위한 국가와 지방자치단체의 책무를 구체적으로 정하고, 국민에게도 문화재의 보존 · 관리를 위하여 국가와 지방자치단체의 시책에 적극 협조하도록 규정하고 있다. 따라서 문화재의 보존을 위한 사업인정 등과 같은 처분을 할 때에는 위와 같은 문화재보호법의 내용 및 취지, 문화재의 특성, 사업인정 등 처분으로 인한 국민의 재산권 침해 정도 등을 종합하여 문화국가의 원리를 존중하는 관점에서 신중하게 재량권을 행사하여야 한다.[38]

2. 법 률

가. 의 의

법률은 국회의 심의절차를 거쳐 제정된 법형식이다. 법률은 국회라는 국민대표기관에 의하여 제정되었다는 점에서 특별한 의미를 가지며 가장 보편적인 성문법원이다. 법률은 헌법에 적합하여야 하지만, 명령이나 자치법규에 대해서는 우월한 형식적 효력을 갖는다. 법률이 상호 충돌할 때에는 신법우선의 원칙, 특별법우선의 원칙 등에 따라 해결된다.

나. 행정기본법

(1) 의 의

우리나라의 약 5,000개의 법령 중에서 행정법령이 90% 이상을 차지하고 있음에도 불구하고, 행정영역 전반에 관한 행정의 원칙과 기본사항을 규정한 총론적 법률은 지금까지 없었다. 그로 인하여 하나의 사항에 대하여 개별 법령마다 다르게 규정되기도 하는 등 행정법체계가 복잡하여, 국민들뿐만 아니라 이를 집행하는 공무원들에게 혼란을 초래함으로

38) 대법원 2019. 2. 28. 선고 2017두71031 판결 참조.

써 행정의 예측 가능성과 법적 안정성을 해치는 일이 빈번하였다.

그리하여, 행정의 기본법이자 일반법이라 할 수 있는 행정기본법은 "행정의 원칙과 기본사항"을 규정하기 위하여 2021. 3. 23. 제정되었다.

(2) 법률의 명칭과 입법목적

행정영역의 다른 개별 법률과의 체계 정합성을 유지하면서 행정법의 총칙으로 기능하여야 한다는 관점에서, 향후 개별법들을 하나의 법전으로 통합할 수 있는 확장성도 고려하여, 아직은 완결된 체계와 내용을 갖추고 있지는 않지만 '행정기본법'이라는 명칭이 채택되었다. 행정기본법에는 판례와 학설로 정립된 행정의 기준과 원칙을 규정하고, 개별법의 공통적 제도를 종합화 · 체계화하여 적극행정과 행정개혁의 정책방향을 제시하고 있다. 향후 정부는 이러한 정책방향에 맞게 개별 법률들을 정비하고 지속적인 행정 법제의 개선을 추진할 예정이다.

한편, 행정기본법 제1조에서는 입법목적으로 행정의 민주성, 적법성, 적정성 및 효율성을 제시하고 있고, 궁극적으로 국민의 권익 보호에 이바지하는 것이 최종적인 목표라는 점을 명시하고 있다.

(3) 주요내용

행정기본법은 ① 판례 · 학설로 정립된 행정의 일반원칙, ② 행정절차법 등에 흠결된 실체적 사항, ③ 개별법상 공통제도의 체계화 등과 관련된 사항을 중심으로 4개의 장 41개의 조문으로 구성되어 있다. 그 주요내용을 살펴보면, 첫째, '국민의 권리보호 강화'를 위하여 행정법의 일반원칙, 처분의 취소 · 철회의 근거, 제재처분의 제척기간, 이의신청 · 재심사 등과 같은 권익보호수단 등이 규정되어 있다. 둘째, '행정의 효율성 · 통일성 제고' 차원에서 신 · 구법의 적용기준, 인허가의제 · 과징금 · 이행강제금 등과 같은 행정영역 전반의 유사 · 공통 제도, 공법상 계약 등에 관한 사항이 규정되어 있다. 셋째, '적극행정 및 규제혁신 촉진' 차원에서 적극행정의 추진의무, 수리를 요하는 신고와 그 효력발생시점, 자동적 처분 등에 관한 사항이 규정되어 있다.

(4) 행정기본법의 지위 및 다른 법률과의 관계

행정기본법은 일반법으로서의 지위와 기본법으로서의 지위를 겸유하고 있다. 행정기본법 제5조에서는 행정기본법이 원칙적으로 모든 행정작용에 적용되지만, 개별 행정 분야의 특수성을 고려하여 다른 법률에서 행정기본법에서 정한 기준, 방법 등과 다른 내용의 규정이 있는 경우에는 그 법률이 적용된다는 점을 명시하여 일반법으로서의 지위를 표명하고 있다(제1항).

또한, 모든 행정의 기준과 원칙을 제시하는 기본법으로서의 지위도 가지고 있기 때문에 행정에 관한 다른 법률을 제정하거나 개정하는 경우 행정기본법에서 정한 목적과 원칙, 기준 및 취지에 부합하는 방향으로 개별 법령을 입법 또는 정비하도록 하는 '부합규정'을 함께 두고 있다(제2항).

다. 그 밖의 주요법률

행정기본법 이외의 행정에 관한 주요법률로 행정절차법, 행정심판법, 행정소송법, 행정대집행법, 국세징수법, 정부조직법, 지방자치법, 국가공무원법 등을 들 수 있다.

3. 조약 및 국제법규

조약이란 협약·협정·약정·의정서 등 그 명칭과 관계없이 국가와 국가 사이 또는 국가와 국제기구 사이의 문서에 의한 합의를 말한다. 또한 일반적으로 승인된 국제법규란 우리나라가 당사국이 아닌 조약으로서 국제사회에서 일반적으로 그 규범성이 승인된 것과 국제관습법을 말한다. 이러한 조약과 일반적으로 승인된 국제법규는 헌법 제6조 제1항에 의하여 국내법과 같은 효력을 가지므로, 그것이 국내행정에 관한 사항을 포함하고 있을 때에는 그 범위에서 행정법의 법원이 된다.[39]

4. 명 령

명령이란 행정권에 의하여 제정되는 법형식을 말한다. 행정권이 제정하는 일반·추상적 규정에는 법규명령과 행정규칙이 있으나, 법규명령만 법원에 해당한다.

그런데, 행정기본법 제2조 제1호 가목에서는 "법령"을 "법률 및 대통령령·총리령·부령"과 함께 국회·대법원·헌법재판소·중앙선거관리위원회 등 헌법기관들의 규칙과 감사원규칙을 명시하고, 이들로부터 위임을 받은 행정규칙이 포함되는 것으로 정의하고 있다. 그러나, 감사원은 헌법기관이 아님에도 헌법기관들과 동등하게 취급하는 등의 체계상 문제가 있고, 감사원규칙과 법령으로부터 위임받은 행정규칙(법령보충적 행정규칙)의 법규성 여

39) 특정 지방자치단체의 초·중·고등학교에서 실시하는 학교급식을 위하여 위 지방자치단체에서 생산되는 우수 농수축산물과 이를 재료로 사용하는 가공식품을 우선적으로 사용하도록 하고 그러한 우수농산물을 사용하는 자를 선별하여 식재료나 식재료 구입비의 일부를 지원하며 지원을 받은 학교로 하여금 지원금을 반드시 우수농산물을 구입하는 데 사용하도록 하는 것을 내용으로 하는 위 지방자치단체의 조례안은 국내법령과 동일한 효력을 가지는 '1994년 관세 및 무역에 관한 일반협정'(General Agreement on Tariffs and Trade 1994)에 위반되어 효력이 없다(대법원 2005. 9. 9. 선고 2004추10 판결). 그러나 위 협정은 국가와 국가 사이의 권리·의무관계를 설정하는 국제협정으로, 그 내용 및 성질에 비추어 이와 관련한 법적 분쟁은 위 WTO 분쟁해결기구에서 해결하는 것이 원칙이고, 사인에 대해서는 위 협정이 직접적으로 효력을 미치는 것이 아니라 할 것이므로, 위 협정에 따른 회원국 정부의 반덤핑부과처분이 WTO 협정위반이라는 이유만으로 사인이 직접 국내 법원에 회원국 정부를 상대로 그 처분의 취소를 구하는 소를 제기하거나 위 협정위반을 처분의 독립된 취소사유로 주장할 수는 없다(대법원 2009. 1. 30. 선고 2008두17936 판결).

부가 학설상 논란이 완결되지 않았을 뿐만 아니라 그것을 법령에 포함시키면 형식에 부합하지 않는 것을 한 곳에 묶는 것이 되어 체계적이지 못하다는 비판이 있을 수 있다.

5. 자치법규

자치법규는 지방자치단체가 법령의 범위 안에서 제정하는 '자치에 관한 규정'을 말하는데(헌법 제117조 제1항), 행정기본법 제2조 제1호 나목에서는 자치법규를 "지방자치단체의 조례 및 규칙"이라고 정의하고 있다. 조례는 지방의회의 의결을 거쳐 제정되는 법규를 말하고, 규칙은 지방자치단체의 장이 정하는 법규이다.

Ⅲ. 불문법원

1. 행정관습법

가. 의 의

행정관습법이란 행정영역에서 일반사회생활 및 행정의 운용에 관한 오랜 관행이 국민 또는 관계자의 법적 확신을 얻어 법적 규범으로서 승인된 것을 말한다.[40] 행정관습법은 사회의 법적 확신이나 인식에 의하여 법적 규범으로서 승인될 정도에 이르지 않은 사실인 관습과 구별된다.

나. 요 건

행정관습법은 ① 어떠한 사실이 장기적 · 일반적으로 되풀이 되어야 한다는 '객관적 요건'과 ② 국민일반의 법적 확신이라고 하는 '주관적 요건'이 구비되어야 성립될 수 있다.

그밖에 '국가에 의한 승인'이 필요한지와 관련하여 법적 확신설(부정설)과 승인설(긍정설)로 나뉘나 승인이 필요하지 않다고 하는 전자가 일반인 견해이다. 오늘날 유동적이고 다원적인 현대사회에서 관행의 영속이나 일반인의 법적 확신과 같은 관습법의 성립요건이 충족되기 어렵게 되었고, 국가에 의한 승인이 필요하지 않다고 하더라도 법관에 의한 가치판단이라는 과정을 거쳐야만 실제의 법적 분쟁에서 효력이 발휘될 것이므로, 양 견해에 실질적으로 큰 차이는 없다.

다. 효 력

행정관습법의 효력에 관하여, '성문법개폐적 효력설'과 '성문법보충적 효력설'이 나누어지나, 행정관습법이 성문법과 저촉되는 경우에 행정관습법이 우선한다고 할 수는 없을 것이다.

---

40) 대법원 1983. 6. 14. 선고 80다3231 판결 등.

2. 판 례 법

판례법주의에 입각하고 있는 영미법계 국가와 달리, 성문법주의를 취하고 있는 우리나라에서는 판례의 법원성을 인정하기 곤란할 것이다. 그러나, 상급법원의 법률적 · 사실적 판단은 해당 사건에 한해서만큼은 하급심을 기속하는 효력을 가진다(법원조직법 제8조). 따라서, 판례가 가지는 현실적 구속력은 무시할 수 없다.

3. 조리 · 법의 일반원칙

조리 내지 법의 일반원칙도 행정법의 법원이 된다. 다만 그의 연원은 대부분 헌법 및 헌법을 지배하는 기본원리에서 유래하는 것이고, 이를 위반하면 위헌 · 위법하게 된다.

제 3 절 행정법의 일반원칙

Ⅰ. 의 의

행정법의 일반원칙이라 함은 행정법 영역 전반에 적용되는 기본원칙을 말하고, 법치행정의 원칙, 평등의 원칙, 비례의 원칙, 성실의무 및 권한남용금지의 원칙, 신뢰보호의 원칙, 부당결부금지의 원칙 등이 여기에 해당한다.

위와 같은 원칙들은 행정기본법이 제정되기 이전에도 판례와 학설로 확립되어 있었다. 그런데, 행정기본법이 제정되어 제2장의 행정의 법 원칙으로 법전화되었고, 이로써 위 원칙들이 실정법상의 효력을 발휘하게 되어 그 규범력이 강화되었다고 평가할 수 있다.

Ⅱ. 법률적합성의 원칙

> **행정기본법 제8조(법치행정의 원칙)** 행정작용은 법률에 위반되어서는 아니 되며, 국민의 권리를 제한하거나 의무를 부과하는 경우와 그 밖에 국민생활에 중요한 영향을 미치는 경우에는 법률에 근거하여야 한다.

1. 의 의

법치국가에서 행정은 헌법과 법률에 의한 기속을 받게 되므로, 헌법과 법률에 적합하게 행해져야 한다. 따라서 행정의 법률적합성의 원칙은 법치국가의 원리라는 헌법원리로부터 도출된다. 그리고 위 원칙으로부터 법률의 법규창조력, 법률우위의 원칙 및 법률유보의 원칙이 파생된다.

2. 법률의 법규창조력

법률의 법규창조력이란 국민의 권리의무관계에 구속력을 가지는 법규범을 창조하는 것은 국민의 대표기관인 의회의 전속적 권한에 속하므로, 의회에서 제정한 '법률'만 법규로서의 구속력을 갖는다는 것을 말한다.

우리 헌법은 입법권은 원칙적으로 국회에 있고(제40조), 행정부는 법률의 구체적 수권이 있는 경우에만 위임명령을 제정할 수 있다(제75조, 제90조)고 규정하여, 이 원칙을 구체화하고 있다. 예외적으로 대통령은 법률적으로 효력을 가지는 긴급명령을 발할 수 있으나(제76조), 그것은 국가비상시에만 엄격한 요건 하에서 인정된다.

3. 법률우위의 원칙

가. 의의 및 내용

법률우위의 원칙이란 행정은 어떠한 경우에도 법률에 위반되는 조치를 취해서는 안된다는 것을 말한다. 여기에서의 '법률'은 헌법, 형식적 의미의 법률, 법규명령 및 관습법과 같은 불문법을 포함하는 모든 법규범을 의미하나, 행정규칙은 포함되지 않는다.

이러한 법률우위의 원칙은 행정의 모든 영역에 적용된다. 행정이 적법하게 행위할 의무를 위반한 경우에는 그에 대한 책임을 지게 되는데, 구체적으로 어떠한 법적 효과가 발생하는지는 행위형식에 따라 다르다. 법규명령의 경우에는 무효가 되고, 행정행위의 경우에는 하자의 정도에 따라 무효가 되거나 취소할 수 있게 된다.

그밖에 법률우위의 원칙은 행정청에게 기속력 있는 법률을 실제로 집행할 것을 요구한다. 예를 들면, 납세의무는 의무자의 의사를 고려하지 않고 법률이 정한 요건에 해당하는 모든 사람에게 부과되는 것으로, 과세관청이 자의적으로 또는 납세자와 합의나 계약에 의하여 납세의무를 감면하는 것은 허용되지 않는다.

나. 조례와 법률우위의 원칙

지방자치단체가 지방의회의 의결을 거쳐 제정하는 법규를 조례라 한다. 조례도 법령

(헌법, 법률 및 법규명령)을 위반해서는 안 된다. 헌법 제117조 제1항과 지방자치법 제28조 제1항 본문에서 지방자치단체는 "법령의 범위에서" 조례를 제정할 수 있다고 한 취지도 바로 이러한 법률우위의 원칙을 선언한 것이다.[41)]

그런데 조례가 규율하는 특정사항에 관하여 그것을 규율하는 국가의 법령이 이미 존재할 경우 해당 조례가 법률우위의 원칙에 위배되는 것인지 여부가 문제이다. 과거에는 조례의 법령위반에 관한 판단이 매우 엄격하여 해당 사항에 관하여 국가 법령이 이미 규율하고 있다면 그 사항은 조례로 규율할 수 없다고 보았다(국가법률선점이론). 그러나 국가의 법령이 최소한의 규제조치를 정하고 있는데 불과하고, 그 이상의 규제는 각 지방의 특수한 사정을 고려하여 자율적으로 정하는 것을 허용하고 있다고 해석되는 경우에는 법령의 내용을 초과 또는 추가하는 내용의 조례도 유효하다.

4. 법률유보의 원칙

가. 의 의

법률유보의 원칙이란 행정이 법률의 수권에 의하여 행해져야 한다는 것을 말한다. 이러한 법률유보의 원칙은 법치국가의 원리, 의회민주주의의 원리, 헌법상의 기본권 조항으로부터 도출된다. 그리고 '법률의 유보'라고 하는 경우에서의 '법률'은 국회에서 법률의 제정절차에 따라 만들어진 형식적 의미의 법률을 의미한다.

나. 법률유보의 적용영역

행정이 법률의 수권에 의하여 행해져야 한다는 것이 원칙이라고 하더라도 모든 국가작용을 미리 형식적 의미의 법률에 그 근거를 마련하는 것은 불가능에 가깝다. 그리하여 법률유보의 원칙은 그 적용영역이 문제가 된다.

① **침해유보설**: 행정이 개인의 자유나 권리를 침해 · 제한하거나 새로운 의무를 부과하는 경우에는 반드시 법률의 수권이 있어야 하지만, 수익적 행정 등 그 밖의 영역에는 법률유보의 원칙이 적용되지 않는다는 견해이다.

② **전부유보설**: 직접적으로 시민을 향하여 행해진 행정작용 전부에 대하여 법률의 유보를 요구하는 견해로서, 민주국가에서는 주권이 국민에게 있고 국민은 그들의 대표기관인 의회에 권력을 위임하고 있으므로, 국가의 다른 기관은 의회가 제정한 법률의 수권이 있어야 비로소 활동할 수 있다는 점을 근거로 한다.

③ **급부행정유보설(사회유보설)**: 개인의 생활이 상당부분 국가로부터의 급부에 의존하고

41) 대법원 2002. 4. 26. 선고 2002추23 판결, 대법원 2003. 9. 23. 선고 2003추13 판결, 대법원 2004. 7. 22. 선고 2003추51 판결.

있는 현대국가에서는 국가적 급부의 공정한 확보가 중요한 의미를 가지므로, 전통적인 침해행정 이외의 급부행정 영역에도 법률유보원칙이 적용되어야 한다는 견해이다.

④ 중요사항유보설(본질사항유보설 또는 본질성설): 중요사항은 반드시 법률적 근거를 요하지만, 비중요사항에 대해서는 법률의 근거 없이도 행정권을 발동할 수 있다는 견해로서, 판례의 기본적인 입장이다.

침해유보설은 의회민주주의가 발달하고 급부행정이나 유도행정의 비중이 커지고 있는 현대국가에서는 이미 소명을 다한 이론이다. 전부유보설은 행정권이나 사법권도 국민에 의하여 제정된 권력이라는 점을 잊고 있다. 급부행정유보설에 대해서는 국가의 급부적 기능이 중요하므로 의회가 법률제정의 방법으로 개입할 수 있다는 것과 아직 법률이 제정되어 있지 않은 경우에 행정권이 조직법 · 예산 등에만 근거하여 급부적 활동을 수행하는 것이 모순되는 것만은 아니라는 비판이 가능하다.

중요사항유보설은 법률유보사항이 되는 중요성의 판단기준을 설정하는 것이 중요하다. 그 판단기준으로 '규율대상의 기본권적 중요성'과 의회절차의 공개성과 이익조정기능에 비추어 '입법절차에서 규율되어야 할 고도의 필요성'이 제시되고 있다.

행정기본법 제8조에서는 침해유보에 해당하는 것으로서 국민의 권리를 제한하거나 의무를 부과하는 경우와 중요사항유보에 해당하는 것으로서 국민생활에 중요한 영향을 미치는 경우에 법률에 근거하도록 "법률유보의 원칙"을 명시하고 있다. 이는 전통적인 '침해유보'와 함께 판례로 확립된 '중요사항(본질사항) 유보'를 명문화한 것이라고 평가된다.

❑ **텔레비전 수신료 사건(헌재 1999. 5. 27. 선고 98헌바70 결정)**

〈사실관계〉 텔레비전 수신료 금액을 국회가 스스로 결정하거나 결정에 관여함이 없이 한국방송공사의 이사회가 심의 · 결정하고, 한국방송공사가 공보처장관(현 문화체육관광부장관)의 승인을 얻어 이를 부과 · 징수하도록 규정한 한국방송공사법에 의하여 한국전력공사가 수신료를 부과하였다. 이에 청구인이 수신료부과처분의 취소를 구하는 행정소송을 제기하면서 당해 부과처분의 근거가 된 한국방송공사법 조항이 헌법상의 조세법률주의에 위반된다는 이유로 위헌법률심판제청신청을 하였으나 기각되자 위헌소원을 제기하였다.

〈결정요지〉 헌법재판소는 "오늘날 법률유보원칙은 단순히 행정작용이 법률에 근거를 두기만 하면 충분한 것이 아니라, 국가공동체와 그 구성원에게 기본적이고도 중요한 의미를 갖는 영역, 특히 국민의 기본권실현에 관련된 영역에 있어서는 행정에 맡길 것이 아니라 국민의 대표자인 입법자 스스로 그 본질적 사항에 대하여 결정하여야 한다는 요구까지 내포하는 것으로 이해하여야 한다(의회유보원칙)."라고 판시하면서 관련조항에 대하여 헌법불합치결정을 하였는데, 이러한 태도에 비추어 볼 때 중요사항유보설을 취하고 있는 것으로 보인다.

〈관련판례〉 헌법재판소는 토지초과이득세법상의 기준시가는 국민의 납세의무의 성부 및 범위와 직접적인 관계를 가지고 있는 중요한 사항이므로 이를 하위법규에 백지위임하지 않고 그 대강이라도 토지초과이득세법 자체에서 직접 규정하여야 한다고 판시하였다(헌재 1994. 7. 29. 선고 92헌바49, 52 결정). 그리고 정보통신부장관이 취급의 거부, 정지 또는 제한을 명할 수 있고, 이를 위반할 경우 형사처벌을 할 수 있는 공공의 안녕질서 또는 미풍양속을 해하는 것으로 인정되는 통신의 대상 등을 전부 대통령령으로 정하도록 위임한 전기통신사업법 규정에 대한 위헌확인 사건에서도 국민의 자유나 권리를 제한하는 행정작용의 경우 적어도 그 제한의 본질적인 사항에 관한 한 국회가 제정하는 법률에 근거를 두는 것만으로 충분한 것이 아니라 국회가 직접 결정함으로써 실질에서도 법률에 의한 규율이 되도록 하여야 한다고 판시하였다(헌재 2002. 6. 27. 선고 99헌마480 결정).

다. 특별권력관계와 법률유보의 원칙

과거에 법은 권리주체 상호간의 관계를 규율하는 것인데 특별권력관계는 국가의 내부관계이므로 법이 침투할 수 없어서 법률유보의 원칙이 적용되지 않는다고 사고한 적이 있었다. 그러나 오늘날 위와 같은 특별권력관계이론은 수용될 수 없다.

라. 법규명령과 법률유보의 원칙

대한민국의 국민이 되는 요건(헌법 제2조 제1항)과 같이 국회가 법률로 정해야 하는 사항을 법규명령에 규율을 맡길 수 없다. 그렇다고 하더라도 이러한 사항을 낱낱이 법률로 규율하여야 하는 것은 아니다. 국회는 입법사항의 본질적 내용을 법률로 정하면서 세부적 사항은 구체적으로 범위를 정하여 법규명령에 위임할 수 있다(헌법 제75조 참조). 국회가 법률로 정해야 하는 사항, 위임입법의 수권범위 및 포괄위임금지의 원칙에 관해서는 법규명령에 대한 설명 부분에서 자세히 살펴보기로 한다.

마. 조례와 법률유보의 원칙

지방자치법 제28조 제1항 본문, 제13조에 의하면, 지방자치단체가 조례를 제정할 수 있는 사항은 지방자치단체의 고유사무인 자치사무와 개별법령에 의하여 지방자치단체에 위임된 단체위임사무에 한하는 것이고, 국가사무가 지방자치단체의 장에게 위임한 기관위임사무는 원칙적으로 조례의 제정범위에 속하지 않는다.

조례와 관련하여 헌법 제117조 제1항은 "지방자치단체는 법령의 범위 안에서 자치에 관한 규정을 제정할 수 있다."라고 규정하고 있는데, 지방자치법 제28조 제1항 단서는 "주민의 권리제한 또는 의무부과에 관한 사항을 정할 때에는 법률의 위임이 있어야 한다."라고 규정하고 있다. 따라서 지방자치단체는 그 내용이 주민의 권리제한 또는 의무부과에 관한 사항이거나 벌칙에 관한 사항이 아니라면 법률의 위임이 없더라도 조례를 제정할 수 있다.[42] 여기에서 벌칙에 관한 사항에 법률의 위임을 요하는 것은 죄형법정주의의 원칙상 당연하다. 문제는 주민의 권리제한 또는 의무부과에 관한 사항에 법률의 위임을 요구하는 것이 헌법 제117조 제1항에서 보장한 지방자치단체의 일반적 조례제정권을 제한하여 위헌인지 여부이다.

그러나 헌법 제117조 제1항도 기본권 제한에 관한 법률유보조항인 헌법 제37조 제2항에 따라 제한될 수 있다는 점, 헌법 제117조 제1항의 '법령의 범위 안에서'의 의미와 법령의 근거를 필요로 한다는 명제는 양립할 수 있다는 점 등에 비추어보면, 지방자치법 제28조 제1항 단서가 헌법에 위반된다고 볼 수는 없을 것이다. 대법원[43]과 헌법재판소[44]도 같은 입장이다.

위와 같은 사항에 대한 조례의 제정에는 법률유보의 원칙이 적용된다고 하더라도, 그에 관한 법률의 위임의 정도를 어떻게 볼 것인지는 또 다른 별개의 문제이다. 민주적 정당성이 없는 행정입법의 경우와 동일하게 볼 수는 없기 때문에, 위임의 정도가 포괄적이더라도 위법이라고 할 수 없다. 이렇게 해석하는 것이 지방자치법 제28조 제1항 단서에 대한 위헌설의 문제의식도 반영하는 것이 된다.

바. 자금지원과 법률유보의 원칙

자금지원 또는 자금조성이란 국가 또는 그 밖의 행정주체가 공익적 관점에서 특정한 사업 또는 활동을 조장·촉진하기 위하여 개인 또는 사기업에게 재산적 이익을 제공하는 것을 말한다. 자금지원은 보조금의 교부, 자금의 대부, 융자의 알선 및 보증 등과 같은 직접적 자금지원과 세금 또는 수수료 등의 감면과 같은 간접적 또는 공제적 자금지원으로 나눌 수 있다.

통상적인 경우에는 자금지원에 대하여 법률에 근거가 있을 필요는 없고, 예산상의 근거만으로 충분하다. 그러나 기본권 보호의 차원에서 자금지원이 경쟁자에게 기업 활동의 전부 또는 일부를 포기하게 하거나 경쟁자의 경제적 지위에 대한 침해가 수인가능성과 기대가능성을 넘는 경우 등과 같이 단순한 경쟁관계에 대한 영향을 넘어서서 법적으로 의미 있는 효과가 발생할 때에는 법률유보의 원칙이 적용되어야 한다.

---

42) 대법원 1970. 2. 10. 선고 69다2121 판결, 대법원 1992. 6. 23. 선고 92추17 판결, 대법원 2006. 10. 12. 선고 2006추38 판결.

43) 대법원 1995. 5. 12. 선고 94추28 판결. 같은 취지로는 대법원 1995. 5. 12.자 95쿠4 결정.

44) 헌재 1995. 4. 20. 선고 92헌마264, 279 결정.

Ⅲ. 평등의 원칙

> **행정기본법 제9조(평등의 원칙)** 행정청은 합리적 이유 없이 국민을 차별하여서는 아니 된다.

1. 의 의

평등의 원칙이란 행정작용을 할 때 특별한 합리적 사유가 존재하지 않는다면 상대방인 국민을 공평하게 처우하여야 한다는 원칙을 말하고, 헌법 제11조, 행정기본법 제9조가 그 근거이다. 그리고, 여기에서 말하는 평등은 형식적 의미의 평등이 아니라 실질적 의미의 평등을 의미한다.

한편, 평등의 원칙 위반 여부에 대한 심사는 ① '본질적으로 동일한 것을 다르게 또는 다른 것을 동일하게 취급하고 있는지'라는 본질적 차별대우의 존재 여부와 ② '이러한 차별대우가 헌법적으로 정당화되는지'라는 합리적 근거가 있는 차별인지에 관한 판단으로 이루어진다.

2. 적용영역

평등의 원칙은 행정의 거의 모든 분야에서 매우 중요한 기능을 수행하는데, 적용영역에 따라 명칭과 의미가 달라지기도 한다. 특히 행정의 내부에서만 효력을 가지는 행정규칙이 평등의 원칙을 매개로 그 효력이 외부화하는 경우가 있는데, 이를 '행정의 자기구속'이라고 한다. 가령 행정규칙의 일종인 재량준칙이 되풀이 시행되어 행정관행이 이루어지면 행정청은 그 상대방에 대한 관계에서 그 규칙에 따라야 할 자기구속을 당하게 되고, 그러한 경우에는 대외적인 구속력을 가지게 될 수 있다.[45]

한편, 행정의 자기구속의 원칙을 적용할 때 기준이 되는 행정규칙이 위법한 경우에는 불법에서의 평등대우 문제가 발생하는데, 이 경우에는 행정의 자기구속을 부정하여야 할 것이다.

3. 적용사례

대법원 판결 중에서 평등의 원칙에 위반된다는 사례로서, 개발제한구역 훼손부담금의 부과율을 규정할 때 전기공급시설 등과는 달리 집단에너지공급시설에 차등을 두는 구 개발제한구역의 지정 및 관리에 관한 특별조치법 시행령 제35조 제1항 제3호가 평등의 원칙에

---

45) 헌재 1990. 9. 3. 선고 90헌마13 결정, 헌재 2007. 8. 30. 선고 2004헌마670 결정.

위반된다는 것이 있다.[46] 그밖에도 지방자치단체의 개인택시운송사업면허 사무처리규정에서 개인택시운송사업면허의 우선순위 기준으로 무사고운전 등의 성실의무를 반드시 동일 회사에서 이행하였을 것으로 정한 것,[47] 국립대학이 시간강사를 전업과 비전업으로 구분하여 시간당 강의료를 차등지급하는 것,[48] 국가정보원의 계약직 직원 중 여성 근로자들이 전부 또는 다수를 차지하는 분야의 정년을 사실상 남성 전용 직렬로 운영되어 온 다른 분야의 근무상한연령보다 낮게 정한 것,[49] 국립대학교 법학전문대학원 입시과정에서 제칠일안식일예수재림교 신자들에게 면접일시를 재림교의 안식일인 토요일 오전으로 지정한 나머지 면접에 응시하지 못한 응시생에게 불합격처분을 한 것,[50] 사실상 혼인관계 있는 사람 집단에게는 국민건강보험 피부양자 자격을 인정하면서도 동성 동반자 집단에 대해서는 피부양자 자격을 인정하지 않은 것[51] 등이 있다.

반면에 평등의 원칙에 위반되지 않는다는 사례로서, 군인연금법이나 구 군인연금법 시행규칙이 무관후보생 교육기간을 군인의 복무기간에 포함시키지 않은 것,[52] 개인택시 면허 사무처리지침에서 버스 등 다른 차종의 운전경력보다 택시운전경력을 우대하거나 해당 지역 운수업체에서 일정기간 근무한 경력이 있는 경우에 우선권을 부여한 것,[53] 의료법령에서 정신병원의 개설은 허가제로 하고 정신과의원의 개설은 신고제로 정한 것,[54] 판로지원법 시행령에서 '대기업으로부터 발행주식총수 또는 출자총액을 초과하는 금액에 해당하는 자산을 대여받은 중소기업'의 중소기업자 간 경쟁입찰 참여를 제한하도록 정한 것,[55] 서울특별시 농수산물도매시장 조례 및 시행규칙에서 가락시장 청과부류 도매시장법인에 대하여 위탁수수료 상한을 다른 시장과 달리 정한 것[56] 등이 있다.

---

46) 대법원 2007. 10. 29. 선고 2005두14417 전원합의체 판결.
47) 대법원 2007. 2. 8. 선고 2006두13886 판결.
48) 대법원 2019. 3. 14. 선고 2015두46321 판결.
49) 대법원 2019. 10. 31. 선고 2013두20011 판결.
50) 피고 국립 ○○대학교 총장은 소속 법학전문대학원이 입학시험 면접일시를 제칠일안식일예수재림교의 안식일인 토요일 오전으로 지정하여 위 재림교의 신자인 원고로부터 토요일 일몰 전에 세속적 행위를 금지하는 안식일에 관한 종교적 신념을 지키기 위하여 면접 일정을 토요일 오후 마지막 순번으로 변경해 달라는 취지로 제기된 이의신청을 거부하고 그에 따라 면접에 응시하지 못한 원고에게 불합격처분을 한 사안에서, 대법원은 국립대학교의 입시과정에서 재림교 신자들이 종교적 신념을 이유로 불이익을 받게 되는 경우 이를 해소하기 위한 조치가 공익이나 제3자의 이익을 다소 제한한다고 하더라도 그 제한의 정도가 재림교 신자들이 받는 불이익에 비해 현저히 적다고 인정된다면, 헌법이 보장하는 실질적 평등을 실현할 의무와 책무를 부담하는 피고로서는 재림교 신자들의 신청에 따라 그들이 받는 불이익을 해소하기 위한 적극적인 조치를 취할 의무가 있다고 전제하고, 이 사건 불합격처분이 위법하다고 판단하였다(대법원 2024. 4. 4. 선고 2022두56661 판결).
51) 대법원 2024. 7. 18. 선고 2023두36800 전원합의체 판결.
52) 대법원 2006. 12. 21. 선고 2004두14748 판결.
53) 대법원 2007. 6. 1. 선고 2006두17987 판결.
54) 대법원 2018. 10. 25. 선고 2018두44302 판결.
55) 대법원 2019. 5. 10. 선고 2015두46987 판결.

Ⅳ. 비례의 원칙

행정기본법 제10조(비례의 원칙) 행정작용은 다음 각 호의 원칙에 따라야 한다.
1. 행정목적을 달성하는 데 유효하고 적절할 것
2. 행정목적을 달성하는 데 필요한 최소한도에 그칠 것
3. 행정작용으로 인한 국민의 이익 침해가 그 행정작용이 의도하는 공익보다 크지 아니할 것

1. 의의 및 법적근거

비례의 원칙 또는 과잉금지의 원칙[57]이란 행정주체가 구체적인 행정목적을 실현할 때 그 목적 실현과 수단 사이에 합리적인 비례관계가 유지되어야 한다는 것을 말한다. 이 원칙은 법치국가 원리의 파생원칙의 하나이므로 헌법적 차원의 원칙으로서의 성질과 효력을 가진다.

이 원칙의 헌법적 근거로 "국민의 모든 자유와 권리는 …… 필요한 경우에 한하여 법률로써 제한할 수 있으며 ……"라는 제37조 제2항을 들 수 있고, 행정기본법 제10조에서도 학설과 판례에서 인정되어오던 비례의 원칙의 세 가지 파생원칙인 ① 적합성의 원칙, ② 필요성의 원칙, ③ 상당성의 원칙을 나누어 규정하고 있다. 또한, 행정규제기본법 제5조 제3항, 경찰관직무집행법 제1조 제2항 등에서도 그 근거를 찾을 수 있다.

2. 내 용

비례의 원칙에 부합하기 위해서는 ① 행정기관이 취한 조치 또는 수단이 그가 의도하는 행정목적을 달성하는데 유효하고 적절하여야 하고(적합성의 원칙), ② 일정한 행정목적을 달성하기에 적합한 수단이 여러 가지가 있는 경우에 행정기관은 관계자에게 가장 적은 부담을 주는 수단을 선택하여야 하며(필요성의 원칙 또는 최소침해의 원칙),[58] ③ 어떤 행정조치

---

56) 대법원 2021. 7. 14. 선고 2019두36384 판결.

57) 대법원과 헌법재판소는 비례의 원칙과 과잉금지의 원칙을 같은 개념으로 보는 것 같다(대법원 1998. 4. 24. 선고 97누1501 판결, 헌재 2007. 3. 29. 선고 2003헌바15, 2005헌바9 결정 참조). 그러나 과잉금지의 원칙을 넓은 의미의 비례의 원칙으로 보는 견해, 좁은 의미의 비례의 원칙으로 보는 견해, 필요성의 원칙과 좁은 의미의 비례의 원칙을 포함하는 개념으로 보는 견해도 있다.

58) 어떠한 조치가 이 원칙을 충족하는지를 판단하는 것은 쉽지 않다. 대법원 2024. 7. 18. 선고 2022두43528 전원합의체 판결에서는, 광주광역시장이 관내 코로나바이러스감염증-19 누적 확진자 수 급증과 특정 교회에서의 집단감염 사례 등 확진자 증가 사실을 알리면서, 사회적 거리두기를 2단계로 유지하되 사실상 3단계에 준하는 집합금지 확대 등의 조치를 취한다는 취지의 발표와 함께, 구 「감염병의 예방 및 관리에 관한 법률」 제49조 제1항 제2호에 따라 '관내 종교시설에 대한 집합금지' 등을 명하는 예방 조치를 하자, 관내 교회 및 그 대표자인 목사가 위 처분이 비례의 원칙 등을 위반하여 자신들의 종

가 설정된 목적 실현을 위하여 필요한 경우라 할지라도 그 행정조치를 취함에 따른 불이익이 그것에 의하여 초래되는 이익보다 큰 경우에는 해당 행정조치를 취해서는 안 된다(상당성의 원칙 또는 협의의 비례의 원칙).

❑ **독서실 열람실 내 혼석 금지 조례의 적법 여부(대법원** 2022. 1. 27. **선고** 2019**두**59851 **판결)**

〈사실관계〉「학원의 설립 · 운영 및 과외교습에 관한 법률」 제8조의 위임에 따라 제정된 「전라북도 학원의 설립 · 운영 및 과외교습에 관한 조례」에서는 학원의 열람실 시설기준으로 "남녀별로 좌석이 구분되도록 배열할 것"이라고 규정하고, 이를 위반한 경우 교습정지처분 등의 제재를 가할 수 있도록 규정하고 있었다. 이 경우 위 혼석 금지 및 교습정지 조항이 비례의 원칙에 반하여 독서실 운영자와 이용자의 직업수행의 자유 및 일반적 행동자유권 내지 자기결정권을 침해하는지 여부가 쟁점이 되었다.

〈판시내용〉 이 사건 조례 조항은 입법경위와 내용에 비추어 볼 때 독서실 내에서 이성과 불필요한 접촉을 차단하여 면학분위기를 조성하고 성범죄를 예방하는 것을 입법목적으로 한다.

그러나 열람실의 남녀 좌석을 구분하여 면학분위기를 조성하고 학습효과를 높인다는 것은 독서실 운영자와 이용자의 자율이 보장되어야 하는 사적 영역에 지방자치단체가 지나치게 후견적으로 개입하는 것으로서 목적의 정당성을 인정하기 어렵다. 사람들은 저마다 학습습관과 학습방식에 대한 선호를 가지고 있고 이를 수행하는 모습도 다양하다. 남녀가 옆자리에 나란히 앉아 학습할 것인지, 어느 정도 떨어진 자리에서 학습할 것인지 등 사적 공간에서 학습방법을 선택하는 것은 타인의 법익과 특별한 관련이 없는 지극히 개인적인 것이므로 이용자 각자의 자율적 판단에 맡기는 것이 바람직하다. 미성년 학생이라도 학교 밖의 교육영역에 속하는 경우에는 부모가 자녀의 의사를 존중하여 우선적으로 결정할 것이지 국가 또는 지방자치단체가 먼저 개입할 것은 아니다.

남녀 혼석을 금지함으로써 성범죄를 예방한다는 목적을 보더라도, 이는 남녀가 한 공간에 있으면 그 장소의 용도나 이용 목적과 상관없이 성범죄 발생 가능성이 높아진다는 불합리한 인식에 기초한 것이므로 그 정당성을 인정하기 어렵다.

의견을 달리하여 면학분위기 조성이나 성범죄 예방이라는 목적의 정당성을 수긍한다고 하더라도, 같은 열람실 내에서 남녀 좌석을 구별하는 것이 그 목적 달성을 위한 적합한 수단인지는 여전히 의문이다.

열람실 자체를 분리하지 않으면서 동일한 열람실에서 남녀의 좌석 배열만 구별하는 경우, 남녀가 바로 옆 자리에 앉을 수 없을 뿐 앞뒤의 다른 열 책상에는 앉을 수 있고, 동일한 출입문을 사용하므로 계속 마주칠 수밖에 없어 이성간 접촉 차단에 실질적 도움이 되지 않는다. 그뿐만 아니라 도서관이나 스터디카페 등 남녀 혼석이 허용되는 다른 형태의 사적인 학습공간이 많은 상

교의 자유를 침해한다며 처분의 취소를 구한 사안에서, 경찰권의 발동에 대하여 위법성을 판단할 때 단순히 제반 상황을 사후적 · 회고적인 시각으로 판단하여 그 당시에 기대할 수 있었던 최선의 조치 또는 해당 처분보다 덜 침해적이면서도 행정목적을 유사하게 달성할 수 있는 대안이 있었을 것이라고 가볍게 여기고 이를 기준으로 처분의 위법성을 판단할 수 없다고 판시하였다.

황에서 학원법의 적용을 받는 독서실만을 대상으로 남녀 혼석을 금지한다고 하여 사적 학습공간에서 이성간의 접촉을 차단하는 효과가 생긴다고 볼 수도 없다.

남녀 혼석 때문에 학습분위기가 저해되거나 성범죄 발생 위험이 높아진다고 단정하기도 어렵다. 같은 성별끼리 대화나 소란행위로도 얼마든지 학습분위기가 저해될 수 있는데, 남녀 혼석을 하면 학습분위기를 저해하는 상황이 더욱 빈번하게 발생한다고 볼 만한 자료는 없다. 남녀 혼석이 성범죄 발생가능성을 반드시 높이는지, 부정적 영향을 미친다고 하더라도 공간 구분이 아닌 좌석 구분만으로 이를 해결할 수 있는지 등에 관한 실증적인 자료도 찾아보기 어렵다.

이 사건 조례 조항은 그 적용대상이 되는 독서실 운영자에게 남녀 좌석을 구분 배열하도록 하고 이를 위반할 경우 별도의 경고 조치 없이 곧바로 10일 이상의 교습정지 처분을 하도록 하면서도(2회 위반의 경우에는 등록말소의 대상에도 해당된다), 독서실의 운영 시간이나 열람실의 구조, 주된 이용자의 성별과 연령, 관리감독 상황 등 개별적·구체적 상황을 전혀 고려하지 아니하여 독서실 운영자의 직업수행의 자유를 필요 이상으로 제한하고 있다. 또한 독서실 이용자에게 남녀가 분리된 좌석만을 이용하도록 하면서도 이용자 상호 간의 관계가 어떠한지, 미성년자인지 성인인지, 미성년 학생의 경우 부모의 동의가 있었는지 여부 등도 전혀 고려하지 아니하여 독서실 이용자가 자신의 학습 장소와 방식에 관하여 자유롭게 결정할 자유를 과도하게 제한하고 있다. 반면, 독서실의 남녀 좌석을 구분 배열함으로 인해 달성할 수 있는 면학분위기 조성이나 성범죄 예방이라는 효과는 불확실하거나 미미하다고 볼 수밖에 없다. 따라서 이 사건 조례 조항은 침해최소성과 법익균형성도 충족하지 못한다.

그러므로 이 사건 조례 조항은 과잉금지원칙에 반하여 독서실 운영자의 직업수행의 자유와 독서실 이용자의 일반적 행동자유권 내지 자기결정권을 침해하는 것으로 헌법에 위반된다고 보아야 한다.

〈검토〉 위 판결은 위 조례가 직업수행의 자유 등 헌법상 보장된 기본권을 침해하는지 여부를 비례의 원칙에 입각하여 판단하고 있다. 대법원은 위 조례가 비례의 원칙에 위반하여 효력이 없는 것이므로, 원고가 위 조례에 따라 지게 되는 의무를 이행하지 않았다는 이유로 행한 교습정지 처분이 위법하다고 판단한 것이다.

3. 적용범위

가. 개 설

비례의 원칙은 개인의 자유와 권리영역에 대한 공권력의 침해로부터 개인을 보호하는 기능이 있다. 원래 이 원칙은 경찰행정 영역에서 경찰권의 한계를 설정해 주는 것에서 시작되었으나, 오늘날에는 행정의 모든 영역에 적용된다. 행정기본법 제10조에서도 적용대상을 침익적 처분에 한정하지 않고 모든 행정작용에 적용하는 것으로 규정하고 있다. 따라서 개인의 주관적 권리에 대한 제한이 문제가 되는 영역이라면 행정을 포함한 모든 국가권력을 기속한다.

나. 구체적인 적용영역

(1) 재량권 행사의 한계

비례의 원칙은 재량권의 일탈 · 남용 여부를 판단하는 중요한 사법심사의 척도이고, 특히 협의의 비례의 원칙이 문제가 된다. 대법원은 일찍부터 비례의 원칙에 의거하여 공무원에 대한 징계처분59)을 비롯한 행정청의 재량권 일탈 · 남용 여부가 문제되는 사안에서 위 원칙을 중요한 판단기준으로 삼아왔다.

징계처분의 경우 징계처분을 할 것인지 여부, 어떠한 종류의 징계를 할 것인지는 징계권자의 재량에 따른다. 그러나 징계권을 부여한 목적에 반하거나 비례의 원칙 또는 평등의 원칙에 위반되는 경우에는 재량권의 한계를 벗어난 것으로 위법하게 된다. 그중 비례의 원칙 위반여부는 징계사유, 비행의 내용과 정도, 직무의 내용, 직무성적, 징계처분의 불이익 등을 종합하여, 공익침해의 정도와 그 처분으로 인하여 개인이 입게 될 불이익 등을 비교 형량하여 판단한다.

❑ **고등검찰청 검사장 면직처분 사건(대법원** 2001. 8. 24. **선고** 2000**두**7704 **판결)**

〈사실관계〉 고등검찰청 검사장인 원고는 비리혐의로 대검찰청의 감찰조사를 받게 되었는데, 대질신문을 위하여 대검찰청에 출석하라는 검찰총장의 직무상의 명령을 따르지 않고, 검찰총장의 승인을 받지 않은 채 근무지를 무단으로 이탈하였으며, 기자회견을 하면서 검찰수뇌부를 비판하는 내용의 유인물을 배포하였다는 이유로 면직처분을 받았다. 이 사건은 위 면직처분이 너무 무거워 재량권의 한계를 벗어난 것인지가 쟁점이 되었다.

〈판시사항〉 대법원은 원고의 위 행위들이 징계사유에 해당하는 것이라고 인정한 다음, "징계권자가 그에 대하여 징계처분을 할 것인지, 징계처분을 하면 어떠한 종류의 징계를 할 것인지는 징계권자의 재량에 맡겨져 있다고 할 것이나, 그 재량권의 행사가 징계권을 부여한 목적에 반하거나, 징계사유로 삼은 비행의 정도에 비하여 균형을 잃은 과중한 징계처분을 선택함으로써 비례의 원칙에 위반하거나 또는 합리적인 사유 없이 같은 정도의 비행에 대하여 일반적으로 적용하여 온 기준과 어긋나게 공평을 잃은 징계처분을 선택함으로써 평등의 원칙에 위반한 경우에는, 그 징계처분은 재량권의 한계를 벗어난 것으로서 위법하고, 징계처분에 있어 재량권의 행사가 비례의 원칙을 위반하였는지 여부는, 징계사유로 인정된 비행의 내용과 정도, 그 경위 내지 동기, 그 비행이 당해 행정조직 및 국민에게 끼치는 영향의 정도, 행위자의 직위 및 수행직무의 내용, 평소의 소행과 직무성적, 징계처분으로 인한 불이익의 정도 등 여러 사정을 건전한 사회통념에 따라 종합적으로 판단하여 결정하여야 한다."라고 판시하면서, 위 면직처분은 비례의 원칙에 위반하여 재량권을 일탈 · 남용한 것으로서 위법하다고 하였다.

59) 대법원 1967. 5. 2. 선고 67누24 판결을 비롯하여 대법원 1977. 10. 11. 선고 77누212 판결, 대법원 1981. 7. 28. 선고 81누17 판결, 대법원 2007. 5. 11. 선고 2006두19211 판결 등 다수.

(2) 부관의 한계

수익적 행정행위를 발령하는 경우라도 행정목적을 달성하기 위하여 필요한 범위를 넘어 과중한 부담을 지움으로써 비례의 원칙에 위배되는 부관을 붙여서는 안 된다. 가령 아파트건설사업계획의 승인처분을 하면서 진입도로를 개설한 후 기부채납하도록 하는 내용의 부담이 필요한 범위를 넘어 과중한 경우에는 그 부담은 비례의 원칙에 어긋나서 위법하게 된다.[60]

(3) 수익적 행정행위의 취소 · 철회의 한계

수익적 행정행위에 취소사유나 철회사유가 있는 경우에도 자유롭게 취소하거나 철회할 수 있는 것이 아니라 관계되는 이익들을 형량하여 해당 행정행위를 취소하거나 철회함으로써 얻어지는 공익이 취소하지 않거나 철회하지 않음으로써 얻어지는 사익보다 더 큰 경우에만 취소하거나 철회할 수 있다. 이는 협의의 비례의 원칙을 구체화한 것이라 할 수 있다.

(4) 공용침해 요건인 공공의 필요에 대한 판단기준

헌법 제23조 제3항에 의하면 '공공의 필요'가 존재하는 경우에만 공용수용 · 사용 · 제한의 공용침해가 허용된다. 이러한 공공의 필요는 공공성과 필요성을 개념요소로 한다. 공공성은 공용침해를 수단으로 하는 사업의 공익성을 말한다. 그리고 필요성은 공용침해 목적물의 목적사업에 대한 적합성, 공용침해에 의하지 않고 보다 적은 부담을 주는 방법 및 공용침해에 의하는 경우에도 권리침해의 우려가 보다 적은 방법을 우선적으로 사용하여야 한다는 목적물 취득의 보충성 및 공용침해는 목적달성에 필요한 한도 내에서만 허용된다는 침해 목적물의 종류 및 범위의 필요성을 포괄한다. 즉, 필요성은 비례의 원칙 중 적합성의 원칙과 최소침해의 원칙을 내포하고 있는 것이다. 한편 공공의 필요 유무를 판단하려면 관계 이익을 정당하게 형량하여야 한다는 점에서 공용침해가 협의의 비례의 원칙에도 부합하여야 한다.[61]

(5) 사정판결 요건인 현저한 공공복리의 요건충족에 대한 판단기준

사정판결을 하기 위해서는 첫째, 원고의 청구가 이유있다고 인정되어야 하고, 둘째, 처분 등을 취소하는 것이 현저히 공공복리에 적합하지 않다고 인정되어야 한다(행정소송법 제28조 제1항). 두 번째 요건인 현저히 공공복리에 적합하지 않는지 여부를 판단할 때 위법 · 부당한 행정처분을 취소 · 변경하여야 할 필요성과 그로 인하여 발생할 수 있는 공공복리에 반하는 사태 등을 비교 · 형량하여야 한다.[62] 이는 협의의 비례의 원칙을 구체화한 것이라

---

60) 대법원 1997. 3. 14. 선고 96누16698 판결.

61) 공공필요의 요건 충족 판단기준에 대한 자세한 내용은 김연태, "공용수용의 요건으로서의 '공용필요'", 고려법학 제48호, 고려대학교 법학연구원(2007. 4), 88면 이하 참조.

할 수 있다.

4. 위반의 효과

비례의 원칙은 행정법의 일반적 법원칙의 하나로서, 그에 위반된 행정작용은 위법한 것이 된다. 대법원[63]과 헌법재판소[64] 역시 같은 입장이다.

V. 성실의무 및 권한남용금지의 원칙

> **행정기본법 제11조(성실의무 및 권한남용금지의 원칙)** ① 행정청은 법령등에 따른 의무를 성실히 수행하여야 한다.
> ② 행정청은 행정권한을 남용하거나 그 권한의 범위를 넘어서는 아니 된다.

1. 성실의무의 원칙

행정기본법 제11조에서는 행정절차법 제4조 제1항이나 국세기본법 제15조 등에 규정되어 있는 "신의성실의 원칙"을 공법관계에 맞게 행정청의 "성실의무의 원칙"으로 수정하여 규정하고 있다(제1항). 신의성실의 원칙은 사법의 영역에서 발전된 것이나 공법의 영역에서도 적용되는 법의 일반원칙으로서, 공법의 영역에서 특히 법의 흠결·공백이 있는 경우 그 공백을 메워 주는 원칙의 하나로 일찍부터 활용되어왔다.

대법원은 행정법관계에서 행정청의 행위에 대하여 신의칙이 적용되기 위해서는 합법성의 원칙을 희생해서라도 상대방의 신뢰를 보호하는 것이 정의의 관념에 부합한다고 인정되는 특별한 사정이 있는 경우에 예외적으로 적용된다고 판시하고 있다.[65] 법치행정을 지도이념으로 하는 행정법 영역에서는 법률적합성의 원칙이 우선적으로 적용되어야 하기 때문이다.

대법원은 근로복지공단의 요양불승인처분에 대한 취소소송을 제기하여 승소확정판결을 받은 근로자가 이를 기초로 요양기간 동안의 휴업급여를 청구하자 근로복지공단이 그 휴업급여청구권은 시효로 소멸하였다고 주장한 사안에서 근로복지공단의 주장은 신의성실의 원칙에 반하여 허용될 수 없다고 판시하였다.[66] 근로복지공단은 업무상 재해임을 인정

62) 대법원 2006. 12. 21. 선고 2005두16161 판결 등 다수.
63) 대법원 1986. 2. 25. 선고 85누664 판결.
64) 헌재 1989. 11. 20. 선고 89헌가102 결정.
65) 대법원 2004. 7. 22. 선고 2002두11233 판결 등.

하여 요양급여신청을 승인한 경우에 한하여 휴업급여를 지급하고 요양급여신청을 승인하지 않은 상태에서는 휴업급여를 지급하지 않는 것이 관행이기 때문에 요양급여신청이 승인되지 않은 경우에는 근로자가 휴업급여를 청구하더라도 근로복지공단이 이를 거절할 것이다. 그런데 휴업급여청구권의 산업재해보상보험법상 소멸시효기간은 3년에 불과하여 근로복지공단의 요양불승인처분에 대한 소송계속 중에 휴업급여청구권에 대한 소멸시효기간이 도과될 가능성이 높았다. 대법원은 그와 같은 상황이라면 채권자가 권리를 행사하는 것을 기대하기가 어려운 특별한 사정이 있었던 것으로서 근로자에게 휴업급여청구권을 행사할 수 없는 사실상의 장애사유가 있었으므로, 이러한 경우에까지 근로복지공단의 소멸시효 주장을 받아들여 채무이행의 거절을 인정하는 것은 현저히 부당하거나 불공평하여 신의성실의 원칙에 반한다는 것이다.

또한, 관할관청이 사업주에게 행한 직업능력개발훈련과정 인정제한처분과 훈련비용 지원제한처분이 쟁송절차에서 취소되거나 무효로 확인된 후에 사업주가 그 인정제한기간에 실시한 직업능력개발훈련과정에 대한 비용지원을 사후에 신청한 경우, 관할관청이 미리 훈련과정의 인정을 받아 두지 않았다는 형식적인 이유만으로 그 신청을 거부하는 것은 허용되지 않는다. 이러한 거부행위는 위법한 훈련과정 인정제한처분을 함으로써 제때 훈련과정 인정신청을 할 수 없게 장애사유를 만든 행정청이 오히려 사전에 훈련과정 인정신청을 하지 않은 것을 탓하는 것이므로, 신의성실의 원칙에 반하여 허용될 수 없기 때문이다.[67]

2. 권한남용금지의 원칙

행정기본법 제11조에서는 성실의무의 원칙과 아울러 행정권한을 행사할 때 행정청이 행정권한을 남용하거나 그 권한의 범위를 넘어서 행사하는 것을 금지하는 "권한남용금지의 원칙"을 명시하고 있다(제2항). 행정법상 권한남용금지의 원칙은 법치국가의 원리 또는 법치주의에 기초한 것으로서 민법상 권리남용금지의 원칙과 구별하여 행정법의 고유한 법 원칙으로 선언한 대법원 판례를 반영한 것이다.[68]

---

66) 대법원 2008. 9. 18. 선고 2007두2173 전원합의체 판결. 위 판결로 이와 배치된 종전의 대법원 판결은 폐기되었다.

67) 대법원 2019. 1. 31. 선고 2016두52019 판결.

68) 대법원은 "법치주의는 국가권력의 중립성과 공공성 및 윤리성을 확보하기 위한 것이므로, 모든 국가기관과 공무원은 헌법과 법률에 위배되는 행위를 하여서는 아니 됨은 물론 헌법과 법률에 의하여 부여된 권한을 행사할 때에도 그 권한을 남용하여서는 아니 된다."라고 판시한 바 있다(대법원 2016. 12. 15. 선고 2016두47659 판결).

Ⅵ. 신뢰보호의 원칙

행정기본법 제12조(신뢰보호의 원칙) ① 행정청은 공익 또는 제3자의 이익을 현저히 해칠 우려가 있는 경우를 제외하고는 행정에 대한 국민의 정당하고 합리적인 신뢰를 보호하여야 한다.

② 행정청은 권한 행사의 기회가 있음에도 불구하고 장기간 권한을 행사하지 아니하여 국민이 그 권한이 행사되지 아니할 것으로 믿을 만한 정당한 사유가 있는 경우에는 그 권한을 행사해서는 아니 된다. 다만, 공익 또는 제3자의 이익을 현저히 해칠 우려가 있는 경우는 예외로 한다.

1. 의 의

신뢰보호의 원칙이란 국민이 행정기관의 어떤 결정(명시적 언동 · 묵시적 언동을 포함)의 정당성 또는 존속성에 대하여 신뢰한 경우 그 신뢰가 보호받을 만한 가치가 있다면 그 신뢰를 보호해주어야 한다는 원칙을 말한다.

이러한 신뢰보호의 원칙은 행정선례가 위법하나 동일한 사정에 있는 제3자가 그 선례를 신뢰해 온 경우 장래에도 그 선례를 고수해 줄 것을 요구할 수 있는지라고 하는 '불법에서의 평등대우'와는 구별된다. 후자의 경우에도 신뢰보호를 이유로 그 제3자에게 위법한 행정작용에 대한 청구권을 인정한다면 행정의 법률적합성의 원칙은 공허하게 되고, 위법한 상태가 장래에 향하여 지속된다는 불합리한 결과가 발생하게 된다.

2. 신뢰보호의 근거

신뢰보호의 이론적 근거에 대해서는 신의성실의 원칙에서 구하는 견해, 법적 안정성에서 구하는 견해, 기본권 또는 사회국가원리에서 찾는 견해 및 여러 관점을 중첩적으로 적용하여 도출하는 견해 등이 있다. 행정상 신뢰보호의 원칙은 행정작용의 정당성 또는 존속성에 대한 국민의 신뢰를 보호하여 행정작용에 대한 국민의 사전적인 예측가능성을 보장하려는 것이므로, 법치국가 원리의 구성요소인 법적 안정성의 원칙에서 그 근거를 찾을 수 있다.

신뢰보호의 실정법적 근거로서, 행정기본법 제12조 제1항에서는 행정청으로 하여금 공익 또는 제3자의 이익을 현저히 해칠 우려가 있는 경우를 제외하고는 행정에 대한 국민의 정당하고 합리적인 신뢰를 보호하도록 규정하고 있고, 제2항에서는 묵시적 견해표명으로 인한 신뢰보호의 문제에 관한 '실권의 법리'를 명문화하고 있다. 그밖에도 행정절차법 제4조 제2항 및 국세기본법 제18조 제3항에서도 근거를 찾을 수 있다.

3. 신뢰보호의 요건

가. 일반적 요건

신뢰보호원칙에 의하여 보호받기 위해서는 ① 행정기관의 선행조치, ② 선행조치에 대한 신뢰, ③ 신뢰의 보호가치성, ④ 관계자의 신뢰에 기인한 처리, ⑤ 선행조치에 반하는 행정작용 등의 요건이 충족되어야 한다.

판례도 신뢰보호의 원칙이 적용되기 위해서는, ① 행정청이 개인에 대하여 신뢰의 대상이 되는 공적인 견해표명을 하여야 하고, ② 행정청의 견해표명이 정당하다고 신뢰한데 대하여 그 개인에게 귀책사유가 없어야 하며, ③ 그 개인이 그 견해표명을 신뢰하고 이에 따라 어떠한 행위를 하였어야 하고, ④ 행정청이 위 견해표명에 반하는 처분을 함으로써 그 견해표명을 신뢰한 개인의 이익이 침해되는 결과가 초래되어야 한다고 판시하였다.

예를 들면, 청소용역 주선회사가 담당공무원으로부터 폐기물처리업의 사업계획서를 제출하자 법령상 폐기물처리업체의 정수제한이 없고 사업계획이 적정하니 6개월 내에 폐기물관리법령상의 허가요건을 갖추어 허가신청을 하라는 내용의 적정통보를 받은 후, 위 사업계획에 따라 폐기물관리법령 소정의 허가요건을 갖추어 허가신청을 하면 당연히 허가를 받을 수 있는 것으로 믿고 막대한 비용을 들여 장비를 구입하고 기술인력을 고용하여 법정 허가요건을 완비하였는데, 관할 행정청이 위 적정통보와는 달리 청소업자들의 난립으로 안정적이고 효율적인 청소업무의 수행에 지장이 있다는 이유로 불허가처분을 한 경우, 위 불허가처분은 신뢰보호의 원칙 등에 반하는 것으로서 위법한 처분이 될 수 있다.[69]

신뢰보호의 일반적 요건 중 실무상 주로 쟁점이 되는 것은 행정기관의 선행조치 또는 공적인 견해표명과 신뢰의 보호가치성 또는 개인의 귀책사유 유무이므로, 이 두 가지 요건에 대하여 조금 더 자세히 살펴본다.

나. 행정기관의 선행조치

① 신뢰보호의 원칙이 적용되기 위해서는, 개인의 신뢰를 창출하여 신뢰의 대상이 되는 행정기관의 선행조치가 존재하여야 한다.

폐기물처리업 사업계획에 대한 적정통보는 해당 영업허가가 아니라 그 부지의 토지형

---

69) 대법원 1998. 5. 8. 선고 98두4061 판결. 그밖에도 동사무소 직원이 착오로 국적이탈을 사유로 주민등록을 말소한 것을 신뢰하여 18세가 될 때까지 별도로 국적이탈신고를 하지 않았는데 18세 이후 주민등록이 직권으로 재등록된 사실을 알고 국적이탈신고를 하자 이를 반려한 처분(대법원 2008. 1. 17. 선고 2006두10931 판결), 시의 도시계획과장과 도시계획국장이 도시계획사업의 준공과 동시에 사업부지에 편입한 토지에 대한 완충녹지 지정을 해제함과 아울러 당초의 토지소유자들에게 환매하겠다고 약속하여 이를 믿고 토지를 협의매매한 토지소유자의 완충녹지지정해제신청을 거부한 처분(대법원 2008. 10. 9. 선고 2008두6127 판결) 등은 신뢰보호의 원칙을 위반하여 위법하다.

질변경허가에 대한 공적인 견해표명이라고 볼 수 없다.[70] 또한 대학교원의 임용심사에서 연구실적물에 대한 평정은 임용 여부를 결정하기 위한 행정청 내부의 의사결정에 불과할 뿐 그것이 외부적으로 통보되지 않았다면 공적인 견해표명이라고 할 수 없다.[71] 그리고 어떠한 처분을 발령할 것인지 여부를 판단하기 위한 검토과정에서 관계법령의 해석에 관한 의견을 제시한 것에 불과한 경우이거나[72] 담당공무원이 아니라 민원팀장이 민원봉사차원에서 상담에 응하여 안내한 것은 공적인 견해표명이라고 할 수 없다.[73] 아울러 사정이 비슷한 형들에게 제2국민역 처분을 하였다고 하더라도 이를 가지고 원고가 병역의무가 면제된다는 공적인 견해표명이라고 할 수 없다.[74]

② 신뢰의 대상이 되는 행정기관의 선행조치 내지 공적인 견해표명이 있었는지 여부를 판단할 때 행정조직상의 형식적인 권한분장에 구애될 것은 아니고 담당자의 조직상의 지위와 임무, 해당 언동을 하게 된 구체적인 경위 및 그에 대한 상대방의 신뢰가능성에 비추어 실질적으로 판단하여야 한다.[75]

취득세에 대한 부과징수권을 위임받아 처리하는 구청장의 지시를 받아 총무과 직원이 청사 신축부지로 결정된 토지의 소유자에게 해당 토지를 매도하고 새로 취득하는 부동산에 대한 취득세를 면제해 주겠다고 한 약속,[76] 도시계획구역 내 생산녹지에 종교회관 건립을 목적으로 사업계획을 제출한 종교법인의 토지거래계약을 허가하면서 허가업무 담당공무원이 관련 업무 담당 부서의 담당 공무원들에게 문의하여 토지형질변경이 가능하다는 답변을 들은 다음 종교회관 건립 각서까지 요구하여 제출받은 행위[77] 등은 공적인 견해표명으로 볼 수 있다.

반면에, 관광숙박시설지원 등에 관한 특별법의 유효기간 내에 관광호텔업 사업계획 승인을 받아야 위 특별법이 적용되는데, 문화관광부 장관이 처분청인 서울특별시장에게 위 특별법의 유효기간 경과 후에도 위 특별법을 적용할 수 있다고 한 회신내용을 처분청의 담당 공무원이 사업자의 사업계획 승인신청 전에 사업자에게 알려준 경우, 문화관광부 장관의 회신이나 담당 공무원이 회신 내용을 알려 준 것은 처분청의 공적인 견해표명으로 보기 어렵다.[78]

---

70) 대법원 1998. 9. 25. 선고 98두6494 판결, 대법원 2005. 4. 28. 선고 2004두8828 판결.
71) 대법원 2003. 11. 28. 선고 2003두674 판결.
72) 대법원 2020. 4. 29. 선고 2019두52799 판결.
73) 대법원 2003. 12. 26. 선고 2003두1875 판결.
74) 대법원 2001. 11. 9. 선고 2001두7251 판결.
75) 대법원 1995. 6. 16. 선고 94누12159 판결, 대법원 1995. 1. 23. 선고 95누13746 판결, 대법원 1997. 9. 12. 선고 96누18380 판결, 대법원 2006. 4. 28. 선고 2005두9644 판결.
76) 대법원 1995. 6. 16. 선고 94누12159 판결.
77) 대법원 1997. 9. 12. 선고 96누18380 판결.
78) 대법원 2006. 4. 28. 선고 2005두9644 판결. 문화관광부 장관의 위 회신은 처분청인 서울특별시장에게

③ 행정기관의 선행조치 내지 공적인 견해표명은 처분 · 확언(확약 포함) · 행정계획 · 행정지도 등을 통해 행해질 수 있고, 명시적 · 적극적인 언동에 국한되지 않으며 묵시적 · 소극적인 것도 포함된다.

대법원 판결 중에도 비과세의 사실상태가 장기간에 걸쳐 계속되자 그것을 과세의 대상으로 삼지 않겠다는 과세관청의 묵시적인 의사표시로 본 것이 있다.[79]

그러한 사례로서, 보세운송면허세의 부과근거법규가 시행된 4년 동안에 그 면허세를 부과할 수 있는 정을 알면서도 수출확대라는 공익상 필요에 의하여 한 건도 이를 부과하지 않다가 근거법규가 폐지된 때로부터 1년 3개월이 지난 후 4년 동안의 면허세를 전부 부과한 사안,[80] 면허부여기관인 세관장의 면허세 비과세 해석에 따른 면허부여 사무처리로 인하여 보세운송면허 과세근거법규가 폐지될 때까지 구청장이 4년 반 동안 면허세를 부과하지 않은 사안,[81] 면허항만시설 일시사용에 대한 면허세 부과의 근거법령이 폐지될 때까지 근 3년간 면허세를 한 건도 부과하지 않다가 그 근거법규가 폐지된지 1년 7개월이 지난 후에 2년 10개월 동안의 면허세를 한꺼번에 부과한 사안,[82] 과세처분시까지 4년 이상 경마실시사업으로 인한 소득에 대해서는 비과세하고 경마장의 부대시설인 골프장, 매점 등 부대사업 및 식당임대료 수입에서 얻은 소득에 대해서만 과세하여 온 사안,[83] 경마소득에 대한 법인세 부과근거법규가 마련되었음에도 납세자의 신고대로 비과세소득으로 처리하여 3개년도분 경마소득에 대하여 되풀이하여 비과세한 사안,[84] 상호면세협정에 따라 중화민국 법인 소유의 편의국적선박의 선임에 대한 법인세를 10년간 비과세하다가 중화민국 세무당국이 위 협정이 상대국에 등록된 선박의 활동으로부터 취득하는 수입에 대해서만 면세하도록 규정하고 있다는 이유로 대한민국 법인소유의 편의국적선박의 선임에 대하여 법인세를 부과하자 상호주의에 의거하여 소급하여 법인세를 부과한 사안[85] 등이 있다.

다. 신뢰의 보호가치성

신뢰보호의 원칙에 의하여 개인이 보호를 받으려면 행정기관의 선행조치 또는 견해표명이 정당하다고 신뢰한 데에 대하여 그 개인에게 귀책사유가 없어야 한다. 여기서 말하는

한 것이어서 이를 두고 원고들에 대한 공적인 견해표명으로 볼 수 없는 점, 피고의 담당 공무원이 원고들에게 위 회신내용을 알려주게 된 것은 개인적 친분관계에서 행정청의 단순한 정보제공 내지는 일반적인 법률상담 차원에서 비롯된 점 등을 감안한 것이다.

79) 대법원 2002. 11. 8. 선고 2001두4849 판결, 대법원 2003. 9. 5. 선고 2001두7855 판결 등 다수.
80) 대법원 1980. 6. 10. 선고 80누6 판결.
81) 대법원 1981. 9. 22. 선고 80누601 판결 등.
82) 대법원 1983. 9. 27. 선고 82누130 판결.
83) 대법원 1984. 12. 26. 선고 81누266 판결.
84) 대법원 1985. 10. 22. 선고 85누548 판결.
85) 대법원 1986. 3. 25. 선고 85누561 판결.

귀책사유라 함은 행정기관의 선행조치 또는 견해표명의 하자가 상대방 등 관계자의 사실은폐나 기타 사위의 방법에 의한 신청행위 등 부정행위에 기인한 것이거나 그러한 부정행위가 없었다고 하더라도 하자가 있음을 알았거나 중대한 과실로 알지 못한 경우 등을 말한다. 이러한 귀책사유의 유무는 상대방과 그로부터 신청행위를 위임받은 수임인 등 관계자 모두를 기준으로 판단하여야 한다.[86)]

관계자의 부정행위와 관련된 사례로서, 허위의 부지증명서와 건물용도변경증명서를 첨부하여 발급받은 여관영업허가를 취소한 경우,[87)] 허위로 기재된 주민등록표를 첨부하여 취득한 개인택시운송사업면허를 취소한 경우,[88)] 무자격자에게 액화석유가스판매사업을 할 수 있도록 명의를 빌려 준 자가 자신이 실제로 사업을 할 것처럼 허가를 신청한 사실이 발각되어 그 허가를 취소한 경우,[89)] 50세대 이상의 국민주택을 건설할 경우 설치되어야 하는 어린이놀이터 시설대상지로 지정·제공된 사실을 숨기고 발급받은 건축허가를 취소한 경우,[90)] 허가요건인 액화석유가스충전소 설치 예정지로부터 100m 내에 있는 건물주의 동의서를 갖춘 것처럼 허가를 신청한 사실이 발각되어 그 허가를 취소한 경우,[91)] 허위의 재직증명서를 제출하고 받은 직장주택조합 설립인가처분을 취소한 경우,[92)] 상한면적을 초과하여 개인어장을 보유하고 있는 자가 구어업권의 일부지분을 허위양도하여 어업권변경등록을 한 후 양수인과 공동명의로 발급받은 신어업권 면허를 취소한 경우,[93)] 집합건물이라는 사실을 은폐하고 다른 구분소유자들의 승낙서류를 전혀 첨부하지 않은 채 발급받은 옥외광고물표시허가를 취소한 경우,[94)] 허위의 고등학교 졸업증명서를 제출하여 하사관으로 임용되고 33년이 경과한 후에 발각되어 임용처분을 취소한 경우,[95)] 산업기능요원이 지정업체에서 해당 분야에 종사하지 않은 사실을 은폐하여 복무를 만료되었으나 사후에 이를 발견하고 복무만료처분을 취소한 경우,[96)] 거짓 진술이나 사실은폐 등으로 받은 난민인정결정을

---

86) 대법원 2002. 11. 8. 선고 2001두1512 판결. 참고로 독일행정절차법 제48조 제2항에서는 ① 행정행위의 하자가 수익자의 책임에 기인하는 경우(수익자의 사기·강박·증뢰 등 부정한 방법으로 또는 수익자의 불완전하거나 잘못된 신고에 의하여 행정행위 등이 발해진 경우)와 ② 수익자가 행정행위 등의 위법성을 알았거나 중대한 과실로 알지 못한 경우에는 그 행정행위 등에 대한 신뢰는 보호받을 가치가 없다고 규정하고 있다.

87) 대법원 1982. 7. 27. 선고 81누67 판결.

88) 대법원 1984. 12. 26. 선고 84누200 판결. 그 외에도 판례는 사위의 방법으로 개인택시운송사업면허를 취득한 경우 면허를 취소하더라도 신뢰이익을 원용할 수 없다는 입장을 일관되게 취하고 있다(대법원 1995. 7. 28. 선고 95누4926 판결 등 다수).

89) 대법원 1991. 4. 12. 선고 90누9520 판결.

90) 대법원 1991. 8. 23. 선고 90누7760 판결.

91) 대법원 1992. 5. 8. 선고 91누13274 판결.

92) 대법원 1994. 3. 22. 선고 93누18969 판결.

93) 대법원 1995. 1. 20. 선고 94누6529 판결.

94) 대법원 1996. 10. 25. 선고 95누14190 판결.

95) 대법원 2002. 2. 5. 선고 2001두5286 판결.

사후에 취소한 경우,[97] 허위 또는 부실한 배출시설 및 방지시설 설치계획서에 기인한 공장 설립 변경승인에 대기환경보전법상 특정대기유해물질배출시설 설치허가가 의제될 수 없다는 이유로 사후에 공장의 대기오염물질배출시설 및 방지시설을 폐쇄하라는 명령을 한 경우[98] 등이 있다.

행정기관의 선행조치의 하자에 대한 악의 또는 중과실과 관련된 사례로는, 부설주차장의 부지가 그 용도로 사용되지 않아 건축물관리대장에 위법 건축물로 표기되고 그로 인하여 각종 제한을 받은 상태에 있었던 건물을 취득하였는데 그 표기가 주말되고 위법 건축물 사용제한이 해제되어 관계법규에 따라 적법하게 사용하라는 통보를 받은 후 다시 위법건축물로 표기되고 시정지시를 받은 사안,[99] 건축물 설계 이전에 해당 건축물의 대지에 연접한 대지에 건축한계선에 따른 건물이 있었고 해당 건축물의 건축주가 그 건축물 대지의 남쪽 일부에 건축한계선에 따라 건축한 경험이 있으며 해당 건축물의 대지에 대한 토지이용계획 확인원에도 상세계획지침에 의한 이용제한이 있다는 사실이 공시되어 있었음에도 상세계획지침에 의한 건축한계선의 제한이 있다는 사실을 간과한 채 건축설계를 하고 이를 토대로 해당 건축물의 신축 및 증축허가를 받은 사안[100] 등에서 귀책사유가 인정되었다. 반면에, 대한민국 국적의 부와 중국 국적의 모 사이의 혼외자로 출생한 원고들이 국적법 제2조에 따라 출생에 의한 국적을 취득할 수 없음에도 불구하고 행정청의 과실로 대한민국 국민임을 전제로 주민등록번호가 부여되고 주민등록증이 발급되었는데, 원고들이 성인이 된 이후 피고에게 국적보유판정 신청을 하자 피고가 대한민국 국적 보유자가 아니라는 이유로 국적비보유 판정을 한 사안에서, 행정청이 원고들의 부모에게 원고들에 대한 국적취득절차를 밟아야 한다는 점을 안내하였음에도 불구하고 원고들의 부모가 원고들의 대한민국 국적 취득을 신뢰하여 그 절차를 진행하지 않은 과실이 있지만, 원고들 스스로는 자신들이 대한민국 국적을 취득하였다고 신뢰한 데에 귀책사유가 있었다고 보기 어렵다고 판시한 사례가 있다.[101]

4. 신뢰보호의 내용(존속보호와 보상보호)

신뢰보호의 요건이 충족되면 행정작용의 정당성이나 존속성을 신뢰한 자는 보호를 받아야 하는데 그 보호의 첫 번째 내용이 존속보호이다. 존속보호란 이미 부여한 허가, 행정

---

96) 대법원 2008. 8. 21. 선고 2008두5414 판결.
97) 대법원 2017. 3. 15. 선고 2013두16333 판결.
98) 대법원 2020. 4. 9. 선고 2019두51499 판결.
99) 대법원 1996. 2. 23. 선고 95누3787 판결.
100) 대법원 2002. 11. 8. 선고 2001두1512 판결.
101) 대법원 2024. 3. 12. 선고 2022두60011 판결.

계획 등을 행정기관이 취소 또는 철회하지 않고 유지하거나 약속한 허가 등을 부여하는 것을 말한다. 그러나 신뢰보호의 요건이 충족된 경우에도 공익상 이유로 존속보호를 할 수 없는 경우에는 보상을 하여야 하는데 이를 보상보호라고 한다.

5. 신뢰보호의 한계

가. 이익형량의 필요

행정작용의 정당성이나 존속성에 대한 신뢰가 보호요건을 충족하는 경우에도 신뢰보호라는 가치는 다른 공익적 가치와 충돌하게 된다. 이러한 가치들은 어느 하나가 절대적인 우위를 갖는 것이 아니므로 사안에 따라 형량을 통하여 최적화할 필요가 있다. 위법한 행정작용을 신뢰한 경우에는 법률적합성이라는 가치와 비교형량하여야 하고, 적법한 행정작용을 신뢰한 경우에는 사정변경에 대한 행정의 적응성 내지 탄력성이라는 가치와 비교형량하여야 하는 것이다.

나. 신뢰보호의 원칙과 법률적합성의 원칙과의 관계

위법한 행정작용을 신뢰한 경우에는 신뢰보호의 원칙과 법률적합성의 원칙이 충돌하게 되는데 양자의 관계를 어떻게 설정할 것인지에 대해서는 다툼이 있다.

학설은 ① 행정행위가 위법한 것임에도 불구하고 상대방의 신뢰보호를 위하여 그 존속성 등을 인정하는 것은 법치주의에 반한다는 '법률적합성 우위설'과 ② 법치주의의 원리를 구성하는 법률적합성의 원칙과 법적 안정성의 원리는 동위적 · 동가치적인 것이므로 후자로부터 도출되는 신뢰보호의 원칙과 법률적합성의 원칙도 동위적이라고 보는 '동위설'이 대립한다. 판례는 후자이다.[102]

신뢰보호의 근거에서 살펴본 것과 같이 신뢰보호의 원칙을 헌법상 법치국가의 원리로부터 도출되는 행정법 원리의 하나로 본다면, 신뢰보호의 원칙과 법률적합성의 원칙은 동위적인 것이라고 하여야 할 것이다. 따라서 신뢰보호의 요건이 충족되는 경우에도, 관계인의 보호이익과 행정처분의 취소 등에 의하여 달성되는 공익 사이의 구체적인 형량이 필요하다.

6. 신뢰보호의 원칙의 적용

가. 개 설

신뢰보호의 원칙은 행정법의 일반원칙이므로 행정법의 모든 분야에 걸쳐 적용된다. 행정작용의 유형별로 살펴보면, 행정입법에 관해서는 법령 개정의 문제로, 행정행위에 관해

102) 대법원 2006. 2. 9. 선고 2005두12848 판결 등 다수.

서는 수익적 행정행위의 직권취소 및 철회의 문제와 확약의 구속력 문제로, 행정계획에 관해서는 계획변경 및 계획보장청구권의 문제로 각각 구체화된다.

나. 행정입법의 개정

이미 과거에 완성된 사실 또는 법률관계에 대하여 사후에 국민에게 불리하게 작용하는 새로운 법규가 제정되거나(진정소급입법), 이미 과거에 시작하였으나 아직 완성되지 않고 진행과정에 있는 사실 또는 법률관계에 대하여 국민에게 불리하게 작용하는 대상으로 하는 법규가 제정되면(부진정소급입법), 국민의 신뢰이익의 침해가 문제된다.[103)]

진정소급입법은 헌법적으로 허용되지 않아 위헌 · 무효이므로(헌법 제13조 제2항), 처분시에 적용할 법령은 개정 전 법령이 된다. 다만 국민이 소급입법을 예상할 수 있었거나, 법적 상태가 불확실하거나 혼란스러워서 보호할 만한 신뢰이익이 적은 경우와 소급입법에 의한 당사자의 손실이 없거나 아주 경미한 경우, 그리고 신뢰보호의 요청에 우선하는 중대한 공익상의 사유가 소급입법을 정당화하는 경우 등에는 예외적으로 진정소급입법이 허용된다.

반면에 부진정소급입법은 원칙적으로 허용되므로 처분시에 적용할 법령은 개정 법령이 된다. 다만 구 법령의 존속에 대한 당사자의 신뢰가 합리적이고도 정당하며, 법령의 개정으로 야기되는 당사자의 손해가 극심하여 새로운 법령으로 달성하고자 하는 공익적 목적이 그러한 신뢰의 파괴를 정당화할 수 없다면, 입법자는 경과규정을 두는 등 당사자의 신뢰를 보호할 적절한 조치를 하여야 하고, 이와 같은 적절한 조치 없이 새 법령을 그대로 시행하거나 적용하는 것은 허용될 수 없다. 이는 헌법의 기본원리인 법치주의 원리에서 도출되는 신뢰보호의 원칙에 위배되기 때문이다. 이러한 신뢰보호 원칙의 위배 여부를 판단하기 위해서는 침해받은 이익의 보호가치, 침해의 중한 정도, 신뢰가 손상된 정도, 신뢰침해의 방법 등과 새 법령을 통해 실현하고자 하는 공익적 목적을 종합적으로 비교 · 형량하여야 한다.

다. 수익적 행정행위의 취소

신뢰보호의 원칙은 원래 하자 있는 수익적 행정행위의 취소문제에서 비롯되었다. 비록 하자있는 행정행위일지라도 수익적 행정행위의 경우에는 상대방에게 이익을 생기게 하므로 그 취소는 상대방의 신뢰이익을 침해하게 된다. 따라서 취소하여야 할 공익상 필요와 취소로 인하여 상대방이 입게 되는 신뢰이익 침해를 비교형량하여 취소처분으로 인하여 공익보다 신뢰이익 침해가 막대한 경우에는 그 취소처분은 재량권의 한계를 넘는 것으로서

103) 대법원 2007. 10. 11. 선고 2005두5390 판결에서는 아래에서 설명하는 진정소급입법과 부진정소급입법의 의미 및 허용 여부에 대하여 판시하고 있다.

위법하게 된다(행정기본법 제18조 제2항 본문 참조).

한편, 앞에서 설명한 것처럼 수익적 행정행위를 거짓이나 그 밖의 부정한 방법으로 받았거나 그 행정행위의 위법성을 알고 있었거나 중대한 과실로 알지 못하였다면, 상대방은 그 행정행위로 인한 이익이 위법하게 취득되었음을 알았거나 쉽게 알 수 있었기 때문에 그 취소가능성을 예상하고 있었을 것이거나 그러한 신뢰를 보호할 가치가 적을 것이므로, 그 자신이 처분에 관한 신뢰이익을 원용할 수 없다(같은 항 단서 참조).[104]

라. 수익적 행정행위의 철회

적법한 수익적 행정행위를 철회하는 경우에는 위법한 수익적 행정행위를 취소하는 경우보다 신뢰보호원칙이 더욱 강조되어야 할 것이다.[105] 당초의 침익적 행정행위를 폐기하고, 이를 대신하여 동일한 법적 근거로 가중된 침익적 행정행위를 다시 발하는 경우에도 수익적 행정행위의 철회와 마찬가지로 신뢰보호의 원칙이 적용될 수 있다(행정기본법 제19조 제2항 참조).

마. 확 약

행정청이 장차 상대방에게 일정한 작위 또는 부작위를 행할 것을 확약한 경우에는 신뢰보호의 원칙에 따라 행정청은 그에 구속된다.

바. 계획보장

행정계획을 신뢰하고 투자한 이후 해당 계획이 폐지 · 변경된 경우에 개인의 신뢰보호가 문제된다. 공공복리 등을 이유로 계획보장청구권 및 그에 포함된 계획존속청구권, 계획준수청구권은 일반적으로 부정된다. 그러나 국민의 신뢰보호도 법치국가의 계획에서의 포기할 수 없는 구성요소이므로, 손실보상 등의 방법으로 계획의 존속에 대한 신뢰를 보호하여야 할 것이다.

사. 실 권

신뢰보호의 요건은 행정기관이 장기간 권한을 행사하지 않고 방치했을 때에도 충족될 수 있다. 이 경우 행정기관은 그 권한을 행사할 수 없게 되는데, 이를 실권이라고 한다. 행

---

104) 대법원 1995. 7. 28. 선고 95누4926 판결, 대법원 2006. 5. 25. 선고 2003두4669 판결 등 판례의 일관된 입장이다. 나아가 대법원 2008. 11. 13. 선고 2008두8628 판결에서는 당사자의 사실은폐나 기타 사위의 방법에 의한 신청행위가 제3자를 통하여 소극적으로 이루어졌다고 하더라도 달리 볼 것이 아니라고 판시하였다.

105) 행정기본법 제19조에서는 ① 법률에서 정한 철회 사유에 해당하게 된 경우, ② 법령 등의 변경이나 사정변경으로 처분을 더 이상 존속시킬 필요가 없게 된 경우, ③ 중대한 공익을 위하여 필요한 경우 등을 철회사유로 열거하고(제1항), 철회를 하기 위해서는 철회로 인하여 당사자가 입게 될 불이익을 철회로 달성되는 공익과 비교 · 형량하여야 한다고 규정하고 있다(제2항).

정기본법 제12조 제2항에서는 신뢰보호의 원칙 중 묵시적 견해표명으로 인한 신뢰보호로서 '실권의 법리'를 명문화하고 있다.

한편, 행정기본법 제23조 제1항에서는 "행정청은 법령 등의 위반행위가 종료된 날부터 5년이 지나면 해당 위반행위에 대하여 인허가의 정지 · 취소 · 철회, 등록 말소, 영업소 폐쇄와 정지를 갈음하는 과징금 부과를 할 수 없다."라고 하여 "제재적 처분의 제척기간"에 대하여 규정하고 있다. 그 입법취지는 제재적 처분의 처분권자인 행정청이 그 처분 권한을 장기간 행사하지 않아 발생하는 법률관계의 불안정한 상태를 신속히 확정시키고, 당사자의 신뢰보호 및 행정의 법적 안정성을 높이기 위한 것에 있다.

따라서, 행정기본법 제12조 제2항과 제23조 제1항의 관계에 대하여 의문이 생길 수 있는데, 후자는 제재적 처분 중 인허가의 정지 · 취소 · 철회, 등록 말소, 영업소 폐쇄와 정지를 갈음하는 과징금 부과에 한정하여 우선 적용되고, 그 밖의 불이익처분에 대해서는 전자가 적용되는 관계에 있다고 해석된다. 제재적 처분의 제척기간에 관해서는 후술한다.

행정기본법이 제정되기 전의 판례는 이러한 실권의 법리가 신의성실의 원칙에 바탕을 둔 것으로 보고 있었다. 제재적 처분과 관련된 구체적인 사례를 살펴보면, 다음과 같다.

행정서사업을 운영한지 20년이 지나서인 1986. 6. 7.에 이르러서야 허가자격이 없었다는 이유로 행정서사업허가처분을 취소한 사안에서 허가관청이 1985. 9. 중순에 비로소 취소사유를 알고 그에 관한 법적 처리방안에 관하여 다각도로 연구검토를 행하였고 그 상대방도 그러한 사정을 알고 있었다면 그 취소처분이 실권의 법리에 저촉되지 않는다는 사례가 있었다.[106] 그리고 교통사고가 일어난지 1년 10개월이 지난 뒤 그 교통사고를 낸 택시에 대하여 운송사업면허를 취소한 사안에서 택시운송사업자로서는 자동차운수사업법의 내용을 잘 알고 있어 면허가 취소될 가능성을 예상할 수 있었을 것이므로 그 취소처분이 신뢰보호의 원칙에 어긋나지 않는다고 한 사례도 있었다.[107]

반면에, 택시운전사가 운전면허정지기간 중 운전행위를 하다가 적발되었으나 아무런 행정조치가 없어 안심하고 계속 운전업무에 종사하고 있던 중 3년여가 지나서야 가장 무거운 제재인 운전면허취소처분을 내렸다면 이는 위법하다고 판시한 사례가 있었다.[108]

106) 대법원 1988. 4. 27. 선고 87누915 판결.
107) 대법원 1989. 6. 27. 선고 88누6283 판결.
108) 대법원 1987. 9. 8. 선고 87누373 판결.

Ⅶ. 부당결부금지의 원칙

행정기본법 제13조(부당결부금지의 원칙) 행정청은 행정작용을 할 때 상대방에게 해당 행정작용과 실질적인 관련이 없는 의무를 부과해서는 아니 된다.

1. 의 의

부당결부금지의 원칙이란 행정작용을 할 때 그와 실질적 관련이 없는 반대급부를 결부시켜서는 안 된다는 원칙을 말한다. 이 원칙은 법치국가의 원리로부터 도출되는 행정의 예측가능성, 법적 안정성 및 인권의 존중에 근거하여 실질적 관련성이 없는 사항을 결부시켜 국민의 권익침해를 방지하기 위한 행정법의 일반원칙이다.

부당결부금지의 원칙은 학설과 판례에 의하여 인정되어온 일반원칙이지만, 개별법령에 명문으로 규정된 사례가 없었는데, 행정기본법에서 이를 일반원칙으로 명문화하였다.

2. 적용영역

가. 행정기본법의 규정내용

부당결부금지의 원칙은 주로 수익적 행정행위에 대한 부관의 한계나 새로운 실효성 확보수단의 가능성과 관련하여 논의되고 있지만, 행정기본법에서는 모든 "행정작용"에 적용되는 것으로 명시하였다.

나. 부관의 한계

부당결부금지의 원칙은 부관의 한계가 주된 적용영역이다. 행정청이 주택사업계획승인을 할 때 그 주택사업과 관련이 없는 토지를 기부채납하도록 하는 부관을 붙였다면 그 부관은 부당결부금지의 원칙에 위반한 것이 된다.[109] 대법원은 도시계획시설(도로)로 결정되어 있는 토지의 기부채납을 거부하여 토지형질변경허가가 거부된 사안에서 "기부채납의 대상이 된 토지에 공공시설을 설치할 필요가 있고 그 기부채납의 정도가 공익상 불가피한 범위와 형질변경의 이익 범위 내에서 이루어져야 한다는 점 외에도 그러한 공공시설 설치의 필요성이 해당 토지에 대한 형질변경에 따른 것이어야 한다."라는 기부채납의 실질적 관련성이라는 판단기준을 제시하기도 하였다.[110]

109) 대법원 1997. 3. 11. 선고 96다49650 판결.
110) 대법원 2005. 6. 24. 선고 2003두9367 판결.

다. 행정의 실효성확보를 위한 제재수단

그리고 부당결부금지의 원칙은 행정의 실효성확보를 위한 새로운 제재수단의 위법성을 판단하는 기준도 된다. 과거에는 행정법상의 의무를 위반하거나 불이행한 경우에 전기 · 수도 · 가스 공급을 거부할 수 있도록 한 규정이 부당결부금지의 원칙에 위반되는지 여부가 문제되었으나 관련 규정[구 건축법 제69조 제2항(2005. 11. 8. 법률 제7696호로 개정되기 전의 것), 구 대기환경보전법 제21조 제2항(1999. 4. 15. 법률 제5961호로 개정되기 전의 것), 구 수질환경보전법 제21조 제2항(1999. 2. 8. 법률 제5914호로 개정되기 전의 것)]이 삭제되어 이 문제는 입법적으로 해결되었다.

제 4 절 행정법의 해석방법과 흠결의 보충

Ⅰ. 행정법에서의 해석방법론

1. 의 의

사비니(Friedrich Carl von Savigny)의 전통적 해석규칙들은 오늘날까지도 영향을 미쳐, 문리적 · 체계적 · 역사적 · 목적론적 해석이라는 표준적 해석규칙으로 정착되었고, 위와 같은 해석규칙들은 행정법의 해석에도 적용된다. 그 해석방법론은 해당 법문의 관점에서 일상의 용어가 가지는 의미를 기초로 한 문리적 해석, 법문의 의미와 목적에 초점을 맞추는 목적론적 해석, 규범 내용의 역사적 발전과정의 관점에서 행하는 역사적 해석, 전체 법질서의 관점에서 행하는 체계적 해석 등을 말한다.

한편, 위와 같은 해석규칙들 외에도 헌법합치적 해석을 독자적인 해석규칙으로 인정하는 것이 일반적이다. 따라서, 헌법에 구체화된 인간의 존엄성, 인격적 자유영역의 포괄적 보호, 평등의 원칙, 법치국가의 원리, 민주주의의 원리, 사회국가의 원리 등 헌법원리와 가치를 개별 법률의 해석 과정에서 고려되어야 한다. 왜냐하면, 헌법규범은 다른 모든 법규범보다 상위의 규범이므로 헌법에 합치하는 원리와 모순되는 개별적 법률에 대한 해석은 허용되지 않기 때문이다.

2. 해석의 한계점으로서 '법문의 가능한 의미'

표준적인 해석방법론에 따르면, 해석과 유추의 한계점은 '법문의 가능한 의미'에 있다. 법문의 가능한 의미 안에서 법문의 의미를 발견하는 것은 '해석'의 범위 안에 있지만, 이를 벗어난 범위에서 그 의미를 창출하는 것은 '유추'가 된다. 유추는 법적 규율이 없는 사안과 법적 규율이 있는 사안 사이에 공통점 또는 유사점이 있고, 법규범의 내용과 체계, 입법 의도와 법률의 목적 등에 비추어 적용이 정당하다고 평가되는 경우에 인정된다.[111] 그런데, 해석과 유추의 구별점으로서 법문의 가능한 의미는 다의적이고 생활의 변화에 따라 항상 다른 의미를 지닐 수가 있기 때문에 이를 명확히 확정하는 것이 쉽지는 않다.

3. 침익적 행정에서 유추금지와 엄격해석의 원칙

행정법의 한 분야인 조세법 영역에서는 조세법률주의의 파생원칙으로 엄격해석의 원칙이 강조되고 있다. 조세법은 대표적인 침익적 규범이므로 과세요건이 명확하게 규정될 것이 요구되나, 모든 규정이 그와 같이 만들어지는 것은 아니므로 해석의 방법론이 문제가 된다. 이 경우 문언에 따라 엄격하게 해석하여야 하고 법의 흠결을 유추로 메우거나 행정편의적인 확장해석을 하는 것은 허용되지 않는다는 원칙이 확립되어 있는데, 이것이 바로 '엄격해석의 원칙'이다. 판례도 조세법의 시행령이나 시행규칙의 해석에 관하여 이 원칙을 엄격하게 적용하고 있다.[112] 다만 법규 상호 간의 해석을 통하여 그 의미를 명백히 할 필요가 있는 경우 조세법률주의가 지향하는 법적 안정성 및 예측 가능성을 해치지 않는 범위 내에서는 입법 취지 및 목적 등을 고려한 합목적적 해석을 허용하고 있다.[113]

조세법상의 '엄격해석의 원칙'이나 형법상의 '유추적용금지의 원칙'이 제재적 처분과 같은 침익적 행정행위와 관련된 해석에도 그 근본적인 취지는 참작되어야 한다. 침익적 행정행위는 상대방의 권리를 제한하는 것이므로 국민의 기본권 보호라는 헌법적 요청 및 법치행정의 원리에 비추어 그 근거규정에 대한 엄격한 해석·적용이 요청된다.

4. 대법원 판례의 경향

제재적 처분과 같은 침익적 행정에서 법률해석에 관한 대법원 판례를 살펴보면, 표현상으로는 '법문의 가능한 의미' 안에 있어야 한다는 원칙을 일관하고, 이를 어기고 당사자에게 불리한 방향으로 지나치게 확장해석하거나 유추할 수 없다고 판시하고 있는 것을 알 수 있다. 그런데, 대법원은 사안에 따라 문언적 해석을 중시하여 '법문의 가능한 의미'를

---

111) 대법원 2025. 3. 13. 선고 2023두48445 판결. 따라서, 학교용지법 제5조 제1항 단서 각 호에 규정된 도시개발법에 따른 도시개발사업, 도시정비법에 따른 재개발·재건축사업, 소규모 주택정비법에 따른 소규모 재건축사업 등은 그 근거 법률 및 해당 사업의 목적과 내용, 해당 사업시행자의 지위 등에 비추어 볼 때 주택법에 따른 주택건설사업에 비하여 공공성이 강하고, 그 개발사업의 특성은 그 사업이 일정한 요건 아래 부담금 부과·징수 대상에서 제외되는 단서의 규율과 밀접하게 관련되어 있으므로, 주택법에 따른 주택건설사업에 위 단서가 당연히 유추된다고 할 수 없다.

112) 대법원 2006. 5. 25. 선고 2005다19163 판결.

113) 대법원 2025. 11. 6. 선고 2022두53921 판결.

법문의 일상적인 의미와 동일시하기도 하고, 논리 · 체계적 해석기준을 역설하면서 '법문의 가능한 의미'의 외연을 넓히는 시도를 하기도 하는 등 '법문의 가능한 의미'를 확정하는 기준에 관하여 사안별로 차이를 드러내고, 같은 사안 내에서도 다수의견과 소수의견 사이의 인식의 차이를 보인 경우도 있었다.

특히 대법원은 법률의 흠결이라는 상황에서 법원이 해석으로 보정할 수 있는지에 관하여, 법문의 가능한 의미라는 형식적인 틀 안에서 적극적인 보정에 나서기도 하고, 소극적으로 법문에 충실한 해석을 고수하기도 하였다. 요약하면, 대법원은 법률의 흠결 상황에서 구체적 사건에 따라 문언적 해석방법을 취하기도 하고, 목적론적 해석방법을 취하기도 하였던 것이다.

그러나, 대법원은 침익적 행정행위의 근거가 되는 규정의 해석은 엄격하여야 하고, 문리적 · 논리적 해석을 넘어 함부로 유추하거나 확장하여 해석하여서는 안 된다고 판시하고 있다.[114)]

Ⅱ. 행정법에서 흠결의 보충

1. 문제 상황

우리나라에서는 공법과 사법을 준별하고, 행정에 관한 원리와 기본적 사항을 정한 행정기본법과 행정절차에 관한 일반법인 행정절차법 등 행정영역별로 일반법 또는 기본법들이 제정되어 있다. 그러나, 민법전과 같이 행정법에 관한 통일된 단일법전이 없기 때문에 법의 흠결 · 공백이 있는 경우 어느 법률을 어느 범위에서 적용할 수 있는지가 문제된다.

2. 공법규정의 우선적 적용

우선 공법규정을 유추할 것인지 여부를 먼저 검토하여야 한다. 대법원도 국유로 된 하천의 제외지 소유자에 대하여 구 하천법 제74조의 손실보상에 관한 규정을 유추하였고,[115)] 공유수면매립공사 시행으로 인하여 어민들이 허가어업을 영위하지 못하는 손해를 입게 된 경우 구 수산업법 제81조 제1항의 손실보상 규정을 유추하였으며,[116)] 공공사업의 시행으로 인한 토지보상에서 물건 또는 권리 등에 대한 손실보상액 산정의 기준이나 방법에 관하여

114) 대법원 2015. 7. 9. 선고 2014두47853 판결에서는 "행정행위의 상대방에게 불리한 방향으로 지나치게 확장해석하거나 유추하여서는 안 되고, 입법취지와 목적 등을 고려한 목적론적 해석이 전적으로 배제되는 것은 아니라고 하더라도 해석이 문언의 통상적인 의미를 벗어나서는 아니 된다."라고 판시하였다. 참고로 헌법재판소도 침익적 행정행위의 부과요건 등은 법률로써 엄격하게 정해져야 한다는 입장에 있다(헌재 2000. 3. 30. 선고 98헌가8 결정 참조).

115) 대법원 1987. 7. 21. 선고 84누126 판결.

116) 대법원 2004. 12. 23. 선고 2002다73821 판결.

구체적으로 정하고 있는 법령의 규정이 없는 경우 성질상 유사한 물건 또는 권리 등에 대한 관련 법령상의 손실보상액 산정의 기준이나 방법에 관한 규정을 유추하였다.[117] 반면에, 댐 사용권의 변경처분을 받은 경우 댐건설관리법 관련 규정에 따라 부담금이나 납부금 일부를 반환받을 수는 있으나 토지보상법을 유추하여 손실보상금을 지급받을 권리는 인정되지 않는다고 하였다.[118]

3. 사법규정의 적용

가. 명문의 규정에 의한 사법규정의 적용

행정법령이 스스로 사법규정의 적용을 인정하고 있는 경우에는 그에 따른다. 예컨대, 행정기본법 제6조 제1항에서는 "행정에 관한 기간의 계산에 관하여는 이 법 또는 다른 법령 등에 특별한 규정이 있는 경우를 제외하고는 민법을 준용한다."라고 규정하고 있다. 아울러 국가배상법 제8조, 국세기본법 제4조, 제54조 제2항 등도 사법규정을 준용하도록 하고 있다.

나. 명문의 규정이 없는 경우

공법관계에 법의 흠결이 있는 경우 공법과 사법을 전혀 별개의 법체계로 보아 양자의 본질적인 차이를 강조함으로써 공법규정의 흠결이 있더라도 사법규정의 적용을 부인하는 견해(공법적용설, 소극설)가 있었다. 그러나, 오늘날 사법규정을 준용 또는 유추할 수 있다는 사법의 적용 또는 유추설(적극설)이 통설이다.

다. 사법규정의 유추 및 그 한계

(1) 일반법원리적 규정

사법규정은 사적자치의 원칙에 따라 대등한 당사자 사이의 이해조정을 목적으로 하고 있다. 그러나 그중에는 법률질서 전반에 걸쳐 통용될 수 있는 법의 일반원칙에 관한 규정이나 법기술적 규정으로서 통칙적인 규정도 있다.

신의성실 · 권리남용금지의 원칙(민법 제2조),[119] 주소 · 거소에 관한 규정(민법 제18조~제21조)은 공법관계에도 통용되고, 민법상의 시효제도(민법 제162조~제184조, 제245조) 역시 특례규정(국세징수법, 국유재산법 등)이 있는 경우를 제외하고는 공법관계에 적용된다. 그밖에

117) 공공사업의 시행 결과 그 공공사업의 시행지구 밖에 미치는 간접손실의 보상에 대하여 공공용지의 취득 및 손실보상에 관한 특례법 시행규칙의 관련규정을 유추한 대법원 2002. 11. 26. 선고 2001다44352 판결, 하천수 사용권의 보상에 관하여 어업권이 취소되거나 어업면허의 유효기간 연장이 허가되지 않은 경우의 손실보상액 산정 방법과 기준을 유추한 대법원 2018. 12. 27. 선고 2014두11601 판결.

118) 대법원 2023. 8. 31. 선고 2019다206223 판결.

119) 행정청에 대한 의무는 행정기본법 제11조에서 '성실의무 및 권한남용금지의 원칙'으로 법제화되었다.

공법관계에서 발생하는 사무관리, 부당이득, 불법행위에 대하여 특별한 규정이 있는 경우를 제외하고는 민법의 규정에 따라 문제를 해결할 수 있다.

(2) 그 밖의 사법규정

(가) 권력관계

권력관계는 법률관계를 형성 · 실현하는 과정에서 행정주체의 의사의 우월성이 인정되는 관계(명령 · 강제관계)로서 사법관계와는 그의 성질을 달리 한다. 따라서 일반법원리적 규정 이외의 사법규정(이해조절적 규정)은 원칙적으로 이에 적용되지 않는다. 대법원도 행정주체가 공권력의 주체로서 국민을 대하는 관계에서 대등한 사사로운 국민 상호간의 경제적 이해를 조정함을 목적으로 하는 사법이 전면적으로 그대로 적용될 수는 없다고 판시하였다.[120]

(나) 관리관계

행정법관계에서 관리관계는 행정주체가 재산을 관리하고 회계를 경리하며 사업을 경영하는 경우에서의 법률관계를 말하는데, 사법관계와의 사이에 본질적인 차이가 없다. 따라서, 관리관계에는 일반법원리적 규정 이외의 사법규정(이해조절적 규정)도 적용될 수 있다. 대법원도 형사보상 및 명예회복에 관한 법률에 의한 형사보상청구권의 지급을 지체하는 경우 이행지체에 관한 민법 제397조의 금전채무불이행에 대한 특칙을 적용하여 미지급 형사보상금의 지급청구일 다음날부터 민사법정이율로 계산한 지연손해금을 가산하여 지급하여야 한다고 판시하였다.[121]

120) 대법원 2015. 1. 29. 선고 2012두7387 판결에서는 중학교 의무교육의 위탁관계는 초 · 중등교육법령에 따라 정해지는 공법적 관계로서, 대등한 당사자 사이의 자유로운 의사를 전제로 사익 상호간의 조정을 목적으로 하는 민법 제688조의 수임인의 비용상환청구권에 관한 규정이 그대로 준용된다고 보기도 어렵다고 판시하였다. 또한, 대법원 2007. 12. 14. 선고 2005다11848 판결에서는 동일 징수권자의 압류 또는 교부청구에 관계되는 국세가 여럿 있고 배분된 금액이 그 국세들의 총액에 부족한 경우의 충당순서에 관하여 국세징수법상 아무런 규정이 없더라도, 조세채무는 법률의 규정에 의하여 정해지는 법정채무로서 당사자가 그 내용 등을 임의로 정할 수 없고, 조세채무관계는 공법상의 법률관계이고 그에 관한 쟁송은 원칙적으로 행정사건으로서 행정소송법의 적용을 받으며, 조세는 공익성과 공공성 등의 특성을 가지고 이에 따라 조세채권에는 우선권 및 자력집행권이 인정되고 있는 점을 고려하여 볼 때, 민법에서 규정하고 있는 법정변제충당의 법리를 조세채권의 충당에서 그대로 적용하는 것은 타당하지 않다고 판시하였다.

121) 대법원 2017. 5. 30. 선고 2015다223411 판결.

제 2 장 행정상 법률관계

제 1 절 당 사 자

Ⅰ. 행정주체

1. 의 의

가. 개 념

행정법관계에서 행정권을 행사하고 그 법적 효과가 궁극적으로 귀속되는 당사자를 행정주체 또는 행정권의 주체라고 한다. 행정주체는 ① 국가, ② 지방자치단체, ③ 공공조합(공법상의 사단법인), ④ 영조물법인,[1] ⑤ 공재단(공법상의 재단),[2] ⑥ 공무수탁사인(공권력이 부여된 사인) 등이 있다. 그중에서 공공조합과 공무수탁사인은 그 특수성 때문에 행정주체성과 관련하여 더 나아가 논의할 필요가 있으므로 항을 나누어서 살펴보기로 한다.

나. 행정기관과의 관계

국가와 지방자치단체 등과 같은 행정주체는 물리적인 실체가 없어서 권한을 가진 기관을 통하여 활동을 할 수 밖에 없는데, 그 행위의 법률효과를 행정주체에게 귀속시킬 수 있는 "권한의 귀속자"를 행정기관이라고 한다.[3] 그중에서 직접 대외적 구속력 있는 의사를 결정 · 표시할 수 있는 권한을 가진 기관을 특히 행정청이라고 한다.[4]

이렇게 행정기관은 행정주체의 기관에 불과하고 권리능력을 가지지 않아 권리주체가 될 수 없고, 권한을 행사할 수 있을 뿐이다. 다만 행정소송법 제13조에 의하여 행정청이 항고소송의 피고가 되는 것과 같이, 행정기관은 법률관계의 당사자로서의 지위를 부여받기도 한다. 또한, 행정청이 권한을 위임하거나 기관소송의 당사자가 되는 것과 같이, 자기 명의로 행위를 하고 그에 따르는 법률효과를 귀속받기도 한다. 한편, 행정기관의 구성원인 행위자는 자신의 행위로 인하여 법률효과가 행정주체에게 귀속되기는 하지만 개인적으로도

---

1) 여기에서 '영조물'이란, 특정한 공적 목적에 계속적으로 봉사하도록 정해진 인적 · 물적 수단의 종합체를 말한다.

2) 재단설립자가 출연한 재산(기금 · 물건 등)을 관리하기 위하여 설립된 공공단체를 말한다.

3) 이는 작용법적 · 쟁송법적 관점에서의 정의이고, 행정기관을 조직법적 관점에서 보면, 정부조직법 제2조 제2항에서 "중앙행정기관은 …… 부 · 처 및 청으로 한다."라고 규정하고 있는 것처럼 "행정사무의 분배단위"를 말한다.

4) 행정기본법 제2조 제2호에서는 "행정청"을 "행정에 관한 의사를 결정하여 표시하는 국가 또는 지방자치단체의 기관"과 "그밖에 법령등에 따라 행정에 관한 의사를 결정하여 표시하는 권한을 가지고 있거나 그 권한을 위임 또는 위탁받은 공공단체 또는 그 기관이나 사인"이라고 정의하고 있다.

처벌을 받거나 손해배상 또는 그 밖의 책임을 부담하기도 한다.

2. 공공조합(공법상의 사단법인)

가. 의 의

공공조합이란 특수한 사업을 수행하기 위하여 일정한 자격을 가진 사람에 의하여 구성된 공법상의 사단법인을 말한다. 공공조합은 인적 결합체라는 점에서 사법상의 사단법인과 같지만, 그 목적이 국가나 지방자치단체로부터 부여된다는 점에서 구별된다. 한정된 특수한 사업의 수행이 목적이라는 점에서 일반적인 공공사무를 처리하는 지방자치단체와도 구별된다.

나. 외부관계

공공조합은 법령에 의하여 국가 또는 지방자치단체의 사무를 위임받아 행정객체인 제3자에게 행정권을 행사하고 그 법적 효과가 궁극적으로 귀속되는 관계 하에서 행정주체로서의 지위를 갖는다.[5] 이러한 예로서 토지구획정리조합,[6] 대한주택공사,[7] 한국토지개발공사,[8] 의료보험조합,[9] 의료보험연합회,[10] 농어촌진흥공사,[11] 농지개량조합[12] 등이 있다.

다. 내부관계

국가 또는 지방자치단체의 사무가 아닌 공법인과 그 임직원의 내부 법률관계는 법령에 규정된 내용에 따라 결정되겠지만, 그러한 명시적인 규정이 없는 경우에는 행정주체의 지위에 있다고 할 수 없다.

대법원은 서울특별시지하철공사의 임직원에 대한 징계,[13] 한국조폐공사의 직원에 대한 징계,[14] 의료보험조합의 직원에 대한 징계,[15] 의료보험관리공단과 직원과의 근무관계[16]는 공법관계가 아니라 사법관계라고 하였다.[17] 또한, 한국마사회가 조교사 또는 기수의 면

---

5) 대법원 1992. 11. 27. 선고 92누3618 판결.
6) 대법원 1965. 6. 22. 선고 64누106 판결.
7) 대법원 1992. 11. 10. 선고 92누1629 판결, 대법원 1994. 5. 24. 선고 92다35783 판결 등.
8) 대법원 1992. 10. 27. 선고 92누1643 판결, 대법원 1994. 1. 28. 선고 93누14080 판결.
9) 대법원 1988. 3. 22. 선고 87다카1509 판결.
10) 대법원 1993. 12. 10. 선고 93누12619 판결.
11) 대법원 1994. 6. 14. 선고 94누1197 판결.
12) 대법원 1995. 6. 9. 선고 94누10870 판결. 농지개량조합은 농업기반공사 및 농지관리기금법이 2000. 1. 1.부터 시행되면서 농업기반공사에 합병되었고, 다시 위 법률이 2005. 12. 29. 한국농촌공사 및 농지관리기금법으로 개정되면서 농업기반공사의 명칭이 한국농촌공사로 변경되었다.
13) 대법원 1989. 9. 12. 선고 89누2103 판결.
14) 대법원 1978. 4. 25. 선고 78다414 판결.
15) 대법원 1987. 12. 8. 선고 87누884 판결.
16) 대법원 1993. 11. 23. 선고 93누15212 판결.

허를 부여하거나 취소하는 것도 일반 사법상의 법률관계에서 이루어지는 단체 내부에서의 징계 내지 제재처분이라고 하였다.[18]

3. 공무수탁사인

가. 의 의

(1) 개 념

사인은 행정법관계에서 행정객체로서의 지위를 갖는 것이 통상적이다. 그러나 때에 따라서는 자신의 이름으로 행정사무를 처리할 수 있는 권한을 부여받는 경우가 있는데, 이를 공무수탁사인이라 한다. 공무수탁사인의 지위는 법률의 규정에 의하거나 법률에 근거한 행정행위에 의하거나 공법상 계약에 의한 위임 등에 의하여 발생한다.

(2) 공무수탁사인의 행정주체성

행정주체는 공무수탁사인이 아니고 그에게 공권을 수여한 국가 또는 공공단체 자신으로 보아야 한다는 견해도 있으나, 공무수탁사인은 일정한 범위에서 자기의 이름으로 독자적으로 공권력을 행사할 수 있으므로 그 한도 내에서 행정주체의 지위를 갖는다고 보아야 한다.

나. 위탁의 근거

공무위탁은 행정기관에게 배분된 권한을 부분적으로 사인에게 위탁하는 예외적인 제도라고 할 수 있기 때문에 법률상의 근거를 요한다. 그런데, 정부조직법 제6조 제3항에서는 "행정기관은 법령으로 정하는 바에 따라 그 소관사무 중 조사·검사·검정·관리 업무 등 국민의 권리·의무와 직접 관계되지 아니하는 사무를 지방자치단체가 아닌 법인·단체 또는 그 기관이나 개인에게 위탁할 수 있다."라고 규정하고 있고, 지방자치법 제117조 제3항도 유사한 취지로 규정하고 있다. 위 각 조항은 권한의 위임에 관한 일반적인 근거조항에 불과함에도 불구하고 개별적인 공무위탁의 근거로 해석할 수 있는지 의문이 들 수 있지

---

17) 국가기관과 직원의 관계임에도 사법상 계약관계라고 본 사례도 있다. 대법원 2001. 12. 24. 선고 2001다54038 판결에서는 구 종합유선방송법(2000. 1. 12. 법률 제6139호로 전문 개정된 방송법 부칙 제2조 제2호에 따라 폐지)상의 종합유선방송위원회는 그 설치의 법적 근거, 법에 의하여 부여된 직무, 위원의 임명절차 등을 종합하여 볼 때 국가기관이고, 그 사무국 직원들의 근로관계는 사법(私法)상의 계약관계이므로, 사무국 직원들은 국가를 상대로 민사소송으로 그 계약에 따른 임금과 퇴직금의 지급을 청구할 수 있다고 판시하였다. 반면에 한국농촌공사의 전신인 농지개량조합과 그 직원의 관계는 직원의 채용방식, 임용자격, 복무상의 의무, 그 신분보장 및 징계처분에 관한 규정의 취지 및 목적을 고려하여, 사법상의 근로계약관계가 아니라 공법상의 특별권력관계로 규율되고 있으므로, 농지개량조합의 직원에 대한 징계처분의 취소를 구하는 소송은 행정소송사항에 속한다고 판시한 사례도 있다(대법원 1995. 6. 9. 선고 94누10870 판결).

18) 대법원 2008. 1. 31. 선고 2005두8269 판결.

만, 이를 긍정하는 것이 판례이다.[19]

다. 위탁의 대상과 위탁되는 공무의 의미

(1) 위탁의 대상

정부조직법 제6조 제3항에서는 위탁할 수 있는 사무를 '국민의 권리 · 의무와 직접 관계되지 아니하는 사무'라고 규정하고 있다. 그러나 오늘날 행정관여의 범위를 축소하여 민간의 자율적인 행정참여의 기회를 확대하는 한편 행정의 능률성과 서비스 향상을 도모하고 행정비용을 절감하기 위하여 민간위탁이 확대되고 있다. 종래에는 사인이 별정우체국의 지정을 받아 체신업무를 수행하는 경우(별정우체국법 제3조), 상선의 선장이 경찰사무 및 호적사무를 집행하는 경우(사법경찰관리의 직무를 행할 자와 그 직무범위에 관한 법률 제7조, 가족관계의 등록 등에 관한 법률 제49조), 사립대학교가 학위를 수여하는 경우 등이 주로 예시되었으나, 오늘날에는 교통 · 통신 · 에너지공급 등 생존배려급부 내지 사회간접자본시설과 관련하여 사인이 사업시행자로서 토지수용권 등 공권력을 행사하는 경우(토지보상법 제19조), 민영교도소를 설치 · 운영하는 경우(민영교도소 등의 설치 · 운영에 관한 법률)와 같이 권력적 행정에까지 위탁의 대상이 확대되고 있다. 따라서 현재에는 위탁가능한 공무의 대상과 범위보다는 수탁자에 대한 감독권을 어떻게 합리적으로 행사하여 공무수탁사인의 권한행사를 통제할 것인지가 더 중요한 과제로 되고 있다.

(2) 위탁되는 공무의 의미

위탁되는 공무의 의미에 관하여 ① 실질적인 국가사무의 위탁이라는 '임무설'과 ② 국가활동을 위한 고권적인 행정권한의 위탁이라는 '법적 지위설'이 있다. 임무설은 실질적인 국가임무가 무엇인지 정의하기 어렵다. 따라서 법적 지위설에 의하되 고권적인 행정권한인지에 대해서는 그 권한의 근거법령, 목적, 방법, 내용, 분쟁해결에 관한 특별규정의 존재여부 등 여러 가지 점을 종합적으로 검토하여 결정하여야 한다.

라. 공무수탁사인의 법적 지위

(1) 행정주체와의 관계

공무수탁사인과 국가 또는 지방자치단체는 별개의 독립된 행정주체로서 공법상 위임관계에 있다. 그에 따라 공무수탁사인은 독립하여 자기의 이름으로 수탁업무를 수행할 의무를 부담하고, 비용청구권을 갖기도 한다. 한편 공무수탁사인은 위탁된 직무에 대하여 위탁자인 국가 또는 지방자치단체의 감독을 받게 된다.

---

19) 대법원 1995. 7. 11. 선고 94누4615 전원합의체 판결 등.

(2) 국민과의 관계

공무수탁사인은 외부관계에서 국가나 지방자치단체 등 행정주체와는 독립된 행정주체이면서 행정청으로서의 지위를 아울러 갖는다. 따라서 당사자소송이나 민사소송의 피고가 될 수 있을 뿐만 아니라 항고소송의 피고적격도 가질 수 있다. 공무수탁사인은 공무를 수탁 받은 권한의 범위 안에서는 행정행위를 발령할 수 있고, 자력으로 수수료를 징수하는 등의 자력집행도 할 수 있다. 또한 공무를 수행하는 범위 안에서는 국가배상법 제2조의 공무원에 해당되므로 그의 불법행위에 대해서는 국가배상법이 적용된다.[20]

(3) 공무수탁사인 내부관계

공무수탁사인이 법인인 경우 공무수탁사인과 그 법인의 구성원인 사원이나 임직원 사이의 내부관계에서는 특별한 규정이 없는 이상 사법관계에 해당하므로 항고소송의 대상이 되지 않는다.

마. 공무수탁사인의 지위의 종료

공무수탁사인의 지위는 위임관계의 종료에 의하여 소멸된다. 위임관계의 성립의 기초가 된 원인이 변경되는 경우는 물론 일반적인 위임관계의 종료사유 등에 의해서도 소멸된다.

❑ [관련문제] 소득세법상 원천징수의무자

소득세법상 갑종근로소득, 이자·배당소득, 일정한 사업소득 및 법인세법상 이자소득 등 원천징수대상으로 되는 소득을 지급하는 사람은 그 소득금액에 대하여 소정의 소득세액 또는 법인세액을 원천징수하여 일정한 기간 내에 국가에 납부할 의무가 있다. 이러한 의무가 부과되어 있는 사람을 원천징수의무자라 한다. 원천징수의무자가 공무수탁사인으로서 행정주체로 볼 수 있는지에 대하여 논의가 있다.

원천징수의무자는 조세의 원천징수라는 공적의무를 부담하는 데 그치는 것으로 보는 견해와 공무수탁사인으로서 행정주체라는 견해가 있다. 원천징수의무자는 법률에 근거하여 국가 등에 대하여 의무를 부담하는 공의무부담사인일 뿐 그 자체로 공행정의 부분으로서 납세의무자 등을 상대하는 것이 아니므로 공무수탁사인으로 볼 수 없다.

판례도 "원천징수하는 소득세에 있어서는 납세의무자의 신고나 과세관청의 부과결정이 없이 법령이 정하는 바에 따라 그 세액이 자동적으로 확정되고 원천징수 의무자는 소득세법 제142조 및 제143조의 규정에 의하여 이와 같이 자동적으로 확정되는 세액을 수급자로부터 징수하여 과세관청에 납부하여야 할 의무를 부담하고 있으므로, 원천징수의무자가 비록 과세관청과 같은 행정청이라도 그의 원천징수행위는 법령에서 규정된 징수 및 납부의무를 이행하기 위한 것에 불과한 것이지, 공권력의 행사로서의 행정처분을 한 경우에 해당되지 아니한다."라고 판시하였다.[21]

---

20) 대법원 2001. 1. 5. 선고 98다39060 판결, 대법원 1991. 7. 9. 선고 91다5570 판결.

4. 국가와 지방자치단체의 책무 등

행정기본법 제3조(국가와 지방자치단체의 책무) ① 국가와 지방자치단체는 국민의 삶의 질을 향상시키기 위하여 적법절차에 따라 공정하고 합리적인 행정을 수행할 책무를 진다.

② 국가와 지방자치단체는 행정의 능률과 실효성을 높이기 위하여 지속적으로 법령등과 제도를 정비·개선할 책무를 진다.

행정기본법 제4조(행정의 적극적 추진) ① 행정은 공공의 이익을 위하여 적극적으로 추진되어야 한다.

② 국가와 지방자치단체는 소속 공무원이 공공의 이익을 위하여 적극적으로 직무를 수행할 수 있도록 제반 여건을 조성하고, 이와 관련된 시책 및 조치를 추진하여야 한다.

③ 제1항 및 제2항에 따른 행정의 적극적 추진 및 적극행정 활성화를 위한 시책의 구체적인 사항 등은 대통령령으로 정한다.

국가나 지방자치단체와 같은 행정주체는 행정의 민주성과 적법성을 확보하고 적정성과 효율성을 향상시킴으로써, 궁극적으로 국민의 권익 보호에 이바지할 목표를 달성하여야 한다(행정기본법 제1조). 그러한 목표를 달성하기 위하여 행정기본법은 국가와 지방자치단체의 책무와 적극추진의무를 규정하고 있다.

행정기본법 제3조에서는 국가와 지방자치단체의 책무로서 '적법절차에 따라 공정하고 합리적인 행정을 수행할 책무'와 '지속적으로 관련 법령과 제도를 정비·개선할 책무'를 제시하고 있다.

행정기본법 제4조에서는 행정의 적극적 추진의무를 규정하고 있다. 당초 정부제출안에서는 공무원의 복지부동을 방지하려는 적극행정의 취지를 고려하여, 공무원에게 국민 전체에 대한 봉사자로서 공공의 이익을 위하여 적극적으로 직무를 수행할 의무를 부과하고 있었다. 그러나, 행정기본법의 수범자는 행정청인데 '공무원'을 수범자로 규정하는 것이 적절한 것인지와 이 규정을 위반한 공무원은 징계를 받게 되거나 국가배상청구의 대상이 되는 규범적 효력이 발생하게 되는지에 대한 의문이 제기되기도 하였다. 그리하여, 국회의 심의과정에서 이를 우려하여 '행정의 의무'로 수정되었는데, 공무원의 의무로 규정함으로써 초래될 수 있는 국가공무원법 등과 관계에서의 체계 정합성의 문제와 공무원의 징계와 손해배상책임이 부당하게 확대될 수 있다는 우려 등을 감안하면, 수긍할 수 있는 수정이라고 볼 수 있다.

한편, 행정절차법에서는 행정청으로 하여금 직무를 수행할 때 신의에 따라 성실히 할 의무와 법령 등의 해석 또는 행정청의 관행이 일반적으로 국민들에게 받아들여졌을 때에는

21) 대법원 1983. 12. 13. 선고 82누174 판결, 대법원 1984. 2. 14. 선고 82누177 판결.

공익 또는 제3자의 정당한 이익을 현저히 해칠 우려가 있는 경우를 제외하고는 새로운 해석 또는 관행에 따라 소급하여 불리하게 처리하지 말아야 할 의무를 부과하고 있다(제4조).[22) 또한, 행정청은 행정작용을 행할 때 그 내용을 구체적이고 명확하게 하여야 하고, 행정작용의 근거가 되는 법령 등의 내용이 명확하지 않아 상대방이 그 해석을 요청할 경우 특별한 사유가 없으면 그 요청에 따라야 하며, 상대방에게 행정작용과 관련된 정보를 충분히 제공하여야 할 의무가 있다(제5조). 그리고, 행정청은 모든 국민이 균등하고 질 높은 행정서비스를 누릴 수 있도록 노력하여야 하고,[23) 행정과정에 국민의 참여를 확대하기 위하여 다양한 참여방법과 협력의 기회를 제공하도록 노력하여야 한다.[24)

Ⅱ. 행정객체

행정주체에 의한 공권력 행사의 상대방을 행정객체라 한다. 통상 자연인과 사법인이 행정객체가 되나 때때로 공법인도 행정객체가 되는 경우도 있다(예; 납세의무자로서의 지위). 행정주체와 행정객체의 관계를 명령복종의 관계로 보아서는 안 되고, 서로 권리와 의무를 나누어 가지며, 협력관계에 있는 것으로 이해하여야 한다.

제 2 절 공권과 공의무(공법관계의 내용)

Ⅰ. 공 권

1. 국가적 공권

국가적 공권이란 국가 또는 공공단체 등과 같은 행정주체가 개인 또는 단체에 대하여 가지는 권리를 말하는데, 실제로는 권한, 권능의 성질을 가진다. 그 목적에 따라 조직권·

22) 이러한 행정청의 성실의무와 신뢰보호의무는 행정기본법에서 성실의무의 원칙과 신뢰보호의 원칙 등 행정의 법 원칙으로 법제화되었다.

23) 행정절차법 제5조의2에서는 "행정청은 모든 국민이 균등하고 질 높은 행정서비스를 누릴 수 있도록 노력하여야 하고, 정보통신기술을 활용하여 행정절차를 적극적으로 혁신하도록 노력하여야 하며, 행정청이 생성하거나 취득하여 관리하고 있는 데이터를 행정과정에 활용하도록 노력하여야 한다."라고 규정하고 있다.

24) 행정절차법은 국민참여를 활성화하기 위하여, 국민의 의견에 대한 적극적인 청취와 반영, 국민에 대한 다양한 참여방법과 협의의 기회 제공, 국민의 참여수준 향상 등의 노력의무를 부과하고 있고(제52조), 정부시책이나 행정제도 및 그 운영의 개선에 관한 국민의 창의적인 의견이나 고안(국민제안)을 접수·처리하여야 할 의무를 부과하고 있다(제52조의2). 또한, 행정청은 국민에게 영향을 미치는 주요 정책 등에 대하여 국민의 다양하고 창의적인 의견을 널리 수렴하기 위하여 정보통신망을 이용한 정책토론(전자적 온라인 정책토론)을 실시할 수 있도록 규정하고 있다(제53조).

형벌권 · 경찰권 · 통제권 · 공기업특권 · 공용부담특권 · 재정권 · 군정권 등으로, 내용에 따라 하명권 · 강제권 · 형성권 · 공법상의 물권 등으로 나눌 수 있다.

2. 개인적 공권

가. 의의 및 특수성

개인적 공권이란 개인이 자기의 이익을 위하여 국가 그 밖의 행정주체에 대하여 일정한 행위(작위, 부작위, 급부, 수인 등)를 요구할 수 있도록 공법에 의하여 부여된 힘을 말한다. 통상 공권이라 함은 개인적 공권을 가리키는데, 공익상의 이유로 이전, 포기 또는 대행(대리) 등이 제한되는 경우가 많고, 여기에서 나오는 다툼은 행정소송으로 다루어진다는 등 사권과 다른 특색이 있다.

나. 공권의 성립요건

공권이 성립하기 위해서는 ① 행정주체에게 일정한 작위, 부작위, 급부, 수인 등의 의무를 부과하는 강행법규가 존재하여야 하고(강행법규성), ② 행정법규가 단순히 공익의 실현이라는 목적 이외에 사적 이익의 보호도 의욕하여야 한다(법규의 사익보호성).

개인이 받는 이익을 행정주체에 대하여 소송을 통하여 관철시킬 수 있는 법상의 힘(청구권능 부여성)이 부여되어야 하는지는 논란이 있으나, 오늘날 헌법상 재판을 받을 권리와 행정소송법상 개괄적 권리구제제도가 보장되고 있으므로, 청구권능 부여성을 별도의 성립요소로 보지 않는 것이 일반적이다.

다. 공권과 반사적 이익의 구별

(1) 의 의

법률상 이익이란 법규에 의하여 보호되는 직접적이고 구체적인 이익을 말한다. 어떠한 처분의 근거 법규가 공익 또는 공공의 이익을 보호하는 것을 주된 목적으로 하더라도 이와 더불어 사익도 동시에 보호하는 것으로 해석되는 경우에도 법률상 이익이 인정될 수 있다. 그러나, 어떠한 법규가 전적으로 공익을 위하여 행정주체 또는 제3자에게 일정한 의무를 부과한 결과 향유되는 개인의 이익은 법에 의하여 보호받지 못하는 것으로서 강학상 '반사적 이익' 또는 '사실상 이익'이라고 한다.

어떠한 법규가 전적으로 공익의 보호만 목적으로 하고 있을 뿐 사익의 보호를 의도하지 않는다면 그로 인하여 개인이 일정한 이익을 받고 있다고 하더라도 그 보장을 권리로써 주장할 수는 없다. 이 경우에는 반사적 이익을 향유하는 것에 불과하기 때문이다.

(2) 구별의 실익

공권(법률상 이익)과 반사적 이익을 구별하는 실익은 무엇이 공권의 성립요소가 되는 것인가라는 실체법적 의미뿐만 아니라 행정소송법상 항고소송의 원고적격을 가지는지 여부를 따지는 소송법적 의미도 있다. 또한, 반사적 이익의 침해에 대해서는 국가배상의 성립요건으로서의 손해에 해당하지 않는다.

(3) 구별기준(법률상 이익의 의미)

통설이 취하고 있는 법률상 보호이익설(법률상 보호되고 있는 이익구제설)에 의하면, 처분의 근거법규 내지 관련법규 등 실체법규가 공익뿐만 아니라 개인의 이익도 보호하고 있다고 해석되면 법률상 이익이 있다(실체법상의 권리보호).[25] 대법원도 "행정처분의 직접 상대방이 아닌 제3자라 하더라도 해당 행정처분으로 인하여 법률상 보호되는 이익을 침해당한 경우에는 취소소송을 제기하여 그 당부의 판단을 받을 자격이 있다 할 것이나, 여기에서 말하는 법률상 보호되는 이익이란 해당 행정처분의 근거 법률에 의하여 보호되는 직접적이고 구체적인 이익을 말하고 제3자가 해당 행정처분과 관련하여 간접적이거나 사실적·경제적인 이해관계를 가지는데 불과한 경우는 여기에 포함되지 아니한다."라고 판시하여,[26] 대체로 법률상 보호이익설을 취하고 있다.

그런데, 법률을 해석하여 법률상 이익과 반사적 이익을 구별하는 것은 쉽지 않고, 양자의 구별은 상대적이고 유동적인 것이므로, 법령에 의하여 보호되는 이익을 침해받은 것인지 반사적 이익을 침해받은 것인지 여부는 일률적으로 말할 수 없다. 결국 해당 행정법규의 취지·목적, 그 처분으로 침해되는 이익의 내용·성질·태양 등을 종합하여 개별법규의 해석에 의하여 구체적으로 판단할 수밖에 없다.

오늘날 환경권과 소비자권, 문화적 생활을 누릴 권리 등의 중요성이 부각됨에 따라 종래 공익만 보호하는 것으로 보았던 법규를 사익도 아울러 보호하는 것으로 해석함으로써 권리구제의 범위를 확대하려고 하는 것이 학설과 판례의 경향이다(법률상 이익의 확대화 경향).

(4) 법률상 이익의 판단근거(법률의 범위)

법률상 보호이익설을 취할 경우 그 법률의 범위를 어떻게 이해하는지에 따라 법률상 이익의 범위가 달라질 수 있다.

판례는 해당 처분의 근거법률에 의하여 보호되는 직접적이고 구체적인 이익을 법률상 이익이라고 보면서, 관계 법률의 취지를 목적론적으로 해석하거나, 처분의 직접적인 근거규정뿐만 아니라 처분시 준용되는 규정을 근거법률에 포함시키거나, 처분의 실체법적 근거

25) 한편, 법률상 보호가치가 있는 이익구제설은 실체법을 준거로 하지 않고, 소송법적 관점에서 재판에 의하여 보호할 가치가 있는 이익이 법률상 이익이라고 본다. 이에 관한 학설의 대립과 판례의 동향에 관해서는 행정소송법 중 항고소송에서의 원고적격에서 더 자세히 살펴보기로 한다.

26) 대법원 2002. 10. 25. 선고 2001두4450 판결, 대법원 2007. 1. 25. 선고 2006두12289 판결, 대법원 2010. 5. 13. 선고 2009두19168 판결.

법률 이외에 처분을 할 때 적용되는 절차법 규정의 취지에 비추어 법률상 이익을 인정하는 등 근거법률의 범위를 확대하는 경향이 있다.[27)]

다만 아직까지는 처분의 근거법률 이외에 다른 법률, 헌법의 규정, 관습법 및 조리 등은 법률상 이익의 해석을 위하여 고려하고 있지는 않는다. 가령 헌법 제35조 제1항에서 정하고 있는 환경권에 관한 규정만으로는 그 권리의 주체 · 대상 · 내용 · 행사방법 등이 구체적으로 정립되어 있다고 볼 수 없고, 환경정책기본법 제6조도 그 규정 내용 등에 비추어 국민에게 구체적인 권리를 부여한 것으로 볼 수 없다는 이유로, 환경영향평가 대상지역 밖에 거주하는 주민에게 헌법상의 환경권 또는 환경정책기본법에 근거하여 공유수면매립면허처분과 농지개량사업 시행인가처분의 무효확인을 구할 원고적격이 없다고 하였다.[28)] 그러나 이러한 사안에서도 헌법상의 환경권이 아니라 환경영향평가법과 같은 처분의 절차법규로부터 법률상 이익을 도출하여 원고적격을 인정하는 경우는 많이 있다.[29)]

(5) 법규의 해석상 공익만을 위한 규정인지 사익도 보호하는지의 판단

법규의 해석상 개인적 · 구체적 이익만 보호하는 경우뿐만 아니라 공익과 더불어 개인적 · 구체적 이익 보호를 목적으로 하는 경우에도 역시 법률상 이익이 있다고 보아야 한다. 그런데 이러한 법률상 이익은 행정행위의 상대방에게는 당연히 자연스럽게 인정되게 된다. 행정행위가 위법한 경우 법률에 의한 행정의 원리에 비추어 그 배제를 구하는 길이 상대방에게 열려 있어야 한다는 것은 법치국가의 원리상 당연하기 때문이다.

따라서 법률상 이익에 관한 논의는 행정행위의 상대방 이외에 제3자 누구에게 법률상 이익을 인정할 것인지의 문제로 귀착된다. 행정행위의 상대방이 아닌 제3자는 법률상 이익을 매개로 자신의 법률상 이익의 침해에 대한 구제를 받기 위하여 타인을 상대방으로 한 처분을 심판대상으로 삼아 항고소송을 제기할 수 있게 된다. 실무상으로도 경업자소송 또는 경원자소송, 이웃주민소송, 환경소송 등에서 주로 문제가 된다.[30)]

3. 특수한 개인적 공권

가. 무하자재량행사청구권

(1) 의 의

개인의 주관적 공권이 성립하기 위해서는 행정청에게 일정한 작용을 행할 법적 의무를 부과하는 강행법규가 존재하여야 한다는 것이 일반적인 인식이었다. 그러나 특정한 행

27) 대법원 2004. 8. 16. 선고 2003두2175 판결.

28) 대법원 2006. 3. 16. 선고 2006두330 전원합의체 판결(새만금 사건), 대법원 2006. 6. 2.자 2004마1148, 1149 결정(천성산 도롱뇽 사건).

29) 이에 관한 자세한 내용은 행정소송법 중 항고소송에서의 원고적격에 관한 설명부분 참조.

30) 이에 관한 자세한 내용은 행정소송법 중 항고소송에서의 원고적격에 관한 설명부분 참조.

위의 발령권한이 행정청의 재량에 속하더라도 그 결정이 법적으로 보호되는 사익과 관련되어 있다면, 그 사인은 행정청이 특정행위를 발령할 때 하자 없는 결정을 구할 수 있는 권리 정도는 가지고 있다고 볼 수 있다. 이를 하자 없는 재량행사청구권(무하자재량행사청구권)이라 하고 오늘날 그 법리가 일반적으로 받아들여지고 있다. 무하자재량행사청구권은 기속행위에서 인정되는 개인적 공권이 아니라 재량행위에 인정되는 개인적 공권이라는 특징이 있다.

(2) 법적 성질

무하자재량행사청구권은 적극적으로 일정한 행정결정을 요구할 수 있는 것이 아니라 단지 하자 없는 재량행사만 요구할 수 있다는 점에서 형식적 권리라고 할 수 있다. 형식적 권리라고 하더라도 행정결정의 내용과 관련된 것이므로 행정절차 또는 행정쟁송에서 말하는 절차적 권리는 아니다.

(3) 독자성 인정여부

(가) 학 설

① **부정설**: 위법한 재량권의 행사로 인하여 실체적 권리가 침해되었다는 것을 이유로 권리구제를 행하면 족하지 굳이 무하자재량행사청구권을 인정할 실익도 없고 독자적 권리로 볼 수도 없다는 견해이다.

② **2분설(광의 · 협의 구분설)**: 무하자재량행사청구권을 광의와 협의로 나누고, 광의로는 개인이 행정청에게 재량권의 하자 없는 행사를 청구할 수 있는 형식적 권리로 파악하고, 협의로는 그중에서 행정청이 결정재량권을 갖지 못하고 선택재량권만 가진 경우를 하자 없는 재량행사청구권으로 본 다음, 후자의 경우와 같은 특수한 상황에서 개인에게 권리구제의 길을 열어 주고자 하는 데에 특별히 그 존재의의를 부여한다.[31]

③ **긍정설**: 재량권의 행사에도 일정한 법적 한계를 준수하여야 하므로 이에 대응하는 청구권이 있어야 하고, 무하자재량행사청구권의 독자성을 인정하더라도 공권의 성립요소를 갖추어져야 하므로 민중소송화나 남소의 우려가 크지 않다는 견해이다.

(나) 판례(검사임용 거부처분 사건)[32]

① **사실관계**: 원고는 1985년에 시행된 제27회 사법시험에 합격하였으나, 방위소집 근무관계로 1986년에 사법연수원 제17기로 입소하지 못하고 1986년에 시행된 제28회 사법시험 합격자들과 함께 1987년에 사법연수원 제18기로 입소하여 1989. 2. 28. 수료하였다. 원고는

31) 수인이 개인택시면허를 신청한 경우 행정청이 누군가에게 면허를 부여하여야 하지만 누구에게 부여할 것인지는 행정청의 재량에 맡겨져 있는데 행정청이 누구에게도 면허를 부여하지 않은 경우, 신청인은 자기에게 면허를 부여할 것을 청구할 권리는 없지만 누군가에게는 면허를 부여할 의무가 있음을 전제로 한 결정처분의 청구권을 가진다고 한다.

32) 대법원 1991. 2. 12. 선고 90누5825 판결.

사법연수원 수료 전인 1989. 1.경 검사임용신청을 하였으나 순위미달로 임용대상에서 제외되자 이를 검사임용의 거부처분으로 보고, 재량권을 남용하여 위법한 처분이라는 이유로 취소소송을 제기하였다.

② **판결요지:** 검사의 임용에 있어서 임용권자가 임용여부에 관하여 어떠한 내용의 응답을 할 것인지는 임용권자의 재량에 속하므로 일단 임용거부라는 응답을 한 이상 설사 그 응답내용이 부당하다고 하여도 사법심사의 대상으로 삼을 수 없는 것이 원칙이나, 적어도 재량권의 일탈이나 남용이 없는 위법하지 않은 응답을 할 의무가 임용권자에게 있고 이에 대응하여 임용신청자로서도 재량권의 일탈이나 남용이 없는 적법한 응답을 요구할 권리가 있다고 할 것이며, 이러한 응답신청권에 기하여 재량권을 일탈하거나 남용한 거부처분에 대해서는 항고소송으로 그 취소를 구할 수 있다고 보아야 한다.

③ **평가:** 위와 같은 판시내용을 두고, 긍정설에서는 대법원이 무하자재량행사청구권을 인정한 것이라고 본다. 그러나 부정설에서는 위와 같은 응답을 받을 권리는 헌법 제10조 인간의 존엄과 가치권, 헌법 제25조 및 검찰청법 등에서 나오는 공무담임권의 한 부분으로서 실체적 권리이지, 재량권행사의 하자 그 자체를 대상으로 하는 형식적 권리가 아니라고 한다. 즉, 위 판례는 거부처분이 항고소송의 대상이 되기 위해서는 법규상 또는 조리상 신청권이 인정되어야 하는데,[33] 원심이 임용권자가 원고를 검사에 임용하지 않고 있는 것은 단순한 부작위이지 거부처분이 아니라고 판단한 것이 잘못이라고 지적하면서, 검사임용거부처분이 항고소송의 대상이 되는 처분이라는 것을 인정하기 위한 전제로서 임용여부의 응답을 받을 권리(임용신청권)를 조리상 신청권에 해당한다고 인정한 것에 불과하고, 무하자재량행사청구권의 독자성을 인정한 것이 아니라는 것이다.

(다) 검 토

무하자재량행사청구권은 1960년에 제정된 독일의 행정법원법 제114조에서 법원이 행정청의 재량결정에 대하여 그 한계를 준수하였는지를 심사할 수 있다고 명문화되면서 확립된 개념이다.[34] 행정청의 위법한 재량행위의 효력을 다투는 소송을 제기하기 위해서는 원고적격의 단계에서 자신의 공권이 침해되었음을 주장하여야 하는데, 전통적인 공권의 관념상으로는 강행법규성의 흠결로 인하여 권리의 침해를 주장하기 곤란하기 때문에, 무하자재량행사청구권의 관념을 인정할 필요가 있게 된다. 즉, 무하자재량행사청구권의 관념은 과

---

33) 행정청의 거부행위가 항고소송의 대상이 되는 처분에 해당하기 위해서는 ① 신청한 행위가 공권력의 행사 또는 이에 준하는 행정작용이어야 하고, ② 신청한 행위가 신청인의 법률관계에 어떤 변동을 일으키는 것이어야 하며, ③ 그 국민에게 그 행위발동을 요구할 법규상 또는 조리상 신청권이 있을 것이라는 요건을 갖추어야 한다(자세한 내용은 뒤에서 보는 행정행위론 참조).

34) 독일에서 무하자재량행사청구권의 논의에 대한 자세한 내용은, 홍강훈, "무하자재량행사의 독자적 청구권성", 공법연구 제40집 제3호, 한국공법학회(2012. 2), 290-296면 참조.

거에 사법심사가 부인되었던 재량행위에 대하여 원고적격을 인정할 수 있는 근거가 된다는 데 본질적인 의미가 있다.

대부분의 경우 특히 행정청의 재량행위로 인하여 자유권의 침해를 주장하는 경우에, 행정청이 하자 없는 재량권행사의 의무를 위반하여 개인이 실체적 권리를 침해받았다면, 그 개인은 그 실체적 권리의 침해를 주장하면서 쟁송을 통하여 다툴 수 있으므로, 무하자재량행사청구권의 법리를 동원할 필요는 없다.

그러나, 수익적 행정행위의 발급을 거부하는 처분 중 그 발급이 행정청의 재량에 맡겨져 있고 사회적 기본권과 같이 법률이 제정되어야 기본권의 내용, 실현방법, 효력 등이 구체화되는 경우에는 생각해볼 여지가 있다. 이때에는 헌법상 보장된 사회적 기본권만을 들어 실체적 권리가 침해되었다고 주장하기 곤란할 수 있다. 사회적 기본권은 이를 구체화한 법률을 통하지 않고서는 구체적인 권리라고 보기 어렵기 때문이다. 그런데 사회적 기본권을 구체화한 법률이 재량규정으로 되어 있다면, 전통적인 공권의 성립요소에 강행법규성이 결여되어 있다는 문제가 있다. 특히 행정소송도 다른 소송과 마찬가지로 권리·의무에 관한 분쟁을 대상으로 하는 것이라는 주류적 견해를 취한다면, 재량행위에서 권리침해의 관념을 상정하기 위해서라도 무하자재량행사청구권의 독자성을 인정하지 않을 수 없다고 생각된다.

부정설의 경우에는 이와는 달리 무하자재량행사청구권은 소송상의 청구권을 근거지우기 위한 주관적 공권으로 파악해서는 안 되고, 행정청이 재량권의 한계를 일탈·남용하지 않고 재량권을 행사할 의무가 있다는 측면(위법성 판단 문제)에서 파악해야 한다고 주장한다. 그러나, 공권과 공의무 관계로 정의되는 행정상 법률관계에 관한 관념을 버리지 않는 한 재량행위의 영역에서 공권의 성립 가능성을 설명해주기 위하여 무하자재량행사청구권의 독자적인 의미는 여전히 있다고 생각된다. 한편, 부정설도 재량권이 영으로 수축되는 경우[35]에는 결과적으로 구체적 내용을 갖는 실질적 권리가 성립할 수 있다는 점에서 의미가 있다는 것을 인정한다.

(4) 성립요건

㈎ 법적의무의 존재

공권의 성립요건으로 강행법규의 존재를 드는 것에 대응하여, 행정청에게 일정한 법적 의무를 부과하는 법규가 존재하는지 여부가 검토되어야 한다. 그런데 행정청에게 재량권이 부여된 경우 언제나 재량권의 한계를 넘지 않고 행사할 의무가 있으므로, 이 요건은 별다른 의미가 없다.

35) 재량이 수축되지 않은 경우에는 거부처분에 대한 취소소송 또는 부작위위법확인소송을 제기하여 행정청에게 하자 없는 재량결정을 발령하도록 청구하면 된다.

㈏ 사익보호성

재량법규가 단순히 공익의 실현이라는 목적 이외에 사적 이익의 보호를 의욕하고 있어야만 개인은 하자 없는 재량행사를 요구할 수 있다.

(5) 내 용

무하자재량행사청구권은 행정청에게 하자 없는 재량행사를 요구하는 것, 즉 어떠한 내용의 것이든 적정하게 재량권을 행사하여 처분을 해줄 것을 요구하는 것이다. 다만 예외적으로 재량권이 영으로 수축되면서 오로지 하나의 결정만 적법한 재량권의 행사로 인정되는 경우에는 자신에게 특정 처분을 해줄 것을 요구할 수 있게 된다.

나. 행정개입청구권

(1) 의 의

종래에는 행정권의 발동여부가 행정청의 자유로운 판단에 맡겨져 있다는 것으로 인식되어 왔다. 그런데, 행정에 대한 개인의 의존도가 높아짐에 따라 행정청에게 행정권의 발동을 적극적으로 요구할 수 있는 권리가 인정될 수 있는지 논의되고 있다. 행정개입청구권이라 함은 자기 또는 제3자에게 행정권을 발동할 것을 요구하는 권리를 말한다. 견해에 따라서는 행정개입청구권을 광의와 협의로 나누어, 개인이 자기의 이익을 위하여 자기에게 행정권의 발동을 구하는 권리를 행정행위발령청구권, 자기의 이익을 위하여 타인에게 행정권의 발동을 청구하는 권리를 협의의 행정개입청구권이라고 분류하기도 한다.

(2) 논의의 범위

행정개입청구권에 관하여 독일에서는 재량이 영으로 수축한 경우와 관련하여 논의되고 있지만, 우리나라에서는 기속행위인지 재량행위인지를 묻지 않고 있다. 그러나, 기속행위의 경우에는 공권성립에 관한 일반적인 논의의 문제로서 논할 실익이 없으므로, 재량이 영으로 수축한 경우에만 의미가 있다고 생각된다.

이렇게 본다면 행정청에게 재량이 인정되지만 구체적인 사안에서 그 재량권이 영으로 수축되는 경우에 행정청은 적극적으로 개입할 의무가 있고 나아가 관련규정이 사익도 보호하는 경우에 행정청의 개입을 청구할 수 있다는 점에서 의미가 있다.

(3) 독자성의 인정여부

㈎ 학 설

① 긍정설: 행정개입청구권은 무하자재량행사청구권과 재량권수축의 법리가 적용된 결과 인정되는 개인의 주관적 공권이라 한다(다수설).

② 부정설: 행정개입청구권은 행정청의 위법한 부작위로 인한 실체적인 공권의 침해에 대한 행정구제를 위한 것인데, 굳이 행정청의 위법한 부작위만 따로 구별하여 행정개입청

구권을 인정하는 것은 실익이 없다는 견해이다.

(나) 참조 판결[36)]

① 사실관계: 도시계획법에 따라 주거지역으로 지정된 지역에 행정청이 연탄제조를 목적으로 하는 공장의 건축을 허가하자, 이 공장으로부터 70㎝ 사이에 연접한 가옥에 사는 원고는 원동기 가동으로 인한 소음 때문에 '일상 대화에 지장'이 있고 진동으로 인하여 '통상적인 주거의 안녕을 영위하기가 곤란'하여 가옥의 가치가 하락되는 등 재산권의 침해를 받고 있다고 주장하면서 위 연탄공장 건축허가의 취소를 구하는 소송을 제기하였다.

② 판결요지: 주거지역 안에서는 도시계획법령에 의하여 공익상 부득이 하다고 인정될 경우를 제외하고는 거주의 안녕과 건전한 생활환경의 보호를 해치는 모든 건축이 금지되고 있을 뿐 아니라 주거지역 내에 거주하는 사람이 받는 위와 같은 보호이익은 법률에 의하여 보호되는 이익이라고 할 것이므로, 주거지역내에 제한면적을 초과한 연탄공장 건축허가처분으로 불이익을 받고 있는 제3자는 비록 당해 행정처분의 상대방이 아니라 하더라도 그 행정처분으로 말미암아 위와 같은 법률에 의하여 보호되는 이익을 침해받고 있다면 당해행정 처분의 취소를 소구하여 그 당부의 판단을 받을 법률상의 자격이 있다.

(다) 검 토

위 판결에서 자기의 권리를 침해받은 자가 행정개입청구권의 침해를 다투는 것이 아니라 도시계획법령을 해석한 결과 처분의 상대방(연탄공장)이 아닌 제3자(이웃주민)에게 그 처분의 취소를 구할 법률상 이익이 있는지를 판단하는 것이 주된 쟁점이었으므로, 위 판결과 행정개입청구권 독자성의 인정 여부는 크게 관련되지 않는다고 볼 수 있다. 우리나라처럼 의무이행소송이나 일반이행소송을 허용하지 않기 때문에 더욱 그렇다.

그렇다고 하더라도 행정개입청구권을 행정청에게 재량이 있고 구체적인 사안에서 그 재량권이 영으로 수축되고 관련규정이 사익도 보호하는 경우에 이해관계인이 행정청의 의무에 대응하여 행정청에게 개입을 청구할 수 있는지라는 행정주체에 대한 실체법적 이행청구권의 인정 여부에 관한 문제로서 의미가 있다.

(4) 성립요건

(가) 개입의무의 발생

공권의 성립요건에 대응하여 개인에게 행정청에 대한 청구권이 발생하기 위해서는 행

---

36) 대법원 1975. 5. 13. 선고 73누96, 97 판결. 위 판결에서는 이웃주민소송에서 제3자에게 법률상 이익이 인정되는지 여부가 주된 쟁점이었고 소극적으로 허가처분의 취소를 다툰 것이지 행정권의 발동을 적극적으로 요구하는 것은 아니어서 엄밀한 의미에서 행정개입청구권에 관한 것이라고 할 수 있을지 의문이 들 수도 있으나, 그 내용이 행정개입청구권을 둘러싼 법적 관계의 구조와 매우 흡사하므로, 편의상 이 사안을 예로 들어 설명하기도 한다.

정청에게 재량이 인정됨에도 불구하고 행정개입 등 행정권을 발동할 의무가 인정되어야 한다. 즉, 행정청에게 재량권이 영으로 수축되어 행정권을 발동할 의무가 생긴 경우이어야 할 것이다.

행정개입청구권은 논리적으로는 모든 행정영역에서 인정될 수 있으나, 행정개입을 청구하는 국민의 생명, 신체 및 재산을 보호하기 위하여 인정되는 경우가 많기 때문에 경찰행정 분야에서 주로 논의된다.[37)]

㈏ 사익보호성

행정권의 개입의무는 개인의 사적 이익의 보호와 관계없이 공익 목적만을 위해서도 발생할 수도 있으나, 사익보호성이 없다면 개인적 공권으로 성립할 수 없다.

(5) 청구권의 실현방법

개인에게 행정개입청구권이 발생하는 경우 개인은 행정청에게 행정권을 발동해 줄 것을 직접 청구할 수 있다. 그러한 청구가 받아들여지지 않는 경우 개인은 행정심판(의무이행심판), 행정소송(거부처분에 대한 취소소송, 부작위위법확인소송)을 통해 권리를 추구할 수 있다. 다만 행정개입청구권의 보장을 위한 가장 적절한 소송수단인 의무이행소송이 현행법상 인정되고 있지 않다.

만일 행정개입의무의 발생에도 불구하고 해당 행정기관이 의무를 해태함으로 인하여 손해가 발생한 경우에는 국가배상을 청구할 수도 있다. 판례는 무장공비에 의하여 생명을 위협받고 있는 청년의 가족이 인근 파출소에 구원을 요청했음에도 불구하고 경찰이 출동하지 않음으로써 그 청년이 희생된 사건에서 국가배상책임을 인정하기도 하였다.[38)]

Ⅱ. 공 의 무

공의무라 함은 공권에 대응한 개념으로서 공법에 의한 의사의 기속을 말한다. 공의무는 주체에 따라 국가적 공의무와 개인적 공의무로 나뉘는데, 개인적 공의무의 경우 법령이나 행정주체의 일방적인 행위로 과해지는 경우가 많고, 불이행시 행정권의 자력집행이 인정된다는 특성이 있다.

---

37) 이때의 경찰행정이란 넓은 의미에서 위해의 방지를 임무로 하는 행정작용을 말하고, 형식적 의미의 경찰뿐만 아니라 건축행정, 보건행정, 영업행정, 환경행정 등도 모두 여기에 포함될 수 있다.

38) 대법원 1971. 4. 6. 선고 71다124 판결(1 · 21 무장공비사건).

Ⅲ. 공권·공의무의 승계

1. 행정주체 간의 승계

행정주체의 권한의 획정은 국민의 권익에 중대한 영향을 미치므로, 정부조직법이나 지방자치법 등 법률로 정하는 것이 원칙이다(행정권한 법정주의). 행정주체 사이의 승계는 지방자치단체의 폐치·분합,[39] 그 밖의 공공단체의 통·폐합의 경우와 같이 공법상 법인이 소멸되거나 합병되는 때에 이루어지는 경우가 많다.

2. 사인의 승계

개인적 공권과 공의무의 승계에 관한 일반법은 없다. 다만 행정절차법 제10조에서는 지위의 승계에 관하여 규정하고 있다. 이에 따르면, 상속이나 합병이 있으면 당사자 등의 지위를 승계하고, 이 경우 당사자 등의 지위를 승계한 자는 행정청에 그 사실을 통지하여야 한다. 한편, 처분에 관한 권리 또는 이익을 사실상 양수한 자는 행정청의 승인을 얻어 당사자 등의 지위를 승계할 수 있다. 위 조항은 행정절차법의 당사자를 대상으로 하고 있으나, 다른 법에 특별한 규정이 없고 법의 흠결이 있는 경우에는 행정법 관계 전반에 걸쳐 준용되는 법의 일반원칙을 천명한 규정으로 볼 수 있다.

개별법에서 지위승계에 관하여 규정하고 있는 경우도 많이 있는데,[40] ① 권리·의무의 이전(승계)을 제한·금지하는 규정(국가배상법 제4조, 공무원연금법 제39조 등), ② 허가 또는 승인으로 발생한 권리·의무의 승계자에게 신고의무를 부과하고 있는 규정(하천법 제5조) 등이 여기에 해당한다.

공권과 공의무의 승계에 관하여 법령의 규정이 없는 경우에는 승계의 대상이 되는 권리 또는 의무가 일신전속적인 성질을 갖는지 여부에 승계 여부가 달려 있다.[41] 관련규정의

---

39) 지방자치법 제8조에 의하면, 지방자치단체의 구역을 변경하거나 지방자치단체를 폐지하거나 설치하거나 나누거나 합칠 때에는 새로 그 지역을 관할하게 된 지방자치단체가 그 사무와 재산을 승계하고(제1항), 이 경우 지역으로 지방자치단체의 사무와 재산을 구분하기 곤란하면 시·도에서는 행정안전부장관이, 시·군 및 자치구에서는 특별시장·광역시장·특별자치시장·도지사·특별자치도지사가 그 사무와 재산의 한계 및 승계할 지방자치단체를 지정한다(제2항).

40) 개발이익 환수에 관한 법률 제6조 제1항 제3호는 개발사업 완료 전에 사업시행자의 지위가 승계된 경우 그 지위를 승계한 사람이 개발부담금을 납부할 의무가 있다고 정하고 있다. 이 조항에 대하여, 대법원은 "개발사업이 승계된 경우 그 승계 시까지 발생한 개발이익과 승계 후에 발생한 개발이익을 가려내기가 쉽지 않다는 사정을 고려하여 마련된 규정으로서, 개발사업의 승계 당사자 사이에 개발이익과 개발부담금의 승계에 관한 약정이 가능함을 전제로 그러한 약정이 불가능하다는 등의 특별한 사정이 없는 한 사업시행자의 지위를 승계한 사람으로 하여금 개발부담금의 납부의무를 부담하도록 한 것"이라고 해석하고 있다(대법원 2021. 12. 30. 선고 2021두45534 판결).

41) 승계의 대상이 되는 공권이나 공의무가 없는 경우에는 논의의 전제 자체가 성립하지 않는다. 국토계획법에는 직접 개발행위를 한 자 외에 위반행위에 이용된 토지의 소유자 등에 대한 조치명령을 할 수

목적에 비추어 그 권리나 의무의 존속 또는 수행에 당사자의 인적 성격 내지 능력이 본질적이어서 타인에게로의 이전이 배제되는 것으로 판단되는 경우에는 일신전속적일 것이다. 따라서 재산법상의 지위는 일신 전속적이지 않을 가능성이 높으나 반드시 그 의미가 일치하는 것은 아니다.

대법원 2005. 8. 19. **선고** 2003**두**9817, 9824 **판결**: 구 산림법(2001. 5. 24. 법률 제6477호로 개정되기 전의 것) 제90조 제11항, 제12항이 산림의 형질변경허가를 받지 아니하거나 신고를 하지 아니하고 산림을 형질변경한 자에 대하여 원상회복에 필요한 조치를 명할 수 있고, 원상회복명령을 받은 자가 이를 이행하지 아니한 때에는 행정대집행법을 준용하여 원상회복을 할 수 있도록 규정하고 있는 점에 비추어, 원상회복명령에 따른 복구의무는 타인이 대신하여 행할 수 있는 의무로서 일신전속적인 성질을 가진 것으로 보기 어려운 점, 같은 법 제4조가 법에 의하여 행한 처분·신청·신고 기타의 행위는 토지소유자 및 점유자의 승계인 등에 대하여도 그 효력이 있다고 규정하고 있는 것은 산림의 보호·육성을 통하여 국토의 보전 등을 도모하려는 법의 목적을 감안하여 법에 의한 처분 등으로 인한 권리와 아울러 그 의무까지 승계시키려는 취지인 점 등에 비추어 보면, 산림을 무단형질변경한 자가 사망한 경우 당해 토지의 소유권 또는 점유권을 승계한 상속인은 그 복구의무를 부담한다고 봄이 상당하고, 따라서 관할 행정청은 그 상속인에 대하여 복구명령을 할 수 있다고 보아야 한다.

3. 제재사유 및 제재적 처분 효과의 승계 여부(책임의 승계문제)

영업양도 등의 경우에 당사자 사이에 지위가 승계되는 것과 양도인에게 있었던 제재사유나 양도인이 받은 제재적 처분의 효과가 양수인에게 승계되는 것과는 관련은 있지만 별개의 문제이다. 후자의 문제는 양도인에게 있었던 허가 등의 정지·철회사유, 영업소의 폐쇄조치사유 등이 발생한 다음 영업양도가 이루어졌다면 제재사유도 이전되어 양수인에게 행정제재를 가할 수 있는지(제재사유의 승계문제), 양도인이 이미 받은 제재적 처분의 효과가 양수인에게도 미치는지(제재적 처분 효과의 승계문제) 여부에 대한 것이다.

대법원은 제재사유의 승계여부에 관하여 대인적 처분의 경우에는 승계를 부인하나, 대물적 처분의 경우에는 양도인에게 발생한 제재사유가 양수인에게 승계되는 것으로 보고 있다.[42] 그러나 영업의 이전이 가능한지의 문제와 법률위반이라는 제재사유가 이전되는지의

있는 근거가 없으므로, 토지에 대한 무단 성토가 이루어진 이후 그 소유권을 취득한 사람에게 원상복구의 조치명령을 발령할 수 없다(대법원 2021. 11. 25. 선고 2021두41686 판결).

42) 대법원 2001. 6. 29. 선고 2001두1611 판결. 위 판결의 사안은 위반행위만 존재하는 경우이지만, 더 나아가 위반행위로 인한 벌점이 부과되고 누적된 벌점 때문에 입찰참가자격제한의 요청조치 등이 예정되어 있는 경우에는 그와 같이 부과된 벌점은 승계된다고 한다. 그 이유는 회사분할을 통하여 기존에 부

문제는 차원이 다른 것이다. 어떤 허가영업이 대물적 성격을 가짐으로써 이전이 가능하다 하더라도, 양도인의 법률위반과 같은 귀책사유가 허가의 이전과 함께 당연히 이전한다고 볼 수는 없다. 만일 행정제재의 사유가 설비 등 물적 사정에 관련된 경우에는 양수가 가능하다 할 것이나,[43] 양도인의 자격상실이나 부정영업 등 인적인 사유 또는 책임이 문제되는 경우에는 승계되지 않는 것으로 보아야 할 것이다.[44]

대법원의 입장은 행정제재를 받을 것이 임박한 상황에서 행정제재를 피하기 위하여 양도인이 양수인과 공모하여 영업양도를 이전한 경우가 빈번하였거나 그러한 우려가 농후하였기 때문이라는 현실적인 이유에서 선고된 것이라고 선해할 수는 있다. 그렇지만 대법원의 위와 같은 태도는 구체적 타당성에 치우쳐서 법치주의의 원리와 책임의 원칙에 배치되는 것이므로 받아들이기 어렵다. 이러한 결론은 제재적 처분 효과의 승계문제에도 마찬가지로 적용된다고 생각된다. 물론 식품위생법 제78조[45]와 같이 양도인과 양수인 사이에 공모가 있었다거나 그러한 행위를 제재할 수 있다는 등의 근거규정이 있는 경우에는, 제재사유 및 제재적 처분의 효과가 승계될 수 있다.

과받은 벌점 및 이에 따르는 후속 처분을 무력화할 여지가 있어 벌점 부과 제도의 실효성을 확보할 수 없게 되기 때문이라고 한다(대법원 2023. 4. 27. 선고 2020두47892 판결). 한편, 대법원 판결 중에는 위와 같은 태도와 결을 달리하여, 회사분할의 경우 신설회사 또는 존속회사가 승계하는 것은 분할하는 회사의 권리와 의무라 할 것인데, 과징금을 부과하기 전까지는 승계할 어떠한 의무가 존재하지 않으므로, 분할하는 회사의 분할 전 위반행위를 이유로 신설회사에 대하여 과징금을 부과하는 것은 허용되지 않는다고 판시한 사례도 없는 것은 아니다(대법원 2007. 11. 29. 선고 2006두18928 판결). 위 판결 이후 공정거래법 제55조의3 제3항이 개정되어 위반행위를 한 사업자가 분할되거나 분할합병된 경우 신설회사에게도 과징금을 부과할 수 있는 규정을 신설하여 이 문제는 과징금의 부과에 관해서는 입법적으로 해결되었으나, 같은 사안에서 시정조치의 발령에 관해서는 위와 같은 법률의 규정이 없다는 이유로 여전히 위 판례와 같이 회사분할 후 신설회사에 대하여 분할하는 회사의 분할 전 위반행위를 이유로 시정조치를 명하는 것은 허용되지 않는다는 입장에 있다(대법원 2023. 6. 24. 선고 2021두55159 판결).

43) 예컨대, 영업장 면적 변경에 관한 신고의무가 이행되지 않은 일반음식점 영업을 양수한 자가 그 신고의무를 이행하지 않은 채 영업을 계속하는 경우 영업허가 취소나 영업정지의 대상이 된다(대법원 2014. 3. 13. 선고 2012두18882 판결).

44) 제재사유의 승계문제와 하자 있는 지위의 승계문제는 구별되어야 한다(김남진 · 김연태, 행정법 I, 109면). 후자의 경우를 예로 들면, 개인택시 운송사업의 양도 · 양수 이전에 있었던 양도인에 대한 운송사업면허 취소사유를 들어 양수인의 사업면허를 취소할 수 있다(대법원 2010. 4. 8. 선고 2009두17018 판결). 즉, 양수인이 양도받은 운송사업면허 자체에 내재하고 있는 하자를 들어 취소할 수 있다는 것이다.

45) 식품위생법 제78조의 규정내용은 "영업자가 영업을 양도하거나 법인이 합병되는 경우에는 종전의 영업자에게 행한 행정 제재적 처분의 효과는 그 처분기간이 끝난 날부터 1년간 양수인이나 합병 후 존속하는 법인에 승계되고, 행정 제재적 처분절차가 진행 중인 경우에는 양수인이나 합병 후 존속하는 법인에 대하여 행정 제재적 처분 절차를 계속할 수 있되, 양수인이나 합병 후 존속하는 법인이 양수하거나 합병할 때에 그 처분 또는 위반사실을 알지 못하였음을 증명하는 때에는 그러하지 않다."라는 취지이다. 다만 위 조항은 제재적 처분절차가 진행 중인 경우의 제재사유의 승계와 제재적 처분 효과의 승계에 관해서만 규율하고 있으므로, 아직 제재적 처분절차가 개시되지 않은 경우에는 위 조항에도 불구하고 제재사유가 승계되지 않는다고 해석하여야 할 것이다.

❑ **공중위생법위반사건(대법원** 2001. 6. 29. **선고** 2001**두**1611 **판결)**

〈사실관계〉 소외인이 이용원을 경영하면서 콘돔을 보관하다가 적발된 후 원고에게 위 이용원을 매각하였고, 원고는 이용업소 개설통보 후 새로운 상호로 영업을 하였다. 이에 행정청은 양수인인 원고에게 밀실 설치에 대한 시설개선명령과 윤락행위에 사용할 수 있는 기구 보관을 이유로 한 영업정지 2개월 처분을 하였다.

〈판결요지〉 대법원은 구 공중위생관리법상 영업정지나 영업장폐쇄명령은 대물적 처분이므로, 양수인이 그 양수 후 행정청에 새로운 영업소개설통보를 하였다 하더라도, 그로 인하여 영업양도·양수로 영업소에 관한 권리의무가 양수인에게 이전하는 법률효과까지 부정되는 것은 아니라 할 것인데, 만일 어떠한 공중위생영업에 대하여 그 영업을 정지할 위법사유가 있다면, 관할 행정청은 그 영업이 양도·양수되었다 하더라도 그 업소의 양수인에 대하여 영업정지처분을 할 수 있다고 판시하였다.

〈관련판례〉 대법원은 종전의 석유판매업자인 A 소유의 석유판매시설을 경매에 의하여 취득한 후 지위승계보고 및 등록변경신청의 수리를 거쳐 석유판매업자로서의 지위를 승계한 원고에 대하여 A의 유사석유제품 판매를 들어 사업정지처분에 갈음하는 과징금을 부과한 사안에서, 석유판매업 등록은 원칙적으로 대물적 허가의 성격을 갖고 이 사건 제재처분 역시 대물적 처분의 성격을 갖고 있으므로, 그 지위를 승계한 자에 대하여 사업정지 등의 제재처분을 취할 수 있다고 보아야 한다고 판시하였다.[46]

한편, 제재처분이 어떠한 개인을 대상으로 한 것이 아니라 영업소나 업체 등의 업무 자체를 대상으로 하는 경우, 제재절차가 진행되기 전에 폐업한 영업소에서 발생한 위반행위를 가지고 그 영업소의 개설자가 새로 개설한 영업소에 대하여 제재를 가할 수 있는지도 의문이다. 이와 관련하여 대법원은 요양기관이 속임수나 그 밖의 부당한 방법으로 보험자에게 요양급여비용을 부담하지 않는 경우 부과되는 업무정지처분이 의료인 개인의 자격에 대한 제재가 아니라 요양기관의 업무 자체에 대한 것으로서 대물적 처분의 성격을 가지므로, "속임수나 그 밖의 부당한 방법으로 보험자에게 요양급여비용을 부담하게 한 요양기관이 폐업한 때에는 그 요양기관은 업무를 할 수 없는 상태일 뿐만 아니라 그 처분대상도 없어졌으므로 그 요양기관 및 폐업 후 그 요양기관의 개설자가 새로 개설한 요양기관에 대하여 업무정지처분을 할 수는 없다."라고 판시하여, 이러한 경우에 특별한 법령조항이 없다면, 제재사유의 승계를 부정하고 있다.[47]

---

46) 대법원 2003. 10. 23. 선고 2003두8005 판결.

47) 대법원은 국민건강보험법령상 업무정지처분의 대상이 요양기관이고 요양기관의 개설자가 아니라는 점에 착안하여, 그 논거로써 침익적 행정행위의 근거가 되는 행정법규는 가급적 엄격하게 해석·적용하여야 한다는 점을 들고 있다(대법원 2022. 1. 27. 선고 2020두39365 판결).

제3절 행정상 법률관계의 종류

Ⅰ. 개 관

행정상 법률관계는 행정에 관한 법률관계를 총칭하는 개념으로서,48) 넓은 의미로는 행정조직법관계와 행정작용법관계로 나누어지고, 좁은 의미로는 행정작용법관계만 가리킨다. 행정작용법관계는 행정주체와 그 상대방이 되는 국민 또는 주민 사이의 법률관계이고, 행정조직법관계는 행정조직 내부에서 행정기관 상호간이나 행정주체 상호간의 행정법관계이다.

행정조직법관계는 다시 행정조직 내부관계와 행정주체 상호간의 관계로 나뉘고, 행정작용법관계는 권력관계, 관리관계, 국고관계로 분류된다.

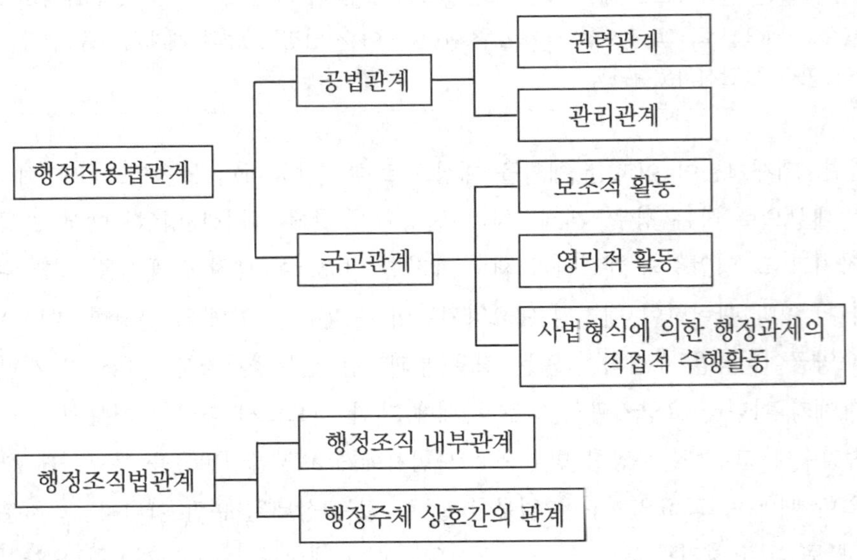

Ⅱ. 행정작용법관계

1. 권력관계

권력관계란 국가 또는 지방자치단체 등 행정주체가 그 상대방인 국민 또는 주민에게

48) 그러나 개개의 관계 특히 행정조직법관계에서는 권리의무관계를 뜻하는 법률관계가 아닌 것도 있어서, 행정상 법률관계라는 용어의 사용이 정확한 것만은 아니다.

일방적으로 명령 · 강제하거나 법률효과를 발생 · 변경 · 소멸시키는 법률관계를 말하고, 고권관계라고도 한다. 권력관계에서는 행정주체에게 특별한 우월적 지위가 인정되기도 하고, 그러한 지위에서 행한 행위에는 공정력 · 집행력 · 불가쟁력 등 특별한 효력이 부여되기도 한다.

한편, 권력관계 중에는 행정주체와 그 상대방인 국민 또는 주민 사이에 당연히 성립되는 법률관계가 아니라(일반권력관계), 특별한 법률원인에 의하여 성립되며 일정한 행정목적에 필요한 범위 내에서 일방이 상대방을 포괄적으로 지배하고 상대방은 이에 복종하는 것을 내용으로 하는 관계가 있을 수 있다. 이러한 특별권력관계에 대한 논의는 뒤에서 좀 더 자세히 살펴본다.

2. 관리관계

관리관계란 행정주체가 사업 또는 재산의 관리주체로서 그 상대방 사이에 맺는 법률관계를 말하고, 단순고권관계라고도 한다. 관리관계에서는 권력관계와는 달리 행정주체와 국민이 대등한 관계에 있고, 주로 급부행정분야에서 많이 이루어진다.

3. 국고관계(행정의 사법적 활동)

가. 의 의

국고관계란 행정주체가 사경제활동의 주체로서 그 상대방과 사이에 맺는 법률관계를 말한다. 행정기능이 확대됨에 따라 행정의 사법적 활동도 증가하는 추세에 있다. 행정주체는 강행법규에 위반되지 않는다면 사법상의 조직 및 행위형식을 선택하여 행동할 수 있다고 할 것이므로, 사법형식의 행정활동을 부정적으로 볼 필요는 없다.

그런데 사법의 세계에는 사적자치의 원칙이 지배하고 있기 때문에, 행정이 사법의 형식을 취할 수도 있다고 한다면 행정이 공법의 형식을 취하는 경우에 받게 되는 여러 가지 제약을 벗어나기 위하여 '행정의 사법으로 도피'가 일어날 수도 있다. 행정이 사법의 형식을 취할 수 있다는 것을 일단 긍정하면서도 위와 같은 폐단을 막아 보자는 의도에서 나온 것이 '행정사법'의 이론이다.

나. 행정의 사법적 활동의 범위

행정의 사법적 활동의 내용 또는 과제에 따라 다음의 세 가지로 분류될 수 있다.

① 행정의 보조적 활동: 조달작용, 공사도급계약, 노무자고용계약 등

② 행정의 영리적 활동: 국가가 광산이나 은행을 경영하거나 주식시장에 참가하는 경우, 지방자치단체가 영리목적으로 기업을 경영하는 경우 등

③ 사법형식에 의한 행정과제의 직접적인 수행활동: 사법상 계약에 의하여 전기 · 가스 등을 공급하거나 자금지원 내지 채무보증을 하는 경우 등

다. 행정사법이론

행정의 사법적 활동은 헌법상 평등의 원칙, 기본권 조항, 그 밖의 공법상의 제약으로부터 벗어나 사법으로 도피하는 수단이 될 수 있기 때문에, 이와 같은 활동을 규율하는 사법은 일정 정도 공법적 기속을 받아야 한다.

행정사법은 행정의 사법적 활동 중 사법형식에 의한 행정과제의 직접적인 수행활동에만 적용된다는 견해가 유력하지만, 행정사법의 적용 여부는 영역의 구별이라는 기준이 아니라 '특별한 국가적 힘이 작용'하고 있는지라는 실질적 기준을 적용하여 개별적으로 결정하는 것이 타당하다.[49]

행정사법이론에 따라 행정주체가 사법의 형식으로 활동하는 경우에도 다음과 같이 일정한 공법적 기속을 받는다.

첫째, 기본권 조항 등에 의한 제약이다. 국가, 지방자치단체, 공무수탁사인과 같은 행정주체는 사법의 형식으로 활동하는 경우에도 헌법상 평등의 원칙, 자유권조항, 비례의 원칙과 같은 헌법원칙에 의한 기속을 받는다(기본권의 제3자적 효력).

둘째, 사법적 규율의 수정 · 제약이다. 국가 등 행정주체가 사법의 형식으로 활동하는 경우에는 사법상의 행위능력에 관한 규정, 의사표시에 관한 규정 등이 수정되는 경우가 있을 수 있다. 우편법 중 무능력자의 행위를 능력자의 행위로 간주하는 규정, 공기업이용관계에서 계약강제 등이 그 예이다.

라. 권리구제

행정주체가 사인과 대등한 지위에서 경제적 활동을 하는 경우(국고관계)에서의 국가 또는 지방자치단체의 행위는 기본적으로 사법상의 행위로서 사법에 의한 규율을 받고, 그에 관한 법률상의 분쟁은 민사소송의 대상이 된다. 손해배상도 국가배상법에 의하지 않고 민법상 손해배상조항이 적용된다. 다만 행정사법이론이 적용되는 결과 민법의 일반조항을 매개로 헌법상의 평등원칙, 자유권조항, 그 밖의 헌법원칙에 의한 공법상의 기속을 받을 수 있다.

---

49) 김남진 · 김연태, 행정법Ⅰ, 459면 참조.

Ⅲ. 행정조직법관계

1. 행정조직 내부관계

행정조직 내부관계는 행정기관 상호간의 관계로서 권리의무의 관계가 아니라 직무권한·기관권한의 행사관계로서의 성질을 가지므로, 엄밀한 의미에서는 법률관계라고 할 수 없다. 이러한 내부법 관계에서는 권리주체 사이의 대립을 해소하는 것이 아니라 행정의사의 통일성을 확보하는 것을 목적으로 한다(행정의 일원성의 원칙). 따라서, 행정조직의 계층구조의 원칙에 지배되며 기관들 사이의 분쟁은 공통되는 상급감독청의 개입과 지시에 의하여 해결되게 된다.

2. 행정주체 상호간의 관계

행정주체 상호간의 관계는 국가와 지방자치단체 사이나 지방자치단체들 사이의 관계처럼 행정주체 사이에서 맺어지는 관계를 말한다. 이러한 관계는 그 성질에 따라 행정작용법관계와 유사하게 취급될 수도 있고 행정조직 내부관계로 간주될 수도 있다. 가령 국가와 지방자치단체 사이의 관계에서 국가의 감독권 행사와 그에 대한 지방자치단체의 불복소송을 허용하는 법률의 규정이 없는 경우에, 지방자치단체가 자치사무나 단체위임사무를 처리하는 때에는 그 관계의 성질에 따라 행정작용법관계와 같아지나, 기관위임사무를 처리할 때에는 지방자치단체의 장이 국가기관의 하부기관의 지위에 있고 그 법률효과도 지방자치단체에 귀속되는 것이 아니어서 행정조직 내부관계에서와 같은 성격을 가지게 된다.

Ⅳ. 특별권력(신분)관계

1. 의 의

특별권력관계는 특별한 법률상 원인에 의하여 성립되고 일정한 행정목적에 필요한 범위 내에서 일방이 상대방을 포괄적으로 지배하고 상대방은 이에 복종하는 것을 내용으로 하는 관계를 말한다. 과거에는 국가는 하나의 유기체로서 국가 내부에는 인격주체관계가 존재하지 않기 때문에 법이 침투할 수 없다는 이론(불침투설)을 바탕으로 특별권력관계에는 법치주의가 배제되어 법률유보의 원칙, 기본권 제한 법률주의 및 사법심사 등 법치주의의 적용이 배제된다고 설명했었다. 그러나, 2차 세계대전 이후 이 이론은 많은 비판을 받게 되었다. 이러한 배경에서 오늘날 특별신분관계, 특별행정법관계라는 용어가 사용되기도 한다.

2. 특별권력(신분)관계의 인정여부 및 사법심사 가능성

가. 학 설

(1) 긍 정 설

일반권력관계와 특별권력관계는 그 성립원인이나 지배권의 성질 등에서 본질적인 차이가 있으므로, 전통적인 특별권력관계이론을 유지하자는 입장이다. 그러나 오늘날 이러한 견해를 취하는 사람은 찾아보기 어렵다.

(2) 제한적 긍정설

일반권력관계와 특별권력관계의 본질적 차이를 부정하면서도 특별권력관계에서는 특별한 행정목적을 위하여 필요한 범위 내에서 법치주의가 완화되어 적용될 수 있다는 것을 긍정하는 입장이다. 특별권력관계에서의 행위를 기본관계와 업무수행관계 또는 경영관계로 구분하여 고찰하는 울레(Ule)의 견해가 이에 해당한다.[50] 그의 견해에 따르면, 기본관계는 특별권력관계 자체의 성립, 변경, 종료 또는 해당 구성원의 법적 지위의 본질적 사항에 관한 법률관계로서 법치주의와 사법심사가 적용되어야 한다. 업무수행관계 또는 경영관계는 해당 특별권력관계의 목표를 실현하는데 필요한 행위를 말하는데, 이는 다시 군복무관계와 폐쇄적 영조물이용관계(예컨대 재소자관계, 감염병환자의 강제입원관계 등), 그리고 일반공무원관계와 개방적 영조물이용관계(학교, 도서관 이용관계 등)로 세분하여, 전자의 경우에는 사법적 권리보호가 인정되어야 하지만, 후자의 경우에는 개인의 법적 지위에 영향을 미치지 않기 때문에 사법심사의 대상에서 제외된다.

(3) 부 정 설

특별권력관계의 개념을 부정하는 입장에는 모든 공권력의 행사에는 법률의 근거를 요하며, 특별권력관계에서도 법치주의가 전면적으로 적용된다는 일반적 · 형식적 부정설과 종래 특별권력관계로 보아온 법률관계의 내용을 개별적으로 검토하여 그 결과에 따라 비권력적 관계 내지 일반권력관계로 분해하여 귀속시키려는 개별적 · 실질적 부정설이 있다. 부정설에 의하면, 특별권력관계에서의 행위에 대해서 일반권력관계와 마찬가지로 사법심사가 가능하다.

나. 판 례

대법원은 농지개량조합과 그 직원과의 관계가 사법상의 근로계약관계가 아닌 공법상의 특별권력관계이지만 그 조합의 직원에 대한 징계처분 취소소송은 행정소송사항에 속한

---

50) 김남진 · 김연태, 행정법 I, 128면 참조.

다고 판시하였다.[51] 그밖에도 구청장의 동장에 대한 직권면직처분,[52] 서울교육대학 학장의 소속학생에 대한 퇴학처분,[53] 육군3사관학교의 사관생도에 대한 퇴학처분[54]에 대해서도 그 처분성을 긍정하여 사법심사를 하였다.

다. 검 토

일반권력관계와는 달리 그 목적이나 기능에 특수성을 지니고, 그에 따라 일반권력관계와는 다른 특수한 법적 규율을 받는 영역이 존재한다는 점을 부인할 수는 없다. 그러나 그에 관한 규율도 법치행정의 원리에 적합하여야 하고, 헌법상의 기본권 규정에도 합치되어야 한다. 특별권력관계도 법으로부터 자유로운 영역이 될 수 없으므로, 소송요건을 갖추고 있다면 사법심사를 할 수 있어야 한다.

물론 특별권력관계에서는 그 목적달성을 위하여 특별권력주체에게 포괄적인 재량이 인정되는 경우가 많다는 점에서 일반권력관계와 차이가 있을 수 있다. 그러나 그것은 재량권이 인정되는 한도 내에서 사법심사가 제한될 수 있다는 측면의 양적인 차이에 불과한 것이다. 특별권력관계 주체에게 넓은 범위의 재량권 내지 판단의 여지가 인정된다는 것은 본안의 문제로서 사법심사의 가능성과는 별개의 문제로 보아야 한다.

3. 특별권력(신분)관계의 성립과 종류

가. 성 립

특별권력관계는 수형자의 교도소 수감이나 감염병환자의 강제입원과 같이 법률의 규정에 의하여 강제적으로 가입되기도 하고, 상대방의 동의에 의하여 성립되기도 하는데, 그 동의는 자유로운 의사에 기한 것도 있고(공무원관계, 국공립학교의 입학, 국립도서관의 이용 등) 법률에 따라 강제된 것도 있다(학령아동의 초등학교 취학 등).

---

51) 대법원 1995. 6. 9. 선고 94누10870 판결.
52) 대법원 1982. 7. 27. 선고 80누86 판결.
53) 대법원 1991. 11. 22. 선고 91누2144 판결.
54) 대법원 2018. 8. 30. 선고 2016두60591 판결. 육군3사관학교 사관생도인 갑이 4회에 걸쳐 학교 밖에서 음주를 하여 '사관생도 행정예규' 제12조에서 정한 품위유지의무를 위반하였다는 이유로 육군3사관학교장이 교육운영위원회의 의결에 따라 갑에게 퇴학처분을 한 사안에서, 대법원은 사관생도의 모든 사적 생활에서까지 예외 없이 금주의무를 이행할 것을 요구하는 것은 사관생도의 일반적 행동자유권은 물론 사생활의 비밀과 자유를 지나치게 제한하는 것이고, 위 예규에서 사관생도의 모든 사적 생활에서까지 예외 없이 금주의무를 이행할 것을 요구하면서 사관생도의 음주가 교육 및 훈련 중에 이루어졌는지 여부나 음주량, 음주 장소, 음주 행위에 이르게 된 경위 등을 묻지 않고 일률적으로 2회 위반하면 원칙적으로 퇴학조치를 하도록 정한 것은 사관학교가 금주제도를 시행하는 취지에 비추어 보더라도 사관생도의 기본권을 지나치게 침해하는 것이므로, 위 금주조항은 사관생도의 일반적 행동자유권, 사생활의 비밀과 자유 등 기본권을 과도하게 제한하는 것으로서 무효인데도 위 금주조항을 적용하여 내린 퇴학처분이 적법하다고 본 원심판결을 위법하다고 파기하였다.

나. 종 류

일반적으로 ① 공법상의 근로관계(공무원의 근무관계, 군복무관계 등), ② 공법상의 영조물이용관계(국공립학교의 재학관계, 감염병환자의 재원관계, 수형자의 교도소 재소관계 등), ③ 공법상의 특별감독관계(공공조합, 특허기업자 또는 국가로부터 행정사무의 위임을 받은 자 등이 국가의 특별한 감독을 받는 관계 등), ④ 공법상의 사단관계(공공조합과 조합원의 관계 등) 등으로 분류된다.

4. 특별권력(신분)관계와 법치주의

가. 법률유보의 원칙

종래에는 목적달성에 필요한 한도 내에서 법률의 근거 없이 명령·강제를 할 수 있다고 보았으나, 특별권력관계에서도 법률유보의 원칙이 적용되어야 한다. 현행법도 대부분 법령에 구체적인 규정을 두어 특별권력관계의 내용을 명확히 하고 특별권력의 발동을 제한함과 동시에 복종자의 권리를 보장하고 있다.[55]

나. 기본권의 제한

특별권력관계에도 헌법상의 기본권 조항이 적용된다. 따라서 특별권력관계에서 기본권을 제한하기 위해서는 법률에 근거가 있어야 하고, 이 경우에도 기본권의 제한은 목적달성을 위하여 필요하다고 인정되는 최소한도에서만 허용되며, 본질적 내용의 침해금지의 원칙이 준수되어야 한다. 헌법재판소도 수형자에 대한 기본권 제한의 한계와 관련하여 헌법 제37조 제2항에 따른 과잉금지의 원칙을 준수하여야 한다고 판시하였다.[56]

다. 사법심사의 범위

특별권력관계 또한 법으로부터 자유로운 영역이 될 수 없으므로, 모두 사법심사의 대상이 된다. 다만 특별권력 주체에 넓은 범위의 재량권 내지 판단의 여지가 인정되는 경우가 많은데, 그 한도에서 사법심사가 제한될 뿐이다. 그러나 이는 본안에서 판단될 문제로서 사법심사의 가능성과는 별개의 문제이다.

---

55) 예컨대 공무원법령 등에서는 공무원의 권리와 의무, 징계의 사유·종류·절차 등을 상세히 정하고 있다.
56) 헌재 2004. 12. 16. 선고 2002헌마478 결정.

제 3 장 행정법상의 법률요건과 법률사실

제 1 절 의의와 종류

행정법관계의 발생 · 변경 · 소멸이라는 법률효과를 발생시키는 사실을 행정법상의 법률요건이라 하고, 이러한 법률요건을 이루는 개개의 사실을 행정법상의 법률사실이라 한다. 행정법상의 법률사실은 사람의 정신작용을 요소로 하지 않는 행정법상의 사건(자연적 사실)[1]과 사람의 정신작용을 요소로 하는 행정법상의 용태(정신적 사실)[2]로 나눌 수 있다.

제 2 절 행정법상 사건

Ⅰ. 기간 및 나이의 계산

행정기본법 제6조(행정에 관한 기간의 계산) ① 행정에 관한 기간의 계산에 관하여는 이 법 또는 다른 법령등에 특별한 규정이 있는 경우를 제외하고는 「민법」을 준용한다.

② 법령등 또는 처분에서 국민의 권익을 제한하거나 의무를 부과하는 경우 권익이 제한되거나 의무가 지속되는 기간의 계산은 다음 각 호의 기준에 따른다. 다만, 다음 각 호의 기준에 따르는 것이 국민에게 불리한 경우에는 그러하지 아니하다.

1. 기간을 일, 주, 월 또는 연으로 정한 경우에는 기간의 첫날을 산입한다.
2. 기간의 말일이 토요일 또는 공휴일인 경우에도 기간은 그 날로 만료한다.

제7조(법령등 시행일의 기간 계산) 법령등(훈령 · 예규 · 고시 · 지침 등을 포함한다. 이하 이 조에서 같다)의 시행일을 정하거나 계산할 때에는 다음 각 호의 기준에 따른다.

1. 법령등을 공포한 날(훈령 · 예규 · 고시 · 지침 등은 고시 · 공고 등의 방법으로 발령한 날을 말한다. 이하 이 조에서 같다)부터 시행하는 경우에는 공포한 날을 시행일로 한다.
2. 법령등을 공포한 날부터 일정 기간이 경과한 날부터 시행하는 경우 법령등을 공포한 날을 첫날에 산입하지 아니한다.
3. 법령등을 공포한 날부터 일정 기간이 경과한 날부터 시행하는 경우 그 기간의 말일이 토요일 또는 공휴일인 때에는 그 말일로 기간이 만료한다.

---

1) 사람의 출생 · 사망 · 시간의 경과, 물건의 점유, 일정한 연령에의 도달, 일정한 장소에의 거주 등이 그에 해당한다.
2) 내부적 용태(고의 · 과실 · 선의 · 악의 등)와 외부적 용태(작위 · 부작위)로 나누어진다.

제7조의2(행정에 관한 나이의 계산 및 표시) 행정에 관한 나이는 다른 법령등에 특별한 규정이 있는 경우를 제외하고는 출생일을 산입하여 만 나이로 계산하고, 연수로 표시한다. 다만, 1세에 이르지 아니한 경우에는 월수로 표시할 수 있다.

1. 기 간

기간이란 행정심판법 제18조에 규정된 행정심판 제기기간 등과 같이, '일정 시점에서 다른 시점까지의 시간적 간격'을 말한다. 기간계산의 방법은 기술적인 문제이므로, 특별한 규정이 없으면 행정기본법 제6조 제1항에 따라 기간 계산의 일반원칙을 규정하고 있는 민법이 행정에 관한 기간의 계산에도 준용된다.[3] 따라서, 기간을 일, 주, 월 또는 연으로 정한 때에는 기간의 초일은 산입하지 않고(민법 제157조 본문), 기간의 말일이 토요일 또는 공휴일에 해당한 때에는 기간은 그 다음날에 만료한다(제161조).

다만, 행정기본법 제6조 제2항은 국민의 권익을 제한하거나 의무를 부과하는 경우와 같이 국민에게 불리한 사항이 지속되는 기간을 계산할 때에는 민법과 별도로 기산일과 만료일에 관한 특칙을 정하고 있다. 이는 형사관계법에서 형의 집행, 구속기간 및 공소시효기간 계산에 관하여 민법과 다른 특칙을 두고 있는 점에 착안한 것이다. 행정법관계에서도 행정청의 우월한 지위를 고려하여 기간의 기산일과 만료일을 상대방에게 유리한 방식으로 계산할 필요가 있으므로, 권익을 제한하거나 의무를 부과하는 처분의 경우에는 초일을 산입하고 기간의 말일이 토요일 또는 공휴일이더라도 그날 만료한다.

한편, 제7조에서는 법령 등의 시행일에 관한 기간 계산을 규정하고 있는데, 민법의 기간계산 원칙과 달리 운영되고 있는 현재 법령 등의 시행일에 관한 실무를 반영한 것이다. 그에 따라 법령 등(훈령 · 예규 · 고시 등 포함)이 공포한 날에 시행하는 경우에는 초일을 산입하고, 공포 후 일정 기간 경과 후 시행되는 경우로서 말일이 토요일 · 공휴일인 경우에 그날 만료한다는 특례를 규정하고 있다.

2. 나이의 계산

행정기본법 제7조의2에서는 행정에 관한 나이를 만 나이로 계산하고 연수로 표시하되, 1세에 이르지 않는 경우에는 월수로 표시할 수 있다고 규정하고 있다. 법령상 나이는 민법에 따라 '만 나이'로 계산하는 것이 원칙이지만, 일상생활에서는 이른바 '세는 나이'를 사

3) 행정기본법이 제정되기 이전의 대법원 2009. 11. 26. 선고 2009두12907 판결에서는 광업법에는 기간의 계산에 관하여 특별한 규정을 두고 있지 않으므로, 광업법에서 정한 출원의 제한기간을 계산할 때 기간계산에 관한 민법의 규정이 그대로 적용된다고 판시하였다.

용하고 있고, 병역법 등 일부 법률에서는 현재 연도에서 출생 연도를 뺀 '연 나이'를 기준으로 사용하고 있어서, 행정상 나이 계산에 대한 혼선과 분쟁을 막고 국제적 기준에 부합하도록 행정 분야에서 나이를 '만 나이'로 계산하도록 통일한 것이다.

Ⅱ. 시 효

1. 공법상 금전채권의 소멸시효

가. 시효기간

(1) 국가 · 지방자치단체의 금전채권

국가재정법 제96조와 지방재정법 제82조에 따르면, 국가나 지방자치단체를 당사자로 하는 금전의 급부를 목적으로 하는 권리 또는 의무는 그 어느 쪽에 대한 것이든 다른 법률에 규정이 없는 한 5년간 행사하지 않으면 시효로 소멸한다.[4] 여기에서 금전채권은 공법상의 금전채권뿐만 아니라 사법상 행위로 인하여 발생한 것도 포함된다.[5]

한편, '다른 법률에 규정이 없는 것'이라는 의미는 다른 법률에서 국가재정법 제96조, 지방재정법 제82조에서 규정한 5년의 소멸시효기간보다 짧은 기간의 소멸시효를 규정한 경우를 가리키는 것이고, 이보다 긴 10년의 소멸시효를 규정한 민법 제766조 제2항과 같은 것은 여기에서 말하는 '다른 법률의 규정'에 해당하지 않는다.[6]

(2) 공법인의 금전채권

공법인의 공법상 법률관계에서 발생하는 금전채권의 소멸시효기간에 관하여 관련 법률에서 시효기간을 국가재정법 제96조와 같이 5년으로 하거나 이를 준용하도록 하는 규정을 두고 있는 경우가 많고 이러한 경우에는 그에 따르면 아무런 문제가 되지 않는다. 그런데 명문의 규정을 두지 않은 경우에는 국가재정법에 따라야 할 것인지, 민법을 유추하여야 할 것인지에 관하여 해석상 문제가 발생한다.

공법상 법률관계의 조속한 안정 등을 위하여 시효기간을 짧게 정할 필요는 있으나, 시효기간을 정하는 것은 입법정책의 문제이므로, 명시적인 규정이 없는 이상 함부로 국가재정법 등을 유추할 수는 없다. 따라서 민법의 일반조항을 적용하여야 한다.

판례도 구 의료보험법 제45조가 정한 국민건강보험공단의 보험자에 대한 부당이득금

---

4) 대법원 2023. 8. 18. 선고 2023두37568 판결에서는, 지방자치단체가 수도사업자인 경우 상수도원인자부담금의 부과권 및 징수권은 개별 수도공사 등에 드는 비용을 산출할 수 있는 때부터 기산하여 지방재정법 제82조 제1항에 따라 5년의 소멸시효가 적용된다고 판시하였다.
5) 대법원 1974. 7. 26. 선고 74다703 판결.
6) 대법원 2001. 4. 24. 선고 2000다57856 판결.

징수권의 소멸시효기간은 민법 제162조 제1항에 따라 10년이라고 보아야 하고, 구 의료보험법 제67조 제1항을 적용하여 2년이라거나 구 예산회계법 제96조 제1항을 적용하여 5년이라고 할 수 없다고 판시하였다(금전채권의 경우).[7] 한편, 태백시 소재 탄광에서 업무상 재해를 입고 그 부상후유증으로 사망한 사람의 유족이 석탄산업합리화사업단에게 갖는 석탄산업법 소정의 재해위로금 청구권의 소멸시효기간도 민법 제162조 제1항에 따라 10년이라고 판시하였다(금전채무의 경우).[8]

나. 시효의 중단 · 정지 등

시효의 중단 · 정지, 그 밖의 사항에 관해서도 원칙적으로 민법의 규정이 준용된다.[9] 민법 제168조에는 소멸시효의 중단사유로서 ① 청구, ② 압류 또는 가압류, 가처분, ③ 승인을 규정하고 있다. 한편 국가재정법 제96조 제4항에 의하여 법령의 규정에 따라 국가가 행하는 납입고지도 시효중단의 효력이 있고, 국세기본법 등에 따라 조세채권의 공통되는 소멸시효의 중단사유로는 납세고지,[10] 독촉 또는 납부최고, 교부청구, 압류[11] 등이 있으며, 산업재해보상보험법 제36조 제2항에 따른 보험급여의 청구도 민법과는 별개로 소멸시효의 중단사유가 된다.[12]

소멸시효가 중단되면 그때까지 진행되었던 소멸시효기간은 진행하지 않았던 것과 마찬가지가 되고 중단사유가 종료한 때부터 소멸시효가 다시 진행된다(민법 제178조). 시효중단의 효력을 갖는 독촉은 최초의 독촉에 한정되는 것이지 그 이후에 이루어진 독촉은 민법상 최고의 효력만 있다.[13]

다. 소멸시효완성의 효과

민법에서 소멸시효기간이 경과하면 권리가 당연히 소멸한다는 '절대적 소멸설'과 시효이익을 받는 자가 이를 원용하여 권리의 소멸을 주장해야만 그 권리가 소멸한다는 '상대적 소멸설'이 대립하고 있다. 판례는 민법에서와 마찬가지로 공법에서도 전자의 입장을 취하고 있다.[14] 따라서 소멸시효완성 후에 이루어진 부과처분은 납세의무 없는 자에 대하여 한

---

7) 대법원 2006. 11. 9. 선고 2004두7467 판결.
8) 대법원 2003. 3. 14. 선고 2002두4426 판결.
9) 국가재정법 제96조 제3항, 지방재정법 제83조 등 참조.
10) 납세고지는 납세의무자에게 이미 성립 · 확정된 조세채무의 이행을 청구하는 행위이다.
11) 위법한 압류처분이라고 하더라도 그 하자가 중대 · 명백하여 무효가 아닌 이상 그러한 하자의 존재만으로 압류로 인한 시효중단의 효력을 부인할 수 없다(대법원 2024. 5. 30. 선고 2021다301688 판결).
12) 대법원 2019. 4. 25. 선고 2015두39897 판결.
13) 대법원 1999. 7. 13. 선고 97누119 판결. 따라서 최초의 독촉 이후의 독촉은 민법 제174조에 의하여 6월내에 재판상의 청구, 파산절차참가, 화해를 위한 소환, 임의출석, 압류 또는 가압류, 가처분을 하지 않으면 시효중단의 효력이 없게 된다.
14) 대법원 1985. 5. 14. 선고 83누655 판결.

것이므로 그 하자가 중대하고 명백하여 무효이다.[15] 나아가 대법원은 소멸시효 완성이후에 있은 과세처분에 기하여 세액을 납부하였다 하더라도 이를 들어 바로 소멸시효의 이익을 포기한 것으로 볼 수 없다고 판시하였다.[16]

한편, 위와 같이 시효가 완성되면 당사자의 주장이 없더라도 채무가 당연히 소멸하지만 소송에서 이를 인정받으려면 변론주의의 원칙상 소멸시효완성의 이익을 받는 자가 소멸시효의 이익을 받겠다는 뜻을 항변하여야 한다는 민사소송에서의 판례이론을 국가에 대한 공법상의 금전급부청구에서도 그대로 적용하고 있다.[17] 다만 대법원은 시효중단의 사유가 기록상 현출되어 있다면 피고의 시효중단에 관한 명시적인 항변이 없더라도 행정소송법 제26조에 따라 직권으로 심리판단할 사항이라고 판시하였다.[18]

2. 공물의 취득시효

공물이란 국가 등 행정주체에 의하여 또는 관습법에 의하여 직접 공적 목적에 제공되어 공법적 규율을 받는 유체물과 무체물 및 물건의 집합체(시설)를 말한다. 그런데, 공물의 특성상 시효취득의 대상이 되는지에 관하여 논란이 있다.

공물에 대하여 시효취득을 인정하는 것은 공물 본래의 목적에 어긋나므로 허용될 수 없다는 견해(부정설), 공물은 융통성이 인정되는 한도에서 시효취득의 대상이 될 수 있지만 시효취득자는 그 물건을 계속 공적 목적에 공용할 법적 제한이 붙은 채로 소유권을 취득한다는 견해(제한적 시효취득설), 공물이 장기간 평온 · 공연하게 본래의 사용 목적이 아닌 다른 사적 목적으로 점유되었다면 묵시적 공용폐지가 있는 것으로 보아 완전한 시효취득의 대상이 된다고 보는 견해(완전시효취득설) 등이 있다.

한편, 판례는 공물(행정재산)은 공용폐지[19]가 되지 않는다면 사법상 거래의 대상이 될 수 없으므로 시효취득의 대상이 되지 않는다는 입장에 있다.[20] 공공용물의 형체적 요소가 소멸되더라도 자연공물이든 인공공물이든 공용폐지가 없으면 여전히 공물로서의 성질을 잃지 않으므로, 공물은 공용폐지가 되지 않는 한 취득시효의 대상이 되지 않는다는 것이다.

그런데, 국유재산법 제7조 제2항과 공유재산 및 물품 관리법(공유재산법) 제6조 제2항에서는 행정재산은 민법 제245조에도 불구하고 시효취득의 대상이 되지 않는다고 규정하

15) 대법원 1988. 3. 22. 선고 87누1018 판결 등.
16) 대법원 1988. 1. 19. 선고 87다카70 판결.
17) 대법원 1969. 8. 30. 선고 68다1089 판결.
18) 대법원 1987. 1. 20. 선고 86누346 판결.
19) 공공폐지라고 함은 행정주체가 해당공물에 대하여 공적 목적에 제공하는 것(공용)을 폐지하는 행위를 말한다.
20) 대법원 2009. 12. 10. 선고 2006다87538 판결 등 다수.

고 있다.[21] 따라서, 이 문제는 공물이 행정재산인 경우에는 입법적으로 해결되었다.

Ⅲ. 제척기간

1. 의　　의

제척기간이라 함은 법이 정한 권리의 존속기간을 말하고, 그 기간이 경과하면 해당 권리는 당연히 소멸한다. 그 제도적 취지는 권리자로 하여금 권리를 신속하게 행사하도록 함으로써 그 권리를 중심으로 하는 법률관계를 조속하게 확정하려는 데에 있다. 행정심판·행정소송 등의 제기기간(행정심판법 제27조, 행정소송법 제20조), 일정기간이 경과하면 국세를 부과할 수 없는 것(국세기본법 제26조의2), 일정기간이 경과하면 토지수용에 관한 사업인정의 효력이 소멸하는 것(토지보상법 제23조), 일정기간이 경과하면 시정조치를 명하거나 과징금을 부과할 수 없는 것(공정거래법 제49조 제5항),[22] 일정기간이 경과하면 육아휴직급여를 신청할 수 없는 것(고용보험법 제70조 제2항),[23] 일정기간이 경과하면 부당노동행위에 대한 구제신청을 하지 못하는 것(「노동조합 및 노동관계조정법」 제82조 제2항)[24] 등이 그 예이다. 이때 위법행위의 성질상 그 결과가 즉시 종료되는 것이 아니라 위법상태가 계속되는 경우에 그 제척기간은 위법행위의 종료일부터 기산하고 그 이내에 권리를 행사하였다면 계속되는 위법행위 전체에 대하여 제척기간을 준수한 것으로 본다.[25] 여기에서 '계속되는 경우'란 1개의 행위가 바로 완결되지 않고 일정 기간 계속되는 경우뿐만 아니라 수 개의 행위라도 각 행위 사이에 의사의 단일성, 행위의 동일성·동종성, 시간적 연속성이 인정되는 경우도 포함된다.[26]

---

21) 국유재산법과 공유재산법은 국·공유재산을 행정재산과 일반재산으로 나눈 뒤, 행정재산을 다시 공용재산, 공공용재산, 기업용재산, 보존용재산으로 분류하고 있다.

22) 대법원 2021. 1. 14. 선고 2019두59639 판결.

23) 대법원 2021. 3. 18. 선고 2018두47264 전원합의체 판결.

24) 대법원 2025. 4. 3. 선고 2023두41864 판결.

25) 가령 「기간제 및 단시간근로자 보호 등에 관한 법률」(기간제법) 제9조 제1항에서 정한 차별적 처우의 시정신청기간은 제척기간이므로 그 기간이 경과하면 그로써 기간제법에 따른 시정을 신청할 권리는 소멸하나, 계속되는 차별적 처우의 경우 그 종료일부터 6개월 이내에 시정을 신청하였다면 그 계속되는 차별적 처우 전체에 대하여 제척기간을 준수한 것이 된다(대법원 2011. 12. 22. 선고 2010두3237 판결). 따라서, 맞춤형복지비에 관한 차별적 처우는 해당 연도 말일을 종료일로 하는 '계속되는 차별적 처우'에 해당하여 그 종료일부터 차별시정신청의 제척기간이 기산된다(대법원 2024. 2 29. 선고 2020두49355 판결).

26) 일정한 단위 기간마다 인사고과나 승격 심사를 하고 그 결과에 따라 임금을 결정하는 사업장에서 사용자의 근로자에 대한 하위 인사고과 부여 또는 승격 탈락이 같은 단위 기간에 대한 임금의 지급과 하나의 '계속하는 행위'를 구성하지만, 단위 기간을 달리하는 인사고과 부여 등과 이에 기한 임금 지급은 원칙적으로 하나의 '계속하는 행위'로 볼 수 없다(대법원 2025. 4. 3. 선고 2023두41864 판결).

2. 제재처분의 제척기간

행정기본법 제23조(제재처분의 제척기간) ① 행정청은 법령등의 위반행위가 종료된 날부터 5년이 지나면 해당 위반행위에 대하여 제재처분(인허가의 정지 · 취소 · 철회, 등록 말소, 영업소 폐쇄와 정지를 갈음하는 과징금 부과를 말한다. 이하 이 조에서 같다)을 할 수 없다.

② 다음 각 호의 어느 하나에 해당하는 경우에는 제1항을 적용하지 아니한다.

1. 거짓이나 그 밖의 부정한 방법으로 인허가를 받거나 신고를 한 경우
2. 당사자가 인허가나 신고의 위법성을 알고 있었거나 중대한 과실로 알지 못한 경우
3. 정당한 사유 없이 행정청의 조사 · 출입 · 검사를 기피 · 방해 · 거부하여 제척기간이 지난 경우
4. 제재처분을 하지 아니하면 국민의 안전 · 생명 또는 환경을 심각하게 해치거나 해칠 우려가 있는 경우

③ 행정청은 제1항에도 불구하고 행정심판의 재결이나 법원의 판결에 따라 제재처분이 취소 · 철회된 경우에는 재결이나 판결이 확정된 날부터 1년(합의제행정기관은 2년)이 지나기 전까지는 그 취지에 따른 새로운 제재처분을 할 수 있다.

④ 다른 법률에서 제1항 및 제3항의 기간보다 짧거나 긴 기간을 규정하고 있으면 그 법률에서 정하는 바에 따른다.

행정기본법은 제23조에서 제재처분의 처분권자인 행정청이 그 처분 권한을 장기간 행사하지 않아 발생하는 법률관계의 불안정한 상태를 신속히 확정시키고, 당사자의 신뢰보호 및 행정의 법적 안정성을 높이기 위하여 제재처분에 대한 제척기간을 도입하였다. 질서위반행위규제법 및 건설산업기본법 등 일부 법률에서 과태료, 영업정지 등에 제척기간을 둔 입법례가 있으나, 행정기본법이 제정되기 전까지는 제재처분의 제척기간에 대한 일반법은 없었고, 판례는 신뢰보호의 원칙에 근거한 실권의 법리에 입각하여 사건을 해결해오고 있었다.

행정기본법 제23조가 적용되는 대상은 제재처분 중에서 의무위반에 대한 제재적 성격이 뚜렷한 것으로서 다수 법률에서 제척기간을 규정한 제재처분인 인허가의 정지 · 취소 · 철회, 등록 말소, 영업소 폐쇄와 정지를 갈음하는 과징금 부과로 한정하고 있다. 행정기본법에서 사용하는 '제재처분'이란 "법령 등에 따른 의무를 위반하거나 이행하지 아니하였음을 이유로 당사자에게 의무를 부과하거나 권익을 제한하는 처분"을 말하고, 같은 법 제30조 제1항 각 호에 따른 행정상 강제는 제외된다. 한편, "인허가의 정지 · 취소 · 철회"에서의 인허가는 제16조에서 인가 · 허가 · 지정 · 승인 · 영업등록 · 신고 수리 등이라고 정의하고 있다. 여기에서 "신고 수리"라고 규정하고 있으므로, 수리를 요하지 않는 신고영업에 대한 제재처분의 경우 제재처분의 제척기간이 적용되지 않는 것 아니냐는 의문이 제기되기도 한

다.[27] 만일 그렇게 해석된다면 규제의 강도가 더 높은 인허가의 정지 · 취소 · 철회에는 제척기간이 적용되지만, 수리를 요하지 않는 신고영업에 대한 제재처분은 제척기간이 적용되지 않아 균형이 맞지 않게 된다. 따라서 "인가 · 허가 · 지정 · 승인 · 영업 등록 · 신고 수리 등"은 인허가의 예시라고 해석하여야 할 것이므로, 수리를 요하지 않는 신고영업에 대한 제재처분에도 이 조항이 그대로 적용된다고 생각된다.

또한, 제척기간의 기산점과 그 기간은 "법령 등의 위반행위가 종료된 날부터 5년"으로 정하고 있다. 행정기본법 제정과정에서 제척기간의 기산점을 독일처럼 '행정청이 제재처분을 할 수 있는 날'로 하자는 의견도 있었는데, 행정청의 처분 가능일은 해석상 논란 여지가 있고, 상대방의 권리보호에 미흡한 측면이 있다는 점 등을 고려하여 '위반행위 종료일'을 기준으로 채택하였다. 참고로 대법원도 제척기간이라고 해석되는 공정거래법 제49조 제4항에서 정한 처분시효는 원칙적으로 위반행위가 종료되어야 비로소 진행하기 시작한다고 판시하고 있다.[28]

그리고, 당사자의 보호가치 없는 신뢰에 대한 제척기간 적용을 배제하기 위하여 적용이 제외되는 사유를 거짓이나 그 밖의 부정한 방법으로 인허가를 받거나 신고를 한 경우와 제재처분을 하지 않으면 국민의 안전 · 생명 또는 환경을 심각하게 해치거나 해칠 우려가 있는 경우 등으로 구체적으로 명시하여 부작용을 최소화하고 있다.

한편, 판결 등에 따라 제재처분이 취소된 경우 확정일부터 1년(재처분을 위한 과징금 재산정에 상당한 시일이 소요될 수 있는 합의제행정기관은 2년)이 지나기 전까지는 제재처분을 취소한 판결의 취지를 고려하여 위법하지 않은 내용의 새로운 제재처분을 할 수 있도록 근거 규정을 두고 있다. 이는 제재처분에 대한 쟁송절차가 진행되는 중에 제척기간이 도과한 경우 판결 등의 기속력으로 인한 행정청의 재처분의무가 제척기간의 도과에 따른 처분의무의 소멸로 제한되는 것을 방지하기 위한 것이다.

또한, 제척기간을 달리 정한 개별 법률과의 적용상 우선순위가 해석상 문제될 수 있으므로, 행정기본법과 다른 기간을 정한 특별규정이 있으면 그 법률에 따르도록 하고 있다.

27) 이재훈, "「행정기본법」(안)상 신고제에 대한 연구", 공법학연구 제21권 제4호, 한국비교공법학회(2020), 239면 참조.

28) 대법원 2021. 1. 14. 선고 2019두59639 판결. 따라서, 사업자 등이 표시광고법 제3조 제1항을 위반하여 상품의 용기 등에 부당한 표시를 하였다면, 위와 같은 표시와 함께 해당 상품을 유통할 수 있는 상태가 계속되는 이상 해당 상품을 수거하는 등 그 위반행위를 시정하기 위하여 필요한 조치가 완료될 때까지 부당한 표시행위로 인한 위법상태가 계속되고, 그러한 '위법상태가 종료된 때'를 '위반행위 종료일'로 보아야 하며, 사업자 등이나 그 대리인이 일정 시점에 이르러 더 이상 해당 상품을 직접 생산하거나 유통하지 않는다는 사정만으로 달리 볼 수 없다(대법원 2022. 3. 17. 선고 2019두35978 판결).

Ⅳ. 실권의 법리

실권의 법리는 공법상 권리를 장기간 행사하지 않았고 그 부작위에 대하여 신뢰보호의 요건을 갖추고 있다면 행정기관은 그것을 행사할 수 없다는 것으로서, 신뢰보호의 원칙에서 파생된 법리이다. 그러나, 대법원은 "실권의 법리는 본래 권리행사의 기회가 있음에도 불구하고 권리자가 장기간에 걸쳐 그의 권리를 행사하지 아니하였기 때문에 의무자인 상대방은 이미 그의 권리를 행사하지 아니할 것으로 믿을 만한 정당한 사유가 있게 되거나 행사하지 아니할 것으로 추인케 할 경우에 새삼스럽게 그 권리를 행사하는 것이 신의성실의 원칙에 반하는 결과가 되므로 그 권리행사를 허용하지 않는 것을 의미한다."라고 판시하였다.[29] 즉, 실권의 법리를 신의성실의 원칙에 근거한 것이라고 보는 듯하다.

그런데, 행정기본법 제12조 제2항에서는 신뢰보호의 원칙 중 묵시적 견해표명으로 인한 신뢰보호로서 '실권의 법리'를 법제화하였다. 한편, 실권의 법리에 관한 행정기본법 제12조 제2항과 제재처분의 제척기간에 관한 제23조 제1항의 관계에 대하여 의문이 생길 수 있는데, 후자는 제재적 처분 중 인허가의 정지취소철회, 등록 말소, 영업소 폐쇄와 정지를 갈음하는 과징금 부과에 한정하여 우선 적용되고, 그 밖의 불이익처분에 대해서는 전자가 적용되는 관계에 있다는 점은 이미 신뢰보호의 원칙 중 실권의 법리를 설명할 때 살펴보았다.

Ⅴ. 주소 · 거소

사법에서와 같이 공법에서도 주소나 거소를 기준으로 법률관계를 규율하게 되는 경우가 많다(지방자치법 제12조, 국적법 제5조 등). 주소와 거소에 대해서는 특별한 규정이 없는 한 민법의 규정이 준용된다고 할 것이다.

제 3 절 사인의 공법행위

Ⅰ. 의 의

1. 개 념

행정법상의 행위는 그 주체에 따라 행정주체의 공법행위와 사인의 공법행위로 나눌

29) 대법원 1988. 4. 27. 선고 87누915 판결.

수 있다. 여기에서 사인의 공법행위란 공법관계에서 사인이 행하는 행위로서 공법적 효과를 발생시키는 일체의 행위를 말한다. '사인'의 공법행위라는 점에서 행정주체의 공권력 발동행위인 행정행위와 구별되므로, 행정행위에서 인정되는 특수한 효력인 공정력, 집행력 등이 인정되지 않는다.

사인의 공법행위도 민법상의 법률행위처럼 의사표시의 개수 및 방향에 따라 공법상 계약·합동행위·단독행위로 분류할 수 있을 것이다. 공법상 계약이나 합동행위에 대해서는 관련 영역에서 설명하기로 하고, 이하에서는 단독행위에 해당하는 사인의 공법행위에 대하여 설명하기로 한다.

2. 적용법규

현재 사인의 공법행위에 관한 전반적인 사항을 규율하는 일반법은 없다. 다만 행정기본법에서 수리를 요하는 신고, 행정절차법에서 처분을 구하는 신청과 수리를 요하지 않는 신고, 민원사무처리에 관한 법률에서 민원사무의 처리에 관한 사항 등을 규정하고 있을 뿐이다.

그런데, 사인의 공법행위는 공법적 효과의 발생을 목적으로 하므로, 법적 안정성 및 법률관계의 명확성 등의 요청에 따라 정형성을 띠고, 그 효과도 법령에 의하여 정해진다. 따라서 민법상의 법률행위에 관한 규정이나 법원칙이 그대로 적용된다고 할 수 없다. 다만 재산상 행위에 대해서는 의사능력·행위능력에 관한 규정이 적용될 수 있고, 일신전속적이지 않는 한 대리가 인정되며, 대리의 형식·범위, 대리권의 흠결 등에 관하여 민법의 대리규정이 준용되고, 의사표시의 효력발생시기에 관하여 특별한 규정이 없으면 민법 제111조상의 도달주의가 적용되는 것처럼 사인의 공법행위의 특수한 성격에 어긋나지 않는 범위에서는 민법상의 법률행위에 관한 규정이 적용될 수는 있다.

Ⅱ. 효 과

1. 자기완결적 행위의 경우

행정상 법률관계의 한쪽 당사자인 사인의 의사표시만으로 법률효과가 발생하는 사인의 공법행위를 자기완결적 행위라고 한다. 자기완결적 행위에 속하는 대표적 행위인 신고는 상대방에게 도달함으로써 법률효과가 발생한다는 점에서 행정기관의 허가·특허 등에 대한 신청행위와 구별된다. 행정절차법 제40조는 전형적인 자기완결적 행위로서의 신고에 관하여 규정하고 있다.

2. 행위요건적 행위의 경우

허가에 대한 신청 또는 임용에 대한 동의 등과 같이 사인의 공법행위가 행정주체의 행위요건이 되어 법률효과를 발생시키는 행위요건적 행위의 경우 사인의 공법행위가 행해지면 행정기관은 원칙적으로 그것을 수리하고 적절하고 신속하게 처리할 의무를 진다. 그러나 법률효과의 발생은 사인의 의사표시에서 말미암은 것이 아니라 어디까지나 행정기관의 행위에 의하여 효력이 발생하게 된다.

3. 행위의 유형에 따른 효과의 차이

사인의 공법행위의 유형에 따라 법률효과가 어떻게 달라지게 되는지에 관하여, 건축신고와 건축허가의 신청을 예로 들어 설명하면 다음과 같다. 건축신고는 자기완결적 행위로서 신고만으로 건축할 권리가 생긴다는 법률효과를 발생시킨다. 반면에 건축허가의 신청은 행위요건적 행위로서 그 자체로 건축을 할 권리의 발생이라는 법률효과가 생기는 것이 아니라 건축할 권리를 발생시키는 건축허가라는 행정행위의 요건이 될 뿐이라는 점에서 차이가 있다.

한편, 건축허가의 신청을 한 바 없음에도 불구하고 건축허가가 발급되었다면 그 건축허가는 허가신청의 존재라는 절차적 요건이 결여된 위법한 행정행위이지만 건축허가 그 자체는 성립한 것이 된다. 이에 비하여 계약직 공무원의 채용계약(공법상 계약)에서 청약이나 승낙이 결여되었다면 그 채용계약은 아예 성립하지 않는다. 이러한 점에서 같은 사인의 공법행위이지만, 행위요건적 행위로서 신청과 공법상 계약에서 청약이나 승낙은 완전히 다르다는 것에 유의할 필요가 있다.

Ⅲ. 사인의 공법행위의 하자와 행정행위의 효력

1. 문 제 점

사인의 공법행위 그중에서도 행정행위에 대한 신청 또는 동의 등과 같은 의사표시에 하자가 있는 경우 그 사인의 공법행위(신청 또는 동의 등)에 의거한 행정행위(허가 또는 특허)의 효력은 어떻게 되는지 문제이다. 아울러 신청 또는 동의 등에 대하여 의사표시의 하자에 관한 민법규정이나 민법원칙이 적용될 수 있는지도 문제가 된다.

2. 학 설

가. 제1설(통설적 견해)

사인의 공법행위가 행정행위의 발령의 단순한 동기에 불과한 경우(희망의 의사표시)에는 행정행위의 효력에는 영향을 미치지 못하지만, 행정행위의 발령의 필수적인 전제요건인 경우에는 그 행정행위는 무효가 된다.

나. 제2설

그러나 사인의 의사표시가 단순한 희망표시인지 필요적 요건인지 구별하기 곤란하고, 그로 인한 행정행위가 위법하더라도 취소사유에 해당하는지 무효사유가 되는지 구분하기도 곤란하다. 따라서 다음과 같은 원칙에 따르는 것이 타당하다.

사인의 공법행위에 하자가 있으면 그에 의한 행정행위는 취소할 수 있는 것이 원칙이라고 보아야 한다(취소성의 원칙). 본래 행정행위는 행정청의 일방적 행위로서의 성질을 가지고 있으므로, 사인의 공법행위가 행정행위의 효력을 좌우하는 것이 된다면 사인이 행정행위를 형성하는 것이 되어 행정행위의 속성에 맞지 않고, 오늘날 행정쟁송제도가 잘 정비되어 취소성의 원칙이 사인의 권리구제에 큰 지장도 주지 않으며 오히려 법적 안정성에 도움이 되기 때문이다.

다만 ① 법이 개별적으로 상대방의 동의를 행정행위의 효력발생요건으로 정하고 있는데(공무원 임용 등) 그에 동의하지 않은 경우, ② 행정행위가 공문서의 교부를 통하여 행해지는데 상대방이 그 수령을 거부하는 경우, ③ 신청을 요하는 행정행위에서 신청의 결여가 명백한 경우 등에는 무효가 된다.[30]

3. 개별적 유형에 따른 판례의 고찰

가. 상대방의 신청 또는 동의 자체가 결여된 경우

판례는 법령이 일정한 행정행위에 대하여 상대방의 신청(광업권 허가, 귀화허가) 또는 동의(공무원 임명)를 필요적 절차로 규정하고 있는 경우 상대방의 신청 또는 동의가 결여된 행위는 무효라고 본다. 특정사항에 관한 허가신청을 하도록 위임받은 사람이 위임자 명의의 서류를 위조하여 위임받지 않은 사항에 대한 신청에 기하여 이루어진 허가처분은 무효이고,[31] 분배신청을 한 바 없고 분배받은 사실조차 알지 못하고 있는 사람에 대한 농지분배는 허무인에게 분배한 것이나 다름없어 무효이다.[32]

30) 김남진 · 김연태, 행정법 I, 157면.
31) 대법원 1974. 8. 30. 선고 74누168 판결.
32) 대법원 1970. 10. 23. 선고 70다1750 판결.

나. 상대방의 신청 또는 동의의 의사표시에 하자가 있는 경우

상대방의 신청 또는 동의의 의사표시에 하자가 있는 경우 그에 기초한 행정행위는 어떻게 되는지 문제이다. 대법원은 사인의 공법행위의 종류가 다양하고 그에 기하여 이루어진 공법관계 또한 마찬가지이며 공법관계의 효력을 번복할 경우 미치게 될 파급효과가 개개의 사안마다 동일하지 않으므로, 사인의 공법행위에 무효 혹은 취소사유가 있는 경우 그러한 사인의 행위에 대하여 민법의 규정을 적용 혹은 준용할 수 있는지 나아가 그러한 사인의 행위에 기하여 이루어진 행정행위의 효력을 어떻게 볼 것인지의 문제에 대하여 개개의 사안별로 해결하자는 입장에 있다.

(1) 진의 아닌 의사표시의 경우

판례에 의하면, 공법관계의 특수성에 비추어 외부적 · 객관적으로 표시된 바를 존중하여야 할 것이므로, 사인의 공법행위에서 진의 아닌 의사표시에 관한 민법규정은 적용이 없다.[33]

진의 아닌 의사표시는 일괄사직으로 인한 의원면직에 관하여 특히 쟁점이 되었다. 그런데 대법원은 공무원이 사직의 의사표시를 하여 의원면직처분을 하는 경우 사직의 의사표시는 그 법률관계의 특수성에 비추어 외부적 · 객관적으로 표시된 바를 존중하여야 할 것이므로 비록 사직원제출자의 내심의 의사가 사직할 뜻이 아니었다고 하더라도 진의 아닌 의사표시에 관한 민법 제107조는 성질상 사직의 의사표시와 같은 사인의 공법행위에는 준용되지 않고 표시된 대로 효력을 발한다고 판시하였다.[34]

(2) 기망에 의한 의사표시의 경우

행정청이 상대방인 사인을 기망하여 동의를 받아 행정행위를 발령하였는데 그 사인이 사후에 동의의 의사표시를 취소한 경우, 위 동의는 취소에 의하여 처음부터 무효로 되었으므로 그로 인한 처분도 그 요건을 상실하여 위법한 것으로 된다.[35]

(3) 강박에 의한 의사표시의 경우

강박에 의한 의사표시가 문제되는 경우도 주로 사직으로 인한 의원면직과 관련되어 있다. 판례는 강박이 의사결정의 자유를 박탈할 정도에 이르렀는지에 따라 그 효력을 다르게 보고 있다.

공무원이 범법행위를 저질러 수사기관에서 조사를 받는 과정에서 사직을 조건으로 내사종결하기로 하고 수사기관과 소속행정청의 직원 등이 사직을 권고 · 종용하면서 형사입건과 징계파면을 경고하는 등 강경한 태도를 취하였더라도 위와 같은 사직종용 사실만으로

---

33) 대법원 1978. 7. 25. 선고 76누276 판결.
34) 대법원 1997. 12. 12. 선고 97누13962 판결 등 다수.
35) 대법원 1990. 2. 23. 선고 89누7061 판결.

는 사직의사결정이 강요에 의한 것으로 볼 수 없고,36) 감사담당 직원이 해당 공무원에 대한 비리를 조사하는 과정에서 사직하지 않으면 징계파면 또는 퇴직금 지급상의 불이익을 당하게 될 것이라는 등의 강경한 태도를 취하자 사직서를 제출한 경우 그 취지가 단지 비리에 따른 객관적 상황을 고지하면서 사직을 권고·종용한 것에 지나지 않고 위 공무원이 그 비리로 인하여 징계파면이 될 경우 퇴직금 지급상의 불이익을 당하게 될 것이라는 등 여러 사정을 고려하여 사직서를 제출한 경우라면 그 의사결정이 의원면직처분의 효력에 영향을 미칠 하자가 있었다고는 볼 수 없으며,37) 1980년의 공직자숙정계획의 일환으로 일괄사표의 제출과 선별수리의 형식으로 공무원에 대한 의원면직처분이 이루어진 경우 사직원 제출행위가 강압에 의하여 의사결정의 자유를 박탈당한 상태에서 이루어진 것이라고 할 수 없어 그 의원면직처분을 당연무효라고 할 수 없다고 판시하였다.38)

반면에 중앙정보부 수사과에 소환당하여 구타당하리라는 공포심에서 조사관의 요구를 거절치 못하고 작성 교부한 사직서라면 본인의 진정한 의사에 의하여 작성한 것이라 할 수 없으므로 그 사직원에 따른 면직처분은 위법이라고 판시한 사례도 있다.39)

Ⅳ. 신고의 법리

행정절차법 제40조(신고) ① 법령등에서 행정청에 일정한 사항을 통지함으로써 의무가 끝나는 신고를 규정하고 있는 경우 신고를 관장하는 행정청은 신고에 필요한 구비서류, 접수기관, 그 밖에 법령등에 따른 신고에 필요한 사항을 게시(인터넷 등을 통한 게시를 포함한다)하거나 이에 대한 편람을 갖추어 두고 누구나 열람할 수 있도록 하여야 한다.

② 제1항에 따른 신고가 다음 각 호의 요건을 갖춘 경우에는 신고서가 접수기관에 도달된 때에 신고 의무가 이행된 것으로 본다.

1. 신고서의 기재사항에 흠이 없을 것
2. 필요한 구비서류가 첨부되어 있을 것
3. 그 밖에 법령등에 규정된 형식상의 요건에 적합할 것

③ 행정청은 제2항 각 호의 요건을 갖추지 못한 신고서가 제출된 경우에는 지체 없이 상당한 기간을 정하여 신고인에게 보완을 요구하여야 한다.

④ 행정청은 신고인이 제3항에 따른 기간 내에 보완을 하지 아니하였을 때에는 그 이유를 구체적으로 밝혀 해당 신고서를 되돌려 보내야 한다.

---

36) 대법원 1990. 11. 27. 선고 90누257 판결.
37) 대법원 1997. 12. 12. 선고 97누13962 판결.
38) 대법원 2000. 11. 14. 선고 99두5481 판결, 대법원 2001. 8. 24. 선고 99두9971 판결.
39) 대법원 1968. 3. 19. 선고 67누164 판결.

행정기본법 제34조(수리 여부에 따른 신고의 효력) 법령등으로 정하는 바에 따라 행정청에 일정한 사항을 통지하여야 하는 신고로서 법률에 신고의 수리가 필요하다고 명시되어 있는 경우(행정기관의 내부 업무 처리 절차로서 수리를 규정한 경우는 제외한다)에는 행정청이 수리하여야 효력이 발생한다.

1. 신고의 의의

행정법상 신고라 함은 사인이 행정청에 대하여 일정한 의사표시를 하거나 일정한 관념 또는 사실을 통지함으로써 공법상의 효과를 발생시키는 사인의 공법행위를 말한다.

신고는 ① 아무런 법적인 효과를 수반하지 않는 신고(목격자의 화재신고, 보행자의 교통사고신고 등),[40] ② 행정청의 수리 없이 신고 그 자체만으로 법적 효과를 발생하는 신고(혼인신고, 각종 영업신고), ③ 행정청의 신고수리나 신고수리에 따른 등록의 요건을 갖춘 경우에만 법률효과가 발생되는 신고(골프장업 등록 등), ④ 기타 세금감면신고나 각종 부담금상의 혜택이나 이익을 받기 위한 신고 등으로 나눌 수 있다. ①의 경우는 그 수리나 수리거부가 신고자의 법률상 지위에 아무런 영향이 없어 처분성을 가지느냐를 따질 필요도 없으나 ②와 ③의 경우는 이를 구별할 실익이 있으며, ④의 경우는 특수한 것으로 별도로 다루어진다.

2. 신고의 유형

가. 자기완결적 행위로서의 신고(수리를 요하지 않는 신고)와 행위요건적 행위로서의 신고(수리를 요하는 신고)

'수리를 요하지 않는 신고'는 그 자체가 행정기관에 도달한 때에 관계법이 정하는 법적 효과가 발생하여 행위요건적 행위가 아닌 자기완결적 행위이다. 반면에 '수리를 요하는 신고'는 관계법상 행정청에 신고요건을 심사하여 수리 여부를 결정할 수 있는 권한이 부여되고 있는 것으로서 실질적으로는 완화된 허가제와 같은 의미를 가진다.[41]

---

40) 예컨대, 하도급법 제22조 제1항 전단에 따른 신고는 공정거래위원회에게 하도급법에 위반되는 사실에 관한 직권발동을 촉구하는 단서를 제공하는 것에 불과하다(대법원 2021. 5. 7. 선고 2020두57332 판결).

41) 후자를 등록으로 부르는 견해가 있다. 등록신청이나 수리를 요하는 신고가 행정청에 일정한 행위를 요구하여 행정청이 그에 따라 일정한 행위인 등록이나 신고수리를 하여야 일정한 효과가 발생하고 등록이 대체로 신고나 신청을 수리한 행위의 부수적인 절차로 행정상의 감독과 관리 등의 필요에 의한 것이기는 하다. 또한 등록제가 신고제와 허가제의 중간적 위치를 점하고 있어 수리를 요하는 신고와 등록이 비슷한 성질을 가진다(관세사, 세무사, 공인회계사 등의 등록신청에 따른 등록거부는 당연히 행정행위이다). 그러나 수리를 요하는 신고에서 등록이 반드시 필수적인 절차로 되는 것은 아니고 등록제는 등록 후 결격요건 등이 발생된 경우 등록취소 등의 제도가 있는 등 신고제와는 다소 다른 규제제도라는 점에서 완전히 일치하는 것은 아니다.

행정절차법 제40조에서는 수리를 요하지 않는 신고의 절차와 효력에 대하여 규율하고 있고, 행정기본법 제34조에서는 수리를 요하지 않는 신고와 수리를 요하는 신고의 구별기준과 후자의 효력에 대하여 규정하고 있다. 위와 같이 행정기본법과 행정절차법은 두 가지 유형의 신고에 대하여 양분하여 규정함으로써 하나의 행정작용을 총체적으로 규율하지 못하는 체계상의 문제를 가지고 있다.

나. 신고필증의 의미

행정청이 신고인에 대하여 교부하는 신고필증 내지 증명서의 의미도 '수리를 요하지 않는 신고'의 경우에서는 일정한 사항을 행정청에 알렸다는 통지행위를 사실상 확인한다는 의미를 가진다. 따라서 사실로서의 신고수리라 할 수 있다. 반면에 '수리를 요하는 신고'의 경우에서는 그 서면 자체로 새로운 법률효과를 발생시키는 직접적인 원인이 된다. 그러므로 법적절차로서의 신고수리가 된다.

다. 양자의 구별

사인의 행위에 대한 행정청의 사전 감독의 방법으로 허가제를 취하느냐 신고제를 취하느냐, 신고제를 채택한 경우에도 수리를 요하게 할 것인지 아닌지는 입법정책상의 문제이다. 그런데, 행정기본법이 제정되기 전에는 수리를 요하는 신고인지 여부가 명확하게 규정하지 않은 경우가 매우 많아서 해석상의 혼란이 야기되고 있었으므로, 입법적인 정비가 절실하였다.[42)]

이 문제는, 우선 구체적인 경우에 어떠한 제도를 취하고 있는지는 법령상의 규정에 따를 것이지만,[43)] 그러한 명시적인 규정이 없는 경우에는 행정청이 신고내용을 검토하여 적합하면 신고를 수리하도록 규정하고 있거나,[44)] 신고를 받으면 일정 기간 내에 신고인에게 수리 여부를 통지하여야 하고 그 기간 내에 통지하지 않으면 수리한 것으로 보도록 규정하고 있는 때에는[45)] 수리를 요하는 신고라고 볼 수 있다.

---

42) 법제처는 2016년부터 2019년까지 4개년간 「신고제 합리화 사업」을 추진하고 있었는데, 신고를 규정하고 있는 법률 중 428개의 법률을 대상으로 정비여부를 검토하며 '수리를 요하는 신고'와 '수리를 요하지 않는 신고'로 분류한 다음 수리를 요하는 신고로 명시할 218개의 법률을 선정하고 그 취지를 명확하게 하기 위하여 법률조항을 개선하는 작업을 하였다. 그 결과 2024. 1. 현재 198개 법률이 정비되었다.

43) 대체로 학설상의 용어와 법령상의 용어가 일치하나 그렇지 않은 경우가 많으므로 용어에 구애될 필요는 없다.

44) 관광진흥법 제24조 제4항에서는, "문화체육관광부장관은 제3항에 따른 신고를 받은 경우 그 내용을 검토하여 이 법에 적합하면 신고를 수리하여야 한다."라고 규정하고 있다.

45) 「전통시장 및 상점가 육성을 위한 특별법」 제14조 제3항에서는, "시장 · 군수 · 구청장이 제2항에서 정한 기간 내에 신고수리 여부 또는 민원 처리 관련 법령에 따른 처리기간의 연장을 신고인에게 통지하지 아니하면 그 기간(민원 처리 관련 법령에 따라 처리기간이 연장 또는 재연장된 경우에는 해당 처리기간을 말한다)이 끝난 날의 다음 날에 신고를 수리한 것으로 본다."라고 규정하고 있다.

신고제는 허가제보다 규제를 완화하여 국민에게 자유의 영역을 넓혀 주되 행정청이 행정상 정보를 파악하여 관리할 필요가 있으므로, 국민에게 일정한 사항을 하기 전에 행정청에게 이를 알리도록 하는 최소한의 규제이다. 따라서, 원칙적으로는 신고가 형식적·절차적 요건을 갖춘 경우에는[46] 신고서가 행정청에 도달하면 신고로서의 효과가 발생하는 수리를 요하지 않는 신고라 할 것이다.[47]

한편, 수리를 요하는 신고제는 그 운용 여하에 따라서는 실질상 허가제와 거의 같은데, 충족하여야 할 요건사항, 수수료 등 행정상의 부담 등에서 허가제보다 완화된 것이라고 보아야 한다. 따라서, 수리를 요하는 신고의 경우 그 거부나 반려처분 등은 항고소송의 대상이 되는 처분에 해당하는 점은 허가제와 같다고 할 것이다.

라. 행정기본법 제정 이전의 판례

(1) 대략적인 기준

신고의 유형에 대하여 법령에 명시적인 규정이 없을 때에는 법의 목적과 취지, 법령의 제반규정 등을 살펴보아 신고에 대한 심사가 허용되는지 여부를 합리적으로 해석하여 구별할 수밖에 없다. 행정기본법 제정 이전의 판례가 수리를 요하지 않는 신고로 본 경우와 수리를 요하는 신고로 본 경우의 대략적인 구별기준을 예시하면 다음과 같다.

수리를 요하지 않는 신고로 본 것은, ① 법령이 신고의무만 규정하고 있을 뿐 실체적 요건에 관해서는 아무런 규정을 두지 않은 경우, ② 법령에서 신고를 하게 한 취지가 국민에게 일정한 사항을 하기 전에 행정청에게 이를 알리도록 함으로써 행정청으로 하여금 행정상 정보를 파악하여 관리하는 정도의 최소한의 규제를 가하기 위한 경우, ③ 사회질서나 공공복리에 미치는 영향력이 적은 행위 내지 직접적으로 행정 목적을 침해하는 것이 아닌 행위, ④ 신고불이행이 행정질서벌의 일종인 과태료에 그치고 의무위반자에 대한 별다른 행정재제가 없는 경우 등이다.

한편, 수리를 요하는 신고로 본 것은, ① 법령에서 신고대상 영업 등에 관하여 일정한 실체적 요건을 정하거나 행정청의 실질적인 검토를 허용하고 있는 규정을 두고 있는 경우, ② 사회질서나 공공복리에 미치는 영향력이 큰 행위 또는 직접적으로 행정 목적을 침해하는 행위에 관련된 경우, ③ 관계법령에서 명문으로 수리규정을 둔 경우, ④ 신고불이행에 대하여 행정벌이나 제재를 가하는 경우 등이다.

그러나, 판례는 위와 같이 예시한 구별기준에 따라 수리를 요하는 신고인지 여부의 판단을 일관하지는 않는 것 같다. 가령 의료법령에서 병원의 개설은 허가제로 규정하고 의원

---

46) 무엇이 형식적·절차적 요건인지는 각 신고행위에 따라 조금씩 달라질 수 있으나 행정절차법 제40조 제2항의 규정 내용이 일반적인 요건에 관한 기준이 될 수 있다.

47) 이에 대해서는 실체적인 요건도 갖춘 신고만 적법한 신고로서의 효력이 있다는 반론도 있다.

의 개설은 신고제로 규정하고 있음에도 불구하고, 위와 같은 기준에 따른 결론과 달리 정신과의원의 개설을 수리를 요하지 않는 신고라고 보지 않았다.[48)]

(2) 구체적인 사례

(가) 수리를 요하지 않는 신고로 본 경우

① 단순히 의무가 종결되는 신고: 구 체육시설의 설치 · 이용에 관한 법률 제18조에 의한 변경신고서[49)]와 같이 신고에 의하여 단순히 의무가 종결되는 경우에는 수리를 요하지 않는 신고로 보았다.[50)]

② 건축신고와 같이 신고유보부 금지를 해제하는 신고: 차고 48.6㎡를 증축하는 내용의 증축신고,[51)] 길이 18㎡, 높이 1.8㎡의 담장설치신고,[52)] 공동주택관리규칙이 정한 공동주택 및 부대시설 · 복리시설의 경미한 사항에 대한 건축행위[53)] 등의 경우 건축을 하고자 하는 자가 적법한 요건을 갖춘 신고만 하면 행정청의 수리행위 등 별다른 조치를 기다릴 필요 없이 건축을 할 수 있는 것이라고 하여 수리를 요하지 않는 신고로 보았다.

③ 신고납부방식의 조세에서의 신고: 신고납부방식의 조세에서 납세자가 과세관청에 대하여 과세표준과 세액을 신고한 때 확정의 효력이 발생하므로 확인적 부과처분의 문제는 생길 여지가 없고, 자진신고로 납부하는 세금을 과세관청이 수납하는 행위는 단순한 사무적 행위에 불과할 뿐 부과처분이 있다고 할 수 없다.[54)]

(나) 수리를 요하는 신고로 본 경우

① 완화된 허가로서의 신고: 구 학교보건법 제6조 소정의 학교환경 위생정화구역 내에서의 당구장업소에 대한 체육시설업신고,[55)] 구 노인복지법에 의한 유료노인복지주택의 설치신고,[56)] 체육시설의 회원을 모집하고자 하는 자의 회원모집계획서의 제출,[57)] 구 장사 등에 관한 법률상의 납골당 설치신고,[58)] 악취방지법상의 악취배출시설 설치 · 운영신고[59)] 등

---

48) 대법원 2018. 10. 25. 선고 2018두44302 판결.

49) 1994. 1. 7. 법률이 전문 개정되면서 이에 관한 신고제도가 없어졌으나, 당시의 체육시설 설치 · 이용에 관한 법률 제18조에서는 "체육시설업자는 체육시설의 이용자로부터 이용료 또는 관람료를 받고자 할 때에는 미리 시 · 도지사에게 신고하여야 한다. 이를 변경하고자 할 때에도 또한 같다."라고 규정하고 있었다.

50) 대법원 1993. 7. 6.자 93마635 결정.

51) 대법원 1999. 10. 22. 선고 98두18435 판결.

52) 대법원 1995. 3. 14. 선고 94누9962 판결.

53) 대법원 1999. 4. 27. 선고 97누6780 판결.

54) 대법원 1990. 2. 27. 선고 88누1837 판결 등 다수. 현행 관세법 제38조 제2항도 납세신고를 받은 때에 심사 후 납세의무자에게 신고납부서를 교부한다는 부분을 삭제하여 순수한 신고납세 방식으로 전환하였으므로 마찬가지이다(대법원 1996. 12. 6. 선고 95누11184 판결).

55) 대법원 1991. 7. 12. 선고 90누8350 판결.

56) 대법원 2007. 1. 11. 선고 2006두14537 판결.

57) 대법원 2009. 2. 26. 선고 2006두16243 판결.

은 수리를 요하는 신고로 보고 그 수리행위를 처분으로 보았다.

② **지위승계의 신고**: 식품위생법 제39조 제3항에 의한 영업양도에 따른 지위승계신고,[60] 액화석유가스의 안전관리 및 사업법 제12조 제2항에 의한 사업양수에 의한 지위승계신고,[61] 관광진흥법에 따른 관광사업의 양도 · 양수에 의한 지위승계신고,[62] 여객자동차 운송사업면허 양도 · 양수신고[63]의 경우에 이를 수리하는 허가관청의 행위는 단순히 양도 · 양수인 사이에 이미 발생한 사법상 영업양도의 법률효과에 의하여 양수인이 그 영업을 승계하였다는 사실의 신고를 접수하는 행위에 그치는 것이 아니라 영업허가자의 변경이라는 법률효과를 발생시키는 행위이므로 그 수리행위는 처분이라고 보고 있다.[64]

③ **등록적 성격의 신고**: 판례는 건축주 명의변경 신고수리 거부행위와 관련하여 행정청이 허가대상건축물 양수인의 건축주 명의변경 신고라는 구체적인 사실에 관한 법집행으로서 그 신고를 수리하여야 할 법령상의 의무를 지고 있음에도 불구하고 그 신고의 수리를 거부한 경우 항고소송의 대상이 되는 처분이라고 보고 있다.[65] 주민등록법에서의 전입신고에 대한 수리,[66] 유통산업발전법에서의 대규모점포의 개설 등록에 대한 수리,[67] 신문 등의

---

58) 대법원 2011. 9. 8. 선고 2009두6766 판결.
59) 대법원 2022. 9. 7. 선고 2020두40327 판결.
60) 대법원 1995. 2. 24. 선고 94누9146 판결.
61) 대법원 1993. 6. 8. 선고 91누11544 판결.
62) 대법원 2007. 6. 29. 선고 2006두4097 판결.
63) 대법원 2007. 3. 29. 선고 2006두17543 판결.
64) 따라서, 양수인은 영업자 지위승계 신고서에 해당 영업장에서 적법하게 영업을 할 수 있는 요건을 모두 갖추었다는 점을 확인할 수 있는 소명자료를 첨부하여 제출하여야 한다. 예를 들면, 식품위생법상 지위승계의 신고요건에는 신고 당시를 기준으로 해당 영업의 종류에 사용할 수 있는 적법한 건축물의 사용권원을 확보하고 식품위생법에서 정한 시설기준을 갖추었다는 점도 포함되므로, 단독주택에서의 일반음식점 영업을 양수한 자가 건축물 용도변경절차를 거치지 않은 채 지위승계 신고를 하였다면 그것만으로 신고의무를 이행하였다고 볼 수 없으므로, 시정명령 또는 영업정지 등 제재적 처분의 대상이 될 수 있다(대법원 2020. 3. 26. 선고 2019두38830 판결).
65) 대법원 1992. 3. 31. 선고 91누4911 판결. 이 경우 허가대상 건축물의 양수인에게 건축주의 명의변경을 신고할 수 있는 공법상의 권리를 인정함과 아울러 행정관청에게는 그 신고를 수리할 의무를 지게 한 것이므로, 허가대상 건축물의 양수인이 건축법 시행규칙에 규정되어 있는 형식적 요건을 갖추어 시장 · 군수 등 행정관청에 적법하게 건축주의 명의변경을 신고한 때에는 행정관청은 그 신고를 수리하여야지 실체적인 이유를 내세워 신고의 수리를 거부할 수는 없다(대법원 2014. 10. 15. 선고 2014두37658 판결).
66) 대법원 2009. 6. 18. 선고 2008두10997 전원합의체 판결. 다만 주민들의 거주지 이동에 따른 주민등록 전입신고에 대하여 행정청이 이를 심사하여 그 수리를 거부할 수는 있다고 하더라도, 그러한 행위는 자칫 헌법상 보장된 국민의 거주 · 이전의 자유를 침해하는 결과를 초래할 수도 있으므로, 시장 등의 주민등록 전입신고 수리 여부에 대한 심사는 주민등록법의 입법 목적의 범위 내에서 제한적으로 이루어져야 한다. 따라서, 전입신고를 받은 시장 등의 심사 대상은 전입신고자가 30일 이상 생활의 근거로서 거주할 목적으로 거주지를 옮기는지 여부만으로 제한되고, 전입신고자가 거주의 목적 이외에 다른 이해관계에 관한 의도를 가지고 있는지 여부, 무허가건축물의 관리, 전입신고를 수리함으로써 당해 지방자치단체에 미치는 영향 등과 같은 사유는 주민등록법이 아닌 다른 법률에 의하여 규율되어야 하고, 주민등록전입신고의 수리 여부를 심사하는 단계에서는 고려 대상이 될 수 없다.
67) 대법원 2015. 11. 19. 선고 2015두295 전원합의체 판결.

진흥에 관한 법률에서의 신문 등록에 대한 수리[68]도 여기에 해당한다.

마. 행정기본법 제정 이후의 구별기준

위에서 살펴본 것처럼 신고는 신고서가 행정청에 도달하면 효력이 발생하는 '수리를 요하지 않는 신고'와 행정청이 수리하여야 효력이 발생하는 '수리를 요하는 신고'로 나누어져 있다. 그런데, 수리를 요하는 신고인지 여부가 법령상 명시되어 있지 않은 경우가 매우 많아서 해석상의 혼란이 야기되었고, 판례도 앞에서 본 것처럼 이에 관한 명확한 기준을 제시하지 못하고 있었다. 이에 따라 행정기본법 제34조에서는 법률에 신고의 수리가 필요하다고 명시되어 있는 경우 그 신고의 효력에 관한 사항을 밝힘으로써, 수리가 필요한 신고의 효력에 대한 혼란을 해소하고 신고제도가 투명하고 예측가능하도록 하고 있다.

행정기본법 제34조에 따르면, 법률에 수리가 필요하다고 명시되어 있는 경우의 신고는 행정청이 수리하여야 효력이 발생한다.[69] 여기에서 공정거래법 제49조에 따른 위반행위의 신고와 같이 법적으로 신고할 의무가 없는 신고는 이 조의 적용대상이 아니라는 점을 명확히 하기 위하여, 위 조항의 적용대상은 "법령 등으로 정하는 바에 따라 행정청에 일정한 사항을 통지하여야 하는 신고"로 한정하여 규정되어 있었다. 또한, 법령에 신고의 수리에 관한 표현이 들어있더라도 사실상 행정 내부 업무처리절차에 해당하는 경우에는 자기완결적 신고로 보도록 하기 위하여 괄호에 "행정기관의 내부 업무처리절차로서 수리를 규정한 경우는 제외된다."라는 뜻을 명기하고 있다.

3. 신고의 요건과 수리의 처분성

행정절차법 제40조 제2항에서는 법령 등에서 행정청에 대하여 일정한 사항을 통지함으로써 의무가 끝나는 신고를 규정하고 있는 경우, 그 신고가 ① 신고서의 기재사항에 흠이 없을 것, ② 필요한 구비서류가 첨부되어 있을 것, ③ 그 밖에 법령 등에 규정된 형식상의 요건에 적합할 것을 갖춘 경우에는 신고서가 접수기관에 도달된 때에 신고의 의무가 이행된 것으로 본다고 규정하고 있다. 따라서, 법령에서 정한 제반 서류와 요건을 갖추어 신고를 하기만 하면 의욕한대로 법률효과가 발생하는 것이고,[70] 행정청으로서도 형식적 하자가 없으면 이를 수리하여야 하며, 법령에서 요구하지도 않는 실체적인 사유를 들어 수리를 거부할 수는 없다.[71]

---

68) 대법원 2019. 8. 30. 선고 2018두47189 판결.

69) 앞에서 본 것처럼 행정기본법 제정 전의 판례에 의하면 주민등록법상의 전입신고는 수리를 요하는 신고라고 취급되었으나, 주민등록법은 어디에도 전입신고에 관하여 수리가 필요하다고 명시되어 있지 않으므로, 이제는 수리를 요하는 신고라고 보기 어려울 것으로 보인다.

70) 행정절차법 제40조 제3항, 제4항 참조.

71) 판례에 의하면, 이미 다른 사람 명의로 숙박업 신고가 되어 있는 시설 등의 전부 또는 일부에서 새로

설령 행정청이 실체적 사유에 기하여 그 신고 수리를 거부하더라도 그러한 거부행위가 신고인의 법률상 지위에 직접적인 법률적 변동을 일으키지 않으므로, 항고소송의 대상이 되는 처분이 아니어서, 불수리처분, 반려처분 또는 거부처분의 취소소송으로 다툴 수 없다는 것이 통설이었다. 판례도 수리를 요하지 않는 신고의 경우, 특히 건축신고와 관련하여 그 수리의 처분성을 부인하고 항고소송의 대상이 아니라고 해석하는 것이 주류였다.[72)]

그러나 수리를 요하지 않는 신고의 수리에 관하여 처분성을 부인한다면, 당사자는 수리를 거부당하였다고 하더라도 그 상태만으로는 소송을 통하여 행정구제를 받을 수 없게 된다. 예컨대, 건축주 등이 건축신고가 반려되더라도 수리와 관계없이 적법한 신고에 의하여 건축을 할 수 있다고 믿고 건축을 개시하면 시정명령, 이행강제금, 벌금형의 대상이 되거나 해당 건축물을 사용하여 행할 행위의 허가가 거부될 수 있고, 그에 대한 항고소송과 같은 불복은 건축행위 후에 이루어지는 공사중지나 철거명령 또는 대집행인 철거행위를 대상으로 할 수밖에 없게 된다. 이렇게 되면, 당사자의 법적 지위가 매우 불안정하게 되고, 철거행위가 종료된 후에는 철거명령의 취소에 대한 소의 이익이 없어지게 되어 실질적으로 불복하기 어렵게 되며, 경제적으로도 당사자에게 불합리한 부담을 줄 염려가 있다.

이를 보완하기 위하여 신고납부방식의 조세의 경우에는 수리행위 자체에 대한 불복이 여전히 허용되지 않지만 경정 등의 청구를 행하게 한 후 그 청구를 거부한 처분에 대하여 항고쟁송을 제기할 수 있게 하였다(국세기본법 제45조의2, 지방세기본법 제50조).[73)]

위와 같은 입법적 배려가 없는 경우에도 수리가 거부된 단계에서 항고소송을 통하여 다툴 기회를 줄 필요가 있다는 관점에서 처분성을 확대하여(쟁송법적 처분개념) 수리를 요하

숙박업을 하고자 하는 사람이 그 시설 등의 소유권 등 정당한 사용권한을 취득하여 법령에서 정한 요건을 갖추어 신고한 경우 행정청이 단지 해당 시설 등에 관한 기존의 숙박업 신고가 외관상 남아있다는 이유만으로 수리를 거부할 수 없고(대법원 2017. 5. 30. 선고 2017두34087 판결), 가설건축물의 존치기간 연장신고에 대하여 법령에서 요구하고 있지도 않은 '대지사용승낙서' 등의 서류가 제출되지 않았다거나 대지소유권자의 사용승낙이 없다는 등의 사유를 들어 수리를 거부할 수 없다(대법원 2018. 1. 25. 선고 2015두35116 판결). 또한, 국토계획법상 개발행위허가 기준에 부합하지 않는다는 점을 이유로 가설건축물 축조신고의 수리를 거부할 수도 없다(대법원 2019. 1. 10. 선고 2017두75606 판결).

72) 대법원 1997. 4. 25. 선고 97누3187 판결, 대법원 1995. 3. 14. 선고 94누9962 판결, 대법원 1999. 10. 22. 선고 98두18435 판결 등 참조. 건축신고 외의 사안에 해당하는 것으로 대법원 1985. 8. 20. 선고 85누329 판결이 있다(구 도로운송차량법 제61조 제1항의 규정에 따라 관할관청이 2륜 소형자동차의 사용자가 하는 사용신고를 수리하고, 시행규칙 제16조 제2항의 규정에 의하여 사용 신고필증을 교부하는 행위는 신고사실을 확인하는 행정행위에 불과하고 그로 인하여 사용신고자에게 어떠한 권리를 설정하거나 의무를 부담케 하는 법률효과가 발생하는 것이 아니므로 그 사용신고의 수리행위는 처분이라고 볼 수 없다).

73) 지방세의 경우 지방세기본법이 제정되기 전에는 구 지방세법 제72조 제1항에서 "신고납부 또는 수정신고납부를 한 경우에는 그 신고납부를 한 때에 처분이 있었던 것으로 본다."라고 규정하여 신고납부 시 부과처분이 있는 것으로 의제한 후 의제된 처분에 대하여 항고소송을 제기할 수 있게 하였었다(대법원 2001. 2. 9. 선고 99두5955 판결).

지 않는 신고의 경우에도 그 수리에 관하여 처분성을 인정하여 항고소송의 대상이 된다는 견해가 제기되기도 하였다.74) 대법원 판결 중에도 수리를 요하지 않는 신고의 경우 그 수리에 관하여 처분성을 인정한 것도 있다.75)

그러다가 최근 대법원은 건축신고에 관하여 기존의 입장을 변경하고, 건축신고 반려행위가 항고소송의 대상이 된다고 판시하였다.76) 그리고, 착공신고 반려행위에 대하여 분명하게 항고소송의 대상이 된다고 판시하였다. 한편, 토지변경허가를 수반하는 건축신고와 같이 다른 법령상의 인·허가를 의제하는 효과를 가지는 건축신고의 경우에는 아예 수리를 요하는 신고라고 판시하였다.77)

---

74) 가령 김용섭, "행정법상 신고와 수리", 판례월보 제352호, 판례월보사(1998. 4), 48면.

75) 건축법상의 건축신고와 관련된 판결로는 대법원 2000. 2. 25. 선고 97누6414 판결이 있다. 체육시설의 신고와 관련하여 대법원 1998. 4. 24. 선고 97도3121 판결은 수리를 요하지 않는 신고라고 판시하였음에도, 대법원 1993. 4. 27. 선고 93누1374 판결 및 대법원 1991. 7. 12. 선고 90누8350 판결은 모두 신고의 수리거부 내지 반려행위를 처분인 것을 전제로 판시하고, 대법원 1996. 2. 27. 선고 94누6062 판결에서는 체육시설업신고를 수리를 요하는 신고인지 여부에 대한 판단을 하지는 않았지만 체육시설업 신고 거부처분은 항고소송의 대상이 되는 처분이라고 명시적으로 판시하였다. 또한 유선업 경영신고에 관해서도 대법원 1992. 5. 8. 선고 91누5655 판결은 "유선 및 도선업법 제3조 제1항, 제5항의 규정 등에 의하면 법에서 유선업경영신고에 대한 실질적 검토를 행정관청에 허용하고 있다고 볼 만한 규정을 두고 있지 아니하고 있으므로 유선업의 경영신고는 이른바 강학상의 사인의 공법행위로서의 신고에 해당하고 그 신고를 받은 행정청은 법과 시행령 소정의 형식적(절차적) 요건에 하자가 없는 한 이를 수리하여야 할 것"이라고 하면서도 실체적 요건 미비로 반려한 처분이 처분인 것을 전제로 본안에 나아가 판단하고 있다.

76) 대법원 2010. 11. 18. 선고 2008두167 전원합의체 판결.

77) 대법원 2011. 1. 20. 선고 2010두14954 전원합의체 판결. 건축법 제11조 제5항에서는 제1항에 따른 건축허가를 받으면 각 호에서 정한 허가 등을 받거나 신고를 한 것으로 본다고 규정하면서, 제14조 제2항에서는 위 인·허가의제조항을 건축신고에 준용하고 있고, 나아가 건축법 시행령 제11조 제3항, 제9조 제1항, 건축법 시행규칙 제12조 제1항 제2호에서는 건축신고를 하려는 자는 인·허가의제조항에 따른 허가 등을 받거나 신고를 하기 위하여 해당 법령에서 제출하도록 의무화하고 있는 신청서와 구비서류를 제출하여야 한다고 규정하고 있다. 대법원은 "건축법에서 이러한 인·허가의제 제도를 둔 취지는, 인·허가의제사항과 관련하여 건축허가 또는 건축신고의 관할 행정청으로 그 창구를 단일화하고 절차를 간소화하며 비용과 시간을 절감함으로써 국민의 권익을 보호하려는 것이지, 인·허가의제사항 관련 법률에 따른 각각의 인·허가 요건에 관한 일체의 심사를 배제하려는 것으로 보기는 어렵다. 왜냐하면, 건축법과 인·허가의제사항 관련 법률은 각기 고유한 목적이 있고, 건축신고와 인·허가의제사항도 각각 별개의 제도적 취지가 있으며 그 요건 또한 달리하기 때문이다. 나아가 인·허가의제사항 관련 법률에 규정된 요건 중 상당수는 공익에 관한 것으로서 행정청의 전문적이고 종합적인 심사가 요구되는데, 만약 건축신고만으로 인·허가의제사항에 관한 일체의 요건 심사가 배제된다고 한다면, 중대한 공익상의 침해나 이해관계인의 피해를 야기하고 관련 법률에서 인·허가 제도를 통하여 사인의 행위를 사전에 감독하고자 하는 규율체계 전반을 무너뜨릴 우려가 있다. 또한 무엇보다도 건축신고를 하려는 자는 인·허가의제사항 관련 법령에서 제출하도록 의무화하고 있는 신청서와 구비서류를 제출하여야 하는데, 이는 건축신고를 수리하는 행정청으로 하여금 인·허가의제사항 관련 법률에 규정된 요건에 관하여도 심사를 하도록 하기 위한 것으로 볼 수밖에 없다."라고 판시하였다. 이를 전제로 인·허가의제 효과를 수반하는 건축신고는 일반적인 건축신고와는 달리 행정청이 그 실체적 요건에 관한 심사를 한 후 수리하여야 하는 수리를 요하는 신고로 보았다.

대법원 2011. 6. 10. **선고** 2010**두**7321 **판결**: 구 건축법(2008. 3. 21. 법률 제8974호로 전부 개정되기 전의 것)의 관련 규정에 따르면, 행정청은 착공신고의 경우에도 그 신고 없이 착공이 개시될 경우 건축주 등에 대하여 공사중지·철거·사용금지 등의 시정명령을 할 수 있고(제69조 제1항), 그 시정명령을 받고 이행하지 아니한 건축물에 대하여는 당해 건축물을 사용하여 행할 다른 법령에 의한 영업 기타 행위의 허가를 하지 않도록 요청할 수 있으며(제69조 제2항), 그 요청을 받은 자는 특별한 이유가 없는 한 이에 응하여야 하고(제69조 제3항), 나아가 행정청은 그 시정명령의 이행을 하지 아니한 건축주 등에 대하여는 이행강제금을 부과할 수 있으며(제69조의2 제1항 제1호), 또한 착공신고를 하지 아니한 자는 200만 원 이하의 벌금에 처해질 수 있다(제80조 제1호, 제9조). 이와 같이 건축주 등으로서는 착공신고가 반려될 경우 당해 건축물의 착공을 개시하면 시정명령, 이행강제금, 벌금의 대상이 되거나 당해 건축물을 사용하여 행할 행위의 허가가 거부될 우려가 있어 불안정한 지위에 놓이게 된다. 따라서 착공신고 반려행위가 이루어진 단계에서 당사자로 하여금 반려행위의 적법성을 다투어 그 법적 불안을 해소한 다음 건축행위에 나아가도록 함으로써 장차 있을지도 모르는 위험에서 미리 벗어날 수 있도록 길을 열어 주고, 위법한 건축물의 양산과 그 철거를 둘러싼 분쟁을 조기에 근본적으로 해결할 수 있게 하는 것이 법치행정의 원리에 부합한다. 그러므로 이 사건 착공신고 반려행위는 항고소송의 대상이 된다고 보는 것이 옳다.

| 제 2 편 |

행정작용법

제 1 장 행정행위

제 2 장 행정입법

제 3 장 그 밖의 행정의 주요 행위형식

제 1 장　행정행위

제 1 절　행정행위의 의의 및 개념요소

Ⅰ. 개　　설

1. 개　　념

행정행위는 실정법적 개념이 아니라 강학상의 개념이다. 실정법적으로 행정처분 또는 처분이라는 용어가 사용되고 있다. 행정행위에는 다른 행정작용에서는 볼 수 없는 구성요건적 효력·존속력·자력집행력 등의 특별한 효력이 인정된다. 또한 모든 행정작용에 대하여 항고쟁송을 제기할 수 있는 것은 아니나(행정심판법 제9조, 행정소송법 제19조), 강학상의 행정행위가 행정심판이나 항고소송의 대상이 된다는 것은 명백하다.

행정행위의 개념은 그 넓이에 따라 행정청이 행하는 일체의 행위(최광의), 행정청의 공법행위(광의), 행정청이 구체적 사실에 관한 법집행으로서 행하는 공법행위(협의)라고 정의할 수 있다. 그렇지만, 우리나라에서는 행정행위를 최협의의 개념으로 받아들여 '행정청이 구체적 사실을 규율하기 위하여 대외적으로 공권력의 발동으로 행하는 일방적 공법행위'라고 정의하는 것이 일반적이다.

2. 처분과의 관계

행정심판법 제2조 제1호에서는 처분을 "행정청이 행하는 구체적 사실에 관한 법집행으로서의 공권력의 행사 또는 그 거부와 그밖에 이에 준하는 행정작용"이라고 정의하고 있다(아울러 행정기본법 제2조 제4호, 행정절차법 제2조 제2호 참조). 행정소송법도 같은 처분개념을 받아들이는 한편 처분과 행정심판의 재결을 합쳐 '처분 등'이라 하고 있다(제2조 제1항 제1호).

위와 같은 행정쟁송법(행정심판법·행정소송법)상의 처분개념과 강학상의 행정행위개념이 같은 것인지 다른 것인지에 관하여,[1] 학설은 양자를 같은 것으로 보면서 행정행위와 다른 행정작용과의 구별을 철저히 하려고 하는 일원설(실체법적 개념설)과, 양자를 다른 것으로 보고 후자의 내포를 확대하려고 노력하는 이원설(쟁송법적 개념설)이 대립한다. 판례는 원칙적으로 실체법적 개념설에 입각하여 행정행위를 항고소송의 주된 대상으로 보면서도

---

1) 더 자세한 사항은 행정소송법 중 처분에 관한 설명부분 참조.

예외적으로 행정행위가 아닌 공권력 행사도 항고소송의 대상이 될 수 있다는 입장이 있다.

연혁적으로 볼 때, 행정심판법 및 행정소송법상의 처분개념은 권리구제의 범위를 넓히기 위하여 도입된 것이다. "그밖에 이에 준하는 행정작용"이라는 법률용어로 다소 어울리지 않는 표현을 쓰면서 전형적인 행정행위 또는 처분에 해당하지는 않지만 개인의 법적 지위에 영향을 미치는 권력적 성질을 가지는 행정작용을 항고쟁송의 대상으로 삼아 효과적인 권리구제를 꾀하려고 한 것이다.

이러한 관점에서 보면, "행정청이 행하는 구체적 사실에 관한 법집행으로서의 공권력의 행사 또는 그 거부"라는 전단의 내용은 강학상의 행정행위를 의미하고, "그밖에 이에 준하는 행정작용"은 법집행으로서 공권력의 행사라는 성질은 가지지만 전형적인 행정행위에는 해당하지 않는 행정작용을 말한다. 즉, "그밖에 이에 준하는 행정작용"에 권력적 사실행위, 경고와 같은 집합개념으로서의 사실행위 중의 일부를 '처분'에 포함시켜 항고쟁송으로 다툴 수 있게 함으로써 국민의 권리구제 기회의 확대를 도모하고 있는 것이다.

3. 행정행위와 다른 행위와의 구별

가. 법률행위와의 구별

사법상의 법률행위, 특히 계약은 사적자치의 원칙에 따라 당사자의 자유로운 의사에 기하여 그 의사의 합치로 성립된다. 그러나 행정청이 일방적으로 행하는 행정행위는 법률의 규정에 따라 성립하고 그것을 구체화하는 것으로서, 행정청의 자유로운 의사결정에 의하는 것이 아니다. 그 결과 ① 법률행위에 관한 핵심규정인 의사표시에 관한 규정(민법 107조 이하)은 원칙적으로 적용되지 않고, ② 행정행위는 법률행위의 내용을 규제하는 사법상의 강행법규에 원칙적으로 구속되지 않으며,[2] ③ 행정행위에 의하여 형성된 국민의 지위는 계약법상의 지위가 아니므로 원칙적으로 계약법 원리의 적용을 받지 않는다.

나. 법원의 판결과의 구별

행정행위는 개별적인 사안에서 무엇이 법인가를 선언한다는 의미에서 판결과 닮았다. 그러나 ① 판결이 법적 평화를 위하여 법적 분쟁의 종국적 해결을 목표로 하나, 행정행위는 장래를 향한 사회형성적 활동으로서의 의미를 가진다. ② 법원은 대립하는 당사자들의 법적 분쟁에 관하여 제3자적 · 중립적 입장에서 판결을 선고하게 되나, 행정청은 사안의 결정권자인 동시에 '당사자'로서의 지위를 가지게 된다. ③ 판결은 언제나 법적 결정으로서의 성격을 가지나, 행정행위를 발령할 때에는 목적적 이익형량도 할 수 있다. ④ 판결은 소의

2) 행정행위는 법에 구체화된 국가의사의 집행이므로, 그 내용의 적부는 근거법규의 요건 · 목적 등에 비추어 판단되어야 하기 때문이다.

제기를 통해서만 행해지고 법원이 능동적으로 사건을 맡을 수는 없으나, 행정행위는 행정청의 능동적 · 직권적 행위로서의 성격을 가지는 경우가 많다. ⑤ 판결은 공정하고도 진실된 결정에 도달할 수 있도록 신중하면서도 여러 단계의 절차를 거쳐서 행해지지만, 행정행위는 신속성과 합목적성을 추구하기 때문에 판결에 비하여 방식과 절차가 간소하다.

Ⅱ. 행정행위의 개념적 요소

강학상 행정행위는 「행정청이 구체적 사실을 규율하기 위하여 대외적으로 공권력의 발동으로 행하는 일방적 공법행위」라고 정의한다.

1. 행 정 청

행정행위는 '행정청'의 행위이다. 따라서 행정청이 아닌 학교법인이 한 사립학교 교원에 대한 징계처분은 행정행위가 아닌 반면, 교육부장관이나 교육감 · 교육장 등이 국 · 공립학교 교직원에게 한 징계처분은 행정행위가 되는 것이다.

행정청은 행정주체의 의사를 결정하고 표시할 수 있는 권한을 가진 행정기관을 말하고,[3] 내부기관은 여기에 포함되지 않는다. 행정청은 행정관서의 장과 같은 독임제 기관(예; 행정안전부장관 · 지방자치단체장 등)인 경우가 많지만,[4] 합의제 기관(예; 토지수용위원회 · 소청심사위원회 · 국가배상심의회 · 한국저작권위원회 등)인 경우도 있다.

여기에서 말하는 행정청은 조직법상의 개념이 아니므로, 실질적 · 기능적으로 그 의미를 파악하여야 한다. 따라서 보조기관(국장 등)도 때로는 행정청이 될 수 있고, 국회 · 법원의 기관도 행정청으로 기능하는 경우가 있다(직원의 임명 등). 또한 공공단체, 공무수탁사인도 행정청으로서 행정행위를 발할 수 있다.

2. 구체적 사실

행정행위는 행정청이 행하는 '구체적 사실에 관한 법집행작용'이다. 이 점에서 행정청에 의한 입법작용과 그 결과로서의 명령(법규명령 · 행정규칙 등)은 행정행위가 아니다. 명령이 일반적 · 추상적 규율이라면, 행정행위는 개별적 · 구체적 규율이다. 여기에서 일반과 개별의 구별은 '규율대상'을 기준으로 한다. 수범자(행정행위의 규율대상)가 불특정 다수인인 경우를

---

3) 행정기본법 제2조 제2호에서는 "행정청"을 "행정에 관한 의사를 결정하여 표시하는 국가 또는 지방자치단체의 기관"과 "그밖에 법령 등에 따라 행정에 관한 의사를 결정하여 표시하는 권한을 가지고 있거나 그 권한을 위임 또는 위탁받은 공공단체 또는 그 기관이나 사인"이라고 정의하고 있다.

4) 특별법에 의한 예외가 있을 수 있다(대통령 대신 소속장관, 국회의장 대신 국회사무총장, 대법원장 대신 법원행정처장, 헌법재판소장 대신 헌법재판소사무처장).

'일반적'이라 하고, 특정인 또는 특정할 수 있는 인적 범위인 경우를 '개별적'이라 한다.[5] 추상과 구체의 구별은 '적용되는 사안(경우)'을 기준으로 한다. 불특정 다수의 사안에 반복적으로 적용되는 것을 '추상적'이라 하고, 시간적 · 공간적으로 특정한 사안에 적용되는 것을 '구체적'이라 한다. 결국 명령은 불특정 다수인을 장래에 향하여 되풀이하여 규율하는 것이고, 행정행위는 원칙적으로 특정인을 특정의 사안에서 규율하는 것이라 할 수 있다.

명령은 그것을 특정인에 대하여 구체화하는 행정작용을 매개로 현실적인 행정목적을 달성하는 경우가 대부분이다. 예컨대, 행정청이 "음식점영업허가를 받은 자가 두 번 영업정지를 받고 세 번째에 다시 영업정지사유를 범한 경우에는 허가를 철회하여야 한다."라는 규율을 정하여 놓았다면, 그 규율은 명령에 해당한다. 행정청이 위 규율에서 정한 요건에 해당하는 특정인에게 허가를 철회하는 조치를 취하였다면, 이것이 '구체적 사실에 관한 법집행으로서의 공권력의 행사'로서 행정행위가 되고, 그 특정인은 이에 대하여 항고쟁송으로 다툴 수 있게 되는 것이다.

가. 개별적 · 구체적 규율

행정행위는 개별적 · 구체적 규율이라는 점에서, 행정청이 정립하는 일반적이고 추상적인 규율인 법규명령과 구별된다. 그러나 현실적으로는 '명령', '고시', '계획' 등과 같은 형식으로 행정행위의 성질을 가지는 행정작용이 행해질 수 있다. 이러한 경우에 명칭이나 형식을 묻지 않고 그것을 행정행위로 보아 그에 대한 항고쟁송이 허용된다는 것이 판례이다.

판례에 의하면, 법령 · 조례가 구체적 집행행위의 개입 없이 그 자체로서 직접 국민에 대하여 구체적 효과를 발생하여 특정한 권리의무를 형성하게 하는 경우(처분적 명령 · 조례) 항고소송의 대상이 된다. 명령의 형식을 취하고 있지만 실질적으로는 행정행위의 성질을 가지고 있는 경우 이를 항고쟁송의 대상으로 삼지 않는다면, 법제정자는 이를 피하기 위하여 행정행위를 법규명령 형식으로 제정할 위험이 있기 때문이다. 대법원이 조례의 행정행위성(처분성)을 인정한 대표적인 사례로서 두밀분교폐지 조례사건이 있다.[6] 그밖에 명령이나 조례를 행정행위로 취급하여 항고소송의 대상으로 삼은 사례는 거의 없다.

고시는 원래 정부가 특정한 정책의 내용을 공표하는 경우와 같이 단순한 사실행위인 통지행위의 일종에 불과하지만 그 내용에 따라서는 다양한 성질을 가질 수 있다. 그 내용이 일반적 · 추상적 성격을 가져 행정입법으로 볼 수 있는 것이 있는데, 그중에서도 법규적

---

5) 일반적 또는 개별적 규율이냐는 수적으로 구분되는 것이 아니라, 수범자의 범위를 객관적으로 확정할 수 있느냐에 달려있다. 예컨대, 대규모 집회에 대한 해산명령일지라도 처분을 행할 당시 집회에 참가한 사람의 범위를 확정할 수 있기 때문에 개별적 규율에 해당하는 것이다.

6) 대법원 1996. 9. 20. 선고 95누8003 판결. 경기도립학교설치조례에서 도립학교의 명칭과 위치의 [별표 1] 란 중 "상색초등학교 두밀분교장"란을 삭제한 것은 위 두밀분교의 취학아동과의 관계에서 영조물인 초등학교를 구체적으로 이용할 이익을 직접적으로 상실하게 하는 것이므로 처분성이 있다는 것이다.

성격을 가지는 것도 있고,7) 행정청 내부에만 효력을 갖는 행정규칙도 있을 수 있다. 또한, 개별적 · 구체적인 성격을 가지고 있어 행정행위로 볼 수 있는 것도 있는데, 부동산 가격공시에 관한 법률에 의한 공시지가의 고시, 도로법에 의한 도로구역결정의 고시 등과 같이 불특정다수인의 권리의무를 권력적으로 규율하는 것도 있고, 토지보상법에 의한 사업인정의 고시와 같이 사업시행자에게 사업인정이 주어졌다는 객관적 사실의 공고에 해당하는 통지의 성질을 띠는 것도 있다. 대법원도 어떠한 고시가 일반적 · 추상적 성격을 가질 때에는 법규명령 또는 행정규칙에 해당할 것이지만, 다른 집행행위의 매개 없이 그 자체로서 직접 국민의 구체적인 권리의무나 법률관계를 규율하는 성격을 가질 때에는 처분에 해당한다고 판시하였다. 대법원이 고시를 처분으로 본 대표적인 사례로서 약가고시사건이 있다.8)

나. 개별적 · 추상적 규율

행정청은 특정 범위의 사람을 장래에 향하여 계속적으로 규율하기 위하여 일정한 조치를 취하는 경우가 있을 수 있다. 예컨대, 행정청이 어느 공장주에게 공장으로부터 뿜어나오는 수증기로 인하여 도로에 빙판이 생길 때마다 그것을 제거하라는 명령을 발하는 경우이다. 이 때 수범자는 특정인이지만, 빙판의 제거라는 규율내용은 장래의 불확정한 생활관계이므로, 개별적 · 추상적 규율에 해당한다. 이러한 조치는 이례적이기는 하지만, 행정행위의 일종으로 볼 수 있다.

다. 일반적 · 구체적 규율(일반처분)

행정청이 일반적 · 구체적 규율을 발하는 경우도 있을 수 있는데, 이를 일반처분이라고 한다. 예컨대, 특정한 시간과 장소에서의 집회금지와 같은 조치의 수범자는 불특정 다수인이라는 점에서 '일반적'이지만, 시간적 · 공간적으로 특정한 사안에 대하여 규율하는 점에서

---

7) 고시, 훈령 등 행정규칙의 형식으로 제정되었으나 법령보충적인 규율내용을 포함하는 규정을 법규명령으로 보아야 할 것이라는 것이 다수설이자 판례이다(대법원 1987. 9. 29. 선고 86누484 판결, 대법원 1998. 6. 9. 선고 97누19915 판결, 대법원 1999. 7. 23. 선고 97누6261 판결 등 참조).

8) 대법원 2006. 9. 22. 선고 2005두2506 판결. 이 판결에서 문제가 된 고시의 조항은 특정 제약회사의 특정 약제에 대하여 '상한금액'을 특정 금액으로 인하하는 내용(A 주식회사의 1번 약제에 대한 상한금액을 병당 23,027원에서 19,315원으로, 8번 약제에 대한 상한금액을 정당 102원에서 69원으로 인하)을 담고 있었다. 위 고시는 형식적으로만 보면 일반적 · 추상적인 내용을 가지고 장래에 불특정 다수인도 적용대상으로 하는 입법행위의 성질을 가지고 있는 것으로 보이지만, 실질적으로는 상한금액이 지정되면 요양기관으로서는 비록 실거래가가 상한금액을 초과하더라도 상한금액을 초과하는 금액에 대해서는 건강보험공단으로부터 상환 받지 못하게 되어, 결국 요양기관은 상한금액을 초과하는 금액으로 거래를 할 수 없게 되는 권리제한(계약자유의 제한)을 받게 되므로, 위 상한금액 인하행위로 인하여 바로 보험가입자, 요양기관과 공단 사이의 법률관계를 직접 규율하여 일반적 · 추상적 성격을 갖는 통상적인 고시와 달리 처분에 해당한다는 것이다. 또한, 대법원 2003. 10. 9.자 2003무23 결정에서는 항정신병 치료제의 요양급여 인정기준에 관한 보건복지부 고시가 다른 집행행위의 매개 없이 그 자체로 제약회사, 요양기관, 환자 및 국민건강보험공단 사이의 법률관계를 직접 규율한다는 이유로 처분에 해당한다고 판시하였다.

'구체적'이다. 행정소송법 제2조 제1항 제1호에서는 처분을 정의하면서 '구체적 사실에 관한 법집행'으로만 명시하고, 인적 범위에 대해서는 개방적인 태도를 취하고 있으므로, 일반처분을 행정행위의 범주에 포함시킬 수 있다.

라. 물적 행정행위

예컨대, 행정청이 어느 도로구간을 주차금지구역으로 지정하거나 공물의 공용지정을 한 경우, 이러한 조치의 직접적인 규율대상은 물건(공물 · 공공시설)이고, 사람은 그에 따라 간접적으로 규율 받게 될 뿐이다. 이러한 조치를 물적 행정행위라고 한다.

이와 같은 물적 행정행위가 행정행위(처분)의 일종인가 아니면 법규범으로서 명령에 해당하는지에 관하여, 독일의 경우에는 행정절차법 제35조 제2문에서 일반처분의 내용에 물적 행정행위를 포함시킴으로써 입법적으로 해결하였다.[9] 우리나라에서는 '횡단보도의 설치(교통표지)'가 물적 행정행위라는 판례가 있다.[10]

3. 법적 행위(규율)

행정행위는 법적 효과를 발생 · 변경 · 소멸시키는 행위(규율성)이다. 행정행위는 특정사항에 대하여 법규에 의한 권리의 설정 또는 의무의 부담을 명하거나 그밖에 법률상 효과를 발생하게 하는 등 국민의 권리의무에 직접 영향을 미치는 것이어야 한다.

행정행위인지 여부는 외형적으로 볼 때 국민의 직접 권리의무에 영향을 미치는 것인지 여부에 따라 결정되는 것이고, 그 근거법규가 갖추어져 있는지 여부는 해당 행정행위가 적법한 것인지 위법한 것인지와 관련이 있을 뿐이다. 따라서 어떠한 행정행위의 근거나 법률효과가 행정규칙에 규정되어 있다고 하더라도, 상대방의 권리의무에 직접 영향을 미친다면 행정행위라 할 수 있는 것이다.[11] 더 나아가 사법상 계약에 근거하거나[12] 행정행위의 근거가 전

---

9) 독일 행정절차법 제35조 제2문에서는 "일반처분이란 일반적 징표에 의하여 특정되거나 또는 특정될 수 있는 인적 범위를 대상으로 한 행정행위 및 물건의 공법상의 성질 또는 일반 공중에 의한 그 이용에 관하여 규율하는 행정행위를 말한다."라고 규정하고 있다.

10) 지하상가의 상인들이 횡단보도의 설치행위의 취소를 구한 사건으로서, 대법원은 "지방경찰청장이 횡단보도를 설치하여 보행자의 통행방법 등을 규제하는 것은 행정청이 특정사항에 대하여 의무의 부담을 명하는 행위이고 이는 국민의 권리의무에 직접 관계가 있는 행위로서 행정처분이라고 보아야 하지만, 횡단보도가 설치된 도로 인근에서 영업활동을 하는 자에게 횡단보도의 설치에 관하여 특정한 권리나 법령에 의하여 보호되는 이익이 부여되어 있다고 말할 수 없다."라고 판시하였다(대법원 2000. 10. 27. 선고 98두8964 판결).

11) 대법원 2004. 11. 26. 선고 2003두10251, 10268 판결에서는 정부 간 항공노선의 개설에 관한 잠정협정 및 비밀양해각서와 건설교통부 내부지침에 의한 항공노선에 대한 운수권 배분처분이 처분에 해당한다고 하였다. 또한, 대법원 2012. 9. 27. 선고 2010두3541 판결에서는 「구 부당한 공동행위 자진신고자 등에 대한 시정조치 등 감면제도 운영고시」 제14조 제1항에 따른 시정조치 등 감면신청에 대한 감면불인정 통지의 처분성을 긍정하였다. 한편, 대법원 2020. 5. 28. 선고 2017두66541 판결에서는 한국수력원자력 주식회사가 자신이 만든 행정규칙인 '공급자관리지침'에 근거하여 등록된 공급업체에게 행하는

혀 없다고 할지라도 국민의 권리의무에 직접 영향을 미친다면 행정행위가 될 수 있다.[13)]

직접적인 법적 효과를 발생시키지 않는 사실행위, 독자적인 의미는 없고 단지 최종적인 결정을 위한 준비행위 등은 규율성이 부인되어 행정행위라고 할 수 없다. 대법원도 행정권 내부에서의 행위나 알선, 권유, 사실상의 통지 등과 같이 상대방 또는 그 밖의 관계자들의 법률상 지위에 직접적인 법률적 변동을 일으키지 않는 행위 등은 행정행위가 아니라고 하였다.[14)] 예컨대, 경찰서장이 운전면허 행정처분처리대장에 벌점을 배점하는 행위는 자동차운전면허의 취소나 정지처분의 기초자료를 제공하기 위한 것일 뿐 그 자체만으로 국민에게 구체적으로 어떤 권리를 제한하거나 의무를 명하는 것은 아니므로 행정행위라고 볼 수 없다.[15)] 마찬가지 이유에서 국민건강보험공단이 행한 '직장가입자 자격상실 및 자격변동 안내' 통보 및 '사업장 직권탈퇴에 따른 가입자 자격상실 안내' 통보는 행정행위가 아니라고 한 판례가 있다.[16)]

4. 대 외 적

행정행위는 외부에 대하여 직접 법적 효과를 발생하는 행위이다. 따라서 행정조직 내부에서의 행위는 행정행위로서의 성질을 가지지 않는다. 예컨대, 행정조직 내부에서 행해지는 상급관청의 지시나 상관의 명령, 행정기관 내에서 법률의 수권 없이 그의 권한 범위 내에서 발하게 되는 행정규칙 등은 행정행위가 아니다.

따라서 징계처분에서 징계위원회 결정은 행정행위가 아니다.[17)] 또한 병역법상 신체등위판정은 행정청이라고 볼 수 없는 군의관이 하도록 되어 있고 그 자체만으로 바로 병역법

'등록취소 및 그에 따른 일정 기간의 거래제한조치'도 처분이라고 판시하였다.

12) 대법원 2018. 11. 29. 선고 2015두52395 판결에서는, 조달청이 물품구매계약 추가특수조건이라는 사법상 계약에 근거하여 행한 나라장터 종합쇼핑몰 거래정지조치가 계약상의 효력을 넘어서서 관계법령에 따라 나라장터를 통하여 수요기관의 전자입찰에 참가하거나 나라장터 종합쇼핑몰에서 등록된 물품을 수요기관에 직접 판매할 수 있는 지위를 직접 제한하거나 침해하므로 처분에 해당한다고 판시하였다. 참고로 위 판결이 선고된 이후 조달사업에 관한 법률이 2020. 3. 31. 개정되어, 제22조 제1항에 2년 이내의 범위에서 거래정지조치를 할 수 있는 법적인 근거를 마련하였다.

13) 대법원 2016. 8. 30. 선고 2015두60617 판결에서는 도가 설치·운영하는 지방의료원의 폐업·해산은 조례로 결정할 사항임에도 불구하고 도지사가 조례의 근거 없이 지방의료원을 폐업하겠다는 결정을 발표한 사안에서 위 결정의 처분성을 인정하였다. 다만 위 결정을 발표하고 그에 따라 폐업을 위한 일련의 조치가 이루어진 후 지방의료원을 해산한다는 내용의 조례를 공포하고 지방의료원의 청산절차가 마쳐져서 지방의료원을 폐업 전의 상태로 되돌리는 원상회복은 불가능하여 위 결정의 취소를 구할 소의 이익이 없다고 하였다.

14) 대법원 1996. 3. 22. 선고 96누433 판결 등 다수. 따라서 질의 회신이나 진정에 대한 답변은 행정행위가 아니다(대법원 1992. 10. 13. 선고 91누2441 판결).

15) 대법원 1994. 8. 12. 선고 94누2190 판결 참조.

16) 대법원 2019. 2. 14. 선고 2016두41729 판결.

17) 대법원 1982. 3. 9. 선고 81누35 판결.

상의 권리의무가 정해지는 것이 아니라 지방병무청장이 병역처분을 함으로써 비로소 병역의무의 종류가 정해지는 것이므로 행정행위라고 보기 어렵다.[18] 그리고 독점규제 및 공정거래에 관한 법률에 의한 공정거래위원회의 고발조치는 사직 당국에 형벌권 행사를 요구하는 행정기관 상호간의 행위에 불과하여 처분이 아니다.[19] 국방부장관의 군인명예전역수당 지급처분에 앞서 거치는 각군 참모총장의 수당지급대상자의 추천행위도 마찬가지다.[20]

5. 공권력의 발동으로 행하는 일방적 공법행위

행정행위는 행정청이 공권력의 발동으로 행하는 일방적 공법행위이어야 한다. 행정행위는 행정주체가 행정객체에 대하여 우월한 지위에서 행하는 '공권력 행사작용'으로서의 성질을 갖는다. 따라서 행정청이 상대방과의 의사의 합치에 의하여 성립하는 공법상 계약은 공권력행사에 해당하지 않으므로 행정행위는 아니다.[21] 그런데, 행정청이 자신과 상대방 사이의 법률관계를 일방적인 의사표시로 종료시킨 경우 그것이 공권력의 행사작용으로서 행정행위에 해당하는 것인지 공법상 계약관계의 일방 당사자로서 대등한 지위에서 행하는 해지와 같은 의사표시에 해당하는 것인지 구별하기 쉽지 않다. 이 경우 관계 법령이 상대방의 법률관계에 관하여 구체적으로 어떻게 규정하고 있는지에 따라 개별적으로 판단할 수밖에 없다.[22] 이러한 판단을 할 때 불복방법의 선택에 중대한 이해관계를 가지는 상대방의 인식가능성 내지 예측가능성이 중요하게 고려될 수 있다.[23]

행정행위 중에는 상대방의 신청 또는 동의를 요하는 행정행위가 많다(허가 · 특허 · 인가, 공무원의 임명 등). 신청 또는 동의를 요하는 행정행위의 경우, 상대방이 신청 또는 동의를 하지 않더라도 그 행정행위가 요건을 갖추지 못하여 위법한 것으로 평가될지언정 행정행위의 성립 그 자체는 부인될 수 없다. 이러한 점에서 공법상 계약과 구별된다.

또한 행정행위는 공법행위로서의 성질을 가지므로, 행정청의 법적 행위일지라도 ① 물

---

18) 대법원 1993. 8. 27. 선고 93누3356 판결.

19) 대법원 1995. 5. 12. 선고 94누13794 판결.

20) 대법원 2009. 12. 10. 선고 2009두14231 판결.

21) 그리하여 대법원은 옴부즈만과 같은 계약직 공무원의 채용행위는 공법상 계약에 해당하고 그에 대응하는 불채용통보는 행정행위가 아니라고 판시하였다(대법원 2014. 4. 24. 선고 2013두6244 판결).

22) 대법원 판결 중에는 중소기업기술정보진흥원장이 갑 주식회사와 사이에 체결된 중소기업 정보화지원사업의 지원에 관한 협약을 체결하였는데, 위 회사의 귀책사유를 들어 행한 협약의 해지 및 그에 따른 환수통보는 공법상 계약에 따른 의사표시로 보아야 하고 처분이 아니라고 판시한 사례가 있다(대법원 2015. 8. 27. 선고 2015두41449 판결). 반대로 국가연구개발사업의 관리 등에 관한 규정에 근거하여 한국환경산업기술원장이 환경기술개발사업 협약을 체결한 상대방에게 한 연구개발 중단 조치 및 연구비 집행중지 조치는 처분에 해당한다는 사례도 있다(대법원 2015. 12. 24. 선고 2015두264 판결).

23) 대법원 2018. 10. 25. 선고 2016두33537 판결에서는, 피고가 행정절차법에 따라 입찰참가자격 제한에 관한 절차를 진행하고 원고에게 불복방법으로 행정심판이나 행정소송의 제기를 안내한 사안에서, 위 조치의 처분성을 인정하였다.

자 등의 구매를 위한 사법상의 보조작용, ② 홍삼판매와 같은 영리활동, ③ 공적 임무작용이기는 하나 사법상 계약의 형식을 취하는 행위 등과 같은 행정의 사법적 활동은 행정행위에 해당되지 않는다. 따라서, 같은 국·공유재산이라고 하더라도 일반재산의 대부, 매각 등은 사법상의 행위이고, 행정재산의 목적 외 사용허가는 행정행위의 성질을 갖는다. 이렇게 어떠한 행위가 공법상의 행위인지는 일률적으로 단정하기 곤란하고 그 행위의 근거법령, 목적, 방법, 내용, 분쟁해결에 관한 특별규정의 존재여부 등 여러 가지 점을 종합적으로 검토하여 결정하여야 한다.

Ⅲ. 거부처분

1. 개 념

거부행위란 행정청이 국민으로부터 공권력의 행사를 신청 받았으나, 형식적 요건의 불비를 이유로 그 신청을 각하하거나 이유가 없다는 이유로 신청된 내용의 행위를 하지 않을 뜻을 표시하는 행위를 말한다. 이러한 거부행위로 인하여 현재의 법률관계가 직접적으로 변동되지 않는 것처럼 보이므로, 행정행위에 해당하는지 의문이 생길 수 있다.[24]

행정행위는 누가 주도하여 발동되었는지에 따라 직권에 의한 행정행위(직권형 처분)와 신청에 의한 행정행위(신청형 처분)로 나눌 수 있다. 전자는 행정청이 스스로 행정절차를 개시하여 이루어지는 것으로서, 침익적 행정행위인 경우가 많다. 반면에 후자는 상대방의 신청이 계기가 되어 이루어지는 것으로서,[25] 수익적 행정행위인 경우가 많다. 그런데, 여기에서의 쟁점은 위와 같은 거부행위가 어느 경우에 신청에 의한 행정행위에 대한 거부로서 행정행위성을 가지는지 여부에 관한 것이다.

대법원은 거부행위가 항고소송의 대상인 거부처분이 되기 위해서는 국민이 행정청에 대하여 그 신청에 따르는 행정행위를 해줄 것을 요구할 수 있는 법규상 또는 조리상의 권리가 있어야 한다는 입장에 있다.[26] 즉, 거부행위의 행정행위성을 법규상 또는 조리상 신청권의 침해에서 찾고 있는 것이다.[27]

---

24) 신청이 애초부터 없었던 상태나 신청을 하였으나 거부된 상태는 외견상으로는 모두 국민의 권리의무에 아무런 영향이 없다는 점에서 같은 것으로 보일 수 있다.

25) 물론 직권에 의한 행정행위의 경우에도 상대방이 해당 행정행위의 발급을 촉구하는 의미에서 '신청'을 하는 경우가 있을 수 있는데, 이때의 신청은 사인의 공법행위로서의 신청이 아니라 직권발동을 촉구하는 의미의 사실상의 신청에 불과하다[김현준, "행정처분절차에 있어서 직권과 신청", 토지공법연구 제66집, 한국토지공법학회(2014. 8), 330면].

26) 대법원 1990. 9. 28. 선고 89누8101 판결.

27) 대법원 1984. 10. 23. 선고 84누227 판결, 김철용·최광률 대표집필, 주석 행정소송법, 박영사, 2004, 553면.

거부처분은 일반적인 행정행위에 비하여 다소 다른 특성을 가지고 있다. 거부처분은 실체법적으로 부관이 붙지 않고 적극적 효과를 가지지 않는다는 점, 그리고 거부처분의 철회도 의미가 없다는 점 등이 그것이다.

2. 행정행위가 되기 위한 요건

신청인의 신청에 대한 행정청의 거부행위가 행정행위가 되기 위해서는 ① 신청한 행위가 공권력의 행사이어야 하고, ② 신청인의 법률관계에 영향을 미치는 행위이어야 하며, ③ 신청인에게 그러한 신청을 할 권리가 있어야 한다.[28)]

대법원은 "거부처분의 처분성을 인정하기 위한 전제요건이 되는 신청권의 존부는 구체적 사건에서 신청인이 누구인가를 고려하지 않고 관계 법규의 해석에 의하여 일반 국민에게 그러한 신청권을 인정하고 있는가를 살펴 추상적으로 결정되는 것이다."라고 판시하고,[29)] 그 전제 하에서 신청권의 존재여부를 행정행위성 인정여부의 문제로 보고 있다.[30)]

어쨌든 거부처분은 '행정행위'의 신청이 있는 경우 그것을 거부하는 행정작용이므로, 사실행위의 거부, 계약의 청약에 대한 거부 등 행정행위에 해당되지 않는 행정작용에 대한 거부는 여기에서 말하는 거부처분에는 해당되지 않는다.

3. 신청권의 의미

앞에서 본 것처럼 판례에 의하면, 행정청이 국민의 신청에 대하여 한 거부행위가 항고소송의 대상이 되는 처분이 되기 위해서는 그 국민에게 그 행위발동을 요구할 법규상 또는 조리상 신청권이 있어야만 한다는 것이다.[31)] 여기에서 신청권의 존부는 구체적 사건에서 신청인이 누구인가를 고려하지 않고 관계 법규의 해석에 의하여 일반 국민에게 그러한 신청권을 인정하고 있는지를 살펴 추상적으로 결정된다.[32)]

다만 대법원은 신청권을 신청의 인용이라는 만족적 결과를 얻을 권리뿐만 아니라 단순히 신청에 따른 응답을 받을 권리도 포함하는 것으로 해석하고 있다. 이렇게 판례는 신청권을 형식상 단순한 응답요구권을 포함하는 것으로 이해하고,[33)] 그것을 소송의 대상(행정행위성 인정의 문제)으로 보고 있는 것이다.

---

28) 대법원 1995. 5. 26. 선고 93누21729 판결, 대법원 1996. 5. 14. 선고 95누13081 판결 등.
29) 대법원 2009. 9. 10. 선고 2007두20638 판결, 대법원 1996. 6. 11. 선고 95누12460 판결 등 다수.
30) 이에 관한 자세한 논의는 행정소송 중 거부처분에 대한 설명부분 참조.
31) 대법원 1998. 7. 10. 선고 96누14036 판결, 대법원 2003. 9. 26. 선고 2003두5075 판결.
32) 대법원 1996. 6. 11. 선고 95누12460 판결.
33) 신청권은 실질적 신청권과 형식적 신청권으로 구분할 수 있다. 실질적 신청권이란 특정한 급부 또는 행위를 청구하는 것을 내용으로 하는 것을 말한다. 그에 대하여 형식적 신청권이란 특정한 행정결정을 요구할 수 있는 것이 아니라 단지 하자 없는 적법한 결정을 요구할 수 있다는 의미로 파악된다.

4. 신청권의 존재 여부

법규상 신청권은 법령에 신청에 관한 규정이 있는지 여부에 따라 인정 여부가 결정될 것이므로, 별달리 문제가 되지는 않는다. 그러나 어느 경우에 법률의 명시적 규정이 없음에도 조리상 신청권을 인정할 수 있는지는 어려운 문제이다. 조리상 신청권의 인정기준으로는 ① 거부행위에 대하여 항고소송으로 다투는 이외에 다른 권리구제방법이 없는 경우, ② 관계법규의 해석상 행정청이 그 행정행위를 하여야 할 의무가 있음이 명백한 경우, ③ 행정청이 그러한 권한을 행사하지 않음으로써 국민이 입는 불이익이 부득이한 것으로 용인될 수 없을 정도로 매우 큰 경우 등이 종합적으로 참작되어야 한다는 것을 제시할 수 있겠다. 대법원은 거부처분의 전제가 되는 조리상 신청권에 대하여 엄격한 태도를 취하고 있었으나, 최근에는 신청권의 범위를 다소 확대하고 있다.[34)]

제 2 절 재량권과 판단의 여지

Ⅰ. 개 설

행정법규는 법률요건과 법률효과를 조건적으로 연결하여 「행정청은 ……하면, ……할 수 있다(또는 하여야 한다)」는 식으로 규정되어 있는 경우가 대부분이다. 다만 계획법규의 경우처럼 목적지향적으로 규정되어 있는 경우도 없는 것은 아니다.

구체적 타당성 있는 행정을 실현하기 위해서는 행정청에게 어느 정도 자유의 영역을 부여할 필요가 있다. 그리하여, 행정법규의 법률요건부분을 확정적으로 정하지 않고 불확정적으로 정한 경우도 있고, 법률효과부분도 구속적으로 정하지 않고 선택적으로 정한 경우도 있다. 이렇게 행정청에게 재량권 또는 불확정개념의 적용에 의한 판단의 여지를 줌으로써 행정의 법률기속성을 완화시켜서, 창의적이고 구체적으로 타당한 행정을 도모할 수 있게 된다.

34) 더 자세한 내용은 행정소송법 중 처분에 관한 설명부분 참조.

Ⅱ. 기속행위와 재량행위의 개념

1. 기속행위

기속행위란 행정청에게 어떠한 행정행위를 할 수도 하지 않을 수도 있는 자유가 인정되어 있는 것이 아니라, 법률요건이 충족되면 법이 정한 일정한 행위를 반드시 하거나 해서는 안 되는 행정행위를 말한다.

2. 재량행위

가. 의의 및 종류

재량행위란 입법자가 행정청에게 행정목적에 적합한 행위를 스스로 결정·선택할 수 있는 권한을 부여함으로써, 행정청이 복수의 행위 중 어느 것을 선택할 수 있는 자유(재량)가 인정되는 행정행위를 말한다. 행정청은 재량을 부여받아 법의 목적과 구체적 사안을 고려하여 해당 사안에 적합한 합리적인 결정을 내릴 수 있게 된다.

재량에는 어떤 행위를 할 수도 하지 않을 수도 있는 재량(결정재량)과 다수의 행위 중 어느 하나를 선택할 수 있는 재량(선택재량)으로 나누어진다. 하나의 행정행위에 결정재량과 선택재량이 모두 인정되어 있는 경우도 있고 그중 어느 하나만 인정되어 있는 경우도 있다.

한편, '자유로운 행위'라 함은 재량행위에서와 같이 재량이 법에 의하여 구체적으로 수권되어 있는 것이 아니라, 법이 공백상태에 있거나 불충분하게 규율하고 있음으로써 행정권이 자유를 누리는 경우를 말한다. 지방자치법 제161조 제1항에서는 "지방자치단체는 주민의 복지를 증진하기 위하여 공공시설을 설치할 수 있다."라고 규정하고 있을 뿐이므로, 행정청은 어떤 종류의 공공시설을 어디에 설치할 것인지에 관하여 형성의 자유를 가지고 있다. 그러나 이러한 경우에도 법률우위의 원칙, 평등의 원칙 등을 위반할 수는 없으므로, 법에서 완전히 자유로운 것은 아니다.

나. 자유재량·기속재량의 구분

재량을 '복수의 행위 사이의 선택의 자유'라고 이해한다면, 자유재량(공익재량, 편의재량)·기속재량(법규재량)의 구분은 의미가 없다. 모든 재량행위는 재량의 한계 내에서는 '자유'로운 반면 재량의 한계를 벗어날 수 없는 '기속'을 받기 때문이다.[35] 판례는 종래에 자유재량과 기속재량을 구분하여 표현하는 경우가 많았으나 현재에는 이러한 표현을 찾아보기 어렵다.

---

35) 김남진·김연태, 행정법 I, 233면.

Ⅲ. 기속행위와 재량행위의 구별

1. 구별이유

가. 행정소송에서의 심사방법의 차이

법원은 행정작용의 위법 여부(합법성)를 판단하는 권한만 가지고 있으므로, 행정작용이 행정목적 내지 공익에 합당한 최선의 결정이었는지(합목적성)를 심사할 수는 없다.

기속행위의 경우 법규에 대한 원칙적인 기속성으로 인하여 법원이 사실인정과 관련 법규의 해석 · 적용을 통하여 일정한 결론을 도출한 후 그 결론에 비추어 행정청이 한 판단의 적법 여부를 독자적으로 판정하는 방식에 의하게 된다. 그러나, 재량행위의 경우 행정청의 재량에 기한 공익판단의 여지를 감안하여 법원이 독자적인 결론을 도출하지 않고 해당 행위에 재량권의 일탈 · 남용이 있는지 여부만 심사하게 되고, 이러한 재량권의 일탈 · 남용 여부에 대한 심사는 사실오인, 비례 · 평등의 원칙 위배, 해당 행위의 목적 위반이나 동기의 부정 유무 등을 그 판단 대상으로 한다.[36)]

나. 공권의 성립여부

기속행위에서 행정청은 그 행위를 행하여야 할 의무를 지므로, 상대방에게는 그 행위를 해 줄 것을 요구할 수 있는 청구권(공권)이 생길 수 있다. 반면에 재량행위에서는 행정청이 그 행위를 할 수도 안할 수도 있으므로, 상대방에게 형식적 권리로서 무하자재량행사청구권이 성립할 수 있는지 여부는 별론으로 하고, 원칙적으로 청구권이 생길 수 없다. 다만 재량권이 영으로 수축되어 재량행위가 기속행위로 된 경우에는 공권(행정개입청구권)이 생길 수도 있다.

그러나, 기속행위로부터는 공권이 도출되나 재량행위로부터는 공권이 도출될 수 없다고 오해해서는 안 된다. 기속행위와 재량행위의 구별은 행정청에게 관련 행위를 할 의무가 있느냐의 문제(강행법규성)이지 더 나아가서 개인적 공권을 도출할 수 있느냐의 문제와는 관련이 없다. 특히 무하자재량행사청구권의 독자성을 인정하는 입장에서는 더욱 그러하다.

다. 부관과의 관계

기속행위에는 부관을 붙일 수 없다는 것이 통설과 판례이다.[37)] 그러나, 이는 해당 행정행위가 성격상 부관과 친한 것인지 여부와 관련된 것이지 기속행위와 재량행위의 구별과는 관련이 없다고 생각된다. 기속행위의 경우에도 법률의 규정이 있는 때에는 부관은 붙일 수

---

36) 대법원 2001. 2. 9. 선고 98두17593 판결, 대법원 2010. 9. 9. 선고 2010다39413 판결.

37) 행정기본법 제17조 제2항에서도 처분에 재량이 없는 경우에는 법률의 규정이 없으면 부관을 붙일 수 없다는 취지로 규정되어 있다.

있고, 재량행위라도 언제나 부관을 붙일 수 있는 것은 아니다.

라. 구별필요성의 경감

과거에는 재량행위에 대하여 행정소송을 제기하는 경우 법원은 청구내용에 대한 심사를 하지 않고 소를 각하하였다. 그러나 오늘날에는 재량행위에 대해서도 재량권의 한계를 넘었는지 등을 심사한 후에 그러한 사실이 없을 때 청구를 기각하고 있다(행정소송법 제27조 참조).

결국 재량행위도 기속행위와 마찬가지로 사법심사의 대상이 되는 것이고, 심사방법만 다를 뿐이다. 그러므로 재량행위와 기속행위와의 구별의 필요성은 그만큼 적어졌다.

2. 구별기준

가. 학 설

(1) 요건재량설(법규재량설)

이 견해는 어떤 사실이 법률요건에 해당하는지에 대한 판단에 재량이 존재할 수 있다고 전제한다. 이에 따르면, 법규가 행정행위의 요건에 대하여 아무런 규정을 두지 않거나 행정행위의 종국목적(공익)만 행정행위의 요건으로 정한 경우에는 자유재량에 해당하나, 중간목적을 규정하고 있는 경우에는 기속재량에 해당한다.

그러나 행정행위의 종국목적과 중간목적을 구분하는 것은 쉽지 않고, 법률요건의 해석과 적용의 문제를 법률효과인 행위의 선택문제로 오인하고 있다는 점에서 받아들이기 어렵다.

(2) 효과재량설(성질설)

이 견해는 재량을 어떠한 법률효과를 발생시킬 것인지의 선택문제로 보고 있다. 다만 행위의 성질에 따라 개인에게 권리 · 이익을 부여하는 행위를 재량행위라고 하고, 그것을 제한 · 박탈하는 행위를 기속행위라고 한다.

그러나 수익적 행정행위와 침익적 행정행위는 재량행위인지 여부와 직접적인 관련이 없다. 뿐만 아니라 수익적 행정행위인 허가는 기속행위로, 침익적 행정행위인 징계 등은 재량행위로 볼 수 있는 경우가 많이 있다.

(3) 통설적인 견해(문언설에 기반한 종합설)

재량은 행위효과의 선택에서만 인정될 수 있고, 행위요건의 해석 · 적용에서는 인정될 수 없으며, 예외적으로 뒤에서 보는 판단의 여지가 인정될 수 있을 뿐이다. 재량은 입법자가 행정청에게 부여하는 것이라는 점을 생각해보면, 기속행위와 재량행위의 구별기준은 일차적으로 입법자가 자신의 의사를 표현한 행정법규의 문언에서 찾아야 한다. 그와 함께 그 취지나 목적, 행위의 성질도 고려할 수 있을 것이다.

나. 판 례

판례의 주류는 "어느 행정행위가 기속행위인지 재량행위인지 나아가 재량행위라 할지라도 기속재량행위인지 또는 자유재량행위에 속하는 것인지 여부는 이를 일률적으로 규정지을 수 없는 것이고, 당해 처분의 근거가 된 규정의 형식이나 체제 또는 문언에 따라 개별적으로 판단하여야 한다."라고 판시하여 행정법규의 문언에 중점을 두어 판별하고 있다.[38)]

다만 "수익적 행정처분으로서 행정청의 재량행위에 속한다."라고 판시하면서 행위의 성질에 중점을 두어 판단한 경우도 있다.[39)] 이는 법률의 문언이 기속행위와 재량행위를 판별하는데 명확하지 않은 경우에는 개개의 사안에서 문제된 관련 법령의 문언과 행위의 성질을 종합적으로 고려한 결과이다.

3. 재량이 인정되는 경우

법령의 규정상 행정청에 대하여 "……하여야 한다."라고 명백하게 표현하고 있거나 그렇게 해석됨으로써 행정청에게 결정 · 선택의 자유가 인정되지 않은 경우(행정청이 법률에 기속되는 경우)에는 재량이 인정되지 않을 것이다.

이에 반하여, 법령이 행정청에 대하여 "……할 수 있다."라고 표현하고 있거나 그렇게 해석되는 경우 또는 행정청으로 하여금 행위의 결정 · 선택의 여지를 남겨 놓고 있는 경우에는 재량이 인정된다고 할 것이다.[40)]

그런데 "……할 수 있다."라는 식으로 규정되어 있더라도 재량규정이 아닐 수도 있다. 위와 같은 규정이 재량을 부여한 것이 아니라 행정청에게 그러한 권한이 부여되어 있다는 것을 표현하기 위한 것일 수도 있기 때문이다. 만일 후자라면 위와 같은 규정은 권한행사의 가능성을 명시적으로 표시한 것에 불과하다. ① 구 정부공문서규정 제36조 제2항에서는 "행정기관은 일반인이 당해 행정기관에서 보관 또는 보존하고 있는 문서를 열람 또는 복사하고자 할 때에는 특별한 사유가 없는 한 이를 허가할 수 있다."라고 규정하고 있었다. 그러나 위와 같은 문언을 합리적으로 해석한다면 그 문언의 형식에도 불구하고 해당 문서가

---

38) 대법원 1995. 12. 12. 선고 94누12302 판결, 대법원 2003. 12. 12. 선고 2001두3388 판결.

39) 대법원 1997. 11. 11. 선고 97누11966 판결.

40) 구 국민건강보험법 제57조 제1항에서는 국민건강보험공단이 부당한 이득을 얻은 요양기관에 대하여 그 급여 또는 급여비용에 상당하는 금액의 전부 또는 일부를 징수하도록 규정하여 문언상 일부 징수가 가능하므로, 이에 따른 부당이득징수는 재량행위라는 것이 판례이다(대법원 2020. 6. 4. 선고 2015두39996 판결). 따라서, 요양기관이 실시한 요양급여의 내용과 요양급여 비용의 액수, 의료기관 개설 · 운영 과정에서의 개설명의인의 역할과 불법성의 정도, 의료기관 운영성과의 귀속여부와 개설명의인이 얻은 이익의 정도, 그 밖에 조사에 대한 협조 여부 등의 사정을 고려하여 부당이득 징수처분을 하여야 한다는 것이었다. 그런데, 위 판결 이후 국민건강보험법 제57조 제1항은 2023. 5. 19. 개정되어 일부 징수에 관한 문구가 삭제되었다.

비밀 또는 대외비로 분류된 문서라는 등의 특별한 사유가 없다면 문서의 열람이나 복사 신청을 거부할 수 없을 것이다.[41] 또한 ② 대기환경보전법 제34조 제2항은 "환경부장관 또는 시 · 도지사는 대기오염으로 주민의 건강상 · 환경상의 피해가 급박하다고 인정하면 환경부령으로 정하는 바에 따라 즉시 그 배출시설에 대하여 조업시간의 제한이나 조업정지, 그밖에 필요한 조치를 명할 수 있다."라고 규정하고 있는데, 여기에서의 "명할 수 있다."는 권한의 부여를 의미하는 것으로서 재량이 있는지 여부에 관해서는 "명하여야 한다."라고 해석하는 것이 합리적이다.

문제는 법령의 규정방식이 분명하지 않은 경우, 예컨대 "영업을 하려는 자는 ……시장 · 군수 또는 구청장의 허가를 받아야 한다."라는 식으로 행정청의 권한에 관하여 간접적으로 규정하고 있는 경우이다. 이러한 경우에는 법령의 취지 · 목적과 행정행위의 성질 등을 종합적으로 고려하여 결정하여야 한다. 법령의 해석상 법령의 취지와 목적이 개인의 기본권의 보장을 보다 강하게 요청하는 경우에는 기본권 실현에 유리하도록 판단하고, 공익실현을 보다 강하게 요청하는 경우에는 공익실현에 유리하도록 판단하여야 한다.

허가는 질서유지 또는 위험의 예방을 위하여 일정한 행위를 법령에 따라 잠정적으로 금지시키고 법정의 요건을 충족하는 경우에 그 금지된 행위를 적법하게 할 수 있도록 원래의 자유를 회복시켜 주는 것을 말한다(예; 주택가에서의 건축허가). 따라서 '자유권적 기본권의 회복'이라는 면에서 행정청은 법령상의 허가요건이 충족된 자에게 허가를 부여하여야 하므로, 허가는 원칙적으로 기속행위라고 해석하여야 한다. 반면에 허가의 취소나 철회는 개인의 기본권을 제한하는 결과가 되므로 그 취소의 필요성(공익의 달성)과 그로 인한 개인의 피해(기본권 제한)를 합리적으로 형량하여 결정하여야 하는 재량행위가 된다.

한편, 특허는 특정의 상대방을 위하여 새로운 권리(공물사용권 · 광업권의 부여, 자동차운수사업, 도시가스사업, 전기사업 등 공익사업의 허가), 권리 · 행위능력(공법인의 설립), 포괄적 법률관계(귀화허가)를 설정하는 것을 말한다. 특허는 자유권적 기본권을 회복시키는데 중점이 있는 허가의 경우와 달리 특정인에게 공익을 고려하여 새로운 독점적 · 배타적인 권리를 설정하는 것으로, 행정청이 공익실현을 위하여 합리적인 판단을 할 수 있도록 비교적 넓은 재량이 인정되는 것이고, 특허의 취소 또는 철회도 마찬가지의 이유로 재량이 인정된다고 할 것이다.

---

41) 대법원 1989. 10. 24. 선고 88누9312 판결. 같은 취지에서 대법원 1992. 6. 23. 선고 92추17 판결에서는, 구 사무관리규정 제33조 제2항에서 공문서를 보존하고 있는 행정기관은 행정기관이 아닌 자가 문서의 열람 또는 복사를 요청하는 때에는 비밀 또는 대외비로 분류된 문서이거나 특별한 사유가 있는 경우를 제외하고는 이를 허가할 수 있다는 취지로 규정하고 있었는데, 행정기관의 정보공개허가 여부는 기밀에 관한 사항 등 특별한 사유가 없다면 반드시 정보공개청구에 응해야 하는 기속행위로서 행정기관에 대하여 정보공개에 관한 재량권을 부여하고 있다고 해석할 수 없다고 판시하였다.

Ⅳ. 재량의 한계

행정기본법 제21조(재량행사의 기준) 행정청은 재량이 있는 처분을 할 때에는 관련 이익을 정당하게 형량하여야 하며, 그 재량권의 범위를 넘어서는 아니 된다.

1. 개 설

기속행위를 그르치면 바로 위법하게 되므로, 기속행위의 한계에 대해서는 특별히 논할 필요가 없다. 그러나 재량행위는 그 재량의 한계를 넘어서는 경우에만 위법하게 되므로, 별도로 재량의 한계에 관하여 고찰할 필요가 있다.

2. 실정법의 규정

재량에도 한계가 있고 그 한계를 넘어서는 경우 위법하게 된다. 행정기본법 제21조에서는 "행정청은 재량이 있는 처분을 할 때에는 관련 이익을 정당하게 형량하여야 하며, 그 재량권의 범위를 넘어서는 아니 된다."라고 규정하고, 행정소송법 제27조에서도 "행정청의 재량에 속하는 처분이라도 재량권의 한계를 넘거나 그 남용이 있는 때에는 법원은 이를 취소할 수 있다."라고 규정하고 있다.

위 규정에서 "재량권의 한계"는 좁은 의미로 재량권의 외적 한계라고 해석하여야 할 경우도 있지만, 일반적으로는 재량권이 '한계'를 넘으면 위법하다고 할 때의 그것은 보다 넓은 뜻을 가진다. 재량을 그르침으로써 위법이 되는 모든 경우가 재량의 한계를 넘어선 경우에 해당하는 것이다.

3. 재량행위가 위법하게 되는 경우

가. 재량의 일탈

재량의 일탈은 재량규범의 범위 밖에 있는 법률효과를 선택하는 경우를 말한다. 법이 A, B, C 중 어느 하나를 선택할 수 있는 권한(선택재량)을 부여하고 있는데 D나 E와 같은 규정 밖의 것을 선택하는 경우가 여기에 해당한다. 예컨대, 식품위생법 제75조 제1항은 영업자가 위해식품을 판매하면 영업허가를 취소하거나 6개월 이내의 영업정지처분을 내릴 수 있도록 규정하고 있는데, 행정청이 1년의 영업정지처분을 내린 경우이다.

나. 재량의 남용

재량의 남용은 행정청이 법령상 허용된 범위 내에서 재량권을 행사하였으나 그 고려된 내용이나 정도에 잘못된 재량행사가 이루어진 경우로서 재량의 내재적인 한계를 넘은 경우이다. 행정청이 재량권을 수권한 법률상의 목적, 평등의 원칙 · 비례의 원칙(과잉금지의 원칙) · 부당결부금지의 원칙 등 법원칙에 위배하여 행사하는 경우를 말한다.

다. 재량의 흠결 또는 해태

행정청이 재량행위를 기속행위로 오해하여 복수행위 간의 형량을 전혀 하지 않은 경우를 말한다.[42] 예컨대, 법이 행정청에게 A, B, C 중 어느 하나를 선택할 수 있는 재량권을 부여하였는데, A만 하여야 하는 것으로 오해하여 A, B, C 중 어느 것이 가장 행정목적에 적합한 것인지에 대한 판단을 하지 않은 경우가 여기에 해당한다.[43]

4. 재량권의 영으로의 수축과 행정개입청구권

법이 행정기관에게 재량권을 인정하고 있어도 그 재량권이 영으로 수축되어 어느 하나만 하지 않으면 안 되는 경우에는 재량행위가 기속행위(의무로서의 행위)로 변하게 된다(재량권의 영으로의 수축 이론). 그럼에도 불구하고 그 기속행위를 하지 않는 경우(부작위)에는 위법하게 된다. 이러한 경우 상대방에게는 행정개입청구권(행정권의 발동을 청구하는 권리)이 발생할 수 있고, 만일 행정기관의 부작위로 인하여 손해를 받은 자는 국가배상청구권을 가지게 된다.

5. 부당한 재량권의 행사와의 구별

예컨대, 법이 행정기관에게 A, B, C 중 어느 하나를 선택할 수 있는 재량권(선택재량권)

---

42) 대법원 2019. 7. 11. 선고 2017두38874 판결에서는 "처분의 근거 법령이 행정청에 처분의 요건과 효과 판단에 일정한 재량을 부여하였는데도, 행정청이 자신에게 재량권이 없다고 오인한 나머지 처분으로 달성하려는 공익과 그로써 처분상대방이 입게 되는 불이익의 내용과 정도를 전혀 비교형량 하지 않은 채 처분을 하였다면, 이는 재량권 불행사로서 그 자체로 재량권 일탈 · 남용으로 해당 처분을 취소하여야 할 위법사유가 된다."라고 판시하였다.

43) 판례도 "부동산 실권리자명의 등기에 관한 법률 시행령 제3조의2 단서는 임의적 감경규정임이 명백하므로, 위와 같은 감경사유가 존재하더라도 과징금 부과관청이 감경사유까지 고려하고도 과징금을 감경하지 않은 채 과징금 전액을 부과하는 처분을 한 경우에는 이를 위법하다고 단정할 수는 없으나, 위 감경사유가 있음에도 이를 전혀 고려하지 않았거나 감경사유에 해당하지 않는다고 오인한 나머지 과징금을 감경하지 않았다면 그 과징금 부과처분은 위법하다."라고 판시하였다(대법원 2010. 7. 15. 선고 2010두7031 판결). 또한, 행정청이 건설산업기본법 및 시행령 규정에 따라 건설업자에게 영업정지처분을 할 때 영업정지기간의 감경에 관한 사유가 존재함에도 불구하고 이를 전혀 고려하지 않거나 그 사유에 해당하지 않는다고 오인하여 영업정지기간을 감경하지 않은 경우에도 마찬가지이다(대법원 2016. 8. 29. 선고 2014두45956 판결).

을 부여한 경우, 행정기관이 재량의 한계 내에서 A를 선택하였다면, 이는 '부당'하다고 할 수는 있을지라도 '위법'하다고 할 수는 없게 된다. 그리고 그 부당한 행위는 행정심판의 대상이 될 수는 있으나, 행정소송을 통하여 다툴 수는 없다(행정심판법 제1조, 행정소송법 제1조 등 참조).

6. 재량권 일탈·남용의 판정 기준

재량의 일탈과 남용은 실무상 구별하지 않고 사용하고 있다. 실무에서 재량권이 일탈 또는 남용되는지는 보통 아래의 판단기준에 의한다. 나아가 공법상 계약 체결에 따른 권리를 취득한 자가 그러한 권리의 실질적 보장을 위한 방법의 하나로 공법상 계약의 상대방 측인 행정청을 상대로 수익적 행정행위를 신청하였고 그러한 신청이 공법상 계약에 따른 권리·의무의 이행방식에 위배되는 것이 아니라면, 수익적 행정행위 형식으로 공법상 계약의 권리를 실현시키기 어려운 사정변경이 생겼거나 중대한 공익상의 필요가 발생한 경우와 같이 특별한 사정이 없는 이상 행정청으로서는 수익적 행정행위에 관한 재량권을 공법상 계약에 반하지 않는 범위에서 행사하여야 한다.[44] 한편, 행정기본법은 제재처분이 국민의 권리와 이익을 중대하게 제한할 수 있는 침익적 행정행위라는 점을 감안하여, 제22조 제2항, 시행령 제3조에서 행정청이 제재처분을 하는 경우에 고려하여야 할 기본적이고 필수적인 사항을 선언하고 있다.[45] 그 고려사항으로서, ① 위반행위의 동기, 목적 및 방법, ② 위반행위의 결과, ③ 위반행위의 횟수, ④ 위반행위자의 귀책사유 유무와 그 정도, ⑤ 위반행위자의 법 위반상태 시정·해소를 위한 노력 유무 등을 예시함으로써 행정에 대한 지침을 제시하고 있다.[46]

① **사실오인 여부**: 일정한 사실의 존재 또는 부존재를 전제로 재량권을 행사하였으나 그에 관한 사실인정이 잘못된 경우에 행한 행정행위는 재량권의 일탈·남용에 해당한다. 예를 들면, 법률에서 정한 감경 사유가 존재함에도 불구하고 사실을 오인하며 그 사유를 전혀 고려하지 않은 경우이다. 또한, 행정청이 과거 상대방에게 한 특정한 처분으로 인하여 그에게 유리한 사실관계가 형성되었음을 인식하고 있었음에도 불구하고 이를 반영하지 않은 채 재량권을 행사한 경우도 여기에 해당하고, 행정청이 상대방에게 그와 같은 사실관계에 관한 자료의 제출을 요청하였으나 그가 이를 제대로 이행하지 않았더라도 그러한 사

---

44) 대법원 2025. 2. 27. 선고 2024두47890 판결.

45) 여기에서 제재처분이란 "법령등에 따른 의무를 위반하거나 이행하지 아니하였음을 이유로 당사자에게 의무를 부과하거나 권익을 제한하는 처분(행정상 강제 제외)"을 말한다(행정기본법 제2조 제5호).

46) 한편, 같은 조 제1항에서는 "제재처분의 근거가 되는 법률에는 제재처분의 주체, 사유, 유형 및 상한을 명확하게 규정하여야 한다. 이 경우 제재처분의 유형 및 상한을 정할 때에는 해당 위반행위의 특수성 및 유사한 위반행위와의 형평성 등을 종합적으로 고려하여야 한다."라고 규정하여, 법령에서 제재처분에 관한 사항을 정할 때 고려하여야 할 통일적 기준을 제시하고 있다.

정으로 인하여 행정청이 사실오인을 일으켰다는 등의 특별한 사정이 없다면 마찬가지이다.[47]

② 목적위반 · 동기의 부정: 재량의 행사는 그 재량을 부여한 법의 목적에 부합하여야 하고, 이와 배치되거나 부정한 동기에 기한 재량의 행사는 위법하다.

③ 평등의 원칙의 위반: 행정청이 재량준칙에 의하여 재량의 한계를 스스로 정한 경우 어느 하나의 사안에 대해서만 종래와 다른 취급을 한 경우 평등의 원칙에 위배되어 재량권의 범위를 벗어났다고 판단될 수 있다(행정의 자기구속). 평등의 원칙이란 단지 형식적으로 특정사안에서 행사된 재량의 내용이 다른 사안에서와 동일할 것을 요구하는 것은 아니고 양자 사이에 실질적으로 합리적인 이유가 없는데도 다르게 취급하는 것을 금지하는 것이다.

④ 비례의 원칙의 위반: 재량이 추상적으로는 인정되지만 구체적인 경우에 부적당 · 불필요한 처분을 행하거나 가장 부담이 적은 수단을 선택하지 않은 경우, 예컨대 일정한 비행에 대하여 심히 중한 징계를 과한 경우에는 재량권의 한계를 벗어나서 위법하게 된다.

⑤ 절차적 통제: 법령에서 재량권 행사의 방법이나 절차에 관한 규정이 마련되어 있는데도 이를 어긴 경우는 물론이고, 절차규정이 없거나 너무 간략하여 어떠한 절차에 의할 것인지가 행정청의 판단에 맡겨진 경우에도 현저하게 불공정한 절차에 의한 때에는 위법하게 된다. 또한 행정청이 재량권의 행사에서 가장 중시하여야 할 요소와 가치들을 부당하게 경시한 결과, 본래 고려할 사항을 고려하지 않고 고려하지 않아야 할 사항을 고려하거나 본래 과대하게 평가하지 않아야 할 사항을 과중하게 평가함으로써 행정청의 판단이 영향을 받은 때에는, 행정청의 재량판단은 방법이나 과정에 잘못이 있어 위법하게 된다.

Ⅴ. 불확정개념과 판단의 여지

1. 의 의

가. 불확정개념과 판단의 여지

법률요건 부분에는 '필요한 경우', '상당한 이유', '공익', '미풍양속', '공공질서' 등과

47) 대법원 2025. 3. 13. 선고 2024두58692 판결. 위 판결은 피고가 버스준공영제를 실시하여 원고를 포함한 버스운송사업자들에게 실제 지출한 연료비를 재정지원금으로 정산해 주었는데, 표준이동거리와 표준연비에 따라 표준연료비를 산정한 후 실제 지출한 연료비가 표준연료비보다 적으면 차액을 보전하여 주고 표준연료비보다 크면 재정지원금에서 공제하여 왔는데, 피고가 원고에 대하여 표준이동거리를 연장하는 내용의 버스노선 개선명령을 하였음에도 이를 반영하지 않은 채 표준연료비를 산정한 후 원고가 수령하여야 할 재정지원금에서 초과지급된 표준연료비를 공제하는 내용의 정산처분을 하자 원고가 그 처분의 취소를 구한 사안에서, 원고가 표준이동거리 연장에 관한 자료를 제때 제대로 제출하지 않았다고 하더라도 표준이동거리 연장은 피고의 처분에 따른 것으로 피고가 인식하고 있었던 사실관계임에도 이를 반영하지 않은 채 정산처분을 한 것은 원고의 자료 미제출 내지 지연제출으로 인하여 피고가 사실오인을 일으켰다는 등의 특별한 사정이 없는 이상 재량권 일탈 · 남용에 해당한다는 것이다.

같이 일의적이지 않고 그 의미가 구체적 상황에 따라 그때그때 판단되어질 수 있는 개념을 포함하고 있는 경우가 많이 있다. 예컨대, 출입국관리법 제4조 제1항 제5호에서는 "대한민국의 이익이나 공공의 안전 또는 경제질서를 해칠 우려"라는 표현을 사용하고 있다. 법령에서 이렇게 불확정개념이 사용된 경우에는 명확성의 원칙과 관련하여 위헌 · 위법의 문제가 발생할 여지는 있으나, 입법기술적으로 입법자가 모든 경우를 구체적으로 나열하는 것은 불가능하므로 명확성의 원칙에 어긋나지 않는 범위에서 추상적으로 규정하는 것은 불가피하다.

불확정개념도 법적 개념이기에 법원에 의한 전면적인 사법심사의 대상이 된다. 대법원도 법령에서 불확정개념을 사용하고 있다고 하더라도 그에 관한 규범적 가치판단을 행하고 있다. 가령 '음란성',[48] '현저히 유리한 조건의 거래',[49] 차별행위의 '부당성',[50] 방송의 '객관성, 공정성, 균형성'[51] 등이 그것이다.

그런데, 행정청의 평가 · 결정에 대하여 그 정당성 여부를 사법부가 판단하는 것이 불가능하거나 합당하지 않아 행정청의 판단을 존중해줄 수밖에 없거나 존중하는 것이 이치에 맞는 영역이 있을 수 있고, 그러한 경우 행정청이 독자적으로 판단할 수 있는 범위가 인정되는 영역(판단의 여지)이 생길 수 있다.

나. 재량과의 구별

행정기관에게 판단의 여지가 인정되는 경우에는 그 한도에서 법원에 의한 심사권이 제한된다는 점에서 재량과 유사하다. 그렇기 때문에 재량행위와 구별되는 독자적인 개념으로서 '판단의 여지'를 인정하지 않고 그냥 재량의 문제로 파악하는 견해도 없는 것은 아니다.

그러나, 재량은 '복수행위 사이의 선택의 자유'가 법령에 의하여 처음부터 인정되는 것이지만, 판단의 여지는 불확정개념의 해석 · 적용문제로서 법원에 의한 전면적 심사의 대상이 되는 영역에서 예외적으로 인정된다는 점, 판단의 여지는 법률요건에 관한 해석 · 적용의 문제인 반면 재량은 법률효과의 결정에 관한 문제라는 점, 재량은 입법자에 의하여 부여되지만 판단의 여지는 법원이 행정청의 판단을 존중해준 결과라는 점 등의 차이가 있으므로, 재량과 판단의 여지는 구별하는 것이 바람직하다(판단의 여지설).

2. 판단의 여지가 인정되는 영역

가. 비대체적 결정

사람의 인격 · 적성 · 능력 등에 관한 판단이 여기에 속하는데, 학생의 성적평가, 공무

48) 대법원 1997. 12. 26. 선고 97누11287 판결.
49) 대법원 2008. 6. 26. 선고 2006두8792 판결.
50) 대법원 2021. 6. 30. 선고 2019두34470 판결.
51) 대법원 2019. 11. 21. 선고 2015두49474 전원합의체 판결.

원의 근무평정 등이 그 예이다. 남이 대신하기 어려운 비대체적 결정에서 법원의 심사권이 제한되는 이유로는, ① '시험'은 법원의 심사단계 등에서 원래의 것을 재현하기 어렵고, ② 학생의 교육, 공무원의 근무평정 등에는 관계자의 특수한 경험과 전문지식을 필요로 한다는 점 등을 들 수 있다.

나. 구속적 가치평가

예술 · 문화 등의 분야에서 어떤 물건이나 작품의 가치 또는 유해성 등에 대한 독립한 합의제 행정기관의 판단을 구속적 가치평가라 하는데, 여기에도 판단의 여지가 인정되는 경우가 있다.

다. 예측결정

예측결정이란 리스크에 대한 판단과 같이 미래예측적 성질을 가진 행정결정을 말한다. 이러한 예측결정에도 판단여지가 인정될 수 있다.

라. 형성적 결정

사회형성적 행정의 영역에서도 행정청에게 판단의 여지 내지 판단의 우위가 인정될 수 있다. 예컨대, 지방자치법 제161조 제1항은 "지방자치단체는 주민의 복지를 증진하기 위하여 공공시설을 설치할 수 있다."라고 규정하고 있는데, 이에 의하여 지방자치단체는 그 주민의 복지증진과 관련하여 광범한 형성적 자유를 누린다고 할 수 있다.

3. 판단의 여지의 한계

행정청에 의한 불확정개념의 해석 · 적용은 법원에 의하여 전면적인 사후심사를 받을 수 있고 받아야 하지만, 예외적으로 특별한 결정상황 또는 특별한 사안과 관련되어 사후심사가 사실상 불가능한 경우에는 불확정개념의 '적용'에 대한 법원의 심사가 제한된다고 보는 것이 바로 판단의 여지이다.

다만 판단의 여지 또는 판단의 우위가 인정되는 때에도 그 판단에 자의가 개입되어 있거나 경험칙에 위배되는 경우에는 판단의 여지의 한계를 넘어 위법하게 된다. 따라서 판단의 여지에 관한 사항이 사법심사의 대상이 된 경우에 법원으로서는 바로 각하할 것이 아니라, 판단기관이 적법하게 구성되어 있는지, 판단에 관한 절차적 규정을 준수하였는지, 판단과정에서 법의 일반원칙을 위반하지 않았는지 등에 관하여 심사한 후, 그러한 하자가 없을 때 판단의 여지 또는 판단의 우위가 있다는 이유로 기각하여야 한다. 아울러 판단의 여지와 관련해서도 '절차적 통제'가 중요하다.

대법원도 뒤에서 보는 것처럼 행정청이 관계 법령이 정하는 바에 따라 고도의 전문적이고 기술적인 사항에 관하여 전문적인 판단을 한 경우에 그러한 행정청의 판단은 존중되어야 한다는 입장에 있으면서도, 판단의 기초가 된 사실인정에 중대한 오류가 있거나 판단이 객관적으로 불합리하거나 부당하다는 등의 특별한 사정이 없을 것을 전제로 하고 있다. 예를 들면, 지방공무원특별임용시험 면접에 참관인 명목으로 참여한 시장이 응시자격요건과 무관한 해당 시의 행정구역 내 거주 여부를 묻는 등 면접위원에게 특정 부류의 응시생들에 대한 예단 내지 편견을 조장하여 면접 결과에 영향을 미친 행위는 지방공무원임용령에서 규제하는 시험의 신뢰도에 대한 침해행위로서 위법하다고 한 사례가 있다.[52)]

또한, 판단의 여지가 인정되는 경우 실체적 심사의 한계가 있으므로, 심사하기 쉬운 형식적 · 절차적 규정의 준수 여부를 심사함으로써 실체적 내용의 적정성 여부를 판별하기도 한다. 예를 들면, 환경오염물질의 배출허용기준이 법령에 정량적으로 규정되어 있고 행정청이 채취한 시료를 전문연구기관에 의뢰하여 배출허용기준을 초과한다는 검사결과를 회신받아 제재처분을 한 경우라도 그 판단은 고도의 전문적이고 기술적인 사항에 관한 것으로서 존중되어야 하지만, 시료의 채취와 보존, 검사방법의 적법성 또는 적절성이 담보되어 시료를 객관적인 자료로 활용할 수 있을 만큼 실험결과의 신빙성을 의심할 만한 사정이 없다는 점이 전제가 되어야 한다는 것이다.[53)]

4. 판례의 태도

대법원은 학설에서 판단의 여지가 인정되는 영역이라고 거론되는 채점행위를 재량의 문제로 파악하고 있다. 다만 객관식 문제에 대해서는 비교적 재량권의 한계를 엄격하게 인정하고 있으나,[54)] 논술형 시험을 포함한 시험문제 출제행위 및 합격기준이나 채점기준의 설정행위는 재량행위라고 하면서도 재량의 범위를 폭넓게 해석하고 있다.[55)] 즉, "객관식 시험과 같은 일의적인 정답을 그 기준으로 하기 보다는 덕망과 책임감 높은 평가자가 스스

52) 대법원 2008. 12. 24. 선고 2008두8970 판결.

53) 대법원 2022. 9. 16. 선고 2021두58912 판결. 이 경우 실험결과를 믿을 수 있다는 사정은 원칙적으로 행정청이 증명책임을 부담하여야 한다.

54) 대법원 2000. 12. 12. 선고 99두11554 판결(제40회 사법시험 1차문제), 대법원 1996. 10. 11. 선고 95누1965 판결(공인중개사 제2차 객관식 시험문제).

55) 대법원 2001. 4. 10. 선고 99다33960 판결(사법시험 제1차시험 출제), 대법원 1994. 12. 23. 선고 94누5922 판결(세무사시험 제2차시험의 출제 및 채점기준), 대법원 1998. 7. 10. 선고 97누13771 판결(한약조제시험의 평가방법 및 채점기준), 대법원 1996. 9. 20. 선고 96누6882 판결(감정평가사시험의 합격기준), 대법원 1968. 7. 16. 선고 68누53, 54, 55 판결(사선지 택일형 문제의 채점), 대법원 1997. 7. 22. 선고 97다3200 판결(대학원 입학지원자의 선발시험에 있어서 합격 · 불합격 판정 또는 입학 자격, 선발 방법), 대법원 1997. 11. 28. 선고 97누11911 판결(검사의 신규임용 면접과정에서의 판정), 대법원 1962. 1. 18. 선고 4294행상92 판결(고등고시 답안지의 채점기준), 대법원 2000. 3. 10. 선고 99두11813 판결(법무사 2차시험 합격기준), 대법원 2008. 12. 24. 선고 2008두8970 판결(지방직 특별임용시험 면접전형).

로 보유하고 있는 고도의 전문적 식견과 학식 등에 근거한 평가에 전적으로 의존할 것이 예정되어 있음을 그 본질적인 속성으로 하고 있는 사무이므로, 논술형으로 치르는 이 사건 시험에 있어 채점위원은 사법시험의 목적과 내용 등을 고려하여 법령이 정하는 범위 내에서 전문적인 지식에 근거하여 그 독자적 판단과 재량에 따라 답안을 채점할 수 있는 것이다."라고 판시하고 있다.[56]

한편, 대법원은 행정청의 전문적인 정성적 평가에 대해서도 판단의 여지설을 채택하지 않고 재량의 문제로 파악하고 있다.[57] 구속적 가치평가에 해당하는 중학교 교과서 검정신청에 대한 교육부의 판정,[58] 교육부장관의 대학총장 임용제청,[59] 공군비행장 인근에 '버스 차고지 부지'를 조성하겠다는 개발행위허가 신청에 대한 국방부장관 또는 관할부대장 등의 전문적 · 군사적 판단에 따른 부동의 의견의 통보,[60] 국토계획법령에 따른 개발행위허가요건에 해당하는지 여부에 관한 판단[61] 등에 관한 판결이 이에 해당한다.

또한, 예측결정에 해당하는 신의료기술의 안전성 · 유효성 평가나 신의료기술의 시술로 인하여 국민보건에 중대한 위해가 발생하거나 발생할 우려가 있는지에 관한 판단,[62] 어떠한 개발사업이 '자연환경 · 생활환경에 미치는 영향'에 관한 판단,[63] 어떠한 사업의 개시가 국민의 생명보호 및 재산상의 위해방지와 재해발생 방지에 지장이 있는지 여부에 관한 판단[64] 등에 관한 판결도 마찬가지이다.

그리고, 공원녹지법령에 따라 공원조성계획 입안 제안을 받은 행정청이 제안의 수용 여부를 결정하는 데 필요한 심사기준 등을 정하고 그에 따라 우선협상자를 지정하는 행위

---

56) 대법원 2007. 1. 11. 선고 2004두10432 판결.
57) 다만 대법원 2011. 2. 24. 선고 2009추15 판결에서는 해양사고의 원인과의 관련성이란 본래 불확정개념으로서 그에 관해서는 행정청인 중앙해양안전심판원에 판단의 여지가 인정될 수밖에 없다는 표현을 쓰기도 하였다.
58) 대법원 1992. 4. 24. 선고 91누6634 판결.
59) 대법원 2018. 6. 15. 선고 2016두57564 판결.
60) 대법원 2020. 7. 9. 선고 2017두39785 판결.
61) 대법원 2023. 2. 2. 선고 2020두43722 판결.
62) 대법원 2016. 1. 28. 선고 2013두21120 판결.
63) 폐기물처리사업계획서의 적합 여부에 관한 대법원 2019. 12. 24. 선고 2019두45579 판결과 대법원 2020. 7. 23. 선고 2020두36007 판결, 국토계획법상 생산관리지역, 농림지역에서의 대규모 계사에 대한 건축허가에 관한 대법원 2017. 3. 15. 선고 2016두55490 판결, 용도지역 안에서의 건축허가, 도시 · 군계획시설인 화장장 부지로 결정해달라는 내용의 도시 · 군관리계획 입안제안의 수용 여부에 관한 대법원 2020. 9. 3. 선고 2020두34346 판결, 가축분뇨 처리시설 설치를 위한 국토계획법상의 개발허가에 관한 대법원 2021. 3. 25. 선고 2020두51280 판결, 산업단지 입주업체 등의 신청에 따라 산업단지개발계획을 변경할 것인지 여부에 관한 대법원 2021. 7. 29. 선고 2021두33593 판결.
64) 개발제한구역에서의 액화석유가스 충전소 사업자 지정에 관한 대법원 2016. 1. 28. 선고 2015두52432 판결. 구 감염병예방법에 따라 감염병을 예방하기 위한 여러 종류의 조치 중에서 '관내 종교시설에 대한 집합금지' 등을 명한 예방조치에 대하여, 행정청이 전문적인 위험예측에 관한 판단을 존중하여야 한다는 취지의 대법원 2024. 7. 18. 선고 2022두43528 전원합의체 판결도 같은 맥락에서 이해할 수 있다.

가 재량행위라고 하면서도, "도시공원의 설치 · 관리권자인 시장 등의 자율적인 정책 판단에 맡겨진 폭넓은 재량에 속하는 사항이므로, 그 설정된 기준이 객관적으로 합리적이지 않다거나 타당하지 않다고 볼 만한 특별한 사정이 없는 이상 행정청의 의사는 가능한 한 존중되어야 하고, 심사기준을 마련한 행정청의 심사기준에 대한 해석 역시 문언의 한계를 벗어나거나, 객관적 합리성을 결여하였다는 등의 특별한 사정이 없는 한 존중되어야 한다."라고 판시하였다.[65)]

그러나 대법원 판결의 판시내용을 자세히 살펴보면, 대법원이 '재량'을 인정하는 범위 및 이유가 판단의 여지설에서 판단의 여지를 인정하는 범위 및 이유와 대체로 비슷하다는 것을 알 수 있다. 판시내용 중에 "행정청의 전문적인 정성적 평가 결과는 그 판단의 기초가 된 사실인정에 중대한 오류가 있거나 그 판단이 사회통념상 현저하게 타당성을 잃어 객관적으로 불합리하다는 등의 특별한 사정이 없는 한 법원이 그 당부를 심사하기에 적절하지 않으므로 가급적 존중"되어야 한다는 표현을 자주 사용하고 있는 것은 이를 뒷받침한다. 따라서 아직 판단의 여지라는 개념을 재량과 구별하여 사용하지 않는 것은 재량과 판단의 여지에 대한 사법심사의 내용이 실질적으로 거의 유사하여 실용적인 면에서[66)] 굳이 양자를 구별할 실익이 없다고 생각하기 때문인 것으로 보인다.

❑ **중학교 교과서 검정사건(대법원** 1992. 4. 24. **선고** 91**누**6634 **판결)**

〈사실관계〉 원고들은 중학교 교과서를 집필하여 교육부에 검정을 신청하였으나 불합격처분을 받았고 다른 신청자들은 합격처분을 받았다. 이에 대하여 원고들은 자기들이 집필한 교과서는 오류도 없고 합격한 다른 교과서보다 내용도 우수함에도 불합격처분을 한 것은 재량권 남용이라며 이에 대한 취소와 함께 다른 교과서의 합격처분의 취소를 구하였다.

〈판시내용〉 교과서검정이 고도의 학술상, 교육상의 전문적인 판단을 요한다는 특성에 비추어 보면, 교과용 도서를 검정함에 있어서 법령과 심사기준에 따라서 심사위원회의 심사를 거치고, 또 검정상 판단이 사실적 기초가 없다거나 사회통념상 현저히 부당하다는 등 현저히 재량권의 범위를 일탈한 것이 아닌 이상 그 검정을 위법하다고 할 수 없다.

---

65) 대법원 2019. 1. 10. 선고 2017두43319 판결.

66) 가령 대법원 2016. 1. 28. 선고 2015두52432 판결에서는 "개발제한구역에서의 자동차용 액화석유가스 충전사업허가는 그 기준 내지 요건이 불확정개념으로 규정되어 있으므로 그 허가 여부를 판단함에 있어서 행정청에 재량권이 부여되어 있다고 보아야 한다."라고 전제한 후 재량권 일탈 · 남용의 심사방법에 관한 설시를 하고 있다.

제 3 절 행정행위의 내용적 분류

Ⅰ. 행정행위의 분류방법

1. 법률행위적 행정행위와 준법률행위적 행정행위

가. 구별기준과 타당성 요부

행정행위는 행위자의 효과의사의 유무나 법률효과의 발생원인에 따라 법률행위적 행정행위와 준법률행위적 행정행위로 구분하는 것이 일반적이고, 이를 도식화하면 아래의 그림과 같다. 이러한 구분방법은 민법에서 법률행위와 준법률행위의 구분방법에서 유래하는 것이다. 전자는 행정청의 의사표시를 구성요소로 하고 그 표시된 의사의 내용에 따라 법률효과가 발생하는 반면, 후자는 의사표시 이외의 정신작용(판단 · 인지 · 관념 등)의 표시를 요소로 하고 그 법률효과는 행위자의 의사 여하를 불문하고 법령이 정한대로 발생한다는 것이다.

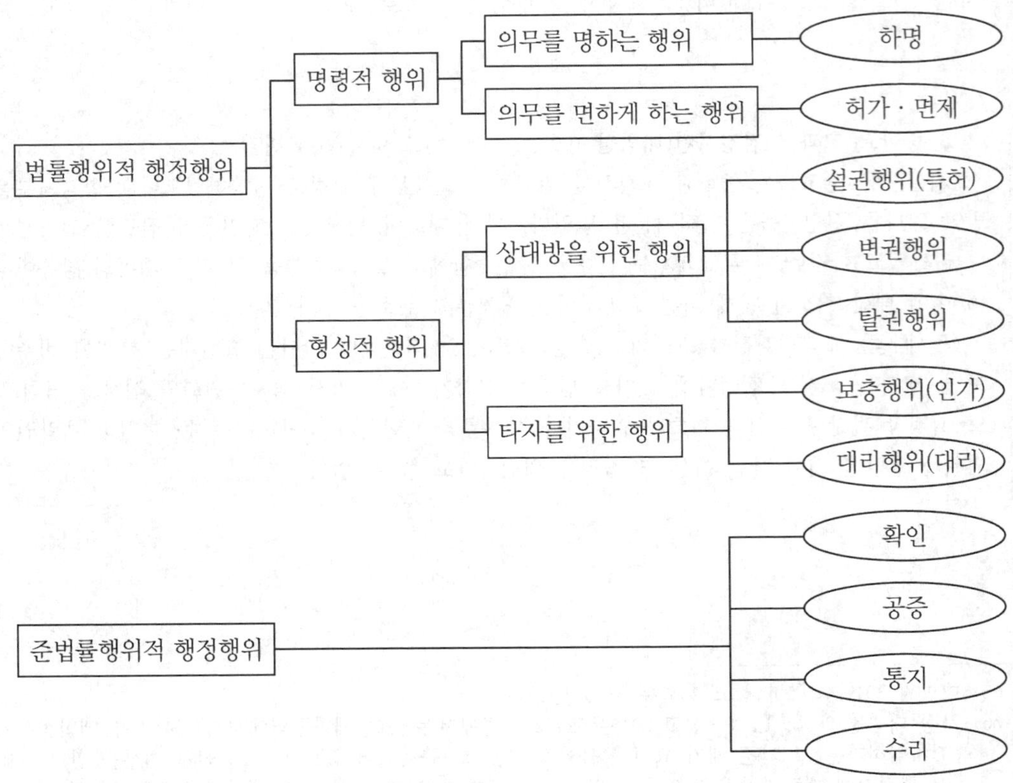

그러나, 행정행위는 법률의 구체화 또는 집행으로서의 성질을 가지기 때문에 행위자의 의사요소는 그다지 중요한 의미를 가지지 않는다. 법률행위적 행정행위가 행정청의 의사표시를 요소로 한다지만, 실현되는 것은 행위를 행한 공무원의 심리적 의사가 아니라 입법자의 의사일 뿐이다. 따라서 행정행위의 법적 효과는 언제나 기본적으로 법령에 의하여 정해진다고 보아야 하므로,[67] 행정행위를 법률행위적 행정행위와 준법률행위적 행정행위로 구별하는 것에는 동의하기 어렵다.

나. 구별의 실익

종래의 통설에 의하면, 준법률행위적 행정행위는 법률효과가 행정청의 의사에 따라 발생하는 것이 아니라 법률에 의하여 정해지는 것이므로 행정청에게 재량권이 인정될 여지가 없다. 그러나 재량행위와 기속행위는 관계법규의 해석을 통하여 구별되는 것이지 법률행위적 행정행위와 준법률행위적 행정행위의 구별과는 관련이 없다.

다음으로 통설에 의하면, 부관은 행정청의 의사표시에 의하여 붙여지는 것이므로, 준법률행위적 행정행위에는 부관을 붙일 수 없다. 그러나 부관론에서 자세히 논하겠지만, 공증의 경우에 기한을 붙일 수 있는 것처럼 준법률행위적 행정행위에도 부관을 붙일 수 있는 경우가 있다.

또한 구별의 타당성 여부와 구별의 실익이 있는지가 반드시 연관되는 것도 아니다. 따라서 통설을 취하여 구별의 타당성을 인정하면서도 구별의 실익은 없다는 견해도 있다.

2. 명령적 행위와 형성적 행위

우리나라에서는 전통적으로 법률행위적 행정행위를 다시 명령적 행위와 형성적 행위로 분류한다. 명령적 행위란 국민에게 일정한 작위 · 부작위 · 급부 · 수인 등의 의무를 명하거나 그 의무를 면하게 하는 행정행위를 말한다. 내용에 따라 하명 · 허가 · 면제가 여기에 속한다.

형성적 행위란 국민에게 특정한 권리 · 권리능력 · 행위능력 또는 포괄적인 법률관계 기타 법률상의 힘을 설정 · 변경 · 소멸시키는 행정행위를 말한다. 어느 것이나 제3자에 대항할 수 있는 법률상의 힘을 부여하거나 그것을 부정하는 것을 목적으로 하는 행위라는 점에서 자유의 제한 또는 그 제한의 해제를 목적으로 하는 명령적 행위와 구별된다. 형성적 행위는 상대방 여하에 따라 ① 직접 상대방을 위하여 권리 등을 설정하거나 박탈 · 변경하는 행위(설권행위 또는 특허 등)와 ② 제3자의 법률적 행위를 보충 또는 동의하여 그 효력을 완성시키는 행위(보충행위 또는 인가) 및 ③ 제3자를 대신하여 하는 행위(대리행위) 등으로 나누어진다.

---

67) 김남진 · 김연태, 행정법 I , 228면 참조.

Ⅱ. 법률행위적 행정행위

1. 명령적 행위

가. 하명(下命)

(1) 의 의

하명이란 행정청이 국민에게 작위 · 부작위 · 급부 · 수인 등의 의무를 명하는 행위를 말한다. 이 중에서 부작위의무를 명하는 것을 특별히 금지라 한다. 하명은 새로운 의무를 과하는 것을 내용으로 하므로 침익적 행정행위에 속한다. 따라서 법령의 근거가 필요하고, 기속행위의 성질을 가지는 경우가 많다. 그리고 행정절차법에 따라 사전통지나 의견청취를 하여야 한다(행정절차법 제21조, 제22조).

(2) 종 류

하명은 과해지는 의무의 내용에 따라 작위하명 · 부작위하명 · 수인하명 · 급부하명으로 구분하기도 한다. 달성하려는 목적에 따라 조직하명 · 경찰하명 · 재정하명 · 군정하명 등으로 나눌 수도 있다. 대상에 따라 대인적 하명 · 대물적 하명 · 혼합하명으로 분류하기도 한다.

(3) 대상 및 상대방

하명은 철거행위와 같은 사실행위를 대상으로 행해지는 경우가 많으나, 매매계약의 체결과 같은 법률행위에 대하여 행해지는 경우도 있다. 또한 하명은 특정인에게 뿐만 아니라 불특정 다수인에게 행해지는 경우도 있는데, 이를 일반처분이라고 한다.

(4) 하명의 효과

하명이 행해지면 상대방에게 일정한 공법상 의무가 발생한다. 작위하명은 일정한 행위를 적극적으로 하여야 할 의무, 부작위하명(금지)은 일정한 행위를 하지 않을 의무, 급부하명은 금전적 가치가 있는 것을 제공할 의무, 수인하명은 행정청에 의한 실력행사를 감수하고 이에 저항하지 않을 의무를 발생시킨다.

대인적 하명의 효과는 그 상대방에 대해서만 미치나, 대물적 하명의 효과는 그 대상이 된 물건의 이전과 함께 양수인에게도 승계되는 경우가 많다.

(5) 하명위반의 효과

하명에 의하여 과해진 의무를 이행하지 않는 자에 대해서는 행정상의 강제집행이 행해지거나 행정상의 제재가 과해진다. 그렇지만 하명을 위반한 법률행위의 효력 그 자체가 부인되는 것은 아니다. 예컨대, 행정청이 어떠한 물품의 판매를 금지하는 명령(부작위하명)을 발령하였는데, 이를 어기고 그 물품을 판매하였더라도 처벌을 받거나 강제집행의 대상이 될지언정 그 물품에 대한 매매의 효력이 부인되는 것은 아니다.

나. 허가(통제허가)

(1) 허가의 의의

(가) 허가의 개념

허가 또는 통제허가란 질서유지 또는 위험의 예방을 위하여 일정한 행위를 법령에 따라 잠정적으로 금지시킨 다음 법정의 요건을 충족하는 경우에 그 금지된 행위를 적법하게 할 수 있도록 원래의 자유를 회복시켜 주는 것을 말한다(예; 주택가에서의 건축허가, 영업허가). 허가의 대상이 되는 행위는 원래 직업행사의 자유, 재산권 등 기본권의 행사에 해당하여 자유롭게 행해질 수 있는 것이다. 그런데 허가는 질서유지, 환경보호 등과 같은 행정목적을 달성하기 위하여 일단 그 행위를 일반적으로 제한하고 개별적인 경우에 법령위반 여부를 심사하여 그 자유의 회복 여부를 검토하기 위한 제도이다.

허가는 강학상의 용어에 불과하고 실정법상으로는 인가 · 특허 · 면허 · 승인 · 지정 · 인정 · 시험 · 검사 · 검정 · 확인 · 증명 등의 용어가 혼용되고, 실정법에서 허가라고 규정되어 있는 것이 뒤에서 보는 강학상의 특허 · 인가에 해당하는 것도 있다. 따라서 강학상 허가 · 특허 · 인가의 구별은 실정법상의 표현에 구애받지 말고 규정하고 있는 내용과 목적 등을 고려하여 판단하여야 한다.

(나) 신고 · 등록과의 구별

'허가'에서는 부작위(금지)의무의 해제가 허가라는 행정행위에 의하여 이루어지는 반면, '신고'에서는 사인의 공법행위로서 신고가 행정기관에 접수되면 부작위의무가 해제된다는 점이 다르다.

한편, '등록'에서 행정청에 의한 수리는 부작위의무를 해제하는 요건이 된다는 점에서 허가에 가깝다. 다만 행정청의 심사 범위가 적격사유의 유무 등에 한정되는 등 허가보다 완화되어 있다.

(2) 허가의 성질

(가) 명령적 행위인지 여부

허가는 상대방에게 금지를 해제하여 자연적 자유를 회복시켜 주는 행위이므로 명령적 행위에 속하고, 이 점에서 형성적 행위인 특허 · 인가와 구별된다고 하는 것이 일반적인 설명이다. 판례는 공중목욕장업 경영허가는 사업경영의 권리를 설정하는 형성적 행위가 아니라 경찰금지를 해제하는 명령적 행위로 인한 영업자유의 회복에 불과하므로, 제3자에 대한 신규허가에 의하여 기존의 허가자가 사실상 목욕장업에 의한 이익이 감소된다 하더라도 이는 반사적 이익에 불과하고 법률에 의하여 보호되는 이익이라 할 수 없다고 판시

하였고,[68] 유기장영업허가에 대해서도 같은 취지로 판시하였다.[69]

그러나, “명령”적 행위에 의무를 면하게 하는 행위를 포함시키는 것은 어법상 어색하다. 독일에서도 행정행위를 내용에 따라 명령적 행정행위, 형성적 행정행위, 확인적 행정행위로 분류한다. 그렇지만, 우리나라와는 달리 명령적 행정행위는 작위, 수인 또는 부작위와 같은 특정한 행위 의무를 부과하는 하명 또는 금지라고 정의하고, 형성적 행정행위는 구체적 법률관계를 설정 · 변경 · 소멸시키는 행정행위라고 설명한 다음 허가와 예외적 승인을 여기에 포함시킨다.[70]

한편, 허가에 의해서도 경찰과 같은 행정목적 때문에 금지되었던 기본권을 행사할 수 있게 되는 것이므로, 그 측면에서 보면 권리가 설정되었다고 표현할 수도 있을 것이다.[71] 왜냐하면, 허가에 의하여 회복되는 것이 행위의 사실적 측면뿐이라면 행정청의 영업정지나 영업취소에 대항하여 항고소송을 제기할 수 있는 법률상의 이익을 설명할 수 없기 때문이다. 특허도 직업선택의 자유와 같은 기본권을 회복시킨다는 점에서 허가와 마찬가지이다. 현실적으로도 어떠한 행정행위가 허가로 분류될 수 있으나, 특허적인 특성을 가미하고 있는 경우도 있고, 그 반대도 있을 수 있다. 따라서, 허가와 특허의 경계가 희미하여 어떠한 행정행위를 허가나 특허와 같은 정형화된 하나의 카테고리에 배타적으로 포함시키는 것이 곤란한 경우도 있다. 그러므로, 허가와 특허를 명령적 행위와 형성적 행위라는 질적으로 다른 영역으로 나누는 것보다는 둘 다 형성적 행위로 파악하고 그 상대성을 강조하는 것이 바람직하다고 생각된다(사견).[72]

㈏ 기속행위인지 여부

허가는 특별히 권리를 설정하여 주는 것이 아니라 공익목적을 위하여 제한되었던 자유를 회복시켜 주는 것이므로, 법령에 특별한 규정이 없다면 기속행위로 보는 것이 일반적이다.

다만 ‘기속행위와 재량행위의 구별이 문언에 의하여 용이하지 않을 경우’라는 전제하에서 기속행위일 가능성이 높다고 보아야 한다. 또한 허가의 요건이 불확정개념으로 규정되어 있는 경우에는 그 적용에 판단의 여지가 인정될 수도 있다.

---

68) 대법원 1963. 8. 31. 선고 63누101 판결.

69) 대법원 1985. 2. 8. 선고 84누369 판결.

70) Maurer, Allgemeines Verwaltungsrecht, 17.Auflage, Vertrag C.H.Beck, 2009, S.217.

71) 그러나 허가의 권리적 성격과 형성행위적 성격은 구별하여야 한다면서 허가로 새롭게 창설되는 권리는 없고 권리를 확인만 할 뿐이므로, 허가와 특허는 여전히 준별되어야 한다는 견해도 있다(김성수, 일반행정법: 행정법이론의 헌법적 원리, 제9판, 홍문사, 2021, 240면 참조).

72) 더 자세한 설명은「하명호, “헌법재판과 행정법이론－진입규제의 수단으로서 허가 · 특허를 글감으로－”, 공법연구 제45집 제2호, 한국공법학회(2016. 12)」 참조.

대법원 1992. 12. 11. **선고** 92누3038 **판결**: 건축허가신청이 법정요건에 합치하는 경우에는 특별한 사정이 없는 한 이를 허가하여야 하며, 공익상 필요가 없음에도 불구하고 요건을 갖춘 자에 대한 허가를 건축법 · 도시계획법 등 관계법규에서 정한 제한사유 이외의 사유를 들어 거부할 수는 없다.[73]

(3) 허가와 신청

허가는 상대방의 신청에 의하여 행해진다. 그 신청은 허가를 행하기 위한 요건이 된다. 따라서 신청 없는 허가는 위법하고 수정허가도 허용되지 않는다. 판례도 행정청에 대하여 특정사항에 관한 허가신청을 하도록 위임받은 사람이 위임자 명의의 서류를 위조하여 위임받지 않은 사항에 대한 하자 있는 허가신청에 기하여 이루어진 허가처분은 무효라고 하고,[74] 분배신청을 한 바 없고 분배받은 사실조차 알지 못하고 있는 사람에 대한 농지분배는 허무인에게 분배한 것이나 다름없어 무효라고 하였다.[75]

(4) 허가와 결격사유

행정기본법 제16조(결격사유) ① 자격이나 신분 등을 취득 또는 부여할 수 없거나 인가, 허가, 지정, 승인, 영업등록, 신고 수리 등(이하 "인허가"라 한다)을 필요로 하는 영업 또는 사업 등을 할 수 없는 사유(이하 이 조에서 "결격사유"라 한다)는 법률로 정한다.

② 결격사유를 규정할 때에는 다음 각 호의 기준에 따른다.

1. 규정의 필요성이 분명할 것
2. 필요한 항목만 최소한으로 규정할 것
3. 대상이 되는 자격, 신분, 영업 또는 사업 등과 실질적인 관련이 있을 것
4. 유사한 다른 제도와 균형을 이룰 것

행정기본법 제16조에서는 자격이나 신분 등의 취득 또는 부여, 인가, 허가, 지정, 승인, 영업등록, 신고 수리 등의 인허가를 필요로 하는 영업 또는 사업의 결격사유를 법률로 정하도록 하고, 결격사유에 대한 입법지침을 규정하고 있다. 사회생활의 안전을 확보하고 건전한 질서를 유지하기 위하여 특정 영업 등을 할 수 없는 제한사유를 설정하는 것은 궁극적으로는 국민의 권익을 보호하기 위한 것이기는 하지만, 헌법상 직업선택의 자유나 경제활동의 자유 등 기본권을 제한하는 결과를 초래하기 때문에 법률로 정하도록 하고, 입법을

73) 대법원 1993. 5. 27. 선고 93누2216 판결에서는 식품위생법상 대중음식점영업허가에 대하여 같은 취지로 판시하였다.
74) 대법원 1974. 8. 30. 선고 74누168 판결.
75) 대법원 1970. 10. 23. 선고 70다1750 판결.

할 때 신중을 기하기 위하여 입법 지침을 제시한 것이다.

이러한 관점에서 보면, "자격이나 신분 등의 취득 또는 부여, 인가, 허가 지정, 승인, 영업 등록, 신고 수리"는 직업선택의 자유 등의 제한사유를 열거한 것이 아니라 예시한 것이라고 해석된다. 따라서 "신고 수리"에서의 신고는 수리라는 표현이 부가되어 있기는 하지만 수리를 요하지 않는 신고를 배제하는 것이라고 보기 어렵고, 설령 이를 엄격히 해석한다고 하더라도 수리를 요하지 않는 신고는 "등"에 포함된다고 해석하는 것이 바람직하다.[76)]

(5) 허가의 형식

허가는 일반적 금지의 존재를 전제로 개별적으로 그 금지를 해제하여 주는 행정행위의 일종이므로, 서면으로 행해지는 것이 원칙이다(행정절차법 제24조 참조). 또한 개별법에서 허가의 유무 및 내용을 객관적으로 명백히 하기 위하여 면허증 · 등록증 등의 교부와 같은 형식을 취하기도 한다.

(6) 허가의 효과

㈎ 금지의 해제

허가의 효과는 일반적 금지를 해제하는 것에 그치고, 배타적 · 독점적 권리 또는 능력을 설정하는 것이 아니다. 허가의 결과 상대방이 어떠한 사업에서 독점적 이익을 사실상 얻는 경우가 있더라도 그것은 부수적 · 반사적 효과에 지나지 않는다. 그러므로 일정한 권리, 권리능력, 포괄적 법률관계를 설정하여 주는 특허나 제3자의 법률적 행위를 보충하여 그의 법률상의 효과를 완성시켜 주는 인가와는 성질을 달리한다.

허가의 대상으로 간주되고 있는 사업이 거리제한 등에 의하여 보호되고 있는 경우, 관계법령에서 거리제한 규정을 둔 취지가 전적으로 공익적 고려에 기한 것인 때에는 해당 이익은 반사적 이익에 그치나, 그 목적 · 취지가 기존업자의 이익도 동시에 보호하려는 때에는 법률상 이익 또는 권리라고 할 수 있다. 여기에서 경업자간의 경쟁을 방지하기 위하여 거리제한 등의 요건으로 두는 것은 헌법상의 직업(선택)의 자유, 영업의 자유와 관련하여 문제가 될 수 있다는 점에 유의하여야 한다.

㈏ 법률상 이익의 향유

개인이 허가를 받아 향유하는 이익은 법률상 이익이다. 예컨대, 허가를 받아 적법하게 음식점 등 영업을 하고 있는데 이유 없이 허가가 철회되거나 방해를 받은 경우에는 항고소송 등을 통하여 보호받을 수 있는 것이다.

---

76) 수리를 요하지 않는 신고에 해당하는 모자보건법 제15조에 규정된 산후조리업 신고의 경우, 신고의무자인 산후조리원을 설치 · 운영할 자가 같은 법 제15조의2에 따른 결격사유에 해당하면 신고업을 경영할 수 없다는 취지로 규정되어 있는데, 이러한 경우를 행정기본법 제16조의 적용대상에서 배제된다고 해석하기는 어려울 것이다.

허가의 효과가 '반사적 이익 · 사실상 이익'으로서 법의 보호를 받지 못하는 경우는 적법한 허가를 받은 신규업자가 출현함으로써 기존업자의 영업상 이익이 감소하는 경우이다. 행정청의 입장에서 볼 때에는, 기존업자나 신규업자나 다 같이 법이 정한 요건을 충족하였기 때문에 허가를 부여한 것으로서, 허가받은 자가 영업상 이익을 누리는지 여부는 행정청의 고려사항이 아니다. 이러한 점에서 '허가의 효과'는 처음부터 독점적 이익을 보장해 주는 '특허의 효과'와 구별된다.

그러나 신규진입에 대한 기존업자의 이익이 법률상 이익인지 반사적 이익인지는 그것이 허가나 특허의 성질에서 기인한 것이라기보다 적정배치나 거리제한과 같은 경쟁제한에 관한 법령상의 규정 때문이라고 보아야 한다. 이렇게 보아야만 행정소송법에서 원고적격을 판별하는 법률상 이익설에 부합하게 된다. 바람직하게도 경업자에게 원고적격을 인정한 판례들은 해당 사업에 관한 처분이 특허에 해당하는지 여부를 명시적으로 밝히지 않고, 처분의 근거법률의 해석을 통하여 처분의 근거법률이 해당 업종의 건전한 발전을 도모하여 공공의 복리를 증진함을 목적으로 할 뿐 아니라 동시에 업자간의 과다한 경쟁으로 인한 경영상의 불합리를 방지하는 것이 공공의 복리를 위하여 필요하므로, 면허, 인 · 허가 등의 조건을 제한하여 기존업자의 경영의 합리화를 보호하는 것도 목적으로 하고 있는지의 여부를 원고적격의 유무를 판단하는 기준으로 삼고 있다고 설시하고 있다.

대법원 1963. 8. 31. **선고** 63**누**101 **판결**: 현행헌법 제15조와 제28조에 의하여 영업의 자유는 헌법상 국민에게 보장된 자유의 범위에 포함된다 할 것이며, 예외적으로 질서유지와 공공복리를 위하여 필요한 경우에 한하여 법률로서, 이 영업의 자유를 제한할 수 있을 뿐이라 할 것인바 법률 제808호 공중목욕장업법은 공중목욕장업에 허가제를 실시하고 있으나 그 허가는 사업경영의 권리를 설정하는 형성적 행위가 아니고 경찰금지의 해제에 불과하며 그 허가의 효과는 영업자유의 회복을 가져올 뿐이라 할 것으로서 위 공중목욕장업법에 의하면 공중위생의 견지에서 환경과 설비의 합리적 제한을 두어 목욕장의 설치 장소 시설 또는 구조의 적절만이 목욕장 경영의 허가기준으로 규정되어 있을 뿐이고 거리제한과 같은 분포의 적정에 관하여는 같은 법에 아무런 규정이 없고, 가사 분포의 적정이 공공의 복리를 위하여 필요한 것이라 할지라도 같은 법이 환경과 설비에 관하여서만 규정하고 분포의 적정에 관하여 규정을 두지 않은 이상 분포의 적정이라는 이유로 헌법상 보장된 영업의 자유가 제한될 수 없다 할 것이다. 다만 공중목욕장업법 시행세칙 제4조에 분포의 적정에 관하여 규정된 바 있으나 이 분포의 이 적정은 공중목욕장의 환경과 설비에 관한 공중목욕장업법의 법조문 요건에도 해당되지 아니하므로 분포의 적정을 허가요건으로 하는 같은 법 시행세칙 제4조의 규정은 같은 모법에 위반되는 무효의 것이라 할 것이고 따라서 1962. 10. 29.자 경상남도지사의 부산시장에 대한 경남보사 제6,305호로서 지시한 공중목욕장 상호간의 거리제한에 관한 것 역시 위에서 설명한 바와 같은 이유로서 무효라 할 것이다. 그러므로 위에서 설명한 바와 같이 원고에 대한 공중목욕장업 경영 허가는 경찰금지의 해제로 인한 영업 자유의 회복이라고 볼 것이므로 이 영업의 자유는 법률이 직접 공중목욕장업 피허가자의 이익을 보호함을 목적으로 한 경우에 해당되는 것이 아니고 법률이 공중위생이라는 공공의 복리를 보호하는 결과로서 영업의 자유가 제한되므로 인하여 간접적으로 관계자인 영업자유의 제한이 해제된 피허가자에게 이익을 부여하게 되는 경우에 해당되는 것이고, 거리의 제한과 같은 위의 시행세칙이나 도지사의 지시가 모두 무효인 이상 원고가 이 사건 허가처분에 의하여 목욕장업에 의한 이익이 사실상 감소된다 하여도 이 불이익은 본건 허가처분의 단순한 사실상의 반사적 결과에 불과하고 이로 말미암아 원고의 권리를 침해하는 것이라고는 할 수 없음으로 원고는 피고의 피고 보조참가인에 대한 이 사건 목욕장업허가처분에 대하여 그 취소를 소구할 수 있는 법률상 이익이 없다.[77)]

(다) 타법상의 제한과 인 · 허가의제제도

허가는 해당 법령에 의한 금지를 해제시켜줄 뿐이지 다른 법령에 의한 금지까지 해제해주는 효과는 없다. 따라서 어떠한 사업을 개시하기 위해서는 다수의 행정기관으로부터 다른 법령에 의한 수많은 허가 · 특허 · 인가 · 확인 등을 받아야 하는 경우가 적지 않다. 이러한 불편을 해소하기 위하여 특정 법령에 의한 허가 등을 받으면, 유사한 다른 법령상의 허가 등을 받은 것으로 의제하는 제도가 건축허가 등을 중심으로 다수 도입되어 있다. 이에 관해서는 항을 나누어 뒤에서 설명하기로 한다.

(라) 지역적 효과

허가의 효과는 원칙적으로 해당 허가청의 관할구역 내에서만 미친다. 그러나 운전면허와 같이 법령의 규정이 있거나 허가의 성질상 관할구역에 국한시킬 것이 아닌 경우에는 관할구역 외에까지 그 효과가 미치게 된다.

(마) 허가효과의 승계

운전면허와 같은 대인적 허가는 승계될 수 없으나, 대물적 허가는 승계될 수 있으며, 혼합허가는 인적 요소의 변경에 관해서는 새로운 허가를 요하고 물적 요소의 변경에 관해서는 신고를 요하는 등의 제한이 따른다.

(바) 무허가행위의 효과

허가를 받아 행해야 할 행위를 허가 없이 행한 경우 행정상의 강제집행이나 행정벌의 대상은 되지만, 행위 자체의 법률적 효력이 부인되지는 않는다.

---

77) 현재는 목욕장업이 허가영업이 아니라 신고영업이다(공중위생관리법 제3조 참조).

(7) 허가와 예외적 승인(예외적 허가)

㈎ 허가와 예외적 승인의 관계

일반적으로 금지하면서 개개 사건에서 허용한다는 의미에서의 '해제유보부 금지'는 '예방적 금지'와 '억제적 금지'로 나눌 수 있다. 전자를 해제하는 것은 '통상의 허가' 내지 '통제허가'라고 부르고, 후자를 해제하는 것은 '예외적 허가' 혹은 '예외적 승인'이라고 부르기도 한다. 예외적 승인이란 사회적으로 유해하다고 판단되는 행위를 예외적으로 허가해 주는 것을 가리킨다.

예방적 금지는 사회적으로 가치가 있거나 적어도 무해무익한 행위이지만 개별 사안에서 실체법과 일치하는지 여부를 행정청으로 하여금 사전에 심사할 수 있게 위하여 형식적·잠정적으로 금지시키는 것이므로, 이를 해제하는 (통제)허가는 그 상대방에게 원래 헌법상 귀속되었던 자유를 회복시켜 주는 것이다. 이에 비하여 억제적 금지는 원래 사회적으로 유해하다고 판단되는 일정한 활동을 미연에 방지하기 위하여 종국적으로 엄격히 금지시키는 것이므로, 이를 해제하는 것은 그 상대방의 권리를 예외적으로 확대시켜 주는 것에 해당한다.[78]

예외적 허가는 금지의 해제라는 측면에서 허가의 일종이나 사인의 권리를 확대해 준다는 의미에서 특허와 유사한 성질을 가진다.

㈏ 구별이유

원래 예외적 허가를 통상의 허가와 구분할 경우 양자의 차이는 재량의 유무 또는 범위에 있다. 허가는 공익목적을 위해서 제한되었던 자유를 회복시켜 주는 것이어서 기속행위로 보아야 할 경우가 많다. 그러나 예외적 허가는 그 전제가 되는 억제적 금지의 본질에 비추어 법문상 재량이 명백히 부여되어 있지 않더라도 기속행위라고 볼 근거가 분명하지 않다면 재량행위로 보아야 하고 그 재량의 폭도 상대적으로 넓은 것이라고 할 수 있다. 이와 같이 예방적 금지와 억제적 금지, 예방적 금지를 해제하는 통제허가와 억제적 금지를 해제하는 예외적 승인을 구별하는 것이 지배적인 견해이지만,[79] 이러한 구별이 명백하지도 않고 필요한 것도 아니라고 하는 비판론도 유력하다.[80]

---

78) 김중권, "행정법상의 금지와 그것의 해제에 관한 소고", 헌법규범과 헌법현실: 권영성교수 정년기념논문집, 법문사(2000), 547면.

79) 예방적 금지의 해제로서의 통제허가와 억제적 금지의 해제로서의 예외적 허가 내지 승인으로 구분하는 것은 독일의 전통적인 다수설이고, 우리나라의 행정법학계에서도 받아들여지고 있다.

80) 김남진·김연태, 행정법Ⅰ, 260면 이하에서는 "사회적으로 바람직한 행위와 바람직하지 않은 행위의 구별은 그 자체가 벌써 자의적이라고 할 수 있고, 통제허가는 기속결정이고 예외적 승인은 재량결정이라고는 등식이 항상 성립하는 것은 아니다. 즉, 구체적인 경우 통제허가의 부여가 행정청의 재량에 놓일 수 있고, 반대로 예외적 승인의 부여가 헌법적으로 요구될 수 있으며 결국 허가신청자에게 허가발급청구권이 인정될 것인지의 여부는 금지의 형태가 예방적 금지에 해당하는지 또는 억제적 금지에 해

(다) 판례의 태도

대법원은 개발제한구역 내의 건축물의 용도변경과 같은 개발허가의 법적 성질에 관하여 예외적 허가의 법리를 최초로 도입하였다.[81] 한편 학교환경위생 정화구역 내에서 금지행위의 해제는 예외적 허가의 전형적인 사례라고 평가되는데, 대법원은 예외적 허가인지에 대해서는 명시적인 언급을 하고 있지는 않지만 재량행위로 보고 있다.[82]

❑ **개발제한구역내에서의 골재채취허가사건(대법원** 2004. 3. 25. **선고** 2003**두**12837 **판결)**

〈사실관계〉 원고회사는 개발제한구역 내에서 레미콘 등 생산시설 설치허가를 받고 공장을 설치한 뒤 7차례에 걸쳐 연장허가를 받으면서 레미콘을 생산하여 수도권에 공급하여 왔다. 그런데, 7번째 연장기간이 만료될 무렵에 허가기간을 2년간 연장해 줄 것을 신청하였으나 행정청은 한강종합개발사업이 완료단계에 이르러 골재 채취계획이 없고 회사에서 연장사유로 제출한 고속도로공사에서 발생되는 골재는 도시계획법 시행규칙에서 규정한 건설용 골재채취에 해당되지 않는다는 사유로 신청을 불허하였다.

〈판시사항〉 개발제한구역 내에서는 구역지정의 목적상 건축물의 건축 및 공작물의 설치 등 개발행위가 원칙적으로 금지되고, 다만 구체적인 경우에 이러한 구역지정의 목적에 위배되지 아니할 경우 예외적으로 허가에 의하여 그러한 행위를 할 수 있게 되어 있음이 그 규정의 체제와 문언상 분명하고, 이러한 예외적인 개발행위의 허가는 상대방에게 수익적인 것이 틀림이 없으므로 그 법률적 성질은 재량행위 내지 자유재량행위에 속하는 것이고, 이러한 재량행위에 있어서는 관계 법령에 명시적인 금지규정이 없는 한 행정목적을 달성하기 위하여 조건이나 기한, 부담 등의 부관을 붙일 수 있고, 그 부관의 내용이 이행 가능하고 비례의 원칙 및 평등의 원칙에 적합하며 행정처분의 본질적 효력을 저해하지 아니하는 이상 위법하다고 할 수 없다.

〈검토〉 이 사건에서는 개발제한구역 내에서의 건축허가에 기한이 붙은 경우 허가에 붙은 당초의 기한이 상당기간 연장되어 기한이 허가된 사업의 성질상 부당하게 짧다고 볼 수 없게 된 경우, 관계 법령의 규정에 따라 허가 여부의 재량권을 가진 행정청이 기간연장을 불허가하는 것이 가능한지, 가능하다면 이 사건에서 기간연장을 불허가한 것이 재량권의 일탈·남용은 아닌지가 중요 쟁점이 되었다. 그 판단의 전제로서 개발제한구역 내에서의 건축허가의 법적성질이 논의되었다. 이에 대하여 대법원은 규정의 체제와 문언상 예외적 허가에 해당한다고 판시하면서 이는 재량행위에 속한다고 판단한 것이다.

당하는지에 달려 있는 것이 아니라 개별적·구체적으로 고찰하여야 한다."라고 한다.

81) 대법원 2001. 2. 9. 선고 98두17593 판결.

82) 대법원 1996. 10. 29. 선고 96누8253 판결, 대법원 2010. 3. 11. 선고 2009두17643 판결, 헌재 2005. 10. 27. 선고 2004헌마732 결정. 구 학교보건법상 학교환경위생 정화구역은 현행 「교육환경 보호에 관한 법률」상 교육환경 보호구역에 해당한다.

다. 면 제

면제란 법령에 따른 작위, 급부 및 수인의무를 특정한 경우에 해제해주는 행위를 말한다. 해제되는 의무의 종류만 다를 뿐 의무를 해제한다는 면에서 허가와 같으므로, 허가에 대한 설명은 면제에도 거의 그대로 적용될 수 있다.

작위의무, 급부의무 및 수인의무의 이행을 연기하거나 유예하는 것에 대해서는, 그것이 의무 그 자체를 소멸시키는 것이 아니라 의무의 내용 중 일부를 변경하는 데 그치는 것이므로 '하명의 변경'에 해당한다고 하는 견해도 있으나, 면제의 일종으로 보는 것이 타당하다. 의무의 일부해제도 면제의 일종으로 볼 수 있다.

2. 형성적 행위

가. 특 허

(1) 특허의 개념

특허란 특정인을 위하여 새로운 법률상의 힘을 부여하는 행정행위를 말한다. 특정의 상대방에게 새로운 권리(공물사용권 · 광업권의 부여, 자동차운수사업, 도시가스사업, 전기사업 등 공익사업의 허가), 권리 · 행위능력(공법인의 설립), 포괄적 법률관계(귀화허가)를 설정해준다. 그리하여 특허를 설권행위라고 부르기도 한다. 특허도 학문상의 개념으로 실정법상으로는 허가, 면허 등의 용어가 사용되기도 한다.

판례에 의하면, 국적법상 귀화허가,[83] 하천법상 하천점용허가,[84] 하천수 사용허가,[85] 도로법상 도로점용허가,[86] 출입국관리법상 체류자격 변경허가,[87] 공유수면 관리 및 매립에 관한 법률상 공유수면 매립면허,[88] 공유수면 점용 · 사용허가,[89] 자동차운수사업법상 개인택시운송사업면허[90] 등은 그 명칭과 관계없이 특허에 해당한다. 한편, 종래에는 공법상 행위에 대한 인가라고 취급되었던 도시 및 주거환경정비법(도시정비법) 등 관련 법령에 근거하여 행하는 조합설립인가처분도 특허라고 판시하였다.[91]

(2) 특허의 성질과 효과

특허는 상대방에게 권리 등을 설정해주는 행위라는 점에서 형성적 행위에 속하고, 이

83) 대법원 2010. 7. 15. 선고 2009두19069 판결, 대법원 2010. 10. 28. 선고 2010두6496 판결.
84) 대법원 2015. 1. 29. 선고 2012두27404 판결.
85) 대법원 2018. 12. 27. 선고 2014두11601 판결.
86) 대법원 2002. 10. 25. 선고 2002두5795 판결.
87) 대법원 2016. 7. 14. 선고 2015두48846 판결.
88) 대법원 1989. 9. 12. 선고 88누9206 판결.
89) 대법원 2017. 4. 28. 선고 2017두30139 판결.
90) 대법원 1996. 10. 11. 선고 96누6172 판결.
91) 대법원 2009. 9. 24. 선고 2008다60568 판결, 대법원 2010. 1. 28. 선고 2009두4845 판결.

점에서 명령적 행위의 일종으로서의 허가와 구별된다고 설명한다. 그러나 허가에도 형성적 성질이 있다는 점은 앞에서 설명하였다.

특허는 행정청이 공익의 실현을 위하여 합리적인 판단을 할 수 있도록 재량에 맡겨져 있는 것이 일반적이다.[92] 다만 법령이 일정한 요건을 갖춘 경우에 특허를 하도록 규정하고 있는 경우에는 기속행위가 될 수도 있다. 한편 특허의 요건규정에 불확정개념이 사용되는 경우 판단의 여지가 인정될 수도 있다.

(3) 신청과 형식

특허는 상대방의 신청을 요건으로 한다는 것이 다수설이다. 다만 공법인의 설립과 같이 성질상 상대방의 출원을 기다릴 여지가 없는 경우에는 출원을 필요로 하지 않는다는 견해도 있으나, 이 경우는 법률에 의한 특허(법규특허)로서 여기에서 말하는 '행정행위로서의 특허'와 구별하여야 한다.

한편, 행정기본법 제16조에서는 자격이나 신분 등의 취득 또는 부여, 인허가를 필요로 하는 영업 또는 사업에 대한 결격사유를 규정하고 있다는 점은 앞에서 이미 설명하였다.

특허는 권리의 설정 등 중요한 내용을 담는 것이므로, 서면으로 행해지는 것이 원칙이다.

[참고] 특허기업의 특허와 영업허가의 비교

〈공통점과 유사점〉

양자는 ① 행정청에 의한 법률행위적 행정행위, ② 수익적 행정행위, ③ 신청을 요하는 행정행위라는 점에서 공통점을 가지고, ① 사인의 영업행위의 적법요건이 되며, ② 사인의 영업행위에 대한 사전통제수단으로서의 의의를 가지며, ③ 특정인이 헌법상 직업선택의 자유라고 하는 자유권을 적법하게 행사할 수 있게 해준다는 유사성을 지닌다.

〈차이점〉

① **대상사업**: 영업허가의 대상은 식품접객업, 숙박업, 유기장업, 사행행위영업 등과 같이 행정주체의 관여영역이 보건위생, 선량한 풍속, 사회질서의 유지인 사업인 반면, 특허의 대상은 전기 · 수도 · 가스 · 운수 사업 등 국민생활에 필수적인 재화나 역무를 제공하는 사업으로서 고도의 공익성이 있는 사업(공익사업)이라는 특징이 있다. 그러나 양자의 차이는 상대적인 것으로 시대의 상황에 따라 상호 전환될 수 있고, 오늘날에는 허가와 특허의 구별이 점점 상대화되는 경향을 나타내고 있다.

② **규율목적**: 허가는 소극적으로 공공의 안녕과 질서의 유지를 도모하려는 취지에서 인정된 제도인 반면, 특허는 적극적으로 공공의 복리를 증진시키려는 취지에서 인정되는 제도이다. 허가

92) 앞에서 본 것처럼 대법원은 귀하허가의 성격을 특허로 보고, 법무부장관이 귀하신청인이 귀화 요건을 갖추었다 하더라도 귀화를 허가할 것인지 여부에 관하여 재량권을 가진다고 판시하였다(대법원 2010. 10. 28. 선고 2010두6496 판결).

영업에 대해서는 그것이 공공의 안녕과 질서에 장해를 초래하지 않는 한 행정권이 개입하지 않으나, 특허기업에 대해서는 적극적인 육성을 위한 개입이 행해진다.

③ 성질: 종래 허가는 단지 자연적 자유를 회복하여 주는 명령적 행위이지만 특허는 권리·능력의 설정행위로서 형성적 행위라고 설명되어 왔다. 그러나 허가도 형성적 성질이 있다는 점은 앞에서 충분히 설명하였다.

⑤ 법률상 이익인지 여부: 기존업자의 신규업자에 대한 관계에서 허가업자가 받는 이익은 원칙적으로 반사적 이익으로서 제3자에 대한 행정청의 신규허가로 인하여 불이익을 받더라도 쟁송으로 구제받을 수 없지만, 특허업자가 행정청의 제3자에 대한 신규허가로 인하여 침해받는 이익은 법률상 이익으로서 쟁송에 의하여 구제받을 수 있다. 그러나 반사적 이익인지 또는 법률상 이익인지는 관계법령의 목적·취지가 전적으로 공익만을 위한 것인지, 적어도 부수적으로 기존업자의 이익보호도 목적으로 하는 것인지에 따라 판단되어야 할 것이다. 허가에서의 해당 이익이 반사적 이익이라고 일률적으로 단언할 수 없고, 일정한 예외적인 경우 허가로 인하여 받는 이익도 법적 이익으로서 보호될 수 있다는 점에 유의하여야 한다.

⑥ 기속행위성 여부: 기속행위인지 여부는 원칙적으로 관련법규의 해석을 통하여 결정된다. 다만 관련법규의 표현이 불명확할 경우에는 영업허가는 기속행위의 성질을 가지나, 특허기업의 특허는 재량행위에 속하게 된다.

⑦ 요건(기준): 영업허가에서는 공공의 안녕과 질서에 대한 장해를 발생시킬 우려가 있는 영업행위를 배제할 목적으로 ① 일정한 자격, ② 결격사유, ③ 물적설비의 기준적합 등의 요건을 요구함에 따라 그 기준이 비교적 명확하다. 반면에 특허기업의 특허에서는 그러한 종류의 사업이 제공하는 역무가 국민의 일상생활상 필요불가결하다는 판단 아래 국민의 복리를 적극적으로 증진시킬 목적으로 ① 사업개시의 공익성, ② 사업경영능력, ③ 수급관계의 균형 등을 심사하도록 규정함에 따라 불확정개념을 사용하는 경우가 상대적으로 많고 판단의 여지도 인정될 가능성이 있다.

⑧ 감독·보호: 영업허가의 경우에는 공공의 안녕과 질서유지를 해하지 않는다면 감독권을 통하여 개입하지 않지만 어떠한 보호·특전도 부여하지 않는다. 반면에 특허기업의 특허는 역무제공의 적절성, 계속성, 의무성, 대가의 타당성을 담보하기 위하여 ① 사업계획의 요구, ② 영업의 휴·폐지허가제, ③ 요금의 인가제, ④ 공급조건의 통제, ⑤ 사업자의 역무제공의무 등 적극적이고 강한 내용의 감독이 이루어지면서 공용부담특권 등 보호·특전이 부여된다.

나. 인 가

(1) 개 념

인가란 제3자의 법률행위를 보충하여 법률효과를 완성시켜 주는 행정행위를 말하고, 이를 보충행위라고도 한다. 법령상으로는 인허, 승인 등의 용어가 사용되기도 한다.

대법원은 어업협동조합의 임원 선출에 관한 행정청의 인가,[93] 민법 제45조 제3항의 재

93) 대법원 1969. 11. 11. 선고 66누146 판결.

단법인 정관변경의 허가[94] 등을 인가라고 판시하였다.

(2) 인가의 대상

법률행위만 인가의 대상이 된다. 그 행위는 사법상의 성질을 가지는 것(사업의 양도 등)뿐만 아니라 공법상의 성질을 가지는 것(지방채기채의 인가 등)도 있다. 어느 경우에나 행정청의 인가는 법률행위가 완전한 효력을 발생하기 위한 요건이라는 점이 특징이다.

자동차관리법상 자동차관리사업자로 구성하는 사업자단체인 조합 또는 협회의 설립에 대한 인가와 같이 어떠한 단체의 설립인가는 보충행위로서 강학상 인가처분이라고 보는 것이 일반적이다.[95] 그러나, 도시정비법 등 관련 법령에 근거하여 행하는 조합설립인가처분과 같이 단순히 사인들의 조합설립행위에 대한 보충행위로서의 성질을 가지는 것에 그치는 것이 아니라 도시정비법상 주택재건축사업을 시행할 수 있는 권한을 가지는 행정주체(공법인)로서의 지위를 부여하는 경우에는 특허라고 보아야 한다.[96] 마찬가지 이유에서 토지 등 소유자들이 그 사업을 위한 조합을 따로 설립하지 않고 직접 도시환경정비사업을 시행하고자 하는 경우 토지 등 소유자에 대한 사업시행인가처분은 단순히 사업시행계획에 대한 보충행위로서의 성질을 가지는 것이 아니라 도시정비법상 정비사업을 시행할 수 있는 권한을 가지는 행정주체로서의 지위를 부여하는 설권적 처분의 성격을 가진다.[97]

(3) 신청과 형식

인가는 기본이 되는 법률행위를 하려는 당사자의 신청이 있는 경우에만 행해진다. 따라서 행정청은 인가신청에 대하여 소극적으로 인가를 할 것인지의 여부에 관해서만 결정할 수 있고, 적극적으로 신청의 내용과 다른 내용의 인가(수정인가)를 행하지 못한다. 인가도 통상 서면으로 행해진다. 한편, 인가의 결격사유에 관하여 행정기본법 제16조가 규정하고 있다는 점은 이미 앞에서 살펴보았다.

---

94) 대법원 1995. 5. 16. 선고 95누4810 판결.

95) 대법원 2015. 5. 29. 선고 2013두635 판결.

96) 대법원 2009. 9. 24. 선고 2008다60568 판결, 대법원 2010. 1. 28. 선고 2009두4845 판결. 그리하여, 조합설립결의는 조합설립인가처분을 하는 데 필요한 요건 중 하나에 불과한 것이어서, 조합설립결의에 하자가 있다면 그 하자를 이유로 직접 조합설립인가처분의 취소 또는 무효확인을 구하여야 하고, 이와는 별도로 조합설립결의 부분만을 따로 떼어내어 그 효력 유무를 다투는 확인의 소를 제기하는 것은 확인의 이익이 없다.

97) 대법원 2013. 6. 13. 선고 2011두19994 판결. 또한, 구 지역균형개발법령상 개발촉진지구 안에서 시행되는 지역개발사업(지구개발사업)에서 지정권자의 실시계획승인처분도 설권적 처분이라고 보았다(대법원 2014. 9. 26. 선고 2012두5619 판결). 아울러 원고가 피고(도시환경정비사업조합)와 공동사업시행자로서 관리처분계획인가를 받은 후 피고가 조합원 총회를 거쳐 원고에게 공동사업시행 관련 약정에 관한 해지를 통보하였고, 이에 따라 사업시행자를 '피고 및 원고'에서 '피고'로 변경하는 내용의 사업시행계획(변경)인가처분이 있었다면, 그 변경인가처분은 설권적 처분으로서 항고소송의 대상이 될 수 있음은 별론으로 하고, 그 처분에 이르는 절차적 요건 중 하나인 조합원 총회결의의 집행행위에 불과한 위 해지통보의 무효확인을 구할 수 없다(대법원 2023. 12. 21. 선고 2023다275424 판결).

(4) 인가의 효과

인가가 행해지면 비로소 제3자의 법률적 행위의 효과가 완성된다. 따라서 인가가 필요함에도 불구하고 인가를 받지 않고 한 행위는 효력이 발생하지 않는다. 한편 인가의 효과는 타인에게 이전되지 않는 것이 원칙이다.

이상에서 설명한 것처럼 강학상으로는 인가와 허가 또는 특허는 명확히 구별된다. 그러나 현실의 세계에서 인가에는 허가의 효과가 당연히 포함되어 있거나 허가 또는 특허와 인가의 효과가 합쳐져 있는 경우도 종종 있다.

대법원 1994. 8. 23. **선고** 94**누**4882 **판결**: 개인택시운송사업면허의 양도양수에 대한 인가를 하였을 때에는 그 법률효과를 완성시키는 의미에서의 인가처분 뿐만 아니라 양수인에 대해 양도인이 가지고 있던 면허와 동일한 내용의 면허를 부여하는 처분이 포함되어 있다.

(5) 인가와 기본행위

인가는 법률행위에 대한 보충행위이어서 효력보충의 대상이 되는 기본행위를 떠나 인가만으로 유효하게 존립할 수 없고, 기본행위가 부존재하거나 무효인 때의 인가는 대상이 없는 행위로서 무효가 되며, 무효인 기본행위에 대하여 인가처분이 있다 하더라도 기본행위가 유효로 될 수 없다. 또한 유효한 기본행위를 대상으로 유효하게 성립된 인가라 할지라도 후에 그 기본행위가 취소되거나 실효하게 되면, 인가는 그 존립의 바탕을 잃게 되어 당연히 실효하게 되는 것이다.

따라서 기본행위 자체에 하자가 있다고 주장하면서 그 효력을 다투는 경우에는 민사쟁송이나 항고소송으로 기본행위의 무효확인을 구하는 소송을 제기하여야지 기본행위에 대한 보충행위로서 그 자체만으로는 아무런 효력도 없는 인가처분만의 취소나 무효확인을 구하는 것은 분쟁해결의 유효적절한 수단이라 할 수 없어 소의 이익이 없다.[98] 다만 기본행위가 적법·유효하고 보충행위인 인가처분 자체에만 하자가 있다면 그 인가처분의 무효확인이나 취소를 주장할 수는 있을 것이다.

다. 대 리

대리란 제3자가 하여야 할 일을 행정청이 대신하여 행함으로써 제3자가 행한 것과 같은 법적 효과를 일으키는 행정행위를 말한다. 국세의 강제징수를 위한 압류재산의 공매에 대한 한국자산관리공사의 공매대행 등이 그 예이다. 여기에서의 대리는 '행정행위로서의

98) 자세한 내용은 행정소송법 중 인가처분에서의 소의 이익에 관한 설명부분 참조.

공법상 대리'를 의미하기 때문에 행정조직 내부에서 행해지는 행정청의 대리(법정대리 · 임의대리 등)와는 구별되어야 한다.

3. 인허가의제

행정기본법 제24조(인허가의제의 기준) ① 이 절에서 "인허가의제"란 하나의 인허가(이하 "주된 인허가"라 한다)를 받으면 법률로 정하는 바에 따라 그와 관련된 여러 인허가(이하 "관련 인허가"라 한다)를 받은 것으로 보는 것을 말한다.

② 인허가의제를 받으려면 주된 인허가를 신청할 때 관련 인허가에 필요한 서류를 함께 제출하여야 한다. 다만, 불가피한 사유로 함께 제출할 수 없는 경우에는 주된 인허가 행정청이 별도로 정하는 기한까지 제출할 수 있다.

③ 주된 인허가 행정청은 주된 인허가를 하기 전에 관련 인허가에 관하여 미리 관련 인허가 행정청과 협의하여야 한다.

④ 관련 인허가 행정청은 제3항에 따른 협의를 요청받으면 그 요청을 받은 날부터 20일 이내(제5항 단서에 따른 절차에 걸리는 기간은 제외한다)에 의견을 제출하여야 한다. 이 경우 전단에서 정한 기간(민원 처리 관련 법령에 따라 의견을 제출하여야 하는 기간을 연장한 경우에는 그 연장한 기간을 말한다) 내에 협의 여부에 관하여 의견을 제출하지 아니하면 협의가 된 것으로 본다.

⑤ 제3항에 따라 협의를 요청받은 관련 인허가 행정청은 해당 법령을 위반하여 협의에 응해서는 아니 된다. 다만, 관련 인허가에 필요한 심의, 의견 청취 등 절차에 관하여는 법률에 인허가의제 시에도 해당 절차를 거친다는 명시적인 규정이 있는 경우에만 이를 거친다.

제25조(인허가의제의 효과) ① 제24조 제3항 · 제4항에 따라 협의가 된 사항에 대해서는 주된 인허가를 받았을 때 관련 인허가를 받은 것으로 본다.

② 인허가의제의 효과는 주된 인허가의 해당 법률에 규정된 관련 인허가에 한정된다.

제26조(인허가의제의 사후관리 등) ① 인허가의제의 경우 관련 인허가 행정청은 관련 인허가를 직접 한 것으로 보아 관계 법령에 따른 관리 · 감독 등 필요한 조치를 하여야 한다.

② 주된 인허가가 있은 후 이를 변경하는 경우에는 제24조 · 제25조 및 이 조 제1항을 준용한다.

③ 이 절에서 규정한 사항 외에 인허가의제의 방법, 그 밖에 필요한 세부 사항은 대통령령으로 정한다.

가. 의 의

'인허가의제'란 하나의 인허가를 받으면 법률로 정하는 바에 따라 그와 관련된 여러 인허가를 받은 것으로 보는 것을 말한다(행정기본법 제24조 제1항). 인허가는 해당 법령에 의한 금지를 해제시키거나 권리를 설정해줄 뿐이지 다른 법령에 의한 금지의 해제나 권리의 설정까지 해주는 효과는 없다. 따라서 어떠한 사업을 개시하기 위해서는 다수의 행정기관으로부터 다른 법령에 의한 수많은 허가 · 특허 · 인가 · 확인 등을 받아야 하는 경우가 적지 않다. 이러한 불편을 해소하기 위하여 특정 법령에 의한 허가 등을 받으면, 유사한 다른 법령상의 허가 등을 받은 것으로 의제하는 제도가 1973년에 제정된 「산업기지개발촉진법」에 도입된 이래 현재 수많은 법률에 규정되어 있다.

그런데, 인허가의제를 규정하고 있는 개별 법률의 규정 방식·내용 등이 제각각이고, 의제되는 관련 인허가의 절차적 요건 준수 여부, 관련 인허가 행정청의 사후 관리·감독 여부 등에 관한 명확한 원칙·기준이 없어 혼란이 야기되고 있으므로, 이에 관한 공통된 절차와 집행 기준을 마련할 필요가 있었다. 그리하여 행정기본법은 제2절 제24조 내지 제26조에서 이에 관한 규정을 두게 되었다.

나. 요 건

인허가의제제도를 둔 취지는 인허가 의제사항과 관련된 창구를 단일화하고 절차를 간소화하며 비용과 시간을 절감함으로써 국민의 권익을 보호하려는 데에 있는 것이지, 개개의 인허가 요건에 관한 일체의 심사를 배제하려는 것은 아니다. 따라서, 법률에 명시적인 규정이 있는 경우를 제외하고 의제되는 관련 인허가의 절차는 거치지 않아도 되지만(행정기본법 제24조 제5항 단서),[99] 관련 인허가의 실체적인 요건은 갖추어야 한다(절차집중). 예를 들면, 도시계획시설인 주차장에 대한 건축허가는 건축법상 허가요건뿐 아니라 국토계획법상의 도시계획시설사업에 관한 실시계획인가요건도 충족하여야 한다.[100] 이때 가령 국토계획법이 정한 용도지역 안에서 토지의 형질변경행위·농지전용행위를 수반하는 건축허가는 건축법상 건축허가와 위와 같은 개발행위허가 및 농지전용허가의 성질을 아울러 가지므로, 본래의 건축허가와 달리 재량행위에 해당하게 된다.[101]

다. 절 차

인허가의제를 받으려면 주된 인허가를 신청할 때 관련 인허가에 필요한 서류를 함께 제출하여야 한다. 다만, 불가피한 사유로 함께 제출할 수 없는 경우에는 주된 인허가 행정청이 별도로 정하는 기한까지 제출할 수 있다(같은 조 제2항). 그런데, 인허가의제제도는 사업시행자의 이익을 위하여 만들어진 것이므로, 사업시행자가 인허가의제의 처리를 신청할 의무가 있는 것은 아니다.[102]

주된 인허가 행정청은 주된 인허가를 하기 전에 관련 인허가에 관하여 미리 관련 인허가

---

99) 대법원 1992. 11. 10. 선고 92누1162 판결.
100) 대법원 2015. 7. 9. 선고 2015두39590 판결. 그리고 이러한 법리는 건축법 제16조 제3항에 의하여 개발행위허가의 변경이 의제되는 건축허가사항의 변경허가에서도 마찬가지로 적용된다(대법원 2016. 8. 24. 선고 2016두35762 판결).
101) 대법원 2017. 10. 12. 선고 2017두48956 판결.
102) 대법원 2023. 9. 21. 선고 2022두31143 판결.

행정청과 협의하여야 한다(같은 조 제3항).[103] 관련 인허가 행정청은 제3항에 따른 협의를 요청받으면 그 요청을 받은 날부터 20일 이내(법률의 규정에 의하여 인허가 의제시에도 절차를 거쳐야 하는 경우 그 절차에 걸리는 기간은 제외)에 의견을 제출하여야 한다. 이 경우 전단에서 정한 기간(민원 처리 관련 법령에 따라 의견을 제출하여야 하는 기간을 연장한 경우에는 그 연장한 기간) 내에 협의 여부에 관하여 의견을 제출하지 않으면 협의가 된 것으로 본다(같은 조 제4항).

주된 인허가 행정청으로부터 협의를 요청받은 관련 인허가 행정청은 해당 법령을 위반하여 협의에 응해서는 안 된다. 다만 관련 인허가에 필요한 심의, 의견 청취 등 절차에 관해서는 법률에 인허가의제 시에도 해당 절차를 거친다는 명시적인 규정이 있는 경우에만 이를 거친다(제5항).[104]

한편, 행정절차법은 처분기준의 설정 · 공표의무의 일환으로 관련 인허가 행정청은 관련 인허가의 처분기준을 주된 인허가 행정청에 제출하여야 하고, 주된 인허가 행정청은 제출받은 관련 인허가의 처분기준을 통합하여 공표하여야 할 의무를 부과하고 있다(행정절차법 제20조 제2항). 이는 처분기준을 변경하는 경우에도 같다.

라. 효 과

인허가의제제도가 적용된다고 하더라도 개개의 인허가 요건에 관한 심사가 배제되는 것이 아니므로, 관계행정청과 미리 협의하도록 되어 있는 경우 그 협의된 사항에 대해서만 인허가가 의제된다(행정기본법 제25조 제1항).[105]

인허가의제조항이 있다고 하더라도 주된 인허가 행정청은 관련 인허가의 요건이 충족되지 않았다고 판단되면 그것을 이유로 주된 인허가를 거부할 수 있다. 예를 들면, 공유수면 점용허가를 필요로 하는 채광계획 인가신청에 대하여, 공유수면 관리청이 재량적 판단에 의하여 공유수면 점용을 허용하지 않기로 결정하였다면, 채광계획 인가관청은 이를 사유로 채광계획을 인가하지 않을 수 있다.[106] 또한, 건축물의 건축은 건축주가 그 부지를 적법하게 확보한 경우에만 허용될 수 있는 것이므로, 건축법상의 허가요건을 갖추고 있다고

---

103) 주된 인허가 행정청은 협의의 신속한 진행이나 이견 조정을 위하여 필요하다고 인정하는 경우에는 관련 인허가 행정청과 협의 · 조정을 위한 회의를 개최할 수 있다(시행령 제4조).

104) 이때 통지할 사항은 ① 관련 인허가절차의 내용, ② 관련 인허가절차에 걸리는 기간, ③ 그밖에 관련 인허가절차의 이행에 필요한 사항 등이다(시행령 제5조 제1항).

105) 대법원 2018. 10. 25. 선고 2018두43095 판결. 따라서, 창업자가 중소기업창업 지원법에 따른 사업계획승인처분을 받은 지위를 가지고 있더라도 사전 협의가 이루어지지 않았다면 관련 인허가까지 받은 지위를 가지는 것으로 의제되지 않으므로, 공장을 설립하기 위하여 필요한 국토계획법에 따른 개발행위허가를 별도로 신청하여야 하고, 만일 그 신청에 대하여 거부처분이 이루어지고 그에 대하여 제소기간이 도과하는 등의 사유로 더 이상 다툴 수 없는 효력이 발생한다면, 시장 등은 공장설립이 객관적으로 불가능함을 이유로 중소기업창업법에 따른 사업계획승인처분을 직권으로 철회하는 것도 가능하다(대법원 2021. 3. 11. 선고 2020두42569 판결).

106) 대법원 2002. 10. 11. 선고 2001두151 판결.

하더라도 토지형질변경허가를 받을 가능성이 없어 국토계획법상 개발행위의 허가기준을 충족하지 못한다면, 해당 건축물의 건축은 법질서상 허용되지 않는 것이므로, 행정청으로서는 건축법상 건축허가를 발급하면서 국토계획법상 개발행위(건축물의 건축)의 허가가 분리되어 의제되지 않은 것으로 처리해서는 안 되고, 건축법상 건축허가의 발급 자체를 거부하여야 한다.[107] 이때 상대방으로서는 주된 인허가의 거부처분에 대한 항고소송에서 주된 인허가의 사유뿐만 아니라 관련 인허가에 대한 사유에 대해서도 함께 다투면 되는 것이고, 주된 인허가의 거부처분과 별개로 관련 인허가의 거부처분이 실제로 존재하는 것은 아니므로, 그에 대한 항고소송을 별도로 제기할 수는 없다.[108]

다만, 관련 인허가도 통상적인 인허가와 동일한 효력을 가지는 것이므로, 주된 인허가가 받아들여졌고 그것으로부터 의제되는 관련 인허가가 있는데 주된 인허가로부터 분리될 수 있다면, 관련 인허가를 취소 또는 철회함으로써 주된 인허가의 효력은 유지한 채 관련 인허가의 효력만 소멸시킬 수 있다.[109] 행정청으로서는 관련 인허가에 대한 실효성을 확보할 수 있거나 사후적인 관리를 할 수 있게 되고, 상대방으로서도 해당 사항을 보완하여 취소 또는 철회된 인허가만 다시 받음으로써 사업을 계속적으로 추진할 수 있게 되기 때문이다. 이때 관련 인허가의 위법을 다투고자 하는 이해관계인은 주된 인허가의 취소를 구할 것이 아니라 관련 인허가의 취소를 구하여야 한다.[110] 이 경우에도 취소 또는 철회된 인허

---

107) 대법원 2020. 7. 23. 선고 2019두31839 판결. 따라서 행정청은 건축허가절차에서 국토계획법상 개발행위(건축물의 건축) 허가기준 충족 여부에 대한 심사가 누락되었음을 이유로 건축허가를 직권으로 취소할 수 있다. 이렇게 건축허가를 취소하였다면, 행정청은 개발행위허가권자와의 사전 협의를 통하여 국토계획법상 개발행위 허가기준 충족 여부를 심사한 후 건축법상 건축허가 발급 여부를 다시 결정하여야 한다.

108) 예를 들면, 건축불허가처분을 하면서 그 처분사유로 건축불허가 사유뿐만 아니라 형질변경불허가 사유나 농지전용불허가 사유를 들고 있다고 하더라도 그 건축불허가처분 외에 별개로 형질변경불허가처분이나 농지전용불허가처분이 존재하는 것이 아니다. 따라서 그 건축불허가처분을 받은 사람은 그 건축불허가처분에 관한 쟁송에서 건축법상의 건축불허가 사유뿐만 아니라 도시계획법상의 형질변경불허가 사유나 농지법상의 농지전용불허가 사유에 관해서도 다툴 수 있는 것이지, 그 건축불허가처분에 관한 쟁송과는 별개로 형질변경불허가처분이나 농지전용불허가처분에 관한 쟁송을 제기하여 이를 다투어야 하는 것은 아니다(대법원 2001. 1. 16. 선고 99두10988 판결).

109) 대법원 2018. 7. 12. 선고 2017두48734 판결. 중소기업창업 지원법에 따른 사업계획승인으로 관련 인허가 중 산지전용허가만 취소 내지 철회할 수 있다.

110) 대법원 2018. 7. 12. 선고 2017두48734 판결의 사안은 군수가 중소기업창업지원법에 따라 산지전용허가 등이 의제되는 사업계획을 승인하면서 산지전용허가와 관련하여 재해방지 등 명령을 이행하지 않으면 산지전용허가를 취소할 수 있다는 부관을 이행하지 않았다는 이유로 산지전용허가를 취소한 다음, 그로 인하여 공장설립 등이 불가능하게 되었다는 이유로 사업계획승인을 취소한 것이다. 그런데, 위 판결의 원심은 산지전용허가는 사업계획승인에 따라 의제되는 것일 뿐 별개로 실재하는 처분이 아니고 사업계획승인이 취소된 이상 산지전용허가만의 취소를 구할 이익이 없다고 원고의 청구를 각하하였다. 이에 대하여 대법원은 산지전용허가의 취소에 따라 사업계획승인은 산지전용허가를 제외한 나머지 인허가 사항만 의제하는 것이 되므로, 사업계획승인의 취소는 산지전용허가를 제외한 나머지 인허가 사항만 의제된 사업계획승인을 취소하는 것이어서 산지전용허가 취소와 사업계획승인 취소가 대상과 범

가를 다시 받을 수 있는 가능성이 없다면 주된 인허가 자체를 취소할 수 있다.[111)]

한편, 주된 인허가가 있으면 다른 법령에 의한 인허가가 있는 것으로 보는데 그치는 것이지 다른 법령에 의한 인허가를 받았음을 전제로 다른 법령의 다른 모든 규정들까지 적용되는 것은 아니다(같은 조 제2항).[112)]

마. 사후관리

관련 인허가 행정청은 관련 인허가를 직접 행한 것으로 보아 관계 법령에 따른 관리·감독 등 필요한 조치를 하여야 하고, 주된 인허가를 변경하는 경우에도 인허가의제 관련 기준 등이 준용하도록 하며, 주된 인허가시 의제되는 인허가의 기재방법 등 그 밖에 필요한 세부 사항은 하위법령에 위임되어 있다(행정기본법 제26조).

Ⅲ. 준법률행위적 행정행위

준법률행위적 행정행위라는 개념을 설정하고 법률행위적 행정행위와 구별하는 통설에 따르지는 않지만, 준법률행위적 행정행위로 다뤄지는 것들을 아래에서 살펴본다.

위를 달리하여, 사업계획승인의 취소와 별도로 산지전용허가 취소도 다툴 필요가 있다고 판시하였다. 같은 취지 대법원 2018. 11. 29. 선고 2016두38792 판결.

111) 따라서 위 사안에서 원심으로서는 먼저 산지전용허가의 취소가 적법한지 여부를 판단하고, 만일 적법하다면 산지전용허가를 다시 받을 수 있는 가능성이 남아있는지를 살펴서 사업계획승인의 취소가 적법한지 여부를 판단하였어야 한다.

112) 대법원 2004. 7. 22. 선고 2004다19715 판결에서는, 원고가 구 건축법 제8조 제4항에 따라 건축허가를 받음으로써 이 사건 토지상의 도로의 확·포장 등 사업에 관하여 도시계획사업 실시계획의 인가를 받은 시행자로 되었으므로, 위 사업에 관해서는 구 도시계획법이 전반적으로 적용되는 결과, 행정청이 아닌 자가 구 도시계획법 제25조의 규정에 의한 실시계획의 인가를 받아 새로이 설치한 공공시설은 그 시설을 관리할 행정청에 무상으로 귀속된다는 구 도시계획법 제83조 제2항 역시 위 사업에 적용되어, 도로의 확·포장 등 사업의 완료와 동시에 이 사건 토지의 소유권이 피고에게 귀속되었다고 판단한 원심판결에 대하여, "구 건축법 제8조 제4항은 건축허가를 받은 경우, 구 도시계획법 제25조의 규정에 의한 도시계획사업 실시계획의 인가를 받은 것으로 본다는 인가의제규정만을 두고 있을 뿐, 구 건축법 자체에서 새로이 설치한 공공시설의 귀속에 관한 구 도시계획법 제83조 제2항을 준용한다는 규정을 두고 있지 아니하므로, 구 건축법 제8조 제4항에 따른 건축허가를 받아 새로이 공공시설을 설치한 경우, 그 공공시설의 귀속에 관하여는 구 도시계획법 제83조 제2항이 적용되지 않는다."라고 판시하였다. 또한, 대법원 2016. 11. 24. 선고 2014두47686 판결에서는, 공공주택건설법이 단지조성사업 실시계획의 승인이 있는 때에는 도시개발법에 의한 실시계획의 작성·인가, 주택법에 의한 사업계획의 승인을 받은 것으로 본다고 규정하고 있으나, 이는 공공주택건설법상 단지조성사업 실시계획의 승인을 받으면 그와 같은 인가나 승인을 받은 것으로 의제하는 것에 그치는 것이지 나아가 그와 같은 인가나 승인을 받았음을 전제로 하는 도시개발법과 주택법의 모든 규정들까지 적용되는 것은 아니므로, 공공주택건설법에 따른 단지조성사업은 학교용지법에서 정한 학교용지부담금 부과대상 개발사업에 포함되지 않는다고 판시하였다.

1. 확 인

확인이란 특정한 사실 또는 법률관계의 존부 또는 적부에 의문이나 다툼이 있는 경우 행정청이 이를 공적으로 확정하는 행위를 말한다. 도로 · 하천 등의 구역결정, 발명의 특허, 당선인의 결정, 교과서의 검정, 행정심판의 재결, 소득금액의 결정 등이 그 예이다. 확인은 특정한 사실 또는 법률관계의 존부 · 적부 등에 관한 분쟁을 전제로 하는 판단작용이라는 점에서 '준사법적 행위'라고 부르기도 한다. 확인은 언제나 구체적인 처분(행정행위)의 형식으로 행해지고, 일정한 형식이 요구된다.

확인은 특정한 사실 또는 법률관계의 존재 여부 또는 정당성 여부를 공적으로 확정하는 효과를 발생시킨다. 따라서 확인행위에는 일반적으로 불가변력이 생긴다.

2. 공 증

공증이란 특정한 사실 또는 법률관계의 존재를 공적으로 증명하는 행위를 말한다. 각종 등기 · 등록 · 증명서의 발급 등이 이에 해당한다. 확인은 특정한 법률사실이나 법률관계에 관한 의문이나 분쟁을 전제로 하는 반면, 공증은 그렇지 않다고 구별하는 것이 일반적인 설명이다. 그러나 확인도 공증(증명서 등)의 형식으로 대외적으로 표시되기도 하기 때문에 확인과 공증의 구별은 분명하지 않다.

공증은 특정한 사실 또는 법률관계의 존재를 공적으로 증명하는 것이기 때문에, 문서로 행해질 뿐만 아니라 일정한 형식(등기 · 등록 등)이 요구된다. 공증이 있으면 공증된 사항에 대하여 공적 증거력이 발생한다. 그러나 반증이 있게 되면 공증이 취소되지 않더라도 그 효력은 복멸될 수 있다. 공증은 공적 증거력을 발생시키는 외에, 법령에 정해진 바에 따라 권리행사의 요건(예; 선거인명부에의 등록), 권리의 성립요건(예; 부동산등기부에의 등기) 또는 권리설정의 요건(예; 광업원부에의 등록)이 되기도 한다.

각종 공부에의 등재 및 변경행위의 처분성에 관하여, 판례는 해당 공부의 성격이 단지 행정사무집행의 편의와 사실증명의 자료로 삼기 위한 것에 불과한 것인지 아니면 그 등재나 변경등재로 인하여 해당 토지나 건축물에 대한 실체상의 권리관계에 영향을 미치는 사항에 관한 것인지에 따라 처분성 유무를 판별하고 있다.

3. 통 지

통지란 특정인 또는 불특정 다수인에게 특정한 사항을 알리는 행위를 말한다. 토지수용에서 사업인정의 고시, 대집행의 계고, 납세의 독촉 등이 그 예이다. 이미 성립한 행정행위의 효력발생요건으로서의 통지 또는 고지는 그 자체로 독립한 행정행위가 아닌 점에서 여기서 말하는 통지와는 구별된다.

한편, 내용(효과)을 표준으로 할 때에는, 사업인정의 고시는 형성적 행위(특허), 대집행의 계고는 작위하명, 납세의 독촉은 급부하명의 성질과 효과를 가진다.

4. 수 리

수리란 행정청이 다른 사람의 해당 행정청에 대한 행위를 유효한 것으로 수령하는 행위를 말한다. 수리는 행정청이 다른 사람의 행위가 유효하다는 인식을 표시하는 행위라는 점에서 단순한 문서의 도달이나 접수와 다르다.

수리의 효과는 법령이 정한 내용에 따라 다른데, 수리에 의하여 사법상의 효과가 발생하기도 하고(혼인신고의 수리), 행정청에게 결정 · 재정 등을 행할 의무를 발생시키기도 한다(이의신청 · 행정심판 청구 등의 수리). 한편 공무원의 사표수리는 공무원관계의 소멸이라는 법적 효과를 발생하므로 "형성적 행위"로서의 성질을 갖는다. 사표수리에서와 같이 어떤 법적 효과를 발생시키는 수리만 행정행위로서의 성질을 가지는 것이고, 그 밖의 수리는 사실행위로서의 성질만 가진다.

제 4 절 부 관

행정기본법 제17조(부관) ① 행정청은 처분에 재량이 있는 경우에는 부관(조건, 기한, 부담, 철회권의 유보 등을 말한다. 이하 이 조에서 같다)을 붙일 수 있다.

② 행정청은 처분에 재량이 없는 경우에는 법률에 근거가 있는 경우에 부관을 붙일 수 있다.

③ 행정청은 부관을 붙일 수 있는 처분이 다음 각 호의 어느 하나에 해당하는 경우에는 그 처분을 한 후에도 부관을 새로 붙이거나 종전의 부관을 변경할 수 있다.

1. 법률에 근거가 있는 경우
2. 당사자의 동의가 있는 경우
3. 사정이 변경되어 부관을 새로 붙이거나 종전의 부관을 변경하지 아니하면 해당 처분의 목적을 달성할 수 없다고 인정되는 경우

④ 부관은 다음 각 호의 요건에 적합하여야 한다.

1. 해당 처분의 목적에 위배되지 아니할 것
2. 해당 처분과 실질적인 관련이 있을 것
3. 해당 처분의 목적을 달성하기 위하여 필요한 최소한의 범위일 것

Ⅰ. 개 설

1. 부관의 의의

행정행위에서 부관은 행정행위의 효과를 제한하기 위하여 주된 의사표시에 부가된 종된 의사표시라고 정의된다. 위와 같은 개념과는 달리 행정행위의 효과를 제한 또는 요건을 보충하기 위하여 주된 행위에 부가된 종된 규율이라고 정의하는 견해도 유력하다.[113] 이러한 견해의 차이는 뒤에서 보는 것과 같이 부관이 법률행위적 행정행위에만 허용되는 것인지, 그리고 부관의 기능이 주된 행위의 제한에 한하는지 그렇지 않으면 보충까지 가능한지에 관하여 시각을 달리 하는 데에서 기인한다. 다만 부관이 주된 행정행위에 의존하는 것으로 행정행위의 존재에 종속적이라는 것에는 이론이 없다(부관의 부종성).

종래에는 부관을 행정청이 일방적으로 붙이는 것이라고 인식되었으나, 오늘날에는 아파트 건설사업 승인에서 보는 것처럼 부관의 내용이 행정청과 상대방 사이의 협의나 계약으로 정해지는 경우도 종종 있다. 판례도 부담을 부가하기 전에 그 내용을 상대방과 협약의 형식으로 미리 정한 다음 처분을 하면서 부가할 수 있다고 하였다.[114]

---

113) 김남진 · 김연태, 행정법 I, 286면 참조.
114) 대법원 2009. 2. 12. 선고 2005다65500 판결.

2. 부관의 기능

행정행위의 부관은 행정청으로 하여금 구체적 사정에 적합한 행정을 할 수 있도록 유연성을 부여해준다(유연성 · 상황적합성의 부여). 위에서 본 유력설의 견해처럼 행정청이 허가요건을 완전히 구비하지 않은 경우에도 허가를 거부하지 않고 충족되지 않은 요건을 갖출 것을 조건(요건충족적 부관)으로 허가를 발급해줄 수 있다면 상대방에게도 유익하고 행정행위의 유연성이 더욱 부여될 수 있다. 그러나 행정기본법 제17조 제2항은 기속행위의 요건충족적 부관은 법률에 근거가 있는 경우에만 붙일 수 있다는 입장에 있다. 그밖에도 부관의 기능을 행정에 대한 신속성(절차적 경제의 도모), 공익 및 제3자 보호 등에서도 찾을 수 있으나, 그 남용에 대해서도 주의를 기울일 필요가 있다.

그리하여, 행정기본법은 제17조에서는 행정편의에 따라 부관을 과도하게 붙임으로써 법적 안정성이 저해되고 국민의 권익이 침해되지 않도록 부관의 가능성과 한계를 명확하게 규정하고 있다.

Ⅱ. 부관의 종류

행정기본법 제17조 제1항에서는 부관의 종류에 대하여 종래의 학설 · 판례에 따라 확립된 "조건, 기한, 부담, 철회권의 유보"를 명시하되, 부관의 다양한 형태를 고려하여 "등"을 추가하여 예시라는 점을 명확히 하였다. 이하에서는 그동안 논의되었던 부관들을 중심으로 살펴보기로 한다.

1. 조　건

행정행위의 효과의 발생 또는 소멸을 장래의 불확실한 사실(사건)에 의존시키는 부관을 조건이라고 한다. 이 중에서 행정행위의 효과의 발생에 관한 조건을 '정지조건'이라 하고, 소멸에 관한 조건을 '해제조건'이라 한다. 예를 들면, 도로의 완공을 조건으로 한 자동차운수사업의 면허의 경우에는 전자에 해당하고, 면허일로부터 "3개월 내에 공사에 착수할 것"을 조건으로 하는 공유수면매립면허의 경우에는 후자에 해당한다.

2. 기　한

가. 기한의 의의

행정행위의 효과의 발생 · 소멸 또는 계속을 시간적으로 정한 부관을 기한이라고 한다. 기한은 시기의 도래 또는 사건의 발생이 확실하다는 점에서 사건의 발생 자체가 불확실한 조건과 구별된다.

나. 종기(終期)의 문제

기한과 관련하여 특히 문제가 되는 것은, '종기가 행정행위의 절대적 소멸원인이 되느냐' 하는 점이다. 내용상 장기계속성이 예정되는 행정행위에 부당하게 짧은 기한이 붙여진 경우에는 그것은 행정행위의 효력의 존속기간이 아니라 그 내용의 갱신기간으로 보아야 한다는 견해와 그 종기의 도래로 그 행정행위는 당연히 효력이 소멸된다는 견해가 나뉘어져 있다. 전자가 판례이고 타당하다.[115)]

종기의 도래에 의하여 행정행위의 효력은 일단 소멸되므로, 효력이 소멸된 후 재허가나 기간연장허가 등을 하려고 하면 법이 정한 허가요건을 충족하고 있는지를 새롭게 판단하여야 한다.[116)] 따라서 어떠한 면허의 발급행위가 재량행위라면 그 면허의 종기가 도래한 이후 면허의 갱신 여부를 결정할 때에도 면허의 기준을 충족하였는지 여부에 관한 판단은 행정청의 재량에 속한다. 다만 면허의 갱신을 신청하는 사람이 과거에 관계법령에 따르는 요건을 충족한 것으로 인정받아 면허를 취득하여 이미 많은 자본을 투자하여 상당한 인원과 설비를 갖추었다면 그 면허의 갱신 여부를 판단할 때에는 신규로 면허를 발급할지 여부를 결정할 때보다 훨씬 중대한 이해관계를 가지므로, 갱신 여부를 심사하는 과정에서 위와 같은 사정을 고려하여야 한다.[117)]

이 경우 상대방은 합리적인 기준에 의한 공정한 심사를 받아 그 기준에 부합되면 갱신되리라는 기대를 가지므로, 갱신 여부에 관하여 합리적인 기준에 의한 공정한 심사를 요구할 권리를 가진다고 볼 수 있다. 여기에서 '공정한 심사'란 갱신 여부가 행정청의 자의가 아니라 객관적이고 합리적인 기준에 의하여 심사되어야 할 뿐만 아니라, 상대방에게 사전에 심사기준과 방법의 예측가능성을 제공하고 사후에 갱신 여부 결정이 합리적인 기준에 의하여 공정하게 이루어졌는지를 검토할 수 있도록 심사기준이 사전에 마련되어 공표되어 있어야 한다는 것을 말한다. 따라서, 사전에 공표된 심사기준 중 경미한 사항을 변경하거나 다소 불명확하고 추상적이었던 부분을 명확하게 하거나 구체화하는 정도를 뛰어넘어, 심사대상기간이 이미 경과하였거나 상당 부분 경과한 시점에서 상대방의 갱신 여부를 좌우할 정도로 심사기준을 중대하게 변경하는 것은, 갱신제의 본질과 사전에 공표된 심사기준에 따라 공정한 심사가 이루어져야 한다는 요청에 위배되는 것이므로, 갱신제 자체를 폐지하거나 갱신상대방의 수를 종전보다 대폭 감축할 수밖에 없도록 만드는 중대한 공익상 필

115) 대법원 2004. 11. 25. 선고 2004두7023 판결, 대법원 2005. 11. 10. 선고 2004다7873 판결 등.

116) 대법원도 "그 허가기간이 연장되기 위하여는 그 종기가 도래하기 전에 그 허가기간의 연장에 관한 신청이 있어야 하며, 만일 그러한 연장신청이 없는 상태에서 허가기간이 만료하였다면 그 허가의 효력은 상실된다."라고 판시하였다(대법원 2007. 10. 11. 선고 2005두12404 판결).

117) 대법원 2020. 6. 11. 선고 2020두34384 판결 참조.

요가 인정되거나 관계 법령이 제·개정이 되었다는 등의 특별한 사정이 없다면, 허용되지 않는다고 보아야 한다.[118]

> ❑ **옥외광고물 설치허가 연장신청 거부사건(대법원** 1995. 11. 10. **선고** 94**누**11866 **판결)**
>
> 〈사실관계〉 가로 19.8m, 세로 9.9m의 지주이용 야립간판 3개에 관하여 3년 설치기간의 광고물표시허가를 받아 설치 이용하여 오던 원고가 허가기간이 지나고 난 뒤 허가연장신청을 하였으나 행정청이 이를 거부하였다(허가기간 중에 개정된 시행령에 의하면, 해당 야립간판은 지주이용간판의 규격을 초과한 것이다).
>
> 〈판시내용〉 대법원은, "행정행위인 허가 또는 특허에 붙인 조항으로서 종기인 기한에 관해서는 일률적으로 기한이 왔다고 하여 당연히 그 행정행위의 효력이 상실된다고 할 것이 아니고, 그 기한이 그 허가 또는 특허된 사업의 성질상 부당하게 짧은 기한을 정한 경우에 있어서는 그 기한은 그 특허의 조건의 존속기간을 정한 것이며, 그 기한이 옴으로써 그 조건의 개정을 고려한다는 뜻으로 해석하여야 한다."라고 전제한 후,[119] 원고가 종전 허가의 유효기간이 지나서 신청한 이 사건 기간연장신청은 기한의 도래로 실효하여 단순히 그 유효기간을 연장하여 주는 행정처분을 구하는 것이 아니므로, 이러한 경우 허가권자는 이를 새로운 허가신청으로 보아 법의 관계규정에 의하여 그 허가 여부를 결정하여야 한다고 판시하였다. 결국 위 사안에서 허가기간 중에 개정된 시행령에 의하면, 해당 야립간판은 지주이용간판의 규격을 초과하여 위법한 광고물이므로, 위 거부처분은 위법하지 않다는 것이다.

3. 부 담

가. 부담의 의의

부담이란 행정행위의 주된 내용에 부가하여 그 행정행위의 상대방에게 작위·부작위·급부·수인 등의 의무를 부과하는 부관을 말하고, 주로 허가·특허 등과 같은 수익적 행정행위에 붙여진다. 어떠한 허가를 내주면서 일정한 시설의 설치의무를 부과하는 것 등이 그 예이다. 부담은 본체인 행정행위에 부수해서 상대방에게 일정한 의무를 과할 뿐 행정행위의 효과를 제한하는 요소를 가지지 않는다.

나. 부담과 조건의 구별

부담과 조건은 유사한 면이 있어서 혼동하기 쉽다. 그러나 부담은 행정행위의 효력의 발생 또는 소멸과 직결되는 것이 아니다. 따라서 부담이 붙어도 행정행위의 효력은 처음부터 당연히 발생하고 부담의 불이행이 있어도 당연히 효력이 소멸되는 것도 아니므로, 부관이 행

118) 대법원 2020. 12. 24. 선고 2018두45633 판결.
119) 이 사건에서 3년의 설치기간은 부당하게 짧은 것이 아니라고 판단하였다.

정행위의 효력의 발생·소멸에 영향을 미치는 정지조건 및 해제조건과 근본적으로 다르다.

그런데, 실무상 또는 실정법상 부관의 한 종류인 조건을 모든 종류의 부관을 뜻하는 상위개념으로 사용하기도 하고 용어를 혼동하여 사용하는 경우도 있는데, 이러한 경우에는 해석으로 구별할 수밖에 없다. 그 구별기준으로 행정청의 의사를 기준으로 하자는 주관설과 그 이외의 객관적 사정을 기준으로 하자는 객관설이 대립하고 있다. 그러한 기준에 의하더라도 어느 것에 속하는지가 명백하지 않다면 비례의 원칙에 따라 상대방에게 덜 불리하게 작용하는 부담으로 추정하여야 한다.[120]

다. 부담의 불이행 문제

행정행위의 상대방이 부담으로 과해진 의무를 이행하지 않은 경우 그 처리가 문제된다. 부담부 행정행위는 부담의 이행여부와 관계없이 그 행정행위는 완전히 효력을 발생하고 유지되기 때문에 제기되는 문제이다. ① 법령이나 부관 자체에서 부담상의 의무위반을 그 철회사유로 정하고 있으면[121] 그에 기하여 행정행위 자체를 철회할 수 있을 것이다. ② 그러한 철회권의 유보가 없는 경우 부담상의 의무불이행을 이유로 행정행위를 철회할 수 있는지에 관하여, 이를 부정하는 견해도 없지 않으나 상대방의 의무불이행에 대한 제재로서 철회가 가능하다고 보는 것이 일반적이다.[122] 다만 이때의 철회는 상대방에 대한 가장 무거운 제재로서의 성격을 가지기 때문에 항상 자유로운 것이 아니고, 비례의 원칙과 같은 일반원칙에 따른 제약을 받는다. ③ 부담상의 의무불이행을 이유로 그 후의 단계적인 조치를 거부하는 것도 가능할 것이다(예컨대 개발제한구역 내에서 건축허가에 붙은 부담의 불이행을 이유로 그 후의 사용승인을 하지 않는 것).[123] ④ 부담의 불이행은 위와 같은 철회에 이르지 않더라도 행정상의 강제집행이나 제재의 대상이 될 수도 있다.

---

120) 류지태·박종수, 행정법신론, 제18판, 박영사, 2021, 277면에서는 ① 조건은 이행여부가 불확실할 때가 많아 법적 안정성 측면에서 당사자의 권리보호를 위해 불리하고, ② 부담은 법적 명확성에 유리하고 당사자에게 미치는 불이익의 정도가 작다는 점을 부담으로 추정되어야 하는 이유로 제시하고 있다.

121) 이 경우에는 '부담'과 '철회권 유보'라는 두 개의 부관이 붙은 것이다.

122) 참고로 독일의 행정절차법 제49조 제1항은 부담부 행정행위에서는 별도로 철회권의 유보가 없더라도 상대방의 의무불이행을 이유로 철회할 수 있고 철회로 인한 손실보상을 요하지 않는다고 명시적으로 규정하고 있다.

123) 대법원 1985. 2. 8. 선고 83누625 판결에서는 임야개간허가에 붙은 부담의 불이행을 이유로 그 후의 개간준공인가를 하지 않는 사안에서, "개간허가관청으로서는 개간허가기간 경과 후라 할지라도 허가기간내의 개간공사로 인하여 조성된 토지상태가 개간허가의 용도에 적합하고 이에 부수하여 부과된 부관이 이행되었느냐를 검토 확인하여 준공인가를 할 것인가를 판단하여야 할 것이며 단순히 개간허가기간이 경과되었다는 사유로 개간준공인가를 거부할 수 없다."라고 판시하였다.

라. 부담의 하자와 그 이행행위와의 관계

하자 있는 부담이 취소되거나 무효인 경우 그 부담의 이행으로 한 사법상 법률행위의 효력은 어떻게 되는지 특히 기부채납의 부담에서 문제된다. 판례는 기부채납을 기부자가 재산을 국가 또는 지방자치단체의 국·공유재산으로 증여하는 의사표시를 하고 국가 또는 지방자치단체가 이를 승낙하는 채납의 의사표시를 함으로써 성립하는 증여계약으로 보고,[124] 행정행위에 붙은 부담과 그 이행으로서의 사법상 법률행위인 기부채납은 별개의 법률행위로서 그 효력도 별개라고 한다.

그리하여, 기부채납의 부담이 취소되거나 무효라 하더라도 그러한 사정만으로 곧바로 기부채납행위가 무효로 되는 것이 아니라 법률행위의 중요부분에 대한 착오로서 취소사유가 될 뿐이다.[125] 또한, 부담이 불가쟁력이 생겨 더 이상 다툴 수 없게 되었다 하더라도 부담의 이행으로 하게 된 사법상 매매 등의 법률행위는 그 부담의 불가쟁력과 별도로 사회질서 위반이나 강행규정에 위반되는지 여부 등을 따져 그 법률행위의 유효 여부를 판단할 수 있다고 판시하였다.[126]

4. 철회권의 유보

철회권의 유보란 행정청이 일정한 경우에 행정행위를 철회하여 그의 효력을 소멸시킬 수 있음을 정한 부관을 말한다.[127] 유보된 사실이 발생하더라도 행정행위의 효력을 소멸시키는 행정청의 의사표시(철회)가 있어야 그 효력이 소멸한다는 점에서 해제조건과 차이가 있다. 철회권을 유보한 경우에도 무조건 철회권을 행사할 수 있는 것이 아니고, 철회를 필요로 할 만한 공익상의 필요가 있는 경우에만 철회권을 행사할 수 있다.[128]

---

124) 대법원 2022. 4. 28. 선고 2019다272053 판결.

125) 대법원 1999. 5. 25. 선고 98다53134 판결 외 다수.

126) 대법원은 정비사업의 시행으로 용도가 폐지되는 정비기반시설을 사업시행자에게 무상으로 양도하도록 한 도시 및 주거환경 정비법 제65조 제2항 후단은 강행규정인데도, 행정청이 사업시행인가를 하면서 이를 유상으로 매입하도록 하는 부담을 붙였고 그에 따라 사업시행자가 유상으로 매입하는 매매계약을 체결한 사안에서, 유상매입부담에 불가쟁력이 발생하였더라도 그에 따른 유상매입계약은 그 자체로 강행법규에 위반되는 것이므로 무효라고 하였다(대법원 2009. 6. 25. 선고 2006다18174 판결). 한편, 골프장 사업자가 충청남도에 지역발전협력금으로 25억원을 납부하기로 한 증여계약은 도지사로부터 골프장사업승인을 받은 대가라고 인정한 다음, 이는 공무수행과 결부된 금전적 대가로서 그 조건이나 동기가 사회질서에 반하는 것이므로, 민법 제103조에 따라 무효라고 하였다(대법원 2009. 12. 10. 선고 2007다63966 판결).

127) 행정청이 종교단체에 대하여 기본재산전환인가를 하면서 인가조건을 부가하고 그 불이행시 인가를 취소할 수 있도록 한 경우, 인가조건의 의미는 철회권을 유보한 것이다(대법원 2003. 5. 30. 선고 2003다6422 판결).

128) 대법원 1964. 6. 9. 선고 64누40 판결.

5. 법률효과의 일부배제

법률효과의 일부배제는 법률이 행정행위에 부여하는 효과의 일부를 배제하는 내용의 부관을 말한다. 법률효과의 일부배제를 행정행위의 내용상 제한으로 보는 견해도 있다.[129] 대법원은 공유수면매립법상 소유권의 일부제한의 부관,[130] 기선선망어업의 허가를 하면서 운반선, 등선 등 부속선을 사용할 수 없도록 제한한 부관[131] 등을 법률효과의 일부배제라고 보고 있다.

법률이 같은 종류의 행정행위에 대하여 일반적으로 부여하게 되어 있는 효과의 일부를 배제하는 것이므로, 법령의 명시적 근거가 있을 때에 한하여 붙일 수 있다. 대법원도 "부관은 허가의 본질적 효력을 해하지 않는 한도의 것이어야 하고 허가의 내용 및 효력에 대해서는 행정청이 임의로 제한 또는 조건을 붙일 수 없다."라고 한다.[132]

6. 행정행위의 사후변경의 유보·부담유보

행정청이 행정행위를 발하면서 사후에 부관을 부가할 수 있거나 이미 부가된 부관의 내용을 변경할 수 있는 권한을 유보하는 내용의 부관을 말한다. 사회적 변화와 기술발전이 급격할수록 위와 같은 새로운 부관의 효용이 높아질 것이다.

Ⅲ. 부관의 가능성과 한계

1. 부관의 가능성(부관을 붙일 수 있는 행정행위)

가. 문제의 소재

개별법령에 부관의 근거가 있는 경우에는 행정행위의 종류나 성질을 불문하고 해당 규정에 의거하여 부관을 붙일 수 있는 것은 당연하다. 그리고 재량행위의 경우에는 재량권의 행사 여부에 관한 결정권이 행정청에 있으므로, 행정청이 행정행위와 함께 그 내용을 제한하거나 보충하는 부관을 붙이는 것은 법적인 근거가 없어도 가능한 것으로 해석하여 왔고, 행정기본법 제17조 제1항에서도 그에 입각하여 규정하고 있다. 따라서 부관의 가능성과 관련하여 문제가 되는 상황은 법령에 근거 규정이 없는 경우에 준법률행위적 행정행위와 기속행위에 부관을 붙일 수 있느냐에 있다.

---

129) 김용섭, "행정행위의 부관에 관한 법리", 행정법연구 제2호, 행정법이론실무학회(1998. 4), 188면에서는, 법률효과의 일부배제는 행정행위의 내용적 제한이라는 이유로 부관의 종류에서 제외하고 있다.
130) 대법원 1993. 10. 8. 선고 93누2032 판결.
131) 대법원 1990. 4. 27. 선고 89누6808 판결.
132) 대법원 1990. 4. 27. 선고 89누6808 판결.

나. 학설과 판례의 대립

(1) 준법률행위적 행정행위의 경우

전통적인 견해에 따르면 부관은 행정청의 주된 '의사표시'의 효과를 제한하기 위하여 붙이는 것이므로 의사표시를 요소로 하지 않는 확인 · 공증 · 통지 · 수리 등의 준법률행위적 행정행위에는 부관을 붙일 수 없다. 그러나 부관을 붙일 수 있는지 여부는 행정행위의 성질에 따라 결정되어야 하고, 현실적으로도 여권에 붙여진 유효기간과 같이 확인 · 공증 등과 같은 준법률행위적 행정행위에 기한과 같은 부관을 붙일 수 있다.

(2) 기속행위의 경우

전통적인 견해에 의하면, 재량행위에만 부관을 붙일 수 있고 기속행위에는 붙이지 못한다. 재량행위와는 달리 기속행위의 경우에는 상대방이 행정청에 대하여 특정한 행위를 요구할 수 있는 공권을 행사할 수 있으므로 여기에 부관을 붙이면 상대방의 권리를 침해할 수 있고, 기속행위는 법규의 기속성으로 인한 기계적 집행이므로 행정청이 부관을 붙여 법규가 정한 효과를 임의로 제한할 수 없다는 것이 근거이다.

판례도 기속행위에는 부관을 붙일 수 없고 부관을 붙였다 하더라도 무효라고 한다.[133] 반면에 재량행위에서는 법령상의 근거가 없다고 하더라도 거기에 부관을 붙일 것인지 여부는 해당 행정청의 재량에 속한다는 입장이다.[134]

그러나, 전통적인 견해와 판례의 태도는 부관의 다양한 기능 내지 현상을 전혀 고려하지 않고 있다는 점에서 문제가 있다. 부관은 행정행위의 효력을 제한하는 것만 아니라 장래에 법률요건을 충족할 필요가 있는 때에도 부관을 붙일 수 있어야 하기 때문이다. 따라서, 기속행위의 경우에도 법률요건 충족적 부관은 붙일 수 있다고 생각되고, 법령이 부관을 붙이는 것을 허용하는 경우에도 부가할 수 있다.

다. 행정기본법의 규율내용

그러나, 행정기본법 제17조에서는 통설과 판례에 입각하여, 처분에 재량이 있는 경우(재량행위)에는 부관을 붙일 수 있고(제1항), 처분에 재량이 없는 경우(기속행위)에는 법률에 근거가 있는 경우에 부관을 붙일 수 있도록 하였다(제2항).

행정기본법 제정과정에서 기속행위에 대한 '요건충족적 부관'의 경우에도 재량행위처럼 법령의 근거가 없어도 부가할 수 있도록 명시하자는 제안이 있었는데, 행정청이 이를 부정부패에 이용할 가능성과 민원인이 요건을 갖추지 못한 수익적 행정행위에 이러한 부관을 붙일 것을 무리하게 주장할 우려 등을 고려하여 채택되지 않았다.

---

133) 대법원 1993. 7. 27. 선고 92누13998 판결 등 다수.
134) 대법원 1991. 10. 11. 선고 90누8688 판결.

2. 부관의 한계(자유성)

행정기본법 제17조 제4항에서는 학설과 판례를 반영하여, ① 해당 처분의 목적에 위배되지 않을 것, ② 해당 처분과 실질적인 관련이 있을 것, ③ 해당 처분의 목적을 달성하기 위하여 필요한 최소한의 범위일 것 등 부관을 적법하게 붙일 수 있는 요건을 규정하고 있다. 아래에서는 그동안 학설과 판례에서 논의된 부관의 한계에 대하여 서술하기로 한다.

가. 사항적 한계(부당결부금지의 원칙)

부관은 주된 행위와 사항적 통일성을 가져야 한다. 판례에 의하면, 지방자치단체장이 사업자에게 주택사업계획승인을 하면서 그 주택사업의 진입도로와는 아무런 관련이 없는 토지를 기부채납하도록 하는 부관을 붙인 경우 그 부관은 부당결부금지의 원칙에 위반되어 위법하다.[135]

한편, 도시계획시설(도로)로 결정되어 있는 토지의 기부채납을 거부하여 토지형질변경허가가 거부된 사안에서, "기부채납의 대상이 된 토지에 공공시설을 설치할 필요가 있고 그 기부채납의 정도가 공익상 불가피한 범위와 형질변경의 이익 범위 내에서 이루어져야 한다는 점 외에도 그러한 공공시설 설치의 필요성이 당해 토지에 대한 형질변경에 따른 것이어야 한다."라는 기부채납의 실질적 관련성이라는 판단기준을 제시하였다.[136]

나. 목적상 한계

부관은 주된 행정행위의 목적에 반하지 않아야 한다.

다. 성질상 한계

행정행위의 성질에 비추어 부관을 붙이는 것이 허용되지 않는 경우가 있다. 예를 들면, 귀화허가는 신분을 설정하는 행정행위이므로 법적 안정성의 원칙에 비추어 조건을 붙일 수 없다.

---

135) 대법원 1997. 3. 11. 선고 96다49650 판결. 다만 이 판결에서는 부관이 부당결부금지의 원칙에 위반하여 위법하지만 그 하자가 중대하고 명백하여 무효라고 볼 수는 없다고 판시하였다.

136) 대법원 2005. 6. 24. 선고 2003두9367 판결. 도시계획법(현행 국토계획법)이 2000. 1. 28. 전문 개정되기 전까지 판례는 주로 대상토지가 도로 등 도시계획시설이 되어 있거나 정비의 필요성이 있다는 등 구체적인 필요성이라는 측면에서 접근하여 이러한 필요성이 있는 경우에는 토지의 형질변경허가로 인한 이득보다 기부채납으로 인한 손실이 더 크다는 등의 사정이 없다면 허용된다는 것이었다. 그런데, 2000. 1. 28. 전문 개정된 도시계획법 제47조 제2항은 '개발행위허가를 함에 있어서 필요하다고 인정되는 경우'에 '당해 개발행위에 따른 공공시설의 설치 · 위해방지 · 환경오염방지 · 조경 등의 조치를 할 것'을 조건으로 개발행위허가를 할 수 있다고 규정하고, 2002. 2. 4. 국토계획법 제57조 제4항은 '개발행위를 함에 있어서 필요하다고 인정되는 경우'라는 문구를 삭제하되 '그 개발행위에 따른 기반시설의 설치 또는 그에 필요한 용지의 확보'라고 하고 있다. 그리하여, 위 판결에서는 기부채납과 개발행위와의 관련성까지 요구하게 되었다.

라. 일반적 한계

부관도 행정행위의 한 구성부분이므로 행정행위로서의 적법요건을 구비하여야 한다.[137] 따라서 부관도 법령에 적합하여야 하고, 그 내용이 법령에 위반될 수 없으며, 사실상 그리고 법적으로 가능한 것이어야 한다. 또한 부관의 내용은 명확하여야 하고, 비례의 원칙·평등의 원칙 등 행정법의 일반원칙에 따른 한계를 준수하여야 한다. 예컨대, 부담부 행정행위의 경우 부담을 붙임으로써 기대되는 공익이 부담으로 인하여 상대방이 침해받는 이익보다 커야 할 것이다.

3. 부관의 사후부가

부관은 본질상 행정행위의 발령과 동시에 부과되어야 하는데, 사후에도 부관을 붙이거나 변경하는 것이 가능한지에 관하여, 행정기본법 제정 이전에 다음과 같은 견해의 대립이 있었다. 부정설은 부관은 주된 의사표시에 가해진 종된 의사표시이므로 부관의 독자적인 존재는 인정할 수 없다는 것이다. 이에 따르면, 사후부관은 불가능하고 당사자의 동의가 있을 때 붙이는 부관은 본래 의미의 부관이 아니다. 반면에 부담의 경우는 부관의 사후부가가 가능하다는 견해와 명문의 규정이 있거나 행정행위 그 자체에 사후부관의 가능성이 유보되어 있는 경우 및 본인의 동의가 있는 경우에는 가능하다는 제한적 긍정설이 있었다.

판례는 기본적으로 제한적 긍정설에 있으면서[138] 그보다 더 넓게 사정변경으로 인하여 당초에 부담을 부가한 목적을 달성할 수 없게 된 경우에도 그 목적달성에 필요한 범위 내에서 부관의 사후부과가 허용된다는 입장에 있었다.

행정행위를 철회하는 것보다는 사후부관을 통해서라도 행정행위를 유지하는 것이 상대방에게 유리한 경우 비례의 원칙에 반하지 않는 범위에서 이를 허용하는 것이 합리적일 것이다. 그리하여 행정기본법 제17조 제3항에서도 판례에 입각하여, 부관을 붙일 수 있는 행정행위가 ① 법률에 근거가 있는 경우, ② 당사자의 동의가 있는 경우, ③ 사정이 변경되어 부관을 새로 붙이거나 종전의 부관을 변경하지 않으면 해당 처분의 목적을 달성할 수 없다고 인정되는 경우에는 그 처분을 한 후에도 부관을 새로 붙이거나 종전의 부관을 변경할 수 있다고 규정하고 있다.

다만 부관의 사후부가는 언제나 행정행위의 부분적 폐지를 가져오는 것이므로, 행정행

---

137) 대법원 1997. 3. 14. 선고 96누16698 판결, 대법원 2002. 1. 25. 선고 2001두3600 판결.

138) 판례에 의하면, 관할 행정청이 여객자동차운송사업자에 대한 면허 발급 이후 운송사업자의 동의하에 운송사업자가 준수할 의무를 정하고 이를 위반할 경우 감차명령을 할 수 있다는 내용의 부관을 붙일 수 있다고 하는데(대법원 2016. 11. 24. 선고 2016두45028 판결), 이는 철회권의 유보라는 부관의 사후부가에 해당한다.

위의 취소 · 철회에 관한 원칙이 준용되어야 할 것이라고 생각된다.

❑ **온천법상 굴착허가에서 부관의 사후부가**(**대법원** 1997. 5. 30. **선고** 97**누**2627 **판결**)

〈사실관계〉 행정청이 온천법상 굴착허가처분을 할 때 온천공으로부터 1.5m×1.5m의 토지를 기부채납하도록 부담을 부가하였으나 현지조사 결과 원고가 굴착된 온천공이 공로로부터 떨어져 있어 탕원으로부터 공공관로까지 송수관을 연결시키기 위해서는 관로의 길이를 20m로 연장시킬 수밖에 없게 되자 기부채납할 토지 중 관로 부분의 길이를 20m로 변경하는 조치를 원고에게 통보하였다.

〈판시내용〉 본체인 행정처분에 이미 부담이 부가되어 있는 상태에서 그 의무의 범위 또는 내용 등을 변경하는 부관의 사후변경은, 법률에 명문의 규정이 있거나 그 변경이 미리 유보되어 있는 경우 또는 상대방의 동의가 있는 경우에 한하여 허용되는 것이 원칙이지만, 사정변경으로 인하여 당초에 부담을 부가한 목적을 달성할 수 없게 된 경우에도 그 목적달성에 필요한 범위 내에서 예외적으로 허용된다고 볼 것이다.

Ⅳ. 부관의 하자

1. 하자 있는 부관의 효력

부관에 하자가 있는 경우 그 부관의 효력은 행정행위 하자의 일반이론에 따라 하자가 중대하고 명백한 것인 때에는 무효이고, 그렇지 않은 경우에는 취소할 수 있는 것이 된다.

2. 무효인 부관이 붙은 행정행위의 효력

이에 대해서는 부관만 무효가 될 뿐 본체인 행정행위에 대해서는 아무런 영향을 미치지 않는다는 견해, 부관이 붙은 행정행위 전체가 무효로 된다는 견해, 무효인 부관이 본체인 행정행위의 중요요소를 이루는 경우에만 본체인 행정행위를 무효로 만든다고 보는 견해 등이 있다. 부관과 본체인 행정행위의 관계는 일률적으로 규정될 수 없고, 사안에 따라 부관이 본체인 행정행위의 중요요소를 이루는 경우도 있고 그렇지 않은 경우도 있으므로, 이러한 개별적 판단이 가능한 마지막 견해가 타당하다.

Ⅴ. 위법한 부관과 행정쟁송

부관이 위법한 경우 행정행위의 상대방은 부관 부분만 독립한 쟁송의 대상으로 할 수 있는지 아니면 부관부 행정행위 전체를 쟁송의 대상으로 삼아야 하는지의 문제(부관의 독립쟁송가능성)와 이 때 소송의 형태는 어떠한지(쟁송제기의 형식), 법원이 부관만의 취소·무효확인을 선고할 수 있는지 아니면 부관부 행정행위 전체에 대한 취소·무효확인을 선고하여야 하는지의 문제(독립취소가능성)가 발생한다.

1. 부관의 독립쟁송가능성

가. 학 설

① 부담에 한하여 독립쟁송가능성을 인정하는 견해: 부관 중 부담은 그 자체로 특정한 의무를 명하는 처분으로서의 성질을 가지므로 독립적으로 다툴 수 있으나, 그 밖의 부관은 주된 행정행위의 한 부분에 불과하여 부관부 행정행위의 전체를 다투어야 한다는 입장이다.

② 모든 부관에 대하여 독립쟁송가능성을 인정하는 견해: 소의 이익이 있다면 취소소송의 대상이 될 수 있다는 입장이다. 부관과 행정행위의 불가분성은 쟁송을 이유 있게 하는 것과 관련된 것이지 쟁송의 허용성과 관계가 없다는 점을 논거로 든다.

③ 분리가능성이 있는 부관만의 독립쟁송가능성을 인정하는 견해: 부관의 독립쟁송가능성 여부의 문제는 법원이 본안심리를 통하여 부관을 취소할 경우 주된 행정행위가 여전히 그 자체로 존속할 수 있는지 여부와 밀접한 관련이 있다고 전제하면서, 부관만의 독립취소가 법원에 의하여 인정될 정도로 주된 행정행위와의 분리가능성을 갖는 부관이라면 그 처분성 인정여부와 무관하게 행정쟁송을 통하여 독자적으로 다툴 수 있다는 입장이다.

나. 판 례

판례는 일관하여 부담만 독립하여 행정쟁송의 대상이 될 수 있고,[139] 그 외의 부관은 독립하여 행정쟁송이 대상이 될 수 없다는 입장을 취하고 있다.[140]

대법원 1992. 1. 21. **선고** 91**누**1264 **판결**: 행정행위의 부관은 행정행위의 일반적인 효력이나 효과를 제한하기 위하여 의사표시의 주된 내용에 부가되는 종된 의사표시이지 그 자체로서 직접 법적 효과를 발생하는 독립된 처분이 아니므로 현행 행정쟁송제도 아래서는 부관 그 자체만을 독립된 쟁송의 대상으로 할 수 없는 것이 원칙이나 행정행위의 부관 중에서도 행정행위에 부수하여 그 행정행위의 상대방에게 일정한 의무를 부과하는 행정청의 의사표시인 부담의 경우에는 다른 부관과는 달리 행정행위의 불가분적인 요소가 아니고 그 존속이 본체인 행정행위의 존재를 전제로 하는 것일 뿐이므로 부담 그 자체로서 행정쟁송의 대상이 될 수 있다.

139) 이때 그 부담의 위법성 판단시점 역시 처분시이다(대법원 2009. 2. 12. 선고 2005다65500 판결).
140) 대법원 1985. 6. 25. 선고 84누579 판결.

다. 검 토

독일에서는 이 문제를 부관의 하자에 관하여 취소소송으로 다투어야 하는지 의무이행소송에 의하여야 하는지의 문제로 논의되고 있다.[141] 그러나 우리나라의 경우 의무이행소송이 인정되지 않고 있으므로, 부관의 독립쟁송가능성의 문제는 그 부관이 항고소송의 대상이 되는 처분성을 가지고 있는지의 문제일 뿐이다(항고소송의 대상적격의 문제).

이렇게 보면 항고소송의 대상이 되려면 행정소송법 제2조 제1호의 처분성이 인정되어야 할 것인데, 부관 중 부담만 처분성이 인정될 것이므로 독립쟁송이 가능하고, 나머지는 독립쟁송이 가능하지 않다는 결론에 도달한다.

모든 부관에 대하여 독립쟁송이 가능하다는 견해는 소의 이익 문제와 대상적격의 문제를 구별하지 못한 나머지 처분성이 있는 경우에만 항고소송의 대상이 될 수 있다는 점을 인식하지 못하고 있다. 또한 분리가능성이 있는 부관만 독립쟁송이 가능하다는 견해는 분리가능성 여부는 쟁송을 이유 있게 하는 것(부관의 독립취소가능성)과 관련된 본안의 문제이지, 쟁송의 허용성(독립쟁송가능성)의 문제와는 관계가 없다는 점을 간과하고 있다.[142]

2. 쟁송제기의 형식

가. 학 설

학설은 부관에 대한 소송형태를 형식과 내용 모두 부관만의 취소를 구하는 '진정일부취소소송'과 형식은 부관부 행정행위 전체의 취소를 구하나 내용은 부관만 취소를 구하는 '부진정일부취소소송'으로 구분한다. 그런 다음 부담을 취소소송의 직접적인 대상으로 삼아 제기하는 진정일부취소소송을 인정하는데 이견이 없지만, 부담 이외의 부관에 대해서는 부진정일부취소소송을 인정할 것인지 여부에 관하여 견해가 대립한다.

학설은 대체로 부담 이외의 부관에 대해서는 처분성이 인정되지 않고 행정소송법 제4조 제1호의 '변경'은 의무이행소송이 인정되고 있지 않는 이상 적극적인 처분의 변경의 아니라 처분의 일부취소를 구하는 것을 의미한다고 보는 입장에서, 부관부 행정행위 전체를 소송대상으로 하되 그중에서 부관 부분만의 취소를 구하는 부진정일부취소소송의 형식으로 다툴 수 있다고 한다.

---

141) 독일에서는 행정행위의 수익적 부분이 침익적 부분 없이는 위법하게 되거나 침익적 부분이 행정행위 자체를 내용적으로 변경하는 등 서로 분리될 수 없는 관계에 있으면 침익적 부분에 대한 취소소송은 허용되지 않고 의무이행소송을 제기할 수 있고, 두 부분이 분리될 수 있으면 침익적 부분을 대상으로 취소소송을 제기할 수 있다는 것이 주류적 견해이다.

142) 김남진 · 김연태, 행정법 I, 303면.

나. 판 례

(1) 판례의 입장

실무상 부진정일부취소소송과 진정일부취소소송은 청구취지나 주문의 기재방식이 같아 양자를 구별할 수 없다. 부관 그 자체가 독자적인 처분성이 있는 부담에 대한 진정일부취소소송에서도 행정행위의 존재에 의존하는 부관의 성질(부종성)과 그 부담을 특정할 필요성이 있다. 예컨대, "피고가 2020. 4. 30. 원고에게 한 별지 목록 기재 부담들을 취소한다."라는 식으로 청구취지를 기재할 수는 없고, "피고가 2020. 4. 30. 원고에게 한 주택재건축사업시행인가처분에 부가한 부관 중 별지 목록 기재 부담들을 취소한다."라는 식으로 기재하여야 한다.

또한 판례는 행정소송법 제4조 제1호의 '변경'의 의미에 관하여 적극적인 처분의 변경의 아니라 처분의 일부취소라고 새기고 있고, 그 일부취소는 불가분적 행정행위에 대해서는 할 수 없고 재량행위에 대해서도 할 수 없다. 즉, 부담 이외의 부관을 부가시킬 것인지 여부는 행정청의 재량적 판단이라 할 것인데, 법원으로서는 행정행위가 재량권을 일탈하였는지 여부만 판단할 수 있을 뿐 재량권의 범위 내에서 어느 정도가 적정한 행정행위인지에 관하여 판단할 권한이 없다.

따라서 판례는 부진정일부취소소송이라는 관념을 인정하지 않고 있다. 결국 판례대로라면 위법한 부담 이외의 부관으로 인하여 권리를 침해당한 자는 ① 부관부 행정행위 전체의 취소를 구하거나 ② 먼저 행정청에 부관 없는 또는 부관의 내용을 변경하는 처분으로 변경해 줄 것을 청구한 다음 그것이 거부된 경우 거부처분 취소소송을 제기할 가능성을 모색할 수밖에 없다(처분의 변경신청권의 인정문제).

(2) 사 례

이 같은 판례의 태도에 따른 관련 사례들을 살펴보면, ①의 경우 어업면허처분 중 그 면허유효기간 부분의 취소를 구하는 청구를 인용한 원심판결에 대하여, 대법원은 "어업면허처분을 함에 있어 그 면허의 유효기간을 1년으로 정한 경우 위 어업면허처분 중 그 면허유효기간만의 취소를 구하는 청구는 허용될 수 없다."라고 판시하여,[143] 부담을 제외한 나머지 부관에 대해서는 부관만의 취소는 구할 수 없고, 부관이 붙은 행정행위 전체의 취소를 통해서만 부관을 다툴 수 있다는 태도를 취하고 있다. 이에 따라 대법원은 "도로점용허가의 점용기간은 행정행위의 본질적인 요소에 해당한다고 볼 것이어서 부관인 점용기간을 정함에 있어서 위법사유가 있다면 이로써 도로점용허가처분 전부가 위법하게 된다 할 것이

---

143) 대법원 1986. 8. 19. 선고 86누202 판결.

다."라고 판시하여,[144] 위법한 부관이 중요부분이면 행정행위 전부를 취소하고 그렇지 않으면 기각함으로써 부담 이외의 위법부관에 대해서는 일부취소를 인정하지 않는다.

②의 사례로서, 행정청이 원고에게 기선선망어업의 허가를 하면서 등선, 운반선 등 일체의 부속선을 사용할 수 없다는 제한을 붙였고, 원고는 위 허가받은 내용에 따라 조업을 해오다가 선박의 척수를 변경하여 달라는 어업허가사항 변경신청을 하였는데,[145] 행정청이 이를 거부(불허가)하자 원고가 불허가처분취소를 구한 사례이다. 이에 대하여 대법원은 이 사건 기선선망어업의 허가를 하면서 운반선, 등선 등 부속선을 사용할 수 없도록 제한한 부관은 위법한 것이고 나아가 이 부관을 삭제하여 등선과 운반선을 사용할 수 있도록 하여 달라는 내용의 원고의 이 사건 어업허가사항 변경신청을 불허가한 피고의 처분 역시 위법하다고 판시하였다.[146] 다만 이 경우에 처분의 변경신청권이 법정되어 있지 않다면, 처분을 변경하여 달라는 조리상 신청권이 인정되지는 않는 것이 원칙이므로, 행정청이 처분변경을 거부한 경우 그 거부행위는 거부처분이 되지 않는 경우가 많을 것이다.

다. 검 토

부진정일부취소소송을 인정하자는 통설적 견해는 판례가 취하는 ①의 방식에 대해서 부관이 위법하여 취소했으나 더 불리한 처분이 발령될 수 있고, 원고가 원하는 효과를 판결에서 바로 부여할 수 없으며, 수익적 행정행위까지 취소되는 결과를 가져와 권리구제에 도움이 안 된다고 비판하고, ②의 방식에 대해서는 행정청에 부관 없는 또는 부관의 내용을 변경하여 달라고 신청한 후 그것이 거부된 경우에 그 거부처분 취소소송을 제기하여야 한다고 한다면 권리구제가 우회적이라고 비판한다.

그러나 원고가 행정행위 전체를 대상으로 취소소송을 제기한 결과 부관의 위법성이 판명되어 법원이 해당 행정행위 전체를 취소하게 되면, 행정청은 취소판결의 기속력 중 재처분의무에 의하여 판결주문의 전제가 된 판결이유를 참작하여 부관의 위법성을 시정함으로써 하자 없는 부관부 행정행위를 발령하게 될 것이므로 결과적으로 부관의 취소를 구하는 효과를 가져 오게 된다. 그리고 의무이행소송이 인정되지 않는 우리나라에서 거부처분 취소소송으로 권리구제를 우회하는 것은 불가피한 현상이지 이를 들어 부진정일부취소소송의 인정근거로 삼을 수는 없다.

---

144) 대법원 1985. 7. 9. 선고 84누604 판결.
145) 본선 2척을 1척으로 줄이는 대신 등선 2척과 운반선 3척을 추가하는 내용이었다.
146) 대법원 1990. 4. 27. 선고 89누6808 판결.

3. 부관의 독립취소가능성

가. 학 설

부관에 대한 취소소송(진정일부취소소송 · 부진정일부취소소송)이 허용되는 경우 본체인 행정행위와는 독립적으로 부관만 취소할 수 있는지가 문제된다. 이는 부관만 취소하고 행정행위를 존속시킬 경우 부관 없이는 하지 않았을 것으로 예상하는 행위를 행정청에게 강제로 부과하는 결과가 될 수 있기 때문이다.

이에 관하여, ① 부관을 독립적인 부관과 비독립적인 부관으로 그 유형을 나눈 다음 주된 행정행위로부터 분리가 가능한 부담만 취소가 허용된다는 견해, ② 주된 행정행위의 유형에 따라 주된 행정행위가 기속행위인 경우에는 그에 부과된 부관은 독립적으로 취소될 수 있으나 재량행위의 경우에는 앞에서 설명한 것과 같은 이유로 부관만의 독립적인 취소가 원칙적으로 인정되지 않는다는 견해, ③ 부관이나 주된 행정행위의 유형과 관계없이 부관이 주된 행정행위와 분리될 수 있는 경우에만 부관의 취소판결을 내릴 수 있다는 견해 등이 있다.

나. 판 례

판례는 부담만 독립취소가 가능하다는 입장에 있다.[147] 부관은 본체인 행정행위와 합쳐 하나의 행정행위를 이루는 것이어서 본체인 행정행위에 중요한 요소인 부관인지 여부를 불문하고 부관만 떼어 독립적인 쟁송의 수단으로 삼을 수 없고, 해당 행정행위 전체의 취소를 구하여야 하며, 부관만의 취소를 구하는 것은 부적법하다는 이유로 각하한다. 다만 부담은 행정행위의 불가분적 요소가 아니므로 독립하여 항고소송의 대상이 되고, 부담만의 취소가 가능하다. 따라서 도로점용허가에서 부담인 점용료 납부명령에 위법이 있을 때 그 점용료 납부명령만의 취소가 가능하지만, 점용허가기간 등에 위법사유가 있는 경우에는 그 기간만의 취소는 불가능하고 도로점용허가 전체를 취소한다.

다. 검 토

부관의 독립쟁송가능성과 쟁송형식에 관한 판례이론을 일관하면 부담만 독립하여 소로써 취소소송이 되므로 심리 범위는 부담만 될 것이고, 본안심리 결과 위법성이 인정된다면 부담만 취소할 수 있다고 보게 된다.

---

147) 대법원 2009. 2. 12. 선고 2005다65500 판결.

제5절 행정행위의 성립과 그 효력

Ⅰ. 행정행위의 성립요건 및 효력발생요건

1. 성립요건

행정행위가 적법하게 성립하기 위해서는 주체 · 절차 · 형식 · 내용에 관한 다음과 같은 요건들이 충족되어야 한다.

가. 주체에 관한 요건

행정청은 권한의 범위 내에서만 행정행위를 발할 수 있다. 행정권은 헌법 · 법률 등에 따라 여러 행정주체(국가 · 지방자치단체 등)에 분할되어 있고, 행정주체의 의사를 결정 · 표시하는 기관인 행정청의 권한 또는 관할도 지역적 · 사항적으로 한정되어 있으므로, 그 안에서 행정행위가 행해져야 한다.

나. 절차에 관한 요건

(1) 신분증이나 증표의 제시, 다른 행정기관과의 협의 등

행정행위를 발령하기 위하여 신분증이나 증표의 제시, 다른 행정기관과의 협의 등 일정한 절차가 요구되고 있는 경우에는 그에 관한 절차를 거쳐야 한다.

(2) 처분기준의 설정 · 공표

행정절차법 제20조에서는 처분기준의 설정 · 공표제도를 규정하고 있다. 행정청은 필요한 처분기준을 그 처분의 성질에 비추어 되도록 구체적으로 정하여 공표하여야 할 의무가 있다(처분기준을 변경하는 경우에도 같다). 다만 처분기준을 공표하는 것이 해당 처분의 성질상 현저히 곤란하거나 공공의 안전 또는 복리를 현저히 해하는 것으로 인정될 만한 상당한 이유가 있는 경우에는 공표하지 않을 수 있다. 한편, 당사자 등은 공표된 처분기준이 불명확한 경우 해당 행정청에 대하여 그 해석 또는 설명을 요청할 수 있는 권리가 있고, 해당 행정청은 특별한 사정이 없으면 이에 응하여야 한다.

(3) 의견청취

의견청취제도는 국민에게 불이익을 주는 처분을 하거나 다수 국민의 이해관계가 대립하는 처분을 하는 경우 행정과정에 국민이 참여할 수 있는 기회를 제공하여 혹시 있을지 모를 국민의 권리이익에 대한 위법 · 부당한 침해를 미연에 방지하도록 하는 절차를 말한

다. 행정절차법은 의견청취절차를 의견제출절차, 청문절차, 공청회절차 등의 세 가지 유형으로 구분하여 규정하고 있다.

다. 형식에 관한 요건

(1) 서면주의

행정절차법 제24조 제1항 본문에서는 "행정청이 처분을 하는 때에는 다른 법령 등에 특별한 규정이 있는 경우를 제외하고는 문서로 하여야 한다."라고 규정하고 있다. 이는 처분 내용의 명확성을 확보하고 처분의 존부에 관한 다툼을 방지하기 위한 것이다.[148] 다만 당사자 등의 동의가 있거나 당사자가 전자문서로 처분을 신청한 경우에는 전자문서로 할 수 있다. 그리고, 공공의 안전 또는 복리를 위하여 긴급히 처분을 할 필요가 있거나 사안이 경미한 경우에는 말, 전화, 휴대전화를 이용한 문자 전송, 팩스 또는 전자우편 등 문서가 아닌 방법으로 처분을 할 수 있다(제1항 후문). 이 경우에도 당사자의 요청이 있는 때에는 지체없이 처분에 관한 문서를 주어야 한다(제2항).

(2) 이유제시

행정절차법 제23조 제1항에서는 "행정청이 처분을 하는 때에는 당사자에게 그 근거와 이유를 제시하여야 한다."라고 규정하여 이유제시를 의무화하였다. 이유제시는 처분의 사전통지와 더불어 처분을 하기 전에 또는 처분과 더불어 밟아야 하는 필수적인 절차이다.

이유제시에는 ① 사안을 설명하며 명확하게 하는 기능, ② 당사자를 양해시키고 만족시키는 기능, ③ 권리구제기능, ④ 행정통제기능 등이 있다. 대법원도 이유제시를 하는 이유는 행정청의 자의적 결정을 배제하고, 이해관계인으로 하여 행정구제절차에 적절히 대처할 수 있게 하기 위한 것이라고 판시하였다.[149]

라. 내용에 관한 요건

행정행위는 그 내용이 헌법과 법률에 적합하고 타당하여야 하며 사실상 · 법률상 실현 가능하고 객관적으로 명확하여야 한다.

---

148) 대법원 2005. 7. 28. 선고 2003두469 판결.

149) 대법원 1990. 9. 11. 선고 90누1786 판결, 한편 서울행정법원은 "처분사유를 명시하도록 한 것은 행정청으로 하여금 신중한 조사와 판단을 하여 정당한 처분을 하게하고, 그 정당성의 근거를 제시하도록 하기 위한 것으로서, 처분의 상대방에게 이를 알려 불복신청에 편의를 주고 나아가 이에 대한 사법심사에 있어서 심리의 범위를 한정함으로써 결국 이해관계인의 신뢰를 보호하고 절차적 권리를 보장하기 위한 것이다."라고 판시하였다(서울행정법원 1999. 2. 26. 선고 98구1115 판결 등 참조).

2. 효력발생요건

가. 대외적 표시와 도달주의

행정행위가 위와 같이 주체 · 절차 · 형식 · 내용에 관한 요건을 갖추면 적법하게 성립하게 되고, 그런 다음 외부에 표시되면 효력이 발생하게 된다. 여기에서 '표시'라 함은 행정행위를 대외적으로 알리는 것을 말하고, 그 효력발생 여부는 행정청이 행정의사를 공식적인 방법으로 외부에 표시하였는지를 기준으로 판단하여야 한다.

상대방이 특정되어 있는 행정행위는 외부에 표시되어 상대방이 알 수 있는 상태에 도달함으로써 효력이 발생한다.[150) 행정절차법 제15조 제1항에서는 "송달은 다른 법령 등에 특별한 규정이 있는 경우를 제외하고는 송달받을 자에게 도달됨으로써 그 효력이 발생한다."라고 규정하여 이를 명시하고 있다. 상대방에게 고지되지 않은 경우에는 상대방이 다른 경로를 통하여 처분의 내용을 알게 되었다고 하더라도 효력이 발생하지 않는다.[151)]

나. 송 달

송달방법 및 장소, 수령인 등에 대해서는 처분의 근거법률에 특별규정이 있는 경우에는 그에 따라야 할 것이다. 행정심판법 제57조는 서류의 송달에 관하여 민사소송법을 준용하도록 되어 있고, 국세기본법 제8조 내지 제12조에도 송달에 관한 특별규정을 두고 있다.

근거법률에 특별한 규정이 없으면 행정절차법 제14조, 제15조의 송달에 관한 규정이 적용되고, 행정절차법에 규정되지 않은 부분은 민법의 일반원칙에 의하게 된다. 통상의 송달은 우편, 교부 또는 정보통신망을 이용하여 이루어지지만, 송달받을 자의 주소를 알 수 없거나 불가능한 경우 등에는 관보 · 공보 · 게시판 · 일간신문 중 하나 이상에 공고하고 인터넷에도 공고하여야 한다.

다. 도 달

문서에 의할 필요가 없는 행위는 구술에 의한 통지도 무방하나, 일정한 서면에 의한

---

150) 대법원 1996. 12. 20. 선고 96누9799 판결. 입국금지결정이 공식적인 방법으로 외부에 표시된 것이 아니라 내부전산망인 '출입국관리정보시스템'에 입력하여 관리한 것에 지나지 않다면 처분으로서의 효력이 발생하지 않는다(대법원 2019. 7. 11. 선고 2017두38874 판결). 한편, 경고, 교통신호 등과 같이 표시와 동시에 효력을 발생하는 행정행위도 있다.

151) 피고가 인터넷 홈페이지에 처분의 내용을 게시한 것만으로는 적법한 송달이 이루어졌다고 볼 수 없고, 원고가 그 홈페이지에 접속하여 처분의 내용을 확인하였다고 하더라도 처분의 효력이 발생하는 것은 아니다(대법원 2019. 8. 9. 선고 2019두38656 판결). 또한, 과세관청이 법원에 제출한 답변서 또는 준비서면에서 내부적 결정사실을 밝혔다거나 납세의무자의 가산세 감면신청에 대하여 가산세 부과가 적법하다는 내용의 통지를 하였더라도 그것을 기한후 신고에 대한 결정의 통지로 볼 수 없다(대법원 2020. 2. 27. 선고 2016두60898 판결).

행위는 그 서면이 상대방에게 도달하여야 효력이 발생한다(행정절차법 제15조 제1항 참조). 사망자를 송달받을 자로 한 경우 상속인에 대한 송달은 효력이 없다.[152] 도달이라 함은 상대방이 알 수 있는 상태 또는 양지할 수 있는 상태를 말한다.[153] 도달은 사회관념상 피통지자가 통지의 내용을 알 수 있는 객관적 상태에 놓여졌다고 인정되는 상태를 말하므로, 그가 이를 현실적으로 수령하였다거나 그 통지의 내용을 알았을 것까지 요구하지는 않는다. 본인에게 전달되는 것이 원칙적인 모습일 것이나 우편함 투입, 동거하는 친족·가족·고용인 등에 대한 교부, 본인의 세력범위 내 또는 생활지배권 범위 내에 들어간 경우도 포함한다.

도달은 우편법상 배달과는 다른 개념이다. 우편물이 배달되면 우편물이 정당하게 교부된 것으로 인정하여 국가의 배달업무를 다하였다는 것을 의미할 뿐 우편물의 송달로써 달성하려고 하는 법률효과까지 발생하게 하는 것은 아니므로, 우편물이 배달되었다 하더라도 언제나 상대방 있는 의사표시의 통지가 상대방에게 도달하였다고 볼 수는 없다.[154] 우편물이 내용증명우편이나 등기우편과 같은 등기취급의 방법으로 발송된 경우에는 도중에 유실되었거나 반송되었다는 등의 특별한 사정에 대한 반증이 없다면 그 무렵 수취인에게 배달되었다고 추정할 수 있다.[155] 이와는 달리 보통우편의 방법으로 발송되었다는 사실만으로는 그 우편물이 상당한 기간 내에 도달하였다고 추정할 수 없다.[156]

한편, 상대방이 부당하게 등기취급의 방법으로 발송된 우편물의 수취를 거부함으로써 우편물의 내용을 알 수 있는 객관적 상태의 형성을 방해한 경우에는, 부당한 수취 거부가 없었더라면 상대방이 우편물의 내용을 알 수 있는 객관적 상태에 놓일 수 있었던 때(수취거부시)에 도달된 것으로 보아야 한다.[157]

정보통신망을 이용하여 전자문서로 송달하는 경우에는 송달받을 자가 동의한 경우에만 허용되는데, 이때에는 그가 지정한 컴퓨터 등에 입력된 때에 도달된 것으로 본다(제2항). 특정인의 주소 등을 확인할 수 없거나 송달이 불가능하여 공고에 의한 송달을 하는 경우에는 공고가 있은 날부터 14일이 경과하여야 송달의 효력이 발생한다(제3항).

---

152) 대법원 1994. 4. 26. 선고 93누13360 판결.

153) 예컨대, 채무자의 가정부가 수령한 직후 한집에 거주하고 있는 통지인인 채권자가 그 우편물을 바로 회수해 버렸다면 그 우편물의 내용이 무엇인지를 그 가정부가 알고 있었다는 등의 특별한 사정이 없었던 이상 그 채권양도의 통지는 사회 관념상 채무자가 그 통지내용을 알 수 있는 객관적 상태에 놓여 있는 것이라고 볼 수 없으므로 그 통지는 피고에게 도달되었다고 볼 수 없을 것이다(대법원 1983. 8. 23. 선고 82다카439 판결).

154) 대법원 1993. 11. 26. 선고 93누17478 판결.

155) 대법원 1992. 3. 27. 선고 91누3819 판결, 대법원 2017. 3. 9. 선고 2016두60577 판결.

156) 대법원 2009. 12. 10. 선고 2007두20140 판결.

157) 대법원 2020. 8. 20. 선고 2019두34630 판결 참조. 우편물의 수취를 거부한 것에 정당한 사유가 있는지에 관해서는 수취거부를 한 상대방에게 증명할 책임이 있다.

라. 고시·공고 등에 의하여 효력이 발생하는 경우

불특정 다수인에 대한 처분으로 관보 · 신문에의 고시 또는 게시판의 공고의 방법으로 외부에 그 의사를 표시함으로써 효력이 발생하는 경우에는 그 처분의 효력이 불특정 다수인에게 일률적으로 적용되는 것이므로, 처분에 이해관계를 갖는 자가 고시 또는 공고가 있었다는 사실을 현실적으로 알았는지 여부에 관계없이 고시가 효력을 발생하는 날에 처분이 있음을 알았다고 보아야 한다.[158] 이때 근거법규에 정함이 있는 경우에는 그에 따라, 근거법규가 효력발생일을 정하지 않았으면 공고 후 5일이 경과한 날 처분이 있음을 알았다고 본다(행정업무의 운영 및 혁신에 관한 규정 제6조 제3항).

Ⅱ. 행정행위의 효력 및 구속력

1. 행정행위의 효력

적법하게 성립하고 유효요건을 갖춘 행정행위는 행정행위로서의 효력이 발생하고, 유효한 행정행위는 그 상대방 또는 내용에 따라 다른 구속력을 가지게 된다. 행정행위의 효력에는 내용적 구속력, 공정력, 구성요건적 효력, 존속력, 강제력 등이 있다.

2. 내용적 구속력(협의의 구속력)

행정행위가 그 내용에 따라 관계행정청 및 관계인에 대하여 일정한 법률적 효과를 발생하는 힘을 '내용적 구속력'이라고 한다. 예를 들면, 과세처분이 행해지면 상대방에게 급부의무가 발생하는 것이 이에 해당한다.

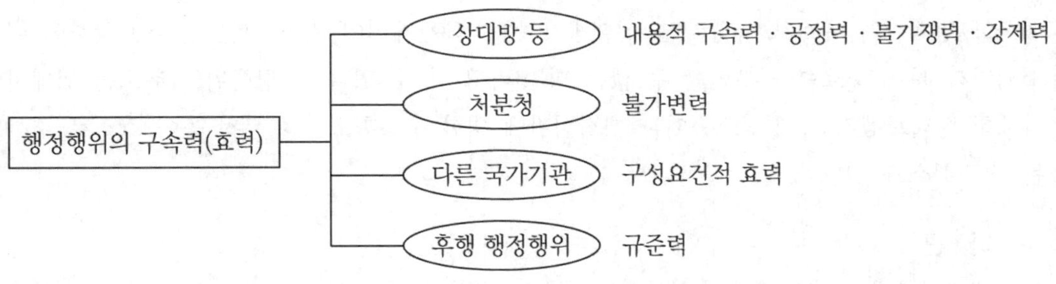

158) 대법원 2001. 7. 27. 선고 99두9490 판결.

3. 공 정 력

> **행정기본법 제15조(처분의 효력)** 처분은 권한이 있는 기관이 취소 또는 철회하거나 기간의 경과 등으로 소멸되기 전까지는 유효한 것으로 통용된다. 다만, 무효인 처분은 처음부터 그 효력이 발생하지 아니한다.

가. 의 의

행정행위는 그 밖의 행정작용이나 사법상의 법률행위에서 인정되지 않는 공정력이라는 특별한 효력을 가진다. 예컨대, A가 B에게 100만원을 주었는데, A는 위 돈을 대여한 것이라고 주장하는 반면 B는 증여받은 것이라고 하면서 이를 부인한다고 가정하자. 이때 A가 B에게 민사소송을 제기하여 승소하고 그 판결이 확정될 때까지는 대여계약에 따른 법률효과를 현실적으로 관철시킬 수 없게 된다. 반면에 A세무서장이 B에게 100만원의 과세처분을 하였다면, 위 과세처분의 효력은 바로 발생하게 되고, 민사소송에서와는 반대로 B가 과세처분에 관한 항고소송을 제기하여 그 효력을 제거하여야 한다.

이렇게 행정행위에는 취소되기 전까지는 '유효하게 통용되는 힘'이 있다. 다만 위와 같은 효력이 미치는 상대방에 따라 공정력과 뒤에서 보는 구성요건적 효력으로 구별된다. 과거에는 이를 구별하지 않고 공정력을 '누구든지' 부인할 수 없는 힘이라고 생각했지만, 오늘날에는 행정행위의 직접 상대방 또는 이해관계인에 대한 구속력과 제3의 국가기관에 대한 구속력을 구별하여 전자를 공정력,[159] 후자를 구성요건적 효력으로 나눈다. 그러나 판례는 아직까지는 공정력과 뒤에서 보는 구성요건적 효력을 구별하지 않고 있다.[160]

이러한 관점에서 공정력을 정의하면, '비록 행정행위가 하자가 있더라도 그 하자가 중대하고 명백하여 무효가 아니라면, 상대방 또는 이해관계인이 권한 있는 기관에 의하여 취소되기까지는 그 효력을 부인할 수 없는 힘'이라고 할 수 있다. 행정행위의 취소는 뒤에서 자세히 살펴보겠지만, 행정소송이나 행정심판에 의한 쟁송취소와 처분청 등이 스스로 행하는 직권취소가 있다.

나. 근 거

행정기본법 제15조에서는 처분의 효력 중 '공정력'에 관한 사항을 규정하였는데, 처분

---

159) 공정력을 '예선적 효력', '잠정적 효력'이라고 부르는 견해도 있다.

160) 대법원 1994. 4. 12. 선고 93누21088 판결. 대법원 1991. 4. 23. 선고 90누8756 판결에서는 공정력을 행정행위가 행정소송이나 다른 행정행위에 의하여 적법하게 취소될 때까지는 단순히 취소사유만으로 누구나 그 효력을 부인할 수는 없는 것이라고 설명하고 있다.

은 권한이 있는 기관이 취소 또는 철회하거나 기간의 경과 등으로 소멸되기 전까지는 '유효한 것으로 통용'되도록 하되, 무효인 처분은 처음부터 효력이 발생하지 않는다는 점을 명시하고 있다. 이 조문에서 '유효한 것으로 통용되는 힘'의 대상을 처분의 상대방이나 이해관계인으로 한정하고 있지 않으므로, 여기에서 말하는 처분의 효력에는 뒤에서 살펴볼 다른 국가기관에 대한 효력인 구성요건적 효력을 포함하는 것으로 해석된다. 한편, 행정심판법이나 행정소송법과 같은 취소쟁송제도를 뒷받침하는 실정법상의 규정이나 직권취소제도 등도 공정력의 간접적인 근거가 될 수 있다.

이론적으로는 자기확인설, 국가권위설, 예선적 효력설, 법적 안정설 등이 행정행위의 공정력의 근거로 제시되기도 하지만, 행정목적의 신속한 달성, 행정법관계의 안정성 유지, 상대방의 신뢰보호 등과 같은 정책적 고려에서 구하는 법적 안정설이 통설이고 타당하다.

다. 공정력의 한계

공정력은 하자가 있는 행정행위에도 일단은 인정되지만, 하자가 중대하고 명백하여 무효인 행정행위에는 인정되지 않는다. 무효인 행정행위에 대해서는 행정심판, 행정소송 등을 통하여 언제든지 그 행정행위의 무효확인을 구할 수 있기 때문이다. 또한 취소쟁송제도가 '공정력'의 주된 근거를 이루므로, 취소쟁송의 대상이 되지 않는 명령(법규명령 · 행정규칙 · 자치법규 등), 행정계약(공법상 계약 · 사법상 계약), 단순한 사실행위, 사법행위 등에는 공정력이 인정되지 않는다.

라. 공정력과 증명책임

과거에는 공정력을 '적법성의 추정'으로 이해하는 견해가 있었고, 그 견해는 상대방이 행정행위의 위법성에 대한 증명책임을 부담한다고 보았다. 그러나 행정의 법률적합성의 원칙상 처분의 적법성은 처분을 행한 행정청이 증명하여야 한다. 따라서 공정력과 증명책임의 배분과는 직접적인 관련이 없다.

4. 구성요건적 효력

가. 의 의

행정행위의 구성요건적 효력이란 '비록 행정행위가 하자가 있더라도 그 하자가 중대하고 명백하여 무효가 아니라면, 모든 국가적 기관은 행정행위의 존재 또는 효력을 존중하고, 스스로의 판단의 기초 또는 구성요건으로 삼아야 하는 구속력'을 말한다.

나. 근 거

구성요건적 효력의 근거는 권한과 직무 또는 관할을 달리하는 국가기관들이 서로 권한을 존중하여야 하고 그 권한을 침해해서는 안 된다는 것에 있다. 이렇게 구성요건적 효력은 국가기관 상호간의 권한존중에서 기인하는 것인 반면, 공정력은 법적 안정성에서 기인하는 것이다.

다. 구성요건적 효력과 선결문제

선결문제란 민사·형사사건 등에서 어떠한 행정행위의 위법 여부 또는 존재 및 유효 여부가 그 사건의 본안판단에 앞서 선결문제가 되는 경우 해당 사건을 맡은 민사·형사법원 등이 그것에 대하여 스스로 심리·판단할 수 있는지의 문제이다.

(1) 민사사건

㈎ 행정행위의 위법 여부가 선결문제인 경우(국가배상소송)

예컨대, 행정청의 철거명령으로 건물을 철거당한 사람이 그 철거명령의 위법을 이유로 국가배상을 청구한 사건을 처리하는 민사법원이 그 철거명령의 위법 여부를 스스로 심사할 수 있는지의 문제이다.[161] 이에 대한 학설과 판례는 다음과 같다.

① **부정설:** 행정행위에는 구성요건적 효력이 있기 때문에 권한 있는 기관에 의하여 취소될 때까지는 어떠한 국가기관도 그 효력에 구속되어야 하는 점, 행정소송법상 취소소송은 행정법원의 전속관할이므로 민사법원은 행정행위를 취소할 수 없다는 점, 행정소송법 제11조 제1항에서는 '처분 등의 효력 유무 또는 존재 여부'가 민사소송의 선결문제로 되는 경우에 대해서만 규정하고 있다는 점 등을 근거로 민사법원은 그 위법성 여부를 스스로 심리·판단할 수 없다는 견해이다.

② **긍정설:** 행정행위의 효력 자체를 부인하는 것이 아니라 위법성을 판단하는 것에 불과하다는 점, 국가배상에서 위법성은 행정쟁송의 위법성과는 다른 개념이라는 점, 행정소송법 제11조 제1항의 규정은 예시규정이라고 해석하여야 한다는 점 등을 근거로 민사법원은 그 행정행위의 위법성 여부에 대한 심사를 할 수 있다는 견해이다.

③ **판례:** 대법원은 국가배상사건에서 민사법원이 선결문제로 행정행위의 위법성 여부를 심사할 수 있다는 입장에 있다. 행정대집행이 완료되어 그와 관련된 처분의 무효확인 또는 취소를 구할 수 없더라도 그 처분이 위법하다고 주장하면서 국가배상을 청구할 수 있고,[162] 영업정지기간이 만료되어 영업정지처분의 취소를 구할 소의 이익이 없더라도 국가

---

161) 실무는 국가배상소송을 민사소송으로 다루고 있으나, 국가배상은 공법적 원인에 의하여 발생한 손해에 대한 배상이므로, 당사자소송으로 보는 것이 타당하다. 그렇다고 하더라도 구성요건적 효력과 관련하여 선결문제에 대한 결론이 달라지는 것은 아니다. 구성요건적 효력은 다른 국가기관(처분청 이외의 행정청과 취소소송의 수소법원 이외의 법원)에 대한 구속력이므로, 공법상 당사자소송을 관할하는 행정법원도 다른 국가기관으로 취급하여야 하기 때문이다.

162) 대법원 1972. 4. 28. 선고 72다337 판결.

배상청구는 처분이 취소되었는지 여부와 관계없이 판단될 수 있다고 판시하였다.[163)]

④ **검토**: 국가배상사건에서 행정행위의 위법 여부가 본안사건에서의 선결문제로서 등장하는 경우 법원이 스스로 심리할 수 있다. 민사법원이 국가배상청구의 요건으로서 위법성을 판단할 때 행정행위의 효력 자체를 취소하는 것은 아니므로, 행정행위의 구성요건적 효력에 저촉되는 것은 아니기 때문이다. 또한, 항고소송에서 처분의 위법성과 국가배상소송에서의 처분행위(공무집행)의 위법성을 다른 개념으로 파악하는 판례의 입장에서는 더욱 그러하다.

(나) 행정행위의 존재 또는 무효 여부가 선결문제인 경우(부당이득반환청구소송)

부당이득반환청구소송에서 행정행위의 존재 여부 또는 무효 여부가 선결문제가 되는 경우이다. 이때 행정행위가 무효가 아니라면 그 효력을 부인할 수는 없으므로, 국가 등이 '법률상 원인 없이' 이득하지 않은 것으로 취급하여야 한다.

과세처분이 위법하다는 이유로 이미 납부한 세금의 반환을 청구한 사례를 상정해보면, 수소법원인 민사법원은 무효여부를 선결문제로 판단할 수 있겠으나,[164)] 행정행위에 취소사유가 있다고 하더라도 그 사건에서 해당 행정행위를 취소할 수는 없기 때문에 과세처분이 유효하다고 전제할 수밖에 없으므로, 법률상 원인이 없다는 이유로 부당이득반환을 명할 수 없게 된다.[165)] 이 경우 원고는 먼저 과세처분의 취소소송을 제기하여 승소판결을 받거나 적어도 병합하여 제기하는 수밖에 없다.[166)]

---

163) 대법원 1974. 3. 12. 선고 73누228 판결.

164) 대법원 2010. 4. 8. 선고 2009다90092 판결 참조.

165) 대법원 1973. 7. 10. 선고 70다1439 판결. 예를 들면, 과세관청이 원천징수의무자가 납세의무를 이행하지 않거나 그에 따라 납부된 세액이 정당한 세액에 미달한다고 보아 납부할 세액을 정하여 고지하는 경우, 과세관청의 의사는 이때 비로소 대외적으로 공식화되는 것이므로, 원천징수의무자가 위 납부고지에 따라 세액을 납부한 뒤 과세관청과 견해가 다르다는 이유로 불복을 제기하고자 하는 경우에는, 과세관청이 정한 세액과 관련된 하자가 중대하고도 명백하여 무효가 아닌 이상 곧바로 부당이득반환을 구하는 민사소송을 제기할 것이 아니라, 징수처분에 대하여 전심절차와 행정소송을 제기함으로써 구제를 받아야 한다(대법원 2025. 9. 4. 선고 2025다211104 판결). 이러한 법리는 행정주체의 사인에 대한 부당이득반환청구권의 경우에도 마찬가지로 적용된다. 가령 요양기관의 국민건강보험공단에 대한 요양급여비용청구권은 요양기관의 청구에 따라 공단이 지급결정을 함으로써 구체적인 권리가 발생하는 것이므로, 요양기관의 요양급여비용 수령의 법률상 원인에 해당하는 요양급여비용 지급결정이 취소되지 않았다면, 그 결정에 따라 지급된 요양급여비용이 법률상 원인 없는 이득이라고 할 수 없고, 국민건강보험공단의 요양기관에 대한 부당이득반환청구권도 성립하지 않는다(대법원 2020. 9. 3. 선고 2015다230730 판결).

166) 취소소송에 관련 청구로 병합된 해당 처분의 취소를 선결문제로 하는 부당이득반환청구가 인용되기 위해서는 그 소송절차에서 판결에 의하여 해당 처분이 취소되면 충분하고 그 처분의 취소가 확정되어야 하는 것은 아니다(대법원 2009. 4. 9. 선고 2008두23153 판결).

❑ [관련문제] 과세처분 등에 불복하는 경우 소송상 취급

과세처분에 불복이 있는 경우 납세자는 과세처분의 위법사유에 따라 취소사유가 있는 때에는 취소소송으로, 무효사유가 있는 때에는 항고소송으로서 무효확인소송이나 당사자소송으로서 조세채무부존재확인의 소로써 다툴 수 있게 된다.

문제는 과세처분에 따라 세금을 이미 납부한 경우에도 과세처분무효확인의 소를 제기할 수 있는지에 있다. 종래의 판례는 민사소송으로 과세처분의 무효를 원인으로 한 부당이득반환청구소송을 제기할 수 있음에도 불구하고 행정소송으로 과세처분 무효확인의 소를 제기하는 것은 확인의 이익이 없다는 이유로 각하하였었다(무효확인소송의 보충성).

이러한 경우 민사법원이 위 소송을 처리하기 위해서는 과세처분의 무효여부를 선결문제로 해결하여야 하는데, 행정법원에서 위 소송을 처리하는 것보다는 아무래도 전문성이 떨어질 수밖에 없다. 따라서, 지배적인 학설은 과세처분의 무효를 전제로 한 과오납금환급청구소송을 당사자소송으로 다루어야 한다고 주장하는데,[167] 그렇게 되면 전문법관으로 구성된 행정법원에서 그 소송을 다루게 될 뿐만 아니라 소의 종류의 변경과 피고경정 등 행정소송법상의 특칙이 적용되어 과세처분 취소소송으로의 변경이 자유롭고 제소기간도 최초의 소제기시로 소급하여 적용된다.

그리하여, 대법원은 전원합의체 판결로써 무효확인을 구할 소의 이익에 관한 새로운 해석을 내놓았다.[168] 처분의 근거 법률에 의하여 보호되는 직접적이고 구체적인 이익이 있는 경우에는 행정소송법 제35조에 규정된 '무효확인을 구할 법률상 이익'이 있다고 볼 수 있다는 것이다. 따라서 이제는 처분의 무효를 전제로 한 이행소송과 같은 직접적인 구제수단이 있는지 여부를 따질 필요없이 무효확인소송을 제기할 수 있게 된 것이다.

(2) 형사사건

형사사건에서도 '행정행위의 위법 여부가 선결문제로 되는 경우'에 형사법원이 이를 판단할 수 있는지에 대해서도 긍정설과 부정설이 나뉘어져 있으나 긍정설이 타당하다. 형사법원은 취소할 수 있는 행정행위의 효력을 부인하는 것이 아니기 때문이다. 이러한 문제는 주로 명령적 행위에 대한 불복종을 이유로 기소된 사건에서 발생한다. 처분이 위법함에도 불구하고 그것을 따르지 않은 행위를 처벌을 할 수 있겠는지의 문제는 형사소송의 본질과도 관련된다. 이에 대하여 대법원은 시정명령이나 조치명령과 같은 하명을 받은 자가 이에 따르지 않아 처벌을 받기 위해서는 그 하명이 적법한 것이라야 하고, 그 하명이 무효가 아니라 하더라도 그것이 위법한 것이라고 인정된다면 처벌할 수 없다는 입장에 있다. 가령 개발제한구역 안에 건축되어 있던 비닐하우스를 매수한 자에게 구청장이 이를 철거하여 토

167) 대법원 2013. 3. 21. 선고 2011다95564 전원합의체 판결은 부가가치세 환급세액의 지급을 구하는 소송은 민사소송이 아닌 당사자소송으로 제기하여야 한다고 판시하였으나, 환급규정에 의한 환급금 반환청구가 아닌 조세의 과오납에 의한 과오납금 반환청구를 민사소송으로 본 기존의 판례를 변경하지는 않았다.

168) 대법원 2008. 3. 20. 선고 2007두6342 전원합의체 판결. 이러한 법리는 부존재확인소송에서도 마찬가지로 적용된다(대법원 2025. 11. 20. 선고 2025두33652 판결).

지를 원상회복하라고 지시한 시정조치가 위법하다면 이를 따르지 않았다고 하더라도 조치명령 등 위반죄로 처벌할 수 없다고 하였다.[169] 이러한 판례는 의무 없는 자에게 의무를 명한 것과 같은 실체법적 위법사유뿐만 아니라 시정명령이나 조치명령 등의 하명을 행할 때 행정절차법에서 정한 사전통지나 의견제출의 기회를 제공하지 않았다는 등의 절차적 위법사유에도 마찬가지로 적용된다.[170]

한편, '행정행위의 존재 여부가 형사재판에서 선결문제가 된 사건'에서는 행정행위에 하자가 있더라도 무효가 아니라면, 형사법원은 그 '행정행위의 존재'를 부인할 수 없다. 예컨대, 연령을 속여 발급받은 운전면허라고 하더라도 취소가 되지 않았다면, 형사법원은 운전면허 발급행위의 위법을 이유로 무면허운전자로서 유죄를 선고할 수는 없다.[171] 또한 물품을 수입하고자 하는 자가 일단 세관장에게 수입신고를 하여 면허를 받고 물품을 통관한 경우에는 세관장의 수입면허가 무효가 아니라면 무면허수입죄가 성립될 수 없다.[172] 그리고 광업출원인이 부정한 방법을 사용하여 광업권설정허가를 받아 광업권등록원부에 그를 광업권자로 등록케 하였어도 허가가 무효이거나 취소되지 않았다면 공정증서원본불실기재 및 동행사죄는 성립하지 않는다.[173]

5. 존속력(불가쟁력·불가변력)

가. 의 의

행정행위가 일단 행해지면 그에 터잡아 수많은 법률관계가 형성되므로, 되도록이면 그 행정행위를 존속시키는 것이 여러모로 바람직할 것이다. 이러한 요청을 제도화한 것이 행정행위의 불가쟁력과 불가변력이고 이를 합쳐서 존속력이라고 부른다.

나. 불가쟁력

행정행위에 대한 쟁송의 제기기간이 경과하거나 쟁송수단을 다 거친 경우에는 상대방 또는 이해관계인은 더 이상 행정행위의 효력을 다툴 수 없게 되는데, 이를 불가쟁력 또는 형식적 존속력이라고 한다. 불가쟁력이 발생한 행정행위에 대한 행정심판 및 취소소송의 제기는 부적법하다. 그러나 무효인 행정행위는 쟁송제기기간의 제한을 받지 않으므로 불가쟁력이 발생하지 않는다.

그런데, 행정쟁송의 제소기간이 도과되었거나 쟁송절차를 모두 거친 경우라고 하더라

169) 대법원 2004. 5. 14. 선고 2001도2841 판결. 같은 취지 대법원 2008. 2. 29. 선고 2006도7689 판결, 대법원 2016. 12. 29. 선고 2014도16109 판결.
170) 대법원 2017. 9. 21. 선고 2014도12230 판결, 대법원 2020. 5. 14. 선고 2020도2564 판결.
171) 대법원 1982. 6. 8. 선고 80도2646 판결.
172) 대법원 1989. 3. 28. 선고 89도149 판결.
173) 대법원 1992. 11. 24. 선고 92도2450 판결.

도 행정행위의 기초가 된 사실관계 또는 법률관계가 변경되어 당초 근거가 되었던 사실관계와 법률관계가 사회적 관념이나 법질서와 충돌하는 때에는 당초의 행정행위를 재고하여 당사자의 권리를 보호할 필요가 있다. 법원에서 확정된 판결에 대해서도 민사소송법과 형사소송법에 따라 일정한 요건 하에 재심이 허용되는데, 행정행위에 대해서도 재심사의 기회를 보장하지 않을 이유가 없으므로, 행정기본법의 제정과 함께 정의와 형평의 관점에서 처분의 재심사제도가 도입되었다. 이러한 재심사제도는 불가쟁력을 깨는 예외적인 것이므로, 이에 대해서는 항을 나누어 뒤에서 자세히 살펴보기로 한다.

불가쟁력은 행정행위의 상대방이나 이해관계인에 대한 구속력이고, 처분청이나 그 밖의 국가기관을 구속하지는 않는다. 따라서 처분청은 불가쟁력이 발생한 후에도 행정행위를 취소·변경할 수 있다.

한편, 행정행위에 불가쟁력이 발생하였다고 하더라도 판결에서의 기판력과는 달리, 처분의 기초가 된 사실관계나 법률적 판단이 확정되어 당사자들이나 법원이 이에 기속되는 것은 아니므로, 모순되는 주장이나 판단을 할 수 없게 되는 것은 아니다.[174)]

다. 불가변력

행정행위는 하자가 있거나 어떠한 사유가 있을 경우 취소 또는 변경되거나 철회되기도 한다. 그러나 행정행위의 하자 또는 새로운 사정의 발생에도 불구하고 직권에 의한 취소·철회가 제약받는 경우가 있는데, 이러한 힘을 불가변력 또는 실질적 존속력이라 한다.

불가변력은 모든 행정행위에 공통된 효력이 아니라 예외적으로 특별한 경우에만 인정된다. 특히 행정심판의 재결 등과 같이 일정한 쟁송절차를 거쳐 행해지는 확인판단적·준사법적 행정행위에 대하여 불가변력이 인정된다.

6. 강제력(집행력·제재력)

가. 집 행 력

행정행위에 의하여 부과된 행정상 의무를 상대방이 이행하지 않는 경우 행정청이 스스로의 강제력을 발동하여 그 의무를 실현시키는 힘을 집행력이라고 한다. 모든 행정행위가 집행력을 가지는 것이 아니라 상대방에게 어떤 의무를 부과하는 하명행위만 집행력을 가질 수 있으므로 허가·면제·특허·인가 등과 같이 의무의 부과와 무관한 행정행위는 집행력이 없다. 오늘날 집행력은 해당 행정행위에 내재하는 당연한 속성이라고 보지 않으므로, 하명과는 별도의 법률적 근거가 필요하다.

---

174) 대법원 2019. 10. 17. 선고 2018두104 판결.

나. 제 재 력

행정행위에 의하여 부과된 의무를 위반하는 경우 행정벌(행정형벌 · 질서벌)이 과해지는 경우가 많다. 이러한 행정행위의 제재력도 법률상 근거를 필요로 한다는 점에서 행정행위 자체에 내재되어 있는 효력이라고 볼 수 없다.

제 6 절 행정행위의 하자

Ⅰ. 의 의

1. 하자의 개념

행정행위가 적법하게 성립하고 효력을 발생하기 위해서는 여러 가지 요건이 갖춰져야 하는데, 그러한 요건을 충족하지 못하면 그 행정행위에는 하자가 있다고 표현하고 대부분의 경우에 위법한 것이 된다.[175] 통상 '행정행위의 하자'라고 함은 위법사유를 뜻하는 좁은 의미의 하자를 말하고, 위법한 행정행위는 '무효'인 행위와 '취소'할 수 있는 행위로 나누어진다.

이와는 달리 행정기관이 재량을 잘못 행사하였으나 한계를 벗어나지 않은 경우에는 '부당'이라고 부른다. 하자를 넓은 의미로 말할 때에는 '부당한 행위'도 '하자있는 행위'에 포함된다.

명백한 오기 · 오산 기타 이에 준하는 행정행위의 표면상의 오류는 하자로 보지 않는다. 행정절차법 제25조는 "행정청은 처분에 오기 · 오산 또한 그밖에 이에 준하는 명백한 잘못이 있을 때에는 직권으로 또는 신청에 따라 지체 없이 정정하고 이를 당사자에게 통지하여야 한다."라고 규정하고 있다.

---

175) 행정행위에 하자가 있다고 하더라도 위법하지 않은 경우가 있을 수 있다. 가령 여러 처분사유에 관하여 하나의 제재적 처분을 하였는데 그중 일부가 인정되지 않는다고 하더라도 나머지 처분사유들만으로도 그 처분의 정당성이 인정되는 경우에는 그 처분을 위법하다고 보아 취소해서는 안 된다는 것이 판례이다(대법원 2020. 5. 14. 선고 2019두63515 판결). 또한, 주택재개발정비사업조합의 총회결의에 자격을 상실한 조합원들이 참여하였으나 그들을 제외하더라도 사업시행계획 수립을 위한 의결정족수를 넉넉히 충족하여 사업시행계획 수립에 관한 총회결의의 결과에 어떤 실질적인 영향을 미쳤다고 볼 만한 특별한 사정이 없다면, 자격을 상실한 조합원들에게 소집통지가 이루어졌고 그들이 총회결의에 일부 참여하였다는 점만으로 총회결의가 무효라거나 총회결의를 통해 수립된 사업시행계획에 이를 취소하여야 할 정도의 위법사유가 있다고 단정하기는 어렵다고 한 사례가 있다(대법원 2021. 2. 10. 선고 2020두48031 판결).

2. 행정행위의 부존재와의 구별

행정행위의 부존재라고 함은 행정행위라고 볼 만한 외형상의 존재 자체가 없는 경우를 말한다. 예컨대, ① 행정청이 아닌 명백한 사인이 행한 경우, ② 행정권의 발동으로 볼 수 없는 경우, ③ 행정기관 내에서 내부적 의사결정이 있었을 뿐 아직 외부에 표시되지 않은 경우, ④ 취소 · 철회 · 실효 등에 의하여 행정행위의 효력이 소멸된 경우 등이다.

행정행위가 무효인 경우에는 행정행위로서의 외형이라도 가지고 있으나 부존재의 경우에는 외형조차 존재하지 않는다는 차이가 있다. 전자는 무효확인소송으로 다루고 후자는 부존재확인소송을 제기하여야 한다.

3. 하자의 판단시점

행정행위가 위법한지 여부의 판단시점은 행정행위가 외부에 표시된 시점이라는 것이 통설과 판례이다(처분시설).[176] 따라서 행정행위가 발해진 후 법령이나 사실관계가 변경되어 나중에 이미 발생한 행정행위의 효력을 유지할 것인지의 문제는 '행정행위의 하자'가 아니라 '행정행위의 철회'의 문제가 된다.

Ⅱ. 행정행위의 무효와 취소

1. 무효 · 취소의 의의

무효인 행정행위는 행정행위로서의 외형은 갖추고 있으나 행정행위로서의 효력이 없다. 반면에 취소할 수 있는 행정행위는 행정행위에 하자가 있음에도 불구하고 권한 있는 기관이 취소함으로써 비로소 행정행위로서의 효력을 상실하게 된다.

2. 양자의 구별 필요성

무효인 행정행위는 처음부터 행정행위로서의 아무런 효력을 발생하지 않으나 취소할 수 있는 행정행위는 취소될 때까지는 유효한 것으로 통용된다는 효력상의 차이 외에도, 공정력과 구성요건적 효력의 인정여부, 쟁송제기기간의 제한 여부, 하자의 치유와 하자 있는 행정행위의 전환 가능 여부, 선행행위의 하자가 후행행위에 승계되는지 여부, 쟁송제기의

---

176) 행정소송법에서는 처분의 위법성 판단시점에 관하여 처분시설과 판결시설이 대립하고 있다. 대법원은 행정소송에서 처분의 위법 여부는 처분이 있을 때의 법령과 사실상태를 기준으로 판단하여야 하고, 처분 후 법령의 개폐나 사실상태의 변동에 의하여 영향을 받지는 않는다는 입장에 있다(대법원 2002. 7. 9. 선고 2001두10684 판결).

방식, 사정판결의 가능 여부 등에서 양자는 차이가 있다.

3. 무효사유와 취소사유의 구별기준

위법사유는 무효사유와 취소사유로 구분되고, 양자는 양립할 수 없는 관계에 있다. 그런데, 무효사유가 있는 경우에는 무효확인소송을 제기할 수 있어 제소기간과 관계없이 언제든지 불복할 수 있지만, 취소사유가 있는 경우에는 취소소송을 제기하여야 하므로 제소기간이 준수되어야 한다. 따라서, 행정의 실효성 확보 또는 법적 안정성의 요청을 강조하게 되면 무효사유를 엄격하게 볼 것이고, 당사자의 권리구제의 요청을 강조하게 되면 무효사유를 완화하게 된다. 이 양자의 요청 중 어느 것도 가볍게 볼 수 없으므로, 무효사유와 취소사유의 구별기준에 관한 논의는 양자의 요청을 어떻게 조화시킬 것인지의 문제가 된다. 그 구별기준에 관해서는 중대·명백설이 통설과 판례의 입장이다.

가. 중대·명백설(외관상 일견명백설)

(1) 의　　의

중대·명백설이란 하자의 내용이 중대하고 외관상 명백한 때에는 해당 행정행위가 무효이나, 어느 하나의 요건이라도 결여한다면 취소할 수 있는 행정행위에 불과하다는 견해이다. 이렇게 무효요건으로 중대성과 명백성을 함께 요구한다.

국민의 권리구제를 강조하면서 하자가 중대하기만 하면 해당 행정행위가 무효라고 한다면, 언제든지 하자의 중대성을 주장하면서 행정행위의 무효를 주장할 수 있게 되어, 행정법관계의 안정성과 행정목적의 달성이 저해되고 제3자의 신뢰가 침해될 수 있다. 따라서, 하자가 외관상 명백할 것을 또 하나의 요건으로 설정하여 서로 대립되는 두 요청을 조화시키자는 것이다.

(2) 하자의 중대성과 명백성의 개념

㈎ 하자의 중대성

하자의 중대성이란 행정행위가 중요한 법률요건을 위반하고 위반의 정도가 심하다는 것을 말한다. 중대성 여부는 위반된 행정법규의 종류·목적·성질·기능과 함께 그 위반의 정도를 고려하고, 국민의 권리 침해의 정도를 참작하여 결정한다.

㈏ 하자의 명백성

명백성의 개념에 대해서는 바라보는 관점에 따라 다양한 주장이 제기될 수 있다. 그런데, 판례는 '하자의 존재가 외관상 객관적으로 명백한 것'이라고 해석하고 있다(외관상 일견명백설). 처분기관의 지·부지와는 관계없이, 특히 권한 있는 국가기관의 판단을 기다릴 것 없이 누가 판단하더라도 동일한 결론에 도달할 수 있을 정도로 하자가 분명하다는 것을 말한다.

따라서, 행정청이 어떠한 법률 규정을 적용할 수 없다는 법리가 이미 명백히 밝혀져 있음에도 불구하고 그 규정을 적용하여 행정행위를 발령한 때에는 하자가 명백하다고 할 것이나,[177] 법률 규정에 대한 해석에 다툼의 여지가 있는 때에는 행정청이 이를 잘못 해석하였다고 하더라도 명백하다고 할 수는 없다(법리오해의 명백성). 또한, 행정행위의 대상이 되는 것으로 오인할 만한 객관적인 사정이 있어서 사실관계를 정확히 조사하여야 하는 때에는 이를 오인한 하자가 중대하다고 할지라도 외관상 명백하다고 할 수는 없다(사실오인의 명백성).[178]

한편, 판례는 "하자가 중대하고 명백한 것인지 여부를 판별함에 있어서는 그 법규의 목적, 의미, 기능 등을 목적론적으로 고찰함과 동시에 구체적 사안 자체의 특수성에 관하여도 합리적으로 고찰함을 요한다."라고 판시함으로써 중대·명백의 의미를 신축성 있게 새기는 방법으로 구체적 타당성을 기하고 있다.[179]

❑ **위법한 조례에 근거한 영업정지처분 취소사건(대법원** 1995. 7. 11. **선고** 94**누**4615 **전원합의체 판결)**

〈사실관계〉 건설업에 종사하던 원고는 건설업법 위반으로 4개월의 영업정지처분을 받았다. 건설업법상 처분권한자인 당시의 건설부장관은 법 제57조에 따라 위 처분권한을 서울특별시장 등에게 위임하였고, 서울특별시장은 행정권한의 위임 및 위탁에 관한 규정 제4조에 의거하여 건설부장관의 승인을 받고 서울특별시 행정권한 위임조례가 정한대로 이를 구청장에게 재위임하여 구청장이 이 사건 처분을 하였다.

〈판시사항〉 대법원은 영업정지 등 처분에 관한 사무가 국가사무로서 기관위임사무에 해당하여 행정권한의 위임 및 위탁에 관한 규정 제4조에 의하여 위임기관의 장의 승인을 얻은 후 지방자

---

177) 법령의 해석·적용에 관하여 법원이나 헌법재판소의 분명한 판단이 이미 있는 경우를 예로 들 수 있다(대법원 2017. 12. 28. 선고 2017두30122 판결 참조). 이에 따라 학교용지부담금 부과대상에서 제외되는 개발사업분은 정비구역 내에 실제 거주하였던 가구 수를 기준으로 산정하여야 한다는 점은 해석상 분명하고, 정비사업 시행 전의 기존 가구 수 산정 방식에 관하여 세입자 가구를 포함시켜야 한다는 취지의 법원 판단이 계속되었다는 점을 들어, 주택재개발정비사업조합에 학교용지부담금을 부과하면서 정비사업으로 증가하는 가구 수 산정 시 기존 가구 수에 세입자 가구를 제외한 것이 중대·명백한 하자에 해당한다는 사례가 있다(대법원 2025. 6. 26. 선고 2023다252551 판결).

178) 대법원 2010. 9. 30. 선고 2010두9358 판결, 대법원 2009. 9. 24. 선고 2009두2825 판결, 대법원 2009. 12. 10. 선고 2009두8359 판결, 대법원 2007. 3. 16. 선고 2006다83802 판결 등 참조.

179) 대법원 1995. 7. 11. 선고 94누4615 전원합의체 판결. 대법원 판결 중에는 과세의 이중부과가 문제되는 경우 일반적으로 중대·명백설에 따라 무효이지만 과세대상이 되는 것으로 오인할 만한 객관적인 사정이 있어서 과세대상이 되는지의 여부가 사실관계를 정확히 조사하여야 비로소 밝혀질 수 있는 경우라면 명백성을 부인하여 무효라고 보지 않은 사례가 있다(대법원 2009. 4. 23. 선고 2006다81257 판결, 대법원 2024. 3. 12. 선고 2021다224408 판결). 그러나, 부담금의 이중부과에 대해서는 위와 같은 과세처분과 사뭇 다르게 명백성의 해당여부를 너그럽게 판단하여 무효로 본 사례가 있다(대법원 2008. 3. 20. 선고 2007두6342 전원합의체 판결, 대법원 2023. 12. 28. 선고 2023다268686 판결).

치단체의 장이 제정한 규칙이 정하는 바에 따라 재위임하는 것만 가능하므로,[180] 조례에 의하여 이를 구청장 등에게 재위임할 수는 없어 위 조례 중 위 처분권한의 재위임에 관한 부분은 조례제정권의 범위를 벗어난 것으로써 무효라고 전제한 다음, 무효인 조례 규정에 근거하여 내린 이 사건 처분의 하자가 무효사유인지 취소사유인지를 판단하였다.

무효와 취소의 구별문제에 관하여 중대 · 명백설(외관상 일견명백설)에 입각하여, "하자 있는 행정처분이 당연무효가 되기 위해서는 그 하자가 법규의 중요한 부분을 위반한 중대한 것으로서 객관적으로 명백한 것이어야 하며 하자가 중대하고 명백한 것인지 여부를 판별함에 있어서는 그 법규의 목적, 의미, 기능 등을 목적론적으로 고찰함과 동시에 구체적 사안 자체의 특수성에 관하여도 합리적으로 고찰함을 요한다."라고 판시하였다.

다음으로, 무효인 위 조례의 규정에 근거하여 구청장이 한 건설업영업정지처분이 당연무효인지 여부에 관하여, "그 처분은 결과적으로 적법한 위임 없이 권한 없는 자에 의하여 행하여진 것과 마찬가지가 되어 그 하자가 중대하나, 지방자치단체의 사무에 관한 조례와 규칙은 조례가 보다 상위규범이라고 할 수 있고, 또한 헌법 제107조 제2항의 '규칙'에는 지방자치단체의 조례와 규칙이 모두 포함되는 등 이른바 규칙의 개념이 경우에 따라 상이하게 해석되는 점 등에 비추어 보면 위 처분의 위임 과정의 하자가 객관적으로 명백한 것이라고 할 수 없으므로 이로 인한 하자는 결국 당연무효 사유는 아니라고 봄이 상당하다."라고 판시하였다.

나. 중대 · 명백설에 대한 비판적 견해

(1) 객관적 명백설(조사의무위반설)

기본적으로 중대 · 명백설을 취하면서도 명백성의 판단주체를 누구든지로 보지 않고 그 요건을 완화하여 무효사유를 넓히려는 견해이다.[181] '행정청이 구체적인 경우에 직무의 성실한 수행으로서 당연히 요구되는 정도의 조사를 하였더라면 판명할 수 있었던 사실관계에 비추어 오인한 것이 분명한 경우'에도 명백성을 인정하여야 한다고 주장한다.

(2) 명백성 보충요건설(유력설, 대법원 판례의 소수의견)

이 견해는 행정행위가 무효로 되기 위해서는 하자의 중대성은 항상 요구되지만, 명백

---

180) 구법조항과 달리 현행 지방자치법 제117조 제1항에 의하면, 조례 또는 규칙으로 재위임이 가능하다.

181) 대법원 1985. 11. 12. 선고 84누250 판결은 객관적 명백설을 취한 것으로 소개되기도 한다. 위 판결의 요지는, "과세관청이 사실관계를 오인하여 과세처분을 한 경우, 그 사실관계 오인의 근거가 된 과세자료가 외형상 상태성을 결여하거나 또는 객관적으로 그 성립이나 내용의 진정을 인정할 수 없는 것임이 명백한 경우에는 이러한 과세자료만을 근거로 과세소득을 인정하여 행한 과세처분은 그 하자가 중대할 뿐 아니라 객관적으로도 명백하여 무효이다. 종합소득세의 부과처분에 있어서도 과세관청이 인정한 과세소득 중 그 일부는 명백히 인정되나 그 나머지 소득은 인정할 만한 적법한 과세자료가 없는 경우에 이와 같이 허무의 과세소득을 오인한 하자가 객관적으로 명백하다면 종합소득세 중 허무의 과세소득에 관한 부분은 당연무효라고 보아야 할 것이며 이러한 부과처분의 일부 무효확인청구를 배제할 이유가 없다."라는 것이다.

성은 행정의 법적 안정성이나 제3자의 신뢰보호의 요청이 있는 경우에만 가중적으로 요구된다는 견해이다. 이 견해에 따르면, 동일한 행정행위가 대량으로 행해졌거나 이해관계를 가진 제3자가 있는 경우에는 명백성이 요구되나, 직접 상대방에게만 부담을 지우는 행정행위의 경우에는 명백성을 요구하지 않는다.

이 견해에서는 명백성은 그 자체가 명확하지 않아 일률적인 요건으로 삼는 것이 적당하지 않고, 법질서 전체에 비추어 도저히 용인할 수 없는 치명적인 하자가 있는 경우에도 법적 안정성을 명분으로 잠정적 유효성을 인정하거나 쟁송기간이 지났다는 이유로 종국적 유효성을 인정하는 것을 용인할 수 없다는 점 등을 논거로 제시한다.[182]

대법원 판결 중에는 처분에 관한 무효와 취소의 구별기준에 관한 것은 아니지만, 취득세 신고행위에 관하여 명백성 보충요건설을 채택하여 명백성의 요건을 참작하지 않고 중대성만 가지고 무효 여부를 판단한 것이 있다.[183]

(3) 중대설(개념론적 견해)

행정행위에 중대한 하자만 있으면 무효가 되고 명백성은 무효요건이 아니라는 견해로서, 하자가 중대하고 명백한 경우 그 행정행위는 무효가 아니라 부존재라고 본다. 이 견해는 무효사유를 넓혀 국민의 권리구제를 확대하기 위하여 주장되고 있다. 이 견해에 의하면, 능력규정의 위반과 강행규정의 위반은 중대한 하자지만, 명령규정의 위반과 비강행규정의 위반은 취소할 수 있는 하자가 된다.

(4) 구체적 가치형량설(다원설)

이 견해는 다양한 이해관계를 갖는 행정행위에 대하여 무효사유와 취소사유를 구분하는 일반적 기준을 정립하기 어려우므로, 사안마다 권리구제의 요청과 행정의 법적 안정성의 요청 및 제3자의 이익 등을 구체적이고 개별적으로 이익형량하여 무효사유와 취소사유를 구별하자는 견해이다.

---

182) 헌재 1994. 6. 30. 선고 92헌바23 결정은 중대 · 명백설의 예외에 해당하는 것으로 소개되고 있다. 위 결정에서는, "행정처분의 집행이 이미 종료되었고 그것이 번복될 경우 법적 안정성을 크게 해치게 되는 경우에는 후에 행정처분의 근거가 된 법규가 헌법재판소에서 위헌으로 선고된다고 하더라도 그 행정처분이 당연무효가 되지는 않음이 원칙이라고 할 것이나, 행정처분 자체의 효력이 쟁송기간 경과 후에도 존속 중인 경우, 특히 그 처분이 위헌법률에 근거하여 내려진 것이고 그 행정처분의 목적달성을 위하여서는 후행 행정처분이 필요한데 후행 행정처분은 아직 이루어지지 않은 경우와 같이 그 행정처분을 무효로 하더라도 법적 안정성을 크게 해치지 않는 반면에 그 하자가 중대하여 그 구제가 필요한 경우에 대하여서는 그 예외를 인정하여 이를 당연무효사유로 보아서 쟁송기간 경과 후에라도 무효확인을 구할 수 있는 것이라고 봐야 할 것이다. 그렇다면 관련소송사건에서 청구인이 무효확인을 구하는 행정처분의 진행정도는 마포세무서장의 압류만 있는 상태이고 그 처분의 만족을 위한 환가 및 청산이라는 행정처분은 아직 집행되지 않고 있는 경우이므로 이 사건은 위 예외에 해당되는 사례로 볼 여지가 있고, 따라서 헌법재판소로서는 위 압류처분의 근거법규에 대하여 일응 재판의 전제성을 인정하여 그 위헌 여부에 대하여 판단하여야 할 것이다."라고 판시하였다.

183) 대법원 2009. 2. 12. 선고 2008두11716 판결.

다. 검 토

중대 · 명백이라는 개념 속에 무효사유와 취소사유를 판단할 때 고려하여야 할 법익이 모두 포괄되어 있다는 점을 감안하면, 국민의 권리구제의 요청과 법적 안정성을 조화시키기 위한 기준으로서 중대 · 명백설이 가지는 의의를 부인할 수 없다.

다만 행정실무상 하자가 중대하지만 명백하지 않고 감춰진 경우가 많을 것이다. 그런데 외관상 일견명백설은 누가 보더라도 명백하다는 것을 요구하여, 무효사유를 인정하는 기준으로서 지나치게 엄격하여 국민의 권리구제에 미흡하다는 평가를 받고 있다. 또한 중대 · 명백설이 이론상으로는 구체적 사안의 특수성을 무시한 단일한 기준을 제시하고 있으면서 정작 중대 · 명백의 의미를 신축성 있게 새기는 판례의 태도로 인하여 실무상 그 적용기준이 모호하다는 비판도 받고 있다.

이에 대한 대안으로 중대 · 명백설을 기본으로 하되 법적 안정성 및 제3자의 신뢰보호에 비하여 처분의 침해로부터 상대방을 보호할 필요가 강하게 요구되는 경우에는 하자가 중대하기만 하면 무효로 보는 것이 권리보호의 요청에 부합하고 불합리한 결과를 피하는 방법이라는 명백성 보충요건설이 유력하게 제시되고 있다.

그러나 명백성 보충요건설도 어느 정도로 행정법 질서의 안정에 대한 필요가 있을 때 명백성을 요구할 것인지 모호하고, 행정의 영역에 따라 이중적인 기준을 제시하고 있다고 비판할 수 있다. 결국 이 문제는 입법정책적으로 해결하는 것이 바람직하다.

Ⅲ. 구체적인 위법사유

1. 주체에 관한 하자

가. 무권한의 행위

행정권한은 사항적 · 지역적으로 한정되어 있는 경우가 많다. 그중에서 경찰관청이 조세를 부과하는 경우와 같은 사항적 무권한은 원칙적으로 무효이나, 관할구역 밖의 영업을 허가하는 경우와 같은 지역적 무권한은 반드시 무효라고 할 수는 없다.

판례도 비슷한 입장이다. 교육감이 교육위원회의 결의에 의한 위임 없이 유치원 설립인가를 한 경우,[184] 법령상 시장이 하게 되어 있는 유기장영업허가를 동장이 한 경우,[185] 건축법상 서울특별시장이 구청장에게 위임했을 뿐임에도 동장이 담장축조신고반려처분을 한 경우,[186] 도지사가 채광계획변경명령을 하면서 권한 없이 작업중지명령을 한 경우,[187]

---

184) 대법원 1969. 3. 4. 선고 68누210 판결.
185) 대법원 1976. 2. 24. 선고 79누1 판결.

구청장이 권한 없이 주택건설촉진법에 위반된 결과의 시정을 명하는 원상복구명령을 한 경우,[188] 환경부장관의 권한인 폐기물처리시설 설치계획의 승인권을 환경관리청장이 행사한 경우[189] 등은 무효라고 하였다.

다만, 권한 없는 행정기관의 행위이라도 공평, 신뢰보호, 법률생활의 안정 등에 입각하여 외관상 해당 행정기관에 권한이 있다고 객관적으로 오인할 여지가 있다면, 하자가 명백하다 할 수 없어 무효로 볼 수 없다고 판시한 사례가 있다. 또한, 행정조직상의 권한분배는 외부인에게는 알기 어려운 경우가 많기 때문에, 무권한의 행위일지라도 구체적 사정에 따라 효력을 유지하여야 할 경우가 있을 수 있다. 따라서 정당한 대리권이 없는 자의 행위는 원칙적으로 무효이지만, 정당한 대리권자라고 믿을 만한 이유가 있을 때에는 민법상의 표현대리의 법리에 입각하여 그 행위의 효력을 인정할 수밖에 없는 경우가 있을 수 있다. 수납기관이 아닌 자의 양곡대금수납행위,[190] 세금징수관 보조원의 수납행위[191]에 대하여 표현대리의 법리가 적용된 사례가 있다.

행정권한의 위임과 관련해서도 비슷한 문제가 발생하는데, 무효인 권한위임조례의 규정에 근거하여 구청장이 건설업영업정지처분을 한 경우,[192] 무효인 권한위임 규칙에 근거하여 교육장이 학교법인 임원취임의 승인을 취소한 경우,[193] 납세자의 주소지를 관할하지 않는 세무서장이 증여세부과처분을 한 경우,[194] 적법한 권한 위임 없이 세관출장소장이 관세부과처분을 한 경우[195] 등은 그 하자가 명백하지 않아 무효는 아니라고 하였다.

한편, 5급 이상의 국가정보원직원에 대한 의원면직처분을 임면권자인 대통령이 아닌 국가정보원장이 행했더라도 하자가 중대하다고 볼 수 없으므로, 대통령의 내부결재가 있었는지에 관계없이 무효는 아니라고 한 사례[196]도 있다.

나. 적법하게 조직되지 않은 합의제 행정기관의 행위

적법하게 소집되지 않은 경우, 의사 또는 의결정족수를 결한 경우, 결격자를 참가시킨 경우에서의 합의제 행정기관의 행위는 무효라고 할 수 있다.

---

186) 대법원 1987. 3. 24. 선고 86누737 판결.
187) 대법원 1992. 1. 17. 선고 91누1714 판결.
188) 대법원 1996. 6. 28. 선고 96누4374 판결.
189) 대법원 2004. 7. 22. 선고 2002두10704 판결.
190) 대법원 1963. 12. 5. 선고 63다519 판결.
191) 대법원 1969. 5. 13. 선고 69다356 판결.
192) 대법원 1995. 7. 11. 선고 94누4615 전원합의체 판결, 대법원 1995. 8. 22. 선고 94누5694 전원합의체 판결, 대법원 1997. 6. 19. 선고 95누8669 판결, 대법원 2002. 12. 10. 선고 2001두4566 판결도 같은 취지다.
193) 대법원 1997. 6. 19. 선고 95누8669 전원합의체 판결.
194) 대법원 2003. 1. 10. 선고 2002다61897 판결, 대법원 2001. 6. 1. 선고 99다1260 판결.
195) 대법원 2004. 11. 26. 선고 2003두2403 판결.
196) 대법원 2007. 7. 26. 선고 2005두15748 판결.

다. 행정기관의 의사에 흠결 또는 하자가 있는 경우

공무원의 심신상실 중의 행위 및 저항할 수 없을 정도의 강박에 의한 행위는 무효이다. 미성년자는 행위능력은 없으나 공무원이 될 수 있으므로, 미성년자인 공무원의 행위를 위법하다고 할 수는 없다.

의사결정의 하자가 행정청의 책임영역에서 유래하는 단순한 착오만으로는 위법하다고 할 수 없고, 착오의 결과 불능이 된 경우 등과 같이 착오로 인한 행위 자체에 하자가 있을 때 무효사유 또는 취소사유가 된다.[197] 착오에 의한 행정재산의 매각처분,[198] 착오에 의한 양도소득세부과처분[199]은 무효이고, 과세대상을 오인한 과세처분,[200] 착오에 의한 국유림의 불하처분[201] 등은 취소사유가 있는 것이라고 판시한 사례가 있다.

상대방의 사기 · 강박 · 증뢰 등의 부정수단으로 말미암아 행해진 행정행위는 상대방의 신뢰를 보호할 필요가 없으므로 취소할 수 있다. 사위로 받은 한지(限地)의사면허처분에 취소사유가 있다고 판시한 사례가 있다.[202]

2. 절차에 관한 하자

행정행위에 절차적 하자만 존재하고 실체적 하자가 없는 경우에 그 행정행위가 무효이거나 취소되어야 하는지에 관하여 견해의 대립이 있으나, 그동안 판례는 기속행위나 재량행위를 구별하지 않고 절차적 하자를 독자적인 위법사유로 보고 있었다.[203] 그런데, 최근에는 모든 절차적 하자를 독자적인 위법사유로 보지 않고, 행정청이 처분절차에서 관계법령의 절차규정을 위반하여 절차적 정당성이 상실된 경우에는 그 처분이 위법하여 취소되어야 하지만, 그렇지 않은 경우에는 해당 처분을 취소할 것은 아니라고 판시하는 판결들이 선고되고 있다.[204] 그리고 절차적 정당성을 상실하였는지 여부에 관한 기준으로 "상대방이나 관계인의 의견진술권이나 방어권 행사에 실질적으로 지장이 초래되었는지 여부"를 예시하고 있다. 이는 절차적 하자가 있더라도 절차적 정의나 방어권이 실질적으로 침해되지 않는 경우에는 반드시 취소사유로 보지 않고, 그럼으로써 소송경제와 무용한 절차의 반복을

---

197) 대법원 1979. 6. 26. 선고 79누43 판결에서는 "행정행위는 그 요소에 착오가 있다고 해서 그것만을 이유로 취소할 수는 없는 것이고, 그 행정행위의 절차와 내용의 위법만이 문제가 되는 것이다."라고 판시하였다.
198) 대법원 1967. 6. 27. 선고 67다806 판결.
199) 대법원 1983. 8. 23. 선고 83누179 판결.
200) 대법원 1962. 9. 27. 선고 62누29 판결.
201) 대법원 1965. 4. 27. 선고 64누171 판결.
202) 대법원 1975. 12. 9. 선고 75누123 판결.
203) 자세한 사항은 행정절차법에서 다루어진다.
204) 대법원 2021. 2. 4. 선고 2015추528 판결.

방지하겠다는 것으로 읽힌다.

절차적 하자가 있는 행정행위가 무효인지 여부에 관한 일반적 기준은 다음과 같다. 절차를 정한 취지 · 목적이 상호 대립하는 당사자 사이의 이해를 조정함을 목적으로 하는 경우 또는 이해관계인의 권리 · 이익의 보호를 목적으로 하는 경우 그 절차를 결하는 때에는 무효사유가 된다.[205] 반면에 절차의 취지 · 목적이 단순히 행정의 적정 · 원활한 운영을 위하는 등 행정상의 편의에 있을 때에는 반드시 무효라고 볼 수는 없다.

가. 상대방의 신청 또는 동의를 결한 행위

법령이 상대방의 신청 또는 동의를 필요적 절차로 규정하고 있는 경우 이를 결한 행위는 무효이다. 판례에 의하면, 행정관청에 대하여 특정사항에 관한 허가신청을 하도록 위임받은 사람이 위임자 명의의 서류를 위조하여 위임받지 않은 허가신청에 기하여 이루어진 허가처분,[206] 분배신청을 한 바 없고 분배받은 사실조차 알지 못하고 있는 사람에 대한 농지분배처분은 무효이다.[207]

다만, 구 도시개발법 제4조 제3항에 따라 도시개발계획안에 관하여 해당 토지소유자들의 동의를 받은 후 계획안이 변경되었으나 위 규정에 의한 새로운 동의를 갖추지 않은 도시개발구역 지정처분에 대하여, 여러 사정을 종합하여 그 하자가 중대하기는 하나 명백하지 않아 무효는 아니라고 한 사례가 있다.[208]

나. 다른 기관의 필요한 협력을 결한 행위

행정행위를 할 때 다른 기관의 의결 · 협의 · 승인 등의 협력을 거치도록 규정된 경우 그 협력을 결여한 행위의 효력에 관하여 견해가 나누어진다.[209] 판례는 중대 · 명백설에 따

205) 과세예고 통지 후 과세전 적부심사청구나 그에 대한 결정이 있기도 전에 과세처분을 하는 것은 과세전 적부심사 이후에 이루어져야 하는 과세처분을 그보다 앞서 함으로써 과세전 적부심사제도 자체를 형해화시킬 뿐만 아니라 과세전 적부심사결정과 과세처분 사이의 관계 및 불복절차를 불분명하게 할 우려가 있으므로, 그와 같은 과세처분은 납세자의 절차적 권리를 침해하는 것으로서 절차상 하자가 중대하고도 명백하여 무효이다(대법원 2016. 12. 27. 선고 2016두49228 판결). 따라서, 과세관청이 원고에 대하여 세무조사통지를 하면서 익금누락 등으로 인한 법인세 포탈에 관하여 조세범처벌법 위반으로 고발 또는 통고처분을 하였다고 하더라도 과세전 적부심사청구 또는 그에 대한 결정이 있기 전에 그 익금 등에 관하여 법인세 · 부가가치세 부과처분 및 소득처분에 따라 이루어진 소득금액변동통지는 원칙적으로 무효이다(대법원 2020. 10. 29. 선고 2017두51174 판결).

206) 대법원 1974. 8. 30. 선고 74누168 판결.

207) 대법원 1970. 10. 23. 선고 70다1750 판결.

208) 대법원 2008. 1. 10. 선고 2007두11979 판결.

209) 학설은 ① 하자의 정도에 따라 무효 또는 취소의 원인이 된다는 견해, ② 협력이 행정행위의 발령에 필수적인 전제요건인 경우에는 취소사유가 되고, 단순히 자문을 구하는 경우에는 위법하지 않다는 견해, ③ 다른 기관의 협의 또는 자문이 법률에 의하여 관계인의 권리이익을 보호하기 위하여 인정되는 때에 무효원인이 되지만, 그 경우를 제외하고는 취소원인에 불과하다는 견해, ④ 필요적인 협력이라고 할지라도 내부적인 행위에 그친다면 무효가 아니라 취소할 수 있는 행정행위에 불과하다는 견해 등이 있다.

라 무효라고 본 것도 있고, 취소사유에 해당한다고 본 것도 있다.[210)]

무효사유로 본 것은, 환경영향평가를 거치지 않은 대상사업에 대한 승인 등의 처분,[211)] 도지사의 인사교류안 작성과 그에 따른 인사교류의 권고가 전혀 이루어지지 않은 상태에서 행해진 지방공무원법상의 인사교류에 관한 처분 등이다.[212)]

취소사유로 본 것은, 국방 · 군사시설 사업에 관한 법률 및 구 산림법에서 보전임지를 다른 용도로 이용하기 위한 사업에 대하여 승인 등 처분을 하기 전에 미리 산림청장과 협의를 거치지 않은 경우,[213)] 토석채취허가신청에 대하여 시장 · 군수 · 구청장이 지방산지관리위원회 심의를 거치지 않은 채 처분을 한 경우,[214)] 구 택지개발촉진법에 따라 건설부장관이 택지개발예정지구를 지정할 때 미리 관계중앙행정기관의 장과 협의를 하지 않은 경우,[215)] 자동차운수사업법령에서 정한 관계 도지사와의 협의 없이 도지사가 2 이상의 시 · 도에 걸치는 노선과 관련된 공급기준을 책정하거나 사업계획의 변경을 인가하는 처분[216)] 등이 있다.

---

210) 물론 해당 처분에 앞서 거쳐야 하거나 그 근거법규 자체에서 규정한 절차가 아니라면 절차적 하자를 논하는 전제가 성립되지 않는다. 대법원은 4대강 살리기 사업 중 한강 부분에 관한 하천공사시행계획 등을 수립하면서 국가재정법상 예비타당성조사를 실시하지 않았다고 하더라고 곧바로 하천공사시행계획 등의 절차상 하자가 되지는 않는다고 판시하였다(대법원 2015. 12. 10. 선고 2011두32515 판결).

211) 대법원 2006. 6. 30. 선고 2005두14363 판결에서는 "사전에 환경영향평가를 함에 있어 평가대상지역 주민들의 의견을 수렴하고 그 결과를 토대로 하여 환경부장관과의 협의내용을 사업계획에 미리 반영시키는 것 자체가 원천적으로 봉쇄되는바, 이렇게 되면 환경파괴를 미연에 방지하고 쾌적한 환경을 유지 · 조성하기 위하여 환경영향평가제도를 둔 입법 취지를 달성할 수 없게 되는 결과를 초래할 뿐만 아니라 환경영향평가대상지역 안의 주민들의 직접적이고 개별적인 이익을 근본적으로 침해하게 되므로, 이와 같은 행정처분은 당연무효이다."라고 판시하였다. 다만 대법원 2001. 6. 29. 선고 99두9902 판결에서는 환경영향평가를 행했다면 그 내용이 다소 부실하다 하더라도, 그 부실의 정도가 환경영향평가제도를 둔 입법 취지를 달성할 수 없을 정도이어서 환경영향평가를 하지 않은 것과 다를 바 없을 정도가 아니라면, 그 부실은 해당 승인처분에 재량권 일탈 · 남용이 있는지 여부를 판단하는 하나의 요소일 뿐, 그 부실로 인하여 당연히 그 처분이 위법하게 되는 것은 아니라고 판시하였다. 한편, 대법원은 2010. 2. 25. 선고 2009두102 판결에서는 행정청이 화물터미널 조성사업에 대한 실시계획변경인가를 하면서 사전에 교통영향평가를 이행하지 않은 채 '건축허가 전까지 교통영향평가 심의필증을 교부받을 것'이라는 부관만 붙인 경우 그와 같은 실시계획변경인가처분에 중대하고 명백한 흠이 있다고 볼 수 없다고 판시한 것으로 보아, 환경영향평가와 교통영향평가를 달리 보는 듯하다.

212) 대법원 2005. 6. 24. 선고 2004두10968 판결에서는 "지방공무원법 제30조의2 제2항의 입법취지는 시 · 도지사에게 관할구역 내 지방자치단체 상호간의 균형 있는 인력배치와 지방자치단체의 행정발전 등을 도모할 수 있도록 하기 위하여 인사교류를 권고할 수 있는 권한을 부여하는 한편 그 권한의 적정한 행사를 보장하기 위하여 인사교류협의회에서 정한 인사교류기준에 따라 작성된 인사교류안에 따르도록 한 것이므로, 이러한 일련의 절차는 위 조항에 의한 인사교류를 함에 있어서 본질적인 것으로서 중대하다고 할 것이다."라고 판시하였다.

213) 대법원 2006. 6. 30. 선고 2005두14363 판결.

214) 대법원 2015. 11. 26. 선고 2013두765 판결.

215) 대법원 2000. 10. 13. 선고 99두653 판결. 같은 취지로 해당 지방자치단체의 장의 의견을 들은 후 주택정책심의위원회의 심의를 거쳐야 하는 절차에 관해서는 대법원 1997. 9. 26. 선고 96누10096 판결 참조.

216) 대법원 1995. 11. 7. 선고 95누9730 판결, 유사한 취지 대법원 2006. 3. 24. 선고 2005두8351 판결, 대법원 1992. 7. 28. 선고 91누12844 판결.

한편, 관련 법령에 따라 일단 관계기관과 협의를 거쳤지만 관계기관의 의사에 반하는 처분을 한 경우 그 처분이 위법한 것인지 여부에 관하여, 판례는 협의의 법적 성격에 따라 달리 보고 있다. 대법원은 국립공원 관리청이 국립공원 집단시설지구개발사업과 관련된 시설물기본설계 변경승인처분을 할 때 환경부장관과 협의를 거친 이상 특별한 사정이 없다면 환경부장관의 환경영향평가에 대한 의견에 반하는 처분을 하였다고 하더라도 그 처분이 위법한 것은 아니라고 판시하였다.[217] 반면에 일정한 권한행사에 관계행정기관의 소관사무가 관련되어 그 권한행사에 의사의 합치가 필요하거나 이해관계인들의 이익을 고르게 반영하기 위한 경우에는 협의를 동의로 해석하고 있다. 그러한 사례로서, 구 군사시설보호법상 관계 행정청이 군사시설보호구역 안에서 가옥 기타 축조물의 신축 또는 증축, 입목의 벌채 등을 허가하고자 할 때 미리 관할 부대장과 협의를 하도록 한 경우,[218] 국가지정문화재의 보존에 영향을 미치는 행위의 허가에 대하여 문화재청장과 시 · 도지사가 협의하도록 한 경우,[219] 자율형 사립고등학교의 지정을 취소하려고 하는 때에 교육감이 미리 교육부장관과 협의하도록 한 경우[220] 등이 있다.

다. 필요한 공고 또는 통지를 결한 행위

법령이 이해관계인으로 하여금 권리를 주장하고 이의신청 등을 할 기회를 부여하기 위하여 행정행위에 앞서 일정한 공고 또는 통지를 하도록 규정하고 있는 경우 그 공고 또는 통지를 결한 행정행위의 효력은 무효로 보는 것이 일반적이다. 대법원이 무효라고 본 사례로는, 환지계획 인가 후에 당초의 환지계획에 대한 공람과정에서 수정된 내용에 대하여 다시 공람절차 등을 밟지 않은 채 행한 환지예정지 지정처분,[221] 토지 소유자에게 대한 조사와 통지를 결여한 특별개간 예정지 결정처분 등이 있다.[222]

반면에 공고나 통지 그 자체를 결여한 것이 아니라 그 절차나 내용에 단순한 하자가

---

217) 대법원 2001. 7. 27. 선고 99두5092 판결.

218) 대법원 1995. 3. 10. 선고 94누12739 판결. "구 군사시설보호법 제7조 제3호, 제6호, 제7호 등에 의하면, 관계 행정청이 군사시설보호구역 안에서 가옥 기타 축조물의 신축 또는 증축, 입목의 벌채 등을 허가하고자 할 때에는 미리 관할 부대장과 협의를 하도록 규정하고 있고, 구 군사시설보호법 시행령 제10조 제2항에 비추어 보면, 여기서 협의는 동의를 뜻한다 할 것이며, 같은 조 제3항에 의하면, 관계 행정청이 이러한 협의를 거치지 않거나 협의를 한 경우에도 협의조건을 이행하지 아니하고 건축허가 등을 한 경우에는 당해 행정청에 대하여 그 허가의 취소 등을 요구할 수 있고, 그 요구를 받은 행정청은 이에 응하여야 한다고 규정하고 있으므로, 군사시설보호구역으로 지정된 토지는 군 당국의 동의가 없는 한 건축 또는 사용이 금지된다 할 것이다."라고 판시하였다.

219) 대법원 2006. 3. 10. 선고 2004추119 판결. 문화재보호법령은 국가지정문화재의 보존에 영향을 미치는 행위에 대하여 문화재청장 허가권을 가지되 지역특성을 고려하여 시 · 도지사와 협의하여 조례로 정하도록 하고 있는데, 이때 시 · 도지사와의 '협의'는 궁극적으로 문화재청장의 동의를 말한다.

220) 대법원 2018. 7. 12. 선고 2014추33 판결.

221) 대법원 1999. 8. 20. 선고 97누6889 판결.

222) 대법원 1970. 10. 23. 선고 70누96 판결.

있는 경우에는 취소사유가 된다. 이와 관련하여, 토지구획정리사업법상 환지처분은 공고에 의하여 효력이 발생하므로 토지소유자에 대한 환지확정의 통지가 누락되었다 하더라도 일단 공고되어 확정된 환지처분은 무효가 아니라는 사례,[223] 구 도시계획법령상 도시계획의 입안절차에서 해당 도시계획안의 내용을 공고 및 공람하게 한 절차에 하자가 있는 도시계획결정은 위법하다고 한 사례,[224] 체납자 소유의 부동산에 관한 공매처분에서 가등기권리자에게 공매기일 · 공매장소를 통지하지 않은 하자는 무효사유가 아니라는 사례,[225] 재외국민의 주민등록신고요건 및 거주용여권 무효확인서를 첨부하지 않았다는 이유로 최고 · 공고의 절차를 거치지 않고 한 주민등록말소처분이 무효가 아니라는 사례[226] 등이 있다.

라. 필요한 이해관계인의 입회 또는 협의를 결한 행위

이해관계인의 이익 보호 또는 조정이 목적인 이해관계인의 입회 또는 협의절차를 결한 행정행위는 무효라는 것이 학설의 일반적인 태도이나, 판례는 취소사유로 보는 듯하다. 반대로 법규에 근거가 없는 주민 등의 동의절차를 요구하는 것도 위법사유가 된다.

사업시행자가 토지소유자와 협의를 거치지 않은 채 토지의 수용을 위한 재결을 신청하였다는 등 수용절차에서의 하자는 재결의 무효사유가 아니라고 하기도 하고,[227] 징발매수결정을 할 당시 임야대장 또는 등기부상 소유자로 되어 있는 자가 이미 사망하였으나 상속등기가 마쳐져 있지 않아 그 상속사실을 몰랐을 뿐만 아니라 매수대금을 지급할 수 없는

---

223) 대법원 1991. 5. 10. 선고 90누3591 판결.

224) 대법원 2000. 3. 23. 선고 98두2768 판결. 위 사건에서 위법하다고만 판시하여 무효인지 취소인지 정확히 알 수 없으나, 사건의 경위와 사실관계를 비추어 살펴보면 취소사유로 본 듯하다. 한편, 대법원 1988. 5. 24. 선고 87누388 판결에서 "도시계획변경안을 공고함에 있어서 도시계획변경내용을 '단위시설(도로, 공원, 시설녹지) 일부 변경 및 신설'이라고만 표시한 것만으로는 어떤 도시계획시설이 변경 및 신설되는지 전혀 알 수 없어…… 공람공고절차를 위배한 것"이어서 도시계획변경결정신청은 위법하다고 본 반면, 대법원 1996. 11. 29. 선고 96누8567 판결에서는, "도시계획시설(도로) 결정안을 일간신문에 공고함에 있어서는 입안된 도로의 시점과 종점, 노폭과 연장 및 도로의 종류만을 명시하고, 계획도로의 구체적인 노선이 나타나 있는 도면은 구청에 비치하여 공람에 공(하였다면), …… 공고에는 입안된 계획도로가 직선도로가 아니라 U자형의 우회도로임이 명시되지 아니하였더라도 그 공고는 적법한 것"이라고 보아 양 판결이 모순되는 것처럼 보인다. 그러나 공람 및 공고가 이해관계인의 권익 보호와 주민 참여에 대한 민주적 통제에 이바지하기 위해서는 그에 의하여 도시계획안의 내용을 주민이 알 수 있어야 할 것이지만, 공람 및 공고가 독립하여 제각각 그러한 기능을 가질 것이 반드시 요구되는 것은 아니고 양자를 통하여 그러한 기능이 수행되면 족하다고 본다면, 도시계획안의 내용을 주민이 확실히 알 수 있는 것은 공람 과정을 통해서이고, 공고는 이러한 공람을 통한 내용 확인이 가능하게 하는 사전 단계로서의 기능을 나누어 가진다고 볼 수 있다(대법원 1990. 4. 13. 선고 88누11247 판결, 대법원 1996. 11. 29. 선고 96누8567 판결 참조). 위 판례들을 위와 같은 관점에서 이해한다면 서로 모순된다고 쉽게 단정할 수는 없다. 그렇다고 하더라도 공고 역시 그 기능을 다하기 위해서는 최소한 도시계획의 유형과 그 실시구역의 특정에 관한 사항 등 도시계획의 기본적인 것이 포함되어 있어야 한다고 생각된다.

225) 대법원 1965. 3. 9. 선고 64누141 판결.

226) 대법원 1994. 8. 26. 선고 94누3223 판결.

227) 대법원 1993. 8. 13. 선고 93누2148 판결, 대법원 1991. 11. 12. 선고 91다27617 판결, 대법원 2005. 9. 30. 선고 2003두12349, 12356 판결.

사정이 있어 이를 등기명의자 앞으로 공탁하였다면 그 등기명의자를 피징발자로 보고 한 징발매수결정은 무효가 아니라고 하였다.228)

마. 필요한 청문 등을 결한 행위

판례에 의하면, 행정청이 침익적 처분을 할 때 당사자에게 사전통지를 하지 않았거나 의견제출의 기회를 주지 않았다면 그 처분은 취소되어야 한다.229) 다만 사전통지를 하지 않거나 의견제출의 기회를 주지 않아도 되는 행정절차법상의 예외사유에 해당하면 그러한 절차를 거치지 않아도 그 처분은 위법하지 않다. 학설은 필요한 청문 등을 결한 행위를 무효로 보는 입장과 취소할 수 있는 것으로 보는 입장으로 나뉜다.

한편, 국세기본법령에 규정된 과세전적부심사를 거치지 않고 곧바로 과세처분을 할 수 있거나 과세전적부심사에 대한 결정이 있기 전이라도 과세처분을 할 수 있는 예외사유에 해당하지 않음에도 불구하고, 과세관청이 과세예고통지를 하지 않음으로써 과세전적부심사의 기회를 부여하지 않는 등의 사유로 세무조사 결과에 대한 서면통지 후 과세전적부심사 청구나 그에 대한 결정이 있기도 전에 과세처분을 하는 것은 과세전적부심사제도 자체를 형해화시킬 뿐만 아니라 과세전적부심사결정과 과세처분 사이의 관계 및 그 불복절차를 불분명하게 할 우려가 있으므로, 그와 같은 과세처분은 그 하자가 중대하고도 명백하여 무효라는 것이 판례이다.230)

바. 처분기준을 설정 · 공표하지 않고 한 행위

행정절차법 제20조에서는 행정청에게 필요한 처분기준을 해당 처분의 성질에 비추어 되도록 구체적으로 정하여 공표하여야 할 의무를 부과하고 있다(처분기준의 설정 · 공표의무). 그런데, 행정청이 처분기준을 설정하지 않거나 설정했다고 하더라도 구체적으로 정하지 않고 추상적으로 정했거나 설정된 처분기준을 공표를 하지 않고 처분을 하였을 경우, 바로 그 처분이 취소되어야 하는지가 문제 된다. 이에 대하여, 대법원은 행정청이 미리 공표하

---

228) 대법원 1998. 4. 10. 선고 98다703 판결.

229) 대법원 2000. 11. 14. 선고 99두5870 판결.

230) 대법원 2016. 12. 27. 선고 2016두49228 판결, 대법원 2023. 11. 2. 선고 2021두37748 판결, 대법원 2025. 12. 4. 선고 2025두34254 판결. 참고로 국세기본법령에 의하면, 세무조사 결과에 대한 서면통지를 받은 자는 통지를 받은 날부터 30일 이내에 통지를 한 세무서장이나 지방국세청장에게 통지 내용의 적법성에 관한 과세전적부심사를 청구할 수 있다. 한편, 과세전적부심사를 거치지 않아도 되는 예외사유를 규정한 국세기본법 제81조의15 제3항에서는 '과세예고통지를 하는 날부터 국세부과 제척기간의 만료일까지의 기간이 3개월 이하인 경우'(제3호)를 들고 있지만, 이 경우에 해당하기 위해서는 과세관청의 귀책사유 없이 부득이한 사정으로 부과제척기간의 만료일이 임박하게 되었고 이로 인하여 부과제척기간의 만료 전까지 과세전적부심사를 거칠 시간적 여유가 없게 되었다는 등의 정당한 사유가 추가로 인정되어야 하고, 이에 관해서는 과세관청이 증명하여야 한다(대법원 2025. 6. 5. 선고 2025두33014 판결).

지 않은 처분기준을 적용하여 처분을 하였다고 하더라도, 그것만으로는 해당 처분의 취소사유에 이르는 하자라고 볼 수 없다는 입장에 있다.231) 다만 해당 처분에 적용한 기준이 상위법령의 규정이나 신뢰보호의 원칙 등과 같은 법의 일반원칙을 위반하였거나 객관적으로 합리성이 없다고 볼 수 있는 구체적인 사정이 있다면 해당 처분은 그것을 이유로 위법하다고 평가할 수 있다고 한다.232)

3. 형식에 관한 하자

가. 서면에 의하지 않은 행위

행정절차법 제24조 제1항에서는 행정청이 처분을 할 때 원칙적으로 문서로 하도록 규정하고 있다. 예컨대, 명예전역 선발을 취소하는 처분은 당사자의 의사에 반하여 예정되어 있던 전역과 명예전역수당의 지급결정을 취소하는 처분이므로, 문서로 하여야 하고 명령의 하달방식으로 할 수 없다.233)

행정절차법이 위와 같이 서면주의를 취한 것은 처분내용의 명확성을 확보하고 처분의 존부에 관한 다툼을 방지하기 위한 것이다. 따라서 행정청이 문서에 의하여 처분을 한 경우 그 처분서의 문언이 불분명하다는 등 특별한 사정이 없다면, 그 문언에 따라 어떤 처분을 하였는지 여부를 확정하여야 하고, 처분경위나 처분 이후의 상대방의 태도 등 다른 사정을 고려하여 처분서의 문언과는 달리 다른 처분까지 포함되어 있는 것으로 확대해석해서는 안 된다.234)

대법원 판결 중에는 서면에 의하지 않은 처분이 무효라고 한 사례가 있고,235) 학설은

---

231) 대법원 2020. 12. 24. 선고 2018두45633 판결.

232) 이에 관한 자세한 사항은 행정절차 중 해당부분의 설명 참조.

233) 대법원 2019. 5. 30. 선고 2016두49808 판결.

234) 대법원 2005. 7. 28. 선고 2003두469 판결, 대법원 2016. 10. 13. 선고 2016두42449 판결, 대법원 2017. 8. 29. 선고 2016두44186 판결.

235) 대법원 2019. 7. 11. 선고 2017두38874 판결에서는 외국인의 사증발급 신청에 대한 거부처분을 원고의 아버지에게 전화로 통보하고 여권과 사증발급 신청서를 반환하였을 뿐이고 처분이유를 기재한 사증발급 거부처분서를 작성하여 주지 않았다면 무효라고 판시하였고, 대법원 2011. 11. 10. 선고 2011도11109 판결에서는 집합건물 중 일부 구분건물의 소유자인 피고인이 관할 소방서장으로부터 소방시설 불량사항에 관한 시정보완명령을 받고도 따르지 않았다는 내용으로 기소된 사안에서, "담당 소방공무원이 행정처분인 위 명령을 구술로 고지한 것은 행정절차법 제24조를 위반한 것으로 하자가 중대하고 명백하여 당연 무효이고, 무효인 명령에 따른 의무위반이 생기지 아니하는 이상 피고인에게 명령 위반을 이유로 소방시설 설치유지 및 안전관리에 관한 법률 제48조의2 제1호에 따른 행정형벌을 부과할 수 없다."라고 판시하였다. 하급심 판결 중에서도 출입국·외국인사무소 출장소장이 체류자격 허가 취소와 출국명령을 하기 위하여 출석을 요청함에 따라 사무소를 방문한 외국인에게 구두로 체류자격이 취소되었다고 통보하였을 뿐 체류자격 취소처분의 처분서를 교부하지 않은채 출국명령의 처분서만 교부한 사안에서, 선행처분인 체류자격 취소처분은 무효이고 이를 기초로 이루어진 후행처분인 출국명령도 위법하다고 한 사례가 있다(대구지방법원 2024. 1. 10. 선고 2023구단11356 판결).

처분서면을 아예 교부하지 않았다면 무효로 본다.

나. 이유제시를 결한 행위

행정청이 처분을 하는 때에는 그 근거와 이유를 제시하여야 한다. 대법원은 "피고가 본건 취소처분을 행함에 있어서 그 근거가 되는 법령 등이나 구체적인 위반사실에 대하여는 아무런 적시를 함이 없이 단순히 '귀사의 주류판매업 면허를 1984. 4. 23.자로 취소하였기에 통지합니다'고 기재된 통지서의 발송으로서 원고의 주류판매업 면허를 취소한 본건 취소처분은 위법하여 취소를 면할 수 없다."라고 판시하였다.236)

한편 이유제시의 정도에 관하여, 조세부과처분에 대해서는 국세징수법 및 지방세법 관련규정에서 제시하여야 할 부과처분의 내용에 관한 규정을 두고 있으나, 행정절차법 제23조 제1항은 행정청이 처분을 할 때 그 '근거와 이유'를 제시하여야 한다고만 규정하고 있을 뿐, 구체적으로 어느 정도로 이유제시가 이루어져야 하는지에 대해서는 아무런 규정을 두고 있지 않고 판례와 학설에 맡겨두고 있다. 대법원 판례 및 하급심 판결들에 의하면, 이유제시의 기능 내지 취지를 감안하여 제시된 이유는 법정의 처분요건을 되풀이하는 것과 같은 일반적·추상적인 것만으로는 불충분하고, 상대방에게 처분이유가 이해될 수 있으며, 권리구제를 강구할 수 있을 정도의 구체성·상세성을 가져야 한다.237) 다만 근거법령만 기재되었더라도 해당 규정에 해당하는 사실관계까지도 당연히 알 수 있는 경우, 처분서면 등에 기재된 처분사유가 다소 추상적이거나 함축적인 용어로 되어 있다 할지라도 당사자가 근거법령이나 사실관계를 명시한 인·허가 등의 신청을 거부하는 경우이거나 사전통지나 청문 등의 의견청취절차를 거쳐 그 과정에서 처분의 근거법령과 사실관계를 알 수 있었던 경우와 같이 상대방이 자신의 경험이나 지식 또는 처분의 전체 과정을 통하여 그 의미를 명확히 인식할 수 있어 불복 여부를 결정하고 불복 대상을 확정하는 데 별 지장이 없는 경우에는 위법하다 할 수 없다. 이를 종합하면, 판례는 상대방의 불복신청에 지장을 줄 염려가 없다고 볼 만한 사정이 있는 경우에는 이유제시가 부실하더라도 위법하지 않다고 판단하고 있는 듯하다.238)

---

236) 대법원 1987. 5. 26. 선고 86누788 판결. 조세부과처분의 납부고지서에 관해서는 대법원 1982. 5. 11. 선고 81누319 판결, 대법원 1983. 4. 26. 선고 80누527 판결 등 참조.

237) 대법원 1990. 9. 11. 선고 90누1786 판결에서는 "면허의 취소처분에는 그 근거가 되는 법령이나 취소권 유보의 부관 등을 명시하여야 함은 물론 처분을 받은 자가 어떠한 위반사실에 대하여 당해 처분이 있었는지를 알 수 있을 정도로 사실을 적시할 것을 요한다."라고 설시하고 있다.

238) 대법원 2009. 12. 10. 선고 2007두20362 판결에서는 "행정절차법 제23조 제1항은 행정청이 처분을 하는 때에는 당사자에게 그 근거와 이유를 제시하도록 규정하고 있는바, 이는 행정청의 자의적 결정을 배제하고 당사자로 하여금 행정구제절차에서 적절히 대처할 수 있도록 하는 데 그 취지가 있는 것이므로, 처분서에 기재된 내용과 관계 법령 및 당해 처분에 이르기까지의 전체적인 과정 등을 종합적으로 고려하여, 처분 당시 당사자가 어떠한 근거와 이유로 처분이 이루어진 것인지를 충분히 알 수 있어서 그에 불복하여 행정구제절차로 나아가는 데에 별다른 지장이 없었던 것으로 인정되는 경우에는 처분서에 처

다. 서명 · 날인을 결한 행위

행정행위가 정당한 권한 있는 행정청에 의하여 행해졌다는 것을 명백히 하기 위하여 행정청의 서명 · 날인이 요구된다고 인정되는 경우에 이를 결한 행정행위는 무효라고 보아야 할 것이다.

4. 내용에 관한 하자

가. 내용이 실현불능인 행위

내용이 실현불능인 행위는 사실상 불능인 경우와 법률상 불능인 경우가 있다. 죽은 사람을 상대방으로 하는 행위,[239] 존재하지 않는 물건을 대상으로 하는 행위는 전자의 예이고, 법률상 인정되지 않는 권리를 부여하거나 의무를 과하는 행위[240]는 후자의 예이다. 이러한 불능을 내용으로 하는 행정행위는 무효다.

나. 내용이 불명확한 행위

행정행위의 내용이 사회통념상 인식할 수 없을 정도로 불명확하거나 확정되지 않은 경우에는 원칙적으로 무효이다. 대법원은 처분의 목적물이 특정되지 않으면 무효라고 본다.[241] 다만 대집행의 계고를 할 때 의무자가 이행하여야 할 행위와 그 불이행시 대집행할 행위의 내용 및 범위가 구체적으로 특정되어야 할 것이지만, 반드시 철거명령서나 대집행 계고서에 의하여야 하는 것은 아니고, 그 처분 후에 송달된 문서나 기타 사정을 종합하여 특정할 수 있으면 족하다.[242]

다. 공서양속에 반하는 행위

공서양속에 반하는 행위의 효력에 대해서는 이론이 있으나, 민법 제103조에서와는 달리 취소사유라고 보는 견해가 유력하다. 다만 독일 행정절차법에서는 선량한 풍속에 반하는 행위를 절대적 무효사유로 규정하고 있다.[243]

분의 근거와 이유가 구체적으로 명시되어 있지 않았다 하더라도 그로 말미암아 그 처분이 위법한 것으로 된다고 할 수는 없다."라고 판시하였다.

239) 대법원 1969. 1. 21. 선고 68누190 판결.

240) 과세관청이 납세자에 대한 체납처분으로서 제3자의 소유 물건을 압류하고 공매하더라도 그 처분으로 인하여 제3자가 소유권을 상실하는 것이 아니고, 체납처분으로서 압류의 요건을 규정하는 국세징수법령에서는 압류의 대상을 납세자의 재산에 국한하고 있으므로, 납세자가 아닌 제3자의 재산을 대상으로 한 압류처분은 그 처분의 내용이 법률상 실현될 수 없는 것이어서 무효이다(대법원 2006. 4. 13. 선고 2005두15151 판결).

241) 대법원 1964. 5. 26. 선고 63누136 판결.

242) 대법원 1990. 1. 25. 선고 89누4543 판결.

243) 김남진 · 김연태, 행정법 I, 349면.

5. 위헌법률에 근거한 행정행위의 효력

가. 이미 위헌으로 결정된 법률에 근거한 행정행위의 효력

헌법재판소법 제47조 제2항에 의하면, 위헌으로 결정된 법률 또는 법률조항은 그 결정이 있은 날로부터 효력을 상실하므로, 법률이 위헌으로 결정된 후 그 법률에 근거하여 발령되는 행정행위는 이미 법적 근거가 없다는 점이 일반에 공표되었음에도 그에 따라 이루어진 것이어서, 하자가 중대하고 명백하여 무효가 된다. 그러나 행정행위가 있은 후 그 처분의 근거가 된 법률이 위헌으로 결정되는 경우에 그 결정의 소급효를 인정할 것인지, 소급효를 인정한다면 그 하자를 무효사유로 볼 것인지 취소사유로 볼 것인지는 위와는 다른 차원의 문제이다.

한편, 단순위헌결정이 아닌 헌법불합치결정 후 개선입법의 소급적용 여부와 소급적용의 범위는 입법자의 재량에 달린 것이어서 개정법률의 내용에 따라 결정되어야 하므로, 개정법률에 소급적용에 관한 명시적인 규정이 있는 경우에는 그에 따라야 하고, 개정법률에 그에 관한 경과규정이 없는 경우에는 헌법불합치결정 전의 구법이 적용되어야 할 사안에 관하여 개정법률을 소급하여 적용할 수 없다.[244] 다만 위와 같은 개정법률의 소급효 그 자체에 관한 규정의 위헌 여부는 또 다른 별개의 문제가 된다.

---

244) 대법원 2015. 5. 29. 선고 2014두35447 판결. 참고로 비형벌조항에 대하여 헌법불합치결정이 선고되었으나 개선입법이 이루어지지 않은 채 개정시한이 지난 경우 그 법률조항의 효력이 상실되는 시점은 다음과 같다(대법원 2020. 1. 30. 선고 2018두49154 판결). 잠정적용 헌법불합치결정의 경우 그 법률효과는 장래를 향하여 미치는 것이므로, 개정시한이 지남으로써 효력을 상실한다. 따라서, 개정시한이 지난 후 개선입법이 이루어졌으나 소급효를 규정하는 경과규정을 두고 있지 않은 경우 법원으로서는 헌법불합치결정에서 정한 개정시한까지는 종전의 법률을 그대로 적용하여 재판할 수밖에 없다(대법원 2024. 9. 27. 선고 2018재두178 판결). 반면에 적용중지 헌법불합치결정의 경우에는 헌법불합치결정 시점과 법률조항의 효력이 상실되는 시점 사이의 법적 공백을 방지할 필요가 있으므로, 그 법률조항은 헌법불합치결정이 있었던 때로 소급하여 효력을 상실한다. 다만 잠정적용 헌법불합치결정이 선고된 경우라도 해당 법률조항의 잠정적용을 명한 부분의 효력이 미치는 사안이 아니라 적용중지 상태에 있는 부분의 효력이 미치는 사안이라면, 그 법률조항 중 적용중지 상태에 있는 부분은 헌법불합치결정이 있었던 때로 소급하여 효력을 상실한다. 가령 헌법재판소가 세무사 자격 보유 변호사로 하여금 세무사로서는 세무사의 업무를 할 수 없도록 규정한 세무사법 제6조 제1항, 제20조 제1항 본문 중 변호사에 관한 부분이 2019. 12. 31.을 시한으로 개정될 때까지 계속 적용을 명하는 헌법불합치결정을 선고하였으나 개정시한까지 개선입법이 이루어지지 않은 사건에서, 계속 적용을 명한 부분의 효력은 일반 세무사의 세무사등록을 계속 허용할 수 있는 근거규정이라는 점에만 미치고, 세무사 자격 보유 변호사의 세무대리를 전면적·일률적으로 금지한 부분은 여전히 적용을 중지하도록 한 것이므로 헌법불합치결정이 있었던 때로 소급하여 효력을 상실한다.

나. 위헌결정과 그 결정의 소급효

(1) 위헌결정의 소급효에 관한 판례의 태도

(가) 대법원의 경우

대법원은 위헌결정에 관하여 민사사건과 행정사건에서도 원칙적으로 소급효를 인정하고 있다. 위헌결정의 효력은 위헌제청을 한 '당해사건', 위헌결정이 있기 전에 이와 동종의 위헌 여부에 관하여 헌법재판소에 위헌여부심판제청을 하였거나 법원에 위헌여부심판제청신청을 한 '동종사건', 따로 위헌제청신청은 하지 않았지만 해당 법률 또는 법률 조항이 재판의 전제가 되어 법원에 계속중인 '병행사건', 위헌결정 이후에 위와 같은 이유로 제소된 '일반사건'에 미친다는 것이 확립된 판례이다. 다만 일반사건에 관해서는 위헌결정의 소급효가 제한될 수도 있다고 보고 있다.

(나) 헌법재판소의 경우

헌법재판소는 민사사건이나 행정사건에서는 위헌결정의 소급효를 인정하지 않는다. 그러나 예외적으로 ① 당해사건과 ② 동종사건 및 병행사건에 대해서는 전면적으로 소급효를 인정하고, ③ 일반사건에 대해서는 당사자의 권리구제를 위한 구체적 타당성의 요청이 현저한 반면에 소급효를 인정해도 법적 안정성을 침해할 우려가 없고 나아가 구법에 의하여 형성된 기득권자의 이익이 해쳐질 사안이 아닌 경우로서 소급효의 부인이 오히려 정의와 형평 등 헌법적 이념에 심히 배치되는 사건에 한하여 소급효를 인정하고 있다.

(다) 양 입장의 비교

대법원과 헌법재판소는 당해사건, 동종사건 및 병행사건에 대해서는 소급효가 미친다고 하고 있는 점에서 견해가 일치하고 있다. 그러나 일반사건에 대하여, 대법원은 원칙적으로 소급효를 인정하는 입장에 있고, 헌법재판소는 원칙적으로 소급효를 부정하는 입장에 있다.

대법원은 구체적 타당성의 요청과 법적 안정성의 원칙을 비교형량하여 선택적으로 소급효를 인정하고, 헌법재판소는 일반사건에 소급효가 미치는지에 관해서는 위헌선언을 하면서 결정주문에서 밝혀야 할 것이나, 직접 밝히지 않았다면 일반 법원이 구체적 사건에서 해당 법률의 연혁 · 성질 · 보호법익 등을 검토하고 제반이익을 형량하여 합리적 · 합목적적으로 정할 수밖에 없다고 한다. 결국 대법원과 헌법재판소의 견해의 차이는 실제 운용에서는 크지 않을 것으로 생각된다.

(2) 대법원 판례의 구체적 내용

(가) 당해사건의 경우

헌법은 제107조 제1항에서 "법률이 헌법에 위반되는 여부가 재판의 전제가 된 경우에는 법원은 헌법재판소에 제청하여 그 심판에 의하여 재판한다."라고 규정하고 있으므로, 헌법재판소의 위헌결정의 직접적 계기가 된 사건들에는 위헌결정의 효과가 미쳐야 한다. 만일 이 경우에 소급효를 인정하지 않는다면, 모든 사건에서 재판의 전제성이 부인되어 위헌법률심판을 제기할 동기가 없어지게 될 것이다. 한편, 헌법재판소법 제75조 제7항에서도 위헌소원이 인용되었는데 당해사건이 이미 확정된 때에는 재심을 청구할 수 있다고 규정되어 있는데, 이는 적어도 위헌결정의 직접적인 계기가 된 당해사건에는 위헌결정의 혜택을 누릴 수 있도록 하여야 한다는 의미로 해석된다. 따라서 당해사건의 당사자에 대한 위헌결정의 소급효를 인정하는 것은 당연하다.[245]

(나) 동종 및 병행사건의 경우

헌법재판소가 같은 법조에 대한 여러 개의 위헌법률심판제청사건을 전부 병합하여 하나의 위헌결정을 선고하지 않고 일부에 대해서만 위헌결정을 한 우연한 사정 때문에 동종 및 병행사건이 여전히 위헌법률의 적용을 받게 된다면, 권리구제의 측면에서 매우 불공평하고 불합리하다. 뿐만 아니라 동종 및 병행사건에 위헌결정의 소급효를 인정하더라도 법적 안정성을 크게 해칠 우려도 크지 않기 때문에 소급효를 미치게 할 필요가 있다.[246]

(다) 일반사건의 경우

대법원이 일반사건에 대해서도 소급효를 원칙적으로 인정하는 것은 법원이 위헌인 법률을 적용할 수 없다는 논리에 입각한 것이다.[247] 그러나 위헌결정의 효력이 미치는 범위가 무한정일 수는 없고, 다른 법리에 의하여 그 소급효를 제한하는 것까지 부정되는 것은 아니며, 법적 안정성의 유지나 당사자의 신뢰보호를 위하여 불가피한 경우에 위헌결정의 소급효를 제한하는 것이 오히려 법치주의의 원칙상 요청된다는 이유로,[248] 다음과 같은 사유가 있는 경우에는 예외를 인정하고 있다.

① 확정판결의 기판력을 이유로 한 경우는 대법원 1993. 4. 27. 선고 92누9777 판결, 대법원 1995. 1. 24. 선고 94다28017 판결이 있다. ② 처분의 불가쟁력이 있다는 것을 이유로 한 경우는 대법원 1994. 10. 28. 선고 92누9463 판결, 2002. 11. 8. 선고 2001두3181 판결 등이 있다.

---

245) 대법원 1991. 6. 11. 선고 90다5450 판결, 대법원 1991. 6. 28. 선고 90누9346 판결, 대법원 1999. 8. 20. 선고 99재두139 판결 등 참조.

246) 대법원 1991. 12. 24. 선고 90다8176 판결, 대법원 1992. 2. 14. 선고 91누1462 판결, 대법원 1996. 4. 26. 선고 96누1627 판결, 대법원 1998. 5. 22. 선고 96누18182 판결, 대법원 1999. 7. 27. 선고 99두2932 판결, 대법원 2021. 6. 10. 선고 2016두54114 판결(헌법불합치 결정에 대한 병행사건) 등 참조.

247) 대법원 1993. 1. 15. 선고 92다12377 판결, 대법원 1993. 1. 15. 선고 91누5747 판결, 대법원 2004. 7. 22. 선고 2003다49832 판결 등 다수. 다만 일반사건에까지 위헌결정의 소급효가 미치는 이유를 명시하고 있지는 않다.

248) 대법원 2017. 3. 9. 선고 2015다233982 판결.

확정판결이 선고되었거나 불가쟁력이 발생한 행정행위가 아닌 경우에는 ③ 법적 안정성이나 신뢰보호의 원칙을 끌어들여 위헌결정의 소급효를 제한하기도 한다.[249] 소급효를 인정하여 원상회복을 하면 위헌인 법률을 제대로 된 법률로 믿은 국민의 신뢰 내지 기득권을 동요시키고 이미 형성된 법률관계의 안정을 해치게 되는 경우에는 소급효를 제한하여 구체적 타당성을 도모하기 위한 것이다.

❑ **호봉부여처분 취소소송(대법원** 2005. 11. 10. **선고** 2005두5628 **판결)**

〈사실관계〉 이 사건 당시 구 지방공무원법은 선고유예 판결을 당연퇴직사유로 규정하고 있었는데 이 규정에도 불구하고 선고유예 판결을 받았던 원고는 아무런 사유 없이 공무원으로 계속 근무하였다. 그러던 중 공무원 구조조정을 위한 신원조회에서 선고유예의 형사판결을 받은 사실이 밝혀져 당연퇴직 되었다가 특례법에 의하여 다시 특별채용되었으나, 선고유예판결 확정일부터 사실상의 근무기간은 호봉승급에 반영되지 않았다. 그런데 헌법재판소는 금고 이상의 선고유예를 받은 경우 무조건 당연퇴직시키는 것은 헌법에 위반된다고 결정하였고, 그후 원고는 이 사건 호봉부여처분이 위법하다는 이유로 이에 대한 취소소송을 제기하였다.

〈판시사항〉 헌법재판소의 위헌결정의 효력이 원칙적으로 일반사건에도 미친다고 할 것이나, 위헌결정의 효력은 그 미치는 범위가 무한정일 수는 없고 다른 법리에 의하여 그 소급효를 제한하는 것까지 부정되는 것은 아니라 할 것이며, 법적 안정성의 유지나 당사자의 신뢰보호를 위하여 불가피한 경우에 위헌결정의 소급효를 제한하는 것은 오히려 법치주의의 원칙상 요청되는 바라 할 것이다. 금고 이상의 형의 선고유예를 받은 경우에 공무원직에서 당연히 퇴직하는 것으로 규정한 구 지방공무원법 제61조 중 제31조 제5호 부분에 대한 헌법재판소의 위헌결정의 소급효를 인정할 경우 그로 인하여 보호되는 퇴직공무원의 권리구제라는 구체적 타당성 등의 요청에 비하여 종래의 법령에 의하여 형성된 공무원의 신분관계에 관한 법적 안정성과 신뢰보호의 요청이 현저하게 우월하므로, 이 사건 위헌결정의 소급효는 제한되어 이 사건에는 미치지 아니한다.

다. 위헌결정의 소급효와 위헌법률에 기한 행정행위의 위법성의 관련성

위헌법률에 근거한 행정행위의 위헌·위법성은 그 근거법률이 위헌이라는 점에서 기인하므로, 위헌결정의 소급효와 위헌법률에 근거한 행정행위의 위법성 여부는 관련이 있다.

그러나 위헌인 법률에 근거한 행정행위가 무효인지는 위헌결정의 소급효와는 별개의 문제로서 위헌결정의 소급효가 인정되더라도 위헌인 법률에 근거한 행정행위가 반드시 무효가 된다고 할 수는 없다.

249) 대법원 1994. 10. 25. 선고 93다42740 판결.

라. 위헌으로 결정된 법률에 근거한 행정행위의 효력

(1) 대법원의 경우

대법원은 하자의 중대·명백성이라는 일반원칙에 근거하여 판단하고 있다. 행정행위의 근거가 되는 법률이 헌법에 위반된다는 점은 결과적으로 법률의 근거가 없이 행해진 것과 마찬가지가 되어 중대한 하자이기는 하나, 그것이 헌법재판소에 의하여 유권적으로 확정되기 전에는 어느 누구에게도 명백한 것이라고 할 수 없으므로, 무효사유에는 해당하지 않는다고 보고 있다.[250)]

(2) 헌법재판소의 경우

행정행위의 집행이 이미 종료되었고 그것이 번복될 경우 법적 안정성을 크게 해치게 되는 경우에는 후에 행정행위의 근거가 된 법규가 위헌으로 선고된다고 하더라도 그 행정행위가 무효가 되지는 않는다는 것이 원칙이라고 하여 대법원과 대체적으로 같은 입장에 있다.

다만, 행정행위 자체의 효력이 쟁송기간 경과 후에도 존속 중인 경우, 특히 그 행정행위가 위헌법률에 근거하여 내려진 것이고 그 행정행위의 목적달성을 위해서는 후행 행정행위가 필요한데 후행 행정행위는 아직 이루어지지 않은 경우와 같이 그 행정행위를 무효로 하더라도 법적 안정성을 크게 해치지 않는 반면에 그 하자가 중대하여 그 구제가 필요한 경우에 대해서는 무효사유로 보아서 쟁송기간 경과 후에라도 무효확인을 구할 수 있는 것이라고 예외를 인정하고 있다.[251)]

마. 위헌으로 결정된 법률에 근거한 행정행위의 집행문제

앞에서 본 것처럼, 과세처분 이후 조세 부과의 근거가 되었던 법률규정에 대하여 위헌결정이 내려졌더라도 무효가 아니고 취소할 수 있는데 불과하므로, 과세관청이 제소기간이 도과되어 불가쟁력이 발생한 과세처분을 근거로 집행절차를 개시하거나 개시된 집행절차를 속행할 수 있지 않을까라는 의문이 생길 수 있다.

이에 대하여 대법원의 다수의견은 의무를 부과하는 과세처분 이후 조세 부과의 근거가 되었던 법률규정에 대하여 위헌결정이 내려졌다면 그 조세채권의 집행을 위한 체납처분은 무효라고 한다.[252)] 이러한 결과는 유효한 과세처분에 대한 체납처분 절차의 진행을 금지하여 실질적으로 해당 과세처분의 효력을 부정하고 사실상 소멸시키는 데까지 위헌결정의 기속력 범위를 확정하는 것이 되어 헌법재판소법 제47조 제2항의 취지에 맞지 않는다는

250) 대법원 1994. 10. 28. 선고 92누9463 판결.
251) 헌재 1994. 6. 30. 선고 92헌바23 결정.
252) 대법원 2012. 2. 16. 선고 2010두10907 전원합의체 판결.

반대의견이 있었다. 그러나 행정행위의 집행력은 행정행위의 내용을 행정청이 일방적으로 실현시킬 수 있는 강제력이므로 인권보장과 법치주의의 실현이 강조되어야 한다. 따라서 비록 위헌법률에 기한 과세처분이 위헌결정 전에 이루어졌고, 과세처분에 대한 제소기간이 이미 경과하여 조세채권이 확정되었으며, 조세채권의 집행을 위한 체납처분의 근거규정 자체에 대해서는 따로 위헌결정이 내려지지 않았다고 하더라도, 위와 같은 위헌결정 이후에 조세채권의 집행을 위하여 새로운 체납처분에 착수하거나 이를 속행하는 것은 허용되지 않을 뿐만 아니라, 이러한 위헌결정의 효력에 위배하여 이루어진 체납처분은 그 사유만으로 하자가 중대하고 객관적으로 명백하여 무효라고 보아야 할 것이다.

더 나아가서 국가는 별도의 집행권원이 없다면 위헌법률에 기한 과세처분을 근거로 다른 사람에 의하여 개시된 임의경매절차에서 배당을 받을 수도 없다.[253)]

바. 위헌 · 위법한 법규명령에 근거한 행정행위의 경우

대법원은 위헌 · 위법한 시행령이나 시행규칙 및 조례 등에 근거한 행정행위의 효력에 대해서도, 위헌인 법률에 근거한 그것과 같이 중대 · 명백설에 따라 행정청이 위헌 · 위법하여 무효인 시행령 등을 적용한 행정행위는 하자가 중대하기는 하나, 해당 법규명령이 헌법이나 법률에 위반된다는 사정은 그에 관한 대법원 판결이 선고되기까지는 다툼의 여지가 없을 정도로 명백하다고 볼 수 없으므로, 위헌 · 위법한 법규명령에 근거한 행정행위의 하자는 취소사유에 해당할 뿐 무효사유가 되지 않는다는 입장에 있다.[254)]

Ⅳ. 하자 있는 행정행위의 치유와 전환

1. 개 설

위법한 행정행위는 그 효력이 부인되거나 취소되어야 하는 것이지만, 일정한 상황 하에서 하자의 존재에도 불구하고 그 효력을 유지시키고자 하는 법리가 바로 '하자의 치유'와 '하자있는 행정행위의 전환'이다. 민법에서는 이와 유사한 문제가 법률행위의 추인(제143조, 제145조) 및 전환(제138조)으로 규정되어 있는 것과 달리, 행정법에서는 학설과 판례에 맡겨져 있다.

---

253) 대법원 2002. 4. 12. 선고 2002다2294 판결 참조.

254) 시행령에 관해서는 대법원 1997. 5. 28. 선고 95다15735 판결, 조례에 관해서는 대법원 1995. 7. 11. 선고 94누4615 전원합의체 판결 참조.

2. 하자의 치유

가. 개 념

행정행위가 발령 당시 적법요건을 완전히 구비하지 못하여 위법한 것이지만 사후에 흠결이 보완되거나 그 흠이 취소사유가 되지 않을 정도로 경미해진 경우에, 그 성립 당시의 하자에도 불구하고 하자 없는 적법한 행위로 그 효력을 유지시키고, 행위의 효과를 다툴 수 없도록 하는 것을 말한다. 이는 ① 행정행위에 대한 상대방의 신뢰보호, ② 행정법관계의 안정성 고려 및 공공복리의 도모, ③ 행정행위의 불필요한 반복의 배제 등의 관점에 입각한 것이다.[255]

나. 인정여부 및 치유사유

우리나라는 하자의 치유에 관한 명문의 규정이 없어서 치유의 인정여부 및 치유사유를 해석론에 맡기고 있다. 대법원은 "하자의 치유는 행정행위의 성질이나 법치주의의 관점에서 볼 때, 원칙적으로는 허용될 수 없으나 행정행위의 무용한 반복을 피하고 당사자의 법적 안정성을 보호하기 위하여 국민의 권리와 이익을 침해하지 아니하는 범위 내에서 구체적인 사정에 따라 예외적으로 허용될 수 있다."라고 한다.[256]

하자의 치유사유로 ① 흠결된 요건의 사후보완(무권대리의 추인, 허가나 등록요건의 사후충족, 요식행위의 형식 추완 등), ② 장기간 방치로 인한 법률관계의 확정(하자 있는 행정행위의 내용실현), ③ 취소를 불허하는 공익상의 요구의 발생(하자 있는 토지수용에 의한 댐건설), ④ 사실상 공무원 · 표현대리 등이 예시된다.[257] 그러나 ②와 ③은 행정행위의 '취소의 제한사유'라고 해석되고, 만일 그렇게 해석하지 않는다면 치유의 뜻이나 취지에 어긋나게 된다. ④의 사유도 하자의 치유문제라기 보다는 신뢰보호에 입각하여 인정되는 예외적인 법적 효과이다. 따라서 ①만 엄밀한 의미의 치유사유에 해당한다.[258]

---

255) 한편, 하자의 치유문제는 소송계속 중 처분사유의 변경 · 추가문제와 구별하여야 할 것이다. 하자의 치유는 처분시 존재하는 하자가 사후에 보완되어 없어지는 것인데 반하여, 처분 사유의 추가 · 변경은 처분시 이미 존재하였지만 처분사유로 삼았지 않았던 것을 소송계속 중에 처분사유로 주장하는 것이다.

256) 대법원 2002. 7. 9. 선고 2001두10684 판결, 대법원 1998. 10. 27. 선고 98두4535 판결, 대법원 1992. 5. 8. 선고 91누13274 판결 참조.

257) 대법원 1983. 7. 26. 선고 82누420 판결에서는 행정행위의 취소원인인 하자의 보완, 관계 행정청의 추인, 행정처분을 장기간 방치함으로 인한 행정목적의 달성 또는 법률관계의 확정 등을 예시하고 있다.

258) 참고로 독일 행정절차법 제45조 제1항에서는 절차 및 형식상의 하자의 치유사유에 관하여 명문의 규정을 두고 있는데, 제44조에 의하여 무효로 되지 않는 절차 및 형식규정의 위반은 ① 행정행위의 발령에 필요한 신청을 사후에 한 경우, ② 필요한 사유가 사후에 제출된 경우, ③ 필요한 관계인의 청문을 사후에 보완한 경우, ④ 행정행위의 발령을 위하여 위원회의 참여가 필요한 경우 그 위원회의 결의를 사후에 행한 경우, ⑤ 필요한 다른 행정청의 참여를 사후에 보완한 경우에는 문제 삼지 않도록 규정하

다. 한 계

첫째, 하자의 치유를 인정하면 당사자에게 불이익하게 되는 경우에는 그 치유를 인정할 수 없을 것이다.[259)]

둘째, 무효인 행정행위에까지 치유를 인정할 수는 없다.[260)] 무효인 행정행위는 처음부터 어떠한 효력도 발생하지 않은 것으로서, 새로운 다른 행정행위로 전환되는 것은 별론으로 하고 '본래'의 행정행위로서는 효력을 발생할 수 없기 때문이다.

셋째, 내용상 하자의 경우에는 논란이 있을 수 있다. 하자의 치유가 절차적 하자의 경우에 인정된다는 것은 학설과 판례가 일치하나, 대법원은 내용상의 하자에 대해서는 그 치유를 부인하는 것으로 보인다.[261)]

라. 효 력

행정행위의 하자가 치유되면 소급적으로 그 효력이 유지되어, 처음부터 하자가 없었던 것과 마찬가지로 적법한 행정행위로 효력을 발생하게 된다.[262)]

마. 하자의 치유가 가능한 시기

하자의 치유는 행정쟁송 제기 이전까지만 가능하다는 것이 유력하고, 대법원도 "치유가 인정되는 기간은 늦어도 과세처분에 대한 불복여부의 결정 및 불복신청에 편의를 줄 수

고 있다.

259) 대법원 2001. 6. 26. 선고 99두11592 판결에서는, "선행처분인 개별공시지가결정이 위법하여 그에 기초한 개발부담금 부과처분도 위법하게 된 경우 그 하자의 치유를 인정하면 개발부담금 납부의무자로서는 위법한 처분에 대한 가산금 납부의무를 부담하게 되는 등 불이익이 있을 수 있으므로, 그 후 적법한 절차를 거쳐 공시된 개별공시지가결정이 종전의 위법한 공시지가결정과 그 내용이 동일하다는 사정만으로는 위법한 개별공시지가결정에 기초한 개발부담금 부과처분이 적법하게 된다고 볼 수 없다."라고 판시하였다. 제1심판결 이후 정비구역 내 토지 등 소유자 318명 중 4분의 3을 초과하는 247명으로부터 새로 조합설립동의서를 받았으니 흠은 치유되었다는 피고 및 참가인의 주장에 대하여, 구 도시정비법 제16조 제1항에서 정하는 조합설립인가처분은 설권적 처분의 성질을 갖고 있고, 흠의 치유를 인정하더라도 원고들을 비롯한 토지 등 소유자들에게 아무런 손해가 발생하지 않는다고 단정할 수 없다는 점 등을 이유로 이를 배척한 원심판결을 긍정한 사례도 있다(대법원 2010. 8. 26. 선고 2010두2579 판결).

260) 대법원 1984. 2. 28. 선고 81누275 전원합의체 판결, 대법원 1989. 12. 12. 선고 88누8869 판결 참조. 한편 대법원 1996. 12. 20. 선고 96누9799 판결에서는, 상대방 있는 처분은 그와 같은 처분을 하였음을 상대방에게 서면으로 고지해야만 그 상대방에게 처분의 효력이 발생한다고 전제한 다음 "행정처분의 적법 여부는 특별한 사정이 없는 한 그 처분 당시를 기준으로 하여 판단하여야 하고, 처분청이 처분 이후에 추가한 새로운 사유를 보태어 처분 당시의 흠을 치유시킬 수는 없다."라고 판시하고 있다. 독일 행정절차법도 명문으로 무효의 경우에는 치유를 인정하고 있지 않고 있다.

261) 대법원 1991. 5. 28. 선고 90누1359 판결에서는, "이 사건 처분(노선여객자동차운송사업의 사업계획변경인가처분)에 관한 하자가 행정처분의 내용에 관한 것이고 새로운 노선면허가 이 사건 소 제기 이후에 이루어진 사정 등에 비추어 하자의 치유를 인정치 않은 원심의 판단은 정당하다."라고 판시하고 있다.

262) 이에 대하여 치유행위가 있다고 하더라도 절차의 하자가 있었던 사실이 없어지는 것은 아니고, 하자 자체는 여전히 위법한 상태로 남기 때문에 치유의 효과는 장래효만 있다는 견해도 있다(류지태 · 박종수, 행정법신론, 491면).

있는 상당한 기간 내에 하여야 한다."라고 판시하여,[263] 같은 입장인 것으로 보인다. 쟁송제기 이후에도 하자의 치유를 인정한다면 당사자의 법적 안정성과 예측가능성을 지나치게 침해하는 것이라는 인식에 입각한 것이다. 따라서 상고심의 계류 중,[264] 과세처분시로부터 2년 또는 4년 이상 경과하여 과세처분 취소소송 계속 중,[265] 대법원의 환송판결 후,[266] 과세처분 취소판결 후[267]에 하자를 보정하였다고 하더라도 이로써 납세고지의 하자가 치유된다고는 할 수 없다.

바. 절차적 하자의 치유에 관한 대법원 판례의 경향

(1) 조세소송의 경우

행정행위의 하자의 치유문제가 대법원에서 본격적으로 논의되기 시작한 것은 국세징수법, 법인세법, 소득세법, 지방세법 등이 과세처분을 할 때 납부고지서에 과세표준과 세액의 계산명세서를 첨부하여 고지하도록 한 것이 소송상 쟁점이 되면서부터라고 할 수 있다. 대법원은 위 규정들을 강행규정이라고 새기면서 납세고지서에 위와 같은 기재사항이 누락되었다면, 그 과세처분 자체가 위법하게 되고 하자있는 처분으로 취소대상이 된다고 해석하였다.[268] 그러자 세무실무상 납세고지서에 세액의 산출명세서를 첨부하지 않았던 과세관청이 그러한 위법상태를 제거하여 보려는 노력의 하나로서 부과처분 취소소송의 계속 중에 세액의 산출근거를 밝힌 계산명세서 등을 추가로 송달하고 그로써 과세처분상의 하자는 치유된 것이라고 주장하면서부터, 일련의 판례가 형성되었다.[269]

판례이론에 따르면,[270] 납세고지서의 하자치유의 방법은 서면으로 하여야지 구두 또는 전화로 보정하는 것은 허용되지 않는다.[271] 따라서 납세의무자가 그 나름대로[272] 또는 사실상[273] 세액산출의 근거를 알고서 쟁송에 이르렀다 하더라도 하자가 치유되지는 않는

263) 대법원 1984. 4. 10. 선고 83누393 판결 등 다수 참조.

264) 대법원 1984. 4. 10. 선고 83누393 판결.

265) 대법원 1985. 1. 22. 선고 84누333 판결, 대법원 1988. 2. 9. 선고 83누404 판결.

266) 대법원 1984. 11. 27. 선고 82누488 판결.

267) 대법원 1984. 5. 9. 선고 84누116 판결.

268) 이러한 판례의 태도는 대법원 1982. 5. 11. 선고 81누319 판결, 대법원 1983. 4. 26. 선고 80누527 판결 등을 필두로 현재까지 확립된 견해이다.

269) 이강국, "행정행위의 하자의 치유", 행정판례연구 3집, 박영사(1996), 107면.

270) 더 자세한 내용은 소순무, "납세고지서 기재사항 하자의 치유", 대법원판례해설 제24호, 법원도서관(1996), 410면 이하 참조.

271) 대법원 1991. 3. 27. 선고 90누3409 판결, 대법원 1993. 4. 27. 선고 92누14083 판결, 대법원 1988. 2. 9. 선고 83누404 판결 등 참조. 다만 납세고지서가 송달불능되자 전화로 처분내용을 알려 준 사안에서 원고가 과세처분에 대하여 불복하고 있다는 이유로 고지의 효력이 발생하였다고 본 다른 취지의 판례로는 대법원 1971. 7. 29. 선고 71누72 판결이 있다.

272) 대법원 1984. 2. 14. 선고 83누602 판결, 대법원 1985. 2. 26. 선고 83누629 판결, 대법원 1984. 2. 14. 선고 83누614 판결 등.

다.[274] 납세고지서의 하자를 보완할 수 있는 서면은 법령 등에 의하여 납세고지에 앞서 납세의무자에게 교부하도록 되어 있어 납세고지서와 일체를 이룰 수 있는 것에 한정된다. 그러한 서면으로 판례는 과세예고통지서,[275] 과세안내서,[276] 결정전조사통지서,[277] 부담금예정통지서[278] 등을 들고 있으나, 추징조서 사본은 하자를 치유할 수 있는 서면이 아니라고 한다.[279] 아울러 보정하는 서면은 법령의 규정에 의한 기재 사항이 완전히 보정되어야지, 보정서면에 의하더라도 부과대상토지와 세액산출근거를 구체적으로 밝히지 않은 것이라면 역시 하자는 치유되지 않는다.[280]

(2) 일반 행정소송의 경우

대법원은 행정청의 이유제시에 관한 하자에 관하여, "허가의 취소처분에는 그 근거가 되는 법령과 처분을 받은 자가 어떠한 위반사실에 대하여 당해 처분이 있었는지를 알 수 있을 정도의 사실의 적시를 흠결한 하자는 그 처분 후 적시되어도 이에 의하여 치유될 수 없다."라고 하거나, "허가의 취소처분의 근거와 위반사실의 적시를 빠뜨린 하자는 피처분권자가 처분 당시 그 취지를 알고 있었다거나 그 후 알게 되었다고 하여도 이로써 치유될 수 없다."라고 하여 엄격한 태도를 취하고 있다.[281]

반면에 대법원이 절차적 하자에 관하여 치유를 긍정한 것으로서, 소청 또는 심의판정상의 하자,[282] 소원전치 요건상의 하자,[283] 국세징수법상 공매처분시 관계자에 대한 통지를 하지 않은 하자로서 연기된 공매기일에 적법한 공고를 한 경우,[284] 행정청이 식품위생법상

273) 대법원 1984. 6. 26. 선고 83누679 판결, 대법원 1984. 2. 28. 선고 83누674 판결, 대법원 1984. 3. 13. 선고 83누686 판결 등.

274) 대법원 2002. 11. 13. 선고 2001두1550 판결, 대법원 2002. 11. 13. 선고 2001두1543 판결, 대법원 2001. 12. 27. 선고 2000두2761 판결.

275) 대법원 1993. 7. 13. 선고 92누13981 판결, 대법원 1996. 3. 8. 선고 93누21408 판결.

276) 대법원 1995. 7. 11. 선고 94누9696 전원합의체 판결, 1995. 7. 14. 선고 94누1156 판결.

277) 대법원 2001. 6. 15. 선고 99두11882 판결, 대법원 2001. 3. 27. 선고 99두8039 판결, 대법원 2000. 1. 14. 선고 99두1212 판결.

278) 대법원 1994. 3. 25. 선고 93누19542 판결, 대법원 1995. 2. 14. 선고 94누14216 판결 참조. 개발부담금은 비록 조세는 아니지만 준조세의 성격을 띤 것으로 그 부과절차에서 조세법의 원리가 지배하고 있다.

279) 대법원 1995. 9. 26. 선고 95누665 판결에 의하면, 추징조서는 추징요건을 판단하기 위한 과세관청의 내부문서에 불과하고 세액산출근거를 알리기 위하여 납세의무자에게 교부하는 문서가 아니기 때문이다.

280) 대법원 1984. 2. 14. 선고 83누602 판결, 대법원 1990. 7. 10. 선고 89누176 판결, 대법원 1993. 4. 13. 선고 92누10623 판결, 대법원 2005. 10. 13. 선고 2005두5505 판결, 대법원 1998. 6. 26. 선고 96누12634 판결 참조. 납부고지서에 세율이 누락되어 있고, 보정서류인 결정전 조사결과 통지서에도 세율의 기재가 누락되어 있는 경우 하자의 치유를 부인한 대법원 2003. 6. 27. 선고 2003두2694 판결.

281) 대법원 1984. 7. 10. 선고 82누551 판결, 대법원 1987. 5. 26. 선고 86누788 판결, 대법원 1990. 9. 11. 선고 90누1786 판결 등.

282) 대법원 1960. 3. 28. 선고 4291행상74 판결.

283) 대법원 1962. 11. 8. 선고 62누162 판결.

284) 대법원 1971. 2. 23. 선고 70누161 판결.

청문절차를 실시할 때 청문서 도달기간을 준수하지 않았다 하더라도 영업자가 이의를 제기하지 않고 청문기일에 출석하여 방어의 기회를 가진 경우[285] 등이 있다.

3. 하자있는 행정행위의 전환

가. 의 의

하자가 있는 행정행위를 하자 없는 다른 행정행위로 효력을 발생하게 하는 것을 '하자있는 행정행위의 전환'이라고 한다. 무효인 행정행위에 대해서만 다른 행위로의 전환을 인정하는 것이 다수설이나, 취소할 수 있는 행위에도 전환을 인정하여야 한다는 견해도 유력하다.[286] 행정청에 의한 하자있는 행정행위의 전환은 그 자체가 하나의 행정행위다.

나. 전환의 요건

전환이 되기 위해서는 ① 하자있는 행정행위와 전환하려는 행위와의 사이에 요건·목적·효과상의 실질적 공통성이 있을 것, ② 전환될 행위가 성립·효력요건을 갖추고 있을 것, ③ 당사자가 그 전환을 의욕하는 것으로 인정될 것, ④ 제3자의 이익을 침해하지 않을 것, ⑤ 행위의 중복을 회피하는 의미가 있을 것 등의 요건이 갖춰져야 한다. 앞에서 본 것처럼 전환행위도 하나의 행정행위이므로, 행정절차법이 적용되어야 한다.

다. 판 례

대법원이 명확하게 행정행위의 전환을 인정한 사례는 찾아보기 어렵다. 의료보험 요양기관 지정처분 취소의 근거가 되는 구 의료보험법 제33조 제1항의 효력이 헌법재판소에 의하여 상실되자, 위 취소처분이 요양기관 지정처분의 효력을 장래에 향하여 상실하게 하는 행정행위의 철회에 해당하여 유효하다고 주장하는 것은, 실질적 법치주의와 처분의 상대방인 국민에 대한 신뢰보호라는 견지에서 허용될 수 없다고 판시한 사례가 있다.[287] 위 사건에서 행정행위에 대한 철회의 성격을 가지고 있다는 행정청의 주장을 행정행위의 전환문제로 파악하여 배척한 것이라고 평가하는 견해가 있다.[288] 그러나 이는 처분사유의 추가·변경에 관한 판례에 불과하다고 생각된다.

한편, 귀속재산 매매계약을 체결하였던 일부 부동산에 대하여 귀속재산 매매계약을 취소하는 처분에 대한 통지가 송달되었으나 본인이 사망한 사실이 밝혀진 후 재산상속인에게 송달하여 취소처분의 통지가 도달된 사건에서, 대법원이 "귀속재산을 불하받은 자가 사망

285) 대법원 1992. 10. 23. 선고 92누2844 판결.
286) 김남진·김연태, 행정법 I, 358면.
287) 대법원 2001. 3. 23. 선고 99두6392 판결.
288) 박정훈, "처분사유의 추가·변경과 행정행위의 전환 – 제재철회와 공익상 철회 –", 행정판례연구Ⅶ, 박영사(2002. 12), 265면 참조.

한 후에 그 수불하자에 대하여 한 그 불하처분은 사망자에 대한 행정처분이므로 무효이지만 그 취소처분을 수불하자의 상속인에게 송달한 때에는 그 송달시에 그 상속인에 대하여 다시 그 불하처분을 취소한다는 새로운 행정처분을 한 것이라고 할 것이다."라고 판시한 것을 두고,[289] 일부 문헌에서는 행정행위의 전환을 인정한 사례라고 소개하고 있다. 그러나 위 판결은 처분서의 기재상 사망자가 상대방으로 되어 있지만 그 사망사실을 알고 그 처분서를 상속인에게 다시 송달하였기 때문에 행정청이 실제로는 상속인을 처분의 상대방으로 하겠다는 의도를 가졌던 것이라고 해석하였을 뿐이다. 따라서 위 판결은 행정행위의 전환을 인정한 것이 아니라 행정청의 가정적 의사를 의제함으로써 행정청의 실제 의사를 확인한 것으로서, '행정행위의 해석'에 관한 문제에 불과하다.[290]

Ⅴ. 행정행위의 하자의 승계(선행행위의 후행행위에 대한 구속력)

1. 문제의 소재

둘 이상의 행정행위가 연속적으로 행해지고 선행행위에 불가쟁력이 발생한 경우 선행행위의 하자를 이유로 자체로는 하자가 없는 후행행위를 다툴 수 있는지가 문제된다. 만일 후행행위의 효력을 다투는 쟁송절차에서 선행행위의 하자를 다툴 수 있다고 한다면, 행정행위의 불가쟁력이나 제소기간을 둔 취지가 몰각되어 행정법관계의 안정성을 해치게 된다. 반대로 다툴 수 없다고 한다면, 이에 해당하는 당사자의 권리구제의 기회가 박탈될 염려가 있다. 따라서 행정법관계의 안정성과 권리구제 기회의 제공이라는 양 가치를 어느 선에서 조화시킬 것인지가 행정법학의 과제가 되고, 이에 대해서는 다음과 같은 두 가지 시각이 있다.

먼저 '불가쟁력이 발생한 행정행위의 하자가 후행행위에 어떠한 전제하에 승계되는지'를 '행정행위의 하자의 승계'의 문제로 보는 관점이 있다(하자승계론). 선행행위의 하자를 이유로 후행행위를 다툴 수 있으면 하자가 승계되고, 다툴 수 없으면 하자가 승계되지 않는다는 것이다. 이에 대하여 '선행행위의 후행행위에 대한 구속력'이라는 관점에서 다루는 시각도 있다.

위와 같은 문제를 논의하기 위해서는 선행행위와 후행행위가 모두 항고소송의 대상이 되는 행정행위이어야 한다는 점 외에도, ① 선행행위에 하자가 있으나 후행행위에는 하자가 존재하지 않을 것, ② 선행행위의 하자가 무효가 아닌 취소사유일 것, ③ 선행행위에 불가쟁력이 발생할 것 등이 기본적인 전제가 된다. 선행행위에 하자가 없으면 이 문제에 관한 논의를 원천적으로 할 수 없고, 선행행위의 하자가 무효사유에 이를 정도라면 이에 터

---

289) 대법원 1969. 1. 21. 선고 68누190 판결.
290) 박정훈, "처분사유의 추가 · 변경과 행정행위의 전환 – 제재철회와 공익상 철회–", 263면 참조.

잡은 후행행위도 무효가 될 것이며,[291] 선행행위에 불가쟁력이 발생하지 않았다면 선행행위에 대하여 항고쟁송으로 다투면 그만이고 굳이 후행행위와의 관계를 논의할 필요가 없기 때문이다.

2. 하자승계론

가. 의 의

하자승계론이란 연속된 행정행위에서 선행행위의 위법을 이유로 후행행위의 위법을 주장할 수 있는 것을 말한다. 행정행위의 하자는 행정행위별로 판단되는 것이 원칙이지만, 선행행위와 후행행위가 상호 밀접한 관련을 가지고 일련의 절차를 구성하면서 하나의 법적 효과의 발생을 목적으로 하거나 동일한 목적을 달성하는 경우 선행행위의 하자가 후행행위에 승계된다는 것이다.

하자승계의 개념을 실체법적 개념으로 이해하는 입장에서는, 선행행위의 취소원인이 되는 위법성이 후행행위에 승계되어 이러한 승계된 위법성이 후행행위의 취소원인이 된다고 본다. 그러나 대다수의 하자승계론자들은 절차법적으로 이해하고 있다. 선행행위에 불가쟁력이 발생하여 더 이상 다툴 수 없게 된 경우에 하자가 승계되면 후행행위의 단계에서 선행행위의 위법성을 '주장'할 수 있다는 입장이다.

나. 하자승계의 판별기준

하자승계론에 따르면, 선행행위와 후행행위가 1개의 효과를 완성하는 동일목적이냐 아니면 별개의 목적이냐에 따라 하자승계 여부를 판별하고 있다. 동일목적의 대표적인 예는 조세체납처분에서 독촉, 압류, 매각, 충당 사이의 각 행위와 행정대집행절차에서 대집행의 계고, 대집행영장의 통지, 대집행의 실행, 비용징수행위 사이이고, 별개의 목적의 대표적인 예는 과세처분과 체납처분과의 사이, 건물철거명령과 대집행과의 사이의 관계(의무부과행위와 집행행위의 관계)이다.

다. 비 판 론

하나의 효과를 목적으로 하는 경우에는 하자가 승계되나 별개의 효과를 목적으로 하는 경우에는 하자가 승계되지 않는다는 하자승계론의 논리는 단순하고 형식적인 해결방법이라는 비판이 있다.

---

291) 도시계획시설사업의 시행자가 작성한 실시계획을 인가하는 처분은 도시계획시설사업 시행자에게 도시계획시설사업의 공사를 허가하고 수용권을 부여하는 처분으로서 선행처분인 도시계획시설사업 시행자 지정처분이 처분요건을 충족하지 못하여 무효인 경우에는 사업시행자 지정처분이 유효함을 전제로 이루어진 후행처분인 실시계획 인가처분도 무효라고 보아야 한다(대법원 2017. 7. 11. 선고 2016두35120 판결).

3. 선행행위의 후행행위에 대한 구속력론

가. 의 의

선행행위의 후행행위에 대한 구속력론은 하자승계론에 갈음하여 유력하게 주장되고 있다. 그에 따르면 선행행위와 후행행위가 동일한 법적효과를 추구하는 경우에 불가쟁력이 생긴 선행행위에는 후행행위에 대하여 일정한 범위에서 규준력이 생겨 그 범위 안에서는 선행행위의 효과와 다른 주장을 할 수 없다는 것이다. 즉, 하자의 승계문제를 선행행위의 후행행위에 대한 구속력의 문제로 다룬다.

나. 내 용

선행행위가 후행행위에 대하여 구속력이 미치는 범위 내에서는 마치 선행판결의 기판력이 후행소송에 미치는 것처럼 후행행위의 단계에서 선행행위의 효과와 다른 주장을 할 수 없게 된다. 구속력이 미치기 위해서는 ① 연속되는 여러 행위들이 동일한 목적을 추구할 것(사물적 한계), ② 수범자가 일치할 것(대인적 한계), ③ 선행행위의 사실 및 법적 상태가 동일성을 유지할 것(시간적 한계) 등이 요구되고, 이러한 한계 내에서 구속력이 인정되더라도 ④ 예측가능성과 수인가능성이 충족되어야 한다(추가적 요건).

만일 수범자가 선행행위의 구속력을 미리 예측할 수 있고 수인할 수 있을 것이라는 요건을 갖추지 못하여, 선행행위의 후행행위에 대한 구속력의 예외가 인정되는 경우에는 선행행위의 후행행위에 대한 구속력이 미치지 않게 되므로, 후행행위에 대한 취소소송에서 선행행위의 위법성을 주장할 수 있게 된다.

다. 근 거

이에 대한 직접적인 법적 근거를 찾을 수는 없지만, 행정행위의 불가쟁력이나 행정쟁송 제기기간에 관한 규정(행정심판법 제18조, 행정소송법 제20조)이 간접적인 근거가 된다. 선행행위의 불가쟁력이 발생하였는데 후행행위의 단계에 이르러 선행행위의 하자를 이유로 후행행위의 효력을 다툴 수 있게 된다면 불가쟁력을 인정하는 제도적 취지가 몰각되기 때문이다.

라. 비판과 반론

위 이론에 대해서는 판결과 행정행위의 차이를 무시하고 '판결의 기판력이론'을 차용하였다는 비판이 있다. 그에 대한 반론은 본래 행정행위의 개념 및 이론이 판결을 모델로 하여 구성되었다는 점, 그리하여 행정행위의 효력(구속력)의 하나로서 확정력이 인정되는 것이라는 점 등을 논거로 제시한다.

4. 대법원 판례의 입장

가. 기존의 판례

판례는 기본적으로 하자승계론에 입각하고 있다. 그에 따라 하자가 승계되었다고 본 사례와 그렇지 않은 사례는 아래와 같다.

(1) 하자의 승계가 인정된 사례

- 귀속재산의 임대처분과 매각처분(대법원 1963. 2. 7. 선고 62누215 판결)
- 한지의사시험자격인정과 한지의사면허처분(대법원 1975. 12. 9. 선고 75누123 판결)
- 국립보건원장의 안경사시험합격무효처분과 보사부장관의 안경사면허취소처분(대법원 1993. 2. 9. 선고 92누4567 판결)
- 대집행계고처분과 비용납부명령(대법원 1993. 11. 9. 선고 93누14271 판결)
- 대집행계고처분과 대집행영장통지처분(대법원 1996. 2. 9. 선고 95누12507 판결)
- 개별공시지가와 이에 근거한 과세처분 또는 개발부담금부과처분(대법원 1996. 6. 25. 선고 93누17935 판결, 대법원 2001. 6. 26. 선고 99두11592 판결 외 다수)
- 어업정지처분과 그 불이행을 이유로 한 어업허가취소처분(대법원 2001. 9. 7. 선고 99두9056 판결)

(2) 하자의 승계를 부정한 사례

- 감사원의 변상판정과 행정청의 변상명령(대법원 1963. 7. 25. 선고 63누65 판결)
- 도시계획결정처분과 도면승인처분(대법원 1978. 12. 26. 선고 78누281 판결)
- 공무원의 직위해제처분과 직권면직처분(대법원 1984. 9. 11. 선고 84누191 판결 등)
- 과세처분과 체납처분(대법원 1988. 6. 28. 선고 87누1009 판결 외 다수)
- 도시계획결정과 수용재결(대법원 1990. 1. 23. 선고 87누947 판결)
- 액화석유가스판매사업허가처분과 그 허가조건 불이행을 이유로 한 사업개시신고의 반려처분(대법원 1991. 4. 23. 선고 90누8756 판결)
- 재개발사업시행인가처분과 토지수용재결처분(대법원 1992. 12. 11. 선고 92누5584 판결 등)
- 옥외광고물설치허가기간연장거부처분과 그 광고물철거계고처분(대법원 1993. 9. 14. 선고 93누3929 판결)
- 종전의 수강거부처분과 그에 관계없이 학점을 모두 이수하였음을 이유로 한 수료처분(대법원 1994. 12. 23. 선고 94누477 판결)
- 토목공사업면허 또는 건축공사업면허를 가지고 있던 건설업자가 이에 기초하여 새로운 토목건축공사업면허를 받은 경우(대법원 1995. 2. 28. 선고 94누11637 판결)

- 토지등급의 설정 또는 수정처분과 이에 기초한 과세처분(대법원 1995. 3. 28. 선고 93누23565 판결 등)
- 건물철거명령과 대집행계고처분(대법원 1998. 9. 8. 선고 97누20502 판결 외 다수)
- 주택건설사업계획 승인처분과 도시계획시설변경 및 지적승인고시처분(대법원 2000. 9. 5. 선고 99두9889 판결)
- 택지개발예정지구지정처분과 택지개발계획승인처분, 택지개발계획승인처분과 수용재결처분(대법원 2000. 10. 13. 선고 99두653 판결)
- 증여세 물납허가처분과 납부기한 후의 가산금독촉처분(대법원 2002. 2. 8. 선고 2000두1423 판결)
- 보충역편입처분과 그에 터 잡은 공익근무요원소집처분(대법원 2002. 12. 10. 선고 2001두5422 판결)
- 시설의 장 교체명령과 그 불이행을 이유로 한 급여지급보조중단처분(대법원 2003. 4. 11. 선고 2003두1189 판결)
- 하천복구명령과 대집행계고처분(대법원 2004. 6. 10. 선고 2002두12618 판결)
- 녹지점용불허가처분과 사업개시 불이행을 이유로 한 자동차용 액화석유가스충전소 허가취소처분(대법원 2004. 9. 24. 선고 2003두14642 판결)
- 토지구획정리사업시행인가처분과 환지청산금 부과처분(대법원 2004. 10. 14. 선고 2002두424 판결)
- 전직처분과 직권면직처분(대법원 2005. 4. 15. 선고 2004두14915 판결)
- 개발제한구역 내에서의 토지형질변경허가와 토지형질변경 준공통지처분(대법원 2006. 3. 24. 선고 2005두3516 판결)
- 관리처분계획과 청산금부과처분(대법원 2007. 9. 6. 선고 2005두11951 판결)
- 서울-춘천간 고속도로 민간투자시설사업의 사업시행자 지정처분과 도로구역결정처분(대법원 2009. 4. 23. 선고 2007두13159 판결)
- 도시 · 군계획시설사업의 사업시행자 지정처분과 실시계획 인가처분(대법원 2017. 7. 11. 선고 2016두35120 판결)
- 도시 · 군계획시설결정과 실시계획 인가처분(대법원 2017. 7. 18. 선고 2016두49938 판결)[292]

292) 대법원은 도시 · 군계획시설결정이 이루어지면 도시 · 군계획시설의 종류에 따른 사업대상지의 위치와 면적이 확정되고, 그 사업대상지에서는 원칙적으로 도시 · 군계획시설이 아닌 건축물 등의 허가가 금지되는 효과가 발생하며, 실시계획인가는 사업시행자에게 도시 · 군계획시설사업을 실시할 수 있는 권한과 사업에 필요한 토지 등을 수용할 수 있는 권한을 부여하는 효과를 가진 것으로서, 양 처분은 단계적 행정절차에서 별도의 요건과 절차에 따라 별개의 법률효과를 발생시키는 독립적인 처분이라고 판시하였다.

- 중개사무소의 업무정지처분과 그 정지기간 중에 중개업무를 수행한 것을 이유로 한 개설등록취소처분(대법원 2019. 1. 31. 선고 2017두40372 판결)

나. 수인한도론에 따른 판례

(1) 개별공시지가결정과 과세처분의 경우[293)]

㈎ 사실관계

행정청은 원고에게 매도한 토지의 개별공시지가를 기초로 양도소득세 및 방위세를 부과하였다. 이에 대하여 원고는 위 부과처분의 기준이 된 개별공시지가결정은 위법하므로 위 부과처분도 위법하다고 주장하였다. 따라서 이 사건의 쟁점은 개별공시지가의 위법성을 과세처분을 다투는 조세소송에서 주장할 수 있는지이다.

㈏ 판시사항

대법원은 이전의 태도와는 사뭇 다른 내용과 표현을 쓴 판시를 하였다. 일단 기존의 하자승계론에 따라 "개별공시지가의 결정은 이를 기초로 한 과세처분 등과는 별개의 독립된 처분으로서 서로 독립하여 별개의 법률 효과를 목적으로 하는 것"이라고 전제하였다. 그리하면서도, "개별공시지가는 이를 토지소유자나 이해관계인에게 개별적으로 고지하도록 되어 있는 것이 아니어서 토지소유자 등이 개별공시지가의 결정내용을 알고 있었다고 전제하기도 곤란할 뿐만 아니라 결정된 개별공시지가가 자신에게 유리하게 작용될 것인지 또는 불이익하게 작용될 것인지 여부를 쉽사리 예견할 수 있는 것도 아니며, 더욱이 장차 어떠한 과세처분 등 구체적인 불이익이 현실적으로 나타나게 되었을 경우에 비로소 권리구제의 길을 찾는 것이 우리 국민의 권리의식임을 감안하여 볼 때 토지소유자 등으로 하여금 결정된 개별공시지가를 기초로 하여 장차 과세처분 등이 이루어질 것에 대비하여 항상 토지의 가격을 주시하고 개별공시지가의 결정이 잘못된 경우 정해진 시정절차를 통하여 이를 시정하도록 요구하는 것은 부당하게 높은 주의의무를 지우는 것이라고 아니할 수 없고, 위법한 개별공시지가의 결정에 대하여 그 정해진 시정절차를 통하여 시정하도록 요구하지 아니하였다는 이유로 위법한 개별공시지가를 기초로 한 과세처분 등 후행행정처분에서 개별공시지가결정의 위법을 주장할 수 없도록 하는 것은 수인한도를 넘는 불이익을 강요하는 것으로서 국민의 재산권과 재판 받을 권리를 보장한 헌법의 이념에도 부합하는 것이 아니라고 할 것이므로 개별공시지가의 결정에 위법이 있는 경우에는 그 자체를 행정소송의 대상이 되는 행정처분으로 보아 그 위법 여부를 다툴 수 있음은 물론 이를 기초로 한 과세처분 등 행정처분의 취소를 구하는 행정소송에서도 선행처분인 개별공시지가결정의 위법을 독립된 위법사유로 주장할 수 있다."라고 판시하였던 것이다.

---

293) 대법원 1994. 1. 25. 선고 93누8542 판결.

(2) 표준지 공시지가결정의 경우

㈎ 개 념

표준지 공시지가는 국토교통부장관이 부동산 가격공시에 관한 법률이 규정하는 절차에 따라 지역별 대표성이 있는 토지를 표준지로 선정한 후 매년 1월 1일 기준 적정가격을 조사·평가하여 공시한 표준지의 단위면적당 가격이다. 이에 반하여 개별공시지가는 일정한 목적(개발부담금의 부과, 그 밖의 조세부과 등 다른 법령이 정한 목적)을 위한 지가산정에 사용하도록 하기 위하여 매년 공시지가의 공시기준일 현재 관할 구역 안의 개별토지의 단위면적당 가격을 시장·군수 또는 구청장이 결정·공시하는 가격을 말한다. 개별공시지가는 표준지 공시지가를 기준으로 산정한다.

㈏ 표준지 공시지가 결정의 처분성

표준지로 선정된 토지의 공시지가에 대하여 불복하기 위해서는 부동산 가격공시에 관한 법률 제7조 소정의 이의절차를 거쳐 그 공시지가결정의 취소를 구하는 행정소송을 제기하여야 한다.[294]

㈐ 판례의 종래의 입장

대법원은 개별공시지가의 경우와 달리 표준지공시지가의 경우에는 "표준지로 선정된 토지의 공시지가에 대하여 불복하기 위해서는 구 지가공시 및 토지 등의 평가에 관한 법률 제8조 제1항 소정의 이의절차를 거쳐 처분청을 상대로 그 공시지가결정의 취소를 구하는 행정소송을 제기하여야 하는 것이지, 그러한 절차를 밟지 아니한 채 개별토지가격결정을 다투는 소송에서 그 개별토지가격 산정의 기초가 된 표준지 공시지가의 위법성을 다툴 수는 없다."라고 하였다.[295]

그러면서 표준지의 공시지가와 개별토지가격이 그 목적·대상·결정기관·결정절차·금액 등 여러 가지 면에서 성질이 서로 달라서 표준지의 공시지가에 대한 불복방법을 개별토지가격에 대한 불복방법과 달리 정하더라도 헌법상 평등의 원칙, 재판권 보장의 원칙에 위반되지 않는다고 하였다.[296]

㈑ 최근의 판결

그러나 최근에는 개별공시지가의 경우와 마찬가지로 예측가능성과 수인가능성을 고려하여 수용보상금의 증액을 구하는 소송에서 선행처분으로서 그 수용대상 토지 가격 산정의 기초가 된 비교표준지공시지가결정의 위법을 독립한 사유로 주장할 수 있다고 하였다.[297]

---

294) 대법원 1994. 12. 13. 선고 94누5083 판결 등 다수.
295) 대법원 1995. 3. 28. 선고 94누12920 판결 등 다수.
296) 대법원 1997. 9. 26. 선고 96누7649 판결.

대법원은 위 판결에서 "표준지공시지가결정은 이를 기초로 한 수용재결 등과는 별개의 독립된 처분으로서 서로 독립하여 별개의 법률효과를 목적으로 하지만, 표준지공시지가는 이를 인근 토지의 소유자나 기타 이해관계인에게 개별적으로 고지하도록 되어 있는 것이 아니어서 인근 토지의 소유자 등이 표준지공시지가결정 내용을 알고 있었다고 전제하기가 곤란할 뿐만 아니라, 결정된 표준지공시지가가 공시될 당시 보상금 산정의 기준이 되는 표준지의 인근 토지를 함께 공시하는 것이 아니어서 인근 토지 소유자는 보상금 산정의 기준이 되는 표준지가 어느 토지인지를 알 수 없으므로, 인근 토지 소유자가 표준지의 공시지가가 확정되기 전에 이를 다투는 것은 불가능하다. 더욱이 장차 어떠한 수용재결 등 구체적인 불이익이 현실적으로 나타나게 되었을 경우에 비로소 권리구제의 길을 찾는 것이 우리 국민의 권리의식임을 감안하여 볼 때, 인근 토지소유자 등으로 하여금 결정된 표준지공시지가를 기초로 하여 장차 토지보상 등이 이루어질 것에 대비하여 항상 토지의 가격을 주시하고 표준지공시지가결정이 잘못된 경우 정해진 시정절차를 통하여 이를 시정하도록 요구하는 것은 부당하게 높은 주의의무를 지우는 것이고, 위법한 표준지공시지가결정에 대하여 그 정해진 시정절차를 통하여 시정하도록 요구하지 않았다는 이유로 위법한 표준지공시지가를 기초로 한 수용재결 등 후행 행정처분에서 표준지공시지가결정의 위법을 주장할 수 없도록 하는 것은 수인한도를 넘는 불이익을 강요하는 것으로서 국민의 재산권과 재판받을 권리를 보장한 헌법의 이념에도 부합하는 것이 아니다. 따라서 표준지공시지가결정이 위법한 경우에는 그 자체를 행정소송의 대상이 되는 행정처분으로 보아 그 위법 여부를 다툴 수 있음은 물론, 수용보상금의 증액을 구하는 소송에서도 선행처분으로서 그 수용대상토지 가격 산정의 기초가 된 비교표준지공시지가결정의 위법을 독립한 사유로 주장할 수 있다."라고 판시하였다.

(3) 친일반민족행위진상규명위원회의 최종발표와 독립유공자법적용배제자결정의 경우[298)]

㈎ 사실관계

원고는 2007. 1.경 독립유공자등록결정에 따른 보상금 등의 수혜를 받고 있었다. 그런데, 친일반민족행위진상규명위원회는 2009. 11. 27. 일제강점하 반민족행위 진상규명에 관한 특별법 제2조 제13호의 친일반민족행위자 1,005명을 발표하였는데(선행행위), 원고의 선친인 망인도 포함되어 있었다. 한편 피고는 2009. 12. 8. 친일반민족행위자로 결정된 망인 및 그 유가족을 독립유공자법 적용배제자로 결정하여 원고에게 통지하였다(후행행위).

297) 대법원 2008. 8. 21. 선고 2007두13845 판결.
298) 대법원 2013. 3. 14. 선고 2012두6964 판결.

(나) 판시사항

대법원은 위와 같은 새로운 판결들의 판시내용과 같은 이유로 선행행위의 위법을 이유로 후행행위의 효력을 다툴 수 있다고 판시하였다. 즉, "진상규명위원회가 갑의 친일반민족행위자결정 사실을 통지하지 않아 을은 후행처분이 있기 전까지 선행처분의 사실을 알지 못하였고, 후행처분인 지방보훈지청장의 독립유공자법 적용배제결정이 자신의 법률상 지위에 직접적인 영향을 미치는 행정처분이라고 생각했을 뿐, 통지를 받지도 않은 진상규명위원회의 친일반민족행위자 결정처분이 자신의 법률상 지위에 영향을 주는 독립된 행정처분이라고 생각하기는 쉽지 않았을 것으로 보여, 을이 선행처분에 대하여 일제강점하 반민족행위 진상규명에 관한 특별법에 의한 이의신청절차를 밟거나 후행처분에 대한 것과 별개로 행정심판이나 행정소송을 제기하지 않았다고 하여 선행처분의 하자를 이유로 후행처분의 효력을 다툴 수 없게 하는 것은 을에게 수인한도를 넘는 불이익을 주고 그 결과가 을에게 예측가능한 것이라고 할 수 없어 선행처분의 후행처분에 대한 구속력을 인정할 수 없다."라고 판시하였다.

(4) 근로복지공단의 사업종류 변경결정과 국민건강보험공단의 산재보험료 부과처분의 경우[299]

대법원은 근로복지공단의 사업종류 변경결정과 국민건강보험공단의 산재보험료 부과처분 사이에는 하자가 승계되지 않는 것이 원칙이라고 하였다. 다만 근로복지공단이 사업종류 변경결정을 하면서 개별 사업주에 대하여 사전통지 및 의견청취, 이유제시 및 불복방법 고지가 포함된 처분서를 작성하여 교부하는 등의 행정절차법에서 정한 처분절차를 준수하지 않아 사업주에게 방어권 행사 및 불복의 기회가 보장되지 않았던 경우에는 사업주가 사업종류 변경결정에 대하여 제소기간 내에 취소소송을 제기하지 않았다고 하더라도 후행처분인 산재보험료 부과처분에 대한 쟁송절차에서 선행처분인 사업종류 변경결정의 위법성을 다투는 것이 허용되어야 한다고 판시하였다.

다. 평 가

위와 같은 판결들에 대하여 선행행위의 후행행위에 대한 구속력이론을 지지하는 견해에서는 위 판결들이 자신의 이론을 부분적으로 도입한 것이라고 환영한다. 이에 반하여 전통적인 하자승계론에서는 위 판결들의 사안들을 단순히 '하자승계'의 예외적인 경우로 보거나 종래의 하자승계의 기준이 가지는 개괄성과 모호성 및 그로 인하여 초래되는 부당한

299) 대법원 2020. 4. 9. 선고 2019두61137 판결. 대법원 2024. 12. 12. 선고 2021두34688 판결에서도 같은 맥락에서 "과세관청이 결손금 감액경정을 하면서 법인세법에서 정한 통지 등 절차를 준수하지 않아 납세의무자에게 방어권 행사 및 불복의 기회가 보장되지 않은 경우에는 납세의무자가 결손금 감액경정에 대하여 다투지 않았다고 하더라도 이후 사업연도의 법인세 부과처분에 대한 불복절차에서 선행하는 결손금 감액경정의 위법성을 다툴 수 있다."라고 판시하였다.

결과를 시정하여 보완한 것에 지나지 않는다고 본다.[300]

위와 같은 판례를 적용하는데 주의할 점은 대법원이 수인한도론을 채택한 가장 근본적인 이유가 예측가능성이 없고 위법성의 승계를 인정하지 않는 경우 상대방에게 수인한도를 넘는 가혹한 결과를 가져오기 때문이라는 것이다. 따라서 같은 개별공시지가와 관련된 과세처분이나 개발부담금부과처분에 관한 사안이라도 예측가능성이 없고 수인한도를 넘는 불이익이 있다면 수인한도론을 적용하여 선행처분의 후행처분에 대한 하자의 승계를 인정하여야 할 것이지만, 그렇지 않다면 굳이 수인한도론을 적용하지 않아도 무방하다.

후자의 예로 들 수 있는 것으로, 개별토지가격결정에 대한 재조사청구에 따른 감액조정에 대하여 더 이상 불복하지 않은 경우 등 개개의 사안에서 구체적으로 살펴보아 당해 사건에서 위와 같은 예측가능성이 있고 수인한도를 넘지 않는다고 볼 수 있는 경우에는 개별토지가격 결정의 위법을 과세처분 취소소송에서의 독립된 위법사유로 주장할 수 없다는 대법원 판결이 있다.[301]

한편, 근로복지공단의 사업종류 변경결정과 국민건강보험공단의 산재보험료 부과처분 사이에 원칙적으로 하자승계를 부인하나 예외적으로 긍정한 사례는 행정행위의 상대방에게 선행행위에 대하여 다툴 수 있는 실질적인 기회를 제공하지 않았음에도 불구하고 후행행위에서조차 이를 다툴 수 없게 한다면 수인한도를 넘는 불이익을 주는 것이라는 점을 반영한 것이라고 보인다. 따라서 예측가능성을 근거로 한 개별공시지가결정과 표준지공시지가결정과 관련된 사례와는 사안의 성격에 다소 다른 면이 있다.

제 7 절 행정행위의 취소 · 철회 및 실효

Ⅰ. 행정행위의 취소

행정기본법 제18조(위법 또는 부당한 처분의 취소) ① 행정청은 위법 또는 부당한 처분의 전부나 일부를 소급하여 취소할 수 있다. 다만, 당사자의 신뢰를 보호할 가치가 있는 등 정당한 사

300) 윤인태, "계고처분의 위법을 이유로 대집행영장에 의한 통지처분의 취소를 구할 수 있는가", 대법원판례해설 제26호, 법원도서관(1996. 12), 352면.

301) 대법원 1998. 3. 13. 선고 96누6059 판결에서는, 원고가 토지를 매도한 이후에 양도소득세 산정의 기초가 되는 1993년도 개별공시지가결정에 대하여 한 재조사청구에 따른 조정결정을 통지받고서도 더 이상 다투지 않은 경우까지 선행처분인 개별공시지가 결정의 불가쟁력이나 구속력이 수인한도를 넘는 가혹한 것이거나 예측불가능하다고 볼 수 없어, 위 개별공시지가결정의 위법사유를 들어 과세처분의 위법사유로 주장할 수 없다고 판단한 원심을 수긍하였다.

유가 있는 경우에는 장래를 향하여 취소할 수 있다.

② 행정청은 제1항에 따라 당사자에게 권리나 이익을 부여하는 처분을 취소하려는 경우에는 취소로 인하여 당사자가 입게 될 불이익을 취소로 달성되는 공익과 비교·형량하여야 한다. 다만, 다음 각 호의 어느 하나에 해당하는 경우에는 그러하지 아니하다.

1. 거짓이나 그 밖의 부정한 방법으로 처분을 받은 경우
2. 당사자가 처분의 위법성을 알고 있었거나 중대한 과실로 알지 못한 경우

1. 취소의 의의

행정행위의 취소라 함은 일단 유효하게 성립한 행정행위가 위법하다거나 부당하다는 이유로 행정청이 직권으로 그 효력을 소멸시키는 것을 말한다. 넓은 의미의 행정행위의 취소에는 위와 같은 직권취소 이외에 쟁송취소까지 포함하는데,[302] 일반적으로 '취소'라고 하면 직권취소만 가리킨다.

행정행위의 취소는 '일단 유효하게 성립한 행정행위'의 효력을 소멸시킨다는 점에서 효력이 발생하지 않았다는 것을 공식적으로 확인하는 무효선언과 구별된다. 그리고, 성립 당시에 하자가 있었다는 것을 이유로 효력을 소멸시킨다는 점에서 하자 없이 성립하였으나 효력을 존속시킬 수 없는 새로운 사유가 발생하였다는 것을 이유로 하는 '철회' 및 취소와 철회를 합친 의미의 '폐지'와도 구별된다.[303]

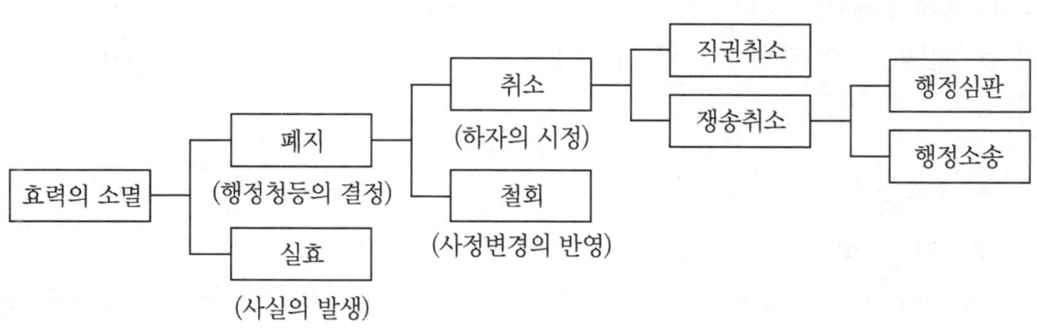

2. 취소권자와 법적 근거

가. 처분청의 경우

법질서는 하자 있는 행정행위를 승인하지 않을 뿐만 아니라 그렇게 실현된 상황을 용

302) 직권취소는 쟁송취소와 달리 제소기간의 도과로 불가쟁력이 발생한 경우에도 가능하다.

303) 행정청 또는 법원의 특별한 결정에 의하여 행정행위의 유효성을 제거하는 것을 행정행위의 폐지라고 하고, 직권취소, 쟁송취소 및 철회를 총칭한다.

인하지도 않는다. 따라서, 처분청은 법치주의와 행정의 법률적합성의 원칙에 비추어 별도의 명시적인 규정이 없더라도 하자 있는 행정작용을 스스로 시정할 수 있는 권한이 있다고 볼 수 있다.[304)]

나. 감독청의 경우

감독청의 경우에도 법령에 근거가 있는 때에는 취소·정지권을 행사할 수 있다[정부조직법 제11조 제2항(대통령)·제18조 제2항(국무총리) 및 지방자치법 제188조(지방자치단체장에 대한 주무부장관의 취소·정지권)]. 그러한 근거규정이 없는 경우에는 견해가 나누어진다. 감독의 목적달성을 위하여 당연히 취소권을 갖는다고 보는 적극설과 감독권에 하급행정기관의 처분권한을 직접 행사할 권한까지 포함되는 것이 아니라고 보는 소극설이 대립하고 있다. 감독권에는 하급관청의 처분권한을 직접 행사할 수 있는 권한까지 포함되는 것은 아니고 취소를 명할 수 있을 뿐이라고 해석되므로, 소극설이 타당하다.

3. 취소사유

취소사유로는 해당 행정행위에 위법이 있는 경우는 물론 부당한 경우(위법에 이르지 않는 공익위반 또는 합목적성 결여)도 포함한다.[305)]

학설 또는 판례에 의하여 거론되는 취소사유는 ① 권한초과, ② 행위능력결여, ③ 사기·강박·증뢰 등 부정행위에 의한 경우, ④ 착오의 결과로서 위법·부당하게 된 경우, ⑤ 공서양속에 위배되는 경우, ⑥ 그밖에 행위의 내용이 단순히 경미한 법규위반인 경우, 조리 등 불문법위반인 경우 또는 공익위반인 경우, ⑦ 경미한 절차나 형식을 결여한 경우 등이 있다.

4. 취소권의 한계

가. 개 설

행정행위가 일단 발해지면 그 성립에 하자가 있을지라도 공정력·구성요건적 효력 등에 의하여 일단 유효한 것으로 통용되고 그것을 기초로 많은 법률관계가 형성되므로, 이를 함부로 취소한다면 관계자의 신뢰와 법적 안정성을 해칠 수 있기 때문에 그 취소가 자유로울 수 없다. 비록 행정의 법률적합성의 원칙이 매우 중요한 절대적 원칙으로 자리 잡고 있다고는 하지만, 하자있는 행정행위라고 하더라도 발령된 후에는 법률적합성의 원칙만으로

---

304) 대법원 1995. 9. 15. 선고 95누6311 판결, 대법원 1986. 2. 25. 선고 85누664 판결, 대법원 2017. 3. 30. 선고 2015누43971 판결 등 다수. 다만 뒤에서 보는 것처럼 수익적 행정행위의 취소에는 제한이 따른다.

305) 소송에 의한 취소는 위법한 경우에만 가능하다. 다만 행정심판에 의한 취소는 부당한 경우도 포함한다.

문제를 해결할 수 없고, 법적 안정성, 국민의 기득권의 보호, 신뢰보호의 원칙 등이 고려되어야 한다. 이러한 여러 원칙들의 이익형량 결과 해당 행정행위를 취소함으로써 얻어지는 이익이 취소하지 않음으로써 얻어지는 것보다 더 큰 경우에 한하여 취소될 수 있다.

나. 침익적 행정행위의 경우

하자 있는 침익적 행정행위의 직권취소는 법치국가적 요구에 합당할 뿐 아니라 행정행위의 상대방에게도 수익적인 것이다. 따라서 불가쟁력의 발생여부를 불문하고 처분청의 재량에 의하여 취소될 수 있는 것이 원칙이고,[306] 행정청으로서 당연히 해야 할 의무이기도 하다.

다. 수익적 행정행위의 경우

(1) 신뢰보호의 원칙과 관계

수익적 행정행위의 경우에는 그 행정행위가 위법·부당하다 하더라도 상대방의 신뢰보호와 관련하여 취소가 본질적으로 제한된다. 수익적 행정행위의 취소는 행정의 법률적합성의 원칙과 법적 안정성 또는 신뢰보호의 원칙의 조화문제가 발생한다.

학설은 법률적합성 우위설과 법률적합성과 신뢰보호원칙의 동위설이 대립하는데, 판례는 "행정행위가 일단 성립하면 이를 기초로 하여 새로운 법질서가 형성되는 것이므로, 비록 하자 있는 행정행위라 할지라도 함부로 이를 취소할 수 없는 것이고, 허가, 특허 등과 같이 상대방에게 이익을 생기게 하는 것에 있어서는 그 취소는 항상 국민의 기득권(또는 자유)을 침해하는 것이 되므로 이러한 경우에는 취소권자가 취소원인이 존재하는 이유만 가지고 취소할 수는 없고, 취소하여야 할 공익상 필요와 취소로 인하여 당사자가 입을 불이익 등을 비교교량하여 그 취소여부를 결정하여야 함이 상당하다."[307]라고 판시하여 신뢰보호원칙과 법률적합성 동위설의 입장을 취하고 있다.

신뢰보호의 원칙을 헌법상 법치국가의 원리로부터 도출되는 행정법의 주요 법원칙의 하나로 보는 이상, 신뢰보호의 원칙과 법률적합성의 원칙은 동위적인 관계에 있다고 할 것이다. 따라서 신뢰보호의 요건이 충족되는 경우에도, 관계인의 보호이익과 행정행위의 취소 등에 의하여 달성되는 공익간의 구체적 형량이 필요하다. 행정기본법 제18조 제2항 본문도 위법한 수익적 행정행위의 직권취소는 이익형량의 문제로서 행정행위의 적법성의 요구가 보다 큰 경우에는 취소가 가능하지만 그렇지 않고 상대방의 신뢰보호의 요구가 보다

---

306) 다만 재량행위인 직권취소는 재량권의 한계에 의하여 제한될 수 있다.

307) 대법원 1973. 6. 26. 선고 72누232 판결, 대법원 1977. 7. 12. 선고 76누30 판결, 대법원 1986. 2. 25. 선고 85누664 판결, 대법원 1986. 10. 14. 선고 83누584 판결, 대법원 1992. 7. 24. 선고 92누3311 판결, 대법원 1993. 5. 27. 선고 93누2803 판결, 대법원 1995. 11. 7. 선고 95누2081 판결, 대법원 2005. 9. 30. 선고 2003두12738 판결, 대법원 2006. 2. 9. 선고 2005두12848 판결, 대법원 2010. 4. 8. 선고 2009두17018 판결.

큰 경우에는 취소가 제한된다는 원리에 입각하고 있다.

그런데 문제는 어떠한 기준에 의하여 이익들을 형량할 것인가 하는데 있다. 학설상 논의된 기준을 살펴보면 다음과 같다.308)

(2) 이익형량의 기준

행정기본법 제18조 제2항에서는 당사자에게 권리나 이익을 부여하는 처분을 취소하려는 경우에는 취소로 인하여 당사자가 입게 될 불이익을 취소로 달성되는 공익과 비교·형량하여야 한다고 규정하고 있다. 이를 구체적으로 살펴보면 다음과 같다.

(가) 취소가 제한되지 않는 경우

① 위험의 방지는 항상 우선적 지위를 차지하여야 할 것이다.

② 행정행위의 하자가 수익자의 책임에 기인할 때, 특히 수익자의 사기·강박·증뢰 등 거짓이나 그 밖의 부정한 방법으로 수익적 행정행위가 발해졌을 때에는 취소에 관한 공익이 앞선다(제18조 제2항 제1호).309) 수익자가 행정행위의 위법성을 알고 있었거나 중대한 과실로 알지 못한 경우도 마찬가지이다(같은 항 제2호).

③ 행정행위의 위법성을 수익자의 객관적인 책임으로 귀속시킬 수 있는 경우에도 취소에 관한 공익이 우선한다. 수익자의 객관적 책임으로 귀속시킬 수 있는 경우란 수익자가 제시한 잘못되거나 불완전한 자료에 의하여 행정행위가 행해진 경우를 말한다.

(나) 취소가 제한되는 경우

① 수익자가 하자있는 행정행위를 객관적으로 신뢰하였을 뿐 아니라 수령한 것을 사용하였을 때에는 두터운 신뢰보호를 받는다. 수령한 금전을 이미 소비하였다거나 하자있는 건축허가를 믿고 건축에 착수한 경우 등이 이에 해당한다.

② 하자있는 행정행위의 취소를 통하여 초래되는 경제적인 효과도 고려되어야 한다. 하자있는 행정행위의 취소가 관계자에게 미치는 경제적 손실의 크기, 국가적 재정에 미치는 영향 등이 고려되어야 할 사유이다.

③ 위법한 행정행위가 발해진 때 또는 위법한 행정행위가 고지된 때로부터의 기간의 경과도 취소 여부와 관련하여 중요한 의미를 가진다(행정기본법 제12조 제2항, 제23조 참조).

④ 사법적 절차에 의한 행정행위 및 합의제 행정기관에 의한 행정행위의 취소도 제한을 받는다.310) 행정심판의 재결, 토지수용위원회의 재결 등이 이에 속한다. 위와 같은 경우에는 행정행위의 적법성과 존속성이 어느 정도 담보되기 때문이다.

---

308) 이하에 대한 자세한 내용은 김남진·김연태, 행정법 I, 377면 이하 참조.
309) 대법원 1996. 10. 25. 선고 95누14190 판결, 대법원 1990. 2. 27. 선고 89누2189 판결 등 참조.
310) 대법원 1963. 7. 25. 선고 63누65 판결 참조.

⑤ 사인의 법률적 행위의 효력을 완성시켜 주는 행위인 인가는 이미 그 사인의 법률행위가 완성된 이후에는 취소가 제한받는다. 이 경우는 법적 안정성의 요청이 강하기 때문이다.

⑥ 하자의 치유·전환이 가능한 경우에도 행정행위의 취소가 제한받는다.

(3) 판례에 나타난 사례

대법원이 수익적 행정행위의 취소가 위법하다고 판시한 사례 중 몇 개를 살펴보면 다음과 같다. 숙박업소건물이 당초 허가와는 달리 위법하게 증축되고 당초 허가된 건물의 용도는 주택임에도 용도변경 승인 없이 받은 영업허가를 취소한 사안,[311] 광고물의 설치기간이 오래되고 그 내용도 순전한 상업광고가 아니라 철도홍보 등도 포함되어 있으며 허가관청이 관계법령에 위반된다는 것을 알았음에도 연장허가를 해 주었을 뿐만 아니라 설치자가 이를 신뢰하여 허가 후 많은 비용을 들여 개수하였고 허가기간 만료가 얼마 남지 않은데다가 철도청도 광고물 중 한 개의 존속을 원하고 있고 있음에도 불구하고 허가기준에 위배하여 발급된 광고물설치허가를 취소한 사안,[312] 사업자가 동력자원부장관의 충전소 현대화계획에 적극 호응하여 액화석유가스용기 충전업 변경허가를 받고 사업시설준비 및 착공을 위하여 상당한 금원을 지출하였고 허가관청도 변경 후 사업자에게 액화석유가스충전소 현대화 추진속도가 늦다고 독촉하고서는 인근주민들의 민원이 제기되자 허가기준에 부합하지 않는다는 이유로 취소한 사안,[313] 시지정문화재인 가옥에 대하여 판매시설(전통찻집)로만 현상변경허가가 있었을 뿐 일반음식점으로의 현상변경허가가 없다는 이유로 그 소유자의 일반음식점 영업신고를 수리후 취소하였으나 그 가옥을 문화재로서 충분히 보존할 수 있고 가옥소유자가 일반음식점 운영을 위하여 상당한 수리비를 지출하였으며 전통찻집만 운영할 경우에는 그 가옥의 보존·유지비용을 충당할 수 없어 다시 방치될 우려가 있는 사안,[314] 국방부장관이 진급예정자가 군사법원에 기소된 사실을 알지 못하고 발령한 진급명령을 취소하였으나 피징계자가 받은 형은 벌금형에 불과하고 이미 동일한 사유로 두 차례에 걸쳐 징계처분을 받았던 사안[315] 등이 있다.

5. 취소의 절차

행정행위의 직권취소도 그 자체로 행정행위에 해당하므로, 일반적인 행정행위의 절차와 동일한 절차로 이루어지게 된다. 다만 개별법령에 특별규정이 있는 경우에는 우선적으로 그

---

311) 대법원 1973. 6. 26. 선고 72누232 판결.
312) 대법원 1993. 5. 27. 선고 93누2803 판결.
313) 대법원 1993. 8. 24. 선고 92누17723 판결.
314) 대법원 2005. 6. 9. 선고 2005두1459 판결.
315) 대법원 2006. 2. 9. 선고 2005두12848 판결.

에 따라야 한다. 수익적 행정행위의 취소는 개별법령에 절차를 규정하고 있는 경우가 많다.

6. 취소의 효과

가. 소급효의 인정 여부

직권취소의 효과가 소급하는지의 여부는 일률적으로 판단할 수 없다. 직권취소는 하자 있는 행정행위를 제거하는 것이어서 원칙적으로 그 효과가 소급하여야 할 것이나, 취소에 의하여 기성의 법률관계나 이에 대한 당사자의 신뢰를 침해하는 결과가 될 수 있기 때문에 당사자의 신뢰를 보호할 가치가 있는 등 정당한 사유가 있는 경우에는 구체적인 이익형량에 따라 장래를 향하여 취소할 수 있다(행정기본법 제18조 제1항). 대체로 침익적 행정행위의 취소효과는 소급적이지만, 수익적 행정행위의 취소효과는 소급되지 않는 경우도 많이 있다. 따라서, 연금의 지급결정과 같은 수익적 행정행위를 취소하는 처분이 적법하더라도 그 처분에 기초하여 잘못 지급된 급여액에 해당하는 금액을 환수하는 처분이 반드시 적법한 것은 아니다.[316] 다만 수익적 행정행위의 직권취소의 경우에도 상대방에게 귀책사유가 있는 경우에는 소급효가 인정될 수도 있다.[317]

대표적인 수익적 행정작용인 사회보장 행정영역에서 특히 문제가 된다. 산업재해보상보험법에 따라 보험급여를 받은 당사자로부터 잘못 지급된 보험급여액에 해당하는 금액을 징수하는 처분을 할 때에는 보험급여의 수급에 관하여 당사자에게 고의 또는 중과실의 귀책사유가 있는지, 잘못 지급된 보험급여액을 쉽게 원상회복할 수 있는지, 잘못 지급된 보험급여액에 해당하는 금액을 징수하는 처분을 통하여 달성하고자 하는 공익상 필요의 구체적 내용과 처분으로 말미암아 당사자가 입게 될 불이익의 내용 및 정도 등 여러 사정을 두루 살펴서, 잘못 지급된 보험급여액에 해당하는 금액을 징수하는 처분을 하여야 할 공익상 필요와 그로 말미암아 당사자가 입게 될 기득권과 신뢰의 보호 및 법률생활 안정의 침해 등의 불이익을 비교·형량한 후, 공익상 필요가 당사자가 입게 될 불이익을 정당화할 만큼 강한 경우에만 보험급여를 받은 당사자로부터 잘못 지급된 보험급여액에 해당하는 금액을 징수하는 처분을 하여야 한다.[318]

대법원 판결 중에는 "근로복지공단이 출장 중 교통사고로 사망한 갑의 아내 을에게 요양급여 등을 지급하였다가 갑의 음주운전 사실을 확인한 후 요양급여 등 지급결정을 취소하고 이미 지급된 보험급여를 부당이득금으로 징수하는 처분을 한 사안에서, 위 사고는 망

316) 아래에서 보는 것처럼 취소처분의 소급효 여부도 별도로 비교형량하여 판단되어야 하기 때문이다(대법원 2017. 3. 30. 선고 2015두43971 판결 참조).

317) 대법원 1962. 3. 8. 선고 4294민상1263 판결 참조.

318) 대법원 2014. 4. 10. 선고 2011두31697 판결. 같은 취지로 특수임무수행자 보상에 관한 법률에 따른 보상금에 관한 대법원 2014. 10. 27. 선고 2012두17186 판결.

인의 음주운전이 주된 원인으로서 망인의 업무와 사고 발생 사이에는 상당인과관계가 있다고 볼 수 없어 망인의 사망은 업무상 재해에 해당하지 않으므로 요양급여 등 지급결정은 하자 있는 위법한 처분인 점 등을 고려하면, 요양급여 등 지급결정은 취소해야 할 공익상의 필요가 중대하여 을 등 유족이 입을 불이익을 정당화할 만큼 강하지만, 위 사고는 망인이 사업주의 지시에 따라 출장을 다녀오다가 발생하였고, 사고 발생에 망인의 음주 외에 업무로 인한 과로, 과로로 인한 피로 등이 경합하여 발생한 점 등을 고려하면, 이미 지급한 보험급여를 부당이득금으로 징수하는 처분은 공익상의 필요가 을 등이 입게 된 기득권과 신뢰보호 및 법률생활 안정의 침해 등 불이익을 정당화할 만큼 강한 경우에 해당하지 않는다."라고 판시한 사례가 있다.[319]

나. 손실보상의 여부

수익적 행정행위가 상대방의 귀책사유에 기인하지 않는 하자로 인하여 취소되는 경우에는 그로 인한 상대방의 손실을 보상하여야 하는 경우가 있을 수 있다.

7. 하자있는 취소의 취소

가. 무효원인이 있는 경우

행정행위를 취소한 행위에 중대하고 명백한 하자가 있으면 그 취소행위는 무효이고, 그에 따라 당연히 취소하였던 원행정행위가 그대로 존속한다.

나. 취소원인이 있는 경우(취소의 취소문제)

(1) 학설(취소에 의하여 확정적으로 소멸되는지 여부)

학설은 적어도 1980년경까지는 소극설이 통설이었던 것 같으나, 언제 바뀌었는지 분명하지 않지만 현재는 적극설이 통설이다.

㈎ 소 극 설

이 견해에 의하면, 행정행위는 취소에 의하여 그 효력이 확정적으로 소멸되기 때문에 취소의 취소에 의하여 원행정행위의 효력을 소생시킬 수 없으므로, 원행정행위와 같은 내용의 행정행위를 다시 하는 수밖에 없다.

㈏ 적 극 설

이 견해에 의하면, 취소도 독립된 행정행위이므로 하자의 일반론에 따라 취소행위에 하자가 있는 때에는 취소행위를 다시 취소하여 원행정행위를 소생시킬 수 있다. 그 논거로서, ① 직권취소의 대상은 대부분 수익적 행정행위이라는 점을 전제로 원행정행위와 동일

---

319) 대법원 2014. 7. 24. 선고 2013두27159 판결.

한 내용의 새로운 행정행위를 행하는 것은 원행정행정위를 유지하는 것보다 위법한 취소행위를 소급적 또는 근원적으로 시정하는 방법이 되지 못하는 점, ② 취소행위에 단순위법의 하자가 있다면 그 취소행위도 확정적인 효력을 가지지 않는다고 보아야 한다는 점, ③ 취소행위가 위법함에도 불구하고 확정적 효력을 발생한다고 보게 되면 결과적으로 관료적인 국가권위주의를 용인하는 것이어서, 취소권의 남용으로부터 이미 취득한 국민의 권리를 보호할 수 없게 된다는 점 등을 들고 있다.

(2) 판　례

대법원은 적극설을 취한 판결도 있고 소극설을 취한 판결도 있다. 적극설을 취한 판결은 모두 원행정행위가 수익적 행정행위인 경우에 관한 것인 반면, 소극설을 취한 판결은 모두 원행정행위가 침익적 행정행위에 관한 것으로 구체적인 사례를 통하여 이익형량을 고려하여 판단하고 있다.

㈎ 적극설을 취한 판례

① 대법원 1967. 10. 23. 선고 67누126 판결(제3자의 광업권 취소 ⇨ 원고의 출원 ⇨ 광업권취소처분의 취소): 위 취소의 취소처분이 원고의 선출원 권리를 침해하는 위법한 것이라고 판시하였는데, 이는 이해관계인이 생기기 전에는 (하자 있는) 취소처분에 대한 취소처분으로 원처분의 효력이 부활할 수 있다는 취지이다.

② 대법원 1969. 2. 3. 선고 69다1217 판결(귀속재산의 매각처분 ⇨ 취소 ⇨ 위 취소처분의 취소): 권한 있는 행정청에 의하여 대지의 매매계약을 취소한 처분이 다시 취소되었다면, 법원은 민사소송절차에서 위 매매계약의 효력을 부인할 수 없는 것이라는 취지이다.

③ 대법원 1997. 1. 21. 선고 96누3401 판결(의료법인의 이사에 대한 이사취임승인 ⇨ 취소처분[320] ⇨ 위 취소처분을 다시 취소): 이사가 소급하여 이사로서의 지위를 회복하게 되고, 그 결과 이사취임승인취소처분과 취소의 취소처분 사이에 법원에 의하여 선임결정된 임시이사들의 지위는 법원의 해임결정이 없더라도 당연히 소멸된다는 취지이다.

㈏ 소극설을 취한 판례

① 대법원 1979. 5. 8. 선고 77누61 판결(물품세 및 방위세 부과처분 ⇨ 물품세 및 방위세 부과처분의 취소 ⇨ 위 취소처분의 취소): 법률에 취소처분의 취소에 관한 명문의 규정이 없는 때에는, 취소처분은 비록 위법할지라도 일단 유효하게 성립하고, 따라서 행정처분의 효력을 확정적으로 상실시키는 것이므로, 취소처분의 취소에 의하여 이미 효력을 상실한 처분을 소생시킬 수는 없으며, 소생시키기 위해서는 원처분과 동일한 내용의 새로운 처분을 행

320) 이 사건에서 대법원이 취소처분이라는 표현을 사용하였으나, 이는 강학상의 취소가 아니라 행정행위 발령 이후에 생긴 새로운 사정변경에 따른 철회라고 보아야 한다.

할 수밖에 없다는 취지이다.

② 대법원 1995. 3. 10. 선고 94누7027 판결(상속세 및 방위세부과처분 ⇨ 위 부과처분의 취소 ⇨ 위 취소처분의 취소): 조세부과의 취소에 위법사유가 있다고 하더라도 당연무효가 아니라면 일단 유효하게 성립하여 부과처분을 확정적으로 상실시키는 것이므로, 과세관청은 부과의 취소를 다시 취소함으로써 원부과처분을 소생시킬 수는 없고 납세의무자에게 종전의 과세대상에 대한 납부의무를 지우려면 다시 법률에서 정한 부과절차에 따라 동일한 내용의 새로운 처분을 하는 수밖에 없다는 취지이다.

③ 대법원 2002. 5. 28. 선고 2001두9653 판결(현역병입영대상편입처분 ⇨ 보충역편입처분[321] ⇨ 취소): 지방병무청장이 재신체검사 등을 거쳐 현역병입영대상편입처분을 보충역편입처분이나 제2국민역편입처분으로 변경하거나 보충역편입처분을 제2국민역편입처분으로 변경하는 경우 비록 새로운 병역처분의 성립에 하자가 있다고 하더라도 그것이 당연무효가 아닌 한 일단 유효하게 성립하고 제소기간의 경과 등 형식적 존속력이 생김과 동시에 종전의 병역처분의 효력은 취소 또는 철회되어 확정적으로 상실된다고 보아야 할 것이므로, 그 후 새로운 병역처분의 성립에 하자가 있었음을 이유로 하여 이를 취소한다고 하더라도 종전의 병역처분의 효력이 되살아난다고 할 수 없다.

(3) 검 토

원행정행위가 수익적 행정행위인 경우에는, 취소행위의 취소에 의하여 원행정행위가 부활하더라도 이해관계인의 권리를 침해하지 않는다면 특별히 문제될 것이 없다는 점, 당초의 취소행위에 있는 하자는 상대방에게 책임을 귀속시킬 수 있는 것이 아니므로 당사자인 상대방의 신뢰보호가 필요한 점, 취소행위에 의하여 원행정행위가 부활하지 않는다면 행정청으로서는 위법한 취소행위를 덮어두고 새로운 신청에 의한 행정행위를 유도할 가능성이 크게 되어 행정의 법률적합성의 원칙이 무너지고 새로운 신청과 행정행위라는 무익한 절차를 되풀이하여야 하므로 경제성의 원칙에 반한다는 점 등의 관점에서 적극설이 타당하다.

원행정행위가 침익적 행정행위인 경우에는, 당초의 취소행위에 하자가 있었다는 이유만으로 이를 다시 취소함으로써 당초의 침익적 행정행위가 부활한다면 당사자의 신뢰보호의 관점에서 문제가 있는 점, 원행정행위가 침익적 행정행위인 경우에는 신중한 행정행위를 유도함은 물론 행정행위의 범위와 불복기간의 기산일 등을 분명하게 할 필요가 있다는 측면에서 원행정행위를 부활하게 하는 것보다 새로운 행정행위를 하도록 하는 것이 행정의 법률적합성의 원칙에 부합한다는 점 등의 관점에서 소극설이 타당하다.

321) 현역병입영대상편입처분을 보충역편입처분으로 변경하였다는 것은 기존의 처분을 취소하고 새로운 처분을 발령하였다는 의미이다.

8. 제3자효 행정행위의 취소

제3자효 행정행위의 직권취소도 앞에서 본 일반원칙에 따라 행해지면 될 것이다. 다만 제3자효 행정행위는 3극적 법률관계를 형성하므로 이익형량의 범위가 확대되고, 그에 따라 고려하여야 할 사항이 많다는 점을 유의하여야 한다.

Ⅱ. 행정행위의 철회

행정기본법 제19조(적법한 처분의 철회) ① 행정청은 적법한 처분이 다음 각 호의 어느 하나에 해당하는 경우에는 그 처분의 전부 또는 일부를 장래를 향하여 철회할 수 있다.

1. 법률에서 정한 철회 사유에 해당하게 된 경우
2. 법령등의 변경이나 사정변경으로 처분을 더 이상 존속시킬 필요가 없게 된 경우
3. 중대한 공익을 위하여 필요한 경우

② 행정청은 제1항에 따라 처분을 철회하려는 경우에는 철회로 인하여 당사자가 입게 될 불이익을 철회로 달성되는 공익과 비교·형량하여야 한다.

1. 철회의 의의

행정행위의 철회는 하자 없이 성립한 행정행위에 대하여 그 효력을 존속시킬 수 없는 새로운 사정이 발생하였음을 이유로 장래에 향하여 그의 효력을 소멸시키는 행정행위를 말한다.

취소는 행정행위 당시의 하자를 원인으로 처분의 효력을 소멸시키는 것이고, 철회는 적법한 처분 후에 발생한 사정변경 등을 사유로 처분의 효력을 소멸시키는 것이므로, 양자는 명확하게 구별된다. 그럼에도 불구하고 대부분의 행정법령에서 취소와 철회를 혼용하면서 철회 대신에 취소라는 용어가 주로 사용되고 있다. 그런데 행정기본법은 바람직하게도 제18조와 제19조에서 취소와 철회를 명확하게 구분하여 사용하고 있고, 국유재산법 제36조도 취소와 철회를 명시적으로 구분하고 있다.

2. 철회권자

처분청이 철회권을 가지는 것은 당연하다. 감독청은 법률에 근거가 있는 경우에 한하여 철회권을 가진다. 감독권은 피감독청의 잘못을 시정하기 위하여 발해지는 것이 원칙이고 철회는 그 자체가 새로운 행정행위로서의 성질을 가지므로, 감독청이 철회하는 것은 처분청의 권한을 침해하게 되기 때문이다.

3. 법적 근거

행정기본법 제19조 제1항에서는 행정청은 법률에서 정한 철회사유에 해당하게 된 경우, 법령 등의 변경이나 사정변경으로 처분을 더 이상 존속시킬 필요가 없게 된 경우, 중대한 공익을 위하여 필요한 경우 등에는 그 처분의 전부 또는 일부를 장래를 향하여 철회할 수 있도록 규정하고 있다.

행정기본법이 제정되기 이전에는 행정행위의 철회사유가 존재하는 경우에 철회권을 행사하기 위하여 개별적인 법률의 근거가 있어야 하는지에 대하여, 특히 법적 근거 없이 공익상의 사유로 수익적 행정행위를 철회할 수 있는지를 둘러싸고 논란이 있었다. 즉, 행정은 공익에 적합하고 변화에 적응하여야 하며 행정행위의 수권규정은 철회의 수권규정으로도 볼 수 있고 행정행위의 철회는 행정행위를 존속시키기 어려운 새로운 사정과 관련되어 있으므로, 철회에 일일이 법률의 근거를 요하는 것은 합리적이지 않다고 보아 명시적인 근거가 없어도 수익적 행정행위를 철회할 수 있다는 '근거불요설'과 수익적 행정행위의 철회는 상대방의 이익을 침해하는 결과가 발생하므로 침익적 행정행위의 발령절차와 마찬가지로 법적인 근거가 필요하다는 '근거필요설'이 대립하고 있었다.

대법원은 처분청이 처분 당시에 별다른 하자가 없었고 처분 후 취소할 별도의 법적 근거가 없더라도 원래의 처분을 존속시킬 필요가 없게 된 사정변경이 생겼거나 중대한 공익상의 필요가 발생한 경우에는 철회할 수 있다고 판시하여 근거불요설에 있었다.[322] 더 나아가 판례에 의하면, 개별 법령에 철회사유에 관한 규정을 둔 경우에도 법정된 철회사유와 다른 공익상 이유로 한 철회도 가능하다. 중요무형문화재 보유자 인정처분을 한 관할청은 문화재보호법령상의 해제사유가 발생하였을 때 그 조항에 따라 보유자 인정을 해제하는 처분을 할 수 있을 뿐 아니라 비록 그 인정처분 자체에 별다른 흠이 없고 그 처분을 취소할 수 있는 별도의 법적 근거가 없다 하더라도 원래의 처분을 유지할 필요가 없게 된 사정변경이 생겼다거나 중대한 공익상의 필요가 생긴 경우에는 그 처분의 효력을 상실하게 하는 별도의 행정행위로 이를 철회할 수 있다.[323] 또한, 학교법인의 이사 취임을 승인한 관할청은 학교법인의 이사가 사립학교법 제20조의2 제1항 각 호에 해당하는 행위를 하였을 때 그 조항에 따라 취임승인을 취소(철회)할 수 있을 뿐만 아니라 그 취임 승인처분 자체에 별다른 흠이 없고 그 처분을 취소(철회)할 수 있는 별도의 법적 근거가 없다고 하더라도 원래의 처분을 유지할 필요가 없게 된 사정변경이 생겼다거나 중대한 공익상의 필요가 생긴 경우에는 그 처분의 효력을 상실하게 하는 별도의 행정행위로 이를 취소(철회)할 수 있다.[324]

---

322) 대법원 1989. 4. 11. 선고 88누4782 판결, 대법원 2020. 4. 29. 선고 2017두31064 판결 외 다수.
323) 대법원 2007. 2. 8. 선고 2006두6505 판결.

개인적인 견해로는 당사자의 귀책사유가 있거나 철회권이 유보되어 있는 경우에는 법적 근거를 요하지 않더라도, 적어도 공익상의 필요로 인한 경우에는 법적인 근거가 필요하다고 보았다. 특히 허가·인가·특허 등의 수익적 행정행위는 직업의 자유 및 재산권 등 헌법에서 보장하고 있는 기본권을 구체화하는 작용이므로, 이들의 철회는 개인의 기본권을 침해하는 것이라고 볼 수 있기 때문에 법적인 근거가 더욱 필요하다는 견해를 취하고 있었다.

그런데, 행정기본법이 제정됨으로써 법률상의 근거가 없음에도 불구하고 중대한 공익상의 이유로 철회를 할 수 있는 것인지에 대한 근거불요설과 근거필요설의 이론적 대립은 종식되었다고 볼 수 있다.

4. 철회사유

행정행위의 철회사유는 행정행위가 적법·유효하게 성립한 이후에 생긴 새로운 사정이고, 이 점에서 행정행위의 성립 당시의 하자를 이유로 하는 취소와 구별된다. 행정기본법 제19조 제1항에서는 철회사유로, ① 법률에서 정한 철회 사유에 해당하게 된 경우, ② 법령 등의 변경이나 사정변경으로 처분을 더 이상 존속시킬 필요가 없게 된 경우, ③ 중대한 공익을 위하여 필요한 경우 등을 들고 있다. 이를 구체적으로 살펴보면 다음과 같다.

가. 철회권이 유보된 경우

행정행위를 하면서 일정한 사실이 발생하게 되면 그 행정행위를 철회하겠다는 취지의 부관을 붙인 경우 그 유보된 사실이 발생하면 철회할 수 있다.[325] 이 경우의 철회권의 유보도 적법하고 정당한 것이어야 한다.

나. 부담의 불이행 등

법령상 의무를 위반하거나[326] 부관에 의하여 부담이 붙여져 있음에도 불구하고 상대방이 그 부담을 이행하지 않거나 정해진 기한을 어길 경우[327] 철회권을 행사할 수 있다.

다. 사실관계의 변화

사실관계의 변경으로 행정청이 철회하지 않을 수 없게 된 경우이다. 도로의 폐지에 따른 도로점용허가의 철회 같은 것이 그에 해당한다. 여기에서의 사정변경은 처분을 할 당시에 고려하였거나 고려하였어야 할 사정들에 대하여 사정변경이 있고 그러한 사정변경으로 인하여 그 처분을 유지하는 것이 현저히 공익에 반하는 경우이다. 위와 같은 사정변경이

---

324) 대법원 2002. 11. 26. 선고 2001두2874 판결.
325) 대법원 1984. 11. 13. 선고 84누269 판결 참조.
326) 대법원 1986. 1. 21. 선고 85누612 판결.
327) 대법원 1989. 10. 24. 선고 86누2431 판결.

생겼다는 점에 관해서는 그와 같은 사정변경을 주장하는 자에게 증명책임이 있다는 것이 판례이다.[328]

라. 법령의 개정

법령의 변경으로 행정청이 그 행정행위를 하지 않을 수 있고, 아직 상대방이 그 행정행위로 인한 수익을 사용하지 않았거나 급부를 얻지 않았으며, 철회를 하지 않으면 공익이 침해될 우려가 있는 경우이다. 예컨대, 건축허가를 하였으나 해당 지역이 법령에 의하여 건축불허지역으로 변경되고 아울러 건축이 개시되지도 않은 경우이다.

마. 공익상의 필요

철회의 공익상 필요가 상대방의 신뢰보호 등의 요구보다 더 우월할 경우 철회가 인정될 수 있다. 이는 판례가 인정하는 보충적인 철회사유이므로 엄격하게 적용되어야 할 것이다. 따라서 수익적 행정행위의 철회는 원래의 행정행위를 존속시킬 필요가 없게 된 사정변경이 생겼거나 중대한 공익상의 필요가 발생한 경우 등의 예외적인 경우에만 허용된다.[329]

5. 철회권의 제한

가. 침익적 행정행위의 경우

침익적 행정행위의 철회는 상대방에게 이익을 가져다주는 것이므로 수익적 행정행위의 철회에서와 같은 제한을 받지 않는 것이 원칙이다. 그러나 침익적 행정행위의 철회도 본래의 행정행위가 행정청의 의무로 되어 있는 경우나 철회 후 동일한 행정행위를 다시 발령하여야 하는 경우에는 제한될 수 있다.

나. 수익적 행정행위의 경우

수익적 행정행위의 철회는 상대방의 신뢰와 법적 안정성을 해할 우려가 있으므로 철회사유가 발생한 경우에도 수익적 행정행위를 자유롭게 철회할 수 있는 것은 아니고, 철회로 인하여 당사자가 입게 될 불이익을 철회로 달성되는 공익과 비교·형량하여야 한다(행정기본법 제19조 제2항). 따라서 수익적 행정행위의 철회에는 다음과 같은 제약이 있다.

① 철회를 요하는 공익상의 필요, 상대방의 신뢰 내지 기득권보호, 법적 안정성의 유지 등 이익들을 비교형량하여 철회 여부를 결정하여야 한다.[330] 경우에 따라서는 신뢰보호

---

328) 대법원 2006. 3. 16. 선고 2006두330 전원합의체 판결.

329) 대법원 2005. 4. 29. 선고 2004두11954 판결.

330) 대법원 2004. 7. 22. 선고 2003두7606 판결 참조. 음주운전으로 인한 운전면허의 철회에서는 교통사고를 방지할 공익상의 필요를 중요하게 고려하여야 하고 음주운전을 방지하여야 할 일반예방적 측면이 강조되어야 한다(대법원 2019. 1. 17. 선고 2017두59949 판결).

의 원칙이 직권취소의 경우보다 더욱 존중되어야 할 경우가 있다.

② 수익적 행정행위의 철회는 가장 무거운 제재로서의 성질을 가지므로, 개선명령 등과 같은 가벼운 방법에 의하여 목적을 달성할 수 있다면 먼저 이에 의하여야 하고, 처음부터 철회권을 행사해서는 안 된다.

③ 적법한 철회의 경우에도 신뢰보호 및 법적 안정성 측면에서 일정한 기간 내에서만 가능하다. 실권의 법리에 의한 철회권 제한의 경우이다.[331] 택시운전사가 운전면허정지기간 중에 운전행위를 하다가 적발되어 형사처벌을 받았으나 행정청으로부터 아무런 행정조치가 없어 안심하고 계속 운전업무에 종사하고 있던 중 위 위반행위가 있은 이후에 3년여가 지난 다음 운전면허를 취소(철회)하는 것은 위법하다고 한 사례가 있다.[332]

④ 행정심판의 재결 등과 같이 일정한 쟁송절차를 거쳐 행해지는 확인판단적·준사법적 행정행위는 불가변력이 인정되므로 철회할 수 없다.

판례에 나타난 사례를 살펴보면, 개간허가를 받아 벌채를 하고 수십 필지의 택지 형태로 분할하여 택지조성작업 공사를 상당 부분 진행하던 중 임야가 관계 법령 소정의 개발제한구역으로 지정되자 허가관청이 개발제한구역의 지정목적에 현저한 지장을 초래한다는 사유로 개간허가를 철회한 사안,[333] 항공사가 국제노선에 대한 운수권을 배분받은 후 국제선 항공수요 감소와 경영상의 어려움 및 중국 지정항공사들과의 협상이 제대로 진행되지 못하여 1년 10개월 남짓 노선에 취항하지 못하였으나 운수권 배분 신청 당시부터 배분 후 상당기간 경과 후에야 취항이 가능하다고 미리 밝혔고 처분청도 아무런 조치를 취하고 있지 않다가 운수권 배분처분을 철회하고 그 노선에 대하여 새로운 배분절차도 밟지 않은 사안[334] 등에서 각 철회처분이 위법하다고 판시하였다.

6. 철회의 절차와 이유제시

철회도 그 자체가 행정행위이므로 일반적인 행정행위의 처분절차를 따르게 된다. 특히 수익적 행정행위를 철회하는 경우에는 의견을 청취하고 이유를 제시하여야 한다.

7. 철회의 효과

철회의 효과는 장래를 향하여 발생한다. 따라서, 행정청이 행정행위를 철회하면서 그 효력을 철회의 효력발생일 이전으로 소급시킨다면, 철회 이전의 기간에 지급한 보조금 등

331) 독일의 행정절차법 제49조 제2항은 수익적 행정행위의 철회는 사실을 안 날로부터 1년 이내에 하도록 규정하고 있다.
332) 대법원 1987. 9. 8. 선고 87누373 판결.
333) 대법원 2004. 7. 22. 선고 2003두7606 판결.
334) 대법원 2004. 11. 26. 선고 2003두10251, 10268 판결.

의 지원이 그 근거를 상실하게 되어 이를 반환하여야 하는 법적 불이익이 발생하므로, 별도의 법적 근거 없이 철회의 효력을 소급시킬 수 없다.[335)]

철회의 부수적 효과로서 원상회복, 개수 등의 명령이 수반될 수 있고, 수익적 행정행위의 철회로 인해 발생하는 손실은 보상하여야 하는 경우가 있다.

8. 하자있는 철회의 효력

행정행위의 철회도 행정행위의 성립 · 적법요건을 갖추어야 한다. 철회행위에 중대하고 명백한 하자가 있으면 무효이고, 단순한 위법사유가 있으면 취소할 수 있는 행위가 된다.

Ⅲ. 행정행위의 실효

1. 실효의 의의

행정행위의 실효란 적법하게 성립한 행정행위가 행정청의 의사와 상관없이 일정한 사실의 발생에 의하여 당연히 그 효력이 소멸되는 것을 말한다.

실효는 일단 적법하게 발생된 효력이 실효사유에 의하여 소멸되고, 하자와는 전혀 관계가 없으며, 실효사유 발생 후 장래에 향하여 효력이 소멸된다는 점에서 무효와 구별된다. 또한 일정한 사실의 발생에 의하여 당연히 그 효력이 소멸되는 점에서 행정청의 의사행위를 필요로 하는 취소 · 철회와도 구별된다.

2. 실효사유

행정행위는 그 대상인 사람의 사망이나 물건의 소멸 등으로 당연히 효력이 소멸된다. 청량음료 제조업허가를 받은 자가 영업을 폐업한 경우 그 허가는 당연히 실효되고, 이때 행정청이 허가를 취소하더라도 이는 허가의 실효됨을 확인하는 뜻에 불과하다.[336)] 마찬가지로 유기장의 영업허가는 대물적 허가로서 영업장소의 소재지와 유기시설 등이 영업허가의 요소를 이루는 것이므로, 영업장소에 설치되어 있던 유기시설이 모두 철거되어 허가를 받은 영업상의 기능을 더 이상 수행할 수 없게 된 경우에는 이미 당초의 영업허가는 허가의 대상이 멸실된 경우와 마찬가지로 그 효력이 당연히 소멸된다.[337)]

그밖에도 해제조건이 붙은 행정행위는 그 조건인 사실이 발생함으로써, 종기가 붙은 행정행위는 종기가 도래함으로써 각각 그 효력이 당연히 소멸되고, 행정행위가 그 목적이

---

335) 대법원 2018. 6. 28. 선고 2015두58195 판결.
336) 대법원 1981. 7. 14. 선고 80누593 판결.
337) 대법원 1990. 7. 13. 선고 90누2284 판결.

달성되면 효력이 소멸된다.

3. 실효의 효과

행정행위의 실효사유가 발생하면 행정청의 특별한 행위 없이 그때부터 장래에 향하여 당연히 효력이 소멸된다.

제 8 절 이의신청 및 재심사

Ⅰ. 이의신청

행정기본법 제36조(처분에 대한 이의신청) ① 행정청의 처분(「행정심판법」 제3조에 따라 같은 법에 따른 행정심판의 대상이 되는 처분을 말한다. 이하 이 조에서 같다)에 이의가 있는 당사자는 처분을 받은 날부터 30일 이내에 해당 행정청에 이의신청을 할 수 있다.

② 행정청은 제1항에 따른 이의신청을 받으면 그 신청을 받은 날부터 14일 이내에 그 이의신청에 대한 결과를 신청인에게 통지하여야 한다. 다만, 부득이한 사유로 14일 이내에 통지할 수 없는 경우에는 그 기간을 만료일 다음 날부터 기산하여 10일의 범위에서 한 차례 연장할 수 있으며, 연장 사유를 신청인에게 통지하여야 한다.

③ 제1항에 따라 이의신청을 한 경우에도 그 이의신청과 관계없이 「행정심판법」에 따른 행정심판 또는 「행정소송법」에 따른 행정소송을 제기할 수 있다.

④ 이의신청에 대한 결과를 통지받은 후 행정심판 또는 행정소송을 제기하려는 자는 그 결과를 통지받은 날(제2항에 따른 통지기간 내에 결과를 통지받지 못한 경우에는 같은 항에 따른 통지기간이 만료되는 날의 다음 날을 말한다)부터 90일 이내에 제1항의 처분(이의신청 결과 처분이 변경된 경우에는 변경된 처분으로 한다)에 대하여 행정심판 또는 행정소송을 제기할 수 있다.

⑤ 행정청은 제2항 또는 다른 법률에 따라 이의신청에 대한 결과를 통지할 때에는 대통령령으로 정하는 바에 따라 제4항에 따른 행정심판 또는 행정소송을 제기할 수 있는 기간 등 행정심판 또는 행정소송의 제기에 관한 사항을 함께 안내하여야 한다. 다만, 이의신청에 대한 결과를 통지하기 전에 이미 신청인이 행정심판 또는 행정소송을 제기한 경우에는 안내하지 아니할 수 있다.

⑥ 다른 법률에서 이의신청과 이에 준하는 절차에 대하여 정하고 있는 경우에도 그 법률에서 규정하지 아니한 사항에 관하여는 이 조에서 정하는 바에 따른다.

⑦ 제1항부터 제6항까지에서 규정한 사항 외에 이의신청의 방법 및 절차 등에 관한 사항은 대통령령으로 정한다.

⑧ 다음 각 호의 어느 하나에 해당하는 사항에 관하여는 이 조를 적용하지 아니한다.

1. 공무원 인사 관계 법령에 따른 징계 등 처분에 관한 사항

2. 「국가인권위원회법」 제30조에 따른 진정에 대한 국가인권위원회의 결정
3. 「노동위원회법」 제2조의2에 따라 노동위원회의 의결을 거쳐 행하는 사항
4. 형사, 행형 및 보안처분 관계 법령에 따라 행하는 사항
5. 외국인의 출입국 · 난민인정 · 귀화 · 국적회복에 관한 사항
6. 과태료 부과 및 징수에 관한 사항

1. 의 의

당사자가 처분에 이의가 있는 경우 처분청에 이의를 신청하는 제도는 행정심판이나 행정소송 전에 간편하게 불복할 수 있는 기회를 제공하려는 것에 제도적 취지가 있다.[338] 그런데, 개별 법령에서는 이의신청제도가 이의신청, 불복, 재심 등 다양한 용어와 형태로 규정되어 있고, 이의신청기간 중에 행정심판이나 행정소송의 제소기간 진행이 정지되는지 여부도 명확하지 않아 공무원과 국민들의 혼란을 야기하고 있었다. 이러한 문제의식에 따라 행정기본법은 처분의 이의신청에 관한 공통적인 방법과 절차를 규정하여 이의신청제도가 실효성 있게 운영되도록 하고, 개별 법령에 이의신청에 관한 내용이 규정되어 있지 않은 경우에도 불복할 수 있는 기회를 제공하여 국민의 권리구제를 강화하기 위하여, 제36조에서 이의신청에 대한 규정을 두었다.

행정기본법 제36조 제1항에서는 행정청의 처분에 이의가 있는 당사자는 처분을 받은 날부터 30일 이내에 해당 행정청에 이의신청을 할 수 있다고 규정하고 있으므로, 처분청과 결정기관이 같지 않는 경우에는 여기에서 말하는 이의신청에 포함되지 않는다.

이의신청과 행정심판의 구별에 관하여, 심판기관을 기준으로 처분청에 대하여 재심사를 구하는 것을 이의신청이라고 하고 상급행정기관에 대하여 불복하는 것을 행정심판이라고 구분하는 것이 전통적인 견해이다. 이에 대하여 심판기관과 상관없이 준사법절차가 보장되어 있는지 여부에 따라 구분하는 견해도 있다. 그러나 행정심판과 이의신청은 ① 이의신청을 행정심판법에 따라 행정심판에 해당하거나 행정심판을 대체하는 것인지의 관점(행정심판법 제3조 제1항, 제51조의 해석에 따른 개념범주), ② 헌법 제107조 제3항에 따라 준사법절차를 충족하여야 하는 것인지의 관점(헌법 제107조 제3항의 해석에 따른 개념범주), ③ 행정소송의 전치절차와 제소기간의 특례가 적용되는 것인지의 관점(행정소송법상 행정심판의 전치

338) 2020. 3. 현재 개별법령에 근거를 두고 있는 이의신청제도는 307개에 이른다고 한다[백옥선, "행정기본법(안)의 이의신청 조항에 대한 검토 및 향후 법적 과제", 법제연구 제59호, 한국법제연구원(2020), 75면]. 이 수치는 특별행정심판을 규정한 법률에서 정한 특별행정심판절차 이전에 거칠 수 있도록 한 이의신청은 제외한 것이라고 하고, 307개 중에는 대통령령에 근거를 둔 것이 57개, 총리령과 부령에 근거를 둔 것이 25개가 포함되어 있다고 한다.

와 제소기간의 기산점의 해석에 따른 개념범주)에 따라 그 개념의 폭이 달리질 수 있다. 그런데, 여기에서 말하는 이의신청과 행정심판의 관계는 ①의 개념범주에서 문제가 된 것이고, 이의신청과 행정심판의 구별을 심판기관을 기준으로 구별하는 전통적인 견해에 입각하여 입법이 된 것이라고 평가된다.

2. 이의신청의 대상과 당사자

이의신청의 대상이 되는 처분은 행정심판법 제3조에 따른 '일반행정심판의 대상이 되는 처분'이다. 따라서 특별행정심판으로 취급되거나 행정심판법의 적용이 배제되는 처분은 이의신청의 대상에서 제외하고 있다.[339)]

이의신청은 행정쟁송 전에 처분을 한 행정청에 대하여 불복하는 것으로서, 행정기본법은 처분을 한 행정청이 아닌 상급 행정기관 또는 제3의 기관(재결청)에 불복하는 행정심판 또는 특별행정심판과 구별하기 위하여 처분의 '당사자'만 이의신청을 할 수 있도록 하고 '이해관계인'을 제외하고 있다. 이해관계인인 제3자는 행정심판이나 행정소송을 통하여 권리구제를 받을 수 있는데, 이를 허용할 경우 행정기본법상의 이의신청제도가 남발될 우려가 있는 점, 「민원처리에 관한 법률」의 '거부처분에 대한 이의신청'이나 「공공기관의 정보공개에 관한 법률」의 '비공개 · 부분공개 결정에 대한 이의신청' 등에서도 제3자를 포함시키지 않고 있다는 점 등을 고려한 결과이다.

3. 이의신청절차와 처리기간

이의가 있는 당사자는 처분을 받은 날부터 30일 이내에 처분청에 이의신청을 하여야 한다(행정기본법 제36조 제1항). 이때 ① 신청인의 성명 · 생년월일 · 주소(신청인이 법인이나 단체인 경우에는 그 명칭, 주사무소의 소재지와 그 대표자의 성명)와 연락처, ② 이의신청 대상이 되는 처분의 내용과 처분을 받은 날, ③ 이의신청 이유 등을 적은 문서를 해당 행정청에 제출하여야 한다(시행령 제11조 제1항).

이의신청을 받은 행정청은 그 신청을 받은 날부터 14일 이내에 그 이의신청에 대한 결과를 신청인에게 통지하여야 하되, 부득이한 사유로 14일 이내에 통지할 수 없는 경우에는 그 기간을 만료일 다음 날부터 기산하여 10일의 범위에서 한 차례 연장할 수 있으며, 연장 사유를 신청인에게 통지하여야 한다(행정기본법 제36조 제2항). 행정청이 위와 같은 결과를 통지할 때에는 이미 신청인이 행정심판 또는 행정소송을 제기한 경우가 아니라면 행정심판 또는 행정소송을 제기할 수 있는 기간 등 행정심판 또는 행정소송의 제기에 관한 사항을

---

339) 행정심판법 적용이 배제되는 처분의 예로는 공익신고자 보호법 제21조의 보호조치결정, 난민법 제21조의 난민불인정결정, 도로교통법 제165조의 통고처분 등을 들 수 있다.

함께 안내하여야 한다(같은 조 제5항).

4. 이의신청과 행정쟁송과의 관계

이의신청은 행정심판이나 항고소송의 필요적 전치절차가 아니므로, 이의신청과 관계없이 행정쟁송을 제기할 수 있다(제3항).

그런데, 이의신청절차가 진행 중에 행정심판의 청구기간이나 행정소송 제소기간이 도과하여 국민의 권리구제가 제한되는 문제가 생길 수 있으므로, 이의신청절차 중에 행정심판 · 행정소송의 제소기간을 정지시킬 필요가 있다. 이에 따라 행정기본법 제36조에서는 이를 명확하게 하기 위하여 이의신청에 대한 결과를 통지받은 후 행정심판 또는 행정소송을 제기하려는 자는 통지받은 날 또는 결과를 통지받지 못한 경우 통지기간 만료일 다음 날로부터 90일 이내에 원처분에 대하여 행정심판 또는 행정소송을 제기할 수 있다고 규정하고 있다(제4항).

이의신청은 개별 법률에 ① 이의신청 여부와 관계없이 행정심판을 제기할 수 있다고 명시한 경우, ② 이의신청 외에 행정심판을 제기할 수 없다고 규정한 경우, ③ 이의신청에 대한 결정 후 행정소송을 제기하여야 한다고 명시한 경우, ④ 아무런 규정도 두지 않은 경우 등 그 입법형식이 다양하다. 앞의 입법형식 중 ①의 경우는 행정심판을 제기할 수 있고, ②, ③의 경우는 행정심판을 제기할 수 없다는 것이 명백하다. 결국 ④의 경우처럼 아무런 규정이 없는 경우가 문제된다. 이에 대하여 대법원은 개별 법률에 의한 이의신청과 행정심판법에 따른 행정심판청구 중 어느 하나만 거쳐 행정소송을 제기할 수 있을 뿐 아니라 이의신청 후 다시 행정심판을 거쳐 행정소송을 제기할 수도 있다는 입장에 있다.[340]

그런데, 행정심판을 거친 경우 재결서의 정본을 송달받은 날로부터 90일, 재결이 있은 날로부터 1년 이내에 소를 제기하여야 한다는 행정소송법 제20조의 해석과 관련하여, 대법원은 여기에서 말하는 행정심판을 행정심판법상 행정심판과 특별행정심판이라고 한정하고, 「민원처리에 관한 법률」 제35조 제1항에서 정한 거부처분에 대한 이의신청과 같이 이에 해당하지 않는 절차를 거친 경우에는 행정심판을 거친 경우의 제소기간의 특례가 적용된다고 할 수 없다고 판시하였다.[341] 만일 대법원과 같은 해석을 한다면, 법적 지식이 부족한 일반 국민의 입장에서는 입법자가 이의신청절차를 법령 등에 규정하여 그 기회를 활용했음에도 불구하고, 법원이 불필요한 이의신청을 거쳤다고 하면서 행정소송의 기회를 주지 않겠다는 것이 되므로 불의타가 된다는 비판이 있다.[342] 이 조항은 이 문제에 관하여 입법적인 해결

340) 대법원 2010. 1. 28. 선고 2008두19987 판결.
341) 대법원 2012. 11. 15. 선고 2010두8676 판결.
342) 이에 관한 자세한 사항은 제소기간의 설명부분 참조.

을 한 것으로서, 이의신청제도를 행정기본법에 도입하는 핵심적인 사항이고, 바람직한 입법이라고 평가된다.

5. 개별법령과의 관계 및 적용배제

행정기본법의 이의신청에 관한 조항은 이의신청을 규정한 개별법과 일반법과 특별법의 관계에 있다. 따라서, 개별법에 이의신청이나 이와 유사한 제도가 있으면 그 규정이 우선 적용되고, 개별법에서 규정되지 않은 내용은 행정기본법의 규정이 보충적으로 적용된다(제6항). 따라서, 개별법에서 이의신청 제기 후 행정심판이나 행정소송을 제기하는 경우 제소기간에 대하여 아무런 규정을 두고 있지 않은 경우에는 행정기본법 제36조가 적용된다.

한편, 행정기본법의 이의신청에 관한 조항은 ① 공무원 인사 관계 법령에 따른 징계 등 처분에 관한 사항, ② 국가인권위원회법 제30조에 따른 진정에 대한 국가인권위원회의 결정, ③ 노동위원회법 제2조의2에 따라 노동위원회의 의결을 거쳐 행하는 사항, ④ 형사, 행형 및 보안처분 관계 법령에 따라 행하는 사항, ⑤ 외국인의 출입국 · 난민인정 · 귀화 · 국적회복에 관한 사항, ⑥ 과태료 부과 및 징수에 관한 사항 등에 대해서는 그 적용이 배제된다(제8항).

Ⅱ. 처분의 재심사

행정기본법 제37조(처분의 재심사) ① 당사자는 처분(제재처분 및 행정상 강제는 제외한다. 이하 이 조에서 같다)이 행정심판, 행정소송 및 그 밖의 쟁송을 통하여 다툴 수 없게 된 경우(법원의 확정판결이 있는 경우는 제외한다)라도 다음 각 호의 어느 하나에 해당하는 경우에는 해당 처분을 한 행정청에 처분을 취소 · 철회하거나 변경하여 줄 것을 신청할 수 있다.

1. 처분의 근거가 된 사실관계 또는 법률관계가 추후에 당사자에게 유리하게 바뀐 경우
2. 당사자에게 유리한 결정을 가져다주었을 새로운 증거가 있는 경우
3. 「민사소송법」 제451조에 따른 재심사유에 준하는 사유가 발생한 경우 등 대통령령으로 정하는 경우

② 제1항에 따른 신청은 해당 처분의 절차, 행정심판, 행정소송 및 그 밖의 쟁송에서 당사자가 중대한 과실 없이 제1항 각 호의 사유를 주장하지 못한 경우에만 할 수 있다.

③ 제1항에 따른 신청은 당사자가 제1항 각 호의 사유를 안 날부터 60일 이내에 하여야 한다. 다만, 처분이 있은 날부터 5년이 지나면 신청할 수 없다.

④ 제1항에 따른 신청을 받은 행정청은 특별한 사정이 없으면 신청을 받은 날부터 90일(합의제행정기관은 180일) 이내에 처분의 재심사 결과(재심사 여부와 처분의 유지 · 취소 · 철회 · 변경 등에 대한 결정을 포함한다)를 신청인에게 통지하여야 한다. 다만, 부득이한 사유로 90일(합의제

행정기관은 180일) 이내에 통지할 수 없는 경우에는 그 기간을 만료일 다음 날부터 기산하여 90일(합의제행정기관은 180일)의 범위에서 한 차례 연장할 수 있으며, 연장 사유를 신청인에게 통지하여야 한다.

⑤ 제4항에 따른 처분의 재심사 결과 중 처분을 유지하는 결과에 대해서는 행정심판, 행정소송 및 그 밖의 쟁송수단을 통하여 불복할 수 없다.

⑥ 행정청의 제18조에 따른 취소와 제19조에 따른 철회는 처분의 재심사에 의하여 영향을 받지 아니한다.

⑦ 제1항부터 제6항까지에서 규정한 사항 외에 처분의 재심사의 방법 및 절차 등에 관한 사항은 대통령령으로 정한다.

⑧ 다음 각 호의 어느 하나에 해당하는 사항에 관하여는 이 조를 적용하지 아니한다.

1. 공무원 인사 관계 법령에 따른 징계 등 처분에 관한 사항
2. 「노동위원회법」 제2조의2에 따라 노동위원회의 의결을 거쳐 행하는 사항
3. 형사, 행형 및 보안처분 관계 법령에 따라 행하는 사항
4. 외국인의 출입국 · 난민인정 · 귀화 · 국적회복에 관한 사항
5. 과태료 부과 및 징수에 관한 사항
6. 개별 법률에서 그 적용을 배제하고 있는 경우

1. 의　　의

행정쟁송의 제소기간이 도과되었거나 쟁송절차를 모두 거친 경우라고 하더라도 추후에 처분의 기초가 된 사실관계 또는 법률관계가 변경되어 당초 처분의 근거가 된 사실관계와 법률관계가 사회적 관념이나 법질서와 충돌하는 때에는 당초 처분을 재고할 수 있도록 하여 당사자의 권리를 보호할 필요가 있다.

법원에서 확정된 판결에 대해서도 민사소송법과 형사소송법에 따라 일정한 요건하에 재심이 허용되는데, 행정행위에 대해서도 재심사의 기회를 보장하지 않을 이유가 없으므로, 행정기본법 제37조에 정의와 형평의 관점에서 불가쟁력을 깨는 예외적 제도로서 처분의 재심사제도가 도입되었다.

2. 재심사사유와 대상

제재처분 및 행정상 강제를 제외한 처분에 불가쟁력이 발생하여 다툴 수 없게 된 경우라도 ① 처분의 근거가 된 사실관계 또는 법률관계가 추후에 당사자에게 유리하게 바뀐 경우, ② 당사자에게 유리한 결정을 가져다주었을 새로운 증거가 있는 경우, ③ 민사소송법 제451조에 따른 재심사유에 준하는 사유가 발생한 경우 등 대통령령으로 정하는 경우에 해

당하면 당사자는 해당 처분을 한 행정청에 대하여 처분을 취소·철회하거나 변경할 것을 신청할 수 있다. 위 재심사사유 중 "민사소송법 제451조에 따른 재심사유에 준하는 사유가 발생한 경우 등 대통령령으로 정하는 경우"에 대하여 시행령 제12조에서는 ① 처분 업무를 직접 또는 간접적으로 처리한 공무원이 그 처분에 관한 직무상 죄를 범한 경우, ② 처분의 근거가 된 문서나 그 밖의 자료가 위조되거나 변조된 것인 경우, ③ 제3자의 거짓 진술이 처분의 근거가 된 경우, ④ 처분에 영향을 미칠 중요한 사항에 관하여 판단이 누락된 경우 등이라고 규정하고 있다.343)

재심사의 대상에서 '제재처분'과 '행정상 강제'를 제외하고 있는데, 처분의 재심사는 우리나라 행정법제에서 처음으로 도입되는 제도이므로, 입법의 신중을 기하기 위하여 우선 수익적 행정행위를 중심으로 운영해보고 추후 확대 여부를 결정하기로 한 결과이다. 또한, 불가쟁력이 발생한 경우 중 '법원의 확정판결'이 있는 경우가 제외되어 있는데, 이는 행정소송으로 확정된 판결의 기판력을 재심을 거치지 않고 무력화시키는 결과로 이어질 우려가 반영되어 '쟁송기간 도과'의 경우로 한정하게 되었다. 그러나 판결의 기판력을 무력화하는 것과 행정상 법률관계의 당사자 중 한쪽인 행정청이 스스로 재심사하여 처분의 효력을 유지할 것인지 여부를 다시 판단하는 것은 전혀 다른 차원의 문제라는 점을 지적하고 싶다.

3. 신청적격과 신청절차

재심사의 신청권자는 당사자로 한정된다. 행정기본법의 입법예고안에서는 국민의 권리구제 강화라는 재심사의 취지를 고려하여 신청권자에 '이해관계인'을 포함시켰으나, 관계기관 의견수렴 과정에서 신청권자의 범위가 지나치게 확대되어 행정청에 부담이 커진다는 의견을 반영하여 '당사자'로 한정하게 되었다.

처분의 재심사를 신청하려는 자는 ① 신청인의 성명·생년월일·주소(신청인이 법인이나 단체인 경우에는 그 명칭, 주사무소의 소재지와 그 대표자의 성명)와 연락처, ② 재심사 대상이 되는 처분의 내용과 처분이 있은 날, ③ 재심사 신청 사유 등을 적은 문서에 처분의 재심사 신청 사유를 증명하는 서류를 첨부하여 해당 처분을 한 행정청에 제출하여야 한다(시행령 제13조 제1항). 이러한 신청을 받은 행정청은 그 신청 내용에 보완이 필요하면 보완해야 할 내용을 명시하고 20일 이내에서 적절한 기간을 정하여 보완을 요청할 수 있다(같은 조 제2항).

---

343) 참고로 독일 행정절차법 제51조에서는 행정청은 당사자의 신청에 의하여 ① 처분의 근거가 되는 사실관계 또는 법률관계가 이해관계인에게 유리하게 변경된 경우, ② 이해관계인에게 유리한 결정을 초래할 만한 새로운 증거가 제출된 경우, ③ 민사소송법상 재심사유에 준하는 사유가 발생한 경우 불가쟁력이 발생한 행정행위를 폐지 또는 변경할 수 있다는 취지로 규정되어 있다.

한편, 행정기본법은 재심사의 요건이 다소 넓어 행정의 부담이 된다는 우려를 고려하여 당사자가 중대한 과실 없이 해당 처분의 절차, 행정심판, 행정소송 및 그 밖의 불복절차에서 재심사 사유를 주장하지 못한 경우에만 신청할 수 있도록 제한하고 있다(제2항). 이는 재심사의 남용을 막기 위한 장치로서 해당 처분의 절차와 행정쟁송에서 재심사의 사유를 주장하였거나 주장하지 못하였더라도 당사자에게 중대한 과실이 있는 경우에는 재심사 신청을 허용하지 않으려는 것이다.

재심사의 신청기간은 재심사 사유를 안 날부터 60일 이내이고, 처분이 있는 날부터 5년이 지나면 신청할 수 없도록 제한하였다(제3항). 이와 같이 재심사의 신청기간과 제척기간도 신청의 제한사유와 아울러 재심사의 남용을 막기 위한 장치로서의 의미를 가진다.

4. 재심사의 결과통지와 불복

행정청은 특별한 사정이 없으면 신청을 받은 날부터 90일(합의제행정기관은 180일) 이내에 처분의 재심사 결과를 신청인에게 통지하여야 하되, 부득이한 사유로 그 기간 내에 통지할 수 없는 경우에는 한 차례 연장할 수 있다(제4항).

처분의 재심사 결과도 처분으로서의 성격을 가진다. 그런데, 행정기본법은 처분을 유지하는 결과에 대해서는 행정심판, 행정소송 및 그 밖의 쟁송수단을 통하여 불복할 수 없도록 하여 불필요한 쟁송의 반복을 방지하고 재심사로 인한 행정청의 부담을 완화하고 있다(제5항).[344] 쟁송기간이 지나 불가쟁력이 발생한 처분에 대하여 재심사와 쟁송을 통한 불복을 반복할 수 있게 된다면, 행정청의 부담이 증가하고 사법시스템을 무력화할 수 있다는 우려가 반영된 것이다. 그러나 이는 법치국가의 원칙과 국민의 재판청구권 및 개괄주의를 채택한 행정소송제도의 취지 등에 반하는 것으로 헌법에 위반되고, 이 조항으로 인하여 재심사의 제도적 실효성이 반감되며, 재심사의 사유·요건 등을 감안하면 쟁송이 과도하게 반복될 우려는 크지 않다는 점 등을 이유로 이 조항을 삭제하여야 한다는 견해가 있는데,[345] 경청할만한 의견이라고 생각되고, 이에 관한 향후의 논의가 주목된다.

---

344) 이상학, "행정기본법 제정안의 평가와 주요쟁점 검토", 공법학연구 제21권 제4호, 한국비교공법학회(2020), 210면에서는 재심사를 인용하거나 유지하는 결정에 대해서는 규율하고 있으나 재심사의 요건에 해당하지 않아 각하하는 결정에 대해서는 입법적 흠결이 있다고 주장하고 있다. 상당히 경청할만한 주장이라고 생각되나 그 결정도 결과적으로 원처분을 유지하는 것이므로 유지결정에 포함되어 불복할 수 없다고 해석될 것이라고 예상된다.

345) 이러한 위헌의견은 행정기본법 입법예고안이 변경되어 이 조문이 삽입된 이후 홍준형 교수 등이 중심이 되어 제기된 것이다.

5. 취소 및 철회와의 관계

당사자가 재심사를 신청하였는데 기각되면 해당 사안은 직권취소나 철회도 못하는 것 아니냐는 오해할 염려가 있으므로, 행정기본법은 행정청이 재심사와 관계없이 직권취소나 철회를 할 수 있도록 명확히 규정하고 있다(제6항).

한편, 처분의 상대방 등이 당초에 있었던 처분에 하자가 있다고 하거나 사후에 사정변경 또는 공익상 필요가 발생하였다는 이유로 행정청에 대하여 당초 처분에 대한 취소·철회·변경을 신청하였는데, 처분청이 아무런 응답을 하지 않거나 그 신청을 거부한 경우 처분의 상대방 등이 부작위위법확인의 소나 거부처분취소의 소 등을 제기할 수 있는지에 관하여, 대법원은 불가쟁력과 제소기간제도의 취지 등을 이유로 원칙적으로 이를 인정하지 않고 있지만, 장래 일정한 기간 내에 관계 법령이 규정하는 시설 등을 갖추어 일정한 처분을 구하는 신청을 할 수 있는 법률상 지위에 있는 자가 한 도시계획의 변경신청에 대한 행정청의 거부가 결과적으로 해당 처분 자체를 거부하는 셈이 되는 경우,[346] 제3자의 이익을 침해한다는 특별한 사정이 있는 경우[347] 등에는 예외적으로 그 신청인에게 조리상의 신청권을 인정하고 있다.

그런데, 자칫하면 처분의 재심사제도가 도입됨으로써 위와 같은 처분의 변경신청에 따른 권리구제가 더이상 인정되지 않는 방향으로 해석될 수 있다. 그러나 행정기본법 제정과정에서도 위와 같은 우려에 대하여 논의가 되었고, 법령이나 판례에 따라 인정되는 권리구제수단에 더하여 추가되는 제도라는 점을 전제로 처분의 재심사제도가 도입되었던 것이다. 이러한 입법과정과 입법취지를 감안하면 행정기본법이 시행되어 정착되더라도 재심사제도와 기존에 판례에서 인정되어오던 조리상의 신청권에 기한 처분의 취소·철회·변경에 관한 구제는 전혀 별개라고 인식하여야 할 것이다.

6. 적용배제

처분의 재심사는 ① 공무원 인사 관계 법령에 따른 징계 등 처분에 관한 사항, ② 노동위원회법 제2조의2에 따라 노동위원회의 의결을 거쳐 행하는 사항, ③ 형사, 행형 및 보안처분 관계 법령에 따라 행하는 사항, ④ 외국인의 출입국·난민인정·귀화·국적회복에 관한 사항, ⑤ 과태료 부과 및 징수에 관한 사항, ⑥ 개별 법률에서 그 적용을 배제하고 있는 경우 등에 대해서는 그 적용이 배제된다(제8항).

---

346) 대법원 2003. 9. 23. 선고 2001두10936 판결.
347) 대법원 2017. 3. 15. 선고 2014두41190 판결.

제 9 절 자동적 처분

> **행정기본법 제20조(자동적 처분)** 행정청은 법률로 정하는 바에 따라 완전히 자동화된 시스템(인공지능 기술을 적용한 시스템을 포함한다)으로 처분을 할 수 있다. 다만, 처분에 재량이 있는 경우는 그러하지 아니하다.

Ⅰ. 의 의

인공지능과 빅데이터 기술 및 클라우드 컴퓨터 기술, 사물인터넷 기술 등을 활용한 디지털전환이 고도화되면,[348] 컴퓨터와 같은 자동장치를 이용하여 프로그램에 따라 자동적으로 이루어지는 자동적 행정작용이 빈번하게 활용될 것으로 전망된다. 이러한 자동화 시스템에 의한 행정작용의 법적 성질이 문제가 되겠지만, 결국은 행정과정의 최종단계에서 행정행위로 이루어지는 경우가 대부분일 것이다. 그리하여, 행정기본법 제20조에서는 제4차 산업혁명에 대응하고 행정의 디지털화를 촉진하기 위하여 행정청이 완전히 자동화된 시스템이나 인공지능 기술을 적용한 시스템으로 처분을 할 수 있는 토대를 마련하고 있다.

현재 완전히 자동화된 행정시스템의 예로는, 식품의약품안전처가 2023년부터 안전성에 문제가 없는 수입식품에 대하여 자동으로 검사하고 수입신고의 수리 여부를 심사하는 '전자심사24(SAFE-i24)' 시스템을 들 수 있다.[349] 이 조항은 향후 교통신호 위반단속, 시험 채점, 세금 결정[350] 등을 완전히 자동화된 시스템으로 행한 경우에도 적용될 것으로 예상된다.

---

348) 디지털전환(Digital Transformation)은 디지털변환(Digitization)이나 디지털화(Digitalization)와 개념적으로 구별된다. 디지털변환은 아날로그 정보를 디지털화하는 것이고, 디지털화는 업무프로세스 전체를 디지털화하는 것을 말한다. 그런데, 디지털전환은 디지털 방식으로 사고(Digital First)하는 조직으로 전환하여 새로운 가치를 창출하는 것으로 이해되고, 기술의 도입뿐만 아니라 조직문화, 고객경험, 비즈니스 프로세스의 변화를 도모하는 것으로서, 단순한 디지털변환을 넘어서서 전략적 변화와 혁신을 추구하는 전자정부의 성숙한 단계라고 평가되고 있다.

349) 수입식품안전관리 특별법상 수입식품 등의 수입신고는 식품의약품안전처장이 수입신고의 내용을 검토하여 법에 적합하면 신고를 수리하고, 필요한 경우 조건을 붙일 수 있는데(제20조 제1항 및 제3항), 제20조의2 제1항에서는 "수입신고 중 국민건강에 미치는 위해발생의 우려가 낮고 반복적으로 수입되는 수입식품등의 수입신고는 행정기본법 제20조에 따라 제39조의2의 수입식품통합정보시스템에 의하여 완전히 자동화된 방식으로 수리할 수 있다."라고 규정하고 있다. 이에 따라 식품의약품안전처의 '전자심사24' 운영체계는 영업자가 수입신고서를 제출하면 전산시스템이 최초 수입검사 이력, 금지원료 사용 여부, 부적합 이력 등 약 260여 개의 항목을 자동으로 검토하는 전자심사를 실시하고, 전자심사결과 적합한 경우 자동으로 수입신고 확인증을 발급한다. 그리고 이러한 절차는 최대 5분 이내 소요된다고 한다.

350) 참고로, 독일 연방조세법전 제155조 제4항에서는 "직무담당자에 의하여 개별 사건이 처리되지 않아도

Ⅱ. 행정기본법 제20조의 적용범위

행정기본법 제20조에서는 행정청의 재량이 없는 처분의 경우 행정청으로 하여금 개별 법률에 근거하여 처분의 전과정을 완전히 자동화된 시스템이나 인공지능 기술을 적용한 시스템으로 처분을 할 수 있도록 하고 있다. 그러나, '처분 과정의 일부 자동화'는 법령상 근거가 없이도 가능하기 때문에 이 조항의 적용대상이 아니다.

다만, 이 조항이 바로 자동적 처분의 집행근거가 되는 것은 아니고, 처분의 특성이 충분히 검토된 후 개별 법률에 근거를 두고 도입할 수 있게 하였다.[351] 또한, 행정청의 재량적 판단이 필요한 처분의 경우에는 위와 같은 시스템이 다양한 요소를 고려한 이익형량을 제대로 행할 수 있을지에 대하여 의문이 들기 때문에, 처분의 전과정이 자동화된 처분을 허용하지 않고 있다.[352]

Ⅲ. 행정절차와 관련된 쟁점

자동적 처분도 법령이 정한 행정절차를 따라야 한다. 특히 행정절차법상 처분기준의 설정 · 공표제도는 인공지능을 활용한 행정작용과 같은 자동적 처분에 대한 효과적인 통제수단이 될 수 있을 것으로 생각된다.[353] 앞에서 본 것처럼 행정기본법 제20조는 기속행위에만 적용되기 때문에 주로 재량준칙에 해당하는 처분기준에 관한 알고리즘에 대하여 당장은 행정절차법상 처분기준의 설정 · 공표제도와 관련이 적겠지만, 향후 기술의 발전에 따라 재량영역에까지 자동화기술이 확정되어 적용될 경우에는 유력한 통제수단으로 작용할 것이다. 다만 생성형 인공지능의 경우에는 그 특성상 알고리즘을 공개한다고 하더라도 통제수단으로서 한계가 있을 것으로 보인다. 한편, 이유제시와 관련해서는 행정작용의 상대방뿐만 아니라 인공지능을 운용하는 행정청마저도 결정의 이유를 정확하게 알기 어렵기 때문에 그 결정이 가능한 한 구체적으로 생성되어 제시될 필요가 있으므로, 이유제시의 정도에 관한 고양된 사법심사가 행해져야 할 것이다.[354]

되는 경우, 과세관청은 가지고 있는 정보와 납세의무자의 제출내역을 근거로 전적으로 자동화에 기반하여 세액확정 · 조세공제액 산정 · 사전예납 산정 및 이에 대한 수정 · 취소 · 철회 · 폐지 또는 변경을 할 수 있다."라고 규정하고 있다.

351) 참고로 독일의 경우에는 연방행정절차법에 '자동화된 행정행위'의 일반법적 근거를 마련하면서 연방사회법전(제31a조)과 연방조세법전(제155조 제4항)을 함께 개정하여 2017. 1. 1.부터 시행하고 있다.

352) 독일 연방행정절차법제35a조에서는 "법규정에 따라 허용되고, 재량 및 판단여지가 존재하지 않는 경우, 행정행위는 자동장치에 의하여 완전히 발해질 수 있다."라고 규정하고 있다.

353) 임성훈, "인공지능행정이 행정절차 · 행정소송에 미치는 영향에 대한 시론적 고찰", 행정법연구 제62호, 행정법이론실무학회(2020. 8), 157면.

354) 임성훈, "인공지능행정이 행정절차 · 행정소송에 미치는 영향에 대한 시론적 고찰", 160면.

그밖에도 행정청의 서명 · 날인이 생략되거나 문자가 아닌 특별한 부호 등이 사용될 수 있고, 청문 등 의견청취절차에 관하여 특수성이 반영될 필요가 있는 등 일반적인 행정행위의 형식과 절차와 다른 특수성이 있으므로, 이에 관한 입법론적 논의가 필요하다.

Ⅳ. 행정구제에서의 쟁점

자동적 처분에서의 하자도 일반적인 행정행위의 하자와 다르게 취급되지 않을 것이므로, 이에 대한 권리구제도 통상의 행정쟁송에 의하여 이루어진다. 행정기본법 제정 이전에도 이미 대법원은 서면으로 부과처분이 이루어지지 않는 통행료부과처분이라도, 유료도로법 제10조에 따른 통행료 공고 및 톨게이트에서 한국도로공사 소속 통행료 수납직원이 운전자에게 통행료를 요구하는 행위를 통행료 부과처분이라고 볼 수 있다는 것을 전제로 체납통행료를 소정의 기한까지 납부할 것을 통지하는 내용의 처분에 대하여 본안판단을 한 것도 있다.[355]

먼저 자동화행정작용의 결과를 행정청이 업무수행을 위하여 자동장치를 사용한 것으로 보아 행정청에 귀속시킬 수 있는지 문제가 된다. 행정청이 프로그램의 설계와 관리에 관여하지 않았는데 데이터에 기반한 결과가 통지된 경우 행정청의 최종적인 판단이 없었는데도 그 결과를 행정청에 귀속시킬 수 있는지 의문이 들기 때문이다. 그러나, 행정청이 알고리즘의 착오나 하자를 감수하고 자동장치를 사용한 것이므로, 그 결과도 귀속시킬 수 있다고 본다.[356]

다음으로, 인공지능 알고리즘 그 자체에 대한 항고소송의 제기는 그 일반 · 추상성 때문에 쉽지 않을 것으로 보이므로,[357] 이에 관해서는 입법적 대응이 필요하다.

한편, 현행 행정기본법 제20조에 의하면, 자동적 행정작용은 기속행위에만 허용되므로, 현행 판례에 따라 판단대치방식의 사법심사가 이루어지게 될 것이다. 이에 대하여, 개별사안에서 알고리즘의 결과로서의 자동적 행정작용에 대한 적법성 통제의 최후의 보루라고 보는 시각이 있는 반면,[358] 이러한 결과는 인간과 다른 알고리즘의 결과를 허용하는 자동적 행정작용 가능성의 근본취지를 허무는 것이라고 의문을 제기하는 견해가 있다.[359]

국가배상과 관련해서는 인공지능의 공무원성, 귀책사유의 인정문제 등을 극복하기 위

355) 대법원 2005. 6. 24. 선고 2003두6641 판결.
356) 조성규, "인공지능에 기반한 자동화된 행정결정의 행정법적 쟁점", 동북아법연구 제16권 제4호, 전북대학교 동북아법연구소(2023), 177면.
357) 임성훈, "인공지능행정이 행정절차 · 행정소송에 미치는 영향에 대한 시론적 고찰", 159면.
358) 임성훈, "인공지능행정이 행정절차 · 행정소송에 미치는 영향에 대한 시론적 고찰", 160면.
359) 조성규, "인공지능에 기반한 자동화된 행정결정의 행정법적 쟁점", 181면.

하여 자기책임설에 입각한 국가배상책임법리를 재구성할 필요가 있다. 한편, 국가배상법 제2조를 적용하는데 위와 같은 난점을 극복하기 위하여, 인공지능을 기계적 장치로 사용하여 행정작용을 하는 것에 착안하여 국가배상법 제5조의 영조물책임을 중심으로 논의하고자 하는 견해도 있지만,[360] 행정작용의 주체나 내용상의 문제를 도구나 수단의 문제로 전환하여 논의하는 것은 논점에서 어긋나는 것은 아닌가 생각된다.[361]

---

360) 최승필, "공행정에서 AI의 활용과 행정법적 쟁점-행정작용을 중심으로-", 공법연구 제49집 제2호, 한국공법학회(2020. 12), 231면.

361) 조성규, "인공지능에 기반한 자동화된 행정결정의 행정법적 쟁점", 183면.

제 2 장　행정입법

제 1 절　개　　설

Ⅰ. 행정입법의 의의 및 기능

행정입법은 행정권이 일반적 · 추상적인 규율을 제정하는 작용 또는 그렇게 제정된 규범으로서의 명령이다. 따라서 행정권(행정청)의 개별적 · 구체적 규율로서의 성질을 갖는 행정행위(처분)와 구별된다. 여기에서 '일반적'이란 불특정 · 다수의 사람에게 적용된다는 것, '추상적'이란 불특정 · 다수의 사안(경우)에 적용된다는 것, '규율'이란 법적 효과를 발생 · 변경 · 소멸시킨다는 것을 의미한다.

헌법 제40조에서 "입법권은 국회에 속한다."라고 규정되어 있으므로, 입법권은 원칙적으로 국민의 대표기관인 의회에 속한다(국회입법의 원칙). 그러나 현대사회에서 행정기능의 확대 및 전문화 · 기술화 등의 현상과 요청으로 행정입법이 증가하고 있다.

Ⅱ. 행정입법의 분류

행정입법은 법규성 유무에 따라 법규명령과 행정규칙으로 구분할 수 있다. 법규명령은 대외적으로 국민의 권리 · 의무에 변동을 가하거나 그 범위를 확정할 수 있고(대외적 구속력), 재판규범으로 작동하여 법원을 구속한다(재판규범성). 그러나 행정규칙은 법규성(대외적 구속력, 재판규범성)을 가지고 있지 않을 뿐만 아니라 법률에 근거가 없어도 집행권의 고유권한으로 발령될 수 있다.

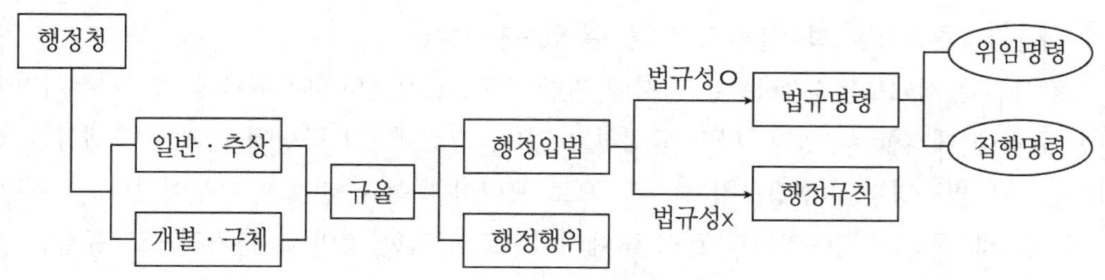

제 2 절 법규명령

Ⅰ. 법규명령의 의의

1. 법규명령의 개념

법규명령이란 행정권이 정립하는 일반적 · 추상적 규율로서 법규성(대외적 구속력, 재판규범성)을 가지는 것을 말한다. 넓은 의미로는 국회의 의결을 거치지 않고 제정된 일반 · 추상적 규율로서 법규의 성질을 가진 모든 규범을 의미하므로, 대통령령 · 총리령 · 부령뿐만 아니라 대법원규칙, 헌법재판소규칙, 중앙선거관리위원회규칙 등도 포함된다.

한편, 행정기본법 제2조 제1호 가목에서는 "법령"에 "법률 및 대통령령 · 총리령 · 부령"과 함께 국회 · 대법원 · 헌법재판소 · 중앙선거관리위원회 등 헌법기관들의 규칙과 감사원규칙을 아울러 명시하고, 이들로부터 위임을 받은 훈령 · 예규 및 고시 등의 행정규칙을 포함하고 있다. 그런데, 위 조항은 감사원이 헌법기관이 아님에도 헌법기관들과 동등하게 취급하는 등의 문제가 있고, 감사원규칙과 법령으로부터 위임받은 행정규칙(법령보충적 행정규칙)의 법규성 여부에 대한 학설상 논란이 완결되지 않았을 뿐만 아니라 그것을 법령에 포함시키면 형식에 부합하지 않는 것을 한 곳에 묶는 것이 되어 체계적이지 못하다는 비판이 제기될 수 있다.

2. 법규명령의 종류

가. 일반적인 분류

법규명령은 ① 수권의 범위 · 효력을 기준으로 헌법대위명령(비상명령) · 법률대위명령 · 법률종속명령(위임명령 · 집행명령), ② 권한의 소재 · 법형식을 기준으로 대통령령 · 총리령 · 부령 · 대법원규칙 · 헌법재판소규칙 · 중앙선거관리위원회규칙 등으로 분류된다.

나. 감사원규칙을 법규명령으로 볼 수 있는지 여부

감사원법 제52조는 "감사원은 감사에 관한 절차, 감사원의 내부규율과 감사사무처리에 관한 규칙을 제정할 수 있다."라고 규정하고 있다. 그런데, 위 규정에 근거하여 제정된 감사원규칙은 법규명령과 행정규칙 중 무엇으로 보아야 하는지 견해가 나누어진다. 이 문제는 우리나라 헌법이 법규명령의 형식을 예시적으로 규정한 것인지, 열거적으로 규정한 것인지의 문제로 치환될 수 있다(법률의 법규형식의 창조력 문제).

법규명령은 국회입법의 원칙에 대한 예외를 의미하고 예외는 엄격히 해석하여야 한다는 이유로 열거적으로 해석한다면 법규명령의 형식은 헌법 스스로 인정한 경우에 한정된다. 따라서, 헌법에 명시되어 있는 명령만 법규명령의 성질을 가지므로, 감사원법에 근거한 감사원규칙은 행정규칙의 성질만 가질 뿐이다(행정규칙설).

반대로 헌법 제75조 등에서 강학상의 법규명령 개념을 명시적으로 사용하지 않고 법률에 대비한 위임명령 수권의 근거만 규정하고 있을 뿐이라고 예시적으로 해석한다면, 법률에 종속하는 하위규범으로서의 법규명령의 창설도 가능하다는 것이다(법규명령설).

앞에서 본 것처럼 행정기본법 제2조 제1호 가목에서는 감사원 규칙을 법령에 포함시키고 있지만 행정기본법에서 사용하는 용어를 정의한 것뿐이므로, 그 성격에 관한 논란은 여전히 남아 있다고 생각된다. 이에 관한 내용은 뒤에서 보는 행정규칙 형식의 법규명령론에서 논하는 부분과 공통되는 면이 많으므로, 거기에서 자세히 논하기로 한다.

다. 총리령과 부령과의 관계

총리령과 부령과의 관계에 대하여 총리령우위설과 동위설이 있다. 총리령우위설에 의하면, 국무총리는 헌법상 행정각부를 통할하는 지위를 가지므로, 총리령과 부령이 내용상으로 저촉되는 경우에는 총리령이 우월하게 된다. 반면에 동위설에 의하면, 총리령과 부령은 동일한 지위에서 발해지므로, 양자는 동일하고 충돌될 경우 신법 우선 또는 특별법 우선의 원칙으로 해결하게 된다.

그러나, 총리령은 통상 국무총리 소속기관의 사무에서 제정되고, 부령은 행정각부의 사무에서 제정되기 때문에, 양자는 충돌될 일이 거의 없으므로, 위와 같은 논의는 실익이 크지 않다.

Ⅱ. 법규명령의 성립 및 효력발생요건

1. 주체에 관한 요건

법규명령은 대통령 · 국무총리 · 행정각부의 장 · 중앙선거관리위원회 등 정당한 권한을 가진 기관이 제정하여야 한다.

2. 절차에 관한 요건

대통령령은 법제처의 심사와 국무회의의 심의를 거쳐야 하고, 총리령과 부령은 법제처의 심사를 거쳐야 한다(헌법 제89조 제3호, 정부조직법 제23조 제1항). 또한, 국민의 일상생활과 관계되는 법령안은 그 입법취지 · 주요내용 또는 전문을 관보 및 법제처장이 구축 · 제공하는 정보시스템(국가법령정보센터)에 40일 이상 공고하여 국민에게 예고하고 이해관계인으로부터 서면에 의한 의견제출을 받아야 한다(행정상 입법예고).

3. 형식에 관한 요건

대통령령은 공포문의 전문에 국무회의의 심의를 거친 사실을 적고, 대통령이 서명한 후 대통령인을 찍고 그 공포일을 명기하여 국무총리와 관계 국무위원이 부서한다(법령 등 공포에 관한 법률 제7조). 총리령과 부령은 공포할 때 그 일자를 명기하고, 국무총리 또는 해당 부의 장관이 서명한 후 총리인 또는 장관인을 찍는다(같은 법 제9조). 대통령령 · 총리령 및 부령은 각각 그 번호를 붙여서 공포한다(같은 법 제10조).

4. 근거 및 내용에 관한 요건

법규명령에도 법률유보의 원칙 · 법률우위의 원칙이 적용되고, 그 내용이 가능한 것이어야 하고 명확하여야 한다.

5. 효력발생

가. 효력발생시기

법규명령은 특별한 규정이 없다면 공포한 날로부터 20일을 경과함으로써 효력을 발생한다(같은 법 제13조). 국민의 권리제한 또는 의무부과와 직접 관련되는 법규명령은 긴급히 시행하여야 할 특별한 사유가 있는 경우를 제외하고 공포일부터 적어도 30일이 경과한 날로부터 시행되도록 하여야 한다(같은 법 제13조의2).

한편, 행정기본법 제7조에서는 법령 등(훈령 · 예규 · 고시 · 지침 등 포함)에 관한 시행일의 기간계산에 관하여 규정하고 있다. 같은 법 제6조에서는 행정에 관한 기간 계산에 관하여 민법의 규정을 준용하고 있지만, 법령 등의 시행일에 관한 기간 계산은 이와는 달리 운영되고 있는 실무관행에 따라, 법령 등이 공포한 날에 시행하는 경우에는 초일을 산입하고, 공포 후 일정 기간 경과 후 시행되는 경우로서 말일이 토요일 · 공휴일인 경우에 그날 만료한다는 특례를 규정하고 있다.

행정기본법 제7조(법령등 시행일의 기간 계산) 법령등(훈령 · 예규 · 고시 · 지침 등을 포함한다. 이하 이 조에서 같다)의 시행일을 정하거나 계산할 때에는 다음 각 호의 기준에 따른다.

1. 법령등을 공포한 날(훈령 · 예규 · 고시 · 지침 등은 고시 · 공고 등의 방법으로 발령한 날을 말한다. 이하 이 조에서 같다)부터 시행하는 경우에는 공포한 날을 시행일로 한다.
2. 법령등을 공포한 날부터 일정 기간이 경과한 날부터 시행하는 경우 법령등을 공포한 날을 첫날에 산입하지 아니한다.
3. 법령등을 공포한 날부터 일정 기간이 경과한 날부터 시행하는 경우 그 기간의 말일이 토요일 또는 공휴일인 때에는 그 말일로 기간이 만료한다.

나. 법규명령의 소급적용의 문제[1)]

(1) 문제의 소재

이미 과거에 완성된 사실 또는 법률관계에 대하여 사후에 국민에게 불리하게 작용하는 새로운 법규가 제정되거나(진정소급입법), 과거에 시작하였으나 아직 완성되지 않고 진행 과정에 있는 사실 또는 법률관계에 대하여 국민에게 불리하게 작용하는 대상으로 하는 법규가 제정되면(부진정소급입법), 국민의 신뢰이익의 침해가 문제된다.

(2) 진정소급입법

진정소급입법은 신뢰보호와 법적 안정성을 내용으로 하는 법치국가의 원리에 따라 헌법적으로 허용되지 않아 위헌 · 무효이므로(헌법 제13조 제2항), 처분시에 적용할 법령은 개정 전 법령이 된다.[2)] 다만 국민이 소급입법을 예상할 수 있었거나, 법적 상태가 불확실하거나 혼란스러워서 보호할 만한 신뢰이익이 적은 경우와 소급입법에 의한 당사자의 손실이 없거나 아주 경미한 경우, 그리고 신뢰보호의 요청에 우선하는 중대한 공익상의 사유가 소급입법을 정당화하는 경우 등에는 예외적으로 진정소급입법이 허용된다.[3)]

이러한 소급입법금지의 원칙은 법령뿐만 아니라 행정규칙인 처분기준에도 적용될 수 있다. 대법원 판결 중에는, 행정청이 '갱신제'를 채택하여 운용하는 경우 심사대상기간이 이미 경과하였거나 상당 부분 경과한 시점에서 상대방의 갱신 여부를 좌우할 정도로 심사

---

1) 법령개정과 신뢰보호의 관계에 관한 더 자세한 사항은 「정종섭, "법률의 변경에 있어서 신뢰의 보호", 헌법연구 제3권, 박영사, 2004」, 「한수웅, "법률개정과 신뢰보호 – 부진정소급효에 관한 헌법재판소 판례평석을 겸하여 –", 인권과 정의 제250호, 대한변호사협회(1997. 6)」 등 참조.

2) 근로복지공단이 잘못 지급한 보험급여를 환수할 권리를 사법상의 채권인 민법상의 부당이득반환청구권에서 국세체납처분의 예에 의하여 강제징수할 수 있는 공법상의 권리로 변경하는 법령 개정이 있는 경우, 법령 개정 이전에 과오납된 보험급여의 환수에 대하여 개정규정을 적용하는 것은 진정소급입법에 해당하여 허용되지 않는다(대법원 2005. 5. 13. 선고 2004다8630 판결). 그리고, 담배 제조업자가 2015. 1. 1.부터 2015. 2. 2.까지 제조장 또는 보세구역에서 반출한 담배에 대하여 반출시점에 구 「자원의 절약과 재활용촉진에 관한 법률」 시행령(2015. 2. 3. 대통령령 제26088호로 개정되기 전의 것)에 따라 인상되기 전 요율의 폐기물부담금을 납부할 의무를 부담하고 있었는데, 개정된 시행령 부칙 제2조로 인하여 위 기간 동안 제조장 또는 보세구역에서 반출한 담배에 대해서도 소급하여 개정된 시행령 제11조 [별표 2] 제5호에 따른 인상된 요율의 폐기물부담금을 납부할 의무를 부담하게 되었다면, 위 부칙규정은 이미 종결된 폐기물부담금의 부과요건사실(2015. 1. 1.부터 2015. 2. 2.까지 제조장 또는 보세구역에서의 반출)에 대해서까지 소급하여 위 개정규정을 적용하는 것으로서 헌법상 원칙적으로 금지되는 진정소급입법에 해당한다(대법원 2024. 5. 23. 선고 2021두35834 전원합의체 판결).

3) 헌재 1996. 2. 16. 선고 96헌가2, 96헌바7, 96헌바13 결정, 헌재 1998. 9. 30. 선고 97헌바38 결정, 헌재 2006. 4. 27. 선고 2005헌마406 결정. 헌재 2011. 3. 31. 선고 2008헌바141, 2009헌바14 · 19 · 36 · 247 · 352, 2010헌바91(병합) 결정에서는 친일재산을 그 취득 · 증여 등 원인행위시에 국가의 소유로 보도록 규정한 '친일반민족행위자 재산의 국가귀속에 관한 특별법' 제3조 제1항 본문이 진정소급입법이기는 하지만 헌법 제13조 제2항에 반하지 않는다고 판시하였다. 한편, 위헌인 법령에 대한 개선입법을 마련하고 문제가 되는 법률 상황에 소급하여 적용하는 것도 소급입법금지의 원칙에 예외가 될 수 있다(대법원 2008. 2. 1. 선고 2004두1834 판결 참조). 이에 대한 논의는 「하명호, "개선입법의 소급효와 진정 소급입법 과세금지와의 관계", 법조 제638호, 법조협회(2009. 11)」 참조.

기준을 중대하게 변경하는 것은 갱신제의 본질과 사전에 공표된 심사기준에 따라 공정한 심사가 이루어져야 한다는 요청에 정면으로 위배되는 것이므로, 갱신제 자체를 폐지하거나 갱신상대방의 수를 종전보다 대폭 감축할 수밖에 없도록 만드는 중대한 공익상 필요가 인정되거나 관계 법령이 제·개정이 되었다는 등의 특별한 사정이 없다면, 허용되지 않는다는 것이 있다.[4]

(3) 부진정소급입법

부진정소급입법은 원칙적으로 허용되므로 처분시에 적용할 법령은 개정 법령이 된다. 다만 구 법령의 존속에 대한 당사자의 신뢰가 합리적이고도 정당하며, 법령의 개정으로 야기되는 당사자의 손해가 극심하여 새로운 법령으로 달성하고자 하는 공익적 목적이 그러한 신뢰의 파괴를 정당화할 수 없다면, 입법자는 경과규정을 두는 등 당사자의 신뢰를 보호할 적절한 조치를 하여야 하고, 이와 같은 적절한 조치 없이 새 법령을 그대로 시행하거나 적용하는 것은 허용될 수 없다. 이는 헌법의 기본원리인 법치주의 원리에서 도출되는 신뢰보호의 원칙에 위배되기 때문이다. 이러한 신뢰보호 원칙의 위배 여부를 판단하기 위해서는 침해받은 이익의 보호가치, 침해의 중한 정도, 신뢰가 손상된 정도, 신뢰침해의 방법 등과 새 법령을 통해 실현하고자 하는 공익적 목적을 종합적으로 비교·형량하여야 한다.[5]

판례는 비관리청이 사업비 대신 그 항만시설을 총사업비의 범위 내에서 무상으로 사용하기로 하고 항만공사를 한 경우 항만공사 도중에 구 시행령이 개정되어 총사업비를 계산하는 방식이 불리하게 바뀐 사안,[6] 구 시행령에서 정한 절대평가제가 존속될 것을 전제로 그것이 요구하는 합격기준에 맞추어 변리사 시험 준비를 하였으나 시험실시 2개월 전에 상대평가제로 환원하는 내용으로 구 시행령을 개정한 사안,[7] 한약사 국가시험의 응시자격

4) 대법원 2020. 12. 24. 선고 2018두45633 판결. 피고 문화체육관광부장관이 중국 정부에 추천할 '중국 단체관광객 유치 전담여행사'의 지정 및 관리 등을 시행하기 위하여 '중국 단체관광객 유치 전담여행사 업무 시행지침'을 제정하여, 2년에 1회 재심사를 통하여 전담여행사 지위를 갱신하는 '전담여행사 갱신제'를 운용하고 있었는데, 피고는 원고에 대한 갱신제 심사대상기간(2014. 1.경 ~ 2015. 10.경)이 만료된 후인 2016. 3. 23.경 종전 처분기준의 평가영역·항목·지표 및 배점 등을 일부 변경하고, 변경된 처분기준을 미리 공표하지 않은 채 갱신심사에 적용하여, 원고에 대하여 전담여행사 갱신 거부처분을 하였다. 이에 대하여 대법원은 피고가 사후적으로 변경된 처분기준에 따라 원고에 대한 전담여행사 갱신 거부를 결정한 것은, 전담여행사 갱신제 자체를 폐지하거나 갱신되는 전담여행사 업체수를 종전보다 현저하게 감축할 수밖에 없도록 만드는 중대한 공익상 필요가 인정되거나 관계 법령이 제·개정되었다는 등의 다른 특별한 사정이 없다면, 처분기준 사전공표 제도의 입법취지에 반하고, 갱신제의 본질 및 적법절차원칙에서 도출되는 공정한 심사 요청에도 반하므로 위법하다고 판시하였다.

5) 헌재 2002. 11. 28. 선고 2002헌바45 결정, 대법원 2006. 11. 16. 선고 2003두12899 판결, 대법원 2007. 10. 12. 선고 2006두14476 판결, 대법원 2007. 10. 29. 선고 2005두4649 판결.

6) 대법원 2001. 8. 21. 선고 2000두8745 판결.

7) 대법원 2006. 11. 16. 선고 2003두12899 전원합의체 판결. 참고로 대법원은 위 판결로 승소하여 추가 합격처분을 받은 원고들이 국가배상책임을 물은 사안에서, 행정입법에 관여한 공무원이 입법 당시의 상황에서 다양한 요소를 고려하여 나름대로 합리적인 근거를 찾아 어느 하나의 견해에 따라 경과규정

에 관하여 구 시행령에서 '필수 한약관련 과목과 학점을 이수하고 대학을 졸업한 자'로 규정하고 있던 것을 '한약학과를 졸업한 자'로 응시자격을 변경하면서 그 개정 이전에 이미 한약자원학과에 입학하여 대학에 재학 중인 자에게도 개정 시행령이 적용되게 한 부칙의 위법성이 문제된 사안[8] 등에서 구 시행령의 존속에 대한 신뢰이익을 보호하여야 한다고 판시하였다.

반면에, 광업권 존속기간 연장허가 요건과 절차를 규정하고 있는 광업법 시행령이 개정됨으로써 구 시행령에서 규정하고 있던 연장허가가 가능한 예외사유 대부분이 삭제되어 개정 시행령에 따라 광업권 존속기간 연장허가신청을 거부한 사안,[9] 개발행위불허가처분에 대한 취소재결 후 개정된 채석허가기준에 관한 시행규칙에 기하여 재차 불허가처분을 한 사안,[10] 미생산 · 미청구 약제 삭제제도와 관련한 개정 전 국민건강보험 요양급여의 기준에 관한 규칙을 개정 이후 2년이 지난 시점부터 적용하기로 하는 경과규정을 두지 않은 사안,[11] 개정된 공정거래법이 시행되기 이전에 위반행위가 종료되었더라도 시행 당시 구 공정거래법상의 처분시효가 경과하지 않은 사건에 개정법 부칙에 따라 구법보다 처분시효를 연장한 개정법을 적용하여 시정명령 등의 제재적 처분을 한 사안[12] 등에서 구법령의 존속에 대한 신뢰이익보다 개정 법령을 적용할 공익상 요구가 더 크다고 판시하였다.

Ⅲ. 법규명령의 제정범위와 한계

1. 위임명령의 범위와 한계

위임명령은 상위법령으로부터 구체적으로 범위를 정하여 위임받은 사항에 대해서만 정할 수 있다. 이에 관해서는 수권법률의 측면과 위임명령의 측면에서 다음과 같은 점을 고려하여야 한다. 이 문제는 조례가 지방자치법 제28조 제1항 단서에 따라 주민의 권리제한 또는 의무부과에 관한 사항을 법률로부터 위임받은 후 다시 지방자치단체장이 정하는 규칙이나 고시 등에 재위임하는 경우에도 마찬가지로 발생한다.[13]

을 두는 등의 조치 없이 새 법령을 그대로 시행하거나 적용하였다면, 그와 같은 공무원의 판단이 나중에 대법원이 내린 판단과 같지 아니하여 결과적으로 시행령 등이 신뢰보호의 원칙 등에 위배되는 결과가 되었다고 하더라도, 이러한 경우에까지 국가배상법 제2조 제1항에서 정한 국가배상책임의 성립요건인 공무원의 과실이 있다고 할 수는 없다고 판시하였다(대법원 2013. 4. 26. 선고 2011다14428 판결).

8) 대법원 2007. 10. 29. 선고 2005두4649 판결.
9) 대법원 2000. 3. 10. 선고 97누9918 판결.
10) 대법원 2005. 7. 29. 선고 2003두3550 판결.
11) 대법원 2009. 4. 23. 선고 2008두8918 판결.
12) 대법원 2020. 12. 24. 선고 2018두58295 판결.
13) 대법원 2015. 1. 15. 선고 2013두14238 판결.

가. 위임입법(수권법률)의 측면에서의 고찰

(1) 본질사항(국회전속사항)의 위임금지의 원칙

이 문제는 '무엇을 입법자가 스스로 정하여야 하고, 무엇을 행정부에 위임할 수 있는지'에 관한 것이다. 실정법상 또는 이론상 법률로써 정하여야 할 사항이나 국회의 심의를 거쳐야 하는 사항은 법규명령으로 정할 수 없다. 헌법은 대한민국의 국민이 되는 요건(제2조 제1항), 통신 · 방송의 시설기준(제21조 제3항), 재산권의 수용 · 사용 · 제한 및 그에 대한 보상(제23조 제3항), 국회의원의 수와 선거구(제41조 제2항, 제3항), 국군의 조직과 편성(제74조 제2항), 행정각부의 설치 · 조직(제96조), 법관의 자격(제101조 제3항), 지방자치단체의 종류(제117조 제2항) 등을 법률로 정하도록 규정하고 있다. 또한 죄형법정주의(제13조 제1항)와 조세법률주의(제59조)에 관해서도 규정하고 있다.

그러나 모든 입법사항이 전적으로 법률에 의해서만 규율되어야 하는 것은 아니고, 그 본질적인 내용을 제외한 세부적 사항에 관하여 구체적으로 범위를 정하여 행정입법에 위임하는 것은 허용된다. 문제는 무엇을 어느 범위에서 법률로 정하여야 하는지를 밝히는 것이다(본질사항의 위임금지의 원칙). 이에 대한 중요한 기준으로 '규율대상의 기본권적 중요성'과 의회절차의 공개성과 이익조정기능에 비추어 '입법절차에서 규율되어야 할 고도의 필요성'을 제시할 수 있겠다.[14] 대법원도 "규율대상이 국민의 기본권 및 기본적 의무와 관련한 중요성을 가질수록 그리고 그에 관한 공개적 토론의 필요성 또는 상충하는 이익 사이의 조정 필요성이 클수록, 그것이 국회의 법률에 의해 직접 규율될 필요성은 더 증대된다."라고 판시하였다.[15]

(2) 입법위임의 명확성의 원칙(포괄위임금지의 원칙)

㈎ 내 용

헌법 제75조는 법률에서 "구체적으로 범위를 정하여 위임받은 사항"에 관하여 대통령령을 발할 수 있다고 규정하고 있는데, 그 취지는 다른 형식의 위임명령에도 적용되어야 한다. 여기에서 '구체적으로'란 위임의 질적(내용적) 한계를 의미하는 것으로서 위임의 목적 및 규율사항(내용)과 연관되는 것이고, '범위를 정하여'란 위임의 양적 한계라 할 수 있다. 결국 수권규정에서 행정입법에 위임하는 규율대상 · 범위 · 기준 등을 명확히 하여야 하고 일반적 · 포괄적 위임은 허용되지 않는다(포괄위임금지의 원칙).

다만 법률이 자치입법에 위임하는 경우에는 포괄위임금지의 원칙이 적용되지 않는 것이 원칙이다. 그러한 사항으로 주민의 권리의무에 관한 사항에 관하여 조례에 위임한 경우

---

14) 한수웅, "본질성이론과 입법위임의 명확성원칙", 헌법논총 제14집, 헌법재판소(2003), 605면 참조.

15) 대법원 2015. 8. 20. 선고 2012두23808 전원합의체 판결, 대법원 2020. 9. 3. 선고 2016두32992 전원합의체 판결.

나[16] 법률이 공법적 단체 등의 정관에 자치법적 사항을 위임한 경우[17] 등이 있다.

㈏ 판례의 태도

대법원[18]이나 헌법재판소[19]는 입법위임의 명확성의 원칙과 관련하여 일관되게, "법률에서 구체적으로 범위를 정하여 위임받은 사항이라 함은 법률에 이미 대통령령으로 규정될 내용 및 범위의 기본사항이 구체적으로 규정되어 있어서 누구라도 당해 법률로부터 대통령령에 규정될 내용의 대강을 예측할 수 있어야 함을 의미한다."라고 판시하여 예측가능성의 이론에서 출발하고 있다. 여기에서의 예측가능성은 "당해 특정조항 하나만을 가지고 판단할 것이 아니고 관련 법조항 전체를 유기적 · 체계적으로 종합 판단하여야 하고, 각 대상법률의 성질에 따라 구체적 · 개별적으로 검토하여야 할 것"이라고 판시하고 있다(일반적 법률해석을 통한 예측가능성).

한편 대법원[20]과 헌법재판소[21]는 "위임의 구체성 · 명확성의 요구 정도는 규제대상의 종류와 성격에 따라서 달라진다. …… 기본권 침해영역에서는 급부행정영역에서 보다는 구체성의 요구가 강화되고, 다양한 사실관계를 규율하거나 사실관계가 수시로 변화될 것이 예상될 때에는 위임의 명확성요건이 완화되어야 한다."라고 판시하여, 행정부에 입법권을 위임하는 수권법률의 명확성을 판단할 때 규율의 효과 및 규율대상의 특성에 따라 심사기준이 달라져야 한다는 입장이다. 다양한 형태의 사실관계를 규율하거나 규율대상인 사실관계가 상황에 따라 자주 변화하리라고 예상된다면 규율대상인 사실관계의 특성을 고려하여 명확성에 대하여 엄격한 요구를 할 수 없고, 위임에 의하여 제정된 행정입법이 국민의 기본권을 침해하는 성격이 강할수록 보다 명확한 수권이 요구된다는 것이다(규율의 효과와 규율대상의 특성에 따른 명확성판단).

(3) 처벌규정의 위임

죄형법정주의와 관련하여 처벌규정의 위임이 문제가 되는데, 모법에서 범죄구성요건의 구체적 기준과 벌의 상 · 하한을 정한 다음 위임하는 것은 허용된다는 것이 통설이다. 헌법재판소 역시 "형벌법규에 대하여도 특히 긴급한 필요가 있거나 미리 법률로서 자세히 정할 수 없는 부득이한 사정이 있는 경우에 한하여 수권법률(위임법률)이 구성요건의 점에서는

16) 대법원 1991. 8. 27. 선고 90누6613 판결.
17) 대법원 2007. 10. 12. 선고 2006두14476 판결.
18) 대법원 2000. 10. 19. 선고 98두6265 판결, 대법원 2008. 11. 27. 선고 2006두19570 판결.
19) 헌재 2002. 6. 27. 선고 2000헌가10 결정.
20) 대법원 2007. 10. 26. 선고 2007두9884 판결, 대법원 2004. 7. 22. 선고 2003두7606 판결, 대법원 2000. 10. 19. 선고 98두6265 판결.
21) 헌재 1991. 2. 11. 선고 90헌가27 결정, 헌재 1997. 12. 24. 선고 95헌마390 결정, 헌재 2002. 8. 29. 선고 2000헌바50 결정.

처벌대상인 행위가 어떠한 것일 것이라고 예측할 수 있을 정도로 구체적으로 정하고, 형벌의 점에서는 형벌의 종류 및 그 상한과 폭을 명확히 규정하는 것을 조건으로 위임입법이 허용된다."라고 판시하고 있다.[22)]

(4) 재위임(백지위임의 허용 여부)

법령에 의하여 위임받은 사항을 전혀 규정하지 않고 하위명령에 백지로 재위임하는 것은 실질적으로는 수권법의 내용을 권한 없이 변경하는 의미가 되기 때문에 허용되지 않는다. 그러나 위임받은 사항에 관한 대강을 정하고 세부적인 사항의 보충을 하위법령에 재위임할 수는 있다.

나. 위임명령의 측면에서의 고찰

위임명령도 법률적합성의 원칙(법률유보의 원칙, 법률우위의 원칙)이 당연히 적용된다. 따라서 위임명령은 법령에 근거하고 수권의 범위 내에서 발해져야 하며, 법률의 위임 없이 법률이 규정한 개인의 권리 · 의무에 관한 내용을 변경 · 보충하거나 법률에 규정하지 않은 새로운 내용을 정할 수 없고, 상위법령에 직접 또는 간접으로 저촉되어서는 안 된다. 한편 위임명령의 내용은 명확하여야 하고, 신뢰보호의 원칙이나 평등의 원칙과 같은 헌법상의 원칙에 위반해서는 안 된다.

이에 관하여, 대법원은 "법률에서 하위 법령에 위임을 한 경우에 모법의 위임범위를 확정하거나 하위 법령이 위임의 한계를 준수하고 있는지 여부를 판단할 때에는, 하위 법령이 규정한 내용이 입법자가 형식적 법률로 스스로 규율하여야 하는 본질적 사항으로서 의회유보의 원칙이 지켜져야 할 영역인지와 함께, 당해 법률 규정의 입법 목적과 규정 내용, 규정의 체계, 다른 규정과의 관계 등을 종합적으로 고려하여야 하고, 위임규정 자체에서 의미 내용을 정확하게 알 수 있는 용어를 사용하여 위임의 한계를 분명히 하고 있는데도 문언적 의미의 한계를 벗어났는지 여부나 하위 법령의 내용이 모법 자체로부터 위임된 내용의 대강을 예측할 수 있는 범위 내에 속한 것인지, 수권 규정에서 사용하고 있는 용어의 의미를 넘어 범위를 확장하거나 축소하여서 위임 내용을 구체화하는 단계를 벗어나 새로운 입법을 한 것으로 평가할 수 있는지 등을 구체적으로 따져 보아야 한다."라고 판시하고 있다.[23)]

법인세, 종합소득세와 같이 납세의무자에게 조세의 납부의무뿐만 아니라 스스로 과세표준과 세액을 계산하여 신고하여야 하는 의무까지 부과하는 경우에, 신고의무 이행에 필요한 기본적인 사항과 신고의무를 이행하지 않는 경우 납세의무자가 입게 될 불이익 등은 납세의무를 구성하는 기본적 · 본질적 내용으로서 법률로 정하여야 하는데, 그에 해당하는 외부세

---

22) 헌재 1996. 2. 29. 선고 94헌마213 결정.

23) 대법원 2015. 8. 20. 선고 2012두23808 전원합의체 판결, 대법원 2020. 2. 27. 선고 2017두37215 판결.

무조정제도(납세의무자가 세무조정계산서의 작성을 외부 전문가에게 맡기도록 강제하는 제도)의 내용 중 적용대상 및 세무조정업무를 맡게 될 '외부'의 범위 등에 관한 기본적인 사항을 법률에서 직접 규정하지 않고 시행령과 시행규칙에서 규정하고 있는 것은 법률의 위임이 없거나 위임의 범위를 벗어난 것이어서, 위 시행령과 시행규칙의 관련조항은 무효이다.[24] 그리고 세무사법, 법인세법, 소득세법 관련 조항이 세무사 자격이 있는 변호사에게도 외부세무조정 업무를 허용하고 있음에도, 조정반 지정 대상을 '2인 이상의 세무사등, 세무법인, 회계법인'으로만 규정하여 변호사로 구성된 법정단체인 법무법인을 조정반 지정 대상에서 일률적으로 제외한 법인세법 시행령 제97조의3 제1항, 소득세법 시행령 제131조의3 제1항은 위임입법의 한계, 직업수행의 자유, 평등원칙에 관한 법리를 위반하여 무효이다.[25]

또한, 고용노동부장관의 법외노조 통보는 이미 법률에 의하여 법외노조가 된 것을 사후적으로 고지하거나 확인하는 행위가 아니라 그 통보로써 비로소 법외노조가 되도록 하는 형성적 처분으로서 헌법상 노동3권을 실질적으로 제약하는 것인데, 노동조합법에서는 이에 관하여 아무런 규정을 두고 있지 않고 이를 하위법령에 위임하지도 않고 있음에도 불구하고, 법외노조 통보를 규정한 노동조합법 시행령 조항은 법률이 정하고 있지 않은 사항에 관하여 법률의 구체적이고 명시적인 위임도 없이 헌법이 보장하는 노동3권에 대한 본질적인 제한을 규정한 것으로서 법률유보원칙에 반하여 무효이다.[26]

다만 국가의 법체계는 그 자체로 통일체를 이루고 있으므로 상·하규범 사이의 충돌은 최대한 배제하여야 하고, 규범이 무효라고 선언될 경우에 생길 수 있는 법적 혼란과 불안정 및 새로운 규범이 제정될 때까지의 법적 공백 등으로 인한 폐해를 피하여야 할 필요가 있으므로, 하위법령의 규정이 상위법령의 규정에 저촉되는지 여부가 명백하지 않은 경우에는 관련 법령의 내용과 입법 취지 및 연혁 등을 종합적으로 살펴서 하위법령의 의미를 상위법령에 합치되는 것으로 해석하는 것이 가능하다면, 하위법령이 상위법령에 위반된다는 이유로 쉽게 무효를 선언할 것은 아니다.[27] 따라서, 이 경우 해당 법령 규정의 입법 목적과 규정 내용, 규정의 체계, 다른 규정과의 관계 등을 종합적으로 살펴야 하고, 수권 규정에서 사용하고 있는 용어의 의미를 넘어 그 범위를 확장하거나 축소하여 위임 내용을 구체화하는 단계를 벗어나 새로운 입법을 하였는지 등도 아울러 고려하여야 한다.[28]

---

24) 대법원 2015. 8. 20. 선고 2012두23808 전원합의체 판결.
25) 대법원 2021. 9. 9. 선고 2019두53464 전원합의체 판결.
26) 대법원 2020. 9. 3. 선고 2016두32992 전원합의체 판결.
27) 대법원 2016. 12. 15. 선고 2014두44502 판결, 대법원 2018. 6. 21. 선고 2015두48655 전원합의체 판결.
28) 대법원 2019. 7. 10. 선고 2016두61051 판결.

2. 집행명령의 범위와 한계

집행명령은 상위법령을 집행하기 위하여 필요한 세부적 · 구체적 사항만 정하는 것이다. 따라서 상위법령의 범위 내에서 그 시행에 필요한 구체적인 절차 · 형식 등(예; 허가신청서의 서식 등)을 규정할 수 있을 뿐, 새로운 입법사항(예; 허가를 받기 위한 시설의 기준)을 정할 수는 없다. 대법원은 변호사의 자격과 판사, 검사 등의 임용의 전제가 되는 '사법시험의 합격'이라는 직업선택의 자유와 공무담임권의 기본적인 제한요건은 국회에서 제정한 법률인 변호사법, 법원조직법, 검찰청법 등에서 규정되어 있는 것이고, 구 사법시험령은 단지 위 법률들이 규정한 사법시험의 시행과 절차 등에 관한 세부사항을 구체화하고 국가공무원법상 사법연수생이라는 별정직 공무원의 임용절차를 집행하기 위한 집행명령의 일종이라고 판시하였다.[29]

Ⅳ. 법규명령의 하자

1. 법규명령의 하자

법규명령이 상위법령에 위임근거가 없거나 위임의 한계를 벗어났거나 상위법령의 내용에 어긋나는 등 적법 · 유효요건을 갖추지 못한 때에는 '하자있는 명령'이 된다. 법규명령에 하자가 있는 경우에는 법규명령으로서의 효력은 부인되어야 하고, 행정행위와 달리 공정력이 있을 수 없으므로 '취소할 수 있는 명령'이라는 관념은 없다.

그러나 법규명령으로서의 효력이 부인되더라도 행정규칙으로서의 효력이 남아 있는 경우는 있을 수 있다. 대법원은 "법령의 위임이 없음에도 법령에 규정된 처분 요건에 해당하는 사항을 부령에서 변경하여 규정한 경우에는 그 부령의 규정은 행정청 내부의 사무처리 기준 등을 정한 것으로서 행정조직 내에서 적용되는 행정명령의 성격을 지닐 뿐 국민에 대한 대외적 구속력은 없다."라고 판시하였다.[30]

---

29) 대법원 2007. 1. 11. 선고 2004두10432 판결. 따라서, 구 사법시험령 제15조 제2항은 사법시험의 제2차 시험의 합격결정에 있어서 매과목 4할 이상 득점한 자 중에서 합격자를 결정한다는 취지의 과락제도를 규정하고 있지만, 사법시험 제2차시험의 합격자를 결정하는 방법을 규정하고 있을 뿐이어서 사법시험의 실시를 집행하기 위한 시행과 절차에 관한 것이지, 새로운 법률사항을 정한 것이라고 보기 어렵다는 것이다.

30) 대법원 2013. 9. 12. 선고 2011두10584 판결. 따라서 어떤 처분이 위와 같은 효력이 없는 법규명령에 위배되더라도 그 이유만으로 처분이 위법하게 되는 것이 아니고, 그 규칙 등에서 정한 요건에 부합하더라도 반드시 그 처분이 적법한 것은 아니다. 이 경우 처분의 적법 여부는 그러한 규칙 등에서 정한 요건에 합치하는지 여부가 아니라 일반 국민에 대하여 구속력을 가지는 법률 등 법규성이 있는 관계 법령의 규정을 기준으로 판단하여야 한다. 공공기관운영법 제39조 제2항, 제3항 및 그 위임에 따라 기획재정부령으로 제정된 '공기업 · 준정부기관 계약사무규칙'(계약사무규칙) 제15조 제1항의 내용을 비교

한편, 법률의 위임의 근거가 없어서 효력이 없었던 법규명령이 법률의 개정으로 위임의 근거가 부여되면 그때부터 유효한 법규명령으로 볼 수 있다는 것이 판례이다.[31)]

2. 권리구제

현행 행정소송법상 일반적 · 추상적 규율로서의 명령은 항고쟁송의 대상이 되지 않는다. 그러나 행정입법(명령)의 형식으로 발하여졌으나 그것이 처분의 성질을 가지는 것인 때에는 예외적으로 항고쟁송의 대상이 되는 경우가 있다(처분적 명령의 문제).

Ⅴ. 법규명령의 소멸

법규명령은 폐지의 의사표시나 종기의 도래 또는 해제조건의 성취, 근거법령의 소멸사실 등에 의하여 소멸된다. 다만 근거법령이 개정됨에 그친 경우에는 성질상 모순 · 저촉되지 않는 범위에서 새로운 명령이 제정 · 발효될 때까지 효력을 유지한다는 것이 판례이다.[32)]

한편, 명령의 개폐는 그에 따른 국민의 신뢰보호, 손실보상의 문제가 검토되어야 하고, 명령의 급격한 변화에 따른 국민의 불이익을 방지하기 위해서는 과도기의 설정 또한 고려되어야 한다(경과규정의 문제).

하면, 공공기관운영법에서는 입찰참가자격 제한의 요건을 '공정한 경쟁이나 계약의 적정한 이행을 해칠 것이 명백할 것'이라고 규정한 반면, 이 사건 규칙 조항에서는 '경쟁의 공정한 집행이나 계약의 적정한 이행을 해칠 우려가 있거나 입찰에 참가시키는 것이 부적합하다고 인정되는 자'라고 규정함으로써, 이 사건 규칙 조항이 법률에 규정된 것보다 한층 완화된 처분요건을 규정하여 그 처분대상을 확대하였다. 대법원은 위와 같은 사안에서 "공공기관운영법 제39조 제3항에서 부령에 위임한 것은 '입찰참가자격의 제한기준 등에 관하여 필요한 사항'일 뿐이고, 이는 그 규정의 문언상 입찰참가자격을 제한하면서 그 기간의 정도와 가중 · 감경 등에 관한 사항을 의미하는 것이지 처분의 요건까지를 위임한 것이라고 볼 수는 없다."라고 전제하면서 위와 같은 판시를 한 것이다. 같은 맥락에서 공공기관운영법 제39조 제2항에서는 입찰참가자격 제한 대상을 '공정한 경쟁이나 계약의 적정한 이행을 해칠 것이 명백하다고 판단되는 사람 · 법인 또는 단체 등'으로 규정하여 입찰참가자격 제한 처분 대상을 해당 부정당행위에 관여한 자로 한정하고 있는데, 계약사무규칙 제15조 제4항에서 '입찰참가자격을 제한받은 자가 법인이나 단체인 경우에는 그 대표자'에 대해서도 입찰참가자격 제한을 할 수 있도록 규정하여, 부정당행위에 관여하였는지 여부와 무관하게 법인 등의 대표자 지위에 있다는 이유만으로 입찰참가자격 제한 처분의 대상이 될 수 있도록 함으로써, 법률에 규정된 것보다 처분대상을 확대한 것은 상위법령의 위임 없이 규정한 것이므로 대외적 효력을 인정할 수 없다(대법원 2017. 6. 15. 선고 2016두52378 판결).

31) 대법원 2017. 4. 20. 선고 2015두45700 전원합의체 판결.

32) 대법원 2002. 3. 29. 선고 2001다84824 판결(위임명령의 경우), 대법원 1989. 9. 12. 선고 88누6962 판결(집행명령의 경우).

Ⅵ. 법규명령에 대한 통제

1. 국회에 의한 통제

가. 간접적 통제

국회는 행정부에 대한 국정감시권을 행사하여 간접적으로 법규명령의 적법·타당성을 통제할 수 있다. 그 수단으로 헌법에 규정된 국정감사·조사(제61조), 국무총리 등에 대한 질문(제62조), 국무총리 또는 국무위원의 해임건의(제63조) 및 대통령 등에 대한 탄핵소추(제65조) 등을 이용할 수 있다.

나. 직접적 통제

국회가 법규명령의 성립·발효에 대한 동의 또는 승인권이나 법규명령의 효력을 소멸시키는 권한을 가지고 법규명령의 적법·타당성을 통제하는 것을 말한다. 현행법상 긴급명령이나 긴급재정·경제명령의 승인유보제도(헌법 제76조 제3항, 제4항), 대통령령 등의 소관 상임위원회에 대한 제출절차 등이 여기에 해당한다(국회법 제98조의2).

국회법 제98조의2에 의하면, 중앙행정기관의 장은 법률에서 위임한 사항이나 법률을 집행하기 위하여 필요한 사항을 규정한 대통령령·총리령·부령·훈령·예규·고시 등이 제정·개정 또는 폐지되었을 때에는 10일 이내에 이를 국회 소관 상임위원회에 제출하여야 하고(제1항), 상임위원회는 위원회 또는 상설소위원회를 정기적으로 개회하여 그 소관 중앙행정기관이 제출한 대통령령·총리령 및 부령의 법률 위반 여부 등을 검토하여야 하며(제3항), 그 검토 결과 대통령령 또는 총리령이 법률의 취지 또는 내용에 합치되지 않는다고 판단되는 경우에는 검토의 경과와 처리 의견 등을 기재한 검토결과보고서를 의장에게 제출하여야 하고(제4항), 국회는 의장으로부터 보고받은 검토결과보고서를 본회의 의결로 처리하고 정부에 송부하며(제5항), 정부는 송부받은 검토 결과에 대한 처리 여부를 검토하고 그 처리결과(송부받은 검토결과에 따르지 못하는 경우 그 사유 포함)를 국회에 제출하여야 한다(제6항). 또한, 상임위원회는 부령이 법률의 취지 또는 내용에 합치되지 않다고 판단되는 경우에는 위 경로와는 달리 바로 소관 중앙행정기관의 장에게 그 내용을 통보할 수 있고(제7항), 이에 따라 검토내용을 통보받은 중앙행정기관의 장은 통보받은 내용에 대한 처리 계획과 그 결과를 지체 없이 소관 상임위원회에 보고하여야 한다(제8항).

2. 사법적 통제

가. 일반법원에 의한 통제

(1) 구체적 규범통제

㈎ 의 의

우리 헌법 제107조 제2항은 "명령 · 규칙[33]이 헌법이나 법률에 위반되는 여부가 재판의 전제가 된 경우에는 대법원은 이를 최종적으로 심사할 권한을 가진다."라고 규정함으로써 구체적 규범통제제도를 취하고, 행정소송법은 항고소송의 대상을 '처분 등'에 한정하여 인정하고 있다(제19조, 제38조). 따라서 법규명령의 위헌 · 위법성은 구체적인 사건에서 재판의 전제가 되는 경우에만 그 사건의 심판을 위한 선결문제로서 다루어질 수 있다. 이때 대법원이 법규명령을 헌법 또는 법률에 위반되었다고 선언하는 경우에는 법원조직법 제7조 제1항 제1호 · 제2호에 따라 전원합의체에서 심리하여야 한다.[34] 다만 앞에서 언급한 것처럼 예외적으로 법규명령이 '처분'의 성질을 가지는 경우에는 그 처분적 명령에 대한 항고소송이 가능하다.

㈏ 위헌 · 위법으로 판정된 명령의 효력

구체적 규범통제를 통하여 위헌 · 위법으로 판정된 명령의 효력에 대하여 ① 당해 사건 외에는 폐지되기 전까지 유효하다는 견해, ② 개별적 사건에서 적용만 거부하여야 하나 현재 대법원이 법규명령의 무효를 일반적으로 선언하고 있다는 견해, ③ 일반적으로 무효가 된다는 견해 등이 대립하고 있다.

법원의 본래의 임무는 구체적 사건의 심판이지 명령 · 규칙의 효력 자체를 심사하는 것은 아니므로, ①설이 타당하다. 대법원 판결은 당해 사건에서 위헌으로 판단되기 때문에 당해 사건에 그 명령 · 규칙을 적용하지 않는 '적용 배제'에 그치는 것이므로, 위헌 · 위법으로 판정된 명령도 일반적으로는 여전히 효력을 가지게 된다. 다만 다른 사건에서 하급심이 대법원의 판결에 따르는 것은 대법원의 위헌심사에 일반적 효력이 인정되기 때문이 아니라 판례로서 사실상의 구속력 때문이라고 이해할 수 있다(개별적 효력설). 이 점에서 법률의 효력

33) 대법원규칙, 중앙선거관리위원회규칙 등과 같이 명칭은 규칙이나 법규명령으로 취급되는 것을 말한다.
34) 대법원 2017. 6. 15. 선고 2016두52378 판결에서 보는 것처럼, 최근 대법원은 명령 · 규칙이 상위법령의 위임 없이 제정되는 등 위임입법의 한계를 벗어난 경우에는 그 대외적 효력을 인정할 수 없어 법규명령으로 볼 수 없다는 이유로 전원합의체로써 심리하지 않는 경우가 많이 있다. 그러나 법원조직법 제7조 제1호 · 제2호는 명령 · 규칙에 대한 규범통제절차를 규정한 것이고 규범통제의 방법에는 위임의 한계를 벗어났는지 여부가 당연히 포함되는 것이므로, 위와 같은 최근의 경향은 법원조직법을 위반한 것이 아닌지 의문이 든다. 아울러 종래와는 달리 조례도 명령 · 규칙이 아니라는 이유로 헌법이나 법률에 위반된다고 인정되더라도 전원합의체로 심리하지 않고 있다.

을 상실시키는 헌법재판소의 위헌결정의 효력(헌법재판소법 제47조 제2항)과 다르다는 점을 유의할 필요가 있다.

㈐ **명령 · 규칙 소관 행정청에 대한 소송통지 및 확정 후 통보 · 게재절차**

명령 · 규칙의 위헌 · 위법이 쟁점이 되는 사건에서 해당 행정청인 피고와 명령 · 규칙의 개정 · 폐지 권한을 가지는 소관 행정청이 다른 경우가 있을 수 있는데, 이 경우 전문성 있는 소관 행정청이 소송에 참여할 수 있는 기회를 적극적으로 보장할 필요가 있으므로, 행정소송규칙 제7조에서는 법원으로 하여금 해당 명령 · 규칙의 소관 행정청에 소송계속 사실을 통지할 수 있도록 함으로써(제1항), 해당 명령 · 규칙의 내용, 목적 및 취지, 입법경위 등에 관하여 잘 알고 있는 소관 행정청에게 법원에 해당 명령 · 규칙의 위헌 또는 위법 여부에 관한 의견서를 제출할 기회를 주고 있다(제2항).

한편, 행정소송에서 재판의 전제가 된 명령 · 규칙의 위헌 · 위법이 인정되면, 해당 명령 · 규칙의 정비를 행정부에 촉구할 필요가 있다. 그리하여, 행정소송법 제6조는 위헌 · 위법 판결이 확정되면 행정안전부장관에게 통보하고, 행정안전부장관은 이를 관보에 게재하도록 하고 있다. 그런데, 피고 행정청과 소관 행정청이 다른 경우와 하급심에서 판결이 확정되는 경우도 있을 수 있으므로, 이를 대비하여 행정소송규칙 제2조에서는 대법원이 그 명령 · 규칙의 소관 행정청에게 그 취지를 통보하도록 하고, 하급심 판결에 의하여 명령 · 규칙에 대한 위헌 · 위법 판결이 확정되면 그 심사결과를 행정청이 인식할 수 있게 하기 위하여 해당 재판서 정본을 지체없이 대법원에 송부하도록 하고 있다.

이를 두고 현행 구체적 규범통제가 실제상 추상적 규범통제에 접근하고 있다고 보는 견해가 있다. 그러나 문제가 된 명령 · 규칙의 개정을 검토할 기회를 행정부에게 부여하거나 그러한 명령 · 규칙의 집행이나 적용에 신중을 기하여 동종 사안의 재발을 방지하고자 하는 것 이상의 의미는 없다. 참고로 행정기본법 제39조 제1항에서는 정부에게 권한 있는 기관에 의하여 위헌으로 결정되어 법령이 헌법에 위반되거나 법률에 위반되는 것이 명백한 경우에 해당 법령을 개선하여야 할 의무를 부과하고 있다.

나. 헌법재판소에 의한 통제

헌법 제107조 제2항에 따라 구체적인 사건에서 법규명령의 위헌 · 위법 여부가 재판의 전제가 되는 경우에 대법원에게 최종적인 심사권이 있다는 것은 명확하나, 재판의 전제성이 없는 경우에 법규명령의 헌법소원 대상적격 여부에 관하여 대법원과 헌법재판소간에 견해가 대립한다.

헌법재판소는 여기에서 말하는 대법원의 최종심사권이란 구체적인 소송사건에서 명령 · 규칙의 위헌여부가 재판의 전제가 되었을 경우를 말하므로, 명령 · 규칙 그 자체에 의하여 직접 기본권이 침해되었다는 것을 이유로 헌법소원심판을 청구할 수 있다고 해석하고 있다.[35] 반면에 대법원은 입법론이라면 몰라도 현행법의 해석론으로서는 헌법재판소의 명령·규칙 위헌심사권을 인정할 수 없다는 입장에 있다.[36]

❑ **법무사법 시행규칙 헌법소원 사건(헌재** 1990. 10. 15. **선고** 89**헌마**178 **결정)**

〈사실관계〉 청구인은 법무사가 되고자 법무사시험을 준비 중인 사람이다. 법무사시험을 정기적으로 실시하도록 한 구 법무사법 제4조 제1항 제2호의 취지에 반하여 법무사시험의 실시여부를 법원행정처장의 재량에 맡김으로써 법무사시험을 실시하지 않을 수도 있도록 규정한 구 법무사법 시행규칙 제3조 제1항이 법무사시험 응시의 기회를 박탈한다는 이유로 헌법소원 심판청구를 제기하였다.

〈결정요지〉 헌법 제107조 제2항이 규정한 명령·규칙에 대한 대법원의 최종심사권이란 구체적인 소송사건에서 명령·규칙의 위헌여부가 재판의 전제가 되었을 경우 법률의 경우와는 달리 헌법재판소에 제청할 것 없이 대법원이 최종적으로 심사할 수 있다는 의미이며, 명령·규칙 그 자체에 의하여 직접 기본권이 침해되었음을 이유로 하여 헌법소원심판을 청구하는 것은 위 헌법규정과는 아무런 상관이 없는 문제이다. 따라서 입법부·행정부·사법부에서 제정한 규칙이 별도의 집행행위를 기다리지 않고 직접 기본권을 침해하는 것일 때에는 모두 헌법소원심판의 대상이 될 수 있는 것이다. 이 사건에서 심판청구의 대상으로 하는 것은 법원행정처장의 법무사시험 불실시 즉 공권력의 불행사가 아니라 법원행정처장으로 하여금 그 재량에 따라 법무사시험을 실시하지 않아도 괜찮다고 규정한 법무사법 시행규칙 제3조 제1항이다. 법령 자체에 의한 직접적인 기본권침해 여부가 문제되었을 경우 그 법령의 효력을 직접 다투는 것을 소송물로 하여 일반 법원에 구제를 구할 수 있는 절차는 존재하지 않으므로 이 사건에서는 다른 구제절차를 거칠 것 없이 바로 헌법소원심판을 청구할 수 있는 것이다.

3. 행정적 통제

가. 감독권에 의한 통제

상급행정청은 하급행정청의 행정입법권의 행사에 대하여 ① 그 기준과 범위를 정하고, ② 수권을 철회하거나 위법한 법규명령의 폐지를 명할 수 있으며, ③ 행정입법권의 관장에 관하여 행정청간의 분쟁이 있는 때에는 주관쟁의결정권의 행사에 의하여 주관행정청을 결정할 수 있다.

35) 헌재 1990. 10. 15. 선고 89헌마178 결정을 비롯한 다수의 결정.
36) 법원행정처 헌법재판연구반, "명령·규칙의 위헌심사권에 관한 연구보고서", 저스티스 제23권 제2호, 한국법학원(1990. 12), 166-192면 참조.

나. 절차상 통제

현행법상 국무회의의 심의(헌법 제89조 제3호), 법제처에 의한 심사(정부조직법 제20조 제1항)가 여기에 해당한다. 그밖에도 행정절차법 제41조에서는 행정청은 법령 등을 제정 · 개정 또는 폐지하고자 할 때 이를 예고하도록 규정하고 있다(행정상 입법예고).

4. 국민에 의한 통제

법규명령의 제정과정에서 공청회 · 청문 등을 통하여 국민의 의사를 반영시킨다든지 매스컴이나 시민단체의 활동 등 여론을 통하여 행정입법의 적법성을 확보할 수 있다.

Ⅶ. 행정입법부작위의 문제

1. 의 의

국회가 특정한 사항에 대하여 행정부에 위임하였음에도 불구하고 행정부가 정당한 이유 없이 이를 이행하지 않는다면 권력분립의 원칙과 법치국가의 원칙에 위배될 것이다.[37] 특히 행정권에게 명령을 제정 · 개정 또는 폐지할 법적 의무가 있음에도 불구하고 합리적인 이유 없이 지체하다가 그 명령을 제정 · 개정 또는 폐지하지 않은 것을 행정입법부작위라고 한다.

행정입법부작위에는 행정청이 법률에서 명령으로 정하도록 위임받은 사항을 전혀 입법하지 않은 경우(진정 행정입법부작위)는 물론 그 법률이 위임한 사항을 불충분하게 규정함으로써 법률이 위임한 행정입법의무를 제대로 이행하지 않은 경우(부진정 행정입법부작위)도 포함된다.[38]

2. 행정입법부작위의 요건

행정입법의 제정 또는 개정의 지체가 위헌 · 위법이 되기 위해서는 ① 행정청에게 시행명령을 제정(개정)할 법적 의무가 있어야 하고, ② 상당한 기간이 경과하여야 하며, ③ 상당한 기간의 경과에도 불구하고 명령제정(개정)권이 행사되지 않아야 한다.[39]

행정입법부작위의 위헌 · 위법여부를 판단할 때 특히 문제가 되는 것은 행정청에게 행정입법을 하여야 할 작위의무가 있는지 여부이다. 법률에서 특정 국민에게 구체적인 권익을 보장하고 그 권익보장의 구체적 기준을 시행명령에 위임하여 시행명령의 제정이 법률의

---

37) 헌재 2004. 2. 26. 선고 2001헌마718 결정.
38) 대법원 2024. 12. 19. 선고 2022다289051 전원합의체 판결.
39) 헌재 2005. 12. 22. 선고 2004헌마66 결정.

집행에 필수적인 경우 행정권은 국민에 대하여 시행명령 제정의 법적 의무를 진다. 그러나 시행명령의 개입이 없어도 법률의 규정만으로 집행될 수 있는 경우에는 행정권에게 시행명령의 제정의무는 없다고 할 수 있다.[40]

대법원은 "사법시험령은 그 시험의 성적을 산출하여 합격자를 결정하는 데 지장이 없을 정도로 충분한 규정을 두고 있고 또한 실제로 그간 제2차시험 성적의 세부산출방법 등에 관한 하위규정 없이도 사법시험이 차질 없이 실시되어 왔다. 따라서 사법시험령 제15조 제8항이 행정자치부장관에게 제2차시험 성적을 포함하는 종합성적의 세부산출방법 기타 최종합격에 필요한 사항을 정하는 것을 위임하고 있을지라도 행정자치부장관에게 그와 같은 규정을 제정할 작위의무가 있다고 보기 어렵다 할 것이므로, 행정자치부장관이 이를 정하지 아니하고 원고에게 불합격처분을 하였다 하더라도, 그 처분이 행정입법부작위로 인하여 위헌 또는 위법하다고 할 수 없다."라고 판시하였다.[41]

3. 권리구제의 방법

가. 항고소송의 가능성

대법원은 행정입법의 불비는 처분도 아니고 항고소송의 대상이 되는 부작위도 아니므로, 부작위위법확인의 대상으로 삼아 소송을 제기하는 것은 부적법하다고 하였다.[42] 그러나, 행정청의 추상적인 법령에 관한 제정 여부가 항고소송의 대상이 된 것이 아니라 행정청의 구체적인 처분을 소송물로 삼으면서 그 처분이 위법하게 된 이유가 행정입법부작위에서 기인한 것이라고 다투는 경우(헌법 또는 법률의 위임에 따른 행정입법이 없기 때문에 그 처분이 위법하다고 다투는 경우)에는 법원으로서는 부수적으로 행정입법부작위를 심사할 수 있을 것이다.[43]

나. 헌법소원의 가능성

이 문제는 행정입법에 대한 헌법소원을 긍정하는지에 따라 결론이 달라질 수 있다. 헌법재판소는 긍정설의 입장에서 구 군법무관임용법 제5조 제3항 및 군법무관임용 등에 관한 법률 제6조가 군법무관의 봉급과 그 밖의 보수를 법관 및 검사의 예에 준하여 지급하도록

---

40) 헌재 2005. 12. 22. 선고 2004헌마66 결정 참조.

41) 대법원 2007. 1. 11. 선고 2004두10432 판결.

42) 대법원 1992. 5. 8. 선고 91누11261 판결. 이에 대하여 처분적 명령이 항고소송의 대상이 되므로, 거기에 대응하여 처분성 있는 행정입법의 부작위에 관해서도 항고소송의 대상이 될 수 있다고 주장하는 견해가 있다[박균성, 행정법론(상), 제24판, 박영사, 2025, 268면].

43) 대법원 2007. 1. 11. 선고 2004두10432 판결에서 원고들은 사법시험령 제15조 제8항에서 행정자치부장관에게 '종합성적의 세부산출방법 및 기타 최종합격에 필요한 사항'을 규정하도록 위임하였는데, 행정자치부장관의 부작위가 위법하다는 것을 소송물로 삼아 부작위위법확인을 구하는 것이 아니고, 행정자치부장관의 위와 같은 부작위로 인하여 원고에 대한 불합격처분이 이루어져 그 불합격처분이 위법하다는 것을 다투고 있었다.

하는 대통령령을 제정할 것을 규정하였는데, 대통령이 지금까지 해당 대통령령을 제정하지 않는 것에 대하여 소원적격을 인정하고, "피청구인이 구 군법무관임용법 제5조 제3항 및 군법무관임용 등에 관한 법률 제6조의 위임에 따라 군법무관의 봉급과 그 밖의 보수를 법관 및 검사의 예에 준하여 지급하도록 하는 대통령령을 제정하지 아니하는 입법부작위는 위헌임을 확인한다."라고 결정하였다.[44]

다. 국가배상청구의 가능성

행정입법부작위로 인하여 손해가 발생한 경우 국가배상청구의 요건이 갖추어진다면 국가는 손해를 배상할 의무를 지게 된다.

대법원이 진정 행정입법부작위에 대하여 국가배상책임을 인정한 것으로서, "구 군법무관임용법 제5조 제3항과 군법무관임용 등에 관한 법률 제6조가 군법무관의 보수의 구체적 내용을 시행령에 위임했음에도 불구하고 행정부가 정당한 이유 없이 시행령을 제정하지 않은 것이 불법행위에 해당하므로 합리적이고 객관적인 손해를 배상하여야 한다."라고 판시한 사례가 있다.[45]

부진정 행정입법부작위에 대하여 국가배상책임을 인정한 것으로는, 장애인 편의시설을 설치하여야 하는 대상을 대통령령으로 정하도록 위임하고 있는 「장애인·노인·임산부 등의 편의증진 보장에 관한 법률」 제7조에 따라 장애인 편의시설 설치의무 대상시설의 범위를 정할 때에는 장애인이 비장애인과 동등하게 시설과 설비를 이용할 수 있도록 함으로써 인간으로서의 존엄과 가치 및 평등권을 보장받을 수 있도록 장애인의 접근권을 단계적으로 확대하여 실현하는 방향으로 행정입법권이 행사되어야 한다는 내재적 한계가 있는데도 불구하고 같은 법 시행령 제11조에 편의시설 설치의무 대상시설의 범위가 지나치게 좁게 설정되어 있어 사회·경제적 발전 정도 및 장애인 편의시설 설치에 관한 사회적 공감대를 따라가지 못하고 있다면, 행정청으로서는 장애인을 위한 편의시설 설치가 강제되는 대상시설을 확대하여 장애인의 접근권을 실질적으로 개선하는 형태로 해당 행정입법을 개정할 구체적인 의무가 발생한다고 할 것이고, 행정청이 정당한 이유 없이 그 개선입법의무를 이행하지 않았다면 그 행정입법 부작위는 위법하다고 판시한 사례가 있다.[46]

---

44) 헌재 2004. 2. 26. 선고 2001헌마718 결정.
45) 대법원 2007. 11. 29. 선고 2006다3561 판결.
46) 대법원 2024. 12. 19. 선고 2022다289051 전원합의체 판결.

제3절 행정규칙

Ⅰ. 행정규칙의 의의

행정규칙이란 상급행정기관 또는 상급자가 하급행정기관 또는 하급자에 대하여 법률의 수권 없이 그의 권한 범위 내에서 발하는 일반·추상적 규율을 말한다. 행정청이 발하는 일반·추상적 규율이라는 점에서 법규명령과 같으나, 법령의 수권 없이도 행정권의 고유한 권한으로 발하는 것이고 행정조직 내부에서만 구속력을 가진다는 점에서 법규명령과 다르다.

Ⅱ. 행정규칙의 종류

행정규칙은 내용에 따라, ① 행정기관의 설치, 내부적인 권한분배 등에 관한 행정규칙인 '조직규칙', ② 법률의 해석·적용지침을 정하기 위하여 발하는 '규범해석규칙', ③ 행정기관의 재량권행사의 일반적 방향과 기준을 제시하는 '재량준칙' 등으로 구분할 수 있다.

행정업무의 운영 및 혁신에 관한 규정 제4조 제2호에 따르면, ① 상급기관이 하급기관에 대하여 장기간에 걸쳐 권한행사를 일반적으로 지휘·감독하기 위하여 발하는 '훈령', ② 상급기관이 직권으로 또는 하급기관의 문의나 신청에 의하여 개별적·구체적으로 발하는 '지시',[47] ③ 법규문서 이외의 문서로서 행정사무의 통일을 기하기 위하여 반복적 행정사무의 처리기준인 '예규', ④ 당직·출장·시간외근무·휴가 등 일일업무에 관한 '일일명령' 등이 있다.[48]

Ⅲ. 행정규칙의 성립 및 효력발생요건

행정규칙도 주체·절차·형식·내용상 요건을 갖추어야 한다. 정당한 권한을 가진 행정기관은 그 권한의 범위 내에서 특별한 법률적 수권이 없이도 행정규칙을 발할 수 있다. 그러나, 행정규칙도 법률우위의 원칙, 비례의 원칙 등 법의 일반원칙에 위반되지 않는 범위 내에서 발할 수 있다는 것은 다른 행정작용과 마찬가지이다.

---

47) 일반·추상적 규율이 아니므로 행정규칙에는 해당하지 않는다.

48) 일일명령의 내용이 일반·추상성을 가지지 않을 때에는 행정규칙에 해당하지 않고, 단순한 직무명령이다.

훈령에 대해서는 법제처 심사 등의 일정한 절차가 요구된다. 대통령훈령 및 국무총리 훈령의 제정은 '법제에 관한 사무'의 하나로서 법제처의 심사를 거치고(법제업무 운영규정 제23조), 각 부 · 처 · 청의 장의 훈령도 법제처의 사전 또는 사후의 통제를 받는다(법제업무 운영규정 제25조 제3항).

행정규칙은 구술에 의한 발령도 가능하나, 일반 · 추상적 규율로서의 기능을 발휘하기 위해서는 문서로 작성되는 것이 통상적이다. 행정규칙도 내용이 표시되어 수범자가 알 수 있는 상태에 이르러야 효력이 생긴다.

Ⅳ. 행정규칙의 효력

1. 문제의 소재

예컨대, 공무원이 근무규칙을 위반한 경우에 징계의 원인이 되는 것과 같이 행정규칙은 행정조직 내부에서 일정한 구속력을 갖는다. 그러나, 법규성이 없어서 국민의 권리의무에 변동을 가하거나 그 범위를 확정할 수는 없는 것이고, 법원을 구속하지도 않는다. 따라서, 행정행위가 행정규칙에 위배된다고 하더라도 그 자체로 위법하게 되는 것이 아니고, 반대로 행정규칙에서 정한 요건에 부합한다고 하더라도 곧바로 그 처분이 적법한 것이라고 할 수도 없다.[49]

그런데, 행정기관의 행위를 통제 · 지도하는 행위통제규칙(행위지도규칙)은 행정조직 밖의 일반국민에게도 지대한 효과를 미치는 것이 현실이다. 예컨대, 행정청에게 인정되어 있는 처분권 · 감독권(영업허가의 정지 · 철회 등의 권한)의 행사기준을 정한 행정규칙(재량준칙)이 제정되면, 그 규칙의 수범자(규율대상)인 하급행정기관은 물론 규칙제정권자 스스로도 정해진 규칙에 의하여 권한을 행사하게 될 것이다. 그에 따라 관계법규를 어긴 자는 재량준칙이 정한 기준에 따라 영업허가의 정지 또는 철회 등의 처분을 받게 될 것이므로, 그 효과가 행정영역 밖의 국민에게도 미치게 된다.[50] 여기에서 그 효력이 직접적으로 미치는 것으로 파악할 것인지, 간접적으로 미치는 것으로 파악할 것인지 견해의 대립이 있다.

---

49) 행정행위의 적법 여부는 행정규칙에서 정한 요건에 합치하는지 여부가 아니라 일반 국민에 대하여 구속력을 가지는 법률 등 법규성이 있는 관계 법령의 규정을 기준으로 판단하여야 한다(대법원 2018. 6. 15. 선고 2015두40248 판결).

50) 행정청은 해당 위반사항에 대하여 처분기준에 따라 행정처분을 함이 보통이라 할 것이므로, 행정청이 이러한 처분기준을 따르지 않고 특정한 개인에 대해서만 위 처분기준을 과도하게 초과하는 처분을 한 경우에는 재량권의 한계를 일탈하였다고 볼 만한 여지가 충분하다(대법원 1993. 6. 29. 선고 93누5635 판결).

2. 학 설

① **직접효력설**: 이 견해는 고유한 집행부법이 존재할 수 있다는 이유로 특정 행정규칙(재량준칙 등)의 직접적·대외적 구속력을 인정하자는 것이다.

② **간접효력설(통설)**: 행정규칙은 행정청 내부만 규율하므로 대외적 효력을 발생하게 하는 것은 행정규칙 그 자체가 아니고, 단지 행정관행에 의한 자기구속(평등의 원칙, 신뢰보호의 원칙)이 행정규칙으로 하여금 대외적 효력을 갖는 것처럼 보이게 할 뿐이라고 한다(행정의 자기구속). 재량준칙이 대외적 효력을 갖는다고 할 때 그 효력은 직접적으로 발생하는 것이 아니고 간접적으로 발생한다고 보아야 할 것인데, 이때 평등의 원칙과 신뢰보호의 원칙은 행정규칙으로 하여금 대외적 효력을 갖게 하는 전환규범이 된다는 것이다.

3. 판 례

대법원은 통설과 마찬가지로 행정규칙이 대외적으로 국민의 권리의무에 변동을 가하거나 그 범위를 확정할 수는 없는 것이고 법원을 구속하지도 않으므로, 외부에도 직접적인 구속력을 갖는 법규명령과 대비된다고 판시하고 있다.[51] 다만 행위통제규칙(행위지도규칙)은 평등의 원칙이나 신뢰보호의 원칙에 의하여 행정기관이 규칙에 따라야 할 자기구속을 당하는 경우에는 대외적 구속력을 가지게 된다고 보고 있다.[52]

한편, 대외적으로 공표된 재량준칙이 존재한다고 하더라도 그 재량준칙(지침)에서 정한 대로 되풀이 시행되어 행정관행이 이루어졌다거나 그 지침의 공표만으로 신청인이 보호가치 있는 신뢰를 가지게 되었다고 보기 어려운 사안에서는 자기구속의 법리를 적용할 수 없다고 한다.[53]

4. 검 토

직접효력설을 취하게 되면, 법률유보의 원칙과 관련하여 심각한 문제가 발생할 수 있고, 입안자가 행정청 내부에만 효력이 미치도록 재량준칙을 마련하였는데 일반 국민에게까지 직접적으로 효력이 미치는 이유를 설명하기 어려우며, 실무적으로도 행정청이 이례적이

51) 대법원 1983. 6. 14. 선고 83누54 판결. 대법원 2007. 11. 29. 선고 2006두8495 판결에서는 "'서울특별시 철거민 등에 대한 국민주택 특별공급규칙'은 주택공급에 관한 규칙 제19조 제1항 제3호 (다)목에서 규정하고 있는 '도시계획사업으로 철거되는 주택의 소유자'에 해당하는지 여부를 판단하기 위한 서울특별시 내부의 사무처리준칙에 해당하는 것으로서 위 규정의 해석·적용과 관련하여 대외적으로 국민이나 법원을 기속하는 효력이 있는 것으로 볼 수 없다."라고 판시하였다.

52) 가령 헌재 1990. 9. 3. 선고 90헌마13 결정.

53) 대법원 2009. 12. 24. 선고 2009두7967 판결.

고 예외적인 경우에까지도 그 행정규칙을 반드시 따라야 하고 법원마저도 그것에 구속된다고 하여야 할 것이나 이는 바람직하지 않다.[54] 따라서 간접효력설이 타당하고, 행위통제규칙(행위지도규칙)도 행정의 자기구속 때문에 외부적인 효력이 발생할 뿐이라고 보아야 한다.

Ⅴ. 행정규칙의 하자

법규명령에서와 같이 행정규칙에 하자가 있으면 무효가 된다.[55] 하자가 있어 '취소할 수 있는 행정규칙'이란 관념은 성립되지 않는다.

Ⅵ. 소　　멸

행정규칙은 명시적 · 묵시적 폐지, 종기의 도래, 해제조건의 성취 등에 의하여 효력을 상실한다.

Ⅶ. 행정규칙의 통제

1. 입법적 통제

행정규칙 및 뒤에서 살펴 볼 법규명령 형식의 행정규칙과 행정규칙 형식의 법규명령의 각 성격 및 효력에 관한 학설과 판례의 현황은 매우 혼란스럽다. 또한 법률(모법)에 근거가 없는 명령(대통령령 등)이 제정됨으로써 혼란이 가중되고 있다. 이러한 혼란에 대한 입법적 해결을 모색할 필요가 있다.

2. 행정적 통제

상급행정기관은 하급행정기관에 대한 지휘 · 감독권을 가지고 있는데, 여기에는 행정규칙에 대한 감독권도 포함되어 있다고 보아야 할 것이다.

---

54) 직접효력설을 취한다면, 행정규칙에 따라 발령된 처분의 위법여부를 판단할 때 그 행정규칙의 위법여부가 선결문제가 되는 경우에 헌법소원의 형태나 행정재판의 형태로 그 행정규칙을 무효화시키는 우회적인 방법을 사용하여야 할 것이나, 그러한 소송형태가 가능한지도 의문이다.

55) 행정규칙의 내용이 상위법령에 반하는 것이면 법치국가의 원리에서 파생되는 법질서의 통일성과 모순금지 원칙에 따라 무효이고, 행정내부적 효력도 인정될 수 없다는 것이 판례이다(대법원 2019. 10. 31. 선고 2013두20011 판결). 나아가 이러한 경우 법원으로서는 해당 행정규칙이 법질서상 부존재하는 것으로 취급하여 행정기관이 한 조치의 당부를 상위법령의 규정과 입법 목적 등에 따라서 판단하여야 한다.

3. 사법적 통제

행정규칙은 재판규범이 아니므로, 법원은 행정규칙에 구속되지 않는다. 그러나 행정규칙 그중에서 특히 행위통제규칙은 전문적인 의견으로 존중될 필요가 있다.

가령 개인택시운송사업면허를 위하여 정해진 순위 내에서 운전경력 인정방법에 관한 기준을 설정하거나 변경하는 내용의 개인택시운송사업면허의 운전경력 인정기준이 객관적으로 합리적이라면 행정청의 의사는 가능한 한 존중되어야 한다.[56)]

제 4 절 법규명령 형식의 행정규칙 · 행정규칙 형식의 법규명령

Ⅰ. 법규명령 형식의 행정규칙

1. 문제의 소재

행정규칙으로 정해질 내용은 통상 고시, 훈령, 예규 등의 형식을 취하지만 행정기관 내부의 일반적 기준에 불과한 처분기준을 시행령 또는 시행규칙 등 법규명령의 형식으로 정한 경우가 있다(형식의 과잉). 주로 제재적 처분기준을 대통령령 또는 부령형식으로 정한 경우에 문제가 된다. 이러한 규정의 성격을 어떻게 볼 것인지에 대하여 오랫동안 논쟁이 있어 왔다.

2. 학　　설

① 형식설(적극설, 법규명령설): 그 내용과 관계없이 해당 규범의 형식을 중시하여 법규의 형식으로 제정된 이상 법규명령이라고 보는 견해로서, 다수설이라고 할 수 있다. 그 논거로서, 행정규칙으로 정해야만 하는 고유한 사항은 없다는 점, 관계공무원은 해당 처분기준을 법규명령으로 보고 그에 따라 행정행위를 발령할 것인데 쟁송단계에서 그 법규명령의 법적인 의미가 부인되는 것은 바람직하지 않다는 점 등을 들고 있다.

② 실질설(소극설, 행정규칙설): 해당 규범의 실질적 내용을 중시하는 견해로서, 명백히 행정사무의 처리준칙으로서 행정기관 내부에서만 효력을 갖는 것일 때에는 행정규칙으로서의 성질이 변하지 않는다는 것이다. 그 논거로서, 법규명령으로 보면 법원도 이에 구속되는 등 재량통제의 범위가 축소된다는 점, 입법의 과잉현상이 발생한다는 점 등을 들고 있다.

---

56) 대법원 2007. 3. 15. 선고 2006두15783 판결.

3. 대법원 판례의 태도

가. 제재적 처분기준의 경우

(1) 개　　관

대법원은 제재적 처분기준에 관하여 그 규정형식이 대통령령인지 부령인지에 따라 그 법규성을 달리 보는 독특한 논리를 전개하고 있다. 대통령령의 형식인 경우에는 법규성을 인정하나, 부령의 형식인 경우에는 법규성을 부인하고 있다. 다만 부령에서 정한 제재적 처분기준과 같은 재량준칙 외에 다른 부령의 법규성까지 부인하는 것은 아니라는 점에 유의하여야 한다.[57]

(2) 대통령령 형식의 제재적 처분기준

㈎ 제재적 처분기준의 법규성

대법원은 주택건설촉진법 시행령상의 행정처분기준에 관하여 "당해 처분의 기준이 된 주택건설촉진법 시행령 제10조의3 제1항 [별표 1]은 주택건설촉진법 제7조 제2항의 위임규정에 터 잡은 규정형식상 대통령령이므로 그 성질이 부령인 시행규칙이나 또는 지방자치단체의 규칙과 같이 통상적으로 행정조직 내부에 있어서의 행정명령에 지나지 않는 것이 아니라 대외적으로 국민이나 법원을 구속하는 힘이 있는 법규명령에 해당한다."라고 판시하였고,[58] 건설산업기본법 시행령상의 행정처분기준에 관해서도 같은 입장을 취하였다.[59]

㈏ 정액으로 정한 제재적 처분기준의 해석

한편, 대법원은 정액으로 정한 대통령령 형식의 제재적 처분기준이 법규명령이라고 하

57) 대법원 2006. 10. 26. 선고 2003두14840 판결에서는 "구 도시계획시설기준에 관한 규칙은 구 도시계획법 제12조 제3항, 제16조 제2항 본문에 의하여 도시계획결정에 필요한 도시계획에 관한 중요한 기준 및 도시계획시설기준, 도시계획구역 안에서 설치할 구 도시계획법 제2조 제1항 제1호 (나)목의 시설에 관한 구조 및 설치기준 등에 관하여 필요한 사항의 제정을 위임받았고, 구 도시계획시설기준에 관한 규칙 제13조 제1항 [별표 2]는 도로의 교차부분에서의 교통을 원활히 하고 시야를 충분히 확보하기 위하여 도로모퉁이의 길이를 정한 것으로서 도시계획시설기준, 특히 도로의 시설에 관한 설치기준을 정한 것이어서 구 도시계획법 제12조 제3항, 제16조 제2항 본문의 위임의 범위 안에 있으므로, 구 도시계획시설기준에 관한 규칙 제13조 제1항은 구 도시계획법 제12조 제1항, 제16조 제2항 본문과 결합하여 법규로서의 성질을 가진다."라고 판시하였다. 또한 대법원 2006. 6. 27. 선고 2003두4355 판결에서는 "구 여객자동차 운수사업법 시행규칙 제31조 제2항 제1호, 제2호, 제6호는 구 여객자동차 운수사업법 제11조 제4항의 위임에 따라 시외버스운송사업의 사업계획변경에 관한 절차, 인가기준 등을 구체적으로 규정한 것으로서, 대외적인 구속력이 있는 법규명령이라고 할 것이다."라고 판시하였다. 한편, 대법원 2013. 9. 12. 선고 2011두10584 판결에서는 "법령에서 행정처분의 요건 중 일부 사항을 부령으로 정할 것을 위임한 데 따라 시행규칙 등 부령에서 이를 정한 경우에 그 부령의 규정은 국민에 대해서도 구속력이 있는 법규명령에 해당한다."라고 판시하여 이를 분명히 하였다.

58) 대법원 1997. 12. 26. 선고 97누15418 판결.

59) 대법원 1998. 12. 8. 선고 98두14174 판결.

면서도 그 수액은 최고한도액을 정한 것이라고 탄력적인 해석을 시도하고 있다.

법규명령인 대통령령에서 명시적 · 단정적으로 규정된 사항을 단순한 기준으로 판단한 것은 법령의 해석이 아니라 새로운 입법에 해당한다면서 위 대법원 판결을 비판하는 견해도 있으나, 재량준칙의 신축적인 구속력을 인정하여 구체적 타당성을 기한 것으로 바람직한 면도 있다.

❑ 구 청소년보호법상 과징금 부과처분기준(대법원 2001. 3. 9. **선고** 99**두**5207 **판결)**

〈사실관계〉 원고가 무허가 유흥주점을 운영하면서 18세 미만의 청소년 2명을 고용하였다가 적발되어 청소년보호위원회로부터 과징금 1,600만원(800만원×2명)의 부과처분을 받았다. 이에 원고가 위 부과처분의 취소를 구한 사안이다.

〈판결요지〉 구 청소년보호법 제49조 제1항, 제2항에 따른 같은 법 시행령 제40조 [별표 6]의 위반행위의 종별에 따른 과징금 처분기준은 법규명령이기는 하나 모법의 위임규정의 내용과 취지 및 헌법상의 과잉금지의 원칙과 평등의 원칙 등에 비추어 같은 유형의 위반행위라 하더라도 그 규모나 기간 · 사회적 비난 정도 · 위반행위로 인하여 다른 법률에 의하여 처벌받은 다른 사정 · 행위자의 개인적 사정 및 위반행위로 얻은 불법이익의 규모 등 여러 요소를 종합적으로 고려하여 사안에 따라 적정한 과징금의 액수를 정하여야 할 것이므로 그 수액은 정액이 아니라 최고한도액이다.

(3) 부령 형식의 제재적 처분기준

대법원은 자동차운수사업법에 근거하여 제정된 교통부령인 사업면허의 취소 등의 처분에 관한 규칙에 관하여 법규성을 부인한 이래,[60] 부령의 형식으로 정해진 제재적 처분기준은 대외적 구속력이 없어 재판규범이 되지 못하고 법원은 이에 구속될 필요가 없다는 태도를 견지하고 있다.

그밖에도 구 약사법 시행규칙상 처분기준,[61] 도로교통법 시행규칙상 운전면허에 관한 행정처분기준, 건축사법 시행규칙상 등록취소 등에 관한 행정처분기준, 식품위생법 시행규칙 제53조 [별표 15]의 영업정지 등 행정처분기준,[62] 고용보험법 시행규칙상 부정행위에 따른 추가징수액의 기준,[63] 지방계약법 시행규칙 제76조상 부정당업자의 입찰참가자격 제한 기준[64] 등 부령 형식의 제재적 처분기준에 관하여 법규성을 부인한 사례가 다수 존재한다.

60) 대법원 1984. 2. 28. 선고 83누551 판결.
61) 대법원 2007. 9. 20. 선고 2007두6946 판결.
62) 대법원 2010. 4. 8. 선고 2009두22997 판결.
63) 대법원 2019. 9. 26. 선고 2017두48406 판결.
64) 대법원 2018. 5. 15. 선고 2016두57984 판결.

(4) 판례의 배경에 대한 추론

대법원은 당초에는 제재적 처분기준에 관하여 법률에 아무런 수권규정이 없었을 뿐만 아니라 그 형식도 훈령의 형태로 규정되어 있었으므로 그 법규성을 부인하였다. 그런데, 행정청이 형식만 승격시켜 동일한 내용을 부령으로 규정하자, 동일한 내용의 행정입법에 대하여 그 형식이 달라졌다는 이유만으로 그 효력을 달리 볼 수 없다는 관점에서 그 법규성을 부인하였고 그 후 법률에 명시적 수권규정이 마련된 뒤에도 동일한 결론을 유지하게 되었다.

또한 대법원은 사회현상이 매우 다양하여 동일한 위반행위라도 그 동기 및 태양 등이 천차만별이므로, 부령의 형식으로 마련된 재량준칙의 구속력을 배제함으로써 부조리한 결과의 발생을 방지할 필요가 있다고 인식하고 있는 듯하다. 그런데 재량준칙이 획일적으로 규정되어 있을 뿐만 아니라(특히 초기의 재량준칙은 행위유형 등을 세분하지도 않고 거칠게 만들어졌다), 그 재량준칙을 적용한 결과가 사안에 따라서는 비행정도에 비하여 묵과할 수 없을 정도로 과중하자, 국민의 권리구제와 사안의 구체적 타당성 있는 해결을 위한 것이라는 이유로 부령형식의 제재적 처분기준의 법규성을 부인하여 온 것이다.

그러나 대통령령 형식의 제재적 처분기준과 부령 형식의 제재적 처분기준을 별다른 이유없이 달리 취급하고 있는 판례의 태도는 일관성이 없다는 비판을 면할 수 없다.

나. 산업재해보상보험법상 업무상 재해 인정기준

(1) 문제의 소재

산업재해보상보험법상 업무상 재해 인정기준은 재재적 처분기준이 아니지만, 판례는 그 법규성 여부에 관하여 유사한 판단을 하고 있다. 아래에서는 그에 관하여 살펴보기로 한다.

(2) 위임규정 입법 이전의 판례

업무상 재해 인정기준이 노동부 예규의 형식으로 규정되어 있을 당시 대법원은 그 규정의 성질과 내용이 행정기관 내부의 사무처리준칙을 규정한 데 불과한 것이어서 국민이나 법원을 구속하는 것이 아니라는 이유로 법규성을 부인하였다.[65] 그러다가 업무상재해 인정기준이 산업재해보상보험법 시행규칙으로 흡수된 이후에도 입법형식상 상위법령에 근거를 두지 않은 것으로서 그 성질 및 내용으로 보아 행정청 내부의 사무처리준칙을 정하고 있는 것에 불과하여 대외적으로 일반 국민이나 법원을 기속하는 효력은 없는 것이라고 하였다.[66]

---

65) 대법원 1990. 9. 25. 선고 90누2727 판결, 대법원 1990. 6. 12. 선고 90누1588 판결, 대법원 1990. 1. 25. 선고 89누3564 판결, 대법원 1989. 12. 22. 선고 89누5133 판결 등.

66) 대법원 1995. 9. 15. 선고 94누12326 판결, 대법원 1997. 3. 28. 선고 96누18755 판결.

(3) 위임규정의 입법과 이후의 판례

위와 같은 판결들 이후, 1999. 12. 31. 법률 제6100호로 산업재해보상보험법이 개정되어 제4조 제1호에 업무상 재해의 인정기준에 관한 위임규정을 마련하였다. 이에 따라 시행규칙상의 업무상 재해 인정기준에 관하여 산업재해보상보험법에 위임규정을 두었다는 이유로 일반 국민과 법원을 기속하는 효력이 있다는 견해가 있다.[67] 그렇지만 대법원은 위임규정이 마련된 이후에도 종래와 같이 '업무상 재해 인정기준'에 기속되지 않고 시행규칙의 내용과 관계없이 독자적인 기준에 의하여 업무상 재해의 인정여부를 판단하고 '업무상 재해 인정기준'이 사무처리준칙에 불과하다고 판시하였다.[68]

(4) 산업재해보상보험법령의 개정

그 후 산업재해보상보험법은 2008. 2. 29. 법률 제8863호로 개정되어 2008. 7. 1. 시행되고 있는데, 위 법률 제37조 제3항은 업무상 재해 인정기준에 관하여 대통령령인 시행령에 정하도록 위임하고, 2008. 6. 25. 대통령령 제20875호로 개정되고 2008. 7. 1. 시행된 같은 법 시행령에서는 그동안 부령에 기재되어 있던 업무상 재해 인정기준을 정하고 있다. 대법원은 통근재해에 관한 사건에서, "시행령 제29조는 각 호의 요건 모두에 해당하는 출퇴근 중에 발생한 사고가 법 제37조 제1항 제1호 (다)목이 규정하고 있는 '사업주가 제공한 교통수단이나 그에 준하는 교통수단을 이용하는 등 사업주의 지배관리하에서 출퇴근 중 발생한 사고'에 해당하는 경우임을 예시적으로 규정한 것이라고 보이고, 그밖에 출퇴근 중에 업무와 관련하여 발생한 사고를 모두 업무상 재해 대상에서 배제하는 규정으로 볼 수는 없다."라고 판시하였다.[69] 아마도 대법원은 업무상 재해 인정기준에 관한 시행령상의 관련 규정을 법규명령으로 보되, 그 내용은 예시적인 것으로 해석하는 듯하다.

---

67) 개정 산업재해보상보험법해설, 근로복지공단, 2000, 55면.

68) 대법원 2005. 10. 28. 선고 2005두6423 판결, 대법원 2004. 12. 24. 선고 2004두6549 판결.

69) 대법원 2012. 11. 29. 선고 2011두28165 판결. 산업재해보상보험법 제37조 제1항은 "근로자가 다음 각 호의 어느 하나에 해당하는 사유로 부상·질병 또는 장해가 발생하거나 사망하면 업무상의 재해로 본다. 다만 업무와 재해 사이에 상당인과관계가 없는 경우에는 그러하지 아니하다."라고 규정하면서, 제1호 (다)목에서 "사업주가 제공한 교통수단이나 그에 준하는 교통수단을 이용하는 등 사업주의 지배관리하에서 출퇴근 중 발생한 사고"를 들고 있고, 또한 같은 호 (바)목에서 "그밖에 업무와 관련하여 발생한 사고"를 들고 있다. 산업재해보상보험법 시행령 제29조는 "근로자가 출퇴근하던 중에 발생한 사고가 다음 각 호의 요건 모두에 해당하면 법 제37조 제1항 제1호 (다)목에 따른 업무상 사고로 본다. 1. 사업주가 출퇴근용으로 제공한 교통수단이나 사업주가 제공한 것으로 볼 수 있는 교통수단을 이용하던 중에 사고가 발생하였을 것, 2. 출퇴근용으로 이용한 교통수단의 관리 또는 이용권이 근로자 측의 전속적 권한에 속하지 아니하였을 것"이라고 규정하고 있다.

4. 결 론

법규명령은 법제처의 심사 혹은 국무회의의 심의(대통령령) · 입법예고 · 공포 등 절차적 정당성이 부여된다는 점, 국민에게 예측가능성을 부여하게 된다는 점, 애초부터 법규명령으로 제정되어야 할 고유한 사항이란 있을 수 없다는 점 등 감안하면 형식설(법규명령설)이 타당하다고 생각된다.

5. 제재적 처분기준과 달리 처분한 경우의 사법상 취급

가. 제재적 처분기준과 달리 처분한 경우의 위법 여부

(1) 처분기준이 행정규칙으로 평가된 경우

행정규칙은 대외적 구속력을 가지는 것이 아니어서 법원을 구속하지 않으므로, 그와 관계된 처분의 위법 여부를 판단하는 법원으로서는 해당 행정규칙이 법령의 위임을 받지 않고 제정되었다거나 법령에 위반된다는 이유로 그 효력을 부인할 필요가 없다.

법원이 처분기준을 적용하거나 이를 배제한 구체적 처분의 재량권 일탈 또는 남용 여부를 심리하기 위해서는, 먼저 처분기준의 내용을 심사하여 그 처분기준 설정의 동기가 법의 목적에 적합한 것인지, 비례의 원칙이나 평등의 원칙 또는 신뢰보호의 원칙 등에 합치되는지, 공정한 절차를 보장하고 있는지 등에 비추어 그 처분기준을 적용하거나 배제하는 것이 재량권을 일탈하거나 남용한 것인지를 살펴본 다음, 그 결과 처분기준의 내용이 합리적이라고 판단될 경우에는 구체적 처분이 처분기준을 올바르게 적용된 것인지 등을 밝혀야 한다.

여기에서 처분기준이 객관적으로 합리적이 아니라거나 타당하지 않다고 볼만한 다른 특별한 사정이 없는 이상 행정청의 의사는 가능한 한 존중되어야 한다.[70]

(2) 처분기준이 법규명령으로 평가된 경우

처분기준이 제재적 처분기준과 같은 재량준칙으로서 법규명령인 경우, 법원은 원칙적으로 그 처분기준에 구속된다. 해당 처분기준에서 사안의 내용에 따라 감경할 수 있다는 감경규정을 두고 있는 경우, 법원으로서는 감경규정의 요건을 충족하는지 여부를 심사하여 감경규정의 요건을 갖추었음에도 불구하고 행정청이 감경하지 않았다면, 그 처분이 재량권을 일탈 · 남용한 것이어서 위법하다고 판단할 수 있다.[71]

---

70) 대법원 2007. 3. 15. 선고 2006두15783 판결.

71) 판례도 "법령에서 정한 임의적 감경사유가 있는 경우에, 행정청이 감경사유까지 고려하고도 감경하지 않은 채 개별처분기준에서 정한 상한으로 처분을 한 경우에는 재량권을 일탈 · 남용하였다고 단정할 수는 없으나, 행정청이 감경사유를 전혀 고려하지 않았거나 감경사유에 해당하지 않는다고 오인하여 개

만일 상위 법령이 행정청의 재량을 인정하고 있음에도 불구하고 처분기준을 정한 법규명령이 적절한 감경규정을 두지 않고 획일적으로 규정함으로써 구체적 타당성을 도모할 수 없는 경우에는, 그 처분기준의 위헌 · 위법 여부를 먼저 심사하여 위임의 취지에 반한 것이어서 무효라고 할 수도 있을 것이다.

나. 제재기간 경과 후 제재처분의 취소를 구할 소의 이익

제재적 처분이 기간만료로 소멸하였으나 법령에서 당초의 제재적 처분을 다른 처분의 전제요건이나 가중사유로 규정하고 있는 경우에는 당초의 처분을 다툴 소의 이익이 있는지 여부가 문제된다.

종래 판례는 법률 또는 대통령령에서 이를 규정하고 있는 경우에는 처분의 취소를 구할 소의 이익이 있다고 보았다.[72] 반면에 부령이나 지방자치단체의 규칙, 기타 행정규칙에서 종전에 동종의 제재를 받은 자에 대하여 이를 가중처분하도록 하는 처분기준이 마련되어 있는 경우에는 부령, 훈령 등은 행정청 내부의 사무처리준칙에 불과하므로 행정청이 그 가중요건에 따라 가중된 제재적 처분을 하더라도 법원은 이에 구속되지 않고 그 근거법률의 규정 및 취지에 따라 가중된 제재적 처분의 적법 여부를 심리 · 판단할 수 있고, 따라서 과거에 제재적 처분을 받은 전력으로 인한 불이익은 사실상의 불이익에 지나지 않으므로 그 제재기간이 경과하였다면 취소를 구할 소의 이익이 없다고 판시하였다.[73]

그러나, 대법원은 판례를 변경하여, 부령인 시행규칙 또는 지방자치단체의 규칙의 형식으로 정한 처분기준에서 제재적 처분을 받은 것을 가중사유나 전제요건으로 삼아 장래의 제재적 처분을 하도록 정하고 있는 경우에도, 행정규칙의 내부적 구속력으로 인하여 후행처분을 받을 우려가 현실적으로 존재하므로, 제재적 처분의 제재기간 경과 후 그 취소를 구할 소의 이익이 있다고 판시하였다.[74]

별처분기준에서 정한 상한으로 처분을 한 경우에는 마땅히 고려대상에 포함하여야 할 사항을 누락하였거나 고려대상에 관한 사실을 오인한 경우에 해당하여 재량권을 일탈 · 남용한 것이라고 보아야 한다." 라고 판시하였다(대법원 2020. 6. 25. 선고 2019두52980 판결).

72) 대법원 2005. 3. 25. 선고 2004두14106 판결 등 참조. 다만 법률 또는 대통령령에서 가중적 제재요건이 정해져 있는 경우에도 그 처분에서 정한 기간이 경과하고, 다시 그로부터 일정한 기간이 경과하여 법률 또는 대통령령에 정해진 가중된 제재처분을 받을 우려마저 없어졌다면 그 처분의 취소를 구할 법률상 이익이 없다(대법원 2000. 4. 21. 선고 98두10080 판결).

73) 대법원 1995. 10. 17. 선고 94누14148 전원합의체 판결, 2003. 10. 10. 선고 2003두6443 판결 등 다수. 예를 들면, 식품위생법 시행규칙이 행정청 내부의 사무처리준칙에 불과하다는 이유로, 영업정지처분을 위반하여 영업하다가 영업취소처분을 받고 이에 대하여 취소의 소를 제기하였다고 하더라도 영업정지처분에 따른 정지기간이 경과된 이상 그 영업정지처분의 취소를 구할 법률상 이익이 없다고 판시하였다(대법원 2002. 3. 15. 선고 2001두10622 판결, 대법원 2003. 10. 10. 선고 2003두6443 판결).

74) 대법원 2006. 6. 22. 선고 2003두1684 전원합의체 판결. 자세한 것은 행정쟁송법 중 소의 이익부분에서 다루기로 한다.

Ⅱ. 행정규칙 형식의 법규명령

1. 문제의 소재

이 문제는 주로 대통령령 또는 부령형식으로 정하여야 할 사항을 고시로 정한 경우에 발생한다. 원래 고시는 통지행위의 일종에 불과한 것인데, 그 내용에 따라 법규적 성격을 가지는 것도 있고, 행정청 내부에만 효력을 갖는 행정규칙도 있을 것이며, 개별적·구체적인 성격을 가지고 있어 행정행위(처분)인 것도 있을 수 있다. 그런데, 고시가 상위법령으로부터 입법사항을 위임받아 일반적·추상적인 내용을 정하고 있다면, 그 고시에 법규적 효력을 인정할 수 있는지 문제가 된다. 이러한 문제는 고시뿐만 아니라 훈령, 지침 등 다른 행정규칙에서도 발생할 수 있다.

2. 학 설

① **법규명령설**: 법령의 구체적·개별적 위임에 따라 법규를 보충하는 기능을 가지고 대외적 효력을 가지므로, 법규명령으로 보아야 한다는 견해이다.

② **행정규칙설**: 행정입법은 국회입법의 원칙에 대한 예외이므로, 그러한 예외적인 입법형식은 헌법에 근거가 있어야 한다는 이유로 행정규칙으로 보는 견해이다.

③ **규범구체화행정규칙설**: 위와 같은 고시는 원칙적으로 위헌·무효이나, 판례의 입장을 수용할 경우 이를 통상적인 행정규칙과는 달리 그 자체로서 국민에 대한 법적 구속력이 인정되는 규범구체화행정규칙[75)]으로 보자는 견해이다.

④ **위헌무효설**: 헌법적 근거가 없는 위임입법이므로 위헌이어서 무효라는 견해이다.

3. 판 례

가. 헌법적 정당성 여부

헌법재판소는 헌법에 규정된 행정입법의 형식을 예시적인 것으로 보고 법률은 법률에 종속하는 하위규범으로서의 법규명령의 창설도 가능하다는 전제 하에, 입법자가 규율의 형식도 선택할 수도 있다는 것을 인정하고 있다. 다만 형식의 선택에 있어서 규율의 밀도와 규율영역의 특성이 개별적으로 고찰되어야 하는데, 입법자에게 상세한 규율이 불가능한 것

---

75) 상위규범(법률·법규명령 등)을 구체화하는 내용의 행정규칙을 의미한다. 1985년 12월 19일의 독일의 연방행정법원이 빌(Whyl)원자력발전소 관련판결에서 연방내무부장관의 지침인 '배출공기 또는 지표수를 통한 방사성물질유출에 있어서 방사선노출에 대한 일반적 산정기준'을 '규범구체화 행정규칙'으로 부르고, 그것에 대외적 효력(재판규범성)을 인정한 것에서 유래한다. 전통적인 이론에 따르면 행정규칙은 외부효를 갖지 않는다는 의미에서의 법규에 포함되지 않았다. 그런데, 환경법과 기술법 등과 관련된 전문·기술적인 영역에서 행정규칙에 법규적인 성질을 부여하는 판결들이 나타나기 시작하면서 쟁점이 되었다.

으로 보이는 영역이나 극히 전문적인 식견에 좌우되는 영역에서 행정규칙에 대한 위임입법이 제한적으로 인정될 수 있다는 입장에 있다. 즉, 법령보충적 행정규칙에의 위임에 대하여 그 합헌성을 제한적으로 인정하고 있는 것이다.

금융산업의 구조개선에 관한 법률 제2조 제3호 가목 등 위헌소원(헌재 2004. 10. 28. **선고** 99 **헌바**91 **결정)**

〈사실관계〉 금융감독위원회는 ㅇㅇ생명 주식회사에 대하여, ① 금융산업의 구조개선에 관한 법률 제2조 제3호 가목을 근거로 "경영상태를 실사한 결과 부채가 자산을 초과하여 정상적 경영이 어려울 것이 명백하다."라는 이유로 ㅇㅇ생명을 부실금융기관으로 결정하고, ② 아울러 같은 법 제10조 제1항 내지 제5항, 제12조 제1항 내지 제4항·제7항 내지 제9항을 근거로 예금보험공사가 1,000만주의 신주를 인수할 수 있도록 하는 자본증가와 위 증자에 의거 예금보험공사에서 출자한 금액을 제외한 기존 주식 전부를 소각하는 자본감소를 명령하였다. 이에 ㅇㅇ생명의 주주 및 이사들은 이 사건 처분의 취소를 구하는 소송을 제기한 다음, 금융산업의 구조개선에 관한 법률 제2조 제3호 가목, 제10조 제1항 제2호, 제2항 및 제12조 제2항 내지 제4항의 위헌심판제청신청을 하였는데 기각되자, 청구인들은 항소를 하면서 헌법재판소법 제68조 제2항에 따라 헌법소원심판을 청구하였다.

〈결정요지〉 오늘날 의회의 입법독점주의에서 입법중심주의로 전환하여 일정한 범위 내에서 행정입법을 허용하게 된 동기가 사회적 변화에 대응한 입법수요의 급증과 종래의 형식적 권력분립주의로는 현대사회에 대응할 수 없다는 기능적 권력분립론에 있다는 점 등을 감안하여 헌법 제40조와 헌법 제75조, 제95조의 의미를 살펴보면, 국회입법에 의한 수권이 입법기관이 아닌 행정기관에게 법률 등으로 구체적인 범위를 정하여 위임한 사항에 관하여는 당해 행정기관에게 법정립의 권한을 갖게 되고, 입법자가 규율의 형식도 선택할 수도 있다 할 것이므로, 헌법이 인정하고 있는 위임입법의 형식은 예시적인 것으로 보아야 할 것이고, 그것은 법률이 행정규칙에 위임하더라도 그 행정규칙은 위임된 사항만을 규율할 수 있으므로, 국회입법의 원칙과 상치되지도 않는다. 다만, 형식의 선택에 있어서 규율의 밀도와 규율영역의 특성이 개별적으로 고찰되어야 할 것이고, 그에 따라 입법자에게 상세한 규율이 불가능한 것으로 보이는 영역이라면 행정부에게 필요한 보충을 할 책임이 인정되고 극히 전문적인 식견에 좌우되는 영역에서는 행정기관에 의한 구체화의 우위가 불가피하게 있을 수 있다. 그러한 영역에서 행정규칙에 대한 위임입법이 제한적으로 인정될 수 있다.

나. 법령보충적 행정규칙의 효력

위와 같이 헌법적 정당성이 인정된 훈령·예규·고시 및 지침 등 행정규칙의 효력에 대하여, 대법원은 상위법령의 위임한계를 벗어나지 않는다면 상위법령과 결합하여 대외적인 구속력을 갖는 법규명령으로서 기능한다고 판시하여, 위와 같은 경우에 대외적 효력이 있을 수 있음을 천명하여 왔다.[76]

훈령 · 예규 · 고시 및 지침 등이 상위법령과 결합하여 대외적 구속력을 갖는 것은 행정규칙 자체의 고유한 효력에 기인하는 것이 아니라, 법령의 수권에 의하여 행정기관이 법령의 구체적 내용을 보충할 권한을 부여받아 그 내용을 보충하는 기능을 보유하기 때문이라는 것이다.

4. 검 토

이 문제는 감사원규칙과 마찬가지로 헌법이 법규명령의 형식을 예시적으로 규정한 것인지, 열거적으로 규정한 것인지의 문제와 관련이 있다. 법률은 국민의 대표기관인 국회의 의결을 거쳐 제정된 것으로서 민주적 정당성을 가지고 있어서, 헌법에 규정된 행정입법의 형식을 예시적인 것으로 보고 법률은 법률에 종속하는 하위규범으로서의 법규명령의 창설도 가능하다고 볼 수 있으므로, 비록 법규명령이 아닌 고시 · 훈령 · 예규 등과 같은 행정규칙이더라도 상위법령과 결합하여 대외적인 구속력을 갖는 법규명령으로서 기능하게 된다고 해석하더라도 무리가 없다. 다만 입법사항에 대한 위임은 법규명령에 위임하는 것이 원칙이므로, 고시와 같은 형식으로 입법위임을 할 때에는 규율의 밀도와 규율영역의 특성에 의한 엄격한 제한이 따른다고 보아야 한다.

한편, 훈령 · 예규 · 고시 및 지침과 같은 행정규칙이 상위법령으로부터 위임받아 대외적 효력이 있다고 하기 위해서는 수범자인 일반 국민에게 그 내용이 제대로 고지되었는지에 관하여 먼저 검토되어야 한다. 만일 그 내용이 일반 국민에게 제대로 고지되지 않았다면 알지도 못하는 법규를 지키라고 강요하는 결과가 되기 때문이다.

이와 관련하여, 행정기본법 제2조 제1호 가목에서는 "법령"에 감사원규칙 및 법률과 법규명령으로부터 위임을 받아 중앙행정기관의 장이 정한 훈령 · 예규 · 고시 및 지침 등의 행정규칙을 포함시키고 있어서, 법령보충적 행정규칙이 법규명령의 하나로 여겨질 염려가

---

76) 대법원 1987. 9. 29. 선고 86누484 판결(소득세법 시행령의 위임을 받은 국세청장이 제정한 훈령인 재산제세사무처리규정), 헌재 1992. 6. 26. 선고 91헌마25 결정(공무원임용령의 위임을 받은 총무처 예규인 대우공무원 및 필수실무요원의 선발 · 지정 등 운영지침), 대법원 2008. 3. 27. 선고 2006두3742 판결(구 택지개발촉진법령의 위임에 의한 건설교통부장관이 정한 택지개발업무처리지침), 대법원 2008. 4. 10. 선고 2007두4841 판결(산지관리법령의 위임에 의한 산림청장이 정한 산지전용허가기준의 세부검토규정), 대법원 2016. 1. 28. 선고 2015두53121 판결(구 지방공무원보수규정의 위임을 받은 안전행정부 예규인 구 지방공무원보수업무 등 처리지침), 대법원 2004. 5. 28. 선고 2002두4716 판결(공업배치 및 공장설립에 관한 법률의 위임에 의한 산업자원부장관이 공장입지의 기준을 구체적으로 정한 산업자원부 고시인 공장입지기준과 그 위임에 의한 김포시장이 정한 김포시 고시인 공장입지제한처리기준), 대법원 2019. 10. 17. 선고 2014두3020, 3037 판결(구 지방공무원수당 등에 관한 규정의 위임을 받은 행정안전부 예규인 구 지방공무원보수업무등 처리지침), 대법원 2014. 1. 14. 선고 2020두38171 판결(국민건강보험법령의 위임을 받은 보건복지부 고시 '요양급여의 적용기준 및 방법에 관한 세부사항' Ⅰ. '일반사항' 중 '요양기관의 시설 · 인력 및 장비 등의 공동이용 시 요양급여비용 청구에 관한 사항' 부분) 등 다수.

있다. 그러나, 법령보충적 행정규칙은 어디까지나 수권을 행한 상위법령과 결합하여 대외적 효력을 발휘한다는 의미에서 법규적 성질을 가지고 있을 뿐 그 자체로 법규명령이라고 볼 수 없으므로, 적절한 입법은 아니라고 생각된다.

5. 위임의 범위와 한계

행정 각부의 장이 정하는 고시가 법령으로부터 입법사항을 위임받지 못했거나,[77] 법령에 근거를 둔 것이라고 하더라도 그 규정 내용이 법령의 위임 범위를 벗어난 경우에는 법규명령으로서의 대외적 구속력을 인정할 여지가 없다고 하겠다.[78]

나아가 고시의 내용이 위임범위를 벗어난 경우뿐 아니라 상위법령의 위임규정에서 특정한 권한행사의 '절차'나 '방식'에 위배되는 경우도 마찬가지이므로, 상위법령에서 세부사항 등을 시행규칙으로 정하도록 위임하였음에도 이를 고시로 정하였다면 그 역시 대외적 구속력을 가지는 법규명령으로서 효력이 인정될 수 없다. 그리하여, 구 주택건설촉진법 제33조의6 제6항의 위임에 의하여 고지된 건설교통부장관의 '고시'인 '주택건설공사 감리비 지급기준'은 이를 건설교통부령으로 정하도록 한 주택법이 시행된 이후에는 더 이상 대외적인 구속력을 인정할 수 없다.[79]

한편, 행정규칙은 법규명령과 같은 엄격한 제정 및 개정절차를 요하지 않으므로, 재산권 등과 같은 기본권을 제한하는 작용을 하는 법률이 입법위임을 할 때에는 '대통령령', '총리령', '부령' 등 법규명령에 위임함이 바람직하므로, 고시와 같은 형식으로 입법위임을 할 때에는 적어도 행정규제기본법 제4조 제2항 단서에서 정한대로 법령이 전문적·기술적 사항이나 경미한 사항으로서 업무의 성질상 위임이 불가피한 사항에 한정되고, 그러한 사항이라 하더라도 포괄위임금지의 원칙상 법률의 위임은 반드시 구체적·개별적으로 한정된 사항에 대하여 행해져야 한다.[80]

---

77) 국토계획법 시행령 제56조 제4항은 국토교통부장관이 법규명령으로 제정된 개발행위허가기준에 대한 '세부적인 검토기준'을 정할 수 있다고 규정하였을 뿐이므로, 국토교통부장관이 국토교통부 훈령으로 정한 '개발행위허가운영지침'은 상급행정기관인 국토교통부장관이 소속 공무원이나 하급행정기관에 대하여 개발행위허가업무와 관련하여 국토계획법령에 규정된 개발행위허가기준의 해석·적용에 관한 세부기준을 정하여 둔 행정규칙에 불과하여 대외적 구속력이 없다(대법원 2023. 2. 2. 선고 2020두43722 판결).

78) 대법원은 "구 화물자동차법 제43조 제2항 후단의 위임에 따라 국토교통부장관이 유가보조금 지급대상에서 제외되는 것으로 정할 수 있는 사유는, 구 화물자동차법 등 관계 법령에 따른 적법한 화물자동차 운행으로 볼 수 없거나 또는 유가보조금의 지급과 관련하여 부정이 개입된 경우 등과 같이 유가보조금제도의 목적에 반하는 사유에 국한되고, 이와 달리 국토교통부장관이 유가보조금제도의 목적에 반하지 아니하거나 유가보조금제도와 무관한 사유를 지급대상에서 제외되는 사유로 정하였다면, 이는 구 화물자동차법의 위임 범위를 벗어났다고 보아야 한다."라고 판시하였다(대법원 2016. 8. 17. 선고 2015두51132 판결).

79) 대법원 2012. 7. 5. 선고 2010다72076 판결.

80) 헌재 2004. 10. 28. 선고 99헌바91 결정의 다수의견은 같은 취지로 법률이 국민의 권리의무와 관련된 사항을 고시와 같은 행정규칙에 위임하는 경우 그 위헌성 판단방법을 제시하고 있다.

제3장 그 밖의 행정의 주요 행위형식

제1절 행정상의 확약

행정절차법 제40조의2(확약) ① 법령등에서 당사자가 신청할 수 있는 처분을 규정하고 있는 경우 행정청은 당사자의 신청에 따라 장래에 어떤 처분을 하거나 하지 아니할 것을 내용으로 하는 의사표시(이하 "확약"이라 한다)를 할 수 있다.

② 확약은 문서로 하여야 한다.

③ 행정청은 다른 행정청과의 협의 등의 절차를 거쳐야 하는 처분에 대하여 확약을 하려는 경우에는 확약을 하기 전에 그 절차를 거쳐야 한다.

④ 행정청은 다음 각 호의 어느 하나에 해당하는 경우에는 확약에 기속되지 아니한다.

1. 확약을 한 후에 확약의 내용을 이행할 수 없을 정도로 법령등이나 사정이 변경된 경우
2. 확약이 위법한 경우

⑤ 행정청은 확약이 제4항 각 호의 어느 하나에 해당하여 확약을 이행할 수 없는 경우에는 지체 없이 당사자에게 그 사실을 통지하여야 한다.

Ⅰ. 확약의 의의

1. 확약의 개념과 대상

확약이란 행정청이 장래를 향하여 행정행위의 발령 또는 불발령에 관하여 약속하는 의사표시를 말한다. 이는 공법상 일방적인 자기구속의 의사표시이다. 실무상으로 내인가 또는 내허가, 공무원임명의 내정 등이 확약에 속한다. 확언은 사실행위, 행정계획의 실시·존속보장, 입법행위 등에 대한 약속도 포함하는 넓은 개념이고, 확약은 행정행위에 대한 확언이라 할 수 있다.

오늘날 행정이 국민에게 다양한 약속을 하고 이를 통하여 국민의 신뢰를 조성함으로써 행정목적을 달성하고자 하는 경우가 증가하고 있으므로, 그 요건 및 법적 효과를 명확하게 할 필요가 있다. 그 필요성을 반영하여, 2022. 1. 11. 개정된 행정절차법 제40조의2에서는, 행정청이 당사자의 신청에 따라 장래에 어떤 처분을 하거나 하지 아니할 것을 내용으로 하는 의사표시를 확약이라고 정의하고, 문서로써 확약을 하도록 명문화하였다. 다만 그 적용대상을 "법령 등에서 당사자가 신청할 수 있는 처분을 규정하고 있는 경우"로 한정하고 있다.

2. 확약의 행정행위성 여부

확언이나 확약은 종국적인 행위는 아니지만 구속적인 의사표시이므로, 그 자체로 행정행위의 성질을 가지는 것은 아닌지 의문이 들 수 있다. 그러나 확약과 그것에 의하여 약속된 종국적인 규율인 행정행위와는 구별되어야 한다.

대법원도 내인가나 내허가는 대외적 효력이 없고 행정청만 구속하므로 행정행위가 아니라는 태도를 취하고 있다. 다만 행정청이 내인가를 한 후 본인가의 신청이 있음에도 내인가를 취소하고 본인가에 대하여 따로 인가 여부의 처분을 한다는 사정이 보이지 않는 경우 위 내인가의 취소를 인가신청거부처분으로 본 사례가 있다.[1]

같은 맥락에서 대법원은 우선순위결정을 신청하였다가 어업권면허결격사유가 있다는 이유로 우선순위결정대상에서조차 탈락하자 그 취소를 구한 사안에서, 우선순위탈락결정이 독립한 처분임을 전제로 본안판결을 한 사례가 있다.[2] 위 판결의 대상인 우선순위탈락결정은 행정청이 상대방을 우선순위결정의 대상으로조차 삼지 않음으로써 상대방에게 어업권면허를 부여하지 않겠다는 종국적인 법률효과를 발생시킨 것이다. 따라서 여기에서의 우선순위탈락결정은 우선순위결정과 달리 독립한 처분으로 보아야 할 것이므로, 엄밀한 의미에서 확약이 아니다.

❑ **어업권 우선순위결정 사건(대법원** 1995. 1. 20. **선고** 94**누**6529 **판결)**

〈사실관계〉 어업권 면허의 부여절차는 어장이용개발계획의 수립, 우선순위의 결정, 어업권 면허의 부여 등의 순서로 이루어지는데, 원고와 피고보조참가인 등이 각자 이 사건 제1종 양식어업의 어장에 관하여 어업권 면허를 받기 위한 우선순위결정을 신청하였다. 그러자 피고는 1993. 1. 12. 피고보조참가인 등이 원고보다 우선순위자라는 이유로 피고보조참가인 등을 1순위자로, 원고를 2순위자로 하는 내용의 우선순위결정을 하고 이를 통지한 다음, 같은 해 4. 30. 1순위자로 결정된 피고보조참가인 등에게 이 사건 어업권면허처분을 하였다.

〈판결요지〉 어업권면허에 선행하는 우선순위결정은 행정청이 우선권자로 결정된 자의 신청이 있으면 어업권면허처분을 하겠다는 것을 약속하는 행위로서 강학상 확약에 불과하고 행정처분은 아니므로, 우선순위결정에 공정력이나 불가쟁력과 같은 효력은 인정되지 아니하며, 따라서 우선순위결정이 잘못되었다는 이유로 종전의 어업권면허처분이 취소되면 행정청은 종전의 우선순위결정을 무시하고 다시 우선순위를 결정한 다음 새로운 우선순위결정에 기하여 새로운 어업권면허를 할 수 있다.

---

1) 대법원 1991. 6. 28. 선고 90누4402 판결.
2) 대법원 1994. 4. 12. 선고 93누10804 판결.

3. 유사한 행정작용과의 구별

확약은 행정청이 자기구속을 받는다는 점에서 비구속적인 견해의 표명인 정보제공과 구별되고, 행정청의 일방적 조치라는 점에서 쌍방적 행위인 공법상 계약과 구별되며, 국민에 대한 의사표시라는 점에서 행정조직내의 내부행위와 구별되고, 기대권의 발생 등 일정한 법적 효과를 발생시킨다는 점에서 행정지도와 같은 사실행위와 구분된다.

한편, 예비결정(또는 사전결정)이나 부분허가는 한정된 사항에 대하여 종국적으로 규율하는 효과를 발생시킨다는 점에서, 종국적 규율(행정행위)에 대한 약속에 지나지 않는 확약과 구별된다. 예컨대, 폐기물처리업의 사업계획서에 대한 적정 · 부적정 통보,[3] 원자로건설부지 사전승인[4]과 같이, 대규모 시설이나 장비를 갖추어야 하는 사업 등에 대한 허가 · 인가절차에서 미리 제출된 계획서 등의 사전심사를 거쳐 적정통보를 받은 자가 시설공사 등을 착수할 수 있거나 시설 등을 갖추어 허가 · 인가 등의 신청을 할 수 있게 되어 있는 경우, 이러한 부분허가나 그 신청에 대한 거부는 국민의 권리의무에 직접 영향을 미치므로, 확약과는 달리 행정행위로 취급된다.

4. 확약의 근거

실정법에 확약에 관한 명문의 규정이 없더라도 확약을 할 수 있다. 독일의 판례는 신의칙 내지 신뢰보호를 그 근거로 보고, 우리나라의 다수설은 행정청의 권한에는 해당 조치에 관한 확약의 권한도 포함되어 있다는 것을 근거로 삼는다. 이에 입각하여 행정절차법 제40조의2 제1항에서는 법령 등에서 당사자가 신청할 수 있는 처분을 규정하고 있는 경우 행정청은 당사자의 신청에 따라 확약을 할 수 있다고 규정하고 있다.

Ⅱ. 확약의 요건과 효과

1. 확약의 적법요건

확약도 주체, 절차, 형식, 내용에 대한 일정한 요건을 갖추어야 한다. 따라서 확약이 적법하게 성립하기 위해서는 확약의 대상이 되는 행정행위에 대한 정당한 권한을 가진 행정청이 확약을 하여야 한다. 또한 행정청은 다른 행정청과의 협의 등의 절차를 거쳐야 하는 처분에 대하여 확약을 하려는 경우에는 확약을 하기 전에 그 절차를 거쳐야 하는 등 다른 행정행위와 마찬가지로 일정한 절차를 거쳐야 하고(행정절차법 제40조의2 제3항), 서면으

3) 대법원 1998. 4. 28. 선고 97누21086 판결.
4) 대법원 1998. 9. 4. 선고 97누19588 판결.

로 행해지는 것이 원칙이며(같은 조 제2항), 내용도 적법·가능·명확하여야 한다.

2. 확약의 효과(구속력)

일단 확약이 행해지면, 확약을 행한 행정청은 확약을 이행할 자기구속을 받고, 상대방은 확약이 이행될 것에 대한 기대권을 가지게 되므로, 행정청에게 이행을 청구할 수 있다. 따라서 행정청이 확약을 이행하지 않을 경우 쟁송으로 다툴 수 있고, 손해배상 등을 청구할 수 있게 된다. 행정청이 확약에 따른 처분을 하지 않는 경우 특히 신뢰보호의 원칙과 관련하여 그 처분은 위법하게 될 수 있다.

그러나, ① 확약에서 정한 기간 내에 상대방의 신청이 없었거나, 행정절차법 제40조의2 제4항에서 정한 것처럼 ② 확약을 한 후에 확약의 내용을 이행할 수 없을 정도로 법령 등이나 사정이 변경된 경우와 ③ 확약이 위법한 경우 등에는 확약의 효력이 발생하지 않거나 행정청이 확약에 기속되지 않는다.[5] 이러한 구속력 발생의 예외사유가 있어서 확약을 이행할 수 없는 경우에는 행정청은 지체없이 확약의 상대방에게 그 사실을 통지하여야 한다(같은 조 제5항).

3. 확약의 취소·철회·실효

확약에도 직권취소나 철회의 법리가 적용될 수 있다. 다만 신뢰보호의 원칙, 비례의 원칙 등 취소와 철회를 제한하는 법리에 따르는 제약을 받는다.

한편, 확약에서 정한 기간 내에 상대방의 신청이 없었거나 불가항력 기타 사유로 확약의 내용을 이행할 수 없을 정도로 사실상태 또는 법률상태가 변경된 경우 및 확약이 위법한 경우에는 별다른 의사표시가 없더라도 확약은 실효된다.

Ⅲ. 권리구제

1. 행정쟁송

행정청이 확약을 했음에도 이를 불이행을 한 경우에는 의무이행심판으로 직접 의무의 이행을 청구할 수 있고, 부작위위법확인소송을 통해서 간접적으로 의무이행을 촉구할 수 있으며, 행정행위의 발급을 거부하면 거부처분에 대한 취소소송을 제기할 수 있을 것이다.

---

5) 대법원 1996. 8. 20. 선고 95누10877 판결. 참고로 독일의 행정절차법 제38조 제3항에서도 "만일에 행정청이 사후에 생긴 변화를 사전에 알았더라면 확약을 하지 않았거나 법적 이유로 확약이 허용되지 않았을 만큼 사실상태 또는 법상태가 변경된 경우에는 행정청은 확약에 구속되지 않는다."라고 규정하고 있다.

확약 그 자체에 대한 행정구제의 가부는 확약을 행정행위로 보는지 여부에 따라 달라질 것이고, 대법원이 이를 부정하고 있다는 점은 앞에서 이미 보았다.

2. 손해배상 · 손실보상

행정청의 확약 불이행으로 인하여 손해를 입은 자는 손해배상을 청구할 수 있다. 공익상의 이유와 같은 적법한 사유로 확약이 철회된 경우 손실보상의 청구도 생각해 볼 수 있다.[6]

제 2 절 행정계획

행정절차법 제40조의4(행정계획) 행정청은 행정청이 수립하는 계획 중 국민의 권리 · 의무에 직접 영향을 미치는 계획을 수립하거나 변경 · 폐지할 때에는 관련된 여러 이익을 정당하게 형량하여야 한다.

Ⅰ. 행정계획의 의의

행정계획이란 '상호 관련된 정합적 수단을 통하여 일정한 목표를 실현하는 것을 내용으로 하는 행정의 행위형식'을 말한다. 대법원은 행정계획을 "행정에 관한 전문적 · 기술적 판단을 기초로 하여 도시의 건설 · 정비 · 개량 등과 같은 특정한 행정목표를 달성하기 위하여 서로 관련되는 행정수단을 종합 · 조정함으로써 장래의 일정한 시점에 있어서 일정한 질서를 실현하기 위한 활동기준으로 설정된 것"이라고 정의하고 있다.[7]

Ⅱ. 행정계획의 종류

행정계획의 종류는 대상, 대상지역, 기간, 형식 등에 따라 다양하게 분류될 수 있으나, 가장 중요한 구분 기준은 구속력에 따른 분류이다. 직접 국민에 대해서든 행정조직 내부에서든 일정한 구속력을 가지는 일체의 행정계획을 명령적 계획이라고도 하고, 구속적 계획이라고도 한다. 국민에게 구속력을 갖는 계획으로 도시 · 군관리계획, 행정조직 내부에서만

---

6) 예컨대, 행정청이 공장설립의 허가를 확약하여 이를 믿고 토지를 매입하는 등 준비를 하였는데, 행정청이 공익상의 이유 등을 내세워 확약을 철회함으로써 재산상의 손실을 입은 경우 등을 생각해볼 수 있다.

7) 대법원 1996. 11. 29. 선고 96누8567 판결, 대법원 2011. 2. 4. 선고 2010두21464 판결.

구속력이 있는 계획으로 예산(재정계획)이 있다.

구속력이 없는 계획으로는 유도적(영향적) 계획과 정보제공(자료제공)적 계획이 있다. 유도적 계획이란 직접적으로 구속력 또는 권리·의무를 발생시키지는 않으나, 보조금·장려금의 지급, 아파트 입주권의 부여와 같은 조성적 수단으로 계획의 수범자를 일정한 방향으로 유도하는 계획을 말한다. 한편 정보제공적 계획은 구체적인 목표나 구속력 없이 장래의 경제·사회발전의 추세 내지 전망 등을 담은 각종의 경제계획·개발계획 등을 말하고, '백서'라는 이름으로 공표되기도 한다.

Ⅲ. 명령적 행정계획의 법적 성질

1. 학 설

행정계획의 성질에 관하여 입법행위설, 행정행위설, 독자성설 등이 논해지고 있다. 그러나, 행정계획 중에는 법규명령적인 것도 있고 행정행위적인 것도 있을 수 있으므로, 모든 행정계획을 획일적으로 처분(행정행위)으로 단정할 수는 없을 것이다. 따라서, 행정계획의 성질을 획일적으로 논할 수는 없고, 개별적으로 검토하여야 한다.

2. 판 례

대법원은 도시·군계획[8] 중에서 도시·군기본계획[9]에 대해서는 구속력을 부인하고 있지만 도시·군관리계획[10]에 대해서는 처분성을 인정하여 행정소송의 대상이 된다고 하는 확립된 견해를 가지고 있다.[11] 헌법재판소도 마찬가지이다.[12]

---

8) 국토계획법 제2조 제2호에서는, 도시·군계획을 특별시·광역시·특별자치시·특별자치도·시 또는 군(광역시의 관할구역에 있는 군 제외)의 관할 구역에 대하여 수립하는 공간구조와 발전방향에 대한 계획이라고 정의하고, 도시·군기본계획과 도시·군관리계획으로 구분한다.

9) 국토계획법 제2조 제3호에서는, 도시·군기본계획을 특별시·광역시·특별자치시·특별자치도·시 또는 군의 관할 구역에 대하여 기본적인 공간구조와 장기발전방향을 제시하는 종합계획으로서 도시·군관리계획 수립의 지침이 되는 계획이라고 정의한다.

10) 국토계획법 제2조 제4호에서는, 도시·군관리계획을 특별시·광역시·특별자치시·특별자치도·시 또는 군의 개발·정비 및 보전을 위하여 수립하는 토지 이용, 교통, 환경, 경관, 안전, 산업, 정보통신, 보건, 복지, 안보, 문화 등에 관한 계획이라고 정의하고, ① 용도지역·용도지구의 지정 또는 변경에 관한 계획, ② 개발제한구역, 도시자연공원구역, 시가화조정구역, 수산자원보호구역의 지정 또는 변경에 관한 계획, ③ 기반시설의 설치·정비 또는 개량에 관한 계획, ④ 도시개발사업이나 정비사업에 관한 계획, ⑤ 지구단위계획구역의 지정 또는 변경에 관한 계획과 지구단위계획, ⑥ 입지규제최소구역의 지정 또는 변경에 관한 계획과 입지규제최소구역계획을 열거하고 있다.

11) 대법원 1991. 4. 23. 선고 90누2994 판결, 대법원 1993. 10. 8. 선고 93누10569 판결, 대법원 1993. 11. 9. 선고 93누8283 판결, 대법원 1995. 11. 10. 선고 94누12852 판결, 대법원 1995. 12. 22. 선고 95누3831 판결, 대법원 1997. 3. 14. 선고 96누16698 판결 등 참조.

12) 헌재 1991. 6. 3. 선고 89헌마46 결정, 헌재 1991. 7. 22. 선고 89헌마174 결정.

대법원 판례를 좀 더 구체적으로 살펴보면, 하수도법에 의하여 기존의 하수도정비기본계획을 변경하여 광역하수종말처리시설을 설치하는 등의 내용으로 수립된 하수도정비기본계획이나, 구 도시계획법상의 도시기본계획은 직접적인 구속력이 없어서 처분이 아니다. 또한 구 농어촌도로정비법 제6조 소정의 농어촌도로기본계획은 관할구역 안의 도로에 대한 장기개발방향의 지침을 정하기 위한 계획으로서 그에 후속되는 농어촌도로정비계획의 근거가 되는 것일 뿐 그 자체로 국민의 권리의무를 개별적 구체적으로 규제하는 효과를 가지는 것은 아니므로 이 역시 처분이 아니고,[13] 2009. 6. 8. 발표한 '4대강 살리기 마스터플랜' 등은 4대강 정비사업과 주변 지역의 관련 사업을 체계적으로 추진하기 위하여 수립한 종합계획이자 '4대강 살리기 사업'의 기본방향을 제시하는 계획에 불과하여 마찬가지이다.[14]

반면에, 특정한 개인의 권리·이익을 규제하는 개별적이거나 구체적 행위는 처분성이 있는데, 고시된 도시·군관리계획결정,[15] 택지개발예정지구의 지정, 도시정비법상의 관리처분계획과 같은 구속적 행정계획이나 토지거래계약에 관한 허가구역의 지정,[16] 주택재건축정비사업조합이 수립한 사업시행계획[17] 등이 여기에 해당한다.

Ⅳ. 행정계획의 적법요건과 효력

1. 행정계획의 적법요건

가. 적법요건의 중요성

행정계획은 한번 계획이 세워지고 그 내용에 따라 실시된 후에는 사후적 통제가 매우 어렵다. 따라서 행정계획은 여타 다른 행정행위에 비해서 절차와 적법요건의 충족 및 이해관계인의 참여 등 사전적인 통제가 매우 중요하다.

나. 주체 및 절차에 관한 요건

행정계획도 권한을 가진 기관이 법정의 절차를 거쳐서 수립하여야 한다. 행정계획은 일단 확정되면 많은 사람을 상대로 장기적으로 영향을 미치므로, 다른 행정작용보다 많은 기관 및 이해관계자의 참여 하에 정해질 필요가 있다.

현행법상 행정계획을 확정할 때 필요한 주요절차에는 관계기관간의 협의·조정, 합의제기관의 심의, 주민 및 관계전문가 등의 의견청취, 계획의 영향평가 등이 있다. 또한, 행

13) 대법원 2000. 9. 5. 선고 99두974 판결.
14) 대법원 2011. 4. 21.자 2010무111 전원합의체 결정.
15) 대법원 1982. 3. 9. 선고 80누105 판결.
16) 대법원 2006. 12. 22. 선고 2006두12883 판결.
17) 대법원 2009. 11. 2.자 2009마596 결정.

정계획은 행정절차법이 정한 행정예고절차(제5장)에 따라 수립 · 시행 · 변경되어야 한다. 다만, ① 신속하게 국민의 권리를 보호하여야 하거나 예측이 어려운 특별한 사정이 발생하는 등 긴급한 사유로 예고가 현저히 곤란한 경우, ② 법령 등의 단순한 집행을 위한 경우, ③ 정책 등의 내용이 국민의 권리 · 의무 또는 일상생활과 관련이 없는 경우, ④ 정책 등의 예고가 공공의 안전 또는 복리를 현저히 해칠 우려가 상당한 경우에는 예고를 하지 않을 수 있다.

다. 내용에 관한 요건

행정계획도 그 내용이 적법하고 공익에 적합할 것이 요구된다. 행정계획에 대한 법률유보의 적용범위에 관해서는 여러 견해가 있으나, 적어도 직접 국민에게 구속력을 가지는 계획에 대해서는 법률상의 수권이 필요하다.

2. 행정계획의 효력

가. 효력발생요건

계획을 법률, 법규명령, 조례 등의 형식으로 정하는 경우에는 '법령 등 공포에 관한 법률'이 정한 형식을 갖추어 대외적으로 공포하여야 하고, 그 밖의 형식으로 계획을 정하는 경우에는 개별법이 정한 형식에 의하여 고시하여야 한다.[18)]

나. 행정계획에서의 인허가의제

행정계획은 그의 행위형식에 상응한 효력 · 효과를 가지는데, 행정계획의 효력과 관련되어 논의되는 것이 인허가의제이다. 인허가의제란 계획이 확정되면 계획의 시행을 위한 개별법상의 승인이나 허가 등을 받은 것으로 간주하는 효력을 말한다. 대규모의 행정계획의 경우 개별법령의 수많은 인허가를 모두 받도록 하는 것은 합리적이지 못하기 때문에 집행의 효율성 및 신속성을 위하여 이용되는 방법이다. 이러한 효력은 오랜 시일이 소요되는 사업(국책사업)을 추진하는 경우에 특별히 의미가 있다.[19)]

Ⅴ. 행정계획에서의 하자

1. 의 의

행정계획의 하자는 크게 두 가지로 나누어 살펴볼 수 있다. 행정계획의 목표 지향적 · 과정적 성질과 관련된 행정계획의 특성상 ① 절차적 하자와 관련된 행정계획의 효력문제와

---

18) 대법원 1985. 12. 10. 선고 85누186 판결 참조.
19) 인허가의제에 관해서는 이미 행정행위의 유형론에서 설명하였다.

② 행정계획에 존재하는 계획재량에 대한 내용적 통제로서 형량명령의 문제가 특히 대두된다.

2. 절차상 하자가 있는 행정계획의 효력

대법원은 행정계획에서 절차적 통제의 중요성을 인식하고 있다. 도시계획의 입안절차에서 도시계획안의 내용을 공고 및 공람하게 한 취지는 다수 이해관계자의 이익을 합리적으로 조정하여 국민의 권리자유에 대한 부당한 침해를 방지하고 행정의 민주화와 신뢰를 확보하기 위하여 국민의 의사를 그 과정에 반영시키는데 있다고 전제하고, 공고 및 공람 절차에 하자가 있는 도시계획결정은 비록 형량의 하자와 같은 내용적인 흠이 없고 변경될 가능성이 없다고 하더라도 위법하다는 입장에 있다.[20]

또한, 도시계획결정에서 기초조사절차를 적법하게 거치지 않은 하자도 그 도시계획결정의 취소사유라고 하였다.[21] 한편, 도시계획을 수립할 때 도시계획법 소정의 공청회를 열지 않고 이주대책을 수립하지 않은 것은 절차상의 위법으로서 취소사유라고 하였다.[22]

3. 계획재량과 형량명령

가. 계획재량의 의의

계획재량이란 계획법규에 근거하여 구체적인 계획을 책정할 때 계획행정청이 가지는 재량을 말한다. 과학의 발전과 함께 미래를 예측하는 기법도 발전하였으나 미래를 설계하고 실현하는 것은 여전히 어려운 문제이다. 따라서 행정계획의 근거법규는 목표를 넓게 정하고, 그 수단·방법의 선택에 관하여 폭넓은 재량 또는 형성적 자유를 인정하지 않을 수 없다. 그리하여 행위재량의 경우에는 조건 프로그램으로 규정되어 있는 것과 달리, 계획법규에서는 목적 프로그램으로 규정되어 있는 경우가 많다.

계획재량과 재량행위의 차이가 질적으로 구별되는 것인지에 대해서는 견해가 나뉘지만, 계획재량에 폭넓은 재량권이 부여되고 있다는 것에 대해서는 다툼이 없다. 이처럼 행정청은 계획책정에 재량행위의 경우와 달리 광범위한 형성의 자유를 가지기 때문에, 계획이 확정되면 그것은 이미 '완성된 사실'인 것처럼 취급된다. 따라서 행정계획으로 인한 국민의 권익침해에 대한 구제는 매우 어렵게 된다. 그러나 계획재량도 무제한으로 허용되는

---

20) 대법원 1988. 5. 24. 선고 87누388 판결, 대법원 2000. 3. 23. 선고 98두2768 판결.

21) 대법원 1990. 6. 12. 선고 90누2178 판결.

22) 대법원 1990. 1. 23. 선고 87누947 판결. 다만 무효사유는 아니고 취소사유에 불과하므로, 이러한 위법을 선행처분인 도시계획결정이나 사업시행인가 단계에서 다투지 않았다면 그 쟁송기간이 이미 도과한 후인 수용재결단계에서는 도시계획수립 행위의 위법을 들어 재결처분의 취소를 구할 수는 없다고 판시하였다.

것은 아니고 법치주의의 원칙상 일정한 실체법상 및 절차법상 한계 내에서 행사되어야 한다는 것은 당연하다.

나. 계획재량과 사법심사(형량명령)

(1) 형량명령의 의의

형량명령은 계획상 형성의 자유(계획재량)를 제한하는 이론으로서 행정청뿐만 아니라 법원의 심사를 위해서도 중요한 의미가 있다. 형량명령이란 행정계획을 수립할 때 공익과 사익 상호간, 공익 상호간 및 사익 상호간 등 관련된 이익 사이에 정당한 형량이 행해져야 한다는 원칙을 말하는데, 법률상 명시적 규정이 없더라도 법치국가의 원리에 따라 모든 계획에 대하여 적용되는 것으로 받아들여지고 있다.

행정계획에서 형량명령의 원칙은 1960년 독일연방건설법에서 처음으로 입법화되었다.[23] 우리나라도 2022. 1. 11. 개정되어 신설된 행정절차법 제40조의4에서 국민의 권리·의무에 직접 영향을 미치는 계획을 수립하거나 변경·폐지할 때로 한정하기는 하였지만, 행정청에게 관련된 여러 이익을 정당하게 형량하여야 할 의무를 부과하고 있다.

(2) 형량명령의 내용

형량명령이론에 의하면 형량의 과정은 ① 조사 및 확인과정, ② 평가과정, ③ 좁은 의미의 형량과정으로 이루어진다. 그런데 계획기관이 이러한 형량을 할 때 잘못이 있을 경우에는 그 형량은 하자가 있고 법원의 심사대상이 된다. 형량의 하자에는 ① 형량을 전혀 행하지 않은 경우의 형량의 해태, ② 형량의 대상에 마땅히 포함시켜야 할 사항을 빠뜨리고 형량을 행한 경우의 형량의 흠결 또는 결함, ③ 여러 이익간의 형량을 행하기는 하였으나 그것이 객관성·비례성을 결한 경우의 오형량·잘못된 형량 등이 있다.

다. 형량명령에 관한 대법원 판례

대법원은 행정계획이 형량명령의 원칙을 위반한 경우 재량권의 일탈·남용 또는 비례의 원칙 위반에 해당하여 위법하다고 판시함으로써 계획재량에 관한 사법적 통제를 행정재량에 관한 사법적 통제와 마찬가지로 재량권의 일탈·남용의 이론에 따라 판단하는 듯 한 판시를 하였고 이에 대한 학계의 비판이 있었다.

---

23) 독일의 연방건설법전 제1조 제6항은 건설기본계획의 수립주체는 계획재량권 및 계획상 형성의 자유권을 행사함에 있어서 공익상호간, 사익상호간 및 공익과 사익상호간의 정당한 형량을 하여야 한다는 형량명령의 원칙을 규정하고 있다.

대법원 1998. 4. 24. **선고** 97**누**1501 **판결**: 행정주체가 구체적인 도시계획을 입안 · 결정함에 있어서 비교적 광범위한 계획재량을 갖고 있지만, 여기에는 도시계획에 관련된 자들의 이익을 공익과 사익에서는 물론, 공익 상호간과 사익 상호간에도 정당하게 비교 · 교량 하여야 한다는 제한이 있는 것이므로, 행정주체가 도시계획을 입안 · 결정함에 있어서 이익형량을 전혀 하지 아니하거나 이익형량의 고려대상에 마땅히 포함시켜야 할 사항을 누락한 경우 또는 이익형량을 하였으나 정당성 · 객관성이 결여된 경우에는 그 행정계획결정은 재량권을 일탈 · 남용한 위법한 처분이라 할 수 있고, 또한 비례의 원칙(과잉금지의 원칙)상 그 행정목적을 달성하기 위한 수단은 목적달성에 유효 · 적절하고 또한 가능한 한 최소 침해를 가져오는 것이어야 하며 아울러 그 수단의 도입으로 인한 침해가 의도하는 공익을 능가하여서는 아니 된다(대법원 1996. 11. 29. 선고 96누8567 판결, 대법원 2000. 3. 23. 선고 98두2768 판결, 대법원 2005. 3. 10. 선고 2002두5474 판결도 같은 취지).

그런데, 대법원 2006. 9. 8. 선고 2003두5426 판결에서는 행정계획이 형량명령의 원칙을 위반한 경우 형량에 하자가 있어서 위법하다고 판시함으로써 계획재량에 관한 사법적 통제와 행정재량에 관한 사법적 통제를 명확히 구분하였다.[24)]

대법원 2006. 9. 8. **선고** 2003**두**5426 **판결**: 행정계획이라 함은 행정에 관한 전문적 · 기술적 판단을 기초로 하여 도시의 건설 · 정비 · 개량 등과 같은 특정한 행정목표를 달성하기 위하여 서로 관련되는 행정수단을 종합 · 조정함으로써 장래의 일정한 시점에 있어서 일정한 질서를 실현하기 위한 활동기준으로 설정된 것으로서, 구 도시계획법(2000. 1. 28. 법률 제6243호로 전문 개정되기 전의 것) 등 관계 법령에는 추상적인 행정목표와 절차만이 규정되어 있을 뿐 행정계획의 내용에 관하여는 별다른 규정을 두고 있지 아니하므로 행정주체는 구체적인 행정계획을 입안 · 결정함에 있어서 비교적 광범위한 형성의 자유를 가지는 것이지만, 행정주체가 가지는 이와 같은 형성의 자유는 무제한적인 것이 아니라 그 행정계획에 관련되는 자들의 이익을 공익과 사익 사이에서는 물론이고 공익 상호간과 사익 상호간에도 정당하게 비교교량 하여야 한다는 제한이 있으므로, 행정주체가 행정계획을 입안 · 결정함에 있어서 이익형량을 전혀 행하지 아니하거나 이익형량의 고려 대상에 마땅히 포함시켜야 할 사항을 누락한 경우 또는 이익형량을 하였으나 정당성과 객관성이 결여된 경우에는 그 행정계획결정은 형량에 하자가 있어 위법하다.

24) 대법원 2011. 2. 4. 선고 2010두21464 판결도 같은 취지이다. 한편, 대법원 2012. 1. 12. 선고 2010두5806 판결에서는 계획재량에서 형량명령의 법리는 국토계획법상 주민의 도시관리계획 입안 제안을 받아들여 도시관리계획결정을 할 것인지를 결정할 때 뿐만 아니라, 나아가 도시계획시설구역 내 토지 등을 소유하고 있는 주민이 장기간 집행되지 않은 도시계획시설의 결정권자에게 도시계획시설의 변경을 신청하고, 결정권자가 이러한 신청을 받아들여 도시계획시설을 변경할 것인지를 결정하는 경우에도 동일하게 적용된다고 판시하였다.

Ⅵ. 행정계획과 권리보호

1. 행정쟁송

위법한 처분적 행정계획으로 인하여 자기의 법률상 이익을 침해받은 자는 일단 해당 도시·군관리계획 등의 취소쟁송을 제기할 수 있다. 이러한 행정계획의 위법·부당성의 심사에서 형량명령의 위반 여부, 절차의 준수 여부 등이 중요한 부분을 차지한다.

다만 행정쟁송을 통한 권리구제에는 많은 어려움이 따른다. 행정계획의 처분성 여부, 사건의 성숙성 여부, 계획재량에 따른 폭넓은 형성의 자유와 관련하여 쟁점이 되는 경우가 많고, 다른 관련계획 등과의 연계로 인하여 사정재결 또는 사정판결을 받을 가능성이 높다.

2. 손해배상 및 손실보상의 청구

행정계획의 수립 등에 관여하는 공무원의 직무상 불법행위가 있는 경우에 국가배상을 청구할 수 있고 적법한 행정계획으로 인해 손실을 받은 경우 손실보상을 청구할 수 있다는 것은 다른 행정작용과 동일하다.

예컨대, 자기의 토지가 개발제한구역으로 지정되었다든가 또는 상업지역으로 지정되었던 토지가 주거지역으로 변경되었다던가 하는 사정으로 지가가 현저히 내려갔다고 하는 경우, 해당 토지의 소유자는 공공의 필요에 의한 재산권 침해로 특별한 희생을 입었으므로, 당연히 그에 대한 보상을 받아야 마땅하다. 그러나 실정법에는 이에 대한 보상규정을 두고 있지 않은 경우가 많아서 손실보상과 관련하여 여러 가지 어려운 문제가 많다. 이에 관한 자세한 내용은 손실보상 부분에서 다루도록 하겠다.

Ⅶ. 계획보장청구권

1. 계획보장청구권의 의의

계획보장청구권이란 행정계획의 폐지·변경 등의 경우에 행정계획에 대한 신뢰를 보호하기 위하여 인정되는 청구권을 말한다. 안정성과 가변성이라고 하는 상반된 속성 내지 요청을 계획과 관련하여 조정하고, 계획의 변경·폐지 또는 불이행에 따르는 리스크를 계획주체와 계획의 수범자간에 적절히 분배하려는 것이 계획보장 또는 계획보장청구권으로 논해지는 법리이다.

2. 계획보장의 내용

가. 계획존속청구권

계획존속청구권이란 계획의 변경 또는 폐지에 대항하여 계획의 존속을 청구할 수 있는 권리를 말한다. 행정청이 발표한 행정계획을 믿고 막대한 투자를 하였는데, 계획을 변경함으로 인하여 손실을 입게 된 경우를 예로 들 수 있다. 이러한 '계획의 존속을 구할 청구권'은 일반적으로는 인정되지 않는다. 그와 같은 청구권은 계획의 가변성과 합치되지 않을 뿐만 아니라, 일반적으로 계획변경을 필요로 하는 공익은 계획의 존속을 구하는 개인의 이익보다 우선한다고 보기 때문이다.

나. 계획준수청구권

계획준수청구권이란 계획행정청이 계획에 위반되는 행위를 하는 경우 계획의 준수를 구할 수 있는 권리를 말한다. 일반적인 계획준수청구권은 부인된다고 보아야 하지만, 계획위반행위가 '처분'의 성질을 가지는 경우에는 행정심판이나 항고소송으로 다툴 수 있다.

다. 경과규정 및 적합원조청구권

계획의 개폐를 저지할 수 없다고 판단되는 경우 경과규정 및 적합원조에 대한 청구권을 행사할 수 있다고 볼 것인지에 대한 문제이다. 그러나 이러한 청구권을 인정하지 않는 것이 일반적이다.

라. 계획변경청구권

계획변경청구권은 사인에게 기존계획의 변경을 청구할 수 있는지와 관련하여 문제가 된다. 이 문제는 거부처분에서 신청권의 인정 여부와 밀접한 관련을 맺고 있다. 만약 도시계획 입안신청권과 같이 법규상 신청권이 부여되어 있는 경우에는 그것을 매개로 행정계획의 변경신청을 하게 되고 이를 거부하면 그 거부처분에 대하여 취소소송을 제기할 수 있을 것이다.[25]

문제는 법령에 신청권이 인정되지 않는 경우 조리상 신청권을 인정할 수 있는지에 관한 것이다. 이에 대하여 대법원은 도시계획의 변경에 대한 조리상 신청권을 원칙적으로 부인하고 있다.[26] 다만 일정한 처분을 구할 법률상 지위에 있는 자가 한 국토이용계획변경신청에 대한 행정청의 거부가 결과적으로 해당 처분 자체를 거부하는 셈이 되는 경우에는 예외를 인정하고 있다.[27]

---

25) 대법원 2004. 4. 28. 선고 2003두1806 판결.
26) 대법원 1995. 4. 28. 선고 95누627 판결 등 다수.
27) 대법원 2003. 9. 23. 선고 2001두10936 판결.

제 3 절 공법상 계약

행정기본법 제27조(공법상 계약의 체결) ① 행정청은 법령등을 위반하지 아니하는 범위에서 행정목적을 달성하기 위하여 필요한 경우에는 공법상 법률관계에 관한 계약(이하 "공법상 계약"이라 한다)을 체결할 수 있다. 이 경우 계약의 목적 및 내용을 명확하게 적은 계약서를 작성하여야 한다.

② 행정청은 공법상 계약의 상대방을 선정하고 계약 내용을 정할 때 공법상 계약의 공공성과 제3자의 이해관계를 고려하여야 한다.

Ⅰ. 공법상 계약의 의의

1. 공법상 계약의 개념과 기능

공법상 계약이란 행정주체 상호간 또는 행정주체와 사인 간에 공법적 효과의 발생을 내용으로 하는 계약을 말한다. 여기에서의 '행정주체'에는 공권력 주체로서의 국가·공공단체 이외에 공무수탁사인(공권력을 위임받은 사인)도 포함된다.

공법상 계약은 행정을 개별적·구체적 사정에 따라 탄력적으로 처리할 수 있게 하고, 법의 흠결을 메워 주며, 명확하지 않은 사실·법률관계에서 나타나는 문제를 유연하게 해결할 수 있게 한다. 오늘날 공법상 계약을 통한 행정목적의 수행의 필요성 및 그의 유용성에 대한 인식이 점점 높아지고 있으므로, 행정기본법 제27조에서는 이에 관한 핵심적인 사항을 규정하고 있다.

그런데, 문헌에 따라서는 공법상 계약과 함께 '행정계약'이라는 용어가 쓰이기도 하고, 견해에 따라서는 행정계약을 사법상 계약과 대립하는 개념으로 이해하기도 한다(공법상 계약 = 행정계약). 그러나 우리나라에서는 행정계약을 행정주체가 당사자가 되어 체결하는 공법상 계약과 사법상 계약을 포괄하는 것으로 파악하는 견해가 다수이고(광의의 행정계약 = 공법상 계약 + 사법상 계약), 행정기본법도 이러한 입장에 입각하여 입법이 되었다.[28)]

2. 공법상 계약의 가능성과 자유성

공법상 계약의 가능성을 부정하는 견해는 찾아볼 수 없다. 다만 이러한 공법상 계약이

28) 행정기본법 제정과정에서 '행정계약'이라는 용어를 사용할 것이 제안되기도 하였는데, 이는 행정에 의한 사법상 계약을 포함하는 것이어서 국가계약법령의 적용영역과 겹치는 문제가 발생한다는 이유로 채택되지 않았다.

원칙적으로 '법률우위의 원칙'에 위반될 수 없다는 점은 다른 행정작용과 마찬가지이다. 행정기본법 제27조 제1항 전문에서도 이와 같은 입장에서 "행정청은 법령 등을 위반하지 않는 범위에서 행정목적을 달성하기 위하여 필요한 경우에 공법상 계약을 체결할 수 있다." 라고 규정하고 있다.

이와 관련하여, '행정행위에 갈음하는 공법상 계약'을 법률의 수권 없이 체결할 수 있는지가 문제되는데, 재량행위의 경우에는 그에 갈음하는 공법상 계약이 허용된다고 본다.29) 법률이 행정행위에 의하여야 한다고 명시하고 있지 않다면, 행정청은 법률의 집행수단을 선택할 수 있다고 생각되고, 행정행위를 발령하는 것보다 계약을 체결하는 것이 쌍방에게 만족할 만한 결과를 가져올 때에는 상대방의 의사가 존중되는 공법상 계약으로 행정을 실현하는 것이 바람직하기 때문이다.

3. 다른 행위와의 구별

가. 사법상 계약과의 구별

공법상 계약에서 계약당사자의 일방 또는 쌍방은 행정주체라는 점에서 순수한 사인 상호간의 계약은 공법상 계약이 될 수 없다. 또한 공법상 계약은 공법적 효과의 발생을 내용으로 하는 계약이라는 점에서 사법상 효과의 발생을 목적으로 하는 사법상 계약과 구별된다.30) 따라서, 사경제주체로서 국가나 지방자치단체와 상대방과의 계약은 사법상 계약으로 취급된다.

어떠한 계약이 공법상 계약에 해당하는지를 판단하기 위해서는, 계약이 공행정 활동의 수행과정에서 체결된 것인지, 계약이 관계법령에서 규정하고 있는 공법상 의무 등의 이행을 위하여 체결된 것인지, 계약 체결에 계약당사자의 이익뿐만 아니라 공공의 이익도 고려된 것인지 또는 계약 체결의 효과가 공공의 이익에도 미치는지, 관계법령에서의 규정 내지 그 해석 등을 통해 공공의 이익을 이유로 한 계약의 변경이 가능한지, 계약이 당사자들에게 부여한 권리와 의무 및 그 밖의 계약내용 등을 종합적으로 고려하여야 한다.31)

---

29) 김남진 · 김연태, 행정법 I, 424면. 한편, 행정기본법 제정과정에서도 '처분 갈음 공법상 계약'의 도입 여부에 관하여 검토하였으나, 일단 공법상 계약의 활용 근거를 도입하는 정도로 만족하고 실무에서의 활용이 늘어나고 관련 판례가 축적되면 추후에 이에 관하여 보완하기로 하였다.

30) 앞에서 본 것처럼 공법상 계약과 사법상 계약을 포괄하는 관념으로서 행정계약에 대하여 논해지기도 한다. 그러나 공법과 사법을 구별하는 현행 체계에서 공법상 계약과 사법상 계약의 구분은 여전히 필요하다.

31) 대법원 2023. 6. 29. 선고 2021다250025 판결. 이에 따라 산업기술혁신 촉진법 제11조 제2항에 의한 산업기술개발사업에 관한 협약은 공법상 계약에 해당한다고 판시하였다.

나. 행정행위와의 구별

공법상 계약과 행정행위는 개별적 · 구체적 규율이라는 점에서 공통되고, 일반적 · 추상적 규율인 행정입법과 구분된다. 그러나 행정행위는 행정청이 일방적으로 발하지만, 공법상 계약은 양 당사자의 합의에 의하여 성립한다는 점에서 차이가 있다.

행정행위 중에는 공무원의 임명 · 영업허가 등과 같이 상대방의 신청 · 동의 등에 의거하여 발해지는 것이 있다(신청 또는 동의에 의한 행정행위). 이러한 행정행위에서는 상대방의 의사표시를 행위의 요소로 하고 있는 점에서 공법상 계약과 공통된 면이 있다. 그러나 공법상 계약에서는 상대방의 의사표시가 성립요건이 되지만, 행정행위에서 신청 · 동의 등은 절차적 요건에 불과하다. 즉, 상대방의 의사표시가 없는 공법상 계약은 성립 자체가 되지 않지만, 신청 또는 동의 없는 행정행위는 성립하기는 하되 절차적 요건을 갖추지 못하여 위법하므로 취소될 수 있거나 무효가 될 뿐이다.

다. 합동행위와의 구별

공법상 계약과 합동행위는 다수 의사의 합치에 의하여 성립한다는 점은 같으나, 전자는 반대방향의 의사합치이고 후자는 같은 방향의 의사합치라는 점에서 다르다. 또한 합동행위 당사자들에게 같은 법률효과가 미친다는 점에서 계약과 다르다.

Ⅱ. 공법상 계약의 종류

1. 행정주체 상호간의 공법상 계약

국가와 공공단체 또는 공공단체 상호간의 공법상 계약을 말한다. 공공단체 상호간의 사무위탁(교육사무위탁, 조합비징수위탁), 도로 등 공공시설의 관리 및 경비부담에 관한 협의 등이 이에 속한다.

2. 국가 및 공공단체와 사인간의 공법상 계약

가. 예 시

국가 및 공공단체와 사인간의 공법상 계약에는 ① 행정사무의 위탁, ② 보조금지급에 관한 계약, ③ 손실보상에 관한 계약, ④ 비용부담에 관한 계약, ⑤ 지역개발에 관한 계약, ⑥ 환경보존협정, ⑦ 보상계약(지방자치단체와 운송업자 등 특허기업자간의 계약), ⑧ 특별신분관계설정에 관한 계약(전문직공무원 등 임용계약) 등이 있다.

나. 판례의 태도

(1) 공법상 계약으로 본 사례

(가) 계약직 공무원 채용계약의 경우

대법원은 계약직 공무원 채용계약의 성격을 공법상 계약으로 보고, 그 채용계약 해지의 의사표시의 무효확인을 구하는 소는 항고소송으로 다룰 것이 아니라 공법상 당사자소송으로 취급하여야 한다는 입장을 취하고 있다.

대법원은 원고가 피고 서울특별시의 경찰국 산하 연구소 소장으로부터 지방전문직공무원인 위 연구소의 전임연구위원으로 채용된 이후 1년마다 계약을 갱신하여 오던 중, 피고가 원고의 업무태만 및 복무상 의무의 위반을 이유로 채용계약을 해지한 사안에서, 현행법이 지방전문직공무원 채용계약 해지의 의사표시를 일반 공무원에 대한 징계처분과는 달리, 지방자치단체가 채용계약관계의 한쪽 당사자로서 대등한 지위에서 행하는 의사표시로 취급하고 있는 것으로 이해되므로, 지방전문직공무원 채용계약 해지의 의사표시에 대해서는 대등한 당사자 간의 소송형식인 공법상 당사자소송으로 그 의사표시의 무효확인을 청구할 수 있다고 판시하였다.[32)]

아울러 대법원은 공중보건의사 채용계약,[33)] 시립무용단원 위촉,[34)] 시립합창단원 위촉,[35)] 국방홍보원장 채용계약[36)] 등을 공법상 계약관계로 파악하고, 이장에 대한 면직행위도 처분이 아니라 서로 대등한 지위에서 이루어진 공법상 계약에 따라 그 계약을 해지하는 의사표시로 보았다.[37)] 다만 창덕궁관리소장의 1년 단위 비원안내원 채용계약에 관해서는 사법상 계약으로 보았다.[38)]

(나) 민간투자법상 실시협약 등의 경우

민간투자법에 따른 실시협약의 경우에는 공법상 계약으로 파악하는 견해가 다수설이고, 대법원도 명시적으로 밝히고 있지는 않지만 공법상 계약설을 전제로 위 협약의 공법적 특수성 등을 설시하고 있다.[39)] 그밖에 보금자리주택 개발사업시행자와 교육감 사이에 학교

---

32) 대법원 1993. 9. 14. 선고 92누4611 판결.

33) 반면에 국·공립병원의 전공의(인턴, 레지던트)는 공무원연금법상 급여대상인 국가공무원법상의 전문직공무원이 아니라고 판시하였다(대법원 1994. 12. 2. 선고 94누8778 판결).

34) 대법원 1995. 12. 22. 선고 95누4636 판결.

35) 대법원 2001. 12. 11. 선고 2001두7794 판결.

36) 대법원 2002. 11. 26. 선고 2002두5948 판결.

37) 대법원 2012. 10. 25. 선고 2010두18963 판결.

38) 대법원 1995. 10. 13. 선고 95다184 판결. 위 판례에 의하면, 그 채용근거가 문화공보부장관의 훈령인 '비정규직원계약 및 근무 등에 관한 규정'으로서 국가공무원법 제2조 제3항 제3호, 전문직공무원규정과 다르고, 그 직무의 성질에 비추어 전문성이 요구되는 것도 아니어서 공법상 계약의 개념적 징표인 대등한 당사자 사이의 채용계약이라고 보기 어렵기 때문에 단순한 사법상 고용계약이라고 하였다.

39) 대법원 2021. 5. 6. 선고 2017다273441 전원합의체 판결, 대법원 2021. 6. 24. 선고 2020다270121 판결.

설치 비용 분담에 관한 협약,[40] 방위사업청장과 민간사업자 사이에 체결한 '한국형헬기 민군겸용 핵심구성품 개발협약'[41] 등을 공법상 계약으로 본 사례가 있다.

(2) 사법상 계약으로 본 사례

㈎ 국·공유 일반재산 대부계약의 경우

대법원은 국가나 지방자치단체가 사인과 국·공유 일반재산을 대부·매각·교환·양여하는 행위를 국가나 지방자치단체가 사경제주체로서 상대방과 대등한 위치에서 행하는 사법상 계약으로 취급하고 있다.[42]

㈏ 행정의 사법상 보조작용을 위한 계약의 경우

한편, 국가나 지방자치단체가 사인과 물품매매계약·건물임대차계약·공사도급계약 등을 체결하기 위해서는 국가를 당사자로 하는 계약에 관한 법률(국가계약법)이나 지방자치단체를 당사자로 하는 계약에 관한 법률(지방계약법)이 적용되므로, 위 법령에 따라 계약서를 따로 작성하는 등 요건과 절차를 이행하여야 하고, 이러한 법령상 요건과 절차를 거치지 않은 국가 등과 사인 사이에 계약은 효력이 없다.[43]

그런데, 국가 등이 사인과 체결한 위와 같은 계약의 내용 또는 그 과정이 국가계약법령이나 지방계약법령에서 정한 입찰절차나 낙찰자 결정기준 등에 부합하지 않는 경우 그 효력이 어떻게 되는지는 위 계약의 성격과 밀접한 관련이 있다. 만일 위 계약이 공법상 계약이라면 그 자체로 위법하여 무효라고 할 수 있으나, 사법상 계약이라면 사법상의 원리에 따라 해결되기 때문이다.

대법원은 국가계약법령 등이 적용되는 국가 또는 지방자치단체를 당사자로 하는 계약은 본질적으로 사법상 계약이므로 사적 자치와 계약자유의 원칙 등 사법상의 원리가 적용된다는 입장에 있다.[44] 따라서 계약담당공무원이 국가계약법령과 세부심사기준에 어긋나게

대법원이 공법상 계약설을 취하고 있다는 설명은 이상덕, "민간투자사업에서 법인세율 인하효과를 반영하는 방법에 관한 분쟁에서 법원의 역할", 대법원 판례해설 제12호, 법원도서관(2019), 16면 참조.

40) 대법원 2021. 2. 4. 선고 2019다277133 판결.

41) 대법원 2017. 11. 9. 선고 2015다215526 판결.

42) 대법원 1983. 8. 23. 선고 83누239 판결, 대법원 1983. 9. 13. 선고 83누240 판결, 대법원 1984. 12. 11. 선고 83누291 판결, 대법원 1993. 12. 7. 선고 91누11612 판결, 대법원 1993. 12. 21. 선고 93누13735 판결, 대법원 1995. 5. 12. 선고 94누5281 판결, 대법원 2000. 2. 11. 선고 99다61675 판결, 대법원 2010. 11. 11. 선고 2010다59646 판결.

43) 대법원 2015. 1. 15. 선고 2013다215133 판결.

44) 다만 국가계약법에 따른 공공계약이라고 하더라도 공법상의 법령에 의하여 체결되었다면 공법관계라고 볼 수 있다. 가령 국책사업인 '한국형 헬기 개발사업'에 개발주관사업자 중 하나로 참여하여 방위사업청과 '한국형헬기 민군겸용 핵심구성품 개발협약'을 체결한 경우 위 협약의 법률관계는 공법관계에 해당하므로 이에 관한 분쟁은 행정소송으로 제기하여야 한다고 한 사례가 있다(대법원 2017. 11. 9. 선고 2015다215526 판결).

적격심사를 한 경우에도 그 자체로 무효가 되는 것이 아니고 이를 위배한 하자가 입찰절차의 공공성과 공정성을 현저히 침해할 정도로 중대할 뿐 아니라 상대방도 이러한 사정을 알았거나 알 수 있었을 경우 또는 선량한 풍속 기타 사회질서에 반하는 행위에 의하여 이루어진 것이 분명한 경우에만 민법상 법리에 따라 무효가 된다.[45)]

대법원이 국가계약을 사법상 계약으로 취급한 결과, ① 국가계약의 이행, 보증, 해제 및 해지 등에 관한 특수한 내용을 계약당사자들이 스스로 정하여 계약의 내용에 편입시킬 수 있고, 구체적인 계약의 내용과 절차 등을 법령으로 정할 필요가 없이 행정규칙으로 정할 수 있다. 또한, ② 국가계약법 시행령과 시행규칙에 규정된 계약조건 및 내용과 관련된 규정들은 국가 등이 사인과의 계약관계를 공정하고 합리적·효율적으로 처리할 수 있도록 계약담당자 등이 지켜야 할 사항을 규정한 것에 불과하므로, 위와 같은 규정들은 당사자 사이의 합의에 따라 배제할 수 있다. 아울러 ③ 국가와 상대방 사이의 합의에 의하여 계약당사자 사이에만 효력이 있는 특수조건 등을 부가하는 것도 가능하다.

다만 위와 같은 국가계약에서의 사적 자치와 계약의 자유는 무한정 인정되는 것이 아니라 신의성실의 원칙에 의한 제약을 받는다. 국가계약법 제5조 제1항 후문에서 "당사자는 계약의 내용을 신의성실의 원칙에 따라 이행하여야 한다."라고 규정하여 이를 명시하고 있다. 또한, 이를 일부 구체화하여 같은 조 제3항에서 "각 중앙관서의 장 또는 계약담당공무원은 계약을 체결할 때 이 법 및 관계 법령에 규정된 계약상대자의 계약상 이익을 부당하게 제한하는 특약 또는 조건을 정해서는 아니 된다."라고 규정하고, 이를 어긴 부당한 특약 등은 무효가 된다(제4항).

그런데, 대법원은 국가계약법 제5조 제3항에 위배되어 효력이 없다고 하기 위해서는 그 특약이 계약상대자에게 다소 불이익하다는 점만으로는 부족하고, 국가 등이 계약상대자의 정당한 이익과 합리적인 기대에 반하여 형평에 어긋나는 특약을 정함으로써 계약상대자에게 부당하게 불이익을 주었다는 점이 인정되어야 하고, 계약상대자의 계약상 이익을 부당하게 제한하는 특약인지는 그 특약에 의하여 계약상대자에게 생길 수 있는 불이익의 내용과 정도, 불이익 발생의 가능성, 전체 계약에 미치는 영향, 당사자들 사이의 계약체결과정, 관계 법령의 규정 등 모든 사정을 종합하여 판단하여야 한다고 판시하여, 이를 제한적으로 해석하고 있다.[46)]

---

45) 대법원 2001. 12. 11. 선고 2001다33604 판결, 대법원 2006. 4. 28. 선고 2004다50129 판결, 대법원 2016. 6. 10. 선고 2014다200763, 200770 판결, 대법원 2006. 6. 19.자 2006마117 결정.

46) 그리하여, 대법원 2017. 12. 21. 선고 2012다74076 전원합의체 판결에서는 국가계약에서 정한 '물가의 변동으로 인한 계약금액 조정' 규정이 국가계약법 제5조 제3항에서 금지하거나 제한하는 특약이나 조건이 아니라고 판시하였다. 같은 논지로 지방자치단체를 당사자로 하는 계약에 관해서는 대법원 2018. 2. 13. 선고 2014두11328 판결.

3. 공무수탁사인과 사인간의 공법상 계약

순수한 사인 사이의 계약은 그 내용이 아무리 공공성을 가진다고 하더라도 공법상 계약이라고 부를 수 없다. 다만 계약당사자의 일방 또는 쌍방이 공무수탁사인인 경우에는 공법상 계약이 성립할 수 있다. 자주 거론되는 예로서 사업시행자인 사인과 토지소유자 사이의 토지수용에 관한 협의를 들 수 있다. 그러나 대법원은 이와는 반대되는 견해를 취하는 것으로 보인다.[47)]

Ⅲ. 공법상 계약의 특수성

1. 실체법적 특수성

가. 법률 적합성

공법상 계약은 법령에 위배되지 않는 범위 내에서만 체결될 수 있다(행정기본법 제27조 제1항). 한편, 앞에서 본 것처럼 법령이 과세처분, 공무원임용 등을 기속행위로 규정하고 있는 경우에는 원칙적으로 공법상 계약에 의한 대체는 허용되지 않는다고 보아야 할 것이다. 또한 법률유보의 원칙이 적용되는 사항에 관해서는 공법상 계약이라고 하더라도 법률에 의한 수권이 필요하다고 보아야 할 것이다.

나. 계약의 내용 · 절차 · 형식

행정청은 공법상 계약의 상대방을 선정하고 계약 내용을 정할 때 공법상 계약의 공공성과 제3자의 이해관계를 고려하여야 한다(행정기본법 제27조 제2항). 경우에 따라서는 다른 행정청의 확인이나 이해관계인의 동의를 요하는 경우도 있을 수 있다.

한편, 공법상 계약을 체결할 때에는 계약의 목적 및 내용을 명확하게 적은 계약서를 작성하여야 한다(같은 조 제1항 후문). 계약서 문언의 객관적인 의미가 명확한 경우에는 특별한 사정이 없다면 문언대로 의사표시의 존재와 내용을 인정하여야 하나, 그 문언의 객관적인 의미가 명확하게 드러나지 않는 경우에는 문언의 내용, 계약이 이루어지게 된 동기와

---

47) 대법원 2006. 10. 13. 선고 2006두7096 판결에서는 "구 공공용지의 취득 및 손실보상에 관한 특례법(2002. 2. 4. 법률 제6656호 공익사업을 위한 토지 등의 취득 및 보상에 관한 법률 부칙 제2조로 폐지)에 따른 토지 등의 협의취득은 공공사업에 필요한 토지 등을 그 소유자와의 협의에 의하여 취득하는 것으로서 공공기관이 사경제주체로서 행하는 사법상 매매 내지 사법상 계약의 실질을 가지는 것이므로, 그 협의취득시 건물소유자가 매매대상 건물에 대한 철거의무를 부담하겠다는 취지의 약정을 하였다고 하더라도 이러한 철거의무는 공법상의 의무가 될 수 없고, 이 경우에도 행정대집행법을 준용하여 대집행을 허용하는 별도의 규정이 없는 한 위와 같은 철거의무는 행정대집행법에 의한 대집행의 대상이 되지 않는다."라고 판시하고 있다.

경위, 당사자가 계약으로 달성하려고 하는 목적과 진정한 의사, 유사한 거래 선례, 해당 공법상 법률관계의 근거가 된 법령의 목적과 내용 등을 종합적으로 고찰하여, 논리와 경험의 법칙, 그리고 사회 일반의 상식과 행정법상 기본원칙 등에 따라 계약의 내용을 합리적으로 해석하여야 한다. 특히 당사자 일방이 주장하는 계약의 내용이 상대방에게 중대한 책임을 부과하게 되는 경우에는 그 문언의 내용을 더욱 엄격하게 해석하여야 하고, 계약서에 표현된 당사자의 의사가 명백한데도 합리적인 근거 없이 계약서에 명시되지 않은 내용을 추가하는 것은 의사해석의 범위를 넘어선 것으로 허용될 수 없다.[48]

다. 계약의 하자

공법상 계약에 하자(위법성)가 있는 경우, 유효 아니면 무효 중의 하나에 해당하고, '취소할 수 있는 행정행위'와 같은 '취소할 수 있는 공법상 계약'은 인정되지 않는다.

라. 사정변경

일정한 경우 계약의 내용변경, 해제 · 해지가 인정된다.[49] 사정변경이 생기면, 당사자는 1차적으로 계약내용의 수정을 위하여 노력하여야 하고, 그것이 불가능하거나 기대가능성이 없는 경우에 계약의 해지가 인정된다고 할 것이다. 또한 공공복리에 대한 중대한 불이익 등을 방지하기 위한 계약의 해지도 인정된다. 다만 그 손실을 보상하여야 할 경우가 있을 수 있다.

2. 절차법적 특수성

가. 계약의 강제절차

공법상 계약에 따르는 의무를 계약당사자가 이행하지 않는 경우에 당사자(행정주체 또는 상대방인 사인)는 재판을 통하여 강제집행할 수밖에 없다. 행정청이라 하더라도 자력으로 집행할 수는 없다.

나. 쟁송절차

공법상 계약의 효력, 의무이행에 관련된 분쟁은 공법상 당사자소송으로 해결되어야 할 것이다. 그러나, 대법원은 이미 민사소송으로 다루고 있었던 판례를 일일이 판례변경절차를 거쳐 폐기 · 변경하는 것에 대한 현실적 어려움, 파기이송 후 처음부터 다시 소송절차를 밟아야 하는 당사자의 부담 등을 고려하여, 당사자 사이에서 관할위반 여부가 소송상 쟁점이 되는 경우가 아닌 이상 기왕에 민사소송으로 다루어진 사건을 모두를 파기하지는

---

48) 대법원 2024. 12. 12. 선고 2024두41816 판결.

49) 보조금 관리에 관한 법률 제21조에서는 사정변경에 의한 보조금결정의 내용변경, 취소에 관하여 규정하고 있다.

않고 있다.[50)]

한편, 계약내용이 행정주체가 허가 등 행정행위를 발급하는 것일 때에는 상대방은 그 행정행위의 발급을 의무이행심판 또는 부작위위법확인소송으로 구할 수 있을 것이다.

제 4 절 행정상 사실행위

Ⅰ. 의 의

행정상 사실행위란 행정기관의 행위 중 사실상의 효과만 발생하는 일체의 행위형식을 말한다. 사실행위는 극히 다양하고 이질적인 내용을 지닌 행위유형을 총칭하는 집합개념이다. 행정상의 사실행위는 간접적으로 법적 효과를 발생시키기도 한다.

Ⅱ. 행정상 사실행위의 종류

사실행위가 행정조직 내부에서 행해지는 것인지, 국민과의 관계에서 행해지는 것인지에 따라 내부적 사실행위와 외부적 사실행위로 나누어지는데, 행정법상 중요한 의의를 가지는 것은 외부적 사실행위이다. 행정상 사실행위가 행정행위 등 법적 행위를 집행하기 위해 행해지는 것인지(대집행, 강제징수 등), 독자적으로 행해지는 것인지(행정지도, 행정조사 등)에 따라 집행적 사실행위와 독립적 사실행위로 분류할 수도 있다.

행정상 사실행위가 공법의 규율을 받는 것인지, 사법의 규율을 받는 것인지에 따라 공법적 사실행위와 사법적 사실행위로 나누어진다. 이러한 분류는 권리구제(행정쟁송, 손해전보)의 방법과 관련하여 중요한 의미를 가진다.

마지막으로 공권력 행사로서 일방적으로 강제하는 성질을 갖는 사실행위를 권력적 사실행위라 하고, 공권력 행사로서의 성질을 갖지 않는 사실행위를 비권력적 사실행위라고

---

50) 이러한 실무에 대한 설명은 이상덕, "민간투자사업에서 법인세율 인하효과를 반영하는 방법에 관한 분쟁에서 법원의 역할", 17면. 가령 앞에서 본 민간투자법에 따른 실시협약의 경우 해지에 따른 해지시 지급금 청구소송(대법원 2018. 7. 24. 선고 2016다205687 판결), 실시협약상 의무 위반을 원인으로 한 손해배상청구 또는 지체상금 부존재확인청구소송(대법원 2014. 11. 13. 선고 2012다119948 판결), 실시협약 기간만료 또는 해지에 따른 부동산 인도청구소송(대법원 2014. 7. 10. 선고 2014다209432 판결), 실시협약의 무효를 원인으로 한 손해배상청구소송(대법원 2012. 6. 28. 선고 2011다88313 판결), 실시협약 해제를 원인으로 한 손해배상청구소송(대법원 2012. 10. 11. 선고 2010다3162 판결)을 민사소송으로 다루었다. 반면에 민간투자법상 실시협약에 따른 재정지원금의 지급을 구하는 소송은 당사자소송으로 다루었다(대법원 2019. 1. 31. 선고 2017두46455 판결).

한다. 대집행의 실행행위는 권력적 사실행위의 전형적인 예이다.

Ⅲ. 사실행위의 법적 근거와 한계

행정상 사실행위는 비권력적인 영역에서 행해지는 경우가 많고, 이러한 경우 법적 근거가 따로 필요하지 않거나 그 정도가 완화되어 있다. 그러나 권력적 사실행위나 집행적 사실행위에는 법적인 근거가 필요하다고 보아야 한다.

한편, 사실행위도 행정기관의 조직법적 · 작용법적 권한의 범위 내에서 행해지고, 비례의 원칙 등의 법원칙을 위반해서는 안 된다는 점은 다른 행정작용과 마찬가지이다.

Ⅳ. 사실행위와 행정구제

1. 행정쟁송

행정상 사실행위는 처분성 여부에 따라 행정소송에 의한 권리구제의 가능성 여부도 결정된다. 사실행위의 처분성에 대해서는 견해가 나뉘지만, 대집행의 실행으로 행해지는 철거작용과 같은 '권력적 사실행위'는 처분으로 보아 행정심판 · 행정소송(항고소송)의 대상이 된다는데 이견이 없다.

그런데, 권력적 사실행위에 대한 행정쟁송은 집행이 완료되어 소의 이익이 흠결된 경우가 많을 것이다. 다만 처분의 취소를 통해 회복되는 이익이 없더라도 동일한 사유로 위법한 처분이 반복될 위험성이 있어 처분의 위법성 확인 내지 불분명한 법률문제에 대한 해명이 필요하다고 판단되는 경우에는 행정의 적법성 확보와 그에 대한 사법통제, 국민의 권리구제의 확대 등을 고려하여 소의 이익이 인정될 수도 있다. 헌법소원의 경우에도 때때로 헌법적 해명의 필요성이라는 명목으로 개인의 권리구제와 관련 없이 본안판단을 하는 경우가 있다.

2. 손실보상 및 손해배상

적법 또는 위법의 행정상 사실행위가 타인에게 재산상 손실 또는 손해를 가한 경우, 손실보상 또는 손해배상의 원인이 된다는 것은 다른 행정작용과 같다.

제5절 행정지도

행정절차법 제48조(행정지도의 원칙) ① 행정지도는 그 목적 달성에 필요한 최소한도에 그쳐야 하며, 행정지도의 상대방의 의사에 반하여 부당하게 강요하여서는 아니 된다.

② 행정기관은 행정지도의 상대방이 행정지도에 따르지 아니하였다는 것을 이유로 불이익한 조치를 하여서는 아니 된다.

제49조(행정지도의 방식) ① 행정지도를 하는 자는 그 상대방에게 그 행정지도의 취지 및 내용과 신분을 밝혀야 한다.

② 행정지도가 말로 이루어지는 경우에 상대방이 제1항의 사항을 적은 서면의 교부를 요구하면 그 행정지도를 하는 자는 직무 수행에 특별한 지장이 없으면 이를 교부하여야 한다.

제50조(의견제출) 행정지도의 상대방은 해당 행정지도의 방식·내용 등에 관하여 행정기관에 의견제출을 할 수 있다.

제51조(다수인을 대상으로 하는 행정지도) 행정기관이 같은 행정목적을 실현하기 위하여 많은 상대방에게 행정지도를 하려는 경우에는 특별한 사정이 없으면 행정지도에 공통적인 내용이 되는 사항을 공표하여야 한다.

Ⅰ. 행정지도의 개념

행정지도란 행정기관이 일정한 공적 목적을 달성하기 위하여 상대방의 일정한 행위를 기대하면서 행해지는 비권력적 사실행위를 말한다. 행정절차법 제2조 제3호에서는 "행정기관이 그 소관사무의 범위에서 일정한 행정목적을 실현하기 위하여 특정인에게 일정한 행위를 하거나 하지 아니하도록 지도·권고·조언 등을 하는 행정작용"이라고 정의한다.

이러한 행정지도는 비권력적 사실행위로서 의무를 부과하는 것이 아니라 임의적인 협력을 구하는 것으로서 행정현실 속에서 유용한 면이 있다는 것은 인정된다. 그러나 행정지도가 법적 근거가 없이 사실상 강제력을 가지는 것도 현실인데, 그에 대한 권리구제수단이 결여되어 있다는 점에서 문제를 야기하는 경우가 있다.

Ⅱ. 행정지도의 원칙과 방식·절차

1. 행정지도의 원칙

행정지도는 그 목적달성에 필요한 최소한도에 그쳐야 하고, 행정지도의 상대방의 의사에 반하여 부당하게 강요되지 않아야 하며, 행정지도에 따르지 않았다는 것을 이유로 불이익한 조치를 취하는 것도 안 된다(행정절차법 제48조).

2. 행정지도의 방식과 절차

행정지도를 행하는 자는 상대방에게 해당 행정지도의 취지 · 내용 및 신분을 밝혀야 하고, 구술로도 가능하지만 상대방은 서면의 교부를 요구할 수 있다(제49조). 또한 행정지도의 상대방은 해당 행정지도의 방식 · 내용 등에 관하여 행정기관에 의견을 제출할 수 있다.

행정기관이 같은 행정목적을 실현하기 위하여 많은 상대방에게 행정지도를 하고자 하는 때에는 특별한 사정이 없다면 행정지도에 공통적인 내용이 되는 사항을 공표하여야 한다.

Ⅲ. 행정지도의 유형

법적 근거에 따라 법령의 직접적 근거에 의한 행정지도, 간접적 근거에 의한 행정지도, 법령에 근거하지 않은 행정지도로 분류된다.

기능에 따라 일정한 행위를 예방 · 억제하기 위한 규제적 · 억제적 행정지도, 이해대립이나 과당경쟁을 조정하기 위한 조정적 행정지도, 일정한 질서의 형성을 촉진하기 위한 조성적 · 촉진적 행정지도로 나누기도 한다.

Ⅳ. 행정지도의 법적 근거와 한계

1. 행정지도의 법적 근거

행정지도에 법적 근거가 필요한지에 대해서는 근거불요설, 제한적 필요설 등의 견해가 있지만, 법령상의 일반적 권한 외에 개별적인 법률의 근거까지 필요하다고 볼 수는 없다. 다만 '규제적 · 억제적 행정지도'에 대해서는 법령상의 근거를 갖추는 것이 바람직하다.

2. 행정지도의 한계

행정기관이 행정지도를 할 경우 법규에 위반되지 않아야 한다는 것은 당연하고, 조직법상 주어진 권한의 범위 내에서만 행정지도를 할 수 있다. 개별법규에 형식, 절차, 내용 등에 관한 규정이 있으면 그에 따라야 하고, 비례의 원칙이나 신뢰보호의 원칙과 같은 행정법의 일반원칙을 준수하여야 한다. 행정절차법 제48조에서도 행정지도는 그 목적 달성에 필요한 최소한도에 그쳐야 한다고 규정하고 있다.

Ⅴ. 행정지도와 행정구제

1. 행정쟁송

일반적으로 행정지도는 처분성을 가지지 않는다고 인식되고 있으므로 위법 또는 부당한 처분의 취소 등을 구하는 행정심판이나 항고소송은 행정지도에 대한 유효한 구제방법이 되기 어렵다. 다만 행정지도 중 사실상 강제력을 가지고 국민의 권익을 침해하는 것은 '그 밖에 이에 준하는 행정작용'에 해당하는 것으로 보아 처분성을 인정할 수도 있을 것이다.

그러나 대법원은 행정지도의 처분성을 부인한다.[51] 따라서 세무당국이 소외 회사에 대하여 특정인과의 주류거래를 일정한 기간 중지하여 줄 것을 요청한 행위도 권고 내지 협조를 요청하는 권고적 행위로서 처분이 아니라고 한다.[52] 반면에 헌법재판소는 행정지도에 따르지 않을 경우 일정한 불이익조치를 예정하고 있는 규제적·구속적 성격을 가지는 경우에는 헌법소원의 대상이 되는 공권력의 행사로 보고 있다.[53]

2. 국가배상청구

행정지도는 국가배상법 제2조 제1항의 '공무원의 직무집행'에 포함될 수 있으므로, 공무원이 법령에 위반하여 행한 행정지도로 인한 손해에 대해서는 국가배상을 청구할 수 있다. 그러나 행정지도에 강제성을 인정하기가 쉽지 않아 행정지도의 한계를 일탈하지 않는다면 국가배상의 요건을 갖추기는 어려울 것이다.[54]

3. 손실보상청구

행정주체의 적법한 행정지도로 인하여 재산상의 손실을 입은 자는 국가 또는 지방자치단체를 상대로 한 손실보상청구를 생각할 수도 있다. 그러나 행정지도가 법적인 강제성을 띠지 않는다는 점에서 손실보상을 인정하기 쉽지 않을 것이다.

---

51) 대법원 1993. 10. 26. 선고 93누6331 판결.

52) 대법원 1980. 10. 27. 선고 80누395 판결.

53) 헌재 2003. 6. 26. 선고 2002헌마337, 2003헌마7, 8(병합) 결정에서는 교육인적자원부장관의 대학총장들에 대한 학칙시정요구의 헌법소원 대상성을 인정하였다.

54) 행정기관의 위법한 행정지도로 일정기간 어업권을 행사하지 못하는 손해를 입은 자가 그 어업권을 타인에게 매도하여 매매대금 상당의 이득을 얻었더라도 그 이득은 손해배상책임의 원인이 되는 행위인 위법한 행정지도와 상당인과관계에 있다고 볼 수 없다(대법원 2008. 9. 25. 선고 2006다18228 판결).

제 6 절 비공식 행정작용

Ⅰ. 비공식 행정작용 일반론

1. 비공식 행정작용의 의의

비공식 행정작용이란 요건 · 효과 · 절차 등이 법에 정해져 있는 공식 행정작용 이외의 행정작용을 총칭하는 개념이다. 오늘날 행위형식의 다양화 및 변화에 따라 협상 · 약속 · 설득 · 유인 · 충동 · 장려 · 광고 · 품질보증 · 호소 · 위협 · 경고 · 권고 · 조언 · 조정 등의 수단이 자주 사용되고 있다.

비공식 행정작용은 행정청의 일방적인 비공식 행정작용(예; 경고, 권고, 시사 또는 정보제공 등)과 행정청과 개인의 협력에 의한 비공식 행정작용(예; 교섭, 비구속적 합의, 사전절충, 사전조정, 규범대체적 협상 등)으로 나눌 수 있다.

2. 비공식 행정작용의 이점과 단점

비공식 행정작용의 이점은, ① 행정의 능률화, ② 법적 분쟁의 회피, ③ 법적 불확실성의 제거, ④ 탄력성의 제고 등이다. 한편, 단점 내지는 위험으로서 지적되는 주요 사항으로, ① 법치행정의 후퇴, ② 제3자의 위험부담, ③ 효과적 권리보호의 어려움 등이 거론된다.

3. 비공식 행정작용의 허용성

법률이 목적을 달성하기 위한 수단을 확정하고 있지 않은 경우에 행정청에게는 수단의 선택에 재량이 부여되므로, 비공식 행정작용 그 자체가 금지되는 것은 아니다. 따라서 비공식 행정작용의 허용성, 적법성의 요건은 개별적인 비공식 행정작용의 내용에 따라 판단되어야 한다.

Ⅱ. 행정상의 경고 · 권고 · 정보제공(일방적인 비공식 행정작용)

1. 개 관

공법상의 경고 · 권고(또는 추천) · 정보제공(또는 시사)은 국민의 행위를 일정한 방향으로 유도 · 조정하려는 뚜렷한 목표를 추구한다는 점에서 단순한 사실의 적시와 다르다. 이와 같은 행정상의 공보작용은 국민에게 직접 작위 · 부작위 등의 의무를 부과하는 등의 법적 구속력을 갖지는 않지만, 국민으로 하여금 스스로의 판단에 따라 정부의 의도에 따르게 하는 사실상의 효력을 가진다.

이러한 행정상의 공보활동은 상반된 이해관계에 부딪히게 된다. 국민의 입장에서는 건강 또는 환경위험에 대하여 정보를 제공받는 것이 수익적이라고 할 수 있지만, 반대로 이런 활동의 결과 영향을 받게 되는 개인 또는 기업의 입장에서는 침익적 효과를 가져올 수 있다. 행정기관으로서는 위험의 예방 또는 위험방지를 위하여 경고·권고 또는 정보제공을 하여야 할 의무가 발생하는 한편, 공보활동에 따른 이해관계인의 기본권을 보호하여야 할 의무도 발생한다.

2. 유 형

가. 경고와 권고

경고와 권고는 특정상품의 위험성, 유해성 및 유용성과 관련하여 환경 및 건강보호의 분야에서 국민을 행정기관이 바라는 방향으로 유도하려는 목적으로 자주 활용되고 있다. 양자는 의사형성에 영향을 미치는 정도에 따라 구별된다. 경고를 접한 사람은 행정기관이 의도하는 행위 이외의 다른 선택을 할 가능성이 사실상 없게 된다는 점에서 행위유도·조정을 위한 강력한 수단이 된다. 반면에 권고는 다수의 선택가능성이 존재한다는 점에서 경고와 다르다.

경고와 권고는 행정기관이 국민에게 일정한 행위를 명하는 것이 아니라,[55] 간접적으로 요구하거나 권하는 것에 그친다.[56] 이렇게 행정기관의 경고·권고는 법적인 구속력이 없기는 하지만, 경우에 따라서는 국민에게 미치는 영향이 클 수 있기 때문에 법치행정의 원리와 관련하여 법률유보의 원칙의 적용 여부, 그 허용성 및 한계가 문제된다.

나. 정보제공

정보제공은 행정기관이 단순히 특정한 목적물에 관하여 지식·정보를 제공하는 행정작용을 말한다. 물론 이 경우에도 행정기관은 정보제공에 의한 행위유도·조정의 의도를 가지고 있다. 그러나 국민에게 어떠한 특정한 행위를 요구하거나 권하는 것은 아니다. 예컨대, 행정기관이 어떤 물건의 성분 또는 효용을 분석·발표하고, 그 중의 어느 것을 선택할 것인지는 전적으로 국민이 결정하게 하는 경우가 이에 해당한다.

---

55) 법률상의 근거가 없기 때문에 명령할 권한 자체가 없는 경우가 많다.

56) 국가인권위원회의 성희롱결정에 따른 시정조치의 권고는 위와 같은 의미의 권고가 아니라 성희롱 행위자로 결정된 자의 인격권에 영향을 미침과 동시에 공공기관의 장 또는 사용자에게 일정한 법률상의 의무를 부담시키는 것이므로, 처분에 해당한다(대법원 2005. 7. 8. 선고 2005두487 판결).

3. 기본권 관련성

행위유도 · 조정의 목적을 가진 행정기관의 공보작용에 의해서도 기본권이 제한될 수 있지만, 이는 직접적이지 않고 행정기관의 공보작용의 영향을 받은 자의 행위에 의한 간접적 · 사실적인 것이다. 이러한 간접적 · 사실적 제한도 기본권에 의하여 보호되는지, 어떠한 경우에 기본권에 대한 침해로 판단되어 법률유보의 원칙이 적용되어야 할 것인지가 문제된다.

이에 대한 기준으로 ① 공보작용이 공권력의 행사에 해당하는지 여부, ② 공보작용으로 인하여 이해관계인에게 중대한 결과가 발생하는지 여부, ③ 행정기관이 그러한 결과의 발생을 의도하거나 예상하였는지 여부 등이 제시되기도 한다.[57)]

Ⅲ. 비공식 행정작용으로서의 협상

협상이란 행정청과 개인 사이에 대화에 의하여 양자의 장래의 행위에 대한 합의를 하는 것을 말한다. 비공식 행정작용으로서 협상은 법적 구속력이 없는 단순한 장래의 활동에 대한 의도의 표시에 불과하므로, 법적 구속력이 있는 장래의 행위에 대한 약속인 확약과 구별된다.

행정이 수행하여야 할 과제의 복잡성 · 전문성, 이해관계의 다양성으로 인하여 행정목적의 효과적 달성을 위해서는 구체적 상황에 적합한 탄력적 수단의 활용이 불가피하게 되었다. 또한 현대국가가 권위주의적 국가에서 민주적 · 협동적인 국가로 이전하면서 더 이상 명령 · 강제의 수단만으로는 행정목적을 달성할 수 없게 되었고, 행정청과 개인의 협동 · 합의에 의한 문제해결이 절실하게 요구되고 있다.

---

57) 김남진 · 김연태, 행정법 I, 443면 참조.

| 제 3 편 |

행정절차 · 행정조사 · 정보공개

제 1 장 행정절차

제 1 절 의 의

Ⅰ. 행정절차의 개념

넓은 의미의 행정절차는 행정의사의 결정과 집행에 관련된 일체의 과정을 말하고, 행정의 준비절차인 행정조사, 그것으로부터 확보된 정보·자료에 입각한 행정결정, 그 결정의 실효성을 확보하기 위한 수단인 행정강제·행정벌 등을 모두 포함한다. 좁은 의미의 행정절차는 행정입법, 행정계획, 처분, 행정지도 등 각종 행정작용의 사전절차를 말하는데, 행정절차법은 여기에 입각하고 있다. 가장 좁은 의미의 행정절차는 처분의 사전절차를 말한다.

Ⅱ. 행정절차의 이념과 기능

첫째, 행정절차는 사전에 '자기를 방어할 수 있는 기회'를 줌으로써, 헌법 제10조에서 보장하고 있는 인간의 존엄과 가치를 존중하는 역할을 수행한다(인간의 존엄과 가치에 대한 존중).

둘째, 행정절차는 '국민의 행정에 대한 참여'의 수단이 됨으로써, 민주주의를 실현하는 역할을 한다(민주주의의 실현).

셋째, 행정절차는 행정의 투명성·예측가능성을 부여하고 행정권 발동의 남용을 방지하는 역할을 함으로써, 법치주의를 보장하는 기능을 한다(법치주의의 보장).

넷째, 행정작용이 일방적으로 이루어져서 불복이 제기되는 것보다 사전에 의견을 수렴하여 행해지는 것이 오히려 행정의 효율을 실현할 수 있다(행정능률의 실현).

다섯째, 행정절차가 행정에 대한 사전통제기능을 수행함으로써, 재판과 같은 사후적 통제를 보완하는 기능을 한다(행정에 대한 사전통제).

제2절 행정절차에 대한 규율체계

Ⅰ. 행정절차법

1. 개 관

가. 제정경위

행정절차법이 제정되기 전에도 국가공무원법과 같은 개별법에서 청문제도가 부분적으로 도입되어 있었고, 국무총리훈령으로 '행정절차운영지침'이 시행되기도 하였다. 그 후 행정절차법은 1996. 12. 31. 법률 제5241호로 제정되어 1998. 1. 1.부터 시행되고 있다.

나. 구성과 특징

행정절차법은 제1장 총칙, 제2장 처분, 제3장 신고, 확약 및 위반사실 등의 공표 등, 제4장 행정상 입법예고, 제5장 행정예고, 제6장 행정지도, 제7장 국민참여의 확대, 제8장 보칙 등 70개조로 구성되어 있다.

행정절차법은 '제2장 처분에 관한 규정'이 거의 절반을 차지하고 있어서 실질적으로는 처분절차법이라고 할 수 있다는 점, 실체적 규정을 거의 배제하고 절차법 중심으로 규정되어 있다는 점[1] 등이 특징이다.

2. 적용범위

가. 행정절차법의 규정

행정절차법 제3조 제1항에서는 "처분, 신고, 확약, 위반사실 등의 공표, 행정계획, 행정상 입법예고, 행정예고 및 행정지도의 절차에 관하여 다른 법률에 특별한 규정이 있는 경우를 제외하고는 이 법에서 정하는 바에 따른다."라고 규정하여, 행정절차법이 행정절차에 관한 일반법이라는 점을 선언하고 있다. 다만 행정절차법이 다양한 형식으로 행해지는 행정작용을 일률적으로 적용하는 것이 적절하지 않을 수 있다는 점을 고려하여, 다른 법률에 특별한 규정을 두거나 행정절차법의 규정을 적용하지 않겠다고 규정하고 있으면, 행정절차법의 적용을 배제하고 다른 법률의 규정을 적용한다.[2] 개별 법률에서 절차에 관한 특별규정을 둔 예로, 소청인에 대한 의견진술권의 부여(국가공무원법 제13조), 이해관계자의 의견청

---

1) 신의성실 및 신뢰보호의 원칙을 규정한 제4조 등과 같이 실체적 규정이 전혀 없는 것은 아니다.

2) 대법원 2002. 2. 5. 선고 2001두7138 판결에서는 사립학교법 제20조의2 제2항이 행정절차법의 특별규정이어서, 위 조항에 의한 시정요구는 학교법인의 임원취임승인취소처분의 사전통지와 아울러 행정절차법 소정의 의견진술의 기회를 준 것과 같다고 판시하였다.

취(토지보상법 제21조), 청문(식품위생법 제81조), 대집행을 한다는 뜻의 계고(행정대집행법 제3조), 위험발생 방지를 위한 경고(경찰관 직무집행법 제5조 제1항 제1호), 결정의 통지(정보공개법 제13조 제4항)[3] 등을 들 수 있고, 민원에 관한 사항은 「민원 처리에 관한 법률」이 행정절차법보다 우선 적용된다.

한편, 제2항에서는 ① 국회 또는 지방의회의 의결을 거치거나 동의 또는 승인을 받아 행하는 사항, ② 법원 또는 군사법원의 재판에 의하거나 그 집행으로 행하는 사항, ③ 헌법재판소의 심판을 거쳐 행하는 사항, ④ 각급 선거관리위원회의 의결을 거쳐 행하는 사항, ⑤ 감사원이 감사위원회의의 결정을 거쳐 행하는 사항, ⑥ 형사·행형 및 보안처분 관계법령에 따라 행하는 사항, ⑦ 국가안전보장·국방·외교 또는 통일에 관한 사항 중 행정절차를 거칠 경우 국가의 중대한 이익을 현저히 해칠 우려가 있는 사항, ⑧ 심사청구·해양안전심판·조세심판·특허심판·행정심판, 그 밖의 불복절차에 따른 사항, ⑨ 병역법에 따른 징집·소집, 외국인의 출입국·난민인정·귀화, 공무원 인사관계 법령에 의한 징계와 그 밖의 처분 또는 이해조정을 목적으로 하는 법령에 따른 알선·조정·중재·재정 또는 그 밖의 처분 등 해당 행정작용의 성질상 행정절차를 거치기 곤란하거나 거칠 필요가 없다고 인정되는 사항과 행정절차에 준하는 절차를 거친 사항으로서 대통령령으로 정하는 사항에 대해서는 적용하지 않는다고 규정하고 있다. 따라서 제2항에 해당하는 사항에 대해서는 행정절차법상의 절차를 거치지 않아도 위법이라고 할 수 없다.

그런데, 위 ⑨에서 '대통령령으로 정하는 사항[4]'에 해당하기만 하면 바로 행정절차법의 적용이 배제되는 것은 아니고, 그 위임의 근거가 되는 행정절차법 제3조 제2항 제9호에

---

3) '문서'에 '전자문서'를 포함한다고 규정한 정보공개법 제2조와 정보의 비공개결정을 '문서'로 통지하도록 정한 정보공개법 제13조 제4항에 의하면, 정보의 비공개결정은 전자문서로 통지할 수 있는데, 위 규정들은 행정절차법 제3조 제1항에서 행정절차법의 적용이 배제되는 '다른 법률'에 특별한 규정이 있는 경우에 해당한다는 것이 판례이다(대법원 2014. 4. 10. 선고 2012두17384 판결).

4) 행정절차법 제3조 제2항 제9호의 위임에 기한 행정절차법 시행령 제2조는 제1호 내지 제11호에서 그 적용이 배제되는 경우를 규정하고 있다. '행정작용의 성질상 행정절차를 거치기 곤란하거나 거칠 필요가 없다고 인정되는 사항'의 범위에 속하는 것은, 병역법·예비군법·민방위기본법·비상대비자원관리법·대체역의 편입 및 복무등에 관한 법률에 따른 징집·소집·동원·훈련에 관한 사항(제1호), 외국인의 출입국·난민인정·귀화·국적회복에 관한 사항(제2호), 조세관계법령에 의한 조세의 부과·징수에 관한 사항(제5호), 학교·연수원 등에서 교육·훈련의 목적을 달성하기 위하여 학생·연수생 등을 대상으로 행하는 사항(제8호), 사람의 학식·기능에 관한 시험·검정의 결과에 따라 행하는 사항(제9호), 특허법·실용신안법·디자인보호법·상표법에 따른 사정·결정·심결, 그 밖의 처분에 관한 사항(제11호)을 들 수 있다. 또한, '행정절차에 준하는 절차를 거친 사항'의 범위에 속하는 것으로는 공무원 인사관계법령에 의한 징계 기타 처분에 관한 사항(제3호), 이해조정을 목적으로 법령에 의한 알선·조정·중재·재정 기타 처분에 관한 사항(제4호), 독점규제 및 공정거래에 관한 법률·하도급거래 공정화에 관한 법률·약관의 규제에 관한 법률에 따라 공정거래위원회의 의결·결정을 거쳐 행하는 사항(제6호), 국가배상법·공익사업을 위한 토지 등의 취득 및 보상에 관한 법률에 따른 재결·결정에 관한 사항(제7호)을 들 수 있다.

서 규정한 '행정작용의 성질상 행정절차를 거치기 곤란하거나 거칠 필요가 없다고 인정되는 사항과 행정절차에 준하는 절차를 거친 사항'에 해당하는 것이 전제가 되어야 한다.[5] 그래야만 행정과정에 대한 국민의 참여와 행정의 공정성, 투명성 및 신뢰성을 확보하고 국민의 권익을 보호함을 목적으로 하는 행정절차법의 입법목적을 달성할 수 있다고 생각된다.

나. 적용사례

행정절차법의 적용 여부에 관하여 대법원 판결에서 문제가 된 사례를 중심으로 살펴본다. 아래에서 보는 것처럼 대법원은 행정절차법 적용배제의 대상을 엄격히 해석하여 가급적 행정절차법의 제정취지를 살리겠다는 입장에 있다.

첫째, 공정거래법상의 시정명령 및 과징금납부명령에 관한 것이다. 이 경우에 행정절차법의 적용이 배제되는 이유는 공정거래법의 적용을 받는 당사자에게 공정거래위원회의 의결절차상 인정되는 절차적 보장의 정도가 일반 행정절차보다 더 강화되어 있기 때문이다.[6] 다만 행정절차법의 적용이 배제되더라도 공정거래법에 따른 의견진술기회는 부여되어야 하므로, 위 경우에도 의견청취절차가 생략될 수 없다는 점에 유의하여야 한다.[7]

둘째, 산업기능요원 편입처분의 취소처분에 관한 것이다. 대법원은 산업기능요원 편입처분은 '병역법에 의한 소집'에 해당하여 시행령 제3조 제2항 제1호에 해당하더라도 그 취소처분은 그에 해당하지 않으므로, 행정절차법의 적용이 배제된다고 볼 수 없어 청문의 대상이 된다는 취지로 판시하였다.[8]

셋째, 육군대령 진급예정자에 대하여 대령진급 선발을 취소하는 처분에 관한 것이다. 대법원은 위 처분이 '공무원 인사관계법령에 의한 징계 기타 처분에 관한 사항'에 해당하기는 하지만, 군인사법 및 그 시행령에 진급선발을 취소하는 처분에 대하여 행정절차에 준하는 절차를 거치도록 요구하고 있는 규정이 없고, 위 처분이 성질상 행정절차를 거치기

---

5) 이러한 법리를 '공무원 인사관계 법령에 의한 처분'에 해당하는 육군대령의 진급예정자에 대한 진급낙천처분에 관한 사건에서 분명히 밝혔다(대법원 2007. 9. 21. 선고 2006두20631 판결). 또한, 육군3사관학교의 사관생도에 대한 퇴학처분에 관한 사건에서도 같은 판시를 하였다(대법원 2018. 3. 13. 선고 2016두33339 판결).

6) 대법원 2018. 12. 27. 선고 2015두44028 판결.

7) 대법원 2001. 5. 8. 선고 2000두10212 판결. 같은 맥락에서, 공무원법령에 의하면, 직위해제를 할 때에는 그 처분권자 또는 처분제청권자가 구체적이고도 명확한 사실의 적시가 요구되는 처분사유 설명서를 교부하도록 되어 있어 해당 공무원에게 방어의 준비 및 불복의 기회를 보장하고 임용권자의 판단에 신중함과 합리성을 담보하게 하고 있으며, 직위해제처분을 받은 공무원은 사후적으로 소청이나 행정소송을 통하여 충분한 의견진술 및 자료제출의 기회가 보장되어 있다. 그리고 위와 같이 대기명령을 받은 자가 그 기간에 능력 또는 근무성적의 향상을 기대하기 어렵다고 인정되어 직권면직 처분을 받기 위해서는 징계위원회의 동의를 받도록 하고 있어 절차적 보장도 강화되어 있다. 따라서 이 경우에도 행정절차법의 규정이 별도로 적용되지 않는다(대법원 2014. 5. 16. 선고 2012두26180 판결).

8) 대법원 2002. 9. 6. 선고 2002두554 판결.

곤란하거나 불필요하다고 인정되는 처분이라고 보기도 어려우므로, 행정절차법의 적용이 배제된다고 볼 수 없어 청문의 대상이 된다는 취지로 판시하였다.[9)]

마지막으로, 감사원의 한국방송공사에 대한 감사결과에 따라 위 공사의 이사회가 위 공사의 사장에 대한 해임제청을 받아들여 해임하는 과정에서 사전통지나 의견제출 기회 부여 등의 행정절차를 이행하지 않은 사안에 관한 것이다. 대법원은 방송법령에 한국방송공사 사장의 해임 절차에 관한 아무런 규정이 없고 행정절차법과 그 시행령에 열거된 예외사유에 해당한다고도 볼 수 없다고 판시하였다.[10)]

3. 통칙적 규정

가. 신의성실 및 신뢰보호

행정청은 직무를 신의에 따라 성실히 수행하여야 한다. 행정청은 법령 등의 해석 또는 행정청의 관행이 일반적으로 국민들에게 받아들여진 때에는 공익 또는 제3자의 정당한 이익을 현저히 해할 우려가 있는 경우를 제외하고는 새로운 해석 또는 관행에 의하여 소급하여 불리하게 처리해서는 안 된다(제4조).

나. 투 명 성

행정청은 상대방에게 행정작용과 관련된 정보를 충분히 제공하여야 한다. 행정청이 행하는 행정작용은 그 내용이 구체적이고 명확하여야 한다. 행정작용의 근거가 되는 법령 등의 내용이 명확하지 않은 경우 상대방은 해당 행정청에 그 해석을 요청할 수 있고, 해당 행정청은 특별한 사유가 없으면 그 요청에 따라야 한다(제5조).

다. 행정업무의 혁신을 위한 노력

행정청은 모든 국민이 균등하고 질 높은 행정서비스를 누릴 수 있도록 노력하여야 하고, 정보통신기술을 활용하여 행정절차를 적극적으로 혁신하도록 노력하여야 하며, 행정청이 생성하거나 취득하여 관리하고 있는 데이터를 행정과정에 활용하도록 노력하여야 한다(제5조의2). 행정청은 행정업무 혁신 추진에 필요한 행정적 · 재정적 · 기술적 지원방안을 마련하여야 한다.

---

9) 대법원 2007. 9. 21. 선고 2006두20631 판결. 같은 맥락에서 사증발급 신청에 대한 거부처분이 성질상 행정절차법 제24조에서 정한 '처분서 작성 · 교부'를 할 필요가 없거나 곤란하다고 일률적으로 단정하기 어렵고, 출입국관리법령에 사증발급 거부처분서 작성에 관한 규정을 따로 두고 있지 않으므로, 행정절차법 제24조에 정한 절차를 따르지 않고 '행정절차에 준하는 절차'로 대체할 수 없다고 한 사례도 있다(대법원 2019. 7. 11. 선고 2017두38874 판결).

10) 대법원 2012. 2. 23. 선고 2011두5001 판결.

라. 국민참여의 확대를 위한 노력

행정청은 행정과정에 국민의 참여를 확대하기 위하여 다양한 참여방법과 협력의 기회를 제공하고, 국민에게 다양한 참여방법과 협력의 기회를 제공하도록 노력하여야 하며, 구체적인 참여방법을 공표하여야 한다. 아울러 국민참여 수준을 향상시키기 위하여 노력하여야 하며 필요한 경우 국민참여 수준에 대한 자체진단을 실시하고, 그 결과를 행정안전부장관에게 제출하여야 하며, 이에 따라 자체진단을 실시한 경우 그 결과를 공개할 수 있다. 한편, 행정청은 국민참여를 활성화하기 위하여 교육 · 홍보, 예산 · 인력 확보 등 필요한 조치를 할 수 있고, 행정안전부장관은 국민참여 확대를 위하여 행정청에 교육 · 홍보, 포상, 예산 · 인력 확보 등을 지원할 수 있다(제52조).

행정청은 정부시책이나 행정제도 및 그 운영의 개선에 관한 국민의 창의적인 의견이나 고안(국민제안)을 접수 · 처리하여야 하고(제52조의2), 주요 정책 등에 관한 국민과 전문가의 의견을 듣거나 국민이 참여할 수 있는 온라인 또는 오프라인 창구를 설치 · 운영할 수 있다(제52조의3).

그 일환으로 행정청은 국민에게 영향을 미치는 주요 정책 등에 대하여 국민의 다양하고 창의적인 의견을 널리 수렴하기 위하여 정보통신망을 이용한 정책토론(온라인 정책토론)을 실시할 수 있다(제53조).

마. 행정청 사이의 협조와 행정응원

행정청은 행정의 원활한 수행을 위하여 서로 협조하여야 한다. 업무의 효율성을 높이고 행정서비스에 대한 국민의 만족도를 높이기 위하여 필요한 경우 행정협업의 방식으로 적극적으로 협조하여야 하고, 행정협업을 활성화하기 위한 시책을 마련하고 그 추진에 필요한 행정적 · 재정적 지원방안을 마련하여야 한다(제7조).

행정청은 ① 법령 등의 이유로 독자적인 직무수행이 어려운 경우, ② 인원 · 장비의 부족 등 사실상의 이유로 독자적인 직무수행이 어려운 경우, ③ 다른 행정청에 소속되어 있는 전문기관의 협조가 필요한 경우, ④ 다른 행정청이 관리하고 있는 문서 · 통계 등 행정자료가 직무수행을 위하여 필요한 경우, ⑤ 다른 행정청의 응원을 받아 처리하는 것이 보다 능률적이고 경제적인 경우 등에 다른 행정청에 행정응원을 요청할 수 있다. 행정응원을 요청받은 행정청은 ① 다른 행정청이 보다 능률적이거나 경제적으로 응원할 수 있는 명백한 이유가 있는 경우, ② 행정응원으로 인하여 고유의 직무수행이 현저히 지장받을 것으로 인정되는 명백한 이유가 있는 경우 등에는 행정응원을 거부할 수 있고, 그 경우에는 그 사유를 응원을 요청한 행정청에 통지하여야 한다. 행정응원을 위하여 파견된 직원은 다른 법령 등에 특별한 규정이 없다면 응원을 요청한 행정청의 지휘 · 감독을 받는다. 한편, 행정응원에 소요되는 비용은 응원을 요청한 행정청이 부담하고, 그 부담금액 및 부담방법은 요청한 행정청과 응원을 행하는 행정청이 협의하여 결정한다.

바. 송달, 기간 및 기한의 특례

행정절차법 제14조에서는 송달방법에 관하여 규정하고 있다. 송달은 우편, 교부 또는 정보통신망 이용 등의 방법으로 하되, 송달받을 자(대표자 또는 대리인 포함)의 주소 · 거소 · 영업소 · 사무소 또는 전자우편주소로 하는데, 송달받을 자가 동의하는 경우에는 그를 만나는 장소에서 송달할 수 있다(제1항). 교부에 의한 송달은 수령확인서를 받고 문서를 교부함으로써 하고, 송달하는 장소에서 송달받을 자를 만나지 못한 경우에는 그 사무원 · 피용자 또는 동거인으로서 사리를 분별할 지능이 있는 사람에게 문서를 교부할 수 있는데, 문서를 송달받을 자 또는 그 사무원 등이 정당한 사유 없이 송달받기를 거부하는 때에는 그 사실을 수령확인서에 적고, 문서를 송달할 장소에 놓아둘 수 있다(제2항). 정보통신망을 이용한 송달은 송달받을 자가 동의하는 경우에만 할 수 있고, 이 경우 송달받을 자는 송달받을 전자우편주소 등을 지정하여야 한다(제3항). 송달받을 자의 주소 등을 통상적인 방법으로 확인할 수 없는 경우와 송달이 불가능한 경우에는 송달받을 자가 알기 쉽도록 관보, 공보, 게시판, 일간신문 중 하나 이상에 공고하고 인터넷에도 공고하여야 한다(제4항). 위와 같은 공고를 할 때에는 민감정보 및 고유식별정보 등 송달받을 자의 개인정보를 「개인정보 보호법」에 따라 보호하여야 한다(제5항). 또한, 행정청은 송달하는 문서의 명칭, 송달받는 자의 성명 또는 명칭, 발송방법 및 발송 연월일을 확인할 수 있는 기록을 보존하여야 한다(제6항).

한편, 행정절차법 제15조에서는 송달의 효력발생에 관하여 도달주의를 채택하고 다음과 같이 규정하고 있다. 송달은 다른 법령 등에 특별한 규정이 있는 경우를 제외하고는 해당 문서가 송달받을 자에게 도달됨으로써 그 효력이 발생한다(제1항). 정보통신망을 이용하여 전자문서로 송달하는 경우에는 송달받을 자가 지정한 컴퓨터 등에 입력된 때에 도달된 것으로 본다(제2항). 공시송달의 경우에는 다른 법령 등에 특별한 규정이 있는 경우를 제외하고는 공고일부터 14일이 지난 때에 그 효력이 발생하되, 긴급히 시행하여야 할 특별한 사유가 있어 효력 발생 시기를 달리 정하여 공고한 경우에는 그에 따른다(제3항).

또한, 행정절차법 제16조에서는 기간 및 기한의 특례에 관하여 규정하고 있다. 천재지변이나 그밖에 당사자등에게 책임이 없는 사유로 기간 및 기한을 지킬 수 없는 경우에는 그 사유가 끝나는 날까지 기간의 진행이 정지되고, 외국에 거주하거나 체류하는 자에 대한 기간 및 기한은 행정청이 그 우편이나 통신에 걸리는 일수를 고려하여 정하여야 한다(제16조).

4. 처분절차

행정절차법은 제2장에서 '처분절차'에 관하여 규정하고 있는데, 그 내용은 크게 '신청에 의한 처분'에 관한 것과 '당사자에게 의무를 과하거나 권익을 제한하는 처분'에 관한 것으로 나누어진다.

가. 공통사항

(1) 처분기준의 설정 · 공표(제20조)

행정청은 필요한 처분기준을 해당 처분의 성질에 비추어 되도록 구체적으로 정하여 공표하여야 하고(처분기준을 변경하는 경우 포함), 처분기준을 공표하는 것이 해당 처분의 성질상 현저히 곤란하거나 공공의 안전 또는 복리를 현저히 해치는 것으로 인정될 만한 상당한 이유가 있는 경우에는 이를 공표하지 않을 수 있다. 또한, 인허가가 의제되는 경우에 관련 인허가 행정청은 관련 인허가의 처분기준을 주된 인허가 행정청에 제출하여야 하고, 주된 인허가 행정청은 제출받은 관련 인허가의 처분기준을 통합하여 공표하여야 한다. 한편, 당사자 등은 공표된 처분기준이 불명확한 경우 해당 행정청에 대하여 그 해석 또는 설명을 요청할 수 있다. 이에 관한 자세한 사항은 후술한다.

(2) 처분의 이유제시(제23조)

행정청은 처분을 하는 때에는 원칙적으로 당사자에게 그 근거와 이유를 제시하여야 한다. 이를 이유제시제도라 하고 자세한 사항은 후술한다.

(3) 처분의 방식(제24조)

행정청은 처분을 할 때에는 다른 법령 등에 특별한 규정이 있는 경우를 제외하고 문서로 하여야 하고,[11] 전자문서로 하는 경우에는 당사자 등의 동의가 있거나 당사자가 전자문서로 처분을 신청한 경우이어야 한다(제1항).[12] 다만 공공의 안전 또는 복리를 위하여 긴급히 처분을 할 필요가 있거나 사안이 경미한 경우에는 말, 전화, 휴대전화를 이용한 문자 전송, 팩스 또는 전자우편 등 문서가 아닌 방법으로 처분을 할 수 있고, 이 경우 당사자의 요청이 있는 때에는 지체 없이 처분에 관한 문서를 주어야 한다(제2항). 처분을 하는 문서에는 그 처분 행정청과 담당자의 소속 · 성명 및 연락처(전화번호, 팩스번호, 전자우편주소 등)를 적어야 한다(제3항).

---

11) 따라서 명예전역 선발을 취소하는 처분을 문서가 아니라 명령의 하달방식으로 할 수는 없다(대법원 2019. 5. 30. 선고 2016두49808 판결).

12) 전자우편은 물론 휴대전화 문자메시지도 전자문서에 해당한다(대법원 2024. 5. 9. 선고 2023도3914 판결). 한편, 수차례에 걸친 동일한 내용의 처분 중 일부를 전자우편으로 송달받고도 이의를 제기하지 않았다는 사정만으로 해당 처분을 전자문서로 송달받는 데에 동의하였다고 볼 수 없다.

이렇게 서면주의를 취한 입법취지는 처분내용의 명확성을 확보하고 처분의 존부에 관한 다툼을 방지하기 위한 것에 있다.[13] 따라서 행정청이 문서에 의하여 처분을 한 경우 그 처분서의 문언이 불분명하다는 등의 특별한 사정이 없다면, 그 문언에 따라 어떤 처분을 하였는지 여부를 확정하여야 할 것이고, 처분서의 문언만으로도 행정청이 어떤 처분을 하였는지가 분명함에도 불구하고 처분경위나 처분 이후의 상대방의 태도 등 다른 사정을 고려하여 처분서의 문언과는 달리 다른 처분까지 포함되어 있는 것으로 확대해석해서는 안 된다.[14]

판례에 의하면, 행정절차법 제24조를 위반하여 서면이 아니라 말로 행해진 처분은 하자가 중대하고 명백하여 원칙적으로 무효이다.[15] 학설은 처분서면을 아예 교부하지 않은 경우에 무효라고 본다.

(4) 처분의 정정(제25조)

행정청은 처분에 오기 · 오산 또는 그밖에 이에 준하는 명백한 잘못이 있을 때에는 직권으로 또는 신청에 따라 지체 없이 정정하고 그 사실을 당사자에게 통지하여야 한다.

나. 신청에 의한 처분의 절차

(1) 처분의 신청(제17조)

① 행정청에 처분을 구하는 신청은 문서로 하여야 한다. 다만, 다른 법령 등에 특별한 규정이 있는 경우와 행정청이 미리 다른 방법을 정하여 공시한 경우에는 그렇지 않다. 이 때 신청인이 행정청에 대하여 어떠한 처분을 구하는 문서상의 의사표시가 이러한 신청행위에 해당하는지 여부는 그 문서의 내용과 작성 및 제출의 경위와 시점, 취지 등 여러 사정을 종합하여 판단하여야 한다.[16]

② 위와 같이 처분을 신청할 때 전자문서로 하는 경우에는 행정청의 컴퓨터 등에 입력된 때에 신청한 것으로 본다.

③ 행정청은 신청에 필요한 구비서류 · 접수기관 · 처리기관, 그 밖의 필요한 사항을 게시(인터넷 등을 통한 게시 포함)하거나 이에 대한 편람을 비치하여 누구나 열람할 수 있도록 하여야 한다.

④ 행정청은 신청을 받았을 때에는 다른 법령 등에 특별한 규정이 있는 경우를 제외하고는 그 접수를 보류 또는 거부하거나 부당하게 되돌려 보내서는 안 되며, 신청을 접수한

---

13) 대법원 2005. 7. 28. 선고 2003두469 판결.

14) 대법원 2005. 7. 28. 선고 2003두469 판결, 대법원 2016. 10. 13. 선고 2016두42449 판결. 다만 그 처분서의 문언만으로는 행정청이 어떤 처분을 하였는지 불분명하다는 등의 특별한 사정이 있는 때에는 처분 경위나 처분 이후 상대방의 태도 등 다른 사정을 고려하여 처분서의 문언과 달리 그 처분의 내용을 해석할 수도 있다(대법원 2010. 2. 11. 선고 2009두18035 판결).

15) 대법원 2011. 11. 10. 선고 2011도11109 판결, 대법원 2019. 7. 11. 선고 2017두38874 판결.

16) 대법원 2008. 10. 23. 선고 2007두6212, 6229 판결.

경우에는 신청인에게 접수증을 주어야 한다. 다만, 대통령령이 정하는 경우에는 접수증을 주지 않을 수 있다.

⑤ 행정청은 신청에 구비서류의 미비 등 흠이 있는 경우에는 보완에 필요한 상당한 기간을 정하여 지체 없이 신청인에게 보완을 요구하여야 한다. 이는 신청인이 쉽게 보완이 가능한 사항을 누락하는 등의 흠이 있을 때 행정청이 곧바로 거부처분을 하는 것보다는 신청인에게 보완할 기회를 주도록 함으로써 행정의 공정성 · 투명성 및 신뢰성을 확보하고 국민의 권익을 보호하려는 행정절차법의 입법목적을 달성하고자 하는 것이 입법취지이다. 따라서, 행정청이 신청에 대한 거부처분을 하기 전에 반드시 신청인에게 신청의 내용이나 처분의 실체적 발급요건에 관한 사항까지 보완할 기회를 부여하여야 할 의무가 있는 것은 아니다.[17]

⑥ 행정청은 신청인이 위 기간 내에 보완을 하지 않은 때에는 그 이유를 명시하여 접수된 신청을 되돌려 보낼 수 있다.

⑦ 행정청은 신청인의 편의를 위하여 다른 행정청에 신청을 접수하게 할 수 있다. 이 경우 행정청은 접수할 수 있는 신청의 종류를 미리 정하여 공시하여야 한다.

⑧ 신청인은 처분이 있기 전에는 그 신청의 내용을 보완하거나 변경 또는 취하할 수 있다. 다만, 다른 법령 등에 특별한 규정이 있거나 해당 신청의 성질상 보완 · 변경하거나 취하할 수 없는 경우에는 그렇지 않다.

(2) 다수의 행정청이 관여하는 처분(제18조)

행정청은 다수의 행정청이 관여하는 처분을 구하는 신청을 접수한 경우에는 관계행정청과의 신속한 협조를 통하여 해당 처분이 지연되지 않도록 하여야 한다.

(3) 처리기간의 설정 · 공표(제19조)

① 행정청은 신청인의 편의를 위하여 처분의 처리기간을 종류별로 미리 정하여 공표하여야 한다.[18] ② 행정청은 부득이한 사유로 위 처리기간 내에 처분을 처리하기 곤란한 경우에는 해당 처분의 처리기간의 범위에서 한 번만 그 기간을 연장할 수 있다. ③ 행정청은 위와 같은 처리기간을 연장할 때에는 처리기간의 연장 사유와 처리 예정 기한을 지체 없이 신청인에게 통지하여야 한다.[19] ④ 행정청이 정당한 처리기간 내에 처리하지 않았을

17) 대법원 2020. 7. 23. 선고 2020두36007 판결.

18) 처분이나 민원의 처리기간을 정하는 것은 신청에 따른 사무를 가급적 빨리 처리하도록 하기 위한 것이어서, 처분이나 민원의 처리기간에 관한 규정은 훈시규정에 불과할 뿐 강행규정이라고 볼 수 없으므로, 행정청이 처리기간이 지나 처분을 하였더라도 처분을 취소할 수 있는 절차적 하자로 볼 수 없다는 것이 판례이다(대법원 2019. 12. 13. 선고 2018두41907 판결, 대법원 2023. 6. 15. 선고 2022두66576 판결).

19) 참고로 대법원은 민원처리 진행상황의 통지는 민원인의 편의를 위한 부가적인 제도일 뿐이므로, 그 통지를 하지 않았더라도 처분을 취소할 절차적 하자로 볼 수 없다고 판시하였다(대법원 2019. 12. 13. 선고 2018두41907 판결).

때에는 신청인은 해당 행정청 또는 그 감독행정청에 신속한 처리를 요청할 수 있다. ⑤ 위 처리기간에 삽입하지 않은 기간에 관해서는 대통령령으로 정한다.

다. 침익적 처분의 절차

(1) 처분의 사전통지와 생략 등

뒤에서 보는 의견청취에 관한 설명에서 함께 자세히 설명한다.

(2) 의견청취

행정청이 침익적 처분을 할 때 의견청취(청문 · 공청회 · 의견제출)를 하여야 한다. 자세한 것은 후술한다.

5. 신고, 확약 및 위반사실 등의 공표 등

가. 신고절차

법령 등에서 행정청에 일정한 사항을 통지함으로써 의무가 끝나는 신고를 규정하고 있는 경우 신고를 관장하는 행정청은 신고에 필요한 구비서류, 접수기관, 그 밖의 법령 등에 따른 신고에 필요한 사항을 게시(인터넷 등을 통한 게시 포함)하거나 이에 대한 편람을 갖추어 두고 누구나 열람할 수 있도록 하여야 한다(제40조 제1항).[20]

신고가 ① 신고서의 기재사항에 흠이 없을 것, ② 필요한 구비서류가 첨부되어 있을 것, ③ 그밖에 법령 등에 규정된 형식상의 요건에 적합할 것 등의 요건을 갖춘 경우에는 신고서가 접수기관에 도달된 때에 신고의 의무가 이행된 것으로 본다(같은 조 제2항).

행정청은 위 요건을 갖추지 못한 신고서가 제출된 경우 지체 없이 상당한 기간을 정하여 보완을 요구하여야 하고(같은 조 제3항), 신고인이 그 기간 내에 보완을 하지 않은 때에는 이유를 구체적으로 밝혀 해당 신고서를 되돌려 보내야 한다(같은 조 제4항).

나. 확　　약

행정이 국민에게 다양한 약속을 하고 이를 통하여 국민의 신뢰를 조성함으로써 행정목적을 달성하고자 하는 경우가 증가하고 있으므로, 이를 명문화하여 그 요건 및 법적 효과를 명확하게 할 필요가 있다. 이에 따라 행정절차법 제40조의2에서는 "법령 등에서 당사자가 신청할 수 있는 처분을 규정하고 있는 경우"로 적용대상을 한정하여, 확약의 정의와 문서

---

20) 신고는 신고서가 행정청에 도달하면 효력이 발생하는 '수리를 요하지 않는 신고(자기완결적 신고)'와 행정청이 수리하여야 효력이 발생하는 '수리를 요하는 신고(행위요건적 신고)'로 구분되는데, 행정절차법 제40조 제1항에서는 전자에 대하여 규정하고, 2021. 3. 23. 제정된 행정기본법 제34조에서는 후자에 대하여 규정하면서 법률에 신고의 수리가 필요하다고 명시되어 있는 경우에 행정청이 수리하여야 효력이 발생하는 것으로 하고 있다.

주의, 행정청과의 협의 등의 절차, 확약의 기속력이 배제되는 경우, 확약을 이행할 수 없는 경우의 통지의무 등을 규정하고 있다. 이에 관한 자세한 설명은 해당부분에서 서술한다.

다. 위반사실 등의 공표

위반사실 등의 공표는 법령에 따른 의무를 위반한 경우 위반한 자의 성명 · 법인명, 위반사실 등을 일반에게 공개하여 위반자의 명예심을 자극하여 의무이행을 확보하는 수단이다. 행정절차법 제40조의3에서는, 위반사실 등의 공표에 대한 법률유보, 행정청의 엄격한 확인의무, 사전통지와 의견제출 기회의 부여, 의견제출의 방법, 제출의견의 반영, 공표의 방법, 당사자가 의무를 이행한 경우 공표를 하지 않을 수 있다는 점, 정정공표와 그 기간 등을 규정하고 있다. 이에 관한 자세한 설명은 해당부분에서 서술한다.

라. 행정계획

행정절차법 제40조의4에서는 행정청에게 국민의 권리 · 의무에 직접 영향을 미치는 계획을 수립하거나 변경 · 폐지할 때 관련된 여러 이익을 정당하게 형량하여야 할 의무를 부과하고 있다. 이에 관한 자세한 설명은 해당부분에서 서술한다.

6. 행정상 입법예고

가. 입법예고의 원칙

법령 등을 제정 · 개정 또는 폐지하고자 할 때에는 해당 입법안을 마련한 행정청은 이를 예고하여야 한다. 다만 ① 신속한 국민의 권리 보호 또는 예측 곤란한 특별한 사정의 발생 등으로 입법이 긴급을 요하는 경우, ② 상위 법령 등의 단순한 집행을 위한 경우, ③ 입법내용이 국민의 권리 · 의무 또는 일상생활과 관련이 없는 경우, ④ 단순한 표현 · 자구를 변경하는 경우 등 입법내용의 성질상 예고의 필요가 없거나 곤란하다고 판단되는 경우, ⑤ 예고함이 공공의 안전 또는 복리를 현저히 해칠 우려가 있는 경우에는 입법예고를 하지 않을 수 있다(제41조).

나. 예고방법 · 기간

행정청은 입법안의 취지, 주요 내용 또는 전문을 공고하여야 한다. 법령의 경우에는 관보 및 법제처장이 구축 · 제공하는 정보시스템(국가법령정보센터)을 통하여 공고하고, 자치법규의 경우에는 공보를 통하여 공고하여야 하는데, 이에 더하여 인터넷, 신문 또는 방송 등을 통하여 공고할 수도 있다. 대통령령의 경우에는 국회 소관 상임위원회에 제출하여야 하며, 입법예고를 하는 때에 입법안과 관련이 있다고 인정되는 중앙행정기관, 지방자치단체 그 밖의 단체 등이 예고사항을 알 수 있도록 예고사항의 통지 그 밖의 방법 등으로 알려야 하고, 행정청은 예고된 입법안에 대하여 온라인공청회 등을 통하여 널리 의견을 수렴할 수 있다. 행정청은 예고된 입법안의 전문에 대한 열람 또는 복사를 요청받았을 때에는 특별한 사유가 없으면 그 요청에 따라야 한다(제42조). 입법예고기간은 예고할 때 정하되, 특별한 사정이 없으면 40일(자치법규는 20일) 이상으로 한다(제43조).

다. 의견제출 및 처리

누구든지 예고된 입법안에 대하여 그 의견을 제출할 수 있다. 행정청은 해당 입법안에 대한 의견이 제출된 경우 특별한 사유가 없으면 이를 존중하여 처리하여야 한다. 행정청은 의견을 제출한 자에게 제출된 의견의 처리결과를 통지하여야 한다(제44조).

7. 행정예고

가. 행정예고의 원칙

행정청은 정책, 제도 및 계획을 수립·시행하거나 변경하려는 경우에는 이를 예고하여야 한다(제46조). 다만 ① 신속하게 국민의 권리를 보호하여야 하거나 예측이 어려운 특별한 사정이 발생하는 등 긴급한 사유로 예고가 현저히 곤란한 경우, ② 법령 등의 단순한 집행을 위한 경우, ③ 정책 등의 내용이 국민의 권리·의무 또는 일상생활과 관련이 없는 경우, ④ 정책 등의 예고가 공공의 안전 또는 복리를 현저히 해칠 우려가 상당한 경우에는 예고를 하지 않을 수 있다. 행정절차법이 개정되기 전에는 적극적으로 규정된 사항에 관해서만 예외적으로 행정예고를 시행하도록 하는 규정방식을 취하고 있었는데, 2019. 12. 10. 개정되면서 행정예고를 시행하는 것을 원칙으로 하고 이를 시행하지 않을 수 있는 경우를 명시하는 방식으로 바뀌었다. 이로써 행정예고의 대상이 넓어지고 명확해질 것으로 기대된다.

나. 예고방법·기간 등

행정예고의 기간은 예고 내용의 성격 등을 고려하여 정하되, 20일 이상으로 한다(제46조 제3항). 다만 행정목적을 달성하기 위하여 긴급한 필요가 있는 경우에는 행정예고기간을 단축할 수 있는데, 이 경우에도 10일 이상이어야 한다(제4항).

행정청은 정책 등의 취지, 주요 내용 등을 관보·공보나 인터넷·신문·방송 등을 통하여 공고하여야 하고, 그밖에 행정예고의 방법, 의견제출 및 처리, 공청회에 관해서는 입법예고의 규정을 준용한다(제47조). 행정청은 매년 자신이 행한 행정예고의 실시 현황과 그 결과에 관한 통계를 작성하고, 이를 관보·공보 또는 인터넷 등의 방법으로 널리 공고하여야 한다(제46조의2).

8. 행정지도

가. 의견제출

행정지도의 상대방은 해당 행정지도의 방식 · 내용 등에 관하여 행정기관에 의견제출을 할 수 있다(제50조).

나. 다수인을 대상으로 하는 행정지도

행정기관이 같은 행정목적을 실현하기 위하여 많은 상대방에게 행정지도를 하고자 하는 때에는 특별한 사정이 없으면 행정지도에 공통적인 내용이 되는 사항을 공표하여야 한다(제51조).

Ⅱ. 특별행정절차

앞에서 살펴 본 행정절차법은 행정절차에 관한 일반법이다. 그밖에도 행정절차에 관하여 규정하고 있는 수많은 법률이 있는데, 그중에서 행정규제기본법과 민원처리에 관한 법률의 내용을 간략히 살펴본다.

1. 행정규제기본법의 주요 내용

가. 개 설

행정규제에 관한 기본적인 사항을 규정하여 불필요한 행정규제를 완화하고 비효율적인 행정규제의 신설을 억제함으로써 사회 · 경제활동의 자율과 창의를 촉진하여 국민의 삶의 질을 높이고 국가경쟁력의 지속적인 향상을 도모함을 목적으로 행정규제기본법이 제정되었다(제1조).

행정규제기본법 제2조 제1항 제1호는 행정규제를 "국가 또는 지방자치단체가 특정한 행정목적의 실현을 위하여 국민의 권익을 제한하거나 의무를 부과하는 것"으로 정의하고 있다. 그 규제수단으로 활용되는 것은 다음과 같다.

① '하명'은 개인에 대해 각종의 의무(작위 · 부작위 · 급부 · 수인의 의무)를 부과하는 것이므로 행정규제의 주된 수단이 된다. ② '허가'와 '면제'도 의무의 존재를 전제로 하는 것이므로 행정규제의 수단이 된다. ③ '특허'와 '인가'도 허가와 같이 행정기관에 의한 사전통제의 수단으로 활용되어 행정규제의 수단이 되고 있다. ④ '확인'도 건축물의 사용승인, 자동차의 검사 등에서 보는 것처럼 행정규제의 수단이 될 수 있다. ⑤ '공증'도 주민등록증의 발급, 여권의 발급, 각종 검사증의 발급에서 보는 것처럼 행정규제의 수단이 되고 있다.

나. 행정규제의 원칙

(1) 행정규제 법정주의

행정규제는 법률에 근거하여야 하고, 그 내용은 알기 쉬운 용어로 구체적이고 명확하게 규정되어야 한다(제4조 제1항). 규제는 법률에 직접 규정하되, 규제의 세부적인 내용은 법률 또는 상위법령에서 구체적으로 범위를 정하여 위임한 바에 따라 대통령령 · 총리령 · 부령 또는 조례 · 규칙으로 정할 수 있다. 다만 법령에서 전문적 · 기술적 사항이나 경미한 사항으로서 업무의 성질상 위임이 불가피한 사항에 관하여 구체적으로 범위를 정하여 위임한 경우에는 고시 등으로 정할 수 있다(제4조 제2항).

고시와 같은 행정규칙으로 법규사항을 정하는 것이 헌법에 위반되는 것인지 여부에 관하여 논란이 있다. 헌법재판소는 금융산업의 구조개선에 관한 법률 제2조 제3호 가목 등 위헌소원을 통하여 법령보충적 행정규칙에의 위임에 대하여 그 합헌성을 제한적으로 인정하였다.[21)]

또한 고시의 효력에 관하여, 대법원과 헌법재판소는 법령의 직접적 위임에 따라 수임행정기관이 그 법령을 시행하는데 필요한 구체적 사항을 정한 것이면 그 제정형식은 비록 법규명령이 아닌 고시라도 그것이 상위법령의 위임한계를 벗어나지 않는다면 상위법령과 결합하여 대외적인 구속력을 갖는 법규명령으로서 기능하게 된다는 입장에 있다.

행정 각부의 장이 정하는 고시가 비록 법령에 근거를 둔 것이라고 하더라도 그 규정내용이 법령의 위임 범위를 벗어날 때에는 대외적 구속력을 인정할 여지가 없다. 한편 행정규칙은 법규명령과 같은 엄격한 제정 및 개정절차를 요하지 않으므로, 재산권 등과 같은 기본권을 제한하는 작용을 하는 법률이 입법위임을 할 때에는 '대통령령', '총리령', '부령' 등 법규명령에 위임함이 바람직하므로, 고시와 같은 형식으로 입법위임을 할 때에는 적어도 행정규제기본법 제4조 제2항 단서에서 정한 것과 같이 법령이 전문적 · 기술적 사항이나 경미한 사항으로서 업무의 성질상 위임이 불가피한 사항에 한정되고, 그러한 사항이라 하더라도 포괄위임금지의 원칙상 법률의 위임은 반드시 구체적 · 개별적으로 한정된 사항에 대하여 행해져야 한다.

(2) 행정규제의 원칙

행정규제의 대상과 수단은 규제의 목적 실현에 필요한 최소한의 범위에서 가장 효과적인 방법으로 객관성 · 투명성 및 공정성이 확보되도록 설정되어야 한다(제5조 제3항).

---

21) 헌재 2004. 10. 28. 선고 99헌바91 결정.

다. 규제의 방법과 절차

중앙행정기관의 장은 규제를 신설 또는 강화하거나 규제의 존속기한을 연장하고자 할 때에는 규제영향분석을 하고 규제영향분석서를 작성하여야 하고(제7조 제1항), 규제영향분석의 결과를 기초로 규제의 대상 · 범위 · 방법 등을 정하고 그 타당성에 대하여 자체심사를 하여야 한다(제7조 제3항). 또한 규제의 존속기한 및 재검토기한을 명시할 의무가 있고(제8조), 공청회 · 행정상 입법예고 등의 방법으로 행정기관 · 민간단체 · 이해관계인 · 연구기관 · 전문가 등의 의견을 충분히 수렴하여야 한다(제9조).

한편, 누구든지 규제개혁위원회에 기존규제의 폐지 또는 개선을 요청할 수 있고(제17조), 중앙행정기관의 장은 매년 소관 기존규제에 대하여 이해관계인 · 전문가 등의 의견을 수렴하여 정비가 필요한 규제를 선정하여 정비하여야 한다(제19조).

2. 민원처리절차

'민원처리절차'란 민원처리에 관한 법률에 정해진 절차를 말한다. 민원처리에 관한 법률은 민원처리에 관한 기본적인 사항을 규정하여 민원의 공정하고 적법한 처리와 민원행정제도의 합리적 개선을 도모함으로써 국민의 권익을 보호함을 목적으로 제정되었다(제1조).

위 법률은 제1장 총칙, 제2장 민원의 처리(제1절 민원의 신청 및 접수 등, 제2절 민원의 처리기간 · 처리방법 등, 제3절 민원 처리결과의 통지 등, 제4절 법정민원), 제3장 민원제도의 개선 등 전문 46개조와 부칙으로 구성되어 있다.

제 3 절 주요한 처분절차

Ⅰ. 처분기준의 설정 · 공표제도

행정절차법 제20조(처분기준의 설정 · 공표) ① 행정청은 필요한 처분기준을 해당 처분의 성질에 비추어 되도록 구체적으로 정하여 공표하여야 한다. 처분기준을 변경하는 경우에도 또한 같다.

②「행정기본법」제24조에 따른 인허가의제의 경우 관련 인허가 행정청은 관련 인허가의 처분기준을 주된 인허가 행정청에 제출하여야 하고, 주된 인허가 행정청은 제출받은 관련 인허가의 처분기준을 통합하여 공표하여야 한다. 처분기준을 변경하는 경우에도 또한 같다.

③ 제1항에 따른 처분기준을 공표하는 것이 해당 처분의 성질상 현저히 곤란하거나 공공의 안전 또는 복리를 현저히 해치는 것으로 인정될 만한 상당한 이유가 있는 경우에는 처분기준을 공

표하지 아니할 수 있다.
④ 당사자 등은 공표된 처분기준이 명확하지 아니한 경우 해당 행정청에 그 해석 또는 설명을 요청할 수 있다. 이 경우 해당 행정청은 특별한 사정이 없으면 그 요청에 따라야 한다.

1. 의 의

행정절차법 제20조에서는 처분절차와 관련하여 처분기준의 설정·공표제도를 규정하고 있다. 행정청은 필요한 처분기준을 해당 처분의 성질에 비추어 되도록 구체적으로 정하여 공표하여야 할 의무가 있다(제1항). 또한, 인허가가 의제되는 경우에 관련 인허가 행정청은 관련 인허가의 처분기준을 주된 인허가 행정청에 제출하여야 하고, 주된 인허가 행정청은 제출받은 관련 인허가의 처분기준을 통합하여 공표하여야 한다(제2항). 다만 처분기준을 공표하는 것이 해당 처분의 성질상 현저히 곤란하거나 공공의 안전 또는 복리를 현저히 해하는 것으로 인정될 만한 상당한 이유가 있는 경우에는 이를 공표하지 않을 수 있도록 하고(제3항), 당사자 등은 공표된 처분기준이 불명확한 경우 해당 행정청에 대하여 그 해석 또는 설명을 요청할 수 있는 권리를 가지며 해당 행정청은 특별한 사정이 없으면 이에 따라야 한다(제4항).

행정절차법 제20조가 처분기준의 설정·공표제도를 규정하기 이전에도, 행정청에게 광범위한 재량권이 부여되어 있는 행정작용에 있어서 일관성을 유지하고 행정객체에 대한 자의적 차별을 방지할 필요가 있으므로, 미리 그 권한행사의 기준을 정하여 두는 사례가 많이 있었다. 그러나 행정절차법이 제정될 때까지는 행정청에게 처분기준의 설정·공표의무를 부과하는 형태로 처분과정을 통제하겠다는 관념이 우리나라 학설과 판례에서 일반화되어 있었던 것은 아니다. 그런데, 행정절차법은 행정청이 처분을 할 때 절차법적 규율로 처분의 이유제시, 의견제출 및 청문, 문서의 열람 외에 행정청으로 하여금 국민의 권리의무와 직접적인 영향을 미치는 처분의 기준을 미리 정하여 공표할 의무를 부과하였는데, 그 입법취지는 행정의 투명성과 예측가능성을 확보하여 주면서 처분에 대한 불복을 용이하게 하여 궁극적으로 행정의 공정타당성과 법적 안정성을 확보하려는데 있다.

2. 행정청의 처분기준 설정·공표의무

가. 처분기준의 의의와 범위

행정절차법 제20조 제1항은 '필요한 처분기준'에 대하여 설정·공표의무를 행정청에 부과하고 있을 뿐, 설정·공표의 대상이 되는 처분기준이 무엇인지에 관하여 구체적으로 밝히지 않고 있다. 이에 관해서는 해당 처분의 법적 성질, 특히 일반 국민의 이해관계와의 관련성 여부와 그 영향력의 정도 등에 따라 판단하여야 할 것이다.

우선 여기에서 말하는 처분기준이 재량기준만 의미하는 것인지 의문이 들 수 있다. 통상 행정청으로 하여금 처분기준을 설정하라고 요구하는 것은 행정청에 재량권이 부여된 경우이므로, 처분의 여부나 내용의 선택이 법적으로 기속되어 있는 경우 행정청이 그와 별도로 처분기준을 설정하는 것은 생각하기 곤란하다. 그러나 행정청에게 재량권이 부여되어 있지 않는 경우에도 행정청은 상급행정기관의 지위에서 하급행정기관의 법령해석을 통일시키고 행정사무를 합리화하기 위하여 행정규칙을 발할 수 있고(해석규칙), 대량으로 행해지는 행정처분에서 개개의 구체적인 사정을 감안하기 어려운 사정이 있는 경우 획일적인 처분기준을 정하는 행정규칙을 발할 수 있는데(간소화규칙), 이러한 행정규칙들은 재량사항이 아니더라도 국민의 권리의무에 중대한 영향을 미칠 수 있으므로, 처분기준의 설정 · 공표의무의 대상이 된다고 볼 수도 있을 것이다.

다음으로 부관 중에서 본체가 되는 인 · 허가 여부를 좌우하는 것은 인 · 허가를 할지 여부를 판단하는 기준과 같다고 볼 수 있으므로, 이때에는 행정청은 그 부관에 관해서도 처분기준의 설정 · 공표의무를 부담할 수도 있다.[22)]

나. 설정 · 공표의 구체성

처분기준이 어느 정도로 구체적으로 설정 · 공표되어야 하는지에 관하여, 행정절차법 제20조 제1항은 필요한 처분기준을 해당 처분의 성질에 비추어 되도록 구체적으로 정하여 공표하여야 한다고 규정하고 있다. 따라서 행정청은 처분의 공정성과 투명성을 확보하기 위하여 해당 처분의 성질이 허락하는 한 최대한 구체적으로 설정 · 공표하여야 할 것이다. 그러나 일률적으로 처분기준이 어느 정도까지 구체적이어야 한다고 설명하기 곤란하고, 사안별로 판단할 수밖에 없다. 이를 너무 엄격하게 요구하여 법령에서 인정하는 재량의 여지를 없앤다면, 당사자의 권리보호에 치우쳐서 행정청이 공익을 배려할 수 있는 운신의 폭이 좁아질 수 있다.[23)]

한편, 근거가 되는 법령에서 이미 그 처분기준에 관하여 구체적으로 규정하고 있기 때문에 더 이상 구체화가 불가능한 경우에는 처분기준의 설정 · 공표는 불필요할 것이다.[24)]

---

22) 南博方 · 高橋滋 編, 注釋 行政手續法, 第一法規, 2000, 137頁.

23) 김창조, "행정절차법상 처분기준", 법학논고: 문연 김원주 교수 정년퇴임기념 15집, 경북대학교 법학연구소(1999), 119면 참조.

24) 대법원 2011. 8. 25. 선고 2008두5148 판결에 의하면, "방송법 제15조의2 제2항이 '방송의 공적 책임 · 공정성 및 공익성의 실현가능성, 사회적 신용 및 재정적 능력, 시청자의 권익보호, 그 밖에 사업수행에 필요한 사항'과 같은 심사요건 등을 규정하고 있어 이해관계인들도 그 의의와 내용을 인식할 수 있으므로, 이 사건 처분이 행정절차법 제20조 제1항에서 요구한 처분기준의 설정 · 공표의무를 위반한 것으로 볼 수는 없다."라는 원심의 판단을 수긍하였다.

다. 설정 · 공표의 형식과 방법

처분기준은 반드시 행정규칙의 형식으로 설정 · 공표하여야 하는 것은 아니고, 법규명령의 형식으로도 가능하다. 실제로 제재적 처분의 경우 시행령 또는 시행규칙에 처분기준이 별표의 형식으로 구체화되는 경우가 많이 있다.

처분기준이 법규명령의 형식으로 제정되어 있는 경우에는 입법절차에 따라 공포되므로 별 문제가 없지만, 행정규칙의 형식으로 설정되어 이를 공표하는 경우 행정절차법 시행령 제12조에서 정한대로 당사자 등이 알기 쉽도록 편람을 만들어 비치하거나 게시판 · 관보 · 공보 · 일간신문 또는 소관 행정청의 인터넷 홈페이지 등에 공고하여야 한다.

한편, 행정절차법 제20조 제2항에서는 행정기본법 제24조에 따른 인허가의제의 처분기준에 대한 공표방법에 관하여 규정하고 있다. 앞에서 본 것처럼 행정기본법은 2021. 3. 23. 법률 제17979호로 제정되어 제24조에서 인허가의제의 기준에 관하여 규정하고 있다. 이에 따라 행정절차법은 2022. 1. 11. 법률 제18748호로 개정되어, 제20조 제2항에서 인허가의제의 처분기준에 관한 설정 · 공표의 방법과 절차를 규정하게 되었다. 이에 따르면, 관련 인허가 행정청은 관련 인허가의 처분기준을 설정하여 주된 인허가 행정청에 제출하여야 하고, 주된 인허가 행정청은 제출받은 관련 인허가의 처분기준을 통합하여 공표하여야 한다. 이는 처분기준을 변경하는 경우에도 같다.

라. 처분기준 공표의무가 면제되는 경우

행정절차법은 제20조 제3항에서는 예외적으로 처분기준을 공표하는 것이 해당 처분의 성질상 현저히 곤란하거나 공공의 안전 또는 복리를 현저히 해하는 것으로 인정될 만한 상당한 이유가 있는 경우에는 처분기준을 공표하지 않을 수 있도록 규정하고 있다. 행정절차법은 행정의 공정 · 타당성뿐만 아니라 투명성과 예측가능성을 확보하기 위하여 공표의무를 원칙으로 하되, 처분기준의 공표가 해당 처분의 성질상 현저히 곤란하거나 공공의 안전 또는 복리를 현저히 해하는 것으로 인정될 만한 상당한 이유가 있는 경우에 예외를 인정함으로써 공익과 사익 및 관계이익 상호간의 형평을 도모하고 있다.

다만 행정절차법 제20조 제3항에서 공표하지 않을 수 있는 경우의 요건에 관하여 '현저히', '공공의 안전 또는 복리'와 같은 불확정개념을 사용하여 어느 경우에 공표의무가 면제되는 것인지 일의적으로 해석되지는 않는다. 행정절차법이 공표를 원칙으로 삼고 있으므로, 예외적인 사정은 엄격하게 제한적으로 해석하여야 한다.

이와 관련하여, 공증인법에 따른 공증인가는 지역별 사정과 공증수요를 고려하여 결정하여야 하므로 성질상 처분기준을 공표하는 것이 현저히 곤란한 경우에 해당한다는 대법원 판례가 있다.[25)]

---

25) 대법원 2019. 12. 13. 선고 2018두41907 판결.

3. 처분기준의 법적 성격

가. 행정규칙 형식의 처분기준

행정규칙 형식의 처분기준은 다른 행정규칙과 마찬가지로 행정조직 내부에서 하급행정기관만 구속하므로, 그 수명자는 복종의무에 따라 그 처분기준을 준수하여 적용하여야 하고, 그것을 위반하면 징계 등의 사유가 될 수 있다. 그러나 이러한 처분기준은 대외적으로는 국민의 권리의무에 변동을 가하거나 그 범위를 확정할 수 없고, 법원을 구속하지도 않는다. 다만 그것이 평등의 원칙이나 신뢰보호의 원칙을 매개로 간접적으로 대외적 효력을 갖는 경우가 있다(간접효력설).

나. 법규명령 형식의 처분기준

처분기준의 법적 성격과 관련하여 특수한 문제점은 처분기준을 시행령이나 시행규칙에 규정하고 있는 경우이다. 이에 대해서는 이미 '법규명령 형식의 행정규칙론'에서 살펴본 것처럼 학설은 형식설(법규명령설)과 실질설(행정규칙설)이 대립하고, 판례는 제재적 처분기준에 관하여 그 규정형식이 대통령령인지 부령인지에 따라 대통령령의 형식인 경우에는 법규성을 인정하나 부령의 형식인 경우에는 법규성을 부정하고 있는 독특한 논리를 전개하고 있다. 위와 같은 논의 외에도 행정절차법이 처분기준의 설정 · 공표제도를 규정한 것을 계기로 전통적인 실체법적 접근과 달리 절차법적인 접근을 시도하는 주장이 제기되기도 한다.[26]

4. 처분기준 설정 · 공표제도의 법적 효과

가. 처분기준을 설정 · 공표하지 않고 처분을 한 경우

(1) 취소사유인지 여부

행정청이 처분기준을 설정하지 않거나 설정했다고 하더라도 구체적으로 정하지 않고 추상적으로 정했거나 설정된 처분기준을 공표를 하지 않고 처분을 하였을 경우, 바로 처분이 취소되어야 하는지에 관해서는 견해가 나뉜다. 처분기준 설정 · 공표의무 위반도 다른 절차적 하자가 있는 경우와 마찬가지라는 견해,[27] 위와 같은 사유만으로는 구체적인 처분의 하자가 되지 않아 취소사유가 되지 않는다는 견해,[28] 모든 경우에 취소사유를 구성한다고 할 수 없고 처분기준의 설정 · 공표의무가 개별사안에서 구체적인 처분과 관련하여 응축되는 경우에는 그 의무위반을 독립된 취소사유로 구성할 수 있다는 견해[29]가

26) 자세한 것은 임재홍, "행정절차법상 처분기준의 설정 및 공표", 행정법연구 제4호, 행정법이론실무연구회(1999), 71면 이하 참조.

27) 임재홍, "행정절차법상 처분기준의 설정 및 공표", 78면.

28) 정형근, 행정법, 제12판, 정독, 2024, 276면.

있다.

우리나라의 학설과 판례가 절차적 하자를 독립된 취소사유로 보고, 처분기준의 설정·공표는 처분의 이유제시, 의견제출 및 청문, 문서의 열람과 함께 처분과정의 중요한 절차적 규율로서 행정절차법이 특별히 규정하고 있다는 점 등을 감안하면, 정당한 절차의 운용이라는 측면에서 적극적으로 해석할 필요가 있다고 생각한다.[30]

그러나, 대법원은 행정청이 처분기준 설정·공표의무를 위반하여 미리 공표하지 않은 기준을 적용하여 처분을 하였다고 하더라도, 그것만으로는 해당 처분의 취소사유에 이르는 하자라고 볼 수 없다는 입장에 있다.[31] 다만 해당 처분에 적용한 기준이 상위법령의 규정이나 신뢰보호의 원칙 등과 같은 법의 일반원칙을 위반하였거나 객관적으로 합리성이 없다고 볼 수 있는 구체적인 사정이 있다면, 해당 처분은 그것을 이유로 위법하다고 평가할 수 있다고 한다.

(2) 처분기준 설정·공표청구권의 인정여부

여기에서 행정절차법 제20조가 행정청에게 처분기준의 설정·공표의무를 법적의무로 부과하여 행정청을 구속하기는 하지만, 반대로 국민에게 처분기준의 설정·공표청구권을 부여한 것인지는 의문이다. 해당 인허가 등의 발급을 신청하려는 사람, 해당 불이익처분을 받거나 받게 될 우려가 있는 사람 또는 그 밖에 행정절차에 참가하는 당사자 등은 문제가 되는 처분과의 관계에서 법률상 보호되는 이익을 가지고 있는지 여부에 따라 구체적·개별적인 처분기준 설정·공표청구권이 인정될 여지가 있다.[32] 그러나, 정보공개법에 따라 처분기준의 공개를 청구하는 경우는 별론으로 하고 일반적으로 국민 누구에게나 그러한 청구권이 부여되어 있다고 볼 수는 없을 것이다.[33]

나. 설정·공표된 처분기준과 달리 처분한 경우

(1) 처분기준이 행정규칙인 경우

행정규칙은 대외적 구속력을 가지는 것이 아니어서 법원이 이에 구속되지 않으므로, 그 행정규칙의 적용과 관계된 처분의 위법여부를 판단하는 법원으로서는 해당 행정규칙이

29) 홍준형 교수는 처분의 상대방 또는 그밖의 이해관계인이 처분기준의 설정·공표를 요구하였으나 행정청이 이에 응하지 않고 처분을 강행하였다는 등의 사정이 인정되는 경우를 예로 들고 있다(홍준형, 행정법, 제2판, 법문사, 2017, 431면).

30) 일본의 하급심 판결 중에는, 중국의 의학교를 졸업한 중국 국적인 사람이 후생대신에게 의사국가시험의 본시험 수험자격을 인정하여 달라고 신청하였으나 처분기준을 공표하지 않고 이유도 제시하지 않은 채 위 신청을 받아들이지 않은 처분을 취소한 사례가 있다(東京高裁 平成 13(2001)年 6月 14日 宣告 平成 11年 (行コ) 第173号 判決, 判例時報 1757号 51頁).

31) 대법원 2020. 12. 24. 선고 2018두45633 판결.

32) 자세한 사항은 후술하는 국가배상의 손해에 관한 부분 참조.

33) 홍준형, 행정법, 430면.

법령의 위임을 받지 않고 제정되었다거나 법령에 위반된다는 이유를 내세워서 그 효력을 부인할 필요가 없다.[34] 판례에 의하면, 부령으로 제정된 재제적 처분기준도 법규성이 부인되므로 마찬가지이다.

따라서, 어느 사안에 관하여 처분기준이 규정되어 있다고 하더라도 구체적 처분의 적법 여부는 단순히 처분기준에 대한 적합여부에 따라서 판단할 것이 아니라 상위 법령의 규정내용과 취지, 사건의 제반 정황 등에 비추어 공익과 사익을 비교 · 교량하여 해당 처분이 재량권의 범위 내에서 적절하였는지 여부에 따라 판단하여야 한다.[35] 다만 설정된 처분기준이 객관적으로 합리적이 아니라거나 타당하지 않다고 볼 만한 다른 특별한 사정이 없는 이상 행정청의 의사는 가능한 한 존중되어야 하고,[36] 위와 같은 처분기준에 행정청이 스스로 구속되는 경우도 있다는 점(행정의 자기구속)에 주의하여야 한다.

(2) 처분기준이 법규명령인 경우

처분기준이 법규적 효력을 가지고 있다면 법원도 그에 구속된다. 해당 처분기준상의 재량범위, 특히 감경규정의 요건을 충족하는지 여부를 심사하여 감경규정의 요건을 갖추었음에도 감경하지 않은 경우에는 그 처분을 재량권을 일탈 · 남용한 것으로 위법하다고 판단하여야 할 것이다.

법규명령이 모법의 위임근거가 아예 없거나 형식적으로 위임근거는 있지만 위임의 한계를 벗어났거나 모법의 규정들에 위반하는 내용의 것이면 위법 · 무효로 되고, 법규명령의 위와 같은 위법 · 무효 여부가 처분의 위법 여부를 판단하는 전제가 되는 경우에는 헌법 제107조 제2항의 규정에 따라 명령 · 규칙 · 처분의 위헌 · 위법 여부에 관한 심사권을 가지고 있는 법원이 이를 판단하여 그 법규명령의 유 · 무효를 선언하여야 한다.

다만 대법원은 앞의 법규명령 형식의 행정규칙론에서 대통령령 형식의 제재적 처분기준을 법규명령이라고 하면서도 구 청소년보호법 시행령상 과징금 부과처분기준에서 정한 수액을 최고한도액이라고 해석하거나 산업재해보상보험법 시행령상 업무상 재해 인정기준을 예시적인 것으로 해석하는 방법으로 구체적 타당성을 도모하기도 한다.

다. 처분기준이 변경된 경우

신청인이 신청당시의 허가기준과 처분당시의 허가기준이 달라져서 불이익을 받게 될 경우의 문제이다. 처분기준이 법규명령의 성질을 가진 경우에 주로 문제가 되지만, 행정규칙의 성질을 가지는 처분기준에도 뒤에서 보는 것처럼 문제가 되는 경우도 있다.

---

34) 대법원 1997. 7. 11. 선고 96누2347 판결 참조.
35) 대법원 1997. 5. 30. 선고 96누5773 판결.
36) 대법원 1996. 10. 11. 선고 96누6172 판결.

처분은 원칙적으로 처분 당시의 법령과 허가기준에 의하여 처리되어야 하고(행정기본법 제14조 제2항), 허가신청 당시의 기준에 따라야 하는 것은 아니며, 허가신청 후 허가기준이 변경되었다 하더라도 행정청은 새로운 허가기준에 따라서 처분을 하여야 한다.[37] 나아가 행정청이 허가신청을 수리하고도 이유 없이 그 처리를 늦추어 그 사이에 허가기준이 변경된 것이 아니라면, 처분이 그 처리기간을 도과한 뒤에 있었다는 사유만으로 새로운 허가기준에 따라서 한 위 처분을 위법한 것이라고 할 수 없다.[38]

그러나, 그러한 개정 법령의 적용과 관련해서는 개정 전 법령의 존속에 대한 국민의 신뢰가 개정 법령의 적용에 관한 공익상의 요구보다 더 보호가치가 있다고 인정되는 경우가 있을 수 있고 그러한 국민의 신뢰를 보호하기 위하여 그 적용이 제한될 수 있는 여지가 있다.[39] 이는 특히 법규명령에 규정된 처분기준이 개정되어 부진정소급입법에 해당하는 경우 신뢰보호의 원칙과 관련되어 있다. 대법원은 경과 규정에서 달리 정함이 없으면 처분 당시 시행되는 개정 법령과 그에서 정한 기준에 의하는 것이 원칙이지만, 구 법령의 존속에 대한 당사자의 신뢰가 합리적이고도 정당하며, 법령의 개정으로 야기되는 당사자의 손해가 극심하여 새로운 법령으로 달성하고자 하는 공익적 목적이 그러한 신뢰의 파괴를 정당화할 수 없다면, 새 법령을 그대로 시행하거나 적용하는 것은 허용될 수 없다는 입장에 있다. 이때 신뢰보호 원칙의 위배 여부를 판단하기 위해서는 한편으로는 침해받은 이익의 보호가치, 침해의 중한 정도, 신뢰가 손상된 정도, 신뢰침해의 방법 등과 다른 한편으로는 새 법령을 통해 실현하고자 하는 공익적 목적을 종합적으로 비교·형량하여야 한다.

한편, 법규명령의 효력을 가지는 처분기준이 진정소급입법에 해당한다면, 그것은 위헌·무효이므로, 처분시에 적용할 법령은 개정 전 법령이 된다. 이러한 소급입법금지의 원칙은 행정규칙인 처분기준에도 적용될 수 있다. 이와 관련하여, 갱신제를 채택하고 있는 경우의 상대방은 법령 형식의 처분기준이 아니더라도 합리적인 기준에 의한 공정한 심사를 받아 그 기준에 부합되면 갱신되리라는 기대를 가지므로, 갱신 여부에 관하여 합리적인 기준에 의한 공정한 심사를 요구할 권리를 가진다고 볼 수 있다. 따라서, 사전에 공표된 심사기준 중 경미한 사항을 변경하거나 다소 불명확하고 추상적이었던 부분을 명확하게 하거나 구체화하는 정도를 뛰어넘어, 심사대상기간이 이미 경과하였거나 상당 부분 경과한 시점에서 상대방의 갱신 여부를 좌우할 정도로 심사기준을 중대하게 변경하는 것은, 갱신제의 본질과 사전에 공표된 심사기준에 따라 공정한 심사가 이루어져야 한다는 요청에 위배되는

37) 대법원 1995. 11. 21. 선고 94누10887 판결, 대법원 2005. 7. 29. 선고 2003두3550 판결 등 참조.
38) 대법원 1993. 2. 12. 선고 92누4390 판결.
39) 대법원 2000. 3. 10. 선고 97누13818 판결, 대법원 2006. 11. 16. 선고 2003두12899 전원합의체 판결 참조.

것이므로, 갱신제 자체를 폐지하거나 갱신상대방의 수를 종전보다 대폭 감축할 수밖에 없도록 만드는 중대한 공익상 필요가 인정되거나 관계 법령이 제 · 개정이 되었다는 등의 특별한 사정이 없다면, 허용되지 않는다고 보아야 한다.[40]

5. 처분기준 해석 · 설명 요청권

가. 의 의

행정절차법 제20조 제4항은 "당사자 등은 공표된 처분기준이 명확하지 아니한 경우 해당 행정청에 그 해석 또는 설명을 요청할 수 있다. 이 경우 해당 행정청은 특별한 사정이 없으면 그 요청에 따라야 한다."라고 규정하고 있다. 위와 같이 행정절차법이 처분기준의 해석 · 설명요청권을 규정한 취지는 처분기준 설정 · 공표제도의 실효성을 확보하기 위한 것이다.

위 권리는 '공표된 처분기준이 불명확한 경우'에 한하여 행사할 수 있고, 그 효력도 행정청이 '특별한 사정이 없으면' 이에 따라야 한다는 데 그친다.[41] 현실적으로 행정청은 법령의 규정내용에 대한 해석이 단순명료하고 행정청의 방침이 이미 확정되어 있는 경우에는 처분기준을 구체적으로 해석 또는 설명할 수 있겠으나, 법률상 규정된 요건이 불명확하고 행정청의 방침이 유동적인 상태에 있는 경우라면 명확한 해석을 하여 주는 것이 곤란할 것이다. 이러한 경우 당사자 등이 해석 또는 설명을 요구하였으나 이에 따르지 않았다고 위법하다고 할 수는 없다.

나. 행정청이 답변과 다른 처분을 한 경우

당사자 등의 처분기준의 해석 또는 설명 요구에 대하여 행정청의 답변과 다른 처분을 한 경우 그 처분의 법적 효과에 대한 판단은 신뢰보호의 원칙과 관련이 있다. 당사자 등이 구체적인 상황과의 직접적인 연관 하에 처분기준의 해석 또는 설명을 요구하고 행정청이 구체적인 답변을 한 경우, 신뢰보호의 원칙을 적용하기 위한 요건인 공적인 견해표명에 해당될 수 있다. 그러나 행정청이 단순히 원론적인 입장에서 처분기준을 해석하고 설명을 한 경우에는 공적인 견해표명이라고 보기 어려울 것이다.

위와 같은 요건이 충족되더라도 그 처분이 취소되어야 할 것인지 여부는 행정청의 해석 또는 설명 후에 그 전제로 된 사실적 · 법률적 상태가 변경되었는지, 이익형량의 관점에서 행정청의 해석 또는 설명에 반하는 처분을 함으로써 달성하려는 공익이 행정청의 해석

---

40) 대법원 2020. 12. 24. 선고 2018두45633 판결.

41) 홍준형, "행정절차법상 처분기준의 설정 · 공표", 고시계 제47권 제7호, 국가고시학회(1997. 7), 44면에서는 그러한 의미에서 단축된 청구권이라고 한다.

또는 설명을 신뢰한 개인이 그 처분으로 인하여 입게 되는 이익의 침해를 정당화할 수 있을 정도로 강한 것인지를 살펴보아야 한다.

Ⅱ. 이유제시제도

행정절차법 제23조(처분의 이유 제시) ① 행정청은 처분을 할 때에는 다음 각 호의 어느 하나에 해당하는 경우를 제외하고는 당사자에게 그 근거와 이유를 제시하여야 한다.

1. 신청 내용을 모두 그대로 인정하는 처분인 경우
2. 단순·반복적인 처분 또는 경미한 처분으로서 당사자가 그 이유를 명백히 알 수 있는 경우
3. 긴급히 처분을 할 필요가 있는 경우

② 행정청은 제1항제2호 및 제3호의 경우에 처분 후 당사자가 요청하는 경우에는 그 근거와 이유를 제시하여야 한다.

1. 개 관

가. 의 의

(1) 행정절차법상 이유제시의무와 그 의미

행정절차법 제23조 제1항은 "행정청이 처분을 할 때에는 당사자에게 그 근거와 이유를 제시하여야 한다."라고 규정하여, 이유제시를 의무화하였다. 여기에서 제시되어야 하는 "근거와 이유"란 해당 처분의 기초가 된 사실관계와 그에 해당하는 법령을 말한다.

이유제시절차는 사전통지절차와 더불어 처분을 하기 전에 또는 처분과 더불어 밟아야 하는 필수적인 절차이다. 행정절차법이 사전통지 외에 이유제시절차를 별도로 둔 이유 및 차이점은 ① 처분의 사전통지가 당사자에게 의무를 과하거나 권익을 제한하는 처분을 하는 경우에 한정되는 절차이지만, 이유제시는 원칙적으로 모든 처분에 해당하는 절차라는 점, ② 처분의 사전통지는 처분이 이루어지기 전에 반드시 이루어져야 하나, 이유제시는 통상 처분과 더불어 행해지는 점, ③ 처분의 이유제시가 생략될 수 있는 경우를 별도로 명백히 규정할 필요가 있다는 점, ④ 처분의 이유제시를 생략한 경우에도 당사자의 요청이 있으면 나중에 처분의 이유를 제시할 수 있음을 규정할 필요가 있다는 점 등이다.

(2) 처분사유와의 관계

처분이유는 행정절차법 제23조 소정의 이유제시의무의 대상이 되는 것으로서 형식적·절차법적 개념이나, 처분사유는 처분의 적법성을 뒷받침하는 근거라는 의미로 실질적·소송법적 개념이다.[42] 행정청이 처분을 할 때 행정절차법 제23조 소정의 이유제시의무

를 다하기 위하여 처분에 부수하여 제시하는 것이 '처분이유'인 반면, 행정소송에서 처분의 적법성에 관한 증명책임을 부담하는 피고인 행정청이 그 증명을 위하여 소송상 제출하는 법적 · 사실적 주장이 '처분사유'가 된다.

위와 같이 처분이유와 처분사유를 구별하면, '이유제시의 추완'과 '처분사유의 추가 · 변경'도 구별된다. 전자는 처분에 전혀 이유가 제시되지 않았거나 이유가 제시되었지만 불명확 또는 불충분함으로 말미암아 절차적 하자가 생긴 경우 이를 사후에 시정함으로써 그 하자를 치유하는 것을 가리킨다. 반면에 '처분사유의 추가 · 변경'은 실체적 위법성에 관한 문제로서, 처분에 제시된 이유가 실체법적으로 타당하지 않거나 처분의 적법성을 뒷받침하기 부족한 경우에 소송과정에서 처분의 근거를 추가 · 변경함으로써 처분의 실체적 적법성을 입론하는 것이다.[43)]

이상에서 본 것처럼 처분이유와 처분사유를 엄격하게 구분한다면, 이유제시의무와 처분사유의 추가 · 변경은 서로 관련이 없다. 처분을 행할 때 처분이유가 형식적으로 제시되기만 하면 행정절차법 제23조 소정의 이유제시의무는 충족된 것이지 내용적으로 타당한 이유를 제시할 의무까지 부과하는 것은 아니고, 이유제시제도의 취지는 이유제시의 하자를 독립적인 취소사유로 취급하고 하자의 치유를 엄격히 제한한다면 충족된다고 볼 수 있기 때문이다. 그러나 처분사유의 추가 · 변경과 이유제시의무의 관계가 위와 같은 형식적인 논리로 쉽게 단절될 수는 없다고 생각한다. 만일 제한 없이 처분사유의 추가 · 변경을 허용한다면 행정청으로서는 신중한 조사나 판단을 다하지 않고 처분을 발령할 것이고, 원고로서는 방어의 어려움을 겪게 될 것이며, 법원으로서는 심리대상이 명확하지 않게 된다는 문제가 발생하는데,[44)] 이는 처분사유의 추가 · 변경의 문제와 이유제시의무가 실질적으로 연관성이 있기 때문이다. 또한, 이유제시의 하자는 처분을 위법하게 하는 독자적 취소사유로서 그 치유는 쟁송 제기 이전에만 가능한데, 소송에서 처분사유의 추가 · 변경을 자유롭게 허용하는 것은 실질적인 관점에서 보면 모순이라고 볼 수도 있다. 따라서, 이유제시의 하자를 독자적인 처분의 취소사유로 취급하고 하자의 치유를 엄격히 해석하면서 처분사유의 추가 · 변경을 제한하여야 그 위반에 대한 제재가 실효성을 갖게 되어서 행정청이 이유제시의

42) 박정훈, "처분사유의 추가 · 변경과 행정행위의 전환 – 제재철회와 공익상 철회 –", 206면 참조. 박정훈 교수는 독일에서 처분이유에 해당하는 개념은 'Begründung'이고 처분사유에 해당하는 것은 'Gründe'이며, 통상적인 어의로는 Begründung은 Gründe를 제시하는 동작을 의미하는 것이므로 후자는 전자의 대상에 불과하나, 행정법 용어로는 Begründung은 형식적인 개념으로서 외형상 행정행위의 주문(Tenor)에 대응하는 이유기재 부분을 가리키는 것인 반면, Gründe는 실질적 개념으로서 행정행위의 내용인 규율(Regelung)의 적법성을 뒷받침하는 근거를 의미한다고 한다.

43) 박정훈, "처분사유의 추가 · 변경과 행정행위의 전환 – 제재철회와 공익상 철회 –", 207면.

44) 변동걸, "취소소송에 있어서 처분사유의 추가 및 변경", 대법원 판례해설 제8호, 법원도서관(1987), 297면.

무를 실질적으로 이행하게 할 수 있게 될 것이고, 그래야만 이유제시제도의 취지와 기능이 실질적으로 담보될 수 있다.

나. 기 능

행정기관이 이유제시를 통하여 신중하게 행정작용을 하게 됨으로써 행정작용의 공정성을 보장하는 기능(행정의 자기통제기능), 해당 처분의 당사자로 하여금 제시된 이유를 검토하여 해당 처분의 위법성 여부를 판단하고 이를 근거로 처분에 대한 행정쟁송의 제기여부를 결정하는데 도움을 받게 되는 기능(권리구제기능), 해당행위의 내용을 명확하게 하여 이해관계인으로 하여금 처분의 근거가 된 법률상 · 사실상의 중요한 관점들을 평가할 수 있게 함으로써 처분을 정당한 것으로 받아들여 그들을 승복시키는 기능(당사자만족기능), 해당 행정결정을 명확하게 하는 기능(명확성확보기능) 등이 있다.

위와 같은 기능 중에 현실적으로 소송절차에서 당사자에게 가장 중요한 의미를 갖는 기능은 권리구제기능이 될 것이고, 대법원도 바로 그 기능에 초점을 맞춰 "면허 등의 취소처분에 그 결정이유를 명시토록 하는 취지는 행정청의 자의적 결정을 배제하고 이해관계인으로 하여금 행정구제절차에 적절히 대처할 수 있게 하기 위한 때문이다."라고 판시하기도 하였다.[45]

2. 이유제시의 대상 · 방식 · 시기

가. 적용대상

(1) 이유제시의 대상이 되는 처분

행정절차법 제23조 제1항에서는 모든 처분에 관하여 이유제시의무를 부과하고 있는데, 사전통지의 대상이 의무를 과하거나 권익을 제한하는 처분이라는 것과 그 범위가 다르다. 따라서 국가 · 지방자치단체의 기관 또는 공공단체 그 자체 또는 그 장의 명의로 된 처분뿐만 아니라, 공무수탁사인이 행하는 처분도 이유를 제시하여야 한다.

(2) 행정절차법상 예외

첫째, 신청내용을 모두 그대로 인정하는 처분인 경우이다. 주로 국민이 수익적 행정행위의 발급을 신청하여 행정청이 그 신청대로 처분을 한 경우를 말한다. 다만 제3자효 행정행위의 경우에는 행정청이 신청 내용대로 허가하였다고 하더라도 그 허가가 제3자의 권익을 침해할 때에는 이유제시의무가 면제되지 않는다.[46] 행정절차법의 해석상 이유제시가 면

---

45) 대법원 1990. 9. 11. 선고 90누1786 판결.

46) 송희성, "행정처분과 이유제시(이유부기)", 고시계 제45권 제5호, 국가고시학회(2000. 5), 48면.

제되는 것은 신청내용을 모두 그대로 인정하는 처분에 한정되고 처분의 일반적 효과를 제한하기 위하여 부관을 붙인 경우 등에는 이유제시를 하여야 할 것이다.[47)]

둘째, 단순 · 반복적인 처분 또는 경미한 처분으로서 당사자가 그 이유를 명백히 알 수 있는 경우이다. 단순 · 반복적인 처분은 특정인에게 행해지는 경우도 있을 수 있으나, 교통신호와 같이 주로 불특정다수인에 대한 일반처분인 경우가 많을 것이다. '경미한 처분'의 예로는 노상에서 담배꽁초를 투기한 자에게 그것을 줍게 하는 경찰처분 같은 것을 들 수 있다.

셋째, 긴급히 처분을 할 필요가 있는 경우이다. 목전에 닥친 긴급한 위험방지를 위하여 특정한 위험시설의 가동정지처분이나 경찰관직무집행법상의 무기사용 · 보호조치 · 범죄의 제지조치 · 위험발생 방지조치 같은 경우를 예로 들 수 있다.

나. 이유제시의 방식과 시기

(1) 방　　식

행정절차법에서는 이유제시의 방식에 관하여 서면으로 하여야 하는지 또는 구술로도 가능한 것인지에 관하여 아무런 규정을 두고 있지 않다. 이유제시에 관하여 서면형식을 요구하는 경우에는 행정기관에게 행정적인 부담을 줄 수 있으나 처분의 상대방으로서는 권리구제의 편의를 도모할 수 있는 장점을 가지게 될 것이다. 구술의 형식으로도 가능하다고 한다면 행정기관은 용이하게 이유를 제시할 수 있으나 당사자로서는 이유제시의 존부에 관하여 명확성을 확보할 수 없는 단점을 가지게 될 것이다. 행정절차법 제24조 제1항에서는 행정청이 처분을 하는 때에는 다른 법령 등에 특별한 규정이 있는 경우를 제외하고는 문서로 하여야 한다고 규정하고 있으므로, 통상의 경우 처분의 이유는 처분서면에 기재되어 있을 것이어서 실무적으로 별다른 문제가 발생하지는 않을 것이다.

(2) 시　　기

이유제시는 원칙적으로 처분의 발령 당시에 함께 제시되어야 한다. 다만 행정절차법 제23조 제2항에서는 이유제시의 예외사유에 해당하는 경우라도 처분 후 당사자가 요청하는 경우에는 이유를 제시하여야 한다고 규정하고 있다. 이 경우 언제까지 이유제시를 하여야 하는지 아무런 규정이 없으나, 처분의 성질에 따라 상당한 기간 이내라고 해석할 수밖에는 없을 것이다.

---

47) 송희성, "행정처분과 이유제시(이유부기)", 48면.

3. 이유제시의 정도

가. 이유제시의 정도에 관한 논의

행정청이 처분을 할 때 어느 정도 이유가 제시되어야 행정절차법에 따른 이유제시로서 적법하다고 할 수 있는지가 문제이다. 조세부과처분에서는 국세징수법 및 지방세법 관련규정에서 제시하여야 할 부과처분의 내용에 관한 규정을 두고 있다. 가령 국세징수법 제6조 제1항 본문에서는 "관할 세무서장은 납세자로부터 국세를 징수하려는 경우 국세의 과세기간, 세목, 세액, 산출 근거, 납부하여야 할 기한 및 납부장소를 적은 납부고지서를 납세자에게 발급하여야 한다."라고 규정하여 어느 범위에서 이유제시를 하여야 하는지 비교적 상세하게 규정하고 있다.[48] 이에 반하여, 행정절차법 제23조 제1항은 처분의 '근거와 이유'를 제시하여야 한다고만 규정하고 있을 뿐, 구체적으로 어느 정도로 이유제시가 이루어져야 하는지에 대해서는 아무런 규정을 두고 있지 않고 학설과 판례에 맡겨두고 있다.

개개의 처분의 내용 내지 효과와 기타 사항을 고려하여 결정하여야 할 것이지만, 가장 이상적인 이유제시의 정도는 처분서면만 보아도 사실적 · 법적 근거가 명확하고 구체적으로 기재되어 있는 것이라 할 수 있다. 즉, '어떠한 사실관계'(사실적 근거)에 기초하여 '어떠한 법령'(법적 근거)을 적용하여 해당 처분이 이루어졌는지를 그 처분서의 기재 자체로 알 수 있을 정도로는 기재되어야 할 것이고, 특히 재량행위에서는 그 재량의 관점이 되었던 중요한 요소들이 제시되어야 하며, 해당 처분에 대한 쟁송에서 행정심판기관이나 법원이 해당 처분의 사실적 · 법적 근거를 검토하여 그 적법 · 타당성을 확인할 수 있는 정도는 되어야 할 것이다.[49]

---

48) 과세표준과 세율, 세액, 세액산출근거 등의 필요한 사항을 납세자에게 서면으로 통지하도록 한 세법상의 제 규정들은 단순히 세무행정의 편의를 위한 훈시규정이 아니라 조세행정에 있어 자의를 배제하고 신중하고 합리적인 처분을 행하게 함으로써 공정을 기함과 동시에 납세의무자에게 부과처분의 내용을 상세히 알려서 불복여부의 결정과 불복신청에 편의를 제공하려는 데서 나온 강행규정으로서 납세고지서에 그와 같은 기재가 누락되면 그 과세처분 자체가 위법한 처분이 되어 취소의 대상이 된다(대법원 1985. 5. 28. 선고 84누289 판결).

49) 대법원도 여러 비위행위가 경합하여 이루어지는 징계처분과 관련하여, 징계대상자의 방어권을 보장하기 위해서는 각 행위의 일시, 장소, 상대방, 행위 유형 및 구체적 상황이 다른 행위들과 구별될 수 있을 정도로 특정되어야 한다고 하였다(대법원 2022. 1. 14. 선고 2021두50642 판결 참조). 다만 성비위행위의 경우에는 각 징계혐의사실이 서로 구별될 수 있을 정도로 특정되어 있고, 징계대상자가 징계사유의 구체적인 내용과 피해자를 충분히 알 수 있다고 인정된다면, 피해자의 '실명' 등 구체적인 인적사항이 공개되지 않았다고 하더라도, 그와 같은 사정만으로 징계대상자의 방어권 행사에 실질적인 지장이 초래된다고 볼 수 없는데, 특히 성희롱 피해자의 경우 2차 피해 등의 우려가 있어 실명 등 구체적 인적사항 공개에 더욱 신중을 기할 필요가 있다는 점에서 더욱 그러하다고 판시하였다(대법원 2022. 7. 14. 선고 2022두33323 판결).

나. 대법원 판례의 유형적 고찰

(1) 근거법령 및 그에 해당하는 사실관계가 기재되지 않은 경우

대법원은 근거법령 및 그에 해당하는 사실관계에 관하여 아무런 적시를 하지 않은 경우 그 처분은 위법하다고 판단하고 있다.[50)]

(2) 근거법령은 기재되었으나 그에 해당하는 사실관계가 기재되지 않은 경우

행정청이 근거법령만 기재하고 그에 해당하는 사실관계를 기재하지 않은 경우 상대방의 불복신청에 어려움이 있을 것이므로 원칙적으로 위법하다고 할 것이다. 그러나, 그 근거법령을 나타낸 것만으로도 해당 규정에 해당하는 사실관계까지도 당연히 알 수 있어 상대방의 불복신청에 지장을 줄 염려가 없을 때에는 위법하다고 할 수 없다.

위법하다고 판단된 사례로는 기재된 근거법령에 포섭될 수 있는 사실관계가 다양하여 그 적시만으로는 해당 처분의 근거법령에 포섭된 사실관계를 알 수 없는 경우를 들 수 있다.[51)] 또한, 기재된 근거법령의 내용이 개괄적 · 추상적이어서 그 적시만으로는 해당 처분의 근거법령에 포섭된 사실관계를 알 수 없는 경우에도 위법하다고 하여야 할 것이다.

적법하다고 판단된 사례로는 기재된 근거법령에 의하여 그에 해당하는 사실관계가 명료한 경우를 들 수 있다. 사립학교법 제20조의2 제2항에서는 학교법인의 임원취임 승인취소는 관할청이 그 학교법인에게 그 사유를 들어 시정을 요구한 날로부터 15일이 경과하여도 이에 응하지 않은 경우라고 규정하고 있으므로, 위 규정을 적시하는 것만으로도 '시정요구의 불응' 사실을 알 수 있을 뿐만 아니라 처분서에 임원취임승인 취소사유가 구체적으로 적시되어 있었다면 임원취임승인취소처분의 처분사유가 충분히 특정되었다고 판시한 사례가 있다.[52)]

(3) 사실관계는 기재되었으나 근거법령이 기재되지 않은 경우

대법원은 사실관계는 기재되었으나 근거법령이 기재되지 않은 경우에는 위법하지 않다고 너그럽게 해석한다. 예컨대, 징계의결서에 징계사유로 된 사실관계와 이에 해당되는 의무위반의 사유가 무엇인지를 인식할 수 있을 정도로는 기재되었다면 위법하다고 보지 않았다.[53)]

---

50) 대법원 1987. 5. 26. 선고 86누788 판결(단순히 "귀사의 주류판매업 면허를 1984. 4. 23.자로 취소하였기에 통지합니다."라고 기재한 주류판매업면허 취소처분), 대법원 2004. 9. 23. 선고 2003두1370 판결(개괄적인 사유만을 들어 공개를 거부한 처분).

51) 대법원 1985. 7. 10. 선고 82누551 판결에서는, 사실의 적시 없이 비료관리법 제14조 제1호에 따라 비료생산업허가를 취소한 경우 위 제14조 제1호에는 이 법 또는 이 법에 의한 명령에 위반한 때라고만 규정되어 있어서 위 법령의 적시만으로는 그 법령에 해당하는 사실을 알 수 없어 위법하다고 판시하였다.

52) 대법원 2002. 2. 5. 선고 2001두7138 판결. 이 판결에 대한 비판적 판례평석으로는, 「김철용, "학교법인임원취임승인취소처분과 행정절차법", 행정판례연구Ⅸ, 박영사(2004)」 참조.

53) 대법원 1993. 9. 10. 선고 93누5741 판결.

(4) 근거법령이나 사실관계가 기재되어 있으나 부실하게 기재되어 있는 경우

행정청은 해당 처분의 근거법령을 정확하게 기재하여야 하고, 사실관계도 제재적 처분에서 위반사실의 주체, 시기, 장소, 태양 등과 같이 근거법령의 주요사실을 구체적으로 기재하여 제시하여야 한다.[54] 예컨대, 무면허 주류판매업자에게 주류를 판매하였다는 이유로 주류판매면허를 취소한 처분을 하면서, "상기 주류도매장은 무면허 주류판매업자에게 주류를 판매하여 주세법 제11조 및 국세법 사무처리규정 제26조에 의거 지정조건위반으로 주류판매 면허를 취소합니다."라고 기재한 것만으로는 어떠한 거래행위로 인하여 위와 같은 처분을 받았는지를 알 수 없어 위법하다.[55] 또한, 산업단지개발계획의 변경신청을 거부하기 위해서는 신청을 인용하는 것이 법령 위반이라거나 종전 계획을 변경할 사정변경이 인정되지 않는다는 등 거부의 실질적인 이유를 당사자가 알 수 있도록 하지 않고 아무런 실질적인 내용 없이 단순히 신청을 불허한다는 결과만을 통보한 것은 위법하다.[56]

다만 처분이 이루어진 과정에서 이미 구체적인 처분사유와 그 근거가 제시되고, 상대방이 이를 알았거나 알 수 있는 경우 위법하다고만 할 것인지 문제가 된다.

당사자가 근거규정 등을 명시한 인·허가 신청 등을 거부하는 처분을 할 때 당사자가 그 근거를 알 수 있을 정도로 상당한 이유를 제시한 경우에는 해당 처분의 근거 및 이유를 구체적 조항 및 내용까지 명시하지 않았더라도 그로 말미암아 그 처분이 위법한 것이 된다고 단정할 수는 없다.[57]

한편, 처분과정, 특히 청문절차를 통하여 해당 처분의 기초가 된 구체적인 처분사유와 그 근거가 제시되고, 상대방이 이를 알았거나 알 수 있는 경우에도 문제가 된다. 처분이 이루어진 경위, 처분절차 내에서의 사정, 예를 들면 사전통지, 청문, 공청회, 의견제시 등을 거쳤다면, 그것은 이유제시의 하자 유무를 판단할 때 상당부분 고려할 수 있을 것이다. 처

---

54) 그러나 행정청이 제재적 처분의 사실관계를 "청소년주류제공", 혹은 "유흥주점형태영업행위" 등으로 간략하게 기재하는데 그치는 경우도 많이 있다.

55) 대법원 1990. 9. 11. 선고 90누1786 판결.

56) 대법원 2017. 8. 29. 선고 2016두44186 판결.

57) 대법원 2002. 5. 17. 선고 2000두8912 판결에서는 피고가 1998. 12. 15. 원고의 요청에 대한 회신을 함에 있어 '도시계획법'이라고만 하였을 뿐 '도시계획법 시행령 제20조'를 명시하지 않았던 사실은 알 수 있으나, 원고가 도시계획법 제21조, 도시계획법 시행령 제20조 제1항 제2호에 의하여 개발제한구역의 지정목적에 지장이 없다고 하여 토지형질변경허가신청을 하였고, 이에 대하여 피고는 원고가 1996. 12. 29. 벌채허가를 득한 내용대로 조림을 하여야 한다는 이유로 불허하였음이 분명하므로, 원고로서는 당초 벌채허가와 달리 이 사건 임야를 이용하기 위한 원고의 신청이 개발제한구역의 지정목적에 현저히 지장을 초래하는 것이라는 이유로 도시계획법 시행령 제20조 제1항 제2호에 따라 불허된 것임을 알 수 있었다고 할 것이고, 피고가 근거규정을 단지 '도시계획법'이라고만 하였다고 하더라도 그 처분 자체를 위법하다고 할 수 없다고 판시하였다. 참고로 위 사건의 처분서면에는 "관계법령 및 현지여건 등을 종합적으로 검토한바, 96년도 입목벌채허가한 바와 같이 현재 상태에서 조림목적 이용함이 타당할 것으로 판단되어 불허가 통보하오니 그리 아시기 바랍니다."라고 기재되어 있었다.

분서면인 경영개선계획에 대한 불승인 결정의 통지서에는 금산법 제10조 및 상호저축은행업 감독규정 제17조의8에 의하여 원고가 제출한 경영개선계획을 불승인한다고 되어 있을 뿐 그 불승인사유에 관하여 구체적으로 설명하는 내용의 기재가 없었던 사안에서, 위 감독규정 제17조의8 제6항에 의하면, 제출된 경영개선계획에 대한 불승인사유는 '계획의 타당성이 인정되지 아니하는 경우'로 규정되어 있을 뿐 다른 불승인사유는 없고, 원고가 처분 전에 이루어진 경영평가위원회 회의에 직접 참석하여 경영개선계획에 관한 의견을 개진하여 자신이 제출한 경영개선계획의 타당성이 인정되지 않아 불승인된 것임을 충분히 알 수 있었으며, 원고가 위 경영개선계획의 타당성을 주장하면서 불복하는 데에 별다른 지장을 초래하였다고 보이지 않는다고 판시한 사례가 있다.[58]

다. 대법원 판례에 관한 분석

앞에서 본 대법원 판결들에 비추어 보면, 대법원도 이유제시의 기능 내지 취지를 감안하여 제시된 이유가 법정의 처분요건을 되풀이하는 것과 같은 일반적 · 추상적인 것만으로는 불충분하고, 상대방이 처분이유를 이해할 수 있고, 권리구제를 강구할 수 있을 정도의 구체성 · 상세성을 가져야 한다는 원칙을 세우고 있다.[59]

그러나, 현실의 실무관행상 사실적 · 법적 근거를 구체적이고 상세하게 제시한 처분이 얼마나 되는지 의문이고, 그것만을 이유로 처분을 취소하는 것이 전적으로 타당한 것인가도 의문이다.

대법원이 이유제시의 정도에 대하여 가장 중요하게 본 판단기준은 상대방이 해당 처분을 받았을 때 그에 대하여 적절히 대처할 수 있었는지 여부라고 생각된다(이유제시의 권리구제기능). 이유제시의 기능에는 권리구제기능 외에도 행정의 자기통제기능, 당사자만족기능, 명확성확보기능 등이 있다. 그런데, 이유제시의 하자가 문제되는 것은 보통 행정쟁송의 단

---

58) 대법원 2006. 7. 28. 선고 2004두3380 판결. 또한 대법원 2006. 7. 28. 선고 2004두13219 판결에서는 같은 원고에 대한 상호신용금고의 영업인가의 취소처분서에는 영업인가의 취소처분의 근거 법령인 금산법 제14조 제2항 및 상호저축은행법 제24조 제2항만 기재되어 있고 인가취소사유에 관하여 구체적으로 설명하는 내용의 기재가 없는 사안에서, 원고가 피고에게 제출한 경영개선계획에 대하여 불승인 결정을 한 후 그 후속 조치로서 영업인가의 취소가 이루어지고, 영업인가의 취소에 앞서 거친 청문 등 절차에서 그 사유가 충분히 설명한 것으로 보이며, 원고 금고의 관계자들이 출석하여 인가취소에 관한 의견을 개진한 점, 금산법 제14조 제2항 제1호에서 경영개선명령을 이행하지 아니하거나 이행할 수 없게 된 경우를 부실금융기관의 인가취소사유로 규정하고 있고, 상호저축은행법 제24조 제2항 제2호에서도 결손으로 인하여 자기자본의 전액이 잠식된 경우를 인가취소사유로 규정하고 있는 점 등에 비추어 보면, 원고로서는 이 사건 의결서에 기재된 근거 법령과 그 인가취소사유 및 위와 같은 진행경과를 종합하여, 경영개선명령을 이행하지 않았거나 이행할 수 없게 된 경우 내지 결손으로 인하여 자기자본의 전액이 잠식된 경우 등에 해당하여 영업인가가 취소된 것임을 충분히 알 수 있었다고 할 것이고, 이에 대하여 원고가 경영개선명령의 이행 가능성 등을 주장하면서 불복하는 데에 별다른 지장을 초래하였다고 보이지 않는다는 취지로 판시하였다.

59) 대법원 1990. 9. 11. 선고 90누1786 판결 참조.

계라고 할 것이고, 법원도 그 단계에서 이유제시의 정도를 판단하게 된다. 쟁송의 단계에서는 처분의 상대방이나 법원으로서는 행정의 자기통제기능, 당사자만족기능, 명확성확보기능 등은 이미 그 역할을 종료하였거나 큰 의미가 없는 것이기 때문에, 분쟁을 해결하는 것과 관련된 권리구제기능에 초점을 맞출 수밖에 없다고 생각된다. 따라서, 대법원이 당사자의 방어권의 보장과 같은 측면에서 이유제시의 정도를 살펴보려고 시도하는 것은 당연하다.

이러한 관점에서 보면, 근거법령만 기재되었더라도 해당 규정에 해당하는 사실관계까지도 당연히 알 수 있는 경우, 처분서면 등에 기재된 처분사유가 다소 추상적이거나 함축적인 용어로 되어 있다 할지라도 상대방이 자신의 경험이나 지식 또는 처분의 전체 과정을 통하여 그 의미를 명확히 인식할 수 있어 불복 여부를 결정하고 불복 대상을 확정하는 데 어려움이 없는 경우 등 상대방의 불복신청에 지장을 줄 염려가 없다고 볼만한 사정이 있을 때에는 위법하지 않다고 판단할 수 있다.

나아가, 해당 처분이 이루어진 과정에서 이미 구체적인 처분사유와 그 근거가 제시되고 상대방이 이를 알았거나 알 수 있는 경우에 근거법령이나 사실관계가 부실하게 기재되어 있더라도 위법하지 않다고 한 판단도 이해할 수 있다. 인·허가 등을 거부하는 처분의 경우에는 신청단계에서 이미 당사자가 근거법령이나 사실관계를 명시하였으므로, 거부처분을 할 때 다소 이유제시가 부실하였다 하더라도 당사자의 방어권의 보장이나 권리구제에 별다른 영향을 미치지 않는다고 판단할 수 있다.

다음으로 처분이 이루어진 경위, 처분절차 내에서의 사정, 예를 들면 사전통지, 청문, 공청회, 의견제시 등을 거쳐 그 과정에서 당사자가 처분의 근거법령과 사실관계를 충분히 알 수 있게 되었다면 비록 근거법령이나 사실관계가 부실하게 기재되어 있더라도 당사자의 권리구제에 방해가 되지 않는 터에 굳이 그 처분을 취소할 필요가 없다고 판단할 수 있다.[60]

Ⅲ. 청문 등 의견청취제도

행정절차법 제22조(의견청취) ① 행정청이 처분을 할 때 다음 각 호의 어느 하나에 해당하는 경우에는 청문을 한다.

1. 다른 법령등에서 청문을 하도록 규정하고 있는 경우
2. 행정청이 필요하다고 인정하는 경우
3. 다음 각 목의 처분을 하는 경우

가. 인허가 등의 취소

60) 대법원 2009. 12. 10. 선고 2007두20362 판결.

나. 신분 · 자격의 박탈
다. 법인이나 조합 등의 설립허가의 취소
② 행정청이 처분을 할 때 다음 각 호의 어느 하나에 해당하는 경우에는 공청회를 개최한다.
1. 다른 법령등에서 공청회를 개최하도록 규정하고 있는 경우
2. 해당 처분의 영향이 광범위하여 널리 의견을 수렴할 필요가 있다고 행정청이 인정하는 경우
3. 국민생활에 큰 영향을 미치는 처분으로서 대통령령으로 정하는 처분에 대하여 대통령령으로 정하는 수 이상의 당사자등이 공청회 개최를 요구하는 경우
③ 행정청이 당사자에게 의무를 부과하거나 권익을 제한하는 처분을 할 때 제1항 또는 제2항의 경우 외에는 당사자등에게 의견제출의 기회를 주어야 한다.
④ 제1항부터 제3항까지의 규정에도 불구하고 제21조제4항 각 호의 어느 하나에 해당하는 경우와 당사자가 의견진술의 기회를 포기한다는 뜻을 명백히 표시한 경우에는 의견청취를 하지 아니할 수 있다.
⑤ 행정청은 청문 · 공청회 또는 의견제출을 거쳤을 때에는 신속히 처분하여 해당 처분이 지연되지 아니하도록 하여야 한다.
⑥ 행정청은 처분 후 1년 이내에 당사자등이 요청하는 경우에는 청문 · 공청회 또는 의견제출을 위하여 제출받은 서류나 그 밖의 물건을 반환하여야 한다.

1. 의견청취절차

가. 의의와 유형

의견청취절차란 국민에게 불이익을 주는 처분을 하거나 다수 국민의 이해관계가 대립하는 처분을 하는 경우 이의신청, 청문 또는 공청회 등 국민이 행정과정에 참여할 수 있는 기회를 제공하여 혹시 있을지 모를 국민의 권리이익에 대한 위법 · 부당한 침해를 미연에 방지하도록 하는 절차를 말한다.

행정절차법에서는 행정청이 당사자에게 의무를 부과하거나 권익을 제한하는 처분을 하는 때에는 예외적인 경우에 해당하지 않는다면 당사자 등에게 사전통지를 하고 의견제출의 기회를 주도록 규정하고 있다. 행정청은 그에 따라 제출된 의견이 상당한 이유가 있다고 인정하는 경우에는 그 의견을 반영하여야 하고, 당사자 등이 제출한 의견을 반영하지 않고 처분을 한 경우에는 당사자 등이 처분이 있음을 안 날부터 90일 이내에 그 이유의 설명을 요청하면 서면으로 그 이유를 알려야 한다(제27조의2). 다만, 당사자 등이 동의하면 말, 정보통신망 또는 그 밖의 방법으로 알릴 수 있다.

행정절차법은 의견청취절차를 의견제출절차, 청문절차, 공청회절차 등 세 가지 유형으로 구분하여 규정하고 있다. 행정절차법 제2조는, 청문에 대하여 "행정청이 어떠한 처분을

하기 전에 당사자등의 의견을 직접 듣고 증거를 조사하는 절차", 공청회에 대하여 "행정청이 공개적인 토론을 통하여 어떠한 행정작용에 대하여 당사자 등, 전문지식과 경험을 가진 사람, 그 밖의 일반인으로부터 의견을 널리 수렴하는 절차", 의견제출절차에 대하여 "행정청이 어떠한 행정작용을 하기 전에 당사자등이 의견을 제시하는 절차로서 청문이나 공청회에 해당하지 아니하는 절차"라고 정의하고 있다.

한편, 행정절차법에서는 의견청취를 원칙적으로 약식절차인 의견제출의 방식으로 하고, 일정한 요건 하에서만 청문, 공청회를 실시할 수 있도록 규정되어 있다(제22조 제3항). 공청회의 경우에는 현장에서 실시하는 오프라인 공청회와 병행하여 정보통신망을 이용한 공청회(온라인공청회)를 실시할 수 있다(제38조의2).[61] 이하에서는 의견청취절차 중 가장 대표적인 절차인 청문절차를 중심으로 설명한다.

나. 청문절차의 본질적 의미

청문은 실질적으로 보면 이해관계인의 의견진술 · 자료제출 · 증거제시 등을 위한 변론기회의 보장이고, 형식적으로 보면 청문의 형성으로 이루어지는 행정결정의 자료수집을 위한 행정과정이다. 행정의 적정성을 확보하기 위한 전제로서 이해당사자가 자신의 주장 및 변명을 표현할 수 있는 공정한 절차의 보장이 청문의 본질적 의미이다.

대법원도 "청문제도의 취지는 행정처분으로 인하여 영업자의 기존의 권리가 부당하게 침해받지 아니하도록 하기 위한 것이며, 그 처분의 사유에 대하여 당해 영업자에 변명과 유리한 자료를 제출할 기회를 부여함으로써 위법사유의 시정가능성을 감안하고 처분의 신중과 적정을 기하려 함에 있는 것"이라고 판시하고 있다.[62] 위와 같은 대법원 판례의 취지를 감안하면, 청문에서 자기 주장의 증명을 확실히 하기 위하여 상대방의 주장 · 증명을 반박하기 위한 자료 · 증거수집을 위한 충분한 기회를 가져야 한다. 청문권은 단지 자료 · 증거제출의 권리만이 아니고 상대방의 주장을 알고 이에 대응하기 위한 준비의 기회를 보장하는 것이기 때문이다.

한편, 청문제도는 오늘날 단순히 방어의 기회를 제공한다는 것을 넘어 '국민의 행정에

---

61) 행정절차법 제38조의2에서는 ① 국민의 생명 · 신체 · 재산의 보호 등 국민의 안전 또는 권익보호 등의 이유로 오프라인 공청회를 개최하기 어려운 경우, ② 오프라인 공청회가 행정청이 책임질 수 없는 사유로 개최되지 못하거나 개최는 되었으나 정상적으로 진행되지 못하고 무산된 횟수가 3회 이상인 경우, ③ 행정청이 널리 의견을 수렴하기 위하여 온라인공청회를 단독으로 개최할 필요가 있다고 인정하는 경우(다른 법령 등에서 공청회를 개최하도록 규정하고 있는 경우와 국민생활에 큰 영향을 미치는 처분으로서 대통령령으로 정하는 처분에 대하여 대통령령으로 정하는 수 이상의 당사자 등이 공청회 개최를 요구하는 경우에 해당하여 공청회를 실시하는 경우 제외)에는 온라인공청회를 단독으로 개최할 수 있다고 규정하여, 온라인공청회의 활성화를 도모하고 있다.

62) 대법원 1990. 11. 9. 선고 90누4129 판결, 대법원 1991. 7. 9. 선고 91누971 판결, 행정절차법 제정 이후의 대법원 2001. 4. 13. 선고 2000두3337 판결.

의 참여'를 통한 '행정의 민주화'라는 보다 적극적인 의미도 가진다.

2. 청문절차의 대상

가. 적용대상

(1) 당사자에게 의무를 과하거나 권익을 제한하는 처분

사전통지나 청문 등 의견청취절차를 거쳐야 하는 처분은 '당사자에게 의무를 과하거나 권익을 제한하는 처분'을 말하고, 당사자에게 권리나 이익을 수여하는 수익적 처분은 여기에 해당하지 않는다.

또한, 의견청취절차의 대상이 되는 처분은 '당사자'에게 의무를 부과하거나 권익을 제한하는 처분인데, 행정절차법 제2조 제4호 가목에서는 '당사자'를 행정청의 처분에 대하여 직접 그 상대가 되는 당사자라고 규정하고 있으므로, 불특정다수인을 수범자로 하는 일반처분은 그 대상이 되지 않는다.[63]

(2) 거부처분의 문제

여기에서 거부처분도 불이익처분에 포함된다고 해석하여 의견청취절차의 대상이 되는지 문제가 된다. 소극설의 논거는 ① 거부처분의 발령만으로는 당사자의 신청이 받아들여지지 않은 것을 의미할 뿐이지 당사자의 권익이 실질적으로 제한되는 효과가 나타난 것은 아니라는 점, ② 거부처분의 과정에서 당사자가 행정청과 대화하고 있었으므로 따로 의견진술이나 청문을 요하지 않는다는 점 등이다. 이에 대하여 적극설의 논거는 ① 당사자가 신청을 한 경우 신청에 대한 긍정적인 처분이 이루어질 것을 기대하지 거부되는 것을 기대하지는 않을 것이므로 거부처분의 경우에도 불이익처분과 다르지 않다는 점, ② 당사자가 알지 못하는 사실을 근거로 거부처분을 할 경우에는 미리 의견진술의 기회가 부여되었다고 볼 수 없는 점, ③ 수익적 행정행위의 거부에 대한 상대방 보호를 위하여 절차적 통제가 필요하다는 점 등이다.

거부처분의 경우에는 신청인이 신청요건을 구비하여 신청을 하는 것이기 때문에 신청인이 신청요건의 충족사실을 주장 · 증명하는 것인 반면, 일반적 불이익처분의 경우에는 행정청이 불이익처분의 요건을 주장 · 증명하는 것으로 주장 · 증명책임이 반대이기 때문에, 후자의 경우 행정청이 불이익처분의 요건을 증명하여 불이익처분의 내용과 법적 근거 등을 상대방에게 알려 의견제출의 기회를 주는 것이 타당한 것이지만, 전자의 경우 실체적 내용

63) 따라서, 도로구역을 결정하거나 변경할 경우 고시에 의하도록 하면서 그 도면을 일반인이 열람할 수 있도록 한 점 등을 종합하여 보면 도로구역변경처분은 의견청취의 대상이 되는 처분이 아니다(대법원 2008. 6. 12. 선고 2007두1767 판결). 또한, 보건복지부고시인 「요양급여의 적용기준 및 방법에 관한 세부사항」을 개정하여 특정 약제를 요양급여대상에서 선별급여대상으로 변경한 처분은 성질상 처분의 사전통지나 의견제출의 기회를 주어야 하는 상대방을 특정할 수 없다는 것이 판례이다(대법원 2025. 3. 13. 선고 2024두45788 판결).

에까지 당사자에게 의견제출의 기회를 주게 되면 처분의 내용이 미리 알려져 오히려 공익을 해할 행위를 유발할 우려가 있다. 또한, 신청단계에서 미리 청문의 기회를 주고 신청에 의한 처분이 이루어진 후 행정청이 직권으로 이를 박탈하거나 정지하는 처분을 할 때 다시 청문을 하여야 하므로, 행정청에게 이중의 부담을 지우는 결과가 된다. 이러한 이유로 판례는 거부처분은 사전통지의 대상이나 청문의 대상이 아니라는 소극설에 있다.64)

나. 적용범위

(1) 행정절차법의 적용이 배제되는 경우

행정절차법 제3조 제2항에서는 행정절차법의 적용이 배제되는 경우를 규정하고 있는데, 이에 해당하는 사항에 대해서는 청문절차를 거치지 않아도 위법이라고 할 수 없다. 따라서 처분의 상대방이 청문절차에 위법이 있다는 점을 주장할 때에는 가장 먼저 그 처분이 행정절차법의 적용대상인지의 여부를 가려져야 한다.

(2) 청문을 거쳐야 하는 경우

행정절차법 제22조 제1항에서는 행정청은 ① 다른 법령 등에서 청문을 하도록 규정하고 있는 경우, ② 행정청이 필요하다고 인정하는 경우, ③ 인허가 등의 취소, 신분·자격의 박탈, 법인이나 조합 등의 설립허가의 취소 등의 처분을 하는 경우에 청문을 하도록 규정하고 있다.

참고로 공청회의 경우에는 법령에 규정이 있는 경우와 해당 처분의 영향이 광범위하여 널리 의견을 수렴할 필요가 있다고 행정청이 인정하는 경우에 개최된다. 그런데, 행정절차법이 2019. 12. 10. 개정되면서 공청회의 신청권도 신설되어, "국민생활에 큰 영향을 미치는 처분으로서 ① 국민 다수의 생명·안전·건강에 큰 영향을 미치는 처분과 ② 소음 및 악취 등 국민의 일상생활과 관계되는 환경에 큰 영향을 미치는 처분에 대하여 30명 이상의 당사자 등이 공청회 개최를 요구하는 경우"에도 공청회를 개최할 수 있게 되었다(제22조 제2항 제3호, 시행령 제13조의3). 공청회의 개최는 그 처분 전에 요구하면 되는데, 만일 행정청이 의견제출 기한을 정한 경우에는 그 기한까지 요구하여야 한다(시행령 제13조의3 제2항).

---

64) 대법원 2003. 11. 28. 선고 2003두674 판결. 이에 대한 비판적인 판례평석으로 「김철용, "신청에 대한 거부처분과 처분의 사전통지 대상", 인권과 정의 349호, 대한변호사협회(2005. 9)」과 「윤형한, "사전통지의 대상과 흠결의 효과", 행정판례연구Ⅹ, 박영사(2005)」가 있다. 독일의 경우 행정절차법 제28조 제1항에서 관계인의 권리를 침해하는 행정행위의 발부 전에 청문의 기회를 주어야 한다고 규정하고 있는데, 신청에 대한 거부에 이에 포함되는지에 관하여 판례와 학설의 견해가 상반된다. 연방행정법원은 발부된 행정행위가 관계인의 지금까지의 법적지위를 불이익하게 변경하는 경우에는 행정절차법 제28조 제1항이 적용되지만, 지금까지 없었던 법적인 지위를 보장하기 위한 행정행위가 거부되는 경우에는 적용할 수 없다고 판시하여 소극설을 취하고 있으나, 다수설은 판례의 태도를 비판한다(Kopp·Ramsauer, VwVfG, Vertrag C.H.Beck, 2000, S.468).

(가) 법령의 규정이 있는 경우

판례는 행정절차법 시행 이전에도 법령상 요구되는 청문의무에 위반하여 발해진 행정행위는 위법한 것이라고 보았고, 그와 같은 입장은 당연히 행정절차법 시행 이후에도 유지되고 있다. 행정절차법 시행이전의 대표적인 판례로 영업소폐쇄명령,[65] 건축허가취소처분,[66] 양약종상허가취소처분,[67] 한약업사허가취소처분[68] 등을 들 수 있고, 행정절차법 시행 이후의 판례로는 유기장영업허가취소처분,[69] 지하수개발이용수리취소 및 원상복구명령취소처분[70] 등을 들 수 있다.

(나) 인허가 등의 취소처분이 있는 경우

행정절차법 제22조 제1항 제3호에서는 인허가 등의 취소처분 등이 있으면 반드시 청문을 실시하도록 규정하고 있다. 여기에 해당하는 처분으로는 ① 인허가 등의 취소, ② 신분 · 자격의 박탈, ③ 법인이나 조합 등의 설립허가의 취소 등의 처분이다. 종래에는 이러한 처분의 경우에도 행정청이 사전통지를 할 때 정해준 의견제출기한 내에 당사자 등의 신청이 있어야 실시하였는데, 행정절차법이 2022. 1. 11. 개정되면서 신청이 없어도 청문을 실시하도록 바뀌었다.

(다) 법령의 규정이 없는 경우

행정절차법 제22조에 의하면, 처분의 근거법령이 청문을 거칠 것을 규정하지 않은 경우이거나 인허가 등의 취소처분이 있는 경우 외에는 행정청에게 청문을 실시할 의무가 없다. 이때에는 행정청이 스스로 청문을 실시할 필요가 있는지를 판단하여 청문을 실시하게 될 뿐이다.[71]

판례는 행정절차법 시행 이전에도 법령상 근거 없이 행정규칙상으로만 청문절차가 요구될 때 이를 결여한 처분은 위법하지 않은 것으로 보았다.[72] 이러한 판례의 태도는 행정절차법이 시행된 이후에도 유지되고 있다.[73] 이에 반하여 헌법재판소는 변호사법 제15조[74]

65) 대법원 1983. 6. 14. 선고 83누14 판결.
66) 대법원 1990. 1. 25. 선고 89누5607 판결.
67) 대법원 1986. 8. 19. 선고 86누115 판결.
68) 대법원 1986. 10. 28. 선고 86누106 판결.
69) 대법원 2001. 4. 13. 선고 2000두3337 판결.
70) 대법원 2000. 11. 14. 선고 99두5870 판결.
71) 이 경우에 해당하더라도 행정청은 당사자 등의 권익을 심히 침해하거나 이해관계에 중대한 영향을 미치는 처분인 경우에는 청문을 실시하도록 적극적으로 노력하여야 할 것이다(행정절차법 시행령 제13조의2 참조).
72) 대법원 1994. 3. 22. 선고 93누18969 판결, 대법원 1994. 8. 9. 선고 94누3414 판결.
73) 대법원 2004. 2. 27. 선고 2003두13090 판결, 대법원 1999. 10. 12. 선고 99두6026 판결, 대법원 2006. 12. 8. 선고 2005두8887 판결, 대법원 2020. 4. 29. 선고 2017두31064 판결 등.
74) 심판대상법률인 변호사법 제15조에서는 "법무부장관은 형사사건으로 공소가 제기된 변호사에 대하여

에 대한 위헌법률심사에서, "공소가 제기된 변호사에 대해서 형사상의 소추만으로 법무부장관의 일방적 명령에 의하여 변호사업무를 정지시키는 것은 당해 변호사가 자기에게 유리한 사실을 진술하거나 필요한 증거를 제출할 수 있는 청문의 기회가 보장되지 아니하여 적법절차를 존중하지 아니한 것이 된다."라는 이유 등으로 위헌결정[75]을 하였다는 점을 주목할 필요가 있다.

(3) 청문절차의 예외사항에 해당하는 경우

행정절차법은 의견청취절차를 거치지 않아도 되는 예외사유를 규정하고 있다.

먼저 사전통지의 예외사유로서 제21조 제4항에서는 ① 공공의 안전 또는 복리를 위하여 긴급히 처분을 할 필요가 있는 경우, ② 법령 등에서 요구된 자격이 없거나 없어지게 되면 반드시 일정한 처분을 하여야 하는 경우에 그 자격이 없거나 없어지게 된 사실이 법원의 재판 등에 의하여 객관적으로 증명된 경우, ③ 해당 처분의 성질상 의견청취가 현저히 곤란하거나 명백히 불필요하다고 인정될 만한 상당한 이유가 있는 경우를 제시하고 있다. 한편 같은 조 제5항, 같은 법 시행령 제13조에서는 처분의 전제가 되는 사실이 법원의 재판 등에 의하여 객관적으로 증명된 경우와 같이 사전 통지를 하지 않을 수 있는 구체적인 사항을 시행령 제13조에 위임하고 있다.

다음으로 의견청취의 예외사유로서 제22조 제4항에서는 ④ 당사자가 의견진술의 기회를 포기한다는 뜻을 명백히 표시한 경우를 제시하고 있다.

㈎ 공공의 안전 또는 복리를 위하여 긴급히 처분을 할 필요가 있는 경우

'공공의 안전 또는 복리를 위하여 긴급히 처분을 할 필요'라는 개념은 불확정개념으로서, 무엇이 거기에 해당하는지는 해당 처분의 내용과 법적 성질에 따라 개별적으로 판단하여야 하지만, 가급적 엄격한 해석이 요청된다. 시행령 제13조 제1호에서는 "급박한 위해의 방지 및 제거 등 공공의 안전 또는 복리를 위하여 긴급한 처분이 필요한 경우"를 예시하고 있다. 그 예로서 국민보건위생이라는 공익을 위하여 식품위생법이나 약사법 등에 근거한 처분을 하는 경우를 들 수 있다.

㈏ 법령 등에서 요구된 자격이 없거나 없어지게 되면 반드시 일정한 처분을 하여야 하는 경우에 그 자격이 없거나 없어지게 된 사실이 법원의 재판 등에 의하여 객관적으로 증명된 때

시행령 제13조 제2호에서는 이 경우와 관련하여, "법원의 재판 또는 준사법적 절차를 거치는 행정기관의 결정 등에 따라 처분의 전제가 되는 사실이 객관적으로 증명되어 처분에 따른 의견청취가 불필요하다고 인정되는 경우"를 예시하고 있다.

그 판결이 확정될 때까지 업무정지를 명할 수 있다."라고 규정하고 있었다.

75) 헌재 1990. 11. 19. 선고 90헌가48 결정.

위와 같은 예외요건은 처분상대방에게 의견진술의 기회를 주지 않더라도 처분의 신중과 적정성의 확보에 아무런 문제가 없는 경우로 제한하여 해석하여야 한다. 따라서, 위 요건에 해당하려면, 자격요건 흠결 등의 처분사유가 법원의 재판 등에 의하여 객관적으로 증명되어야 하고, 그러한 처분사유가 있기만 하면 처분청으로서는 재량의 여지없이 반드시 일정한 처분을 하여야 하는 경우라야 한다.[76] 그러나 처분의 전제가 되는 일부의 사실만 증명된 경우이거나 의견청취에 따라 행정청의 처분 여부나 처분수위가 달라질 수 있는 경우라면 여기에 해당하지 않는다.

이와 관련하여 원고가 토지에 방치된 폐기물에 대한 적정처리를 명하는 처분을 받기 이전에 조치명령을 받았고, 형사재판절차에서 위 조치명령 불이행의 범죄사실에 관하여 유죄판결을 선고받은 후 그 판결이 확정되었다고 하더라도, 위 조치명령과 사이에 시간적 간격이 있는 위 처분 당시의 처분사유가 위 유죄판결로 인하여 객관적으로 증명되었다고 단정하기 어렵고, 위 처분은 재량행위에 해당하여 위 유죄판결만으로는 반드시 일정한 처분을 하여야 하는 경우에 해당하지 않는다는 대법원 판결이 있다.[77]

또한, 행정절차법령이 개정되기 전의 판결이기는 하지만, 검사의 기소유예처분은 법원의 판결 등에 의하여 처분의 전제가 되는 사실이 객관적으로 증명되어 처분에 따른 의견청취가 불필요하다고 판단되는 경우에 해당하지 않는다고 판시한 사례가 있었다.[78] 그리고 지방공무원 임용시험에 합격하기 전에 전과가 있었지만 공무원시보로 임용되어 근무하다가 시보임용기간이 만료되어 정규공무원으로 임용되었으나 사후에 전과가 밝혀지자 사전통지나 의견제출 기회의 부여 없이 시보임용을 취소하고 시보공무원으로서의 경력을 갖추지 못하였다는 이유로 정규공무원 임용처분도 취소된 사안에서, 시보공무원으로 임용될 당시에는 공무원 임용결격사유가 있었다는 사실이 법원의 재판 등에 의하여 객관적으로 증명된 경우에 해당하지만 시보공무원 임용이 취소되어 시보 경력을 갖추지 못하여 정규공무원 임용자격이 없다는 사실까지 법원의 판결 등에 의하여 객관적으로 증명되었다고 볼 수는 없다고 판시한 사례도 있다.[79]

㈐ 해당 처분의 성질상 의견청취가 현저히 곤란하거나 명백히 불필요하다고 인정될 만한 상당한 사유가 있는 경우

이에 관하여 시행령 제13조 제3호 내지 제5호에서는 위 경우를 예시하고 있는데, 그 내용은 다음과 같다.

---

76) 서태환, "실질적 청문절차의 하자와 행정처분의 효력", 행정재판실무편람Ⅱ, 서울행정법원(2002), 145면.
77) 대법원 2020. 7. 23. 선고 2017두66602 판결.
78) 대법원 2004. 3. 12. 선고 2002두7517 판결.
79) 대법원 2009. 1. 30. 선고 2008두16155 판결.

첫째, "의견청취의 기회를 줌으로써 처분의 내용이 미리 알려져 현저히 공익을 해치는 행위를 유발할 우려가 예상되는 등 해당 처분의 성질상 의견청취가 현저하게 곤란한 경우"이다(제3호). 예컨대, 택지개발예정지구 지정에 의한 행위제한, 범죄수사와 관련하여 도피우려가 있는 자에 대한 여권의 반납명령 등이다.[80]

둘째, "법령 또는 자치법규에서 준수하여야 할 기술적 기준이 명확하게 규정되고, 그 기준에 현저히 미치지 못하는 사실을 이유로 처분을 하려는 경우로서 그 사실이 실험, 계측, 그밖에 객관적인 방법에 의하여 명확히 입증된 경우"이다(제4호). 예컨대, 식품에 혼합된 이물질이 식품위생검사기관의 검사에 의하여 확인된 경우의 시정명령 등이다.[81]

셋째, "법령 등에서 일정한 요건에 해당하는 자에 대하여 점용료 · 사용료 등 금전급부를 명하는 경우 법령 등에서 규정하는 요건에 해당함이 명백하고, 행정청의 금액산정에 재량의 여지가 없거나 요율이 명확하게 정하여져 있는 경우 등 해당 처분의 성질상 의견청취가 명백히 불필요하다고 인정될 만한 상당한 이유가 있는 경우"이다(제5호).

'해당 처분의 성질상 의견청취가 현저히 곤란하거나 명백히 불필요하다고 인정될만한 상당한 사유가 있는 경우'라는 사유는 전형적인 불확정개념으로서 그 해석은 행정절차법의 제정목적이 행정의 공정성 · 투명성 및 신뢰성을 확보하고 국민의 권익을 보호에 있는 만큼 처분의 상대방의 입장에서 엄격히 해석되어야 할 것이다. 이를 넓게 해석한다면 청문을 비롯한 의견청취제도는 그만큼 유명무실해질 수 있기 때문이다. 대법원도 같은 취지에서, "해당 행정처분의 성질에 비추어 판단하여야 하며, 처분상대방이 이미 행정청에 위반사실을 시인하였다거나 처분의 사전통지 이전에 의견을 진술할 기회가 있었다는 사정을 고려하여 판단할 것은 아니다."라고 판시하였다.[82]

이를 구체적으로 살펴보면, "행정처분의 상대방에 대한 청문통지서가 반송되었다거나, 행정처분의 상대방이 청문일시에 불출석하였다는 이유로 청문을 실시하지 아니하고 한 침해적 행정처분은 위법하다."라고 판시하였는데,[83] 이 판결은 청문절차의 예외사유를 엄격하게 해석하여야 한다는 것을 천명한 것으로 매우 의미 있는 것이라 하지 않을 수 없다. 또한, "행정청이 온천지구임을 간과하여 지하수개발 · 이용신고를 수리하였다가 행정절차법상의 사전통지를 하거나 의견제출의 기회를 주지 아니한 채 그 신고수리처분을 취소하고

---

80) 오준근, 행정절차법, 삼지원, 1998, 345면.

81) 오준근, 행정절차법, 346면.

82) 대법원 2016. 10. 27. 선고 2016두41811 판결. 따라서 상대방이 행정청 소속 공무원에게 "처분을 좀 연기해 달라"는 내용의 서류를 제출하였거나 담당공무원이 상대방에게 관련 법규와 행정처분 절차에 대하여 설명하였다거나 그 자리에서 청문절차를 진행하려고 하였음에도 상대방이 응하지 않았다는 사정은 청문의 예외사유에 해당하지 않는다(대법원 2017. 4. 7. 선고 2016두63224 판결).

83) 대법원 2001. 4. 13. 선고 2000두3337 판결.

원상복구명령의 처분을 한 경우, 행정지도방식에 의한 사전고지나 그에 따른 당사자의 자진 폐공의 약속 등의 사유만으로는 사전통지 등을 하지 않아도 되는 행정절차법 소정의 예외의 경우에 해당한다고 볼 수 없다는 이유로 그 처분은 위법하다."라고 판시한 사례도 있다.[84] 다음으로, "원고에게 처분에 대한 사전통지를 하고 의견제출의 기회를 준다면 많은 액수의 손실보상금을 기대하여 공사를 강행할 우려가 있다는 사정만으로 이 사건 처분이 '해당 처분의 성질상 의견청취가 현저히 곤란하거나 명백히 불필요하다고 인정될 만한 상당한 이유가 있는 경우'에 해당한다고 볼 수 없다."라고 판시한 사례도 있다.[85]

반면에 "농수산물유통 및 가격안정에 관한 법률의 관계규정에 의하면 지정도매인은 개설된 도매시장의 존속을 전제로 하는 것이므로 도매시장이 폐쇄된 이상 그 도매시장의 지정도매인지정승인을 취소함에 있어서 원고가 같은 법 제63조 제2항에 규정된 명령이나 처분에 위반한 일이 없다거나 도지사가 같은 법 제63조 제4항에 규정된 청문절차를 거치지 아니하였다고 하더라도 폐쇄된 도매시장에서의 지정도매인인 원고에 대하여 도지사가 그 지정승인을 취소한 것이 위법하다고 할 수 없다."라고 판시한 사례가 있다.[86]

㈑ 당사자가 의견진술의 기회를 포기한다는 뜻을 명백히 표시한 경우

이 경우는 행정기관이 환경오염, 음주운전 등 명백한 위법사실을 현장에서 적발하였고 그 사실에 대하여 행정청과 당사자 사이에 다툼이 없는 때 행정청에게 미리 의견진술의 기회를 포기한다는 서면을 받으면 신속한 처분이 가능하다는 점을 고려하여 규정된 것이다.[87] 행정절차법 시행령 제14조는 "당사자는 법 제22조 제4항의 규정에 의하여 의견진술의 기회를 포기한 때에는 의견진술포기서 또는 이에 준하는 문서를 행정청에 제출하여야 한다."라고 규정하고 있다.

의견진술기회의 포기는 당사자가 자신에게 주어진 행정절차상의 권리를 포기하는 것을 의미하므로, 행정청이 자신의 편의를 위하여 당사자에게 포기를 강제할 수 있는 길을 열어주어서는 안 되고, 이에 대한 해석도 엄격하여야 할 것이다. 대법원은 "행정청이 당사자와 사이에 도시계획사업의 시행과 관련한 협약을 체결하면서 관계 법령 및 행정절차법에 규정된 청문의 실시 등 의견청취절차를 배제하는 조항을 두었다고 하더라도, 위와 같은 협약의 체결로 청문의 실시에 관한 규정의 적용을 배제할 수 있다고 볼 만한 법령상의 규정이 없는 한, 이러한 협약이 체결되었다고 하여 청문의 실시에 관한 규정의 적용이 배제된다거나 청문을 실시하지 않아도 되는 예외적인 경우에 해당한다고 할 수 없다."라고 판시

84) 대법원 2000. 11. 14. 선고 99두5870 판결.
85) 대법원 2004. 5. 28. 선고 2004두1254 판결.
86) 대법원 1991. 2. 26. 선고 90누1397 판결.
87) 오준근, 행정절차법, 367면.

하였다.[88] 이는 행정청이 수익적 행정행위의 상대방과 사이에 체결한 계약에 의하여 행정절차법에 정해진 처분의 사전통지, 청문 등 의견청취절차를 배제할 수 있도록 한다면, 자신의 우월적 지위를 이용하여 상대방의 의사에 반하여 위 절차를 배제하는 내용의 계약을 강제함으로써 행정절차법의 취지를 잠탈할 우려가 있다는 점을 인식한 것으로 바람직하다고 하지 않을 수 없다.

㈒ 기타의 경우

행정절차법 제35조 제3항은 "정당한 사유로 청문기일에 출석하지 못하거나 제31조 제3항에 따른 의견서를 제출하지 못한 경우에는 상당한 기간을 정하여 이들에게 의견진술 및 증거제출을 요구하여야 하며, 해당 기간이 지났을 때에 청문을 마칠 수 있다."라고 규정하고 있다. 따라서 청문기일에 출석하지 않거나 의견서를 제출하지 않더라도 청문 자체를 거치지 않은 채 행정청이 바로 처분을 할 수는 없다.[89] 청문통지를 받고도 출석하지 않거나 청문통지서가 반송되었다는 등의 이유로 법이 정하는 공고의 방법으로 송달하였는데, 당사자가 청문절차의 연기를 구하는 등의 아무런 조치 없이 출석하지 않은 경우에는 청문주재자는 당사자의 출석 없이 직권으로 사실관계 등을 조사하고 청문조서를 작성한 후 청문을 종결하는 절차를 취하여야 하고, 청문절차 자체를 실시하지 않으면 위법하다.

3. 청문절차

가. 행정절차법의 규정

행정절차법은 사전통지절차(제21조)를 비롯하여, 청문절차의 내용으로서 청문주재자의 선정(제28조), 청문주재자의 제척 · 기피 · 회피(제29조), 청문의 공개(제30조), 청문의 진행(제31조), 청문의 병합 · 분리(제32조), 증거조사(제33조), 청문조서(제34조), 청문주재자의 의견서(제34조의2), 청문의 종결(제35조), 청문결과의 반영(제35조의2), 청문의 재개(제36조), 문서의 열람 및 비밀유지(제37조) 등을 상세하게 규정하고 있다.

나. 처분의 사전통지

(1) 의　　의

행정청은 당사자에게 의무를 부과하거나 권익을 제한하는 처분을 하는 경우에는 미리 ① 처분의 제목, ② 당사자의 성명 또는 명칭과 주소, ③ 처분하려는 원인이 되는 사실과 처분의 내용 및 법적 근거, ④ 의견을 제출할 수 있다는 뜻과 의견을 제출하지 아니하는 경우의 처리방법, ⑤ 의견제출기관의 명칭과 주소, ⑥ 의견제출기한, ⑦ 그밖에 필요한 사

---

88) 대법원 2004. 7. 8. 선고 2002두8350 판결.
89) 서태환, "실질적 청문절차의 하자와 행정처분의 효력", 144면.

항을 당사자 등에게 통지하여야 한다(행정절차법 제21조 제1항).

처분의 사전통지는 당사자에게 처분사실을 알리고 변명의 기회 내지 권리구제의 기회를 부여하는 출발점이 된다는 점에서 그에 관한 규정은 매우 엄격하고 제한적인 해석을 하여야 한다. 대법원도 같은 입장에 있다.[90]

(2) 사전통지의 상대방

처분의 사전통지는 당사자 등에게 송달하여야 하는데, 여기에서 '당사자'의 의미가 무엇인지가 문제된다. 행정절차법에서는 '당사자'의 개념에 관한 규정은 없으나, '당사자 등'의 개념에 관한 규정이 있는데, 행정절차법 제2조 제4호에서는 "행정청의 처분에 대하여 직접 그 상대방이 되는 당사자와 행정청이 직권 또는 신청에 따라 행정절차에 참여하게 한 이해관계인"이라고 정의하고 있고, 같은 법 제9조에서는 ① 자연인, ② 법인, 법인 아닌 사단 또는 재단, ③ 다른 법령 등에 따라 권리 · 의무의 주체가 될 수 있는 자가 '당사자 등'이 될 수 있다고 규정하고 있다. 이와 관련하여, 국가를 상대로 하는 처분에서 국가도 행정절차법상의 '당사자'에 포함된다는 것이 판례이다.[91]

대법원은 이와 관련하여 행정청이 식품위생법령에 따라 영업자지위승계신고를 수리하는 처분은 종전의 영업자의 권익을 제한하는 처분이므로 종전의 영업자에게 행정절차법 소정의 행정절차를 실시하지 않았다면 위법하다고 판시하였다.[92] 또한, 사실상 영업을 양수하여 경영하는 자에게 청문기회가 부여되었다 하더라도 이로써 영업허가명의자에 대한 청문기회가 부여되었다거나 영업허가명의자에 대한 청문을 생략할 정당한 사유에 해당한다고 할 수 없다고 판시하였다.[93]

(3) 통지의 형식과 내용

처분의 사전통지는 서면에 의한 통지이어야 하고, 구두로 통지를 하는 등 이를 어기면 효력이 없다.[94]

통지서에는 ① 처분의 제목, ② 당사자의 성명 또는 명칭과 주소, ③ 처분하려는 원인이 되는 사실과 처분의 내용 및 법적 근거, ④ 의견을 제출할 수 있다는 뜻과 의견을 제출하지 아니하는 경우의 처리방법, ⑤ 의견제출기관의 명칭과 주소, ⑥ 의견제출기한, ⑦ 그 밖에 필요한 사항을 기재하여야 한다(행정절차법 제21조 제1항).

---

90) 대법원 1992. 2. 11. 선고 91누11575 판결 참조.
91) 대법원 2023. 9. 21. 선고 2023두39724 판결. 따라서, 국가에 대한 처분에 대해서도 사전통지, 의견청취, 이유제시 등과 관련된 행정절차법이 그대로 적용된다.
92) 대법원 2003. 2. 14. 선고 2001두7015 판결.
93) 대법원 1994. 4. 12. 선고 93누16666 판결.
94) 대법원 1996. 6. 14. 선고 95누17823 판결 참조.

당사자에게 '처분하고자 하는 원인이 되는 사실'을 통지하도록 한 그 취지는 의무를 과하거나 권익을 제한하는 처분을 받을 당사자에게 처분에 앞서 필요한 의견이나 소명자료를 제출할 수 있도록 하여 당사자의 방어권을 보장함과 동시에 처분의 적정성을 확보하기 위한 것이므로, 당사자의 방어권행사를 보장함에 족한 정도의 구체성이 있어야 할 것이다.

한편, 의견제출기한은 10일 이상으로 고려하여 정하여야 한다(같은 조 제1항). 구법에서는 '상당한 기간'이라고 규정하고 있었으나, 행정절차법이 2019. 12. 10. 개정되면서 '10일'로 명확히 함으로써 국민의 참여기간을 실효적으로 보장하고 행정의 예측 가능성을 높였다.

(4) 사전통지의 생략

처분의 사전통지는 ① 공공의 안전 또는 복리를 위하여 긴급히 처분을 할 필요가 있는 경우, ② 법령 등에서 요구된 자격이 없거나 없어지게 되면 반드시 일정한 처분을 하여야 하는 경우에 그 자격이 없거나 없어지게 된 사실이 법원의 재판 등에 의하여 객관적으로 증명된 경우, ③ 해당 처분의 성질상 의견청취가 현저히 곤란하거나 명백히 불필요하다고 인정될 만한 상당한 이유가 있는 경우 등에는 생략될 수 있다(같은 조 제4항). 이에 관해서는 '청문절차의 예외사항에 해당하는 경우'에서 이미 설명하였다.

사전통지를 하지 않는 경우 행정청은 처분을 할 때 당사자 등에게 통지를 하지 않은 사유를 서면으로 알려야 한다(같은 조 제6항, 제7항). 다만, 신속한 처분이 필요한 경우에는 처분 후 그 사유를 알릴 수 있다.

다. 청문주재자

청문절차를 두고 있더라도 청문을 주재하는 주체에 공정성이 결여되어 있다면 절차 전체가 형해화될 가능성이 있다. 이에 따라 행정절차법은 행정청으로 하여금 청문주재자를 공정하게 선정하도록 할 의무를 부과하고(제28조 제1항), 청문 주재자로 하여금 독립하여 공정하게 직무를 수행할 수 있도록 직무수행을 이유로 본인의 의사에 반하여 신분상 어떠한 불이익도 받지 않도록 신분을 보장하고 있다(같은 조 제4항).

행정절차법 제28조 제1항에서는 청문은 행정청이 소속직원 또는 대통령령이 정하는 자격을 가진 사람[95] 중에서 선정하는 사람이 주재하도록 규정하고, 행정절차법 제29조에서는 청문주재자의 제척, 기피, 회피 등을 규정하고 있다. 따라서 현행법상 청문주재자가 처분청 소속직원이라는 이유만으로 청문절차의 하자를 주장하는 것은 받아들일 수 없을 것이나, 청문절차의 공정한 운영을 보장하기 위하여 규정을 보완할 필요가 있고, 종국적으로는

95) "대통령령이 정하는 자격을 가진 사람"은 교수 · 변호사 · 공인회계사 등 관련분야의 전문직 종사자, 청문사안과 관련되는 분야에 근무한 경험이 있는 전직 공무원, 그 밖의 업무경험을 통하여 청문사안과 관련되는 분야에 전문지식이 있는 자이다(행정절차법 시행령 제15조 제1항).

청문주재자를 개개의 행정청에 속하지 않은 독립된 조직으로 운영하여 각각의 청문절차에 투입하는 방법이 바람직할 것이다. 왜냐하면 공평하고 전문적인 독립한 청문주재자로 하여금 실질적인 청문절차를 거치게 하는 것이 궁극적으로 행정절차법이 지향하는 목표이기 때문이다.[96] 행정절차법은 위와 같은 사정을 일부 반영하여 2019. 12. 10. 개정되면서, "해당 처분업무를 처리하는 부서에 근무하는" 소속직원은 청문주재자가 될 수 없도록 하였다(제29조 제1항 제5호). 여기에서의 "부서"는 해당 처분업무의 처리를 주관하는 과 · 담당관 또는 이에 준하는 조직 단위를 말한다(시행령 제15조의2).

이러한 관점에서 행정절차법은 2022. 1. 11. 개정되어 복수의 청문주재자제도를 도입하였다. 즉, 청문의 공정성을 향상시키기 위하여 ① 다수 국민의 이해가 상충되는 처분, ② 다수 국민에게 불편이나 부담을 주는 처분, ③ 그 밖에 전문적이고 공정한 청문을 위하여 행정청이 청문주재자를 2명 이상으로 선정할 필요가 있다고 인정하는 처분 등의 경우에는 청문주재자를 2명 이상으로 선정할 수 있다(제28조 제2항).

한편, 청문주재자가 제척 · 기피의 사유가 있을 경우에 그 자가 청문주재자로서 청문절차를 진행하였다면 그 하자는 중대한 절차상의 하자가 될 것이다.[97] 행정절차법 제29조 제1항에서는 ① 청문주재자 자신이 당사자 등이거나 당사자 등과 친족관계에 있거나 있었던 경우, ② 자신이 해당 처분과 관련하여 증언이나 감정을 한 경우, ③ 자신이 해당 처분의 당사자 등의 대리인으로 관여하거나 관여하였던 경우, ④ 자신이 해당 처분업무를 직접 처리하거나 하였던 경우, ⑤ 자신이 해당 처분업무를 처리하는 부서에 근무하는 경우에는 청문을 주재할 수 없다고 규정하고 있고, 제2항에서는 청문주재자에게 공정한 청문진행을 할 수 없는 사정이 있는 경우 당사자 등은 행정청에 기피신청을 할 수 있으며, 제3항에서는 청문주재자는 제1항 또는 제2항의 사유에 해당하는 경우에는 행정청의 승인을 얻어 스스로 청문의 주재를 회피할 수 있다고 규정하고 있다.

라. 청문의 진행절차

(1) 청문의 통지

행정청은 청문을 하려면 청문이 시작되는 날부터 10일 전까지 처분의 제목, 당사자의 성명 또는 명칭과 주소, 처분하고자 하는 원인이 되는 사실과 처분의 내용 및 법적 근거, 청문주재자의 소속 · 직위 및 성명, 청문의 일시 및 장소, 청문에 응하지 않는 경우의 처리방법 등 청문에 필요한 사항을 당사자 등에게 통지하여야 한다(행정절차법 제21조 제2항, 제1항).[98]

---

96) 서태환, "실질적 청문절차의 하자와 행정처분의 효력", 140면 참조.

97) 서태환, "실질적 청문절차의 하자와 행정처분의 효력", 141면.

98) 행정청이 공청회를 개최하려는 경우에는 공청회 개최 14일 전까지 ① 제목, ② 일시 및 장소, ③ 주요 내용, ④ 발표자에 관한 사항, ⑤ 발표신청 방법 및 신청기한, ⑥ 정보통신망을 통한 의견제출, ⑦ 그밖

행정절차법은 청문의 통지기간을 청문이 시작되는 날부터 10일 전까지로 일률적으로 정하고 있다. 한편, 행정절차법 제15조 제1항은 "송달은 다른 법령 등에 특별한 규정이 있는 경우를 제외하고는 송달받을 자에게 도달됨으로써 그 효력이 발생한다."라고 규정하여 도달주의를 채택하고 있다. 따라서, 청문의 통지가 청문이 시작되는 날의 10일 전까지 송달되어야 함은 물론이고, 송달되지 않고 반송됨으로써 행정절차법이 정한 공고의 방법으로 통지하게 되더라도 공고로 인한 송달은 특별한 사정이 없다면 14일이 경과하여야 효력이 발생하기 때문에(행정절차법 제15조 제2항) '10일전'을 기산할 때에는 위 공고기간도 감안하여야 한다. 여기에서 도달이라 함은 사회관념상 피통지자가 통지의 내용을 알 수 있는 객관적 상태에 놓여졌다고 인정되는 상태를 말하므로, 그가 이를 현실적으로 수령하였다거나 그 통지의 내용을 알았을 것까지 필요한 것은 아니다.[99]

통지기간은 당사자에게 청문에서 자기의 주장을 개진하고 유리한 자료를 수집·제출할 수 있도록 준비하는 기간이므로 위 기간은 엄격하게 지켜져야 한다. 대법원 판결 중에는 "식품위생법상의 청문서 도달기간이 7일로 규정되어 있음에도 불구하고 이 청문절차를 준수하지 아니하고 5일을 남겨두고 청문서를 발송한 영업정지처분이 위법하다."라는 사례가 있고,[100] 통지기간을 '상당한 기간'으로 규정하고 있었던 구 행정절차법을 적용함에 있어서 "청문일을 1988. 4. 11.로 정하고도 그 달 6.에서야 청문서를 발송한 것을 청문서 도달기간에 관한 절차적 요건을 준수하지 아니한 것으로서 적법한 청문절차를 거쳤다고 볼 수 없다."라고 한 사례도 있다.[101] 다만 "최초의 청문에 관한 통지에서는 위 사전통지에 관한 10일의 기간을 제대로 지키지 못하였으나 그 후 청문기일이 연기됨으로 인하여 최초의 청문에 관한 통지일로부터 10일이 경과한 날에 청문이 실시되었다면 원고에게 의견진술과 유리한 자료를 제출할 충분한 시간과 기회가 주어졌다고 할 것이므로, 이 사건 처분에 관한 청문절차에 있어서 행정절차법 제21조 제2항에서 정한 절차를 준수하지 않았다고 할 수 없다."라고 한 사례도 있다.[102]

한편, 행정청이 청문서 도달기간을 다소 어겼다 하더라도 당사자가 이에 대하여 이의하지 않은 채 스스로 청문기일에 출석하여 그 의견을 진술하고 변명하는 등 방어의 기회를 충분히 가졌다면 청문서 도달기간을 준수하지 않았더라도 청문절차에 하자가 있다고 할 수

에 공청회 개최에 필요한 사항을 당사자 등에게 통지하고 관보, 공보, 인터넷 홈페이지 또는 일간신문 등에 공고하는 등의 방법으로 널리 알려야 한다(행정절차법 제38조). 다만, 공청회 개최를 알린 후 예정대로 개최하지 못하여 새로 일시 및 장소 등을 정한 경우에는 공청회 개최 7일 전까지 알려야 한다.

99) 대법원 1983. 8. 23. 선고 82다카439 판결 참조.

100) 대법원 1990. 11. 9. 선고 90누4129 판결. 대법원 1992. 2. 11. 선고 91누11575 판결도 유사한 사안이다.

101) 대법원 1991. 7. 9. 선고 91누971 판결.

102) 대법원 2006. 2. 24. 선고 2005두12077 판결.

는 없다.[103)]

(2) 청문의 공개

청문은 재판에서의 공개심리주의와 달리 당사자가 공개를 신청하거나 청문 주재자가 필요하다고 인정하는 경우에 공개하도록 되어 있다(행정절차법 제30조 본문). 청문의 공개는 청문의 공정과 국민의 신뢰에 관계되기 때문에, 당사자가 공개를 신청하였다면 공익 또는 제3자의 정당한 이익을 현저히 해칠 우려가 있는 경우를 제외하고 공개하여야 할 것이다(같은 조 단서 참조).

(3) 청문절차의 개시

청문주재자가 청문을 시작할 때에는 예정된 처분의 내용, 그 원인이 되는 사실 및 법적 근거 등을 설명하여야 한다(행정절차법 제31조 제1항). 한편, 당사자 등은 청문의 통지가 있는 날부터 청문이 끝날 때까지 행정청에 해당 사안의 조사결과에 관한 문서와 그 밖에 해당 처분과 관련되는 문서의 열람 또는 복사를 요청할 수 있다(제37조 제1항).[104)] 이 경우 행정청은 다른 법령에 따라 공개가 제한되는 경우를 제외하고는 그 요청을 거부할 수 없고, 만일 거부하는 경우에는 그 이유를 소명하여야 한다(제3항).

먼저 청문주재자가 처분의 내용이나 원인이 되는 사실의 설명을 달리한다든가 내용을 누락한 채 설명한 경우에는 해당 처분의 내용이나 원인이 되는 사실을 기초로 한 사실 및 증거조사가 제대로 이루어질 수 없고, 그러한 청문절차에서 나온 것을 기초로 처분이 발령될 것이기 때문에 중대한 절차의 하자라고 볼 수도 있다.[105)] 다만, 위와 같은 청문진행상의 하자는 해당 청문절차에서 의견을 진술하였고 증거조사를 하는 과정에서 충분히 설명되었으며 상대방도 그것을 인식하고 이를 전제로 변명과 자료를 제출하였다면 치유된다고 보아도 좋을 것이다.

청문주재자가 처분의 법적 근거 등을 잘못 설명한 경우에는 어떨지 의문이다. 청문주재자가 앞으로 발해질 처분에 대한 법적 근거를 잘못 설명하였다고 하더라도 특별한 사정이 없다면 상대방이 이에 대한 변명과 유리한 자료를 제출할 기회를 상실하였다고 볼 수는 없을 것이다.[106)] 그러나, 청문주재자가 해당 처분이 재량행위임에도 불구하고 기속행위라고 설명하였다면, 재량행위임을 전제로 한 변명 및 유리한 자료를 제출할 기회가 상실되었다고 볼 수 있으므로, 그 청문절차는 위법하다.[107)]

---

103) 대법원 1992. 10. 23. 선고 92누2844 판결.
104) 의견제출의 경우에는 처분의 사전통지가 있는 날부터 의견제출기한까지 문서열람을 신청할 수 있다.
105) 서태환, "실질적 청문절차의 하자와 행정처분의 효력", 141면.
106) 서태환, "실질적 청문절차의 하자와 행정처분의 효력", 141면.
107) 대법원 2003. 1. 24. 선고 2002두7395 판결.

(4) 청문절차의 진행

청문주재자는 당사자가 처분의 원인되는 사실에 관하여 유리한 주장을 하고 그에 대한 증거조사를 신청하는 경우에 그것이 합당하다고 판단이 된다면 필요한 조사를 하여야 하고, 해당 사안에 대하여 당사자 등의 의견진술이나 증거조사가 충분히 이루어졌다고 인정되는 경우에만 청문절차를 종결하여야 할 것이다.[108] 나아가 당사자의 의견 내지 주장에 대하여 낱낱이 확인하여야 하는 것은 아니고,[109] 당사자 등의 의견을 성실히 고려하면 족하지 제출된 의견에 대하여 답을 할 의무까지 있다고 할 수는 없다.[110]

청문주재자는 청문의 신속한 진행과 질서유지를 위하여 필요한 조치를 할 수 있다(행정절차법 제31조 제4항). 청문을 계속할 경우에는 행정청은 당사자 등에게 다음 청문의 일시 및 장소를 서면으로 통지하여야 하는데, 당사자 등이 동의하는 경우에는 전자문서로 통지할 수 있고, 청문에 출석한 당사자 등에게는 그 청문일에 청문 주재자가 말로 통지할 수 있다(같은 조 제5항). 한편, 행정청은 직권으로 또는 당사자의 신청에 따라 여러 개의 사안을 병합하거나 분리하여 청문을 할 수 있다(행정절차법 제32조).

청문주재자는 직권으로 또는 당사자의 신청에 따라 필요한 조사를 할 수 있고, 당사자 등이 주장하지 않은 사실에 대해서도 조사할 수 있다(행정절차법 제33조). 증거조사는 ① 문서·장부·물건 등 증거자료의 수집, ② 참고인·감정인 등에 대한 질문, ③ 검증 또는 감정·평가, ④ 그 밖에 필요한 조사 등의 방법으로 한다. 한편, 청문주재자는 필요하다고 인정할 때에는 관계 행정청에 필요한 문서의 제출 또는 의견의 진술을 요구할 수 있고, 이 경우 관계 행정청은 직무 수행에 특별한 지장이 없으면 그 요구에 따라야 한다.

(5) 청문절차의 종결

청문절차에서 당사자가 행정청이 처분의 원인이 되는 사실을 다투면서 청문절차의 속행을 구하더라도, 청문주재자가 해당 사안에 대하여 당사자 등의 의견진술·증거조사가 충분히 이루어졌다고 인정하는 경우에는 청문을 마칠 수 있다. 따라서 제1회의 청문기일이 형식적으로 진행되어 당사자에게 충분한 소명의 기회가 주어지지 않았다는 등의 특별한 사정이 없다면 청문절차를 속행하지 않았더라도 그 청문절차에 위법이 있다고 할 수는 없을 것이다.[111] 청문주재자는 당사자 등의 전부 또는 일부가 정당한 사유로 인하여 청문기일에 출석하지 못하거나 의견서를 제출하지 못한 경우에는 10일 이상의 기간을 정하여 이들에게

108) 서태환, "실질적 청문절차의 하자와 행정처분의 효력", 143면.
109) 대법원 2003. 4. 11. 선고 2002두11509 판결 참조(판결문 상에는 그 취지가 불분명하나 그 원심판결과 사실관계를 살펴보면 그 취지를 알 수 있다).
110) 서울행정법원 2000. 5. 4. 선고 99구3026 판결(확정).
111) 서태환, "실질적 청문절차의 하자와 행정처분의 효력", 142면.

의견진술 및 증거제출을 요구하여야 하고, 그 기간이 지났을 때 청문을 마칠 수 있다(행정절차법 제35조 제3항).[112] 따라서 청문주재자가 당사자의 연기나 유예요청이 정당한 사유가 있는 것으로 받아들이는 경우에는 청문기일을 속행하여야 할 것이지만, 처분을 지연시킬 목적이 있는 등 정당한 사유가 없는 경우에는 청문절차를 종결하여도 위법은 아닐 것이다.

(6) 청문조서와 청문주재자의 의견서 작성

청문주재자는 청문을 마친 때에는 지체없이 청문조서, 청문주재자의 의견서 등을 작성하여(행정절차법 제34조, 제34조의2), 관계서류 등과 함께 행정청에 제출하여야 한다(행정절차법 제35조 제4항). 청문조서는 실질적 청문절차를 이행하는 중요한 문서인 만큼 청문절차를 거쳤더라도 청문조서와 청문주재자의 의견서를 작성하지도 않은 채 그 절차를 종결하고 그에 기초하여 처분에 이르렀다면 그 청문절차는 위법하다고 볼 수 있을 것이다.[113]

마. 청문결과와 처분과의 관계

행정청은 청문절차에서 작성되어 제출받은 청문조서, 청문주재자의 의견서 기타 관계서류 등을 충분히 검토하고 상당한 이유가 있다고 인정하는 경우에는 처분을 함에 있어서 청문결과를 반영하여야 한다(행정절차법 제35조의2). 그러나 행정청이 청문결과에 반드시 기속되어야 하는 것은 아니므로 그에 따르지 않았더라도 그 처분이 청문절차에 위반되었다고 볼 것은 아니다.

한편, 행정청이 청문결과를 반영할 때 청문을 위하여 제출된 증거 등 각종자료는 청문의 근거가 되는 해당 불이익처분의 범위 안에서 사용되어야 한다. 청문과정에서 당사자가 자신의 이익을 위하여 제출한 자료가 설령 더 불리한 것이더라도 당사자에게 통지되지 않은 보다 강한 불이익처분을 하여서는 안 된다.[114]

제 4 절 절차상 하자의 독자성 여부

Ⅰ. 절차상 하자의 의의와 특수성

처분이 적법하게 성립하고 효력을 발생하기 위해서는 주체 · 절차 · 형식 · 내용 등에 관한 요건을 갖추어야 한다. 처분이 위와 같은 모든 요건을 갖춘 경우 비로소 그 행정행위

112) 행정절차법이 2019. 12. 10. 개정되기 전에는 “상당한 기간”이었다.
113) 서태환, “실질적 청문절차의 하자와 행정처분의 효력”, 142면.
114) 대법원 1993. 10. 12. 선고 92누6686 판결 참조.

는 적법한 것이 되고, 법이 요구하는 위와 같은 요건을 갖추지 못하였을 때 그 행정행위는 위법한 것이 될 것이며, 그러한 위법한 행위를 하자 있는 행위라 할 수 있을 것이다.

하자가 있는 처분은 무효이거나 취소사유를 가진 위법한 처분이 되는 것이 일반적이다. 절차상 하자라고 하더라도 실체법적인 하자와 달리 볼 것이 아니라면, 그 하자가 중대·명백한 경우에는 무효가 될 것이고 그렇지 않은 경우에는 취소할 수 있는 처분이 될 것이므로, 문제의 해법은 간단해진다. 그런데, 법규상 일정한 절차가 규정되어 있음에도 그 절차를 지키지 않은 경우 그 절차를 다시 거친다 하더라도 결정의 내용이 달라지지 않을 수 있다. 이렇게 절차를 준수하였더라도 동일한 결론에 도달할 수밖에 없는 경우 절차위반으로 처분을 취소하는 것은 행정의 능률을 해치고 법원의 부담만 가중시키는 결과를 초래할지 모른다.[115)]

위와 같은 특수성에 기인하여 절차상 하자가 내용상의 하자와 마찬가지로 그 자체로 독립적인 취소사유가 되는지의 문제(절차상 하자의 독립적 취소사유성의 문제)와 절차에 하자가 있는 경우 그 하자의 치유가 가능하지, 그리고 가능하면 언제까지 치유될 수 있는지의 문제(절차상 하자의 치유문제)가 발생된다.[116)]

Ⅱ. 절차상 하자의 독립적 취소사유성

1. 개 관

국가공무원법 제13조 제2항은 소청심사를 할 때 소청인에게 진술의 기회를 부여하면서, 진술의 기회를 부여하지 않은 결정은 무효라고 명백히 규정하고 있다. 그러나 위와 같은 개별규정이 없는 경우가 대부분이고, 그 경우 일반법인 행정절차법에 따라야 할 것인데, 행정절차법에는 행정행위의 형식·절차상의 하자가 해당 행위의 독자적 취소사유로 되는지에 대하여 아무런 규정을 두지 않고 있다.

2. 학설의 동향

가. 소 극 설

소극설은 처분에 실체적 하자가 존재하지 않는다면 절차상 하자의 존재만으로 처분을 취소할 수 없다는 견해이다. 그 논거로는 ① 행정행위의 절차규정은 실체법적으로 적정한

---

115) 행정소송법 제30조 제3항, 제2항에 의하면, 처분이 절차의 위법을 이유로 판결로써 취소되는 경우에도 그 처분을 행한 행정청은 판결의 취지에 따라 다시 재처분을 할 수 있는데, 만일 재처분의 내용이 애초의 처분과 같은 경우를 상상해보라.

116) 후자에 관해서는 '하자의 치유' 부분에서 이미 설명하였다.

행정결정을 확보하기 위한 수단에 불과하여 독자적인 의의를 인정할 수 없고, ② 실체법적으로 적법하다면 절차상 하자만으로 취소되더라도 행정청은 다시 적법한 절차를 거쳐 동일한 행위를 반복할 것이므로 공연한 시간, 노력, 비용의 낭비가 되어 행정의 능률이나 소송경제상 바람직하지 않으며, ③ 행정과정의 능률성과 소송경제라는 가치는 절차적 공정이나 형식상의 명확성을 통한 국민의 권리보호라는 가치 못지 않게 중요한 헌법적 가치이고, ④ 소송에서 절차상 하자를 거론하는 것은 자기에게 유리한 행정판단이 행해질 것을 기대하기 때문일 것인데 그 기대가 실현되는지의 여부는 실체에 관한 논의에서 결말이 나는 것이라는 점을 제시한다.

그러나, 소극설의 입장에서도 재량행위에서의 절차상 하자와 같이 법원이 행정의 실체적 판단을 대체할 수 있는 자기의 판단을 형성할 수 없는 경우에는 절차적 하자가 의미를 갖는다고 한다.

나. 적 극 설

적극설은 행정행위에 절차적 하자가 존재하는 경우에는 실체적 하자가 존재하지 않는 경우에도 해당 행정행위의 무효 또는 취소사유가 된다고 하여 절차상 하자가 그 자체로 독립적인 무효나 취소사유가 된다고 본다. 그 논거로서, ① 적정한 결정은 적법한 절차에 따라야만 행해질 수 있다고 전제하면서 절차적 규제의 담보를 위하여 절차상 하자만으로도 독자적인 취소사유를 구성할 수 있어야 하고, ② 적법한 절차를 거쳐 다시 처분을 하는 경우 재량행위뿐만 아니라 기속행위의 경우에도 행위에 이르기까지의 사실판단이나 포섭, 부관 등 관련사항의 판단에서 다른 결정에 이를 수 있고 반드시 동일한 결정에 도달하게 되는 것은 아니며, ③ 법령에 규정된 절차를 준수하지 않아도 처분이 적법하게 된다면 행정법의 대원칙인 법률적합성의 원칙에 위배되고, ④ 행정소송법 제30조 제3항에서 처분이 절차의 위법을 이유로 판결로써 취소되는 경우에도 그 처분을 행한 행정청은 판결의 취지에 따라 다시 재처분을 하도록 규정한 것은 절차위반이 취소사유가 된다는 것을 전제로 한 것이라는 점을 제시하고 있다.

다. 유형별로 고찰하자는 견해

절차상 하자의 법적효과를 적극설이나 소극설처럼 일률적으로 파악할 수 없다고 하면서, 행정절차 및 그 하자를 분류하고 절차상 권리의 존재여부에 따라 절차상 하자의 법적효과를 구체적 · 개별적으로 판단하자는 견해가 있다.

이에 따르면, 처분절차 중 사전통지와 의견청취절차, 문서열람, 이유제시, 처분기준의 설정 · 공표 등은 주요절차로 분류될 수 있고 당사자에게 절차적 권리가 부여되었다고 볼 수 있으므로, 그 절차상의 하자가 경미하여 절차적 권리가 침해되었다고 볼 수 없을 정도가 아니라면, 독자적인 취소사유를 구성한다. 자문위원회의 자문과 같은 부수적 절차와 관련된 하자는 그 하자가 실체적 결정에 영향을 미칠 가능성이 있는 경우를 제외하고는 독자적인 취소사유를 구성하지 않는다. 비록 부수적인 절차라 하더라도 그 절차의 위반이 실체적 결정에 영향을 미쳐 당사자의 실체적 권리를 침해하였다면 독자적인 취소사유가 될 수 있다.

3. 판례의 입장

종래의 판례는 기속행위나 재량행위를 구별하지 않고 절차상 하자를 독자적인 취소사유로 보는 적극설의 입장을 취하고 있었는데, 대표적인 판례를 소개하면 다음과 같다. 먼저 재량행위인 식품위생법에 의한 영업정지처분에 대한 취소소송에서 "식품위생법 제64조, 같은 법 시행령 제37조 제1항 소정의 청문절차를 전혀 거치지 아니하거나 거쳤다고 하여도 그 절차적 요건을 제대로 준수하지 아니한 경우에는 가사 영업정지사유 등 위 법 제58조 등 소정 사유가 인정된다고 하더라도 그 처분은 위법하여 취소를 면할 수 없다."라고 판시하였다.[117] 다음으로 기속행위인 과세처분의 취소소송에서 "국세징수법 제9조 제1항에 의하면, 세무서장……이 국세를 징수하고자 할 때에는 납세자에게 그 국세의 과세연도, 세목, 세액 및 산출근거, 납부기한과 납부장소를 명시한 고지서를 발부하여야 한다고 규정하고 있는바, 위 규정의 취지는 단순히 세무행정상의 편의를 위한 훈시규정이 아니라 조세행정에 있어 자의를 배제하고 신중하고 합리적인 처분을 행하게 함으로써 공정을 기함과 동시에 납세의무자에게 부과처분의 내용을 상세히 알려 불복여부의 결정과 불복신청에 편의를 제공하려는 데서 나온 강행규정으로서 납세고지서에 그와 같은 기재가 누락되면 그 과세처분 자체가 위법한 처분이 되어 취소의 대상이 된다고 해석함이 상당하다."라고 판시하였다.[118]

그러나, 민원사무를 처리하는 행정기관이 민원 1회방문 처리제를 시행하는 절차의 일환으로 민원사항의 심의·조정 등을 위한 민원조정위원회를 개최하면서 민원인에게 회의일정 등을 사전에 통지하지 않은 경우 이러한 사정만으로 곧바로 민원사항에 대한 행정기관의 장의 거부처분에 취소사유가 있다고 볼 수 없고, 재량권의 불행사 또는 해태로 볼 수 있는 구체적 사정이 있다면 비로소 그 거부처분이 재량권을 일탈·남용한 것으로서 위법하다고 판시한 사례가 있다.[119] 또한, 청문절차나 심의절차에서 변호사의 조력을 받을 권리를 침해하는 것은 해당 처분의 취소사유가 되지만, 이미 육군3사관학교 생도에 대한 퇴학

117) 대법원 1991. 7. 9. 선고 91누971 판결. 또한 대법원 2012. 6. 28. 선고 2011두20505 판결에서는 "징계위원회의 심의과정에 반드시 제출되어야 하는 공적(功績) 사항이 제시되지 않은 상태에서 결정한 징계처분은 징계양정이 결과적으로 적정한지 그렇지 않은지와 상관없이 법령이 정한 징계절차를 지키지 않은 것으로서 위법하다."라고 판시하였다.

118) 대법원 1984. 5. 9. 선고 84누116 판결.

119) 대법원 2015. 8. 27. 선고 2013두1560 판결.

처분이 다른 하자는 없이 처분서면을 교부하지 않은 하자 때문에 취소되어 다시 재처분을 하는 과정에서 대리인의 출석을 허용하지 않은 것은 방어권의 행사를 방해하지 않아 다시 그 처분을 취소할 수 있는 사유가 아니라고 판시한 사례도 있다.[120] 그리고, 지방자치법 제4조에 따른 매립지의 관할 귀속 결정을 위한 지방자치단체 중앙분쟁조정위원회의 심의·의결과정에서 관련 지방자치단체장이 여러 차례 서면으로 의견을 제출하였다면 구두로 의견을 진술할 기회를 부여하지 않았다는 사정만으로 위 결정을 취소할만한 절차적 하자가 있다고 보기 어렵다고 판시하였다.[121] 나아가 학교법인의 전직 이사 등이 사학분쟁조정위원회가 전현직이사협의체를 구성하는 절차를 거치지 않았다는 이유로 교육부장관이 한 학교법인의 정식이사 선임처분의 취소를 구하는 소송을 제기한 사안에서, 정식이사 후보자 추천의견 청취과정에서 사립학교법령상 전현직이사협의체를 구성하여야 한다는 절차 규정 위반으로 전직 이사 등의 의견진술권 행사에 실질적으로 지장이 초래되었다고 볼 수 없는 특별한 사정이 있다고 볼 수 있다면, 전현직이사협의체의 구성을 생략한 사학분쟁조정위원회의 절차적 위법으로 바로 위 처분이 절차적 정당성을 상실하여 취소되어야 한다고 볼 수 없다고 판시하였다.[122]

후자의 판결들은 절차적 하자의 독자적인 취소사유성에 대한 그동안의 대법원 판례와는 분명히 결을 달리하고 있다. 위 판결들은 '절차적 정당성'이라는 용어를 사용하면서, 행정청이 처분절차에서 관계법령의 절차규정을 위반하여 절차적 정당성이 상실된 경우에는 그 처분이 위법하여 취소되어야 하지만, 그렇지 않은 경우에는 해당 처분을 취소할 것은 아니라고 한다.[123] 그리고 절차적 정당성을 상실하였는지 여부에 관한 기준으로 "상대방이나 관계인의 의견진술권이나 방어권 행사에 실질적으로 지장이 초래되었는지 여부"를 예시하고 있다. 따라서 절차적 하자가 있더라도 절차적 정의나 방어권이 실질적으로 침해되지 않는 경우에는 반드시 취소사유로 보지 않고, 그럼으로써 소송경제와 무용한 절차의 반복을 방지하겠다는 것으로 읽힌다.[124]

---

120) 대법원 2018. 3. 13. 선고 2016두33339 판결.

121) 대법원 2021. 2. 4. 선고 2015추528 판결. 위 사례에서는 그밖에도 행정안전부장관은 원고들에게 불복방법과 기간을 고지하지 않았고 원고들의 동의 없이 종이문서가 아니라 전자문서로 위 결정문을 송달하였음에도 불구하고, 원고들은 일반 국민이 아니라 행정기관이고 전자문서로 송달을 받아 그 내용을 실질적으로 파악하고 있었으며 제소기간을 준수하여 소를 제기하였다는 사정을 감안하면, 위와 같은 절차적 하자는 위 결정을 취소할 정도는 아니라고 판시하였다.

122) 대법원 2025. 7. 18. 선고 2022두32429 판결.

123) 대법원 2021. 2. 4. 선고 2015추528 판결에서는 이러한 법리를 분명히 판시하고 있다.

124) 절차적 정의와 소송경제의 조화가 문제가 되는 것은 절차적 하자의 독자적 취소사유성의 문제뿐만 아니라, 처분사유의 추가·변경의 허용기준, 절차적 하자의 치유, 처분에 대한 위법성의 판단시점, 기속력의 범위 등에 관한 논의에서도 나타난다. 그런데, 그동안의 판례는 소송경제보다는 절차적 정의를 중시하는 것으로 평가되어 왔다.

4. 학설과 판례의 검토

적극설의 논거를 따르다 보면, 해당 절차가 비교적 경미한 것이거나 특히 해당 절차를 거치더라도 동일한 결정을 하여야 하는 경우 그 절차상 하자만 이유로 해당 처분을 취소한다면 무용한 행정절차의 반복이라는 결과만 가져온다는 문제점이 있는 것은 사실이고, 특히 기속행위의 경우에는 더욱 그럴 것이다. 그러나, 행정행위에 내용상의 하자가 없는 경우에는 절차상 하자를 이유로 그 취소를 구할 수 없다고 한다면, 그것은 행정절차의 기능을 실질적으로 부인하는 결과를 초래한다는 문제점이 있다. 결국 이 문제의 해결은 절차적 정의를 더 중시할 것인지 아니면 행정의 효율성을 더 중시할 것인지의 판단문제로 귀착할 것이고, 이론적인 완결성만의 문제는 아니라고 생각된다.

법치주의의 원칙상 절차적 정의를 실현하고 상대방의 방어권을 보장하기 위해서는 절차적 하자를 독자적인 취소사유로 인정하는 것이 원칙이 되어야 하고, 그 원칙과 예외를 어떻게 나누어야 하는지가 중요하다. 그 기준은 우리나라의 절차규정에 대한 연혁 및 입법현황, 행정실무 현실이나 국민들의 법감정과 전통 등을 두루 살펴 설정하여야 할 것이다.

그러한 관점에서, 행정절차를 주요절차와 부수적 절차로 나누고, 주요절차에 대한 하자는 그 하자가 지극히 경미하지 않다면 절차적 정당성이 침해되었으리라고 추정하여 독자적인 취소사유를 구성하고, 부수적 절차와 관련된 하자는 상대방이나 관계인의 의견진술권이나 방어권 행사에 실질적으로 지장이 초래되는 등의 절차적 정당성이 상실된 경우를 제외하고는 독자적인 취소사유를 구성하지 않는다는 기준을 제시하고자 한다. 행정절차법에서 차지하는 위치와 중요도 등을 고려한다면, 처분절차 중 주요절차로 처분기준의 설정·공표, 사전통지와 의견청취절차, 문서열람, 이유제시 등을 제시할 수 있겠다.[125]

5. 절차상 하자와 국가배상

이상에서 살펴본 것처럼 판례의 새로운 경향에 의하면, 처분에 실체적 하자는 없고 절차상 하자만 있는데 취소가능성이 부인되는 경우가 생길 수 있다. 이때 그 절차상 하자에 대한 위법성을 근거로 정신적 고통에 대한 국가배상으로 위자료를 인정할 수 있는지 논란이 될 수 있다. 국가배상도 항고소송과 마찬가지로 피해자구제기능, 손해분산기능만 있는 것이 아니라 제재기능 및 위법행위억제기능도 수행하므로, 절차상 하자에 대하여 항고소송으로 구제받지 못하는 경우 국가배상으로 보충적이고 2차적인 사후적인 통제를 적극적으로 고려할 필요가 있다고 생각한다.

---

125) 다만 대법원은 앞에서 본 것처럼 미리 공표하지 않은 처분기준을 적용하여 처분을 하였다고 하더라도 그것만으로는 해당 처분을 취소할 수 없다는 입장에 있다(대법원 2020. 12. 24. 선고 2018두45633 판결).

이 경우 주로 쟁점이 될 것이라고 예상되는 것은 손해를 입었는지 여부이다. 행정절차법 등 법령에 규정되어 있는 행정절차가 법적 의무로서 행정청을 구속하고 있기는 하지만, 그 상대방이나 이해관계인 모두에게 절차에 참여할 권리를 인정할 수는 없을 것이다. 다만 그 행정절차를 통하여 해당 인 · 허가 등의 발급을 신청하려고 하거나 불이익처분을 받거나 받게 될 우려가 있는 사람 또는 그 밖에 행정절차에 참가하는 당사자 등은 문제된 처분과의 관계에서 법률상 보호되는 이익을 가지고 있는지 여부에 따라 구체적 · 개별적인 행정절차 참여권이 인정될 수 있다면, 이때에는 법률상 이익의 침해로서 국가배상법상 손해가 있었다고 평가할 수 있다고 생각된다. 이 경우에도 처분이 직권으로 취소 또는 철회 되었거나 관련 항고소송 등에서 취소판결이나 무효확인판결 등이 확정되어 절차적 권리가 회복되었다면, 이러한 조치로도 주민의 절차적 권리 침해로 인한 정신적 고통이 여전히 남아 있다고 인정할 만한 특별한 사정이 있는 경우를 제외하고, 위자료를 청구하기 어려울 것이다.[126)]

---

126) 폐기물처리시설을 설치하는 지역에 거주하는 주민들은 직접 주민대표로서 입지선정위원회에 참여하고 주민대표로서 전문가 위원을 추천하여 입지선정위원회를 구성하거나 주민대표가 참여한 입지선정위원회의 활동 과정과 결과를 공람하고 입지선정위원회에 자신의 의견을 표명하는 방법 등으로 폐기물처리시설의 입지선정결정 과정에 참여할 수 있도록 보장되어 있다. 대법원은 해당 사업부지 인근 주민들은 의견제출을 통한 행정절차 참여 등 법령에서 정하는 절차적 권리를 행사하여 환경권이나 재산권 등 사적 이익을 보호할 기회를 가질 수 있으나, 주민들의 행정절차 참여에 관하여 규정되어 있다는 것만 가지고는 주민들에게 자신의 의사와 이익을 반영할 기회를 보장하고 행정의 공정성, 투명성과 신뢰성을 확보하며 국민의 권익을 보호하기 위한 것일 뿐, 행정절차에 참여할 권리 그 자체가 사적 권리로서의 성질을 가지는 것은 아니라고 판시하였다(대법원 2021. 7. 29. 선고 2015다221668 판결). 다만 위 사안에서는 피고인 지방자치단체가 입지선정위원회를 통한 지역주민의 의견수렴, 입주 선정에 관한 심의 · 의결을 거치지 않아 해당 폐기물 처리시설 입지 결정 · 고시처분 등이 무효확인판결이 선고되어 확정되었지만, 피고 소속 공무원들이 위와 같은 절차를 진행한 것처럼 서류를 위조한 것이 발각된 점 등 특별한 사정이 반영되어, 정신적 고통에 대한 위자료 청구권이 인정되었다. 자세한 사항은 국가배상 부분에서 설명하기로 한다.

제 2 장 행정조사와 개인정보보호

제 1 절 행정조사

Ⅰ. 의 의

1. 개 념

행정조사라 함은 "행정기관이 행정작용을 위하여 필요한 자료나 정보를 수집하기 위하여 행하는 일체의 행정활동"을 말한다. 행정조사 기본법 제2조 제1호에서는 행정조사를 "행정기관이 정책을 결정하거나 직무를 수행하는 데 필요한 정보나 자료를 수집하기 위하여 현장조사 · 문서열람 · 시료채취 등을 하거나 조사대상자에게 보고요구 · 자료제출요구 및 출석 · 진술요구를 행하는 활동"이라고 정의하고 있다.

행정조사는 그 자체가 행정상 필요한 구체적 결과를 실현시키는 것이 아니고 행정에 필요한 자료의 수집을 위하여 행해지는 준비적 · 보조적 수단이다. 따라서 직접 개인의 신체 또는 재산에 실력을 행사하여 행정상 필요한 상태를 실현하는 작용인 행정상 즉시강제와 구별된다.

2. 법적 성질

행정조사의 법적 성질을 일률적으로 설명할 수는 없다. 행정조사의 방법으로 출석 · 진술이나 자료제출을 요구하는 경우에는 행정행위의 형식으로 행해질 수 있다. 그러나 행정조사는 사실행위의 형식으로 행해지는 것이 많을 것이다. 이 경우 권력적 행정조사는 권력적 사실행위가 되고, 비권력적 행정조사는 비권력적 사실행위에 해당하게 된다.

3. 분 류

행정조사는 그 성질 또는 수단에 의하여 ① 권력적 조사와 ② 비권력적 조사로 나눌 수 있다. 또한 그 대상에 따라 ① 대인적 조사, ② 대물적 조사, ③ 대가택조사 등으로 분류할 수도 있다.

Ⅱ. 행정조사 기본법의 제정과 법적 근거

과거 정책수립 등을 위하여 실시하였던 행정조사는 조사요건이 포괄적으로 되어 있고, 절차규정이 미흡하며, 조사활동에 대한 통제장치가 제대로 마련되어 있지 않은 채 시행되었다. 그 결과 조사의 투명성과 예측가능성이 낮아 조사대상이 되는 기업 등에게 적지 않은 부담을 주어 왔다.

그리하여, 행정조사에 관한 원칙 · 방법 및 절차 등에 관한 기본적인 사항을 정함으로써 절차적 정의를 실현하는 한편, 행정조사의 공정성 · 투명성 및 효율성을 확보함으로써 행정조사의 대상이 되는 기업 등에게 행정조사에 대한 부담을 덜어주고 국민의 권익을 보호하기 위하여 2007. 5. 17. 법률 제8482호로 행정조사 기본법이 제정되었다.

행정조사 기본법은 조사대상자의 자발적인 협조를 얻어 실시하는 경우를 제외하고 행정기관이 행정조사를 실시하기 위해서는 법령상의 근거를 요구하고 있다(제5조). 그리고 행정조사에 관하여 개별법에서 그 법적 근거 또는 방법 등을 규정하고 있는 경우를 제외하고 행정기관은 행정조사 기본법을 준수하여야 한다(제3조 제1항). 행정조사 기본법에는 행정조사에 관한 기본원칙, 방법 및 절차 등을 규정하고 있다.

한편, 경찰관직무집행법은 경찰관이 치안정보를 수집 · 작성할 수 있다는 것을 명시하고 있다(제2조 제4호). 그밖에 불심검문(제3조), 건물 등에의 출입(제7조), 사실의 확인(제8조) 등이 경찰이 행하는 행정조사의 수단으로서 활용될 수 있다. 식품위생법, 공중위생관리법 등에서도 출입검사 · 가택출입 등을 규정하고 있다.

Ⅲ. 행정조사의 방법과 절차

1. 행정조사의 방법

행정조사 기본법에서는 행정조사의 방법으로 출석 · 진술 요구(제9조), 보고와 자료제출의 요구(제10조), 현장조사(제11조), 시료채취(제12조), 자료 등의 영치(제13조) 등을 규정하고 있다.

한편, ① 해당 행정기관 내의 둘 이상의 부서가 동일하거나 유사한 업무분야에 대하여 동일한 조사대상자에게 행정조사를 실시하는 경우, ② 서로 다른 행정기관이 대통령령으로 정하는 분야에 대하여 동일한 조사대상자에게 행정조사를 실시하는 경우 등에는 공동조사를 하여야 한다(제14조).

2. 행정조사의 절차

가. 실시절차

행정조사 기본법은 제16조 내지 제24조에서 행정조사의 실시절차를 규정하고 있다. 행정조사를 실시하기 위해서는 먼저 개별조사계획을 수립하여야 하고(개별조사계획의 수립), 출석요구서, 보고요구서 · 자료제출요구서 및 현장출입조사서를 조사개시 7일 전까지 조사대상자에게 서면으로 통지하여야 한다(조사의 사전통지). 사전통지한 사항과 관련된 추가적인 행정조사가 필요할 경우에는 조사대상자에게 추가조사의 필요성과 조사내용 등에 관한 사항을 서면이나 구두로 통보한 후 실시할 수 있다. 행정기관의 장은 조사대상자에 대한 조사만으로는 해당 행정조사의 목적을 달성할 수 없거나 조사대상이 되는 행위에 대한 사실 여부 등을 증명하는 데 과도한 비용 등이 소요되는 경우로서, ① 다른 법률에서 제3자에 대한 조사를 허용하고 있는 경우, ② 제3자의 동의가 있는 경우에는 제3자에 대하여 보충조사를 할 수 있다(제3자에 대한 보충조사).

나. 조사대상자의 절차적 권리

출석요구서 등을 통지받은 사람이 천재지변이나 그밖에 대통령령으로 정하는 사유로 인하여 행정조사를 받을 수 없는 때에는 해당 행정조사를 연기하여 줄 것을 행정기관의 장에게 요청할 수 있다(조사의 연기신청). 또한 조사대상자는 사전통지의 내용에 대하여 의견을 제출할 수 있고(의견제출), 조사원에게 공정한 행정조사를 기대하기 어려운 사정이 있다고 판단되는 경우에는 해당 조사원의 교체를 신청할 수 있다(조사원 교체신청). 그리고 조사대상자는 법률 · 회계 등에 대하여 전문지식이 있는 관계 전문가로 하여금 행정조사를 받는 과정에 입회하게 하거나 의견을 진술하게 할 수 있고, 조사대상자와 조사원은 상호 협의하에 조사과정을 방해하지 않는 범위 안에서 행정조사의 과정을 녹음하거나 녹화할 수 있다. 조사대상자는 법령 등에 특별한 규정이 있는 경우를 제외하고는 행정조사의 결과를 확정한 날부터 7일 이내에 그 결과를 통지받을 권리가 있다(조사결과의 통지).

다. 자율신고제도와 자율관리체계

(1) 자율신고제도

행정기관의 장은 법령 등에서 규정하고 있는 조사사항을 조사대상자로 하여금 스스로 신고하도록 하는 제도를 운영할 수 있다(제25조). 이에 따라 조사대상자가 신고한 내용이 거짓의 신고라고 인정할 만한 근거가 있거나 신고내용을 신뢰할 수 없는 경우를 제외하고는 그 신고내용을 행정조사에 갈음할 수 있다.

(2) 자율관리체계의 구축

행정기관의 장은 조사대상자가 자율적으로 행정조사사항을 신고 · 관리하고, 스스로 법령준수사항을 통제하도록 하는 자율관리체제의 기준을 마련하여 고시할 수 있다(제26조 제1항). 그 고시된 기준에 따라 조사대상자나 그가 법령 등에 따라 설립하거나 자율적으로 설립한 단체 또는 협회는 자율관리체제를 구축하여 행정기관의 장에게 신고할 수 있다(같은 조 제2항).

(3) 지원과 혜택

국가와 지방자치단체는 행정사무의 효율적인 집행과 법령 등의 준수를 위하여 조사대상자의 자율관리체제 구축을 지원하여야 한다(제26조 제3항). 자율신고를 하는 자와 자율관리체제를 구축하고 자율관리체제의 기준을 준수한 자는 행정조사의 감면 또는 행정 · 세제상의 지원 등 필요한 혜택을 받을 수 있다(제27조).

Ⅳ. 행정조사의 한계

1. 실체법적 한계

행정조사도 행정작용의 일환이기 때문에 비례의 원칙이나 평등의 원칙 같은 행정법의 일반원칙을 준수하여야 한다. 아울러 행정조사가 가지고 있는 특수성에 비추어 고유한 한계가 있을 수 있다. 행정조사 기본법 제4조에서는 행정조사의 기본원칙을 규정하여 이를 구체화하고 있다.

가. 목적부합의 원칙

행정조사는 그 근거가 되는 법령에서 정한 목적 이외의 다른 목적 등을 위하여 조사권을 남용하여서는 아니 된다(제1항). 특히 행정조사를 수사목적으로 이용한다면 영장주의와 같은 형사소송법의 여러 가지 절차적 통제를 피하는 수단으로 이용될 수 있다는 점을 유의하여야 한다. 조사대상자를 선정할 때에도 조사목적에 부합하도록 신중하게 하여야 한다(제2항). 아울러 행정조사는 법령 등의 위반에 대한 처벌보다는 법령 등을 준수하도록 유도하는 데 중점을 두어야 한다(제4항).

나. 비례의 원칙

행정조사도 당연히 비례의 원칙에 따르는 한계를 지켜야 한다. 행정절차 기본법 제4조 제1항에서는 조사목적을 달성하는데 필요한 최소한의 범위 안에서 실시하여야 한다고 규정하고 있다.

다. 평등의 원칙

행정조사를 실시하면서 조사대상자를 선정할 때 합리적인 이유 없이 차별하여서는 아니 된다. 행정기관의 장은 행정조사의 목적, 법령준수의 실적, 자율적인 준수를 위한 노력, 규모와 업종 등을 고려하여 명백하고 객관적인 기준에 따라 행정조사의 대상을 선정하여야 한다(제8조).

라. 중복조사의 제한

행정기관은 유사하거나 동일한 사안에 대하여는 공동조사 등을 실시함으로써 행정조사가 중복되지 아니하도록 하여야 한다(제3항). 그에 따라 행하는 공동조사에 관해서는 앞에서 살펴보았다.

마. 실력행사의 문제

행정조사의 일환으로 장부검사나 위생검사 또는 현장조사 등을 실시할 때 상대방이 거부하는 경우 과태료와 같은 행정벌을 부과하는 외에 실력을 행사하여 조사를 강행할 수 있는지에 대해서는 논란이 있다. 이러한 강제력의 행사는 법률에 명시적인 근거가 있어야 할 것이므로, 가능하지 않다고 생각된다.

2. 절차법적 한계

가. 증표의 휴대와 제시

행정조사를 실시할 때에도 헌법상의 기본원칙인 적법절차의 원칙이 준수되어야 한다. 그에 입각하여 개별법에서는 증표를 휴대하고 제시하도록 규정하고 있는 경우가 많다.

나. 영장주의의 적용 여부

영장주의란 형사절차와 관련하여 체포·구속·압수·수색 등의 강제처분을 할 때 사법권의 독립에 의하여 그 신분이 보장되는 법관이 발부한 영장에 의하지 않으면 안 된다는 원칙이다. 행정조사를 실시할 때 압수·수색을 수반할 경우 영장주의가 적용되어야 하는지에 대해서는 논란이 있다. 법률적 차원에서 개개의 법률에서 영장주의를 채택하는 입법적 배려는 당연히 존중되어야 할 것이지만, 헌법 제12조 제3항은 수사기관의 피의자에 대한 강제처분절차에 적용되는 것이라고 해석하여야 할 것이므로, 위와 같은 경우에 법관의 영장을 요건으로 하지 않는다고 하더라도 위헌이라고 할 수 없다는 것이 개인적인 견해이다. 이에 대해서는 후술하는 행정상 즉시강제와 영장주의의 관계에서 상세히 설명하겠다.

대법원 판결 중에는 “우편물 통관검사절차에서 이루어지는 우편물의 개봉, 시료채취, 성분분석 등의 검사는 수출입물품에 대한 적정한 통관 등을 목적으로 한 행정조사의 성격을 가지는 것으로서 수사기관의 강제처분이라고 할 수 없으므로, 압수 · 수색영장 없이 우편물의 개봉, 시료채취, 성분분석 등 검사가 진행되었다 하더라도 특별한 사정이 없는 한 위법하다고 볼 수 없다."라고 판시한 사례가 있다.[1)]

3. 위법한 행정조사에 기한 행정행위의 효력

행정조사가 위와 같은 한계를 준수하지 못하여 위법한 경우 그에 따라 수집된 정보에 기초하여 이루어진 행정행위가 곧바로 위법하게 되는지 여부가 논란이 되고 있다. 이는 위법하게 수집된 정보가 진실에 부합한 경우에 특히 문제가 된다.

이에 대하여 위법한 행정조사가 있는 경우 그 위법성은 행정행위에 승계된다고 보는 적극설과 행정조사와 행정행위는 별개이므로 조사의 위법성이 행정행위를 위법하게 할 수는 없다는 소극설 등이 대립하고 있다. 법치국가의 원칙상 행정기관의 위법한 행정조사를 용인할 수는 없으므로, 그에 대해서는 경우에 따라 국가배상이나 징계, 그 밖의 민 · 형사상의 책임을 져야 하는 것은 당연하다. 그러나 형사법에서 통용되는 독수독과의 원칙을 행정법 영역에 그대로 적용하여, 위법한 행정조사에 따라 수집된 정보에 기초한 처분이 진실에 부합하는 경우까지 일률적으로 취소하여야 하는지에 대해서는 의문이 들 수 있다.

그런데, 판례는 위법한 행정조사에 기초한 처분은 위법하다는 입장에 있다. 특히 세무조사와 관련하여, 세무조사대상 선정사유가 없음에도 세무조사대상으로 선정하여 과세자료를 수집한 경우,[2)] 과세자료의 수집 또는 신고내용의 정확성 검증이라는 본연의 목적이 아니라 부정한 목적을 위하여 행하여진 경우,[3)] 국세기본법령에서 금지하는 중복조사를 행한 경우[4)] 그에 기초한 과세처분은 위법하다고 판시하였다. 그밖에도 음주운전 여부에 대한 조사 과정에서 운전자 본인의 동의를 받지 않고 법원의 영장도 없이 한 혈액 채취 조사 결과를 근거로 한 운전면허 정지 · 취소 처분이 위법하다고 판시하였다.[5)] 다만 행정조사의 절차상 하자가 경미한 경우에는 위법사유가 되지 않는다고 판시한 사례도 있다.[6)]

---

1) 대법원 2013. 9. 26. 선고 2013도7718 판결.
2) 대법원 2014. 6. 26. 선고 2012두911 판결.
3) 대법원 2016. 12. 15. 선고 2016두47659 판결.
4) 대법원 2015. 9. 10. 선고 2013두6206 판결, 대법원 2017. 12. 13. 선고 2016두55421 판결. 판례에 의하면, 과세관청이 중복조사로 얻은 과세자료를 과세처분의 근거로 삼지 않았다거나 이를 배제하더라도 동일한 과세처분이 가능한 경우에도 마찬가지이고(대법원 2017. 12. 13. 선고 2016두55421 판결), 세무공무원의 조사행위가 실질적으로 납세자 등으로 하여금 질문에 대답하고 검사를 수인하도록 함으로써 납세자의 영업의 자유 등에 영향을 미치는 경우, '현지확인'의 절차에 따른 것이더라도 국세기본법령에 따라 재조사가 금지되는 '세무조사'에 해당한다(대법원 2017. 3. 16. 선고 2014두8360 판결).
5) 대법원 2016. 12. 27. 선고 2014두46850 판결.
6) 시료채취에 기초하여 내려진 토양정밀조사명령이 위법한지 여부가 문제된 사안에서, 채취된 시료의 대상지역 토양에 대한 대표성을 전혀 인정할 수 없을 정도로 그 위반의 정도가 중대한 경우가 아니라

V. 행정조사와 권리구제

1. 적법한 행정조사

적법한 행정조사로 인하여 특별한 재산상의 손실을 입은 사람은 법률이 정한대로 정당한 보상으로 구제받을 수 있다(손실보상). 국토계획법, 토지보상법 등 많은 법률에서 손실보상에 관한 규정을 두는 경우가 많다. 그러나 법률에 손실보상에 관한 규정이 없을 때의 구제방법에 관해서는 논란이 있고, 이에 대해서는 행정구제법 중 손실보상에 관한 부분에서 자세히 설명하겠다.

2. 위법한 행정조사

위법한 행정조사의 처분성이 인정된다면 항고소송 또는 행정심판을 통하여 권리구제가 가능하다. 판례에 의하면, 세무조사결정,[7] 친일반민족행위자재산조사위원회의 재산조사개시결정[8]이 처분이므로, 항고쟁송의 대상이 된다.

또한 위법한 행정조사로 인하여 손해를 입은 국민은 국가배상을 청구할 수 있다. 위법한 행정조사가 단기간에 종료되어 취소를 구할 소의 이익이 인정될 수 없는 경우에는 국가배상이 실효성 있는 구제수단이 될 수 있다.

면, 토양오염공정시험방법에 규정된 내용에 위반되는 방식으로 시료를 채취하였다는 사정만으로는 그에 기초하여 내려진 토양정밀조사명령이 위법하다고 할 수 없다(대법원 2009. 1. 30. 선고 2006두9498 판결).

7) 부과처분을 위한 과세관청의 질문조사권이 행해지는 세무조사결정이 있는 경우 납세의무자는 세무공무원의 과세자료 수집을 위한 질문에 대답하고 검사를 수인하여야 할 법적 의무를 부담하게 되는 점, 세무조사는 기본적으로 적정하고 공평한 과세의 실현을 위하여 필요한 최소한의 범위 안에서 행해져야 하고, 더욱이 동일한 세목 및 과세기간에 대한 재조사는 납세자의 영업의 자유 등 권익을 심각하게 침해할 뿐만 아니라 과세관청에 의한 자의적인 세무조사의 위험마저 있으므로 조세공평의 원칙에 현저히 반하는 예외적인 경우를 제외하고는 금지될 필요가 있는 점, 납세의무자로 하여금 개개의 과태료 처분에 대하여 불복하거나 조사 종료 후의 과세처분에 대해서만 다툴 수 있도록 하는 것보다는 그에 앞서 세무조사결정에 대하여 다툼으로써 분쟁을 조기에 근본적으로 해결할 수 있는 점 등을 종합하면, 세무조사결정은 납세의무자의 권리·의무에 직접 영향을 미치는 공권력의 행사에 따른 행정작용으로서 항고소송의 대상이 된다(대법원 2011. 3. 10. 선고 2009두23617, 23624 판결).

8) 친일반민족행위자재산조사위원회의 재산조사개시결정이 있는 경우 조사대상자는 위 위원회의 보전처분 신청을 통하여 재산권행사에 실질적인 제한을 받게 되고, 위 위원회의 자료제출요구나 출석요구 등의 조사행위에 응하여야 하는 법적 의무를 부담하게 되는 점, '친일반민족행위자 재산의 국가귀속에 관한 특별법'에서 인정된 재산조사결정에 대한 이의신청절차만으로는 조사대상자에 대한 권리구제 방법으로 충분치 아니한 점, 조사대상자로 하여금 개개의 과태료 처분에 대하여 불복하거나 조사 종료 후의 국가귀속결정에 대해서만 다툴 수 있도록 하는 것보다는 그에 앞서 재산조사개시결정에 대하여 다툼으로써 분쟁을 조기에 근본적으로 해결할 수 있는 점 등을 종합하면, 친일반민족행위자재산조사위원회의 재산조사개시결정은 조사대상자의 권리·의무에 직접 영향을 미치는 독립한 행정처분으로서 항고소송의 대상이 된다(대법원 2009. 10. 15. 선고 2009두6513 판결).

제 2 절 개인정보보호

Ⅰ. 의 의

1. 개인정보보호의 필요성

개인정보는 일상적인 공적 · 사적생활이나 상거래에 없어서는 안 될 중요한 연락정보 또는 판단정보로서, 인간이 사회생활을 하기 위해서는 개인정보의 유통이 불가피하고, 정보통신기술의 발전으로 인하여 개인정보의 경제적 가치가 점점 커지고 있다. 이렇게 사회생활의 모든 영역에 걸쳐 개인정보의 수집과 이용이 보편화됨에 따라 개인정보의 유출 · 오용 · 남용 · 불법적인 거래 등 개인정보의 침해문제가 심각해지고 있다.

특히 행정기관은 광범위한 행정조사를 통하여 국민 개개인의 정보를 소상히 알게 되었다. 그 부작용을 우려하여 행정조사 기본법 제4조 제6항에서는 "행정기관은 행정조사를 통하여 알게 된 정보를 다른 법률에 따라 내부에서 이용하거나 다른 기관에 제공하는 경우를 제외하고는 원래의 조사목적 이외의 용도로 이용하거나 타인에게 제공하여서는 아니 된다."라고 규정하고 있다. 그런데, 이렇게 수집된 개인정보는 전자정부의 발달로 점점 더 전산화되고 가공되어 공공기관들 사이에 공동으로 이용되고 있다. 뿐만 아니라 개인정보는 마케팅을 위한 기업의 소중한 자산이지만 제대로 관리되지 못할 경우 고객의 신뢰가 무너지고 이로 인하여 기업의 이미지가 크게 훼손될 수 있고, 개인정보의 유출에 대하여 피해자들이 대규모 소송을 제기할 경우 기업들은 막대한 액수의 손해배상책임을 지게 될 수도 있다. 따라서 오늘날 정보사회에서 개인정보보호는 개인정보주체와 개인정보이용자의 차원뿐만 아니라 사회전체의 차원에서도 매우 중요한 문제가 되고 있다.

2. 정보의 자기결정권

개인정보보호제도의 헌법적 근거는 헌법상 기본권인 정보의 자기결정권이다. 정보의 자기결정권이라 함은 자신에 관한 정보의 공개와 유통을 스스로 결정하고 통제할 수 있는 헌법상 기본권을 말한다. 헌법재판소도 정보의 자기결정권을 "자신에 관한 정보가 언제 누구에게 어느 범위까지 알려지고 또 이용되도록 할 것인지를 그 정보주체가 스스로 결정할 수 있는 권리, 즉 정보주체가 개인정보의 공개와 이용에 관하여 스스로 결정할 권리"라고 정의하고 있다.[9]

---

9) 헌재 2005. 5. 26. 선고 99헌마513, 2004헌마190 결정.

헌법재판소는 정보의 자기결정권의 헌법상 근거에 관하여, 인간의 존엄과 가치, 행복추구권을 규정한 헌법 제10조 제1문에서 도출되는 일반적 인격권 및 헌법 제17조의 사생활의 비밀과 자유에 의하여 정보의 자기결정권이 보장된다고 판시하였다.[10]

Ⅱ. 개인정보의 개념과 보호법제

1. 개 념

개인정보라 함은 개인에 관한 정보를 말한다. 개인정보보호법 제2조 제1호에서는 "살아 있는 개인에 관한 정보로서 ① 성명, 주민등록번호 및 영상 등을 통하여 개인을 알아볼 수 있는 정보, ② 해당 정보만으로는 특정 개인을 알아볼 수 없더라도 다른 정보와 쉽게 결합하여 알아볼 수 있는 정보, ③ 가명처리함으로써 원래의 상태로 복원하기 위한 추가 정보의 사용 · 결합 없이는 특정 개인을 알아볼 수 없는 정보(가명정보)"라고 유형을 나누어서 정의하고 있다. 참고로 정보공개법 제2조 제1호에서는 정보를 "공공기관이 직무상 작성 또는 취득하여 관리하고 있는 문서(전자문서 포함) 및 전자매체를 비롯한 모든 형태의 매체 등에 기록된 사항"이라고 정의하고 있다.

개인정보에는 인적사항 정보, 사회적 정보, 경제적 정보, 신체적 정보, 교육 정보, 보건 · 의료 정보, 내면적 정보[11] 등이 포함된다. 최근에는 무선인식[12]에 따른 개인위치정보, 생체인식기술의 발달로 인한 생체정보, CCTV로 수집되는 화상정보 등과 같은 새로운 유형의 개인정보가 등장하고 있다.

2. 개인정보보호법제

가. 개인정보보호법

개인정보보호법은 개인정보의 처리 및 보호에 관한 사항을 정함으로써 개인의 자유와 권리를 보호하고 나아가 개인의 존엄과 가치를 구현함을 목적으로 제정되었고, 개인정보의 보호에 관한 기본법 및 일반법의 역할을 하고 있다. 원래 개인정보보호법제는 공공부문과 민간부문을 구분하여 규율하였었는데, 양 법률을 통합하여 개인정보보호법이 2011. 3. 29.에 제정되었다. 따라서 개인정보보호법은 공공기관뿐만 아니라 비영리단체 등 업무상 개인정보파일을 운용하기 위하여 개인정보를 처리하는 자에게도 적용된다.

개인정보보호법에서는 개인정보의 수집 · 이용 · 제공 등에 있어서 개인정보를 보호하

10) 헌재 2005. 7. 21. 선고 2003헌마282, 425 결정.
11) 도서, 비디오 및 DVD 등 대여기록, 잡지구독정보, 물품구매내역, 웹사이트 검색내역 등.
12) RFID(Radio Frequency Identification), 전파를 이용하여 먼 거리에서도 정보를 인식할 수 있도록 하는 기술을 말한다.

면서 동시에 적절하게 개인정보를 수집·활용할 수 있도록 규정하고 있다.

나. 그 밖의 법률

개인정보보호법 외에도 정보통신, 위치정보, 금융 · 신용거래, 교육 및 의료 분야 등 분야별로 개별법이 제정되어 있다. 정보통신망에서 영리를 목적으로 처리되는 개인정보에 관해서는「정보통신망 이용촉진 및 정보보호 등에 관한 법률」이, 신용정보에 관해서는「신용정보의 이용 및 보호에 관한 법률」이 특별법으로서 우선 적용된다. 그밖에도「위치정보의 보호 및 이용 등에 관한 법률」,「교육기본법」,「생명윤리 및 안전에 관한 법률」및「보건의료기본법」등이 있다.

Ⅲ. 개인정보보호법의 주요내용

1. 개인정보보호의 기본원칙

개인정보처리자는 개인정보의 처리 목적을 명확하게 하여야 하고 그 목적에 필요한 범위에서 최소한의 개인정보만 적법하고 정당하게 수집하여야 하며, 처리 목적에 필요한 범위에서 적합하게 개인정보를 처리하여야 하고, 그 목적 외의 용도로 활용하여서는 아니된다(제3조).

또한, 개인정보처리자는 개인정보의 처리 목적에 필요한 범위에서 개인정보의 정확성, 완전성 및 최신성이 보장되도록 하여야 하고, 개인정보처리자는 개인정보의 처리 방법 및 종류 등에 따라 정보주체의 권리가 침해받을 가능성과 그 위험 정도를 고려하여 개인정보를 안전하게 관리하여야 한다.

그리고 개인정보처리자는 개인정보 처리방침 등 개인정보의 처리에 관한 사항을 공개하여야 하고, 열람청구권 등 정보주체의 권리를 보장하여야 하며, 정보주체의 사생활 침해를 최소화하는 방법으로 개인정보를 처리하여야 하고, 개인정보를 익명 또는 가명으로 처리하더라도 개인정보의 수집목적을 달성할 수 있는 경우에는 익명처리가 가능하면 익명으로, 익명처리로 목적을 달성할 수 없으면 가명으로 처리하여야 하며, 개인정보보호법 및 관계 법령에서 규정하고 있는 책임과 의무를 준수하고 실천함으로써 정보주체의 신뢰를 얻기 위하여 노력하여야 한다.

2. 개인정보의 처리와 그 제한

개인정보처리자는 ① 정보주체의 동의를 받은 경우, ② 법률에 특별한 규정이 있거나 법령상 의무를 준수하기 위하여 불가피한 경우, ③ 공공기관이 법령 등에서 정하는 소관 업무의 수행을 위하여 불가피한 경우, ④ 정보주체와의 계약의 체결 및 이행을 위하여 불가피하게 필요한 경우, ⑤ 정보주체 또는 그 법정대리인이 의사표시를 할 수 없는 상태에 있거나 주소불명 등으로 사전 동의를 받을 수 없는 경우로서 명백히 정보주체 또는 제3자의 급박한 생명, 신체, 재산의 이익을 위하여 필요하다고 인정되는 경우, ⑥ 개인정보처리자의 정당한 이익을 달성하기 위하여 필요한 경우로서 명백하게 정보주체의 권리보다 우선하는 경우 등에는 개인정보를 수집할 수 있고, 그 수집목적의 범위에서 이용할 수 있다(개인정보보호법 제15조 제1항). 또한 위 ①, ②, ③, ⑤의 경우와 정보통신서비스의 제공에 따른 요금정산을 위하여 필요한 경우 및 다른 법률에 특별한 규정이 있는 경우 등에는 정보주체의 개인정보를 제3자에게 제공 또는 공유할 수 있다(제17조 제1항). 다만 개인정보처리자는 정보주체의 동의 없이도 당초 수집 목적과 합리적으로 관련된 범위 내에서 정보주체에게 불이익이 발생하는지 여부, 안전성 확보에 필요한 조치를 하였는지 여부 등을 고려하여 개인정보를 이용하거나 제공할 수 있다(제15조 제3항 및 제17조 제4항).[13] 한편, 개인정보의 수집·이용 목적의 달성 등으로 불필요하게 된 때에는 지체 없이 개인정보를 파기하도록 하여야 한다. 개인정보보호법은 개인정보의 수집, 이용, 제공, 파기에 이르는 각 단계별로 개인정보처리자가 준수하여야 할 처리기준을 구체적으로 규정하고 있다.

특히 주민등록번호 등 법령에 따라 개인을 고유하게 구별하기 위하여 부여된 고유식별정보는 원칙적으로 처리를 금지하고, 별도의 동의를 얻거나 법령에 의한 경우 등에 한하여 제한적으로 예외를 허용하고 있다.

3. 정보주체의 권리

개인정보보호법은 정보주체의 권리를 명확히 규정함으로써 정보주체가 훨씬 용이하게 개인정보에 대한 자기통제권을 실현할 수 있도록 하고 있다. 그리하여, 정보주체에게 개인정보의 열람청구권, 정정·삭제 청구권, 처리정지 요구권 등을 부여하고, 그 권리행사의 방법 등을 규정하고 있다.

4. 권리보호

정보주체는 개인정보처리자가 이 법을 위반한 행위로 손해를 입으면 개인정보처리자에게 손해배상을 청구할 수 있다. 이 경우 개인정보보호법은 그 개인정보처리자가 고의 또

---

13) 개인정보보호법 시행령 제14조의2에서는 정보주체의 동의 없이 개인정보의 추가적인 이용 또는 제공하기 위한 고려사항을 ① 당초 수집 목적과 관련성이 있는지 여부, ② 개인정보를 수집한 정황 또는 처리 관행에 비추어 볼 때 개인정보의 추가적인 이용 또는 제공에 대한 예측 가능성이 있는지 여부, ③ 정보주체의 이익을 부당하게 침해하는지 여부, ④ 가명처리 또는 암호화 등 안전성 확보에 필요한 조치를 하였는지 여부 등으로 구체화하고 있다.

는 과실이 없음을 증명하여야 책임을 면할 수 있도록 증명책임을 완화하고 있다. 또한 징벌적 손해배상제도와 법정손해배상제도 및 단체소송이 도입되어 있다.

한편, 개인정보보호법 제70조 제2호에 의하면, "거짓이나 그 밖의 부정한 수단이나 방법으로 다른 사람이 처리하고 있는 개인정보를 취득한 후 이를 영리 또는 부정한 목적으로 제3자에게 제공한 자와 이를 교사 · 알선한 자"는 형사적 책임을 지도록 되어 있다. 여기에서 "거짓이나 그 밖의 부정한 수단이나 방법"이란 다른 사람이 처리하고 있는 개인정보를 취득하기 위하여 사용하는 위계 그 밖의 사회통념상 부정한 방법이라고 인정되는 일체의 행위를 말한다.[14)]

5. 개인정보보호위원회

개인정보 보호에 관한 사무를 독립적으로 수행하기 위하여 국무총리 소속으로 개인정보 보호위원회가 설치되어 있다. 원래 보호위원회는 대통령 소속이었는데, 2020. 2. 4. 개인정보보호법이 개정되어 국무총리 소속으로 변경하되, 정부조직법에 따른 중앙행정기관으로 보도록 하며, 행정안전부와 방송통신위원회의 개인정보 관련 사무를 개인정보보호위원회로 이관하여 개인정보 보호의 컨트롤타워로서의 기능이 강화되었다.

보호위원회는 ① 개인정보의 보호와 관련된 법령의 개선에 관한 사항, ② 개인정보 보호와 관련된 정책 · 제도 · 계획 수립 · 집행에 관한 사항, ③ 정보주체의 권리침해에 대한 조사 및 이에 따른 처분에 관한 사항, ④ 개인정보의 처리와 관련한 고충처리 · 권리구제 및 개인정보에 관한 분쟁의 조정, ⑤ 개인정보 보호를 위한 국제기구 및 외국의 개인정보 보호기구와의 교류 · 협력, ⑥ 개인정보 보호에 관한 법령 · 정책 · 제도 · 실태 등의 조사 · 연구, 교육 및 홍보에 관한 사항, ⑦ 개인정보 보호에 관한 기술개발의 지원 · 보급 및 전문 인력의 양성에 관한 사항, ⑧ 개인정보보호법 및 다른 법령에 따라 보호위원회의 사무로 규정된 사항 등의 사무를 수행한다.

6. 그 밖의 사항

개인정보보호법은 그밖에도 영상정보처리기기의 설치제한, 개인정보 영향평가제도, 개인정보 유출사실의 통지 · 신고제도, 개인정보 분쟁조정위원회 설치 및 집단분쟁조정제도, 개인정보 침해사실의 신고 등에 관하여 규정하고 있다.

---

14) 정보주체의 동의 없이 유통되는 개인정보를 매입하는 행위도 여기에 포함되고(대법원 2024. 8. 29. 선고 2022도16324 판결), 영상정보처리기기에 의하여 촬영된 개인의 초상, 신체의 모습과 위치정보 등과 관련한 영상의 형태로 존재하는 개인정보의 경우에는 영상이 담긴 매체를 전달받는 등 영상 형태로 개인정보를 이전받는 것 외에도 그 영상을 시청한 행위도 '개인정보를 제공받은 행위'로 볼 수 있다(대법원 2024. 8. 23. 선고 2020도18397 판결).

제 3 장 정보공개

제 1 절 정보공개청구권의 헌법적 근거와 알권리

Ⅰ. 정보공개제도의 의의

정보공개제도는 국민이 국가가 보유하는 정보에 접근하여 그것을 이용할 수 있게 하기 위하여 국민에게 정부보유정보에 대한 공개를 청구할 수 있는 권리(정보공개청구권)를 보장하고 국가에게 정보공개의 의무를 지우는 제도이다.

종래 헌법재판소는 국민의 정보공개청구권을 인정하는 법률이 없는 상황에서 정당한 이익을 가지는 국민의 공문서열람·복사신청에 대해 국가기관이 불응하는 것은 알권리를 침해하는 것이라 판시하였고,[1] 대법원도 청주시의회의 행정정보공개조례의 합법성을 인정하는 과정에서 알권리 개념을 받아들였다.[2]

Ⅱ. 알권리의 내용과 헌법적 근거

1. 알권리의 내용

우리 학계의 다수설은 알권리를 국가나 다른 사인에 의하여 방해받지 않고 일반적으로 접근(입수)할 수 있는 정보원으로부터 자유롭게 정보를 얻을 수 있는 정보의 자유(소극적 측면)와 국가나 사회에 대하여 정보를 공개해 달라고 요청할 수 있는 정보공개청구권(적극적 측면)을 포함하는 포괄적 권리로 이해하고 있는데, 이를 세분하면 다음과 같다.

① **정보수령권(정보의 자유)**: 국가권력의 방해 없이 일반적으로 접근할 수 있는 정보원으로부터 정보를 얻을 권리

② **정보수집권(취재의 자유)**: 자발적 또는 중립적 정보원으로부터의 정보 취득에서 방해받지 않을 권리

③ **정보공개청구권**: 비자발적인 정보원으로부터 정보의 공개를 청구할 수 있는 권리(자기에 관한 정보 또는 자기의 권익보호와 직접 관련이 있는 정보의 공개를 청구하는 「개별적 정보공개청구권」과 국민의 한 사람으로서 일반적인 정보의 공개를 청구하는 「일반적 정보공개청구권」)

④ **자기정보통제권**: 자기정보를 어디까지 누구에게 어떤 방법으로 알릴 것인지를 결정

1) 헌재 1989. 9. 4. 선고 88헌마22 결정 참조.
2) 대법원 1992. 6. 23. 선고 92추17 판결 참조.

할 수 있는 자기정보에 대한 자기결정권

학설은 대체로 정보의 자유를 중심으로 알권리를 파악하나, 헌법재판소는 정보공개청구권을 알권리의 핵심이라고 하면서,[3] 정보의 자유(정보수령방해배제청구권)도 알권리의 한 내용으로 인정하는 입장을 취하고 있다.[4] 또한, 대법원도 알권리라는 표현을 사용하였을 뿐 아니라, 알권리를 '국가정보로 접근할 수 있는 권리'(정보공개청구권)를 중심으로 파악하고, 아울러 그것에는 일반적 정보공개청구권이 포함됨을 명시적으로 밝히고 있다.[5]

2. 헌법적 근거

알권리의 근거 규정을 구체적으로 어느 규정으로 볼 것인지에 관하여 견해가 나누어진다. ① 표현의 자유를 규정한 헌법 제21조를 그 근거로 보는 견해와 ② 인간의 존엄성과 행복추구권을 규정한 헌법 제10조에 의하여 보장되고 있다고 보는 견해 및 ③ 국민주권원리를 천명한 헌법 전문 및 헌법 제1조 제2항, 인간의 존엄과 행복추구권을 규정한 헌법 제10조, 표현의 자유를 규정한 헌법 제21조, 교육을 받을 권리를 규정한 헌법 제31조, 인간다운 생활을 할 권리를 규정한 헌법 제34조 제1항 등이 종합적으로 그 근거가 된다고 보는 견해가 있다.

이에 대하여 헌법재판소는 알권리가 우리 헌법 제21조 소정의 표현의 자유에 당연히 포함되는 것이라고 보았고,[6] 대법원도 국민의 알권리, 특히 국가 정보로 접근할 수 있는 권리는 우리 헌법상 기본적으로 표현의 자유와 관련하여 인정되는 것이라고 판시하였다.[7]

---

3) 헌법재판소는 한 걸음 나아가 "알권리의 생성기반을 살펴볼 때 이 권리의 핵심은 정부가 보유하고 있는 정보에 대한 국민의 알권리 즉, 국민의 정부에 대한 일반적 정보공개를 구할 권리(청구권적 기본권)라고 할 것"이라고 판시하여(헌재 1989. 9. 4. 선고 88헌마22 결정), 일반적 정보공개청구권을 알권리의 핵심으로 파악하고 있다.

4) 헌법재판소는 "정보에의 접근 · 수집 · 처리의 자유, 즉 알권리는 표현의 자유와 표리일체의 관계에 있으며 자유권적 성질과 청구권적 성질을 공유하는 것이다. 자유권적 성질은 일반적으로 정보에 접근하고 수집 · 처리함에 있어서 국가권력의 방해를 받지 아니한다는 것을 말하며, 청구권적 성질은 의사형성이나 여론형성에 필요한 정보를 적극적으로 수집하고 수집을 방해하는 방해제거를 청구할 수 있다는 것을 의미하는바 이는 정보수집권 또는 정보공개청구권으로 나타난다."라고 판시하였다(헌재 1991. 5. 13. 선고 90헌마133 결정).

5) 대법원 1999. 9. 21. 선고 98두3426 판결에서는 알권리에 자신의 권익보호와 직접 관련이 있는 정보의 공개를 청구할 수 있는 개별적 정보공개청구권이 포함된다는 것을, 대법원 1999. 9. 21. 선고 97누5114 판결에서는 일반 국민 누구나 국가에 대하여 보유 · 관리하고 있는 정보의 공개를 청구할 수 있는 일반적인 정보공개청구권이 포함된다는 것을 판시하였다.

6) 헌재 1989. 9. 4. 선고 88헌마22 결정, 헌재 1991. 5. 13. 선고 90헌마133 결정 참조.

7) 대법원 1999. 9. 21. 선고 98두3426 판결, 대법원 1999. 9. 21. 선고 97누5114 판결 참조. 대법원 2009. 12. 10. 선고 2009두12785 판결에서는 "국민의 '알권리', 즉 정보에의 접근 · 수집 · 처리의 자유는 자유권적 성질과 청구권적 성질을 공유하는 것으로서 헌법 제21조에 의하여 직접 보장되는 권리"라고 판시하였다.

Ⅲ. 정보공개청구권의 헌법 직접적 권리성 여부

그런데, '정보공개청구권'이 헌법 제21조의 표현의 자유 등의 근거 조항에서 직접 도출되는 구체적인 권리로 볼 것인지, 아니면 법률의 제정 등으로 구체화될 필요가 있는 추상적인 권리인지에 관한 논의가 있다.[8)]

헌법재판소는 정보공개법이 제정·시행되기 이전에도 알권리를 구체화하는 별도의 법률이 없는 상황에서 헌법해석론만으로 개별적 정보공개청구권은 물론 일반적 정보공개청구권까지도 헌법 규정에서 바로 도출되는 구체적인 권리라고 보았다.[9)] 헌법재판소의 위와 같은 해석론에 대해서는 "국민의 기본권보호라는 결론을 내는 데 치중하여 국민의 구체적인 정보공개청구권을 헌법이론적 근거 없이 인정하는 이론적 불비가 있다."라든지, "언론의 자유와 같은 자유권조항으로부터는 침해배제청구권과 같은 방어권은 발생할 수 있으나, 적극적인 이행청구권은 발생할 수 없다."라는 등의 비판이 제기되었다.[10)]

이에 대하여 대법원은 개별적 정보공개청구권에 관해서는 "알 권리와 그에 기하여 인정되는 정보공개청구권은 헌법조항에 의하여 직접 보장되는 것"으로 판단한 원심을 그대로 받아들임으로써, 헌법 직접적 권리성까지 인정하였다.[11)] 반면에 일반적 정보공개청구권은 사무관리규정 제33조 제2항과 행정정보공개운영지침을 통해 구체화되어 있음을 추가적으로 언급하고 있는 것으로 보아 이를 부인하는 입장인 듯하다.[12)]

개별적 정보공개청구권은 일반적 인격권 중 자기인격의 발현영역을 자주적으로 결정하고 수행하며 그 인격발현에 필요한 정보를 조사하고 수집할 권리의 보호영역에 넣을 수 있으므로, 기본권의 직접적 효력에 의하여 관련 법률의 제정이 없더라도 국가기관을 구속한다고 할 수 있을 것이다. 반면에 일반적 정보공개청구권은 개인의 자유로운 인격발현에 필요하거나 유용한 정보를 넘어서는 공공기관의 일반적 정보의 공개를 모든 국민이 청구할

---

8) 위와 같은 논의는 특히 정보공개법이 제정되기 이전에 법률의 규정이 없음에도 정보공개청구권을 구체적인 권리로 인정할 수 있겠는지와 관련된 문제였으나, 현재는 정보공개법이 제정되어 논의의 의미가 반감되었다.

9) 헌재 1989. 9. 4. 선고 88헌마22 결정에서는 "본건 서류에 대한 열람·복사민원의 처리는 법률의 제정이 없더라도 불가능한 것이 아니라 할 것"이라고 판시하고, 헌재 1991. 5. 13. 선고 90헌마133 결정에서는 "알권리의……핵심은……국민의 정부에 대한 일반적 정보공개를 구할 권리(청구권적 기본권)라고 할 것이며, 이러한 '알권리'의 실현은 법률의 제정이 뒤따라 이를 구체화시키는 것이 충실하고도 바람직하지만, 그러한 법률이 제정되어 있지 않다고 하더라도 불가능한 것은 아니고 헌법 제21조에 의해 직접 보장될 수 있다."라고 판시하였다.

10) 비판론에 대하여 박종진, "공공정보공개제도와 알권리의 헌법적 근거", 헌법규범과 헌법현실: 권영성 교수 정년기념논문집, 법문사(1999), 1008면 참조.

11) 대법원 1999. 9. 21. 선고 98두3426 판결 참조.

12) 대법원 1999. 9. 21. 선고 97누5114 판결 참조. 그러나 대법원 2009. 12. 10. 선고 2009두12785 판결에서는 "헌법 제21조에 의하여 직접 보장되는 권리"라고 판시하여 입장이 불분명하다.

수 있는 권리라 할 것이므로, 헌법 제1조의 국민주권주의나 헌법 제10조에 근거한 일반적 인격권 또는 헌법 제21조 제1항의 표현의 자유로부터 직접 나오는 것은 아니고, 이 영역에 관해서는 위 헌법규정을 구체화하는 입법자가 광범한 형성의 자유를 가지게 되는 것이다.

따라서, 정보공개법이 가지는 의의는 바로 이와 같이 헌법에 의하여 보장되고 국가권력에 대하여 직접적 효력을 가지는 개별적 정보공개청구권에 해당하지 않는 일반적 정보공개청구권을 입법자가 새롭게 형성하였다는 점에 있다고 생각된다.[13]

제 2 절 정보공개청구의 당사자

Ⅰ. 정보공개청구권자

모든 국민은 정보의 공개를 청구할 권리를 가진다.[14] 외국인도 국내에 일정한 주소를 두고 거주하거나 학술 · 연구를 위하여 일시적으로 체류하는 사람이거나 국내에 사무소를 두고 있는 법인 또는 단체는 정보공개를 청구할 수 있다(정보공개법 제5조, 같은 법 시행령 제3조).

Ⅱ. 정보공개 의무기관

정보공개법 제2조 제3호에 의하면, 정보공개 의무기관은 공공기관이고, 이를 도식화하면, 「공공기관 = ① 국가기관 + ② 지방자치단체 + ③ 공공기관운영법 제2조에 따른 공공기관 + ④ 지방공기업법에 따른 지방공사 및 지방공단, ⑤ 그밖에 대통령령으로 정하는 기관」이 된다. 여기에서 국가기관은 (ㄱ) 국회, 법원, 헌법재판소, 중앙선거관리위원회, (ㄴ) 중앙행정기관(대통령 소속 기관과 국무총리 소속 기관 포함) 및 그 소속 기관, (ㄷ) 행정기관 소속 위원회의 설치 · 운영에 관한 법률에 따른 위원회 등이다. 한편 대통령령으로 정하는 기관으로는(정보공개법 시행령 제2조), (1) 각급 학교,[15] (2) 지방자치단체 출자 · 출연 기관의 운영에 관한 법률 제2조 제1항에 따른 출자기관 및 출연기관, (3) 특별법에 따라 설립된 특수법인, (4) 사회복지사업법 제42조 제1항에 따라 국가나 지방자치단체로부터 보조금을 받는 사회복지

---

13) 경건, "정보공개청구권의 헌법적 근거와 그 제한", 행정판례연구Ⅴ, 박영사(2000), 175-176면, 박종진, "공공정보공개제도와 알권리의 헌법적 근거", 1,015-1,016면 참조.

14) 지방자치단체는 정보공개청구권자인 '국민'에 해당하지 않는다는 하급심 판결이 있다(서울행정법원 2005. 10. 12. 선고 2005구합10484 판결).

15) 유아교육법, 초 · 중등교육법, 고등교육법에 따른 각급 학교 또는 그 밖의 다른 법률에 따라 설치된 학교.

법인과 사회복지사업을 하는 비영리법인, (5) (4)항 외에 보조금 관리에 관한 법률 제9조 또는 지방재정법 제17조 제1항 각 호 외의 부분 단서에 따라 국가나 지방자치단체로부터 연간 5천만원 이상의 보조금을 받는 기관 또는 단체(정보공개 대상 정보는 해당 연도에 보조를 받은 사업으로 한정) 등이 열거되어 있다.

대법원은, "정보공개 의무기관을 정하는 것은 입법자의 입법형성권에 속하고, 이에 따라 입법자는 정보공개법 제2조 제3호에서 정보공개 의무기관을 공공기관으로 정하였는바, 공공기관은 국가기관에 한정되는 것이 아니라 지방자치단체, 정부투자기관, 그밖에 공동체 전체의 이익에 중요한 역할이나 기능을 수행하는 기관도 포함되는 것으로 해석되고, 여기에 정보공개의 목적, 교육의 공공성 및 공·사립학교의 동질성, 사립대학교에 대한 국가의 재정지원 및 보조 등 여러 사정을 고려해 보면, 사립대학교에 대한 국비 지원이 한정적·일시적·국부적이라는 점을 고려하더라도, 같은 법 시행령 제2조 제1호가 정보공개의무를 지는 공공기관의 하나로 사립대학교를 들고 있는 것이 모법인 구 공공기관의 정보공개에 관한 법률의 위임 범위를 벗어났다거나 사립대학교가 국비의 지원을 받는 범위 내에서만 공공기관의 성격을 가진다고 볼 수 없다."라고 판시하였다.[16] 한편, 한국방송공사가 정보공개 의무기관에 속하는 '특별법에 의하여 설립된 특수법인'에 해당한다고 판시하였고,[17] 하급심 판결 중에서는 학교법인이 여기에 해당한다고 판시한 것이 있다.[18]

한편, 한국증권업협회는 정보공개법 시행령 제2조 제4호에 정한 '특별법에 의하여 설립된 특수법인'에 해당하지 않아 정보공개의무가 있는 공공기관으로 볼 수 없다는 판례가 있다.[19]

제 3 절 공개청구의 대상과 방법

Ⅰ. 정보공개의 대상

정보란 "공공기관이 직무상 작성 또는 취득하여 관리하고 있는 문서(전자문서 포함) 및 전자매체를 비롯한 모든 형태의 매체 등에 기록된 사항"을 말한다(정보공개법 제2조 제1호). 공개란 "공공기관이 이 법에 따라 정보를 열람하게 하거나 그 사본·복제물을 제공하는 것

16) 대법원 2006. 8. 24. 선고 2004두2783 판결.
17) 대법원 2010. 12. 23. 선고 2008두13101 판결.
18) 대전지방법원 2007. 1. 31. 선고 2006구합3324 판결(확정).
19) 대법원 2010. 4. 29. 선고 2008두5643 판결.

또는 전자정부법 제2조 제10호에 따른 정보통신망을 통하여 정보를 제공하는 것 등"을 말한다(같은 조 제2호). 공공기관은 그 기관이 보유 · 관리하는 정보에 대하여 국민이 쉽게 알 수 있도록 정보목록을 작성하여 갖추어 두고, 그 목록을 정보통신망을 활용한 정보공개시스템 등을 통하여 공개하여야 한다(제8조).

정보공개제도는 공공기관이 보유 · 관리하는 정보를 공개하는 제도이므로, 해당 정보를 공공기관이 보유 · 관리하고 있다는 점에 관하여 정보공개를 구하는 자에게 증명책임이 있다. 그렇지만 그 증명의 정도는 그러한 정보를 공공기관이 보유 · 관리하고 있을 상당한 개연성이 있다는 점을 증명하면 족하다.[20] 한편, 정보공개청구를 거부하는 처분이 있은 후 대상 정보가 폐기되었다는 등 공공기관이 그 정보를 보유 · 관리하지 않게 된 경우에는 정보공개거부처분의 취소를 구할 수 없고,[21] 이 경우 그 취소청구는 각하된다.[22] 만일 공공기관이 공개청구대상정보를 과거에 생성하여 보유 · 관리하고 있었지만 폐기하였다고 주장하는 경우에는 그 폐기사실에 대한 증명책임이 공공기관에게 있다.[23]

공개청구의 대상이 되는 정보가 이미 다른 사람에게 공개하여 널리 알려져 있다거나 인터넷이나 관보 등을 통하여 공개하여 인터넷검색이나 도서관에서의 열람 등을 통하여 쉽게 알 수 있다는 사정만으로는 소의 이익이 없다거나 비공개결정이 정당화될 수는 없다.[24] 그러나, 공개청구가 권리남용에 해당하는 경우에는 정보공개청구권을 행사할 수 없다. 대법원 판결 중에는 실제로는 해당 정보를 취득 또는 활용할 의사가 전혀 없이 정보공개제도를 이용하여 사회통념상 용인될 수 없는 부당한 이득을 얻으려 하거나 오로지 공공기관의 담당공무원을 괴롭힐 목적으로 정보공개청구를 하는 경우에 정보공개청구권의 행사를 허용하지 않은 사례가 있다.[25]

---

20) 대법원 2007. 6. 1. 선고 2006두20587 판결.
21) 대법원 2003. 4. 25. 선고 2000두7087 판결.
22) 대법원 2006. 1. 13. 선고 2003두9459 판결.
23) 대법원 2013. 1. 24. 선고 2010두18918 판결.
24) 대법원 2008. 11. 27. 선고 2005두15694 판결.
25) 대법원 2014. 12. 24. 선고 2014두9349 판결. 교도소에 복역 중인 수형자가 지방검찰청 검사장에게 자신에 대한 불기소사건 수사기록 중 타인의 개인정보를 제외한 부분의 공개를 청구하였으나, 그는 위 정보에 접근하는 것을 목적으로 정보공개를 청구한 것이 아니라 청구가 거부되면 거부처분의 취소를 구하는 소송에서 승소한 뒤 소송비용 확정절차를 통해 자신이 그 소송에서 실제 지출한 소송비용보다 다액을 소송비용으로 지급받아 금전적 이득을 취하거나 수감 중 변론기일에 출정하여 강제노역을 회피하는 것 등을 목적으로 정보공개를 청구하였다고 볼 여지가 큰 점 등에 비추어 정보공개청구는 권리를 남용하는 행위로서 허용되지 않는다고 한 사례이다.

Ⅱ. 정보공개의 방법

공개대상정보는 보유·관리하는 상태 그대로 공개하는 것이 원칙이다. 다만 정보를 공개하면 그 정보의 원본이 더럽혀지거나 파손될 우려가 있거나 그 밖에 상당한 이유가 있다고 인정할 때에는 그 정보의 사본·복제물을 공개할 수 있다(제13조 제4항).

정보의 공개를 청구하는 사람은 정보공개의 방법도 아울러 지정하여 정보공개를 청구할 수 있는 법규상 신청권이 있다. 따라서, 공공기관이 공개청구의 대상이 된 정보를 공개는 하되, 청구인이 신청한 공개방법 이외의 방법으로 공개하기로 하는 결정을 하였다면, 이는 정보공개청구 중 정보공개방법에 관한 부분에 대하여 거부처분을 한 것이고, 청구인은 그에 대하여 항고소송으로 다툴 수 있다.[26] 또한, 청구인이 제기한 정보공개거부처분 취소소송에서 공공기관이 증거로 제출한 공개대상정보를 입수하였다고 하더라도, 이러한 우회적인 방법은 정보공개법이 예정하고 있지 않은 것으로서 정보공개법에 의한 공개라고 볼 수 없다.[27]

전자적 형태의 정보를 전자적으로 공개하여 줄 것을 요청한 경우에는 공공기관은 원칙적으로 요청에 응할 의무가 있으므로, 그 정보가 청구인이 구하는 형태로 되어 있지 않더라도 바로 정보를 공개하지 않을 것이 아니라 기초자료를 검색·편집하여 공개하여야 한다.[28] 나아가 비전자적 형태의 정보에 관해서도 전자적 형태로 공개하여 줄 것을 요청하면 재량판단에 따라 전자적 형태로 변환하여 공개하여야 한다.

공공기관은 공개결정을 한 경우 청구인이 사본 또는 복제물의 교부를 원하면 이를 교부하여야 한다(제13조 제2항). 다만 공공기관은 공개 대상 정보의 양이 너무 많아 정상적인 업무수행에 현저한 지장을 초래할 우려가 있는 경우에는 해당 정보를 일정 기간별로 나누어 제공하거나 사본·복제물의 교부 또는 열람과 병행하여 제공할 수 있다(같은 조 제3항).

한편, 정보공개법 시행령 제14조 제1항에 의하면, 문서·도면·사진 등은 열람하게 하거나 사본을 제공하고, 필름·테이프 등은 시청하게 하거나 인화물·복제물을 제공하며, 마이크로필름·슬라이드 등은 시청·열람 또는 사본·복제물의 제공 등의 방법으로 공개한다. 전자적 형태로 보유·관리하는 정보 등은 파일을 복제하여 정보통신망을 활용한 정보공개시스템으로 송부 또는 매체에 저장하여 제공하거나 열람·시청 또는 사본·출력물의

---

26) 대법원 2016. 11. 10. 선고 2016두44674 판결에서는, 그 입법취지에 대하여, "이는 정보의 효율적 활용을 도모하고 청구인의 편의를 제고함으로써 정보공개법의 목적인 국민의 알권리를 충실하게 보장하려는 것"이라고 설명하고 있다.

27) 따라서, 해당 정보의 비공개결정의 취소를 구할 소의 이익은 소멸되지 않는다(대법원 2016. 12. 15. 선고 2012두11409, 11416 판결).

28) 대법원 2010. 2. 11. 선고 2009두6001 판결.

제공 등의 방법으로 공개한다. 한편, 공표의 대상이 되는 정보가 이미 정보통신망 등을 통하여 공개되어 있다면, 해당 정보의 소재를 안내하는 것으로 공개에 갈음할 수 있다.

제 4 절 정보공개법의 기본원칙

Ⅰ. 정보공개의 원칙

정보공개법 제3조에 의하면, 공공기관은 자신이 보유 · 관리하는 정보를 국민의 알권리 보장 등을 위하여 적극적으로 공개할 의무가 있다. 다만 예외적으로 공공기관이 정보공개를 거절할 수 있는 사항으로서 정보공개법 제9조 제1항 각 호 소정의 사유가 있는 경우에는 공개하지 않을 수 있다. 이 경우에도 민사소송법 제344조에 따라 법원이 명한 문서제출명령에는 따라야 한다.[29)]

한편, 정보의 공개에 관하여 다른 법률에 특별한 규정이 있는 경우에는 그 법이 우선 적용된다(제4조 제1항). 여기에서 '정보의 공개에 관하여 다른 법률에 특별한 규정이 있는 경우'에 해당하더라도 정보공개법의 적용을 배제하기 위해서는, 그 특별한 규정이 법률 규정으로서 그 내용이 정보공개의 대상 및 범위, 정보공개의 절차, 비공개대상정보 등에 관하여 정보공개법과 달리 규정하고 있는 것이어야 한다.[30)]

또한, 국가안전보장에 관련되는 정보 및 보안 업무를 관장하는 기관에서 국가안전보장과 관련된 정보의 분석을 목적으로 수집하거나 작성한 정보에 대해서는 제8조 제1항에 따른 정보목록의 작성 · 비치 및 공개에 대한 사항을 제외하고 정보공개법을 적용하지 않는다(제4조 제3항).

Ⅱ. 정보공개법상 비공개사유

1. 정보공개법 제9조 제1항의 규정

정보공개법 제9조 제1항에서 정한 비공개사유는 ① 다른 법령에 비밀 · 비공개로 규정된 사항(제1호), ② 국익관련 정보(제2호), ③ 생명 · 신체 · 재산의 보호 및 공익관련 정보(제3

---

29) 대법원 2017. 12. 28.자 2015무423 결정.

30) 대법원 2007. 6. 1. 선고 2007두2555 판결 등 참조. 군사법원법 제309조의3, 제309조의4, 제309조의16 등은 여기에 해당하므로, 정보공개법에 따라 피고인들의 변호인이 군검사가 공소제기된 사건과 관련하여 보관하고 있는 서류 또는 물건의 공개를 청구하는 것은 허용되지 않는다(대법원 2024. 5. 30. 선고 2022두65559 판결.

호), ④ 재판·범죄수사 등 관련정보(제4호), ⑤ 일반행정업무수행 정보(제5호), ⑥ 개인정보(제6호), ⑦ 법인관련정보(제7호), ⑧ 특정인의 이익·불이익 관련 정보(제8호) 등이다.

제9조(비공개대상정보) ① 공공기관이 보유·관리하는 정보는 공개 대상이 된다. 다만, 다음 각 호의 어느 하나에 해당하는 정보는 공개하지 아니할 수 있다.

1. 다른 법률 또는 법률에서 위임한 명령(국회규칙·대법원규칙·헌법재판소규칙·중앙선거관리위원회규칙·대통령령 및 조례로 한정한다)에 따라 비밀이나 비공개 사항으로 규정된 정보
2. 국가안전보장·국방·통일·외교관계 등에 관한 사항으로서 공개될 경우 국가의 중대한 이익을 현저히 해칠 우려가 있다고 인정되는 정보
3. 공개될 경우 국민의 생명·신체 및 재산의 보호에 현저한 지장을 초래할 우려가 있다고 인정되는 정보
4. 진행 중인 재판에 관련된 정보와 범죄의 예방, 수사, 공소의 제기 및 유지, 형의 집행, 교정, 보안처분에 관한 사항으로서 공개될 경우 그 직무수행을 현저히 곤란하게 하거나 형사피고인의 공정한 재판을 받을 권리를 침해한다고 인정할 만한 상당한 이유가 있는 정보
5. 감사·감독·검사·시험·규제·입찰계약·기술개발·인사관리에 관한 사항이나 의사결정 과정 또는 내부검토 과정에 있는 사항 등으로서 공개될 경우 업무의 공정한 수행이나 연구·개발에 현저한 지장을 초래한다고 인정할 만한 상당한 이유가 있는 정보. 다만, 의사결정 과정 또는 내부검토 과정을 이유로 비공개할 경우에는 제13조 제5항에 따라 통지를 할 때 의사결정 과정 또는 내부검토 과정의 단계 및 종료 예정일을 함께 안내하여야 하며, 의사결정 과정 및 내부검토 과정이 종료되면 제10조에 따른 청구인에게 이를 통지하여야 한다.
6. 해당 정보에 포함되어 있는 성명·주민등록번호 등 「개인정보 보호법」 제2조 제1호에 따른 개인정보로서 공개될 경우 사생활의 비밀 또는 자유를 침해할 우려가 있다고 인정되는 정보. 다만, 다음 각 목에 열거한 사항은 제외한다.
   가. 법령에서 정하는 바에 따라 열람할 수 있는 정보
   나. 공공기관이 공표를 목적으로 작성하거나 취득한 정보로서 사생활의 비밀 또는 자유를 부당하게 침해하지 아니하는 정보
   다. 공공기관이 작성하거나 취득한 정보로서 공개하는 것이 공익이나 개인의 권리 구제를 위하여 필요하다고 인정되는 정보
   라. 직무를 수행한 공무원의 성명·직위
   마. 공개하는 것이 공익을 위하여 필요한 경우로서 법령에 따라 국가 또는 지방자치단체가 업무의 일부를 위탁 또는 위촉한 개인의 성명·직업
7. 법인·단체 또는 개인(이하 "법인등"이라 한다)의 경영상·영업상 비밀에 관한 사항으로서 공개될 경우 법인등의 정당한 이익을 현저히 해칠 우려가 있다고 인정되는 정보. 다만, 다음 각 목에 열거한 정보는 제외한다.

가. 사업활동에 의하여 발생하는 위해(危害)로부터 사람의 생명 · 신체 또는 건강을 보호하기 위하여 공개할 필요가 있는 정보

나. 위법 · 부당한 사업활동으로부터 국민의 재산 또는 생활을 보호하기 위하여 공개할 필요가 있는 정보

8. 공개될 경우 부동산 투기, 매점매석 등으로 특정인에게 이익 또는 불이익을 줄 우려가 있다고 인정되는 정보

② 공공기관은 제1항 각 호의 어느 하나에 해당하는 정보가 기간의 경과 등으로 인하여 비공개의 필요성이 없어진 경우에는 그 정보를 공개 대상으로 하여야 한다.

③ 공공기관은 제1항 각 호의 범위에서 해당 공공기관의 업무 성격을 고려하여 비공개 대상 정보의 범위에 관한 세부 기준(이하 "비공개 세부 기준"이라 한다)을 수립하고 이를 정보통신망을 활용한 정보공개시스템 등을 통하여 공개하여야 한다.

④ 공공기관(국회 · 법원 · 헌법재판소 및 중앙선거관리위원회는 제외한다)은 제3항에 따라 수립된 비공개 세부 기준이 제1항 각 호의 비공개 요건에 부합하는지 3년마다 점검하고 필요한 경우 비공개 세부 기준을 개선하여 그 점검 및 개선 결과를 행정안전부장관에게 제출하여야 한다.

2. 판례에 나타난 해석론

정보공개법 제3조에서는 정보공개의 원칙을 천명하고, 제9조가 예외적인 비공개사유를 열거하고 있다. 따라서 공공기관이 공개를 거부하기 위해서는 대상이 된 정보의 내용을 구체적으로 확인 · 검토하여 어느 부분이 어떠한 법익 또는 기본권과 충돌되어 위 비공개사유의 어디에 해당하는지를 주장 · 증명해야만 하고, 개괄적인 사유만으로 공개를 거부할 수 없다.[31] 이때 비공개정보에 해당하는지 여부는 비공개에 의하여 보호되는 업무수행의 공정성 등의 이익과 공개에 의하여 보호되는 국민의 알권리의 보장과 국정에 대한 국민의 참여 및 국정운영의 투명성 확보 등의 이익을 비교 · 교량하여 구체적인 사안에 따라 개별적으로 판단되어야 한다.

정보공개법 제9조 제1항 제1호의 입법 취지는 비밀 또는 비공개 사항으로 다른 법률 등에 규정되어 있는 경우는 이를 존중함으로써 법률 간의 마찰을 피하기 위한 것이고, 여기에서 '법률에 의한 명령'은 정보의 공개에 관하여 법률의 구체적인 위임 아래 제정된 법규명령(위임명령)을 말하며, 국회규칙 · 대법원규칙 · 헌법재판소규칙 · 중앙선거관리위원회규칙 · 대통령령 및 조례로 한정한다. 판례에 의하면, 국가정보원의 조직 · 소재지 및 정원에 관한 정보는 국가정보원법 제6조에서 정한 비공개 사항에 해당한다.[32] 그러나 검찰청법 제

31) 대법원 2007. 2. 8. 선고 2006두4899 판결.
32) 대법원 2013. 1. 24. 선고 2010두18918 판결.

11조는 검찰청의 사무 전반에 걸친 포괄적인 위임규정에 불과하여 이를 정보공개에 관한 구체적인 위임규정이라고 할 수 없으므로, 검찰보존사무규칙에 형사확정기록의 열람·등사를 제한하는 규정이 있다고 하더라도, 여기에서 말하는 "법률에 의한 명령"에 해당한다고는 할 수 없다.[33] 한편, 국세기본법 제81조의13 제1항에 따라 비공개대상 정보로 규정된 과세정보는 개별 납세자의 과세정보를 의미한다는 판결이 있다.[34]

정보공개법 제9조 제1항 제2호의 국익관련 정보에 관해서는, 한·일 군사정보보호협정 및 한·일 상호군수지원협정과 관련하여 각종 회의자료 및 회의록,[35] 일본군위안부 피해자에 관한 2015. 12. 28.자 한·일 간 합의와 관련하여 일본군과 관헌에 의한 위안부 '강제연행'의 존부 및 사실 인정 문제에 대하여 협의한 내용 중 외교부장관이 생산한 문서[36] 등의 정보가 이에 해당하여 비공개대상 정보에 해당한다는 판결이 있다.

정보공개법 제9조 제1항 제3호의 생명·신체·재산의 보호 및 공익관련 정보에 관해서는, 보안관찰 관련 통계자료는 그 분석에 의하여 대남공작활동이 유리한 지역으로 보안관찰처분대상자가 많은 지역을 선택하는 등으로 북한정보기관에 의한 간첩의 파견, 포섭, 선전선동을 위한 교두보의 확보 등 북한의 대남전략에 있어 매우 유용한 자료로 악용될 우려가 있다는 이유로 비공개대상 정보에 해당한다는 판결이 있다.[37]

제9조 제1항 제4호에서 비공개대상으로 규정한 '진행 중인 재판에 관련된 정보'라 함은 재판에 관련된 일체의 정보가 아니라 진행 중인 재판의 심리 또는 재판 결과에 구체적으로 영향을 미칠 위험이 있는 정보를 말한다.[38] 그리고 '형의 집행, 교정에 관한 사항으로서 공개될 경우 그 직무수행을 현저히 곤란하게 하는 정보'라 함은 해당 정보가 공개될 경우 재소자들의 관리 및 질서유지, 수용시설의 안전, 재소자들에 대한 적정한 처우 및 교정·교화에 관한 직무의 공정하고 효율적인 수행에 직접적이고 구체적으로 장애를 줄 고도의 개연성이 있고, 그 정도가 현저한 경우를 말한다.

한편, 제9조 제1항 제5호에서 규정하고 있는 '공개될 경우 업무의 공정한 수행에 현저한 지장을 초래한다고 인정할 만한 상당한 이유가 있는 경우'라 함은 공개될 경우 업무의 공정한 수행이 객관적으로 현저하게 지장을 받을 것이라는 고도의 개연성이 존재하는 경우

33) 대법원 2003. 12. 11. 선고 2003두8395 판결. 위 판결은 개정 전의 정보공개법에 관한 것이고 현행법에 의하면 검찰보존사무규칙은 부령이어서 정보공개법 제9조 제1항 제1호에서 말하는 법률에 의한 명령에도 해당하지 않는다.

34) 대법원 2020. 5. 14. 선고 2017두49652 판결. 그런데, 국제중재 사건에서 중재신청인들에게 부과한 과세·원천징수세액의 총 합계액과 이를 청구하는 중재신청인들의 명단에 관한 정보는 이를 공개하더라도 납세자인 위 신청인들에 대한 개별 세액은 알 수 없으므로, 비공개대상 정보가 아니라고 판시하였다.

35) 대법원 2019. 1. 17. 선고 2015두46512 판결.

36) 대법원 2023. 6. 1. 선고 2019두41324 판결.

37) 대법원 2004. 3. 18. 선고 2001두8254 전원합의체 판결.

38) 대법원 2018. 9. 28. 선고 2017두69892 판결.

를 말한다.[39] 학교교육에서의 시험에 관한 정보의 공개 여부는 비공개에 의하여 보호되는 업무수행의 공정성 등의 이익과 공개에 의하여 보호되는 국민의 알 권리와 학생의 학습권 및 부모의 자녀교육권의 보장, 학교교육에 대한 국민의 참여 및 교육행정의 투명성 확보 등의 이익을 비교 · 교량하여 구체적인 사안에 따라 신중하게 판단하여야 한다.[40]

제9조 제1항 제6호의 개인정보의 경우 비공개에 의하여 보호되는 개인의 사생활의 비밀 등 이익과 공개에 의하여 보호되는 국정운영의 투명성 확보 등의 공익 또는 개인의 권리 구제 등 이익을 비교 · 교량하여 구체적 사안에 따라 공개여부를 결정하게 된다.[41] 업무추진비 지출 관계서류에 포함된 개인정보에 대해서는 공무원 아닌 개인에 관한 정보와 공무원에 관한 정보로 나누어 살펴볼 필요가 있다. 전자의 경우 기관운영 업무추진비, 시책추진 업무추진비, 기타 업무추진비 등의 지출결의서, 예산집행과 지급결의서, 일상경비정리부, 현금출납부 그밖에 이와 유사한 서류와 위 지출과 관련된 세금계산서 · 계산서 · 신용카드 매출전표 · 영수증 · 담당공무원 작성의 보고서 등의 지출증빙서류 등에 포함된 개인(공무원 제외)에 관한 정보는 원칙적으로 그 개인의 사생활 보호라는 관점에서 '공개하는 것이 공익을 위하여 필요하다고 인정되는 정보'에 해당하지 않는다. 반면에, 업무추진비 지출 관계서류 등에 포함된 공무원의 개인정보는 그 공무원이 직무와 관련된 경우에는 '공개하는 것이 공익을 위하여 필요하다고 인정되는 정보'에 해당하지만, 그 공무원이 개인적인 자격 등으로 직무와 관련 없는 경우에는 그 공무원의 사생활 보호라는 관점에서 '공개하는 것이 공익을 위하여 필요하다고 인정되는 정보'에 해당하지 않는다. 대법원은 여기에서의 개인정보를 이름이나 주민등록번호 등과 같이 특정의 개인을 식별할 수 있는 개인식별정보뿐만 아니라 개인의 인격과 밀접하게 관련되는 정보까지 확대하는 해석을 하고 있다.[42] 즉, '개인에 관한 사항의 공개로 개인의 내밀한 내용의 비밀 등이 알려지게 되고, 그 결과 인격

---

39) 대법원 2010. 6. 10. 선고 2010두2913 판결에서는 같은 이유로 '학교폭력대책자치위원회 회의록'이 비공개대상 정보라고 하였고, 대법원 2003. 8. 22. 선고 2002두12946 판결에서는 학교환경위생구역 내 금지행위 숙박시설 해제결정에 관한 학교환경위생정화위원회의 회의록에 기재된 발언내용에 대한 해당 발언자의 인적사항 부분에 관한 정보가 비공개대상 정보라고 하였다.

40) 시험의 관리에서 가장 중요한 것은 정확성과 공정성이다. 따라서 시험문제와 정답, 채점기준 등 시험의 정확성과 공정성에 영향을 줄 수 있는 정보는 사전에 엄격하게 비밀로 유지되어야 할 필요가 있고, 공공기관에서 시행하는 대부분의 시험들은 평가대상이 되는 지식의 범위가 한정되어 있고 그 시행도 주기적으로 반복되므로, 이미 시행된 시험에 관한 정보라 할지라도 이를 제한 없이 공개할 경우에는 중요한 영역의 출제가 어려워지는 등 시험의 공정한 관리 및 시행에 영향을 줄 수밖에 없다. 한편 대법원 2010. 2. 25. 선고 2007두9877 판결에서는 '2002년도 및 2003년도 국가 수준 학업성취도평가 자료'는 비공개대상정보에 해당하는 부분이 있으나, '2002학년도부터 2005학년도까지의 대학수학능력시험 원데이터'는 연구목적으로 그 정보의 공개를 청구하는 경우 비공개대상정보에 해당하지 않는다고 판시하였다.

41) 대법원 2009. 10. 29. 선고 2009두14224 판결.

42) 대법원 2012. 6. 18. 선고 2011두2361 전원합의체 판결.

적 · 정신적 내면생활에 지장을 초래하거나 자유로운 사생활을 영위할 수 없게 될 위험성이 있는 정보'도 포함된다는 것이다.[43]

그리고 제9조 제1항 제7호의 '법인 등의 경영 · 영업상의 비밀에 관한 사항'이라도 공개를 거부할 만한 정당한 이익이 있는지의 여부에 따라 그 공개 여부가 결정되어야 하고, 그 정당한 이익이 있는지의 여부는 정보공개법의 입법 취지에 비추어 이를 엄격하게 해석하여야 한다. 국민에 의한 감시의 필요성이 크고 이를 감수하여야 하는 면이 강한 공익법인에 대해서는 그 밖의 법인보다 소극적으로 해석할 수밖에 없다.[44]

제5절 부분공개의 법리

정보공개법 제14조는 "공개청구한 정보가 제9조 제1항 각호의 어느 하나에 해당하는 부분과 공개가 가능한 부분이 혼합되어 있는 경우로서 공개청구의 취지에 어긋나지 아니하는 범위 안에서 두 부분을 분리할 수 있는 경우에는 제9조 제1항 각호의 어느 하나에 해당하는 부분을 제외하고 공개하여야 한다."라고 규정하고 있다. 따라서 해당 정보에 비공개대상정보와 공개대상정보가 혼합되어 있는 경우 공개청구취지에 어긋나지 않는 범위 안에서 두 부분을 분리할 수 있는 때에는 비공개대상정보를 제외한 나머지를 공개하여야 한다는 것이다.

여기에서 "비공개대상정보와 공개대상정보의 분리가 가능하다."라는 의미는 이 두 부분이 물리적으로 분리가 가능한 경우를 의미하는 것이 아니고 해당 정보의 공개방법 및 절차에 비추어 해당 정보에서 비공개대상정보에 관련된 기술 등을 제외 내지 삭제하고 그 나머지 정보만을 공개하는 것이 가능하다는 것을 의미하고, '공개청구취지에 어긋나지 아니하는 범위 안에서'라는 의미는 비공개대상정보를 제외한 나머지 부분의 정보만으로도 공개의 가치가 있는 경우를 말한다.[45]

---

43) 따라서 불기소처분 기록이나 내사기록 중 피의자신문조서 등 조서에 기재된 피의자 등의 인적사항 이외의 진술내용도 개인의 사생활의 비밀 또는 자유를 침해할 우려가 인정되는 경우에는 비공개대상정보가 될 수 있다(대법원 2017. 9. 7. 선고 2017두44558 판결).

44) 대법원 2008. 10. 23. 선고 2007두1798 판결.

45) 대법원 2005. 1. 28. 선고 2002두12854 판결, 대법원 2003. 3. 11. 선고 2001두6425 판결, 대법원 2003. 10. 10. 선고 2003두7767 판결, 대법원 2004. 12. 9. 선고 2003두12707 판결 등. 대법원 2009. 12. 10. 선고 2009두12785 판결에서는 재소자가 교도관의 가혹행위를 이유로 형사고소 및 민사소송을 제기하면서 그 증명자료 확보를 위하여 '근무보고서'와 '징벌위원회 회의록' 등의 정보공개를 요청하였으나 교도소장이 이를 거부한 사안에서, 근무보고서는 비공개대상정보에 해당한다고 볼 수 없고, 징벌위원회 회의록 중 비공개 심사 · 의결 부분은 비공개사유에 해당하지만 징벌절차 진행 부분은 비공개사유에 해당하지 않는다고 보아 분리 공개가 허용된다고 판시하였다.

결국 정보공개법에 따라 공개를 청구한 정보 중에 개인정보가 포함된 경우를 예를 들어 그 판단순서를 구체적으로 설명하면, ① 개인정보를 제외한 나머지 부분은 공개하고, ② 개인정보는 원칙적으로 비공개이나, ③ 공익이나 개인의 권리구제의 필요성과 개인의 사생활보호 등의 이익과 비교 · 교량하여 구체적으로 판단하는 과정을 거치게 된다. 즉, 개인정보의 공개가능성을 먼저 검토하고, 만일 비교 · 교량하여 비공개대상정보라면 그 개인정보와 그렇지 않은 정보의 분리가능성이 있는지를 검토하여야 한다.

제 6 절 정보공개의 절차

정보공개의 절차는 접수 또는 이송, 제3자의 의견청취, 공개 여부 결정, 공개 실시 등의 단계를 거친다.

Ⅰ. 정보공개의 청구

정보의 공개를 청구하는 자는 해당 정보를 보유하거나 관리하고 있는 공공기관에 ① 청구인의 성명 · 생년월일 · 주소 및 전화번호 · 전자우편주소 등의 연락처(청구인이 법인 또는 단체인 경우에는 그 명칭, 대표자의 성명, 사업자등록번호 또는 이에 준하는 번호, 주된 사무소의 소재지 및 연락처), ② 청구인의 주민등록번호(본인임을 확인하고 공개 여부를 결정할 필요가 있는 정보를 청구하는 경우로 한정), ③ 공개를 청구하는 정보의 내용 및 공개방법 등을 적은 정보공개 청구서를 제출하거나 말로써 정보의 공개를 청구할 수 있다(제10조 제1항).

정보공개청구서에 공개를 청구하는 정보를 어느 정도 특정하여 기재하여야 하는지에 관하여, 판례는 사회일반인의 관점에서 청구대상정보의 내용과 범위를 확정할 수 있을 정도로 특정되어 있으면 족하다고 한다.[46] 이에 따라 '신고에 대한 조치 내용 통지의 근거서류일체'라는 기재도 무방하다.[47]

---

46) 만일 청구인이 공개를 청구한 정보의 내용 중 너무 포괄적이거나 막연하여 사회일반인의 관점에서 그 내용과 범위를 확정할 수 있을 정도로 특정되었다고 볼 수 없는 부분이 포함되어 있다면, 정보비공개결정의 취소를 구하는 사건을 심리하는 법원으로서는 정보공개법 제20조 제2항의 규정에 따라 공공기관에 그가 보유 · 관리하고 있는 청구대상정보를 제출하게 하여, 이를 비공개로 열람 · 심사하는 등의 방법으로 청구대상정보의 내용과 범위를 특정시켜야 한다(대법원 2018. 4. 12. 선고 2014두5477 판결).

47) 대법원 2003. 3. 28. 선고 2000두9212 판결. 정보공개를 청구하는 사람으로서는 공공기관의 지배영역 내에 있는 정보의 구체적인 표목이나 작성매체를 자세히 알 수 없는 것이 보통이고, 국민에게 정보공개청구권을 인정한 취지가 국민의 알권리, 국정참여권과 국정운영의 투명성을 보장하기 위하여 일반적

Ⅱ. 접수 및 이송

청구서를 접수한 공공기관은 소관부서로 분류하여 처리하여야 한다. 청구인이 민원신청의 방식으로 청구하였다고 하더라도 그 신청내용과 청구인의 의사 등을 고려하여 정보공개청구로 볼 수 있다면 정보공개법에 따른 정보공개 청구로 처리하여야 한다. 그러나 정보공개 청구의 내용이 진정·질의 등이어서 정보공개 청구로 보기 어려운 경우로서 「민원 처리에 관한 법률」에 따른 민원으로 처리할 수 있는 경우에는 민원으로 처리할 수 있다(제11조 제5항 제2호).

한편, 다른 공공기관이 보유·관리하는 정보의 공개청구를 받은 때에는 지체없이 이를 소관기관으로 이송하여야 하며, 이송을 한 공공기관은 지체 없이 소관기관 및 이송사유 등을 명시하여 청구인에게 문서로 통지하여야 한다(제11조 제3항).

Ⅲ. 제3자의 의견청취

공공기관은 공개청구된 공개대상정보의 전부 또는 일부가 제3자와 관련이 있다고 인정되는 때에는 그 사실을 제3자에게 지체 없이 통지하여야 하며, 필요한 경우에는 그의 의견을 청취할 수 있다(제11조 제3항). 공개 청구된 사실을 통지받은 제3자는 그 통지를 받은 날부터 3일 이내에 해당 공공기관에 대하여 자신과 관련된 정보를 공개하지 않을 것을 요청할 수 있다(제21조 제1항). 공공기관은 제3자와 관련이 있는 정보라고 하더라도 해당 공공기관이 이를 보유·관리하고 있는 이상 정보공개법 제9조 제1항 단서 소정의 비공개사유에 해당하지 않으면 공개하여야 한다.[48] 이때 공개결정의 이유와 공개실시일을 지체없이 문서로 통지하여야 하고, 제3자는 해당 공공기관에 문서로 7일 이내에 이의신청을 하거나 행정심판 또는 행정소송을 제기할 수 있다(같은 조 제2항). 한편, 공공기관은 제3자가 정보공개결정에 대하여 현실적으로 불복할 수 있는 기회를 보장하기 위하여 공개 결정일과 공개 실시일 사이에 최소한 30일의 간격을 두어야 한다(같은 조 제3항).

으로 입수하기 어려운 공공기관의 정보에 접근할 수 있는 길을 열어주는 데 있는 점에 비추어, 공개대상정보를 구체적으로 특정하기는 어렵다는 점을 고려한 것이다.

48) 대법원 2008. 9. 25. 선고 2008두8680 판결.

Ⅳ. 결 정

1. 공개 여부의 결정

공공기관은 청구를 받은 날부터 10일 이내에 공개여부를 결정하여야 하고, 10일을 연장할 수 있는데, 연장하는 경우에는 연장된 사실과 연장사유를 청구인에게 지체없이 문서로 통지하여야 한다. 정보공개를 청구한 날부터 20일 이내에 공공기관이 공개여부를 결정하지 않은 때에는 의무이행심판이나 부작위위법확인소송을 제기할 수 있다. 종래에는 이 경우 비공개의 결정이 있는 것으로 보도록 규정하고 있었기 때문에, 부작위위법확인소송이 아니라 비공개처분 취소소송을 제기하였으나, 정보공개법이 2013. 8. 6. 개정되어 그 규정이 삭제되었다.

공공기관이 정보의 공개를 결정한 경우에는 공개의 일시 및 장소 등을 분명히 밝혀 청구인에게 통지하여야 하고(제13조 제1항), 정보의 비공개 결정을 한 경우에는 비공개 이유와 불복방법 및 절차를 구체적으로 밝히고 비공개 결정사실을 청구인에게 지체 없이 문서로 통지하여야 한다(제4항).

2. 정보부존재의 처리

공공기관은 정보공개 청구의 대상이 되는 정보가 공공기관이 보유 · 관리하지 않은 정보인 경우에는 민원으로 처리할 수 있다(제11조 제5항 제1호). 이러한 경우로서, 공공기관이 청구된 정보를 생산 · 접수하지 않은 경우, 공공기관이 관리하고 있는 정보를 취합 · 가공하여야 하는 경우, 기록물관리법령에 따른 보존기간이 경과하여 폐기된 경우, 정보를 특정하지 않고 포괄적으로 청구하여 보완요구를 하였으나 보완이 되지 않은 경우 등을 생각해볼 수 있다.

3. 반복청구 등의 처리

공공기관은 ① 정보공개를 청구하여 정보공개 여부에 대한 결정의 통지를 받은 자가 정당한 사유 없이 해당 정보의 공개를 다시 청구하는 경우와 ② 정보공개 청구가 앞에서 본 것처럼 민원으로 처리되었으나 다시 같은 청구를 하는 경우에는 정보공개 청구 대상 정보의 성격, 종전 청구와의 내용적 유사성 · 관련성, 종전 청구와 동일한 답변을 할 수밖에 없는 사정 등을 종합적으로 고려하여 해당 청구를 종결 처리할 수 있고, 이 경우 종결 처리 사실을 청구인에게 알려야 한다(제11조의2 제1항).

또한, 정보공개 청구가 사전공표된 정보 등 공개를 목적으로 작성되어 이미 정보통신망 등을 통하여 공개된 정보를 청구하는 경우에는 해당 정보의 소재를 안내하고 다른 법령이나 사회통념상 청구인의 여건 등에 비추어 수령할 수 없는 방법으로 정보공개 청구를 하는 경우에는 수령이 가능한 방법으로 청구하도록 안내한 다음 해당 청구를 종결 처리할 수 있다(같은 조 제2항).

Ⅴ. 불 복

정보공개에 관한 불복구제 절차는 이의신청, 행정심판, 행정소송이 있다. 비공개 또는 부분공개 결정에 대하여 불복이 있거나 정보공개 청구 후 20일이 경과하도록 정보공개 결정이 없는 때에는 청구인이 결정통지를 받은 날 또는 정보공개 청구 후 20일이 경과한 날부터 30일 이내에 해당기관에 이의신청을 할 수 있고(제18조 제1항), 정보공개와 관련한 결정에 대하여 불복이 있거나 정보공개 청구 후 20일이 경과하도록 정보공개결정이 없는 때에는 행정심판법에 따른 행정심판을 청구하거나 행정소송법에서 정하는 바에 따라 행정소송을 제기할 수 있다(제20조 제1항). 여기에서 비공개 결정이 있은 후 이의신청을 하였으나 그 신청이 받아들여지지 않은 경우 비공개결정에 대한 취소소송의 제소기간 기산점에 관하여 해석상 논란이 있을 수 있는데, 비공개결정이 있음을 안 날이 아니라 이의신청에 대한 결과를 통지받은 날부터 기산한다고 해석하여야 한다. 행정기본법 제36조 제4항에서는 이의신청에 대한 결과를 통지받은 후 행정심판 또는 행정소송을 제기하려는 자는 통지받은 날 또는 결과를 통지받지 못한 경우 통지기간 만료일 다음 날로부터 90일 이내에 행정심판 또는 행정소송을 제기할 수 있다고 규정하고, 같은 조 제6항에서 개별법에서 이의신청 제기 후 행정심판이나 행정소송을 제기하는 경우 제소기간에 대하여 아무런 규정을 두고 있지 않은 경우에는 행정기본법 제36조가 적용된다고 규정하고 있기 때문이다.[49)]

정보공개청구권은 정보공개법에 의하여 법률상 보호되는 구체적인 권리이므로, 공공기관에 대하여 정보공개를 청구하였다가 거부처분을 받은 청구인은 행정쟁송으로 공개거부처분의 취소를 구할 법률상 이익이 인정되고, 그 밖에 추가로 어떠한 이익이 있어야 하는 것은 아니다.[50)]

제3자는 자신과 관련된 정보의 비공개를 요청하였음에도 공공기관이 공개를 결정한

---

49) 대법원은 행정기본법이 제정된 이후에 선고되었지만 그 시행 전에 제기된 정보공개 거부처분 취소소송에서, 청구인이 공공기관의 비공개 결정 등에 대한 이의신청을 하여 공공기관으로부터 이의신청에 대한 결과를 통지받은 후 취소소송을 제기하는 경우 그 제소기간은 이의신청에 대한 결과를 통지받은 날부터 기산한다고 판시한 적이 있다(대법원 2023. 7. 27. 선고 2022두52980 판결).

50) 가령 징계처분을 받은 공무원이 징계위원회에 참여한 징계위원의 성명과 직위에 대한 정보공개청구를 하였으나 거부한 사안에서, 비록 징계처분 취소소송에서 패소판결이 확정되었더라도 정보공개거부처분의 취소를 구할 법률상 이익은 여전히 인정된다(대법원 2022. 5. 26. 선고 2022두33439 판결).

경우, 결정통지를 받은 날부터 7일 이내에 이의신청을 할 수 있고 행정심판을 청구하거나 행정소송을 제기할 수 있다.

정보공개법 관련 행정소송에서는 정보의 공개가능성과 비공개대상정보와 그렇지 않은 정보의 분리가능성 등을 심리하기 위하여 비공개 심리제도(in camera inspection)를 이용할 수도 있다. 이와 관련하여, 정보공개법 제20조 제2항에서는 "재판장은 필요하다고 인정하면 당사자를 참여시키지 아니하고 제출된 공개 청구 정보를 비공개로 열람 · 심사할 수 있다."라고 규정하고,[51] 같은 조 제3항에서는 "재판장은 행정소송의 대상이 제9조 제1항 제2호에 따른 정보 중 국가안전보장 · 국방 또는 외교관계에 관한 정보의 비공개 또는 부분 공개 결정처분인 경우에 공공기관이 그 정보에 대한 비밀 지정의 절차, 비밀의 등급 · 종류 및 성질과 이를 비밀로 취급하게 된 실질적인 이유 및 공개를 하지 아니하는 사유 등을 입증하면 해당 정보를 제출하지 아니하게 할 수 있다."라고 규정하고 있다.

한편, 행정소송규칙 제11조에서는 위와 같은 비공개 심리제도(in camera inspection)를 구체화하여 청구인이 제기한 정보비공개처분 취소소송, 제3자가 제기한 정보공개결정 취소소송이나 이를 본안으로 하는 집행정지신청 사건의 심리를 위하여 실시하는 비공개 열람 · 심사에 관하여 규정하고, 이를 무효등 확인소송과 부작위위법확인소송에도 준용하고 있다(제18조). 이에 따르면, 재판장은 위와 같은 경우에 피고에게 공개청구된 정보의 원본 또는 사본 · 복제물의 제출을 명할 수 있다(제1항). 그러한 제출명령을 받은 피고는 변론기일 또는 심문기일에 해당 자료를 제출하여야 하되, 특별한 사정이 있으면 재판장은 그 자료를 다른 적당한 방법으로 제출할 것을 명할 수 있고, 이 경우 자료를 제출받은 재판장은 지체 없이 원고에게 위와 같은 제출명령에 따른 자료를 제출받은 사실을 통지하여야 하며(제2항), 그 자료는 소송기록과 분리하여 해당 사건을 심리하는 법관만이 접근할 수 있는 방법으로 보관하여야 한다(제3항). 법원은 위 정보공개법 관련 항고소송이나 집행정지신청 사건에 대한 재판이 확정된 경우 위와 같이 제출받은 자료를 반환하되, 당사자가 그 자료를 반환받지 않는다는 의견을 표시한 경우 또는 위 확정일부터 30일이 지났음에도 해당 자료를 반환받지 않는 경우에는 그 자료를 적당한 방법으로 폐기할 수 있다(제4항). 만일 당사자가 위 정보공개법 관련 항고소송이나 집행정지신청 사건의 재판에 관하여 불복하는 경우 법원은 위와 같이 제출받은 자료를 위와 같은 반환방법으로 상소법원에 송부한다(제5항).

---

51) 대통령 지정기록물 보호기간 제도의 취지가 퇴임 후의 정쟁 등을 미연에 방지하기 위하여 일정기간 공개를 제한하는 것이라고 하더라도, 대통령의 보호기간 설정행위는 대통령기록물법에서 정한 절차와 요건을 준수하여야만 비로소 적법하게 효력을 가지게 되는 것이므로, 해당 정보를 대통령 지정기록물로 지정하고 보호기간을 정한 행위의 적법성을 심사하기 위하여 정보공개법 제20조 제2항에 따라 비공개 열람 · 심사가 이루어지는 경우에는 행정청이 대통령기록물법 제17조 제4항을 근거로 그 자료 제출을 거부할 수 없다(대법원 2025. 1. 9. 선고 2019두35763 판결).

제7절 정보의 사전적 공개(공표)

공공기관은 일정한 행정정보에 관해서는 정보공개청구가 없더라도 스스로 공개의 구체적 범위와 공개의 주기·시기 및 방법 등을 미리 정하여 정보통신망 등을 통하여 알리고, 이에 따라 정기적으로 공개하여야 한다(비공개대상정보 제외). 그러한 정보로 ① 국민생활에 매우 큰 영향을 미치는 정책에 관한 정보, ② 국가의 시책으로 시행하는 공사 등 대규모 예산이 투입되는 사업에 관한 정보, ③ 예산집행의 내용과 사업평가 결과 등 행정감시를 위하여 필요한 정보, ④ 그밖에 공공기관의 장이 정하는 정보 등이 열거되어 있다(제7조).

그리고, 공공기관 중 중앙행정기관 및 정보공개법 시행령 제5조의2에 규정된 ① 중앙행정기관의 소속 기관, ② 행정기관 소속 위원회의 설치·운영에 관한 법률에 따른 위원회, ③ 지방자치단체, ④ 초·중등교육법 제2조에 따른 각급 학교, ⑤ 공공기관의 운영에 관한 법률 제5조에 따른 공기업 및 준정부기관 등은 전자적 형태로 보유·관리하는 정보 중 공개대상으로 분류된 정보를 국민의 정보공개 청구가 없더라도 정보통신망을 활용한 정보공개시스템 등을 통하여 공개하여야 한다.

한편, 지방자치법은 주민 중심의 지방자치를 구현하는 방향으로 2021. 1. 12. 전부개정되었는데, 그에 따른 지방자치단체의 투명성 및 책임성을 확보하기 위하여 지방의회의 의정활동, 집행기관의 조직, 재무 등 지방자치에 관한 정보(지방자치정보)와 지방의회의 회의록을 주민에게 공개하도록 하고, 행정안전부장관은 공개된 정보 등을 체계적으로 수집하고 주민에게 제공하기 위한 정보공개시스템을 구축·운영할 수 있도록 하고 있다(제26조, 제84조 제4항).

| 제 4 편 |

행정상 실효성확보수단

제 1 장 개 설

제 1 절 행정상 실효성확보수단의 체계

행정작용은 국민에게 일정한 의무를 부과하거나 일정한 행위를 금지하는 것을 내용으로 하는 경우가 많으므로, 그 목적을 달성하기 위하여 실효성을 확보할 수 있는 수단이 마련될 필요가 있다. 이러한 점은 사법관계에서 자력구제가 금지되는 것과 다르다.

행정상 실효성확보수단은 크게 행정강제와 행정벌로 나눌 수 있다. 행정강제는 행정법상 의무이행을 강제하기 위한 수단이고, 행정벌은 행정법상 의무위반에 대한 제재수단이다. 양자는 강제와 제재라는 법적조치의 논리구조 · 태양에서는 다르지만, 행정법상의 의무이행을 강제적으로 확보한다는 면에서는 공통된다.

행정강제는 행정목적을 실현하기 위하여 사람의 신체 또는 재산에 실력을 가하여 행정상 필요한 상태를 실현하는 행정작용이라고 할 수 있다. 이는 다시 행정상 강제집행과 즉시강제로 나누어진다.

행정상 강제집행이란 행정법상 의무의 불이행에 대하여 행정권의 주체가 장래에 향하여 그 의무를 이행시키거나 이행이 있었던 것과 같은 상태를 실현하는 작용을 말한다. 여기에는 비금전적 의무에 대한 수단으로서 대집행 · 이행강제금의 부과 · 직접강제와 금전적 의무에 대한 수단으로서 강제징수가 있다.

한편, 행정상 즉시강제란 행정법상의 의무이행을 강제하기 위한 것이 아니라, 목전의 긴박한 장해를 제거하기 위한 경우이거나 성질상 의무를 명해서는 그 목적을 달성하기 어려운 경우에 직접 사람의 신체 또는 재산에 실력을 가함으로써 행정상 필요한 상태를 실현하는 작용을 말한다.

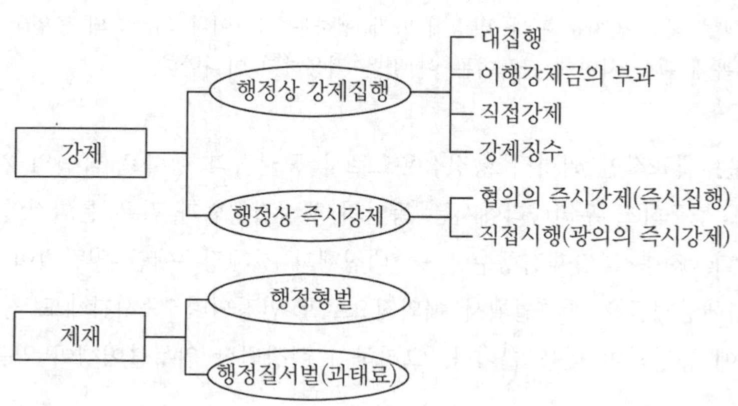

제 2 절 행정강제에 대한 규율체계와 그 보완논의

Ⅰ. 행정강제에 대한 규율체계

행정기본법 제30조(행정상 강제) ① 행정청은 행정목적을 달성하기 위하여 필요한 경우에는 법률로 정하는 바에 따라 필요한 최소한의 범위에서 다음 각 호의 어느 하나에 해당하는 조치를 할 수 있다.

1. 행정대집행: 의무자가 행정상 의무(법령등에서 직접 부과하거나 행정청이 법령등에 따라 부과한 의무를 말한다. 이하 이 절에서 같다)로서 타인이 대신하여 행할 수 있는 의무를 이행하지 아니하는 경우 법률로 정하는 다른 수단으로는 그 이행을 확보하기 곤란하고 그 불이행을 방치하면 공익을 크게 해칠 것으로 인정될 때에 행정청이 의무자가 하여야 할 행위를 스스로 하거나 제3자에게 하게 하고 그 비용을 의무자로부터 징수하는 것
2. 이행강제금의 부과: 의무자가 행정상 의무를 이행하지 아니하는 경우 행정청이 적절한 이행기간을 부여하고, 그 기한까지 행정상 의무를 이행하지 아니하면 금전급부의무를 부과하는 것
3. 직접강제: 의무자가 행정상 의무를 이행하지 아니하는 경우 행정청이 의무자의 신체나 재산에 실력을 행사하여 그 행정상 의무의 이행이 있었던 것과 같은 상태를 실현하는 것
4. 강제징수: 의무자가 행정상 의무 중 금전급부의무를 이행하지 아니하는 경우 행정청이 의무자의 재산에 실력을 행사하여 그 행정상 의무가 실현된 것과 같은 상태를 실현하는 것
5. 즉시강제: 현재의 급박한 행정상의 장해를 제거하기 위한 경우로서 다음 각 목의 어느 하나에 해당하는 경우에 행정청이 곧바로 국민의 신체 또는 재산에 실력을 행사하여 행정목적을 달성하는 것

가. 행정청이 미리 행정상 의무 이행을 명할 시간적 여유가 없는 경우

나. 그 성질상 행정상 의무의 이행을 명하는 것만으로는 행정목적 달성이 곤란한 경우

② 행정상 강제 조치에 관하여 이 법에서 정한 사항 외에 필요한 사항은 따로 법률로 정한다.

③ 형사, 행형 및 보안처분 관계 법령에 따라 행하는 사항이나 외국인의 출입국·난민인정·귀화·국적회복에 관한 사항에 관하여는 이 절을 적용하지 아니한다.

행정강제는 대표적인 권력적 행정작용으로서 공권력의 행사로 국민의 자유와 재산권을 제한함에도 불구하고 우리나라에서는 독일의 행정집행법과 같은 통일적인 법전이 제정되어 있지 않다. 전통적 강제집행수단 중 대집행과 강제징수에만 일반법이 있을 뿐이고, 직접강제와 이행강제금은 개별법에서 예외적으로만 인정되며, 즉시강제도 경찰관직무집행법 등 개별법에 규정되어 있을 뿐이다. 그리하여 행정법상 의무불이행이 있음에도 불구하

고 그것을 강제로 이행시킬 직접적 수단이 없는 경우에는 학설과 판례에 의하여 해결될 수 밖에 없다.

이러한 문제점을 인식하고 행정기본법은 제30조에서 개별법령에 따라 도입된 행정강제의 개념 및 유형을 체계화하고, 법률유보의 원칙 및 최소침해의 원칙 등 행정상 강제에 적용되는 기본원칙을 선언하고 있으며, 행정기본법이 정한 사항 외의 필요한 사항은 따로 법률로 정하도록 하여 행정상 강제의 일반법인 행정집행법의 제정 근거를 마련하고 있다. 다만 행정작용 중 형사, 행형 및 보안처분 관계 법령에 따라 행하는 사항이나 외국인의 출입국·난민인정·귀화·국적회복에 관한 사항에 관해서는 그 규율대상의 특수성을 고려하여 해당하는 개별 법률에서 규율되도록 하고 행정기본법의 적용대상에서 제외하고 있다.

Ⅱ. 법원을 통한 강제집행의 가능성 여부

전통적 실효성확보수단에 대한 보완으로서 소송절차로 법원으로부터 판결을 받아 그것을 집행권원으로 삼아 민사상의 강제집행수단을 활용할 수 있는지에 대한 논의가 있다.

1. 학　설

가. 행정상 강제집행수단이 별도로 법정되어 있는 경우

행정상 강제집행수단이 별도로 법정되어 있는 경우에 소송절차를 통한 집행은 허용되지 않는다. 행정상 강제집행수단은 해당 의무의 공공성 등의 특성을 고려한 신속하고 실효적인 이행확보수단이다. 그런데, 행정상 강제집행수단이 마련되어 있음에도 소송절차를 통한 강제집행수단에 의하여 그 의무의 이행을 확보할 수 있다면 행정상 강제집행수단을 규정한 관계법령의 취지에 반한다는 점, 행정이 행정상 강제집행수단을 사용할 수 있음에도 위와 같은 강제집행수단을 이용하는 것은 평등의 원칙에도 위배된다는 점, 행정이 위와 같은 두 가지 강제집행수단을 병용하게 되면 지나치게 행정권이 강화되는 반면 법원의 부담은 가중된다는 점 등이 그 논거이다.[1)]

나. 행정상 강제집행수단이 별도로 법정되지 않은 경우

행정상 강제집행수단이 별도로 법정되어 있지 않은 경우에는 소송절차를 통한 집행이 원칙적으로 허용된다. 그 논거로서, 행정권이 의무는 부과할 수 있으나 그 의무를 강제할 수단이 없다는 것은 불합리하다는 점, 소송절차를 통한 강제집행은 양 당사자의 대등성을

1) 한편 민사소송법학에서는 법률이 통상의 소송이 아닌 특별한 구제방법을 두고 있을 때에는 소의 이익이 없다고 설명하고 있다.

바탕으로 하는 것으로서 상대방에 불이익한 것만은 아니라는 점, 행정주체의 지위를 사인보다 더 불리하게 할 합리적 이유는 없다는 점이 거론된다.

다만 허용성을 판단할 때에는 반드시 유형별로 개별적인 검토가 필요하다고 생각한다. 가령 이행강제금은 개별법령에 규정된 경우가 많지 않은데, 공법상 비대체적 의무에 대하여 민사상 간접강제를 허용한다면 이행강제금을 일반적으로 도입하는 것과 마찬가지가 되어 바람직하지 않다. 이행강제금은 개별법령에서 부과금액의 상한 및 산정방법, 반복부과횟수 등에 관한 상세한 규정을 두어 행정청의 재량과 처분의 침익성 정도에 대한 엄격한 한계를 설정하고 있지만, 민사상 간접강제에서는 배상금의 액수, 일시금과 정기금의 선택이 법원의 재량에 맡겨져 있고, 정기금을 선택할 경우 이행강제금을 무한정 반복하여 부과하는 것과 같은 결과를 가져올 수 있다는 점을 유의하여야 한다.[2)]

2. 판 례

판례의 주류적인 경향은 공법상 의무이행을 확보하기 위하여 행정상의 강제집행수단이 법정되어 있는 경우에는 민사소송이나 당사자소송을 통한 강제집행을 허용하지 않는다.[3)] 감사원법에 의하여 변상을 명하는 판정이 확정되어 있는 경우에는 국세징수법 중 체납처분의 규정에 의하여 위 판정을 집행할 수 있으므로 그 판정된 변상금의 배상을 구하는 민사상 손해배상청구는 권리보호의 필요가 없고,[4)] 회계관계직원의 그 직무상의 의무위반으로 인한 변상책임은 감사원의 변상판정에 의하지 않고 민사상 소구하여 그 책임을 물을 수 없으며,[5)] 도시재개발조합이 사업시행구역내에 있는 조합원 소유의 지장물에 대한 철거는 도시재개발법에 따른 행정대집행의 방법에 의하여 건물을 철거하지 않고 민사소송의 방법으로 건물의 철거를 구할 수는 없다.[6)] 또한, 중앙관서의 장이 보조금의 교부결정을 취소한

---

2) 이상덕, "행정대집행과 민사소송의 관계", 재판실무연구 2009년호, 광주지방법원(2009. 1), 469면 참조.

3) 판례에 의하면, 국유재산 중 일반재산에 관해서도 국유재산법 제52조에 의하여 관리청은 행정대집행법을 준용하여 철거 기타 필요한 조치를 할 수 있으므로, 따로 민사소송의 방법으로 시설물의 철거를 구하는 것은 허용되지 않는다(대법원 2000. 5. 12. 선고 99다18909 판결 참조). 다만 관리청이 행정대집행을 실시하지 않는 경우에는 국가에 대한 토지 사용청구권을 가지는 자는 위 청구권을 보전하기 위하여 국가를 대위하여 민사소송으로 그 시설물의 철거를 구할 수 있다(대법원 2009. 6. 11. 선고 2009다1122 판결).

4) 대법원 1970. 4. 14. 선고 67다2138 판결, 대법원 1962. 9. 27. 선고 62다381 판결.

5) 대법원 1971. 11. 23. 선고 71다2050 판결, 대법원 1968. 11. 19. 선고 68다651 판결, 대법원 1975. 12. 6. 선고 75다385 판결, 대법원 1980. 2. 26. 선고 79다2241 판결.

6) 대법원 1989. 5. 23. 선고 88다카17822 판결, 대법원 1990. 11. 13. 선고 90다카23448 판결. 다만, "양곡관리법 제7조의 규정에 의하여 비록 피고의 재산에 체납처분을 할 수 있다고 하여서 원고가 피고에 대하여 청구하는 급부의 내용에 관하여 무슨 기판력이나 확정력이 있는 것이 아니므로 원고로서는 급부청구권의 확정을 위하여 이를 소송할 수 있다."라고 판시하여(대법원 1967. 4. 18. 선고 67다416 판결), 공법상 납무의무에 관한 체납처분절차가 규정되어 있음에도 민사소송을 긍정한 예도 있으나, 이는

다음 보조금 관리에 관한 법률에 의하여 그 반환을 구하는 경우 국세체납처분의 예에 의하여 강제징수하지 않고 민사소송의 방법으로 반환을 청구할 수 없다.[7] 아울러 국유재산법상 일반재산의 대부료 등의 징수에 관하여 국세징수법 규정을 준용하고 있으므로, 민사소송의 방법으로 대부료 등의 지급을 구하는 것은 허용되지 않는다.[8]

위에서 본 것처럼 도시정비법령에 의하면 시장·군수가 아닌 사업시행자는 시장·군수에게 청산금의 징수를 위탁할 수 있고, 청산금의 징수는 지방세 체납처분의 예에 의한 징수 또는 징수 위탁과 같은 행정상 강제집행수단을 이용하여야 한다. 다만 시장·군수가 사업시행자의 청산금 징수 위탁에 응하지 않았다면 위 사업시행자가 공법상 당사자소송의 방법으로 청산금 청구를 할 수 있다.[9] 또한, 조세채권자는 세법이 부여한 부과권 및 자력집행권 등에 기하여 조세채권을 실현할 수 있어 납세자를 상대로 소를 제기할 이익이 없지만, 납세의무자가 무자력이거나 소재불명이어서 체납처분 등의 자력집행권을 행사할 수 없는데 소멸시효기간의 경과가 임박하는 등의 특별한 사정이 있는 경우에는 그 시효중단을 위하여 공법상 당사자소송으로 조세채권존재확인소송을 제기할 수 있다.[10]

한편, 판례는 금전채권의 발생원인이 공법적인 성질의 것이라 할지라도 관계 법률에 행정상 강제집행수단(체납처분절차)이 규정되어 있지 않으면 그 금전채권의 성질을 사법상의 채권으로 파악하는 경향이 있다.[11]

Ⅲ. 새로운 실효성확보수단의 등장과 평가

오늘날 사회가 복잡·다양해짐에 따라 공급거부·공표·과징금 등과 같은 새로운 수단들이 등장하고 있다. 아울러 과거에는 실효성확보수단이라고 인식하지 않았던 영업허가와 같은 수익적 행정행위의 철회도 실효성확보수단으로 활용되고 있다. 위와 같은 새로운 실효성확보수단들은 행정상 의무를 이행시키는 행정강제라기보다는 과거의 잘못에 대한 행정제재의 성격을 가지므로, 행정벌과 같은 간접적인 의무이행확보수단으로 기능한다.

이러한 새로운 실효성확보수단의 등장으로 행정주체로서는 다양하고 간편한 수단들을 동원할 수 있게 되었으나 그것이 남용될 경우 부작용도 우려된다.

주류적 판례에서 벗어난 예외인 사례이다.

7) 대법원 2012. 3. 15. 선고 2011다17328 판결.

8) 대법원 2014. 9. 4. 선고 2014다203588 판결.

9) 대법원 2017. 4. 28. 선고 2016두39498 판결. 도시개발사업조합이 직접 공법상 당사자소송으로 도시개발법에 따른 청산금의 지급을 구할 수 있는지에 관해서도 같은 법리가 적용된다(대법원 2017. 4. 28. 선고 2013다1211 판결).

10) 대법원 2020. 3. 2. 선고 2017두41771 판결.

11) 대법원 2005. 5. 13. 선고 2004다8630 판결 참조.

제 3 절 사인의 행정개입(강제)청구권

행정강제에 관한 규정들 중에는 강제권의 발동 여부 및 수단의 선택에 재량이 인정되는 경우가 많다. 따라서 사인에게는 자기를 위하여 행정강제권을 발동할 것을 요구할 수 있는 권리는 인정되지 않고, 하자 없는 재량행사를 청구할 수 있을 뿐이다. 다만 위급한 경우 등에는 '재량권의 영으로의 수축'을 통하여 행정주체에게 개입의무가 발생함과 동시에 사인에게는 행정강제(개입)청구권이 발생할 수도 있다.

제 2 장 행정상 강제집행

제 1 절 개　　관

Ⅰ. 행정상 강제집행의 의의 및 특색

1. 개　　념

행정상 강제집행이란 '행정법상의 의무불이행이 있는 경우에 행정주체가 의무자의 신체 또는 재산에 실력을 가하여 그 의무를 이행시키거나 이행이 있었던 것과 같은 상태를 실현하는 행정작용'을 말한다.[1)]

2. 특　　색

가. 민사상 강제집행과의 구별

행정상의 강제집행과 민사상의 강제집행은 국가의 강제력을 바탕으로 권리주체의 권리실현을 도모하는 제도라는 점에서 공통되고, 양자는 강제방법도 어느 정도 유사하다. 민사상 대체집행은 대집행, 민사상 간접강제는 이행강제금, 민사상 직접강제 중 동산·부동산 인도청구의 집행은 직접강제, 금전채무의 집행은 강제징수와 대응된다.

그러나 민사상 강제집행은 국가의 강제력에 의하여 채권자의 청구권을 실현하는 '타력집행'인 반면, 행정상 강제집행은 청구권의 주체가 동시에 집행권자인 '자기집행'이라는 점에서 근본적으로 다르다.

나. 행정상 즉시강제와의 구별

행정상 강제집행은 의무의 존재 및 그 불이행을 전제로 한다는 점에서, 이를 전제로 하지 않고 즉시로 행해지는 행정상 즉시강제와 구별된다.

다. 행정벌과의 구별

행정상 강제집행과 행정벌은 다 같이 행정법상의 의무이행을 확보하기 위한 강제수단인 점에서 공통된다.

그러나 행정상 강제집행은 장래에 향하여 의무이행을 강제하는 것을 직접적인 목적으로 한다. 반면에 행정벌은 직접적으로는 과거의 의무위반에 대하여 제재를 과하는 것을 목

---

1) 여기에서의 의무는 원칙적으로 행정행위에 의하여 부과된 의무를 말한다.

적으로 하고, 그로 인하여 행정법상 의무이행이 확보된다면 그것은 행정벌의 간접적인 효과에 지나지 않는다. 이렇게 행정상 강제집행은 직접적인 의무이행확보수단이고 행정벌은 간접적인 의무이행확보수단이라는 점에서 양자는 다르다. 따라서, 양자는 같은 의무불이행에 대하여 병과할 수 있다.

Ⅱ. 행정상 강제집행의 근거

1. 이론적 근거

과거에는 행정주체가 의무를 명할 수 있는 법률적 근거 안에는 명령의 내용을 실현할 수 있는 강제집행권을 포함하는 것으로 보았기 때문에, 의무를 부과하는 법적 근거만 있다면 그 의무의 내용을 변경하지 않고 집행만 하는 때에는 별도의 법적 근거가 필요없다고 생각하였다.

그러나, 행정행위의 집행력은 행정행위의 당연한 속성이 아니라 법률에 의하여 부여되는 법률적 효력(구속력)이고, 의무를 명하는 행위와 의무의 내용을 강제적으로 실현하는 행위는 전혀 다른 행정작용이다. 따라서 의무를 명하는 행위와 의무의 내용을 강제적으로 실현하는 행위는 각각 별개의 법령에 근거가 있어야 한다.

2. 실정법적 근거

행정상 강제집행의 근거법으로는 대집행에 관한 일반법으로서의 행정대집행법과 금전징수에 관한 일반법으로서의 국세징수법이 있는 외에 많은 개별법이 있다.

Ⅲ. 행정상 강제집행의 수단

행정상 강제집행의 수단으로서, 대집행, 이행강제금(집행벌), 직접강제 및 강제징수 등이 있으나, 우리나라에서는 일반적인 수단으로서 대집행과 강제징수만 인정되고, 직접강제와 이행강제금(집행벌)은 개별법에 근거가 있는 경우에만 가능하다.

제 2 절 대 집 행

Ⅰ. 의 의

대집행은 대체적 작위의무(다른 사람이 대신할 수 있는 작위의무)에 대한 강제수단으로서, 의무자가 대체적 작위의무를 이행하지 않은 경우에 행정청이 의무자가 할 일을 스스로 행하거나 제3자로 하여금 이를 행하게 함으로써 의무의 이행이 있었던 것과 같은 상태를 실현시킨 후 그 비용을 의무자로부터 징수하는 행정작용이다(행정대집행법 제2조). 행정기본법 제30조 제1호에서도 행정대집행을 "의무자가 행정상 의무로서 타인이 대신하여 행할 수 있는 의무를 이행하지 아니하는 경우 법률로 정하는 다른 수단으로는 그 이행을 확보하기 곤란하고 그 불이행을 방치하면 공익을 크게 해칠 것으로 인정될 때에 행정청이 의무자가 하여야 할 행위를 스스로 하거나 제3자에게 하게 하고 그 비용을 의무자로부터 징수하는 것"이라고 정의하고 있다.

위와 같이 행정대집행법은 대체적 작위의무에 대한 대집행을 의무자의 비용부담으로 제3자가 대행하는 경우(타자집행)와 그 의무를 행정청 스스로 대행하는 경우(자기집행)를 포괄하고 있다. 그러나 자기집행은 직접강제와 구별하기 쉽지 않으므로 입법론적으로는 자기집행을 직접강제로 보아 그 요건과 절차를 정비하는 것이 바람직하다.

Ⅱ. 대집행의 법률관계

자기집행에서 행정청과 의무자 사이의 법률관계는 공법관계로서의 성질을 가진다. 타자집행의 경우에는 그 법률관계를 ① 행정청과 제3자 사이의 관계, ② 제3자와 의무자 사이의 관계, ③ 행정청과 의무자 사이의 관계로 나눌 수 있다. ①의 관계는 특별한 규정이 없다면 사법상 도급계약관계이고, ②의 관계는 직접적인 법률관계가 형성되지 않지만 의무자는 제3자의 대집행행위에 대한 수인의무를 부담하며, ③의 관계는 전적으로 공법관계로서의 성질을 가지고 행정청은 의무자에게 공법상 비용상환청구권을 가진다.

Ⅲ. 대집행의 요건

행정대집행법 제2조(대집행과 그 비용징수) 법률(법률의 위임에 의한 명령, 지방자치단체의 조례를 포함한다. 이하 같다)에 의하여 직접 명령되었거나 또는 법률에 의거한 행정청의 명령에 의한 행위로서 타인이 대신하여 행할 수 있는 행위를 의무자가 이행하지 아니하는 경우 다른 수단으로써 그 이행을 확보하기 곤란하고 또한 그 불이행을 방치함이 심히 공익을 해할 것으로 인정될 때에는 당해 행정청은 스스로 의무자가 하여야 할 행위를 하거나 또는 제삼자로 하여금 이를 하게 하여 그 비용을 의무자로부터 징수할 수 있다.

1. 대집행의 주체

'행정청'만 대집행의 주체가 될 수 있다. 행정대집행법 제2조에서는 대집행의 주체에 관하여 '당해 행정청'으로 규정하고 있다. 그 '당해 행정청'은 처분청 또는 관할 행정청을 의미하고, 행정청의 위임을 받아 대집행을 실행하는 '제3자'는 대집행의 주체가 아니라는 점에 유의하여야 한다.

2. 대체적 작위의무의 불이행

가. 의무의 기초

행정대집행법 제2조는 행정청이 명한 의무뿐만 아니라 "법률(법률의 위임에 의한 명령, 지방자치단체의 조례를 포함한다)에 의하여 직접 명령"된 의무를 이행하지 않는 경우에도 대집행을 할 수 있다고 규정하고 있다.

여기에서 말하는 "법률의 위임에 의한 명령"이란 위임명령인 법규명령(대통령령, 총리령, 부령)을 말하고, 지방자치단체의 조례는 물론 지방자치단체의 장이 발하는 규칙, 중앙선거관리위원회가 제정한 규칙도 포함된다. "법률에 의거한 행정청의 명령"은 행정청의 국민에 대한 명령(처분)을 의미하고 행정조직법상의 명령은 이에 포함되지 않는다.

그러나 일반적으로 법령에 의하여 부과된 의무가 바로 대집행의 대상이 되는 것[2]이 아니라 건물의 철거명령 또는 계고와 같은 행정행위를 통해 '특정인의 의무'가 정해진 다음에 비로소 대집행의 대상이 된다. "법령에 의해 명해진 행위로서의 의무"는 불특정 다수인의 의무로서의 성질을 가지기 때문이고, 실제로 대집행의 대상이 되는 것은 대부분 행정행위에 의하여 부과되는 의무이다.

---

2) 총포 · 도검 · 화약류 등의 안전관리에 관한 법률 제33조에서는 "이 법 또는 다른 법에 따라 화약류를 소지하거나 사용할 수 있는 자가 그 허가가 취소되거나 소지 또는 사용할 필요가 없게 된 경우에는 지체 없이 그 화약류를 양도하거나 폐기하여야 한다."라고 규정되어 있다.

나. 의무의 대체성

"타인이 대신하여 행할 수 있는" 의무의 불이행이 있어야 한다. 대체적 작위의무의 예로서는 공작물 기타 물건의 제거 · 이전 · 개수, 가옥의 청소 · 소독, 입목의 벌채, 방재시설의 설치, 공장 등 시설의 개선, 토지형질의 원상회복 등을 들 수 있는데, 이는 특정인의 기능적 노무가 아닌 누구나 대신하여 노무를 제공할 수 있는 것들이다.

"타인이 대신하여 행할 수 없는" 의무는 대집행의 대상이 되지 않는다. 고도의 전문성이 필요한 비대체적 작위의무(예; 의사의 진료의무), 부작위의무(예; 허가 없이 영업을 하지 않을 의무) 및 수인의무(예; 감염병 예방접종의무)는 대집행의 대상이 되지 않는다.

특히 부작위의무 위반과 관련하여, 법령에 정하고 있는 절대적 금지나 허가를 유보한 상대적 금지를 위반하였더라도 곧바로 그 위반으로부터 생긴 유형적인 결과를 시정하기 위하여 대집행을 할 수 있는 것은 아니다. 부작위의무의 위반으로 인하여 생긴 결과를 시정하기 위해서는 먼저 물건의 제거 · 이전 · 개수 등 대체적 작위의무를 부과한 다음 그 의무를 이행하지 않는 경우에 비로소 대집행을 할 수 있게 된다.

그런데 법치주의의 원리상 위와 같은 부작위의무로부터 그 의무를 위반함으로써 생긴 결과를 시정하기 위한 작위의무를 당연히 끌어낼 수는 없고, 금지규정으로부터 위반결과의 시정을 명하는 처분을 당연히 끌어낼 수도 없다. 따라서 법령은 어떤 행위의 금지(부작위)를 규정하면서 이를 위반하는 자에게 그 위반행위로 인하여 생긴 유형적 결과의 시정을 명하는 처분의 권한을 인정하는 규정을 둠으로써 부작위의무를 대체적 작위의무로 전환하는 법적 근거를 마련하는 경우가 많다. 만일 대체적 작위의무로 전환하는 규정을 두고 있지 않다면, 금지규정으로부터 그 위반결과의 시정을 명하는 원상복구명령과 같은 권한이 도출되는 것이 아니므로, 부작위의무는 대집행의 대상이 될 수 없다고 보아야 한다.[3)]

다. 다른 수단으로써 그 이행을 확보하기가 곤란할 것

이는 비례의 원칙 중 최소침해의 원칙(필요성의 원칙)을 명문화한 것이다. 그러나 대집행보다 더 적은 침해를 가하는 '다른 수단'이 있는지는 의문이다.

라. 불이행을 방치함이 심히 공익을 해할 것으로 인정될 것

어떤 사실이 이 요건에 해당하는지는 사안마다 구체적으로 판단하여야 한다.[4)] 여기에서 '요건충족 여부에 대한 판단'의 성질에 관하여, 판례는 재량으로 보는 경향에 있고,[5)] 학설은 이에 대한 전면적인 사법심사의 대상이 된다는 견해와 불확정개념으로서 행정청의 판

---

3) 대법원 1996. 6. 28. 선고 96누4374 판결.
4) 그에 관한 주장 · 증명책임은 처분청에게 있다(대법원 1996. 10. 11. 선고 96누8086 판결)
5) 대법원 1967. 11. 18. 선고 67누139 판결 참조.

단의 여지가 일정한 한계 내에서 인정된다는 견해가 나뉘어 있다.

생각건대, 위 요건과 관련하여 판단의 여지의 존부가 문제되는 일은 별로 없을 것이나 도시 내의 대형건물의 철거 · 개축 등과 관련해서는 판단의 여지가 인정될 수도 있다. 도심지 인구억제, 교통량 조절, 도시미관 등 여러 가지 전문 · 기술적 판단이 필요할 수 있기 때문이다.

판례가 "심히 공익을 해하는 경우"로 보아 철거대집행계고처분을 적법한 것으로 인정할 때에는 대체로 "불법건축물을 단속하는 당국의 권능을 무력화시켜 건축행정의 원활한 수행을 위태롭게 하고 법에 의한 허가 및 그 준공 검사시 소방시설, 주차시설, 교통소통의 원활화, 건물의 높이 등 인접 건물과의 조화, 적절한 생활환경의 보호를 위한 건폐율, 용적률 기타 건축법 소정의 제한 규정을 회피하는 것을 사전에 예방하려는 더 큰 공익을 해치거나 해칠 우려가 있는 경우"를 주된 이유로 들고 있다.[6]

구체적으로, ① 무허가로 축조된 건축물인 경우,[7] ② 도시계획선 등에 저촉되는 건축물인 경우,[8] ③ 건축과정에서 법령위반이 수차례 감행되었거나 부정한 행위가 개입된 경우,[9] ④ 가건물의 존치기간과 도로점용기간이 경과하거나 도로점용허가가 취소된 경우,[10] ⑤ 도로의 통행에 장애되는 지상물[11] 또는 화재 등 비상사태 대처에 지장을 주는 건축물인 경우[12] 등의 사안에서 그 의무불이행을 방치하면 심히 공익을 해한다고 보았다.

의무불이행의 방치가 심히 공익을 해하는 것으로 볼 수 없다는 것으로서는, ① 붕괴의 위험이 있어서 증 · 개축 또는 신축하였고 기존건물과 같은 곳에 위치하여 도시미관상 · 위생상 해롭지 않은 경우,[13] ② 행정청이 건축법위반사실을 알고서도 묵인하였고 신건물이 구건물에 비하여 미관상 도움이 되는 경우,[14] ③ 허가내용과 다르게 증 · 개축한 후 건물모양이 더 산뜻하게 되었고 건물의 안정감이 더해진 반면 그 증축부분을 철거함에는 많은 비용이 들고 철거하여도 건물 외관만 손상시키는 경우,[15] ④ 허가 없이 증축된 부분이 외부에 돌출되어 있지 않고 지면에서 잘 보이지 않아 미관을 해치지 않으며 그것을 철거할 경우 많은 비용이 드는 경우,[16] ⑤ 무단증축으로 인근 주민의 사생활의 평온을 침해할 우려

6) 대표적인 판례로서 대법원 1985. 7. 23. 선고 84누699 판결.
7) 대법원 1990. 5. 11. 선고 90누462 판결 등 다수.
8) 대법원 1984. 7. 24. 선고 82누345 판결 등 다수.
9) 대법원 1990. 6. 22. 선고 90누2215 판결 등 다수.
10) 대법원 1990. 12. 11. 선고 90누5672 판결 등 다수.
11) 대법원 1980. 12. 23. 선고 80누463 판결 등 다수.
12) 대법원 1990. 2. 13. 선고 89누6143 판결 등 다수.
13) 대법원 1988. 2. 9. 선고 87누213 판결 등 다수.
14) 대법원 1983. 7. 12. 선고 83누168 판결.
15) 대법원 1987. 3. 10. 선고 86누860 판결.
16) 대법원 1990. 1. 23. 선고 89누6969 판결.

가 있으나 종전에 비하여 그 침해 정도가 증대되었다고 볼 수 없고 공익에 영향을 주지 않는 경우,[17] ⑥ 건축행정의 원활화나 불법건축물단속에 관한 행정청의 권능을 무력화하지 않아야 한다는 공익적 요청 및 도시의 무질서한 확산방지의 목적을 침해하지 않는 반면 건축주 측에 초래되는 생활상의 불편 및 경제적 손실이 막대한 경우,[18] ⑦ 자금사정으로 인하여 건물을 신축할 때 3층으로 증축하겠다고 한 기한을 넘김으로써 시가지 중심부에 위치하게 된 단층건물인 경우,[19] 그 지형상 인가의 보건이나 부락의 환경을 해칠 우려가 없는 곳에 있는 분묘,[20] 대지경계선으로부터 민법 소정의 거리를 두지 않고 전소유자 당시부터 침범 사용하여 온 인접지에 개축한 경우,[21] 경계선으로부터 일정한 거리를 두는 허가조건을 위반한 경우,[22] 문화재의 보존관리상 아무런 지장이 없으며 그 문화재보호구역 안에 다른 건물도 있는 경우[23] 등이 있다.

마. 재량의 존재 여부

이상의 요건이 충족된 경우에 '대집행을 할 것인지 여부'는 법문의 규정만으로는 재량행위로 볼 여지가 많다. 그러나 의무의 불이행을 방치함이 심히 공익을 해할 것으로 인정되는 이상 행정청은 대집행을 행할 의무를 진다고 보지 않을 수 없다.

Ⅳ. 대집행의 절차

대집행의 절차는 계고, 대집행영장에 의한 통지, 실행, 비용징수의 4단계로 나누어진다. 그러나 긴급 시에는 일부절차를 생략할 수 있다.

1. 계　　고

가. 의의 및 성질

계고는 대집행의 사전절차로서 대집행이 행해진다는 사실을 미리 의무자에게 알려줌으로써 스스로 의무를 이행하도록 촉구하는 기능을 한다. 대집행을 하려면 상당한 이행 기한을 정하여 그때까지 이행되지 않을 때에는 대집행을 한다는 뜻을 미리 문서로써 계고하여야 한다(행정대집행법 제3조 제1항 전문).

---

17) 대법원 1991. 8. 27. 선고 91누5136 판결.
18) 대법원 1992. 4. 10. 선고 91누7200 판결.
19) 대법원 1973. 8. 21. 선고 72누201 판결.
20) 대법원 1980. 7. 8. 선고 79누18 판결.
21) 대법원 1967. 1. 31. 선고 66누127 판결.
22) 대법원 1967. 3. 21. 선고 66누155 판결.
23) 대법원 1983. 7. 12. 선고 83누150 판결.

대집행의 계고를 작위의무를 부과하는 하명으로 볼 수 있다. 그러나 다수설과 판례는 계고를 상당한 이행 기한을 정하여 의무이행을 최고하고 그 의무가 이행되지 않은 경우에는 대집행하겠다는 내용의 통지행위인 준법률행위적 행정행위로 본다.

구체적인 사정에 따라 언제 대집행을 실시할 것인지는 행정청의 재량에 맡겨져 있는 것이므로, 행정청은 의무자가 1차 계고에서 정한 기한까지 의무를 이행하지 않는 경우라도 곧바로 대집행영장에 의한 통지를 거쳐 대집행을 실행하지 않고 다시 2차 계고 등을 할 수 있다. 그러나 이러한 2차 계고는 새로운 철거의무를 부과한 것이 아니라 단지 대집행기한을 연기하는 통지에 불과하므로 처분이라고 볼 수 없다.[24]

나. 계고의 상대방

계고의 상대방은 대집행의 대상이 되는 의무를 부담하는 자이다. 판례에 따르면, 영세상인들이 시장부지 내에 무단으로 지은 건물의 시장관리인은 그 건물의 소유자나 건축주가 아니어서 철거의무자의 지위에도 있지 않으므로 그에게 한 계고처분은 위법하고,[25] 위법한 건물의 공유자 1인에 대한 계고처분은 다른 공유자에 대해서는 그 효력이 없다.[26] 그런데, 대법원 판결 중에는 건물을 매수하여 그의 처와 공동명의로 등기를 마친 후 무단 증축한 경우 그 남편에게도 증축부분에 대한 철거의무가 있으므로 남편만 의무이행자로 한 철거대집행계고처분도 적법하다고 한 사례가 있다.[27]

건물의 철거를 명하는 행정행위가 있은 후 그 건물의 소유권이 타인에게 이전된 경우에는 대물적 행정행위에 관한 일반이론에 따라 구소유자에 대한 철거명령의 효력이 승계인인 신소유자에게도 미치므로 신소유자에게 다시 철거명령을 발하지 않고 계고할 수 있다.

다. 계고의 내용

계고처분에는 의무자가 스스로 이행하지 않는 경우 대집행할 행위의 내용과 범위가 구체적으로 특정되어야 하고 구체적으로 특정되지 않은 계고처분은 위법하다.

그러나, 그 행위의 내용과 범위는 반드시 철거명령서나 대집행계고서에 의해서만 특정되어야 하는 것은 아니고, 그 처분 전후에 송달된 문서나 기타 사정을 종합하여 이를 특정할 수 있으면 족하며, 그 특정여부는 실제건물의 위치, 구조, 평수, 용도 및 허가관계 등을 계고서의 표시와 대조·검토하여 대집행의무자가 그 이행의무의 범위를 알 수 있는지 여부에 의하여 판단할 것이다.

---

24) 대법원 1994. 10. 28. 선고 94누5144 판결, 대법원 2000. 2. 22. 선고 98두4665 판결.
25) 대법원 1991. 1. 15. 선고 90누7784 판결.
26) 대법원 1994. 10. 28. 선고 94누5144 판결.
27) 대법원 1992. 5. 12. 선고 91누8623 판결.

대집행계고서에 철거목적물을 "용산구 한강로 3가 63 102호"라고만 기재하였으나 그 처분이 있기 전에 여러 차례에 걸쳐 대집행의무자에게 송달된 동일한 내용의 처분에 관한 문서를 종합하여 무단증축한 부분이 특정되었다고 본 사례가 있고,[28] 대집행의 대상을 "서울 마포구 도화동 203-13, 14, 15 지상에 증축중인 건축물의 위반사항"이라고만 표시하였으나 계고처분 전에 발령된 시정명령과 종합하여 대집행할 행위와 범위가 구체적으로 특정된 것이라고 본 사례가 있으며,[29] 건물 중 무단증축부분이 명확히 식별되고 시멘벽돌조로 되어 있어서 그 부분의 철거가 가능한 경우 계고처분에 그 증축부분의 면적을 실제면적과 달리 기재하였더라도 철거대상이 특정되었다고 본 사례가 있다.[30]

라. 상당한 기간

계고는 상당한 이행 기한을 정해야 하고, 상당한 기한을 정하지 않은 계고는 위법하다. 계고서에 정한 기한이 상당한지 여부의 판단은 어려운 문제이나, 구체적 사안에 따라 그 의무의 성질 · 내용, 의무자의 구체적 사정, 해당 작위의무를 명한 처분에서 정한 기간 등을 고려하여 객관적 · 합리적으로 결정되어야 할 것이다(행정대집행법 제3조 제1항 후문 참조).

판례에 나타난 몇 가지 사례를 보면, ① 의무이행기한이 1988. 5. 24.까지로 된 대집행계고서를 5. 19. 발송하여 의무자가 그 이행종기인 5. 24. 수령한 것이라면 설사 행정청이 대집행영장으로써 대집행시기를 같은 해 5. 27. 15:00로 늦추었다 하더라도 위법하다는 것,[31] ② 도시재개발법시행령 제37조에서 도시재개발사업에 지장이 되는 건축물이나 공작물의 철거 또는 이전기간은 20일 이상 30일 이내로 한다고 규정하고 있으므로 최소한 20일의 이행기간을 정하여 계고하여야 할 것인데도 불과 15일의 기간만 주어 계고한 것은 위법하다는 것,[32] ③ 대집행의무자가 자진철거기한을 1990. 4. 19.까지로 정한 대집행계고서를 같은 달 17.에 송달받았다 하더라도 그 무허가 증축공사를 진행하던 1988. 10. 6.부터 계고처분 송달 시까지 3회에 걸쳐 공사 중단 및 자진철거명령을 받았을 뿐만 아니라 행정청이 의무자의 자진철거기한 연기요청을 받아들여 1990. 5. 15.까지 그 기한을 연기하여 주었다면 상당한 이행기한을 부여한 것으로서 적법하다는 것,[33] ④ 1991. 11. 25.자로 발부한 계고서에 옹벽철거의무 이행기간을 같은 달 30.까지로 기재되어 있음에도 그 계고서가 같은 달 28. 의무자에게 송달되었다면 위 계고서는 상당한 이행기간을 정한 것으로 볼 수 없다는 것 등이 있다.[34]

28) 대법원 1992. 3. 10. 선고 91누4140 판결.
29) 대법원 1992. 2. 25. 선고 91누4607 판결.
30) 대법원 1988. 12. 27. 선고 87누1008 판결.
31) 대법원 1990. 9. 14. 선고 90누2048 판결.
32) 대법원 1992. 10. 13. 선고 91누10862 판결.
33) 대법원 1992. 3. 10. 선고 91누4140 판결.
34) 대법원 1992. 12. 8. 선고 92누11626 판결.

마. 계고절차의 생략

대집행절차는 계고로 시작되는 것이기 때문에 대집행의 요건은 계고를 할 때 이미 충족되어 있어야 한다. 따라서 계고를 하려면 최소한 그 이전에 법률에 의하여 직접 명령되거나 법률에 의거하여 의무를 과하는 행정청의 처분이 있어야 한다. 그러나 비상시 또는 위험이 절박한 경우에 대집행의 급속한 실시를 요하여 그 절차를 거칠 여유가 없을 때에는 생략할 수 있다(행정대집행법 제3조 제3항).[35]

철거의무를 과하는 처분을 하면서 그 의무를 이행하지 않을 경우에는 대집행한다는 뜻을 동시에 계고하는 것은 원칙적으로 허용되지 않을 것이나, 의무를 과하는 처분을 할 때 행정대집행법 제2조의 대집행요건을 구비하고 있는 것이 명백하고 그 의무이행의 급속한 실시를 요하는 긴급한 사유가 있을 때에는 예외적으로 처분과 계고를 결합시킬 수 있을 것이다.

그런데, 판례는 계고서라는 명칭의 1장의 문서로서 일정기간 내에 위법건축물의 자진철거를 명함과 동시에 그 소정기간 내에 자진철거를 하지 않은 때에는 대집행할 것을 미리 계고한 경우라도 위 건축법에 의한 철거명령과 행정대집행법에 의한 계고처분은 독립하여 있는 것으로서 각 그 요건이 충족되었고, 이 경우 철거명령에서 주어진 일정기간이 자진철거에 필요한 상당한 기간이라면 그 기간 속에는 계고시에 필요한 '상당한 이행기간'도 포함되어 있다고 보아야 한다는 입장이다.[36]

2. 대집행영장에 의한 통지

의무자가 계고를 받고도 지정된 기한까지 의무를 이행하지 않는 경우에는 당해 행정청은 대집행영장에 의하여 대집행의 시기, 대집행책임자의 성명 및 대집행비용의 개산액을 의무자에게 통지하여야 한다(행정대집행법 제3조 제2항). 대집행영장에 의한 통지를 할 때에도 사전에 대집행의 요건이 충족되어 있어야 하고, 일정한 경우에 위 통지를 생략할 수 있는 것은 계고와 같다(행정대집행법 제3조 제3항).

대집행영장에 의한 통지의 성질도 준법률행위적 행정행위로 보는 것이 다수설이고, 이것에 의하여 대집행의 구체적인 내용과 대집행실행에 대한 의무자의 수인의무가 확정된다.

대집행을 할 시기와 대집행영장에 의한 통지 사이에 어느 정도의 시간적 간격을 두어

---

35) 건축법 제85조 제1항에서는 그러한 경우로서, ① 재해가 발생할 위험이 절박한 경우, ② 건축물의 구조 안전상 심각한 문제가 있어 붕괴 등 손괴의 위험이 예상되는 경우, ③ 허가권자의 공사중지명령을 받고도 불응하여 공사를 강행하는 경우, ④ 도로통행에 현저하게 지장을 주는 불법건축물인 경우, ⑤ 그밖에 공공의 안전 및 공익에 심히 저해되어 신속하게 실시할 필요가 있다고 인정되는 경우로서 대통령령으로 정하는 경우 등을 들고 있다.

36) 대법원 1992. 6. 12. 선고 91누13564 판결.

야만 하는지에 관하여 행정대집행법에는 아무런 규정이 없다. 원칙적으로 그에 관한 판단은 행정청의 재량에 맡겨져 있는 것이므로, 구체적인 사안에 따라 대집행실행 직전에 위 통지를 하더라도 무방한 경우도 있을 수 있다. 그러나 사람이 거주하는 가옥철거와 같은 경우에는 거주자가 그 가옥 내에 있는 동산 등을 가옥 밖으로 반출하고 퇴거할 수 있는 정도의 시간적 여유를 주는 것이 바람직하다.

3. 대집행의 실행

가. 의의와 법적 성질

대집행의 실행이란 의무가 이행된 것과 같은 상태를 실현하기 위하여 물리적으로 행하는 실력행사를 말한다. 따라서 대집행의 실행은 권력적 사실행위이다.

나. 대집행 실행의 시기와 방법

대집행은 원칙적으로 해가 뜨기 전이나 해가 진 후에는 행할 수 없다(행정대집행법 제4조 제1항). 다만 ① 의무자가 동의한 경우, ② 해가 지기 전에 대집행을 착수한 경우, ③ 해가 뜬 후부터 해가 지기 전까지 대집행을 하는 경우에는 대집행의 목적 달성이 불가능한 경우, ④ 그밖에 비상시 또는 위험이 절박한 경우 등에는 예외이다.

한편, 행정청은 대집행을 할 때 대집행 과정에서의 안전 확보를 위하여 필요하다고 인정하는 경우 현장에 긴급 의료장비나 시설을 갖추는 등 필요한 조치를 하여야 한다(같은 조 제2항).

또한, 대집행을 하기 위하여 현장에 파견되는 집행책임자는 그가 집행책임자라는 것을 표시한 증표를 휴대하여 대집행시에 이해관계인에게 제시하여야 한다(같은 조 제3항).

다. 대집행에 대한 저항의 배제

대집행의 실행을 담당하는 자는 집행책임자의 지시 하에 목적 달성에 필요한 한도 내에서 의무자의 주거나 토지에 출입할 수 있고, 의무자는 적법한 집행에 대하여 수인하여야 한다. 또한, 건물의 점유자가 철거의무자일 때에는 건물철거의무에 퇴거의무도 포함되어 있는 것이어서 별도로 퇴거를 명하는 집행권원이 필요하지도 않다. 만일 적법한 집행행위에 대하여 의무자가 저항하면 공무집행방해죄나 폭행죄 등으로 처벌될 수 있다.[37)]

그런데, 대집행의 실행을 의무자가 저항하는 경우 대집행책임자는 실력으로 이를 배제

37) 행정청이 행정대집행의 방법으로 건물철거의무의 이행을 실현할 수 있는 경우에는 대집행과정에서 부수적으로 그 건물의 점유자들에 대한 퇴거 조치를 할 수 있는 것이고, 그 점유자들이 적법한 행정대집행을 위력을 행사하여 방해하는 경우 형법상 공무집행방해죄가 성립하므로, 필요한 경우에는 경찰관직무집행법에 근거한 위험발생 방지조치 또는 형법상 공무집행방해죄의 범행방지 내지 현행범체포의 차원에서 경찰의 도움을 받을 수도 있다(대법원 2017. 4. 28. 선고 2016다213916 판결).

할 수 있을까? 우리 행정대집행법에는 이러한 저항의 배제에 관하여 독일에서와 같은 명문의 규정이 없다.[38)]

대집행은 의무내용의 강제적인 실현을 위한 강제집행수단으로서 마련된 것이기 때문에 그 실효성을 확보하기 위하여 대집행의 내용인 사실행위의 수행에 대한 저항을 배제하는데 부득이한 최소한도의 실력행사는 대집행에 수반하는 기능으로서 이를 허용하여야 할 것이라는 견해와 실력적 배제를 대집행에 내재하는 당연한 권능으로 보기 어렵다는 견해로 나뉘어져 있다.

판례는 토지나 건물의 인도의무는 사람이 그 신체로 토지나 건물을 점유하면서 인도를 거부하는 경우 그 신체에 실력을 가하여 점유를 푸는 것이 필요하므로, 이러한 작용은 직접강제에 속하고 대집행의 대상이 되지 않는다는 입장에 있다. 다만 토지의 인도 또는 그 지장물의 명도의무를 피보전권리로 하는 민사상의 명도단행가처분을 허용함으로써 이를 해결하고 있다.

대법원 1998. 10. 23. **선고** 97**누**157 **판결**: 도시공원시설인 매점의 관리청이 그 공동점유자 중의 1인에 대하여 소정의 기간 내에 위 매점으로부터 퇴거하고 이에 부수하여 그 판매 시설물 및 상품을 반출하지 아니할 때에는 이를 대집행하겠다는 내용의 계고처분은 그 주된 목적이 매점의 원형을 보존하기 위하여 점유자가 설치한 불법 시설물을 철거하고자 하는 것이 아니라, 매점에 대한 점유자의 점유를 배제하고 그 점유이전을 받는 데 있다고 할 것인데, 이러한 의무는 그것을 강제적으로 실현함에 있어 직접적인 실력행사가 필요한 것이지 대체적 작위의무에 해당하는 것은 아니어서 직접강제의 방법에 의하는 것은 별론으로 하고 행정대집행법에 의한 대집행의 대상이 되는 것은 아니다.

대법원 2005. 8. 19. **선고** 2004**다**2809 **판결**: 구 토지수용법(2002. 2. 4. 법률 제6656호 공익사업을 위한 토지 등의 취득 및 보상에 관한 법률 부칙 제2조로 폐지) 제63조의 규정에 따라 피수용자 등이 기업자에 대하여 부담하는 수용대상 토지의 인도 또는 그 지장물의 명도의무 등이 비록 공법상의 법률관계라고 하더라도, 그 권리를 피보전권리로 하는 명도단행가처분은 그 권리에 끼칠 현저한 손해를 피하거나 급박한 위험을 방지하기 위하여 또는 그 밖의 필요한 이유가 있을 경우에는 허용될 수 있다.

4. 대집행비용의 징수

대집행이 끝나면 당해 행정청은 의무자로부터 그에 소요된 모든 비용을 징수한다. 대

38) 독일의 행정집행법 제15조 제2항은 "의무자가 대집행 또는 직접강제에 대하여 저항을 하면 그 저항은 실력으로 이를 배제할 수 있다. 경찰은 집행청의 요청에 따라 직무원조를 하여야 한다."라고 규정하고 있다.

집행비용을 징수할 때에는 실제에 요한 비용액과 그 납기일을 정하여 의무자에게 문서로써 그 납부를 명하여야 한다(행정대집행법 제5조).

대집행비용에 관하여 행정청이 의무자에 대하여 갖는 청구권은 사무관리자의 피사무관리자에 대한 청구권이 아니고 행정대집행법 제2조 또는 대집행에 관한 특별법들의 규정에 기하여 인정되는 공법상의 권리이다.

또한 행정청이 의무자로부터 징수할 금액은 대집행의 수수료가 아니고 실제 대집행을 하는데 든 비용이다. 따라서 인부의 임금, 수급인에 대한 보수, 자재비, 제3자에게 지급한 보상비 등은 포함되나 의무위반의 확인을 위하여 지출한 조사비, 건물을 철거한 후 나온 자재의 보관료 등은 포함되지 않는다.

의무자가 스스로 비용납부명령서에 기재된 납부기일까지 대집행비용을 납부하지 않으면 국세징수법의 예에 따라 이를 강제징수한다(행정대집행법 제6조 제1항). 대집행에 요한 비용에 대해서는 행정청은 사무비의 소속에 따라 국세에 다음가는 순위의 선취특권을 가지고 그 징수금은 사무비의 귀속에 따라 국고 또는 지방자치단체의 수입으로 한다(행정대집행법 제6조 제2항, 제3항).

V. 대집행절차의 각 행위의 처분성과 대집행에 대한 구제

1. 각 행위의 처분성

계고는 대집행절차의 일부분으로서 대집행영장에 의한 통지 및 대집행의 실행을 적법하게 하는 필요적 전치절차이고, 의무부과행위와는 차원을 달리하는 강제집행행위로서 대집행의 요건이며, 행정대집행법 제2조의 요건에 충족되더라도 상당한 기간 후에 대집행이 실행되게 하는 효과가 있으므로, 상대방은 계고로써 절차적 보호를 받게 된다. 무엇보다 계고는 하명으로서의 성질을 가지고 있으므로, 처분으로 볼 수 있다.

대집행영장에 의한 통지도 계고와 마찬가지로 대집행을 행할 뜻을 통지하는 행위일 뿐 아니라 그로 말미암아 대집행의 내용과 그에 대한 수인의무가 구체적으로 확정되어, 수인하명으로도 볼 수 있으므로, 처분으로 볼 수 있다.

한편, 작위의무의 내용을 사실상 실현하는 작용인 대집행의 실행행위가 처분인지 의문이 들 수 있다. 사실행위는 법적 행위가 아니므로 항고소송의 대상인 처분이 되려면 관념적으로 법률효과의 발생을 취소할 수 있어야 하는데, 사실행위에는 취소될 법률효과가 존재하지 않으므로 행정소송의 대상이 되지 않는다고 하면서 이를 부정하는 견해도 있다.[39]

---

39) 김용섭, "행정상 사실행위의 법적 문제", 인권과 정의 283호, 대한변호사협회(2000. 3), 149면 이하.

그러나 행정소송법 제2조 제1항이 권력적 사실행위를 처분의 개념에 포함시키고 있고 행정대집행법 제7조, 제8조의 불복대상인 대집행에도 대집행의 실행행위가 포함된다 할 것이므로, 이것도 처분으로 보아야 할 것이다.

대집행비용의 납부명령도 실제로 대집행에 소요된 비용 이외의 것을 포함시켜 납부를 명한 경우와 같이 그 자체의 하자를 이유로 행정소송을 제기할 수 있다. 대집행비용의 징수절차는 대집행에 부수되는 것이기는 하지만 그와는 별개의 절차이고 국세징수절차에 따라 행해지므로, 이에 대한 행정소송은 국세기본법에 의한다.

2. 행정쟁송

대집행에 관하여 불복이 있는 자는 행정심판을 제기할 수 있고(행정대집행법 제7조), 이에 불복하여 행정소송도 제기할 수 있다. 위와 같이 대집행에 대한 행정심판을 인정한 것은 법원에 대한 출소의 권리를 방해하지 않는다(행정대집행법 제8조).

행정행위의 하자승계론을 취하는 통설과 판례에 의하면, 선행 행정행위와 후행 행정행위가 1개의 효과를 완성하는 동일목적이냐 아니면 별개의 목적이냐에 따라 하자승계 여부를 판별하고 있다. 그리하여 철거명령(의무부과행위)과 대집행절차(집행행위)는 별개의 목적이라고 하면서 하자의 승계를 부정하고, 대집행 내에서의 절차인 대집행의 계고, 대집행영장에 의한 통지, 대집행의 실행, 대집행에 요한 비용의 납부명령 등은 집행행위로서 서로 결합하여 하나의 법률효과를 발생시키는 것이므로 하자의 승계를 긍정하고 있다.

이에 대하여 다수설과 판례를 따른다면 행정심판의 심판청구기간 및 행정소송의 제소기간을 둔 입법취지가 몰각되므로, 대집행에서 선행행위에 불가쟁력이 발생한 후에는 후행행위에 의한 권리침해를 이유로만 소를 제기할 수 있다고 하는 견해가 유력하다(선행행위의 후행행위에 대한 구속력론).[40] 이에 의하면, 철거명령의 구속력이 대집행절차에도 미쳐서, 하자승계론과는 달리 철거명령의 위법성을 주장할 수 없게 된다.

한편, 대집행의 실행이 이미 사실행위로서 완료된 이후에는 그 대집행이 위법한 것이라는 이유로 손해배상이나 원상회복 등을 청구하는 것은 별론으로 하고, 그 기초가 된 의무를 과하는 처분 또는 계고, 대집행영장에 의한 통지 등의 취소나 무효 확인을 구할 이익이 없다. 따라서 소제기와 함께 집행정지를 신청하는 것이 필요한 경우가 많을 것이다.

3. 손해배상

위법한 대집행으로 말미암아 발생한 손해에 대해서는 국가배상법 제2조에 의하여 국

40) 김남진 · 김연태, 행정법 I , 593면.

가 또는 지방자치단체를 상대로 손해배상을 청구할 수 있다. 국가배상청구소송에서 그 선결문제로서 대집행의 기초로 된 의무부과처분, 대집행계고, 대집행영장에 의한 통지 및 대집행의 실행행위의 위법성을 주장할 수 있다.

제3절 이행강제금의 부과

행정기본법 제31조(이행강제금의 부과) ① 이행강제금 부과의 근거가 되는 법률에는 이행강제금에 관한 다음 각 호의 사항을 명확하게 규정하여야 한다. 다만, 제4호 또는 제5호를 규정할 경우 입법목적이나 입법취지를 훼손할 우려가 크다고 인정되는 경우로서 대통령령으로 정하는 경우는 제외한다.

1. 부과·징수 주체
2. 부과 요건
3. 부과 금액
4. 부과 금액 산정기준
5. 연간 부과 횟수나 횟수의 상한

② 행정청은 다음 각 호의 사항을 고려하여 이행강제금의 부과 금액을 가중하거나 감경할 수 있다.

1. 의무 불이행의 동기, 목적 및 결과
2. 의무 불이행의 정도 및 상습성
3. 그 밖에 행정목적을 달성하는 데 필요하다고 인정되는 사유

③ 행정청은 이행강제금을 부과하기 전에 미리 의무자에게 적절한 이행기간을 정하여 그 기한까지 행정상 의무를 이행하지 아니하면 이행강제금을 부과한다는 뜻을 문서로 계고하여야 한다.

④ 행정청은 의무자가 제3항에 따른 계고에서 정한 기한까지 행정상 의무를 이행하지 아니한 경우 이행강제금의 부과 금액·사유·시기를 문서로 명확하게 적어 의무자에게 통지하여야 한다.

⑤ 행정청은 의무자가 행정상 의무를 이행할 때까지 이행강제금을 반복하여 부과할 수 있다. 다만, 의무자가 의무를 이행하면 새로운 이행강제금의 부과를 즉시 중지하되, 이미 부과한 이행강제금은 징수하여야 한다.

⑥ 행정청은 이행강제금을 부과받은 자가 납부기한까지 이행강제금을 내지 아니하면 국세강제징수의 예 또는 「지방행정제재·부과금의 징수 등에 관한 법률」에 따라 징수한다.

Ⅰ. 의 의

행정기본법 제30조 제1항 제2호에서는, 이행강제금의 부과를 "의무자가 행정상 의무를 이행하지 아니하는 경우 행정청이 적절한 이행기간을 부여하고, 그 기한까지 행정상 의무를 이행하지 아니하면 금전급부의무를 부과하는 것"이라고 정의하고 있다. 또한, 제31조 제1항에서는 이행강제금 부과의 근거가 되는 법률에는 이행강제금에 관한 ① 부과 · 징수 주체, ② 부과 요건, ③ 부과 금액, ④ 부과 금액 산정기준, ⑤ 연간 부과 횟수나 횟수의 상한 등을 명확하게 규정하여야 한다고 규정하여,[41] 그에 대한 입법지침을 제시하고 있다.

한편 판례는 이행강제금은 부작위의무, 비대체적 작위의무를 강제하기 위하여 일정한 기한까지 이행하지 않으면 금전 급부를 과한다는 뜻을 미리 계고하여 의무자에게 심리적 압박을 가함으로써 의무이행을 간접적으로 강제하는 수단이라고 정의하고 있다.[42] 그러나 이행강제금이 주로 부작위의무나 비대체적 작위의무를 강제하기 위하여 부과되는 것은 사실이지만, 대체적 작위의무의 위반에 대해서도 부과하지 못할 이유는 없다.[43] 다만 이행강제금은 요구된 작위 또는 부작위가 그 의무자의 의사에 좌우되고 그에게 법적 · 사실적으로 불가능한 것이 아니어야 한다.[44]

이행강제금은 과거에 '집행벌'이라고도 하였는데, 집행벌은 행정벌로 오인할 소지가 있으므로, 되도록 이행강제금이라는 용어를 사용하는 것이 바람직하다.[45] 이행강제금을 규정한 법률조항으로는 건축법 제80조, 농지법 제62조, 부동산실권리자 명의등기에 관한 법률 제6조, 공정거래법 제17조의3 등이 있다.

---

41) 다만 위 ④와 ⑤의 사항은 입법목적이나 입법취지를 훼손할 우려가 크다고 인정되는 경우로서, 이행강제금 부과 금액이 합의제행정기관의 의결을 거쳐 결정되는 경우와 1일당 이행강제금 부과 금액의 상한 등 ⑤의 사항에 준하는 이행강제금 부과상한을 이행강제금 부과의 근거가 되는 법률에서 정하는 경우에는 제외된다(행정기본법 제31조 제1항 단서, 시행령 제8조 제1항).

42) 대법원 2015. 6. 24. 선고 2011두2170 판결. 그러나 판례는 민사집행법 제261조 제1항의 간접강제결정에 기한 배상금은 채무자에게 이행기간 이내에 이행을 하도록 하는 심리적 강제수단이라는 성격뿐만 아니라 채무자의 채무불이행에 대한 법정 제재금이라는 성격도 아울러 가진다고 하면서, 민사집행에서의 간접강제에 관해서는 이행기간이 지난 후에 채무를 이행하더라도 채권자가 채무 이행이 지연된 기간에 상응하는 배상금의 추심을 위한 강제집행을 할 수 있고(대법원 2013. 2. 14. 선고 2012다26398 판결), 채권자가 채무자로부터 추심한 간접강제 배상금은 채무자의 의무 불이행에 따른 손해의 전보에 충당된다고 판시하였다(대법원 2022. 11. 10. 선고 2022다255607 판결). 따라서 판례는 위와 같은 점에서 행정법상 간접강제수단인 이행강제금과 민사소송법상의 간접강제를 다소 달리 보고 있다.

43) 헌재 2004. 2. 26. 선고 2001헌바80 결정.

44) 그리하여 대법원은 "매도인이 악의인 계약명의신탁에서 부동산실명법 제4조에 따라 명의신탁약정과 물권변동이 모두 무효인 까닭으로 명의신탁자가 부동산의 소유자를 상대로 이전등기청구권을 가지지 못하는 경우까지 부동산에 관한 물권을 자신의 명의로 등기하지 아니하였다는 이유로 명의신탁자에게 이행강제금을 부과하는 것은 부동산실명법 제6조가 정한 이행강제금의 제도적 취지에 부합한다고 보기 어렵다."라고 판시하였다(대법원 2016. 6. 28. 선고 2014두6456 판결).

45) 김남진 · 김연태, 행정법 Ⅰ, 595면.

Ⅱ. 법적 성질

1. 장래의 이행을 위한 행정상 강제집행

이행강제금은 이미 행해진 위법행위에 대한 제재나 속죄의 의미에서 부과되는 것이 아니라 장래의 행위를 강제하는 수단이다. 따라서, 과거의 의무위반에 대한 제재로서 그 위반상태가 현재 소멸되어도 부과되는 행정벌과 달리 현재의 위반상태를 장래에 향하여 해소하는 것을 목적으로 하는 것이므로, 부과된 행위가 이미 이행되었거나 요구된 상태가 실현된 경우에는 설령 시정명령에서 정한 기간을 지나서 이행하였다고 하더라도 이행강제금에 관한 규정을 적용할 수 없다(행정기본법 제31조 제5항 단서).

이에 따라 국토계획법상 토지의 이용의무 불이행에 따른 이행명령을 받은 의무자가 이행명령에서 정한 기간을 지나서 그 명령을 이행하였더라도 반복 부과되는 이행강제금뿐만 아니라 이행명령 불이행에 따른 최초의 이행강제금도 부과할 수 없고,[46] 장기미등기자가 이행강제금 부과 전에 등기신청의무를 이행하였다면 이행강제금의 부과로써 이행을 확보하고자 하는 목적은 이미 실현된 것이므로 부동산실명법 제6조 제2항에 규정된 기간이 지나서 등기신청의무를 이행한 경우라 하더라도 이행강제금을 부과할 수 없다.[47]

다만 위와 같은 법리는 일률적으로 적용되는 것이 아니고, 개별법령의 규정 형식과 내용, 체계 등을 종합적으로 고려하여 달리 판단할 수도 있다. 구 공정거래법 제17조의3에서는 기업결합을 제한하기 위한 시정명령의 실효성 확보수단으로 이행강제금을 규정하고 있는데, 위 이행강제금은 반복하여 부과할 수 있도록 규정되어 있지 않고 매 1일당 일정금액을 불이행기간에 비례하여 부과하도록 규정하고 있었다. 대법원은 위와 같은 이행강제금이 부과되기 전에 시정조치를 이행하거나 부작위를 명하는 시정조치의 불이행을 중단한 사안에서, 위 이행강제금은 종래의 과징금제도를 폐지하고 과거의 의무위반행위에 대한 제재와 장래의 의무이행의 간접강제를 통합한 제도로서의 성격을 가지고 있다는 점, 만일 이행강제금의 부과처분을 위한 심사가 개시되고 그때 불이행을 중단함으로써 이행강제금의 부과를 면한다면 규제의 실효성을 거둘 수 없다는 점 등을 고려하여, 과거의 시정조치 불이행기간에 대하여 이행강제금을 부과할 수 있다고 판시하였다.[48] 그런데, 공정거래법은 2025. 1. 21. 개정되어 제16조 제3항에서는 위와 같은 이행강제금에 대하여 행정기본법 제31조 제2항부터 제6항까지의 규정을 적용한다고 규정하고 있으므로, 이제는 위 판례가 더 이상 유지될 수 없을 것이라고 생각된다.

---

46) 대법원 2014. 12. 11. 선고 2013두15750 판결.
47) 대법원 2016. 6. 23. 선고 2015두36454 판결.
48) 대법원 2019. 12. 12. 선고 2018두63563 판결.

2. 일신전속적 성질

이행강제금은 이미 행해진 위법행위를 전제로 의무자에게 심리적 압박을 가하여 의무의 이행을 강제하는 수단이므로, 이행강제금 납부의무는 상속인이나 그 밖의 사람에게 승계될 수 없는 일신전속적인 성질을 가진다고 볼 수 있다.

따라서, 이미 사망한 사람에게 이행강제금을 부과하는 내용의 처분이나 결정은 무효이고, 이행강제금을 부과받은 사람이 불복하여 제기한 항고소송이나 비송사건절차법에 의한 재판절차가 개시된 후에 그 사람이 사망한 때에는 그 재판절차는 종료된다.[49]

Ⅲ. 부과 · 징수절차

행정청은 이행강제금을 부과하기 전에 미리 의무자에게 적절한 이행기간을 정하여 그 기한까지 행정상 의무를 이행하지 않으면 이행강제금을 부과한다는 뜻을 문서로 계고하여야 한다(행정기본법 제31조 제3항).[50] 이행강제금을 규정한 대표적인 개별법인 건축법 제80조에서도 허가권자가 시정명령을 받고도 시정기간 내에 해당 시정명령의 이행을 하지 않는 건축주 등에게 해당 시정명령의 이행에 필요한 상당한 이행기한을 정하여 그 기한까지 시정명령을 이행하지 않으면 이행강제금을 부과하되,[51] 이행강제금을 부과하기 전에 미리 문서로써 계고하도록 하고 있다.

위와 같은 계고가 있었음에도 불구하고 의무자가 계고에서 정한 기한까지 행정상 의무를 이행하지 않으면, 행정청은 이행강제금의 부과 금액 · 사유 · 시기를 문서로 명확하게 적어 의무자에게 통지하여야 한다(행정기본법 제31조 제4항).

행정청은 이행강제금의 부과 금액을 정할 때, ① 의무 불이행의 동기, 목적 및 결과, ② 의무 불이행의 정도 및 상습성, ③ 그 밖에 행정목적을 달성하는 데 필요하다고 인정되는 사유 등을 고려하여 가중하거나 감경할 수 있다(제2항).

---

49) 대법원 2006. 12. 8.자 2006마470 결정 참조.

50) 계고에는 ① 의무자의 성명 및 주소(의무자가 법인이나 단체인 경우에는 그 명칭, 주사무소의 소재지와 그 대표자의 성명), ② 이행하지 않은 행정상 의무의 내용과 법적 근거, ③ 행정상 의무의 이행기한, ④ 행정상 의무를 이행하지 않을 경우 이행강제금을 부과한다는 뜻, ⑤ 그 밖에 이의제기 방법 등 계고의 상대방에게 알릴 필요가 있다고 인정되는 사항 등이 포함되어야 한다(시행령 제8조 제2항). 여기에서 이행기한은 행정상 의무의 성질 및 내용 등을 고려하여 사회통념상 그 의무 이행에 필요한 기간이 충분히 확보될 수 있도록 정하여야 한다(같은 조 제3항).

51) 그러나 시정명령을 받은 의무자가 그 시정명령의 취지에 부합하는 의무를 이행하기 위한 정당한 방법으로 행정청에 신청 또는 신고를 하였으나 행정청이 위법하게 이를 거부 또는 반려함으로써 그 처분이 취소된 경우에는 그 시정명령의 불이행을 이유로 이행강제금을 부과할 수 없다(대법원 2018. 1. 25. 선고 2015두35116 판결).

행정청은 의무자가 행정상 의무를 이행할 때까지 이행강제금을 반복하여 부과할 수 있다(제5항 본문). 건축법 제80조에서는 최초의 시정명령이 있은 날을 기준으로 하여 1년에 2회 이내의 범위 안에서 조례로 정하는 횟수만큼 해당 시정명령이 이행될 때까지 반복하여 이행강제금을 부과·징수할 수 있다고 규정하고 있다. 이행강제금을 반복하여 부과하는 경우에도 매 1회 부과 시마다 시정명령의 이행 기회를 주어야만 비로소 다음 1회분 이행강제금을 부과할 수 있다.[52]

다만 의무자가 의무를 이행하면 새로운 이행강제금의 부과를 즉시 중지하되, 이미 부과한 이행강제금은 징수하여야 한다(행정기본법 제31조 제5항 단서). 이미 앞에서 설명한 것처럼 이행강제금은 과거의 의무위반에 대한 제재로서 그 위반상태가 현재 소멸되어도 부과되는 행정벌과 달리 현재의 위반상태를 장래에 향하여 해소하는 것을 목적으로 하는 것이기 때문이다. 그러나 이미 부과한 이행강제금의 징수가 허용되는 것은 이미 발생한 금전적 청구권을 실현하는 것이고 행정청이 위법상태의 해소 여부 및 그 시점을 확인하는 것이 현실적으로 어려우며, 시정명령 및 계고 등 절차를 거치면서 의무이행을 위한 충분한 시간을 부여했음에도 방치하고 있다가 이행강제금이 부과된 이후에 시정을 한 자를 배려할 필요성이 적기 때문이다.

행정청은 이행강제금을 부과받은 자가 납부기한까지 이행강제금을 내지 아니하면 국세강제징수의 예 또는 「지방행정제재·부과금의 징수 등에 관한 법률」에 따라 징수한다(같은 조 제6항).

Ⅳ. 불복절차

이행강제금에 대한 불복수단이 개별 법률에 규정이 있는 경우에는 그에 따르고, 개별 법률이 없는 경우에는 행정심판법과 행정소송법에 따라 쟁송을 제기하여야 한다. 건축법상의 이행강제금에 대한 불복절차에 관하여 과거에는 비송사건절차법에 의한 재판을 받았으나 현재에는 구 건축법 제83조 제6항이 삭제됨으로써 이행강제금의 부과처분은 행정소송의 대상이 되었다. 그러나 농지법에 따른 이행강제금의 부과처분에 불복하는 경우에는 여전히 비송사건절차법에 따른 재판절차가 적용된다.

52) 대법원 2016. 7. 14. 선고 2015두46598 판결. 이를 위반한 이행강제금의 부과는 무효사유이다.

제4절 직접강제

> **행정기본법 제32조(직접강제)** ① 직접강제는 행정대집행이나 이행강제금 부과의 방법으로는 행정상 의무 이행을 확보할 수 없거나 그 실현이 불가능한 경우에 실시하여야 한다.
> ② 직접강제를 실시하기 위하여 현장에 파견되는 집행책임자는 그가 집행책임자임을 표시하는 증표를 보여 주어야 한다.
> ③ 직접강제의 계고 및 통지에 관하여는 제31조 제3항 및 제4항을 준용한다.

Ⅰ. 의 의

직접강제란 행정상의 의무 불이행이 있는 경우에 직접 의무자의 신체나 재산에 실력을 가하여 의무의 이행이 있었던 것과 같은 상태를 실현하는 강제집행의 수단을 말한다(행정기본법 제30조 제1항 제3호).

직접강제는 강제집행수단 중에서도 가장 강력한 수단이라 할 수 있으므로, 국민의 기본권을 침해할 가능성이 높다. 따라서 비례의 원칙의 준수 하에 최후수단으로서 행정대집행이나 이행강제금 부과의 방법으로는 행정상 의무이행을 확보할 수 없거나 그 실현이 불가능한 경우에 실시하여야 한다(같은 법 제32조 제1항).

Ⅱ. 성 질

직접강제는 대체적 작위의무뿐만 아니라 비대체적 작위의무 · 부작위의무 · 급부의무 · 수인의무 등 일체의 의무 불이행에 대해서도 행할 수 있다는 점에서, 대체적 작위의무의 강제수단인 대집행과 구별된다. 또한 의무의 부과 및 의무의 불이행을 전제로 행해진다는 점에서 그러한 전제 없이 행해지는 즉시강제와 구별된다.

Ⅲ. 근 거

행정기본법은 제30조 제1항 제3호에서 직접강제를 정의하고, 제32조에서 직접강제에 공통적으로 요구되는 증표의 제시의무 및 집행상의 한계로서 보충성의 원리, 직접강제의 계고 및 통지에 관한 사항을 규정하고 있다.

그러나 직접강제의 전반을 아우르는 일반법은 없고, 공중위생관리법 제11조, 식품위생법 제79조 등에서 영업소 폐쇄명령을 위반한 경우 해당 영업소의 간판 등 영업 표지물의 제거나 삭제, 해당 영업소가 적법한 영업소가 아님을 알리는 게시문 등의 부착, 해당 영업소의 시설물과 영업에 사용하는 기구 등을 사용할 수 없게 하는 봉인 등의 조치가 여기에 해당한다.

일반법으로써 직접강제에 관하여 규정하고 있는 독일과는 달리, 직접강제를 예외적으로만 인정하는 우리나라가 인권보호적 관점에서 더 나은 제도로 비칠 수도 있다. 그러나 개별법에 단편적으로 규정되고, 절차적 미비로 말미암아 오히려 위법 또는 탈법적 행정강제가 행해지고 있는 것이 현실이다. 따라서 일반법으로서의 행정집행법의 제정 등을 통한 제도적 정비가 필요하다.

Ⅳ. 절 차

행정기본법 제32조에서는 직접강제에 공통적으로 요구되는 증표의 제시의무,[53] 직접강제의 계고 및 통지에 관한 사항을 규정하고 있다. 직접강제를 실시하기 위하여 현장에 파견되는 집행책임자는 그가 집행책임자임을 표시하는 증표를 보여 주어야 하고(제2항), 직접강제의 계고[54] 및 통지에 관해서는 이행강제금의 부과절차를 준용한다(제3항).

제 5 절 행정상 강제징수

Ⅰ. 의 의

행정상 강제징수란 행정법상 금전급부의무의 불이행이 있는 경우에 의무자의 재산에 실력을 가하여 의무의 이행이 있었던 것과 같은 상태를 실현하는 작용을 말한다(행정기본법 제30조 제1장 제4호). 작위·부작위 또는 수인의무를 강제하기 위한 수단인 대집행, 직접강제, 이행강제금과는 달리 금전급부의 불이행에 대한 강제수단이다.

---

53) 직접강제 집행책임자의 증표에는 ① 집행책임자의 성명 및 소속, ② 직접강제 또는 즉시강제의 법적 근거, ③ 그 밖에 해당 증표의 소지자가 직접강제 또는 즉시강제의 집행책임자임을 표시하기 위하여 필요한 사항 등이 포함되어야 한다(시행령 제10조).

54) 직접강제의 계고에는 ① 의무자의 성명 및 주소(의무자가 법인이나 단체인 경우에는 그 명칭, 주사무소의 소재지와 그 대표자의 성명), ② 이행하지 않은 행정상 의무의 내용과 법적 근거, ③ 행정상 의무의 이행 기한, ④ 행정상 의무를 이행하지 않을 경우 직접강제를 실시한다는 뜻, ⑤ 그 밖에 이의제기 방법 등 계고의 상대방에게 알릴 필요가 있다고 인정되는 사항 등이 포함되어야 한다(시행령 제9조).

Ⅱ. 근 거

국세징수법은 원래 국세의 강제징수에 관한 법이지만, 보조금 관리에 관한 법률 제33조의3 제1항 등 많은 법률이 국세체납처분의 예에 따라 강제 징수하도록 규정하고 있으므로, 행정상 강제징수에 관하여 사실상 일반법적 지위를 가진다.

Ⅲ. 절 차

국세징수법상의 강제징수절차는 독촉 및 체납처분으로 나누어지고, 체납처분은 다시 재산의 압류, 압류재산의 매각, 청산의 3단계로 나누어진다. 과세처분(의무부과행위)과 체납처분 사이의 관계와 달리,[55] 이러한 절차들은 서로 결합하여 1개의 효과를 완성하기 때문에 선행행위의 하자가 후행행위에 승계된다고 설명한다. 그러나 이 문제 역시 '선행행위의 후행행위에 대한 구속력'의 관점에서 반론이 있다.

1. 독 촉

독촉은 이행지체에 빠져 있는 조세채무의 이행을 촉구하는 징수처분이다. 납세고지가 조세의 자주적 납부를 촉구하는 것이라면, 독촉은 자주적 납부를 촉구함과 아울러 강제징수(체납처분)의 개시를 예고한다.

독촉은 강제징수를 할 뜻의 통지행위인 준법률행위적 행정행위로 보는 것이 일반적이나, 대집행의 계고와 마찬가지로 금전급부의무를 부과하는 하명으로도 볼 수 있다. 국세기본법 제28조 제1항 제2호에 의하면, 독촉에는 시효중단의 효력이 있고, 이는 일정한 기간 내에 재판상의 청구 등을 하지 않더라도 그 효력이 있는 점에서 민법상의 최고와 다르다.

따라서 독촉은 항고소송의 대상이 되는 처분이다.[56] 그러나 독촉이 수차례에 걸쳐 이루어졌다고 하더라도 최초의 독촉만 징수처분으로서 처분이고 소멸시효 중단사유가 되며, 그 후에 한 동일한 내용의 독촉은 민법상의 단순한 최고에 불과하다는 것이 판례이다.[57]

55) 따라서 공매처분이 종료된 후에 부과처분이 취소되더라도 부과처분의 하자는 체납처분에 승계되지 않으므로, 공매처분은 유효하다. 그러나 부과처분이 무효이거나 이미 취소된 상태에서 진행된 공매처분은 무효이다.
56) 대법원 2009. 12. 24. 선고 2009두14507 판결.
57) 대법원 1999. 7. 13. 선고 97누119 판결.

2. 체납처분

가. 재산의 압류

(1) 압류의 의의

의무자가 독촉(독촉장 또는 납부최고서)을 받고도 기한까지 이행하지 않는 때에는 재산의 압류를 행한다. 압류란 의무자의 재산에 대하여 사실상 및 법률상의 처분을 금지시키고, 그것을 확보하는 강제보전행위이다.

(2) 압류의 요건

의무자가 독촉장 또는 납부최고서를 받고 지정된 기한까지 국세와 가산금을 완납하지 않은 때, 납기 전 징수의 경우에는 납부고지를 받고 지정된 기한까지 완납하지 않은 때 의무자의 재산을 압류한다(국세징수법 제31조 제1항).

(3) 압류대상재산

의무자의 소유로서 금전적 가치가 있고 양도할 수 있는 재산은 모두 압류의 대상이 된다. 동산 · 부동산 · 무체재산권을 불문한다. 그러나 국세징수법 등은 의무자의 생활필수품이나 임금 · 급여 등에 대하여 최저생활의 보장 · 생업의 유지 등의 이유에서 압류를 금지 또는 제한하고 있다(제41조, 제42조).

(4) 압류의 방법

압류의 방법은 동산 및 유가증권의 압류 · 채권의 압류 · 부동산 등의 압류 · 무체재산권 등의 압류 등 그 대상에 따라 다르다. 재산을 압류할 때에는 공무원은 그 신분을 나타내는 증표 및 압류통지서를 지니고 관계인에게 보여주어야 하며(제38조), 재산을 압류한 때에는 압류조서를 작성하여야 한다(제34조).

(5) 압류의 효력

압류로써 압류재산의 사실상 · 법률상 처분이 금지된다. 세무공무원이 재산을 압류한 경우 체납자는 압류한 재산에 관하여 양도, 제한물권의 설정, 채권의 영수, 그 밖의 처분을 할 수 없고, 채권 또는 그 밖의 재산권을 압류한 경우 해당 채권의 채무자 및 그밖의 재산권의 채무자 또는 이에 준하는 자(제3채무자)는 체납자에 대한 지급을 할 수 없다(제43조). 압류의 효력은 압류재산으로부터 생기는 천연과실 또는 법정과실에도 미친다(제44조 제1항). 다만 체납자 또는 제3자가 압류재산의 사용 또는 수익을 하는 경우 그 재산의 매각으로 인하여 권리를 이전하기 전까지 이미 거두어들인 천연과실에 대해서는 압류의 효력이 미치지 않는다(제2항). 급료 · 임금 · 봉급 · 세비 · 퇴직연금 또는 그밖에 계속적 거래관계에서 발생하는 이와 유사한 채권의 압류는 체납액을 한도로 압류 후 발생할 채권에도 미친다(제54조). 한편, 압류는 국세징수권의 소멸시효의 진행을 중단시키는 효력이 있다.[58)]

(6) 압류의 해제

세무서장은 ① 압류와 관계되는 체납액의 전부가 납부 또는 충당된 경우, ② 국세 부과의 전부를 취소한 경우, ③ 여러 재산을 한꺼번에 공매하는 경우로서 일부 재산의 공매대금으로 체납액 전부를 징수한 경우, ④ 총 재산의 추산가액이 강제징수비를 징수하면 남을 여지가 없어 강제징수를 종료할 필요가 있는 경우, ⑤ 그 밖에 이에 준하는 사유로 압류할 필요가 없게 된 경우 등에는 압류를 즉시 해제하여야 한다(제57조 제1항).

또한, 세무서장은 ① 압류 후 재산가격이 변동하여 체납액 전액을 현저히 초과한 경우, ② 압류와 관계되는 체납액의 일부가 납부 또는 충당된 경우, ③ 국세 부과의 일부를 취소한 경우, ④ 체납자가 압류할 수 있는 다른 재산을 제공하여 그 재산을 압류한 경우 등에는 압류재산의 전부 또는 일부에 대하여 압류를 해제할 수 있다(제2항).

(7) 교부청구와 참가압류

납세의무자가 체납처분 · 강제집행 · 파산선고를 받거나 경매가 개시되거나 법인이 해산한 때에는 해당 집행기관에 대하여 체납세액(국세 · 가산금 · 체납처분비)의 교부를 청구하여야 한다(제59조). 압류하고자 하는 재산이 이미 다른 기관에서 압류하고 있는 재산인 때에는 교부청구에 갈음하여 그 압류에 참가할 수 있다(제61조).

나. 압류재산의 매각

(1) 매각의 방법과 절차

압류재산의 매각이란 체납자의 압류재산을 금전으로 환가하는 것을 말한다. 매각은 공매(입찰 또는 경매)를 원칙으로 하고, 수의계약을 예외로 한다(제65조 제1항, 제66조 등 참조). 세무서장은 압류한 재산의 공매에 전문지식이 필요하거나 그밖에 직접 공매하기에 적당하지 않다고 인정되는 때에는 한국자산관리공사로 하여금 이를 대행하게 할 수 있고, 이 경우의 공매는 세무서장이 한 것으로 본다(제103조 제1항). 판례는 한국자산관리공사와 세무서장 사이의 관계를 권한의 위임으로 보고 있다.[59)]

---

58) 지방세법상 지방자치단체장 등이 지방세에 관하여 결손처분을 하였다가 압류 등 체납처분을 하고자 하는 경우에는 체납처분에 앞서 기존 결손처분을 취소하고 그 사실을 납세의무자 등에게 통지하여야 하고, 그러한 결손처분 취소 및 통지 절차를 거치지 않았다면 그 체납처분은 위법하다고 할 것이지만, 그러한 하자가 중대 · 명백하여 무효사유라고 볼 수는 없으므로, 그 하자의 존재만으로 압류로 인한 시효중단의 효력을 부인할 수 없다(대법원 2024. 5. 30. 선고 2021다301688 판결).

59) 대법원 1997. 2. 28. 선고 96누1757 판결. 따라서 한국자산관리공사가 한 공매처분에 대한 취소소송을 제기할 때에는 위임청인 세무서장이 아니라 수임청으로서 실제로 공매를 행한 한국자산관리공사를 피고로 삼아야 한다.

공매의 법적 성질에 관하여 학설과 판례는 이를 처분으로 보고 있다. 구체적으로 판례는 공매절차 중 매각결정을 처분으로 보는 것 같고,[60] 매각하기로 하는 결정이나 공매통지는 처분으로 보지 않는다. 다만 종래의 판례는 공매통지는 공매의 요건이 아니라 공매사실 자체를 체납자 등에게 알려주는 데 불과한 것이라고 하였으나,[61] 최근에 판례를 변경하여 "체납자 등에 대한 공매통지는 국가의 강제력에 의하여 진행되는 공매에서 체납자 등의 권리 내지 재산상의 이익을 보호하기 위하여 법률로 규정한 절차적 요건이라고 보아야 하며, 공매처분을 하면서 체납자 등에게 공매통지를 하지 않았거나 공매통지를 하였더라도 그것이 적법하지 아니한 경우에는 절차상의 흠이 있어 그 공매처분은 위법하다."라고 판시하였다.[62]

(2) 매각결정과 취소

세무서장은 매각결정을 한 때에는 매수대금의 납부기한을 정하여 매각결정통지서를 교부하여야 한다(제84조). 매각결정 후 매수인이 대금을 납부하기 전에 체납액을 납부하고 취소를 신청한 경우(매수인의 동의 필요)이거나 매수인이 최고를 받고도 매수대금을 지정된 기일까지 납부하지 않은 경우에는 세무서장은 매각결정을 취소한다(제86조).

다. 청 산

청산이란 체납처분에 의하여 수령한 금전을 체납세금, 기타의 공과금, 담보채권 및 체납자에게 배분하는 행정작용을 말한다.

배분한 금전의 잔액이 있는 때에는 이를 체납자에게 지급하여야 한다(제96조 제3항). 매각대금이 국세·가산금과 체납처분비 기타 수배자격 있는 채권의 총액에 부족한 때에는, 민법 기타 법령에 의하여 배분할 순위와 금액을 정하여 배분하여야 한다(제4항). 이 경우 국세관계채권(국세·가산세와 강제징수비)은 다른 공과금 기타 채권에 우선하고(국세기본법 제35조), 국세·가산세와 강제징수비의 징수순위는 강제징수비·국세·가산세의 순이다(국세징수법 제3조). 세무서장은 배분을 할 때에는 배분계산서 원안을 작성하고 체납자 등의 이의제기가 없으면 원안이 확정되며 이의제기가 있으면 수정하여 확정하거나 이의가 없는 부분에 한하여 확정하고 배분한다(같은 법 제98조, 제99조).

라. 압류·매각의 유예

세무서장은 체납자가 ① 국세청장이 성실납세자로 인정하는 기준에 해당하는 경우, ② 재산의 압류나 압류재산의 매각을 유예함으로써 사업을 정상적으로 운영할 수 있게 되어 체납액의 징수가 가능하다고 인정되는 경우에는 체납자의 신청 또는 직권으로 그 체납액에

60) 대법원 1998. 6. 26. 선고 96누12030 판결 참조.
61) 대법원 1971. 2. 23. 선고 70누161 판결, 대법원 1996. 9. 6. 선고 95누12026 판결 등.
62) 대법원 2008. 11. 20. 선고 2007두18154 전원합의체 판결.

대하여 재산의 압류나 압류재산의 매각을 유예할 수 있다(국세징수법 제105조).

Ⅳ. 강제징수에 대한 불복수단

독촉·체납처분 등의 강제징수조치가 위법 또는 부당하다고 인정되는 경우에 의무자는 행정쟁송절차에 의하여 그 취소 또는 변경을 청구할 수 있다. 다만, 국세기본법은 행정쟁송절차 중 행정심판에 관해서는 일반법인 행정심판법의 적용을 배제하고, 이의신청, 심사청구 또는 심판청구를 제기하여야 하는 등의 특칙을 두고 있다(제55조 이하).

제 3 장　행정상 즉시강제

행정기본법 제33조(즉시강제) ① 즉시강제는 다른 수단으로는 행정목적을 달성할 수 없는 경우에만 허용되며, 이 경우에도 최소한으로만 실시하여야 한다.

② 즉시강제를 실시하기 위하여 현장에 파견되는 집행책임자는 그가 집행책임자임을 표시하는 증표를 보여 주어야 하며, 즉시강제의 이유와 내용을 고지하여야 한다.

③ 제2항에도 불구하고 집행책임자는 즉시강제를 하려는 재산의 소유자 또는 점유자를 알 수 없거나 현장에서 그 소재를 즉시 확인하기 어려운 경우에는 즉시강제를 실시한 후 집행책임자의 이름 및 그 이유와 내용을 고지할 수 있다. 다만, 다음 각 호에 해당하는 경우에는 게시판이나 인터넷 홈페이지에 게시하는 등 적절한 방법에 의한 공고로써 고지를 갈음할 수 있다.

1. 즉시강제를 실시한 후에도 재산의 소유자 또는 점유자를 알 수 없는 경우
2. 재산의 소유자 또는 점유자가 국외에 거주하거나 행방을 알 수 없는 경우
3. 그밖에 대통령령으로 정하는 불가피한 사유로 고지할 수 없는 경우

제 1 절　개　　관

Ⅰ. 행정상 즉시강제의 의의

1. 개　　념

행정상 즉시강제란 "목전의 급박한 위험 또는 장해를 제거하기 위하거나 성질상 의무를 명해서는 목적을 달성할 수 없는 경우에 직접 개인의 신체 또는 재산에 실력을 가함으로써 행정상 필요한 상태를 실현하는 행정작용"을 말한다. 행정기본법 제30조 제1항 제5호에서도 즉시강제를 "현재의 급박한 행정상의 장해를 제거하기 위한 경우로서 ① 행정청이 미리 행정상 의무이행을 명할 시간적 여유가 없는 경우, ② 그 성질상 행정상 의무의 이행을 명하는 것만으로는 행정목적 달성이 곤란한 경우 중 어느 하나에 해당하는 경우에 행정청이 곧바로 국민의 신체 또는 재산에 실력을 행사하여 행정목적을 달성하는 것"이라고 정의하고 있다.

위 정의에 따르면, ① 목전의 급박한 위험 또는 장해를 제거하기 위하여, ② 급박하지는 않으나 미리 의무를 명하기가 어려운 경우에 즉시강제가 행해질 수 있다. 그러나 후자는 '즉시강제'라는 개념과 어울리지 않는 면이 있으므로, 전자만 즉시강제(협의의 즉시강제 또는 즉시집행)라고 부르고, 후자는 직접시행 또는 광의의 즉시강제라고 부르기도 한다.

2. 다른 개념과의 구별

가. 행정상 강제집행과의 구별

행정기본법에는 위와 같이 즉시강제의 개념과 비례의 원칙, 절차 등에 관하여 간략히 규정하고 있다. 한편, 즉시강제는 행정목적을 달성하기 위한 실력적 사실작용이라는 점에서는 강제집행과 공통되나, 개별·구체적인 의무의 존재와 불이행을 전제로 하지 않는 경우에 행해진다는 점에서 강제집행과 구별된다.

나. 행정조사와의 구별

행정조사는 "행정상 필요한 정보·자료를 수집하기 위한 비권력적 행정작용"으로서의 성질을 가지므로, "급박한 경우에서의 실력행사"로서 즉시강제와 목적·수단 등에서 차이가 있다. 그러나 행정조사가 즉시강제를 수단으로 사용하여 행해지는 경우도 있으므로, 그 한도에서는 양자의 차이는 상대적이다.

Ⅱ. 행정상 즉시강제의 근거

1. 이론적 근거

과거에는 행정상 즉시강제의 이론적 근거를 '국가의 긴급권'에서 찾기도 하였다. 공공의 안녕과 질서에 대한 급박한 위해가 존재하는 경우에 국가는 그러한 위해를 제거하고 공공의 안녕과 질서를 유지할 자연법적 권리와 의무를 가지므로, 법률적 근거가 없어도 즉시강제를 할 수 있다고 보았다. 그러나 오늘날 그러한 주장은 더 이상 허용되지 않고 필요하지도 않다.

2. 실정법적 근거

행정기본법에는 위와 같이 즉시강제의 개념과 비례의 원칙, 절차 등에 관하여 간략히 규정하고 있다. 한편, 경찰관의 직무집행과 관련된 즉시강제에 대해서는 경찰관직무집행법이 일반법으로서의 지위를 가지고,[1] 그밖에 많은 개별법에 근거규정이 있다.

---

1) 대법원 2008. 11. 13. 선고 2007도9794 판결 참조.

제2절 행정상 즉시강제의 수단

행정상 즉시강제의 수단은 경찰관직무집행법상 수단과 개별법상 수단으로 나뉘고, 그 수단들은 대상에 따라 다시 대인적 강제, 대물적 강제 및 대가택강제로 구별된다.

Ⅰ. 대인적 강제

1. 경찰관직무집행법상의 대인적 강제수단

경찰관직무집행법상 대인적 강제수단으로 흉기의 조사(제3조 제3항), 구호대상자에 대한 보호조치(제4조), 경고·억류 또는 피난 등의 위험발생방지조치(제5조 제1항), 범죄의 예방과 제지(제6조), 경찰장비의 사용 등(제10조) 및 무기의 사용(제10조의4) 등이 있다. 위와 같은 경찰관의 표준적 직무행위들은 행정조사(불심검문), 하명(경고 등), 직접강제(무기사용의 경우) 등으로 분류될 수 있다.

2. 개별법상의 대인적 강제수단

개별법상의 대인적 강제수단으로는 입원조치(감염병 예방 및 관리에 관한 법률 제42조 제1항), 교통차단(같은 법 제49조), 강제조사(소방기본법 제31조), 치료보호(마약류 관리에 관한 법률 제40조), 보호(출입국관리법 제51조), 강제퇴거(같은 법 제46조) 등이 있다.

Ⅱ. 대물적 강제

1. 경찰관직무집행법상의 대물적 강제수단

경찰관직무집행법상의 대물적 강제수단으로는 물건 등의 임시영치(제4조 제3항), 위험발생의 방지(제5조 제1항) 등이 있다.

2. 개별법상의 대물적 강제수단

개별법에 규정되어 있는 대물적 강제수단으로서는 위법광고물의 제거(옥외광고물 등의 관리와 옥외광고산업 진흥에 관한 법률 제10조의2 제1항), 불량의약품의 폐기(약사법 제71조), 물건의 폐기(검역법 제15조 제1항), 물건에 대한 방역조치(감염병 예방 및 관리에 관한 법률 제47조 제4호) 및 소방대상물의 처분(소방기본법 제25조) 등이 있다.

Ⅲ. 대가택강제

대가택강제란 소유자나 점유자 혹은 관리인의 의사에 관계없이 타인의 가택, 영업소 등에 대하여 실력을 가하여 행정상 필요한 상태를 실현하는 경우를 말한다. 종래 대가택강제로 인식되었던 식품 또는 영업시설 등의 검사(식품위생법 제22조), 총포·화약류의 제작소·저장소의 출입·검사(총포·도검·화약류 등의 안전관리에 관한 법률 제44조) 등은 오늘날 행정조사의 영역에서 논의되고 있다. 즉시강제로서 대가택강제에 해당하는 것으로는 경찰관직무집행법상의 위험방지를 위한 가택출입(제7조 제1항)을 들 수 있다.

제 3 절 행정상 즉시강제의 절차

행정기본법에 따르면, 행정상 즉시강제의 일반적인 절차로서 즉시강제를 실시하기 위하여 현장에 파견되는 집행책임자는 그가 집행책임자임을 표시하는 증표를 보여 주어야 하고,[2] 즉시강제의 이유와 내용을 고지하여야 한다(제33조 제2항). 만일 즉시강제를 하려는 재산의 소유자 또는 점유자를 알 수 없거나 현장에서 그 소재를 즉시 확인하기 어려운 경우에는 즉시강제를 실시한 후 집행책임자의 이름 및 그 이유와 내용을 고지할 수 있다(제33조 제3항 본문). 다만, ① 즉시강제를 실시한 후에도 재산의 소유자 또는 점유자를 알 수 없는 경우, ② 재산의 소유자 또는 점유자가 국외에 거주하거나 행방을 알 수 없는 경우, ③ 그밖에 대통령령으로 정하는 불가피한 사유로 고지할 수 없는 경우에는 게시판이나 인터넷 홈페이지에 게시하는 등 적절한 방법에 의한 공고로써 고지를 갈음할 수 있다(같은 항 단서).

그밖에도 행정상 즉시강제에 관한 개별 법률들은 그 절차를 규정하고 있는데, 이러한 절차들도 지켜져야 하는 것은 당연하다.

---

2) 위 증표에는 ① 집행책임자의 성명 및 소속, ② 직접강제 또는 즉시강제의 법적 근거, ③ 그 밖에 해당 증표의 소지자가 직접강제 또는 즉시강제의 집행책임자임을 표시하기 위하여 필요한 사항 등이 포함되어야 한다(행정기본법 시행령 제10조).

제 4 절 행정상 즉시강제의 한계

Ⅰ. 실체법적 한계

행정상 즉시강제는 목전의 급박한 위험 또는 장해를 방지 · 제거하기 위하여 행해지는 것이므로, 비례의 원칙에 따라 다음과 같은 사항을 준수하여야 한다(행정기본법 제33조 제1항 참조).

첫째, 행정상 즉시강제는 목전의 급박한 위해(위험과 장해)를 방지 · 제거하기 위하여 행해져야 한다(급박성의 원칙).

둘째, 즉시강제라는 수단이 행정기관이 의도하는 목적(목전의 급박한 위해의 방지 · 제거)을 달성하는 데에 적합하여야 한다(적합성의 원칙).

셋째, 즉시강제의 목적을 달성할 수 있는 수단이 여러 가지 있는 경우 행정기관은 관계자에게 가장 적은 부담을 주는 수단을 선택하여야 한다(필요성의 원칙 또는 최소침해의 원칙).

넷째, 즉시강제조치가 설정된 목적을 위하여 필요한 경우라도 즉시강제에 따른 불이익이 그로 인하여 초래되는 효과보다 큰 경우에는 해당 조치가 취해져서는 안 된다(상당성의 원칙 또는 협의의 비례의 원칙).

Ⅱ. 영장주의와의 관계

1. 영장주의의 의미

영장주의란 형사절차와 관련하여 체포 · 구속 · 압수 · 수색 등의 강제처분을 할 때 사법권의 독립에 의하여 그 신분이 보장되는 법관이 발부한 영장에 의하지 않으면 안 된다는 원칙이다. 따라서 영장주의의 본질은 신체의 자유를 침해하는 강제처분을 할 때에는 중립적인 법관이 구체적 판단을 거쳐 발부한 영장에 의해서만 할 수 있다는 데에 있다. 헌법 제12조 제3항은 인신의 구속에는 검사의 신청에 의하여 법관이 발부한 영장을 제시하여야 하고 일정한 긴급한 경우에는 예외적으로 사후에 영장을 청구할 수 있다고 규정하여 영장주의를 천명하고 있다.

2. 학설의 대립

헌법 제12조 제3항에서 규정된 영장제도가 행정상 즉시강제에도 적용되는지에 관하여 견해가 대립하고 있다. 영장불요설에서는, 헌법상 영장주의의 원칙은 연혁적으로 형사사법권의 남용으로부터 국민의 자유권을 보장함을 목적으로 하기 때문에 행정목적 수행을 위한 행정상 즉시강제에는 적용되지 않을 뿐 아니라, 즉시강제는 하명, 계고 등이 선행될 수 없는 급박한 상황에서 발동되기 때문에 영장주의를 요구하는 것은 사실상 즉시강제의 관념을 부인하는 결과가 된다고 주장한다. 영장필요설에서는 영장주의가 형사작용에만 적용된다는 명문의 규정이 없는 이상 영장불요설은 헌법조항의 뜻을 부당하게 축소해석하여 헌법의 기본권 보장의 취지를 몰각한 것이고 형사작용과 행정상 즉시강제는 직접적인 목적은 다르나 신체·재산에 대한 공권력에 의한 작용이라는 점과 양자가 함께 결부되어 행사되는 경우가 많기 때문에 영장주의가 적용되는 것이 타당하다는 견해이다.

절충설에서는 원칙적으로 영장필요설에 있으면서 행정목적의 달성을 위하여 불기피하다고 인정할 만한 특별한 사유가 있는 경우에는 예외적으로 영장주의의 적용을 받지 않는다고 주장한다. 이러한 절충설 중에는 영장이 필요하지 않는 경우에 대하여 약간씩 다른 입장을 보이고 있다. 헌법학자들 중에는 행정상 즉시강제가 형사사법의 목적에 결부되는 경우에 영장이 필요하다는 견해, 사전영장주의를 고수하다가는 도저히 행정목적을 달성할 수 없는 지극히 예외적인 경우에는 예외적으로 영장이 필요하지 않다는 견해, 긴급한 경우에는 영장이 필요하지 않지만 정신병자의 강제수용에서 보는 바와 같이 자유가 계속적으로 박탈되는 경우에는 그 자유 박탈의 허용과 계속은 법관의 결정(영장)이 필요하다는 견해 등이 있다. 행정법학자들의 경우에는 목전의 급박한 장해를 제거하기 위한 경우로 성질상 법관의 영장을 사전에 구할 수 없는 경우와 범죄수사와 관련이 없는 즉시강제에는 반드시 영장을 요하지 않다는 견해, 국민의 생명·신체에 대한 절박한 위해를 방지하기 위한 경우에는 영장주의가 적용되지 않는다는 견해 등이 주류이고, 더 나아가 즉시강제가 형사책임의 추궁과 관련을 갖는 것으로서 침해가 계속되거나 개인의 신체·재산·가택에 중대한 침해를 가할 수 있는 경우에는 사후에라도 영장을 요하지만, 경찰관직무집행법상 보호조치·위험발생방지 등 표준적 직무행위는 매우 빈번하게 행해지므로 영장주의를 관철시킬 수 없다는 견해도 있다.

한편, 행정상 즉시강제마다 개별적으로 논의하여야 한다는 견해도 있다(개별설). 이 견해에 의하면, 인신의 체포·구속·압수·수색에 해당하는 경우에 원칙적으로 영장주의가 적용되지만, 즉시강제를 행할 긴급한 필요가 있고 중대한 공익보호의 필요가 있는 경우에는 이익형량을 통해 영장주의가 적용되지 않고, 성질상 의무를 명해서는 행정목적을 달성할 수 없는 경우의 즉시강제는 급박한 경우가 아니어서 사전영장이 요구되며, 전문가로 구성된 준사법적 기관에 의하여 행정상 즉시강제가 행해지고 해당 즉시강제에 대하여 사전적 · 사후적 권리구제제도가 충실히 마련되어 있어 기본권보장이 가능한 경우와 같이 영장주의의 취지를 대체할 수 있는 경우에는 영장주의가 반드시 필요하지 않다고 주장한다.

3. 판례의 입장

헌법재판소는 헌법 제12조 제1항은 신체의 자유에 관한 일반규정이고, 제3항은 수사기관의 강제처분절차에 관한 특별규정이라고 판시한 결정이 있고,[3] 행정상 즉시강제는 그 본질상 급박성을 요건으로 하고 있어 원칙적으로 영장주의가 적용되지 않는다고 판시한 결정도 있다.[4] 전자는 헌법 제12조 제3항이 수사절차에 한정된다는 취지이므로 영장불요설에 있다고 볼 수 있으나, 후자는 절충설에 입각한 듯한 표현을 사용하고 있어, 헌법재판소가 어떤 입장에 있는지는 불분명하다.

그런데, 비교적 최근의 사례 중에서 전투경찰순경에 대한 징계처분으로 영창을 규정하고 있었던 구 전투경찰대 설치법 제5조 제1항, 제2항 중 해당부분이 영장주의에 위반되어 위헌인지가 쟁점인 사건이 있었다.[5] 위 결정의 법정의견(4인의 재판관)에서는 영장주의는 형사절차상의 강제처분을 할 때에 적용되는 것이고, 형사절차가 아닌 징계절차에 그대로 적용된다고 볼 수 없다고 판시하면서, 영장주의의 위반 여부를 판단하지 않았다. 반면에 반대의견(5인의 재판관)에서는 위 영창조항은 그 본질상 급박성을 요건으로 하지 않는 공권력에 의한 인신구속이므로, 영장주의가 적용된다고 하였다.[6]

한편, 대법원은 "사전영장주의는 인신보호를 위한 헌법상의 기속원리이기 때문에 인신의 자유를 제한하는 모든 국가작용의 영역에서 존중되어야 하지만, 헌법 제12조 제3항 단서도 사전영장주의의 예외를 인정하고 있는 것처럼 사전영장주의를 고수하다가는 도저히 행정목적을 달성할 수 없는 지극히 예외적인 경우에는 형사절차에서와 같은 예외가 인정된다."라고 판시하여 절충설에 있는 것으로 보인다.[7]

4. 검 토

헌법 제12조 제3항의 영장제도의 본질은 수사절차상의 체포 · 구속을 법원의 결정에 의하도록 함으로써 국민의 기본권을 보장하고자 하는데 있다. 따라서 행정상 즉시강제를

3) 헌재 2003. 12. 18. 선고 2002헌마593 결정.
4) 헌재 2002. 10. 31. 선고 2000헌가12 결정.
5) 헌재 2016. 3. 31. 선고 2013헌바190 결정.
6) 위헌의견에 입각한 평석으로는, 조성제, "의무경찰 징계영창제도의 개선방안에 관한 소고", 법학연구 제25권 제1호, 경상대학교 법학연구소(2017. 1), 114면. 그러나 사견으로는 위헌의견에 동의하나 영장주의에 위반된 것을 논거로 할 것이 아니라 과잉금지의 원칙에 입각하였어야 한다고 생각한다.
7) 대법원 1997. 6. 13. 선고 96다56115 판결.

반드시 법원의 결정에 의하여야 한다고 해석할 수는 없다고 생각한다.

연혁적인 이유로 헌법 제12조 제3항은 원래 미국 헌법으로부터 제헌헌법에 계수된 것이고 계수 당시 미국에서는 행정목적을 위한 수색 등에는 영장주의가 적용되지 않는 것으로 보았다는 점, 헌법 제12조 제3항을 문리해석하면 제1항과 달리 형사절차에서만 적용될 수밖에 없다는 점, 현실적인 측면에서 살펴볼 때에도 법원이 일일이 나서서 행정상 즉시강제에 영장을 발부하는 것은 사실상 불가능한 일이고, 정신건강증진 및 정신질환자 복지서비스 지원에 관한 법률에서의 강제입원에서 보는 것처럼 법원 보다는 다른 전문기관이 수용 여부를 결정하는 것이 바람직할 때도 있다는 점 등을 고려하면, 법률적 차원에서 개개의 법률에서 영장주의를 채택하는 입법적 배려는 당연히 존중되어야 할 것이지만, 헌법 제12조 제3항은 수사기관의 피의자에 대한 강제처분절차에 적용되는 것으로 해석해야 할 것이므로, 행정상 즉시강제에 법관의 영장을 요건으로 하지 않는다고 하더라도 위헌이라고 할 수는 없을 것이다.

제 5 절 행정상 즉시강제에 대한 구제

Ⅰ. 적법한 즉시강제에 대한 구제

행정상 즉시강제가 법률에 근거하여 적법하게 행해졌으나 장해발생자 또는 제3자에게 수인의 한도를 넘는 특별한 희생이 발생한 경우에는 손실보상을 청구할 수 있다. 손실보상에 관하여 규정하고 있는 예(경찰관직무집행법 제11조의2, 방조제관리법 제11조, 자연재해대책법 제68조 등)도 있으나, 그에 관한 규정이 없는 경우도 많다. 이와 같이, 보상규정이 없는 경우에 손실의 구제방법으로서는 수용유사침해 또는 수용적 침해에 대한 보상이 논해지기도 한다. 그러나 입법을 통한 문제해결이 가장 바람직하다.

Ⅱ. 위법한 즉시강제에 대한 구제

1. 행정쟁송

위법 또는 부당한 즉시강제로 인하여 법률상 이익을 침해당한 경우에는 일단 행정심판이나 행정소송을 통한 구제를 생각할 수 있다. 그러나 즉시강제는 급박한 경우에 취해지는 조치로서, 이미 행위가 완료되어 쟁송의 대상이 소멸되어 버리는 경우가 대부분일 것이므로, 즉시강제에 대한 행정쟁송은 실질적으로는 '즉시강제의 결과로서의 상태(강제수용, 물건의 영치 등)에 대한 쟁송'으로서의 성격을 지닌다고 할 수 있다.

한편, 위의 경우에 위법상태마저도 소멸했다고 하더라도 위법한 처분이 반복될 위험성이 있어 처분의 위법성 확인 또는 불분명한 법률문제에 대한 해명의 필요성이 있다면 소의 이익이 인정될 수 있다.

2. 민·형사상의 구제

즉시강제가 국가배상법상 공무원의 직무상 불법행위를 구성하는 경우(헌법 제29조, 국가배상법 제2조)에는 당연히 손해배상을 청구할 수 있다. 이것이 즉시강제가 위법한 경우에 가장 적절한 구제수단이라 할 수 있다.

행정상 즉시강제에 있어서 위법이 있으면 형법상의 감금죄 등으로 처벌할 수도 있다. 공무원의 즉시강제가 위법하게 행해지는 경우 자력구제를 생각할 수 있다. 위법한 즉시강제에 대한 항거는 공무집행방해죄를 구성하지 않는다고 보아야 할 것이다.[8]

제 6 절 행정상 인신구속과 그 통제수단

Ⅰ. 행정상 인신구속

1. 개 념

인신구속은 공권력에 의해서도 이루어질 수 있고 사인에 의해서도 이루어질 수 있다. 공권력에 의한 인신구속은 흔히 생각할 수 있는 형사절차에서의 체포·구속 외에도 감염병 예방을 위한 입원조치라든가 정신질환자에 대한 강제입원 등 행정목적을 달성하기 위하여 행정기관에 의하여 이루어지는 인신구속이 생각보다 많은 분야에서 많은 수의 인원에 대하여 이루어지고 있다. 이러한 인신구속을 형사절차에서의 인신구속과 구별하여 '행정상 인신구속'이라고 부를 수 있을 것이고,[9] 이러한 행정상 인신구속은 행정작용이라는 점에서 형사절차에서의 인신구속이 사법작용인 것과 구별된다.

---

8) 대법원 1992. 2. 11. 선고 91도2797 판결.

9) 행정상 인신구속이라는 용어는 사용된 예가 거의 없고 학계에서 합의된 용어도 아니다. 다만, 공권력에 의한 인신구속을 형사절차에서의 인신구속과 그렇지 않은 행정작용에 의한 인신구속으로 나눈다면 전자에 대비되는 개념으로 후자에 관하여 행정상 인신구속으로 부를 수 있다. 이러한 용어를 사용한 문헌으로는 「박균성, "행정상 인신구속에 대한 법적 통제", 공법학의 제문제: 현제 김영훈박사 화갑기념, 법문사, 1995」, 「하명호, 신체의 자유와 인신보호절차, 고려대학교 출판부, 2013」 등이 있다.

2. 법적 성질

행정상 인신구속은 각각의 요건과 형태를 따져서 그 법적 성질을 규명하여야 할 것이지만, 구속을 결정하는 절차와 그 결정을 집행하는 절차로 나눌 수 있다. 전자는 치료시설에 입원할 것과 같은 의무부과를 명하는 결정이나 명령으로 행정행위의 성질을 가지는 것이 대부분일 것이고, 후자는 행정상 즉시강제나 직접강제에 해당할 것이다. 행정상 인신구속을 집행하는 절차가 상대방인 국민에게 사전에 의무(예, 입원명령)를 명함이 없이 행해지는 경우에는 행정상 즉시강제가 되고, 사전에 국민에게 의무를 명하고 상대방인 국민이 이 의무를 이행하지 않는 경우에 행해지는 경우에는 직접강제에 해당하게 될 것이다.10)

3. 현행 법률에서 규정하고 있는 행정상 인신구속

행정상 인신구속은 그것을 규정하고 있는 개개의 법률에 따라 그 요건이나 절차가 다르다. 행정상 인신구속으로 대표적인 것이라고 생각되는 몇 가지를 소개하면, 경찰관직무집행법에 의한 보호조치, 출입국관리법에 의한 보호조치, 감염병예방법에 의한 입원조치, 마약류 관리에 관한 법률에 의한 치료보호, 정신건강증진 및 정신질환자 복지서비스 지원에 관한 법률에 의한 강제입원 등을 들 수 있다.11)

Ⅱ. 위법한 행정상 인신구속에 대한 기존의 통제제도의 문제점

1. 기존의 통제제도

행정상 인신구속을 당한 자도 당연히 위법한 인신구속에 대한 행정구제를 신청할 권리가 있다. 또한 경우에 따라서는 위와 같은 행정구제 외에도 자신의 권리를 침탈한 자에 대하여 민·형사상의 책임도 물을 수 있을 것이다.12)

10) 하명호, 신체의 자유와 인신보호절차, 24면 참조.

11) 자세한 내용은 하명호, 신체의 자유와 인신보호절차, 27면 참조.

12) 정신질환자에 대한 위법한 강제입원에 대하여 폭력행위등처벌에관한법률위반(감금)죄로 처벌한 예는 대법원 2001. 2. 23. 선고 2000도4415 판결을 찾아 볼 수 있는데, 그 사안은 보호의무자에 의한 입원의 경우이다. 위 사건의 사안은 피고인이 피해자를 정신병원에 강제 입원시키기 전에 위 병원 정신과전문의와 상담하여 피고인의 설명을 들은 그로부터 피해자에 대한 입원치료가 필요하다는 의견을 들었으나, 아직 피해자를 대면한 진찰이나 위 정신병원장의 입원결정이 없는 상태에서 위 병원 원무과장에게 강제입원을 부탁하여 위 원무과장이 자신의 판단으로 피해자를 강제로 구급차에 실어 위 병원에 데려와 입원시킨 것이다. 대법원은 비록 '강제입원조치 후' 위 병원의 정신과전문의가 피해자를 진찰한 결과 편집성 인격장애 및 알콜의존증의 치료를 위한 입원이 필요하다고 진단하였고 위 병원장이 입원을 결정하였다는 사정이 있더라도 보호의무자에 의한 입원은 보호의무자의 동의가 있더라도 정신과전문의가 정신질환자를 직접 대면하여 진찰하고 입원이 필요하다고 진단한 다음 이에 기하여 정신의료기관의

그러나 위와 같은 기존의 구제제도는 위법한 인신구속으로부터 행정상 인신구속을 당한 자를 구제하는데 실효성이 없는 경우가 많다. 행정상 인신구속을 당한 자가 기존의 민·형사소송이나 행정소송을 통하여 위법한 인신구속을 다툴 수 있다고는 하지만, 피구속자가 이러한 구제제도를 이용하여 구제를 받는 것에는 현실적으로 어려움이 많고, 신속한 구제가 보장되지 못한다는 문제점이 있다. 그러므로 행정상 인신구속을 정한 각각의 법률에는 독특한 사전적·사후적 구제수단을 마련하고 있는 경우가 많다.

2. 개별법에 규정된 통제제도

행정상 인신구속을 규정한 개별법에는 인신구속의 남용을 막기 위하여 개별적인 상황에 맞는 통제제도를 규정한 경우가 있다.

정신건강증진 및 정신질환자 복지서비스 지원에 관한 법률에서는 특별하고 상세한 통제수단들을 마련하여 놓고 있다. 가장 두드러지는 특징은, 정신의료기관에 입원중인 자 또는 그 보호의무자가 퇴원을 청구한 경우 시·도지사는 지방정신건강심사위원회에 회부하고 그 심사와 그에 따른 조치내용, 즉 퇴원 또는 가퇴원 및 처우개선을 청구서 접수일로부터 30일 이내에 청구자에게 서면으로 통지하여야 하며, 이러한 통지를 받은 자는 심사결과에 불복하거나 기간 내에 심사를 받지 못한 때에는 보건복지부장관에게 재심사를 요청할 수 있다는 것이다. 위와 같은 불복심사제도는 일반적인 행정구제와는 별도의 구제절차로서 정신건강증진 및 정신질환자 복지서비스 지원에 관한 법률의 독특한 제도라 할 것이다. 그 밖에 보건복지부장관, 시·도지사 또는 시장·군수·구청장의 정신보건시설의 설치·운영자에 대한 지도·감독권, 보고징수·검사권 이외에도, 보건복지부장관 또는 시·도지사는 정신보건심의위원회의 위원으로 하여금 정신보건시설에 출입하여 입원 또는 입소한 정신질환자들을 직접 면담하여 입원 또는 입소의 적절성 여부, 퇴원 또는 퇴소의 필요성 또는 처우에 관하여 심사하게 할 수 있다는 규정도 마련되어 있다.

한편, 경찰관직무집행법은 보호조치로 인한 개인의 권익침해를 방지하기 위하여 일정한 적법절차조항을 두고 있고, 출입국관리법에는 통지제도나 이의제도를 두고 있으며, 마약류중독자치료보호규정도 제10조 제3항에서 치료보호기관의 장은 중독자 등을 입원 조치

장이 입원을 결정하여야 하고, 이러한 요건을 갖춘 입원조치에 대하여 정신질환자가 저항하는 때에 비로소 정신의학적·사회적으로 보아 상당하다고 인정되는 범위 내의 물리력의 행사가 허용된다고 판시하면서 피고인에 대하여 폭력행위등처벌에관한법률위반(감금)죄로 의율한 원심의 판단이 적절하다고 하였다. 한편, 위 판결의 후단부에서는 피고인이 정신질환자인 피해자의 보호의무자로서 그의 재산상의 이익 등 권리보호를 위하여 노력하여야 할 의무(제22조 제3항)를 저버리고 피해자를 정신병원에 입원시킨 상태에서 퇴원을 간절히 바라는 그의 궁박한 상태를 이용하여 퇴원을 조건으로 재산을 이전받은 이 사건 행위는 사회통념상 허용되는 정도나 범위를 넘는 것으로서 공갈죄를 구성한다고 판시하였다.

한 경우에는 지체 없이 해당 중독자 등의 배우자 · 직계존속 · 호주 또는 법정대리인에게 입원의 일시 · 장소 및 그 사유를 서면으로 통보하도록 규정되어 있다.

3. 기존 구제제도의 부적합성과 특별한 구제제도의 필요성

위법한 행정상 인신구속은 그 피해가 막대하고 회복이 곤란함에도 불구하고 그에 대한 기존의 구제제도는 즉각적이고 효율적인 구제수단이 되지 못한다는 한계를 가지고 있다.

행정쟁송을 통한 권리구제는, ① 위법이 무효가 아닌 단순위법에 불과한 경우에는 불복제기기간의 제한을 받는다는 문제가 있고, ② 위법한 인신구속에 대한 권리구제는 신속하게 행해져야 하는데 행정쟁송을 통해서는 그 구조상 신속한 권리구제를 기대할 수 없으며, ③ 원고적격을 갖는 인신을 구속당하고 있는 자, 특히 정신질환자에 대한 강제입원의 경우 강제 입원된 정신질환자가 소송을 제기하기에는 상당한 현실적인 어려움이 있다는 등의 한계가 있다.

한편, 행정소송법 제23조 제2항 본문의 집행정지는 행정소송을 제기하여 승소한 경우에도 이미 처분이 집행되는 등의 사정에 의하여 회복할 수 없는 손해를 입게 되어 권리구제가 되지 못하는 것을 막기 위한 제도로서 본안소송이 법원에 제기되어 계속중임을 요건으로 한다. 따라서 앞에서 언급한 것과 같은 행정쟁송이 즉각적이고 효율적인 구제수단이 되지 못하는 이유는 집행정지에 관해서도 그대로 적용된다.

다음으로, 출입국관리법상 이의신청제도나 정신건강증진 및 정신질환자 복지서비스 지원에 관한 법률상의 불복심사청구제도는 위법 · 부당한 인신구속에 대한 신속한 구제수단이 될 수는 있다. 그러나 이의신청이나 불복심사청구는 그 결정기관이 어디까지나 행정관청이고 사법기관이 아니라는 문제점을 가지고 있다.

따라서 행정상 인신구속에 대하여 사법기관에 의하여 이루어지고 즉각적이고 효율적인 특별한 구제제도를 마련하는 것이 필요하다. 그러한 특별구제제도는 인신구속의 결정이 법원이 아닌 행정기관에 의하여 이루어진 경우에는 사후에 그 구속적부의 심사를 법원에 청구할 수 있는 제도이어야 한다.[13)]

Ⅲ. 헌법 제12조 제6항의 구속적부심사제도와 인신보호법의 제정

1. 행정상 인신구속에 대한 헌법 제12조 제6항의 적용여부

헌법 제12조 제6항은 적어도 국가기관, 지방자치단체 등 모든 공권력 행사기관이 '체

---

13) 하명호, 신체의 자유와 인신보호절차, 133면.

포' 또는 '구속'의 방법으로 '신체의 자유'를 제한하는 사안에 대하여 적용되고, "누구든지……권리를 가진다."라는 위 규정의 형식에 비추어 볼 때, 행정상 인신구속을 당한 자를 형사절차 내에서 구속을 당한 자와 달리 구속적부심사에 대한 권리주체에서 배제할 수는 없으므로, 그에 대한 구제수단으로 구속적부심사제도를 두지 않는다면 헌법 제12조 제6항에 위반된다 할 것이다. 헌법은 행정기관에 의하여 인신구속이 된 자 등의 청구에 의하여 개시된 절차에서 법원이 해당 인신구속의 적부에 대하여 제대로 심사하는 기회를 최소한 1번 이상 보장하는 것을 요구한다고 보아야 한다.

그런데, 인신보호법이 제정되기 이전에는 행정상 인신구속의 영역에서 구속적부심사제도를 입법화하지 않았기 때문에 입법부작위로 인한 헌법위반상태가 계속되고 있었다. 그러나 인신보호법이 제정됨으로써 헌법위반상태는 대체로 해소되었다.

2. 인신보호법의 제정

가. 제정이유

인신보호법은 2007. 12. 21. 법률 제8742호로 제정되었고 2008. 6. 22.부터 시행되고 있다. 그 제정목적은 위법한 처분 또는 사인에 의한 시설에의 수용으로 인하여 부당하게 인신의 자유를 제한당하고 있는 개인에 대한 구제절차를 마련함으로써 헌법이 보장하고 있는 국민의 기본권을 보호하려는 데 있다.

나. 주요내용

(1) 피수용자의 범위(제2조 제1항)

이 법에 의한 구제대상이 되는 피수용자를 자유로운 의사에 반하여 국가, 지방자치단체, 공법인 또는 개인, 민간단체 등이 운영하는 의료시설 · 복지시설 · 수용시설 · 보호시설에 수용 · 보호 또는 감금되어 있는 자로 한다.

다만, 형사절차에 의한 체포 · 구속된 자, 수형자 및 「출입국관리법」에 따라 보호된 자는 제외되고 있다. 형사절차에 의한 피수용자의 경우에는 형사소송절차에 의한 구속적부심사제도가 보장되어 있기 때문에 적용범위에 포함하지 않은 것은 타당하다. 그러나 출입국관리법에 따라 보호된 자를 제외하는 것은 누구든지 법원에 구속적부심사를 청구할 수 있는 권리를 보장하는 헌법 제12조 제6항에 위반된다고 생각하나, 헌법재판소는 출입국관리사무의 긴급성과 특수성 등을 고려하여 합헌이라고 결정하였다.[14]

---

14) 헌재 2014. 8. 28. 선고 2012헌마686 결정.

(2) 구제청구자(제3조)

피수용자에 대한 구제청구는 피수용자 본인, 그 법정대리인 · 후견인 · 배우자 · 직계혈족 · 형제자매 · 동거인 · 고용주 또는 수용시설의 종사자가 법원에 청구할 수 있다.

(3) 심판기관(제4조 등)

해당 피수용자 또는 수용시설의 주소, 거소 또는 현재지를 관할하는 지방법원 또는 지원으로 한다. 법원은 직권 또는 구제청구자의 신청에 따라 청구사건의 심리에 적당하다고 판단되는 다른 법원에 사건을 이송할 수 있다.

(4) 구제청구사건의 심리 등(제8조 등)

법원은 구제청구에 대하여 이를 각하하는 경우를 제외하고 지체 없이 수용의 적법 여부 및 수용을 계속할 필요성 등에 대한 심리를 개시하여야 하고, 필요하다고 인정하는 때에는 정신과의사 · 심리학자 · 사회복지학자 그 밖의 관련 전문가 등에게 피수용자의 정신 · 심리상태에 대한 진단소견 및 피수용자의 수용 상태에 대한 의견을 조회할 수 있도록 하고 있다.

법원은 심리를 위해서 구제청구를 각하한 경우를 제외하고 심문기일을 지정하여 구제청구자와 수용자를 소환하여야 하고, 필요하다고 인정한 때에는 피수용자 등 관계인을 제1항의 심문기일에 출석하게 할 수 있다. 이 때 심리는 공개된 법정에서 행하되, 피수용자의 보호를 위하여 필요하다고 인정되는 때에는 결정으로 이를 공개하지 않을 수 있다.

(5) 결정(제6조, 제13조)

법원은 ① 구제청구자가 아닌 자가 구제청구를 한 때, ② 청구서면의 필요적 기재사항에 관한 제5조의 요건을 충족하지 못한 때, ③ 다른 법률의 구제절차에 따른 구제를 받을 수 있음이 명백한 때, ④ 이 법 또는 다른 법률에 따른 구제청구가 기각된 후 다시 구제청구를 한 때에는 결정으로 구제청구를 각하할 수 있다. 이 경우 법원은 각하하기 전에 상당한 기간을 정하여 그 흠을 보정하도록 명할 수 있다.

법원은 구제청구사건을 심리한 결과 그 청구가 이유가 있다고 인정되는 때에는 결정으로 피수용자의 수용을 즉시 해제할 것을 명하여야 한다. 구제청구가 이유 없다고 인정하는 때에는 이를 기각하여야 하되, 이 경우 피수용자를 보호하고 있는 자가 있는 때에는 피수용자의 신병을 수용자에게 인도할 것을 명하여야 한다.

(6) 수용의 임시해제 및 신병보호(제9조 및 제11조)

법원은 피수용자에 대한 신체의 위해 등을 예방하기 위하여 직권 또는 구제청구자의 청구에 따라 피수용자의 수용을 임시로 해제할 것을 결정하거나, 피수용자를 현재의 수용시설에서 적당하다고 인정되는 동종 또는 유사한 수용시설로 이송할 것을 수용자에게 명할 수 있도록 하고 있다.

(7) 재수용의 금지(제16조)

인신보호법에 따라 수용이 해제된 자는 구제청구의 전제가 된 사유와 같은 사유로 다시 수용할 수 없다.

제4장 행 정 벌

제1절 개 관

Ⅰ. 행정벌의 의의 및 성질

1. 행정벌의 의의

행정벌이란 행정법상의 의무위반에 대하여 일반통치권에 근거하여 과하는 제재로서의 벌을 말하고, 이러한 행정벌이 과해지는 비행 또는 의무위반을 행정범이라 한다. 행정벌은 직접적으로는 과거의 의무위반에 대하여 제재를 가함으로써 행정법규의 실효성을 확보하는 것을 목적으로 하는데, 간접적으로 의무자에게 심리적 압박을 가하여 의무자의 행정법상 의무이행을 확보하는 기능도 가진다.

2. 행정벌의 성질

가. 징계벌과의 구별

징계벌은 특별신분관계(특별행정법관계)의 질서를 유지하기 위하여 그 내부질서 위반자에 대하여 특별권력의 발동으로써 과하는 제재인 반면, 행정벌은 일반권력관계에서 일반사인에 대하여 통치권의 발동으로써 과하는 제재이다. 따라서 양자는 그 목적 · 대상 · 권력의 기초 등에서 차이가 있고, 양자의 병과는 이중처벌금지의 원칙에 저촉되지 않는다.

나. 이행강제금과의 구별

이행강제금은 행정법상 의무불이행이 있는 경우에 장래의 의무이행을 확보하기 위한 강제집행의 수단으로써 과해지는 것이고, 행정벌은 과거의 행정법상의 의무위반행위에 대한 제재로써 과해지는 점에서 차이가 있다.

다. 형사벌과의 구별

형사범은 국가의 제정법 이전에 문화규범이나 도덕규범을 침해한 자연범(自然犯)의 성격을 가지나, 행정범은 행위의 성질 자체는 반윤리성 · 반사회성을 갖는 것이 아니고 특정한 행정목적의 실현을 위한 국가의 제정법을 침해한 법정범이라는 점에서 차이가 있다는 것이 행정법학계의 통설적 견해다. 그러나 이는 행정질서벌과 형벌(형사형벌과 행정형벌)과의 구별이지 행정형벌과 형사형벌의 구별이 아니라는 비판이 있다.[1)]

---

1) 조병선, "질서위반법과 행정형법", 형사정책연구 제2권 제4호, 한국형사정책연구원(1992), 157면 참조.

오늘날 행정벌·행정범과 형사벌·형사범의 구별은 상대화해가는 추세에 있으므로, 양자의 구별은 실정법의 규정을 근거로 해석론적으로 전개해가는 수밖에 없다.

Ⅱ. 행정벌의 근거

죄형법정주의의 원칙은 행정벌에도 적용된다. 따라서 법률에 의하지 않고는 행정벌을 과할 수 없다. 그리고 법률은 행정벌규정의 정립권을 명령에 위임할 수 있으나, 이때 처벌의 대상인 행위의 기준·행정벌의 최고한도 등을 구체적으로 정하여 위임하여야 한다. 한편 지방자치단체는 조례로써 조례위반행위에 대하여 1,000만원 이하의 과태료를 정할 수 있다(지방자치법 제27조 제1항).

Ⅲ. 행정벌과 제재적 처분과의 관계

행정벌과 제재적 처분은 각각 그 권력적 기초, 대상, 목적이 다르다. 일정한 법규 위반 사실이 처분의 전제사실이자 형사법규의 위반 사실이 되는 경우에도 제재적 처분의 병과는 가능하므로, 어떠한 위반행위로 인하여 이미 형사처벌을 받았더라도 그 위반행위를 이유로 영업정지와 같은 제재적 처분을 가할 수 있다.[2] 반대로 형사판결 확정에 앞서 일정한 위반 사실을 들어 제재적 처분을 먼저 하더라도 절차 위반이 있다고 할 수 없다.[3]

제 2 절 행정형벌의 특수성

Ⅰ. 개 관

행정벌로서 형법에 정해진 형(사형·징역·금고·자격상실·자격정지·벌금·구류·과료 및 몰수)을 과하는 것을 행정형벌이라고 한다. 이에 대해서는 형법총칙이 적용되고, 과벌절차는 형사소송절차에 의하나, 즉결심판절차 또는 통고처분절차에 의하는 경우도 있다.

2) 대법원 1983. 6. 14. 선고 82누439 판결.
3) 대법원 2017. 6. 19. 선고 2015두59808 판결.

Ⅱ. 행정형벌과 형법총칙

형법 제8조는 "본법 총칙은 타법령에 정한 죄에 적용한다. 단, 그 법령에 특별한 규정이 있는 때에는 예외로 한다."라고 규정하고 있으므로, 다른 법령이 특별한 규정을 두고 있지 않다면 행정범에 대해서도 형법총칙을 적용하여야 한다.

Ⅲ. 행정형벌에 관한 특별규정

1. 고 의

행정범인 경우에도 범죄가 성립하기 위해서는 고의가 있어야 하고(형법 제13조 본문), 과실인 경우에는 명문규정이 있거나 과실범도 벌한다는 취지가 명백한 경우에만 범죄가 성립한다(형법 제13조 단서, 제14조).[4] 그런데, 행정법규에는 과실에 의한 의무위반을 처벌하는 취지의 규정이 적지 않다.

2. 위법성의 인식

형법 제16조의 금지착오에 관한 규정은 원칙적으로 행정범에 대해서도 적용된다. 그러나 행정범은 행위자가 구체적으로 행정법규를 알지 못하고 범하여 그 위법성을 인식하지 못하는 경우가 빈번히 발생할 수 있다. 따라서 형법 제16조는 행정범에 대하여 언제나 타당하다고 할 수는 없고, 개별법에서 그 적용을 배제하는 명문규정을 두는 경우가 있다(담배사업법 제31조).

3. 책임능력

형사범에서는 심신장애자 및 농아자의 행위는 벌하지 않거나 그 벌을 감경하고(형법 제10조, 제11조), 14세 미만인 자의 행위는 벌하지 않는다(같은 법 제9조). 그러나 행정형벌의 경우는 이에 대한 예외가 인정되는 경우가 있다(담배사업법 제31조).

4. 타인의 행위에 대한 책임-양벌규정

형사범에서는 현실의 범죄 행위자를 처벌하지만 행정범의 경우에는 반드시 현실의 행위자가 아니라 행정법상의 의무를 지는 자가 책임을 지는 경우도 있다. 미성년자 · 금치산자의 위법행위에 대하여 법정대리인을 처벌하는 경우 등이 그것이다. 특히 행정범에서 법

4) 대법원 1986. 7. 22. 선고 85도108 판결.

인의 대표자 또는 법인의 대리인·사용인 기타의 종업원이 법인의 업무에 관하여 의무를 위반한 경우에 행위자뿐만 아니라 법인에 대해서도 처벌하는 경우가 많다. 법인을 처벌하는 경우에 그 형벌은 성질상 벌금·과료·몰수 등의 금전벌이고, 법인과 함께 행위자도 처벌받는 양벌주의를 취하고 있는 경우가 많다.

양벌규정 중 특히 문제가 되는 것은 "법인의 대표자나 법인 또는 개인의 대리인·사용인 기타의 종업원이 그 법인 또는 개인의 업무에 관하여 법 위반행위를 한 때에는 행위자를 벌하는 외에 그 법인 또는 개인에 대하여도 동조의 벌금형을 과한다."라는 식으로 규정된 경우이다. 이때 법인인 영업주가 고용한 종업원 등이 그 업무에 관한 범죄행위에 대하여 법인에게 비난받을 만한 행위가 있었는지 여부, 종업원 등의 범죄행위를 지시하였거나 이에 실질적으로 가담하였거나 도움을 주었는지 여부, 영업주의 업무에 관한 종업원 등의 행위를 지도하고 감독하는 노력을 게을리 하였는지 여부와는 전혀 관계없이 종업원 등의 범죄행위가 있으면 자동적으로 영업주인 법인도 처벌하는 것으로 해석될 수 있기 때문에 문제이다.

이에 대하여 대법원은 일반적으로 법인의 범죄능력을 부인하고 행위자인 자연인만 형사책임을 지지만 입법목적의 실현을 위하여 법인의 수형능력을 인정하고,[5] 양벌규정에서도 마찬가지라는 입장 하에서,[6] 사업주의 책임이 무한히 확대되는 것을 제한하기 위하여 법인의 처벌근거를 선임감독상의 과실책임으로 파악하는 합헌적 법률해석을 하고 있었다.[7]

그런데, 헌법재판소는 대법원의 위와 같은 합헌적 법률해석이 문의의 한계를 넘어 용인될 수 없다는 전제하에서, 위와 같은 양벌규정을 그대로 해석하면 책임 없는 사업주에게 형벌을 부과하는 것이 되어 책임의 원칙에 반하므로 위헌이라고 선언하였다.[8] 그리하여 신

5) 대법원 1961. 10. 19. 선고 61형상417 판결, 대법원 1984. 10. 10. 선고 82도2595 전원합의체 판결.

6) 대법원 1994. 2. 8. 선고 93도1483 판결, 대법원 2001. 9. 7. 선고 2001도2966 판결, 대법원 1992. 8. 14. 선고 92도299 판결 참조.

7) 대법원 2006. 2. 24. 선고 2005도7673 판결에서는 양벌규정에 의한 영업주의 처벌에 대하여 종업원의 범죄성립이나 처벌을 요하는지 여부가 문제된 사안에서 "양벌규정에 의한 사용자의 처벌은 금지위반행위자인 종업원의 처벌과는 독립하여 그 자신의 종업원에 대한 선임감독상의 과실로 인하여 처벌되는 것이고 종업원의 범죄성립이나 처벌이 영업주 처벌의 전제조건이 될 필요는 없다."라고 판시하였고, 대법원 1992. 8. 18. 선고 92도1395 판결에서는 "공중위생법 제45조의 규정은, 법인의 경우 종업원의 위반행위에 대하여 행위자인 종업원을 벌하는 외에 업무주체인 법인도 처벌하고, 이 경우 법인은 엄격한 무과실책임은 아니라 하더라도 그 과실의 추정을 강하게 하고, 그 입증책임도 법인에게 부과함으로써 양벌규정의 실효를 살리자는 데 그 목적이 있다."라고 판시하였다.

8) 개인 사업주의 경우 헌재 2007. 11. 29. 선고 2005헌가10 결정(보건범죄단속에 관한 특별조치법 제6조), 헌재 2009. 7. 30. 선고 2008헌가10 결정(구 청소년보호법 제54조), 법인 사업주의 경우 헌재 2009. 7. 30. 선고 2008헌가14 결정(구 사행행위 등 규제 및 처벌특례법 제31조), 헌재 2008. 7. 30. 선고 2008헌가16 결정(구 의료법 제91조 제1항), 헌재 2009. 7. 30. 선고 2008헌가17 결정(구 도로법 제86조), 헌재 2009. 7. 30. 선고 2008헌가18 결정(구 건설산업기본법 제98조 제2항), 헌재 2009. 7. 30. 선고 2008헌가24 결정(구 의료기사 등에 관한 법률 제32조).

설된 조세범처벌법 제18조 단서와 같이 "법인 또는 개인이 그 위반행위를 방지하기 위하여 해당 업무에 관하여 상당한 주의와 감독을 게을리하지 아니한 경우"에는 개인인 영업주나 법인을 불문하고 처벌하지 않도록 개정되고 있다.

한편 국가형벌권의 행사를 국가에 대하여 행사할 수는 없을 것이므로 양벌규정의 대상이 되는 법인에는 국가는 포함되지 않는다고 해석하여야 할 것이고, 나아가 지방자치단체도 기관위임사무를 행하는 경우에는 마찬가지라고 생각된다.[9] 그러나 지방자치단체가 자치사무나 단체위임사무와 같이 고유의 자치사무를 처리하는 경우에는 국가기관의 일부가 아니라 국가기관과는 별도의 독립한 공법인이므로, 처벌대상이 되는 법인에 해당한다.[10]

5. 공 범

행정범에서는 행정법상의 의무의 다양성으로 인해 공동정범(형법 제30조) · 교사범(같은 법 제31조) · 종범(같은 법 제32조 등)에 관한 규정의 적용을 배제하는 경우가 있고(선박법 제39조), 종범 감경규정(형법 제32조 제2항)을 배제하는 경우(담배사업법 제31조)도 있다.

6. 경합범 · 작량감경

행정범에서는 경합범(형법 제38조) · 작량감경(같은 법 제53조)에 관한 규정의 적용을 배제하는 특별규정을 두고 있는 경우가 많다(담배사업법 제31조).

Ⅳ. 행정형벌의 과벌절차

행정형벌도 형사소송법상의 절차에 따라 과벌하는 것이 원칙이나, 이에 대해서는 다음과 같은 예외가 인정되고 있다.

1. 통고처분

현행법상 조세범 · 관세범 · 출입국관리사범 및 도로교통법위반사범 등에 대해서는 형사소송절차를 대신하여 행정청이 벌금 또는 과료에 상당하는 금액의 납부를 명할 수 있는데, 이를 통고처분이라 한다. 통고처분을 받은 자가 법정 기간 내에 통고된 내용에 따라 이행한 때에는 일사부재리의 원칙의 적용을 받아 다시 소추할 수 없지만(출입국관리법 제102조), 법정기간 내에 통고된 내용을 이행하지 않으면 통고처분은 효력을 상실하고 관계 기관장의 고발에 의하여 형사소송절차로 이행하게 된다.

---

9) 대법원 2009. 6. 11. 선고 2008도6530 판결.
10) 대법원 2004. 11. 10. 선고 2004도2657 판결 참조.

한편, 행정청이 통고처분을 거치지 않고 즉시 고발하였다면 이로써 조세범칙사건에 대한 조사 및 처분절차는 종료되고 형사사건 절차로 이행되어 동일한 조세범칙행위에 대하여 더 이상 통고처분을 할 권한이 없다. 따라서 행정청이 이미 즉시 고발을 한 다음 동일한 범칙행위에 대하여 통고처분을 하였다면, 그 통고처분은 권한이 소멸된 후에 이루어진 것으로 효력이 없고, 통고처분을 받은 자가 통고처분을 이행하였다고 하더라도 일사부재리의 원칙이 적용되지 않는다.[11)]

2. 즉결심판절차

20만원 이하의 벌금·구류 또는 과료의 행정형벌은 즉결심판에 관한 절차법에 따라 과벌되는데, 경찰서장의 청구에 의하여 판사가 피고인에게 벌금 등을 과한다. 즉결심판에 불복이 있는 피고인은 고지를 받은 날로부터 7일 이내에 정식재판을 청구할 수 있다(법원조직법 제34조, 제35조). 이러한 즉결심판절차는 일반형사범에 대해서도 적용되므로, 행정형벌에만 적용되는 특별한 과벌절차는 아니다.

제 3 절 행정질서벌의 특수성

Ⅰ. 개 관

행정벌로서 과태료를 과하는 경우를 행정질서벌이라고 한다. 이 경우 형법총칙은 적용되지 않고 질서위반행위규제법이 적용된다. 질서위반행위규제법은 2007. 12. 21. 법률 제8725호로 제정되어 2008. 6. 22. 시행됨으로써 행정질서벌에 대한 통칙적 규정으로 자리매김하게 되었다. 위 법은 과거 국가에 의한 경우와 지방자치단체에 의한 경우로 구분되어 있던 과벌절차를 일원화하였다.

행정형벌은 행정법상의 의무를 위반함으로써 직접적으로 행정목적을 침해하는 경우에 과해지지만, 행정질서벌은 통상 신고·등록·서류비치 등의 의무를 태만히 하는 것과 같이 간접적으로 행정목적의 달성에 장해를 미칠 위험성이 있는 행위에 과해진다. 어떤 행정법규 위반행위에 대하여 행정형벌을 과할 것인지 행정질서벌을 과할 것인지는 입법재량에 속

11) 가령 지방국세청장 또는 세무서장은 조세범처벌절차법에 따라 조세범칙행위에 대하여 혐의가 인정되면 즉시 고발을 하거나 통고처분을 할 수 있는데, 동일한 조세범칙행위에 대하여 고발을 한 후에 통고처분을 하였다면, 위 통고처분은 무효이고 조세범칙행위자가 이러한 통고처분을 이행하였더라도 조세범 처벌절차법 제15조 제3항에서 정한 일사부재리의 원칙이 적용되지 않으므로, 면소가 되지 않는다(대법원 2016. 9. 28. 선고 2014도10748 판결).

하는데,[12] 과거에 행정형벌을 과하던 것을 행정질서벌로 대체하는 작업이 광범하게 진행되고 있다.

Ⅱ. 질서위반행위의 성립 등

1. 고의 또는 과실

행정법규 위반에 대한 제재처분은 행정 목적의 달성을 위하여 행정법규 위반이라는 객관적 사실에 착안하여 가하는 제재이므로, 반드시 현실적인 행위자가 아니라도 법령상 책임자로 규정된 자에게 부과되고, 원칙적으로 위반자에게 고의나 과실이 없더라도 부과할 수 있다.[13] 이에 따라 종래에는 행정질서벌의 대상이 되는 행위는 단순한 업무해태로서 반윤리성이 희박하므로, 행위자의 고의·과실과 같은 주관적 요건을 문제 삼지 않고 객관적 법규위반이 있으면 행정질서벌을 과할 수 있는 것으로 보았다.[14] 그러나 질서위반행위규제법에서는 고의 또는 과실이 없는 질서위반행위는 과태료를 부과하지 않는다고 규정하고 있다(제7조).

2. 위법성의 인식

종래에는 위반자의 의무위반에 대한 고의·과실이 없더라도 행정질서벌을 부과할 수 있지만, 위반자가 의무의 존재를 알지 못한 데 정당한 사유가 있으면 행정질서벌을 부과할 수 없다고 보았다.[15] 질서위반행위규제법에서는 이를 명문화하여 자신의 행위가 위법하지 않은 것으로 오인하고 행한 질서위반행위는 그 오인에 정당한 이유가 있는 때에 한하여 과태료를 부과하지 않는다고 규정하고 있다(제8조).

3. 책임능력

질서위반행위규제법 제9조, 제10조에 의하면 14세가 되지 않은 자(다른 법률에 특별한 규정이 있는 경우 제외)나 심신장애로 인하여 행위의 옳고 그름을 판단할 능력이 없거나 그 판단에 따른 행위를 할 능력이 없는 자의 질서위반행위는 과태료를 부과하지 않는다. 또한 심신장애로 인하여 위와 같은 능력이 미약한 자의 질서위반행위는 과태료를 감경한다. 그러나 스스로 심신장애 상태를 일으켜 질서위반행위를 한 자에 대해서는 이를 적용하지 않는다.

---

12) 헌재 1994. 4. 28. 선고 91헌바14 결정.
13) 대법원 2017. 5. 11. 선고 2014두8773 판결, 대법원 2021. 2. 25. 선고 2020두51587 판결.
14) 대법원 1994. 8. 26. 선고 94누6949 판결.
15) 대법원 2000. 5. 26. 선고 98두5972 판결.

4. 법인 등 사용자의 책임

질서위반행위규제법 제11조 제1항에 의하면, 법인의 대표자, 법인 또는 개인의 대리인·사용인 및 그 밖의 종업원이 업무에 관하여 법인 또는 그 개인에게 부과된 법률상의 의무를 위반한 때에는 법인 또는 그 개인에게 과태료를 부과한다.

5. 다수인의 질서위반행위 가담

질서위반행위규제법 제12조에 의하면, 2인 이상이 질서위반행위에 가담한 때에는 각자가 질서위반행위를 한 것으로 보고, 신분에 의하여 성립하는 질서위반행위에 신분이 없는 자가 가담한 때에는 신분이 없는 자에 대해서도 질서위반행위가 성립하며, 신분에 의하여 과태료를 감경 또는 가중하거나 과태료를 부과하지 않는 때에는 그 신분의 효과는 신분이 없는 자에게는 미치지 않는다.

6. 수개의 질서위반행위의 처리

질서위반행위규제법 제13조에 의하면, 하나의 행위가 둘 이상의 질서위반행위에 해당하는 경우에는 각 질서위반행위에 대하여 정한 과태료 중 가장 중한 과태료를 부과하고, 둘 이상의 질서위반행위가 경합하는 경우 다른 법령이나 지방자치단체의 조례에 특별한 규정이 없다면 각 질서위반행위에 대하여 정한 과태료를 각각 부과한다.

7. 행정형벌과 행정질서벌의 병과

행정형벌과 행정질서벌은 모두 행정벌이므로 동일 행정범에 대해 양자를 병과할 수 없다. 그러나 위반사실의 동일성이 인정되지 않는 경우에는 행정질서벌인 과태료의 부과처분 후에 행정형벌을 부과하더라도 일사부재리의 원칙에 반하는 것은 아니다.[16]

Ⅲ. 행정질서벌의 과벌절차

1. 과태료 부과·징수절차

행정청이 질서위반행위에 대하여 과태료를 부과하고자 하는 때에는 미리 당사자에게 통지하고, 10일 이상의 기간을 정하여 의견을 제출할 기회를 주는 등 의견제출절차를 마친 후에 서면으로 과태료를 부과하여야 한다(제16조, 제17조).

---

16) 대법원 1996. 4. 12. 선고 96도158 판결.

행정청의 과태료 부과에 불복하는 당사자는 과태료 부과 통지를 받은 날부터 60일 이내에 해당 행정청에 서면으로 이의제기를 할 수 있고, 이 경우 행정청의 과태료 부과처분은 그 효력을 상실한다(제20조). 이의제기를 받은 행정청은 이의제기를 받은 날부터 14일 이내에 이에 대한 의견 및 증빙서류를 첨부하여 관할 법원에 통보하여야 하고, 그 사실을 즉시 당사자에게 통지하여야 한다(제21조).

2. 과태료 재판과 집행절차

법원은 행정청으로부터 이의제기사실을 통보받은 경우 이를 즉시 검사에게 통지하고(제31조), 심문기일을 열어 당사자의 진술 및 검사의 구두 및 서면의견을 구하여야 하며(제32조), 행정청의 참여가 필요하다고 인정하는 때에는 행정청으로 하여금 심문기일에 출석하여 의견을 진술하게 할 수 있다(제32조 제1항).

다만 법원은 상당하다고 인정하는 때에는 심문 없이 과태료 재판을 할 수 있는데 이를 약식재판이라 한다(제44조). 당사자와 검사는 약식재판의 고지를 받은 날부터 7일 이내에 이의신청을 할 수 있고, 법원이 이의신청이 적법하다고 인정하는 때에는 약식재판은 그 효력을 잃게 되며, 이 경우 심문을 거쳐 다시 재판하여야 한다(제45조, 제50조).

과태료 재판은 이유를 붙인 결정으로써 하고(제36조), 결정은 당사자와 검사에게 고지함으로써 효력이 생긴다(제37조). 당사자와 검사는 과태료 재판에 대하여 불복이 있는 경우 즉시항고를 할 수 있는데, 이 경우 항고는 집행정지의 효력이 있다(제38조).

과태료 재판은 검사의 명령으로써 집행한다(제42조). 검사는 과태료를 최초 부과한 행정청에 대하여 과태료 재판의 집행을 위탁할 수 있고, 위탁을 받은 행정청은 국세 또는 지방세 체납처분의 예에 따라 집행하며, 이 경우 그 집행한 금원은 해당 지방자치단체의 수입으로 한다(제43조).

3. 과태료의 실효성 확보수단

과태료 부과 전 의견 제출 기한 이내에 당사자가 과태료를 자진하여 납부하는 경우 과태료를 감경할 수 있고(제18조), 행정청은 과태료의 부과 · 징수를 위하여 필요한 때에는 관계 행정기관, 지방자치단체, 그밖에 대통령령으로 정하는 공공기관의 장에게 그 필요성을 소명하여 자료 또는 정보의 제공을 요청할 수 있다(제23조). 한편, 과태료를 체납하는 경우에는 가산금을 징수하고(제24조), 관허사업을 제한할 수 있으며(제52조), 신용정보기관에 관련 정보를 제공할 수 있고(제53조), 고액 · 상습체납자에 대해서는 법원의 재판을 통해서 30일의 범위 내에서 감치할 수 있도록 규정하고 있다(제54조).

제 5 장 새로운 실효성확보수단

제 1 절 개 설

전통적인 실효성확보수단만으로는 오늘날의 행정현실에 충분히 대응할 수 없다는 점, 우리나라의 행정집행 관련 실정법이 미비한 점 등을 이유로, 대집행·직접강제 등과 같은 전통적인 강제집행수단이나 행정벌과 같은 제재수단 이외의 새로운 실효성확보수단이 등장하고 있다.

이러한 새로운 실효성확보수단은 행정벌과 같이 과거의 비행에 대한 제재인 동시에 행정상 의무의 간접적인 강제이행수단인 경우가 많다.

제 2 절 실효성확보를 위한 여러 수단

Ⅰ. 금전적 수단

금전상의 제재는 행정법규의 위반자에게 금전급부의무라는 불이익을 과함으로써 간접적으로 행정상의 의무를 이행케 하는 방법이다.

1. 가산금·가산세

가산금이란 행정법상 급부의무의 불이행에 대하여 과해지는 금전상의 제재를 말한다. 예컨대, 보조금 관리에 관한 법률 제33조의2 제4항에서는 제재부가금을 납부하여야 할 자가 납부기한 내에 납부하지 않은 경우 그 납부기한의 다음 날부터 납부일의 전날까지의 기간에 대하여 체납된 금액의 100분의 5를 초과하지 않는 범위에서 가산금을 징수할 수 있다고 규정하고 있다.

한편, 가산세는 조세법상 의무위반에 대해 제재로서 가해지는 조세의 일종이다. 국세기본법은 가산세를 "이 법 및 세법에서 규정하는 의무의 성실한 이행을 확보하기 위하여 세법에 따라 산출한 세액에 가산하여 징수하는 금액"이라고 정의하고(제2조 제4호), 무신고가산세(제47조의2), 과소신고·초과환급신고가산세(제47조의3), 납부지연가산세(제47조의4) 등을 규정하고 있다. 그런데, 위 가산세 등은 그 부과의 근거가 되는 법률 규정에서 본세의 세액이 유효하게 확정되어 있을 것을 전제로 납세의무자가 법정기한까지 과세표준과 세액을 제대로 신고하거나 납부하지 않을 것을 요건으로 하는 것으로서, 신고·납부할 본세의 납세의무가 인정되지 않는 경우 이를 따로 부과할 수 없으므로,[1] 본세가 소송 등에 의하여 취소되었다면 이러한 유형의 가산세 역시 처분의 기초를 상실하여 위법하게 된다.[2]

판례에 의하면, 가산세는 과세권의 행사 및 조세채권의 실현을 용이하게 하기 위하여 납세자가 정당한 이유 없이 법에 규정된 신고, 납세 등 각종 의무를 위반한 경우에 개별세법이 정한대로 부과되는 행정상의 제재로서, 납세자의 고의·과실은 고려되지 않고, 납세의무자가 단순한 법률의 부지나 오해의 범위를 넘어 세법해석상 견해의 대립이 있는 등 그 의무를 알지 못하는 것이 무리가 아니었다고 할 수 있어서 그것이 정당하다고 볼 수 있는 사정이 있을 때 또는 그 의무의 이행을 당사자에게 기대하는 것이 무리라고 하는 사정이 있을 때 등 그 의무해태를 탓할 수 없는 정당한 사유가 있는 경우에는 이를 부과할 수 없다.[3]

2. 과 징 금

행정기본법 제28조(과징금의 기준) ① 행정청은 법령등에 따른 의무를 위반한 자에 대하여 법률로 정하는 바에 따라 그 위반행위에 대한 제재로서 과징금을 부과할 수 있다.

② 과징금의 근거가 되는 법률에는 과징금에 관한 다음 각 호의 사항을 명확하게 규정하여야 한다.

1. 부과·징수 주체
2. 부과 사유
3. 상한액
4. 가산금을 징수하려는 경우 그 사항
5. 과징금 또는 가산금 체납 시 강제징수를 하려는 경우 그 사항

③ 제2항 제4호에 따라 체납된 과징금에 대한 가산금을 부과하는 규정을 정할 때에는 가산금의 부과율 및 부과기간이 금융기관 등이 연체대출금에 대하여 적용하는 이자율 등을 고려하여 대통령령으로 정하는 부과율 및 부과기간을 넘지 아니하도록 규정하여야 한다.

행정기본법 제29조(과징금의 납부기한 연기 및 분할 납부) 과징금은 한꺼번에 납부하는 것을 원칙으로 한다. 다만, 행정청은 과징금을 부과받은 자가 다음 각 호의 어느 하나에 해당하는 사유로 과징금 전액을 한꺼번에 내기 어렵다고 인정될 때에는 그 납부기한을 연기하거나 분할 납

1) 대법원 2019. 2. 14. 선고 2015두52616 판결 등 참조.
2) 대법원 2025. 8. 14. 선고 2025두33285 판결.
3) 대법원 2001. 9. 14. 선고 99두3324 판결, 대법원 2025. 6. 12. 선고 2024두66181 판결. 대법원 2002. 4. 12. 선고 2000두5944 판결에 의하면, 법령의 부지 또는 오인은 그 정당한 사유에 해당한다고 볼 수 없으며, 납세의무자가 세무공무원의 잘못된 설명을 믿고 그 신고납부의무를 이행하지 않았더라도 그것이 관계 법령에 어긋나는 것임이 명백한 때에는 그러한 사유만으로는 정당한 사유가 있는 경우에 해당하지 않는다.

부하게 할 수 있으며, 이 경우 필요하다고 인정하면 담보를 제공하게 할 수 있다.
1. 재해 등으로 재산에 현저한 손실을 입은 경우
2. 사업 여건의 악화로 사업이 중대한 위기에 처한 경우
3. 과징금을 한꺼번에 내면 자금 사정에 현저한 어려움이 예상되는 경우
4. 그 밖에 제1호부터 제3호까지에 준하는 경우로서 대통령령으로 정하는 사유가 있는 경우

가. 의 의

과징금은 일본을 제외하면 그 유래를 찾아볼 수 없는 독특한 제도로서, 실정법상의 용어 자체도 통일되어 있지 않으므로 그 개념을 둘러싸고 다양한 견해가 존재한다. 과징금은 '행정청이 일정한 행정법상의 의무 위반에 대한 제재로써 부과하는 금전적 부담', '행정법상의 의무를 위반한 자에게 경제적 이익이 발생한 경우 그 이익을 박탈하며 경제적 불이익을 과하기 위한 제도', '행정법상 의무위반에 대하여 행정청이 그 의무자에게 부과·징수하는 금전적 제재' 등으로 설명된다.

행정기본법에서는 과징금의 법적 성격 및 법률유보 등 과징금과 관련된 일반원칙을 명시하고 있다. 제28조에서는 법률로 정하는 바에 따라 과징금을 부과할 수 있도록 하는 법률유보의 원칙 및 과징금의 근거 법률에서 규정되어야 할 사항, 체납된 과징금의 가산금 상한을 제시하고, 제29조에서는 과징금 납부기한 연기 및 분할납부의 근거 및 사유를 구체적으로 규정하고 있다.

나. 도입경과와 유형

우리나라의 과징금제도는 1980. 12. 31. 법률 제3320호로 제정되어 1981. 4. 1.부터 시행된 독점규제 및 공정거래에 관한 법률에서 최초로 도입되었다. 당시 위 법률 제6조에서는 시장지배적 사업자가 그 지위를 이용하여 가격을 부당하게 높이는 행위에 대하여 경제기획원장관의 가격인하명령에 응하지 않은 때 그 가격인상의 차액에 해당하는 금액을 부과하도록 규정하고 있었고(제3조, 제6조 참조), 이를 과징금이라 불렀던 것이 시초이다.

이와 같은 유형의 과징금을 "본래 의미의 과징금"이라 하고 '경제법상의 의무를 위반한 자가 해당 의무위반행위로 인하여 경제적인 이익을 얻을 것이 예정되어 있는 경우에 해당 의무위반행위로 인한 불법적인 이익을 박탈하기 위하여 그 이익액에 따라 과해지는 일종의 행정제재금'이라고 정의한다.

한편, 위와는 다른 과징금이 1981. 12. 31. 법률 제3513호로 개정된 자동차운수사업법에서 변형된 형태로 도입되었다. 허가사업인 자동차운수사업을 하는 자가 자동차운수사업법 상의 의무에 위반하여 사업을 정지하여야 할 경우에 이를 정지시키지 않고 사업을 계속

하되 사업정지처분에 갈음하여 일정금액을 부과하는 것을 골자로 하는 변형된 형태의 과징금이 그 후 확대되어 일반적인 과징금의 형태로 자리를 잡게 되었다.

이런 "변형된 형태의 과징금"은 '인·허가사업에 관한 법률에 의한 의무위반을 이유로 단속상 그 인·허가사업 등을 정지하여야 할 경우에 이를 정지시키지 않고 사업을 계속하기로 하되, 사업을 계속함으로써 얻은 이익을 박탈하는 행정재제금'이라고 정의된다.

한편, 법령에서 과징금이라는 용어를 사용하고 있지 않더라도 그 제도적 취지·성격 등에 비추어 과징금과 유사한 부담금이 있다.[4]

다. 과징금제도의 법적성질

"본래 의미의 과징금"은 불법적 독점이익을 독점기업에 귀속시킬 수는 없기 때문에 독점기업으로부터 그 이익을 환수하고 불법행위에 대하여 제재를 가하여야 한다는 사고방식 아래에서 유래하는 것이다.[5] 따라서 기본적으로 부당이득환수적 성격을 가지면서 행정제재로서의 성격도 아울러 가지고 있다.[6] 그런데, 환수하여야 할 부당이득의 수액이 명확하게 계산되어 확정될 수 없는 경우도 많이 있기 때문에, 과징금을 정한 근거 법령에서는 과징금의 산정기준을 위반행위와 관련된 해당 사업의 매출액과 연동하여 '100분의 3'과 같이 일정 비율 이하에 해당하는 금액을 부과할 수 있도록 규정하는 경우가 종종 있다. 이렇게 되면, 과징금의 성격 중 제재적 성격이 두드러지게 된다.[7]

"변형된 형태의 과징금"은 공익사업의 경우에 사업자의 의무위반에 대해서 전통적인 의무이행확보수단인 사업정지처분을 하는 것이 가장 효과적이나 그 처분으로 인하여 공익사업의 특성상 일반국민에게 불편을 주게 되고, 가벼운 의무위반행위에 대하여 형사벌도 부과하기 어려운 사정 하에서 사업정지처분에 갈음한 의무이행확보수단으로 고안된 것이며, 사업을 계속함으로써 얻게 되는 이익을 박탈하는 행정제재금이므로, 변형된 과징금은 의무이행의 실효성을 확보하기 위한 수단으로서의 성격과 함께 부당이득환수적 성격도 가

---

4) 수질 및 수생태계 보전에 관한법률이나 대기환경보전법에서 일정한 오염물질을 배출한 사업자에 대하여 배출한 오염물질의 종류, 배출기간, 배출량 등을 산정기준으로 하여 배출부과금.

5) 원래는 위와 같은 불법적 독점이익에 대하여 소비자들이 나서서 독점기업에 대하여 손해배상을 청구하여야 한다. 그러나, 이러한 소송은 피해가 광범위하나 액수는 소소하다는 점, 소비자 개개인과 독점기업 사이의 무기가 평등하지 않다는 점, 증거가 편재되어 있어 증명이 어렵다는 점 등의 특징을 가지고 있으므로, 소비자들은 이 문제에 대하여 소송포기로 대응하는 경우가 많다. 따라서 강력한 징벌적 손해배상제도와 집단소송제도, 증명책임의 전환이나 디스커버리와 같은 증거편재의 시정제도가 한꺼번에 도입되지 않는다면 민사적인 방법으로 독점기업의 횡포를 시정하는 것은 어려운 일이다.

6) 대법원 2000. 2. 9. 선고 2000두6206 판결 등 참조.

7) 이 경우 그 과징금의 부과가 제재적 성격이 지나치게 강조되어 위반행위의 내용과 위법성의 정도보다 사회통념상 현저하게 타당성을 잃을 정도로 과중하게 산정되는 경우가 있으므로, 그 과징금의 부과처분이 비례의 원칙에 위반되어 재량권 일탈·남용으로 위법하게 되는 수가 있다(대법원 2023. 10. 12. 선고 2022두68923 판결 참조).

지고 있다고 할 수 있다. 이렇게 변형된 형태의 과징금은 사업정지처분에 갈음하여 부과되는 것이므로, 그 수액의 범위와 한계도 당초에 선택된 사업정지처분과 연동된다. 따라서 법령에서 사업정지기간을 한정하여 규정하고 있다면 여러 가지 위반행위가 있다고 하더라도 사업정지처분은 그 한도 내에서 발령하여야 하므로, 행정청이 사업정지처분을 갈음하는 과징금 부과처분을 하기로 선택하는 경우에는 사업정지처분의 경우와 마찬가지로 여러 가지 위반행위에 대하여 1회에 부과할 수 있는 과징금 총액은 법령에서 정한 최고한도액이고, 그것을 초과하여 부과할 수 없다.[8)]

라. 유사제도와의 구별

행정벌인 벌금과 과료 및 과태료는 법령 등에 따른 의무를 위반한 자에 대하여 부과되는 제재라는 점에서 과징금과 유사한 성격을 가지고 있다. 특히 과태료는 벌금이나 과료와 달리 법원에 의하여 결정되고 부과되는 것이 아니라 행정절차화되었다는 점에서 과징금과 공통점이 많다. 그러나 벌금과 과료 및 과태료는 위반행위와 행위자의 책임에 따른 제재이고, 과징금은 같은 제재이기는 하지만 부정이익의 환수에 주안점이 두어져 있다는 점에서 다르다.

이행강제금은 의무이행을 강제하기 위한 목적으로 부과하는 것이라는 점에서 행정강제에 속하므로, 제재적 성격을 가지는 과징금과 구별된다. 그러나 과징금도 장래의 의무이행을 확보하기 위한 목적을 포함하고 있어 양자는 개념상 구별하기 어려운 경우가 있다.

마. 이중처벌금지의 원칙과 관계

동일한 행위를 대상으로 하여 형벌을 부과하면서 아울러 과징금이나 이행강제금을 부과하여 대상자에게 거듭 처벌되는 것과 같은 효과를 낳는 것이 이중처벌에 해당하여 헌법

---

8) 대법원 2021. 2. 4. 선고 2020두48390 판결 참조. 예컨대, 여객자동차운수사업자가 범한 여러 가지 위반행위에 대하여 여객자동차법에 따라 사업정지처분을 할 경우에 위반행위의 종류와 위반 정도를 불문하고 그 기간은 6개월을 초과할 수 없다면, 관할 행정청이 사업정지처분을 갈음하는 과징금 부과처분을 하기로 선택하는 경우에도 사업정지처분의 경우와 마찬가지로 여러 가지 위반행위에 대하여 1회에 부과할 수 있는 과징금 총액은 위 법령에서 정한 최고한도액인 5,000만 원이 된다. 만일 행정청이 여러 가지 위반행위를 인지하여 그 전부에 대하여 일괄하여 하나의 과징금 부과처분을 하는 것이 가능하였음에도 불구하고 임의로 몇 가지로 구분하여 각각 별도의 과징금 부과처분을 할 수 있다면, 행정청이 여러 가지 위반행위에 대하여 부과할 수 있는 과징금의 최고한도액을 정한 법령의 적용을 회피하는 수단으로 악용될 수 있기 때문이다. 또한 관할 행정청이 여객자동차운송사업자가 범한 여러 가지 위반행위 중 일부만 인지하여 과징금 부과처분을 하였는데 그 후 그 과징금 부과처분 시점 이전에 이루어진 다른 위반행위를 인지하여 이에 대하여 별도의 과징금 부과처분을 하게 되는 경우에도 종전 과징금 부과처분의 대상이 된 위반행위와 추가 과징금 부과처분의 대상이 된 위반행위에 대하여 일괄하여 하나의 과징금 부과처분을 하는 경우와의 형평을 고려하여, 행정청이 전체 위반행위에 대하여 하나의 과징금 부과처분을 할 경우에 산정되었을 정당한 과징금액에서 이미 부과된 과징금액을 뺀 나머지 금액을 한도로 추가 과징금 부과처분을 할 수 있다.

에 위반되는지 문제가 된다. 특히 벌금형이 선고될 경우 이중의 금전형을 선고받는 결과가 되기 때문이다.

헌법 제13조 제1항에서 말하는 "처벌"은 원칙적으로 범죄에 대한 국가의 형벌권 실행으로서의 과벌을 의미하는 것이고, 국가가 행하는 일체의 제재나 불이익처분을 모두 그 처벌에 포함시킬 수는 없는 것이므로, 예컨대, 부동산실명법상의 의무위반에 대하여 처벌을 함과 동시에 과징금을 부과하는 것이 바로 이중처벌에 해당하여 헌법에 위반된다고 보기는 어려울 것이다.[9] 다만 위반행위보다 형벌과 과징금 등 제재의 총량이 과도하면 비례의 원칙에 위반될 수 있다는 점에 유의하여야 한다.[10]

이와 관련하여 어느 동일한 행위에 대하여 적용법령을 달리하여 과징금을 각각 부과할 수 있는지도 논란이 될 수 있다. 대법원은 어느 동일한 행위에 대하여 대주주에 대한 일정한 자산거래 또는 신용공여를 금지하는 보험업법 규정과 특수관계인에 대한 부당지원행위를 금지하는 공정거래법 규정을 중첩적으로 적용하여 과징금을 각각 부과하는 것이 허용된다고 판시한 사례가 있다.[11]

바. 정비의 필요성

현행법에 과징금이 도입되고 그 수가 점점 늘어나고 있는 이유는 ① 행정법상의 의무위반자에 대한 제재가 일반 공중에게 불편을 끼치지 않고 행해질 수 있는 점, ② 벌금 등 형사벌을 과함으로써 전과자를 양산하는 것을 피할 수 있는 점 등에 있다.

그러나 현재 과징금제도가 남발되고 있고, 행정상 강제집행의 하나인 이행강제금이나 행정벌인 벌금형이나 과태료 등 다른 금전적인 실효성확보수단과 사이에 차별성이 부각되지 못하고 있는 실정이다. 따라서 위와 같은 각각의 수단들이 그 본래의 목적과 성격에 맞게 부과될 수 있도록 입법적인 정비가 필요하고,[12] 그중 과징금은 당초의 입법취지대로 부당이득 환수의 필요성이 강한 행위에 대한 제재로 이용되어야 할 것이다.

3. 범 칙 금

범칙금이란 도로교통법을 위반한 범칙자가 통고처분에 의하여 국고에 납부하여야 할

---

9) 헌재 2001. 5. 31. 선고 99헌가18 등 결정, 대법원 2007. 7. 12. 선고 2006두4554 판결. 한편, 이행강제금과 더불어 부과하는 것에 대해서도 과징금과 이행강제금은 동시에 부과되는 것은 아니고 시기에 따라 차례로 부과되는 것이므로 문제가 되지 않는다고 생각된다.

10) 대법원 2004. 4. 9. 선고 2001두6197 판결.

11) 대법원 2015. 10. 29. 선고 2013두23935 판결.

12) 법제처는 그 입법적인 노력의 일환으로 과징금 부과사유와 과태료 부과사유를 조정하여 동일한 사안에 대하여 과징금과 과태료가 중복하여 부과되지 않도록 정비하고 있다. 가령 건강기능식품에 관한 법률 제48조에서는 과징금을 부과한 행위에 대하여 과태료를 부과할 수 없게 하였고, 여객자동차 운수사업법 제95조에서도 유사하게 규정하고 있다.

금전을 말한다. 이 범칙금제도는 일정한 금액의 범칙금의 납부를 통고하고, 그 통고를 받은 자가 기간 내에 이를 납부한 경우에는 해당 범칙행위에 대해서 공소가 제기되지 않으며, 납부하지 않는 때에는 형사처벌절차가 진행되는 도로교통법상의 제도이다(제162조 이하).

Ⅱ. 비금전적 수단

1. 공급거부

가. 의 의

공급거부란 행정법상의 의무를 위반하거나 불이행한 사람에 대하여 일정한 행정상의 서비스나 재화의 공급을 거부하는 행정조치를 말한다. 행정에 의하여 제공되는 각종의 서비스 · 재화(예컨대 전기 · 수도 · 가스 등)는 오늘날 국민생활에 불가결하므로, 그 공급거부는 매우 강력한 행정상 실효성확보수단으로 기능한다.

나. 법적 근거

공급거부는 국민의 권익에 중대한 영향을 미치는 것이므로 법적 근거를 요한다. 과거에 건축법 제69조 제2항, 대기환경보전법 제21조 제2항, 수질환경보전법 제21조 제2항 등에서 공급거부에 관해서 규정하고 있었다. 그러나 법률의 개정에 의하여 현재는 공급거부에 관한 내용이 모두 삭제되었다.[13]

다. 처분성 여부

판례는 단수처분이 처분에 해당한다고 판시한 사례가 있으나,[14] 전기 · 전화의 공급자에게 위법 건축물에 대한 전기 · 전화공급을 하지 말아 줄 것을 요청한 경우 그 행위는 권고적인 것에 불과하여 처분이 아니라고 하였다.[15] 그러나 단수 등의 조치를 요청받은 사람은 특별한 이유가 없으면 응하여야 하므로(구 건축법 제69조 제2항), 공급자나 특정인의 법률상 지위에 직접적인 변동을 가져오는 것이라고 보아야 한다.

라. 공급거부의 한계

행정상의 서비스나 재화는 국민의 일상생활에 불가결하므로, 행정법상의 의무위반자에

---

13) 가령 구 건축법 제69조 제2항은 같은 법 또는 같은 법에 의하여 발하는 명령이나 처분에 위반하여 건축물의 건축 또는 대수선을 하였을 때에 해당 건축물에 대한 전기 · 전화 · 수도 또는 도시가스의 설치 · 공급의 중지를 요청할 수 있다고 규정하고 있었으나, 위 규정의 위헌성에 대한 문제제기로 인하여 개정 건축법에서는 삭제되었다.

14) 대법원 1979. 12. 28. 선고 79누218 판결.

15) 대법원 1996. 3. 22. 선고 96누433 판결, 대법원 1995. 7. 28. 선고 94누10832 판결, 대법원 1995. 11. 21. 선고 95누9099 판결 등.

게 그 공급을 거부하는 것이 어느 범위까지 허용되는지가 문제된다. 실제로 건축법규에 정해진 주차장시설을 하지 않은 건물에 대한 단수조치가 문제된 경우가 종종 있었다. 결론적으로 말하면, 의무위반 또는 불이행과 공급거부 사이에 실질적인 관련이 있는 경우에만 허용되고(부당결부금지의 원칙), 이때에도 비례의 원칙이 적용된다고 할 것이다.

2. 관허사업의 제한

가. 일반적인 관허사업의 제한

세무서장은 납세자가 허가 · 인가 · 면허 및 등록 등을 받은 사업과 관련된 소득세, 법인세 및 부가가치세를 체납한 경우 해당 사업의 주무관청에 그 납세자에 대하여 허가 등의 갱신과 그 허가 등의 근거 법률에 따른 신규 허가 등을 하지 않을 것을 요구할 수 있고, 허가 등을 받아 사업을 경영하는 자가 해당 사업과 관련된 소득세, 법인세 및 부가가치세를 3회 이상 체납하고 그 체납된 금액의 합계액이 500만원 이상인 경우 해당 주무관청에 사업의 정지 또는 허가 등의 취소를 요구할 수 있는데, 해당 주무관청은 위와 같은 세무서장의 요구가 있는 경우 정당한 사유가 없으면 요구에 따라야 하고, 그 조치 결과를 즉시 세무서장에게 알려야 한다(국세징수법 제112조).

국세징수법이 2020. 12. 29. 전부개정되기 전에는 조세체납자로 하여금 스스로 체납된 조세를 납부토록 강제하는 수단으로서 관허사업을 제한하기 위해서는 체납자와 사업자가 동일인이기만 하면 되고, 체납된 조세와 직접 관련이 없는 사업에 대한 인허가라 할지라도 이를 거부하거나 철회 · 정지할 수 있도록 하고 있었는데, 이는 부당결부금지의 원칙과 관련하여 문제가 있었다. 그러나 위와 같은 개정으로 이 문제는 상당부분 개선되었다고 평가된다.

나. 관련된 특정관허사업의 제한

특정 법령상의 의무에 위반한 경우에 해당 법령에 의한 기존의 인허가를 철회 또는 정지하도록 하거나(약사법 제76조), 건축법 또는 같은 법에 의하여 발하는 명령이나 처분에 위반하여 건축물의 건축 또는 대수선을 하였을 때에는 해당 건축물을 사용하여 행할 다른 법령에 의한 영업 그 밖의 행위를 허가할 수 없도록 함으로써(건축법 제79조 제2항) 위법건축물을 이용한 관허사업을 제한하고 있다.

이러한 내용이 법규 또는 행정행위의 부관에 규정됨으로써 간접적인 행정상 실효성확보수단으로 기능한다고 볼 수 있다.

3. 법위반사실의 공표

행정절차법 제40조의3(위반사실 등의 공표) ① 행정청은 법령에 따른 의무를 위반한 자의 성명·법인명, 위반사실, 의무 위반을 이유로 한 처분사실 등(이하 "위반사실등"이라 한다)을 법률로 정하는 바에 따라 일반에게 공표할 수 있다.

② 행정청은 위반사실등의 공표를 하기 전에 사실과 다른 공표로 인하여 당사자의 명예·신용 등이 훼손되지 아니하도록 객관적이고 타당한 증거와 근거가 있는지를 확인하여야 한다.

③ 행정청은 위반사실등의 공표를 할 때에는 미리 당사자에게 그 사실을 통지하고 의견제출의 기회를 주어야 한다. 다만, 다음 각 호의 어느 하나에 해당하는 경우에는 그러하지 아니하다.

1. 공공의 안전 또는 복리를 위하여 긴급히 공표를 할 필요가 있는 경우
2. 해당 공표의 성질상 의견청취가 현저히 곤란하거나 명백히 불필요하다고 인정될 만한 타당한 이유가 있는 경우
3. 당사자가 의견진술의 기회를 포기한다는 뜻을 명백히 밝힌 경우

④ 제3항에 따라 의견제출의 기회를 받은 당사자는 공표 전에 관할 행정청에 서면이나 말 또는 정보통신망을 이용하여 의견을 제출할 수 있다.

⑤ 제4항에 따른 의견제출의 방법과 제출 의견의 반영 등에 관하여는 제27조 및 제27조의2를 준용한다. 이 경우 "처분"은 "위반사실등의 공표"로 본다.

⑥ 위반사실등의 공표는 관보, 공보 또는 인터넷 홈페이지 등을 통하여 한다.

⑦ 행정청은 위반사실등의 공표를 하기 전에 당사자가 공표와 관련된 의무의 이행, 원상회복, 손해배상 등의 조치를 마친 경우에는 위반사실등의 공표를 하지 아니할 수 있다.

⑧ 행정청은 공표된 내용이 사실과 다른 것으로 밝혀지거나 공표에 포함된 처분이 취소된 경우에는 그 내용을 정정하여, 정정한 내용을 지체 없이 해당 공표와 같은 방법으로 공표된 기간 이상 공표하여야 한다. 다만, 당사자가 원하지 아니하면 공표하지 아니할 수 있다.

가. 의 의

법위반사실의 공표라 함은 행정법상 의무위반 또는 의무불이행이 있는 경우에 그의 성명·위반사실 등을 일반에게 공개하여 명예 또는 신용의 침해를 위협함으로써 행정법상의 의무이행을 간접적으로 강제하는 수단을 말한다. 예컨대, 불성실기부금수령단체 등의 명단공개(국세기본법 제85조의5), 식품위생법 위반 영업자의 영업정보 공표(식품위생법 제73조) 및 위반건축물표지의 설치(건축법 제79조 제4항) 등이다.

나. 법적 성질 및 기능

공표는 일정한 사실을 국민에게 알리는 사실행위에 지나지 않고, 그 자체로서는 아무런 법적 효과를 발생하지 않는다. 그러나 오늘날 정보화사회·신용사회에서는 의무위반자의 명단공개는 그들의 명예뿐만 아니라 신용을 추락시키고 그로 인하여 유형·무형의 불이

익을 줌으로써 상당히 실효성 있는 의무이행확보수단이 된다. 그리하여, 2022. 1. 11. 개정된 행정절차법 제40조의3에서는 "위반사실등의 공표"라는 표제하에 이를 규율하고 있다.

다. 법적 근거

행정법상의 의무위반자의 명단을 공표하기 위해서는 법적 근거가 있어야 하는지가 문제된다. 공표 그 자체는 직접으로 아무런 법적 효과도 발생하지 않고 단지 일정한 사실을 국민에게 알리는 사실행위에 지나지 않는다는 점에서는 법적 근거를 요하지 않는 것으로 볼 수도 있다. 그러나 공표는 현실적으로 행정상 제재 내지 의무이행확보수단으로서의 중요한 기능을 수행하고, 나아가 상대방의 인격권·프라이버시권 등의 기본권을 침해할 우려가 있다는 점에서 원칙적으로 법적 근거를 요한다고 할 것이다.

행정절차법 제40조의3 제1항에서도 "행정청은 법령에 따른 의무를 위반한 자의 성명·법인명, 위반사실, 의무 위반을 이유로 한 처분사실 등을 법률로 정하는 바에 따라 일반에게 공표할 수 있다."라고 규정하여 행정청이 위반사실 등을 공표하기 위해서는 법률에 근거하도록 법률유보의 원칙을 명시하고 있다.

라. 공표와 프라이버시권

공표제도는 행정법상의 의무위반자에 관한 일정한 사실을 일반인에게 공개하여 그의 명예·신용의 훼손을 위협함으로써 실효성을 거두는 것이므로, 상대방의 프라이버시권(헌법 제17조)을 침해하는 것이 아닌지가 문제될 수 있다.[16] 프라이버시권(사생활의 비밀과 자유)은 일정한 한계를 가지고 있고 공공의 이익을 위하여 법률에 의하여 제한될 수 있다. 이때 공표의 필요성과 상대방의 프라이버시권 사이에 이익형량이 행해져야 할 것이다.

일반적으로 행정법상의 의무위반자의 성명이나 위반사실을 공표하는 것은 상대방의 프라이버시보다 국민의 알권리가 앞서므로 허용된다고 할 것이나, 의무위반과 관계없는 사항, 예컨대 축재과정이나 그 밖의 사생활을 공표하는 것은 프라이버시를 침해하게 될 가능성이 크다고 할 것이다.

---

16) 행정법상 의무위반자에 대한 공표제도는 아니지만, 미성년자 성범죄자 명단공개에 대하여 헌법재판소는 다음과 같이 결정하였다(헌재 2003. 6. 26. 선고 2002헌가14 결정). 「미성년자 성범죄자 명단공개는 행정법상 의무의 불이행에 대한 제재가 아니므로 엄밀하게 말하면 행정상 공표에는 해당하지 않지만 공표에 유사한 제도라 볼 수 있다. 위 명단공개의 경우에는 사전에 명단공표결정이 통보되는 바 이는 수인하명의 행정행위의 성질을 갖는 것으로 볼 수 있다. 미성년자성범죄자 명단공개는 성매수자의 일반적인 인격권과 사생활의 비밀의 자유가 제한되는 정도가 청소년 성보호라는 공익적인 요청에 비해 크다고 할 수 없으므로 일반적인 인격권 사생활의 비밀의 자유를 과잉금지의 원칙에 위배하여 침해한 것이라 할 수 없다.」

마. 공표의 절차와 방법

법위반사실의 공표가 타인의 명예 등을 훼손하지 않도록 신중하게 사실을 조사하여 객관적이고 타당한 증거와 근거를 바탕으로 이루어져야 한다. 그리하여, 행정절차법 제40조의3에서는 행정청에게 위반사실등의 공표를 하기 전에 사실과 다른 공표로 인하여 당사자의 명예·신용 등이 훼손되지 않도록 객관적이고 타당한 증거와 근거가 있는지를 엄격히 확인할 의무를 부과하고 있다(제2항). 아울러 ① 공공의 안전 또는 복리를 위하여 긴급히 공표를 할 필요가 있는 경우, ② 해당 공표의 성질상 의견청취가 현저히 곤란하거나 명백히 불필요하다고 인정될 만한 타당한 이유가 있는 경우, ③ 당사자가 의견진술의 기회를 포기한다는 뜻을 명백히 밝힌 경우 등을 제외하고 사전통지 및 의견제출 기회의 제공 등 사전적인 절차적 보호장치를 마련하고(제3항), 의견제출은 서면이나 말 또는 정보통신망을 이용하여 할 수 있다는 취지(제4항), 의견제출의 방법과 제출된 의견의 반영 등에 관한 사항(제5항) 등을 규정하고 있다.

행정청은 법령에 따른 의무를 위반한 자의 성명·법인명, 위반사실, 의무 위반을 이유로 한 처분사실 등을 관보, 공보 또는 인터넷 홈페이지 등을 통하여 공표한다(제6항).

바. 위법한 공표에 대한 구제수단

위법한 공표로 인하여 명예를 훼손당하거나 경제적 손해를 받은 자에 대한 권리구제수단으로는 다음과 같은 것이 검토될 수 있을 것이다.

첫째, 위법한 공표로 인하여 손해를 받은 자는 배상을 청구할 수 있다.

둘째, '공표'에 의해 훼손된 명예의 회복을 구하는 방법으로서는 동일한 매스컴을 통한 정정공고를 생각할 수 있다(민법 제764조 참조). 이와 관련하여, 행정절차법은 당사자가 원하지 않는 경우를 제외하고 행정청으로 하여금 공표된 내용이 사실과 다른 것으로 밝혀지거나 공표에 포함된 처분이 취소된 경우에는 그 내용을 정정하여, 정정한 내용을 지체없이 해당 공표와 같은 방법으로 공표된 기간 이상 공표할 의무를 부과하고 있다(같은 조 제8항).

셋째, 공표에 대한 취소소송이 가능한지에 관해서는 다툼이 있다. 특정인에게 법위반사실을 공표함으로써 불이익을 가한다는 위와 같은 행정결정이 전제가 되어 있지 않은 사실행위로서의 공표행위가 항고소송의 대상인 '처분'에 해당하는지가 특히 문제된다. 위법한 공표행위에 대하여 다른 적절한 구제수단이 없는 경우에는 공표행위도 공권력의 행사에 준하는 작용으로 보아 그 처분성을 인정할 수도 있다는 견해도 있고, 공표행위를 비권력적 사실행위로 보아 처분성을 가지지 않는다는 견해도 있다. 공표로 인하여 개인의 명예, 신용 또는 프라이버시권이 제한되므로 권력적 사실행위의 성격을 가진다고 할 것이고, 통상 공표행위를 하게 되면 그 상태가 상당기간 지속되므로, 처분성을 인정할 수 있다고 생각한다.[17] 이와 관련하여, 병역법상 병역의무 기피자의 인적사항 공개절차에서 병무청장의 공개결정은 항고소송의 대상이 되는 처분에 해당한다는 것이 판례가 있다.[18]

마지막으로, 위법한 공표를 행한 공무원에 대해서는 형법상의 명예훼손죄(제307조), 피의사실공표죄(제126조) 또는 공무상비밀누설죄(제127조) 등이 문제될 수 있다.

사. 면제

법위반사실의 공표는 정보통신기술의 발전으로 인하여 위반사실 등을 공표하면 당사자의 명예를 훼손하거나 신용에 불이익을 미치는 효과가 빠르게 파급될 수 있기 때문에, 공표 전에 당사자가 의무를 이행하는 등 위반사실의 회복을 위한 조치를 행하다면 공표를 면제해 줄 필요가 있다.

그리하여 행정절차법은 법위반사실의 공표를 하기 전에 당사자가 공표와 관련된 의무의 이행, 원상회복, 손해배상 등의 조치를 마친 경우에는 위반사실의 공표를 하지 않을 수 있는 규정을 두고 있다(같은 조 제7항).

아. 공정거래법상 공표명령

(1) 의의 및 법적 성질

법위반사실의 공표는 행정법상의 의무위반 · 불이행에 대하여 행정청이 그 사실을 일반에게 공표함으로써 그에 따르는 사회적 비난이라는 간접적 · 심리적 강제에 의하여 그 의무이행을 확보하려는 간접적인 실효성확보수단이고, 공정거래법상의 공표명령도 그러한 성격을 가지는 제도이다.

다만 공정거래법상 공표명령은 행정청 스스로 하는 것이 아니라 시정명령을 받은 사람에게 그러한 공표를 하도록 명한다는 점에서 특색이 있다. 즉, 행위자의 비용으로 그러한 공표를 하게 하는 것인데 이는 의무이행의 강제라는 측면에서 보다 강한 수단이 되는 면도 있지만, 나아가 그 비용 부담의 측면이나 그 공표 자체를 행위자에게 강제한다는 측면에서 보면 제재적 성격도 아울러 가지는 것이라고 할 수 있다. 따라서 공정거래법상의 공표명령은 다른 실정법상의 공표제도와는 다른 것으로서 간접적 의무이행 강제제도로서의 성격뿐만 아니라 제재적 성격도 아울러 가진다고 할 수 있고,[19] 처분으로서의 성격도

---

17) 김혜성, "행정상 공표의 법적 쟁점", 법제 통권 제664호, 법제처(2014. 3), 110면 참조. 한편 고액 · 상습세금체납자의 명단 공개행위에 관하여 처분성을 인정한 하급심 판결이 있다(서울행정법원 2011. 10. 21. 선고 2011구합16933 판결).

18) 대법원 2019. 6. 27. 선고 2018두49130 판결. 이때 병무청장이 하는 병역의무 기피자의 인적사항 등 공개조치에는 특정인을 병역의무 기피자로 판단하여 그에게 불이익을 가한다는 공개결정을 전제로 한 사실행위로서 집행행위에 불과하여 병무청장의 공개결정과 별도로 처분이라고 볼 수 없다.

당연히 가진다.

(2) 헌법재판소의 위헌 결정과 그 의미

애초에 공정거래법 제24조 등에서는 공정거래위원회가 공표명령을 발할 때 법위반사실을 공표하도록 명할 수 있다고 규정하고 있었다.

이에 대하여 헌법재판소는 '법위반사실 공표명령'은 법규정의 문언상 단순히 법위반사실 자체를 공표하라는 것일 뿐이므로, 사죄 내지 사과를 강요하는 양심의 자유를 침해하는 조항으로 볼 수 없지만, 공정거래위원회가 행위자로 하여금 '공정거래법을 위반하였다는 사실을 인정하여 공표'하라는 과잉조치 대신 '법위반 혐의로 인하여 시정명령을 받은 사실의 공표'라는 보다 가벼운 수단을 택할 수 있으므로, 기본권 제한 법률이 갖추어야 할 수단의 적합성 및 침해의 최소성 원칙과 법익균형성의 원칙에 위배되고, 재판을 통한 유죄판결을 받기 이전에 그와 같은 내용을 공표하도록 하여 무죄추정의 원칙과 진술거부권을 침해하는 것이라고 위헌선언을 하였다.[20]

(3) 헌법재판소의 위헌결정 후의 처리와 법률의 개정

헌법재판소의 위와 같은 위헌결정 이후 대법원은 공정거래위원회는 구 공정거래법(1996. 12. 30. 법률 제5235호로 개정되기 전의 것) 제24조 소정의 '법위반사실의 공표'부분이 위헌결정으로 효력을 상실하였다 하더라도 '기타 시정을 위하여 필요한 조치'로서 '법위반을 이유로 공정거래위원회로부터 시정명령을 받은 사실의 공표'명령을 할 수 있다고 판시하였다.[21] 구 공정거래법 제24조는 해당 불공정거래행위의 중지, 계약조항의 삭제, 정정광고, 법위반사실의 공표 기타 시정을 위한 필요한 조치를 명할 수 있도록 되어 있었는데, 법위반사실의 공표명령은 "기타 시정을 위하여 필요한 조치"의 예시일 뿐이므로 "법 위반사실의 공표" 부분이 위헌결정되어 무효로 되었다 하더라도 "기타 시정을 위하여 필요한 조치"의 일환으로 이와 성격을 달리하는 "시정명령을 받은 사실의 공표"를 명할 수 있다고 해석하였던 것이다.

한편, 공정거래법 제24조는 2004. 12. 31. 법률 제7315호로 개정되어 법위반사실의 공표가 아니라 시정명령을 받은 사실의 공표명령으로 개정되었다.

4. 차량 등의 사용금지

이는 행정법규의 위반에 사용된 차량 그 밖의 운반수단의 사용을 정지 또는 금지함으

19) 판례도 마찬가지이나 주로 행정법상의 의무이행강제의 수단으로 보고 있다(대법원 1990. 9. 25. 선고 89누8200 판결).
20) 헌재 2002. 1. 31. 선고 2001헌바43 결정.
21) 대법원 2003. 2. 28. 선고 2002두6170 판결.

로써 간접적으로 의무이행을 강제하는 방법이다. 도로교통법 제47조 등이 그 예이다.

5. 수익적 행정행위의 정지 · 철회

행정행위의 '철회'는 사정변경을 반영하여 행정행위의 효력을 소멸시키는 행정행위이다. 그런데, 오늘날 영업허가와 같은 수익적 행정행위의 철회 내지 정지는 가장 무거운 제재수단의 일종으로서, 행정상 실효성확보수단의 하나라는 점이 새롭게 부각되고 있다.[22) 한편, 자동차운수사업 면허정지 등 그 여파가 일반국민에게 주는 영향을 고려하여 면허의 정지 · 철회 대신에 과징금을 부과하는 제도가 고안되었음은 앞에서 설명하였다.

6. 국외여행의 제한

예컨대, 국세의 고액체납자 등에 대한 국외여행의 제한조치가 행해지는 경우가 있는데, 그 법적 근거는 출입국관리법 제4조 제1항에서 찾아볼 수 있다.

7. 취업의 제한

병역법 제76조는 ① 병역판정검사, 재병역판정검사 또는 확인신체검사를 기피하고 있는 사람, ② 징집 · 소집을 기피하고 있는 사람, ③ 군복무 및 사회복무요원 또는 대체복무요원 복무를 이탈하고 있는 사람의 취업을 제한하고 있다.

제 3 절 행정권한의 부당결부금지의 원칙

현대행정에서는 행정권한의 양적 증대 및 행정수단의 다양성 등으로 인하여 행정권한을 행사할 때 반대급부와 결부시키는 것이 어느 정도 불가피하다고 할 수 있다. 우리나라에서도 그러한 경우가 많이 있는데, 건축법규를 위반한 건축주로 하여금 의무를 이행하게 만드는 방법으로서 그 건축물을 이용한 영업행위 등을 금지하는 조치를 취한다든가(건축법 제79조 제2항 참조), 소득세나 법인세 등의 납세의무를 이행하지 않는 자에 대하여 관허사업의 영업허가를 거부 또는 철회한다든가(국세징수법 제112조), 고액체납자의 명단을 공표하고 융자 등 각종의 시혜조치를 취소하고 해외여행을 금지하는 것 등이 그 예이다.

---

22) 영업정지처분과 같은 행정법규 위반에 대한 제재조치는 행정목적의 달성을 위하여 행정법규 위반이라는 객관적 사실에 착안하여 가하는 제재이므로, 반드시 현실적인 행위자가 아니라도 법령상 책임자로 규정된 자에게 부과되고, 위반자에게 고의나 과실이 없더라도 부과할 수 있다(대법원 2017. 5. 11. 선고 2014두8773 판결, 대법원 2021. 2. 25. 선고 2020두51587 판결).

그러나 행정권한의 결부를 무한정으로 인정한다면 법치주의, 행정의 예측가능성, 법률생활의 안정성 및 인권의 존중 등의 가치가 몰각될 수 있으므로 그에 대한 한계가 설정되어야 한다. 적어도 행정목적 내지 권한과 수단 간의 실질적인 관련이 있는 한도 내에서만 결부가 허용된다. 이와 같이 행정기관이 고권적 조치를 취할 때 그것과 실질적인 관련이 없는 반대급부와 결부시켜서는 안 된다는 것을 행정권한의 부당결부금지의 원칙이라고 한다.

| 제 5 편 |

행정구제법

제 1 장 국가배상

제 1 절 총 설

I. 의 의

1. 개 념

행정상 손해배상이란 국가 등 행정주체의 활동으로 인하여 타인이 손해를 입은 경우 행정주체가 그 손해를 전보해 주는 제도를 말한다. 이에 관한 일반법이 국가배상법이기 때문에 '국가배상'이라고도 부른다.

국가배상과 손실보상은 행정작용에 의하여 타인이 입은 손해를 전보하는 제도라는 점에서 공통된다. 그러나, 국가배상은 위법한 행정작용에 대한 구제수단이고, 손실보상은 적법한 행정작용에 대한 구제수단이라는 점에서 다르다.

국가배상과 손실보상은 그 연혁과 성질을 달리한다. 국가배상은 개인주의적인 사상을 바탕으로 개인적 · 도의적인 책임을 기반으로 한다. 이러한 점에서 사법상의 손해배상과 공통되지만, 그 배상주체가 국가나 지방자치단체라는 점에서 민사책임과 다른 특성이 있다. 반면에 손실보상은 공공의 필요에 따라 재산권을 박탈하기 위해서는 평등의 원칙에 따라 국가 전체의 공동 부담 하에 완전한 보상을 하여야 한다는 생각에서 출발한 것이다. 그러한 의미에서 손실보상은 단체주의적인 사상을 바탕으로 사회적 공평부담주의의 실현을 기초이념으로 하고 있다.

그러나, 오늘날 양자는 이론상으로나 제도상으로 서로 접근하고 있다. 이는 행정작용의 적법과 위법의 경계선이 희미해지는 경향과 관련이 있다.

첫째, 불법행위이론 자체가 수정되고 있다. 손해보험제도의 발전에 따라 사법분야에서의 불법행위책임도 개인주의적 · 도의적 책임으로서의 의미가 점차 감소하고 있다. 이러한 영향 하에서 국가배상도 가해행위의 위법성 여부를 따지지 않고 피해자의 입장에 서서 '부담의 공평화'에 그 책임의 근거를 두려는 경향이 있다.

둘째, 불법행위에 기한 손해배상과 적법행위에 기한 손실보상 사이의 중간적 영역으로서, 국가의 위험책임 내지 위법 · 무과실책임이 인정되기도 한다. 이는 국가의 불법행위책임의 흠결을 보충하고 그 모순을 시정하려는 데에 그 취지가 있다.

그렇다고 하더라도 아직까지는 양자의 구별을 무시한 통일적인 법제도 · 법이론이 형성되었다고 볼 정도에는 이르지 않았다. 따라서 현단계에서는 실정법상 행정상의 손해배상(국가배상)과 손실보상만으로 행정구제의 실효를 거두지 못하는 영역을 메우는 노력이 필요하다.

2. 국가배상제도의 기능

가. 피해자구제기능

손해배상제도는 피해자의 손해를 전보하는 것에 일차적 목적이 있다. 그런데, 공무원의 불법행위로 인한 손해배상책임을 가해자인 해당 공무원에게만 부담하게 한다면, 피해자에 대한 구제가 충분하지 못한 경우가 발생할 수 있다. 그리하여, 공무원의 직무상 불법행위로 인한 손해배상의 책임을 국가가 부담하게 하는 것이다.

나. 손해분산기능

가해자인 공무원이 피해자가 입은 손해를 배상할 경우 해당 공무원의 생활이 파탄날 수 있다. 따라서, 국가배상제도는 공무원에게 집중되는 배상책임을 분산하려는 데에도 그 취지가 있다.

다. 제재기능 · 위법행위억제기능

국가배상제도는 공무원에 대한 제재기능 및 위법행위억제기능도 가지고 있다. 국가배상은 공무원의 부담을 덜어 주면서도 피해자의 구제에 만전을 기하고 제재기능 및 위법행위억제기능도 수행할 수 있어야 한다. 그리하여, 국가배상법은 공무원 개인의 책임을 고의나 중과실이 있는 경우에 한정하고 있다.

Ⅱ. 국가배상의 법적 성격

1. 학 설

가. 공 법 설

이 견해는 공법상 원인으로 인한 손해배상을 규율하는 국가배상법은 사경제작용을 규율하는 민법과는 근본적으로 성격을 달리하므로, 민법과 국가배상법 사이에는 일반법과 특별법의 관계가 성립될 수 없다는 것이다. 이 견해에 의하면, 국가배상청구소송은 공법상 당사자소송절차에 의하여야 한다.

나. 사 법 설

국가배상청구권은 공법 특유의 책임이론이 아니라 불법행위의 한 유형에 지나지 않고,

국가배상법 제8조에서도 국가배상법이 민법의 특별법적 성격을 가진다는 취지로 규정되어 있으므로, 사법적 성질을 갖는다는 견해이다. 이 견해에 의하면, 국가배상청구소송은 민사소송절차에 의하여야 한다.

2. 판 례

대법원은 "공무원의 직무상 불법행위로 손해를 받은 국민이 국가 또는 공공단체에 배상을 청구하는 경우 국가 또는 공공단체에 대하여 그의 불법행위를 이유로 손해배상을 구함은 국가배상법이 정한 바에 따른다 하여도 이 역시 민사상의 손해배상책임을 특별법인 국가배상법에 정한 데 불과하다."라고 판시하고,[1] 실무도 일관되게 국가배상사건을 민사소송으로 처리하고 있다.

3. 검 토

국가배상법은 공법적 원인에 의하여 발생한 손해에 대한 국가 등의 배상책임을 규정하고 있다는 점에서 공법으로 보아야 할 것이다. 따라서, 국가배상에 관한 소송은 공법상 당사자소송으로 취급되어야 한다.

Ⅲ. 국가배상법의 적용범위

국가배상법은 국가배상에 관한 일반법으로서, 국가배상법 제8조에 따라 다른 법률의 규정이 있는 경우 특별법이 우선 적용된다. 국가배상에 관한 특별법은 ① 무과실책임을 인정하고 있는 것으로서 자동차손해배상보장법, 산업재해보상보험법, 원자력손해배상법과 공무원연금법 등이 있고, ② 배상책임의 범위 또는 배상액을 감경 내지 정형화하고 있는 것으로서 우편법 등이 있다.

Ⅳ. 국가배상의 당사자

1. 배상책임의 주체

헌법 제29조 제1항은 국가와 공공단체의 배상책임을 규정하고 있는데, 국가배상법은 국가와 지방자치단체의 배상책임만 규정하고 있다. 이와 관련하여 공공조합이나 영조물법인에 대한 배상책임은 민법의 불법행위책임에 의한다는 견해, 국가배상법상 지방자치단체

1) 대법원 1972. 10. 10. 선고 69다701 판결, 대법원 1971. 4. 6. 선고 70다2955 판결.

안에 공공조합이나 영조물법인이 포함된다고 해석하여 국가배상법을 적용하자는 견해, 헌법 제29조 제1항을 직접 적용하여 공공조합이나 영조물법인에 대하여 국가배상법을 유추하자는 견해 등이 제기되고 있다.

그러나, 헌법 제29조 제1항에서는 공무원의 직무상 불법행위에 대한 손해배상에 관하여 규정하고 있는데 공공단체의 직원은 공무원의 신분을 가지지 않으므로, 국가배상법이 지방자치단체 이외의 공공단체를 제외하더라도 국가배상법의 관련규정이 위헌이라고 보기는 어렵다. 따라서 이 경우에는 민법상의 손해배상책임을 부담한다.

2. 국가배상의 상대방

헌법은 국가 등에 대한 배상청구권의 주체를 국민이라고 규정하고 있다. 따라서 대한민국 국민이 아닌 자에 대해서는 기본권으로서의 배상청구권은 보장되지 않는다.

외국인이 피해자인 경우에는 상호주의에 입각하여 상호의 보증이 있는 때에만 국가배상법이 적용된다(국가배상법 제7조). 우리나라와 외국 사이에 국가배상청구권의 발생요건이 현저히 균형을 상실하지 않고 외국에서 정한 요건이 우리나라에서 정한 그것보다 전체로서 과중하지 않아 중요한 점에서 실질적으로 거의 차이가 없는 정도라면 국가배상법 제7조가 정하는 상호보증의 요건을 구비하였다고 볼 수 있을 것이다.[2] 이 때 상호보증은 외국의 법령, 판례 및 관례 등에 의하여 발생요건을 비교하여 인정되면 충분하고 반드시 당사국과의 조약이 체결되어 있을 필요는 없으며, 해당 국가에서 구체적으로 우리나라 국민에게 국가배상청구를 인정한 사례가 없더라도 실제로 인정될 것이라고 기대할 수 있는 상태면 족하다.

한편, 대한민국에 주둔하는 아메리카합중국 군대의 구성원, 고용원 또는 합중국 군대에 파견 근무하는 대한민국의 증원군대 구성원(KATUSA)의 직무행위 및 그들이 점유·관리하는 시설 등의 설치·관리의 하자로 인한 손해에 대해서는 국가배상법이 정한 바에 따라 대한민국에 손해배상을 청구할 수 있도록 되어 있다(대한민국과 아메리카합중국 간의 상호방위조약 제4조에 의한 시설과 구역 및 대한민국에서의 합중국 군대의 지위에 관한 협정의 시행에 관한 민사특별법 제2조).

---

2) 대법원 2015. 6. 11. 선고 2013다208388 판결.

제2절 공무원의 직무상 불법행위로 인한 손해배상

국가배상법 제2조(배상책임) ① 국가나 지방자치단체는 공무원 또는 공무를 위탁받은 사인(이하 "공무원"이라 한다)이 직무를 집행하면서 고의 또는 과실로 법령을 위반하여 타인에게 손해를 입히거나, 「자동차손해배상 보장법」에 따라 손해배상의 책임이 있을 때에는 이 법에 따라 그 손해를 배상하여야 한다. 다만, 군인·군무원·경찰공무원 또는 예비군대원이 전투·훈련 등 직무 집행과 관련하여 전사·순직하거나 공상을 입은 경우에 본인이나 그 유족이 다른 법령에 따라 재해보상금·유족연금·상이연금 등의 보상을 지급받을 수 있을 때에는 이 법 및 「민법」에 따른 손해배상을 청구할 수 없다.

② 제1항 본문의 경우에 공무원에게 고의 또는 중대한 과실이 있으면 국가나 지방자치단체는 그 공무원에게 구상할 수 있다.

Ⅰ. 배상책임의 요건

1. 공 무 원

국가배상책임이 성립하기 위해서는 '공무원'이 손해를 가한 경우이어야 한다. 국가배상법상의 공무원은 넓은 의미의 공무원을 의미한다. 따라서, 국가공무원법이나 지방공무원법에 의하여 공무원의 신분을 가진 자(신분상의 공무원) 외에도, 공무를 위탁받아 실질적으로 공무에 종사하는 일체의 자를 말하고, 공무수탁사인을 포함하는 기능상의 공무원을 포괄한다.[3]

판례에 의하면, 소집중인 향토예비군,[4] 미군부대의 카투사,[5] 시 청소차 운전수,[6] 집행관,[7] 통장,[8] 교통할아버지 봉사원[9] 등도 여기에서 말하는 공무원에 포함되지만, 의용소방대원은 여기에 포함되지 않는다.[10] 그러나 소방법령에서는 관할구역안의 소방업무를 시·도의 임무로 하고, 의용소방대는 소방본부장 또는 소방서장이 설치하고 그 설치와 복무 등에 관한 사항은 조례로 정하며, 의용소방대원은 소방상 필요에 의하여 소집된 때에는 출동하여 소방본부장 등의 소방업무를 보조하도록 되어 있음에 비추어 볼 때, 이러한 판례의

3) 대법원 2001. 1. 5. 선고 98다39060 판결.
4) 대법원 1970. 5. 26. 선고 70다471 판결.
5) 대법원 1969. 2. 18. 선고 68다2346 판결.
6) 대법원 1980. 9. 24. 선고 80다1051 판결.
7) 대법원 1966. 7. 26. 선고 66다854 판결: 집행관은 재판의 집행, 서류의 송달 기타 법령에 의한 사무에 종사하는 실질적 의미에서의 국가공무원에 속한다.
8) 대법원 1991. 7. 9. 선고 91다5570 판결.
9) 대법원 2001. 1. 5. 선고 98다39060 판결.
10) 대법원 1978. 7. 11. 선고 78다584 판결.

태도가 정당한지는 의문이다.

한편, 한국토지공사는 법령의 위탁에 의하여 대집행권한을 수권받은 자로서 그 철거대집행을 실시함에 따르는 권리와 의무 및 책임이 귀속되는 행정주체의 지위에 있는 것이지 국가나 지방자치단체의 기관으로서 국가배상법상의 공무원이 아니라는 것이 판례이다.[11] 한국토지공사를 여기에서의 공무원으로 볼 경우 고의 또는 중과실이 없다면 배상책임이 면제된다. 그러나 위 판례에 따르면 한국토지공사는 오히려 민법상 사용자책임을 부담하게 된다.

2. 직무를 집행하면서

가. 직무집행의 범위

(1) 학 설

① **협 의 설**: '직무'를 권력작용에만 국한시키는 견해이다. 헌법과 국가배상법이 국가의 배상책임을 인정하는 것은 종래 부인되어왔던 권력작용에 대하여 배상책임을 인정하려고 한 것이라는 점을 논거로 한다.

② **광 의 설**: '직무'에는 권력작용 이외에 비권력적 공행정작용(관리작용)도 포함된다는 견해이다(다수설). 권력작용이든 관리작용이든 공행정작용이라면 모두 국가배상법 제2조의 직무에 포함되지만, 국가가 사인과 동일한 입장에서 행하는 사경제작용은 민법의 적용대상이 되어야 한다는 것이다.

③ **최광의설**: '직무'를 사경제작용까지도 포함한 모든 행정작용이라고 보는 견해이다. 헌법 제29조는 행정작용의 성질을 불문하고 국가의 배상책임을 인정하고 있는데, 사경제작용을 직무행위에서 제외하여 민법의 적용대상으로 한다면, 국가는 공무원의 선임·감독상 주의의무의 이행을 증명한 경우 면책되기 때문에 국가의 제1차적 배상책임주의 및 대위책임인 국가배상책임의 성질에 어긋난다는 것이다.

(2) 판 례

판례는 "국가배상법이 정한 손해배상청구의 요건인 '공무원의 직무'에는 국가나 지방자치단체의 권력적 작용뿐만 아니라 비권력적 작용도 포함되지만 단순한 사경제의 주체로서 하는 작용은 포함되지 않는다."라고 판시하여 광의설을 취하고 있다.[12] 따라서, 공무원

---

11) 대법원 2010. 1. 28. 선고 2007다82950, 82967 판결. 택지개발사업 시행자인 한국토지공사가 수용보상 후 사업지구 내 건축물 등의 철거와 관련하여 관계 법령에 따라 시·도지사 등으로부터 대집행권한을 위탁받은 지위에서 용역업체와 철거용역계약을 체결하고 그 업체 직원들과 한국토지공사 소속 직원이 함께 철거대집행을 실시하였는데, 그 과정에서 손해가 발생하였다는 이유로 그 물건의 소유자가 한국토지공사와 그 소속 직원, 용역업체와 그 소속 직원들 모두를 공동피고로 하여 손해배상소송을 제기한 사안이다.

12) 대법원 2004. 4. 9. 선고 2002다10691 판결.

의 직무집행행위가 공법행위인 경우에는 국가배상법이 적용되는 반면 사법행위인 경우에는 민법이 적용된다.

판례가 공법작용으로 본 사례로서, ① 도로가설 등 공사로 인한 무허가건물의 강제철거와 관련하여 이루어지는 지방자치단체의 철거건물 소유자에 대한 시영아파트 분양권 부여 및 세입자에 대한 지원대책 등의 업무,[13] ② 도시계획사업의 주무관청이 그 사업을 적극적으로 대행·지원하는 과정에서 행정지도의 일환으로 직무수행으로서 행한 토지수용보상금 공탁대행행위,[14] ③ 지방자치단체에 의하여 '교통할아버지'로 선정된 노인의 교통정리행위[15] 등이다.

반면에 사경제주체의 작용으로 본 사례로서, ① 국가의 철도운행사업,[16] ② 양도소득세 감면대상인 공공사업용지 등을 협의취득한 사업시행자의 토지양도인을 위한 감면신청행위,[17] ③ 군소유의 토지대부계약이 해지됨에 따라 그 지상의 기성공사비 정산금 지급과 관련된 공탁업무[18] 등이 있다.

(3) 검 토

국가배상법은 본래 국가의 공법적 작용에 대한 배상책임을 위하여 특별히 제정된 것으로 보아야 하는 점, 국가가 사법적으로 활동하는 경우에는 사인과 달리 취급할 필요가 없는 점 등을 감안하면 광의설이 타당하다. 다만 영조물의 설치·관리작용에 대해서는 국가배상법 제5조에 따로 규정되어 있으므로 여기에서의 논의대상이 아니다.

나. 직무행위의 내용

(1) 개 관

직무행위에는 국가의 입법·사법·행정의 모든 작용이 포함된다. 특히 행정작용에는

---

13) 대법원 1991. 7. 26. 선고 91다14819 판결, 대법원 1994. 9. 30. 선고 94다11767 판결.
14) 대법원 1998. 7. 10. 선고 96다38971 판결.
15) 대법원 2001. 1. 5. 선고 98다39060 판결.
16) 대법원 1997. 7. 22. 선고 95다6991 판결, 대법원 1999. 6. 22. 선고 99다7008 판결.
17) 대법원 1999. 11. 26. 선고 98다47245 판결(서울특별시장의 대행자인 도봉구청장이 원고와 사이에 체결한 이 사건 매매계약은 공공기관이 사경제주체로서 행한 사법상 매매이므로, 설령 서울특별시장이나 그 대행자인 도봉구청장에게 원고를 위하여 양도소득세 감면신청을 할 법률상의 의무가 인정되고 이러한 의무를 위반하여 원고에게 손해를 가한 행위가 불법행위를 구성하더라도, 이에 대해서는 국가배상법이 아니라 민법의 규정을 적용할 수 있을 뿐이라고 한 사례).
18) 대법원 2004. 4. 9. 선고 2002다10691 판결(지방자치단체인 피고가 소외 회사에게 토지를 대부하여 주고 소외 회사가 그 지상에 호텔을 건축하여 이를 피고에게 기부채납하되, 일정기간 동안 소외 회사가 위 호텔을 유상 또는 무상으로 사용·수익할 수 있도록 하는 대부계약을 체결하였다가 위 대부계약을 해지하고, 소외 회사와 기성공사비를 정산하여 그 정산금을 소외 회사에게 지급하여야 할 채무를 부담하였다면, 그 정산금 지급과 관련된 피고의 업무는 사경제 주체로서의 작용에 해당하므로, 피고의 소속 공무원이 정산금 지급과 관련된 공탁업무를 처리하던 중 고의 또는 과실로 인한 위법행위로 타인에게 손해를 입힌 경우 국가배상법이 아니라 민법의 규정을 적용할 수 있을 뿐이라고 한 사례).

법률행위적 행정행위, 준법률행위적 행정행위와 같은 법적 행위뿐만 아니라 사실행위, 부작위(거부행위 포함) 등도 포함된다.

(2) 입법작용

국회의 입법행위 또는 입법부작위는 그 입법 내용이 헌법의 문언에 명백히 위반됨에도 불구하고 국회가 굳이 해당 입법을 한 것과 같은 경우가 아니라면, 법률제정의 위법성을 이유로 국가배상책임을 인정하기는 쉽지 않을 것이다. 국회는 다원적 의견이나 여러 가지 이익을 반영시킨 토론과정을 거쳐 다수결의 원리에 따라 통일적인 국가의사를 형성하는 역할을 담당하는 국가기관이라는 국회의 기능적 특수성으로 말마암아 그 과정에 참여한 국회의원은 입법에 관하여 국민 전체에 대한 관계에서 정치적 책임을 질 뿐 국민 개개인의 권리에 대응하여 법적 의무를 지는 것은 아니기 때문이다.[19] 실제로 입법작용(법률)의 위법을 이유로 국가의 배상책임이 인정된 것은 국가보위입법회의법 부칙 제4항에 근거하여 면직당한 국회사무처 및 국회도서관 직원의 배상청구사건이 있다.[20] 위 사건에서는 위 법률이 처분법률로서의 성질을 가지는 데다가 헌법재판소의 위헌선고[21]가 있었기 때문에 국가배상책임이 비교적 쉽게 인정된 것으로 보인다.

다만 그 입법 내용이 헌법의 문언에 명백히 위배됨에도 불구하고 국회가 굳이 해당 입법을 하였다거나 국가가 일정한 사항에 관하여 헌법에 의하여 부과되는 구체적인 입법의무를 부담하고 있음에도 불구하고 그 입법에 필요한 상당한 기간이 경과하도록 고의 또는 과실로 이러한 입법의무를 이행하지 않는 등 극히 예외적인 사정이 인정되는 사안에서는 국가배상책임이 인정될 수 있다.[22]

이러한 문제는 특히 행정입법부작위에서 문제가 되는데, 국회가 특정한 사항에 대하여 행정부에 위임하였음에도 불구하고 행정부가 정당한 이유 없이 이를 이행하지 않는다면 권력분립의 원칙과 법치국가의 원칙에 위배될 것이다.[23] 행정입법의 제정 또는 개정의 지체가 위헌·위법이 되기 위해서는 ① 행정청에게 시행명령을 제정(개정)할 법적 의무가 있어야 하고,[24] ② 상당한 기간이 경과하여야 하며, ③ 상당한 기간의 경과에도 불구하고 명령제정(개정)권이 행사되지 않아야 한다.[25] 위 요건 중 특히 문제가 되는 것은 행정청에게 행

19) 대법원 1997. 6. 13. 선고 96다56115 판결.
20) 서울민사지방법원 1998. 8. 28. 선고 91가합84035 판결.
21) 헌재 1989. 12. 18. 선고 89헌마32 등 결정.
22) 대법원 2008. 5. 29. 선고 2004다33469 판결.
23) 헌재 2004. 2. 26. 선고 2001헌마718 결정.
24) 법률에서 시행명령에 일정한 사항을 위임하였다고 하더라도 시행명령의 개입 없이 법률의 규정만으로 집행할 수 있다면, 작위의무로서 행정권의 시행명령 제정의무는 인정되지 않는다.
25) 헌재 2005. 12. 22. 선고 2004헌마66 결정.

정입법을 하여야 할 작위의무가 있는지 여부인데, 시행명령의 개입이 없어도 법률의 규정만으로 집행될 수 있는 경우에는 행정권에게 시행명령의 제정의무는 없다고 할 수 있다.

행정입법부작위에는 행정청이 법률에서 명령으로 정하도록 위임받은 사항을 전혀 입법하지 않은 경우(진정 행정입법부작위)는 물론 그 법률이 위임한 사항을 불충분하게 규정함으로써 법률이 위임한 행정입법의무를 제대로 이행하지 않은 경우(부진정 행정입법부작위)도 포함된다.[26)]

대법원이 진정 행정입법부작위에 대하여 국가배상책임을 인정한 것으로서, "구 군법무관임용법 제5조 제3항과 군법무관임용 등에 관한 법률 제6조가 군법무관의 보수의 구체적 내용을 시행령에 위임했음에도 불구하고 행정부가 정당한 이유 없이 시행령을 제정하지 않은 것이 불법행위에 해당하므로 합리적이고 객관적인 손해를 배상하여야 한다."라고 판시한 사례가 있다.[27)]

부진정 행정입법부작위에 대하여 국가배상책임을 인정한 것으로는, 장애인 편의시설을 설치하여야 하는 대상을 대통령령으로 정하도록 위임하고 있는 「장애인·노인·임산부 등의 편의증진 보장에 관한 법률」 제7조에 따라 장애인 편의시설 설치의무 대상시설의 범위를 정할 때에는 장애인이 비장애인과 동등하게 시설과 설비를 이용할 수 있도록 함으로써 인간으로서의 존엄과 가치 및 평등권을 보장받을 수 있도록 장애인의 접근권을 단계적으로 확대하여 실현하는 방향으로 행정입법권이 행사되어야 한다는 내재적 한계가 있는데도 불구하고 같은 법 시행령 제11조에 편의시설 설치의무 대상시설의 범위가 지나치게 좁게 설정되어 있어 사회·경제적 발전 정도 및 장애인 편의시설 설치에 관한 사회적 공감대를 따라가지 못하고 있다면, 행정청으로서는 장애인을 위한 편의시설 설치가 강제되는 대상시설을 확대하여 장애인의 접근권을 실질적으로 개선하는 형태로 해당 행정입법을 개정할 구체적인 의무가 발생한다고 할 것이고, 행정청이 정당한 이유 없이 그 개선입법의무를 이행하지 않았다면 그 행정입법 부작위는 위법하다고 판시한 사례가 있다.[28)]

(3) 사법작용(재판)

법관의 재판행위에 대한 국가배상책임을 부정하거나 제한할 수 있는지가 문제된다. 우리나라의 경우 법관도 국가배상법상 공무원에 해당하므로, 법관이 고의 또는 중과실로 직무의무를 위반한 경우 국가배상뿐만 아니라 해당 법관에게도 직접 손해배상을 청구할 수 있다. 따라서 법관은 언제든지 재판으로 인하여 손해를 입었다고 주장하는 자들로부터 손해배상청구를 당할 위험에 노출되어 법관의 독립성이 침해될 우려가 크다. 또한 어떤 소송

---

26) 대법원 2024. 12. 19. 선고 2022다289051 전원합의체 판결.
27) 대법원 2007. 11. 29. 선고 2006다3561 판결.
28) 대법원 2024. 12. 19. 선고 2022다289051 전원합의체 판결.

에서 패소한 당사자가 해당 법관을 상대로 국가배상소송을 제기하고, 여기에서도 패소한 당사자가 다시 전의 국가배상소송의 법관을 상대로 국가배상소송을 제기한다면 동일한 소송이 사실상 무한히 반복될 위험도 있다. 이렇게 재판작용에 대한 국가배상책임을 인정한다면 법관의 독립성을 훼손할 수 있다는 점, 전소재판을 국가배상소송에서 다시 심리한다면 확정판결의 기판력제도가 형해화된다는 점, 재판과 관련된 상소나 이의제도 및 재심제도 이외의 별도의 불복방법을 인정하는 것과 다르지 않다는 점 등의 문제가 있다.

그리하여 다른 나라에서는 법관의 직무행위로 인한 국가배상책임에 관하여 입법 또는 해석론으로 국가배상책임을 부정하거나 제한하고 있다.[29] 미국의 경우에는 법관의 관할권 내의 재판행위에 대해서는 절대적으로 면책이 되고,[30] 프랑스의 경우에는 법관이 재판행위에 중과실이 있거나 재판거부를 행한 경우를 제외하고는 국가배상책임을 부담하지 않으며, 독일의 경우에도 법관이 판결을 할 때 범죄행위를 저지르지 않았다면 국가배상책임이 부정된다.[31]

그러나 우리나라는 미국, 프랑스, 독일과 같이 국가배상책임을 부정하거나 제한하는 명문의 규정이 없다. 따라서 법관의 재판행위에 대한 국가배상책임이 제한 없이 인정된다는 것을 전제로 하여야 한다. 그러나 법관의 재판이 상소나 재심에서 결과적으로 잘못된 것이라고 지적되더라도 곧바로 위법하다고 할 수는 없다.

판례는 법관이 행하는 재판사무의 특수성과 그 재판과정의 잘못에 대해서는 따로 불복절차에 의하여 시정될 수 있는 제도적 장치가 마련되어 있는 점 등에 비추어 법관의 재판에 법령의 규정을 따르지 않은 잘못이 있다 하더라도 이로써 바로 재판상 직무행위가 위법한 행위가 되어 국가배상책임이 발생하는 것이 아니라, 해당 법관이 위법 또는 부당한 목적을 가지고 재판을 하였다거나 법이 법관의 직무수행상 준수할 것을 요구하고 있는 기준을 현저하게 위반하는 등 법관이 그에게 부여된 권한의 취지에 명백히 어긋나게 이를 행사하였다고 인정할 만한 특별한 사정이 있어야 한다는 입장에 있다(위법성한정설).[32]

---

29) 외국의 입법례에 관한 자세한 내용은, 「하명호, "재판행위에 대한 국가배상책임", 재판실무연구 제3권, 수원지방법원(2006)」 참조.

30) 미국의 경우에는 주로 '사법권의 독립'을 그 논거로 든다. 판사의 사법행위는 '분쟁의 사법적 해결과 관련된 재량권의 행사 내지 판단'의 범주 내로 포섭되어야 한다. 따라서 소송기록을 정리 · 보존하는 것과 같은 단순한 사무적 행위나 사법부의 독립과 무관한 행정적 · 입법적 행위에 대해서는 면책특권이 부여될 수 없다.

31) 독일은 그 논거를 주로 '기판력의 보호'에서 찾고, 법관의 독립성 보호는 부수적인 효력일 뿐이라고 한다.

32) 이렇게 위법성 한정설을 취하게 되면, 현실적으로 법관의 직무행위에 대하여 국가배상책임을 인정하기가 매우 어렵게 된다. 그에 따라 경매법원이 잉여의 가망이 없음에도 그 통지와 경매취소 등의 조치를 취하지 않은 채 경매절차가 진행되어 우선채권자의 저당권과 지상권이 소멸된 사안(대법원 2001. 3. 9. 선고 2000다29905 판결), 근저당권 설정을 오인 · 누락한 배당표 작성행위로 실체적 권리관계와 다른

재판작용에 대하여 국가배상책임이 인정된 사례로는, 헌법재판소 재판관이 청구기간 내에 제기된 헌법소원심판청구 사건에서 청구기간을 오인하여 각하결정을 한 경우를 들 수 있다.[33] 헌법소원심판은 불복절차 내지 시정절차 자체가 없는 경우로서 부당한 재판으로 인하여 불이익 내지 손해를 입은 사람은 국가배상 이외의 방법으로는 자신의 권리 내지 이익을 회복할 방법이 없다는 것을 주요한 논거로 하고 있다.[34]

한편, 대법원은 긴급조치 제9호에 따라 영장 없이 이루어진 체포 · 구금, 그에 이은 수사 및 공소제기 등 수사기관의 직무행위와 긴급조치 제9호를 적용하여 유죄판결을 한 법관의 직무행위는 긴급조치의 발령 및 적용 · 집행이라는 일련의 국가작용으로서 전체적으로 보아 국민의 기본권 보장의무에 반하여 객관적 정당성을 상실한 것이고, 이러한 특별한 사정이 인정되는 경우에는 법관의 재판상 직무행위가 독립적인 불법행위를 구성하는지 여부와 관계없이 국가배상책임이 성립할 수 있다고 판시하였다.[35]

(4) 검사의 수사와 공소제기 및 유지작용

검사가 구속, 공소제기 · 유지 등의 형사절차를 수행하는 과정에서 위법이 있는 경우 국가배상책임을 진다는 점에 관해서는 이론이 없다. 그러나 해당 형사소송에서 무죄판결이 확정되었다는 사실만으로 곧바로 국가배상법상의 위법성이 인정된다고 할 수는 없다. 이에 관하여, 대법원은 형사절차를 수행하는 과정에서 검사의 판단이 그 당시의 자료에 비추어 경험칙이나 논리칙상 도저히 합리성을 긍정할 수 없는 정도에 이른 경우에만 그 위법성을 인정할 수 있다는 입장에 있다(직무행위기준설).[36] 또한, 위와 같은 검사의 직무상 판단이

배당표가 확정된 사안(대법원 2001. 4. 24. 선고 2000다16114 판결), 법관이 압수수색할 물건의 기재가 누락된 압수수색영장을 발부한 사안(대법원 2001. 10. 12. 선고 2001다47290 판결), 적법한 제소명령 기간 내에 제소를 하였는데 재판부가 제소기간의 만료일을 오인하여 가압류취소결정을 하였고 이로 인하여 배당을 받지 못한 사안(대법원 2022. 3. 17. 선고 2019다226975 판결), 대법원 변론 또는 선고의 중계방송 내지 녹화 결과물의 게시에 대하여 자신의 동의 없는 게시로 인하여 초상권 등이 침해되었다고 주장한 사안(대법원 2025. 2. 27. 선고 2023다233895 판결) 등에서 위법성 한정설에 따라 국가배상책임이 부정되었다. 나아가 배당표원안을 작성하고 확정하는 사법보좌관의 행위도 배당절차를 관할하는 집행법원의 업무에 해당하고, 채권자는 사법보좌관이 작성한 배당표에 대해 이의하고 배당이의의 소를 제기하는 등의 불복절차를 통하여 이를 시정할 수 있다는 이유로 법관의 행위가 아님에도 불구하고 위와 같은 법리가 적용되었다(대법원 2023. 6. 1. 선고 2021다202224 판결).

33) 대법원 2003. 7. 11. 선고 99다24218 판결.

34) 그런데, 헌법재판소는 이 사건 이후 청구기간 내에 제기된 헌법소원심판청구를 청구기간이 도과한 후 제기된 것으로 보아 각하한 경우 헌법재판소 제40조 제1항에 의하여 준용되는 민사소송법 제451조 제1항 제9호의 '판결에 영향을 미칠 중요한 사항에 관하여 판단을 누락한 때'에 준하는 재심사유가 있다고 해석하고 있으므로(헌재 2009. 6. 25. 선고 2008헌아23 결정), 앞으로는 이 경우에 국가배상책임을 인정하기 어려울 것으로 보인다.

35) 대법원 2022. 8. 30. 선고 2018다212610 전원합의체 판결. 즉, 이 사건에서 법관의 재판상 직무행위를 포함한 일련의 국가작용이 위법하여 국가배상책임이 성립하는 것이지 별개의 독립적인 불법행위로서 국가배상책임을 묻는 것이 아니므로, 앞에서 설명한 위법성한정설과 별개의 문제라는 논리이다.

36) 대법원 1993. 8. 13. 선고 93다20924 판결. 이렇듯 판례는 검사의 경우에는 법관의 재판작용과 달리

위법한지 여부는 판단시점에서의 자료 등을 평가할 때 통상 생각할 수 있는 개인차를 고려할지라도 합리성이 없다는 것이 일견 명백한 경우에 위법하다는 것이다(일견명백설).[37]

한편, 검사는 공익의 대표자로서 실체적 진실에 입각한 국가형벌권의 실현을 위하여 공소제기와 유지를 할 의무가 있을 뿐만 아니라 그 과정에서 피고인의 정당한 이익을 옹호하여야 할 의무를 진다고 할 것이고(검사의 객관의무), 따라서 검사가 수사 및 공판과정에서 피고인에게 유리한 증거를 발견하게 되었다면 피고인의 이익을 위하여 이를 법원에 제출하여야 한다.[38]

(5) 공무원의 부작위

공무원의 부작위(행정권한의 해태 또는 불행사)에 대하여 국가배상책임을 지우기 위해서는 해당 공무원에게 작위의무가 있었다는 점이 전제가 되어야 한다.[39] 이에 관해서는 그 부작위가 재량행위인지 여부, 공무원의 부작위로 인하여 상대방이 법률상 이익을 침해받았는지 반사적 이익을 침해받았는지 등에 따라 달리 취급될 수 있다.

부작위의 유형은 ① 법령 자체의 규정이나 그 해석에 의하여 작위의무가 일의적으로 인정되는 경우,[40] ② 법령에 의하여 공무원에게 권한이 부여되어 있지만 그 권한행사에 공무원의 재량이 인정되는 경우,[41] ③ 공무원의 작위권한이 법령에 의하여 구체적으로 규정되어 있지 않은 경우 등으로 나누어 볼 수 있다.

①의 유형에 대해서는 비교적 쉽게 공무원의 부작위를 직무상 의무를 위반한 위법행위로 보아 손해배상책임을 인정할 수 있다.

②의 유형에 관하여 살펴보면, 종래에는 행정권의 발동 여부는 행정기관의 재량에 맡겨져 있다는 행정편의주의적 이론에 따라 공무원의 부작위로 인하여 국민이 불이익을 입은 경우에도 이를 단순한 반사적 이익의 침해로 보았다. 그러나, 이러한 행정편의주의 및 반

위법성 한정설을 취하지 않고 일반 공무원에 관한 직무행위기준설에 입각하여 판시하고 있다. 다만 검사의 형사절차에서의 활동에 관한 특수성을 인정하고 그에 따라 위법성을 판단하고 있는데, 이에 관한 자세한 설명은 「김상국, "무죄판결과 국가배상책임-검사의 직무행위를 중심으로-", 판례연구 제15집, 부산판례연구회(2003)」 참조.

37) 대법원 2002. 2. 22. 선고 2001다23447 판결 참조.

38) 위 대법원 2001다23447 판결에서는, 강도강간의 피해자가 제출한 팬티에 대한 국립과학수사연구소의 유전자검사결과 그 팬티에서 범인으로 지목되어 기소된 원고나 피해자의 남편과 다른 남자의 유전자형이 검출되었다는 감정결과를 검사가 공판과정에서 입수한 경우 그 감정서는 원고의 무죄를 입증할 수 있는 결정적인 증거에 해당하는데도 검사가 그 감정서를 법원에 제출하지 않고 은폐하였다면 검사의 그와 같은 행위는 위법하다고 보아 국가배상책임을 인정하였다.

39) 대법원 2021. 7. 27. 선고 2021두33838 판결 참조.

40) 예컨대, 등기공무원이 가압류의 기입등기를 하지 않은 경우, 특허에 관한 판결을 지연하여 그 사이에 특허권의 존속기간이 만료된 경우 등.

41) 예컨대, 시가 하수도부지의 점용허가자에 대하여 위반가옥의 철거를 명하지 않은 경우, 건축법을 위반한 자에게 시정명령을 하지 않은 경우 등.

사적 이익론이 수정되어감에 따라 공무원의 위법한 부작위에 대한 국가의 배상책임의 범위가 넓어지고 있다. 특히 최근에는 '재량권의 영으로의 수축'이론으로 말미암아 공무원의 부작위의 위법성을 논하기가 쉬워졌다. 대법원은 재량권의 불행사가 위법하게 되는 요건에 관하여, "권한행사가 공무원의 전문적 판단에 기한 합리적인 재량에 위임되어 있더라도 구체적 상황 하에서 공무원에게 그러한 조치권한을 부여한 취지와 목적에 비추어 볼 때 그 불행사가 현저하게 불합리하다고 인정되는 경우에는, 그러한 불행사는 법령에 위반하는 행위에 해당하게 되어 국가배상법상의 다른 요건이 충족되는 한 국가는 그로 인하여 피해를 입은 자에게 손해배상책임을 부담한다."라고 판시하고 있다.[42]

③의 유형에 관하여, 판례는 다음과 같은 관점에서 국가배상책임의 유무를 판단하고 있다.[43] 첫째, 공무원의 부작위로 인한 국가배상책임을 인정하기 위해서는 공무원의 작위로 인한 국가배상책임을 인정하는 경우와 마찬가지로 '공무원이 그 직무를 집행하면서 고의 또는 과실로 법령에 위반하여 타인에게 손해를 가한 때'라는 국가배상법 제2조 제1항의 요건이 충족되어야 한다. 둘째, 여기에서 '법령에 위반하여'는 형식적 의미의 법령에 명시적으로 공무원의 작위의무가 규정되어 있는데도 이를 위반하는 경우만 의미하는 것이 아니고, 국민의 생명 · 신체 · 재산 등에 대하여 절박하고 중대한 위험상태가 발생하였거나 발생할 우려가 있어서 국민의 생명 · 신체 · 재산 등을 보호하는 것을 본래적 사명으로 하는 국가가 초법규적 · 일차적으로 그 위험 배제에 나서지 않으면 국민의 생명 · 신체 · 재산 등을 보호할 수 없는 경우에는 형식적 의미의 법령에 근거가 없더라도 국가나 관련 공무원에 대하여 그러한 위험을 배제할 작위의무를 인정할 수 있다. 셋째, 그와 같은 절박하고 중대한 위험상태가 발생하였거나 발생할 우려가 있는 경우가 아니라면 공무원이 관련 법령을 준수하여 직무를 수행한 경우 그 부작위를 가지고 '고의 또는 과실로 법령에 위반'하였다고 할 수 없다는 것이다.

결국, 공무원의 부작위로 인한 국가배상책임을 인정할 것인지 여부가 문제되는 경우에 관련 공무원에 대하여 작위의무를 명하는 법령의 규정이 없다면 공무원의 부작위로 인하여

---

42) 대법원 1996. 10. 25. 선고 95다45927 판결, 대법원 1998. 5. 8. 선고 97다544482 판결, 대법원 1998. 8. 25. 선고 98다16890 판결. 대법원 2010. 9. 9. 선고 2008다77795 판결(미니컵 젤리 사건)에서는 식품의약품안전청장 등이 그 사고 발생 시까지 구 식품위생법상의 규제 권한을 행사하여 미니컵 젤리의 수입 · 유통 등을 금지하거나 그 기준과 규격, 표시 등을 강화하고 그에 필요한 검사 등을 실시하는 조치를 취하지 않은 것이 현저하게 합리성을 잃어 사회적 타당성이 없다거나 객관적 정당성을 상실하여 위법하다고 할 수 있을 정도에까지 이르렀다고 보기 어렵다고 판시하였다. 반면에 대법원 2016. 8. 25. 선고 2014다225083 판결에서는, 소방공무원들이 소방검사에서 비상구 중 1개가 폐쇄되고 그곳으로 대피하도록 유도하는 피난구유도등, 피난안내도 등과 일치하지 않게 된 사실과 다른 비상구 중 1개와 그곳으로 연결된 통로가 사실상 폐쇄된 사실을 발견하지 못한 것에 대하여 위법성을 인정하였다.

43) 대법원 1998. 10. 13. 선고 98다18520 판결, 대법원 2001. 4. 24. 선고 2000다57856 판결, 대법원 2012. 7. 26. 선고 2010다95666 판결 등 참조.

침해된 국민의 법익 또는 국민에게 발생한 손해가 어느 정도 심각하고 절박한 것인지, 관련 공무원이 그와 같은 결과를 예견하여 그 결과를 회피하기 위한 조치를 취할 수 있는 가능성이 있는지 등을 종합적으로 고려하여 판단하여야 한다는 입장이다.[44)]

다. 직무행위의 판단기준

국가배상법 제2조 제1항 소정의 '직무를 집행하면서'라고 함은 직접 공무원의 직무집행행위이거나 그와 밀접한 관계에 있는 행위를 포함한다.[45)] 이를 판단할 때 해당 행위가 현실적으로 정당한 권한 내의 것인지 또는 행위자인 공무원이 주관적으로 직무집행의 의사를 갖고 있는지 여부와 관계없이, 행위 자체의 외관을 객관적으로 관찰하여 공무원의 직무행위로 보여질 때에는 비록 그것이 실질적으로 직무행위에 속하지 않는다 하더라도 그 행위는 공무원이 '직무를 집행하면서' 한 것으로 보는 것이 학설과 판례이다(외형설).[46)]

3. 직무상 불법행위

가. 고의 · 과실

(1) 의 의

국가배상법은 고의 · 과실을 요건으로 한다는 점에서 과실책임주의에 입각하고 있다. '고의'란 일정한 결과가 발생하리라는 것을 알면서 이를 행하는 심리상태를 말하고, '과실'이란 일정한 결과가 발생한다는 것을 알고 있어야 함에도 불구하고 부주의로 그것을 알지

---

44) 일본의 학설 · 판례에 의하면, ① 국민의 생명 · 신체 · 건강 등에 대하여 구체적 위험이 절박하여 있을 것(위험의 절박성), ② 행정청이 구체적 위험의 절박성을 알거나 용이하게 예견할 수 있는 상황에 있을 것(예견가능성), ③ 행정청이 권한을 행사하면 용이하게 결과발생을 방지할 수 있을 것(회피가능성), ④ 행정청이 권한을 행사하지 않으면 결과발생의 회피가 불가능할 것(보충성), ⑤ 국민이 권한행사를 요청하여 기대하고 있거나 용인되는 경우일 것(국민의 기대 · 용인)을 들고 있다[鹽崎勤, "警察權限の不行使", 裁判實務大系18 國家賠償訴訟法, 青林書院(1987), 382-383頁]. 일본의 경우 피해법익이 재산권인 경우에는 작위의무의 성립요건을 비교적 엄격하게 요구되는 경향이 있다고 하는데, 재산권은 생명 · 신체 · 건강 등에 비하여 그 보호법익의 중요성이 낮고 자기의 판단에 의하여 손해의 발생 · 확대를 방지할 수 있는 경우가 많기 때문이라고 한다.

45) 수익적 처분인 허가 등을 신청한 사안에서 처분을 통하여 달성하고자 하는 신청인의 목적 등을 자세하게 살펴 목적 달성에 필요한 안내나 배려 등을 하지 않았다는 사정만으로 직무집행에 위법이 있다고 할 수 없다(대법원 2017. 6. 29. 선고 2017다211726 판결). 따라서 담당 공무원이 하천점용허가를 하면서 하천점용허가의 요건이 갖추어졌는지만 살펴보고 하천부지가 개발제한구역에 속하는지 등을 미리 파악하여 관련 부서와 협의를 거친 다음 하천점용허가 여부를 결정하거나 하천부지가 개발제한구역으로서 시설물 설치에 개발행위허가가 필요하다는 점 등을 따로 알려주지 않은 채 하천점용허가를 하였더라도 위법하다고 볼 수 없다.

46) 대법원 2005. 1. 14. 선고 2004다26805 판결. 그리하여 울산세관의 통관지원과에서 인사업무를 담당하면서 울산세관 공무원들의 공무원증 및 재직증명서 발급업무를 하는 공무원이 울산세관의 다른 공무원의 공무원증 등을 위조하는 행위는 비록 그것이 실질적으로는 직무행위에 속하지 않는다 할지라도 적어도 외관상으로는 공무원증과 재직증명서를 발급하는 행위로서 직무집행으로 보여지므로 공무원증 등 위조행위는 국가배상법 제2조 제1항 소정의 직무행위로 인정된다.

못한 것을 말한다. 고의·과실은 해당 공무원을 기준으로 판단하여야 한다. 국가배상법상의 고의·과실은 공무원 선임·감독상의 고의·과실을 말하는 것이 아니므로, 민법상의 사용자책임과 구별된다.

(2) 법령해석의 오류

공무원이 법령의 해석을 그르쳐 타인에게 손해를 입혔다고 항상 고의·과실이 인정되는 것은 아니다. 공무원의 고의·과실은 해당 공무원이 집행의 근거로 삼는 법령에 대한 해석이 그 문언 자체만으로는 명백하지 않아서 여러가지 견해가 있을 수 있는데다가 이에 대한 선례나 학설, 판례 등도 일치하지 않는 등의 특별한 사정이 있는지 여부, 공무원이 당연히 알아야 할 관계 법규를 알지 못하거나 필요한 지식을 갖추지 못하여 법규의 해석을 그르쳤는지 여부 등을 기준으로 판단하여야 한다.[47)]

이 경우 해당 공무원이 나름대로 신중하게 합리적인 근거를 찾아 그중 어느 하나의 견해를 따랐다면, 나중에 그 해석이 대법원 판결 등에 어긋나서 결과적으로 잘못된 해석으로 판명되었더라도 과실이 있다고 보기는 어렵고,[48)] 처분이 항고소송에서 취소되었더라도 과실이 추정되는 것도 아니다.[49)]

가령 행정입법에 관여한 공무원이 입법 당시의 상황에서 다양한 요소를 고려하여 나름대로 합리적인 근거를 찾아 어느 하나의 견해에 따랐다면 경과규정을 두는 등의 조치 없이 새 법령을 그대로 시행하거나 적용한 공무원의 판단이 나중에 대법원이 내린 판단과 같지 않아 결과적으로 시행령 등이 신뢰보호의 원칙 등에 위배되는 결과가 되었다고 하더라도 과실이 있다고 할 수 없다.[50)] 반면에 법원이 형사소송절차에서 피고인의 권리를 실질적으로 보장하기 위하여 마련되어 있는 형사소송법 등 관련 법령에 근거하여 검사에게 어떠한 조치를 이행할 것을 명하였고, 관련 법령의 해석상 그러한 법원의 결정에 따르는 것이 당연하고 그와 달리 해석될 여지가 없음에도 불구하고 검사가 대법원 판례 등의 선례가 없

---

47) 대법원 2001. 2. 9. 선고 98다52988 판결, 대법원 1981. 8. 25. 선고 80다1598 판결.

48) 대법원 2011. 1. 27. 선고 2009다30946 판결, 대법원 1996. 11. 15. 선고 96다30540 판결, 대법원 1995. 10. 13. 선고 95다32747 판결.

49) 대법원 2001. 3. 13. 선고 2000다20731 판결. 예를 들면, 2014학년도 대학수학능력시험 세계지리 과목의 출제오류와 관련된 정답결정처분 취소소송에서 정답결정이 취소되는 판결이 선고되어 확정되었다고 할지라도 그 기판력으로 곧바로 국가배상책임이 인정될 수는 없고, 시험출제에 관여한 공무원이나 시험위원이 객관적 주의의무를 소홀히 하여 시험문항의 출제나 정답결정에 대한 오류 등에 따른 처분이 객관적 정당성을 상실하였다고 판단되어야 한다(대법원 2022. 4. 28. 선고 2017다233061 판결).

50) 대법원 2013. 4. 26. 선고 2011다14428 판결. 2002. 3. 25. 개정된 변리사법 시행령 제4조 제1항이 변리사 제1차 시험을 '절대평가제'에서 '상대평가제'로 변경함에 따라 2002. 5. 26. 실시된 시험에서 불합격처분을 받았다가 그 후 위 조항을 즉시 시행한 부분이 헌법에 위배되어 무효라는 대법원 2006. 11. 16. 선고 2003두12899 전원합의체 판결이 내려져 추가합격처분을 받은 원고들이 국가배상책임을 물은 사안이다.

다는 이유 등으로 법원의 결정에 어긋나는 행위를 하였다면 과실이 있다고 볼 수 있다.[51)]

(3) 과실의 객관화

국가배상법상 공무원의 과실이 있는지 없는지의 판단은 해당 공무원이 아니라 평균적인 공무원을 기준으로 평가하는 등 과실 개념이 객관화되고 있다. 이러한 과실의 객관화는 부분적으로 피해자의 권리구제의 폭을 넓히는 효과가 발휘되기도 한다.

① 대법원은 국가배상법상의 과실 유무에 대한 판단기준에 대하여, "보통 일반의 공무원을 표준으로 공무원이 직무를 집행하면서 객관적 주의의무를 소홀히 하고 그로 말미암아 그 직무행위가 객관적 정당성을 잃었다고 볼 수 있는 때에 국가배상법 제2조가 정한 국가배상책임이 성립할 수 있다."라고 판시하면서, 공무원의 직무행위가 객관적 정당성을 잃었는지는 "행위의 양태와 목적, 피해자의 관여 여부와 정도, 침해된 이익의 종류와 손해의 정도 등 여러 사정을 종합하여 판단하되, 손해의 전보책임을 국가가 부담할 만한 실질적 이유가 있는지도 살펴보아야 한다."라고 하고 있다.[52)] 이렇게 국가배상법상의 과실을 주관적인 심리상태보다는 그 직종의 평균적 공무원의 객관적인 주의의무위반으로 파악하여 주의의무의 내용을 고도화하면, 직종에 따라서는 보다 높은 주의의무가 요구될 수 있다.

② 한편, 가해공무원의 특정도 반드시 필요한 것은 아니다.[53)] 과실은 공무집행상의 하자에 귀착하는 것이므로, 가해 공무원이 특정될 필요는 없고, 구체적인 경우 객관적으로 보아 행정청의 위법한 행위가 요구된 주의의무에 부합되지 않았다는 것을 증명하면 충분하다. 따라서 누구의 행위인지가 판명되지 않더라도 공무원의 행위에 의한 것인 이상 국가는 배상책임을 지게 된다.[54)]

---

51) 대법원 2012. 11. 15. 선고 2011다48452 판결.

52) 대법원 2021. 6. 30. 선고 2017다249219 판결. 이에 따라 긴급조치 제9호의 발령부터 적용·집행에 이르는 일련의 국가작용은, 전체적으로 보아 공무원이 직무를 집행하면서 객관적 주의의무를 소홀히 하여 그 직무행위가 객관적 정당성을 상실한 것으로서 위법하다고 평가되므로, 긴급조치 제9호의 적용·집행으로 강제수사를 받거나 유죄판결을 선고받고 복역함으로써 개별 국민이 입은 손해에 대해서는 국가배상책임이 인정될 수 있다고 판시하였다(대법원 2022. 8. 30. 선고 2018다212610 전원합의체 판결).

53) 가해공무원의 특정문제는 국가의 배상책임이 자기책임인지 대위책임인지와 관련이 있을 수 있다. 대위책임설을 완고하게 관철시키면, 국가의 배상책임은 공무원의 책임을 대신하는 것이어서 공무원 자신의 책임이 성립되어야 하므로 가해공무원의 특정이 필요하다고 보게 된다. 그러나 자기책임설에 따르면 국가에 귀속시킬 수 있는 행위에 의하여 개인에게 손해가 발생한 것이 증명되는 이상 가해공무원의 특정은 반드시 필요한 것은 아니다.

54) 그리하여, 대법원 2022. 8. 30. 선고 2018다212610 전원합의체 판결에서는 긴급조치 제9호의 발령부터 적용·집행과 같이 광범위한 다수 공무원이 관여한 일련의 국가작용에 의한 기본권 침해에 대해서는 전체적으로 보아 객관적 주의의무 위반이 인정되면 충분하다고 판시하였다. 만약 이러한 국가배상책임의 성립에 개별 공무원의 구체적인 직무집행행위를 특정하고 그에 대한 고의 또는 과실을 개별적·구체적으로 엄격히 요구한다면 일련의 국가작용이 국민의 기본권을 침해한 경우에 오히려 국가배상책임이 인정되기 어려워지는 불합리한 결론에 이르게 되기 때문이다.

나. 위법성(법령의 위반)

(1) 국가배상법상 법령위반의 개념

㈎ 문제의 소재

국가배상책임은 공무원의 직무집행이 법령위반에 해당한다는 것을 요건으로 하므로, 공무원의 직무집행이 법령이 정한 요건과 절차에 따라 이루어진 것이라면 특별한 사정이 없는 이상 그 과정에서 손해를 입었다고 하더라도 국가배상책임을 물을 수 없다.[55] 국가배상책임의 요건이 되는 국가배상법상 '법령위반'을 어떻게 이해할 것인지에 관하여, 결과불법설, 행위위법설, 상대적 위법성설, 직무의무위반설 등이 주장되고 있다.

이 문제는 특히 취소소송에서의 위법성과 국가배상책임의 성립요건으로서의 위법성의 관계를 어떻게 설정할 것인지와 관련되어 있다. 양자의 관계설정에 따라 취소소송에서 판결의 기판력이 국가배상청구소송의 수소법원에 영향을 미치는지 여부가 결정될 수 있다. 그런데 취소소송에서의 위법성이란 처분의 법률적합성을 의미하는 것이므로, 국가배상책임 성립요건으로서의 위법성을 어떻게 이해하느냐에 따라 양자의 관계가 설정된다.

㈏ 학 설

1) 결과불법설

국가배상에서의 위법성을 가해행위의 결과인 '손해의 불법'으로 이해한다. 이에 따라 국민이 받은 손해가 결과적으로 수인되어야 할 것인지 여부로 위법성을 판단한다. 이 견해에 의하면, 취소소송에서의 위법성과 국가배상책임 성립요건으로서의 위법성은 다른 개념이 되므로, 취소소송의 본안판결의 기판력이 국가배상 청구소송에 미치지 않는다.

2) 행위위법설

① 협 의 설: 국가배상에서의 위법성을 취소소송에서와 같이 행위 자체의 법령위반으로 파악한다. 국가배상법상의 위법을 엄격한 의미의 법령위반으로 보는 견해이다. 이 견해에 의하면, 양자는 같은 개념이므로 취소소송에서 판결의 기판력이 인용판결이든 기각판결이든 불문하고 국가배상청구소송에 미치게 된다.

② 광 의 설: 국가배상에서의 위법성은 법령위반을 의미하는 것이라고 하면서도 그 법령위반을 엄격한 의미로 한정하지 않고 넓게 파악하려는 견해이다. 즉, 단순히 어떠한 행위가 명문의 규정에 위반하였는지를 가지고 판단할 것이 아니라 인권의 존중, 권력남용, 신의성실, 공서양속 등의 원칙들에 위반하였는지 여부도 판단기준이 된다는 것이다. 이 견해에 따르면, 국가배상에서의 위법성이 취소소송에서의 위법성보다 넓은 개념이 되므로, 취소소송의 인용판결의 기판력은 국가배상소송에 미치나 기각판결은 미치지 않게 된다.

---

55) 대법원 2000. 11. 10. 선고 2000다26807 판결.

3) 상대적 위법성설

국가배상법에서의 위법성을 행위 자체의 위법뿐만 아니라 피침해이익의 성격과 침해의 정도 및 가해행위의 태양 등을 종합적으로 고려하여 행위가 객관적으로 정당성을 결하였는지 여부로 판단하자는 견해이다. 이에 따르면, 양 소송의 목적·역할이 다르기 때문에 양자의 위법성의 범위가 다르게 되어 기판력이 미치지 않게 된다.

4) 직무의무위반설

국가배상법에서의 위법성을 공무원의 직무의무 위반 여부로 판단하자는 견해이다. 취소소송에서의 위법성은 행정작용의 측면에서만 위법 여부를 판단하지만 국가배상책임에서는 행정작용과 행정작용을 한 자와의 유기적 관련성 속에서 위법 여부를 판단한다. 이에 따르면, 양자의 위법성은 지평을 달리하는 것으로 기판력이 미치지 않는다.

(다) 판 례

판례가 어느 견해를 취하는지 명확하지 않다. 그렇지만 행위의 위법성을 판단할 때에는 엄격한 의미의 법령위반뿐 아니라 인권존중, 권력남용금지, 신의성실과 같이 공무원으로서 마땅히 지켜야 할 준칙이나 규범을 지키지 않고 위반한 경우를 포함하여 널리 그 행위가 객관적인 정당성을 결여하고 있음을 뜻한다고 판시하여, 그 의미를 넓게 보고 있다.[56] 한편, 판례 중에는 객관적 정당성을 상실한 것이 국가배상법상의 위법이라고 판시한 것이 다수 있으므로, 기본적으로 상대적 위법성설을 취하고 있는 듯하다. 이때 객관적 정당성을 상실하였는지 여부는 피침해이익의 종류 및 성질, 침해행위가 되는 처분의 태양 및 그 원인, 처분의 발동에 대한 피해자측의 관여의 유무, 정도 및 손해의 정도 등 제반 사정을 종합하여 손해의 전보책임을 국가 또는 지방자치단체에게 부담시켜야 할 실질적인 이유가 있는지 여부에 의하여 판단한다.[57]

---

56) 대법원 2009. 12. 24. 선고 2009다70718 판결. 따라서, 헌법상 과잉금지의 원칙 내지 비례의 원칙을 위반하여 국민의 기본권을 침해한 것도 법령위반이 될 수 있다(대법원 2022. 9. 29. 선고 2018다224408 판결).

57) 대법원 2000. 5. 12. 선고 99다70600 판결. 대법원 2011. 1. 27. 선고 2008다30703 판결은 같은 취지에서 행정청이 재결의 형식으로 처분을 한 경우에도 마찬가지라고 하였다. 위 판결은 관련 민사소송에서 근로자 갑의 후유장해를 인정하지 않는 내용의 판결이 확정되어 최초 재결 당시 그 판정의 근거가 되었던 주요 증거들이 모두 배척되었음에도 불구하고, 산업재해보상보험심사위원회가 확정된 민사판결의 내용을 뒤집을 만한 새로운 자료도 없이 이에 명백히 배치되는 사실인정에 기초하여 근로복지공단의 처분을 취소하는 내용의 재결을 한 사안에서, 그 재결이 국가배상책임의 요건을 충족하고, 사용자 을에게 재결의 취소를 구하는 행정소송의 제기와 응소를 강요함으로써 회복할 수 없는 정신적 고통을 가하였다고 본 원심판단을 수긍하였다.

(2) 구체적으로 문제가 되는 경우

㈎ 재량위반

재량권의 일탈 · 남용 등 재량권의 한계를 벗어난 '위법한 재량권의 행사'가 국가배상법 제2조의 '법령위반'에 해당하는 것은 분명하다. 그러나, 재량권의 한계 내에서 단순히 재량을 그르친 것에 불과한 '부당한 재량권의 행사'는 여기에 포함되지 않는다.

또한, 행정법규가 재량권을 부여한 경우 행정청 내부에서 일정한 준칙을 정하고 공무원이 그에 따른 처분을 하였다면 이에 관여한 공무원에게 그 직무상의 과실을 쉽게 인정할 수 없다.58)

㈏ 행정규칙 위반

행정규칙 위반이 국가배상법상 '법령위반'에 포함되는지가 문제된다. 행정규칙의 법규성을 인정하거나 인정하지 않더라도 국가배상법에서의 위법을 넓게 이해하는 입장에서는 행정규칙 위반을 '법령위반'으로 본다. 반면에 행정규칙의 법규성을 부인하거나 국가배상법에서의 위법을 엄격한 의미의 법령위반으로 보는 입장에서는 행정규칙 위반만으로는 위법한 것이 아니게 된다. 다만 후자의 견해에 따르더라도 재량준칙과 같은 행정규칙 위반이 평등의 원칙 등을 위반하여 위법하게 되는 경우가 있다(행정의 자기구속).

㈐ 처리지연

행정청의 처분을 구하는 신청에 대하여 상당한 기간 처분 여부 결정이 지체되었다 하더라도 곧바로 공무원의 불법행위를 구성한다고 단정할 수는 없다. 이때에도 보통 일반의 공무원을 표준으로 객관적 주의의무를 결하여 처분 여부의 결정을 지체함으로써 객관적 정당성을 상실하였다고 인정될 정도에 이르러야 한다.

객관적 정당성을 상실하였는지 여부는 신청의 대상이 된 처분이 기속행위인지 재량행위인지 등 처분의 성질, 처분의 지연에 따라 신청인이 입은 불이익의 내용과 정도, 처분의 담당공무원이 정당한 이유 없이 처리를 지연하였는지 등을 종합적으로 고려하고, 손해의 전보책임을 국가 또는 지방자치단체에게 부담시킬 만한 실질적인 이유가 있는지도 살펴서 판단하여야 한다. 대법원도 "법정 처리기간이나 통상적인 처리기간을 기초로 처분이 지연된 구체적인 경위나 사정을 중심으로 살펴 판단하되, 처분을 하지 않으려는 행정청의 악의적인 동기나 의도가 있었는지, 처분 지연을 쉽게 피할 가능성이 있었는지 등도 아울러 고려할 수 있다."라고 판시하였다.59)

---

58) 대법원 2002. 5. 10. 선고 2001다62312 판결.
59) 대법원 2015. 11. 27. 선고 2013다6759 판결.

㈑ 공무원의 법령심사권과의 관계

공무원은 법령을 준수할 의무를 지고 있다(국가공무원법 제56조, 지방공무원법 제48조). 그렇다고 명백히 위헌 · 위법한 법령까지 준수하여야 할 의무가 있는 것은 아니다. 이와 관련하여 어느 범위에서 공무원이 법령의 위법성을 심사하고 그 적용을 배제할 수 있는지가 문제된다. 공무원은 일련의 절차를 거쳐 효력이 발생한 법령에만 구속되고, 입법예고 단계에 있는 법령안, 공포는 되었지만 아직 시행되지 않은 법령에는 구속되지 않으므로, 법령의 형식적 요건에 대한 심사권을 가지는 것은 당연하다. 그렇지만, 재판을 행하는 법관을 제외하고 공무원이 법령에 대한 실질적 심사를 행하여 어떤 법령이 상위법에 저촉된다고 생각하더라도 그 적용을 배제할 수는 없을 것이다. 다만 법령의 위헌 · 위법이 명백한 경우에는 공무원에게도 해당 법령에 대한 심사권은 물론 적용배제의 권리 · 의무가 있다고 볼 수 있다.

(3) 선결문제

민사법원이 국가배상 청구사건을 심리할 때 행정행위의 위법 여부가 재판의 전제가 되는 경우 그 배상사건의 수소법원이 행정행위의 위법 여부를 스스로 판단할 수 있느냐의 문제이다. 행정행위의 공정력 또는 구성요건적 효력을 이유로 그것을 부정하는 입장도 있다. 그러나 공정력이나 구성요건적 효력은 절차적 효력에 불과하고 행위를 실질적으로 적법하게 하는 것은 아니므로, 행정행위의 효력을 부정(취소)하지 않는 이상 위법성을 판단하는 것은 무방하다. 또한 판례가 취하는 상대적위법성설에 의하면, 처분의 위법성과 국가배상의 위법성은 다른 개념이다. 그러므로 위법한 처분의 취소판결이 선행되지 않더라도 국가배상사건의 수소법원이 그 처분의 위법 여부를 스스로 판단할 수 있게 된다.[60]

4. 타인에 대한 손해의 발생

가. 타 인

여기에서 '타인'이란 가해자인 공무원과 그의 위법한 직무행위에 가담한 사람 이외의 모든 사람을 말한다. 피해자가 가해자인 공무원과 동일 또는 동종의 기관에 근무하는지 여부는 문제되지 않으므로, 공무원도 다른 공무원의 가해행위로 인하여 손해가 발생하게 되면 여기에서의 타인에 해당한다.

다만, 군인 · 군무원 · 경찰공무원 또는 향토예비군대원이 전투 · 훈련 등 직무집행과 관련하여 전사 · 순직 또는 공상을 입은 경우 본인 또는 그 유족이 다른 법령의 규정에 의하여 재해보상금 · 유족연금 · 상이연금 등의 보상을 지급받을 수 있을 때에는 국가의 배상책

---

60) 대법원 2005. 5. 13. 선고 2004두4369 판결, 대법원 1972. 4. 28. 선고 72다337 판결.

임을 부인하는 특례규정이 있음을 유의하여야 한다(국가배상법 제2조 제1항 단서).

나. 손 해

손해란 법률상 이익의 침해에 의한 불이익을 말하고, 반사적 이익의 침해에 의한 불이익, 공공일반의 이익침해는 포함되지 않는다. 판례에 의하면, 공무원이 직무를 수행하면서 그 근거되는 법령의 규정에 따라 구체적으로 의무를 부여받았어도 그것이 국민의 이익과는 관계없이 순전히 행정기관 내부의 질서를 유지하기 위한 것이거나 국민의 이익과 관련된 것이라도 직접 국민 개개인의 이익을 위한 것이 아니라 전체적으로 공공 일반의 이익을 도모하기 위한 것이라면 그 의무에 위반하여 국민에게 손해를 가하더라도 국가 또는 지방자치단체는 배상책임을 부담하지 않는다.[61]

이와 관련하여 판례가 국가배상책임을 긍정한 사례로서, 하천법상 하천의 유지 · 관리 및 점용허가 관련 업무를 맡고 있는 지방자치단체 담당공무원의 직무상 의무는 부수적으로라도 사회구성원 개개인의 안전과 이익을 보호하기 위하여 설정된 것이고,[62] 토지형질변경허가지 인근 지역에 토사붕괴나 낙석 등으로 인한 피해가 발생하지 않도록 허가를 받은 자에게 옹벽이나 방책을 설치하게 하거나 그가 이를 이행하지 않을 때에는 스스로 필요한 조치를 취하는 직무상 의무는 전적으로 또는 부수적으로 사회구성원 개인의 안전과 이익을 보호하기 위하여 설정된 것이며,[63] 선박안전법이나 유선 및 도선업법의 각 규정은 공공의 안전 외에 일반인의 인명과 재화의 안전보장도 그 목적으로 하는 것이고,[64] 식품의약품안전청장 등이 식품의 제조기준 및 규격 등을 마련하고 그와 같은 기준 및 규격 등을 준수하는지 여부를 확인하도록 한 식품위생법 관련규정은 사회구성원 개인의 안전과 이익을 보호하기 위한 것으로 본 사례가 있다.[65]

반면에 부정한 사례로서, 국가 또는 지방자치단체가 법령이 정하는 상수원수 수질기준 유지의무를 다하지 못하고, 법령이 정하는 고도의 정수처리방법이 아닌 일반적 정수처리방법으로 수돗물을 생산 · 공급하였다는 사유만으로 그 수돗물을 마신 개인에 대하여 손해배상책임을 부담하지 않는다는 것이 있다.[66] 그리고 공공기관이 산업기술혁신 촉진법령에서

---

61) 대법원 2001. 10. 23. 선고 99다36280 판결. 대법원 2024. 12. 19. 선고 2022다289051 전원합의체 판결에서는 「장애인 · 노인 · 임산부 등의 편의증진 보장에 관한 법률」 제7조의 위임에 따라 장애인 편의시설 설치의무 대상시설의 범위를 정한 같은 법 시행령 제11조의 개선입법의무는 위 법상의 장애인 · 노인 · 임산부의 편의증진을 위한 범위에 한하여 인정되는 것이므로, 영유아를 키우는 어머니가 겪는 불이익은 반사적 이익의 침해에 불과하다고 판시하였다.
62) 대법원 2006. 4. 14. 선고 2003다41746 판결.
63) 대법원 2001. 3. 9. 선고 99다64278 판결.
64) 대법원 1993. 2. 12. 선고 91다43466 판결.
65) 대법원 2010. 9. 9. 선고 2008다77795 판결(미니컵 젤리 사건).
66) 대법원 2001. 10. 23. 선고 99다36280 판결.

정한 인증신제품 구매의무를 이행한 결과 신제품 인증을 받은 자가 재산상 이익을 얻게 되더라도 이는 반사적 이익에 불과하다는 것도 있다.[67]

한편, 행정작용이 실체적 하자는 없고 절차적 하자만 남아 있는 경우 그 절차적 하자에 대한 위법성을 근거로 정신적 고통에 대한 배상으로 위자료를 인정할 수 있는지 논란이 될 수 있다. 최근 대법원은 행정절차를 설명할 때 살펴보았듯이 절차적 하자가 있더라도 '절차적 정당성'이 상실되지 않으면 그것을 이유로 해당 처분을 취소하지 않는 경향이 있다. 그런데, 국가배상은 피해자구제기능, 손해분산기능만 있는 것이 아니라 제재기능 및 위법행위억제기능도 수행하므로, 절차적 하자에 대하여 항고소송으로 구제받지 못하는 경우 국가배상청구로 인한 사후적인 통제를 고려할 필요가 생기게 되었다.

그러나, 행정절차법 등 법령에 규정되어 있는 행정절차가 법적 의무로서 행정청을 구속하고 있기는 하지만, 그 상대방이나 이해관계인 모두에게 절차에 참여할 권리를 인정할 수는 없을 것이다. 다만 그 행정절차를 통하여 해당 인·허가 등의 발급을 신청하려고 하거나 불이익처분을 받거나 받게 될 우려가 있는 사람 또는 그 밖에 행정절차에 참가하는 당사자 등은 문제된 처분과의 관계에서 법률상 보호되는 이익을 가지고 있는지 여부에 따라 구체적·개별적인 행정절차 참여권이 인정될 수 있다면, 이때에는 법률상 이익의 위법한 침해로서 국가배상법상 손해가 있었다고 평가할 수 있다.[68]

나아가 국가나 지방자치단체가 행정절차를 진행하는 과정에서 주민들의 의견제출 등 절차적 권리를 보장하지 않은 위법이 있다고 하더라도 그 후 이를 시정하여 절차를 다시 진행한 경우, 종국적으로 행정처분 단계까지 이르지 않거나 처분을 직권으로 취소하거나 철회한 경우, 행정소송을 통하여 처분이 취소되거나 처분의 무효를 확인하는 판결이 확정된 경우 등에는 주민들이 절차적 권리의 행사를 통하여 환경권이나 재산권 등 사적 이익을 보호하려던 목적이 실질적으로 달성된 것이므로 원칙적으로 절차적 권리침해로 인한 정신적 고통에 대한 배상은 인정되지 않고, 이러한 조치로도 주민들의 절차적 권리 침해로 인한 정신적 고통이 여전히 남아 있다고 볼 특별한 사정이 있는 경우에 국가나 지방자치단체

67) 대법원 2015. 5. 28. 선고 2013다41431 판결.

68) 폐기물처리시설을 설치하는 지역에 거주하는 주민들은 직접 주민대표로서 입지선정위원회에 참여하고 주민대표로서 전문가 위원을 추천하여 입지선정위원회를 구성하거나 주민대표가 참여한 입지선정위원회의 활동 과정과 결과를 공람하고 입지선정위원회에 자신의 의견을 표명하는 방법 등으로 폐기물처리시설의 입지선정결정 과정에 참여할 수 있도록 보장되어 있다. 대법원은 해당 사업부지 인근 주민들은 의견제출을 통한 행정절차 참여 등 법령에서 정하는 절차적 권리를 행사하여 환경권이나 재산권 등 사적 이익을 보호할 기회를 가질 수 있으나, 주민들의 행정절차 참여에 관하여 규정되어 있다는 것만 가지고는 주민들에게 자신의 의사와 이익을 반영할 기회를 보장하고 행정의 공정성, 투명성과 신뢰성을 확보하며 국민의 권익을 보호하기 위한 것일 뿐, 행정절차에 참여할 권리 그 자체가 사적 권리로서의 성질을 가지는 것은 아니라고 판시하였다(대법원 2021. 7. 29. 선고 2015다221668 판결).

는 그 정신적 고통으로 인한 손해를 배상할 책임이 있다는 것이 판례이다.[69]

다. 인과관계

공무원의 가해행위와 손해의 발생 사이에 상당인과관계가 있어야 한다.[70] 상당인과관계란 객관적으로 보아 어떠한 선행사실로부터 보통 일반적으로 초래되는 후행사실이 발생하는 범위 안에서만 법률이 요구하는 인과관계를 인정하는 것을 말한다.

유흥주점에 감금된 채 윤락을 강요받으며 생활하던 여종업원들이 유흥주점에 화재가 났을 때 미처 피신하지 못하고 유독가스에 질식해 사망한 사안을 예로 들면 다음과 같다.[71] 소방공무원이 위 유흥주점에 대하여 화재발생 전에 실시한 소방점검 등에서 소방법상 방염규정위반에 대한 시정조치 및 화재 발생시 대피에 장애가 되는 잠금장치의 제거 등 시정조치를 명하지 않은 직무상 의무 위반과 위 사망 사이에 상당인과관계가 인정되지만, 지방자치단체의 담당공무원이 위 유흥주점의 용도변경, 무허가 영업 및 시설기준에 위배된 개축에 대한 시정명령 등 식품위생법상 취하여야 할 조치를 게을리 한 직무상 의무위반행위와 사이에는 상당인과관계가 인정되지 않는다.

Ⅱ. 군인·군무원 등에 대한 특례

1. 특례조항의 위헌론

국가배상법은 1951. 9. 8. 제정된 후 1967. 3. 3. 전문개정되면서 군인·경찰공무원 등에 대한 특례규정이 신설되어, 군인·경찰공무원 등이 다른 법령에 의하여 보상을 지급받을 수 있을 때에는 국가배상법 및 민법의 규정에 의한 손해배상을 청구할 수 없게 되었고, 1981. 12. 17. 개정으로 군무원과 향토예비군대원도 그에 포함되었다. 위 규정의 입법취지는 재정적 어려움을 타개하려는 발상에서 위험부담이 매우 높은 직무에 종사하는 공무원이 그 직무집행과 관련하여 받은 손해에 대해서는 국가보상제도에 따른 보상이 있으면 충분하고 그들에게 따로 국가배상청구권을 거듭 인정할 필요가 없다는 것에 있다(이중배상의 금지).[72]

---

69) 위 사안에서 피고인 지방자치단체가 입지선정위원회를 통한 지역주민의 의견수렴, 입주 선정에 관한 심의·의결을 거치지 않아 해당 폐기물 처리시설 입지 결정·고시처분 등이 무효확인판결이 선고되어 확정되었지만, 피고 소속 공무원들이 위와 같은 절차를 진행한 것처럼 서류를 위조한 것이 발각된 점 등이 반영되었다.

70) 대법원 2001. 4. 13. 선고 2000다34891 판결.

71) 대법원 2008. 4. 10. 선고 2005다48994 판결.

72) 국가 또는 공공단체가 위험한 직무를 집행하는 군인 등에 대한 피해보상제도를 운영하여, 직무집행과 관련하여 피해를 입은 군인 등이 간편한 보상절차에 의하여 자신의 과실 유무나 그 정도와 관계없이 무자력의 위험부담이 없는 확실하고 통일된 피해보상을 받을 수 있도록 보장하는 대신, 피해 군인 등이 국가 등에 대하여 공무원의 직무상 불법행위로 인한 손해배상을 청구할 수 없게 함으로써, 군인 등의 동일한 피해에 대하여 국가 등의 보상과 배상이 모두 이루어짐으로 인하여 발생할 수 있는 과다한 재정지출과 피

그런데 위 특례규정은 도입 당시부터 국가보상과 국가배상은 성격이 달라 이중배상이라고 할 수 없고, 평등의 원칙에 위배된다는 취지로 위헌시비가 끊이지 않았으며, 대법원은 당시의 국가배상법 제2조 제1항 단서가 위헌이라고 선언하기까지 하였다.[73]

이에 대하여 유신정권은 위헌법률을 개정하는 대신 헌법을 개정하여 위헌시비를 없애는 방법을 채택하여, 1972. 11. 24. 헌법 개정으로 현행 헌법 제29조 제2항을 신설하였다. 이에 대하여 헌법재판소는 국가배상법 제2조 제1항 단서 등 위헌소원사건에서 헌법 제29조 제2항은 위헌법률심사의 대상이 되지 않는다고 각하하였고, 국가배상법 제2조 제1항 단서는 합헌이라고 선언하였다.[74] 위와 같은 헌법재판소의 결정에 의하여 헌법 제29조 제2항과 국가배상법 제2조 제1항 단서의 규정이 형식적으로는 합헌인 것으로 되었음에도 불구하고 여전히 헌법내재적인 기본가치에 비추어 위헌이라는 주장이 제기되고 있다.

2. 특례조항의 해석론

군인 · 군무원 · 경찰공무원 또는 향토예비군대원이 전투 · 훈련 등 직무집행과 관련하여 전사 · 순직하거나 공상을 입은 경우에 본인이나 그 유족이 다른 법령에 따라 재해보상금 · 유족연금 · 상이연금 등의 보상을 지급받을 수 있을 때에는 국가배상법 및 민법의 규정에 의한 손해배상을 청구할 수 없다(헌법 제29조 제2항, 국가배상법 제2조 제1항 단서).

위 특례규정의 적용대상자는 군인 · 군무원 · 경찰공무원 또는 향토예비군대원이다. 판례에 따르면, 전투경찰순경은 경찰공무원에 포함되나,[75] 공익근무요원,[76] 교정시설경비교도로 전임된 사람,[77] 소집일시를 경과하여 소집부대의 위병소가 있는 곳에 도착한 향토예비군대원[78]은 적용대상자가 아니다.

해 군인 등 사이의 불균형을 방지하기 위한 것이다(대법원 2002. 5. 10. 선고 2000다39735 판결 참조).

73) 대법원 1971. 6. 22. 선고 70다1010 판결.

74) 헌재 2001. 2. 22. 선고 2000헌바38 결정에서는 "헌법 및 헌법재판소의 규정상 위헌심사의 대상이 되는 법률은 국회의 의결을 거친 이른바 형식적 의미의 법률을 의미하는 것이므로 헌법의 개별규정 자체는 헌법소원에 의한 위헌심사의 대상이 아니다. 한편, 이념적 · 논리적으로는 헌법규범 상호간의 우열을 인정할 수 있다 하더라도 그러한 규범 상호간의 우열이 헌법의 어느 특정규정이 다른 규정의 효력을 전면적으로 부인할 수 있을 정도의 개별적 헌법규정 상호간에 효력상의 차등을 의미하는 것이라고 볼 수 없으므로, 헌법의 개별규정에 대한 위헌심사는 허용될 수 없다."라고 하는 한편, "국가배상법 제2조 제1항 단서는 헌법 제29조 제1항에 의하여 보장되는 국가배상청구권을 헌법 내재적으로 제한하는 헌법 제29조 제2항에 직접 근거하고, 실질적으로 그 내용을 같이하는 것이므로 헌법에 위반되지 아니한다." 라고 판시하였다.

75) 대법원 1995. 3. 24. 선고 94다25414 판결.

76) 대법원 1997. 3. 28. 선고 97다4036 판결.

77) 대법원 1998. 2. 10. 선고 97다45914 판결.

78) 국가배상법상 군인의 신분은 예비역인 경우에는 소집명령서를 받고 실역에 복무하기 위하여 지정된 장소에 도착하여 군통수권자의 지휘 하에 들어가 군부대의 구성원이 되었을 때 비로소 시작되는 것이지 소집일시를 경과하여 소집부대의 위병소가 있는 곳에 도착한 것만으로는 아직 국가배상법상의 군인의 신분을 취득한 것은 아니다(대법원 1976. 12. 14. 선고 77다1441 판결).

군인 · 군무원 · 경찰공무원 또는 향토예비군대원에 대한 손해배상청구권이 배제되는 것은 전투 · 훈련 등 직무집행과 관련한 경우이다. 구법에서는 '전투 · 훈련 · 기타 직무집행과 관련하거나 국방 또는 치안유지의 목적상 사용하는 시설 및 자동차 · 함선 · 항공기 · 기타 운반기구 안에서 전사 · 순직 또는 공상을 입은 경우'라고 규정하였다. 그런데 현행법은 '전투 · 훈련 등 직무집행과 관련하여 전사 · 순직 또는 공상을 입은 경우'라고 규정하고 있다.

국가배상법 제2조 제1항 단서의 특례규정이 적용되기 위해서는 다른 법령에 의한 보상 가능성이 전제가 되어야 한다. 군인 · 군무원 등 국가배상법 제2조 제1항에 열거된 자가 전투, 훈련 기타 직무집행과 관련하여 공상을 입은 경우라고 하더라도 다른 법령에 의하여 별도의 보상을 받을 수 없는 경우에는 국가배상법 제2조 제1항 단서의 적용 대상에서 제외된다.[79]

한편, 위 특례조항은 전투 · 훈련 등 직무집행과 관련하여 공상을 입은 경우에 적용되는 것이므로, 전투 · 훈련 등과 관련 없는 직무집행으로 인하여 공상을 입은 경우에는 국가배상을 청구할 수 있다. 이 경우 군인 등이 먼저 국가배상법에 따라 손해배상금을 지급받은 다음 보훈보상대상자 지원에 관한 법률(보훈보상자법)이 정한 보상금 등 보훈급여금의 지급을 청구하는 경우에는 어떻게 되는지 의문이 들 수 있다. 대법원은 보훈보상자법에서 국가배상법에 따른 손해배상금을 지급받은 사람을 보훈급여금의 지급대상에서 제외하지 않고 있으므로, 위와 같은 경우에 국가보훈처장이 국가배상을 받았다는 것을 이유로 보훈급여금의 지급을 거부할 수 없다고 해석하고 있다.[80] 나아가 먼저 국가배상법상 손해배상을 지급받은 사람에 대한 보훈보상자법상 보상금과 중첩되는 영역에 관한 보상금 지급액을 제한하는 규정도 없으므로, 선지급된 손해배상액을 장래 지급할 보상금 산정에서 제외할 수도 없다.

그런데, 군인연금법 제20조 제1항에서는 국가유공자 등 예우 및 지원에 관한 법률(국가유공자법) 제11조 또는 보훈보상자법 제10조에 따른 보훈급여금을 제외하고 다른 법령에 따라 국가나 지방자치단체의 부담으로 군인연금법에 따른 급여와 같은 종류의 급여금에 상당하는 금액에 대해서는 군인연금법에 따른 급여를 지급하지 않도록 규정하고 있다. 따라서, 군인연금법상 사망보상금은 일실손해의 보전을 위한 것으로 불법행위로 인한 소극적 손해배상과 같은 종류의 급여로서 이를 공제할 수 있다. 다만 이를 넘어서서 정신적 손해배상금까지 공제할 수는 없다.[81]

---

79) 대법원 1997. 2. 14. 선고 96다28066 판결. 따라서 군인 또는 경찰공무원으로서 교육훈련 또는 직무수행 중 상이를 입고 전역 또는 퇴직한 자라고 하더라도 국가보훈처장이 실시하는 신체검사에서 대통령령이 정하는 상이등급에 해당하는 신체의 장애를 입지 않은 것으로 판명되고 군인연금법상의 재해보상 등을 받을 수 있는 장애등급에도 해당하지 않는 것으로 판명된 자는 국가배상법 제2조 제1항 단서의 적용을 받지 않아 국가배상을 청구할 수 있다.

80) 대법원 2017. 2. 3. 선고 2015두60075 판결.

81) 대법원 2021. 12. 16. 선고 2019두45944 판결.

3. 공동불법행위에서의 문제

가. 문제의 소재

일반국민이 직무집행 중인 군인과의 공동불법행위로 직무집행 중인 다른 군인에게 공상을 입히고서, 그 피해자에게 자신의 귀책부분을 넘어서 손해를 배상한 후, 공동불법행위자인 군인의 부담부분을 국가에 대하여 구상권을 행사할 수 있는지도 문제가 된다.[82] 이에 관해서는 대법원 판례와 헌법재판소의 판례가 엇갈렸다.

나. 소극설(국가에 대한 손해배상청구권의 절대적 소멸론)

소극설에 따르면, 민간인이 경찰공무원의 손해 전부를 배상할 책임이 있고 국가에게 구상권을 행사할 수 없다.[83] 국가배상법 제2조 제1항 단서는 헌법 제29조 제2항에 근거를 둔 규정으로서, 군인·군무원 등이 전투·훈련 기타 직무집행과 관련하는 등으로 공상을 입은 것에 대하여 재해보상금, 유족연금, 상이연금 등 별도의 보상제도가 마련되어 있는 경우에는 이중배상의 금지를 위하여 국가에 대한 국가배상법 또는 민법상의 손해배상청구권 자체를 절대적으로 배제하고 있는 규정이므로, 직접 국가에 대하여 손해배상청구권을 행사할 수 없음은 물론 국가와 공동불법행위의 책임이 있는 사람이 그 배상채무를 이행하였음을 이유로 국가에 대하여 구상권을 행사하는 것도 허용되지 않는다는 논리이다.

다. 적극설(국가에 대한 손해배상청구권의 상대적 소멸론)

적극설에 따르면, 민간인은 피해 경찰공무원에게 손해 전부를 배상할 책임이 있기는 하지만 국가에 대하여 구상권을 행사할 수 있다.[84] 일반국민이 직무집행 중인 군인·군무원 등과의 공동불법행위로 직무집행 중인 다른 군인·군무원 등에게 공상을 입혀 그 피해자에게 공동의 불법행위로 인한 손해를 배상한 다음 공동불법행위자인 군인·군무원 등의 부담부분에 관하여 국가에게 구상권을 행사하는 것을 허용하지 않는다고 해석한다면, 헌법 제29조가 구상권의 행사를 배제하지 않는데도 이를 배제하는 것으로 해석하는 것으로서 합리적인 이유 없이 일반국민을 국가에 대하여 지나치게 차별하는 경우에 해당하므로, 헌법 제11조, 제29조에 위반되며, 국가에 대한 구상권은 헌법 제23조 제1항에 의하여 보장되는 재산권이고 재산권의 제한은 헌법 제37조 제2항에 의한 기본권제한의 한계 내에서만 가능

---

82) 구체적인 사례를 예시하면 다음과 같다. 소외 회사 소유의 트럭이 1990. 3. 7. 11:00경 피고 소속 의무경찰이 운전하던 오토바이와 충돌하여 그 뒷좌석에 타고 있던 또 다른 의무경찰에게 상해를 입혔다. 당시 위 오토바이는 파출소에서 공무에 사용되던 것이고, 오토바이 운전자인 의무경찰은 직무수행중이었다. 원고는 자동차공제에 가입한 소외 회사를 대신하여 위 피해 의경에게 그의 손해액의 범위 내에서 치료비 및 합의금으로 4,733만원을 지급한 다음, 피고 대한민국을 상대로 구상금청구의 소를 제기하였다.

83) 대법원 1992. 2. 11. 선고 91다12738 판결.

84) 헌재 1994. 12. 29. 선고 93헌바21 결정.

한데, 위와 같은 해석은 헌법 제37조 제2항에 의하여 기본권을 제한할 때 요구되는 비례의 원칙에 위배하여 헌법 제23조 제1항 및 제37조 제2항에도 위반된다는 논리이다.

라. 새로운 해결방법

이에 관한 새로운 해결방법은 민간인과 국가의 부진정연대책임을 부인하고 각각의 책임부분만 배상하면 된다는 것이다.[85] 따라서 구상관계는 성립할 여지가 없고, 이미 변제한 경우에도 구상할 수 없다는 것이다.[86]

불법행위에 의한 피해자의 동일한 손해 발생에 대하여 2인 이상에게 책임이 있는 경우, 피해자로서는 복수의 책임주체 중 누구로부터든 실손해액만 전보 받으면 충분한 것이다. 불법행위에 의한 손해에 대한 복수의 책임주체로 하여금 각자 피해자의 손해 전부를 배상하도록 한 것은,[87] 손해배상청구권이 복수의 책임주체별로 분할되는 경우 어느 책임주체의 무자력으로 인한 위험과 책임주체별로 그 책임범위를 증명하고 소구하여야 하는 절차적 어려움에서 피해자를 벗어나게 하고, 책임주체간의 이해관계는 내부적으로 조정하게 함으로써 피해자를 보호하려는데 그 취지가 있을 뿐이다.

그런데, 가해자 측인 국가 등과 민간인 및 피해자인 군인·군무원 등의 3자관계를 볼 때, 소극설에 의하면 군인·군무원 등은 [국가보상 + 손해배상]을 받는 반면에 민간인은 국가의 귀책부분까지 부담하게 되어 불공평하고, 적극설에 의하면 군인·군무원 등은 [국가보상 + 손해배상]을 받는 반면에 국가는 손해의 이중(과다)전보[국가보상 + 자신의 귀책부분 부담]를 하게 되어 헌법 제29조 제2항의 입법취지를 살릴 수 없다.

위 3자관계의 공평에 가장 근접하면서 헌법 제29조 제2항의 입법취지를 관철할 수 있는 최적의 해결책은, 군인·군무원 등은 민간인에 대하여 그의 귀책부분에 한하여 배상을 청구할 수 있을 뿐이라고 해석하는 것이다. 이렇게 해석하면 민간인으로서는 국가에게 구상권을 행사할 여지가 없게 된다.

마. 피해자의 가해 공무원에 대한 손해배상청구권의 문제

한편, 위 사안에서 피해자인 군인·군무원 등의 가해 공무원에 대한 손해배상청구권은 어떻게 된다고 보아야 할 것인가? 가해 공무원에게 경과실만 있는 경우에는 손해배상책임을 부담하지 않으므로 문제가 없다.

문제는 가해 공무원에게 고의 또는 중과실이 있는 경우이다. 이때에는 피해자인 군

---

85) 대법원 2001. 2. 15. 선고 96다42420 전원합의체 판결.

86) 이를 허용한다면, 이러한 경우에 군인·군무원 등의 국가배상청구권을 배제한 헌법적 결단의 취지가 몰각될 것이기 때문이라고 한다.

87) 민법 제760조 제1항은 공동불법행위자의 배상책임에 관하여 이 점을 명시하고 있다.

인 · 군무원 등은 가해 공무원에게 손해 전부의 배상을 청구할 수 있다. 왜냐하면, 가해 공무원의 배상책임은 헌법 제29조 제2항의 입법취지와 관계가 없고, 배상책임을 이행한 가해 공무원으로서는 민간인에게 그의 귀책부분을 구상할 수 있으며, 자신의 귀책부분에 대해서는 궁극적으로 책임을 부담하여야 하기 때문이다.

Ⅲ. 배상책임

1. 배상책임자(국가 또는 지방자치단체)

공무원의 위법한 직무행위로 인한 손해의 배상책임자는 국가 또는 지방자치단체이다(국가배상법 제2조 제1항).

가. 사무귀속주체의 책임(원칙)

공무원의 위법한 직무집행으로 인한 손해배상책임의 주체는 국가 · 지방자치단체인데, 각각의 사무의 귀속주체에 따라 배상책임을 지는 것이 원칙이다. 따라서 자치사무의 위법한 처리 또는 지방자치단체가 설치 · 관리하는 공공시설의 하자로 인하여 발생한 손해에 대해서는 지방자치단체가 그 손해를 배상하고, 국가사무(기관위임사무 포함)는 국가가 책임을 부담하는 것이 원칙이다.

그런데, 단체위임사무의 경우 그 사무귀속의 주체가 국가인지 지방자치단체인지 논란이 될 수 있다. 단체위임사무는 위임사무일 뿐 법적 효과는 궁극적으로 위임자에게 귀속되기 때문이다. 그러나 단체위임사무도 엄연히 지방자치단체가 자신의 이름과 책임으로 수행하는 사무이고, 단체위임사무와 자치사무의 구별이 어렵다는 점까지 감안하면 그 사무귀속의 주체는 지방자치단체라 할 것이다.

나. 비용부담자의 책임

국가배상법 제6조 제1항은 "국가 또는 지방자치단체가 손해를 배상할 책임이 있는 경우에 공무원의 선임 · 감독 또는 영조물의 설치 · 관리를 맡은 자와 공무원의 봉급 · 급여 기타의 비용 또는 영조물의 설치 · 관리의 비용을 부담하는 자가 동일하지 아니하면 그 비용을 부담하는 자도 손해를 배상하여야 한다."라고 규정하고 있다. 따라서 사무귀속 주체 이외에 비용부담자가 책임을 지는 경우가 있고, 양자의 관계는 부진정 연대책임이다.[88]

---

88) 대법원 1993. 1. 26. 선고 92다2684 판결: 시가 국도의 관리상 비용부담자로서 책임을 지는 것은 국가배상법이 정한 자신의 고유한 배상책임이므로 도로의 하자로 인한 손해에 대하여 시는 부진정연대채무자인 공동불법행위자와의 내부관계에서 배상책임을 분담하는 관계에 있으며 국가배상법 제6조 제2항의 규정은 도로의 관리주체인 국가와 그 비용을 부담하는 경제주체인 시 상호간에 내부적으로 구상의 범위를 정하는데 적용될 뿐 이를 들어 구상권자인 공동불법행위자에게 대항할 수 없다.

비용부담자의 의미에 관하여, 대외적으로 비용을 지출한 자라는 형식적 비용부담자설과 형식적 비용부담자 외에 궁극적으로 비용을 부담하는 실질적 비용부담자를 포함한다는 병합설이 대립한다. 권리구제의 확대측면에서 병합설이 타당하고 판례도 명시적이지는 않으나 같은 뜻으로 해석하는 것으로 보인다.[89]

다. 지방자치단체의 사무처리와 국가배상책임

그런데 지방자치법 제158조 본문에서는 "지방자치단체는 그 자치사무의 수행에 필요한 경비와 위임된 사무에 관하여 필요한 경비를 지출할 의무를 진다."라고 규정하고 있으므로, 지방자치단체는 자치사무는 물론 위임받은 사무를 집행할 때에도 그 비용을 지출할 법적의무가 있게 되어 형식적 비용부담자가 된다. 다만 같은 조 단서에서는 "국가사무나 지방자치단체사무를 위임할 때에는 이를 위임한 국가나 지방자치단체에서 그 경비를 부담하여야 한다."라고 규정하고 있으므로, 단체위임사무와 기관위임사무에 대해서는 국가가 실질적 비용부담자가 된다.

이렇게 되면, 단체위임사무의 경우 국가는 실질적 비용부담자로서, 지방자치단체는 사무귀속주체 겸 형식적 비용부담자로서 부진정연대책임을 지고, 기관위임사무의 경우 국가는 사무귀속주체 겸 실질적 비용부담자로서, 지방자치단체는 형식적 비용부담자로서 부진정연대책임을 진다는 결론이 된다.

한편, 자치사무의 경우에는 지방자치단체만 배상책임을 지나, 자치사무 중 필요사무는 국가와 지방자치단체 상호간에 이해관계가 있어 국가가 경비의 전부 또는 일부를 부담하는 때에는 국가도 실질적 비용부담자로서 책임을 지는 경우가 있을 수 있다.

라. 구상관계와 궁극적 배상책임자

국가배상법 제6조 제2항에서는 "제1항의 경우에 손해를 배상한 자는 내부관계에서 그 손해를 배상할 책임이 있는 자에게 구상할 수 있다."라고 규정하고 있다. 위 규정의 해석과 관련하여 궁극적 배상책임자가 누구인지에 관하여 학설의 대립이 있다.

① **사무귀속주체설**: 배상에 관한 원칙적인 책임은 사무귀속주체에게 있는 것이고 비용부담자는 피해자의 보호를 위하여 예외적으로 책임이 인정되는 것이므로, 비용부담자는 사무귀속주체에게 구상이 가능하다는 견해이다(통설).

② **실질적 비용부담자설**: 비용부담자가 부담하는 비용에는 손해배상을 하게 될 경우에

---

89) 대법원 1994. 12. 9. 선고 94다38137 판결: 국가배상법 제6조 제1항 소정의 '공무원의 봉급 · 급여 기타의 비용'이란 공무원의 인건비만을 가리키는 것이 아니라 해당사무에 필요한 일체의 경비를 의미한다고 할 것이고, 적어도 대외적으로 그러한 경비를 지출하는 자는 경비의 실질적 · 궁극적 부담자가 아니더라도 그러한 경비를 부담하는 자에 포함된다.

지출하게 될 비용도 포함되어 있다고 보아야 하고 사무귀속주체가 경합하는 경우에는 부담비율을 정하는 것이 어려우나 비용부담의 비율에 따른 배상액의 분배는 쉽다는 점을 들어 실질적 비용부담자가 궁극적 배상책임자라는 견해이다.

③ 기여도설: 실제로 손해발생에 기여한 자가 궁극적 배상책임자이고, 기여자가 수인인 경우 기여도에 비례하여 배분하여야 한다는 견해이다.

판례는 명확하게 입장을 표명하지 않아 정확하게 어떠한 견해를 취하고 있는지는 분명하지 않다. 다만 대법원이 광역시와 국가 모두가 도로의 점유자 및 관리자, 비용부담자로서의 책임을 중첩적으로 지는 경우에 "광역시와 국가의 내부적인 부담 부분은 그 도로의 인계·인수 경위, 사고의 발생 경위, 광역시와 국가의 그 도로에 관한 분담비용 등 제반 사정을 종합하여 결정"하여야 한다고 판시하여,[90] 기여도설에 입각한 듯하다.

2. 국가 등의 무과실책임

국가 또는 지방자치단체가 공무원의 직무상 불법행위에 대해 배상책임을 지는 경우 그 공무원의 선임·감독에 대한 과실 유무는 불문한다. 이점에서 민법의 사용자책임과 다르다.[91]

3. 배상책임의 본질

가. 문제의 소재

공무원의 위법한 직무행위로 인하여 발생한 손해에 대하여, 국가 등이 배상책임을 지는 것이 가해공무원의 책임을 갈음하는 것인지(대위책임설) 아니면 자기행위에 대하여 스스로 책임을 지는 것인지(자기책임설) 견해의 대립이 있다.

나. 학 설

(1) 대위책임설

국가배상책임은 손해를 가한 공무원이 개인적으로 부담하여야 할 불법행위의 책임을 국가 또는 공공단체가 대신하여 지는 것이라는 견해이다(독일의 국가배상법제).

그 논거로서, ① 국가배상법이 과실주의에 입각하고 있다는 점, ② 공무원의 위법행위를 국가의 기관행위로 볼 수 없기 때문에 행위의 효과도 국가에 귀속시킬 수 없다는 점, ③ 국가배상법은 배상능력이 충분한 국가 등을 배상책임자로 하는 것이 피해자에게도 유리하다는 정책적 고려 하에 국가 등이 배상책임을 지도록 한 것이라는 점 등을 들고 있다.

이 견해는 국가가 손해를 가한 책임 있는 공무원에게 당연히 구상할 수 있으나 공무원

---

90) 대법원 1998. 7. 10. 선고 96다42819 판결.
91) 대법원 1970. 6. 30. 선고 70다727 판결.

의 집무의욕의 저하와 사무정체를 방지하기 위한 입법정책적 고려에서 경과실의 경우에는 면책시키는 것이라고 설명한다.

그러나 이 견해를 완고하게 관철한다면, 공무원이 책임능력을 가지지 않는다는 등의 이유로 해당 공무원에게 책임을 귀속시킬 수 없는 경우에는 국가책임이 발생하지 않게 되므로, 국가배상책임의 성립여부가 위법행위를 한 공무원 개인의 주관적 책임능력이나 인식의 정도에 좌우되는 난점이 있다.

(2) 자기책임설

국가는 그 기관인 공무원을 통하여 행위하기 때문에 공무원의 직무행위는 그 위법여부에 관계없이 국가에 귀속되는 것이므로 손해가 공무원에 의하여 가해졌다고 하더라도 그것은 국가 스스로의 책임이라는 견해이다.

그 논거로서, ① 우리 실정법은 대위책임제를 취하고 있는 독일의 법제와 다르다는 점, ② 구상권의 인정문제는 정책적 측면에서 인정되는 것이어서 이를 기준으로 배상책임의 성질을 논하는 것은 옳지 않다는 점, ③ 구제의 폭을 넓히기 위해서는 피해자에게 손해배상의 상대방(국가 또는 해당 공무원)을 선택할 권리를 부여하는 것이 타당한데 그 선택적 청구권을 인정하려면 자기책임설이 바람직하다는 점 등을 들고 있다.

(3) 절충설(판례)

공무원의 고의 또는 중과실에 의한 위법행위는 국가의 기관행위로서의 품격을 상실하여 국가 등에게 그 책임을 귀속시킬 수 없으나, 공무원의 경과실에 의한 위법행위는 국가의 기관행위로서의 성질을 인정하지 않을 수 없다는 견해이다(판례).[92]

그 논거로서, ① 경과실이 있는 직무행위는 국가의 기관행위로 볼 수 있으나 고의나 중과실이 있는 직무행위는 기관행위로 볼 수 없다는 점, ② 국가배상법 제2조 제2항이 고의 또는 중과실의 경우에만 공무원에 대한 구상권을 인정하고 경과실에 대해서는 구상권을 인정하지 않고 있다는 점 등을 들고 있다.

그런데, 최근 대법원은 긴급조치 제9호의 발령부터 적용 · 집행과 같이 광범위한 다수 공무원이 관여한 일련의 국가작용에 의한 기본권 침해에 대해서는 전체적으로 보아 객관적 주의의무 위반이 인정되면 충분하고, 개별 공무원의 구체적인 직무집행행위를 특정하고 그에 대한 고의 또는 과실을 개별적 · 구체적으로 엄격히 요구할 필요가 없다고 판시하였는데, 이러한 태도는 국가배상책임의 본질을 종전보다는 자기책임설에 가까워지고 있다는 점을 보여주고 있는 것이라고 생각된다.[93]

---

92) 대법원 1996. 2. 15. 선고 95다38677 전원합의체 판결.
93) 대법원 2022. 8. 30. 선고 2018다212610 전원합의체 판결.

다. 결 론

국가배상책임은 단순히 공무원 개인의 민사적 불법행위책임을 국가가 대위하여 부담하는 것을 넘어 국가가 위법한 행위로 국민에게 손해를 입힌 경우 스스로 책임을 지는 '자기책임'으로 이해하는 것이 바람직하다. 국가는 현실적으로 공무원을 통해서 활동하므로, 공무원의 가해행위로 인하여 발생한 손해에 대한 책임도 국가가 직접 지는 것이다.[94] 뿐만 아니라 법치국가의 원리는 국가에 의한 적법한 공권력 행사를 전제로 하므로, 국가에 대하여 위법한 행위의 결과를 되도록 광범위하게 제거할 것과 위법하게 행사된 공권력으로 인해 손해를 입은 국민에게 효과적인 손해보전을 행할 것을 명하고 있는데, 국가배상청구권은 이미 사실관계가 완성되어 위법의 제거를 목적으로 하는 항고소송과 같은 일차적 권리구제가 기능하지 못하는 경우에 손해배상이라는 2차적 권리구제를 보장하는 기능을 한다는 점에서 법치국가의 원리에 부합하기 때문이다.[95]

이렇게 국가배상책임의 본질을 자기책임설에 입각하여 이해한다면, 국가배상책임의 요건으로서 '고의 또는 과실'은 공무원 개인의 주관적 책임이 아니라 행정 조직이나 운영상의 결함에 따른 공무원의 공적 직무수행상 과실로 이해되고, 위법성 판단기준으로 '객관적 정당성의 상실'을 요구하지 않을 수 있게 된다.[96] 그리하여, 전통적 과실책임의 원칙에 따라 인정되는 공무원 개인의 책임을 전제로 공법상 일반원칙을 위반한 것 외에 추가적으로 '객관적 정당성의 상실'을 요구하지 않음으로써, 국가의 위법한 행위로 권익이 침해된 경우 항고소송 등의 방법으로 그 위법한 결과가 제거되지 않았음에도 불구하고 국가배상책임마저도 인정되지 않아 국민의 권리 침해가 계속 방치되는 결과를 방지할 수 있게 된다.

한편, 국가배상책임의 본질이 무엇인지에 관한 문제는 공무원 자신의 책임에 관한 헌법 제29조 제1항, 공무원에 대한 구상권 제한에 관한 국가배상법 제2조 제2항이 배상책임의 성질과 직접적으로 연관되어 있는 것이 아니다. 따라서 국가배상법 제2조 제2항이 공무원에게 고의나 중과실이 있는 경우에는 국가가 구상할 수 있고 경과실이 있는 경우에는 구상을 배제하고 있는 것을 들어, 현행 국가배상법이 절충설을 취하고 있는 것이라고 할 수는 없다. 공무원의 직무상 불법행위로 야기된 배상책임을 어떻게 정하고 분산시키느냐의 문제는 '책임의 본질'과는 관계없이 입법정책의 문제일 뿐이기 때문이다.

---

94) 김남진 · 김연태, 행정법 I, 706면.

95) 헌재 2015. 4. 30. 선고 2013헌바395 결정 참조.

96) 대법원 2022. 8. 30. 선고 2018다212610 전원합의체 판결의 안철상 대법관의 반대의견, 대법원 2024. 12. 19. 선고 2022다289051 전원합의체 판결의 대법관 김상환, 대법관 노태악, 대법관 권영준, 대법관 노경필의 별개의견.

Ⅳ. 공무원의 배상책임과 구상

1. 대외적 책임(공무원의 직접적인 배상책임의 여부)

가. 문제의 소재

가해자인 공무원이 고의·과실로 위법한 직무집행을 하여 피해자에게 손해를 입힌 경우, 국가·지방자치단체가 배상책임을 지는 것 외에 공무원 개인도 직접 배상책임을 지는지의 문제이다(선택적 배상청구의 가능여부).

나. 학설의 대립

(1) 긍 정 설

고의 또는 중과실의 경우는 물론 경과실의 경우에도 가해공무원은 피해자에 대하여 책임을 져야 한다는 견해이다. 따라서 피해자는 국가 등은 물론 공무원 개인에게도 손해배상을 청구할 수 있다. 특히 국가배상책임의 본질에 관하여 자기책임설을 취할 경우 국가 등과 공무원 개인의 책임은 양립하게 된다.

그 논거로서, ① 민법은 기관 개인 또는 피용자의 피해자에 대한 직접책임을 인정하고 있는데 공무원에게만 다른 취급을 할 필요가 없다는 점, ② 국가배상법이 직권을 남용한 공무원에 대한 국민의 개별적 감독작용을 담당하는 기능도 수행하고 있는 점, ③ 공무원 개인에게 경과실이 있는 경우에 구상권의 제한이 있으나 구상관계는 국가 등과 공무원 사이의 내부문제일 뿐이지 대외관계를 구속할 수 있는 것은 아니라는 점, ④ 헌법 제29조 제1항 단서에 "이 경우 공무원의 책임은 면제되지 아니한다."라고 규정하여 국가 등에 대한 배상청구권은 공무원 자신의 책임을 면제시키는 것이 아님을 명백히 하고 있는 점, ⑤ 국가배상법의 규정은 피해자 보호를 위한 규정이지 공무원의 책임을 감경하기 위한 규정이 아니라는 점, ⑥ 공무원 개인의 책임을 인정함으로써 공무원의 권한남용에 대한 경고 내지 제재의 측면을 담보할 수 있는 점 등을 든다.

(2) 부 정 설

피해자는 국가 등에게 손해배상을 청구하여야지 공무원 개인에게 직접 청구하는 것은 허용되지 않는다는 견해이다. 이 견해에 따르면, 피해자는 국가 등 외에 공무원 개인에게 손해배상을 청구할 수 없다. 국가배상책임의 본질에 관하여 대위책임설을 취할 경우 국가는 공무원의 배상책임을 대신 부담하므로, 논리적으로만 보면 선택적 청구를 부정할 수밖에 없다.

그 논거로서, ① 국가 등이 손해배상을 하면 피해자의 손해는 완전히 전보되므로 국가 등과 공무원의 책임이 중첩된다고 보는 것은 무의미한 점, ② 경제적으로 배상능력이 충분하지 못한 공무원 개인에게 책임을 부담시키는 것은 공무원의 직무집행을 위축시켜 공무수행에 지장을 초래할 염려가 있는 점, ③ 헌법 제29조 제1항 단서의 "이 경우 공무원의 책임은 면제되지 아니한다."라는 규정은 공무원의 국가내부에서의 책임(기관내부에서의 변상책임, 공무원법상의 책임 등)을 명시한 것이라고 해석되는 점 등을 든다.

(3) 절 충 설

공무원에게 고의 또는 중과실이 있는 경우에 피해자의 가해 공무원에 대한 직접적인 손해배상청구권을 인정하고 경과실만 있는 경우에는 피해자의 가해 공무원에 대한 직접적인 손해배상청구권을 인정하지 않는다는 견해이다.

이 견해는 국가배상제도가 피해구제의 측면과 동시에 공무집행의 적정을 담보하는 기능 및 공무원에 대한 국민의 감시적 기능까지도 가지고 있다는 점을 고려하여, 부정설이 내세우는 공무의 원활한 수행보장이라는 요청은 중과실의 경우에는 인정될 수 없고, 반대로 긍정설에 따라 경과실의 경우까지 개인책임을 인정하게 되면 현대의 행정활동이 극히 복잡·다양하여 공무수행 중 경과실에 의한 권리침해를 범하는 경우가 흔히 있을 수 있음에도 불구하고 그런 경우까지 개인책임을 지우는 것은 너무 가혹하다는 점을 논거로 든다.

다. 판례의 변천

판례는 당초에는 경과실의 경우에도 가해공무원은 피해자에 대하여 책임을 져야 한다는 긍정설을 취하여 오다가[97] 부정설을 취하는 등 일관되지 않았다.[98]

그러다가 대법원은 전원합의체 판결로 "공무원이 직무수행 중 불법행위로 타인에게 손해를 입힌 경우에 국가 등이 국가배상책임을 부담하는 외에 공무원 개인도 고의 또는 중과실이 있는 경우에는 불법행위로 인한 손해배상책임을 진다고 할 것이지만, 공무원에게 경과실뿐인 경우에는 공무원 개인은 손해배상책임을 부담하지 아니한다고 해석하는 것이 헌법 제29조 제1항 본문과 단서 및 국가배상법 제2조의 입법취지에 조화되는 올바른 해석"이라고 선언하여, 절충설을 취하는 것으로 입장을 정리하였다.[99]

위 판결에서 "공무원의 직무상 위법행위가 경과실에 의한 경우에는 국가배상책임만 인정하고 공무원 개인의 손해배상책임을 인정하지 않는 것이 피해자인 국민의 입장에서 보면 헌법 제23조가 보장하고 있는 재산권에 대한 제한이 될 것이지만, 이는 공무수행의 안정성이란 공공의 이익을 위한 것이라는 점과 공무원 개인책임이 인정되지 않더라도 충분한 자력이 있는 국가 등에 의한 배상책임이 인정되고 국가배상책임의 인정 요건도 민법상 사용자책임에 비하여 완화하고 있는 점 등에 비추어 볼 때, 헌법 제37조 제2항이 허용하는

97) 대법원 1972. 10. 10. 선고 69다701 판결, 대법원 1993. 6. 29. 선고 92다54760 판결.
98) 대법원 1994. 4. 12. 선고 93다11807 판결.
99) 대법원 1996. 2. 15. 선고 95다38677 전원합의체 판결.

기본권 제한 범위에 속하는 것이라고 할 것"이라고 판시하였다.

라. 결 론

민법상 불법행위 이론의 관점에서 보면 국가 등이 배상책임을 진다하더라도 공무원 개인의 불법행위가 존재하는 이상 공무원 개인에게 그 책임을 지게 하는 것은 당연하다. 그러나 현실적인 측면에서 보면 공무집행의 안정성을 확보하기 위하여 그 과정에서 일어나는 불법행위에 대한 책임으로부터 어느 정도 공무원을 해방시켜 줄 실제상의 필요가 존재할 뿐만 아니라 국가 등의 책임에 공무원의 책임이 흡수되어 버린다고 볼 여지도 있다. 따라서, 절충설을 취하고 있는 판례의 태도를 수긍할 수 있다.

국가 등의 배상책임의 성질을 어떻게 보느냐와 공무원 개인책임의 인정여부가 반드시 논리적으로 연관될 필요는 없다. 직무와 관련된 불법행위에서 공무원 개인의 손해배상책임을 인정할 것인지의 문제는 이론적 측면이라기보다는 정책적 문제이기 때문이다.

2. 대내적 책임(구상관계)

가. 공무원에 대한 구상

국가배상법 제2조 제2항에서는 공무원이 고의 또는 중대한 과실이 있는 때에는 국가 또는 지방자치단체는 그 공무원에게 구상할 수 있다고 규정하고 있다. 경과실의 경우에 구상을 인정하지 않은 것은 공무원이 배상에 대한 두려움을 덜고 소신껏 직무에 종사할 수 있게 하려는 정책적 고려이다.

국가 등이 공무원이 부담하여야 하는 배상책임을 대신하여 부담하는 것으로 보는 대위책임설에 의하면, 본래의 배상책임자인 해당 공무원에게 구상하는 것은 당연한 것이다. 그러나 자기책임설에 의할 경우에도 구상권 행사가 반드시 배제되어야 하는 것은 아니다. 국가배상법 제2조 제2항은 공무원이 근무관계에서 지고 있는 의무를 위반하여 국가 등에게 재산상 손해를 입혔다면 배상책임을 지는 것은 당연하다는 점과 국가배상책임의 기능에 '제재적 기능' 내지 '위법행위억제기능'도 있다는 점을 아울러 고려한 것으로 보인다.

국가 등의 구상권 행사는 의무적인 것이 아니다. 해당 공무원의 직무내용, 당해 불법행위의 상황, 손해발생에 대한 해당 공무원의 기여정도, 해당 공무원의 평소 근무태도, 불법행위의 예방이나 손실분산에 관한 국가 또는 지방자치단체의 배려의 정도 등 제반사정을 참작하여 손해의 공평한 분담이라는 관점에서 신의칙상 상당하다고 인정되는 한도 내에서 해당 공무원에 대하여 구상권을 행사할 수 있다. 판례에 의하면 구상권을 행사하는 경우에도 신의칙상 상당한 한도 내에서만 행사하도록 제한된다.[100] 이러한 판례의 태도는 불법행

100) 대법원 1991. 5. 10. 선고 91다6764 판결. 다만 회계관계직원 등의 책임에 관한 법률에 의한 공무원

위를 한 피용자에 대한 사용자의 구상권 행사를 신의칙상 상당한 한도 내로 제한하는 것과 궤를 같이 한다.

한편, 공무원의 불법행위로 손해를 입은 피해자의 국가배상청구권의 소멸시효 기간이 지났으나, 국가 등이 소멸시효의 완성을 주장하는 것은 신의성실의 원칙에 반하는 권리남용으로 허용될 수 없어 배상책임을 이행한 경우에, 소멸시효의 완성 주장이 권리남용에 해당하게 된 원인행위를 해당 공무원이 적극적으로 주도하였다는 등의 특별한 사정이 없다면, 국가 등이 공무원에게 구상권을 행사하는 것은 신의칙상 허용되지 않는다는 것이 판례이다.[101]

나. 경과실 공무원의 국가 등에 대한 구상

경과실이 있는 공무원이 피해자에게 손해배상책임을 부담하지 않음에도 불구하고 손해를 배상하였다면, 이는 민법 제469조의 '제3자의 변제' 또는 민법 제744조의 '도의관념에 적합한 비채변제'에 해당한다. 따라서 피해자는 공무원에 대하여 이를 반환할 의무가 없고, 그에 따라 피해자의 국가 등에 대한 손해배상청구권도 소멸하게 된다.

이때 국가 등은 자신의 출연 없이 채무를 면하게 되므로, 피해자에게 손해를 직접 배상한 경과실이 있는 공무원은 국가 등에 대하여 국가 등의 피해자에 대한 손해배상책임의 범위 내에서 공무원이 변제한 금액에 관하여 구상권을 취득한다.[102]

다. 공무원의 선임 · 감독자와 비용부담자가 다른 경우의 구상

양자 모두 피해자에게 배상책임을 지고, 이 경우 손해를 배상한 자는 내부관계에서 그 손해를 배상할 책임이 있는 자에게 구상할 수 있다. 내부관계에서 손해를 배상할 책임이 있는 자는 공무원의 선임 · 감독자를 의미한다는 것이 통설이지만, 기여도설을 취한 듯한 대법원 판결도 있다는 점은 앞에서 본 것과 같다.

의 변상책임은 회계사무를 집행하는 회계관계직원에 대하여 다른 공무원과는 달리 그 책임을 엄중히 하기 위한 것으로서 국가배상법에 의한 공무원의 구상책임과는 그 성립의 기초를 달리하므로, 그 제한에 관한 원리를 유추하여 변상금액을 감액할 수 없다(대법원 2003. 6. 27. 선고 2001두9660 판결, 대법원 2002. 10. 11. 선고 2001두3297 판결).

101) 대법원 2016. 6. 10. 선고 2015다217843 판결.

102) 대법원 2014. 8. 20. 선고 2012다54478 판결.

제 3 절 영조물의 설치 · 관리상의 하자로 인한 손해배상

국가배상법 제5조(공공시설 등의 하자로 인한 책임) ① 도로 · 하천, 그 밖의 공공의 영조물의 설치나 관리에 하자가 있기 때문에 타인에게 손해를 발생하게 하였을 때에는 국가나 지방자치단체는 그 손해를 배상하여야 한다. 이 경우 제2조 제1항 단서, 제3조 및 제3조의2를 준용한다.

② 제1항을 적용할 때 손해의 원인에 대하여 책임을 질 자가 따로 있으면 국가나 지방자치단체는 그 자에게 구상할 수 있다.

Ⅰ. 개 설

국가배상법 제5조 소정의 영조물의 설치 · 관리상의 하자로 인한 배상책임은 공작물 등의 점유자의 배상책임에 관한 민법 제758조에 상응하는 것이다. 그러나 ① 점유자의 면책조항이 없다는 점,103) ② 그 대상이 민법상의 공작물보다 넓은 개념이라는 점 등의 차이가 있다.

Ⅱ. 배상책임의 성립요건

1. 영 조 물

강학상 영조물은 '국가 등 행정주체가 그의 목적을 달성하기 위하여 제공한 인적 · 물적 시설의 종합체 중 주로 정신 · 문화적 또는 진료적 목적에 계속적으로 제공된 것'을 말하고,104) 공물은 '행정주체가 직접 공적 목적을 달성하기 위하여 제공한 유체물'을 의미한다.

그런데 국가배상법 제5조에서 말하는 영조물은 본래 의미의 영조물이 아니라 공물을 말하는 것이다. 국가배상법상 영조물에는 개개의 물건뿐만 아니라 집합체인 공공시설도 포함된다. 또한 부동산 · 동산(예; 소방자동차), 인공공물(예; 도로 · 상하수도 · 관공청사 · 교량 등) · 자연공물(예; 하천 · 호소 등) 및 동물(예; 경찰견) 등도 여기에 포함된다. 그러나 국 · 공유재산일지라도 공적 목적에 제공된 공물이 아닌 일반재산은 여기에 해당하지 않는다. 따라서 일반재산의 설치 · 관리상의 하자로 인하여 타인에게 손해가 발생한 경우에는 민법 제758조에 의한 공작물책임을 질 뿐이다. 한편, 여기에서의 관리는 소유권 · 임차권 그 밖의 권한에

103) 대법원 1994. 11. 22. 선고 94다32924 판결. 따라서 국가 또는 지방자치단체는 영조물의 설치 · 관리상의 하자로 인하여 타인에게 손해를 가한 경우에 그 손해의 방지에 필요한 주의를 다하였다고 하면서 면책을 주장할 수 없다.

104) 예컨대 국공립교육 · 연구기관, 교도소, 도서관, 박물관, 병원 등.

기하여 관리하고 있는 것뿐만 아니라 사실상 관리하는 것도 포함된다.[105)]

판례상 배상의 원인이 되었던 영조물에는 맨홀,[106)] 건널목경보기,[107)] 공중변소,[108)] 도로,[109)] 철도대합실 승강장,[110)] 교통신호기[111)] 등이 있다. 그러나 아직 완성되지 않아 일반 공중의 이용에 제공되지 않은 공사중인 옹벽은 여기에 포함되지 않는다.[112)]

2. 설치·관리상의 하자

가. 설치·관리상의 하자의 의미

영조물의 '설치·관리상의 하자'의 의미와 관련하여, 주관설·객관설·절충설 등 여러 학설이 대립하고 있다. 이는 통상적으로 갖추어야 할 안전성을 결여하였는지를 판단할 때 설치·관리자의 귀책사유가 고려되어야 하는지 여부에 관한 다툼이라 할 수 있다.

(1) 학설의 대립

① 객관설(객관적 물적 결함설): 영조물의 설치·관리상의 하자 유무를 객관적으로 판단하자는 견해이다. 이 견해에 의하면, 영조물의 설치 또는 관리에 불완전성이 있으면 하자가 있는 것이고, 그 하자의 발생에서 설치·관리자의 의무위반 여부 또는 과실 유무는 문제 삼지 않는다.

② 주관설(안전확보의무위반설): 국가배상법 제5조의 배상책임은 순수한 결과책임 또는 절대적 무과실책임이 아니라, 하자의 존재를 최소한의 요건으로 하고 그 하자발생에 관리자의 주관적 귀책사유가 있어야 한다는 견해이다. 이 견해에 따르면, 영조물의 설치·관리상의 하자는 관리자의 영조물에 대한 안전확보의무 내지 사고방지의무위반에 기인하는 물적 위험상태이다.

③ 절 충 설: 영조물의 설치 또는 관리의 하자는 영조물 자체의 객관적 하자뿐만 아니라 관리의무위반이라는 주관적 요소도 고려하여야 한다는 견해이다.

④ 위법·무과실책임설: 영조물의 관리주체로서 국가 및 공공단체 등 행정주체는 위법·무과실 책임을 진다는 견해이다. 국가배상법 제5조의 책임은 "영조물의 하자"가 아니라 "영조물의 설치·관리상의 하자"에 대한 책임이므로 물적 상태책임이 아니라 행위책임

---

105) 대법원 1998. 10. 23. 선고 98다17381 판결.
106) 대법원 1971. 11. 15. 선고 71다1952 판결.
107) 대법원 1969. 12. 9. 선고 69다1386 판결.
108) 대법원 1971. 8. 31. 선고 71다1331 판결.
109) 대법원 1993. 6. 8. 선고 93다11678 판결 등.
110) 대법원 1999. 6. 22. 선고 99다7008 판결.
111) 대법원 1999. 6. 25. 선고 99다11120 판결.
112) 대법원 1998. 10. 23. 선고 98다17381 판결.

이고, 공무원의 '고의 · 과실'을 요구하는 것이 아니라 영조물의 설치 · 관리상의 '하자'가 요건이므로 무과실책임이라는 것이다. 이 견해에 따르면, 행정주체가 형체적 요소를 갖춘 일정한 물건을 공용지정을 통하여 일반의 사용에 제공한 경우 또는 일반의 교통에 노출시킨 경우에는 타인에게 위험이 발생하지 않도록 안전조치를 취하여야 할 법적 의무를 부담하며(교통안전의무), 이러한 의무를 위반하여 타인의 신체 · 생명 · 재산을 침해하여 손해를 발생시킨 경우에는 이에 대한 책임을 부담하여야 한다는 것이다.[113]

(2) 판　　례

판례는 종래에 객관설을 취하여 왔으나, 최근에는 주관적인 요소를 고려한 판례도 등장하고 있다. 이에 따르면, 영조물의 설치 · 관리상의 하자는 영조물이 그 용도에 따라 통상 갖추어야 할 안전성을 갖추지 못한 상태에 있는 것이지만, 영조물이 완전무결한 상태에 있지 않고 그 기능상 어떠한 결함이 있다는 것만으로는 영조물의 설치 · 관리상의 하자가 있다고 할 수 없으므로, 위와 같은 안전성의 구비 여부를 판단할 때 해당 영조물의 용도, 그 설치장소의 현황 및 이용 상황 등 제반 사정을 종합적으로 고려하여 설치 · 관리자가 그 영조물의 위험성에 비례하여 사회통념상 일반적으로 요구되는 정도의 방호조치의무를 다하였는지 여부를 그 기준으로 삼아야 한다(변형된 객관설).[114] 그리하여 객관적으로 보아 시간적 · 장소적으로 영조물의 기능상 결함으로 인한 손해발생의 예견가능성과 회피가능성이 없는 경우, 즉 그 영조물의 결함이 영조물의 설치 · 관리자의 관리행위가 미칠 수 없는 상황 아래에 있는 경우라는 점이 증명되면 영조물의 설치 · 관리상의 하자를 인정할 수 없게 된다. 판례의 구체적 사례를 살펴보면 아래와 같다.

대법원 1997. 5. 16. **선고** 96**다**54102 **판결**: 고등학교 3학년 학생이 교사의 단속을 피해 담배를 피우기 위하여 3층 건물 화장실 밖의 난간을 지나다가 실족하여 사망한 사안에서 학교 관리자에게 그와 같은 이례적인 사고가 있을 것을 예상하여 복도나 화장실 창문에 난간으로의 출입을 막기 위하여 출입금지장치나 추락위험을 알리는 경고표지판을 설치할 의무가 있다고 볼 수는 없다는 이유로 학교시설의 설치 · 관리상의 하자가 없다고 본 사례

대법원 1997. 4. 22. **선고** 97다3194 **판결**: 승용차 운전자가 편도 2차선의 국도를 진행하다가 반대차선 진행차량의 바퀴에 튕기어 승용차 앞유리창을 뚫고 들어온 쇠파이프에 맞아 사망한 경우 국가의 손해배상책임을 부정한 사례

대법원 1998. 2. 13. **선고** 97다49800 **판결**: 종단면상 유(U)자형 도로의 가운데 부분에 빗물이

113) 교통안전의무는 행정주체의 법적 의무이지 공무원의 주관적 과실과 관계가 없다는 의미에서 무과실책임이라고 보는 듯하다(김남진 · 김연태, 행정법 I, 724면 참조).

114) 대법원 2010. 11. 25. 선고 2007다20112 판결.

고여 있어 그 곳을 진행하는 차량이 그 고인 빗물을 피하려고 중앙선을 침범하여 교통사고를 일으킨 사안에서, 도로관리청이 사고지점 도로에 빗물이 고여 차량의 통행에 장애가 되는 것을 막을 수 있었는데도 이를 방치한 것인지 여부를 심리하여야 함에도 불구하고 이에 이르지 않은 채 사고가 운전자의 일방적 과실로 인하여 발생한 것이라고 판단한 원심판결을 파기한 사례.

대법원 2000. 1. 14. **선고** 99**다**24201 **판결**: 편도 4차선의 간선도로를 따라 오다가 편도 1차선의 지선도로가 좌측에서 합류하는 삼거리 교차로를 지나 우측으로 굽은 간선도로를 따라 계속 진행하는 차량에 대하여 신호기가 우측 화살표 신호가 아닌 직진 신호를 표시한 경우, 그 신호기의 신호가 도로의 실제 상황과 일치하지 않는 잘못된 신호로서 신호기의 설치·관리에 하자가 있다고 할 수 없다고 한 사례

대법원 2000. 2. 25. **선고** 99**다**54004 **판결**: 교차로의 진행방향 신호기의 정지신호가 단선으로 소등되어 있는 상태에서 그대로 진행하다가 다른 방향의 진행신호에 따라 교차로에 진입한 차량과 충돌한 경우, 신호기의 적색신호가 소등된 기능상 결함이 있었다는 사정만으로 신호기의 설치 또는 관리상의 하자를 인정할 수 없다고 한 사례

대법원 2000. 4. 25. **선고** 99**다**54998 **판결**: 강설의 특성, 기상적 요인과 지리적 요인, 이에 따른 도로의 상대적 안전성을 고려하면 겨울철 산간지역에 위치한 도로에 강설로 생긴 빙판을 그대로 방치하고 도로상황에 대한 경고나 위험표지판을 설치하지 않았다는 사정만으로 도로관리상의 하자가 있다고 볼 수 없다고 한 사례

대법원 2001. 7. 27. **선고** 2000**다**56822 **판결**: 가변차로에 설치된 신호등의 용도와 오작동시에 발생하는 사고의 위험성과 심각성을 감안할 때, 만일 가변차로에 설치된 두 개의 신호기에서 서로 모순되는 신호가 들어오는 고장을 예방할 방법이 없음에도 그와 같은 신호기를 설치하여 그와 같은 고장을 발생하게 한 것이라면, 그 고장이 자연재해 등 외부요인에 의한 불가항력에 기인한 것이 아닌 한 그 자체로 설치·관리자의 방호조치의무를 다하지 못한 것으로서 신호등이 그 용도에 따라 통상 갖추어야 할 안전성을 갖추지 못한 상태에 있었다고 할 것이고, 따라서 설령 적정전압보다 낮은 저전압이 원인이 되어 위와 같은 오작동이 발생하였고 그 고장은 현재의 기술수준상 부득이한 것이라고 가정하더라도 그와 같은 사정만으로 손해발생의 예견가능성이나 회피가능성이 없어 영조물의 하자를 인정할 수 없는 경우라고 단정할 수 없다고 한 사례

대법원 2010. 7. 22. **선고** 2010**다**33354, 33361 **판결**: 국가하천 주변에 체육공원이 있어 다양한 이용객이 왕래하는 곳으로서 과거 동종 익사사고가 발생하고, 또한 그 주변 공공용물로부터 사고지점인 하천으로의 접근로가 그대로 존치되어 있기 때문에 이를 이용한 미성년자들이 하천에 들어가 물놀이를 할 수 있는 상황이라고 한다면, 특별한 사정이 없는 한 그 사고지점인 하천으로의 접근을 막기 위하여 방책을 설치하는 등의 적극적 방호조치를 취하지 아니한 채 하천 진입로 주변에 익사사고의 위험을 경고하는 표지판을 설치한 것만으로는 국가하천에서 성인에 비하여 사리 분별력이 떨어지는 미성년자인 아이들의 익사사고를 방지하기 위하여 그 관리주체로서 사회통념상 일반적으로 요구되는 정도의 방호조치의무를 다하였다고 할 수는 없다고 한 사례.

대법원 2013. 10. 24. **선고** 2013**다**208074 **판결**: 갑이 차량을 운전하여 지방도 편도 1차로를 진행하던 중 커브길에서 중앙선을 침범하여 반대편 도로를 벗어나 도로 옆 계곡으로 떨어져 동

승자인 을이 사망한 사안에서, 좌로 굽은 도로에서 운전자가 무리하게 앞지르기를 시도하여 중앙선을 침범하여 반대편 도로로 미끄러질 경우까지 대비하여 도로 관리자인 지방자치단체가 차량용 방호울타리를 설치하지 않았다고 하여 도로에 통상 갖추어야 할 안전성이 결여된 설치·관리상의 하자가 있다고 보기 어려운데도, 이와 달리 본 원심판결에 법리오해의 위법이 있다고 한 사례.

대법원 2014. 1. 23. **선고** 2013다211865 **판결**: 수련회에 참석한 미성년자 갑이 유원지 옆 작은 하천을 가로질러 수심이 깊은 맞은 편 바위 쪽으로 이동한 다음 바위 위에서 하천으로 다이빙을 하며 놀다가 익사하자, 갑의 유족들이 하천 관리주체인 지방자치단체를 상대로 손해배상을 구한 사안에서, 하천 관리자인 지방자치단체가 유원지 입구나 유원지를 거쳐 하천에 접근하는 길에 수영금지의 경고표지판과 현수막을 설치함으로써 하천을 이용하는 사람들의 안전을 보호하기 위하여 통상 갖추어야 할 시설을 갖추었다고 볼 수 있고, 지방자치단체에게 사고지점에 각별한 주의를 촉구하는 내용의 위험표지나 부표를 설치하는 것과 같은 방호조치를 취하지 않은 과실이 인정되더라도 익사사고와 상당인과관계가 있다고 보기 어려운데도 지방자치단체의 손해배상책임을 인정한 원심판결에 하천의 설치 또는 관리상 하자책임에 관한 법리오해의 위법이 있다고 한 사례.

(3) 결론(양 견해의 상대화 경향)

객관설을 취하더라도 영조물의 설치·관리상의 하자를 영조물이 통상 갖추어야 할 안전성을 결여하여 타인에게 손해를 미칠 위험성이 있는 상태로 이해할 경우, 영조물이 통상 갖추어야 할 안정성을 구비하였음에도 불구하고 예견할 수 없는 외력으로 인하여 손해가 발생하였을 때에는 불가항력에 의하여 책임이 부인된다(불가항력에 의한 책임의 부인). 그런데, 위와 같은 불가항력의 내용은 영조물의 설치·관리상의 하자로 인한 손해발생에 대하여 예견가능성이 없었다는 것과 사회·경제적으로 결과회피가능성이 없다는 것으로 이루어져 있어서 주관적인 요소를 개입시키지 않을 수 없다. 반면 주관설도 주의의무를 고도화·객관화하여 그 위반 여부를 판단하는 이상 두 견해의 실질적 차이가 좁아지고 있다.

나. 하자의 증명책임

하자의 증명책임은 피해자에게 있다. 그렇지만, 피해자가 영조물로 인하여 손해가 발생하였음을 증명하면 하자가 있는 것으로 추정할 수 있을 것이다. 한편 손해발생의 예견가능성과 회피가능성이 없었다는 점은 설치·관리자에게 증명책임이 있다.[115]

3. 타인에게 손해가 발생할 것

영조물의 설치·관리의 하자로 인하여 타인에게 손해가 발생하여야 하고, 그 하자와

115) 대법원 1998. 2. 10. 선고 97다32536 판결.

손해발생의 사이에는 상당인과관계가 있어야 한다. 공무원이 영조물의 설치 · 관리상의 하자로 손해를 입은 때에도 여기서의 '타인'에 해당한다. '손해'란 공무원의 직무상 불법행위로 인한 손해의 경우와 마찬가지로, 법률상 이익의 침해에 따른 불이익을 의미하고 재산적 손해 · 정신적 손해 또는 적극적 손해 · 소극적 손해를 불문한다.

자연현상, 제3자 또는 피해자의 행위가 그 손해의 원인으로 가세한 경우에도 하자와 손해발생 사이에 상당인과관계가 있으면, 국가 등은 그 한도 내에서 책임을 져야 할 것이다.[116] 다만 불가항력에 의한 손해발생의 경우에는 상당인과관계를 인정할 수 없다. 상당인과관계는 피해자가 증명하여야 한다.

4. 면책사유

가. 불가항력

통상적으로 갖추어야 할 안전성을 구비하고 있음에도 불구하고 손해가 발생한 경우에는 불가항력으로서 국가 등은 책임을 지지 않는다. 예컨대, 영조물이 그 당시의 과학기술수준에 상응한 안전성이 갖추어져 있었는데도 이례적인 집중폭우나 강풍에 의하여 훼손되고 그로 말미암아 손해가 발생한 경우 그 손해 발생은 불가항력에 의한 것이라 볼 수 있다. 다만 이 경우에도 하자가 존재함으로써 손해가 발생 · 확대되었다면, 국가 등은 그 한도 내에서 책임을 져야 할 것이다.

나. 재정적 제약(예산부족)

재정적 제약은 면책사유가 되지 않는다. 판례도 재정사정은 안전성을 요구하는데 참작사유에 해당할 뿐 안전성을 결정지을 절대적 요건은 되지 못한다고 판시하였다.[117]

5. 국가배상법 제2조와 제5조의 경합

제2조는 과실책임이고 제5조는 무과실책임이라는 점, 제2조의 직무행위에 영조물의 관리행위도 포함되는 것으로 볼 수 있는 점 등 감안하면, 양자의 책임은 경합할 수 있다. 양자의 책임이 중복하여 발생하는 경우에 피해자는 양자 중 어느 것에 의해서도 배상을 청구할 수 있다.

---

116) 대법원 1994. 11. 22. 선고 94다32924 판결.
117) 대법원 1967. 2. 21. 선고 66다1723 판결.

Ⅲ. 배상책임자와 구상관계

국가배상법 제5조의 배상책임의 요건이 충족된 경우에 국가 또는 지방자치단체는 그 손해를 배상할 책임이 있다. 이 경우에 영조물의 설치 · 관리를 맡은 자와 비용을 부담하는 자가 동일하지 않은 경우에는 비용부담자도 배상책임자가 된다. 국영공비의 공물(도로 · 하천 등)의 경우가 그 예이다.

판례가 비용부담자에는 대외적으로 비용을 지출하는 형식적 비용부담자 외에도 궁극적으로 비용을 부담하는 실질적 비용부담자도 포함되고, 영조물의 설치 · 관리를 맡은 자와 비용부담자 사이의 구상관계에 관하여 사무귀속주체설, 실질적 비용부담자설, 기여도설의 대립이 있으나 손해발생의 기여도 및 비용부담의 비율 등 제반사정을 고려하여 결정하여야 한다는 입장에 있다는 점에 관해서는, 공무원의 위법 · 유책행위로 인한 손해배상책임 부분에서 설명한 것과 같다.

한편, 국가배상법 제5조 제2항에 의하면, 손해의 원인에 대하여 책임을 질 자가 따로 있을 때(공사의 수급인, 영조물의 파손자 등)에는 국가 또는 지방자치단체는 그 사람에 대하여 구상할 수 있다.

제 4 절 배상의 범위와 배상청구권의 행사

Ⅰ. 배상의 범위

1. 국가배상법 제3조에서 정한 배상기준

국가배상법 제3조에서는 다른 사람의 생명 · 신체를 해한 경우, 물건을 멸실 · 훼손시킨 경우 등에 대한 배상기준을 규정하고 있다. 위 배상기준의 법적 성질 내지 구속력에 대해서는 견해의 대립이 있다.

국가배상법 제3조가 배상기준을 규정한 취지는 ① 배상의 범위를 객관화하여 분쟁의 소지를 없애고, ② 그 기준에 따라 배상액을 산정하도록 요구하는 것에 있다는 점을 들어, 손해배상액의 상한을 규정한 제한규정으로 보는 견해가 있다.

그러나, 국가배상법 제3조의 배상기준은 단순한 기준에 불과하고 구체적 사안에 따라 배상액을 증감하는 것도 가능하다고 보아야 할 것이다(단순기준액설). 그 논거는, ① 국가배상법의 입법취지는 사안에 따라 균형을 잃은 배상액이 정해지는 것을 방지하기 위한 것이라는 점, ② 제한규정으로 본다면 민법에 의한 배상보다 피해자에게 불리하게 되는 경우가 많이 생길 수 있다는 점 등이다. 판례도 위 배상기준은 법원을 기속하지 않는다는 입장이다.[118]

2. 공 제

피해자가 손해를 입은 동시에 이익을 얻은 경우에는 손해배상액에서 그 이익에 상당하는 금액을 공제하여야 한다. 또한 유족배상과 장해배상 및 장래에 필요한 요양비 등을 일시에 신청하는 경우에는 중간이자를 공제하여야 한다(국가배상법 제3조의2).

Ⅱ. 배상신청절차

1. 임의적 결정전치제도

국가배상법 제9조에서는 "이 법에 의한 손해배상의 소송은 배상심의회에 배상신청을 하지 아니하고도 이를 제기할 수 있다."라고 규정하고 있다. 원래 국가배상법은 피해자가 간이 · 신속한 절차에 의하여 배상금을 지급받을 수 있도록 하기 위하여 결정전치주의를 채택하였었는데, 국민의 재판받을 권리를 필요없이 제약한다는 비판 등이 제기되어 2000. 12. 29. 종래의 결정전치주의가 임의적 결정전치제도로 개정되었다.

2. 배상심의회

배상심의회는 국가배상에 관하여 심의 · 결정하고 이를 신청인에게 송달하는 권한을 가진 합의제 행정기관(행정위원회)이다.

배상심의회에는 상급심의회인 본부심의회와 특별심의회, 하급심의회인 지구심의회가 있다. 본부심의회는 법무부에 두고, 배상금의 개산액이 대통령령으로 정하는 가액 이상인 사건, 재심신청사건, 기타 법령이 정하는 사건을 심의 · 처리한다. 특별심의회는 군인 · 군무원이 타인에게 가한 배상결정을 심의하기 위하여 국방부에 두고, 그 권한은 본부심의회의 그것과 같다. 지구심의회는 국가배상사건에 대한 일차적 심의 · 결정기관으로서, 그 관할에 속하는 국가 또는 지방자치단체에 대한 배상금지급신청사건을 심의 · 처리한다. 본부심의회 소속 지구심의회는 각 지방검찰청에, 특별심의회 소속 지구심의회는 각군 본부와 일정한 군부대에 둔다.

---

118) 대법원 1980. 12. 9. 선고 80다1820 판결.

3. 결정절차

가. 배상신청

배상금의 지급을 받고자 하는 자는 그 주소지 · 소재지 또는 배상원인발생지를 관할하는 지구심의회에 대하여 배상신청을 하여야 한다(제12조 제1항).

나. 심의와 결정

지구심의회가 배상신청을 받은 때에는 지체없이 증인심문 · 감정 · 검증 등 증거조사를 한 후 그 심의를 거쳐 4주일 이내에 배상금지급 · 기각 또는 각하의 결정을 하여야 한다(제13조 제1항). 지구심의회는 배상신청사건을 심의한 결과 배상금의 개산액이 대통령령으로 정하는 가액 이상인 사건 등인 때에는 지체없이 사건기록에 심의기록을 첨부하여 본부심의회 또는 특별심의회에 송부하여야 한다(제13조 제6항).

다. 결정서의 송달

심의회는 배상결정을 한 때에는 그 결정이 있은 날로부터 1주일 내에 그 결정정본을 신청인에게 송달하여야 한다(제14조 제1항).

라. 신청인의 동의와 배상금의 지급

배상결정을 받은 신청인은 지체없이 그 결정에 대한 동의서를 첨부하여 국가 또는 지방자치단체에 대하여 배상금의 지급을 신청하여야 한다(제15조 제1항). 배상결정을 받은 신청인이 배상금 지급의 신청을 않거나 지방자치단체가 대통령령이 정한 기간 내에 배상금을 지급하지 않은 때에는 그 결정에 동의하지 않은 것으로 본다(제15조 제3항).

4. 재심신청

지구심의회에서 배상신청이 기각 또는 각하된 신청인은 결정정본이 송달된 날로부터 2주일 이내에 해당 심의회를 거쳐 본부심의회 또는 특별심의회에 재심을 신청할 수 있다(제15조의2 제1항). 재심신청을 받은 지구심의회는 1주일 이내에 배상신청기록 일체를 본부심의회 또는 특별심의회에 송부하여야 하고, 본부심의회 또는 특별심의회는 이에 대하여 심의를 거쳐 4주일 이내에 다시 배상결정을 하여야 한다(같은 조 제2항, 제3항).

5. 배상결정의 효력

1997. 12. 13. 개정되기 전의 국가배상법 제16조는 배상심의회의 배상결정에 신청인이 동의하거나 지방자치단체가 신청인의 청구에 따라 배상금을 지급한 때에는 재판상 화해가

성립된 것으로 간주하였으나, 위 규정은 헌법재판소의 위헌결정에 의하여 삭제되었다.[119] 현행법상으로는 신청인의 동의가 있는 배상심의회의 배상결정은 민법상 화해와 같은 효력만 인정된다.

Ⅲ. 배상청구권과 관련된 문제

1. 손해배상청구권의 양도 등 금지

국가배상법 제4조에 의하면 생명 · 신체의 침해로 인한 국가배상을 받을 권리는 이를 양도하거나 압류하지 못한다. 생명 · 신체의 침해를 받은 자나 그 유족을 보호하기 위하여 이러한 경우 양도 · 압류를 금지한 것이다.

2. 배상청구권의 소멸시효

국가배상법 제8조는 "국가나 지방자치단체의 손해배상 책임에 관하여는 이 법에 규정된 사항 외에는 민법에 따른다."라고 규정하고 있으므로, 소멸시효에 관해서는 민법 제766조 제1항에 의한다. 따라서 피해자나 그 법정대리인이 손해 및 가해자를 안 날로부터 3년간 이를 행사하지 않으면 시효로 인하여 소멸한다. '손해 및 가해자를 안 날'이란 손해의 발생, 위법한 가해행위의 존재, 가해행위와 손해의 발생 사이에 상당인과관계가 있다는 사실 등 불법행위의 요건사실에 대하여 현실적이고도 구체적으로 인식하였을 때를 말한다. 피해자 등이 언제 불법행위의 요건사실을 현실적이고도 구체적으로 인식한 것으로 볼 것인지는 개별적 사건에서 여러 객관적 사정을 참작하고 손해배상청구가 사실상 가능하게 된 상황을 고려하여 합리적으로 판단하여야 한다.[120]

다만 국가배상청구권은 금전의 급부를 목적으로 하는 국가 또는 지방자치단체에 대한 권리로서 국가재정법 제96조와 지방재정법 제82조가 적용되므로, 불법행위를 한 날로부터 10년이 아니라 5년간 행사하지 않으면 시효로 인하여 소멸한다.[121]

국가배상심의회의 손해배상지급신청은 시효중단사유인 청구에 해당할 것이므로, 그 신청에 대한 배상심의회의 결정이 있은 때로부터 다시 시효기간이 진행한다.

---

119) 헌재 1995. 5. 25. 선고 91헌가7 결정.
120) 대법원 2008. 5. 29. 선고 2004다33469 판결.
121) 대법원 2008. 5. 29. 선고 2004다33469 판결.

제 5 절 특수문제

Ⅰ. 수해사건: 자연공물(하천)의 설치·관리의 하자

1. 자연공물로서 하천의 특징

인공공물과 자연공물의 안전성을 같은 차원에서 논할 수는 없다. 특히 하천의 경우에는 도로와 같은 인위적인 시설과 달리 설치할 것인지 여부에 대한 선택의 여지가 없고, 위험을 내포한 상태에서 자연적으로 존재하며, 도로의 통행금지와 같은 간단한 수단에 의하여 위험상태를 회피할 수도 없다. 뿐만 아니라 자연현상인 유수(流水)는 그 원천이 되는 강우의 규모, 범위, 발생시기 등을 예측하기 어렵다. 나아가 하천이 범람하여 국민에게 피해를 입히는 홍수의 작용은 실험에 의하여 파악하는 것이 어렵기 때문에 기왕의 홍수경험을 토대로 할 수밖에 없다.

2. 하천 관리상의 특수성

하천관리청이 목표로 하는 하천의 개수작업은 다음과 같은 제약이 있다. ① 막대한 예산을 필요로 하는 재정적 제약, ② 장기간이 소요되는 시간적 제약, ③ 치수(治水)의 수단과 방법에 대한 기술적 제약, ④ 지가의 상승 등으로 인하여 용지의 취득이 곤란한 경우가 발생하는 것과 같은 사회적 제약 등이 그것이다.

3. 관리하자의 판단기준

대법원은 100년 발생빈도의 강우량을 기준으로 책정된 계획홍수위를 초과하여 600년 또는 1,000년 발생빈도의 강우량에 의하여 하천이 범람하여 수해가 발생한 사안에서, 계획홍수위를 기준으로 하천을 관리하여야 하는 관리청에게 계획홍수위보다 높은 자연제방이 이전에 범람하였다는 등의 특별한 사정이 없다면, 계획홍수량보다 많은 유수가 흘러 계획홍수위를 넘을 가능성을 예측한 다음 그 경우에까지 대비하여 하천시설기준에 맞추어 여유고를 포함한 제방고를 갖춘 제방을 설치하거나 유지할 의무까지는 없다는 취지로 판시하였다.[122] 따라서, 사고지점의 제방이 하천시설기준에서 정한 제방고를 갖추지 못하였다고 하더라도 그것만으로 통상 갖추어야 할 안전성이 결여된 하자라고 볼 수 없다는 것이다.

---

122) 대법원 2003. 10. 23. 선고 2001다48057 판결.

Ⅱ. 환경소송사건

1. 수질오염 관련

국가 또는 지방자치단체의 위법한 환경행정작용으로 인하여 피해를 입은 국민이 국가배상을 청구할 수 있는 것은 당연하다. 그러나 환경행정작용으로 인한 국가배상의 경우에는 통상의 국가배상법리와는 몇 가지 다른 특성을 지니고 있다.

환경행정작용으로 인한 국가배상책임이 발생할 수 있는 유형은 다음과 같다. ① 위법한 배출시설 설치허가에 의하여 설치·운영되고 있는 배출시설로부터 배출되는 오염물질로 인하여 피해를 입은 자가 그 배출시설 설치허가의 위법을 이유로 국가배상을 청구하는 경우, ② 국가 또는 지방자치단체가 직접 환경오염을 초래하는 행위를 하거나 이들이 운영하는 배출시설이나 폐기물처리시설 등에 의하여 환경오염이 발생하여 이로 인하여 피해를 입은 사람이 국가배상을 청구하는 경우, ③ 국가 또는 지방자치단체의 환경행정상 감독권의 해태·불행사와 같은 부작위로 인하여 환경오염피해가 발생한 경우 이를 이유로 국가배상을 청구하는 경우 등이 그것이다.

①과 ②의 경우에는 국가배상법 제2조와 제5조를 적용하여 국가배상책임을 판단하는데 특별한 문제가 없다. 특히 ②의 경우 환경정책기본법 제44조 제1항에서는 "환경오염 또는 환경훼손으로 피해가 발생한 경우에는 해당 환경오염 또는 환경훼손의 원인자가 그 피해를 배상하여야 한다."라고 규정하고 있으므로, 국가배상법 제2조를 적용하는데 과실요건의 충족여부는 별로 문제가 되지 않는다. 위와 같은 환경오염의 피해에 대한 무과실책임은 위험책임의 법리를 명문화한 것으로 평가되고,[123] 판례는 그 실체법적 효력을 명시적으로 인정하였다.[124]

③의 경우에는 국가 또는 지방자치단체의 감독권의 해태·불행사와 같은 부작위에 위법성을 인정할 수 있는지와 관련하여 문제가 있다. 환경정책기본법은 환경오염의 원인이 되는 각종 사업체에 대한 광범하고 강력한 단속·감독권을 부여하고 있는데, 그 사업체에 대한 감독책임을 지고 있는 국가 등 행정주체를 상대로 손해배상을 청구할 수 있는지가 문제의 핵심이다. 전통적 행정법이론에서는 행정권의 발동여부 및 내용의 선택을 행정기관의 재량행위로 보고 있으나, 재량행위라도 때로는 재량권이 영으로 수축되어 공무원의 부작위책임이나 그로 인한 국가책임을 적극적으로 인정할 수 있다. 대법원도 "권한행사가 공무원의 전문적 판단에 기한 합리적인 재량에 위임되어 있더라도 구체적 상황 하에서 공무원에

123) 전경운, "환경정책기본법 제31조에 의한 무과실책임의 문제점과 개정방향", 환경법연구 제31권 제2호, 한국환경법학회(2009), 326면 참조.

124) 대법원 2001. 2. 9. 선고 99다55434 판결 참조.

게 그러한 조치권한을 부여한 취지와 목적에 비추어 볼 때 그 불행사가 현저하게 불합리하다고 인정되는 경우"에는 부작위의 위법성을 인정하고 있다.[125] 따라서 규제 · 감독조치의 법적 의무가 관계 법규정상 명백한 경우에는 해석상 문제가 없으나,[126] 그렇지 않은 경우에는 개개의 환경관계법 규정의 해석상 재량의 수축을 인정할 수 있는지에 달려 있다.

다만 국가 등의 환경기준 유지의무는 일차적으로 공공 일반의 이익을 위하여 인정되는 것이므로, 수질환경기준이 유지되지 않았다는 사정만으로 바로 국가 등의 손해배상책임이 쉽게 인정되지는 않을 것이다. 그리하여 국가 또는 지방자치단체가 법령이 정하는 상수원수 수질기준 유지의무를 다하지 못하고, 법령이 정하는 고도의 정수처리방법이 아닌 일반적 정수처리방법으로 수돗물을 생산 · 공급하였다는 사유만으로 그 수돗물을 마신 개인에 대하여 손해배상책임을 부담하지 않는다고 판시한 사례가 있다.[127]

2. 항공기 소음 관련

항공기 소음과 관련하여 개별 항공기의 조종사 및 항공회사, 공항의 점유자인 한국공항공사 등에 관하여 민법상의 손해배상책임을 물을 수 있으나,[128] 공항의 설치 및 관리의 주체인 국가를 상대로 영조물의 설치 · 관리상의 하자로 인한 국가배상책임을 물을 수도 있다.

대법원은 김포공항에서 발생하는 소음 등으로 인근 주민들이 입은 피해는 사회통념상 수인한도를 넘는 것으로서 김포공항의 설치 · 관리에 하자가 있다고 보았고, 그 구체적인 내용은 다음과 같다.[129]

손해의 의미에 관하여, "국가배상법 제5조 제1항에 정해진 '영조물의 설치 또는 관리의 하자'라 함은 공공의 목적에 공여된 영조물이 그 용도에 따라 갖추어야 할 안전성을 갖추지 못한 상태에 있음을 말하고, 안전성을 갖추지 못한 상태, 즉 타인에게 위해를 끼칠 위험성이 있는 상태라 함은 해당 영조물을 구성하는 물적 시설 그 자체에 있는 물리적 · 외형

---

125) 대법원 1996. 10. 25. 선고 95다45927 판결, 대법원 1998. 5. 8. 선고 97다544482 판결, 대법원 1998. 8. 25. 선고 98다16890 판결. 이러한 논의와 고의 · 과실의 인정 여부와는 다른 차원의 문제이다(대법원 2010. 9. 9. 선고 2008다77795 판결).

126) 예컨대, 수질환경보전법 제21조는 위법배출시설에 대한 사용중지 또는 폐쇄조치 등이 행정청의 의무임을 명백히 하고 있다.

127) 대법원 2001. 10. 23. 선고 99다36280 판결.

128) 환경오염의 피해에 대한 책임에 관하여 2011. 7. 21. 법률 제10893호로 개정된 환경정책기본법 제44조 제1항은 "환경오염 또는 환경훼손으로 피해가 발생한 경우에는 해당 환경오염 또는 환경훼손의 원인자가 그 피해를 배상하여야 한다."라고 규정하고 있다. 따라서 사업장 등에서 발생하는 환경오염으로 피해가 발생한 때에는 사업자나 원인자는 환경정책기본법의 위 규정에 따라 귀책사유가 없더라도 피해를 배상하여야 한다. 이때 환경오염에는 소음 · 진동으로 사람의 건강이나 재산, 환경에 피해를 주는 것도 포함되므로 피해자의 손해에 대하여 사업자나 원인자는 귀책사유가 없더라도 특별한 사정이 없다면 이를 배상할 의무가 있다(철도소음 · 진동에 관한 대법원 2017. 2. 15. 선고 2015다23321 판결).

129) 대법원 2005. 1. 27. 선고 2003다49566 판결(김포공항사건).

적 흠결이나 불비로 인하여 그 이용자에게 위해를 끼칠 위험성이 있는 경우뿐만 아니라, 그 영조물이 공공의 목적에 이용됨에 있어 그 이용상태 및 정도가 일정한 한도를 초과하여 제3자에게 사회통념상 수인할 것이 기대되는 한도를 넘는 피해를 입히는 경우까지 포함된다고 보아야 한다."라고 판시하였다.

방해가 참을 한도를 넘는지는 피해의 성질 및 정도, 피해이익의 내용, 항공기 운항의 공공성과 사회적 가치, 항공기의 비행고도와 비행시간 및 비행빈도 등 비행의 태양, 그 토지 상공을 피해서 비행하거나 피해를 줄일 수 있는 방지조치의 가능성, 공법적 규제기준의 위반 여부, 토지가 위치한 지역의 용도 및 이용 상황 등 관련 사정을 종합적으로 고려하여 판단하여야 한다.[130]

이때 소음·진동을 규제하는 행정법규에서 정하는 기준을 넘는 소음·진동이 있다고 하더라도 바로 참을 한도를 넘는 것이라고 단정할 수 없으나, 위와 같은 행정법규는 인근 주민의 건강이나 재산, 환경을 소음·진동으로부터 보호하는 데 주요한 목적이 있기 때문에 해당 사안에서 참을 한도를 정하는 데 중요하게 고려되어야 한다.[131]

소음 등을 포함한 공해 등의 위험지역으로 이주하여 거주하는 경우 가해자의 면책 여부 및 손해배상액 감액에 대한 판단 기준에 관해서는, "소음 등을 포함한 공해 등의 위험지역으로 이주하여 들어가서 거주하는 경우와 같이 위험의 존재를 인식하면서 그로 인한 피해를 용인하며 접근한 것으로 볼 수 있는 경우에, 그 피해가 직접 생명이나 신체에 관련된 것이 아니라 정신적 고통이나 생활방해의 정도에 그치고 그 침해행위에 고도의 공공성이 인정되는 때에는, 위험에 접근한 후 실제로 입은 피해 정도가 위험에 접근할 당시에 인식하고 있었던 위험의 정도를 초과하는 것이거나 위험에 접근한 후에 그 위험이 특별히 증대하였다는 등의 특별한 사정이 없는 한 가해자의 면책을 인정하여야 하는 경우도 있을 수 있을 것이나, 일반인이 공해 등의 위험지역으로 이주하여 거주하는 경우라고 하더라도 위험에 접근할 당시에 그러한 위험이 존재하는 사실을 정확하게 알 수 없는 경우가 많고, 그 밖에 위험에 접근하게 된 경위와 동기 등의 여러 가지 사정을 종합하여 그와 같은 위험의 존재를 인식하면서 굳이 위험으로 인한 피해를 용인하였다고 볼 수 없는 경우에는 손해배상액의 산정에 있어 형평의 원칙상 과실상계에 준하여 감액사유로 고려하는 것이 상당하다."라고 판시하였다.[132]

한편 대법원은 매향리 사격장에서 발생하는 소음 등으로 지역 주민들이 입은 피해는

130) 대법원 2016. 11. 10. 선고 2013다71098 판결.

131) 환경부 산하 중앙환경분쟁조정위원회가 제정한 '환경피해 평가방법 및 배상액 산정기준'에 관한 대법원 2017. 2. 15. 선고 2015다23321 판결 참조.

132) 대법원 2010. 11. 11. 선고 2008다57975 판결도 같은 취지이다.

사회통념상 참을 수 있는 정도를 넘는 것으로서 사격장의 설치 또는 관리에 하자가 있었다고 보았다.[133]

Ⅲ. 학교에서 발생한 사고 관련

1. 교사 등의 학생에 대한 보호·감독의무

교사 등의 학생에 대한 보호·감독의무는 학교 내에서 학생의 전생활관계에 미치는 것이 아니라 학교에서의 교육활동 및 이와 밀접 불가분의 관계에 있는 생활관계에 한정되고, 이 점에서 친권자 등의 법정감독의무자가 미성년자의 생활관계 전반에 걸쳐 감독의무를 부담하는 것과 다르다.

따라서, 교외 단체에 가입한 학생들의 활동이나 학교 내에서의 학생들의 순수한 사적 모임(예컨대, 스터디 그룹), 방과 후의 활동에 관해서는 원칙적으로 교사 등의 보호·감독의무가 미친다고 볼 수 없다.

다만 유치원 교육의 경우에는 그 대상자가 만 3세부터 초등학교 취학 전까지 사리분별능력이 없거나 극히 미약한 어린이를 대상으로 하고 있으므로, 유치원의 원장, 교사 등은 유치원 내에서의 정규교육활동 및 이와 밀접한 생활관계뿐만 아니라 유치원 내의 생활관계 전반에 걸쳐 법정감독의무자인 친권자에 준하는 보호·감독의무를 지고, 시간적으로는 유치원생들이 유치원에 도착한 순간부터 수업을 마치고 안전하게 귀가할 수 있는 상태에 이르기까지 보호·감독의무를 진다.

2. 보호·감독의무의 일반적 기준

학교에서 발생한 사고에 대한 보호·감독의무 위반에 대한 책임은 사고가 학교생활에서 통상 발생할 수 있다고 하는 것이 예측되거나 예측가능성(사고발생의 구체적 위험성)이 있는 경우에 인정된다. 그 예측가능성에 관해서는 교육활동의 때와 장소, 가해자의 분별능력, 가해자의 성행, 가해자와 피해자와의 관계, 기타 여러 사정을 고려하여 판단하여야 한다.

교육활동과 관련한 사고가 정규수업중이거나 교육활동에 내재하는 위험이 현재화하여 발생한 경우(교육내재형 사고)에는 교육활동에 내재하는 위험의 정도 및 질이 교사에게 부과되는 주의의무의 정도를 판단하는데 중요하다. 예컨대, 정규수업 중에서도 위험한 체조를

133) 대법원 2004. 3. 12. 선고 2002다14242 판결(매향리 사격장 사건). 대법원 2010. 7. 15. 선고 2006다84126 판결에서는 국가가 공군 전투기 비행훈련장으로 설치·사용하고 있는 공군기지의 활주로 북쪽 끝으로부터 4.5km 떨어진 곳에 위치한 양돈장에서 모돈이 유산하는 손해가 발생한 사안에서, 위 손해는 공군기지에서 발생한 소음으로 인한 것으로 당시의 소음배출행위와 그 결과가 양돈업자의 수인한도를 넘는 위법행위라고 판단하였다.

시키는 체육수업이나 이과의 실험실습에서처럼 그 자체에 위험을 내포하는 경우에는 위험의 발생이 통상 예측되므로, 사전에 교과내용에 관한 상세한 지시를 하고 수업기간 중에도 부단히 학생의 동정을 살피면서 사고발생을 방지하기 위하여 필요한 조치와 안전에 관하여 지도 · 감독하는 등 고도의 주의의무가 요구된다.

반면에 휴식시간, 방과 후의 사고에서처럼 교육활동과는 직접적인 관계없이 발생한 경우(교육외재형 사고)에는 통상적으로 발생하는 것이 아니라면, 구체적인 위험의 발생을 예측하였거나 예측할 수 있었어야 한다는 점에 대한 주의의무의 정도가 감경될 수 있을 것이다.

❏ **학교 폭력에서 보호 · 감독의무(대법원** 2007. 6. 15. **선고** 2004**다**48775 **판결)**

〈사안의 개요〉 수업중인 교실에 가해학생이 칼을 들고 들어와 피해학생을 찔러 사망에 이르게 한 사안에서 소속교사의 보호감독의무 위반을 이유로 지방자치단체의 손해배상책임이 인정되지는 여부가 문제된 사안이다. 가해학생이 중학교 1학년 때부터 수시로 보건실을 드나들면서 복통, 두통을 호소하고, 간혹 분노를 조절하지 못하는 모습을 보인 사실, 이 사건 사고 당일 수업시간 중에 가해학생이 보건실에서 나와 집으로 가는 길에 교장을 마주쳤으나 그로부터 어디 가는지 등에 대한 질문을 받지 않은 사실, 망인과 그의 친구들은 학생들을 상대로 폭력을 행사하고 금품을 빼앗는 등의 행동을 해옴으로써 많은 학생들이 피해의식을 느껴왔고 교사들도 이를 알고 있었던 사실, 이러한 와중에 망인과 그 친구들이 사고 당일 휴식시간 및 점심시간에 여러 학생들에 대한 폭행을 한 것이 결국 이 사건 사고의 직접적인 원인이 되었다는 사실 등이 인정되었다.

〈예견가능성의 인정여부〉 학교폭력이 상당히 사회문제화되고 있는 현실 속에서 학교를 설립하여 운영하는 지방자치단체인 피고 및 그 소속 교사들은 어느 특정 개인의 폭력성 여부를 떠나 폭력행위가 학교 내에서 발생하지 않도록 함으로써 학생들을 보호할 일반적 주의의무가 있다고 할 것인데, 이 사건을 살펴보면, 평소 망인과 그의 친구들은 학생들을 상대로 폭력을 행사하고 금품을 빼앗는 등의 행동을 해옴으로써 많은 학생들이 피해의식을 느껴왔고 교사들도 이를 알고 있었으므로 실효성 있는 대책을 강구하지 않으면 또 다른 폭력이 행해지리라는 것은 예견이 가능한 상태였다는 점, 이러한 와중에 망인과 그 친구들이 사고 당일 휴식시간 및 점심시간에 여러 학생들에 대한 폭행을 한 것이 결국 이 사건 사고의 직접적인 원인이 되었다는 점, 이러한 위 학교의 상황에 비추어 볼 때, 폭력성 있는 학생들로 인하여 시작된 폭력이 또 다른 폭력을 야기할 위험성을 내포하고 있었고 이 사건 가해행위는 이러한 위험성이 구체화되어 나타난 것으로 볼 수 있다는 점, 이 사건 사고는 학교 수업시간 중에 담당교사가 수업을 진행하는 면전에서 일어났다는 점 등을 종합하여 보면, 이 사건 사고가 피고나 그 소속교사들의 예견가능성의 범위를 벗어난 영역에서 발생하였다고 보기는 어렵다.

제 2 장 손실보상

제 1 절 공용침해 · 손실보상의 의의와 근거

Ⅰ. 의 의

1. 공용침해

헌법 제23조 제1항에서는 국민의 재산권을 보장하는 한편, 같은 조 제3항에서는 "공공필요에 의한 재산권의 수용 · 사용 또는 제한 및 그에 대한 보상은 법률로써 하되, 정당한 보상을 지급하여야 한다."라고 규정하고 있다. 헌법 제23조 제3항은 '공법상의 손실보상'에 관한 근거규정일 뿐만 아니라 공법상의 손실보상의 원인 내지는 요건이기도 하다.

2. 손실보상

행정상 손실보상이란 적법한 공권력의 행사에 의하여 생긴 재산상의 특별한 희생에 대하여, 사유재산권의 보장과 공평부담에 입각하여 행정주체가 행하는 조절적인 재산적 전보를 말한다.

첫째, 행정상의 손실보상은 '적법행위'로 인한 것이라는 점에서 위법행위로 인한 손해배상 및 원인행위의 위법 · 적법을 묻지 않고 결과책임을 바탕으로 하는 손해배상과 구별된다.

둘째, 손실보상은 '공권력의 행사'에 의한 것이라는 점에서 토지보상법상 협의에 의한 취득 또는 사용과 같은 비권력작용에 대한 보상과는 구별된다. 다만 광의로는 후자까지 포함시켜 손실보상이라고 하는데, 사용에 수반된 보상의 배후에는 공권력 행사인 수용권이 있으므로, 사회적 기능에서는 양자 사이에 큰 차이가 없다.

셋째, 손실보상은 '재산상의 손실'을 전보하는 것이라는 점에서 사람의 생명 또는 신체에 대한 침해의 보상은 포함하지 않는다.

넷째, 손실보상은 '특별한 희생'에 대한 조절적인 보상이라는 점에서 일반적인 부담 또는 재산권 자체에 내재하는 사회적 제약과 구별된다. 따라서 법률이 재산권의 사회적 제약으로 인한 손실에 대하여 보상하도록 규정하고 있는 경우에는 여기에서 말하는 엄밀한 의미에서의 손실보상이 아니라 별도의 법정책적 고려에 의한 것이다.

이러한 손실보상청구권의 법적성격에 관하여 학설은 공권설과 사권설이 대립하고, 판례는 종래 사권으로 보다가 최근에는 공권으로 보는 경향에 있다. 손실보상은 재산권에 대한 적법한 공권적 침해로 인하여 발생한 특별한 희생을 전보하기 위하여 행하는 공법상 특유한 제도이므로, 손실보상청구권은 개인의 공권력주체에 대한 권리로서 공권으로 보아야 한다.

Ⅱ. 공용침해조항의 해석

1. 독일에서의 논의

가. 독일 기본법의 관련 규정

독일 기본법 제14조 제1항은 "재산권과 상속권은 보장된다. 그 내용과 한계는 법률로 정한다."라고 규정하고, 제3항에서는 "공용수용은 공공복리를 위해서만 허용된다. 공용수용은 보상의 종류와 범위를 정한 법률에 의하거나 법률에 근거해서만 행해진다."라고 규정하고 있다. 여기에서 어떠한 경우에 재산권자가 재산권에 대한 제한을 보상 없이 수인하여야 하고, 어떠한 경우에 재산권자에게 사회적 제약의 범위를 넘는 수용적 효과를 인정할 수 있는지가 문제된다. 특히 입법자가 보상규정을 두지 않았는데 재산권자에게 사회적 제약을 넘는 특별한 희생을 준 경우 그 구제는 어떻게 하여야 하는지가 논란이 된다.[1)]

나. 연방통상법원의 경계이론

독일 연방통상법원(BGH)은 기본법 제14조 제1항 제2문의 재산권의 내용 및 한계규정에 따른 사회적 제약과 제3항의 공용수용은 본질적으로 달라 서로 분리된 별개의 제도가 아니라 '재산권 제한의 정도'에 따라 경계를 이루어 구분된다는 입장에 있다(경계이론). 이때 보상을 요하지 않는 사회적 제약과 보상을 요하는 공용침해와의 경계선이 바로 '특별한 희생'이다.[2)]

독일기본법 제14조 제3항의 공용수용은 관습법상 인정되어온 희생보상에서 유래하는 것이므로, 법률에 보상규정이 없다고 하더라도 법원은 특별한 희생에 대하여 손실을 보상할 수 있고, 이러한 경우 그 보상에 관한 이론을 수용유사침해 및 수용적 침해이론이라고 한다.

---

1) 독일에서 공용침해조항의 해석론에 관한 자세한 논의는, 「김문현, "재산권의 보장과 한계", 헌법논총 제19집, 헌법재판소, 2009」, 「정남철, "재산권의 사회적 구속과 수용의 구별에 관한 독일과 한국의 비교법적 고찰 – 이른바 조정적(조절적) 보상의무 있는 내용규정의 도입가능성 –", 공법연구 제32집 제3호, 한국공법학회, 2004」 참조.

2) 이러한 경계를 확정하는 기준으로는 크게 특별희생설(형식적 기준설)과 실질적 기준설이 있다. 이에 관한 자세한 사항은 후술한다.

다. 연방헌법재판소의 분리이론

연방헌법재판소는 자갈채취판결[3] 이후 기본법 제14조 제1항 제2문의 재산권의 내용 및 한계규정과 제3항의 공용수용은 전혀 다른 기능을 수행하는 제도로서, 두 조항을 엄격히 분리하여 이해하는 입장에 있다(분리이론).

재산권의 내용과 한계규정은 장래를 향하여 재산권의 내용을 확정하는 일반 · 추상적인 규정이고, 공용수용은 개별적 · 구체적으로 주관적인 재산권적 지위를 박탈하는 것에 관한 규정이다. 따라서 양 규정은 헌법적으로 서로 다른 의미를 가지는 독립된 조항이고, 사회적 제약과 보상부 수용은 재산권 제한의 정도가 아니라 입법의 형식과 목적에 따라 구분된다.

이러한 분리이론에 의하면, 위헌인 내용제한 규정은 무효이고, 그러한 위헌 · 무효인 규정에 근거하여 재산권을 침해하는 행정작용에 대해서는 쟁송을 제기하여 취소를 구하여야 하지(그 과정에서 위헌법령심사가 행해질 수 있다) 수용으로 인한 보상을 청구할 수는 없다. 연방헌법재판소는 이 경우 취소와 보상 사이의 선택권을 인정하지 않는다.

라. 조정적 보상의무 있는 내용규정

연방헌법재판소는 기본법 제14조 제1항 제2문의 재산권의 내용 및 한계규정에 따른 보상 없는 사회적 제약과 제3항의 공용수용에 따른 보상부 수용에는 해당하지 않지만, 중대하고 감내할 수 없는 과도한 재산권의 제한이 있을 수 있고 그러한 제한에 대하여 조정이 필요하다고 판시하였다. 그러한 조정에는 경과규정이나 예외적 면제규정에 의한 것뿐만 아니라 금전적 보상도 포함된다는 취지로, "조정적 보상부 내용규정"의 법리를 만들었다. 독일기본법 제14조 제1항 제2문에 기한 법률 또는 집행행위에 의한 재산권의 제한에 대하여 토지소유자는 보상을 요구할 수 없으나, 특히 수인할 수 없을 정도의 비전형적인 재산권의 침해가 발생하는 예외적인 경우에는 비례의 원칙이나 평등의 원칙에 따라 조정적 보상부 내용규정이 필요하고, 위와 같은 경우에 조정적 보상이 이루어질 수 없다면 위헌이라는 것이다.[4] 그런데, 이러한 조정적 보상의무 있는 내용규정은 기본법 제14조 제3항이 아니라 제14조 제1항 제2문에 근거한다는 것이다.

2. 우리나라에서의 논의

가. 문제의 소재

국가배상과는 달리 행정상의 손실보상에 관해서는 일반법이 제정되어 있지 않고, 토지보상법 등 개별법에서 그에 관한 규정을 두고 있을 뿐이다. 따라서 공용침해에 관한 법률

3) 연방헌법재판소 1981. 7. 15.자 자갈채취결정(BVerfGE 58, 300).
4) 연방헌법재판소 1981. 7. 14.자 의무납본결정(BVerfGE 58, 137).

이 특별한 희생에 대한 손실보상에 관하여 규정하여야 함에도 불구하고 그렇지 않은 경우가 생길 수 있다. 이러한 경우 재산권을 침해당한 자가 손실보상을 청구할 수 있는 실정법적 근거가 문제되는데, 이는 헌법상 공용침해조항의 법적 효력과 연관된다.

나. 학설의 전개

(1) 입법자에 대한 직접효력설(위헌무효설)

이 견해에 의하면, 헌법상 보상규정은 국민에 대한 직접효력 규정이 아니고, 입법자에게 국민의 재산권을 침해할 경우 보상규정도 두도록 구속하는 효력만 갖는다. 공용침해에 따르는 보상규정이 없는 법률은 위헌 · 무효이고 그에 근거한 재산권 침해행위는 위법한 직무행위가 되므로, 그 경우 국가배상법에 의거한 손해배상청구만 가능하고 직접 헌법규정에 근거하여 손실보상을 청구할 수는 없다.

이 견해에는 국가배상법에 근거하여 위법한 공용침해로 인한 손해의 배상을 청구하는 경우, ① 보상규정을 두지 않은 공용침해를 모두 위법으로 볼 수 있는지, ② 고의 · 과실을 인정할 수 있는지 등의 난점이 있다.

(2) 직접효력설

이 견해에 의하면, 헌법상 보상규정은 국민에게 직접적인 효력이 있고, 만일 법률에 당연히 있어야 할 보상규정이 없는 경우 직접 헌법 제23조 제3항에 의하여 보상을 청구할 수 있다.

(3) 유추설(간접적용설)

이 견해에 의하면, 공용침해에 따르는 보상규정이 없는 경우 헌법 제23조 제1항 및 제11조를 근거로 헌법 제23조 제3항 및 관계규정의 유추를 통하여 보상을 청구할 수 있다.

다. 판례의 태도

(1) 대법원 판결

대법원은 유신헌법 이전에는 직접효력설[5]을 취하였다가 유신헌법 이후에는 명시적으로 이를 포기하였지만,[6] 여전히 위헌무효설[7]이나 유추설[8]의 근거가 될 수 있는 판례들이 산재하는 등 그 태도가 일관되지 않았다. 그러나 공유수면매립사업의 시행으로 피해를 입

---

5) 대법원 1967. 11. 2. 선고 67다1334 판결, 대법원 1972. 11. 28. 선고 72다1597 판결.
6) 대법원 1976. 10. 12. 선고 76다1443 판결.
7) 대법원 1966. 10. 18. 선고 66다1715 판결에서는 법률에 근거 없는 재산의 수용이 불법행위를 구성한다고 하면서 국가배상을 인정하고 있다. 또한, 침해와 보상을 모두 규정한 법률에 근거한 토지수용이라고 하더라도 실제로 보상 없이 공사를 시행하면 그것 또한 불법행위가 된다고 한 판결이 있다(대법원 1997. 3. 28. 선고 96다3258 판결, 대법원 2000. 5. 26. 선고 99다37382 판결 등).
8) 대법원 1987. 7. 21. 선고 84누126 판결 등.

게 되는 신고어업자에게 수산업법령을 유추하여 손실보상을 인정하였고,[9] 공공사업의 사업행지 밖에서 발생한 간접손실에 대하여 구 공공용지의 취득 및 손실보상에 관한 특례법 시행규칙을 유추하여 손실보상을 인정하였으며,[10] 제방부지 및 제외지가 유수지와 더불어 하천구역이 되어 국유로 된 경우 하천편입토지 보상 등에 관한 특별조치법 제2조를 유추하여 손실보상을 인정하였다.[11] 이렇듯 유추설에 입각하여 손실보상을 인정한 사례가 많아지고 있다.[12]

그런데, 공용제한의 경우에는 공용수용과 달리 손실보상에 관한 실정법적 규정을 찾아보기 어렵다. 그렇지만, ① 개발제한구역의 지정으로 현저한 재산권의 침해를 입는 경우, ② 도로구역 등으로 고시된 채 장기간 방치함으로써 재산권자에게 심대한 불이익이 발생한 경우 등을 재산권의 사회적 제약이라고 보기 어려운 경우도 있다. 그럼에도 불구하고 대법원은 군사시설보호법상의 군사시설보호구역 안에 있는 토지에 관한 재산권 제한,[13] 구 도시계획법상의 개발제한구역 안에 있는 토지에 관한 재산권 제한[14] 등을 사회적 제약에 해당한다고 판시하였다.

(2) 헌법재판소 결정

헌법재판소는 개발제한구역의 지정과 그 구역 안에서 개발행위의 제한을 규정한 구 도시계획법 제21조의 위헌여부에 관한 헌법소원심판사건에서 헌법 제23조의 재산권조항의 의미 및 구조에 관한 입장을 밝혔다.[15] 헌법재판소는 위 결정에서 제23조의 법적 성격에 관하여 명시하지는 않았지만, 독일의 분리이론에 영향을 받은 것으로 평가된다.

헌법재판소의 선례에 의하면, 독일의 분리이론에서와 같이 재산권을 제한하는 형태로서, 재산권의 내용 및 한계에 따른 보상 없는 사회적 제약과 '조정적 보상'이 필요한 경우, 그리고 전형적인 '공용침해(수용 · 사용 · 제한)'의 3가지가 있다. 그런데, 개발제한구역의 지정은 원칙적으로 재산권 내용규정에 해당하나, 종래의 지목과 토지현황에 의한 이용방법에 따른 토지 사용을 할 수 없거나 실질적으로 사용 · 수익을 전혀 할 수 없는 경우는 조정적

---

9) 대법원 2002. 1. 22. 선고 2000다2511 판결.
10) 대법원 2002. 11. 26. 선고 2001다44352 판결.
11) 대법원 2011. 8. 25. 선고 2011두2743 판결.
12) 위 판례들은 유추설의 입장으로 이해될 수도 있으나 법률규정의 흠결을 보충하는 통상적인 해석론의 문제이므로 이를 들어 판례가 유추설을 채택하고 있다고 해석하기는 어렵다는 견해도 유력하다.
13) 대법원 1992. 11. 24. 선고 92부14 판결.
14) 대법원 1990. 5. 8.자 89부2 결정, 대법원 1994. 5. 10.자 93도2397 결정, 대법원 1996. 6. 28. 선고 94다54511 판결.
15) 헌법 제23조 제1항 제2문과 제3항과의 관계에 관한 분리이론은 헌재 1998. 12. 24. 선고 89헌마214 등 결정에서 처음으로 받아들여진 것으로 평가된다[김현철, "보상규정 없는 재산권제약법률에 대한 헌법적 심사", 헌법논총, 제15집, 헌법재판소(2004), 324면].

보상이 필요한 경우로서 2번째 유형에 해당하게 된다.

한편, 위헌법률심사의 판단기준은 헌법 제23조 제1항·제2항의 재산권 내용 및 한계규정이 적용되는 것인지 아니면 헌법 제23조 제3항의 공용침해 규정이 적용되는 것인지에 따라 달리지게 된다. 그런데, 재산권의 내용 및 한계규정이라면 일반적인 기본권 제한의 경우와 같이 헌법 제37조에 따른 비례의 원칙 및 본질적 내용 침해금지의 원칙 등에 따라 판단되는 반면, 공용침해의 규정이라면 헌법 제23조 제3항에 따라 공공의 필요가 있는지, 법률의 규정에 근거한 것인지, 정당한 보상이 있는지 등을 살피게 된다. 위 결정에서는 심판대상조항을 재산권의 내용규정이라고 보고 비례의 원칙에 따라 심사하였다.

헌법재판소의 이러한 입장은 택지소유 상한에 관한 법률의 위헌여부에 관한 사건,16) 그리고 도시계획법 제6조의 위헌여부에 관한 보상 없는 도시계획시설결정 장기미집행 사건17)에서도 확인된다.

❑ **도시계획법 제21조 위헌소원(헌재 1998. 12. 24. 선고 89헌마214 등 결정)**

〈사실관계〉 청구인들은 구 도시계획법 제21조 제1항에 따라 개발제한구역으로 지정된 토지 위에 관할관청의 허가를 받지 않고 건축물을 건축하여 소유하고 있다는 이유로 인천 서구청장으로부터 위 건축물에 대한 철거대집행계고처분 등을 받고, 위 건축물철거대집행계고처분 등의 취소를 구하는 행정소송을 제기하였다. 청구인들은 위 소송계속중 구 도시계획법 제21조가 재판의 전제가 된다고 주장하면서 위헌심판제청을 신청하였으나 위 신청이 기각되자, 헌법소원심판을 청구하였다.

〈결정요지〉

① 개발제한구역을 지정하여 그 안에서는 건축물의 건축 등을 할 수 없도록 하고 있는 도시계획법 제21조는 헌법 제23조 제1항, 제2항에 따라 토지재산권에 관한 권리와 의무를 일반·추상적으로 확정하는 규정으로서 법질서 안에서 보호받을 수 있는 권리로서의 재산권을 내용과 한계를 정하는 재산권을 형성하는 규정인 동시에 공익적 요청에 따른 재산권의 사회적 제약을 구체화하는 규정인바, 토지재산권은 강한 사회성, 공공성을 지니고 있어 이에 대하여는 다른 재산권에 비하여 보다 강한 제한과 의무를 부과할 수 있으나, 그렇다고 하더라도 다른 기본권을 제한하는 입법과 마찬가지로 비례성원칙을 준수하여야 하고, 재산권의 본질적 내용인 사용·수익권과 처분권을 부인하여서는 아니 된다.

16) 헌재 1999. 4. 29. 선고 94헌바37등 결정. 이 사건의 쟁점은 특별시와 광역시에서 택지의 소유상한을 200평으로 정하고 이를 위반하였을 때 부담금을 부과하는 것을 골자로 한 택지소유 상한에 관한 법률의 관련 규정이 위헌인지 여부이었다.

17) 헌재 1999. 10. 21. 선고 97헌바26 결정. 이 사건의 쟁점은 도시계획결정 후 장기간 이를 집행하지 않는 경우에도 재산권에 가해지는 사회적 제약을 완화하는 장치를 마련하지 않은 도시계획법 제4조가 위헌인지 여부이었다.

② 도시계획법 제21조에 의한 재산권의 제한은 개발제한구역으로 지정된 토지를 원칙적으로 지정 당시의 지목과 토지현황에 의한 이용방법에 따라 사용할 수 있는 한, 재산권에 내재하는 사회적 제약을 비례의 원칙에 합치하게 합헌적으로 구체화한 것이라고 할 것이나, 종래의 지목과 토지현황에 의한 이용방법에 따른 토지의 사용도 할 수 없거나 실질적으로 사용·수익을 전혀 할 수 없는 예외적인 경우에도 아무런 보상 없이 이를 감수하도록 하고 있는 한, 비례의 원칙에 위반되어 당해 토지소유자의 재산권을 과도하게 침해하는 것으로 헌법에 위반된다.

③ 입법자가 도시계획법 제21조를 통하여 국민의 재산권을 비례의 원칙에 부합하게 합헌적으로 제한하기 위해서는, 수인의 한계를 넘어 가혹한 부담이 발생하는 예외적인 경우에는 이를 완화하는 보상규정을 두어야 한다. 이러한 보상규정은 입법자가 헌법 제23조 제1항 및 제2항에 의하여 재산권의 내용을 구체적으로 형성하고 공공의 이익을 위하여 재산권을 제한하는 과정에서 이를 합헌적으로 규율하기 위하여 두어야 하는 규정이다. 재산권의 침해와 공익간의 비례성을 다시 회복하기 위한 방법은 헌법상 반드시 금전보상만을 해야 하는 것은 아니다. 입법자는 '지정의 해제' 또는 '토지매수청구권 제도'와 같이 금전보상에 갈음하거나 기타 손실을 완화할 수 있는 제도를 보완하는 등 여러 가지 다른 방법을 사용할 수 있다. 즉, 입법자에게는 헌법적으로 가혹한 부담의 조정이란 '목적'을 달성하기 위하여 이를 완화·조정할 수 있는 '방법'의 선택에 있어서는 광범위한 형성의 자유가 부여된다.

3. 검 토

재산권에 대한 공용침해가 있음에도 보상의 근거규정이 없는 경우 손실보상청구가 가능한지 여부의 문제는 보상규정의 흠결을 법관이 보충할 수 있는지의 문제라고 할 수 있다. 법률이 국민의 기본권을 제대로 보장하지 못하여 국가의 공권력 행사가 그 본질적인 내용을 훼손하는 정도에 이른다면 법관에게는 그 본질적인 내용을 보장해 줄 수 있는 법형성의 권한이 주어질 수 있다. 따라서, 보상규정 없는 공용침해로 인하여 재산권의 본질내용을 훼손하는 정도에 이른다면, 법관이 헌법상 재산권의 보장과 기본권의 본질적 내용 침해금지의 원칙에 따라 손실보상청구권을 인정해 줄 수 있다고 생각할 수도 있다. 이러한 구제방법은 헌법재판소의 위헌결정을 거치지 않아도 되므로 비교적 신속한 구제가 가능하다는 장점을 가지고 있다.

그러나 헌법재판소가 채택한 분리이론은 헌법상의 재산권의 보장기능과 권력분립의 원칙에 더 충실하다고 볼 수도 있다. 재산권보장의 일차적 기능은 '보상' 없는 재산권의 박탈을 방지하려는 것이 아니라 구체적인 재산권의 '존속'을 보장하려는데 있으므로, 분리이론은 재산권을 보다 충실하게 보장한다고 볼 수 있다. 또한 경계이론은 재산권의 사회적 제약과 수용 사이의 구분을 입법자가 아니라 법원이 결정하게 되므로, 재산권 제한의 형식을 내용규정이나 수용규정 중 어떤 것으로 할 것인지에 대한 결정권이 입법자에게서 법원으로 옮겨지는 결과를 초래하는 반면, 분리이론은 헌법재판소 · 입법자 · 법원 사이의 관계에서 권력분립의 원칙에 보다 더 부합한다. 아울러 경계이론에 따르면 합헌성을 회복하기 위한 방법으로 금전보상만 고려될 수 있을 뿐이지만, 분리이론에 따라 재산권의 내용규정으로 파악한다면, 금전보상뿐만 아니라 개발제한구역지정의 부분적 해제, 경과규정 등과 같은 다양한 가능성을 고려할 수 있고, 그에 따라 입법자의 형성권을 보다 존중할 수 있게 된다. 실제로 위 헌법불합치 결정으로 인한 개선입법으로 관계자의 손실을 구제하기 위하여 몇 가지 제도들이 새롭게 도입되었다.[18)]

요컨대, 분리이론에 따르면, 예산권과 입법형성권을 가진 입법자가 재산권의 제한을 내용규정으로 할 것인지 수용규정으로 할 것인지에 대한 행위형식의 결정권을 가지게 된다. 이때 보상규정이 없기 때문에 법률이 위헌인 경우 그 행정작용에 대한 행정소송을 제기하고 궁극적으로 헌법재판소의 위헌결정에 따라 입법자가 법률의 위헌적 요소를 스스로 제거하게 된다.

제 2 절 손실보상의 요건과 내용

Ⅰ. 손실보상의 요건

1. 재산권에 대한 공권적 침해

가. 재산권의 의의

재산권이란 소유권 그밖에 법에 의하여 보호되는 일체의 재산적 가치 있는 권리를 말한다. 재산권에는 물권, 채권, 재산적 가치 있는 회원권, 저작권 등 사법상의 권리뿐만 아니라 재산적 가치를 지니는 공유수면매립권 등 공법상의 권리도 포함된다. 그러나, 현존하는 구체적인 재산가치이어야 하므로, 지가(땅값) 상승의 기대와 같은 기대이익은 여기에 포함되지 않는다.

나. 공권적 침해

손실보상청구권이 성립하기 위해서는 재산권에 대한 '공권적 침해'가 있어야 한다. 그러므로 토지 등을 공적 목적에 사용하기 위하여 사법적 방법으로 취득하여 지불하는 대금과 같은 것은 여기에서 포함되지 않는다.

헌법은 재산권에 대한 공권적 침해에 해당하는 전형적인 것으로 재산권에 대한 수용 ·

---

18) 개선입법의 자세한 내용은 공용부담법 중 공용제한에 대한 설명부분 참조.

사용 · 제한을 들고 있다. '수용'이란 재산권의 박탈을, '사용'이란 재산권의 박탈에 이르지 않은 일시적 사용을, '제한'이란 소유자 기타 권리자에 의한 사용 · 수익의 제한을 말한다. 그밖에도 환지나 환권 등과 같은 재산적 가치를 박탈 · 감소시키는 공권력의 발동은 모두 여기에 포함된다.

다. 침해의 직접성

개인이 입은 재산상의 손실이 공권력의 발동으로 직접 야기된 것이어야 한다. 부수적 사정이 가미되었거나 간접적 · 결과적으로 야기된 경우에는 공용침해가 아니라 수용적 침해로써 손실보상 여부가 논의된다.

2. 공공의 필요

손실보상의 원인이 되는 재산권에 대한 공권적 침해는 '공공의 필요'를 위하여 또는 '공익'을 위하여 행해져야 한다. 이와 관련하여 헌법 제23조 제3항에서는 '공공의 필요'를 위하여 공용수용 등을 할 수 있다고 규정하고 있고, 토지보상법 제4조에서는 토지수용을 할 수 있는 공익사업에 관하여 자세히 규정하고 있다.

'공공의 필요'의 의미와 내용은 일의적으로 정의하기 어렵고, 고정적인 내용을 가지지 않는 전형적인 불확정 개념이다. 공용침해로 얻어지는 이익으로서 공익과 재산권 보유에 따르는 이익으로서 사익 사이의 이익형량을 통하여 '공공의 필요' 여부가 결정될 수 있고, 그 경우 비례의 원칙이 기준이 된다. 한편 헌법상 재산권의 보장 취지가 단순한 가치의 보장이 아니라 재산권의 구체적 존속의 보장에 있다는 점도 간과되어서는 안 된다. 그리고 '공공의 필요'의 의미 · 내용은 구체적 사안에 따라 확정되어야 한다.

3. 적법성(법률의 근거)

손실보상의 원인으로 재산권에 대한 침해는 적법한 것이어야 한다. 헌법 제23조 제3항도 공공필요에 의한 재산권의 수용 · 사용 · 제한은 '법률로써' 하여야 한다는 것을 명시하고 있다. 여기에서의 '법률'은 국회에서 심의 · 의결된 형식적 의미의 법률을 말한다.

공용침해에 관한 근거법률로는 토지보상법이 대표적 법률이라 할 수 있다. 바로 그와 같은 법률에 근거하여 적법하게 개인의 재산권을 침해하는 것이 손실보상의 중요한 요건이 된다. 따라서 공권력이 법령에 위반하여 개인의 재산권을 침해한 때에는 국가배상의 원인이 될 뿐 손실보상의 원인은 되지 않는다(헌법 제29조, 국가배상법 제2조 참조).

4. 보상규정

공용침해에 대하여 법률상의 보상규정에 입각하여 보상하는 것이 본래적 의미의 손실보상이다. 이러한 손실보상의 근거법률은 토지보상법을 비롯하여 많이 있다. 어떤 법률이 공용침해를 허용하면서 보상규정을 두지 않는 경우 바로 위헌이 되는지에 관하여 견해의 대립이 있다는 점은 앞에서 살펴본 것과 같다.

5. 특별한 희생

손실보상의 요건이 충족되기 위해서는 타인의 재산권에 대한 공권적 침해로 인하여 '특별한 희생'이 발생하여야 한다. 특별한 희생이란 '사회적 제약을 넘어서는 손실'을 말한다. 그런데 구체적으로 보상이 필요한 '특별한 희생'과 보상 없는 '사회적 제약'을 어떠한 기준에 따라 구별하여야 하는지가 논란이다.

가. 형식적 기준설(특별희생설)

독일의 판례에 의하여 확립된 특별희생설은 자유권인 재산권의 문제를 평등권의 문제로 전환시켜, 재산권의 침해가 다른 사람이나 집단과 비하여 특정인이나 집단에게 불평등하게 희생을 강제한다면 공용침해가 발생한다고 본다. 보상을 요하는 공용침해인지 아니면 단순한 사회적 제약인지의 구분은 궁극적으로 자유권인 재산권의 보장과 관련되는 것인데, 이 이론은 평등의 원칙에 합치하면 보상이 필요 없는 사회적 제약으로, 그렇지 않은 경우에는 공용침해로 보기 때문에, 재산권 제한의 정도와 관계없이 형식적 기준인 평등의 원칙을 주된 기준으로 삼는다.

나. 실질적 기준설

실질적 기준설은 보호가치성, 수인한도성, 사적효용성, 목적위배성 및 중대성 등 실질적 기준에 따라 특별한 희생과 사회적 제약을 구분하려는 견해를 통칭하는 이론이다.

① 보호가치성설: 역사 · 일반적 사상 · 언어의 관용 · 법률의 취지 등에 비추어, 재산권은 보호할 만한 것과 그렇지 않은 것으로 구분할 수 있는데, 전자에 대한 침해만 보상을 요하는 공용침해라고 한다.

② 수인한도성설: 어떠한 침해행위가 그의 본질과 강도에 비추어, 재산권의 본질인 배타적 지배를 침해한 경우 수인의 한도를 넘는 공용침해라고 한다.

③ 목적위배설(기능설): 재산권에 가해지는 공권적 침해가 재산권의 본래의 기능 또는 목적에 위배되는 것인지 여부에 따라 공용침해와 사회적 제약을 구별한다.

④ **사적효용설**: 헌법이 보장하는 사유재산제도의 본질을 개인의 이니셔티브와 개인의 이익(사적 효용성)에서 구하고, 이것을 침해하는 것인지 여부에 따라 공용침해와 사회적 제약을 구별한다.

⑤ **중대성설(독일 연방행정법원의 기본입장)**: 침해의 중대성과 범위에 따라 공용침해와 사회적 제약을 구별한다.

⑥ **상황구속성설**: 토지재산권은 지리적 위치나 그 성상과 같은 여건에 의하여 규정되고 그 상황구속성으로 인하여 성질상 일정한 부담을 질 수밖에 없는데, 이 부담은 보상을 요하지 않는 재산권의 단순한 내용 · 한계규정에 불과하다는 입장이다.

다. 검　토

보상이 필요한 공용침해와 보상이 필요 없는 사회적 제약의 구분이 어느 특정이론에 의하여 완전히 해결될 수 있는 것은 아니다. 따라서 위에서 본 여러 법리를 상호보완적으로 적용하여 구체적으로 판단하여야 할 것이다. 특히 목적위배설과 중대성설 및 상황구속성의 법리를 고려할 필요가 있다.

Ⅱ. 손실보상의 기준과 내용

1. 정당한 보상의 의미

헌법 제23조 제3항의 '정당한 보상'의 의미에 관하여 다음과 같이 견해가 대립한다.

① **완전보상설**: 이 견해에 의하면, 손실보상은 재산권의 보장, 부담의 공평, 상실된 가치의 보전이라는 관점에 입각한 '완전한 보상'이다. 이 견해는 미국 수정헌법 제5조의 정당한 보상의 해석을 중심으로 발전되었다.

② **상당보상설**: 이 견해에 의하면, 재산권의 사회적 제약 내지 공공복리 적합의무의 관점에서 공 · 사익을 형량하여 보상내용이 결정되어야 한다. 따라서 완전보상을 원칙으로 하되 합리적인 이유가 있는 경우에는 완전보상을 하회할 수도 있다. 독일기본법 제14조 제3항이 "보상은 공공 및 관계자의 이해를 공정히 고려하여 결정하여야 한다."라고 규정하고 있는 것은 상당보상설의 입장에 서 있는 것이라고 한다.

③ **절 충 설**: 이 견해는 정당한 보상이 상황에 따라 완전보상 또는 상당보상일 수도 있다는 입장이다.

④ **판　　례**: 대법원은 완전보장설에 입각하여 피수용재산의 객관적인 재산적 가치를 완전하게 보상하여야 할 것이나, 투기적인 거래에 의하여 형성되는 가격은 정상적인 객관적 재산가치로는 볼 수 없으므로 이를 배제하더라도 완전보상의 원칙에 어긋나는 것은 아

니라고 판시하고 있다.[19] 헌법재판소도 같다.[20]

2. 손실보상의 내용

토지보상법에 따라 손실보상의 내용을 살펴보면 다음과 같다.[21]

가. 직접손실의 보상

토지보상법에서는 직접손실의 보상에 관하여, 수용토지 그 밖의 물건의 보상과 부대적 손실의 보상에 대하여 규정하고 있다. 후자에는 ① 사용토지에 대한 매수 · 수용청구(제72조), ② 수용으로 인한 잔여지 가격감소에 의한 손실과 공사비용의 보상(제73조), ③ 잔여지 매수 · 수용청구(제74조), ④ 지상물건의 이전비보상(제75조 제1항 본문), ⑤ 영업의 손실 등에 대한 보상(제77조), ⑥ 그 밖의 공익사업의 시행으로 인하여 발생하는 손실보상(제79조) 등이 규정되어 있다.

나. 간접손실의 보상

토지보상법은 직접손실의 보상규정 외에 제79조 제2항에서 '기타 공익사업의 시행으로 인하여 발생하는 손실'의 보상에 관하여 시행규칙이 정하는 기준에 따르도록 규정하고 있다. 시행규칙 제59조 내지 제65조에서는 여러 가지 간접손실의 보상에 관한 규정을 두고 있다. 따라서 시행규칙에 규정되어 있는 간접손실의 보상에 관한 규정에는 대지 등의 보상(제59조), 건축물보상(제60조), 소수잔존자에 대한 보상(제61조), 공작물 등의 보상(제62조), 어업피해보상(제63조), 영업손실보상(제64조), 농업손실보상(제65조) 등이 있다.

다. 생활보상

공공사업이 대규모화하여 수용도 점 · 선적 수용에서 면적 수용으로 바뀌면서 공공사업에 의하여 피수용자가 생활기반을 상실하는 경우가 생김에 따라 생활상의 이익 상실에 대한 보상도 필요하게 되었다. 이에 따라 토지보상법과 그 시행령 및 시행규칙에 ① 이주정착금, ② 소유자 · 세입자의 주거이전비 · 이사비, ③ 이농비 · 이어비, ④ 사업폐지 등 보상, ⑤ 주거용 건축물의 최저보상액 등과 같은 생활보상적 규정을 두게 되었다.

그러나 생활상의 이익상실에 대한 보상은 재산권이나 생활권에 대한 금전적 보상만으로는 부족하므로, 다른 지역에서 종전과 같은 생활을 유지할 수 있도록 하기 위하여 이주대책 등 실질적인 생활재건조치가 보상내용에 포함되어야 한다. 토지보상법은 사업시행자로 하여금 공익사업의 시행으로 인하여 주거용 건축물을 제공함으로써 생활근거를 상실하

---

19) 대법원 1993. 7. 13. 선고 93누2131 판결.
20) 헌재 1995. 4. 20. 선고 93헌바20 결정.
21) 자세한 내용은 공용부담법 중 공용수용에서의 손실보상에 관한 설명부분 참조.

게 되는 자(이주대책대상자)를 위하여 이주대책을 수립 · 실시하거나 이주정착금을 지급하도록 규정하고 있고(제78조 제1항), 이는 협의매수의 경우는 물론 수용의 경우에도 적용된다.[22] 이주대책의 내용에는 이주정착에 대한 도로 · 급수시설 · 배수시설 등 생활기본시설이 포함되어야 하고 이에 필요한 비용은 사업시행자의 부담으로 한다(제78조 제4항).[23]

이주대책대상자는 사업시행자가 수립하는 이주대책상 택지분양권이나 아파트 입주권 등을 받을 수 있는 구체적인 권리(수분양권)를 취득하게 된다. 수분양권의 취득시기와 관련하여, 이주자가 사업시행자에게 이주대책대상자 선정신청을 하고 사업시행자가 이를 받아들여 이주대책대상자로 확인 · 결정해야만 비로소 구체적인 수분양권(공법상의 권리)[24]이 발생한다는 것이 판례이다.[25] 따라서 사업시행자가 하는 이주대책대상자 확인 · 결정은 구체적인 이주대책상의 수분양권을 취득하기 위한 요건이 되는 행정작용으로서 처분이므로, 이주대책대상자 선정신청에 대하여 사업시행자가 이를 제외시키거나 거부한 경우에는 사업시행자를 상대로 항고소송으로 거부처분의 취소를 구할 수 있고, 이주대책대상자 선정신청 및 이에 따른 확인 · 결정 등 절차를 밟지 않아 구체적인 수분양권을 아직 취득하지도 못한 상태에서 곧바로 사업시행자를 상대로 민사소송이나 공법상 당사자소송으로 이주대책상의 수분양권의 확인 등을 구하는 것은 허용될 수 없다.

제 3 절 손해전보를 위한 그 밖의 제도

Ⅰ. 문제상황

국가배상과 손실보상은 전형적인 행정상 손해전보제도이다. 전자는 위법한 행정작용으로 인한 손해의 전보이고, 후자는 적법한 행정작용으로 인하여 발생한 손실의 전보로서의 성격을 가지고 있다. 그런데, 현실에서 국가배상 및 손실보상에 관한 현행제도의 요건을 엄격하게 해석 · 적용하면 구제받기 어려운 경우가 있을 수 있다.

① 위법 · 무책한 공무원의 직무행위의 경우: 국가배상법 제2조 제1항은 공무원의 위법 ·

22) 사업시행자는 이주대책기준을 정하여 위 이주대책대상자 중에서 이주대책을 수립 · 실시하여야 할 자를 선정하거나 그들에게 공급할 주택 등의 내용이나 수량 등을 정하는 데 재량을 갖는다(대법원 2011. 1. 27. 선고 2009두1051 판결, 대법원 2009. 3. 12. 선고 2008두12610 판결).

23) 이는 강행규정이므로 사업시행자가 이주정착지에 택지를 조성하여 개별공급하는 내용의 이주대책에서 공공시설 설치비용을 이주대책대상자에게 전가할 수 없다(대법원 2002. 3. 15. 선고 2001다67126 판결).

24) 수분양권을 준공유하는 자들은 반드시 전원이 공동으로만 청약의 의사표시를 할 수 있다(대법원 2002. 2. 8. 선고 2001다17633 판결).

25) 대법원 1994. 5. 24. 선고 92다35783 전원합의체 판결.

유책(법령위반, 고의 · 과실)한 직무행위로 인하여 손해를 입은 사람에 대한 배상에 관하여 규정하고 있다. 따라서 국가배상법은 공무원의 위법 · 무책(무과실)한 직무행위로 인하여 발생한 손해에 대한 구제책으로서는 기능할 수 없게 된다. 수용유사적 침해의 이론은 이러한 경우에 대비하기 위한 것이다.

② 비의욕적 공용침해(결과적 손실)의 경우: 헌법 및 손실보상에 관한 법률들은 행정주체가 법률에 근거하여 공권력을 행사하고 그 결과 발생한 손실에 대하여 법률이 정한 보상을 하는 것을 예정하고 있다. 그러나 행정작용에 수반하여 행정주체가 의도하지 않았거나 예상하지 못한 손실이 발생할 수 있다. 이때 법의 흠결 또는 공백이 생기는 경우가 많고 이 경우에 대비하기 위한 것이 수용적 침해의 이론이다.

③ 비재산적 법익에 대한 적법한 침해의 경우: 행정상 손해배상은 위법 · 유책한 행위를 전제하고, 손실보상은 적법한 행위를 통한 '재산권'에 대한 침해(제약)를 전제한다. 따라서 적법한 행정작용으로 인한 '비재산적 법익'에 대한 침해가 일어나는 경우 기존의 손해배상, 손실보상의 제도로는 구제받기가 어렵다. 이러한 경우를 대비하여 희생보상청구권과 같은 이론 및 제도가 정비될 필요가 있다.

Ⅱ. 수용유사 및 수용적 침해에 대한 손실보상

1. 수용유사침해에 대한 보상

가. 제도적 의의

"수용유사침해의 보상"이라 함은 위법한 공용침해로 인하여 특별한 희생을 입은 자에 대한 보상을 말한다. '위법'한 공용침해에 대한 보상이라는 점에서, '적법'한 공용침해에 대한 본래 의미의 손실보상과 구별된다. 또한 공용침해로 야기된 손실의 조절적 보상이라는 점에서, 위법 · 유책의 손해에 대한 배상인 국가배상과도 구별된다.

수용유사침해의 보상은 '적법한 공권력행사로 인한 손실보상'에 관한 일반적 요건을 충족하고 있지만, 보상규정을 결하고 있는 공용제한에서 주로 문제가 된다.

나. 수용유사침해의 구성요건

위법한 공용침해로 인한 타인의 재산권에 대한 특별한 희생의 발생이 수용유사침해의 구성요건이다. 여기에서의 '위법'은 고의 또는 과실로 법령에 위반하여 타인에게 침해를 가하는 경우에서의 위법 또는 불법과는 다르다. 여기에서는 공용침해의 근거법률이 헌법이 요구하는 공용침해의 요건을 충족하지 못하여 위헌이므로, 그러한 법률에 근거한 공용침해가 결과적으로 위헌이 된다는 의미이다. 재산권자에게 손해를 가할 의사가 공용침해자(행정청)에게는 없고 공공의 필요가 그 동기이므로 공용침해자의 과실을 탓할 수 없다. 따라서 수용유사침해의 전형적인 모습은 '위법 · 무책의 침해'이다. 수용유사침해의 이론은 이 경우 손실을 보상하여야 한다는 것이다.

다. 독일 연방헌법재판소 판결의 영향

그런데, '자갈채취사건'을 계기로 독일의 연방헌법재판소가 채택한 분리이론에 의하면, '위법한 수용'이 행해지면 먼저 그에 대한 취소소송과 같은 쟁송을 제기하여야지 직접 보상을 청구할 수 없다. 결국 이 문제에 대한 1차적 해결은 입법에 기대할 수밖에 없다. 예컨대, 경찰관직무집행법 제11조의2 제1항 제1호에서는 국가는 경찰관의 적법한 직무집행으로 인하여 "손실발생의 원인에 대하여 책임이 없는 자가 재산상의 손실을 입은 경우(손실발생의 원인에 대하여 책임이 없는 자가 경찰관의 직무집행에 자발적으로 협조하거나 물건을 제공하여 재산상의 손실을 입은 경우 포함)"와 "손실발생의 원인에 대하여 책임이 있는 자가 자신의 책임에 상응하는 정도를 초과하는 재산상의 손실을 입은 경우"에 그 손실을 입은 자에 대하여 정당한 보상을 하여야 한다고 규정하고 있다.

그러나 입법에 의한 해결에도 한계가 있으므로, 입법의 흠결 내지 공백을 메우는 법리의 발견 · 발전이 필요한 경우가 있을 수 있다. 이에 관해서는 이미 앞에서 논의하였지만, 수용유사침해이론도 유용한 이론적 해결수단이 될 수 있다.

2. 수용적 침해에 대한 보상

수용적 침해란 적법한 행정작용의 이형적(異型的) · 비의욕적인 부수적 결과로써 타인의 재산권에 가해진 침해를 말한다. 이형적 · 비의욕적이라는 점에서 본래의 손실보상의 범위에 포함되지 않는다. 예컨대 지하철공사가 장기간 계속됨으로 인하여 인근 상점이 오랫동안 영업을 하지 못한 경우, 도시계획에 의하여 도로구역으로 고시되었으나 오랫동안 방치해 둠으로써 고시구역 내의 가옥주 등이 불이익을 입고 있는 경우 등이 이에 해당한다. 통상 이러한 경우에는 재산권에 대한 사회적 제약에 해당하여 보상의 대상이 되지 않는다. 그러나 그 피해의 정도가 심한 경우에는 다른 규정을 유추하는 등 보상이 모색되어야 할 것이다.

Ⅲ. 비재산적 법익침해에 대한 손실보상

1. 문제상황

어떤 사람이 보건복지부장관이 지정한 자의 검정을 받아 판매되고 있는 약품을 사먹었는데 뜻밖의 병에 걸린 경우, 어느 경찰관이 저항하는 범인을 향해 총을 쏘았는데 총탄이 범인을 관통하여 옆 사람에게 상해를 입힌 경우, 국립병원의 의사가 예방주사를 놓았는데 특이체질로 인하여 병을 얻은 경우 등은 행정작용으로 인하여 불이익이 발생하였으나 '재산권'에 대한 침해가 아니라는 점에서 헌법 제23조 제3항에 의한 손실보상의 대상이 되지 않는다. 또한 그와 같은 행정작용을 통해 개인이 입게 된 불이익은 공무원의 위법·유책한 직무행위로 인한 국가배상의 요건도 충족하기 어렵다.

2. 문제해결의 방안

위와 같은 사례에서 그에 관한 법률이 있으면, 그 법률에 따르면 된다. 감염병의 예방 및 관리에 관한 법률 제71조 제1항에는 '예방접종으로 인한 피해에 대한 국가보상'에 관하여 규정하고 있다. 국가는 제24조 및 제25조에 따라 예방접종을 받은 사람 또는 제40조 제2항에 따라 생산된 예방·치료 의약품을 투여 받은 사람이 그 예방접종 또는 예방·치료 의약품으로 인하여 질병에 걸리거나 장애인이 되거나 사망하였을 때에 보상을 하여야 한다. 또한, 경찰관직무집행법 제11조의2 제1항이 2018. 12. 24. 개정되어, 국가는 "손실발생의 원인에 대하여 책임이 없는 자가 생명·신체상의 손실을 입은 경우(손실발생의 원인에 대하여 책임이 없는 자가 경찰관의 직무집행에 자발적으로 협조하거나 물건을 제공하여 생명·신체상의 손실을 입은 경우 포함)"와 "손실발생의 원인에 대하여 책임이 있는 자가 자신의 책임에 상응하는 정도를 초과하는 생명·신체상의 손실을 입은 경우"에 대해서도 그 손실을 입은 자에게 정당한 보상을 하여야 한다.

문제는 그러한 규정이 없는 경우이다. 독일, 프랑스 등 외국에서는 희생보상청구권, 위험책임 등 관습법, 판례법 등을 통해 문제를 해결하고자 노력하고 있다. 우리나라도 학설과 판례의 발전을 통해 이 문제의 해결을 위하여 노력하여야 할 단계에 있다. 아래에서는 비재산적 법익의 손실에 대하여 보상을 청구할 수 있는 권리로써 발전된 법리인 희생보상청구권의 인정 여부와 그 요건 및 손실전보의 방법 등에 대하여 살펴보기로 한다.

3. 희생보상청구권

가. 희생보상청구권의 의의

희생보상청구권은 공동체의 복리를 위하여 개인의 권리 또는 이익이 희생되어야 하는 경우에 국가는 개인의 희생을 보상하여야 한다는 기본적 사고에 뿌리를 두고 있다. 그런데, 희생보상청구권은 재산권에 관한 손실보상이 법적 제도로 형성된 이후에는 공권력작용으로 인하여 발생한 비재산적 법익의 손실에 대하여 보상을 청구할 수 있는 권리를 의미하는 것으로 한정되었다.

나. 희생보상청구권의 인정 여부

공익을 위하여 발생한 비재산적 법익에 대한 손실의 보상에 관하여 실정법상 법적 근거가 없는 경우 희생보상청구권의 법리를 받아들일 수 있을 것인지에 관하여 견해가 나뉜다.

(1) 부 정 설

부정설은 손실보상청구권은 독일에서 관습법적으로 인정되는 것인데, 그러한 관습법이 없는 우리나라에서 인정할 수 없다는 견해이다. 이 견해에 의하면, 감염병의 예방 및 관리에 관한 법률 등과 같이 별도의 법률이 존재하는 때에는 법률의 규정에 따라 손실보상을 할 수 있으나, 법률의 근거가 없는 경우에는 희생보상청구권을 인정하여 손실을 보상할 수는 없다.

(2) 긍 정 설

긍정설에는 비재산적인 가치를 재산적인 것보다 덜 보호한다면 기본권의 보장, 법치국가의 원리, 사회국가의 원리 등에 부합하지 않기 때문에 그것에 근거하여 희생보상청구권이 인정될 수 있다는 견해, 헌법상 법치주의와 평등원칙에 의하여 뒷받침되는 특별희생의 법리로부터 희생보상청구권의 법리를 도출할 수 있다는 견해 등이 있다.

(3) 검 토

희생보상청구권에 관해서는 공용수용에 의한 손실보상과는 달리 직접적인 헌법상의 규정은 없다. 그러나 희생보상청구권의 보호대상이 되는 생명 · 신체에 관한 권리는 기본권으로서 헌법 제10조와 제12조에 의하여 보장되고, 재산권보다 우월하다고도 볼 수 있다. 그런데, 재산권에 대한 침해는 헌법상 명문의 규정이 있다는 이유만으로 보상이 가능하고 생명 · 신체에 대한 침해는 명문의 규정이 없어 보상할 수 없다는 것은 부당하다. 그리고 헌법 제10조와 제37조 제1항에 따라 국가는 헌법에 명문으로 규정되어 있지 않은 기본권에 대해서도 보호할 의무가 있으므로, 희생보상청구권에 대한 명문의 규정이 없다고 하더라도 국가는 이를 경시해서는 안 된다. 결론적으로 희생보상청구권을 긍정하는 견해가 타당하다.

다. 희생보상청구권의 요건

(1) 비재산적 가치 있는 권리

희생보상청구권은 비재산적 가치 있는 권리에 한정된다. 비재산적 가치 있는 권리에는 생명, 건강, 신체의 불가침 및 신체의 자유 등이 있다.

(2) 고권적 침해

희생보상청구권이 인정되기 위해서는 고권적 조치에 의하여 개인의 권리에 대한 직접적인 침해가 있어야 한다. 고권적 침해란 일정한 행위 특히 수인을 요구하는 고권적 강요를 말한다.

(3) 특별한 희생

당사자의 손실이 일반인이 통상적으로 감수하여야 할 희생의 한계를 넘어서는 특별한 부담을 의미한다. 일상적인 생활위험이 실현된 경우에 불과한 경우에는 특별한 희생이 부정된다.

라. 희생보상청구권의 보상내용

희생보상청구권의 행사에 의하여 주장될 수 있는 보상내용은 비재산적 법익의 침해로 발생한 재산적 손실이다. 그 내용으로는 치료비용, 요양비용, 일실이익 등이 있으나, 정신적 피해를 이유로 한 위자료청구는 인정되지 않는다.

제3장 행정소송

제1절 총 설

Ⅰ. 행정소송의 의의와 기능

1. 행정소송의 의의

행정소송은 「법원이 행정사건에 대하여 정식의 소송절차에 따라 행하는 재판」이라고 정의할 수 있다. 이를 나누어 설명하면 다음과 같다.

가. 법원의 사법작용으로서 재판

행정소송은 법원이 사법(司法)작용으로 행하는 재판으로서 여러 소송유형 중 하나이다. 따라서 행정작용과는 본질적으로 그 성질을 달리한다. 행정은 법률의 내용에 따라 정해진 구체적인 목표를 달성하기 위한 적극적인 작용이나, 사법은 구체적인 법률상 분쟁이 발생한 경우 한쪽 당사자의 쟁송 제기를 기다려 공정 · 중립적인 국가기관인 법원이 소송절차에 따라 법을 해석 · 적용하여 그 분쟁을 해결하는 소극적인 작용이다.

나. 행정사건에 관한 재판

(1) 법률상 쟁송성

사건이라 함은 대등한 주체 사이의 신분상 또는 경제상 생활관계에서 발생한 분쟁을 말하는데, 그러한 생활관계에서 발생하는 분쟁이 모두 재판의 대상이 되는 것은 아니다. 법원조직법 제2조 제1항에서 "법원은 헌법에 특별한 규정이 있는 경우를 제외한 모든 법률상의 쟁송을 심판하고, 이 법과 다른 법률에 따라 법원에 속하는 권한을 가진다."라고 규정한 것에서 보는 것과 같이 「법률상의 쟁송」이 재판의 대상이 되는 것이다.

법률상의 쟁송은 권리 · 의무관계에서 생긴 분쟁이라고 일반적으로 설명한다. 이러한 「법률상의 쟁송」에 관한 설명은 대체로 행정소송법 학계에도 그대로 받아들여지고 있고, 행정소송도 다른 소송과 마찬가지로 개인의 권리구제를 주된 목적으로 하고 있다.[1] 따라서 행정소송에서도 권리 또는 법률상 이익에 관한 분쟁이 재판의 대상이 되고 반사적 이익 또는 사실상의 이익은 제외된다. 아울러 개인의 권리구제를 직접 목적으로 하지 않는 소송(민중소송, 기관소송)은 법률이 특별히 인정하는 경우에만 재판의 대상이 된다.

---

1) 대법원 1987. 3. 24. 선고 86누356 판결, 대법원 1992. 3. 10. 선고 91누12639 판결 등 다수.

이러한 전통적인 입장에 대하여, 헌법에는 '법률에 의한 재판', 법원조직법에서는 '법률상의 쟁송'이라는 표현을 사용하고 있을 뿐 독일의 기본법 체제와는 달리 어디에도 권리주체의 위법성 관련성을 정한 규정이 없다고 주장하는 견해도 있다.[2] 이러한 차이는 행정소송 중 특히 항고소송에서 대상적격, 원고적격에 관한 견해가 대립하는 근본적인 원인이 된다.

(2) 행정사건

행정소송은 공법상 법률관계에 관한 분쟁(행정사건)을 대상으로 한다. 따라서 사법상 법률관계에 관한 소송인 민사소송과 구별된다. 또한 행정법규의 해석 · 적용에 관한 소송이라는 점에서 헌법의 해석 · 적용에 관한 소송인 헌법소송과도 구별된다. 아울러 같은 공법관계에 관한 소송이지만 국가 형벌권의 발동에 관한 소송인 형사소송과도 구별된다.

다. 정식절차에 의한 재판

행정소송절차는 정식의 소송절차이다. 따라서 소제기에 의하여 개시되고, 공개적인 구술변론이 행해지며, 양쪽 당사자를 대립시켜 대등하게 주장 · 증명할 기회를 부여하고, 기본적으로 당사자가 제출한 자료가 재판의 기초가 되며, 엄격한 증명에 의하고, 소에 대한 응답으로서 판결이라는 신중한 재판이 행해진다. 이러한 점에서 행정소송은 약식절차인 행정심판 등과 구별된다.

2. 행정소송의 기능과 목적

가. 기 능

행정소송법 제1조에서는 "이 법은 행정소송절차를 통하여 행정청의 위법한 처분 그밖에 공권력의 행사 · 불행사 등으로 인한 국민의 권리 또는 이익의 침해를 구제하고, 공법상의 권리관계 또는 법적용에 관한 다툼을 적정하게 해결함을 목적으로 한다."라고 규정하여 행정소송의 목적 또는 기능을 밝히고 있다. 위 규정을 통해 행정소송의 기능이 국민의 권리구제기능(행정구제기능)과 행정의 적법성보장기능(행정통제기능)이라는 것을 알 수 있다.

(1) 권리구제기능

위법한 행정작용으로 인하여 권리(또는 법률상 이익)를 침해받은 자는 위법한 행정작용

---

2) 박정훈, 행정소송의 구조와 기능, 박영사, 2006, 184면 참조. 우리 헌법상 독일 기본법 제19조 제4항에서와 같이 '권리침해'를 행정소송의 전제로 명시한 규정이 전혀 없고, 오히려 헌법 제107조 제2항은 "처분이 헌법이나 법률에 위반되는 여부"를 대법원이 최종적으로 심사한다고 규정함으로써, 행정소송의 본안판단이 위법성을 대상으로 한다는 것을 함축하고 있다고 할 수 있으며, 행정소송법에서도 제4조 제1호가 취소소송을 "행정청의 위법한 처분 등을 취소 또는 변경하는 소송"이라고 정의하고 있는데, 이와 같이 '위법한 처분'이면 취소되는 것이고, 독일에서와 같이 위법성 이외에 권리침해를 취소요건으로 요구하는 규정은 전혀 없다는 것을 논거로 한다.

에 대하여 행정소송을 제기함으로써 침해된 자신의 권리를 구제 받을 수 있다.

(2) 행정통제기능

행정소송은 법원이 '행정청의 처분 등의 위법', '국가 또는 공공단체의 기관의 법률에 위반되는 행위' 등을 심사하는 것을 통해 행정통제기능(적법성보장기능)을 수행한다. 행정소송이 이와 같은 행정통제기능을 수행하기 때문에, 민사소송과 달리 직권에 의한 증거조사와 심리, 불고불리원칙의 완화 등이 인정되고 있다.

오늘날 행정의 적법성을 보장하기 위하여 행정에 대한 다양한 통제가 행해지고 있으나, 행정소송을 통한 통제가 가장 효과적인 방법이라는 점은 부인할 수 없다. 한편, 행정권에 의한 자기통제가 대체로 사전적 · 자율적 · 능동적 · 전반적 통제의 성격을 가지나, 법원에 의한 행정통제는 사후적 · 타율적 · 부분적 통제의 성격을 가진다.

나. 주관소송과 객관소송

법률상 쟁송을 구체적인 권리 · 의무에 관한 분쟁이라고 해석한다면, 행정소송의 주된 목적은 개인의 권리구제에 있으므로, 행정소송은 본래 「주관소송」으로서의 성격을 가진다. 이러한 점을 반영하여 행정소송법은 주관소송인 항고소송에 대해서는 제12조에서 그 대상이 처분이기만 하면 '법률상 이익'이 있는 자는 누구나 제기할 수 있도록 하고 있으나(개괄주의), 객관소송인 기관소송에 대해서는 제45조에서 국가 또는 공공단체의 기관 상호간에 권한의 존부 또는 그 행사에 관한 다툼이 있을 때에도 법률이 정한 경우에 한하여 법률이 정한 자만 제기할 수 있도록 규정하고 있다(법정주의).[3)]

따라서 행정소송의 권리구제기능과 행정통제기능 중 전자가 주된 기능이고 후자가 종된 기능이라 할 수 있다. 법원은 행정소송을 통하여 행정권에 대하여 전면적 통제를 행할 수 있는 것이 아니라, 처분과 같은 행정작용이 개인의 법률상 이익(권리)을 침해하는지 여부를 심사하는 한도에서 행정통제를 할 수 있을 뿐이다.

Ⅱ. 민사소송과의 관계

1. 행정사건과 민사사건의 구별

행정소송은 공법상 법률관계에 관한 분쟁(행정사건)을 대상으로 하고, 민사소송은 사법상 법률관계에 관한 분쟁(민사사건)을 대상으로 한다. 이렇게 행정사건과 민사사건은 그 대상이 되는 법률관계의 성질에 따라 구별되는 것이므로, 양자의 구별문제는 공법과 사법의

---

3) 따라서, 기관소송에 해당함에도 개별법령에서 그러한 소송을 규정하고 있지 않는 경우(법정외 기관소송)에는 법원에 소송을 제기할 방법이 없다(대법원 1999. 10. 22. 선고 99추54 판결 참조).

구별문제로 귀결된다.

공법과 사법의 구별에 관하여, 학설은 주체설, 종속설, 이익설, 귀속설 등으로 나누어진다. 그러나 위 견해들은 모두 일면적인 구별기준만 제시하고 있기 때문에 구체적인 경우 명확한 문제해결을 위해서는 복수의 기준을 채택하는 것이 불가피하다는 점은 이미 제1편 행정법통론 중 공법과 사법의 구별부분에서 살펴보았다. 결론적으로 종속설과 귀속설을 결합하여 국가 또는 공권력의 담당자가 일방의 당사자로서 참가하고 강제력을 가지고 활동하는지 여부를 기준으로 판단해보고, 그 기준에 의하여 해결되지 않는 경우에 보충적으로 이익설을 적용하여 문제되는 해당 행위가 공익의 실현을 목적으로 하는지 여부를 기준으로 결정하는 것이 타당하다(복수기준설).

위와 같은 논의에 따르면, 국가나 지방자치단체 등 공공단체가 당사자의 일방 또는 쌍방인 법률관계는 대체로 행정소송의 대상인 공법관계로 볼 수 있다. 따라서 교직원의 징계에 관한 분쟁이더라도 사립학교 교직원과 사립학교법인 사이에서 발생한 것은 민사사건이고, 국·공립학교 교직원과 교육감·교육장 또는 교육부장관 사이에서 발생한 것은 행정사건이다.

다만 국가 또는 공공단체가 순수하게 사경제적 지위에서 행한 법률관계는 사법관계에 속한다. 공법인이 법령에 의하여 위임받아 국가의 사무를 국민에 대하여 행하는 대외적 관계는 공법상 법률관계에 해당하는 경우가 많을 것이지만, 공법인과 그 소속 직원 사이의 내부적인 법률관계는 사법상 법률관계인 경우가 대부분이다.

2. 소송유형 선택의 허용성 여부

항고소송과 당사자소송 또는 민사소송과 공법상 당사자소송의 구별은 법률전문가들도 해결하기 쉽지 않은 문제이다. 그런데, 해당 사건이 민사사건인지 아니면 행정사건인지를 당사자로 하여금 구별하여 제소하도록 요구하고 그 구별을 잘못하여 제소한 경우 그에 따른 불이익을 전적으로 당사자에게 돌리는 것은 부당하다고 생각될 수 있다. 이러한 사고방식 하에서 당사자가 항고소송으로 다투는 경우에는 항고소송으로, 민사소송으로 다투는 경우에는 민사소송으로 심리·판단할 수 있다고 해석하여야 한다는 민소·행소 병용설이 제기되기도 한다. 그러나 판례는 민사소송과 행정소송의 병행이 허용되지 않는다는 점을 분명히 하고 있다.[4)]

---

4) 대법원 1961. 11. 23. 선고 4294행상64 판결.

3. 행정소송법의 독자성과 민사소송절차의 준용

가. 행정소송법의 독자성

행정소송에 관한 중요한 법원으로 행정소송법이 있고, 그 밖에도 행정소송절차에 관하여 필요한 사항을 규정하기 위하여(행정소송규칙 제1조) 2023. 8. 31. 대법원규칙 제3108호로 행정소송규칙이 제정되어 있다. 그런데, 행정소송법 제8조 제1항은 "행정소송에 대하여는 다른 법률에 특별한 규정이 있는 경우를 제외하고는 이 법이 정하는바에 의한다."라고 규정하여 행정소송에서 적용되어야 할 일반법이 민사소송법이 아니라 행정소송법이라는 점을 명시하고 있다. 이는 행정소송이 민사소송의 일종이 아니라 민사소송과 동등한 독자적인 소송유형이므로, 행정소송법은 민사소송법의 특별법에 불과한 것이 아니라 행정소송에 적용될 일반법이라는 것이다.[5)]

나. 민사소송절차의 준용

위와 같이 행정소송법의 독자성이 인정되더라도 행정소송법은 그 자체로서 행정소송에 관한 모든 사항을 규율하고 있는 자기완결적인 법률이 아니다. 그렇기 때문에 행정소송법 제8조 제2항에서는 행정소송에서 행정소송법에 정한 것이 없을 때에는 민사소송법의 규정을 준용하도록 하고 있고, 행정소송규칙 제4조에서도 행정소송절차에 관하여 행정소송법령에 특별한 규정이 있는 경우를 제외하고 민사소송규칙 및 민사집행규칙의 규정을 준용하도록 하고 있다. 따라서 행정소송법령에서 규정한 특칙 이외에는 민사소송법령이 일반적으로 준용되어 소송절차가 진행된다. 다만 행정소송의 성질이 허용하는 한도 내에서만 민사소송법령이 준용된다는 점에 유의할 필요가 있다.

이에 따라 법관의 제척 · 기피 · 회피, 당사자의 확정 및 정정, 비법인사단의 당사자능력, 선정당사자제도, 필수적 공동소송인의 추가, 소송비용, 기일 및 기간, 송달, 재판의 종류 및 형식, 소송절차의 중단 · 중지, 변론과 그 준비, 증거조사, 소송절차 이의권의 포기 및 상실, 상소제도 등에 관한 민사소송 관련법령이 행정소송에도 준용된다.

다. 행정소송법상의 규정

행정소송은 권리구제기능을 수행한다는 측면에서 민사소송과 같지만 민사소송과는 달리 행정통제기능(적법성보장기능)을 아울러 수행한다. 이를 위하여 행정소송법에는 직권소송참가, 직권심리, 사정판결 등 직권주의적 요소를 내용으로 하는 규정들을 두고 있다.

한편, 행정소송법은 행정의 원활한 수행과 행정법관계의 조속한 안정을 위하여, 처분

---

5) 주석 행정소송법, 147면.

의 취소를 구하는 소송(취소소송)을 원칙적인 소송형태로 하고, 당사자적격, 전심절차, 제소기간, 잠정적 구제제도 등의 특별한 규정을 두고 있다.

행정소송법에는 행정소송만 가지는 이러한 특수성을 고려하여 아래와 같이 민사소송법과 다른 특별한 규정이 있다.

① 행정법원의 설치(제9조 제1항, 제40조 제1항).
② 행정심판제도의 존재(제18조).
③ 항고소송에서는 국가, 지방자치단체 등 행정주체가 아니라, 그 기관에 지나지 않는 처분을 행한 행정청이 피고가 된다(제13조).
④ 제소기간이 비교적 짧게 제한되어 있다(제20조).
⑤ 청구와 관련된 원상회복 · 손해배상 등 관련청구소송의 병합이 가능하다(제10조).
⑥ 제3자 등의 소송참가가 비교적 넓게 인정되어 있다(제16조, 제17조).
⑦ 소의 변경이 비교적 넓게 인정되어 있다(제21조, 제22조).
⑧ 법원은 필요하다고 인정할 때에는 직권으로 증거조사를 할 수 있고, 당사자가 주장하지 않은 사실에 대해서도 판단할 수 있다(제26조). 이는 소송의 일반원칙인 변론주의, 불고불리의 원칙에 어느 정도 제약이 가해졌다는 것을 의미한다.
⑨ 집행부정지의 원칙이 채택되어 있다(제23조). 예컨대, 건물의 철거명령을 받은 사람이 그 철거명령(처분)에 대하여 소송을 제기해도, 법원이 당사자의 신청 또는 직권에 의하여 집행정지결정을 하지 않았다면, 행정기관은 건물을 철거할 수 있다.
⑩ 원고의 청구가 이유있다고 인정하는 경우에도 처분 등을 취소하는 것이 현저히 공공복리에 적합하지 않다고 인정하는 때에는 법원은 일정 조건하에서 원고의 청구를 기각할 수 있다(제28조). 이와 같은 내용의 판결을 '사정판결'이라 한다.
⑪ 처분 등을 취소하는 판결은 당사자(원고 · 피고)만 아니라 제3자에 대해서도 효력이 있다(제29조). 이는 민사소송에서 확정판결의 기판력이 원칙적으로 당사자(변론을 종결한 뒤의 승계인 등 포함)에 대해서만 효력이 있는 것(민사소송법 제218조 제1항 참조)과는 크게 다르다.

Ⅲ. 행정소송의 한계

1. 사법작용으로서의 일반적인 한계

행정소송은 '구체적인 법률상의 분쟁이 있는 것을 전제로 당사자의 소 제기에 의하여 법원이 법령을 적용하여 분쟁을 해결하는 판단작용'이라는 점에서 다른 소송유형과 마찬가지로 사법작용으로서의 성질을 가진다. 행정소송이 사법작용의 성질을 가짐으로써 다음과 같은 한계가 있다.

가. 처분권주의의 지배

행정소송에서도 법원은 당사자의 소 제기가 있어야 심리를 개시할 수 있고, 법원의 심리도 원칙적으로 당사자가 청구의 범위 내로 한정된다.

나. 주관소송의 원칙

행정소송은 개인의 권리구제를 주된 목적으로 하고 있으므로, 행정소송을 제기하기 위해서는 그에 대한 '법률상 이익'이 있어야 한다(행정소송법 제12조, 제35조, 제36조). 따라서 국가의 활동으로 인하여 개인이 향유하기는 하나 법의 보호를 받지 못하는 이익, 즉 반사적 이익 또는 사실상 이익이 있다는 사실만으로는 행정소송을 제기할 수 없다. 또한, 개인의 권리구제를 직접 목적으로 하지 않는 소송(민중소송, 기관소송 등의 객관소송)은 법률이 특별히 인정하는 경우에만 허용된다.

최근 환경소송, 소비자보호소송 등과 같이 공통된 재난이나 위험을 당하는 수많은 피해자들을 위하여 그들이 공동소송의 요건을 갖추지 못한 경우에도 한꺼번에 분쟁을 해결하는 단체소송의 도입에 관한 논의가 있다. 단체소송은 '부진정 단체소송'과 '진정 단체소송'으로 나뉘고, 후자는 다시 이기적 단체소송[6]과 이타적 단체소송[7]으로 나누어진다. '부진정 단체소송'은 단체 그 자체가 법률상 이익을 보호받기 위하여 단체의 이름으로 제기하는 행정소송을 말하므로, 해당 단체에게 법률상 이익이 있다면 그 소송을 제기할 수 있다. 그러나 '진정 단체소송'은 부진정 단체소송과 달리 객관소송으로서의 성격을 가지므로, 법률에 특별한 규정이 없는 한 허용되지 않는다.[8]

다. 구체적 사건성

어느 소송이나 구체적인 법률상의 분쟁을 대상으로 행해진다. 따라서 추상적인 법령의 효력이나 해석은 행정소송의 대상이 되지 않는다. 법령에 대해서는 구체적 규범심사만 허

---

6) 단체가 그 구성원의 집단적 이익을 방어 또는 관철하기 위하여 단체의 이름으로 제기하는 행정소송을 말한다.

7) 어느 단체가 단체 자체의 이익이나 단체구성원의 이익을 직접적으로 방어 또는 관철하기 위한 것이 아니라, 어떤 제도나 문화적 가치의 보존이나 환경에 대한 훼손방지 및 보호와 같은 공익추구를 목적으로 제기하는 행정소송을 말한다.

8) 공익소송으로서의 다수당사자소송을 입법한 예로는 독일의 '단체소송'(Verbandsklage)과 미국의 '집단소송'(Class Action) 등이 있다. 우리나라의 경우에는 미국의 집단소송을 모델로 한 증권관련 집단소송법상의 증권관련 집단소송과 독일의 단체소송을 모델로 한 소비자기본법상의 소비자 단체소송, 개인정보보호법상의 개인정보 단체소송 등으로 부분적으로 도입되어 있다.

용되므로, 그 법령을 구체화하는 처분을 매개로 법령의 위법성을 다툴 수 있을 뿐이다(헌법 제107조, 행정소송법 제19조 등 참조). 다만 구체적 사항의 규율을 내용으로 하는 처분적 명령은 이를 구체화하는 처분을 매개로 하지 않고 그 자체로 직접적으로 국민의 구체적인 권리·의무에 영향을 미치기 때문에 예외적으로 행정소송의 대상이 될 수 있다.

2. 권력분립에 따르는 한계

가. 재량행위와 행정유보론

권력분립의 원칙상 입법·사법권과 마찬가지로 행정의 독자성 역시 존중되어야 한다. 특히 재량과 판단의 여지, 계획재량 등과 관련하여, '행정권에 대한 사법심사에서 행정유보'가 논의되고 있다. 행정유보는 행정의 일정영역을 다른 권력이 침해할 수 없다는 관점에서가 아니라 행정의 계속성, 전문성, 실효성 등이 존중되어야 한다는 관점에서 논의하는 것이 중요하다.[9]

가령 재량행위의 경우, 행정소송법 제27조는 "행정청의 재량에 속하는 처분이라도 재량권의 한계를 넘거나 그 남용이 있는 때에는 법원은 이를 취소할 수 있다."라고 규정하고 있다. 따라서 재량의 영역에서는 행정청이 그 한계를 넘지 않는다면 위법한 것이 아니므로, 법원은 그 당부에 관하여 심사할 수 없다. 이는 행정심판에서는 처분의 위법성뿐만 아니라 부당성에 대해서도 심판할 수 있는 것과 대비되는 것으로서 행정소송의 권력분립에 따르는 한계에서 기인한 것이다.

나. 통치행위

'통치행위'는 통상적인 행정작용과 달리 정치적인 성격이 강하여 사법부가 합헌성이나 합법성을 심사할 수 있는지 여부가 문제되는 법집행작용을 말한다. 이러한 통치행위가 법적 효과를 수반하여 법률적 판단이 가능함에도 불구하고 고도의 정치적 성격으로 인하여 행정소송이나 헌법소원 등 사법심사의 대상에서 제외되는 국가행위가 있는지가 문제된다(통치행위이론).

이미 제1편 행정법통론의 관련부분에서 살펴본 것과 같이, 판례는 사법자제설과 내재적 한계설에 입각하여, 통치행위이론 긍정설을 취하고 있다. 다만, 사법심사의 자제로 인하여 기본권을 보장하고 법치주의 이념을 구현하여야 할 법원의 책무를 태만히 하거나 포기하는 것이 된다고 인정될 경우에는 사법심사를 자제해서는 안 되고 그 판단은 오로지 사법부에 의하여 이루어진다는 입장을 취하고 있다.

그러나 국회의원의 징계·제명처분(헌법 제64조 제4항)과 같이 헌법에서 명문으로 법원에

---

9) 김남진·김연태, 행정법 I, 868면.

제소할 수 없다고 규정하고 있는 경우를 제외하고, 통치행위라고 하더라도 법률문제가 포함되어 있다면 법원의 심사·판단이 행하여져야 한다. 실정법에 엄격한 요건이 규정되어 있는 경우 그 요건의 구비 여부는 법원의 심사대상이 되어야 하고, 국민주권의 원리, 비례의 원칙 등 헌법상의 원칙에 위배되어서는 안 된다. 다만 고도의 정치성을 띤 행위의 경우 결정기관에 정치적 형성의 자유가 인정되고, 그 범위 내에서 그에 대한 사법심사의 통제밀도가 낮아질 뿐이다. 이러한 경우에도 그 행위가 기본권 침해와 관련된 경우에는 결정기관의 재량의 여지는 축소되고 그에 상응하여 사법심사의 범위는 확대되어야 한다.

다. 의무이행소송 등의 허용 여부

행정청이 일정한 행위를 하여야 할 의무가 있음에도 불구하고 행하지 않는 경우에 이행소송이 인정될 수 있는지 문제된다. 항고소송과 관련해서는 의무이행소송과 예방적 금지소송을 법정외 항고소송으로 인정할 것인지의 문제로 논의되고 있으나 판례는 이를 허용하지 않고 있다. 이에 관해서는 해당부분에서 살펴본다.

Ⅳ. 행정소송의 종류

1. 성질에 의한 분류

가. 형성소송

형성소송은 법률관계의 변동을 일으키는 일정한 법률요건의 존재를 주장하여 그 변동을 선언하는 판결을 구하는 소송이다. 따라서 형성판결은 형성요건의 존재를 확정함과 아울러 새로운 행정법상의 법률관계를 발생시키거나 기존의 행정법상의 법률관계를 변경·소멸시키는 판결이다. 확인판결이나 이행판결이 선언적 효력을 가지는 반면, 형성판결은 창설적 효력을 가진다. 항고소송 중 취소소송은 대표적인 형성소송이다.

나. 이행소송

이행소송은 피고에 대한 특정한 이행청구권의 존재를 주장하여 그것의 확정과 이에 기한 이행을 명하는 판결을 구하는 소송이다. 원고가 주장하는 이행청구권의 강제적 실현에 이바지하는 소로서 이행청구권의 확정과 피고에 대한 이행명령의 두 가지를 목적으로 한다. 우리나라에서의 인정 여부는 별론으로 하고, 의무이행소송, 예방적 금지소송, 당사자소송으로서의 금전급부소송 등은 이행소송에 해당한다.

다. 확인소송

확인소송은 특정한 권리 또는 법률관계의 존재 또는 부존재를 주장하여 이를 확인하는 판결을 구하는 소송이다. 원칙적으로 권리 또는 법률관계만 확인의 소의 대상이 된다. 항고소송 중 무효등 확인소송·부작위위법확인소송이나 당사자소송 중 공법상 법률관계의 존부의 확인을 구하는 소송은 확인소송에 해당한다.

2. 내용에 의한 분류

현행 행정소송법 제3조는 내용에 따라 행정소송을 항고소송, 당사자소송, 민중소송, 기관소송으로 구분하고 있다. 행정소송은 크게 국민의 권리 또는 이익을 보호하고 공법상의 권리관계에 관한 분쟁을 해결하기 위한 주관소송과 개인의 권익구제가 아닌 행정작용의 적법성 확보를 위한 객관소송으로 나눌 수 있다. 항고소송과 당사자소송은 주관소송이고, 민중소송과 기관소송은 객관소송이다.

가. 항고소송

항고소송은 "행정청의 처분 등이나 부작위에 대하여 제기하는 소송"으로서(행정소송법 제3조 제1호), 취소소송과 무효등 확인소송, 부작위위법확인소송이 여기에 속한다(같은 법 제4조).

나. 당사자소송

당사자소송은 "행정청의 처분 등을 원인으로 하는 법률관계에 관한 소송 그밖에 공법상의 법률관계에 관한 소송으로서 그 법률관계의 한쪽 당사자를 피고로 하는 소송"이다(행정소송법 제3조 제2호). 통설은 당사자소송을 실질적 당사자소송과 형식적 당사자소송으로 나누어 설명하고 있다. 형식적 당사자소송은 실질적으로는 행정청의 처분·재결 등의 효력 그 자체를 다투는 것이 되어 항고소송의 실질을 가지지만 처분청을 피고로 하는 것이 아니라 그 법률관계의 한쪽 당사자를 피고로 하는 특수한 소송유형으로서, 개별법에 특별한 규정이 있는 경우에만 허용된다.10) 실질적 당사자소송은 행정청의 처분 등의 효력 그 자체에 관한 다툼이 아니라 '행정청의 처분 등을 원인으로 하는 법률관계에 관한 소송 그밖에 공법상의 법률관계에 관한 소송'을 말한다. 특별한 수식이 없으면 당사자소송은 실질적 당사자소송을 가리킨다.

다. 민중소송

민중소송은 "국가 또는 공공단체의 기관이 법률에 위반되는 행위를 한 때에 직접 자기의 법률상 이익과 관계없이 그 시정을 구하기 위하여 제기하는 소송"이다(행정소송법 제3조

---

10) 형식적 당사자소송의 대표적인 예로 토지보상법 제85조 제2항 소정의 보상금증감에 관한 소송을 들 수 있다.

제3호). 현행법상 인정되는 민중소송은 국민투표법이 정한 국민투표무효소송(국민투표법 제92조), 공직선거법이 정한 선거무효소송(공직선거법 제222조), 당선무효소송(공직선거법 제223조), 지방자치법이 정한 주민소송(지방자치법 제17조) 등이 있다.

라. 기관소송

기관소송은 "국가 또는 공공단체의 기관 상호간에 권한의 존부 또는 그 행사에 관한 다툼이 있을 때에 이에 대하여 제기하는 소송"이다(행정소송법 제3조 제4호). 행정소송법상 기관소송은 동일한 행정주체에 속하는 기관간의 소송이므로, 상이한 행정주체 사이 또는 상이한 행정주체에 속하는 기관 사이의 소송은 이에 해당하지 않는다는 것이 통설적 견해이다. 이에 따르면 기관소송의 유형에는 국가기관 상호간의 기관소송과 공공단체의 기관 상호간의 기관소송이 있을 수 있다. 그런데 헌법 제111조 제1항 제4호, 헌법재판소법 제61조, 제62조에 의하여, 국가기관 상호간의 권한쟁의심판 · 국가기관과 지방자치단체간의 권한쟁의심판, 그리고 지방자치단체 상호간의 권한쟁의심판은 헌법재판소의 관장사항에 해당하고, 행정소송법 제3조 제4호 단서에서는 헌법재판소법 제2조의 규정에 의하여 헌법재판소의 관장사항으로 되는 소송은 제외한다고 규정하고 있으므로, 이들은 행정소송으로서의 기관소송에서 제외된다.

행정소송법은 제3조 제4호와 제45조에서 국가 또는 공공단체의 기관 상호간에 권한의 존부 또는 그 행사에 관한 다툼이 있을 때에도 법률이 정한 경우에 한하여 법률이 정한 자만 제기할 수 있다고 규정하여 기관소송 법정주의를 취하고 있다. 현행법상 인정되고 있는 기관소송은 지방의회의 재의결에 대한 지방자치단체장의 소송(지방자치법 제120조 등)과 교육 · 학예에 관한 지방의회의 재의결에 대한 교육감의 소송(지방교육자치에 관한 법률 제28조)이 있다.

3. 행정의 작용형식에 따른 행정소송의 가능성과 해당성

가. 개 관

행정상 법률관계는 행정에 관한 법률관계를 총칭하는 개념으로서, 넓은 의미로는 행정조직법관계와 행정작용법관계로 나누어지고, 좁은 의미로는 행정작용법관계만 가리킨다. 행정조직법관계는 다시 행정조직내부관계와 행정주체 상호간의 관계로 나뉘고, 행정작용법관계는 권력관계, 관리관계, 국고관계로 분류된다. 이러한 행정상 법률관계에서 분쟁이 발생하는 경우 행정소송법적으로 어떻게 분쟁이 해결되는지를 살펴본다.

나. 행정작용법관계에서의 분쟁

(1) 권력관계

권력관계에서 국가 또는 지방자치단체 등 행정주체는 사인에 대하여 우월적 지위에서 일방적으로 명령 · 강제하거나 법률관계를 발생 · 변경 · 소멸시키는 권한을 가진다. 따라서 국가 또는 지방자치단체는 행정행위(처분)의 발령으로 대표되는 권한의 행사를 통해 자신의 의사를 관철하면 되는 것이고 이를 위하여 재판상의 청구를 할 필요가 없다.

반면에 국가 또는 지방자치단체 등 행정주체가 처분 등을 통해 법률에 의하여 보호되는 이익을 침해하면, 처분 등의 상대방 또는 이해관계 있는 제3자는 그 처분 등이 법률의 규정을 위반함으로써 법률을 통해 부여된 자신의 권리가 침해되었음을 주장하면서 '항고소송'을 제기하여 다툴 수 있다.

(2) 관리관계

관리관계에서는 권력관계와는 달리 행정주체와 국민이 대등한 관계에 있게 된다. 다만 그 분쟁이 공법상 법률관계에 관한 것이라는 점에서 민사소송이 아니라 행정소송, 그중에서도 '당사자소송'으로 해결된다.

(3) 국고관계

행정주체가 사인과 대등한 지위에서 경제적 활동을 하는 경우(국고관계)에서의 국가 또는 지방자치단체의 행위는 기본적으로 사법상의 행위로서 사법에 의한 규율을 받고, 그에 관한 법률상의 분쟁은 민사소송의 대상이 된다. 다만 행정사법이론이 적용되는 결과 민법의 일반조항을 매개로 헌법상의 평등원칙, 자유권조항, 그 밖의 헌법원칙에 의한 공법상의 기속을 받을 수 있다.

다. 행정조직법관계에서의 분쟁

(1) 행정조직 내부관계

행정기관 상호간의 관계는 권리의무의 관계가 아니라 직무권한 · 기관권한의 행사관계로서의 성질을 가지고, 권리주체 사이의 대립을 해소하는 것이 아니라 행정의사의 통일성을 확보하는 것을 목적으로 한다. 이러한 내부법 관계는 행정의 일원성의 원칙 하에서 행정조직의 계층구조의 원칙에 지배되며, 기관들 사이의 분쟁은 공통되는 상급감독청의 개입과 지시에 의하여 해결된다.

행정기관 상호간의 분쟁은 대립하는 당사자 사이의 권리의무에 관한 다툼이 아니어서 법률상의 쟁송이 아니고, 행정기관은 권리주체로서의 법인격도 가지고 있지 않기 때문에 당사자능력도 없으며, 행정주체와 국민 사이의 관계에 이루어지는 외부법관계도 아니어서 처분성도 없고, 행정기관의 권리 침해를 상정할 수 없으므로 원고적격도 인정될 수 없다.

따라서 행정조직 내부관계에서의 분쟁은 행정조직 내부에서 해결되어야 하고, 법원은 원칙적으로 취소소송은 물론 주관소송으로서의 행정소송절차로 개입하지 않는 것이다(행정내부 불개입의 원칙).

다만 행정영역 중에는 행정기관 상호간의 관계가 계층구조에 따라 행정의 통일성을 확보하지 못하거나 상급기관의 지시의 기속성이 지배되지 않는 행정영역이 있을 수 있다. 지방자치단체장 또는 교육감과 지방의회 사이에 분쟁이 생긴 경우가 그 대표적인 예이다. 이 경우 법률이 특별히 법원의 공정한 판단과 소송절차에 의한 해결을 구하고 있는 경우가 있는데, 그것이 행정소송법 제3조 제4호 소정의 기관소송이다.

(2) 행정주체 상호간의 관계

(가) 국가와 지방자치단체 상호간의 관계

국가가 지방자치단체 또는 그 기관을 상대로, 거꾸로 지방자치단체가 국가 또는 국가기관을 상대로 행정소송을 제기할 수 있는지 문제된다. 국고관계에서의 국가 또는 공공단체는 사법상의 권리주체로서 사법의 규율을 받고 사법상의 법인과 같은 사인으로 취급되기 때문에 다른 행정주체와의 관계에서는 공권력과 공법의 규율을 받는다.[11] 따라서 행정청이 국고관계에서의 국가 또는 공공단체에게 처분을 발령한 경우 사인으로서의 국가 또는 공공단체는 사법상 권리·이익의 침해를 배제하기 위하여 취소소송을 비롯한 항고소송을 제기할 수 있다.

문제가 되는 것은 공권력 주체로서의 국가와 지방자치단체 상호간의 관계이다. 국가는 자치사무·단체위임사무·기관위임사무를 가리지 않고 시정명령 및 취소·정지권을 행사할 수 있고(지방자치법 제188조), 기관위임사무에 대해서는 직무이행명령과 대집행 및 직접조치권을 행사할 수 있다(같은 법 제189조). 국가는 위와 같은 두 가지 축의 감독권을 행사하여 자신의 의사를 관철할 수 있을 때에는 굳이 행정소송을 제기할 필요나 실익이 없다. 이러한 관점에서 대법원이 기관위임사무에서 국가가 지방자치단체장을 상대로 한 취소소송의 제기는 허용되지 않는다고 판시한 것이라고 생각한다.[12]

다음으로, 지방자치단체가 위와 같은 국가의 감독권 행사에 대하여 불복하는 소송을 제기할 수 있는지 문제된다. 지방자치법에서는 제188조 제6항에서는 자치사무에 관한 명령이나 처분의 취소 또는 정지에 대하여 이의가 있으면 그 취소처분 또는 정지처분을 통보받은 날부터 15일 이내에 대법원에 소를 제기할 수 있다고 규정하여 자치사무에 대한 취소·정지처분 등의 불복소송을 허용하고 있다. 또한 같은 법 제189조 제6항에서는 국가위임사

---

11) 유사한 사례로서 판례에 의하면, 지방자치단체의 장이 다른 지방자치단체를 상대로 제기한 건축허가의 실질을 갖는 건축협의 취소처분의 취소소송이 허용된다(대법원 2014. 2. 27. 선고 2012두22980 판결).

12) 대법원 2007. 9. 20. 선고 2005두6935 판결 참조.

무의 대한 직무이행명령에 이의가 있으면 이행명령서를 접수한 날부터 15일 이내에 대법원에 소를 제기할 수 있다고 규정하여 국가위임사무에 대한 직무이행명령의 불복소송 역시 허용하고 있다. 동일한 행정주체 내에서의 기관 상호간의 소송만 기관소송으로 보는 통설적 견해에 의하면, 위와 같은 불복소송은 기관소송에 해당되지 않으므로, 국가의 감독처분에 대한 특별한 형태의 항고소송이라고 본다.

그런데 국가의 감독권 행사와 그에 대한 지방자치단체의 불복소송을 허용하는 법률의 규정이 없는 경우에는 사무의 성질에 따라 나누어 살펴보아야 한다고 생각된다. 먼저 기관위임사무에 대한 감독처분에 대해서는 지방자치단체의 장은 국가기관의 하부기관의 지위에 있고 그 법률효과도 지방자치단체에 귀속되는 것이 아니므로, 앞에서 본 행정조직 내부관계에서의 분쟁과 같은 성격을 가지고 내부적인 절차에 따라 그 분쟁이 해결되어야 하는 관계로 새길 수 있다. 다음으로, 자치사무나 단체위임사무에 대해서는 지방자치단체장은 형식적으로는 감독처분의 상대방이지만 실질적으로는 지방자치단체의 대표자의 지위에서 상대방이 된 것이니 그 법률효과도 지방자치단체에 귀속되고 자치권의 침해는 지방자치단체의 고유한 법률적 이익의 침해에 해당하므로, 법률상의 쟁송성과 처분성, 법률상 이익 등을 모두 충족하는 것으로 볼 수 있기 때문에 항고소송으로 다툴 수 있다고 볼 수 있다.

㈏ 지방자치단체 상호간의 관계

지방자치법 제164조에서는 지방자치단체 상호간의 협력의무를 부과하고, 같은 법 제169조에서는 공동의 문제를 협의하기 위하여 각각 전국적 협의체를 설립할 수 있도록 규정하고 있다.

한편, 지방자치단체 상호간 또는 지방자치단체의 장 상호간 사무를 처리할 때 의견을 달리하여 다툼이 있는 때에는 행정안전부장관 또는 시 · 도지사가 당사자의 신청에 의하거나 당사자의 신청이 없는 때에도 그 분쟁이 공익을 현저히 저해하여 조속한 조정이 필요하다고 인정되는 경우에는 직권으로 행정안전부에 설치된 지방자치단체 중앙분쟁조정위원회와 시 · 도에 설치된 지방자치단체 지방분쟁조정위원회에서 이를 조정할 수 있다. 이 경우 행정안전부장관이나 시 · 도지사는 조정에 대하여 결정을 하면 서면으로 지체 없이 관계 지방자치단체의 장에게 통보하여야 하며, 통보를 받은 지방자치단체의 장은 그 조정결정사항을 이행하여야 한다(지방자치법 제165조).

지방자치단체 상호간의 분쟁에 대하여 위와 같은 조정절차 이외에 법원에 제소하여 분쟁을 해결할 수 없는지에 관해서는 국가와 지방자치단체 상호간의 분쟁에 관한 논의가 마찬가지로 적용될 수 있다고 생각된다. 다만 지방자치단체 상호간의 권한쟁의심판은 헌법재판소의 관장사항에 해당한다.[13]

---

13) 과거 지방자치단체의 관할구역의 경계를 다투는 관할분쟁은 헌법재판소의 권한쟁의심판으로 다루어져

제 2 절 행정사건의 관할

Ⅰ. 행정법원의 행정사건 관할의 전속성

1. 행정법원의 설치

행정소송법은 1994. 7. 27. 법률 제4770호로 개정되고 법원조직법은 같은 날 법률 제4765호로 개정되어, 위 두 법률은 1998. 3. 1.부터 시행되고 있다. 행정소송법과 법원조직법이 개정되기 전에는 필요적 전치주의를 취하되 행정소송이 2심제로 운영되고 있었는데, 위 두 법률의 개정으로 말미암아 임의적 전치주의로 전환되고 3심제가 되었다. 그러면서 일반법원의 하나로 행정법원을 설치하고 행정법원으로 하여금 행정소송법상 항고소송과 당사자소송 및 다른 법률에 의하여 행정법원의 권한에 속하는 사건의 제1심을 담당하게 하였다.

다만 법원조직법 부칙 제2조에서는 행정법원이 설치되지 않은 지역에서의 행정법원의 권한에 속하는 사건은 행정법원이 설치될 때까지 해당 지방법원 본원 및 춘천지방법원 강릉지원이 관할하도록 규정하고 있다. 그런데, 아직까지도 서울행정법원 외에는 행정법원이 설치되어 있지는 않다.

2. 행정사건 관할의 전속성

행정소송법 제9조 제1항에서는, "취소소송의 제1심 관할법원은 피고의 소재지를 관할하는 행정법원으로 한다."라고 규정하고, 같은 법 제40조에서는 이를 당사자소송에 준용하면서, 국가 또는 공공단체가 피고인 경우에는 관계행정청의 소재지를 피고의 소재지로 본다고 규정하고 있다. 따라서 행정법원은 항고소송과 당사자소송을 그 관할로 하고 있다. 민중소송과 기관소송의 관할에 대해서는 그 소송을 인정하는 개별 법률에서 특별규정을 두고 있다.

행정사건이 행정법원의 전속관할이라는 명문의 규정은 없다. 그러나 행정사건은 성질상 행정법원의 전속관할에 속하고, 따라서 행정법원의 전속관할에 속하는 사건을 지방법원

왔다. 그런데 지방자치법 제5조가 2009. 9. 1. 법률 제9577호로 개정됨에 따라, 위와 같은 분쟁 중 지방자치단체 상호 간에 공유수면의 매립이나 지적공부의 등록누락을 둘러싼 관할구역에 대한 분쟁은 행정안전부장관이 이의신청이 없으면 신청내용에 따라 정하고, 이의신청이 있으면 지방자치단체중앙분쟁조정위원회의 심의·의결에 따라 관할구역을 결정하게 되었고, 이에 불복하는 관계 지방자치단체장은 행정안전부장관의 결정에 대하여 그 결과를 통보받은 날부터 15일 이내에 대법원에 소송을 제기할 수 있게 되었다. 이에 따라 헌법재판소도 위와 같이 개정된 지방자치법 제5조가 시행된 이후로는 공유수면 매립지의 관할 귀속 문제는 권한쟁의심판의 대상에 속하지 않는다고 판시하였다(헌재 2020. 7. 16. 선고 2015헌라3 결정). 다만 위 조항의 적용을 받지 않는 공유수면의 해상경계에 관한 관할분쟁은 여전히 헌법재판소가 권한쟁의심판을 행하고 있다(헌재 2019. 4. 11. 선고 2016헌라8 결정).

이나 가정법원이 행하는 것은 전속관할 위반이 되어 절대적 상고이유가 된다고 보는 것이 일반적이다.[14)]

다만 행정법원이 설치되지 않아 지방법원 본원이 행정법원의 역할까지 하는 지역에서 지방법원 본원이 행정사건으로 취급하여야 할 것을 민사사건으로 접수하여 처리하였다 하더라도 이는 단순한 사무분담의 문제일 뿐 관할위반의 문제가 아니므로, 전속관할위반의 문제는 발생하지 않는다.[15)]

나아가 행정사건 제1심판결에 대한 항소사건은 고등법원의 전속관할이다(법원조직법 제28조 제1호). 원고가 고의나 중대한 과실 없이 행정소송으로 제기하여야 할 사건을 민사소송으로 잘못 제기하고 단독판사가 제1심판결을 선고한 경우라고 하더라도 그에 대한 항소사건은 고등법원이 심판하여야 한다.[16)]

3. 행정법원의 민사사건 처리의 허용 여부

행정법원은 행정사건에 관하여 전속성을 가지는데, 거꾸로 지방법원은 민사사건의 전속관할인지 문제된다. 행정소송법은 행정법원이 행정사건과 병합하여 관련 민사사건을 처리할 수 있음을 명시하고 있는데(제10조 제2항 참조), 이러한 경우 이외에도 행정법원이 민사사건을 독립적으로 처리할 수 있는지에 관한 것이다.

생각건대, 절차의 혼란을 피하고 변론관할이나 합의관할의 여지를 두며 행정사건과 민사사건 구별의 모호성, 소송경제의 도모 등을 이유로 민사사건은 지방법원의 전속관할이라고 보지 않는 것이 타당하다. 따라서 행정법원이 민사사건을 독립적으로 처리할 수 있다고 생각한다. 대법원도 민사사건이 서울행정법원에 제기되었음에도 불구하고 피고가 관할위반을 항변하지 않고 본안에 대하여 변론을 하였다면 서울행정법원에 변론관할이 생긴다고 판시하여 같은 입장에 있는 것으로 보인다.[17)]

이렇게 보면, 행정법원이 민사사건을 처리하더라도 전속관할 위반은 아니고 단순한 관

---

14) 법원실무제요(행정), 법원행정처, 2016, 29면, 주석 행정소송법, 155면. 대법원도 "도시 및 주거환경정비법상의 주택재건축정비사업조합을 상대로 관리처분계획안에 대한 총회결의의 무효확인을 구하는 소를 민사소송으로 제기한 사안에서, 그 소는 행정소송법상 당사자소송에 해당하므로 전속관할이 행정법원에 있다."라고 판시한 사례가 있다(대법원 2009. 9. 17. 선고 2007다2428 전원합의체 판결).

15) 법원실무제요(행정), 30면. 따라서 당사자소송으로 제기하여야 할 사건을 민사소송으로 잘못 제기하였더라도 수소법원이 그 당사자소송의 관할도 가지고 있다면 행정소송절차로 심리할 수 있다(대법원 2014. 10. 14.자 2014마1072 결정).

16) 대법원 2022. 1. 27. 선고 2021다219161 판결.

17) 대법원 2013. 2. 28. 선고 2010두22368 판결. 나아가 행정사건의 심리절차는 행정소송의 특수성을 감안하여 행정소송법이 정하고 있는 특칙이 적용될 수 있는 점을 제외하면 심리절차 면에서 민사소송 절차와 큰 차이가 없으므로, 민사사건을 행정소송절차로 진행한 것 자체가 위법한 것은 아니라는 것이 판례이다(대법원 2018. 2. 13. 선고 2014두11328 판결).

할위반의 주장은 항소심에서 금지되므로(민사소송법 제411조), 행정법원이 민사사건을 독립적으로 처리할 수 있다는 결론에 도달한다.

Ⅱ. 토지관할

1. 토지관할의 의의

토지관할은 있는 곳을 달리하는 같은 종류의 법원 사이에 같은 종류의 직분을 어떻게 배분할 것인지를 정하는 기준을 말한다. 토지관할은 사건이 어느 법원의 관할구역 내의 일정한 지점과 인적 또는 물적으로 관련되어 있는 경우 그 지점을 기준으로 정해진다. 이와 같이 토지관할의 발생원인이 되는 인적·물적 관련지점을 재판적이라 한다. 일반적 또는 원칙적으로 인정되는 재판적을 보통재판적이라 하고, 한정된 종류 및 범위 안에서 인정되는 재판적을 특별재판적이라 한다.

행정소송법 제9조, 제38조에서는 항고소송의 관할에 관하여 규정하고, 제40조에서는 당사자소송의 관할에 관하여 규정하면서 취소소송의 관할에 관한 규정을 준용하고 있다. 다만 민중소송과 기관소송의 경우에는 개별 법률에서 정한 바에 따른다.

2. 항고소송과 당사자소송의 토지관할

가. 보통재판적

소송을 제기하려는 원고 쪽에서 피고의 생활근거지에 있는 법원에 제소하는 것이 공평하므로 민사소송법 제2조에서는 피고의 생활근거지가 있는 법원에 사건의 종류나 내용을 묻지 않고 항상 관할권이 생기도록 하였다. 행정소송법 제9조 제1항에서도 항고소송의 제1심 관할법원을 '피고의 소재지를 관할하는 행정법원'으로 규정하고 있다.

행정소송법 제40조 본문에 의하면, 당사자소송의 경우에도 피고의 소재지를 관할하는 행정법원에 보통재판적이 있게 된다. 그런데, 당사자소송은 처분을 행한 행정청이 피고가 되는 것이 아니라 국가나 지방자치단체 등 권리주체가 피고가 되는 것이므로, 국가나 지방자치단체 등이 피고가 되는 경우 해당 소송과 구체적인 관계가 있는 관계 행정청 소재지를 피고의 소재지로 보고 그 행정청의 소재지를 관할하는 행정법원이 보통재판적을 가지도록 정하였다(행정소송법 제40조 단서).

그런데 앞서 본 것처럼 현재 행정법원이 설치된 법원은 서울행정법원뿐이고, 춘천지방법원 강릉지원의 경우에는 춘천지방법원 본원이 아니라 강릉지원에서 관할하므로, 서울행정법원과 춘천지방법원 강릉지원을 제외하고는 피고의 소재지를 관할하는 지방법원의 본원이 항고소송과 당사자소송의 제1심 관할법원이 되는 것이다.

나. 특별재판적

특별재판적은 보통재판적과 경합하는 임의관할이기 때문에 당사자는 경합하는 재판적 중 하나를 편의에 따라 선택할 수 있게 된다. 관할구역이 분명하지 않은 경우 민사소송법 제28조에 따라 관계된 법원과 공통되는 바로 위의 상급법원이 그 관계된 법원 또는 당사자의 신청에 따라 결정으로 관할법원을 정할 수 있도록 한 관할지정제도는 행정소송에도 준용될 것이다.

행정소송법 제9조 제2항에 의하면 ① 중앙행정기관, 중앙행정기관의 부속기관과 합의제행정기관 또는 그 장, ② 국가의 사무를 위임 또는 위탁받은 공공단체 또는 그 장이 피고인 경우에는 대법원소재지를 관할하는 행정법원인 서울행정법원에도 관할이 있다. 이는 행정소송법이 2014. 5. 20. 개정되면서 변경된 것이다. 지방분권 정책으로 다수의 중앙행정기관이나 공공단체가 세종특별자치시 등으로 이전하였음에도 불구하고 서울행정법원만 관할을 가지도록 할 수는 없으므로, 중앙행정기관, 중앙행정기관의 부속기관과 합의제행정기관, 공공단체 또는 그 장이 피고인 경우에는 대법원소재지 또는 해당 중앙행정기관 등의 소재지를 관할하는 행정법원에 선택적으로 항고소송과 당사자소송을 제기할 수 있도록 한 것이다.

또한, 행정소송법 제9조 제3항에서는, "토지의 수용 기타 부동산 또는 특정의 장소에 관계되는 처분 등에 대한 취소소송은 그 부동산 또는 장소의 소재지 행정법원에 제기할 수 있다."라고 규정하고 있다. 여기에서 "기타 부동산 또는 특정의 장소에 관계되는 처분 등"이라 함은 부동산에 관한 권리의 설정·변경 등을 목적으로 하는 처분, 부동산에 관한 권리행사의 강제·제한·금지 등을 명령하거나 직접 실현하는 처분, 특정구역에서 일정한 행위를 할 수 있는 권리나 자유를 부여하는 처분, 특정구역을 정하여 일정한 행위의 제한·금지를 하는 처분 등을 말한다(행정소송규칙 제5조 제2항). 따라서, 광업권·어업권에 관한 처분, 농지 및 산림의 보전·개발을 위한 각종 규제 및 해제에 관한 처분, 건축물 철거처분, 국토계획법상 토지거래의 허가에 관한 처분, 도시계획, 자동차운수사업면허 및 취소, 행정재산의 사용허가에 관한 처분 등이 여기에 해당된다.[18]

한편, 행정소송규칙 제5조 제1항에 의하면, 국가의 사무를 위임 또는 위탁받은 공공단체 또는 그 장에 대하여 그 지사나 지역본부 등 종된 사무소의 업무와 관련이 있는 소를 제기하는 경우에는 그 종된 사무소의 소재지를 관할하는 행정법원에 제기할 수 있다. 예를 들면, 국민건강보험공단이나 근로복지공단과 같은 공법인의 지사나 지점이 업무에 관하여 처분을 한 경우 그 지사 또는 지점 소재지 관할법원도 관할권을 가진다.

---

18) 행정소송규칙 해설, 법원행정처, 2023, 32면.

3. 토지관할의 임의성

행정소송에서도 민사소송과 마찬가지로 토지관할은 임의관할이다. 행정소송법 제9조나 제40조에 항고소송이나 당사자소송의 토지관할을 전속관할로 하는 명문의 규정이 없는 이상 이들 소송의 토지관할을 전속관할이라 할 수 없다는 것이 대법원의 판례이다.[19] 따라서 민사소송법 제29조 제1항에 의하여 당사자는 합의로 제1심 관할법원을 정할 수 있고(합의관할), 같은 법 제30조에 의하여 피고가 제1심 법원에서 관할위반이라고 항변하지 않고 본안에 대하여 변론하거나 변론준비기일에서 진술하면 그 법원은 관할권을 가진다(변론관할). 또한 민사소송법 제411조 본문에 의하여 항소심에서 제1심 법원의 관할위반을 주장할 수도 없다.

다만 지방법원에서는 지방법원 본원만 행정소송을 수행할 수 있고, 지방법원 지원은 합의부라 하더라도 행정사건을 처리할 수 없으므로(춘천지방법원 강릉지원 제외), 합의관할이나 변론관할 등이 생길 여지가 없다.

Ⅲ. 사물관할

사물관할이라 함은 제1심 법원의 단독판사와 합의부 사이에서 제1심 소송사건의 분담을 정한 것을 말한다. 행정사건은 민사사건과는 달리 판사 3인으로 구성된 합의부에서 재판하여야 하는 합의부 관할이 원칙이다(법원조직법 제7조 제3항).

다만, '재정단독사건'이라고 하여 합의부가 단독판사가 재판할 것으로 결정한 사건에 대해서는 단독판사가 재판할 수 있다(법원조직법 제7조 제3항 단서). 운전면허관련처분, 업무상재해관련처분, 양도소득세부과처분 등과 같이 쟁점이 복잡하지 않아 단독판사가 독자적으로 심리하여 결정을 내릴 수 있는 사건은 신속하게 처리될 수 있도록 특례를 규정하고 있는 것이다.

사물관할 또한 임의관할이다. 따라서 합의관할도 가능하고, 만일 행정사건이 지방법원 본원의 단독재판부에 계속되었는데 피고의 변론이 있으면 변론관할이 생길 수 있다.

Ⅳ. 심급관할

심급관할은 상소제도 때문에 나타나는 것인데, 하급법원의 재판에 대하여 불복한 경우

---

19) 대법원 1994. 1. 25. 선고 93누18655 판결.

심판할 상급법원을 정하는 관할을 말하고, 법원 사이의 심판의 순서, 상하관계를 정하는 것이 여기에 해당한다.

1998. 3. 1. 개정되기 전의 행정소송법과 법원조직법은 행정소송을 2심제로 규정하고 있었다. 그러나 현행 행정소송법과 법원조직법은 행정소송을 3심제로 하면서, 지방법원급인 행정법원을 설치하여 행정소송법상 항고소송과 당사자소송 및 다른 법률에 의하여 행정법원의 권한에 속하는 사건의 제1심을 담당하도록 하고, 항소심을 고등법원, 상고심을 대법원이 담당하도록 하고 있다.

다만 개별법규 중에는 서울고등법원을 제1심으로 규정하여 2심제로 운영하는 것들도 있다. 예를 들면 보안관찰법 제23조, 독점규제 및 공정거래에 관한 법률(공정거래법) 제55조, 공정거래법 제55조를 준용하는 약관의 규제에 관한 법률 제30조의2 및 하도급거래 공정화에 관한 법률 제27조 등이 그것이다.

Ⅴ. 사건의 이송

1. 의 의

이송은 어느 법원에 일단 계속된 소송을 그 법원의 재판에 의하여 다른 법원의 관할로 이전하는 것을 말한다. 어떠한 사건에 관하여 관할위반이 있더라도 바로 소를 각하함으로써 다시 소를 제기하게 하는 것보다는 관할권이 있는 법원에 이송하는 편이 당사자의 시간·노력·비용을 절감시키는 것이고, 소제기에 의한 시효중단·제척기간 준수의 효력을 유지시켜주므로 당사자에게 유리하다. 특히 행정소송에서 관할위반의 제소를 부적법하다고 각하한다면 제소기간이 도과하는 등의 문제로 다시 소를 제기할 수 없는 결과가 초래되기 때문에 국민의 권리구제에 커다란 걸림돌이 될 수 있다. 또한, 관할위반이 아니더라도 편리한 법원으로 옮겨 재판을 하는 것이 소송촉진과 소송경제의 입장에서 좋을 수가 있다. 이러한 이유에서 이송제도가 인정되는 것이다.

제1심에서의 이송은 민사소송법이 준용되고 행정소송법상의 특별한 규정이 적용되는 결과, 관할위반에 인한 이송과 편의에 의한 이송으로 나뉘고, 편의에 의한 이송은 다시 민사소송법 제35조를 준용한 이송과 행정소송법 제10조에 의한 관련청구소송의 이송으로 나뉜다.

다만 이송은 법원 사이의 사건의 이전을 의미하므로 같은 법원 내에서 담당 재판부를 바꾸는 것은 이송에 속하지 않는다. 즉, 행정법원이 아직 설치되지 않은 지역에서 지방법원이 행정법원의 역할을 겸하는 경우(서울행정법원 관할의 지방법원을 제외한 전국 각 지방법원 본원 및 춘천지방법원 강릉지원), 그 법원 내에서의 민사부와 행정부의 관계는 사무분담의 관계일 뿐 이송문제가 아니라는 점에 주의하여야 한다.

2. 관할위반으로 인한 이송

가. 제1심 법원 사이에서의 이송

민사소송법 제34조 제1항은 "법원은 소송의 전부 또는 일부에 대하여 관할권이 없다고 인정하는 경우에는 결정으로 이를 관할법원에 이송한다."라고 규정하고 있다. 행정소송에서도 위 규정이 준용되므로, 행정사건에서 제1심 법원 사이에 관할위반이 있는 경우 제소를 받은 법원은 결정으로 관할법원에 이송하여야 한다.

나. 심급을 달리하는 경우의 이송

행정소송법 제7조는 "민사소송법 제34조 제1항의 규정은 원고의 고의 또는 중대한 과실 없이 행정소송이 심급을 달리하는 법원에 잘못 제기된 경우에도 적용한다."라고 규정하고 있다.

민사소송법 제34조 제1항은 지방법원 사이에 소를 잘못 제기한 경우에만 적용되고 지방법원에 제기할 사건을 고등법원이나 대법원에 제소한 경우에는 적용되지 않아 다른 심급 사이에는 사건을 이송할 수 없다는 견해가 있었기 때문에 행정소송에서 이송이 가능한 범위를 넓혀준다는 의미에서 심급을 달리하는 경우에도 이송이 가능한 것으로 행정소송법이 특별히 정한 규정이다.

그러나 민사소송에서도 심급을 달리하는 경우 민사소송법 제34조 제1항을 적용하여 이송하여야 한다는 것이 실무이다.[20] 따라서 행정소송법 제7조는 불필요하거나 오히려 고의 또는 중대한 과실을 요건으로 함으로써 그 입법취지와는 반대로 민사소송보다 이송을 제약하게 되었다. 이러한 이유로 행정소송법 제7조상의 '고의 또는 중대한 과실'이라는 요건은 매우 좁게 해석하여야 한다.

다. 행정사건으로 제기할 사건을 민사사건으로 제기한 경우의 처리문제

원고가 고의 또는 중대한 과실 없이 행정소송으로 제기하여야 할 사건을 민사소송으로 잘못 제기한 경우 그 처리는 행정사건의 전속성과 토지관할 및 사물관할의 임의성으로 인하여 기술적으로 복잡한 문제를 낳는다.

수소법원으로서는 만약 그 행정소송에 대한 관할도 동시에 가지고 있다면 당사자 권리구제나 소송경제의 측면에서 행정소송으로 심리 · 판단하여야 하고,[21] 그 행정소송에 대한 관할을 가지고 있지 않다면 해당 소송이 이미 행정소송으로서의 전심절차 및 제소기간

20) 법원실무제요(행정), 36면.
21) 대법원 1996. 2. 15. 선고 94다31235 전원합의체 판결.

을 도과하였거나 행정소송의 대상이 되는 처분 등이 존재하지도 않은 상태에 있는 등 행정소송으로서의 소송요건을 결하고 있음이 명백하여, 행정소송으로 제기되었더라도 어차피 부적법하게 되는 경우가 아니라면 이를 각하할 것이 아니라 관할 법원에 이송하여야 한다.[22]

3. 편의에 의한 이송

가. 민사소송법 제35조의 준용에 의한 이송

원고는 하나의 소송에 관할이 경합하는 경우 그중 하나를 임의로 선택하여 소를 제기할 수 있다. 그런데 원고가 선택한 관할법원보다 다른 관할법원에서 재판을 하는 것이 현저한 손해 또는 지연을 피할 수 있는 경우가 있을 수 있다. 그리하여 민사소송법 제35조는 전속관할이 정해진 소를 제외하고는 법원은 소송에 대하여 관할권이 있는 경우라도 현저한 손해 또는 지연을 피하기 위하여 필요하면 직권 또는 당사자의 신청에 따른 결정으로 소송의 전부 또는 일부를 다른 관할법원에 이송할 수 있도록 하고 있다.

행정소송에서도 민사소송법 제35조가 준용되어 관할이 경합된 경우 현저한 손해 또는 지연을 피하기 위하여 직권 또는 당사자의 신청에 따른 결정으로 소송의 전부 또는 일부를 다른 관할법원에 이송할 수 있다.

나. 관련청구소송의 이송

(1) 행정소송법 제10조의 규정취지

행정소송법 제10조에서는, 취소소송과 ① 해당 처분 등과 관련되는 손해배상 · 부당이득반환 · 원상회복 등 청구소송, ② 해당 처분 등과 관련되는 취소소송 등 관련청구소송을 처음부터 취소소송이 계속된 법원에 병합하여 제기하거나, 후발적으로 취소소송에 사실심의 변론종결시까지 위 각 소송들을 병합하여 제소할 수 있다(제2항)고 규정하고 있다. 또한 관련청구소송이 병합되지 않은 채 다른 법원에 각각 계속되고 있는 경우에도 당사자의 신청 또는 직권에 의하여 이를 취소소송이 계속된 법원으로 이송하여 병합할 수도 있다(제1항). 위 규정은 행정소송법 제38조와 제44조에 의하여 무효등 확인소송, 부작위위법확인소송과 당사자소송에 준용된다.

서로 관련이 있는 수개의 청구를 하나의 소송절차에 병합하여 심판하는 것은 당사자나 법원의 부담을 덜고, 심리의 중복 · 재판의 저촉을 피할 수 있다는 이점이 있다. 이러한 이유로 민사소송법 및 행정소송법에서는 관련청구소송의 이송 · 병합이 널리 인정되고 있다. 다만 민사소송법 제253조는 수개의 청구가 '같은 종류의 소송절차'에 의하여 심판될 수

---

22) 대법원 2018. 7. 26. 선고 2015다221569 판결.

있는 경우에만 청구를 병합할 수 있게 하고 있다. 그러나 이는 행정소송을 위해서는 지나치게 엄격한 것이므로 이를 완화할 필요가 있다. 반면에, 민사소송법상으로는 동종의 소송절차에 의하여 심판될 수 있다면 '청구 상호간의 관련성'을 조건으로 하지 않는데, 신속성이 요청되는 행정소송에서는 그 범위를 제한할 필요가 있다. 바로 이러한 필요에 의하여 행정소송법에는 민사소송법에 대한 특칙으로서 관련청구소송의 이송 · 병합에 관한 규정이 마련되어 있는 것이다.

(2) 요 건

㈎ 서로 다른 사실심 법원에서의 소송계속

관련청구소송을 이송하기 위해서는 주된 소송과 관련청구소송이 서로 다른 사실심 법원에 계속 중이어야 한다. 문제는 주된 소송이 항소심에 계속 중이고 관련청구소송이 제1심에 계속 중일 때에도 이송이 가능한지 여부이다. 심급이익의 박탈효과가 나타날 수 있기 때문에 생기는 의문이다. 그러나 행정소송법 제10조 제2항에서는 사실심 변론종결시까지 관련청구소송을 병합하여 제기하는 것이 가능하도록 규정되어 있으므로, 법문의 규정상 가능하다고 보아야 할 것이다.[23] 반면에 제1심 법원에 계속 중인 사건에 항소심에 계속 중인 사건을 이송하여 병합할 수는 없다.[24]

㈏ 관련청구소송

취소소송에 관련청구소송을 병합하거나 취소소송이 계속된 법원에 이송할 수 있는데, 그 관련청구소송은 ① 해당 처분 등과 관련되는 손해배상 · 부당이득반환 · 원상회복 등 청구소송, ② 해당 처분 등과 관련되는 행정소송이다. 주된 청구와 관련청구의 원고와 피고가 동일할 필요는 없다(행정소송법 제10조 제2항, 제15조 참조). 관련청구소송은 민사소송일 수도 있다.

㈐ 이송의 상당성

관련청구소송의 이송은 '상당하다고 인정하는 때'에 허용된다. 반드시 현저한 손해나 지연을 피하기 위한 필요가 있는 경우만 이에 해당하는 것은 아니고 이송이 상당하다고 판단되면 이송이 가능하다.

㈑ 관련청구소송의 주된 청구 소송 계속 법원으로의 이송

민사사건 등 관련청구소송을 행정사건이 계속 중인 관할법원으로 이송하여야 한다. 행

23) 이를 허용하지 않을 경우 제1심에 계속 중인 관련 사건을 취하하고 항소심에 계속 중인 주된 소송에 병합하여 제기하도록 하여야 할 것인데, 그것은 소송 경제에 반하고 당사자에게 불필요한 절차를 강요하는 것이 되어 부당하다.

24) 법원실무제요(행정), 39면 참조.

정사건을 관련청구소송이 계속 중인 민사법원으로 이송하면 전속관할을 위반한 것과 같은 효과가 나타나기 때문이다.

(마) 이송 받을 법원에 관련청구소송에 대한 관할권이 있어야 하는지 여부

관련청구소송의 이송제도는 원래 행정법원에 관할이 없는 민사사건까지 소송경제와 판결의 저촉 방지를 위하여 주된 소송이 계속 중인 행정법원에 이송할 수 있도록 하는 것이므로, 이송 받을 법원이 반드시 관련청구소송의 관할권까지 가지고 있어야 되는 것은 아니다. 그러나 이 경우에도 전속관할을 위반해서는 안 된다.[25]

4. 이송절차

가. 관할위반으로 인한 이송: 직권이송

관할위반을 이유로 한 이송은 민사소송법 제34조가 준용되어 법원이 직권으로 결정하여 이송한다. 관할위반 여부는 소송요건으로서 직권조사사항이다. 따라서 관할위반이 있을 때에는 당사자의 신청을 기다릴 필요 없이 직권으로 소송을 이송하여야 한다.

나. 편의에 의한 이송: 신청 또는 직권에 의한 이송

민사소송법 제35조의 준용에 의한 이송과 행정소송법 제10조에 의한 관련청구소송의 이송 등 편의에 의한 이송은 관할위반에 의한 이송과 달리 당사자에게도 신청권이 있다. 따라서 이송신청의 기각결정에 대하여 즉시항고를 할 수 있다. 여기에서의 당사자는 원고와 피고는 물론 그 소송에 참가한 제3자나 행정청도 포함된다.

다. 이송절차

이송신청을 하는 때에는 기일에 출석하여 하는 경우가 아니면 서면으로 신청의 이유를 밝혀야 한다. 제1심에서의 이송신청은 결정으로 한다. 따라서 반드시 변론을 거쳐야 하는 것은 아니지만 신청에 의한 이송의 경우에는 법원은 결정에 앞서 상대방에게 의견을 진술할 기회를 주어야 하고, 직권에 의한 이송의 경우에는 당사자의 의견을 들을 수 있다. 신청에 의한 경우 그 신청에 이유가 없으면 기각결정을 하고 이유가 있으면 이송결정을 하게 된다.

라. 즉시항고

이송결정과 이송신청의 기각결정에 대하여 불복하는 경우 당사자는 즉시항고를 할 수 있다(민사소송법 제39조). 관할위반을 이유로 한 이송에서 당사자가 이송신청을 하더라도 이는 직권발동을 촉구하는 의미 밖에 없으므로, 법원이 착오로 이를 기각하더라도 그 기각결정에 대하여 즉시항고로써 불복할 수 없다.

---

25) 대법원 2016. 10. 13. 선고 2016다221658 판결 참조.

5. 이송의 효력

가. 이송결정의 기속력

이송결정이 확정되면 그 결정은 이송받은 법원을 구속하므로, 소송을 이송받은 법원은 이송결정에 따라야 하고 사건을 다시 다른 법원에 이송하지 못한다(민사소송법 제38조). 이를 이송결정의 기속력이라 한다. 당사자가 즉시항고로써 이송결정에 불복할 수 있는 점, 이송의 반복에 따른 소송지연을 막을 필요가 있는 점을 고려하여 마련된 것이다. 이송결정의 기속력은 당사자가 이송결정에 대하여 즉시항고를 하지 않아 확정되었다면 전속관할의 규정을 위배하여 이송한 경우에도 미친다.[26)]

심급관할을 위배한 이송결정에 기속력이 인정되는지가 문제되지만, 판례에 따르면 다음과 같은 결론이 된다. 심급관할을 위배하여 이송한 경우에 이송결정의 기속력이 이송 받은 상급심 법원에도 미친다고 한다면 당사자의 심급이익을 박탈하여 부당할 뿐만 아니라, 이송을 받은 법원이 법률심인 대법원인 경우에는 직권조사사항을 제외하고는 새로운 소송자료의 수집과 사실확정이 불가능하여 당사자의 사실에 관한 주장·증명의 기회가 박탈되는 불합리가 생기므로, 심급관할을 위배한 이송결정의 기속력은 이송 받은 상급심 법원에는 미치지 않는다. 반대로, 그 기속력이 이송받은 하급심 법원에도 미치지 않는다고 한다면 사건이 하급심과 상급심 법원 간에 반복하여 전전 이송되는 불합리한 결과를 초래하게 될 가능성이 있어 이송결정의 기속력을 인정한 취지에 반하는 것일 뿐더러 민사소송의 심급의 구조상 상급심의 이송결정은 하급심을 구속하게 되므로, 심급관할을 위배한 이송결정의 기속력은 이송 받은 하급심 법원에는 미친다.[27)]

나. 소송계속의 유지

이송결정이 확정되면 소송은 처음부터 이송 받은 법원에 계속된 것으로 본다(민사소송법 제40조 제1항). 따라서 소제기에 의한 시효중단이나 법률상 기간준수의 효력은 그대로 유지된다. 이송결정이 확정된 경우 이송결정을 한 법원의 법원서기관·법원사무관·법원주사 또는 법원주사보는 그 결정의 정본을 소송기록에 붙여 이송 받을 법원에 보내야 한다(같은 조 제2항). 법원은 소송의 이송결정이 확정된 뒤라도 기록을 보내기 전까지는 급박한 사정이 있는 때 직권으로 또는 당사자의 신청에 따라 필요한 처분을 할 수 있다(민사소송법 제37조).

---

26) 대법원 1995. 5. 15.자 94마1059, 1060 결정.
27) 대법원 1995. 5. 15.자 94마1059, 1060 결정, 대법원 1996. 2. 23. 선고 95누8867, 8874 판결, 대법원 2000. 1. 14. 선고 99두9735 판결.

제3절 항고소송의 의의와 종류

Ⅰ. 의 의

항고소송이란 "행정청의 처분 등이나 부작위에 대하여 제기하는 소송"을 말한다(행정소송법 제3조 제1호). 행정소송법 제4조에 의하면, 항고소송은 취소소송, 무효등 확인소송, 부작위위법확인소송으로 구분된다. 이 밖에도 행정소송법 제4조에 열거되어 있지 않은 형태의 항고소송을 인정할 수 있는지에 관하여 논의되고 있다(법정외 항고소송의 허용문제).

Ⅱ. 취소소송

1. 의 의

취소소송은 "행정청의 위법한 처분 등을 취소 또는 변경하는 소송"이고(행정소송법 제4조 제1호), 여기에서 처분 등은 처분과 재결을 말한다. 그런데 행정소송법은 원처분주의를 채택한 결과 재결의 취소·변경은 해당 재결 자체에 고유한 위법이 있음을 이유로 하는 경우에만 인정된다(같은 법 제19조).

행정소송법 제4조 제1호의 '변경'의 의미에 관하여, 학설은 적극적 변경을 의미하는 것으로 해석하여 법정외 항고소송의 허용성에 관한 이론적 근거를 마련하기도 하나, 판례는 행정심판과는 달리 변경의 의미를 일부취소로 새기고 처분을 적극적으로 변경하는 형성소송은 허용되지 않는다고 한다.

2. 취소소송의 성질

취소소송의 성질에 관하여 학설은 형성소송설(통설), 확인소송설, 구제소송설로 나뉜다.

형성소송설은 취소소송이 일정한 법률관계를 성립시킨 해당 행정행위(처분)의 취소·변경을 통하여 그 법률관계를 변경 또는 소멸시킨다는 점에서 형성적 성질을 갖는다는 견해이다.

확인소송설은 사인에게는 실체법상 행정행위에 대한 형성권이 부여될 수 없고 오직 국가 등에 대한 위법처분취소청구권이 인정되는데 그치는 것이므로, 취소소송은 그 행정행위의 위법성을 확인하는 성질을 가질 뿐이라는 견해이다.

구제소송설은 취소소송이 처분의 위법성 확정이라는 확인소송적 성질과 그 공정력의 배제라는 형성소송적 성질을 아울러 가지는 특수한 유형의 소송이라고 하는 견해이다.

취소소송은 처분의 잠정적 통용력(공정력)을 배제하여 효력을 실효시키는 것이 본질이라고 할 수 있으므로 형성소송설이 타당하다. 또한, 행정소송법 제29조 제1항이 취소소송의 인용판결에 대하여 대세적 효력(제3자에 대한 구속력)을 부여하고 있다는 것은 행정소송법이 형성소송설에 입각하고 있음을 뒷받침해주는 것이다.

3. 취소소송의 소송물

가. 소 송 물

(1) 의 의

소송물이라 함은 심판의 대상이 되는 기본단위로서 소송의 객체를 말하는 것인데, 법원은 원고가 소로써 청구한 것이 이유 있는지를 심판하게 되므로 소송물은 원고의 소송상 청구가 된다. 행정소송에서의 소송물에 대해서는 소송의 목적인 처분의 실체적 성질, 피처분자의 실체법상의 권리 및 소송경제, 분쟁의 일회적 해결의 이념, 공법상의 다른 구제수단의 유무 등을 종합적으로 검토하여 판단하게 된다.

(2) 학 설

㈎ 위법성 일반이라고 하는 견해

취소소송의 소송물은 해당 처분의 위법성 일반이므로 당사자는 해당 처분에 존재하는 모든 위법사유를 주장할 수 있다는 견해이다. 이 견해는 ① 처분은 본래 객관적 진실에 기하여 행해져야 하므로 법원은 그 적법 여부를 판단할 때 처분 당시에 객관적으로 존재하는 사정의 전부를 참작할 수 있어야 하고, ② 만약 이것을 허용하지 않는다면 분쟁의 일회적 해결이라는 요청에 반하여 소송경제상으로도 문제가 되며, ③ 처분 중에는 처분사유의 명시를 강제하고 있지 않은 것도 있기 때문에 소제기와 동시에 위법사유를 특정하는 것은 곤란할 뿐만 아니라, ④ 제소기간과 관련하여 소송계속 중에 원고의 주장변경을 허용하지 않는다면 원고에게 부당한 결과를 가져온다는 점 등을 논거로 한다.

㈏ 개개의 위법사유라고 하는 견해

처분에 존재하는 개개의 위법사유가 각각 독립한 소송물로 된다는 견해이다. 이 견해는 ① 소송물을 해당 처분의 위법성 일반으로 보면 기판력 또한 위법성 일반의 범위까지 확대되는 결과 원고는 늦어도 사실심 변론종결시까지는 모든 위법사유를 주장할 것을 강요당하여 부당하게 실권의 불이익을 받게 되고, ② 취소소송의 목적이 국가에 대한 국민의 권리보호에 있다는 점 등을 논거로 든다.

㈐ 그 밖의 견해

위법성 일반설에 따르면서도 행정절차법 제23조 제1항에서 행정청에게 처분시 이유제시의무를 부과하고 있다는 점을 근거로 취소소송의 소송물을 '계쟁처분과 그 처분사유에 관한 위법성 일반'이라고 하거나, 뒤에서 보는 것처럼 취소소송의 심리 범위가 처분사유의 추가·변경의 허용범위와 일치하는 것에 터잡아 '계쟁처분 및 계쟁처분과 그 근거사유(또는 규율내용)와 기본적 사실관계가 동일한 처분의 위법성 일반'이라고 수정하여 설명하는 견해가 있다.

(3) 검 토

개개의 위법사유라고 보는 견해에 의하면, 원고가 당초에 주장하지 않은 위법사유를 새롭게 주장하려고 하더라도 취소소송의 제소기간의 도과로 인하여 이를 주장하지 못하는 불이익을 당할 우려가 커서 오히려 원고에게 불이익한 결과로 되는 점 등에 비추어 위법성 일반으로 보는 견해가 타당하고, 그것이 통설과 판례이다.[28] 이렇게 보면, 원고가 해당 소송에서 주장하는 개개의 위법사유나 피고가 해당 소송에서 주장하는 처분사유는 공격방어방법에 불과하게 된다.

다만 소송물을 위법성 일반으로 본다 하더라도 현실의 소송에서 심리대상이 되는 것은 해당 처분의 추상적인 위법성 일반이 아니라 당사자가 내세우고 있는 개개의 위법사유가 될 수밖에 없다.

나. 처분의 동일성

통설과 판례와 같이 취소소송의 소송물을 처분의 위법성 일반으로 볼 때, 그 처분은 무엇을 가리키는 것인지 문제이다. 일반적으로 처분은 주체, 상대방, 처분일시에 의하여 특정되므로, 이러한 요소들은 처분의 동일성을 정하는 요소로 된다는 점에 대하여 이견이 없고, 처분의 주문이 동일성의 요소로 되는 점에 대해서도 의문이 없다. 따라서 처분의 주체, 상대방, 처분일시, 주문 등이 다르면 별개의 처분으로 보게 된다.

처분사유가 동일성의 요소로 되는지에 관하여, ① 일반적으로 처분의 동일성의 요소가 아니지만 징계처분에서의 징계대상사실은 동일성의 요소가 된다는 견해, ② 일반적으로 동일성의 요소가 아니지만 처분시에 사유를 명시한 경우에는 동일성의 요소로 된다는 견해, ③ 처분사유 중 근거법조는 동일성의 요소라고 하는 견해, ④ 항상 동일성의 요소라고 하는 견해, ⑤ 동일성의 요소가 아니라고 하는 견해의 대립이 있다.

처분사유는 동일성의 요소가 아니라는 견해가 전통적인 통설인데, 이 견해는 모든 처

---

28) 대법원 1996. 4. 26. 선고 95누5820 판결, 대법원 1989. 4. 11. 선고 87누647 판결.

분에 처분사유가 명시되는 것은 아니기 때문에 만약 처분사유를 동일성의 요소로 보게 되면 처분사유가 명시되지 않은 처분의 경우에는 그 동일성을 판정하는 기준 자체가 없는 셈이 되고, 처분사유의 추가 · 변경의 문제는 소송법적인 관점에서 해결하여야 할 것이므로 굳이 처분사유를 동일성의 요소로 볼 필요성이 없다는 점을 그 근거로 하고 있다.

다. 개인적 견해

통설 · 판례는 '처분의 위법성 일반'에서 처분을 형식적으로 파악하고 취소하게 하는 추상적인 위법성을 말하는 것으로 보인다. 그런데, 처분은 이미 벌어진 또는 벌어질 구체적인 사실을 전제로 하는 행정작용이므로, 규율하고자 하는 구체적인 생활사실관계를 파악하지 않고는 그 처분이 도대체 무엇인지 알 수가 없다. 예를 들면, 같은 행정청이 같은 상대방에게 같은 일시에 행해진 정직 2개월의 징계처분이라고 하더라도 뇌물수수로 인한 징계처분과 무단결근으로 인한 징계처분을 같은 것이라고 취급할 수는 없다.

따라서, 취소소송의 소송물은 구체적인 생활사실관계를 전제로 발령된 처분의 실체적 · 절차적 위법성 일반이라고 정의할 수 있고, 규율의 대상이 되는 생활사실관계에 따라 소송물의 외연을 이루는 처분의 동일성이 달라질 수밖에 없다고 생각된다.[29] 이상에서 살펴본 소송물을 어떻게 파악할 것인지에 관한 인식의 차이는 뒤에서 보는 취소소송의 심리범위(처분사유의 추가 · 변경의 범위), 기속력의 객관적 범위에 관한 견해의 차이로 나타날 수 있다. 이에 관해서는 해당부분에서 설명하기로 한다.

4. 무효를 선언하는 의미의 취소소송

취소소송은 하자가 있으나 그 하자가 취소사유에 불과하여 일단 유효한 처분의 효력을 판결에 의하여 배제하는 소로서, 당초부터 무효인 처분에 대하여 그 무효의 확인을 구하는 소인 무효확인의 소와 구별된다. 그러나 무효와 취소의 구별 자체가 곤란하고 상대적일 뿐만 아니라, 무효든 취소든 그 처분의 효력이 부인되기만 하면 소를 제기한 당사자의 목적은 일단 달성되는 것으로 볼 수 있고 행정행위의 취소사유는 무효사유를 포함하는 것이므로, 처분에 취소사유를 넘어 무효사유가 있더라도 무효확인소송이 아닌 취소소송을 제기할 수 있다.

이러한 경우의 취소소송을 통상 '무효를 선언하는 의미의 취소소송'이라고 하고, 이는 형식적으로는 취소소송이므로, 이 소송을 제기하기 위해서는 전심절차나 제소기간 등 취소소송으로서 갖추어야 할 소송요건을 구비하고 있어야 한다. 판례도 과세처분의 무효선언을 구하는 의미에서 그 취소를 구하는 소송이라도 전심절차를 거쳐야 하므로 이 부분 소는 부적법하다고 판시하였다.[30]

29) 하명호, 행정쟁송법, 제7판, 박영사, 2024, 64면.

Ⅲ. 무효등 확인소송

1. 의 의

무효등 확인소송은 "행정청의 처분 등의 효력 유무 또는 존재 여부를 확인하는 소송"을 말한다(행정소송법 제4조 제2호). 처분에 대한 무효확인소송이 전형적 형태라고 할 수 있다. 그밖에도 행정소송상 확인소송으로서 처분 등의 존재확인소송, 부존재확인소송, 유효확인소송, 실효확인소송 등을 생각할 수 있으므로, 이를 분명히 하기 위하여 행정소송법은 '무효등 확인소송'이라고 규정하고 있다. 무효등 확인소송은 취소소송에서와 같은 제소기간, 행정심판전치 등의 제약을 받지 않는다.

2. 대상과 소송물

무효등 확인소송도 취소소송과 마찬가지로 '처분 등'을 소송대상으로 한다(행정소송법 제38조 제1항, 제19조 참조). 그리고 무효등 확인소송의 대상이 되기 위해서는 적어도 유효한 처분 등으로 오인될 만한 외견적 존재가 있어야 한다. 재결의 무효등 확인소송은 재결 자체에 고유한 위법이 있음을 이유로 하는 경우에만 가능하다(같은 법 제19조 단서, 제38조 제1항 참조).

무효등 확인소송의 소송물은 처분 등의 유·무효 또는 존재·부존재이고, 청구취지만으로 소송물의 동일성이 특정되는 것이므로, 청구원인으로 내세운 무효사유는 공격방어방법에 불과하다.

3. 성 질

무효등 확인소송은 적극적으로 처분 등의 효력을 소멸시키거나 부여하는 것이 아니라 소극적으로 처분 등의 존부나 효력의 유무를 확인·선언하는 소송으로서 확인소송의 성질을 갖는다. 한편 위 소송은 처분 등으로 인한 현재의 법률관계의 확인을 구하는 것이 아니라 처분 등의 존부, 효력 자체를 그 대상으로 하므로 항고소송의 일종이다.

4. 취소소송과 무효확인소송의 관계

취소소송과 무효확인소송은 서로 양립이 불가능한 별개소송이다. 그러므로 단순병합이나 선택적 병합은 불가능하고 예비적 병합만 가능하다.[31] 통상 무효확인소송을 주위적 청구로, 취소소송을 예비적 청구로 병합하는 것이 실무례이다.

30) 대법원 1990. 8. 28. 선고 90누1892 판결.
31) 대법원 1999. 8. 20. 선고 97누6889 판결.

한편, 취소소송과 무효확인소송은 모두 처분 등에 존재하는 위법한 하자를 이유로 그 효력의 배제를 구하는 소송이라는 점에서 공통되고, 무효와 취소는 단지 하자의 정도에 차이가 있는 것에 불과하므로, 실제로는 서로 포용성을 가진다. 취소청구에는 엄밀한 의미의 취소뿐만 아니라 무효의 선언을 구하는 의미로서의 취소도 포함된 것으로 볼 수 있고,[32] 반대로 무효확인의 청구에는 원고가 취소를 구하지 않는다는 점을 명백히 하지 않은 이상 그 처분이 무효가 아니라면 취소를 구한다는 취지도 포함되어 있는 것으로 볼 수 있다.

따라서 당사자가 취소소송을 제기하였는데 살펴보니 그 하자가 중대·명백한 것이어서 무효사유가 있는 것으로 판단되면 법원은 원고 전부승소판결을 선고하여야 한다(무효를 선언하는 의미의 취소판결). 반대로 당사자가 처분의 무효확인을 구하는 소를 제기하였는데 그 처분에 단지 취소사유만 있는 경우로서 제소기간의 준수와 같은 취소소송에 필요한 소송요건을 갖추고 있는 때에는 법원으로서는 당사자에게 취소를 구하는지 여부를 석명하여 당사자가 명백히 취소는 구하지 않는다고 하지 않는 이상 취소소송으로 청구취지를 변경시킨 후 취소판결을 선고하게 된다(행정소송규칙 제16조 참조). 다만 취소소송과 무효확인소송은 소의 종류를 달리 하는 별개의 소송이므로, 소의 변경 없이 그대로 취소판결을 하기는 곤란하다고 생각된다.

Ⅳ. 부작위위법확인소송

1. 의 의

부작위위법확인소송이란 "행정청의 부작위가 위법하다는 것을 확인하는 소송"을 말한다(행정소송법 제4조 제3호). 여기에서 '부작위'라고 함은, 행정청이 당사자의 신청에 대하여 상당한 기간 내에 일정한 처분을 하여야 할 법률상 의무가 있음에도 불구하고 신청을 인용하는 적극적 처분이나 각하 또는 기각 등의 소극적 처분을 하지 않는 것을 말한다(같은 법 제2조 제1항 제2호). 이 경우 부작위가 위법하다는 것을 선언하여 행정청으로 하여금 응답을 신속히 하게 함으로써 부작위라는 소극적 위법상태를 제거하는 것을 목적으로 하는 소송이다.

부작위위법확인소송은 거부처분 취소소송과 구별하여야 한다. 부작위위법확인소송은 당사자의 신청에 대하여 행정청이 아무런 응답을 하지 않은 것이 위법하다는 것을 확인하는 것이고, 당사자의 신청을 인용하지 않는 행위인 거부처분에 대한 취소를 구하는 것이 아니다.

---

32) 다만 무효선언을 구하는 취소청구의 의미를 넘어서서 무효확인까지 포함되는 것으로 볼 수는 없을 것이고, 따라서 무효확인을 구하는지 여부를 석명할 의무도 없다(대법원 1982. 6. 22. 선고 81누424 판결).

2. 성 질

부작위위법확인소송은 '공권력 행사로서의 행정청의 처분'의 부작위를 그 대상으로 하는 것이므로, 취소소송이나 무효등 확인소송과 마찬가지로 항고소송에 해당한다. 행정소송법 역시 부작위위법확인소송을 항고소송의 하나로 규정하고 있다(제4조).

한편, 부작위위법확인소송은 법률관계를 변동하는 것이 아니라 부작위에 의하여 외형화·현실화된 법상태가 위법임을 확인하는 것이므로, 확인소송으로서의 성질을 갖는다. 그리하여 부작위위법확인소송에서의 승소판결은 행정청의 특정한 부작위의 위법 여부를 확인하는데 그치고, 적극적으로 행정청에게 일정한 처분을 할 의무를 직접 명하지는 않는다.

3. 기 능

행정소송법은 의무이행소송을 받아들이지 않고 소극적이고 우회적인 부작위위법확인소송만 제도화하였다. 그 이유는 권력분립의 원칙, 사법부의 부담경감 및 사법자제적 측면을 고려한 것이다.

다만 부작위위법확인소송의 실효성확보수단을 강구함으로써 의무이행소송이 채택된 것과 다름없는 효과를 거두려고 한다. 행정청이 부작위가 위법하다는 판결을 선고받고도 처분을 하지 않는 때에는 제1심 수소법원은 당사자의 신청에 의하여 결정으로써 상당한 기간을 정하고 행정청이 그 기간 내에도 이행하지 않는 때에는 그 지연기간에 따라 일정한 배상을 할 것을 명하거나 즉시 손해배상을 할 것을 명할 수 있다(행정소송법 제38조, 제34조 제1항).

Ⅴ. 법정외 항고소송의 허용 여부와 도입논의

1. 의 의

행정소송법 제4조에 명시된 취소소송, 무효등 확인소송, 부작위위법확인소송 이외의 항고소송(법정외 항고소송)이 허용될 수 있는지에 관하여 다툼이 있다. 그러한 법정외 항고소송으로 현재 활발히 논의되고 있는 것은 의무이행소송과 예방적 금지소송이다.

2. 의무이행소송

가. 의의 및 도입의 필요성

의무이행소송은 "사인이 어떠한 행정행위를 신청하였는데 행정청이 이를 거부하거나 아무런 응답을 하지 않는 경우에 행정청에게 그 거부된 또는 방치된 행정행위를 행하여 줄 것을 구하는 내용의 행정소송"을 말한다.

현행 행정소송법에서는 사인의 신청에 대하여 행정청이 거부처분을 하는 경우에는 거부처분에 대한 취소소송 또는 무효등 확인소송을 통하여, 행정청이 무응답하는 경우에는 부작위위법확인소송을 통하여 권리구제가 이루어진다. 그러나 판결에 의하여 거부처분이 취소되거나 부작위가 위법하다는 것이 확인되었음에도 처분청이 판결의 취지에 따르는 처분을 하지 않는 경우 위 소송들은 그 의미를 상실한다. 따라서 행정소송법은 판결의 실효성을 확보하고 원고가 실질적으로 권리구제를 받을 수 있도록 보장하기 위하여 제30조 제2항에서 기속력의 효과로서 행정청의 재처분의무를 명시하고, 그 의무이행을 담보하기 위하여 제34조 제1항에서 간접강제에 관한 규정을 두고 있다. 그러나 기속력의 객관적 · 시간적 범위 및 그에 따른 재처분의무의 내용과 관련하여 원고가 위 소송들에서 승소하더라도 실제로는 당초 신청한 처분을 발급받지 못할 수가 있다.

그런데 의무이행소송이 도입된다면 법원은 거부처분을 취소하거나 부작위의 위법성을 확인하는 것에 그치지 않고 판결로써 행정청으로 하여금 적극적인 행위를 하도록 강제할 수 있게 된다. 따라서 수익적 행정행위의 발급에 관하여 거부처분 취소소송이나 부작위위법확인소송보다 더욱 강력한 권리구제수단이 된다. 또한 분쟁의 신속하고 일회적인 해결이 가능해지게 되어 소송경제가 도모된다.

나. 학 설

(1) 소 극 설

행정소송법상 항고소송의 종류는 취소소송, 무효등 확인소송, 부작위위법확인소송으로 한정하고 있으므로, 의무이행소송은 허용될 수 없다는 견해로서(다수설), 다음의 두 가지 관점이 있다.

권력분립의 관점에서 소극적으로 보는 견해가 있다. 적극적인 행정작용을 행할 권한은 행정권에 전속하는 것이므로, 법원은 그로 인하여 위법상태가 발생하여 소송이 제기되면 그것을 판단할 권한만 있을 뿐이고, 행정청에게 특정한 처분의 발령을 명할 수 없다는 것이다. 따라서 이 견해에 의하면, 의무이행소송의 허용은 법원이 행정권한의 발동에 관한 행정권의 제1차적 판단권을 침해하는 것이 되고, 특히 재량적 행정작용에서는 더욱 그렇다. 기능적 관점에서 보더라도, 법원의 조직이나 소송절차는 행정권의 일차적 판단을 전제로 한 위법성의 판단기능을 수행하는 데에 적절하게 구성되어 있을 뿐이고 행정작용을 직접 행하기에 적절하지 않다는 것이다.

다음으로 의무이행소송이 국민의 권리보호를 위하여 필요하고 권력분립의 원칙과 모순되는 것은 아니라고 보면서도, 행정소송법이 행정심판법과는 달리 의무이행소송을 명시하지 않고 있으므로, 그러한 소송은 허용될 수 없다고 보는 견해가 있다. 행정소송법이 행정심판법과 달리 의무이행소송을 명시하지 않았는데도 이를 인정한다면 입법자의 의사에 반한다는 것이다.

소극설에 따르면, 법원은 적극적 형성판결이나 이행판결을 할 수 없으며, 행정소송법 제4조 제1호의 "변경"은 소극적 변경(일부취소)을 의미하는 것이 된다.

(2) 적 극 설

행정소송법 제4조에 규정된 항고소송의 종류는 예시적인 것으로서 판례나 관습법에 의한 다른 항고소송의 형태를 배제하는 것은 아니므로, 현행법상으로도 의무이행소송을 허용할 수 있다는 견해이다.

이 견해는, 권력분립의 원칙의 참뜻이 권력 상호간의 견제와 균형을 도모함으로써 권력의 남용을 막고 개인의 권리를 보장하려는데 있다는 것을 전제로 한다. 그런데, 의무이행소송은 마땅히 행해져야 할 처분이 거부됨으로써 침해된 원고의 권리를 구제하고 기왕에 초래된 위법상태를 해결하기 위한 것이므로, 권력분립의 원칙의 본뜻을 저해하는 것은 아니라는 것이다.

또한, 행정청은 이미 소송이 제기되기 전에 원고의 신청에 대한 판단기회를 가졌고, 소송이 제기된 후에도 처분의 발급에 관한 주장과 증명을 통하여 행정에 관한 제1차적 판단권을 행사할 수 있으므로, 의무이행소송으로 인해 행정권의 제1차적 판단권이 침해된다는 주장은 올바르지 않다는 것이다.

따라서, 행정소송법 제1조가 "공권력의 행사 또는 불행사 등으로 인한 국민의 권리 또는 이익의 침해를 구제하고"라고 규정하고 있으므로, 행정소송법 제4조 제1호의 "변경"을 적극적으로 이해하여 이행판결 내지 적극적 형성판결을 허용하자는 것이다.

(3) 제한적 적극설

이 견해는 원칙적으로 행정소송법에 규정된 항고소송만 인정되나, 국민의 권리구제의 관점에서 예외를 인정하고 있다. ① 행정청에게 제1차적 판단권을 행사하게 할 것도 없을 정도로 처분요건이 일의적으로 정해져 있고, ② 사전에 구제하지 않으면 회복할 수 없는 손해가 있으며, ③ 다른 적당한 구제방법이 없는 경우에만 의무이행소송이 인정된다고 보는 입장이다.

다. 판례의 태도

판례는 "행정청에 대하여 행정상의 처분의 이행을 구하는 청구는 특별한 규정이 없는 한 행정소송의 대상이 될 수 없다."라고 판시하여 의무이행소송을 허용하지 않고 있다.[33]

---

33) 대법원 1995. 3. 10. 선고 94누14018 판결(검사에 대한 압수물 환부이행청구소송), 대법원 1994. 12. 22. 선고 93누21026 판결(상가특별공급 및 영업비보상 등의 이행청구), 대법원 1989. 9. 12. 선고 87누

나아가 행정청에게 일정한 적극적인 처분을 하여야 할 법적 의무가 있음의 확인을 구하는 작위의무확인소송도 부적법하다고 한다.[34]

라. 검 토

의무이행소송을 통하여 법원이 행정청에 갈음하여 직접 처분을 한다고 하더라도 행정청의 권한이 침범되는 것은 아니다. 행정청이 마땅히 하여야 할 처분을 발령하지 않음으로써 신청인의 권리를 침해하고 있는 위법한 상태를 제거하는 것은 행정재판의 본질인 사법의 행정에 대한 당연한 통제로서 정당화된다.[35] 행정조직과 그 권한이 방대해짐으로써 그 권한남용의 위험도 증대된 만큼 행정에 대한 법원의 통제권한도 그에 상응하는 것으로 고양되어야만 견제와 균형이 이루어질 수 있는 것이지, 행정권한이 강력해져가는 현실과 상관없이 법원이 언제까지나 소극적 통제방식만 고집할 수는 없다.

그러나 이론상 의무이행소송 등을 금할 이유가 없다는 것과 실정법상 어떤 종류의 소송을 어느 범위까지 허용할 것인가의 문제는 다른 것이고, 후자는 입법정책의 문제이다. 그런데, 행정심판법이 의무이행심판을 명시적으로 인정하면서도 행정소송법 제4조에서는 의무이행소송을 명시하지 않은 것은 현행법이 법정외 항고소송을 허용하지 않는 것으로 해석할 수밖에 없다.

3. 예방적 금지소송

가. 의 의

예방적 금지소송은 장래 행정청이 일정한 처분을 할 것이 명백한 경우 그 처분을 하지 않을 것을 구하는 내용의 소송을 말하고, 소극적 형태의 의무이행소송이라 할 수 있다. 예방적 금지소송의 인정 여부에 대해서도 학설의 대립이 있다.

나. 학 설

(1) 소 극 설

예방적 금지소송은 행정청이 법집행작용으로서의 일정한 처분을 하기 전에 해당 권한의 행사를 사전에 차단하는 것으로서 권력분립의 원칙과 행정청의 제1차적 판단권의 존중이라는 관점에서 허용될 수 없다는 견해이다. 또한 행정소송법 제4조의 항고소송의 유형에

---

868 판결(어업권회복등록절차의 이행청구), 대법원 1989. 5. 23. 선고 88누8135 판결(건물 철거 등의 시정을 명하고 이에 따른 대집행절차를 이행하는 청구), 대법원 1986. 8. 19. 선고 86누223 판결(토지등급설정 및 수정처분의 시정을 구하는 청구).

34) 대법원 1989. 1. 24. 선고 88누3314 판결(애국지사의 사망일시금 및 유족생계부조수당 지급의무의 확인청구), 대법원 1992. 11. 10. 선고 92누1629 판결(이주대책수립의무의 확인청구).

35) 김창석, "의무이행소송 도입의 행정소송에 대한 영향", 저스티스 제75호, 한국법학원(2003. 10), 91면.

대한 규정은 제한적으로 이해되어야 한다는 점을 논거로 든다.

(2) 제한적 허용설

예방적 금지소송은 공권력에 의한 침해가 절박한 경우에 문제되는 것으로 단순히 현상악화를 방지하고자 하는 공권력 행사에 대한 소극적 방어행위라고 볼 수 있기 때문에, 적극적 의무이행소송에 대해서는 부정적인 학자들도 예방적 금지소송에 대해서는 긍정적인 입장을 취하기도 한다. 다만 권력분립의 원칙 및 행정청의 제1차적 판단권의 존중이라는 관점에서 일정한 제한적 요건 하에 인정된다는 것이 다수설이다. 그 요건으로, ① 처분이 행해질 개연성이 있고 절박하며, ② 처분요건이 일의적으로 정해져 있고, ③ 미리 구제하지 않으면 회복할 수 없는 손해가 발생할 우려가 있으며, ④ 다른 구제수단이 없는 경우 등이 제시된다.

다. 판례의 태도

판례에 의하면, 행정소송법상 행정청이 일정한 처분을 하지 못하도록 그 부작위를 구하는 청구는 허용되지 않는 부적법한 소송이다.[36] 따라서 신축건물의 준공처분을 하여서는 안 된다는 내용의 부작위를 구하는 청구는 행정소송에서 허용되지 않는다.[37]

라. 검 토

예방적 금지소송을 허용한다고 하더라도 사법권의 범위를 벗어나거나 권력분립의 원칙에 어긋난다고 보이지는 않는다. 그러나 이론상 이행소송 등을 금할 이유가 없다는 것과 어떤 종류의 소송을 어느 범위까지 허용할 것인가의 문제는 전혀 다른 것이고, 후자는 입법정책의 문제라 생각한다.

Ⅵ. 공권의 유형과 그에 대응하는 항고소송의 형태

개인적 공권은 그 내용에 따라 방어권, 청구권, 형성권으로 분류할 수 있다.[38] 먼저 개인적 공권으로서의 방어권은 행정주체의 위법한 권리침해에 대항하여 자유권적 기본권의 방어적 기능에 기초한 배제청구권으로 나타난다. 그러나 위와 같이 이미 실현된 침해에 대한

---

36) 대법원 2006. 5. 25. 선고 2003두11988 판결.

37) 대법원 1987. 3. 24. 선고 86누182 판결.

38) 공권의 유형에 관한 자세한 설명은 이승훈, “공법상 당사자소송 중 확인소송에 관한 연구”, 고려대학교 박사학위논문, 2020, 101면 이하 참조. 이와 관련하여, 개인적 공권을 방어권과 요구권으로 나누고, 전자는 다시 침해에 대한 배제청구권(제1유형), 침해에 대한 예방청구권(제2유형)으로, 후자는 상대방의 이행청구권(제3유형)과 제3자의 요구권(제4유형: 행정개입청구권)으로 다시 나누어서 설명하기도 한다[김현준, “실체적 공권의 4유형과 행정소송법상 항고소송”, 공법학연구 제13권 제2호, 한국비교공법학회(2012), 62면 이하].

소극적인 배제청구권과 별도로, 장래에 권리의 침해에 대한 충분한 개연성이 있는 리스크를 사전에 대비하기 위한 예방청구권도 생각해볼 수 있다. 방어권과 관련된 행정행위의 유형은 주로 직권형 처분으로서 침익적 행정행위가 될 것이다. 배제청구권은 항고소송 중 무효확인소송과 취소소송으로 실현되고, 예방청구권은 현행 행정소송법에는 법정되어 있지는 않지만 예방적 금지소송이나 당사자소송으로서 예방적 확인소송의 형태를 생각해볼 수 있다.

다음으로, 청구권은 개인이 행정주체에게 적극적으로 수익적 행정행위를 요구하는 권리를 말하는데, 이는 다시 실질적 청구권과 형식적 청구권으로 나눌 수 있다. 실질적 청구권이란 개인이 신청한 특정한 행정행위의 발급을 구하는 권리를 말하고(행정행위발급청구권), 주로 허가유보부 금지에서 자유의 회복을 요구하는 형태로 나타난다. 형식적 청구권이란 개인의 신청에 대한 단순한 응답요구권을 가리키고(무하자재량행사청구권), 주로 급부행정 등에서 수익적 행정행위의 발급을 요구하는 형태로 나타난다. 전자와 관련된 신청형 처분은 기속행위일 가능성이 높고, 후자는 재량행위가 되는데, 만일 재량이 영으로 수축된 경우 행정개입청구권의 문제가 된다. 한편, 양자 모두 신청형 처분과 관련되고, 이때의 신청권은 법령의 기재 여부에 따라 법규상 신청권과 조리상 신청권으로 구분된다.

마지막으로, 개인적 공권으로서의 형성권은 개인이 일방적으로 어떠한 법률관계를 발생, 변경 또는 소멸시킬 수 있는 권리를 말하는데, 이에 해당하는 예로서 공법상 계약의 해지 또는 취소에 관한 권리, 공법상 단체로의 가입 또는 탈퇴에 관한 권리 등이 있다. 이와 관련된 분쟁은 행정행위 또는 처분이 개재되어 있지 않으므로, 항고소송이 아니라 당사자소송과 같은 다른 소송유형으로 해결된다.

이상에서 살펴본 내용을 도식화하면 아래의 표와 같다.

	권리의 유형	권리의 내용	처분의 형태	소송유형
방어권	배제청구권	위법한 처분에 대한 침해의 배제	직권형 처분	무효확인소송, 취소소송
	예방청구권	리스크의 사전대비		(예방적 금지소송)
청구권	행정행위발급 청구권	허가유보부 금지에서 자유의 회복 등	신청형 처분 (기속행위)	거부처분 무효확인소송, 취소소송, 부작위위법확인소송(의무이행소송: 특정처분명령판결)
	무하자재량행사 청구권	수익적 행정의 요구 등	(재량행위)	(의무이행소송: 재결정명령판결)
	(행정개입청구권)		(재량권의 영으로의 수축)	(의무이행소송: 특정처분명령판결)
형성권		공법상 법률관계의 형성		주로 당사자소송

제 4 절 항고소송의 당사자

Ⅰ. 개 설

항고소송의 소송요건으로 우선적으로 거론되는 것은 당사자에 관한 문제이다. 행정소송도 원고와 피고가 대립하여 구체적인 사건을 서로 다툰다는 점에서 민사소송과 다르지 않으므로, 당사자능력과 당사자적격의 문제가 발생한다.

그러나, 항고소송에서는 민사소송과 달리 당사자 사이에 직접적인 권리·이익의 대립이 있는 것이 아니다. 적극적인 당사자인 원고는 위법한 처분 등으로 권리·이익이 침해되었다는 이유로 그 처분의 효력 배제를 구하지만, 행정청은 자신의 권리·이익을 도모하는 것이 아니라 법령의 적용에 위법이 없다는 것을 주장할 뿐이다. 또한 행정청은 권리주체가 아니라 국가·지방자치단체 등의 '기관'에 지나지 않으나 소송의 편의를 위하여 피고의 지위를 인정받고 있을 뿐이다.

항고소송에서는 당사자와 관련된 소송요건으로서 처분의 배제를 구할 정당한 당사자로서 원고적격의 문제가 대두되고, 소의 정당한 이익 내지 필요에 관한 '소의 이익'과 관련된 문제도 발생한다. 그밖에도 항고소송은 피고적격에 관한 특별한 규정을 두고 있다.

Ⅱ. 당사자능력

당사자능력은 '소송의 당사자인 원고·피고 또는 참가인이 될 수 있는 소송법상의 능력'을 말한다. 민법에서 권리의무의 주체가 될 수 있는 능력 내지 자격을 권리능력이라고 하는데, 당사자라고 하는 개념은 소송법상의 것으로서 실체법상의 개념인 권리능력과 반드시 일치하지는 않는다.

행정소송에서도 행정소송법에 특별한 규정이 없는 사항에 대해서는 민사소송법이 준용되어 당사자능력에 관한 민사소송법적인 설명과 동일하다(행정소송법 제8조 제2항). 따라서 국가와 지방자치단체는 법인으로 취급되어 당사자능력이 있으나, 그 내부 기관인 행정기관, 행정청 등은 민법상 권리주체가 아니므로 당사자능력이 없다. 다만 법인이 아닌 사단 또는 재단은 민법상 권리주체가 아니면서도 민사소송법 제52조에 따라 그 대표자 등을 통하여 그 단체의 이름으로 당사자가 될 수 있다.

그러나, 항고소송에서는 피고의 당사자능력에 관한 독특한 규정을 두고 있다. 행정소송법 제13조 제1항에서는, "취소소송은 다른 법률에 특별한 규정이 없는 한 그 처분 등을 행한 행정청을 피고로 한다."라고 규정하고, 이는 같은 법 제38조에 의하여 무효등 확인소송과 부작위위법확인소송에도 준용된다. 위 규정은 행정청이 실체법상 권리능력은 물론 소송법상 당사자능력도 없는 행정기관에 불과함에도 불구하고 행정청에게 피고가 될 수 있는 당사자능력을 부여한 행정소송법의 특별한 규정이다. 이는 항고소송의 피고라는 영역을 벗어나서 적용할 수 없는 것이므로, 행정청이 항고소송의 원고가 된다거나 당사자소송의 원고 내지 피고가 될 수 있는 능력이 있는 것은 아니다. 따라서, 행정청에게 원고능력까지 부여된 것은 아니기 때문에 항고소송에서 행정청의 이름으로 반소를 제기할 수는 없는 것이다.

그런데, 대법원 판결 중에는 위와 같은 당사자능력에 관한 소송법적 통념을 깨고 행정기관에게 당사자능력을 인정한 사례가 있다.[39] 법령이 특정한 행정기관 등으로 하여금 다른 행정기관을 상대로 제재적 조치를 취할 수 있도록 하면서, 그에 따르지 않으면 그 행정기관에 대하여 과태료를 부과하거나 형사처벌을 할 수 있도록 정하는 경우, 제재적 조치의 상대방인 행정기관 등에게 항고소송의 원고로서 당사자능력과 원고적격을 인정할 수 있다는 것이다. 위 소송들은 행정기관 상호간에 제기된 것은 분명하지만 계층조직의 내부기관 사이에서 생긴 것이 아니라 서로 독립적인 기관 사이에서 생긴 분쟁이라는 특징을 가지고 있다.[40]

Ⅲ. 원고적격

1. 의 의

당사자적격은 '특정의 소송사건에서 당사자로서 소송을 수행하고 본안판결을 받기에 적합한 자격'을 말한다. 권한의 면에서 파악하여 소송수행권이라고도 한다. 당사자적격이

39) 국민권익위원회가 시·도선거관리위원회 위원장에게 '갑에 대한 중징계요구를 취소하고 향후 신고로 인한 신분상 불이익처분 및 근무조건상의 차별을 하지 말 것을 요구'하는 내용의 조치요구를 한 사안에 관한 대법원 2013. 7. 25. 선고 2011두1214 판결, 국민권익위원회가 소방청장에게 인사와 관련하여 부당한 지시를 한 사실이 인정된다며 이를 취소할 것을 요구하기로 의결하고 그 내용을 통지하자 소방청장이 국민권익위원회 조치요구의 취소를 구하는 소송을 제기한 사안에 관한 대법원 2018. 8. 1. 선고 2014두35379 판결. 그런데, 부패방지 및 국민권익위원회의 설치와 운영에 관한 법률이 2019. 4. 16. 개정되어 신설된 제62조의4 제1항에서는 소속기관장 등에게 신분보장 등 조치결정에 대하여 30일 이내에 항고소송을 제기할 수 있도록 규정하고 있어서, 이제 위와 같은 문제는 어느 정도 입법적으로 해결되었다. 참고로 헌법재판소도 "헌법 제31조 제4항이 규정하는 교육의 자주성 및 대학의 자율성은 헌법 제22조 제1항이 보장하는 학문의 자유의 확실한 보장을 위해 꼭 필요한 것으로서 대학에 부여된 헌법상 기본권인 대학의 자율권이므로, 국립대학인 청구인도 이러한 대학의 자율권의 주체로서 헌법소원심판의 청구인능력이 인정된다."라고 판시하였다(헌재 2015. 12. 23. 선고 2014헌마1149 결정).

40) 이러한 경우에는 행정기관의 제재적 조치의 내용에 따라 '구체적 사실에 대한 법집행으로서 공권력의 행사'에 해당할 수 있고, 그 제재적 조치는 성격상 단순히 행정기관 등 내부의 권한 행사에 머무는 것이 아니라 상대방에 대한 공권력 행사로서 항고소송을 통한 주관적 구제대상이 될 수 있다는 것이다.

있는 자를 보통 '정당한 당사자'라고 부른다. 당사자가 특정사건에서 자기의 이름으로 소송을 수행하고 판결을 받았지만 그것이 별가치가 없는 것이라면 소송은 무의미하게 되므로, 이러한 무의미한 소송을 배제하기 위한 소송요건이다.

특히 취소소송에서 당사자적격 중 원고적격은 처분 등의 취소를 구할 수 있는 자격을 의미한다. 행정소송법 제12조 전단은 "취소소송은 처분 등의 취소를 구할 법률상 이익이 있는 자가 제기할 수 있다."라고 규정하고 있다. 공권의 침해에 대한 구제를 주된 임무로 하는 것을 행정소송의 기능으로 파악하는 통설적 견해에 의하면, 법률상 이익의 의미는 공권의 성립요건이라는 실체법적 의미뿐만 아니라 항고소송의 원고적격을 가지는지 여부를 따지는 소송법적 의미도 갖게 되는 것이다.

2. 취소소송의 원고적격(법률상 이익을 가진 자)

가. 법률상 이익과 반사적 이익

전통적인 사고방식에 의하면, 공권이 성립하기 위해서는 ① 행정주체에게 일정한 작위, 부작위, 급부, 수인 등의 의무를 부과하는 강행법규가 존재하여야 하고(강행법규성), ② 행정법규가 단순히 공익의 실현이라는 목적 이외에 사적 이익의 보호도 의욕하여야 하며(법규의 사익보호성), ③ 개인이 받는 이익을 행정주체에 대하여 소송을 통하여 관철시킬 수 있는 법상의 힘(의사력 또는 청구권능 부여성)이 부여되어야 한다.

공권의 성립요소로서 강행법규성이 요구되었던 것은 상대방이 의무를 지지 않는 권리라는 것을 생각할 수 없으므로, 관계법규가 임의법규로서 행정주체에게 일정한 행위를 할 수도 안 할 수도 있는 재량을 부여한 경우에는 공권이 성립하기 어렵다고 인식되었기 때문이다. 그러나 오늘날 특정한 행위의 발령권한이 행정청의 재량에 속하더라도 하자 없는 결정을 구할 수 있는 권리가 있다는 것이 일반적으로 받아들여지고 있다(무하자재량행사청구권). 또한 헌법상 재판을 받을 권리와 행정소송법상 개괄적 권리구제제도가 보장되고 있는 오늘날 청구권능 부여성을 별도의 성립요소로 보지 않는 것이 일반적이다. 이렇게 공권의 성립요소 중 강행법규성과 청구권능 부여성의 의미가 없어짐으로써, 공권성 여부는 법률상 이익의 존재 여부(사익보호성의 충족 여부)로 환원된다.

법규의 사익 보호성은 행정법규가 단순히 공익의 실현이라는 목적 이외에 사적 이익의 보호도 의욕하여야 한다는 것을 의미한다. 어떤 법규가 전적으로 공익의 보호만 목적으로 하고 있을 뿐 사익의 보호를 의도하지 않는다면, 그로 인해 개인이 이익을 받는다고 하더라도 이는 공권이 아니다. 이렇게 관련 법규가 공익상의 관점에서 행정주체 또는 제3자에 대하여 일정한 의무를 부과함으로써 개인이 이익을 향유하게 되었더라도 법에 의하여 보호받지 못하는 이익을 강학상 '반사적 이익' 또는 '사실상 이익'이라고 한다.

공권(법률상 이익)과 반사적 이익을 구별하는 실익은 소송으로 구제받을 수 있는 이익인지 여부를 가려내는 데 있다. 그런데 처분의 상대방에게는 이러한 법률상 이익이 당연히 인정된다.[41] 행정행위가 위법한 경우에는 법률에 의한 행정의 원리에 비추어 그 배제를 구하는 길이 사인에게 열려져 있어야 한다는 것은 법치국가의 원리상 당연하기 때문이다.[42] 따라서, 원고적격에 관한 논의는 처분의 상대방을 제외하고 해당 처분과 관계된 제3자 중 어느 범위에서 원고적격을 인정할 것인지가 특히 문제된다.

나. 법률상 이익의 의미(구별기준)

법률상 이익의 의미에 관하여, 권리구제설과 법률상 보호되고 있는 이익구제설, 법률상 보호가치가 있는 이익구제설, 적법성보장설 등이 주장되고 있었으나, 최근에는 주로 법률상 보호되고 있는 이익구제설과 법률상 보호가치가 있는 이익구제설이 대립하고 있다.

① **권리구제설**: 이 견해에 따르면, 취소소송의 기능을 위법한 처분에 의하여 침해된 실체법상 권리의 보호에 있다. 따라서, 위법한 처분 등으로 인하여 권리를 침해당한 자만 취소소송을 제기할 수 있는 원고적격을 갖는다.

② **법률상 보호이익설**: 이 견해에 따르면, 취소소송은 고유한 의미의 '권리'가 아니라 법률이 개인을 위하여 보호하고 있는 이익을 구제하기 위한 수단이다. 따라서, '법률상 이익'이란 법률상 보호되는 이익을 의미하게 된다.

③ **보호할 가치가 있는 이익구제설**: 이 견해에 따르면, 취소소송은 권리 또는 실체법상의 보호이익을 보장하기 위한 수단만 의미하는 것이 아니라, 법률을 해석·적용하여 구체적인 분쟁을 해결하는 절차라는 점을 강조한다. 따라서 법률상 이익의 유무를 반드시 실정법 규정에 의하여 판단하는 것이 아니라, 위법한 처분 등에 의하여 침해된 이익이 재판상 보호할 가치가 있는지 여부에 의하여 판단한다. 그리하여 침해된 이익이 법률상 보호되는 이익이건 사실상의 이익이건 실질적으로 보호할 가치가 있는 이익이라면 원고적격을 인정하게 된다.

---

41) 대법원 2018. 3. 27. 선고 2015두47492 판결 참조. 다만 대법원은 사증발급의 법적 성질, 출입국관리법의 입법 목적, 사증발급 신청인의 대한민국과의 실질적 관련성, 상호주의의 원칙 등을 고려하면 출입국관리법의 해석상 외국인에게는 사증발급 거부처분의 상대방이라고 하더라도 취소를 구할 법률상 이익이 인정되지 않는다고 판시하였다(대법원 2018. 5. 15. 선고 2014두42506 판결). 그러나, 국적법상 귀화불허가처분이나 출입국관리법상 체류자격변경 불허가처분, 강제퇴거명령 등을 다투는 외국인이 대한민국에 적법하게 입국하여 상당한 기간을 체류하고 대한민국과의 실질적 관련성 내지 대한민국에서 법적으로 보호가치 있는 이해관계를 형성한 경우에는 해당 처분의 취소를 구할 원고적격이 있다고 하였다. 또한, 대한민국에서 출생하여 오랜 기간 대한민국 국적을 보유하면서 거주하던 사람이 미국 국적을 취득함으로써 대한민국 국적을 상실한 재외동포가 제기한 사증발급신청 거부처분에 대한 취소소송에서 대한민국과의 실질적 관련성을 들어 원고적격을 인정하였다(대법원 2019. 7. 11. 선고 2017두38874 판결).

42) 이러한 논리는 독일에서 '상대방이론(Adressantentheorie)'이라고 불려지고, 학설과 판례에 의하여 승인되고 있다(박정훈, 행정소송의 구조와 기능, 196면).

④ **적법성보장설**: 앞에서 열거한 견해들은 공통적으로 개인의 주관적인 권리(법률상 이익)의 구제라는 행정소송의 기능을 바탕에 두고 있다. 이와는 달리 적법성보장설은 행정소송의 적법성보장 내지 행정통제기능을 중시한다. 이에 의하면 원고적격을 판정할 때 원고가 주장하는 이익의 성질이 아니라 해당 처분을 다툴 가장 적합한 이익 상태에 있는 자에게 원고적격을 인정하게 된다.

적법성보장설은 취소소송을 객관소송으로 보기 때문에 현행 행정소송법 아래에서는 타당하지 않다. 권리구제설은 실체법상 권리가 침해된 경우에만 원고적격을 인정하므로 원고적격의 인정범위가 좁다는 비판을 받는다. 그러나 공권의 개념을 넓게 보고 실체법상의 보호이익을 확장하면, 실체법에 의하여 보호되고 있는 이익도 권리에 포함시킬 수 있게 되는데, 그 경우 권리구제설과 법이 보호하는 이익구제설은 같은 것이 된다.

오늘날 의미 있는 학설의 대립은 법률상 보호이익설과 보호할 가치 있는 이익구제설이라 할 수 있다. 전자는 실체법을 준거로 법률상 이익을 도출하는 반면, 후자는 소송법적 관점에서 재판에 의하여 보호할 가치가 있는 이익을 법률상 이익이라고 보는 것이다. 즉, 공권과 반사적 이익의 중간영역에 보호이익이라는 관념을 인정하여, 보호이익은 '권리는 아니면서도 그렇다고 반사적 이익으로 볼 수 없는 이익으로서 행정쟁송을 통해 구제되어야 할 이익'이라고 함으로써 행정소송을 통해 구제받을 수 있는 이익의 범위를 넓히려고 시도한다.

그러나 보호가치 있는 이익구제설은 실체법이 보호하지 않는 이익을 쟁송법적으로 보호할 수도 있다는 납득하기 어려운 논리가 전제가 되어야 한다. 또한 법원은 법이 보호하는 이익을 재판을 통해 보호할 수 있는 것이지 법이 보호하지도 않은데 스스로 보호할 가치가 있다고 판단하고 보호할 수 있는 것은 아니다. 아직 법에 의하여 보호되고 있지는 않고 법에 의하여 보호될 가치 또는 필요가 있다고 생각되는 이익에 불과한 경우에는 권리가 될 수 없기 때문이다.

다수설과 판례에 따라 법률상 보호이익설을 취할 경우,[43] 처분 등으로 인하여 권리뿐만 아니라 법률에 의하여 보호되는 이익을 침해받은 자도 원고적격을 가지게 된다. 여기에서 말하는 법률상 이익이란 해당 처분의 근거 법률에 의하여 보호되는 직접적이고 구체적인 이익을 말하고, 해당 처분과 관련된 간접적이거나 사실적 · 경제적인 이익은 여기에 해당하지 않는다. 다만, 해당 처분의 근거 법률이 공익 또는 공공의 이익을 보호하는 것을 주된 목적으로 하더라도 이와 더불어 사익도 동시에 보호하는 것으로 해석되는 경우에는 취소를 구할 법률상의 이익이 있는 자로 파악되어 원고적격이 인정된다.

---

43) 대법원 2002. 10. 25. 선고 2001두4450 판결, 대법원 2007. 1. 25. 선고 2006두12289 판결, 대법원 2010. 5. 13. 선고 2009두19168 판결.

그러나 법률을 해석하여 법률상 이익과 반사적 이익을 명확하게 구별하는 것은 쉽지 않고 양자의 구별은 상대적·유동적인 것이므로, 실제에서 당사자가 침해받은 이익이 법에 의하여 보호되는 이익인지 반사적 이익인지를 명확하게 구별해내는 것은 매우 어려운 일이다. 결국에는 해당 행정법규의 취지·목적, 그 처분으로 침해되는 이익의 내용·성질·태양 등을 종합하여 개별법규의 해석에 의하여 구체적으로 판단할 수밖에 없다.

오늘날 환경권과 소비자권, 문화적 생활을 누릴 권리 등의 중요성이 부각됨에 따라 종래 공익만 보호하는 것으로 새기던 법규를 사익도 보호하는 것으로 해석함으로써 개인의 권리구제를 도모하는 것이 학설과 판례의 경향이다. 그리하여 과거에 반사적 이익으로 간주되었던 것이 법률상 이익으로 취급되게 되었고, 그에 따라 원고적격을 인정하는 범위가 넓어지고 있다(법률상 이익의 확대화 경향).

다. 법률상 이익의 판단근거(법률의 범위)

법률상 보호이익설을 취할 경우 그 법률의 범위를 어떻게 이해하는지에 따라 법률상 이익의 범위가 달라질 수 있다.

학설은 법률상 이익을 ① 처분의 근거가 되는 실체법규에 의하여 보호되는 이익, ② 처분의 근거가 되는 실체법규 및 절차법규에 의하여 보호되는 이익, ③ 처분의 근거가 되는 법률의 전체 취지에 비추어 보호되는 이익, ④ 처분의 근거법률 이외에 다른 법률, 헌법의 규정, 관습법 및 조리 등 법체계 전체에 비추어 보호되는 이익 등으로 해석하는 견해로 나뉜다.

대법원은 "당해 처분의 근거법규(근거법규가 다른 법규를 인용함으로 인하여 근거법규가 된 경우까지를 아울러 포함한다)의 명문규정에 의하여 보호받는 법률상 이익, 당해 처분의 근거법규에 의하여 보호되지는 아니하나 당해 처분의 행정목적을 달성하기 위한 일련의 단계적인 관련처분들의 근거법규(이하 관련법규라 한다)에 의하여 명시적으로 보호받는 법률상 이익, 당해 처분의 근거법규 또는 관련법규에서 명시적으로 당해 이익을 보호하는 명문의 규정이 없더라도 근거법규 및 관련법규의 합리적 해석상 그 법규에서 행정청을 제약하는 이유가 순수한 공익의 보호만이 아닌 개별적·직접적·구체적 이익을 보호하는 취지가 포함되어 있다고 해석되는 경우까지를 말한다."라고 판시하였다.[44]

판례는 아직까지 처분의 근거법률 이외에 다른 법률, 헌법의 규정, 관습법 및 조리 등은 법률상 이익의 해석을 위하여 고려하지 않는다. 그리하여, 헌법 제35조 제1항에서 정하고 있는 환경권에 관한 규정만으로 법률상 이익을 인정하지는 않는다.[45] 그러나 뒤에서 보

44) 대법원 2004. 8. 16. 선고 2003두2175 판결.
45) 대법원 2006. 3. 16. 선고 2006두330 전원합의체 판결(새만금 사건), 대법원 2006. 6. 2.자 2004마1148,

는 환경관련소송에서는 헌법상의 환경권이 아니라 환경영향평가법과 같은 처분의 절차법규로부터 법률상 이익을 도출하여 원고적격을 인정하는 경우가 많이 있다.

라. 해석상 공익만 위한 규정인지 개인적 · 구체적 이익도 보호하는지의 판단

이미 설명한 것처럼 처분 등의 직접 상대방이 그 처분 등의 취소를 구할 수 있다는 점은 이론의 여지가 없다. 문제는 처분의 상대방 이외의 제3자 중 어느 범위에서 원고적격을 인정할 것인가에서 발생한다. 주로 경업자소송, 경원자소송, 이웃주민소송, 환경소송 등에서 쟁점이 된다.

(1) 경업자소송

경업자소송이라 함은 '여러 영업자가 경쟁관계에 있는 경우에 행정청이 다른 영업자에게 한 처분이나 부작위로 인하여 불이익을 받았다고 주장하는 영업자가 그 처분이나 부작위에 대하여 제기하는 소송'을 말한다.

판례는 기존업자가 제기한 신규업자에 대한 인 · 허가처분의 취소청구에서 대체로 기존업자가 특허기업인 경우에는 그 기존업자가 그 특허로 인하여 받은 이익은 법률상 이익이라고 보아 원고적격을 인정하고, 기존업자가 경찰허가를 받아 영업을 하는 경우에 그 기존업자가 그 허가로 인하여 받는 이익은 반사적 이익 내지 사실상 이익에 지나지 않는다고 보아 원고적격을 부정하는 경향이 있다. 그러나 해당 사업이 특허에 해당하는지 여부를 명시적으로 밝히고 있는 것은 아니다. 위 판례들은 처분의 근거법률의 해석을 통하여 처분의 근거법률이 해당 업종의 건전한 발전을 도모하여 공공의 복리를 증진함을 목적으로 할 뿐 아니라 동시에 업자간의 과다한 경쟁으로 인한 경영상의 불합리를 방지하는 것이 공공의 복리를 위하여 필요하므로, 면허, 인 · 허가 등의 조건을 제한하여 기존업자의 경영의 합리화를 보호하는 것도 목적으로 하고 있는지 여부를 기준으로 삼고 있을 뿐이다.

따라서 국민의 일상생활에 긴요한 재화나 역무를 제공하는 사업 중 해당 사업이 가지는 고도의 공공성 때문에 그 적정한 제공을 확보하기 위하여 법령에 의하여 엄격한 규제를 가하는 한편, 그것과의 균형상 해당 사업에 대한 처분의 근거법령에 업자들 사이의 적정배치기준이나 수급조정을 정하는 규정 등 기존업자의 이익보호에 관한 규정을 둠으로써 기존업자가 경쟁으로부터 보호되어 경영상의 이익을 법적으로 보호받고 있는지 여부가 관건이 된다.

대법원이 법률상 이익을 인정한 경우로는, 선박운항사업면허처분에 대한 기존업자,[46] 자동차운송사업면허에 대한 해당 노선에 대한 기존업자,[47] 직행버스정류장설치인가처분에

1149 결정(천성산 도롱뇽 사건).

46) 대법원 1969. 12. 30. 선고 69누106 판결.

47) 대법원 1974. 4. 9. 선고 73누173 판결.

대하여 그로부터 70여m 떨어져 정류장을 운영하는 기존업자,[48] 기존 시외버스를 시내버스로 전환하는 사업계획변경인가처분에 대한 노선이 중복되는 기존 시내버스업자,[49] 기존 시내버스의 노선 및 운행계통과 일부 중복되는 시외버스 운송업계획변경인가처분에 대한 기존 시내버스업자,[50] 분뇨 등 관련 영업허가를 받아 영업을 하고 있는 기존업자,[51] 담배 일반소매인 지정결정에 대하여 구 담배사업법령에 의한 거리제한규정을 원용하고 있는 기존의 담배 일반소매인,[52] 직행형 시외버스운송사업자에 대한 사업계획변경인가처분의 취소를 구하는 기존의 고속형 시외버스운송사업자,[53] 노후화된 도선 1척을 신형 선박으로 교체하는 내용의 도선사업변경면허처분의 취소를 구하는 동일 항로에서 경쟁관계에 있는 도선사업자,[54] 다른 약사에 대한 약국개설등록처분으로 인하여 조제 기회를 전부 또는 일부 상실하게 된 기존 약국개설자[55] 등이 있다.

법률상 이익을 인정하지 않은 경우로는, 목욕탕 영업허가에 대하여 기존 목욕탕업자,[56] 석탄가공업 신규허가에 대한 기존업자,[57] 새로운 치과의원 개설이 가능한 건물용도변경처분에 대하여 인근의 기존의 치과의원 의사,[58] 양곡가공업허가에 대하여 기존업자,[59] 자동차운송사업 양도·양수에 대한 인가처분에서 기존업자,[60] 약사들에 대한 한약조제권

---

48) 대법원 1975. 7. 22. 선고 75누12 판결. 위 판례는 1971. 1. 12. 법률 제2273호로 제정된 자동차정류장법 제6조 제2호가 자동차정류장사업의 면허기준으로서 "당해 정류장사업의 규모가 당해 지역의 수송량에 적합할 것"을 요건으로 하고 있고, 위 규정이 자동차정류장사업에 관한 질서를 확립하고 동 사업의 종합적인 발달을 도모하여 공공의 복리를 증진함과 동시에 업자간의 경쟁으로 인한 경영의 불합리를 미리 방지하자는 데 있다고 해석한 것으로 보인다.

49) 대법원 1987. 9. 22. 선고 85누985 판결.

50) 대법원 2002. 10. 25. 선고 2001두4450 판결.

51) 대법원 2006. 7. 28. 선고 2004두6716 판결.

52) 대법원 2008. 3. 27. 선고 2007두23811 판결.

53) 대법원 2010. 11. 11. 선고 2010두4179 판결, 대법원 2018. 4. 26. 선고 2015두53824 판결.

54) 대법원 2020. 4. 9. 선고 2019두49953 판결.

55) 대법원 2025. 9. 11. 선고 2024두3276 판결.

56) 대법원 1963. 8. 31. 선고 63누101 판결.

57) 대법원 1980. 7. 22. 선고 80누33,34 판결.

58) 대법원 1990. 5. 22. 선고 90누813 판결.

59) 대법원 1990. 11. 13. 선고 89누756 판결, 대법원 1981. 1. 27. 선고 79누433 판결.

60) 대법원 1997. 4. 25. 선고 96누14906 판결, 위 판결의 사안은 다음과 같다. ① 여객자동차운송사업자인 주식회사 ㅇㅇ고속은 1994. 11. 19. 피고보조참가인(△△고속)에게 그 운송사업 중 일부 노선에 대한 시외(직행)버스자동차운송사업을 양도하였고, 피고(전라북도지사)는 1994. 12. 24. 위 사업양도양수를 인가하는 이 사건 처분을 하였다. ② 원고(주식회사 ㅁㅁ고속)는 ㅇㅇ고속이 운행하던 노선(양도된 부분 중 일부와 남은 부분 중 일부)과 일부 중복된 구간을 운행하는 시외버스운송사업자로서, 이 사건 처분에 다음과 같은 위법사유가 있고, 그 위법한 처분으로 인하여 위 중복된 구간에 관한 운행횟수 증회, 운행계통 신설 및 변경 등에 있어서 불이익을 입게 되었다는 이유로 이 사건 처분의 취소를 구하였다. 그런데, 앞에서 본 법률상 이익이 인정된 판례들은 노선연장이나 증차 등으로 기존업자의 영업상 이익이 침해된 경우에 관한 것으로서 그러한 이익이 법률상 이익에 해당된다는 것이나, 이 사건의 경우는 ㅇㅇ고속이 참가인에게 자신이 운영하던 일부 노선에 관한 노선면허 내지 운행계통과 차량, 부속시설

인정에 대하여 한의사[61] 등이 있다.

(2) **경원자소송**

경원자소송이라 함은 '수인의 신청을 받아 우선순위에 따라 일부에 대해서만 인허가 등의 수익적 처분을 하는 경우 심사의 잘못 등으로 우선순위 있는 자신이 아니라 타인에게 허가 등을 하였다고 주장하는 자가 타인이 받은 인허가처분에 대하여 다투는 소송'을 말한다. 그 예로서 동일대상지역에 대한 공유수면매립면허나 도로점용허가 혹은 일정지역에서의 영업허가 등에 관하여 거리제한이나 업소의 개수제한이 있는 경우를 들 수 있다.

대법원은 엘피지충전소 경원자사건 판결에서,[62] "인허가 등의 수익적 처분을 신청한 수인이 서로 경쟁관계에 있어서 일방에 대한 허가 등의 처분이 타방에 대한 불허가 등으로 귀결될 수밖에 없는 때 허가 등의 처분을 받지 못한 자는 비록 처분의 상대방이 아니라 하더라도 경원자에 대하여 이루어진 허가 등 처분의 취소를 구할 당사자적격이 있다."라고 판시하였다.[63]

다만, 타인에 대한 인허가처분이 취소된다 하더라도 자신이 인허가처분을 받지 못한 불이익이 회복되지 않는 때에는 해당 처분의 취소를 구할 법률상 이익이 없다. 예컨대, 명백한 법적 장애로 인하여 원고 자신의 신청이 인용될 가능성이 처음부터 배제되어 있는 경우,[64] 절대평가제를 적용하여 일정한 점수를 넘는 사람에게 수익적 효과를 부여하기로 한 경우[65] 등에는 선정되지 않은 신청인에게는 법률상 이익이 인정되지 않는다.

등을 일체로 양도하여 그 부분에 관한 사업주가 교체되었을 뿐, 노선연장이나 증차 등으로 인한 현실적 이익침해는 없고, 단지 원고로서는 기존의 경쟁 사업자 외에 참가인이 동일한 운행경로를 포함한 운행계통을 갖게 되어 그 중복운행구간의 연고 있는 사업자 수가 증가하고, 또한 참가인의 기면허 노선거리가 늘어나게 된 결과, 장래 운행횟수 증회, 운행계통 변경 및 신설 등 경우에 종래 얻을 수 있었던 기회 및 범위가 줄어들게 되었다는 것인데, 과연 이러한 이익도 법률상 이익으로 볼 수 있는지 및 그 이익 침해가 있다고 볼 수 있는지 여부가 문제된 사안이다.

61) 대법원 1998. 3. 10. 선고 97누4289 판결.

62) 대법원 1992. 5. 8. 선고 91누13274 판결.

63) 신청인 자신에 대한 불허가처분의 취소소송에 관하여 그 소송의 승소판결로써 경원자에 대한 허가 등 처분이 바로 취소되거나 그 효력이 소멸되는 것은 아니므로 소의 이익이 없는 것은 아닌지 의문이 들 수 있으나, 행정청은 취소판결의 기속력에 따라 그 판결에서 확인된 위법사유를 배제한 상태에서 취소판결의 원고와 경원자의 각 신청에 관하여 처분요건의 구비 여부와 우열을 다시 심사하여야 할 의무가 있고, 재심사 결과 경원자에 대한 수익적 처분이 직권취소 되고 취소판결의 원고에게 수익적 처분이 이루어질 가능성이 있으므로 위 소송은 의미가 있다(대법원 2015. 10. 29. 선고 2013두27517 판결 참조).

64) 대법원 1998. 9. 8. 선고 98두6272 판결.

65) 농업에너지이용효율화사업에 관한 보조금을 지급하기 위하여, 시행기관의 장이 공모를 통하여 보조사업자(농가)의 계약상대방이 될 수 있는 시공업체를 절대평가제로 통하여 선정한 사안에서, 위 사업에 선정되지 않은 사람들은 다른 업체들에 대한 선정처분의 취소를 구할 법률상 이익이 없다(대법원 2021. 2. 4. 선고 2020두48772 판결).

(3) 이웃주민소송

이웃주민소송(隣人訴訟)이라 함은 '어떠한 시설의 설치를 허가하는 처분에 대하여 해당 시설의 인근주민이 다투는 소송'을 말한다. 판례는 국토의 계획 및 이용에 관한 법률(국토계획법), 건축법 등의 규제로 주민이 이익을 보더라도 그것은 반사적 이익, 사실상의 이익에 지나지 않는다고 보았으나,[66] 최근에는 그것을 법률상 이익으로 보는 경향이 있다.[67]

(4) 환경관련소송(절차법 규정에 근거한 법률상 이익 인정)

환경 관련 소송에서도, 해당 처분의 직접 상대방이 아니더라도 그 처분으로 인하여 법률상 이익을 침해당한 제3자는 항고소송을 제기하여 권리를 구제받을 수 있다. 다만 해당 처분의 근거 법규 등이 공익만 보호하고 사익을 보호하는 목적을 가지고 있지 않다고 해석된다면 법률상 이익을 인정할 수 없다. 따라서, 환경부장관이 생태 · 자연도 1등급으로 지정되었던 지역을 2등급 또는 3등급으로 변경하는 내용의 생태 · 자연도 수정 · 보완하는 내용의 고시에 대하여, 1등급 권역의 인근 주민들이 가지는 이익은 반사적 이익에 불과하여 원고적격이 없다는 것이 판례이다.[68]

그런데, 대법원은 "행정처분의 근거 법규 또는 관련 법규에 그 처분으로써 이루어지는 행위 등 사업으로 인하여 환경상 침해를 받으리라고 예상되는 영향권의 범위가 구체적으로 규정되어 있는 경우에는, 그 영향권 내의 주민들에 대하여는 당해 처분으로 인하여 직접적이고 중대한 환경피해를 입으리라고 예상할 수 있고, 이와 같은 환경상의 이익은 주민 개개인에 대하여 개별적으로 보호되는 직접적 · 구체적 이익으로서 그들에 대하여는 특단의 사정이 없는 한 환경상 이익에 대한 침해 또는 침해 우려가 있는 것으로 사실상 추정되어 법률상 보호되는 이익으로 인정됨으로써 원고적격이 인정되며, 그 영향권 밖의 주민들은 당해 처분으로 인하여 그 처분 전과 비교하여 수인한도를 넘는 환경피해를 받거나 받을 우려가 있다는 자신의 환경상 이익에 대한 침해 또는 침해 우려가 있음을 증명하여야만 법률상 보호되는 이익으로 인정되어 원고적격이 인정된다."라고 판단하고 있다.[69]

여기에서 환경상 이익에 대한 침해 또는 침해 우려가 있는 것으로 사실상 추정되어 원고적격이 인정되는 자는 환경상 침해를 받으리라고 예상되는 영향권 내의 주민들이다. 영

66) 대법원 1981. 9. 22. 선고 80누449 판결, 대법원 1991. 12. 13. 선고 90누10360 판결, 대법원 1992. 9. 22. 선고 91누13212 판결, 대법원 1993. 11. 9. 선고 93누13988 판결, 대법원 1995. 2. 28. 선고 94누3964 판결, 대법원 1995. 9. 26. 선고 94누14544 판결, 대법원 2000. 2. 8. 선고 97누13337 판결, 대법원 2002. 6. 11. 선고 2002두1656 판결 등 참조.

67) 대법원 1975. 5. 13. 선고 73누96,97 판결(연탄공장사건), 대법원 1995. 9. 26. 선고 94누14544 판결, 대법원 2000. 7. 6. 선고 98두8292 판결, 대법원 2001. 7. 27. 선고 99두8589 판결 등 참조.

68) 대법원 2014. 2. 21. 선고 2011두29052 판결.

69) 대법원 2006. 12. 22. 선고 2006두14001 판결.

향권 내의 주민인지의 여부는 반드시 거주 여부를 기준으로 판별할 것이 아니라 그 사안의 특수성을 고려하여 영향권 내에 거주하는 것과 동일하게 평가될 수 있다면 여기에 포함될 수 있다. 예컨대, 그 영향권 내에 거주하지 않더라도 농작물을 경작하는 등 현실적으로 환경상 이익을 향유하는 자는 영향권 내의 주민들로 취급할 수 있으나, 단지 그 영향권 내의 건물·토지를 소유하거나 환경상 이익을 일시적으로 향유하는 데 그치는 자는 여기에 포함되지 않는다.[70]

환경상 이익에 대한 침해 또는 침해 우려가 있음이 증명된 경우로서 다음과 같은 사례가 있다. 대법원은 낙동강 상류지역에 공장설립을 승인하는 처분에 대하여 낙동강 하류지역인 부산이나 양산에 거주하는 원고들이 환경상 이익침해를 이유로 취소소송을 제기한 사안에서, "위 공장이 설립될 지역 부근에 물금취수장이 있는데, 물금취수장은 그 위치 등 구체적 사정에 비추어 볼 때 공장입지제한지역에 해당하는 '상수원 등 용수이용에 현저한 영향을 미치는 지역' 혹은 '수질오염에 의한 환경오염이 발생할 우려가 있는 개발행위의 주변 지역'에 위치한다고 볼 여지가 충분하므로, 그 물금취수장으로부터 수도관을 통해 수돗물을 공급받고 있는 원고들로서는 위 공장설립승인처분에 대하여 그 취소를 구할 원고적격이 있다."라고 판시하였다.[71]

한편, 자연인이 아닌 법인은 쾌적한 환경에서 생활할 수 있는 이익을 향수할 수 있는 주체가 될 수 없다. 대법원은 재단법인인 수녀원은 매립목적을 택지조성에서 조선시설용지로 변경하는 내용의 공유수면매립목적 변경 승인처분의 무효확인을 구할 원고적격이 없다고 판시하였다.[72]

처분의 근거 법규 또는 관련 법규에 그 처분으로써 이루어지는 행위 등 사업으로 인하여 환경상 침해를 받으리라고 예상되는 영향권의 범위가 규정되어 있는 구체적인 경우로서, 환경영향평가법상 환경영향평가 대상지역,[73] 환경정책기본법령상 사전환경성검토협의 대상지역,[74] 액화석유가스의 안전 및 사업관리법 시행규칙상의 안전거리,[75] 폐기물처리시설 설치촉진 및 주변지역지원 등에 관한 법률 및 시행령상의 간접영향권의 범위[76] 등이 있다.

---

70) 대법원 2009. 9. 24. 선고 2009두2825 판결.
71) 대법원 2010. 4. 15. 선고 2007두16127 판결.
72) 대법원 2012. 6. 28. 선고 2010두2005 판결.
73) 대법원 1998. 4. 24. 선고 97누3286 판결, 대법원 1998. 9. 4. 선고 97누19588 판결, 대법원 1998. 9. 22. 선고 97누19571 판결, 대법원 2001. 7. 27. 선고 99두2970 판결, 대법원 2006. 3. 16. 선고 2006두330 전원합의체 판결(새만금사건) 등 참조.
74) 대법원 2006. 12. 22. 선고 2006두14001 판결.
75) 대법원 2003. 6. 10. 선고 2003두3154 판결, 대법원 2003. 11. 28. 선고 2002두10636 판결 등.
76) 대법원 2005. 3. 11. 선고 2003두13489 판결.

3. 무효등 확인소송과 부작위위법확인소송에서의 원고적격

무효등 확인소송은 처분 등의 효력 유무 또는 존재여부의 확인을 구할 법률상 이익이 있는 자가 제기할 수 있다(행정소송법 제35조). 여기에서 법률상 이익의 의미 등은 취소소송에서 설명한 것과 같다.

부작위위법확인소송은 처분의 신청을 한 자로서 부작위의 위법확인을 구할 법률상의 이익이 있는 자가 제기할 수 있다(행정소송법 제36조). 처분의 신청을 현실적으로 한 자만 제기할 수 있고, 신청을 하지 않은 제3자 등은 제기할 수 없다.

Ⅳ. 협의의 소의 이익

1. 개 설

행정소송에서도 민사소송과 마찬가지로 소를 제기할 수 있으려면 본안판결을 구할 정당한 이익 내지 필요가 있어야 한다. 소의 이익은 행정소송에서도 소송요건의 하나로 인정된다. 따라서 소의 이익의 유무는 직권조사사항이고, 사실심 변론종결시에는 물론 상고심에서도 존속하여야 한다.[77]

2. 취소소송에서 소의 이익

가. 행정소송법 제12조 후문과 그 해석문제

행정소송법 제12조 후문에서는, "처분 등의 효과가 기간의 경과, 처분 등의 집행 그 밖의 사유로 인하여 소멸된 뒤에도 그 처분 등의 취소로 인하여 회복되는 법률상 이익이 있는 자의 경우에는 또한 같다."라고 규정하고 있다.

행정소송법 제12조의 제목은 '원고적격'이지만, 전문은 앞에서 살펴본 '원고적격'에 관한 규정이고, 후문은 '권리보호의 필요'에 관한 것이다. 따라서 행정소송법 제12조의 제목을 '원고적격'으로 하고, 후문에도 전문과 같이 '법률상 이익'이라는 문구를 사용한 것에는 의문이 있다. 또한 동일한 소송 당사자 사이에서 동일한 사유로 위법한 처분이 반복될 위험성이 있어 처분의 위법성 확인 내지 불분명한 법률문제에 대한 해명이 필요하다고 판단되는 경우나 선행처분의 하자가 후행처분에 승계되어 이미 소를 제기하여 다투고 있는 선행처분의 위법성을 확인하여 줄 필요가 있는 경우 등과 같이 어떠한 이익이 상실되었다가

---

77) 대법원 2005. 11. 24. 선고 2002두10940 판결, 대법원 2005. 10. 13. 선고 2005두7143 판결, 대법원 2005. 5. 12. 선고 2004두14809 판결, 대법원 2004. 7. 8. 선고 2002두1946 판결, 대법원 1995. 11. 21. 선고 94누11293 판결, 대법원 1996. 2. 23. 선고 95누2685 판결 등 다수.

회복되는 경우뿐만 아니라 처분의 취소로 인하여 새로운 이익이 얻어지거나 불이익이 제거되는 경우에도 소의 이익이 인정될 수 있으므로,[78] "그 처분 등의 취소로 인하여 회복되는"이라는 문구도 적절한 표현이 아니다.

한편 행정소송법 제12조 후문의 '법률상 이익'의 해석과 관련해서도 다툼이 있다. 명예·신용 등은 법률상 이익에 포함되지 않는다는 견해, 명예·신용 등의 인격적 이익, 보수청구와 같은 재산적 이익 및 불이익제거와 같은 사회적 이익도 인정될 수 있다는 견해로 나뉜다. 대법원은 자격정지처분의 취소청구에서 "정지기간이 경과된 이상 그 처분의 취소를 구할 이익이 없고 설사 그 처분으로 인하여 명예, 신용 등 인격적인 이익이 침해되어 그 침해상태가 자격정지기간 경과 후까지 잔존하더라도 이와 같은 불이익은 위 처분의 직접적인 효과라고 할 수 없다."라고 판시하였다.[79]

처분 등의 효과가 소멸된 후에는 그 처분이 위법이었음을 확인할 정당한 이익이 있다면 '권리보호의 필요'를 인정하여야 할 것이다. 그와 같은 관점에서 보면 행정소송법 제12조 '후문상의 법률상 이익'은 적어도 '전문상의 법률상 이익'보다는 넓은 것으로 해석된다.[80]

나. 원 칙

취소소송은 위법한 처분 등에 의하여 침해되거나 방해받은 원고의 권리를 구제하기 위하여 그 처분 등에 의하여 발생한 위법상태를 배제함으로써 처분 등이 있기 전의 상태를 회복시키는 소송이다. 처분의 존재로 인하여 국민의 권익이 실제로 침해되고 있는 경우뿐만 아니라 구체적·현실적 위험이 있는 경우에도 그 위험을 제거하기 위하여 취소소송을 제기할 이익이 인정된다.[81]

---

78) 대법원 2007. 7. 19. 선고 2006두19297 전원합의체 판결(경기학원사건), 대법원 2019. 5. 10. 선고 2015두46987 판결.

79) 대법원 1978. 5. 23. 선고 78누72 판결.

80) 김남진·김연태, 행정법 I, 901면. 대법원 1995. 10. 17. 선고 94누14148 전원합의체 판결의 반대의견에서는 이에 관한 법리를 잘 설명하고 있다. 즉, "행정소송법 제12조 후문이 규정하는 '처분의 취소로 인하여 회복되는 법률상 이익'의 유무는, 원래 항고소송의 목적, 기능을 어떻게 이해하며, 국민의 권익 신장을 위하여 어느 범위에서 재판청구권의 행사를 허용할 것인가의 문제와 관련되는 것으로서, 이를 위 조항에 대한 일의적, 문리적, 형식적 해석에 의하여 판별할 수는 없고, 구체적인 사안별로 관계법령의 규정 및 그 취지를 살펴서 현실적으로 '권리보호의 실익'이 있느냐를 기준으로 판단하여야 할 것이다."라고 설시하고 있다.

81) 산업집적활성화 및 공장설립에 관한 법령에 의하면, 공장설립승인처분이 있고 난 뒤에 또는 그와 동시에 공장건축허가처분을 하는 것이 허용되므로, 공장설립승인처분이 취소된 경우에는 그 승인처분을 기초로 한 공장건축허가처분도 취소되어야 하고, 공장설립승인처분에 근거하여 토지의 형질변경이 이루어진 경우에는 원상회복을 하여야 한다. 따라서 개발제한구역 안에서의 공장설립을 승인한 처분이 위법하다는 이유로 취소되었다고 하더라도 그 승인처분에 기초한 공장건축허가처분이 잔존하는 이상, 공장설립승인처분이 취소되었다는 사정만으로 인근 주민들의 환경상 이익이 침해되는 상태나 침해될 위험이 종료되었다거나 이를 시정할 수 있는 단계가 지나버렸다고 단정할 수는 없고, 인근 주민들은 여전히 공장건축허가처분의 취소를 구할 소의 이익이 있다(대법원 2018. 7. 12. 선고 2015두3485 판결).

따라서 취소소송을 제기하기 위해서는 처분 등의 효력이 존속하고 있어야 하고, 그 취소로서 원상회복이 가능하여야 한다. 또한 처분 등이 있은 후의 사정에 의하여 권리와 이익의 침해 등이 해소된 경우에는 그 처분의 취소를 구할 소의 이익이 없다.

(1) 처분이 취소된 경우와 소의 이익

처분의 전부 또는 일부가 처분청이나 그 상급행정청에 의하여 취소된 후 새로운 처분이 이루어진 경우, 취소된 종전 처분에 대한 취소소송은 소의 이익이 없다. 또한, 종전 처분을 변경하는 후속처분이 있는 경우 후속처분의 내용이 종전 처분을 대체하거나 그 주요 부분을 실질적으로 변경하는 때에는 종전 처분의 효력을 상실시키고 새로운 처분을 한 것으로 보아야 하므로, 이 경우에도 종전처분에 대한 소의 이익은 없다.

판례에 의하면, 분뇨 등 관련영업 허가신청반려처분 취소소송 계속 중에 행정청이 위 처분을 직권으로 취소함과 동시에 소송 계속 중에 생긴 사정변경을 이유로 위 신청을 재반려하는 처분을 한 경우 당초의 반려처분의 취소를 구하는 소,[82] 교원소청심사위원회의 파면처분 취소결정에 대한 취소소송 계속 중 학교법인이 교원에 대한 징계처분을 파면에서 해임으로 변경한 경우 종전의 파면처분의 취소를 구하는 소[83] 등은 소의 이익이 없다.

다만 선행처분의 내용을 변경하는 후행처분이 있다고 하더라도 그것이 선행처분의 주요 부분을 실질적으로 변경하는 것이 아니라 일부만 소폭으로 변경하는 정도에 불과한 경우 선행처분은 후행처분에 의하여 변경되지 않은 범위 내에서 존속하고 후행처분은 선행처분의 내용 중 일부를 변경하는 범위 내에서 효력을 가진다는 것이 판례이다.[84] 따라서 종전처분을 변경하는 후속처분이 있는 경우 후속처분의 내용이 종전처분을 대체하거나 그 주요 부분을 실질적으로 변경하는 것인지 아니면 후속처분에서 추가 · 철회 · 변경된 부분의 내용과 그 나머지 부분과 가분적인지 등을 살펴서 처분을 확정하여야 한다.[85] 후자의 경우에는 종전처분이 소멸된 것이 아니라 후속처분과 병존하여 효력을 유지하고 있으므로 종전처분에 대한 소는 여전히 소의 이익이 있다. 다만 병존하여 남아 있는 부분이 처분의 상대방에게 유리한 것이라면, 그 부분에 대한 취소를 구할 소의 이익은 당연히 없다.[86]

(2) 처분의 효력기간의 경과와 소의 이익

처분에 효력기간이 정해져 있는 경우 그 기간의 경과로 효력이 소멸하므로, 기간이 경과한 영업정지처분이나 면허정지처분의 취소를 구하는 소는 원칙적으로 소의 이익이 없다.

82) 대법원 2006. 9. 28. 선고 2004두5317 판결.
83) 대법원 2010. 2. 25. 선고 2008두20765 판결.
84) 대법원 2012. 12. 13. 선고 2010두20782, 20799 판결 참조.
85) 대법원 2015. 11. 19. 선고 2015두295 전원합의체 판결 참조.
86) 대법원 2020. 4. 9. 선고 2019두49953 판결 참조.

따라서, 미리 집행정지결정을 받을 필요가 있다.

(3) 원상회복이 불가능한 경우와 소의 이익

처분 등을 취소하더라도 원상회복이 불가능하게 된 경우 소의 이익이 없다. 따라서, 집행이 완료된 경우,[87] 관계법령이 개폐된 경우,[88] 자격을 상실한 경우[89] 등에는 소의 이익이 없다.

그리하여, 판례는 도시재개발법에 의한 도시재개발사업에서 분양처분이 일단 고시되어 효력을 발생하게 된 이후에는 관리처분계획의 변경을 구할 소의 이익이 없고,[90] 도시정비법상 이전고시까지 효력을 발생한 후에도 마찬가지이다.[91] 또한, 도시정비법상 조합설립추진위원회 구성승인처분을 다투는 소송 계속 중 조합설립인가처분이 이루어지면 그 구성승인처분에 대한 취소 또는 무효확인을 구할 소의 이익이 없다.[92] 한편, 건축허가가 건축법 소정의 이격거리를 두지 않고 건축물을 건축하도록 되어 있어 위법하다 하더라도 이미 건축공사가 완료되었다면 인접한 대지의 소유자로서는 위 건축허가처분의 취소를 구할 소의 이익이 없다.[93] 그리고, 임대주택법령에 의하면 분양전환승인처분 이후 진행된 분양전환절차에서 분양계약을 체결하지 않은 채 임대주택에서 퇴거한 임차인은 분양전환승인일로부터 6개월이 경과하면 우선분양전환권을 상실하게 되므로, 위 임차인은 분양전환승인처분의 취소를 구할 소의 이익이 없다.[94] 아울러 원고 소속 경찰서장이 국가인권위원회의 징계권고결정에 따라 원고에게 불문경고처분을 하였으나 이에 불복하지 않아 위 처분이 확정된

---

87) 철거처분이 완료된 이후 대집행계고처분의 취소를 구할 소의 이익 소멸(대법원 1993. 6. 8. 선고 93누6164 판결).

88) 광업권의 설정에서 출원반려처분이 있은 후 해저광업권은 정부만 가지도록 법령이 바뀌었을 때 그 취소를 구할 소의 이익 소멸(대법원 1972. 4. 11. 선고 71누98 판결).

89) 부당노동행위(해고)구제 재심판정취소의 소에서 근로자가 이미 제기한 해고무효확인의 소(민사소송)가 원고패소로 확정되거나 근로계약기간이 종료된 경우 소의 이익은 소멸된다(대법원 2022. 7. 14. 선고 2020두54852 판결).

90) 위 분양처분은 전체의 절차를 처음부터 다시 밟지 않는다면 그 일부만 따로 떼어 변경될 수 없고, 분양처분의 일부 변경을 위한 관리처분계획의 변경도 분양처분이 이루어지기 전에만 가능하므로, 조합원은 분양처분이 효력을 발생한 이후에는 관리처분계획의 변경 또는 분양거부처분의 취소를 구할 수 없고, 재개발조합으로서도 분양처분의 내용을 일부 변경하는 취지로 관리처분계획을 변경할 수 없기 때문이다(대법원 2001. 12. 11. 선고 2000두8073 판결, 대법원 1999. 10. 8. 선고 97누12105 판결, 대법원 1991. 10. 8. 선고 90누10032 판결 등).

91) 대법원 2012. 3. 22. 선고 2011두6400 전원합의체 판결.

92) 조합설립추진위원회 구성승인처분은 조합설립이라는 종국적 목적을 달성하기 위한 중간단계의 처분에 해당하지만, 그 법률요건이나 효과가 조합설립인가처분의 그것과는 다른 독립적인 처분이기 때문에, 추진위원회 구성승인처분에 대한 취소 또는 무효확인 판결의 확정만으로는 이미 조합설립인가를 받은 조합에 의한 정비사업의 진행을 저지할 수 없기 때문이다(대법원 2013. 1. 31. 선고 2011두11112, 2011두11129 판결).

93) 대법원 1992. 4. 24. 선고 91누11131 판결.

94) 대법원 2020. 7. 23. 선고 2015두48129 판결.

다음 그후에 제기된 국가인권위원회의 징계권고결정에 대한 취소소송은 소의 이익이 없다.[95] 그러나, 대학입학시기가 지났다고 하더라도 다음 해에 입학할 수도 있으므로, 불합격처분의 취소를 구할 소의 이익은 여전히 인정된다.[96]

(4) 처분 후 사정변경에 의하여 이익침해가 해소된 경우

처분 후의 사정에 의하여 이익 침해가 해소된 경우에도 소의 이익이 부정된다. 공익근무요원 소집해제신청이 거부된 후 계속 공익근무요원으로 근무함에 따라 복무기간만료로 소집해제처분을 받은 경우 그 소집해제신청 거부처분의 취소를 구할 소의 이익이 소멸하고,[97] 불합격처분 취소를 구하는 소송 도중 새로 실시한 시험에서 합격한 경우 소의 이익은 없다.[98]

그러나, 고등학교에서 퇴학처분을 당한 후 고등학교 졸업학력 검정고시에 합격한 경우는 시험의 합격으로 고등학생이라는 신분이 회복되는 것은 아니므로 소의 이익이 있다.[99]

다. 예 외

(1) 처분의 외형상 잔존 등을 이유로 취소의 필요성이 인정되는 경우

처분 등의 효과가 기간의 경과, 처분 등의 집행 그 밖의 사유로 인하여 소멸된 후에도 처분이 외형상 잔존함으로 인하여 어떤 법률상 이익이 침해되었고, 그 처분의 취소를 구함으로써 그 처분으로 인한 불이익이 제거될 수 있으면 소의 이익이 인정될 수 있다. 그러나 판례는 처분의 위법성을 들어 국가배상이 예정되어 있다는 사유만으로는 취소의 필요성을 인정하지 않고 있다.[100] 판례가 소의 이익을 인정한 사례는 다음과 같다.

공무원에 대한 파면처분 등 징계처분 후 정년이 도래한 경우 징계처분 이후의 급료 등을 청구할 필요와 다른 공직에의 취임제한 등의 법률상 불이익을 배제할 이익이 있고,[101]

---

95) 대법원 2022. 1. 27. 선고 2021두40256 판결.
96) 대법원 1990. 8. 28. 선고 89누8255 판결.
97) 대법원 2005. 5. 13. 선고 2004두4369 판결.
98) 의사국가시험(대법원 1993. 11. 9. 선고 93누6867 판결), 사법시험 제1차 시험(대법원 2001. 8. 21. 선고 2000두8288 판결, 대법원 1996. 2. 23. 선고 95누2685 판결).
99) 대법원 1992. 7. 14. 선고 91누4737 판결.
100) 대법원 2005. 5. 13. 선고 2004두4369 판결 참조.
101) 대법원 1985. 6. 25. 선고 85누39 판결, 대법원 1977. 7. 12. 선고 74누147 판결. 마찬가지로 지방의원 제명의결 취소소송 계속 중 임기가 만료되어 제명의결의 취소로 지방의회 의원으로서의 지위를 회복할 수 없더라도 그 취소로 인하여 최소한 제명의결시부터 임기만료일까지의 기간에 대하여 월정수당의 지급을 구할 수 있으므로, 여전히 그 제명의결의 취소를 구할 이익이 남아 있다(대법원 2009. 1. 30. 선고 2007두13487 판결). 또한 해임처분 무효확인 또는 취소소송 계속 중 임기가 만료되어 해임처분의 무효확인 또는 취소로 지위를 회복할 수는 없다고 할지라도, 그 무효확인 또는 취소로 해임처분일부터 임기만료일까지 기간에 대한 보수 지급을 구할 수 있는 경우에는 해임처분의 무효확인 또는 취소를 구할 이익이 있다(대법원 2012. 2. 23. 선고 2011두5001 판결).

공무원에 대한 파면처분 이후 일반사면된 경우 사면으로 공무원의 지위가 회복되는 것은 아니므로 그 취소를 구할 소의 이익이 있다.[102] 또한, 사립학교 교원이 소청심사를 청구하여 해임처분의 효력을 다투던 중 정년이 도래하거나 형사판결의 확정 등 당연퇴직사유가 발생하여 교원의 지위를 회복할 수 없다고 할지라도, 해임처분이 취소되거나 변경되면 해임처분일부터 당연퇴직사유 발생일까지의 기간에 대한 보수 지급을 구할 수 있는 경우에는 소청심사청구를 기각한 교원소청심사위원회 결정의 취소를 구할 소의 이익이 있다.[103] 아울러 근로자가 부당해고 구제신청을 하여 해고의 효력을 다투던 중 정년에 이르거나 근로계약기간이 만료하는 등의 사유로 원직에 복직하는 것이 불가능하게 된 경우에도 해고기간 중의 임금 상당액을 지급받을 필요가 있다면 임금 상당액 지급의 구제명령을 받을 이익이 유지되므로 구제신청을 기각한 중앙노동위원회의 재심판정을 다툴 소의 이익이 있다.[104] 한편, 공장등록이 취소된 후 그 공장시설물이 철거되었다 하더라도 대도시 안의 공장을 지방으로 이전할 경우 조세특례제한법상의 세액공제 및 소득세 등의 감면과 같은 혜택이 있다면 그 공장등록 취소처분을 구할 소의 이익이 있다.[105] 그리고, 현역병입영통지처분 이후 입영으로 집행이 종료되었다 하더라도 입영 이후의 법률관계에 영향을 미치므로 그 취소를 구할 소의 이익이 있다.[106] 도시개발사업의 시행에 따른 도시계획변경결정처분과 도시개발구역지정처분 및 도시개발사업실시계획인가처분은 도시개발사업의 시행자에게 단순히 도시개발에 관련된 공사의 시공권한을 부여하는데 그치지 않고 해당 도시개발사업을 시행할 수 있는 권한을 설정하여 주는 처분으로서 위 각 처분 자체로 그 처분의 목적이 종료되는 것이 아니고 위 각 처분이 유효하게 존재하는 것을 전제로 해당 도시개발사업에 따른 일련의 절차 및 처분이 행해지기 때문에 위 각 처분이 취소된다면 그것이 유효하게 존재하

102) 대법원 1983. 2. 8. 선고 81누121 판결.

103) 대법원 2024. 2. 8. 선고 2022두50571 판결. 참고로 교원소청심사에 관한 사안으로서 사립학교 교원이 이미 임용기간 만료 후라도 계속 근무하던 중 학교법인으로부터 신규임용을 취소한다는 통지를 받았다면 이에 대한 소청심사를 청구할 이익이 인정된다(대법원 2012. 6. 14. 선고 2011두29885 판결). 교원이 임용 후 임용취소통지일까지 기간에 대하여 전혀 교육경력을 인정받지 못하게 됨으로써 대학교원 자격기준 등에 관한 규정에 정해진 자격기준에 필요한 연구실적 및 교육경력 연수(年數)를 갖추었는지에 영향을 미쳐 교원으로 임용되는 데 법령상 제약으로 작용할 수도 있는 등 불이익을 입을 수 있기 때문이다.

104) 대법원 2020. 2. 20. 선고 2019두52386 전원합의체 판결. 아울러 위 전원합의체 판결에서는 근로자가 근로기준법 제30조 제3항에 따라 금품지급명령을 신청한 경우에도 마찬가지로 적용된다고 판시하였다. 한편, 위 전원합의체 판결 선고 후 2021. 5. 18. 개정된 근로기준법 제30조 제4항에서는 "노동위원회는 근로계약기간의 만료, 정년의 도래 등으로 근로자가 원직복직이 불가능한 경우에도 제1항에 따른 구제명령이나 기각결정을 하여야 한다."라고 규정하고 있다. 다만, 대법원 2022. 7. 14. 선고 2020두54852 판결에서는 근로자가 부당해고 구제신청을 할 당시 이미 정년에 이르거나 근로계약기간 만료, 폐업 등의 사유로 근로계약관계가 종료하여 근로자의 지위에서 벗어난 경우까지 위 전원합의체 판결이 적용되는 것이 아니고, 이때에는 노동위원회의 구제명령을 받을 이익이 소멸한다고 판시하였다.

105) 대법원 2002. 1. 11. 선고 2000두3306 판결.

106) 대법원 2003. 12. 26. 선고 2003두1875 판결.

는 것을 전제로 이루어진 토지수용이나 환지 등에 따른 각종의 처분이나 공공시설의 귀속 등에 관한 법적 효력은 영향을 받게 되므로, 도시개발사업의 공사 등이 완료되고 원상회복이 사회통념상 불가능하게 되었더라도 위 각 처분의 취소를 구할 소의 이익은 남아있다.[107]

한편, 제재적 처분이 기간만료로 소멸하였으나 법령에서 당초의 제재적 처분을 다른 처분의 전제요건이나 가중사유로 규정하고 있는 경우에[108] 당초의 처분을 다툴 소의 이익이 있는지 여부가 문제된다. 종래의 판례는 법률 또는 대통령령에서 이를 규정하고 있는 경우에는 처분의 취소를 구할 소의 이익이 있다고 보았다.[109] 반면에 부령이나 지방자치단체의 규칙, 기타 행정규칙에서 종전에 동종의 제재를 받은 자에 대하여 이를 가중처분 하도록 하는 처분기준이 마련되어 있는 경우에 부령, 훈령 등은 행정청 내부의 사무처리준칙에 불과하므로, 행정청이 그 가중요건에 따라 가중된 제재처분을 하더라도 법원은 이에 구속되지 않고 그 근거법률의 규정 및 취지에 따라 가중된 제재처분의 적법 여부를 심리 · 판단할 수 있으며, 따라서 과거에 제재적 처분을 받은 전력으로 인한 불이익은 사실상의 불이익에 지나지 않아 그 제재기간이 경과하였다면 취소를 구할 소의 이익이 없다고 판시하였었다.[110] 그러나 대법원은 전원합의체 판결로 종래의 판례를 변경하여, 부령인 시행규칙 또는 지방자치단체의 규칙의 형식으로 정한 처분기준에서 제재적 처분을 받은 것을 가중사유나 전제요건으로 삼아 장래의 제재적 처분을 하도록 정하고 있는 경우에도, 제재적 처분의 제재기간 경과 후 그 취소를 구할 소의 이익이 있다고 판시하였다.[111]

그 이유는 제재적 처분을 정한 부령이 행정규칙으로서의 효력만 있다고 하더라도 관할 행정청이나 담당공무원은 이를 준수할 의무가 있어서 그에 따라 행정작용을 할 것이 당

---

107) 대법원 2005. 9. 9. 선고 2003두5402, 2003두5419(병합) 판결.

108) 참고로 '위반행위의 횟수에 따른 가중처분기준'은 위반행위에 따른 제재적 처분을 받았음에도 또다시 되풀이 한 같은 내용의 위반행위를 반복하는 경우에 더욱 중하게 처벌하려는 데에 그 취지가 있으므로 (대법원 2014. 6. 12. 선고 2014두2157 판결 참조), 실제 선행 위반행위가 있고 그에 대한 유효한 제재적 처분이 이루어졌으면 족한 것이고, 선행한 제재적 처분에 처분의 종류를 잘못 선택하거나 그 양정에 재량권을 일탈 · 남용한 하자가 있었던 경우라고 하더라도 달리 볼 것은 아니다(대법원 2020. 5. 28. 선고 2017두73693 판결).

109) 대법원 2005. 3. 25. 선고 2004두14106 판결 등 참조. 다만 법률 또는 대통령령에서 가중적 제재요건이 정해져 있는 경우에도 그 처분에서 정한 기간이 경과하고, 다시 그로부터 일정한 기간이 경과하여 법률 또는 대통령령에 정해진 가중된 제재처분을 받을 우려마저 없어졌다면 그 처분의 취소를 구할 소의 이익은 없다(대법원 2000. 4. 21. 선고 98두10080 판결).

110) 대법원 1995. 10. 17. 선고 94누14148 전원합의체 판결, 2003. 10. 10. 선고 2003두6443 판결 등 다수. 예를 들면, 식품위생법 시행규칙이 행정청 내부의 사무처리준칙에 불과하다는 이유로, 영업정지처분을 위반하여 영업하다가 영업취소처분을 받고 이에 대하여 취소의 소를 제기하였다고 하더라도 영업정지처분에 따른 정지기간이 경과된 이상 그 영업정지처분의 취소를 구할 소의 이익은 없다고 판시하였다 (대법원 2002. 3. 15. 선고 2001두10622 판결, 대법원 2003. 10. 10. 선고 2003두6443 판결).

111) 대법원 2006. 6. 22. 선고 2003두1684 전원합의체 판결.

연히 예견되므로, 상대방으로서는 선행처분의 취소소송을 통하여 그 불이익을 제거할 필요가 있기 때문이라는 것이다.[112]

(2) 법률상 해명의 필요성 등이 인정되는 경우

행정소송법 제12조 후문에서는 "처분 등의 취소로 인하여 회복되는 법률상 이익이 있는 자의 경우"라고 규정하여, 마치 어떠한 이익이 상실되었다가 회복되는 경우에만 소의 이익이 인정되는 것처럼 해석될 수도 있지만, 처분의 취소로 인하여 새로운 이익이 얻어지거나 불이익이 제거되는 경우에도 소의 이익은 인정된다고 보아야 한다.

이와 관련하여 대법원은 "원고에게 처분의 취소를 통해 회복되는 이익이 없더라도 동일한 소송당사자 사이에서 동일한 사유로 위법한 처분이 반복될 위험성이 있어 행정처분의 위법성 확인 내지 불분명한 법률문제에 대한 해명이 필요하다고 판단되는 경우, 그리고 선행처분과 후행처분이 단계적인 일련의 절차로 연속하여 행해져 후행처분이 선행처분의 적법함을 전제로 이루어짐에 따라 선행처분의 하자가 후행처분에 승계된다고 볼 수 있어 이미 소를 제기하여 다투고 있는 선행처분의 위법성을 확인하여 줄 필요가 있는 경우 등에는 행정의 적법성 확보와 그에 대한 사법통제, 국민의 권리구제의 확대 등의 측면에서 소의 이익을 인정할 수 있다."라고 판시하였다.[113] 여기에서 '그 행정처분과 동일한 사유로 위법한 처분이 반복될 위험성이 있는 경우'란 불분명한 법률문제에 대한 해명이 필요한 상황에 대한 대표적인 예시일 뿐, 반드시 '해당 사건의 동일한 소송 당사자 사이에서' 반복될 위험이 있는 경우만 의미하는 것은 아니다.[114]

위와 같은 법리에 따라, 수형자의 영치품에 대한 사용신청 불허처분 후 그 수형자가 다른 교도소로 이송되었다 하더라도, 법률적 해명의 필요성을 근거로 제시하고 아울러 수형자의 권리와 이익의 침해 등이 해소되지 않은 점, 그 수형자가 원래의 교도소로 다시 이송될 수도 있다는 점 등을 감안하여 위 영치품 사용신청 불허처분의 취소를 구할 이익이 소멸되지 않았다고 판시한 사례가 있다.[115] 위와 같은 법리는 소의 이익을 예외적으로 인

---

112) 이에 대하여 제재적 처분기준을 정한 부령의 법규성을 인정하는 이론적 기초 위에서 소의 이익을 인정하는 것이 법리적으로는 더욱 합당하다고 한 별개의견이 있었다.

113) 대법원 2007. 7. 19. 선고 2006두19297 전원합의체 판결(경기학원 사건), 대법원 2019. 5. 10. 선고 2015두46987 판결, 대법원 2020. 2. 27. 선고 2018두67152 판결.

114) 대법원 2020. 12. 24. 선고 2020두30450 판결. 피고가 원고에 소속된 감사팀의 부실감사를 이유로 업무정지처분을 하였지만 그 정지기간이 경과한 사안에서, 원심은 감사팀이 스스로의 잘못을 인정하고 있어 향후 감사업무를 수행하는 과정에서 원고에 대하여 같은 잘못을 반복할 가능성은 없으므로 위 업무정지처분의 취소를 구할 소의 이익이 인정되지 않는다고 하였으나, 대법원은 위와 같은 사유로 원심이 본안에 관하여 실체판단을 하여야 한다는 취지로 원심을 파기환송하였다.

115) 대법원 2008. 2. 14. 선고 2007두13203 판결. 참고로 위 판결에서는 사안의 교도소가 전국 교정시설의 결핵 및 정신질환 수형자들을 수용·관리하는 의료교도소이라는 사정도 감안되었다.

정하여 원고의 청구를 받아들이는 경우에만 적용되는 것이 아니고 소의 이익을 인정하면서도 원고의 청구를 받아들이지 않는 경우라도 불분명한 법률문제에 대한 해명 등을 위하여 적용된 사례가 있다.[116]

라. 인가처분 취소소송에서 소의 이익

행정청의 인가처분은 일정한 법적 행위에 대한 효력보충적인 행위이므로 효력보충의 대상인 기본행위를 떠나 그것만으로 유효하게 존립할 수 없고, 기본행위가 부존재하거나 무효인 때에는 인가는 대상이 없는 행위로서 무효가 되며, 무효인 기본행위에 대해 인가처분이 있다 하더라도 기본행위가 유효한 것으로 될 수는 없다.

결국 기본행위는 적법 · 유효하고 보충행위인 인가처분 자체에만 하자가 있다면 그 인가처분의 무효확인이나 취소를 주장할 수 있지만, 기본행위 자체에 하자가 있어 그 효력에 다툼이 있는 경우에는 민사쟁송이나 항고소송으로 기본행위의 무효확인을 구하는 등의 방법으로 분쟁을 해결하여야 할 것이지 기본행위에 대한 보충행위로서 그 자체만으로는 아무런 효력도 없는 인가처분만의 취소나 무효확인을 구하는 것은 분쟁해결의 유효적절한 수단이 아니므로 소의 이익이 없다.

대법원은 인가와 기본행위 사이의 효력관계에 대하여 학설의 일반적 태도와 궤를 같이 하고 있다. 기본행위인 하천공사 권리의무양수도계약이 무효인 때에는 그에 관한 허가처분도 별도의 취소조치를 기다릴 필요 없이 무효이고,[117] 기본행위인 기술도입계약이 해지로 인하여 소멸되면 인가처분도 실효되며,[118] 기본행위인 학교법인의 임원선임행위가 불성립 또는 무효인 경우에는 비록 사립학교 임원에 대한 감독청의 취임승인이 있었다 하더라도 이로써 무효인 선임행위가 유효한 것으로 될 수는 없고,[119] 기본이 되는 정관변경 결의에 하자가 있을 때에는 그에 대한 민법 제45조와 제46조에서 말하는 재단법인의 정관변경허가가 있었다 하더라도 기본행위인 정관변경 결의가 유효한 것으로 될 수 없다고 판시하였다.[120] 또한, 기본행위인 도시정비법상 주택재개발정비사업조합의 사업시행계획에는 하자가 없는데 보충행위인 관할 행정청의 인가처분에 고유한 하자가 있다면 그 인가처분의 무효확인이나 취소를 구하여야 할 것이지만, 인가처분에는 고유한 하자가 없는데 사업시행계획에 하자가 있다면 사업시행계획의 무효확인이나 취소를 구하여야 할 것이지 사업시행계획의 무효를 주장하면서 그에 대한 인가처분의 무효확인이나 취소를 구할 수 없다고 판시하였다.[121]

---

116) 대법원 2024. 4. 16. 선고 2022두57138 판결 참조.
117) 대법원 1980. 5. 27. 선고 79누196 판결.
118) 대법원 1983. 12. 27. 선고 82누491 판결.
119) 대법원 1987. 8. 18. 선고 86누152 판결.
120) 대법원 1996. 5. 16. 선고 95누4810 판결.
121) 대법원 2021. 2. 10. 선고 2020두48031 판결.

참고로 도시정비법에 따르면, 주택재건축·재개발 등의 정비사업을 시행하려면 토지소유자로 구성된 조합을 설립하고, 조합원의 분양신청을 받은 후 관리처분계획안을 마련하여[122] 그에 대한 조합 총회결의와 토지 등 소유자의 공람절차를 거친 후 행정청의 인가·고시가 있어야 한다. 그런데, 관리처분계획안에 대한 조합 총회결의는 관리처분계획이 인가·고시되기 전에는 조합 총회결의를 당사자소송으로 다툴 수 있지만, 관리처분계획이 인가·고시된 후에는 관리처분계획에 대하여 항고소송으로 다투어야 하고, 그와 별도로 행정처분에 이르는 절차적 요건 중 하나에 불과한 총회결의 부분만 따로 떼어내어 효력 유무를 다투는 확인의 소를 제기하는 것은 허용되지 않는다.[123] 요컨대, 원고가 조합 총회결의를 다투는 소를 제기한 시점이 인가·고시 전이라면 당사자소송으로서 다투는 것이 허용되지만,[124] 인가·고시 후라면 허용되지 않아 관리처분계획에 대한 항고소송을 제기하여야 하고, 인가·고시 전후를 불문하고 민사소송으로는 총회결의의 하자를 다툴 수 없다.

대법원 2000. 9. 5. **선고** 99**두**1854 **판결(기존의 입장)**: 주택건설촉진법에서 규정한 바에 따른 관할시장 등의 재건축조합설립인가는 불량·노후한 주택의 소유자들이 재건축을 위하여 한 재건축조합설립행위를 보충하여 그 법률상 효력을 완성시키는 보충행위일 뿐이므로 그 기본이 되는 조합설립행위에 하자가 있을 때에는 그에 대한 인가가 있다 하더라도 기본행위인 조합설립이 유효한 것으로 될 수 없고, 따라서 그 기본행위는 적법·유효하나 보충행위인 인가처분에만 하자가 있는 경우에는 그 인가처분의 취소나 무효확인을 구할 수 있을 것이지만, 기본행위인 조합설립에 하자가 있는 경우에는 민사쟁송으로써 따로 그 기본행위의 취소 또는 무효확인 등을 구하는 것은 별론으로 하고 기본행위의 불성립 또는 무효를 내세워 바로 그에 대한 감독청의 인가처분의 취소 또는 무효확인을 소구할 법률상 이익이 있다고 할 수 없다.

대법원 2009. 9. 17. **선고** 2007**다**2428 **전원합의체 판결(변경된 입장)**: ① 관리처분계획은 재건축조합이 조합원의 분양신청 현황을 기초로 관리처분계획안을 마련하여 그에 대한 조합 총회결의와 토지 등 소유자의 공람절차를 거친 후 관할 행정청의 인가·고시를 통해 비로소 그 효력이 발생하게 되므로(도시정비법 제24조 제3항 제10호, 제48조 제1항, 제49조), 관리처분계획안에 대한 조합 총회결의는 관리처분계획이라는 행정처분에 이르는 절차적 요건 중 하나로, 그것이 위법하여 효력이 없다면 관리처분계획은 하자가 있는 것으로 된다. 따라서 행정주체인 재건축조합을 상대로 관리처분계획안에 대한 조합 총회결의의 효력 등을 다투는 소송은 행정처분에 이르는 절차적 요건의 존부나 효력 유무에 관한 소송으로서 그 소송결과에 따라 행정처분의 위법 여부에 직접 영향을 미치는 공법상 법률관계에 관한 것이므로, 이는 행정소송법상의 당사자소송에 해당

122) 관리처분계획은 재개발·재건축사업 완료 후에 행할 양도처분의 내용을 정하는 것으로서 그 내용에 따라 아파트 분양 등이 결정된다.
123) 대법원 2009. 9. 17. 선고 2007다2428 전원합의체 판결로써 판례를 변경하였다.
124) 대법원 2015. 8. 21.자 2015무26 결정.

한다. ② 그리고 이러한 소송은, 관리처분계획이 인가·고시되기 전이라면 위법한 총회결의에 대해 무효확인 판결을 받아 이를 관할 행정청에 자료로 제출하거나 재건축조합으로 하여금 새로이 적법한 관리처분계획안을 마련하여 다시 총회결의를 거치도록 함으로써 하자 있는 관리처분계획이 인가·고시되어 행정처분으로서 효력이 발생하는 단계에까지 나아가지 못하도록 저지할 수 있고, 또 총회결의에 대한 무효확인판결에도 불구하고 관리처분계획이 인가·고시되는 경우에도 관리처분계획의 효력을 다투는 항고소송에서 총회결의 무효확인소송의 판결과 증거들을 소송자료로 활용함으로써 신속하게 분쟁을 해결할 수 있으므로, 관리처분계획에 대한 인가·고시가 있기 전에는 허용할 필요가 있다. 그러나 나아가 관리처분계획에 대한 관할 행정청의 인가·고시까지 있게 되면 관리처분계획은 행정처분으로서 효력이 발생하게 되므로, 총회결의의 하자를 이유로 하여 행정처분의 효력을 다투는 항고소송의 방법으로 관리처분계획의 취소 또는 무효확인을 구하여야 하고, 그와 별도로 행정처분에 이르는 절차적 요건 중 하나에 불과한 총회결의 부분만을 따로 떼어내어 효력 유무를 다투는 확인의 소를 제기하는 것은 특별한 사정이 없는 한 허용되지 않는다고 보아야 한다.

마. 재결 취소소송에서 소의 이익

행정심판의 재결 자체에 고유한 위법이 있어 원처분의 취소와 재결취소를 함께 제기하였는데 원처분에 대한 취소판결이 먼저 확정된 경우 재결 취소소송의 소의 이익은 없다.

그러나, 원처분이 적법하여 그 취소의 소가 원고 패소로 확정된 경우에는 그로써 재결 취소소송의 소익이 반드시 소멸된다고 단정할 수 없다. 행정심판은 처분의 위법뿐만 아니라 부당도 심판할 수 있기 때문이다. 따라서, 재량행위의 경우에는 법원이 재결 자체에 고유한 하자가 있다는 이유로 재결에 대한 취소판결이 확정되더라도 그 판결에 따라 다시 진행된 재결절차에서 원처분이 적법하지만 부당하다는 이유로 원처분을 취소할 여지가 있다. 그렇지만, 기속행위의 경우에는 재결절차에서 부당하는 이유로 취소할 수 없으므로, 이 경우의 재결취소소송은 소의 이익이 없어 부적법하다.[125]

3. 무효 등 확인소송에서 확인의 이익 문제

과세처분이 위법하다는 이유로 이미 납부한 세금의 반환을 청구하는 사례를 생각해보자. 과세처분에 취소사유가 있는 경우에는 과세처분의 구성요건적 효력 또는 공정력 때문에 과세처분이 유효함을 전제로 할 수밖에 없어 그 효력을 부인할 수 없으므로, 법률상 원인이 없다는 이유로 부당이득반환을 명할 수 없게 된다. 이 경우 원고는 먼저 과세처분의

125) 대법원 2025. 3. 27. 선고 2024두61018 판결(양도소득세의 환급을 구하는 경정청구 거부처분에 대한 조세심판원의 결정취소소송).

취소소송을 제기하여 승소판결을 받는 수밖에 없다. 한편, 과세처분에 무효사유가 있는 경우에는 과세관청이 납부된 세액을 보유할 근거가 없으므로, 이를 부당이득으로 반환하여야 한다. 이 경우 소송방식이 문제된다.

종래의 대법원 판례는 민사소송인 과세처분 무효를 원인으로 한 부당이득반환청구소송을 제기할 수 있음에도 불구하고 과세처분무효확인의 소를 제기하는 것은 확인의 이익이 흠결되었다고 보아 부적법 각하하였다. 이는 무효등 확인소송을 기본적으로 확인의 소로 보고 무효확인소송에서 민사소송법상의 확인의 이익을 소송요건으로 보았기 때문이다. 즉, 확인의 소는 원고의 법적 지위의 불안 또는 위험을 제거하기 위하여 가장 유효 · 적절한 수단일 경우에만 허용된다고 보아 무효확인소송을 제기하는 것보다 더 발본색원적인 수단이 있는 경우에는 권리보호의 필요가 부정된다는 것이다(확인소송의 보충성).126)

그러나, 위와 같은 종래의 판례는 다음과 같은 문제가 있었다. ① 민사소송에서 확인의 소는 강제집행으로 뒷받침되지 않기 때문에 이행의 소에 비하여 유효 · 적절한 분쟁 해결의 수단이 되지 못한다. 그렇지만, 행정소송에서는 무효확인판결 자체만으로도 판결의 기속력에 의해 그 실효성을 확보할 수 있으므로 민사소송에서와 같이 분쟁의 궁극적 해결을 위한 확인의 이익 여부를 논할 필요가 적다. 그리고, ② 행정소송은 행정작용에 대해서 특수한 취급을 하기 위하여 별도로 마련된 소송제도로서 민사소송과는 그 목적과 취지를 달리하므로, 소의 이익 문제도 그 소송제도를 마련한 취지에 따라 달리 정해질 수 있다. 그런데, 분쟁의 실태에 따라서는 민사소송보다 무효확인소송이 더 적절한 쟁송방식이 되는 경우가 있고, 이러한 경우에 쟁송방식의 선택권을 원고에게 주는 것이 권리구제 강화의 측면에서 타당할 수 있다.

그리하여, 대법원은 판례를 변경하여 무효확인을 구할 법률상 이익에 관한 새로운 해석을 내놓았다.127) 처분의 근거 법률에 의하여 보호되는 직접적이고 구체적인 이익이 있는 경우에는 행정소송법 제35조에 규정된 '무효확인을 구할 법률상 이익'이 있다고 볼 수 있고, 이와 별도로 무효확인을 구할 필요가 있는지 여부에 관한 무효확인소송의 보충성이 요구되는 것은 아니므로, 행정사건에서 무효확인소송을 함에 있어 처분의 무효를 전제로 한 이행소송 등과 같은 직접적인 구제수단이 있는지 여부를 따질 필요가 없다는 것이다.128) 이러한 법리는 부존재확인소송에도 마찬가지로 적용된다.129)

---

126) 대법원 2006. 5. 12. 선고 2004두14717 판결 등 다수.

127) 대법원 2008. 3. 20. 선고 2007두6342 전원합의체 판결.

128) 따라서, 원고가 대한민국을 상대로 정년전역과 퇴역대상자라는 점에 대한 확인을 구하면서, 동시에 육군참모총장을 상대로 명예전역명령의 유효확인을 구할 수도 있다(대법원 2019. 2. 14. 선고 2017두62587 판결).

129) 대법원 2025. 11. 20. 선고 2025두33652 판결.

그 결과 행정청의 위법한 처분 등으로 인하여 권리 또는 이익의 침해를 입은 국민에게 소송형태에 관한 선택권을 부여하여 부당이득반환청구의 소 등의 제기 가능성 여부와 관계 없이 처분에 관한 무효확인소송을 바로 제기할 수 있도록 양 소송의 병존가능성을 인정함으로써 국민의 권익구제 강화라는 측면에서 상당한 진전이 기대된다. 다만 뒤에서 보는 것과 같이 판례와 달리 공법상 부당이득반환청구소송을 민사소송이 아니라 당사자소송으로 취급하는 것이 바람직하다.

한편, 절차상 또는 형식상 하자로 무효인 처분에 대하여 행정청이 적법한 절차 또는 형식을 갖추어 다시 동일한 처분을 하였다면, 종전의 무효인 처분에 대한 무효확인 청구는 과거의 법률관계의 효력을 다투는 것에 불과하므로 무효확인을 구할 이익은 없다.[130)]

Ⅴ. 피고적격

1. 행정소송법 제13조 제1항의 규정

민사소송뿐만 아니라 항고소송을 비롯한 모든 행정소송에서, 피고도 당사자능력을 가져야 하고, 당사자적격으로서 피고적격을 가져야 한다는 것은 당연하다. 그런데 행정소송법 제13조 제1항은 "취소소송은 다른 법률에 특별한 규정이 없는 한 그 처분 등을 행한 행정청을 피고로 한다."라고 특별히 규정하고, 그 규정은 무효등 확인소송과 부작위위법확인소송에도 준용된다. 따라서 처분에 대한 취소소송과 무효등 확인소송에서는 처분을 행한 행정청이 피고가 되고, 재결에 대한 취소소송과 무효등 확인소송에서는 해당 재결을 행한 행정심판위원회 및 그밖의 재결청이 피고가 된다. 부작위법확인소송에서는 국민으로부터 일정한 행위를 해 줄 것을 요구하는 신청을 받은 행정청이 피고가 된다.

2. 행 정 청

가. 의 의

행정청은 "국가 또는 공공단체의 기관으로서 직접 대외적 구속력 있는 의사를 결정·표시할 수 있는 권한을 가진 기관"을 말한다. 행정절차법 제2조 제1호는 '행정청'을 "행정에 관한 의사를 결정하여 표시하는 국가 또는 지방자치단체의 기관 기타 법령 또는 자치법규에 의하여 행정권한을 가지고 있거나 위임 또는 위탁받은 공공단체나 그 기관 또는 사인"으로 정의하고, 행정심판법 제2조 제2항과 행정소송법 제2조 제2항은 "이 법을 적용함에 있어서 행정청에는 법령에 의하여 행정권한의 위임 또는 위탁을 받은 행정기관, 공공단

130) 대법원 2010. 4. 29. 선고 2009두16879 판결.

체 및 그 기관 또는 사인이 포함된다."라고 규정하고 있다. 그리고 행정기본법 제2조 제2호는 "행정청"을 "행정에 관한 의사를 결정하여 표시하는 국가 또는 지방자치단체의 기관"과 "그밖에 법령등에 따라 행정에 관한 의사를 결정하여 표시하는 권한을 가지고 있거나 그 권한을 위임 또는 위탁받은 공공단체 또는 그 기관이나 사인"이라고 정의하고 있다.

또한, 행정청은 의사결정을 외부에 표시하는 기관이므로, 아무리 실질적으로 의사를 결정하더라도 그 기관이 내부기관이라면 피고적격을 가지지 못한다. 따라서, 사법시험 불합격처분 취소소송에서의 사법시험위원회,[131] 애국지사 유족확인부결처분 취소소송에서의 보훈심사위원회 위원장,[132] 세무사자격시험 거부처분 취소소송에서의 세무사자격시험위원회[133]는 피고적격이 없다.

나. 독임제기관의 경우

통상 행정청은 행정관서의 장과 같은 독임제기관(예; 행정안전부장관 · 지방자치단체장 등)이 보통이다. 서울특별시라는 지방자치단체를 예로 들면, 권리의무의 귀속주체는 서울특별시 자체이고 서울특별시장 등과 같은 행정기관이 아니다. 따라서 민사소송이나 당사자소송 같은 경우에는 피고능력자나 피고적격자는 서울특별시가 되는 것이고, 서울특별시장 등과 같은 행정기관이 아니라는 점은 상식이다. 그러나 앞서 본 행정소송법상 특별규정에 의하여 항고소송에 관한 한 서울특별시 대신 서울특별시장과 같은 행정청이 피고가 된다.

다. 합의제기관의 경우

행정청은 통상 독임제기관이나, 수인의 위원으로 구성된 행정기관에서 위원들의 합의로 처분을 하는 경우도 있다. 이와 같은 합의제기관이 한 처분에 대한 취소소송의 경우에는 그 합의체 행정청 자체가 피고가 되는 것이 원칙이고, 합의체 행정청의 대표가 단독으로 피고가 되는 것이 아니다. 예를 들면, 공정거래위원회, 토지수용위원회, 교육부교원징계심사위원회, 공직자윤리위원회, 감사원, 한국저작권위원회[134] 등이 행정청으로서 피고적격을 갖는다.

다만 법률에 다른 규정이 있는 경우가 있는데, 중앙노동위원회의 처분에 대한 소는 중앙노동위원회위원장을 피고로 하고(노동위원회법 제27조), 중앙해양안전심판원의 재결에 관한 소는 중앙해양안전심판원장을 피고로 하도록 특별 규정을 두고 있다(해양사고의 조사 및 심판에 관한 법률 제75조).

---

131) 대법원 1966. 3. 29. 선고 65누103 판결.
132) 대법원 1989. 1. 24. 선고 88누3314 판결.
133) 대법원 1994. 12. 23. 선고 94누5915 판결.
134) 따라서 '저작권심의조정위원회(한국저작권위원회의 전신) 위원장'을 피고로 저작권 등록처분의 무효확인을 구하는 소는 부적법하다(대법원 2009. 7. 9. 선고 2007두16608 판결).

라. 공법인 등

행정청에는 처분 등을 할 수 있는 권한이 있는 국가 또는 지방자치단체와 같은 행정주체에 소속된 행정기관뿐만 아니라 법령에 의하여 행정권한의 위임 또는 위탁을 받은 행정기관, 공공단체 및 그 기관 또는 사인도 포함된다. 따라서 공법인이나 공무수탁사인도 국가나 지방자치단체의 사무를 위임받아 행하는 범위 내에서 처분을 한 이상 행정청이 되고, 항고소송의 피고적격을 갖는다.

대부분의 경우 행정권한의 위임을 받아 처분을 하는 자는 공법인 그 자체이지 공법인의 대표자가 아니다. 따라서 공법인의 처분은 공법인 자신의 이름으로 행하는 것이므로, 그에 대한 항고소송의 피고는 공법인이 되어야 하는 것이지 그 대표자가 피고가 되는 것이 아니다. 이렇게 되면 공법인은 행정주체이자 행정청이 되므로, 항고소송의 피고적격을 가지는 것은 물론 행정주체로서 당사자소송이나 민사소송에서의 피고적격도 갖게 되는 것이다. 판례도 대한주택공사,[135] 토지구획정리조합,[136] 한국토지개발공사,[137] 의료보험조합,[138] 의료보험연합회,[139] 농어촌진흥공사,[140] 농지개량조합[141] 등이 행정청으로 될 수 있는 경우를 인정하였다.

마. 지방의회

지방의회는 지방자치단체의 행정기관인 것은 분명하지만 의사를 외부에 표시하는 기관이 아니고 단지 지방자치단체 내부의 의결기관에 불과하다. 따라서 지방의회는 원칙적으로 항고소송의 피고가 될 수 없고, 지방자치단체의 대표기관인 지방자치단체의 장이 피고가 된다. 그리하여 지방의회가 의결한 조례가 집행행위의 개입 없이도 그 자체로서 직접 국민의 권리의무에 영향을 미쳐 항고소송의 대상이 되는 경우(처분적 조례의 경우)에도, 피고는 조례를 공포한 지방자치단체의 장이고[142] 지방의회가 아니다. 그러나 지방의회의원에 대한 징계의결,[143] 의장선임의결,[144] 의장불신임결의 등의 취소·무효확인을 구하는 소와

135) 대법원 1994. 5. 24. 선고 92다35783 전원합의체 판결(이주대책에 관한 처분).
136) 대법원 1965. 6. 22. 선고 64누106 판결.
137) 대법원 1992. 10. 27. 선고 92누1643 판결, 대법원 1994. 1. 28. 선고 93누14080 판결.
138) 대법원 1988. 3. 22. 선고 87다카1509 판결.
139) 대법원 1993. 12. 10. 선고 93누12619 판결.
140) 대법원 1994. 6. 14. 선고 94누1197 판결.
141) 대법원 1995. 6. 9. 선고 94누10870 판결. 농지개량조합은 농업기반공사 및 농지관리기금법이 2000. 1. 1.부터 시행되면서 농업기반공사에 합병되었고, 다시 위 법률이 2005. 12. 29. 한국농촌공사 및 농지관리기금법으로 개정되면서 농업기반공사의 명칭이 한국농촌공사로 변경되었다.
142) 대법원 1996. 9. 20. 선고 95누8003 판결: 처분적 조례에 대한 항고소송의 피고적격 ⇨ 조례를 공포한 지방자치단체의 장, 교육에 관한 조례에 대해서는 시·도 교육감
143) 대법원 1993. 11. 26. 선고 93누7341 판결: 지방의회의원에 대한 징계의결의 취소나 무효를 다투는 소의 피고적격 ⇨ 지방의회

같이 지방의회의 의결 자체를 대상으로 하는 소의 피고는 지방의회이다.

3. 처분 등을 행한 행정청

가. 의 의

'처분 등을 행한 행정청'은 외부적으로 자기의 이름으로 행위를 한 행정청을 말한다. 상급행정청이나 다른 행정청의 지시나 통보 기타 사유에 의하여 처분을 한 경우라고 하더라도 피고는 해당 처분을 한 행정청이 된다.

한편, 항고소송의 피고가 되는 행정청은 정당한 권한이 있어야 하는 것이 아니다. 어떠한 행정청이 권한이 없음에도 불구하고 일정한 처분을 행하였다 하더라도, 위 처분으로 인하여 권익이 침해된 당사자는 정당한 권한이 있는지 여부와 관계없이 처분을 행한 행정청을 피고로 삼아 항고소송을 제기하여야 하고, 권한이 있는지 여부는 본안에서 판단되어야 한다. 즉, 권한 없는 행정청이 행한 처분에 대하여 그 처분청을 피고로 삼아 취소소송을 제기한 경우 행정청을 잘못 지정한 것이라는 이유로 소를 각하할 것이 아니라, 오히려 본안 심리를 하여 실제로 권한 없는 행정청이 처분을 한 사실이 인정되면 그 처분은 주체의 하자가 있어 위법한 것이므로, 법원은 그 처분을 취소함으로써 당사자의 권익을 구제하여야 한다.

나. 대리의 경우

행정청의 권한의 대리라고 함은 '다른 행정기관이 피대리청의 권한의 전부 또는 일부를 피대리청을 위한 것이라고 표시하고 자기의 이름으로 행사하되, 그 행위의 효과는 피대리청에게 귀속하는 것'을 말한다. 따라서, 대리기관이 대리관계를 표시하고 피대리청을 대리하여 처분을 한 때에는 피대리청이 피고가 되어야 한다.[145]

다. 권한의 위임과 내부위임의 경우

행정권한의 위임은 "행정청이 법률에 따라 특정한 권한을 다른 행정청에 이전하여 수임청의 권한으로 행사하도록 함으로써 권한의 법적인 귀속이 변경되는 것"을 말한다. 행정권한의 위임은 법률이 허용하고 있는 경우에 한하여 인정된다. 이에 반하여 행정권한의 내

---

144) 대법원 1995. 1. 12. 선고 94누2602 판결: 지방의회의 의장선임의결에 대한 항고소송의 피고적격 ⇨ 지방의회

145) 대법원 2018. 10. 25. 선고 2018두43095 판결. 농림축산식품부장관이 농지보전부담금 부과처분을 한다는 의사표시가 담긴 납부통지서를 수납업무 대행자인 한국농어촌공사가 원고에게 전달한 사안에서, 한국농어촌공사가 농림축산식품부장관의 대행자 지위에서 위와 같은 납부통지를 하였음을 분명하게 밝혔다면, 농림축산식품부장관이 위 농지보전부담금 부과처분을 외부적으로 자신의 명의로 행한 행정청으로서 항고소송의 피고가 되어야 하고, 단순한 대행자에 불과한 한국농어촌공사를 피고로 삼을 수 없다.

부위임은 "행정청의 내부적인 사무처리의 편의를 도모하기 위하여 보조기관 또는 하급 행정관청으로 하여금 권한을 사실상 행사하게 하는 것"이므로, 법률이 위임을 허용하고 있지 않은 경우에도 인정된다. 권한위임의 경우에는 수임청이 자기의 이름으로 그 권한행사를 할 수 있지만 내부위임의 경우에는 수임청은 위임청의 이름으로만 그 권한을 행사할 수 있을 뿐 자기의 이름으로는 그 권한을 행사할 수 없다.146)

행정권한의 위임이 있는 경우 위임청은 권한을 상실하고 수임청으로 권한이 이전되므로, 수임청이 자기의 이름으로 처분을 행할 정당한 행정청이 된다. 반대로 내부위임의 경우에는 행정권한이 이전되는 것이 아니므로, 원 행정청의 이름으로 처분을 행하여야 한다. 행정권한의 위임이 있는 경우 위임청의 이름으로 처분을 행하거나 내부위임이 있었음에 불과한데도 위임을 받은 보조기관이나 하급 행정청의 이름으로 처분을 행한 경우에 그 처분은 주체의 하자가 있어 위법하게 된다. 따라서 한국자산관리공사가 압류재산을 공매하는 것은 세무서장의 공매권한의 위임에 의한 것이므로, 한국자산관리공사가 한 공매처분에 대한 취소소송 등의 항고소송을 제기할 때에는 수임청으로서 실제로 공매를 행한 한국자산관리공사를 피고로 하여야 하고, 위임청인 세무서장은 피고적격이 없다.147) 반대로 체납취득세에 대한 압류처분권한을 도지사로부터 위임 받은 시장이 구청장에게 내부위임한 경우 구청장으로서는 시장 명의로 압류처분을 대행처리할 수 있을 뿐이고 자신의 명의로 이를 할 수 없으므로, 구청장이 자신의 명의로 한 압류처분에 대한 항고소송은 구청장을 피고로 삼아 제기하여야 한다면 권한 없는 자에 의하여 행해진 위법한 처분으로 인정되어 승소하게 될 것이다.148)

라. 특별법에 의한 예외

대통령 등이 처분청인 경우에는 법률에 특별한 규정이 있다. 대통령이 행한 국가공무원, 교육공무원, 외무공무원, 경찰공무원과 국가소방공무원에 대한 징계 그밖의 불이익처분이나 부작위에 관한 항고소송에서는 각각 소속장관(경찰공무원의 경우에는 경찰청장 또는 해양경찰청장, 국가소방공무원의 경우에는 소방청장) 또는 대통령령으로 정하는 기관의 장이 피고가 된다(국가공무원법 제16조 제2항, 경찰공무원법 제34조, 소방공무원법 제30조 등 참조). 중앙선거관리위원회위원장의 위와 같은 처분 또는 부작위의 경우에는 중앙선거관리위원회사무총장을 피고로 한다.

국회의장이 행한 처분에 대한 행정소송의 피고는 국회사무총장이 되고(국회사무처법 제4조 제3항), 대법원장이 행한 처분에 대한 행정소송의 피고는 법원행정처장이 되며(법원조직법 제70조), 헌법재판소장이 행한 처분에 대한 행정소송의 피고는 헌법재판소사무처장이 된

146) 대법원 1995. 11. 28. 선고 94누6475 판결.
147) 대법원 1997. 2. 28. 선고 96누1757 판결.
148) 대법원 1993. 5. 27. 선고 93누6621 판결 참조.

다(헌법재판소법 제17조 제5항).

4. 피고적격자의 변경

행정기관의 명칭, 관할의 변경 또는 행정조직상의 권한 분장의 변경에 의하여 처분 등을 행할 당시의 행정청이 다른 행정청으로 명칭이 바뀌거나 처분 등을 할 권한이 다른 행정청에 이전된 경우 해당 처분에 대한 항고소송에서 피고를 누구로 삼아야 하는지가 문제된다. 행정소송법 제13조 제1항 단서에 의하면 처분 등이 있은 뒤에 그 처분 등에 관계되는 권한이 다른 행정청에 승계된 때에는 이를 승계한 행정청이 피고가 된다. 따라서 근로복지공단이 원고에 대하여 고용보험료를 부과·고지하는 처분을 한 다음 국민건강보험공단이 고용보험 및 산업재해보상보험의 보험료징수 등에 관한 법률 제4조에 따라 종전 근로복지공단이 수행하던 보험료의 고지 및 수납 등의 업무를 수행하게 되었다면, 위 처분에 대한 항고소송의 피고는 국민건강보험공단이 되어야 한다.[149)]

한편, 처분이나 재결을 한 행정청이 없게 된 때에는 그 처분 등에 관한 사무가 귀속되는 국가 또는 공공단체가 피고가 된다(행정소송법 제13조 제2항). 지방자치단체에 소속한 기관이 국가로부터 기관위임을 받아 사무처리를 하다가 그 권한이 폐지된 경우 그 사무는 국가에 귀속하게 되므로 국가가 피고가 되어야지 지방자치단체가 되는 것이 아니다.

항고소송이 제기된 후에 그 처분 등에 관계되는 권한이 다른 행정청에 승계되거나 처분이나 재결을 한 행정청이 없게 된 경우에는 법원은 당사자의 신청 또는 직권에 의하여 피고를 경정하여야 한다(행정소송법 제14조 제6항). 이때의 피고경정은 뒤에서 보는 잘못 지정한 피고의 경정(같은 조 제1항)이 사실심 변론종결시까지 허용되는 것과 달리 상고심에서도 허용된다.

Ⅵ. 당사자의 변경

1. 개 설

어떤 당사자 사이에 판결절차가 개시되었는지가 분명하여야만 기판력의 주관적 범위가 명확해지기 때문에, 현실의 소송사건에서 원고가 누구이고 피고가 누구인지 확정하는 것은 매우 중요하다. 통상은 소장의 당사자란의 기재에 따라 당사자가 확정되는 경우가 많겠지만, 그 기재와 실제의 당사자가 다른 경우도 없는 것은 아니므로, 당사자란의 기재 뿐만 아니라 청구의 취지·원인 및 소장의 다른 기재내용 등 소장의 전체를 기준으로 합리적

149) 대법원 2013. 2. 28. 선고 2012두22904 판결.

으로 해석 · 판단하여 당사자를 확정하여야 한다(실질적 기준설).[150)]

소제기 당시 확정된 당사자의 표시에 의문이 있거나 당사자가 정확히 표시되지 않은 경우에 그 표시를 정정하는 것을 '당사자표시정정'이라 하고, 소송 계속 중 종래의 당사자가 소송에서 탈퇴하고 그를 대신하여 새로운 당사자가 소송에 가입하거나 기존의 당사자에 추가하여 새로운 당사자가 소송에 가입하는 것을 '당사자의 변경'이라 한다. 당사자의 변경은 당사자의 동일성이 바뀌는 것이지만 당사자표시정정은 그렇지 않다는 점에서 차이가 있다.

당사자의 변경은 '소송승계'와 '임의적 당사자변경'으로 나누어진다. 소송승계는 소송 중에 분쟁주체로서의 지위가 제3자로 이전됨에 따라 새롭게 주체가 된 제3자가 당사자가 되어 종래의 소송을 속행하는 경우를 말한다. 한편 임의적 당사자변경은 분쟁주체로서의 지위변경과 관계없이 새로운 제3자가 소송에 가입하는 경우이다.

민사소송법은 행정소송의 성질에 반하지 않는 한 준용되므로, 민사소송에서 당사자 변경에 관한 규정은 행정소송에도 그대로 준용되고, 이에 덧붙여 행정소송법에 특별한 규정이 있는 경우에는 그에 따른다.

2. 소송승계

가. 포괄승계와 특정승계(민사소송법의 준용에 의한 승계)

행정소송의 경우에도 소송 중에 원고의 사망, 법인의 합병 등에 의한 포괄승계(당연승계)와 계쟁물의 양도에 의한 특정승계 등이 발생할 수 있다. 이 경우 민사소송법의 관련 규정이 준용되므로, 항고소송에서도 민사소송에서와 같은 당사자 지위의 승계가 이루어질 수 있다.

그러나 민법에 따른 상속인과 항고소송의 수계인이 다를 수 있다. 산업재해보상보험법의 규정에 의한 보험급여의 수급권자가 사망한 경우 그에게 지급하여야 할 보험급여로서 아직 지급되지 않은 보험급여의 수급권은 민법에 정한 상속순위에 따라 상속인들이 상속하는 것이 아니라 산업재해보상보험법에서 정한 순위에 따라 우선순위에 있는 유족이 승계한다.[151)]

소송 계속 중 당사자가 사망하였거나 회생절차의 개시결정이 있었는데, 법원이 이를 알지 못한 채 소송수계가 이루어지지 않은 상태 그대로 소송절차를 진행하여 판결을 선고

---

150) 대법원 1996. 3. 22. 선고 94다61243 판결.

151) 대법원 2006. 3. 9. 선고 2005두13841 판결. 한편 공무상요양불승인처분취소소송 도중 원고인 공무원이 사망한 경우에는 민법상의 재산상속인이 소송수계를 하는 것으로 해석하고 있다(대법원 2001. 3. 27. 선고 2000두10205 판결, 대법원 2006. 4. 27. 선고 2005두4069 판결). 또한, 석탄산업법에 따른 유족보상일시금 상당의 재해위로금 수급권자에 관해서도 민법의 상속에 관한 규정을 적용하여야 하고, 산업재해보상보험법의 유족급여 수급권자에 관한 규정을 유추할 수 없다(대법원 2020. 9. 24. 선고 2020두31699 판결).

하였다면, 그 판결은 소송절차를 수계할 자의 절차적 권리를 침해한 판결이므로, 마치 대리인에 의하여 적법하게 대리되지 않았던 경우와 마찬가지로 상소 또는 재심에 의하여 취소될 수 있다.[152)]

한편 순수한 대인적 처분이나 생명, 신체 등 일신전속적인 이익을 침해하는 처분에 대한 항고소송에서는 승계가 불가하다. 자격취소소송 중 원고가 사망한 경우 그 소송은 승계되지 않고 그대로 종료되므로, 법원은 소송종료절차에 따라 소송을 종결하면 된다.[153)]

또한 지위승계에 대하여 행정청의 승계허가나 신고수리를 받아야만 하는 영업에서는 취소소송의 대상이 되는 처분 등에 관한 소에서도 행정청의 승계허가나 신고수리가 있어야만 소송승계가 가능하게 된다. 예컨대, 식품위생법상 영업정지처분의 취소소송 중 영업양도가 된 경우 양수인은 식품위생법 제39조 제3항에 따라 허가청에 승계신고를 하여 그 수리를 받아야 소송승계를 할 수 있다.

나. 권한청의 변경으로 인한 피고경정

처분 등이 있은 뒤에 그 처분 등에 관계되는 권한이 다른 행정청에 승계되거나(행정소송법 제13조 제1항 단서) 처분이나 재결을 한 행정청이 없게 된 경우(같은 조 제2항)에는 법원은 당사자의 신청 또는 직권에 의하여 피고를 경정하여야 한다(행정소송법 제14조 제6항).

행정소송법 제14조 제6항은 항고소송의 피고를 권리의무의 귀속주체가 아닌 처분을 행한 행정청으로 정하고 있기 때문에 마련된 민사소송과 다른 특유한 소송승계제도이다. 위 규정은 취소소송 뿐만 아니라 무효등 확인소송과 부작위위법확인소송에도 준용된다.

3. 임의적 당사자변경

가. 의 의

임의적 당사자변경은 "분쟁주체로서의 지위변경과 관계없이 새롭게 제3자가 소송에 가입하는 것"을 말한다. 민사소송에서 임의적 당사자변경은 당사자의 동일성을 해치기 때문에 원칙적으로 허용되지 않는다. 다만 민사소송법에서도 ① 당사자의 추가에 해당하는 필수적 공동소송인의 추가(제68조), ② 예비적·선택적 공동소송인의 추가(제70조), ③ 당사자의 교체에 해당하는 피고의 경정(제260조)은 예외적으로 인정하고 있다. 민사소송에서의 이러한 3가지 형태의 임의적 당사자변경은 모두 제1심 변론종결시까지만 허용되고, 원고의 경정은 제도상 허용되지 않는다.

그런데 행정소송법에서 피고의 임의적 변경은 비교적 넓게 허용되고 있다. 따라서 행

---

152) 대법원 2021. 5. 7. 선고 2020두58137 판결 참조.
153) 대법원 2003. 8. 19. 선고 2003두5037 판결.

정소송법상의 여러 특칙을 활용할 필요가 있다.

나. 잘못 지정한 피고의 경정(행정소송법 제14조)

(1) 제도의 취지

피고의 경정이란 "소송의 계속 중에 피고를 종전에 피고로 지정된 자와 동일성이 없는 다른 자로 변경하는 것"을 말한다. 행정조직이 복잡하고 권한의 변경 등도 빈번하여 누가 피고적격을 가지고 있는지 파악하기 어려운 경우가 적지 않기 때문에 피고를 잘못 지정하는 경우가 있을 수 있다. 그러한 소를 부적법한 것으로 각하하게 되면, 다시 정당한 피고를 정하여 제소하려고 해도 제소기간의 도과 등의 사유로 그것이 불가능해질 수 있다. 행정소송법은 바로 그와 같은 불합리한 결과를 피하고 구제의 길을 확보하려는 의도에서 '피고경정' 제도를 마련해 놓고 있는 것이다.

(2) 민사소송법 제260조상의 피고경정과 비교

행정소송법은 민사소송법이 1990. 1. 13. 개정되면서 피고경정에 관한 규정을 신설하기 전에도 이미 피고경정을 허용하고 있었다. 그러나 이제는 민사소송에서도 피고경정이 가능하므로 현실적으로 큰 의미는 없다.

그렇다고 하더라도 ① 민사소송에서는 피고가 본안에 관하여 준비서면을 제출하거나 준비기일에서 진술하거나 변론을 한 후에는 피고의 동의가 있는 경우에만 경정이 가능하나, 행정소송의 경우에는 그러한 제한이 없고, ② 민사소송에서는 서면에 의한 신청을 요하나, 행정소송에서는 구두신청도 가능하며, ③ 행정소송에서는 제2심에서도 피고경정을 할 수 있다는 등의 차이가 있다.

(3) 요 건

㈎ 사실심 계속 중

행정소송법 제14조 제1항에 따른 피고경정은 제1심 변론종결시까지만 할 수 있는 민사소송과 달리 사실심 변론을 종결할 때까지 할 수 있다(행정소송규칙 제6조). 그리고 이 규정에 대한 반대해석상 법률심인 상고심에서 피고경정이 허용되지 않는다는 것은 의문이 없다.

행정소송규칙이 제정되기 전에는 위와 같은 피고경정이 제1심에서만 허용되는지 아니면 항소심에서도 허용되는지 여부에 대하여 논란이 될 수 있었다. 항소심에서 피고의 경정을 허용하면 새롭게 소송에 가입하는 피고는 제1심의 심리 및 판결을 받지 못하게 되기 때문이다. 그렇지만 피고경정에 관한 행정소송법 제14조 제1항에는 민사소송법 제260조 제1항 본문과 같이 피고경정을 제1심에 한정하는 명문의 규정이 없고, 행정소송에서의 피고경정은 실질적인 당사자변경이라기 보다는 소관부처의 변경이라는 의미가 크므로 실질적인 심급이익의 박탈이라는 문제는 생기지 않으며, 행정소송에서는 제소기간의 제한 등으로 인하여 피고경정의 필요성이 민사소송보다 매우 크다는 점 등을 감안하면 항소심에서도 피고경정이 가능하다고 해석하는 것이 통설과 판례였다.[154] 그리하여, 행정소송규칙 제6조는 위와 같은 해석론과 대법원 판례의 법리를 명문화한 것이다.

(나) 잘못된 피고의 지정

"피고를 잘못 지정한 때"란 해당 취소소송의 피고로 지정된 자가 행정소송법 제13조 또는 다른 법률의 특별규정에 의한 정당한 피고적격을 가지지 않는 경우를 말한다. 잘못 지정되었는지 여부는 법원이 당사자의 주장에 구속됨이 없이 객관적으로 판단할 사항이다. 따라서 당사자가 피고를 잘못 지정하였다고 주장하면서 피고경정을 신청하였다고 하더라도 법원은 원래의 피고가 정당하다고 판단하면 그 신청을 배척할 수 있다.[155]

피고를 잘못 지정하였는지의 여부는 제소시를 기준으로 판단한다. 제소 후의 사정(행정청의 권한의 변동 · 소의 변경 등)으로 인하여 피고를 경정하는 것은 여기에서의 피고경정에는 해당되지 않는다.

(다) 새로운 피고의 정당성 여부

신청에 의한 피고경정의 경우 피고를 정하는 것은 원칙적으로 원고의 권한 및 책임에 속한다. 따라서 새로운 피고가 정당한 피고적격자인지 여부와 관계없이 법원은 원고의 신청에 따라 피고경정을 허가할 수 있다.[156] 그렇다고 하더라도 법원은 원고로 하여금 정당한 피고로 경정할 수 있도록 석명권을 행사하는 등 적절한 조치를 행하여야 할 것이다.

(라) 원고의 고의 · 과실이 없어야 하는지 여부

원고가 피고를 잘못 지정한 것에 원고의 고의 · 과실이 있는지 여부는 묻지 않는다. 다만 소송지연 등을 목적으로 피고를 다르게 지정하는 경우 피고경정을 허가하지 않을 수도 있을 것이다.[157]

(마) 피고의 동의 요부

민사소송에서는 피고경정은 종전 피고에 대한 소 취하의 성질을 가지므로, 피고가 본안에 관하여 준비서면을 제출하거나 변론준비기일에서 진술하거나 변론을 한 뒤에는 그의 동의를 받아야 한다(민사소송법 제260조 제1항 단서). 그러나 행정소송에서는 그러한 제한이 없어 변론을 한 이후에도 종전 피고의 동의 없이 피고경정이 가능하고 새로운 피고의 동의도 필요 없다. 이러한 점이 민사소송과 다른 행정소송만의 특색이다.

---

154) 대법원 2006. 2. 23.자 2005부4 결정.
155) 법원실무제요(행정), 79면.
156) 법원실무제요(행정), 79면.
157) 법원실무제요(행정), 80면.

(4) 절　　차

피고를 잘못 지정한 경우에 피고의 경정은 원고의 신청에 의하여 행한다(행정소송법 제14조 제1항). 법원의 직권에 의해서는 가능하지 않다. 원고가 피고를 잘못 지정하였다면 법원으로서는 당연히 석명권을 행사하여 원고로 하여금 피고를 경정하게 하여 소송을 진행케 하였어야 할 것임에도 불구하고 이러한 조치를 취하지 않은 채 피고의 지정이 잘못되었다는 이유로 소를 각하하는 것은 위법하다.[158)]

피고경정의 요건충족 여부에 관해서는 법원이 직권으로 조사한다. 변론을 거칠 것인가 여부는 법원의 재량사항이다(민사소송법 제134조 제1항 단서).

법원은 심리의 결과 피고경정의 요건을 충족하였다고 판단되면 결정의 형식으로써 피고의 경정을 허가할 수 있다(행정소송법 제14조 제1항).

원고의 신청을 각하하는 결정에 대하여 즉시항고를 할 수 있다(같은 조 제3항). 피고경정허가결정에 대해서는 신청인이 불복하지 못한다는 것은 당연하고, 경정전 피고는 허가결정에 대하여 불복하더라도 항고를 제기할 수는 없으며 행정소송법 제8조 제2항에 의하여 준용되는 민사소송법 제449조 제1항[159)] 소정의 특별항고를 제기할 수 있을 뿐이다.[160)]

(5) 피고경정허가의 효과

㈎ 신소의 제기

피고를 경정하는 것에 대한 허가결정이 있을 때에는 새로운 피고에 대한 소송은 처음에 소를 제기한 때에 제기된 것으로 본다(같은 조 제4항). 제소기간의 기산점을 당초의 소제기시로 간주하는 것은 제소기간 경과에 대한 불이익을 배제하기 위한 것이다.

㈏ 구소의 취하

피고경정의 허가결정이 있을 때에는 종전의 피고에 대한 소송은 취하된 것으로 본다(같은 조 제5항). 민사소송과 달리 피고의 동의를 구하는 절차를 취할 필요가 없다.

다. 소의 변경에 수반되는 피고경정

행정소송에서의 소의 변경은 민사소송법 제262조가 준용되는 청구의 기초에 변경이 없는 범위 내에서 하는 소송물의 변경뿐만 아니라 행정소송법에 고유한 것으로서 피고의 경정을 포함한 소의 종류의 변경과 처분변경으로 인한 소의 변경을 포함하는 넓은 개념이다.

---

158) 대법원 2004. 7. 8. 선고 2002두7852 판결.

159) 민사소송법 제449조 제1항에서는 "불복할 수 없는 결정이나 명령에 대하여는 재판에 영향을 미친 헌법위반이 있거나, 재판의 전제가 된 명령·규칙·처분의 헌법 또는 법률의 위반여부에 대한 판단이 부당하다는 것을 이유로 하는 때에만 대법원에 특별항고를 할 수 있다."라고 규정하고 있다.

160) 대법원 2006. 2. 23.자 2005부4 결정.

행정소송법에 고유한 소의 종류의 변경제도는 행정소송의 종류가 다양하고 각각 그 성질과 제소요건이 다르기 때문에 착오로 행정소송의 종류를 그르칠 염려가 있으므로 원고가 항고소송 상호간 또는 항고소송과 당사자 소송간 소의 종류를 잘못 선택한 경우 간편하게 변경할 수 있도록 한 것이 그 입법취지이고, 그에 따라 행정소송법 제21조 제4항에서 소의 변경에 수반한 피고의 경정을 허용하고 있으므로, 피고경정과 관련하여 아무런 문제가 발생하지 않는다.

문제는 민사소송법이 준용되는 소변경(청구의 기초가 변경이 없는 범위 내에서 청구취지 및 원인을 변경하는 소변경)에서 피고의 변경도 가능한지이다. 위에서 살펴본 것처럼 소 종류의 변경으로 인한 피고변경도 가능한데 거기에 이르지 않는 소의 변경에 피고의 경정을 허용하지 않을 이유가 없으므로, 이 경우에도 행정소송법 제14조의 규정에 따라 법원의 허가를 얻어 피고의 경정이 가능하다고 해석된다.[161)]

Ⅶ. 소송참가

1. 의 의

소송참가란 "소송의 계속 중 제3자가 자기의 법률상의 지위를 보호하기 위하여 소송에 참가하는 것"을 말한다. 소송참가는 ① 제3자가 단순히 당사자의 한 쪽의 승소를 돕기 위하여 참가하는 '보조참가'(민사소송법 제71조), ② 소송 계속 중의 소송당사자 쌍방에 대하여 독립한 당사자로서 참가하는 '독립당사자참가'(같은 법 제79조), ③ 제3자가 당사자의 일방의 공동소송인으로서 참가하는 '공동소송참가'(같은 법 제83조), ④ 필수적 공동소송인에 준하는 지위가 인정되는 '공동소송적 보조참가'(같은 법 제78조) 등이 있다. 독립당사자참가를 비롯한 소송참가는 제3자와의 사이에 소송의 목적을 합일적으로 확정할 필요성과 합리성을 전제로 하는데, 어느 것이나 소송의 결과에 따른 제3자의 이익을 보호하려는 목적을 가지고 있다.

그런데 행정소송에는 소송의 대상인 처분 등이 수인의 권익에 관계되는 경우가 민사소송에 비해 상대적으로 많을 뿐만 아니라 제3자효 행정행위의 경우에서와 같이 처분의 효력이 상대방 이외의 제3자에게 영향을 미치는 경우가 많으므로, 소송참가를 허용할 필요성은 민사소송의 경우보다 크다. 특히 항고소송의 경우에는 원고의 승소판결에 대세적 효력을 부여하므로(행정소송법 제29조 제1항), 당초 소송에 관여하지 않던 제3자의 권익보호를 위하여 소송참가가 더욱 넓게 보장될 필요가 있다. 따라서 행정소송법은 제3자의 소송참가(제16조)와 행정청의 소송참가(제17조)에 관하여 특별히 규정하고 있다.

---

161) 법원실무제요(행정), 85면, 주석 행정소송법, 438면.

2. 제3자의 소송참가

가. 제도의 취지

제3자의 소송참가는 "소송의 결과에 따라 권리 또는 이익의 침해를 받을 제3자가 있는 경우 법원이 당사자 또는 제3자의 신청 또는 직권에 의하여 그 제3자를 소송에 참가시키는 제도"이다. 제3자의 소송참가는 취소소송 이외의 무효등 확인소송과 부작위위법확인소송에 준용된다(행정소송법 제38조).

행정소송에서는 그 판결이 다수의 권익에 관계되는 것이 많을 뿐만 아니라 항고소송에서는 판결에 대세적 효력(행정소송법 제29조 제1항)까지 인정되므로 제3자의 권익보호를 위하여 소송참가가 넓게 보장되어야 한다는 취지에서, 민사소송법상의 소송참가제도와 별도로 규정하고 있는 것이다. 예를 들면, 허가청이 경원자 A와 B 중 A에 대하여 허가를 한 사안에서 B가 허가청을 상대로 A에 대한 허가의 취소소송을 제기한 경우 A로 하여금 B와 허가청 사이의 소송에 참가하여 해당 소송의 당사자로서 자신에게 이익이 되는 주장을 하고 판결을 받게 할 필요가 있다. 또한 위 취소소송에서 원고인 B의 승소판결은 대세적 효력이 있으므로, 소송에 관여하지 않은 제3자인 A에게도 효력이 미친다. 그러므로 실질적인 당사자로서의 지위를 가지게 되는 제3자로 하여금 공격·방어방법을 제출할 기회를 제공함으로써 적정한 심리·재판을 실현하고, 제3자에 의한 재심청구(같은 법 제31조)를 미연에 방지하기 위하여 이 제도가 마련된 것이다.

나. 참가의 요건

(1) 타인 사이의 소송 계속

소송이 어느 심급에 있는지는 묻지 않으므로, 상고심에서도 가능하다. 그렇지만 소가 적법하게 제기되어 계속되고 있어야 한다.

(2) 소송의 결과에 따라 권리 또는 이익의 침해를 받을 자

참가인이 되려면 참가이유로서 소송의 결과에 의하여 권리 또는 이익의 침해를 받을 것이 요구된다. 소송의 결과에 따라 권리 또는 이익을 침해당한다고 하는 것은 판결의 결론인 주문에서의 소송물 자체에 관한 판단의 결과 권리·이익이 박탈당하는 것을 말한다. 그밖에 판결에 구속되는 행정청의 새로운 처분에 의하여 권리·이익을 박탈당하는 경우까지도 포함된다. 경원자소송에서 X가 면허를 받고 Y의 신청이 거부되어 Y가 제기한 거부처분 취소소송에서 승소하더라도, X에 대한 면허가 저절로 소멸되지는 않지만 취소판결의 구속을 받는 처분청의 행위를 통하여 궁극적으로 X에 대한 면허가 취소될 것이므로, X는 판결에 의하여 권익을 침해받을 자가 되는 것이다.

(3) 제3자

여기에서 '제3자'라고 함은 "소송당사자 이외의 자"를 말하고, 국가 · 공공단체도 이에 포함될 수 있다. 그러나 행정청은 그 자체로서 당사자능력이 없으므로 그에 해당되지 않는다.[162] 취소판결에 의하여 '침해될 권리 또는 이익'이란 '법률상의 이익'을 의미하고 반사적 이익이나 사실상의 이익은 여기에 포함되지 않으므로, 제3자는 위에서 말하는 법률상 이익을 가지고 있어야 한다.

(4) 참가의 대상

소송의 결과에 따라 권리 또는 이익을 침해받을 제3자는 원고와 피고 어느 쪽을 위해서도 참가할 수 있다. 이 점에서 뒤에서 보는 피고 행정청을 위해서만 참가할 수 있는 행정청의 소송참가와 다르다.

다. 참가의 절차

(1) 직권 또는 참가신청

제3자의 소송참가는 제도의 취지에 비추어 보아 직권소송참가(강제참가)가 원칙일 것이나, 이를 널리 이용하게 할 필요도 있기 때문에 당사자 및 제3자에게도 참가신청권을 인정하고 있다(행정소송법 제16조 제1항 참조).

(2) 참가의 허부결정

당사자 또는 제3자로부터 참가신청이 있는 경우 법원은 그 요건의 존부를 심사하여 결정으로써 허가 여부의 재판을 하게 된다. 당사자가 이의를 제기하지 않더라도 같다. 민사소송법 제71조에 의한 보조참가는 당사자가 참가에 대하여 이의를 신청한 때에만 법원이 참가를 허가할 것인지 아닌지를 결정하여야 한다는 점에서 차이가 있다. 직권소송참가의 경우에는 법원은 결정으로써 제3자에게 참가를 명한다(행정소송법 제16조 제1항). 법원이 참가결정을 하고자 할 때에는 미리 당사자 및 제3자의 의견을 들어야 한다(같은 조 제2항). 그러나 법원이 그 의견에 구속되는 것은 아니다.

참가의 신청을 한 제3자는 그 신청을 각하한 결정에 대하여 즉시항고를 할 수 있다(같은 조 제3항). 당사자가 제3자의 소송참가신청을 하였으나 법원이 각하결정을 한 경우 그 당사자는 각하결정에 대하여 불복할 수 없다. 행정소송법 제16조 제3항에서는 제3자만 불복할 수 있도록 명시하고 있고, 제3자의 소송참가는 제3자의 보호와 공익의 보장을 주된 목적으로 하는 것이기 때문이다.

행정소송법 제16조 제3항의 반대해석상 참가를 허가한 결정에 대해서는 당사자 및 제

162) 이 경우 행정청은 행정소송법 제17조에 의한 행정청의 소송참가 규정에 의하여 참가할 수 있다.

3자 누구도 독립하여 불복할 수 없다. 따라서 본안에 대한 불복절차에서 소송절차의 위법 여부를 다툴 수 있을 뿐이다. 민사소송법 제73조 제1항에 의한 보조참가에서는 그 신청에 대한 허가결정에 대해서도 즉시항고를 할 수 있는 것과 다른 점이다.

라. 참가인의 지위

(1) 참가결정 전의 지위

참가를 신청한 제3자는 그 각하결정이 있을 때까지는 참가인으로서 소송수행을 할 수 있다.[163] 각하결정이 있게 되면 그때까지 행한 제3자의 소송행위는 효력을 상실한다. 다만 당사자가 이것을 원용하게 되면 효력이 유지된다(민사소송법 제75조 참조).

(2) 참가결정 후의 지위(참가인의 지위)

법원의 참가결정이 있게 되면 제3자는 참가인의 지위를 획득한다. 참가인인 제3자에 대하여는 필수적 공동소송에 대한 민사소송법 제67조의 규정이 준용되므로(행정소송법 제16조 제4항), 참가인은 피참가인과 필수적 공동소송에서의 공동소송인에 준한 지위에 서는 것이나, 당사자에 대하여 독자적인 청구를 하는 것은 아니므로, 그 성질은 공동소송적 보조참가와 비슷하다.

(3) 참가인에 대한 판결의 효력

참가인의 지위를 취득한 제3자는 판결의 효력을 받는다. 이는 민사소송법상 보조참가인이 참가적 효력만 받는 것과 다르다. 참가인이 된 제3자는 판결확정 후 행정소송법 제31조에 의한 재심의 소를 제기할 수 없다. 왜냐하면 위 재심의 소는 참가하지 못한 제3자를 위해 마련된 제도이기 때문이다.

3. 행정청의 소송참가

가. 제도의 취지

행정청이 처분 또는 재결을 할 때 처분청 또는 행정심판위원회 이외의 행정청이 그에 관계하는 경우가 적지 않다. 그런데 처분의 취소소송은 처분청을, 재결의 취소소송은 행정심판위원회를 비롯한 재결청을 피고로 제기하는 것이 원칙이므로(행정소송법 제13조 제1항), 처분청 또는 재결청 이외의 행정청이 중요한 공격 · 방어방법을 가지고 있더라도 해당 소송에 관계인으로서 참여할 수 없다는 문제가 있다. 그리하여 행정소송법은 관계행정청으로 하여금 직접 소송에 참여하여 공격 · 방어방법을 제출케 함으로써, 심리 · 재판에 적정을 기

---

163) 김남진 · 김연태, 행정법 I , 915면. 이에 반하여 민사소송법 제75조를 준용하는 명문의 규정이 없고, 민사소송법상 보조참가와는 달리 법원의 결정에 의하여 비로소 참가가 허용된다는 점에서 소극적으로 해석하는 견해도 있다.

할 수 있도록 행정청의 소송참가제도를 명문으로 규정하고 있는 것이다(행정소송법 제17조).

행정청의 소송참가제도는 소송의 적정한 해결을 도모하는 것에 입법취지가 있으므로, 직권심리주의(행정소송법 제26조)와 밀접한 관련을 가지고, 제3자의 이익보호를 입법목적로 하는 제3자의 소송참가제도와는 그 취지를 달리한다.

나. 참가요건

(1) 타인 사이의 소송 계속

행정청의 소송참가도 제3자의 소송참가와 같이 참가의 대상이 되는 취소소송이 계속되고 있어야 가능하다. 그 소송이 어느 심급에 있는지는 불문한다.

(2) 다른 행정청

'다른 행정청'에는 참가의 대상이 되는 소송의 피고인 행정청 이외의 행정청이다. 다만 계쟁 처분·재결과 관계있는 행정청이어야 할 것이다. 계쟁의 처분 또는 재결에 관하여 피고인 행정청을 지휘·감독하는 상급청, 재결이 행해진 경우의 원처분청의 경우가 많을 것이다.

(3) 피고 행정청을 위한 참가

행정청의 소송참가의 취지가 제3자의 권익보호보다는 소송의 적정한 해결에 있다는 점을 고려하거나 행정의사의 분열을 초래하는 것은 허용되지 않는다는 점 등을 감안하면, 소송에 참가하고자 하는 행정청은 성질상 피고 행정청을 위하여 참가할 수 있을 뿐이다. 따라서 지방노동위원회가 구제명령을 발하였으나 중앙노동위원회가 구제명령을 취소하는 재결을 한 경우 원고가 중앙노동위원회위원장을 상대로 한 재결의 취소소송에서 지방노동위원회가 자신이 행한 구제명령이 옳고 중앙노동위원회의 재결이 잘못된 것이라는 이유로 원고를 위하여 참가하는 것은 허용될 수 없다.

(4) 참가의 필요

'참가의 필요'는 제도의 취지상 관계되는 다른 행정청을 소송에 참가시킴으로써 소송자료 및 증거자료가 풍부하게 되어 사건의 적정한 심리와 재판을 하기 위하여 필요한 경우를 말한다.[164] 참가의 필요는 법원이 판단한다.

한편, 피고 행정청 이외의 다른 행정청은 모두 소송참가를 할 수 있어 산하 행정청이라고 참가하지 못할 이유는 없을 것이나, 피고 행정청의 지휘·감독 하에 있는 행정청의 소송자료 등은 피고 행정청이 쉽게 입수할 수 있으므로, 소송참가의 필요성이 부인될 수도 있다.

---

164) 대법원 2002. 9. 24. 선고 99두1519 판결.

다. 참가절차

법원의 직권, 당사자 또는 '해당 행정청(소송에 참가하고자 하는 다른 행정청)'의 신청에 의한다(행정소송법 제17조 제1항). 신청의 방식에 관해서는 민사소송법 제72조(참가신청의 방식)가 준용된다.

참가의 허부의 재판은 결정의 형식으로 하고 당사자 및 해당 행정청의 의견을 미리 들어야 한다(같은 조 제2항). 그 결정에 대해서는 불복할 수 없다.

라. 참가 행정청의 지위

법원의 참가결정이 있게 되면, 그 소송에 참가한 행정청에게는 민사소송법 제76조(참가인의 소송행위)의 규정이 준용된다(행정소송법 제17조 제3항 참조). 따라서 참가행정청은 소송수행에서 보조참가인에 준하는 지위에 서게 되므로, 소송에 관하여 공격 · 방어 · 이의 · 상소 기타 일체의 소송행위를 할 수 있다. 그러나 피참가인의 소송행위와 저촉되는 소송행위는 할 수 없고, 하더라도 무효가 된다(민사소송법 제76조 제2항).

마. 명령 · 규칙 소관 행정청에 대한 소송통지

명령 · 규칙의 위헌 · 위법이 쟁점이 되는 사건에서 해당 행정청인 피고와 명령 · 규칙의 개정 · 폐지 권한을 가지는 소관 행정청이 다른 경우가 있을 수 있는데, 이 경우 행정청의 소송참가와 같이 소송의 적정한 해결이라는 입법취지에서, 전문성 있는 소관 행정청이 소송에 참여할 수 있는 기회를 적극적으로 보장할 필요가 있다. 그리하여, 행정소송규칙 제7조에서는 법원으로 하여금 해당 명령 · 규칙의 소관 행정청에 소송계속 사실을 통지할 수 있도록 함으로써(제1항), 해당 명령 · 규칙의 내용, 목적 및 취지, 입법경위 등에 관하여 잘 알고 있는 소관 행정청에게 법원에 해당 명령 · 규칙의 위헌 또는 위법 여부에 관한 의견서를 제출할 기회를 주고 있다(제2항). 이때 법원은 소관 행정청이 해당 명령 · 규칙의 위헌 또는 위법 여부에 대하여 밝힌 법률의견을 심리에 참조할 수 있고, 나아가 필요한 경우에는 직권으로 소관 행정청을 참가시킬 수도 있을 것이다.

4. 민사소송법에 의한 소송참가

행정소송법은 민사소송법상 각종 참가에 관한 규정을 배제하고 있지 않다. 따라서 행정소송에서는 행정소송법이 정한 참가 외에 민사소송법상 보조참가를 비롯한 각종 참가도 여전히 가능하다. 판례와 실무관행도 대체로 그에 따르고 있다.[165]

실무적으로 행정소송에서 민사소송법상의 여러 가지 참가유형 중에 보조참가를 하는

165) 대법원 2008. 2. 14. 선고 2007두21303 판결 등 다수의 판례는 보조참가가 허용됨을 전제로 하고 있다.

경우가 많은데, 이것이 단순한 보조참가인지 아니면 공동소송적 보조참가인지 다툼이 있어 왔다. 행정소송법 제16조의 “소송의 결과에 따라 권리 이익의 침해를 받을 제3자”나 민사소송법 제71조의 “소송의 결과에 이해관계 있는 제3자”는 그 범위에 사실상 차이가 없고, 항고소송의 인용판결은 대세적 효력을 가지므로(행정소송법 제29조, 제38조 제2항), 판결의 효력을 받는 제3자는 민사소송에 의한 보조참가인이라 하더라도 그 실질은 민사소송법 제67조에 규정된 공동소송적 보조참가인과 유사한 지위에 있게 된다. 대법원도 판결의 효력이 참가인에게도 미치는 점 등 행정소송의 성질에 비추어 보아 그 참가는 민사소송법 제78조에서 규정하는 공동소송적 보조참가라고 판시하였다.[166]

Ⅷ. 소송상의 대리인

1. 민사소송법의 준용

행정소송의 소송대리에도 민사소송법의 관련규정이 준용된다. 민사소송법 제87조(소송대리인의 자격), 제89조(소송대리권의 증명), 제90조(소송대리권의 범위) 등이 행정소송에 준용되는 규정들일 것이다.

2. 국가소송법의 적용

국가를 당사자로 하는 소송에 관한 법률(국가소송법)의 적용영역은 국가소송과 행정소송이다(제1조 참조). 국가소송법은 국가소송을 ‘소송의 주체’라는 형식적 관점에서 “국가를 당사자 또는 참가인으로 하는 소송”라고 정의하고 있다. 반면에 행정소송에 관해서는 국가소송과는 달리 개념을 규정하지 않고 단지 괄호 안에 “행정청을 참가인으로 하는 경우를 포함한다.”라고 하고, 제6조 제1항에서 “행정소송의 수행에 있어서는 행정청의 장은 법무부장관의 지휘를 받아야 한다.”라고 규정하고 있다. 따라서 국가소송법의 적용을 받는 행정소송은 ‘행정청의 장이 수행하는 행정소송’이라고 해석된다.[167]

국가소송(국가를 당사자 또는 참가인으로 하는 소송)에서는 법무부장관이 국가를 대표하고, 법무부의 직원, 검사, 공익법무관, 소관행정청의 직원을 소송수행자로 지정하여 소송을

166) 대법원 2013. 3. 28. 선고 2011두13729 판결, 대법원 2012. 11. 29. 선고 2011두30069 판결, 대법원 2017. 10. 12. 선고 2015두36836 판결. 따라서 참가인이 적법하게 상고를 제기하고 그 상고이유서 제출기간 내에 상고이유서를 제출하였다면, 상고를 제기하지 않은 피참가인인 피고의 상고이유서 제출기간이 도과하였다고 하더라도, 그 상고이유서의 제출은 적법하고, 참가인이 상소를 할 경우에 피참가인이 상소취하나 상소포기를 할 수는 없다고 판시하였다.

167) 여기에서의 행정청은 행정조직법상의 행정기관을 말한다. 국가소송법 제2조의2에서는 “이 법의 적용을 받는 행정청에는 법령에 따라 행정권한의 위임 또는 위탁을 받은 행정기관, 공공단체, 그 기관 또는 사인이 포함된다.”라고 규정하고 있다.

수행하도록 할 수 있다(제2조, 제3조). 반면에 항고소송을 비롯한 국가소송법상의 행정소송의 경우에는 행정청의 장이 그 소속 직원 등을 소송수행자로 지정하여 소송수행을 할 수 있다(국가소송법 제5조). 소송수행자를 지정할 때에는 그 직위와 업무, 전문성 등을 고려하여 해당 사건의 소송수행에 적합한 사람이 지정되어야 한다(행정소송규칙 제3조).

다만 국가소송법 제5조 제1항에 규정된 '행정청의 장'에 지방자치단체 그 자체가 포함된다고 볼 수 없고, 지방자치단체의 장이 아닌 지방자치단체 자체가 당사자인 경우에 관하여 국가소송법에 달리 아무런 규정이 없다. 따라서 이 경우에는 소송수행자를 지정할 수 없으므로, 민사소송에서처럼 대표자 본인이 직접 소송을 수행하거나 변호사를 대리인으로 선임할 수밖에 없다.[168] 따라서 지방자치단체장이 피고인 항고소송에서는 소송수행자의 지정이 가능하나, 지방자치단체가 피고가 되는 당사자소송이나 민사소송에서는 소송수행자에 의한 소송수행이 불가능하다.

제5절 항고소송의 대상

Ⅰ. 항고소송의 대상으로서 처분과 재결

행정소송법은 항고소송의 대상을 처분과 재결이라고 규정하면서 그 대상을 구체적으로 열거하지 않고 개괄하고 있다. 행정소송법 제19조 본문에서는 취소소송은 '처분 등'을 대상으로 한다고 규정하고, 같은 법 제2조 제1항 제1호에서는, '처분 등'이라 함은 "행정청이 행하는 구체적 사실에 관한 법집행으로서의 공권력의 행사 또는 그 거부와 그밖에 이에 준하는 행정작용(이하 '처분'이라 한다) 및 행정심판에 대한 재결"을 말한다고 규정하고 있으며, 이는 무효등 확인소송과 부작위위법확인소송에 준용된다(같은 법 제38조).

항고소송에서 처분이 존재하는지 여부는 소송요건으로서 직권조사사항에 해당한다. 따라서 법원이 직권으로 심리하여 그 존재여부를 판단하여야 하고, 당사자의 자백에 구속되지 않으므로 당사자들이 처분의 존재에 관하여 다투지 않더라도 법원은 그 존부에 관하여 의심이 있는 경우에는 이를 직권으로 밝혀 보아야 한다. 또한 당사자가 처분의 존재 여부에 관하여 사실심 변론종결시까지 주장하지 않았고 상고심에서 비로소 주장하더라도 그 사항은 상고심의 심판범위에 포함된다.[169]

---

168) 대법원 2006. 6. 9. 선고 2006두4035 판결.
169) 대법원 2004. 12. 24. 선고 2003두15195 판결.

Ⅱ. 처 분

1. 개 념

가. 의 의

행정소송법 제2조 제1항 제1호에서는, '처분'을 "행정청이 행하는 구체적 사실에 관한 법집행으로서의 공권력의 행사 또는 그 거부와 그밖에 이에 준하는 행정작용"이라고 정의하고 있다. 이에 관해서는 행정기본법 제2조 제4호, 행정절차법 제2조 제2호 및 행정심판법 제2조 제1호에서도 유사하게 규정되어 있다.

한편, 강학상 행정행위는 행정청이 행하는 일체의 행위(최광의), 행정청의 공법행위(광의), 행정청이 구체적 사실에 관한 법집행으로서 행하는 공법행위(협의)라고 볼 수도 있겠지만, 우리나라와 일본에서의 통설은 행정행위를 최협의의 개념으로 '행정청이 구체적 사실에 관한 법집행으로서 행하는 권력적 · 단독적 공법행위'로 파악하고 있다.

나. 행정행위와 처분과의 관계에 관한 학설과 판례의 태도

행정쟁송법(행정심판법 · 행정소송법)에 처분개념이 등장하면서부터 강학상의 행정행위개념과 쟁송법상의 처분개념이 같은 것인가 다른 것인가 하는 점이 문제되고 있다.

(1) 학 설

강학상의 행정행위와 쟁송법상의 처분을 같은 것으로 보면서 그 처분과 다른 행정작용과의 구별의 징표를 철저히 탐구하려는 일원설(실체법상 처분개념설)과, 강학상의 행정행위와 행정쟁송법상의 처분을 다른 것으로 보고 후자의 내포를 확대하려고 노력하는 이원설(쟁송법상 처분개념설)의 대립이 있다.

구체적으로 일원설에서는 행정작용은 법률효과와 쟁송수단 등에 따라 명령(행정입법) · 행정행위 · 행정계약 · 사실행위 등으로 구분되는데, 이원설을 취한다면 실정법상의 행정작용의 구분 및 행위형식의 분류에 관한 학문적 노력을 무위로 만들 염려가 있고, 하나의 법기술적인 도구개념인 처분에 이질적인 성질의 것을 포함시키는 것은 바람직하지 않다고 주장한다. 이에 대하여 이원설에서는 항고쟁송의 대상이 되는 행정청의 행위인 처분에는 행정구제의 기회확대라는 요구에 비추어 다양한 성질의 행정작용이 포함되지 않을 수 없고, 1984년에 개정된 행정심판법 · 행정소송법에는 '처분'의 관념을 넓게 정의하고 있어서, 이를 종전과 같이 행정행위와 동의어로 해석할 수는 없다고 주장한다.

(2) 판 례

판례는 "항고소송의 대상이 되는 행정처분이라 함은 행정청의 공법상의 행위로서 특정

사항에 대하여 법규에 의한 권리의 설정 또는 의무의 부담을 명하거나 기타 법률상 효과를 발생하게 하는 등 국민의 권리의무에 직접 관계가 있는 행위를 가리키는 것이고, 행정권 내부에서의 행위나 알선, 권유, 사실상의 통지 등과 같이 상대방 또는 기타 관계자들의 법률상 지위에 직접적인 법률적 변동을 일으키지 아니하는 행위 등은 항고소송의 대상이 되는 행정처분이 아니다."라고 판시하여,[170] 실체법적 개념설에 가까운 태도를 유지하고 있었다.

그러면서도 "어떤 행정청의 행위가 행정소송의 대상이 되는 행정처분에 해당하는가는 그 행위의 성질, 효과 외에 행정소송 제도의 목적 또는 사법권에 의한 국민의 권리보호의 기능도 충분히 고려하여 합목적적으로 판단되어야 한다."라고 판시하여[171] 실체법상의 행정행위보다 확대될 수 있음을 암시하기도 하였다. 나아가 "행정청의 어떤 행위를 행정처분으로 볼 것이냐의 문제는 추상적 일반적으로 결정할 수 없고, 구체적인 경우 행정처분은 행정청이 공권력의 주체로서 행하는 구체적 사실에 관한 법집행으로서 국민의 권리의무에 직접 영향을 미치는 행위라는 점을 고려하고 행정처분이 그 주체, 내용, 절차, 형식에 있어서 어느 정도 성립 내지 효력요건을 충족하느냐에 따라 개별적으로 결정하여야 하며, 행정청의 어떤 행위가 법적 근거도 없이 객관적으로 국민에게 불이익을 주는 행정처분과 같은 외형을 갖추고 있고, 그 행위의 상대방이 이를 행정처분으로 인식할 정도라면 그로 인하여 파생되는 국민의 불이익 내지 불안감을 제거시켜 주기 위한 구제수단이 필요한 점에 비추어 볼 때 행정청의 행위로 인하여 그 상대방이 입는 불이익 내지 불안이 있는지 여부도 그 당시에 있어서의 법치행정의 정도와 국민의 권리의식 수준 등은 물론 행위에 관련한 당해 행정청의 태도 등도 고려하여 판단하여야 한다."라고 판시하였다.[172]

이를 종합하여 보면, 판례는 원칙상 실체법적 개념설에 입각하여 행정행위를 항고소송의 주된 대상으로 보면서도 예외적으로 행정행위가 아닌 공권력 행사도 항고소송의 대상이 될 수 있는 여지를 남겨 두고 있다고 평가된다.

다. 검 토

행정심판법 및 행정소송법상의 처분개념은 광범위한 권리보호를 위하여 도입된 것이다. "그밖에 이에 준하는 행정작용"이라는 다소 어울리지 않는 표현을 쓰면서 전형적인 행정행위 내지 처분에 해당하지는 않지만 개인의 법적 지위에 영향을 미치는 권력적 성질을 가지는 행정작용을 항고쟁송의 대상으로 삼아 효과적인 권리구제를 꾀하려고 한 것이다.

이러한 관점에서 "행정청이 행하는 구체적 사실에 관한 법집행으로서의 공권력의 행

170) 대법원 1996. 3. 22. 선고 96누433 판결 등 다수.
171) 대법원 1984. 2. 14. 선고 82누370 판결.
172) 대법원 1993. 12. 10. 선고 93누12619 판결.

사 또는 그 거부"라는 전단의 내용은 강학상의 행정행위를 의미하고, "그밖에 이에 준하는 행정작용"은 법집행으로서의 공권력의 행사로서의 성질은 갖지만 전형적인 행정행위에는 해당하지 않는 행정작용을 말한다고 볼 수 있다. 즉, "그밖에 이에 준하는 행정작용"에 권력적 사실행위, 경고 등, 집합개념으로서의 사실행위 중의 일부를 '처분'에 포함시켜 항고쟁송으로 다툴 수 있게 하여 국민의 권리구제 기회의 확대를 도모하고 있는 것이다.

2. 처분의 개념적 요소

가. 행 정 청

처분은 '행정청'의 행위이다. 따라서 행정청이 아닌 학교법인이 한 사립학교 교원에 대한 징계처분은 행정행위가 아니나, 교육부장관이나 교육감 · 교육장 등이 한 국 · 공립학교 교직원에 대한 징계처분은 처분이 되는 것이다. 행정청은 국가 또는 공공단체의 기관으로서 직접 대외적 구속력 있는 의사를 결정 · 표시할 수 있는 권한을 가진 기관을 말하고, 내부기관은 여기에 포함되지 않는다. 통상 행정청은 행정관서의 장과 같은 독임제기관(예; 행정안전부장관 · 지방자치단체장 등)인 경우가 대부분이지만, 합의제기관(예; 토지수용위원회 · 소청심사위원회 · 국가배상심의회 등)인 경우도 있다.

행정기본법 제2조 제2호에서는 "행정청"을 "행정에 관한 의사를 결정하여 표시하는 국가 또는 지방자치단체의 기관"과 "그밖에 법령등에 따라 행정에 관한 의사를 결정하여 표시하는 권한을 가지고 있거나 그 권한을 위임 또는 위탁받은 공공단체 또는 그 기관이나 사인"이라고 정의하고, 행정절차법 제2조 제1호에서는 '행정청'을 "행정에 관한 의사를 결정하여 표시하는 국가 또는 지방자치단체의 기관"과 "그밖에 법령 또는 자치법규에 따라 행정권한을 가지고 있거나 위임 또는 위탁받은 공공단체 또는 그 기관이나 사인"이라고 정의하고 있으며, 행정심판법 제2조 제4호에서도 유사하게 규정하고 있다. 행정소송법 제2조 제2항에서는 "이 법을 적용함에 있어서 행정청에는 법령에 의하여 행정권한의 위임 또는 위탁을 받은 행정기관, 공공단체 및 그 기관 또는 사인이 포함된다."라고 규정하고 있다. 또한 정부조직법에서는 '행정기관', '행정기관의 장' 등의 용어를 사용하고 있다(제5조, 제6조 등 참조).

행정청을 여러 가지 관점에서 정의할 수 있겠지만, 여기에서의 행정청은 조직법상의 개념이 아니라 실질적 · 기능적 의미로 파악하여야 한다. 따라서 보조기관(국장 등)도 때로는 행정청이 될 수 있고, 국회 · 법원의 기관도 행정청으로 기능하는 경우가 있다(직원의 임명 등). 또한 공공단체, 공무수탁사인도 처분을 발할 수 있다.

다만 공법인은 법령에 의하여 국가 또는 지방자치단체의 사무를 위임받아 행정객체인 제3자에게 행정권을 행사하고 그 법적 효과가 궁극적으로 귀속되는 관계 하에서 행정주체로서의 지위를 가지고, 아울러 위임받은 권한을 행사한다는 의미에서 행정청의 지위도 가진다. 따라서, 국가 또는 지방자치단체의 사무가 아닌 공법인과 그 임직원의 내부관계에서는 법령에 명시적인 규정이 없다면 행정주체면서 행정청의 지위에 있다고 할 수 없다. 대법원은 공법인인 의료보험관리공단과 그 직원의 근무관계는 공법관계가 아니라 사법관계라고 하였고,[173] 한국마사회가 조교사 또는 기수의 면허를 부여하거나 취소하는 것은 일반 사법상의 법률관계에서 이루어지는 단체 내부에서의 징계 내지 제재처분이라고 하였다.[174]

국가나 지방자치단체가 당사자가 되어 체결하는 계약은 사법상의 계약일 뿐 공권력을 행사하는 것이거나 공권력 작용과 일체성을 가진 것은 아니므로, 이에 관한 분쟁은 행정소송의 대상이 될 수 없다는 것이 판례이다.[175] 그러나 국가나 지방자치단체와의 계약을 위반한 사업자들에 대한 제재로서 행하는 입찰참가자격 제한조치는 국가를 당사자로 하는 계약에 관한 법률이나 지방재정법에 근거를 둔 처분이라는데 의문이 없다.[176] 또한 한국토지주택공사와 같은 공기업의 경우에도 공공기관운영법 제39조 제2항을 근거로 행한 입찰참가자격 제한조치는 처분이라 할 수 있다.[177] 다만 판례는 수도권매립지관리공사에 대해서는 처분성을 부인하였다.[178]

나. 공권력의 발동으로 행하는 일방적 공법행위

처분은 행정주체가 행정객체에 대하여 우월한 지위에서 행하는 '공권력 행사작용'으로서의 성질을 갖는다. 따라서 행정청이 상대방과의 의사의 합치에 의하여 성립하는 공법상 계약은 공권력의 행사에 해당하지 않으므로 처분이 아니다. 또한 비권력적 사실행위도 처분에 포함되지 않는다.

그런데, 행정청이 자신과 상대방 사이의 법률관계를 일방적인 의사표시로 종료시킨 경우 그것이 공권력의 행사작용으로서 처분에 해당하는 것인지 아니면 공법상 계약관계의 일방 당사자로서 대등한 지위에서 행하는 해지와 같은 의사표시에 해당하는 것인지는 구별하기 쉽지 않다. 이 경우 관계 법령이 상대방의 법률관계에 관하여 구체적으로 어떻게 규정하고 있는지에 따라 개별적으로 판단할 수밖에 없다.[179] 나아가 공공기관이 법령 또는 계

173) 대법원 1993. 11. 23. 선고 93누15212 판결.
174) 대법원 2008. 1. 31. 선고 2005두8269 판결.
175) 대법원 1996. 12. 20. 선고 96누14708 판결.
176) 국가연구개발사업의 관리 등에 관한 규정에 근거하여 한국환경산업기술원장이 환경기술개발사업 협약을 체결한 상대방에게 한 연구개발 중단 조치 및 연구비 집행중지 조치도 처분에 해당한다는 것이 판례이다(대법원 2015. 12. 24. 선고 2015두264 판결).
177) 대법원 2013. 9. 12. 선고 2011두10584 판결.
178) 수도권매립지관리공사는 공공기관운영법 제5조 제4항에 의한 '기타 공공기관'에 불과하여 같은 법 제39조에 의한 입찰참가자격 제한 조치를 할 수 없다고 판시하였다(대법원 2010. 11. 26.자 2010무137 결정).
179) 대법원은 중소기업기술정보진흥원장이 갑 주식회사와 사이에 체결된 중소기업 정보화지원사업의 지원에 관한 협약을 체결하였는데, 위 회사의 귀책사유를 들어 행한 협약의 해지 및 그에 따른 환수통보는

약에 근거하여 선택적으로 입찰참가자격 제한조치를 할 수 있는 경우에 그 일방적 조치가 법령에 근거한 처분인지 아니면 계약에 근거한 권리행사인지는 원칙적으로 의사표시의 해석 문제이므로, 상대방에게 통지한 문서의 내용과 해당 조치에 이르기까지의 과정을 객관적·종합적으로 고찰하여 판단하여야 하고, 그럼에도 불구하고 여전히 불분명하면 그에 대한 불복방법 선택에 중대한 이해관계를 가지는 상대방의 인식가능성 내지 예측가능성을 중요하게 고려하여 규범적으로 이를 확정하여야 한다는 것이 판례의 입장이다.[180]

처분은 공법행위로서의 성질을 가지므로, 사법상 행위는 처분이 아니다.[181] 따라서 행정청의 법적 행위일지라도 ① 물자 등의 구매를 위한 사법상의 보조적 활동, ② 홍삼판매와 같은 영리적 활동, ③ 공법적 과제를 사법상 계약과 같은 형식으로 수행하는 활동 등과 같은 행정상의 사법적 활동은 처분이 아니다.

그러나, 행정주체의 어떠한 행위가 공법상의 행위인지 여부는 일률적으로 말하기 곤란하다. 그 행위의 근거법령, 목적, 방법, 내용, 분쟁해결에 관한 특별규정의 존재여부 등 여러 가지 점을 종합적으로 검토하여 결정하여야 한다.

판례에 의하면, 국·공유재산이라고 하더라도 일반재산의 대부, 매각 등은 사법상의 행위이나,[182] 행정재산의 목적 외 사용허가는 처분이고 그 신청에 대한 거부행위도 처분이다.[183] 관리청이 행정재산의 사용·수익을 허가한 다음 그 사용·수익을 하는 자에 대한 사용료 부과행위는 처분이고,[184] 관리청이 국유재산법에 따라 무단점유자에 대하여 부과하는 변상금부과행위도 처분이다.[185]

대부분의 공무원은 처분의 형식으로 임명되지만, 계약직공무원(이전의 전문직공무원)과

공법상 계약에 따른 의사표시로 보아야 하고 처분이 아니라고 판시한 사례가 있다(대법원 2015. 8. 27. 선고 2015두41449 판결). 반면에, 산업집적활성화 및 공장설립에 관한 법률에 따른 산업단지관리공단의 지위, 입주계약 및 변경계약의 효과, 입주계약 및 변경계약 체결 의무와 그 의무를 불이행한 경우의 형사적 내지 행정적 제재, 입주계약해지의 절차, 해지통보에 수반되는 법적 의무 및 그 의무를 불이행한 경우의 형사적 내지 행정적 제재 등을 종합적으로 고려하면, 입주변경계약의 취소는 행정청인 관리권자로부터 관리업무를 위탁받은 산업단지관리공단이 우월적 지위에서 입주기업체들에게 일정한 법률상 효과를 발생하게 하는 것으로서 처분이라고 판시하였다(대법원 2017. 6. 15. 선고 2014두46843 판결).

180) 대법원 2018. 10. 25. 선고 2016두33537 판결. 위 판결에서는, 피고가 행정절차법에 따라 입찰참가자격 제한에 관한 절차를 진행하고 원고에게 불복방법으로 행정심판이나 행정소송의 제기를 안내한 사안에서, 위 조치의 처분성을 인정하였다.

181) 도시정비법에 따른 주택재건축정비사업조합은 공법인이기는 하지만 현금청산 불이행은 행정주체로서의 공권력 불행사가 아니라 권리제한등기 없는 소유권 이전의무와 동시이행관계에 있는 사법상 금전지급의무 불이행에 불과하다(헌재 2011. 3. 29. 선고 2011헌마128 결정).

182) 대법원 2000. 2. 11. 선고 99다61675 판결, 대법원 1995. 5. 12. 선고 94누5281 판결.

183) 대법원 2006. 3. 9. 선고 2004다31074 판결(국립의료원 부설 주차장에 관한 위탁관리용역운영계약의 실질은 행정재산에 대한 국유재산법상의 사용·수익 허가라는 취지).

184) 대법원 1996. 2. 13. 선고 95누11023 판결.

185) 대법원 2000. 11. 24. 선고 2000다28568 판결 등.

같이 공법상 계약에 의하여 임용되는 공무원도 있다. 그런데, 국가나 지방자치단체와 계약직공무원 사이의 채용계약의 효력에 관한 소송은 공법상 당사자소송에 의하게 된다. 따라서, 서울대공전술연구소 연구원 채용계약,[186] 공중보건의사 채용계약,[187] 시립무용단원 위촉,[188] 시립합창단원 위촉,[189] 국방홍보원장 채용계약,[190] 이장에 대한 면직행위[191] 등에 관한 소송은 항고소송이 아니라 공법상 당사자소송으로 처리된다.

다. 구체적 집행행위

행정소송은 구체적 사건에 관한 법적 분쟁을 해결하기 위한 법적 절차이므로, '구체적 사실에 관한 법집행작용'만 처분이 된다. 이 점에서 행정청에 의한 법의 제정작용 내지는 그의 산물로서의 명령(법규명령 · 행정규칙 등)은 처분이 아니다.

통상 명령은 일반적 · 추상적 규율이고 행정행위는 개별적 · 구체적 규율이라고 하여 양자를 대비시킨다. 여기에서 일반적인가 개별적인가는 '규율대상'에 관한 것이다. 수범자(행정행위의 규율대상)가 불특정 다수인인 경우를 '일반적'이라 하고, 특정인 또는 특정할 수 있는 인적 범위인 경우를 '개별적'이라 한다. 추상적인가 구체적인가는 '적용되는 사안(경우)'에 관한 것이다. 불특정 다수의 사안에 반복적으로 적용되는 것을 '추상적'이라 하고, 시간적 · 공간적으로 특정한 사안에 적용되는 것을 '구체적'이라 한다. 결국 명령은 불특정 다수인을 대상으로 장래에 향하여 되풀이 규율하는 것이고, 처분은 특정인을 특정의 사안에서 규율하는 것이라 할 수 있다.

명령은 그것을 특정인에 대하여 구체화하는 행정작용을 매개로 비로소 현실적인 행정목적을 달성할 수 있다. 예컨대, 행정청이 법령의 위임을 받아 「혈중알콜농도 0.1% 이상의 술에 만취한 상태로 운전한 경우 운전면허를 취소하여야 한다.」라는 규율을 정해 놓았다면 이것이 법규범으로서의 명령에 해당한다. 그리고 행정청이 위의 요건에 해당하는 특정인에 대하여 '면허취소'라는 조치를 취한다면 이것이 '구체적 사실에 관한 법집행으로서의 공권력의 행사'로서의 처분이고, 항고소송의 대상이 된다.

가장 전형적인 처분은 개별 · 구체적인 법적 규율이다(인적인 개별성과 사안의 구체성). 그러나 행정소송법의 규정상 인적 범위는 개방되어 있기 때문에 일반 · 구체성을 가진 일반처분이나 물적 행정행위도 처분으로 본다(예; 신호등의 신호, 횡단보도의 설치).

---

186) 대법원 1993. 9. 14. 선고 92누4611 판결.

187) 반면에 국 · 공립병원의 전공의(인턴, 레지던트)는 공무원연금법상 급여대상인 국가공무원법상의 전문직공무원이 아니라고 판시하였다(대법원 1994. 12. 2. 선고 94누8778 판결).

188) 대법원 1995. 12. 22. 선고 95누4636 판결.

189) 대법원 2001. 12. 11. 선고 2001두7794 판결.

190) 대법원 2002. 11. 26. 선고 2002두5948 판결.

191) 대법원 2012. 10. 25. 선고 2010두18963 판결.

그러나 현실적으로는 '명령', '고시', '계획' 등의 이름으로 처분의 성질을 가진 행정작용이 행해질 수 있다. 이러한 경우 항고소송의 대상으로 삼지 않는다면 항고소송을 피하기 위하여 처분이 명령 등의 형식으로 제정할 위험이 있으므로, 명칭 · 형식 여하를 불문하고 그러한 행정작용을 처분으로 보아 그에 대한 항고소송을 인정할 필요가 있다.[192]

대법원은 법령 · 조례가 구체적 집행행위의 개입 없이 그 자체로서 직접 국민에 대하여 구체적 효과를 발생하여 특정한 권리의무를 형성하게 하는 경우 항고소송의 대상이 된다고 한다(처분적 명령 · 조례의 문제).

대법원이 조례나 시행령 등의 처분성을 인정한 사례로는 두밀분교를 폐지하는 내용의 경기도립학교 설치조례에 관한 사건[193] 등이 있다. 반면에, 처분성을 부정한 사례로는 농지부속시설보상요강에 관한 사건,[194] 자동차관리법 시행규칙에 관한 사건,[195] 안산시 건축조례에 관한 사건,[196] 조합정관이 정할 보험료액의 산정기준 내지 방법을 규정한 시행령에 관한 헌법소원사건,[197] 기획재정부장관이 일정 요건을 갖춘 일본산 공기압 전송용 밸브에 대하여 5년간 적용할 덤핑방지관세율을 규정한 '일본산 공기압 전송용 밸브에 대한 덤핑방지관세의 부과에 관한 규칙'에 관한 사건[198] 등이 있다.

한편, 고시는 통지행위의 일종에 불과한 것인데, 그 내용에 따라 법규적 성격을 가지는 것도 있고, 행정청 내부에만 효력을 갖는 행정규칙도 있을 것이며, 오늘날 대법원과 헌법재판소가 인정한 것처럼 개별적 · 구체적인 성격을 가지고 있어 행정행위(처분)로 볼 수 있는 것도 있다.

---

192) 이러한 법리를 최초로 밝힌 판결은 대법원 1953. 8. 19. 선고 53누37 판결(거제군의 위치에 관한 대통령령의 취소를 구한 사건)이다.

193) 대법원 1996. 9. 20. 선고 95누8003 판결. 대법원은 문제가 된 경기도립학교 설치조례가 도립학교의 명칭과 위치를 나타낸 [별표 1]의 난(欄) 중 "상색초등학교 두밀분교장"란을 삭제함으로써 공립초등학교의 폐지를 규정하고 있는데, 그에 의하여 취학아동과 그 보호자는 두밀초등학교를 직접 이용할 이익을 상실하게 되므로 위 조례는 항고소송의 대상이 되는 처분이라고 한 원심의 판단을 수긍하였다. 대법원이 위 사건에서 조례의 처분성을 인정한 것은 위 조례의 경우 집행행위의 개입이 있을 수 없으므로, 조례의 처분성을 직접 다투는 방법 외에는 행정소송으로서 다툴 방법이 없기 때문이다.

194) 대법원 1961. 5. 1. 선고 4292행상55 판결.

195) 대법원 1992. 3. 10. 선고 91누12639 판결.

196) 대법원 1998. 11. 27. 선고 98두12789 판결.

197) 헌재 1998. 2. 27. 선고 96헌마134 결정. 조합정관이 정할 보험료액의 산정기준 내지 방법을 정한 구 의료보험법령상의 규정들에 의하여 직접 기본권침해가 있는 것이 아니라, 위 규정들에 따라 조합정관에서 보험료액이 정해진 다음 보험자의 보험료부과처분이라는 집행행위를 통하여 비로소 현실화되어 기본권침해가 인정되고, 이러한 집행행위에 대해서는 구 의료보험법상 구제절차를 밟을 수 있는 길이 따로 열려져 있으므로 위 규정들은 기본권 침해의 직접성이 없다.

198) 대법원 2022. 12. 1. 선고 2019두48905 판결. 위 시행규칙에서 덤핑물품과 관세율 등 과세요건을 규정하는 것만으로 납세의무자에게 덤핑방지관세를 납부할 의무가 성립하는 것은 아니고, 수입된 덤핑물품에 관한 세관장의 덤핑방지관세 부과처분 등 별도의 집행행위가 있어야 비로소 상대방의 권리의무나 법률관계에 영향을 미치게 된다.

이른바 약가고시 사건에서는 특정 제약회사의 특정 약제에 대하여 '상한금액'을 특정 금액으로 인하하는 내용의 고시를 항고소송의 대상이 되는 처분에 해당한다고 보았다.[199] 반면에 고시를 처분으로 보지 않은 사례로는 건설부장관의 기준지가고시의 취소를 구하는 사건,[200] 환경처의 고시의 무효확인을 구하는 사건[201] 등이 있다.[202]

라. 국민의 권리의무에 직접 영향이 있는 법적 행위

(1) 총 설

처분은 국민에게 특정 사항에 대하여 법규에 의한 권리의 설정 또는 의무의 부담을 명하거나 그 밖의 법률효과를 직접적으로 발생시키는 행위이다(규율성).[203] 상급행정기관의 하급행정기관에 대한 승인 · 동의 · 지시 등은 행정기관 상호간의 내부행위로서 국민의 권리의무에 직접 영향을 미치는 것이 아니므로 처분이라고 볼 수 없다.[204]

병역법상 병역의무 기피자의 인적사항 공개절차를 예로 들면, 병무청장은 정당한 사유 없이 입영 등에 응하지 않는 사람에 대하여 병역기피자 인적사항 공개결정을 하고 그 사람의 인적사항과 병역의무 미이행 사항 등을 인터넷 홈페이지 등에 공개할 수 있는데, 그 사전절차로서 관할 지방병무청은 병역의무기피공개심의위원회의 심의를 거친 잠정적인 공개대상자에게 인적사항 등의 공개대상자임을 통지하여 소명할 기회를 주어야 하고, 통지일부터 6개월이 지난 후 위원회로 하여금 잠정적인 공개대상자의 병역의무 이행상황을 고려하여 공개 여부를 재심의하게 한 후 공개대상자를 결정하여야 한다. 위와 같은 공개절차에서 항고소송의 대상은 병무청장의 공개결정으로 삼아야 한다는 것이 판례이다. 그 후속절차인

---

199) 대법원 2006. 9. 22. 선고 2005두2506 판결에서의 약가고시는 A 주식회사의 1번 약제에 대한 상한금액을 병당 23,027원에서 19,315원으로, 8번 약제에 대한 상한금액을 정당 102원에서 69원으로 인하하는 내용이다. 같은 취지로 대법원 2003. 10. 9.자 2003무23 결정에서도 항정신병 치료제의 요양급여 인정기준에 관한 보건복지부 고시가 다른 집행행위의 매개 없이 그 자체로서 제약회사, 요양기관, 환자 및 국민건강보험공단 사이의 법률관계를 직접 규율한다는 이유로 처분에 해당한다고 판시하였다.

200) 대법원 1979. 4. 24. 선고 78누227 판결.

201) 대법원 1991. 8. 27. 선고 91누1738 판결.

202) 이와 같은 판결들에서는, "행정소송의 대상이 될 수 있는 것은 구체적인 권리의무에 관한 분쟁이어야 하고 일반적, 추상적인 법령이나 고시 자체로서 국민의 구체적인 권리의무에 직접적인 변동을 초래하는 것이 아닌 것은 그 대상이 될 수 없는 것이므로 구체적인 권리의무에 관한 분쟁을 떠나서 고시 자체의 무효확인을 구하는 원고의 청구는 행정소송의 대상이 아닌 사항에 대한 것으로서 부적법하다."라고 설시하고 있다.

203) 대법원 2011. 9. 8. 선고 2009두6766 판결에서는 교회가 수리를 요하는 신고인 종교단체 납골당설치 신고를 한 것에 대하여 행정청이 납골당설치 신고사항 이행통지를 한 경우, 그 이행통지가 새롭게 교회 또는 관계자들의 법률상 지위에 변동을 일으키지는 않으므로 이를 수리처분과 별도로 처분이라고 볼 수 없다고 판시하였다.

204) 대법원 1997. 9. 26. 선고 97누8540 판결. 따라서 감사원이 지방자치단체장에게 한 소속 공무원에 대한 징계요구와 이에 불복하여 제기한 재심의청구의 기각결정은 처분이 아니다(대법원 2016. 12. 27. 선고 2014두5637 판결). 권한의 위임이나 위탁도 마찬가지다(대법원 2013. 2. 28. 선고 2012두22904 판결).

병역의무 기피자의 인적사항 등의 공개조치에는 특정인을 병역의무 기피자로 판단하여 그에게 불이익을 가한다는 위 공개결정을 전제로 한 사실행위로서 집행행위에 불과하고, 관할 지방병무청장의 공개대상자결정은 병무청장의 최종적인 공개결정에 대한 내부행위인 경우가 많기 때문이다.[205)]

또한, 국민의 권리의무에 영향이 없는 의견, 알선, 권유, 행정지도 등 비권력적 사실행위 등도 처분이라고 할 수 없다. 예를 들면, 국민건강보험공단이 '직장가입자 자격상실 및 자격변동 안내' 및 '사업장 직권탈퇴에 따른 가입자 자격상실 안내'를 통보를 하였더라도, 이로써 가입자의 자격이 변동되거나 지역가입자로서의 건강보험료를 납부하여야 하는 의무가 발생하는 것은 아니므로, 위 각 통보의 처분성은 부인된다.[206)]

그런데, 최근에는 과거와 달리 처분의 개념표지를 다소 완화하여 해석함으로써 국민의 권리구제의 기회를 확대하는 경향이 있다. 가령 친일반민족행위자재산조사위원회의 재산조사개시결정[207)]이라든가 방산물자의 지정취소,[208)] 과세관청의 세무조사결정,[209)] 공정거래위

---

205) 대법원 2019. 6. 27. 선고 2018두49130 판결. 다만 관할 지방병무청장의 공개 대상자 결정이 대상자에게 개별적으로 통보되었다면 공개 대상자에게 조기에 권리구제 기회를 부여할 필요가 있어서 처분으로 보아 항고소송으로 다툴 수 있을 것이지만, 이 경우에도 병무청장이 같은 내용으로 최종적 공개결정을 하였다면 관할 지방병무청장의 공개 대상자 결정을 별도로 다툴 소의 이익은 없어지게 될 것이다.

206) 대법원 2019. 2. 14. 선고 2016두41729 판결. 또한, 여객자동차 운송사업자 갑 주식회사가 시내버스 노선을 운행하면서 환승요금할인 및 청소년요금할인을 시행한 데에 따른 손실을 보전해달라며 경기도지사와 광명시장에게 보조금 지급신청을 하였으나, 경기도지사가 갑 회사와 광명시장에게 '갑 회사의 보조금 지급신청을 받아들일 수 없음은 기존에 회신한 바와 같고, 광명시에서는 적의 조치하여 주기 바란다'라는 취지로 통보한 사안에서, 경기도 여객자동차 운수사업 관리조례 제15조에 따른 보조금 지급사무는 광명시장에게 위임되었으므로 위 신청에 대한 응답은 광명시장이 하여야 하고, 경기도지사는 갑 회사의 보조금 지급신청에 대한 처분권한자가 아니며, 위 통보는 경기도지사가 갑 회사의 보조금 신청에 대한 최종적인 결정을 통보하는 것이라기보다는 광명시장의 사무에 대한 지도 · 감독권자로서 갑 회사에 대해서는 보조금 지급신청에 대한 의견을 표명함과 아울러 광명시장에 대해서는 경기도지사의 의견에 따라 갑 회사의 보조금 신청을 받아들일지를 심사하여 갑 회사에 통지할 것을 촉구하는 것이므로, 경기도지사의 위 통보는 갑 회사의 권리 · 의무에 직접적인 영향을 주는 것이 아니어서 처분이 아니라는 사례가 있다(대법원 2023. 2. 23. 선고 2021두44548 판결). 또한, 보건복지부장관이 2024. 2. 6. 의과대학 입학정원 확대방안에 관하여 2025학년도부터 2,000명 증원할 것이라고 발표한 후 교육부장관이 의과대학을 보유한 각 대학의 장으로부터 의대정원 증원 신청을 받아 2024. 3. 20. 2025학년도 전체 의대정원을 2,000명 증원하여 각 대학별로 배정한 사안에서, 보건복지부장관의 증원발표는 행정청의 내부적인 의사결정을 대외적으로 공표한 것에 그칠 뿐 국민의 권리의무에 영향을 미친다고 볼 수 없고 각 의과대학별 정원 증원이라는 구체적인 법적 효과는 교육부장관의 증원배정에 따라 비로소 발생한 것이므로 교육부장관의 증원배정은 처분으로 볼 수 있다는 사례가 있다(대법원 2024. 6. 19.자 2024무689 결정).

207) 대법원 2009. 10. 15. 선고 2009두6513 판결에서는 조사대상자가 위원회의 보전처분 신청으로 재산권 행사에 실질적인 제한을 받게 되고 조사행위에 응하여야 하는 법적 의무를 부담하게 되는 점, 재산조사결정에 대한 이의신청절차만으로는 조사대상자에 대한 권리구제 방법으로 충분치 않은 점, 조사대상자로 하여금 개개의 과태료 처분에 대하여 불복하거나 조사 종료 후의 국가귀속결정에 대해서만 다툴 수 있도록 하는 것보다는 그에 앞서 재산조사개시결정에 대하여 다툼으로써 분쟁을 조기에 근본적으로 해결할 수 있는 점 등에서 재산조사개시결정은 처분에 해당한다고 하였다.

원회의 부당한 공동행위 자진신고자 등의 시정조치 또는 과징금 감면신청에 대한 감면불인정 통지,[210] 건강보험심사평가원의 요양급여의 적정성 평가 결과 전체 하위 20% 이하에 해당하는 요양기관에 대한 입원료 가산 및 별도 보상 적용 제외 통보,[211] 진실·화해를 위한 과거사정리위원회의 진실규명결정,[212] 교육공무원법상 승진후보자명부에 의한 승진심사방식으로 행해지는 승진임용에서 승진후보자명부에 포함되어 있던 후보자에 대한 승진임용제외행위,[213] 근로복지공단이 사업주에 대하여 하는 '개별 사업장의 사업종류 변경결정',[214] 국립대학교 총장의 교육·연구 및 학생지도비 환수 통지[215] 등은 직접적으로 법적 효과를 발생시키는 행위인지 의문이 있을 수 있으나, 판례는 처분성을 인정하고 있다.

한편, 소송요건으로서 처분인지 여부와 본안에서 그 처분이 이유 있는지 여부는 별개의

---

208) 대법원 2009. 12. 24. 선고 2009두12853 판결에서는 방산물자의 지정이 취소되면 그 물자를 생산하는 업체에 대한 방산업체 지정도 취소될 수밖에 없고 그렇게 되면 방산물자 등에 대한 수출지원뿐만 아니라 방산업체로서 방위사업법 등에 따라 누릴 수 있는 각종 지원과 혜택도 상실하게 되므로, 방산물자 지정취소는 그 방산물자에 대하여 방산업체로 지정되어 이를 생산하는 자의 권리의무에 직접 영향을 미치는 행위로서 처분에 해당한다고 하였다.

209) 대법원 2011. 3. 10. 선고 2009두23617, 23624 판결에서는 부과처분을 위한 과세관청의 질문조사권이 행해지는 세무조사결정이 있는 경우 납세의무자는 세무공무원의 과세자료 수집을 위한 질문에 대답하고 검사를 수인하여야 할 법적 의무를 부담하게 되는 점, 세무조사는 기본적으로 적정하고 공평한 과세의 실현을 위하여 필요한 최소한의 범위 안에서 행해져야 하고, 더욱이 동일한 세목 및 과세기간에 대한 재조사는 납세자의 영업의 자유 등 권익을 심각하게 침해할 뿐만 아니라 과세관청에 의한 자의적인 세무조사의 위험마저 있으므로 조세공평의 원칙에 현저히 반하는 예외적인 경우를 제외하고는 금지될 필요가 있는 점, 납세의무자로 하여금 개개의 과태료 처분에 대하여 불복하거나 조사종료 후의 과세처분에 대하여만 다툴 수 있도록 하는 것보다는 그에 앞서 세무조사결정에 대하여 다툼으로써 분쟁을 조기에 근본적으로 해결할 수 있는 점 등을 종합하면, 세무조사결정은 납세의무자의 권리·의무에 직접 영향을 미치는 공권력의 행사에 따른 행정작용으로서 항고소송의 대상이 된다고 하였다.

210) 대법원 2012. 9. 27. 선고 2010두3541 판결.

211) 대법원 2013. 11. 14. 선고 2013두13631 판결.

212) 대법원 2013. 1. 16. 선고 2010두22856 판결.

213) 대법원 2018. 3. 27. 선고 2015두47492 판결. 임용권자는 3배수의 범위 안에 들어간 후보자들을 대상으로 승진임용 여부를 심사하여야 하므로, 승진후보자 명부에 포함되어 있던 후보자는 임용권자로부터 정당한 심사를 받게 될 것이라는 절차적 기대를 하게 되는데, 이러한 승진임용제외처분을 항고소송의 대상으로 삼지 않는다면 이에 대하여 불복하여 구제받을 방법이 없기 때문이다.

214) 대법원 2020. 4. 9. 선고 2019두61137 판결. 대법원 1989. 5. 23. 선고 87누634 판결, 대법원 1995. 7. 28. 선고 94누8853 판결에서는 산재보험적용 사업종류 변경결정이 처분이 아니라고 판시하기도 하였으나, 위 판결에서는 개별 사업장의 사업종류가 사업주에게 불리한 내용으로 변경되면 산재보험료율이 인상되고, 사업주가 납부하여야 하는 산재보험료가 증가한다는 점을 근거로 처분성을 인정하였다. 고용산재보험료징수법이 2003. 12. 31. 제정·시행되어, 그 이전과는 달리 근로복지공단이 개별 사업장의 사업종류를 변경하고 산재보험료를 산정하는 판단작용을 하고, 국민건강보험공단은 근로복지공단으로부터 그 자료를 넘겨받아 단순히 사업주에 대해서 산재보험료를 납부고지하고 징수하는 역할만 수행하므로, 근로복지공단의 사업종류 변경결정의 당부에 관하여 국민건강보험공단으로 하여금 소송상 방어를 하도록 하기 보다는 그 결정의 행위주체인 근로복지공단으로 하여금 소송당사자가 되어 방어를 하도록 하는 것이 합리적이라는 점을 반영한 것이다.

215) 대법원 2025. 5. 15. 선고 2024두35989 판결.

문제라는 것에 유의하여야 한다. 어떠한 처분의 근거나 법적인 효과가 법률이나 법규명령이 아니라 행정규칙에 규정되어 있다고 하더라도, 그 처분이 행정규칙의 내부적 구속력에 의하여 상대방에게 권리의 설정 또는 의무의 부담을 명하거나 그 밖의 법적인 효과를 발생하게 하여 상대방의 권리의무에 직접 영향을 미친다면, 그 행위는 처분에 해당한다. 예를 들면, 한국수력원자력 주식회사가 자신이 만든 행정규칙인 '공급자관리지침'에 근거하여 등록된 공급업체에게 행한 '등록취소 및 그에 따른 일정 기간의 거래제한조치'도 처분이다.[216)]

나아가 사법상 계약에 근거하거나 처분의 근거가 아예 없다고 하더라도 국민의 권리의무에 직접 영향을 미친다면 처분이 될 수 있다. 따라서, 조달청이 물품구매계약 추가특수조건이라는 사법상 계약에 근거하여 행한 나라장터 종합쇼핑몰 거래정지조치가 계약상의 효력을 넘어서서 관계법령에 따라 나라장터를 통하여 수요기관의 전자입찰에 참가하거나 나라장터 종합쇼핑몰에서 등록된 물품을 수요기관에 직접 판매할 수 있는 지위를 직접 제한하거나 침해하므로 처분에 해당한다.[217)] 아울러 도가 설치 · 운영하는 지방의료원의 폐업 · 해산은 조례로 결정할 사항임에도 불구하고 도지사가 조례의 근거 없이 지방의료원을 폐업하겠다는 결정도 처분이다.[218)] 또한, 행정절차법에서 정한 처분절차의 준수 여부도 본

---

216) 대법원 2020. 5. 28. 선고 2017두66541 판결. 한편, 대법원 2004. 11. 26. 선고 2003두10251, 10268 판결에서는 정부 간 항공노선의 개설에 관한 잠정협정 및 비밀양해각서와 건설교통부 내부지침에 의한 항공노선에 대한 운수권배분처분이 항고소송의 대상이 되는 처분에 해당한다고 하였다. 또한, 대법원 2012. 9. 27. 선고 2010두3541 판결에서는 「구 부당한 공동행위 자진신고자 등에 대한 시정조치 등 감면제도 운영고시」 제14조 제1항에 따른 시정조치 등 감면신청에 대한 감면불인정 통지의 처분성을 긍정하였다.

217) 대법원 2018. 11. 29. 선고 2015두52395 판결. 이 판결의 사안은 조달업자가 조달청과 물품구매계약을 체결하고 국가종합전자조달시스템인 나라장터 종합쇼핑몰 인터넷 홈페이지를 통해 요구받은 제품을 수요기관에 납품하였는데, 조달청이 계약이행내역 점검 결과 일부 제품이 계약 규격과 다르다는 이유로 물품구매계약 추가특수조건 규정에 따라 6개월의 나라장터 종합쇼핑몰 거래정지 조치를 한 사안이다. 국가종합전자조달시스템인 나라장터 종합쇼핑몰에 등록한 전자조달이용자는 이를 통하여 수요기관의 경쟁입찰 등에 참가하거나 나라장터 종합쇼핑몰에서 등록된 물품을 수요기관에 직접 판매할 수 있는 지위를 취득하게 되고, 조달청장이 각 수요기관에서 공통적으로 필요로 하는 수요물자에 관하여 제3자 단가계약 또는 다수공급자계약을 체결하고 이를 나라장터 종합쇼핑몰에 등록하면, 수요기관은 나라장터 종합쇼핑몰에서 필요한 물품을 직접 선택하여 구매할 수 있게 된다. 그런데, 조달청장이 나라장터 종합쇼핑몰 거래정지조치를 하게 되면, 추가특수조건에 의하여 해당 계약의 품명이 포함된 모든 형태의 계약이 연계적으로 거래정지 대상이 된다. 즉, 계약상대자가 동일 품명에 해당하는 여러 품목의 물품에 관하여 2개 이상의 제3자 단가계약을 체결한 경우 거래정지 사유가 1개의 계약과 관련해서만 인정되는 경우에도 나머지 계약까지 거래정지 대상이 될 수 있으므로, 거래정지 조치는 계약상대자에게 중대한 불이익이 될 수 있다. 또한, 거래정지 기간 경과 후 계약상대자가 조달청장과 새로운 다수공급자계약을 체결하려고 하거나 조달청장에게 우수조달물품 지정신청을 할 때, 거래정지를 받은 사실 자체가 계약체결 거부 사유 또는 감점 사유로 불이익하게 작용할 수 있다(대법원 2018. 11. 29. 선고 2017두34940 판결). 참고로 위 판결이 선고된 이후 조달사업에 관한 법률이 2020. 3. 31. 개정되어, 제22조 제1항에서 해당 계약상대자, 세부 품명 또는 품목에 대하여 2년 이내의 범위에서 거래를 정지할 수 있는 법적 근거를 마련하였다.

218) 대법원 2016. 8. 30. 선고 2015두60617 판결. 다만 위 결정을 발표하고 그에 따라 폐업을 위한 일련의

안에서 판단할 문제이지 소송요건 심사단계에서 고려할 요소가 아니다.[219]

(2) 행정청 내부행위나 중간처분

징계처분에서 징계위원회의 결정은 행정기관의 내부행위로서 직접 국민의 권리의무에 영향이 없는 행위이므로 처분이 아니다.[220] 경찰서장이 운전면허 행정처분처리대장에 기재하는 벌점의 배점은 자동차운전면허의 취소·정지처분의 기초자료를 제공하기 위한 것에 불과하고 그 자체로 국민의 권리의무에 아무런 영향이 없으므로 처분이 아니고,[221] 하도급거래 공정화에 관한 법률(하도급법)상 벌점 부과행위는 입찰참가자격의 제한요청 등의 기초자료로 사용하기 위한 것이고 사업자의 권리·의무에 직접 영향을 미치는 행위라고 볼 수 없으므로 처분이 아니다.[222] 병역법상 신체등위판정도 행정청이라고 볼 수 없는 군의관이 하도록 되어 있고 그 자체만으로 바로 병역법상의 권리의무가 정해지는 것이 아니라 그에 따라 지방병무청장이 병역처분을 함으로써 비로소 병역의무의 종류가 정해지는 것이므로, 처분이라고 보기 어렵다.[223] 독점규제 및 공정거래에 관한 법률에 근거한 공정거래위원회의 고발조치는 사직 당국에 대하여 형벌권 행사를 요구하는 행정기관 상호간의 행위에 불과하므로 처분이 아니다.[224]

또한, 중앙해양안전심판원이 해양사고의 조사 및 심판에 관한 법률에 따라 한 원인규명재결, 문화체육부장관의 외국영화 수입추천에 앞서 거치는 절차인 공연윤리위원회의 수입불가심의, 국방부장관의 군인명예전역수당 지급처분에 앞서 거치는 각군 참모총장의 수당지급대상자의 추천행위[225] 등은 처분이라고 볼 수 없다. 그리고, 한국자산관리공사가 해당 부동산을 인터넷을 통하여 재공매(입찰)하기로 한 결정 자체는 내부적인 의사결정에 불과하고, 한국자산관리공사가 한 공매통지는 공매의 요건이 아니라 공매사실 자체를 체납자에게 알려주는 데 불과하여 처분에 해당하지 않는다.[226]

다만 중간 과정상의 행위라고 하더라도 행정청의 그러한 행위로 인하여 국민의 권리

조치가 이루어진 후 지방의료원을 해산한다는 내용의 조례를 공포하고 지방의료원의 청산절차가 마쳐져서 지방의료원을 폐업 전의 상태로 되돌리는 원상회복은 불가능하다는 이유로 위 결정의 취소를 구할 소의 이익이 없다고 하였다.

219) 대법원 2019. 6. 27. 선고 2018두49130 판결.
220) 대법원 1982. 3. 9. 선고 81누35 판결.
221) 대법원 1994. 8. 12. 선고 94누2190 판결.
222) 대법원 2023. 1. 12. 선고 2020두50683 판결.
223) 대법원 1993. 8. 27. 선고 93누3356 판결.
224) 대법원 1995. 5. 12. 선고 94누13794 판결.
225) 대법원 2009. 12. 10. 선고 2009두14231 판결.
226) 대법원 2007. 7. 27. 선고 2006두8464 판결, 대법원 2011. 3. 24. 선고 2010두25527 판결. 따라서 공매절차 중 매각결정에 대하여 다투어야 할 것으로 생각된다. 한편, 공매통지는 공매처분의 절차적 요건에는 해당하므로, 공매처분을 하면서 체납자 등에게 공매통지를 하지 않았거나 위법한 공매통지를 한 경우 그 공매처분은 위법하다(대법원 2008. 11. 20. 선고 2007두18154 전원합의체 판결).

의무에 직접적인 변동이 초래되면 처분으로 볼 수 있을 것이다. 토지수용의 전단계로 행해지는 사업인정이나 재개발사업시행인가, 노동위원회의 중재회부결정, 건축계획심의신청에 대한 반려처분,[227] 법학전문대학원 예비인가 거부결정[228] 등은 그 자체로 독립한 법적 효과를 가지고 있고, 표준지공시지가나 개별공시지가의 결정도 각종 부담금과 조세 산정의 기준이 되어 국민의 권리나 의무 또는 법률상 이익에 직접 관계되는 것이므로 처분에 해당한다.[229] 또한, 지방자치단체의 장이 공유재산법에 근거하여 기부채납 및 사용·수익허가 방식으로 민간투자사업을 추진하는 과정 중 그 사업시행자를 지정하기 위한 전 단계에서 우선협상대상자를 선정하는 행위와 이미 선정된 우선협상대상자를 그 지위에서 배제하는 행위는 민간투자사업의 세부내용에 관한 협상을 거쳐 공유재산법에 따른 공유재산의 사용·수익허가를 우선적으로 부여받을 수 있는 지위를 설정하거나 또는 이미 설정한 지위를 박탈하는 조치이므로 처분에 해당한다.[230] 그리고, 대법원은 과세관청의 소득처분에 따른 소득금액변동통지가 항고소송의 대상이 될 수 없다는 종전의 견해[231]를 변경하여 조세처분에 해당한다고 하였다.[232]

위와 같이 중간적 처분의 형태를 띠고 있는 행정청의 행위를 처분으로 볼 수 있는지 여부를 판단할 때에는 제소기간과 불가쟁력을 통한 법률관계의 조기확정과 행정의 원활한 수행을 보장할 필요가 있는 경우인지 여부도 중요한 기준이 된다. 하도급법 및 시행령의 관련 규정에 의하면, 시행령으로 정하는 기준에 따라 부과한 벌점의 누산점수가 일정 기준을 초과하면 공정거래위원회는 관계 행정기관의 장에게 해당 사업자에 대한 입찰참가자격 제한 요청결정을 하고 이를 요청받은 관계 행정기관의 장은 특별한 사정이 없으면 그 사업자에 대하여 입찰참가자격을 제한하는 처분을 하여야 한다. 대법원은 공정거래위원회의 입찰참가자격제한 요청결정을 처분으로 보았는데, 그 이유는 사업자가 입찰참가자격제한처분에 대해서만 다툴 수 있도록 하는 것보다 그에 앞서 이루어진 입찰참가자격제한 요청결정의 위법성을 다툴 수 있도록 함으로써 분쟁을 조기에 근본적으로 해결하도록 하는 것이 법치행정의 원리에도 부합한다는 점을 들고 있다.[233]

---

227) 대법원 2007. 10. 11. 선고 2007두1316 판결.

228) 헌재 2009. 2. 26. 선고 2008헌마370, 2008헌바147(병합) 결정.

229) 표준지공시지가결정: 대법원 1994. 3. 8. 선고 93누10828 판결, 대법원 1995. 3. 28. 선고 94누12920 판결, 개별공시지가결정: 대법원 1993. 1. 15. 선고 92누12407 판결, 대법원 1993. 6. 11. 선고 16706 판결.

230) 대법원 2020. 4. 29. 선고 2017두31064 판결.

231) 대법원 1984. 6. 26. 선고 83누589 판결, 대법원 1986. 7. 8. 선고 84누50 판결, 대법원 1987. 1. 20. 선고 86누419 판결, 대법원 1987. 6. 9. 선고 86누667 판결, 대법원 1987. 7. 21. 선고 85누912 판결, 대법원 1991. 2. 26. 선고 90누4631 판결, 대법원 1993. 1. 19. 선고 92누8293 판결, 대법원 1993. 6. 8. 선고 92누12483 판결, 대법원 2003. 1. 24. 선고 2002두10360 판결.

232) 대법원 2006. 4. 20. 선고 2002두1878 전원합의체 판결.

233) 대법원 2023. 2. 2. 선고 2020두48260 판결. 다만 대법원은 앞에서 본 것처럼 하도급법상 벌점 부과행

(3) 부분허가

폐기물처리장이나 원자력발전소와 같이 장기간이 소요되는 대규모 공사에서는 그에 대한 허가·인가는 포괄적인 1회적 결정에 의하여 발급되지 않는다. 이러한 공사에서는 종국적인 허가·인가 전에 계획서 등을 제출케 하여 사전에 요건의 일부를 심의하여 적정통보를 받은 자가 시설공사 등을 착수할 수 있거나 시설 등을 갖추어 허가·인가 등의 신청을 할 수 있도록 되어 있는 경우가 대부분이다. 이와 같은 다단계 행정절차에서 예비결정이나 부분허가는 한정된 사항이기는 하지만 종국적으로 규율하는 법률효과가 발생하므로, 부분허가나 그 신청에 대한 거부는 처분에 해당한다. 따라서 폐기물처리업의 허가에 앞서 행하는 사업계획서에 대한 적정·부적정 통보,[234] 원자로건설부지 사전승인[235] 등은 처분이다.

그러나 판례는 장래 일정한 처분 또는 불처분을 약속하는 의사표시인 확약(내인가나 내허가)은 대외적 효력이 없고 행정청만 구속하므로 처분이 아니라고 한다.

> **대법원** 1995. 1. 20. **선고** 94**누**6529 **판결**: 어업권면허에 선행하는 우선순위결정은 행정청이 우선권자로 결정된 자의 신청이 있으면 어업권면허처분을 하겠다는 것을 약속하는 행위로서 강학상 확약에 불과하고 행정처분은 아니므로, 우선순위결정에 공정력이나 불가쟁력과 같은 효력은 인정되지 아니하며, 따라서 우선순위결정이 잘못되었다는 이유로 종전의 어업권면허처분이 취소되면 행정청은 종전의 우선순위결정을 무시하고 다시 우선순위를 결정한 다음 새로운 우선순위결정에 기하여 새로운 어업권면허를 할 수 있다.[236]

다만 행정청이 내인가를 한 후 그 본인가신청이 있음에도 내인가를 취소함으로써 다시 본인가에 대하여 별도로 인가여부의 처분을 한다는 사정이 보이지 않는 경우 위 내인가 취소를 인가신청거부처분으로 본 판례가 있다.[237]

위는 입찰참가자격의 제한요청 등의 기초자료로 사용하기 위한 것이고 사업자의 권리·의무에 직접 영향을 미치는 행위라고 볼 수 없으므로 처분이 아니라고 판시하였다(대법원 2023. 1. 12. 선고 2020두50683 판결).

234) 대법원 1998. 4. 28. 선고 97누21086 판결.

235) 대법원 1998. 9. 4. 선고 97누19588 판결.

236) 어업권면허의 부여절차는 어장이용개발계획의 수립, 우선순위의 결정, 어업권면허의 부여 등의 순서로 이루어진다. 이 사건은 원고와 피고보조참가인 등이 각자 이 사건 제1종 양식어업의 어장에 관하여 어업권면허를 받기 위한 우선순위결정을 신청하자, 피고는 1993. 1. 12. 피고보조참가인 등이 원고보다 우선순위자라는 이유로 피고보조참가인 등을 1순위자로, 원고를 2순위자로 하는 내용의 우선순위결정을 하여 이를 통지한 다음, 같은 해 4. 30. 1순위자로 결정된 피고보조참가인 등에게 이 사건 어업권면허처분을 한 사안이다.

237) 대법원 1991. 6. 28. 선고 90누4402 판결.

대법원 1994. 4. 12. **선고** 93**누**10804 **판결(우선순위탈락결정)**: 우선순위결정을 신청하였다가 어업권면허결격사유가 있다는 이유로 우선순위결정대상에서조차 탈락하자 이를 행정처분으로 보고 그 취소를 구한 사안에서, 우선순위탈락결정이 독립한 행정처분임을 전제로 하여 본안판결을 하였다.[238)]

(4) 행정계획

대법원은 도시 · 군기본계획에 대해서는 구속력을 부인하고 있지만 도시 · 군관리계획에 대해서는 처분성을 인정하여 행정소송의 대상이 된다는 확립된 견해(행정행위설)를 가지고 있고,[239)] 헌법재판소도 마찬가지이다.[240)]

대법원 1982. 3. 9. **선고** 80**누**105 **판결(따름 판례: 대법원** 1986. 8. 19. **선고** 86**누**256 **판결)**: 도시계획법 제12조 소정의 도시계획결정이 고시되면 도시계획 구역 안의 토지나 건물소유자의 토지형질변경, 건축물의 신축 · 개축 또는 증축 등 권리행사가 일정한 제한을 받게 되는바, 이런 점에서 볼 때 고시된 도시계획결정은 특정 개인의 권리 내지 법률상의 이익을 개별적이고 구체적으로 규제하는 효과를 가져오게 하는 행정청의 처분이라 할 것이고 이는 행정소송의 대상이 되는 것이라 할 것이다.[241)]

그러나 도시계획 중에는 법규명령적인 것도 있고, 행정행위적인 것도 있을 수 있어서 모든 도시계획을 획일적으로 처분(행정행위)으로 단정할 수는 없을 것이다. 같은 도시 · 군관리계획이라고 하더라도 성질을 달리하는 여러 종류의 계획이 있다는 점에 유의하여야 한다.[242)]

대법원 판결을 좀 더 구체적으로 살펴보면, 하수도법에 의하여 기존의 하수도정비기본계획을 변경하여 광역하수종말처리시설을 설치하는 등의 내용으로 수립한 하수도정비기본계획이나, 구 도시계획법상의 도시기본계획은 직접적 구속력이 없어서 처분이 아니다. 구

238) 대법원 1995. 1. 20. 선고 94누6529 판결과 대법원 1994. 4. 12. 선고 93누10804 판결의 차이점은 다음과 같다. 후자의 대상으로 된 우선순위탈락결정은 행정청이 상대방을 우선순위결정의 대상으로조차 삼지 않음으로써 상대방에게 어업권면허를 부여하지 않겠다는 종국적인 법률효과를 발생시킨 것이다. 따라서 우선순위결정과는 달리 독립한 처분으로 보아야 할 것이므로, 이는 엄밀한 의미에서 확약이 아니다. 따라서 양 판결은 모순되는 것이 아니다.

239) 대법원 1978. 12. 26. 선고 78누281 판결, 대법원 1982. 3. 9. 선고 81누35 판결, 대법원 1982. 3. 9. 선고 80누105 판결, 대법원 1985. 7. 23. 선고 83누727 판결, 대법원 1990. 9. 28. 선고 89누8101 판결, 대법원 1991. 2. 26. 선고 90누5597 판결, 대법원 1991. 4. 23. 선고 90누2994 판결, 대법원 1993. 10. 8. 선고 93누10569 판결, 대법원 1993. 11. 9. 선고 93누8283 판결, 대법원 1995. 11. 10. 선고 94누12852 판결, 대법원 1995. 12. 22. 선고 95누3831 판결, 대법원 1997. 3. 14. 선고 96누16698 판결 등 참조.

240) 헌재 1991. 6. 3. 선고 89헌마46 결정, 헌재 1991. 7. 22. 선고 89헌마174 결정.

241) 위 판례는 구 도시계획법에 관한 것이므로, 여기에서 말하는 도시계획은 구 도시계획법상의 협의의 도시계획(현행 국토계획법상 도시 · 군관리계획)을 말하는 것이다.

242) 환지계획의 처분성을 부인한 대법원 1999. 8. 20. 선고 97누6889 판결.

농어촌도로정비법 제6조 소정의 농어촌도로기본계획은 관할구역 안의 도로에 대한 장기개발방향의 지침을 정하기 위한 계획으로서 그에 후속되는 농어촌도로정비계획의 근거가 되는 것일 뿐 그 자체로 국민의 권리의무를 개별적 구체적으로 규제하는 효과를 가지는 것은 아니므로 이 역시 처분이 아니다.[243]

반면에, 특정 개인의 권리·이익을 규제하는 개별적이거나 구체적 행위는 처분으로 보아야 하는데, 고시된 도시·군관리계획결정, 택지개발예정지구의 지정, 도시정비법상의 관리처분계획과 같은 구속적 행정계획이나 토지거래계약에 관한 허가구역의 지정[244] 등은 그에 의하여 특정인의 권익침해가 구체적이라는 점에서 처분성을 인정하였다.

(5) 각종 공부기재행위

종래의 판례에 의하면, 토지대장이나 건축물대장은 기본적으로 행정사무집행의 편의와 사실증명의 자료로 삼기 위한 것일 뿐이고, 그 등재나 변경등재로 인하여 해당 부동산에 대한 실체상의 권리관계에 어떤 변동을 초래하는 것은 아니므로, 건축물대장 용도란의 변경등재행위,[245] 기재사항의 정정신청거부,[246] 소유권에 관한 사항의 기재변경신청거부[247] 등은 처분이 아니다.

그러나, 지적공부상 토지분할신청의 거부행위는 분필이 되지 않을 경우 자기 소유 토지의 일부에 대하여 소유권의 양도나 저당권의 설정 등 필요한 처분행위를 할 수 없는 불이익이 발생한다는 이유로 처분성이 인정되었다.[248] 또한, 건축주 명의변경신청 거부행위에 대해서는 건축주는 건축법상의 각종 권리의무의 주체가 되고 보존등기 명의인이 되는 것이라는 이유에서 처분성이 인정되었다.[249] 지적공부상 지목변경신청 거부행위에 대해서도 지목은 토지에 대한 공법상의 규제, 개발부담금의 부과대상, 지방세의 과세대상, 공시지가의 산정, 손실보상가액의 산정 등 토지행정의 기초로서 공법상의 법률관계에 영향을 미치고, 토지소유자는 지목을 토대로 토지의 사용·수익·처분에 일정한 제한을 받게 되는 점 등을 고려하여 처분성이 인정되었다.[250] 최근에는 건축물대장의 작성은 건축물의 소유

243) 대법원 2000. 9. 5. 선고 99두974 판결.
244) 대법원 2006. 12. 22. 선고 2006두12883 판결.
245) 대법원 1985. 3. 12. 선고 84누738 판결.
246) 대법원 1989. 12. 12. 선고 89누5348 판결.
247) 대법원 1998. 2. 24. 선고 96누5612 판결.
248) 대법원 1992. 12. 8. 선고 92누7542 판결, 대법원 1993. 3. 23. 선고 91누8968 판결. 참고로 1필지 토지의 일부에 대한 소유권이전등기의 절차이행을 명하는 확정판결에 근거한 토지분할신청이라고 하더라도, 지적소관청은 인접 대지경계선으로부터의 이격거리 기준에 저촉된다는 등 건축법령이나 그 밖의 법령의 토지분할금지 규정에 어긋난다는 점을 근거로 그 신청을 거부할 수 있다(대법원 2024. 3. 12. 선고 2023두50349 판결).
249) 대법원 1992. 3. 31. 선고 91누4911 판결.
250) 대법원 2004. 4. 22. 선고 2003두9015 전원합의체 판결.

권을 제대로 행사하기 위한 전제조건으로서 건축물 소유자의 실체적 권리관계에 밀접하게 관련되어 있으므로 건축물대장 작성신청 반려행위는 처분에 해당하고,[251] 마찬가지 이유에서 지적공부 소관청이 토지대장을 직권으로 말소한 행위도 처분에 해당한다고 판시하였다.[252]

반면에 관할관청이 무허가건물의 무허가건물관리대장 등재 요건에 관한 오류를 바로 잡으면서 해당 무허가건물을 무허가건물관리대장에서 삭제한 행위,[253] 행정청이 토지대장의 소유자명의변경신청을 거부한 행위[254]에 대해서는 처분성을 부정하였다.

이렇게 다소 엇갈리는 듯 보이는 판례의 입장은, 해당 공부의 성격이 단지 행정사무집행의 편의와 사실증명의 자료로 삼기 위한 것에 불과한 것인지 아니면 그 등재나 변경등재로 인하여 해당 토지나 건축물에 대한 실체상의 권리관계에 영향을 미치는 사항에 관한 것인지에 따라 처분성 유무를 판별하고 있는 것이라고 정리할 수 있겠다.

(6) 비권력적 행위: 경고의 문제

공무원의 법정 징계처분에 속하지 않는 '경고'가 처분에 속하는지 문제가 되는 경우가 있다. 그 판단은 그 경고가 공무원으로서의 지위, 신분이나 권리의무관계에 불이익을 초래하는 법적인 효과를 가지는 것으로 인정할 수 있을지 여부에 달려있다.

원칙적으로 위와 같은 경고는 공무원의 신분에 영향을 미치는 국가공무원법상의 징계의 종류에 해당하지도 않고 근무충실에 관한 권고행위 내지 지도행위에 불과하여 공무원으로서의 신분에 불이익을 초래하는 법률상의 효과가 발생하는 것도 아니므로, 처분이라고 보기 어렵다. 대법원도 공무원이 소속 장관으로부터 받은 '직상급자와 다투고 폭언하는 행위 등에 대하여 엄중 경고하니 차후 이러한 사례가 없도록 각별히 유념하기 바람'이라는 내용의 서면에 의한 경고,[255] 구 서울특별시 교육 · 학예에 관한 감사규칙 제11조, 서울특별시교육청 감사결과 지적사항 및 법률위반 공무원 처분기준에 정해진 경고[256] 등에 대하여 처분성을 부인하였다.

그러나 행정규칙에 의한 불문경고조치라고 하더라도 그 처분을 받지 않았다면 다른

251) 대법원 2009. 2. 12. 선고 2007두17359 판결.
252) 대법원 2013. 10. 24. 선고 2011두13286 판결.
253) 대법원 2009. 3. 12. 선고 2008두11525 판결. 무허가건물관리대장은 행정관청이 지방자치단체의 조례 등에 근거하여 무허가건물 정비에 관한 행정상 사무처리의 편의와 사실증명의 자료로 삼기 위하여 작성, 비치하는 대장으로서 무허가건물을 무허가건물관리대장에 등재하거나 등재된 내용을 변경 또는 삭제하는 행위로 인하여 해당 무허가 건물에 대한 실체상의 권리관계에 변동을 가져오는 것이 아니고, 무허가건물의 건축시기, 용도, 면적 등이 무허가건물관리대장의 기재에 의해서만 증명되는 것도 아니기 때문이라고 한다.
254) 대법원 2012. 1. 12. 선고 2010두12354 판결. 이 경우 민사소송인 소유권 확인의 소로 분쟁을 해결하는 것이 원칙적이고 발본적이라는 점을 염두에 둔 것으로 보인다.
255) 대법원 1991. 11. 12. 선고 91누2700 판결.
256) 대법원 2004. 4. 23. 선고 2003두13687 판결.

징계처분이나 경고를 받게 될 때 징계감경사유로 사용될 수 있었던 표창공적의 사용가능성을 소멸시키는 효과와 1년 동안 인사기록카드에 등재됨으로써 그 동안은 장관표창이나 도지사표창 대상자에서 제외시키는 효과 등이 있는 경우에는 처분이라고 볼 수 있게 된다.[257] 마찬가지로 검찰총장이 행정규칙인 「대검찰청 자체감사규정」, 「검찰공무원의 범죄 및 비위 처리지침」 등을 근거로 검사에게 행한 '경고조치'는 일정한 서식에 따라 검사에게 개별통지를 하고 이의신청을 할 수 있으며, 검사가 검찰총장의 경고를 받으면 1년 이상 감찰관리 대상자로 선정되어 특별관리를 받을 수 있고, 경고를 받은 사실이 인사자료로 활용되어 복무평정, 직무성과금 지급, 승진 · 전보인사에서도 불이익을 받게 될 가능성이 높아지며, 향후 다른 징계사유로 징계처분을 받게 될 경우에 징계양정에서 불이익을 받게 될 수 있으므로, 처분에 해당한다.[258]

금융감독원장의 문책경고가 처분인지 여부도 마찬가지이다. 금융기관의 임원에 대한 금융감독원장의 문책경고가 금융업 관련 법령에 따라 일정기간 임원선임의 자격이 제한되는 등 그 상대방에게 직업선택의 자유를 직접 제한하는 효과를 발생하게 하는 경우에는 처분이라고 볼 수 있을 것이다.[259] 반면에 금융감독원장이 종합금융주식회사의 전 대표이사에게 재직 중 금융관련 법규를 위반하고 신용질서를 심히 문란하게 한 사실이 있다는 내용의 문책경고장을 보낸 통지행위가 어떠한 법적 근거에 기하여 발하여진 것이 아니고 단지 위 회사의 대표이사로 근무할 당시 행한 것으로 인정된 위법 · 부당행위 사례에 관한 단순한 사실의 통지에 불과한 것이라면 처분이라고 볼 수 없다.[260]

(7) 권리의무와 관계없는 결정이나 단순한 관념의 통지

국세환급금은 납부 또는 징수의 기초가 된 신고 또는 부과처분이 부존재하거나 무효임에도 불구하고 납부 또는 징수된 오납액의 경우에는 처음부터 법률상 원인이 없으므로 납부 또는 징수시에 바로 확정된다. 신고 또는 부과처분이 무효는 아니나 사후에 취소 또는 경정됨으로써 그 전부 또는 일부가 감소된 초과납부액의 경우에는 신고 또는 부과처분의 취소 또는 경정에 의하여 조세채무의 전부 또는 일부가 소멸한 때에 확정된다. 적법하게 납부 또는 징수되었으나 그 후 국가가 보유할 정당한 이유가 없게 되어 각 개별세법에

257) 대법원 2002. 7. 26. 선고 2001두3532 판결.
258) 대법원 2021. 2. 10. 선고 2020두47564 판결.
259) 대법원 2005. 2. 17. 선고 2003두14765 판결.
260) 대법원 2005. 2. 17. 선고 2003두10312 판결. 그러나 현행 금융회사의 지배구조에 관한 법률에서는 금융위원회가 비위행위를 저질렀던 금융회사의 퇴임한 임원이 재임 중이었더라면 받았을 것이라고 인정되는 조치의 내용을 해당 금융회사의 장을 통하여 통보하도록 규정하고 있고, 위와 같은 통보를 받은 퇴임한 임원은 5년을 초과하지 않는 범위에서 금융회사의 임원이 될 수 없다고 규정하고 있다. 따라서 현행법체계 아래에서는 금융위원회의 퇴임한 임원에 대한 제재통보는 위 판례와 달리 처분성이 인정되어야 할 것이라고 생각된다.

서 환부하기로 정한 환급세액은 각 개별 세법에서 규정한 환급요건에 따라 확정된다. 그런데, 국세기본법의 국세환급금 및 국세가산금결정에 관한 규정은 이미 납세의무자의 환급청구권이 확정된 국세환급금 및 가산금에 대하여 내부적 사무처리절차로서 과세관청의 환급절차를 규정한 것에 지나지 않고 그 규정에 의한 국세환급금(가산금 포함)결정에 의하여 비로소 환급청구권이 확정되는 것은 아니므로, 세무서장이 하는 국세환급금이나 그에 대한 가산금 결정은 납세의무자가 갖는 환급청구권의 존부나 범위에 구체적이고 직접적인 영향을 미치는 처분이라고 볼 수 없다.[261)]

또한, 국가공무원법 제69조에 의하면 공무원이 제33조 각 호의 1에 해당할 때에는 당연히 퇴직한다고 규정하고 있으므로, 국가공무원법상 당연퇴직은 결격사유가 있을 때 법률상 당연히 퇴직하는 것이지 공무원관계를 소멸시키기 위한 별도의 조치를 요하는 것이 아니며, 당연퇴직의 인사발령은 법률상 당연히 발생하는 퇴직사유를 공적으로 확인하여 알려주는 관념의 통지에 불과하고 공무원의 신분을 상실시키는 새로운 형성적 행위가 아니므로 처분이라고 할 수 없다.[262)]

그리고, 공무원의 연가보상비청구권은 공무원이 연가를 실시하지 않는 등 법령상 정해진 요건이 충족되면 그 자체만으로 지급기준일 또는 보수지급기관의 장이 정한 지급일에 구체적으로 발생하고 행정청의 지급결정에 의하여 비로소 발생하는 것은 아니므로, 행정청의 연가보상비 부지급행위는 처분이라고 볼 수 없다.[263)] 마찬가지로 법원행정처장이 법관의 미지급 명예퇴직수당액의 지급 신청을 거부하는 의사표시도 처분이 아니다.[264)]

한편, 형사소송법 제258조 제1항의 처분결과통지는 불기소결정에 대한 항고기간의 기산점이 되고, 형사소송법 제259조의 공소불제기이유고지는 고소인 등에게 항고 등으로 불복할 지 여부를 결정하는 데 도움을 주기 위한 것이므로, 이러한 통지 내지 고지는 불기소결정이라는 검사의 처분이 있은 후 그에 대한 불복과 관련한 절차일 뿐 별도의 독립한 처

261) 대법원 1989. 6. 15. 선고 88누6436 전원합의체 판결, 대법원 1997. 10. 10. 선고 97다26432 판결 등. 더 나아가 위와 같은 과오납금이나 환급세액의 반환청구권이 공권인지 사권인지 논란이 있다. 환급세액의 지급을 구하는 소송은 부당이득반환소송으로서 민사소송으로 다루어야 한다는 것이 종래의 대법원 판례이었으나, 최근 대법원 2013. 3. 21. 선고 2011다95564 전원합의체 판결에서는 부가가치세 환급세액지급소송의 성격을 공법상 당사자소송으로 보면서, 개별 세법에서 정한 환급세액의 반환을 일률적으로 부당이득반환이라고 본 기존의 대법원 판결(대법원 1987. 9. 8. 선고 85누565 판결, 대법원 1988. 11. 8. 선고 87누479 판결 등)을 변경하였다. 그러나 위 전원합의체 판결은 조세에 대한 과오납금 반환소송을 민사소송으로 본 기존의 판결은 변경하지 않았을 뿐만 아니라 그 이후에 선고된 판결에서는 과오납금의 반환을 구하는 민사소송으로 환급을 청구할 수 있다고 판시하였다(대법원 2015. 8. 27. 선고 2013다212639 판결). 더 자세한 내용은 공법상 당사자소송과 민사소송의 관계에 관한 부분에서 설명하기로 한다.

262) 대법원 1995. 11. 14. 선고 95누2036 판결.

263) 대법원 1999. 7. 23. 선고 97누10857 판결.

264) 대법원 2016. 5. 24. 선고 2013두14863 판결.

분이 아니다.[265)]

(8) 질의 회신이나 진정에 대한 답변

법령의 해석질의에 대한 답변, 진정사건이나 청원에 대한 처리결과 통보 등은 그 자체로 국민의 권리의무에 영향을 미치는 것이 아니므로 처분이 아니다. 또한, 민원사무 처리에 관한 법률에 의한 사전심사결과 통보도 마찬가지 이유로 처분이 아니다.[266)] 그러나, 실제로는 거부처분과 구별하기 어려운 경우가 많다.

마. 처분으로서 외형을 갖출 것

처분으로서 외형을 갖춘 행위만 항고소송의 대상이 된다. 처분의 외형조차 갖추지 못한 경우 처분의 부존재라고 하고, 처분의 외형은 가지고 있으나 중대 · 명백한 하자가 있어서 효력이 없는 경우를 처분의 무효라고 한다. 비록 처분의 무효와 부존재가 효력면에서 실질적인 차이는 없지만, 전자는 무효확인소송의 대상이 되고 후자는 부존재확인소송의 대상이 된다.

처분이 내부적으로 결정되었을 뿐 외부적으로 표시되지 않으면 처분이 있다 할 수 없으므로 부존재확인소송의 대상이 된다. 반면에 상대방이 특정되어 있는 처분에서 처분서면을 송달하였으나 그 송달이 부적법한 경우에는 효력발생요건을 갖추지 못한 무효의 처분이므로, 무효확인소송을 제기하여야 한다.

바. 행정소송 외에 다른 불복절차가 마련되어 있지 않을 것

행정청의 행위가 처분에 해당한다고 하더라도 그 처분의 근거 법률에서 행정소송 이외의 다른 불복절차를 예정하고 있는 경우에는 해당하는 불복절차에서 다루어져야 한다. 따라서 검사의 기소,[267)] 불기소결정,[268)] 과태료,[269)] 통고처분,[270)] 금융감독위원회의 파산신청[271)] 등은 항고소송의 대상이 되지 않는다.

그러나, 건축법상의 이행강제금은 건축법이 개정되어 비송사건절차법상의 절차가 아니라 항고소송의 대상이 된다.[272)] 한편, 공무원범죄몰수법 제9조의2는 범인 외의 자가 정황

---

265) 대법원 2018. 9. 28. 선고 2017두47465 판결.
266) 대법원 2014. 4. 24. 선고 2013두7834 판결.
267) 대법원 2000. 3. 28. 선고 99두11264 판결.
268) 대법원 2018. 9. 28. 선고 2017두47465 판결.
269) 대법원 1993. 11. 23. 선고 93누16833 판결, 대법원 1995. 7. 28. 선고 95누2623 판결.
270) 대법원 1980. 10. 14. 선고 80누380 판결.
271) 대법원 2006. 7. 28. 선고 2004두13219 판결.
272) 대법원 2009. 12. 24. 선고 2009두14507 판결. 그러나 농지법에 따른 이행강제금 부과처분에 불복하는 경우에는 여전히 비송사건절차법에 따른 재판절차가 적용되어야 하고, 행정소송법상 항고소송의 대상이 아니다(대법원 2019. 4. 11. 선고 2018두42955 판결).

을 알면서 취득한 불법재산 등에 대하여 그 범인 외의 자를 상대로 추징의 집행을 할 수 있다고 규정하고 있지만, 그 집행에 관한 검사의 처분에 대하여 제3자가 불복할 수 있는 방법과 절차가 마련되어 있지 않고, 위 조항에 따라 제3자를 상대로 추징의 집행을 함에 있어 그에게 의견진술과 방어의 기회를 보장하는 규정도 없다. 대법원은 이 경우에 추징의 집행을 받는 제3자는 검사의 처분이 부당함을 이유로 형사소송법 제489조에 따라 재판을 선고한 법원에 재판의 집행에 관한 이의를 신청할 수도 있고, 그와 별도로 행정소송법상 항고소송을 제기하여 처분의 위법성 여부를 다툴 수 있다고 판시하였다.[273)]

3. 처분인지 여부의 판별방법

행정청의 행위가 항고소송의 대상이 되는 처분인지 여부는 그 행위가 앞에서 본 처분의 개념요소를 갖추고 있는지 여부에 달려 있다. 그렇지만, 현실적으로 어떠한 행위가 처분에 해당하는지에 관한 기준을 추상적·일반적으로 제시하기는 어렵다. 구체적인 사건에서 관련 법령의 내용과 취지, 그 행위의 주체·내용·형식·절차, 그 행위와 상대방 등 이해관계인이 입는 불이익과의 실질적 견련성, 그리고 법치행정의 원리와 해당 행위에 관련한 행정청 및 이해관계인의 태도 등을 참작하여 개별적으로 결정할 수밖에 없다.[274)] 이때 행정청의 행위에 대한 불복방법 선택에 중대한 이해관계를 가지는 상대방의 인식가능성과 예측가능성도 중요하게 고려하여 규범적으로 판단하여야 한다.

가령 행정청이 처분인지 여부가 불분명한 행위에 대하여 행정절차법 제26조에 따라 행정심판이나 항고소송을 제기할 수 있다고 불복방법을 안내하였다면, 처분의 상대방은 그 행위가 처분이라고 인식할 수밖에 없었을 것이고, 그에 따라 제기된 항소소송에서 행정청이 처분성이 없다고 본안전항변을 한다면 이는 행정절차법 제4조에서 정한 신의성실의 원칙에 어긋난다고 할 것이다. 대법원도 이러한 법리에 입각하여, 피고가 행정절차법에 따라 입찰참가자격 제한에 관한 절차를 진행하고 원고에게 불복방법으로 행정심판이나 행정소송의 제기를 안내한 사안에서 위 조치의 처분성을 인정하였다.[275)] 또한, 원고가 피고의 안내에 따라 이주대책 대상자 제외결정에 대한 이의신청을 하자 다시 이주대책 대상자 제외결정을 하면서 행정심판이나 항고소송으로 불복할 수 있다는 뜻을 안내한 사안에서도 위 결정의 처분성을 인정하기도 하였다.[276)]

---

273) 대법원 2022. 7. 28. 선고 2019두63447 판결.

274) 대법원 2010. 11. 18. 선고 2008두167 전원합의체 판결.

275) 대법원 2018. 10. 25. 선고 2016두33537 판결.

276) 대법원 2021. 1. 14. 선고 2020두50324 판결. 또한, 대법원 2022. 9. 7. 선고 2022두42365 판결에서는, 피고가 원고에게 「공공감사에 관한 법률」 제23조에 따라 감사결과 및 조치사항을 통보한 뒤 그와 동일한 내용으로 다시 원고에게 시정명령을 내리면서 그 근거법령으로 유아교육법 제30조를 명시한 사안에

4. 특수한 처분

가. 거부처분

(1) 개 념

거부행위란 행정청이 국민으로부터 공권력의 행사를 신청 받았으나, 형식적 요건의 불비를 이유로 그 신청을 각하하거나 이유가 없다는 이유로 신청된 내용의 행위를 하지 않을 뜻을 표시하는 행위를 말한다. 이러한 거부행위로 인하여 현재의 법률관계가 직접적으로 변동되지 않는 것처럼 보이므로, 처분에 해당하는지 의문이 생길 수 있다.[277)]

대법원은 거부행위가 항고소송의 대상인 거부처분이 되기 위해서는 국민이 행정청에 대하여 그 신청에 따르는 처분을 해줄 것을 요구할 수 있는 법규상 또는 조리상의 권리가 있어야 한다는 입장에 있다.[278)] 즉, 거부행위의 처분성을 법규상 또는 조리상 신청권의 침해에서 찾고 있는 것이다.[279)]

거부처분은 일반적인 처분에 비하여 다소 다른 특성을 가지고 있다. 실체법적으로 부관이 붙지 않고 적극적 효과를 가지지 않는다는 점, 그리고 거부처분의 철회도 의미가 없다는 점 등이 그것이다.

(2) 거부행위가 처분이 되기 위한 요건

신청인의 신청에 대한 행정청의 거부행위가 처분이 되기 위해서는 ① 신청한 행위가 공권력의 행사이어야 하고, ② 신청인의 법률관계에 영향을 미치는 행위이어야 하며, ③ 신청인에게 그러한 신청을 할 권리가 있어야 한다.[280)]

이러한 판례의 태도에 대하여, 처분인지 여부에 관한 판단은 어떠한 행정청의 행위에 관한 객관적인 법적 성격에 대한 판단이지 주관적인 권리침해 여부에 대한 것이 아니므로,

---

서, 비록 위 시정명령이 원고에게 부과하는 의무의 내용은 같을지라도, 「공공감사에 관한 법률」 제23조에 따라 통보된 조치사항을 이행하지 않은 경우와 유아교육법 제30조에 따른 시정명령을 이행하지 않은 경우에 당사자가 입는 불이익이 다를 뿐만 아니라 이에 대한 불복방법으로 행정심판의 청구와 행정소송의 제기를 안내하였다면, 위 유아교육법 제30조에 따른 시정명령을 처분으로 볼 수 있다고 판시하였다. 마찬가지로 대법원 2022. 7. 28. 선고 2021두60748 판결에서는, 피고는 원고에게 제재처분을 통지하면서 위 처분에 이의가 있는 경우 이의신청을 할 수 있고 아울러 처분이 있음을 알게 된 날로부터 90일 이내에 행정심판 또는 행정소송을 제기할 수 있다는 등의 불복방법을 고지한 후 원고의 이의신청에 따라 원고에 대한 제재를 다시 심의한 다음 위 1차 통지일로부터 90일이 지난 시점에 원고에게 이 사건 2차 통지를 하면서 다시 행정심판 또는 행정소송에 의한 불복방법을 고지하였다면, 위 2차 통지는 항고소송의 대상이 되는 처분이라고 하였다.

277) 신청이 애초부터 없었던 상태거나 신청을 하였으나 거부된 상태는 외견상으로 국민의 권리의무에 아무런 영향이 없다는 점에서 같은 것으로 보일 수 있다.

278) 대법원 1990. 9. 28. 선고 89누8101 판결.

279) 대법원 1984. 10. 23. 선고 84누227 판결, 주석 행정소송법, 553면.

280) 대법원 1995. 5. 26. 선고 93누21729 판결, 대법원 1996. 5. 14. 선고 95누13081 판결 등.

거부행위의 처분성에 대한 판단기준은 그것이 공권력행사의 거부인지 여부와 그 거부나 인용이 법적 영향이 있는지 여부에 달려 있다고 전제하면서,[281] 법규상 또는 조리상의 권리침해의 문제는 원고적격에 관련된 것으로 이해하여야 할 것이라는 비판이 제기된다. 주관적인 권리침해 여부에 대한 판단은 처분성과 관련되는 문제가 아니라 원고적격과 관련되는 문제라는 것이다.

그러나 대법원은 "거부처분의 처분성을 인정하기 위한 전제요건이 되는 신청권의 존부는 구체적 사건에서 신청인이 누구인가를 고려하지 않고 관계 법규의 해석에 의하여 일반 국민에게 그러한 신청권을 인정하고 있는가를 살펴 추상적으로 결정되는 것이다."라고 판시하고,[282] 그 전제 하에서 신청권의 존재여부를 처분성 인정여부의 문제로 보고 있다.

신청권을 거부처분이 성립하기 위한 신청 자격 정도의 일반적 · 추상적인 개념이라고 이해하여 대상적격의 문제로 보고 그 신청권과 원고의 주관적 관련성 유무를 원고적격으로 파악한다면 판례가 이해하는 논리구조를 수긍할 수 있다. 다만 비판론이 제기하고 있는 것을 감안하여 신청의 대상이 처분인지 여부에 따라 신청권의 존부를 결정한다면 거부행위의 처분성 여부에 관한 명확한 기준이 제시되고 신청권의 범위도 넓어질 것으로 생각된다.[283]

어쨌든 거부처분은 처분의 신청이 있는 경우 그것을 거부하는 행정작용이므로, 사실행위의 거부, 계약의 청약에 대한 거부 등 행정행위에 해당되지 않는 행정작용에 대한 거부는 여기에서 말하는 거부처분에는 해당되지 않는다.

(3) 신청권의 의미

앞에서 본 것처럼 판례에 의하면, 행정청이 국민의 신청에 대하여 한 거부행위가 처분이 되기 위해서는 그 국민에게 그 행위발동을 요구할 법규상 또는 조리상 신청권이 있어야 한다는 것이다.[284] 여기에서 신청권의 존부는 구체적 사건에서 신청인이 누구인지를 고려하지 않고 관계 법규의 해석에 의하여 일반 국민에게 그러한 신청권을 인정하고 있는지를 살펴 추상적으로 결정된다.[285]

나아가 대법원은 신청권을 신청의 인용이라는 만족적 결과를 얻을 권리뿐만 아니라 단순히 신청에 따른 응답을 받을 권리도 포함하는 것으로 해석하고 있다. 이렇게 판례는 신청권을 형식상 단순한 응답요구권을 포함하는 것으로 이해하고,[286] 그것을 소송의 대상

281) 거부하든 인용하든 법적 측면에서는 아무런 변화가 없다고 한다면 그러한 거부행위는 처분이라 할 수 없다. 그러나 인용할 경우 어떠한 법적 효과가 생긴다면 그 거부행위는 처분이라고 하여야 할 것이다.
282) 대법원 2009. 9. 10. 선고 2007두20638 판결, 대법원 1996. 6. 11. 선고 95누12460 판결 등 다수.
283) 김남진 · 김연태, 행정법 I, 947면 참조.
284) 대법원 1998. 7. 10. 선고 96누14036 판결, 대법원 2003. 9. 26. 선고 2003두5075 판결.
285) 대법원 1996. 6. 11. 선고 95누12460 판결.
286) 신청권은 실질적 신청권과 형식적 신청권으로 구별할 수 있다. 실질적 신청권이란 특정한 급부 또는

(처분성 인정의 문제)으로 보고 있는 것이다.

(4) 신청권의 존재 여부

법규상 신청권은 법령의 규정이 있는지 여부에 따라 인정 여부가 결정될 것이므로, 별달리 어려운 문제는 없다. 그러나 어느 경우에 법률의 명시적 규정이 없음에도 조리상 신청권을 인정할 수 있는지는 어려운 문제이다. 조리상 신청권의 인정기준으로는 ① 거부행위에 대하여 항고소송으로 다투는 이외에 다른 권리구제방법이 없는 경우, ② 관계법규의 해석상 행정청이 그 행정행위를 하여야 할 의무가 있음이 명백한 경우, ③ 행정청이 그러한 권한을 행사하지 않음으로써 국민이 입는 불이익이 부득이한 것으로 용인될 수 없을 정도로 매우 큰 경우 등이 종합적으로 참작되어야 한다는 것이 제시되고 있다.[287]

대법원은 거부처분의 전제가 되는 조리상 신청권에 대하여 엄격한 태도를 취하고 있었으나, 최근에는 아래에서 보는 것처럼 신청권의 범위를 다소 확대하고 있다.

① **검사 임용신청**: 법령상 검사임용신청 및 그 처리의 제도에 관한 명문규정이 없다고 하여도 임용권자는 임용신청자들에게 전형의 결과에 대한 응답이 있다고 보아야 하고 원고로서는 그 임용신청에 대하여 임용 여부의 응답을 받을 권리가 있다.[288]

② **인천대학교 사건에서 교육공무원으로의 임용신청**: 사립대학에서 공립대학으로 설립자 변경에 따라 새로운 설립자가 된 지방자치단체장이 종전 교원들에게 임용을 약정하고,[289] 그 후 교육행정의 최고 감독관청인 교육부장관이 위 약정을 한 지방자치단체장을 개교사무처리취급책임자로 임명하였으며, 교육부장관 스스로 위 교원신분보장에 관한 보완지시까지 하였다면, 위 교원들에게 조리상 교육공무원으로의 임용신청권이 인정된다.[290]

③ **공사중지명령의 해제신청**: 지방자치단체장의 공사중지명령 내용 자체로 또는 그 성질상으로 명령 이후에 그 원인사유가 해소되는 경우에는 잠정적으로 내린 해당 공사중지명령의 해제를 요구할 수 있는 권리가 위 명령의 상대방에게 인정된다.[291]

④ **공유재산의 관리청에 대한 행정재산의 사용·수익에 대한 허가신청**: 행정재산의 사용·

행위를 청구하는 것을 내용으로 하는 것을 말한다. 그에 대하여 형식적 신청권이란 특정한 행정결정을 요구할 수 있는 것이 아니라 단지 하자 없는 적법한 결정을 요구할 수 있다는 의미로 파악된다.

287) 조리상 신청권의 인정기준에 관한 판례의 논리구조는 본안에서 청구가 인용되어야 한다는 판단을 먼저 내린 다음 그렇기 때문에 소송요건이 충족된다는 것인데, 이는 구조적 오류라고 지적하는 견해가 있다(이상덕, "거부처분의 처분성 인정요건으로서의 '신청권'이론에 대한 비판적 고찰", 사법 제55호, 사법발전재단, 2021. 3, 1065면). 이러한 비판을 피하기 위해서라도 이에 관한 객관적인 기준을 제시할 필요가 있고, 신청의 대상이 처분인지 여부에 따라 신청권의 존부를 결정하는 것을 그 기준으로 삼는 것이 좋겠다는 의견을 이미 앞에서 제시하였다.

288) 대법원 1991. 2. 12. 선고 90누5825 판결.

289) 교육공무원으로서의 임용결격사유가 없다면 전원을 교육공무원으로 임용하겠다는 내용이다.

290) 대법원 1997. 10. 10. 선고 96누4046 판결.

291) 대법원 1997. 12. 26. 선고 96누17745 판결.

수익허가처분의 성질에 비추어 국민에게는 행정재산의 사용·수익허가를 신청할 조리상 신청권이 있다.[292)]

⑤ **환지소유자의 환지등기촉탁신청**: 관계법규가 사업시행자로 하여금 지체 없이 환지등기촉탁을 하도록 규정하고 있으므로 조리상 신청권이 인정된다.[293)]

⑥ **실용신안권 소멸등록에 대한 회복등록신청**: 실용신안권이 불법 또는 착오로 소멸등록된 경우, 실용신안권자에게 그 회복등록을 신청할 권리가 인정된다.[294)]

⑦ **평생교육시설 설치자 명의변경신청**: 법령상 평생교육시설 설치자의 지위승계를 명문으로 금지하지 않고 그 지위 승계를 금지하여야 할 합리적인 필요성도 인정된다고 할 수 없으며, 현실적으로 설치자의 지위승계를 허용하여야 할 필요성도 있으므로, 학력인정 학교형태의 평생교육시설 설치자 명의의 변경을 요구할 권리가 있다.[295)]

⑧ **국·공립 대학교원의 신규임용 신청**: 원래 대법원은 국·공립 대학교원에 대한 임용 여부는 임용권자의 재량이므로 임용지원자로서는 임용권자에게 임용 여부에 대한 응답을 신청할 권리가 없다는 입장이었다.[296)] 다만 임용지원자라고 하더라도 임용에 관한 법률상 이익을 가진다고 볼만한 특별한 사정이 있는 경우(대학의 임용규정 등이 정하는 임용예정자 또는 임용후보자의 지위에 있는 경우)에는 신청권이 있다고 볼 여지를 남겨 두었다. 그러다가 대학교원 신규채용의 유일한 면접심사 대상자로 선정된 임용지원자에 대한 교원신규채용 중단조치는 처분에 해당한다고 판시하였다.[297)]

⑨ **대학교원의 재임용 신청**: 종래에는 교육공무원법상 임용기간이 만료된 대학교원에 대한 임용권자의 재임용제외결정 및 통지가 처분이 아니라고 하였다.[298)] 그러다가 기간제로 임용되어 임용기간이 만료된 국·공립대학의 조교수는 교원으로서의 능력과 자질에 관하여 합리적인 기준에 의한 공정한 심사를 받아 위 기준에 부합되면 재임용되리라는 기대를 가지고 재임용 여부에 관하여 합리적인 기준에 의한 공정한 심사를 요구할 신청권을 가진다고 판례를 변경하였다.[299)]

---

292) 대법원 1998. 2. 27. 선고 97누1105 판결.
293) 대법원 2000. 12. 22. 선고 99두11349 판결.
294) 대법원 2002. 11. 22. 선고 2000두9229 판결.
295) 대법원 2003. 4. 11. 선고 2001두9929 판결.
296) 대법원 2003. 10. 23. 선고 2002두12489 판결. 대법원은 유사한 이유로 중요무형문화재 보유자의 추가인정에 관한 조리상 신청권을 부정하기도 하였다(대법원 2015. 12. 10. 선고 2013두20585 판결).
297) 대법원 2004. 6. 11. 선고 2001두7053 판결.
298) 대법원 1997. 6. 27. 선고 96누4305 판결.
299) 대법원 2004. 4. 22. 선고 2000두7735 전원합의체 판결. 재임용 심사를 거친 사립대학 교원과 학교법인 사이의 재임용계약 체결이 서로간의 계약 내용에 관한 의사의 불일치로 말미암아 무산되었더라도 교원이 재임용을 원하고 있었던 이상 이러한 재임용계약의 무산은 실질적으로 학교법인의 재임용 거부처분에 해당하고, 학교법인이 기존 취업규칙이 적용되는 교원에게 변경된 취업규칙의 적용에 동의해야

⑩ **학교용지부담금에 대한 환급신청:** 개발사업시행자가 납부한 개발부담금 중 부과처분 후에 납부한 학교용지부담금에 해당하는 금액에 대해서는 조리상 개발부담금 부과처분의 취소나 변경 등 개발부담금의 환급에 필요한 처분을 신청할 권리를 가진다.[300]

⑪ **주민등록번호에 대한 변경신청:** 피해자의 의사와 무관하게 주민등록번호가 유출된 경우에는 비록 주민등록법상 변경사유로 규정되어 있지 않더라도 조리상 주민등록번호의 변경을 요구할 신청권이 인정된다.[301]

(5) 처분의 변경신청권의 인정 여부

㈎ 원칙적 부정

처분의 상대방 등이 당초에 있었던 처분에 하자가 있다고 하거나 사후에 사정변경 또는 공익상 필요가 발생하였다는 이유로 행정청에 대하여 제소기간이 이미 도과하여 불가쟁력이 생긴 당초 처분을 취소·철회·변경해 주도록 신청하였는데 처분청이 아무런 응답을 하지 않거나 그 신청을 거부한 경우 처분의 상대방 등이 부작위위법확인의 소나 거부처분 취소의 소를 제기할 수 있는지 문제된다.

이에 대하여 판례는 개별 법령에서 그 변경을 요구할 신청권을 규정하고 있거나 관계 법령의 해석상 그러한 신청권이 인정될 수 있는 등 특별한 사정이 없으면, 국민에게 그 행정처분의 변경을 구할 신청권을 인정하지 않고 있다.[302] 이 문제는 주로 기존의 도시계획에 대하여 변경을 청구할 수 있는지의 문제로 발생한다.

첫째, 처분의 취소, 철회 및 변경에 관한 조리상 신청권을 인정한다면, 처분의 불가쟁력이나 제소기간의 취지를 몰각시킨다는 점이다. 당사자가 당초의 도시계획결정에 대하여 제소기간의 도과로 적법한 취소소송을 제기하지 못하는 상황에서 행정청에게 위 도시계획결정에 대하여 계획재량의 일탈·남용 등 위법성을 주장하면서 그 도시계획결정의 해제 또는 변경을 구하는 신청을 하고 이에 대한 행정청의 거부에 대하여 취소소송을 제기할 수 있다면, 그 처분의 불가쟁력이나 취소소송의 제소기간을 형해화시키는 것이 되므로 허용할 수 없다는 것이다.[303]

만 재임용계약을 체결할 수 있다는 조건을 제시하였다면 이를 이유로 한 재임용 거부처분은 재량권을 일탈·남용하여 위법하다(대법원 2024. 6. 17. 선고 2021두49771 판결).

300) 대법원 2016. 1. 28. 선고 2013두2938 판결.

301) 대법원 2017. 6. 15. 선고 2013두2945 판결.

302) 대법원 2017. 2. 9. 선고 2014두43264 판결.

303) 같은 맥락에서 행정청이 관련 법령에 근거하여 행한 공사중지명령의 상대방이 명령의 취소를 구하는 소송에서 패소함으로써 그 명령이 적법한 것으로 확정된 이후 그 명령의 해제신청을 거부한 처분의 취소를 구하는 소송을 제기한 다음 그 명령의 위법성을 다툴 수 없다(대법원 2014. 11. 27. 선고 2014두37665 판결). 그와 같은 공사중지명령에 대하여 그 명령의 상대방이 해제를 구하기 위해서는 명령의 내용 자체로 또는 성질상으로 명령 이후에 원인사유가 해소되었음이 인정되어야 한다.

둘째, 도시계획은 그 수범자가 무수히 많으므로, 조리상 신청권으로서 계획변경청구권을 인정한다면 행정부 업무의 부담이 가중되거나 법원의 사건 폭주 등의 염려가 있으리라는 부작용을 고려한 것으로 보인다. 즉, 대법원은 행정계획이 일단 확정된 후에는 일정한 사정변동이 있더라도 지역주민에게 일일이 그 계획의 변경 또는 폐지를 청구할 권리를 인정해 줄 수 없다고 판시하고 있다.

대법원 1997. 9. 12. **선고** 96**누**6219 **판결**: 도시계획법령이 토지형질변경행위허가의 변경신청 및 변경허가에 관하여 아무런 규정을 두지 않고 있을 뿐 아니라, 처분청이 처분 후에 원래의 처분을 그대로 존속시킬 필요가 없게 된 사정변경이 생겼거나 중대한 공익상의 필요가 발생한 경우에는 별도의 법적 근거가 없어도 별개의 행정행위로 이를 철회·변경할 수 있지만 이는 그러한 철회·변경의 권한을 처분청에게 부여하는 데 그치는 것일 뿐 상대방 등에게 그 철회·변경을 요구할 신청권까지를 부여하는 것은 아니라 할 것이므로, 이와 같이 법규상 또는 조리상의 신청권이 없이 한 국민들의 토지형질변경행위 변경허가신청을 반려한 당해 반려처분은 항고소송의 대상이 되는 처분에 해당되지 않는다.

대법원 2002. 11. 26. **선고** 2001**두**1192 **판결**: 행정청이 국민으로부터 신청을 받고서 한 거부행위가 행정처분이 되기 위하여는 국민이 행정청에 대하여 신청에 따른 행정행위를 해 줄 것을 요구할 수 있는 법규상 또는 조리상 권리가 있어야 하는 것이며, 이러한 근거 없이 한 국민의 신청을 행정청이 받아들이지 아니하고 거부한 경우에는 이로 인하여 신청인의 권리나 법적 이익에 어떤 영향을 주는 것이 아니므로 이를 행정처분이라 할 수 없는 것이고, 또한 구 도시계획법(2000. 1. 28. 법률 제6243호로 전문 개정되기 전의 것)상 주민이 행정청에 대하여 도시계획 및 그 변경에 대하여 어떤 신청을 할 수 있음에 관한 규정이 없었고 도시계획과 같이 장기성·종합성이 요구되는 행정계획에 있어서 그 계획이 일단 확정된 후에 어떤 사정의 변동이 있다고 하여 지역주민에게 일일이 그 계획의 변경 또는 폐지를 청구할 권리를 인정해 줄 수도 없었다고 할 것이다.

㈏ 도시계획입안제안권에 근거하여 도시계획변경신청권을 인정한 경우

법규상 신청권이 부여되어 있는 경우에는 그것을 매개로 도시계획의 변경신청을 하게 되고 이를 거부하면 그 거부처분에 대하여 취소소송을 제기할 수 있을 것이다. 그런데, 국토계획법 제26조에 의하면, 주민 및 이해관계자는 ① 기반시설의 설치·정비 또는 개량에 관한 사항과 ② 지구단위계획구역의 지정 및 변경과 지구단위계획의 수립 및 변경에 관한 사항, ③ 개발진흥지구 중 공업기능 또는 유통물류기능 등을 집중적으로 개발·정비하기 위한 개발진흥지구로서 대통령령으로 정하는 개발진흥지구(산업·유통개발진흥지구)와 용도지구 중 해당 용도지구에 따른 건축물이나 그 밖의 시설의 용도·종류 및 규모 등의 제한을 지구단위계획으로 대체하기 위한 용도지구의 지정 및 변경에 관한 사항, ④ 입지규제최소구역의 지정 및 변경과 입지규제최소구역계획의 수립 및 변경에 관한 사항에 관해서는 도시·군관리계획의 입안을 제안할 수 있다. 대법원은 이러한 국토계획법령상의 도시계획입안제안권에 착안하여 주민에게 도시계획변경신청권을 인정하고 있다. 도시계획입안제안권을 일종의 법규상의 신청권으로 보는 것이다.[304]

대법원 2004. 4. 28. **선고** 2003**두**1806 **판결**: 도시계획구역 내 토지 등을 소유하고 있는 주민으로서는 입안권자에게 도시계획입안을 요구할 수 있는 법규상 또는 조리상의 신청권이 있다고 할 것이고, 이러한 신청에 대한 거부행위는 항고소송의 대상이 되는 행정처분에 해당한다.

대법원은 위와 같은 법리를 확장하여 기반시설의 설치·정비 또는 개량에 관한 사항에 관한 도시·군관리계획의 입안제안뿐만 아니라 같은 사항에 관하여 도시계획시설결정의 변경이나 폐지를 신청하는 경우에도 적용하고 있다.[305]

대법원 2012. 1. 12. **선고** 2010**두**5806 **판결**: 행정주체가 행정계획을 입안·결정하면서 이익형량을 전혀 행하지 않거나 이익형량의 고려 대상에 마땅히 포함시켜야 할 사항을 빠뜨린 경우 또는 이익형량을 하였으나 정당성과 객관성이 결여된 경우에는 행정계획결정은 형량에 하자가 있어 위법하게 된다. 이러한 법리는 행정주체가 구 국토의 계획 및 이용에 관한 법률 제26조에 의한 주민의 도시관리계획 입안 제안을 받아들여 도시관리계획결정을 할 것인지를 결정할 때에도 마찬가지이고, 나아가 도시계획시설구역 내 토지 등을 소유하고 있는 주민이 장기간 집행되지 아니한 도시계획시설의 결정권자에게 도시계획시설의 변경을 신청하고, 결정권자가 이러한 신청을 받아들여 도시계획시설을 변경할 것인지를 결정하는 경우에도 동일하게 적용된다고 보아야 한다.

(다) 사실상 수익적 행정행위의 거부에 해당하는 경우

대법원은 원칙적으로 국토이용계획의 변경을 신청할 권리를 인정할 수 없지만, 장래 일정한 기간 내에 관계 법령이 규정하는 시설 등을 갖추어 일정한 처분을 구하는 신청을 할 수 있는 법률상 지위에 있는 자의 국토이용계획변경신청을 거부하는 것이 실질적으로 해당 처분 자체를 거부하는 결과가 되는 경우에는 예외적으로 그 신청인에게 국토이용계획변경신청구권이 인정된다고 판시하였다.

---

304) 같은 맥락에서 대법원은 산업입지에 관한 법령에 근거하여 산업단지개발계획상 산업단지 안의 토지 소유자로서 산업단지개발계획에 적합한 시설을 설치하여 입주하려는 자에게 산업단지지정권자 또는 그로부터 권한을 위임받은 기관에 대하여 산업단지개발계획의 변경을 요청할 수 있는 신청권을 인정하고 있다(대법원 2017. 8. 29. 선고 2016두44186 판결).

305) 대법원 2012. 1. 12. 선고 2010두5806 판결, 대법원 2015. 3. 26. 선고 2014두42742 판결.

> **대법원** 2003. 9. 23. **선고** 2001**두**10936 **판결**: 구 폐기물관리법 등 관련 규정에 따라 관할청으로부터 폐기물처리사업계획의 적정통보를 받아 장래 일정한 기간 내에 관계 법령이 규정하는 시설 등을 갖추어 폐기물처리업허가신청을 할 수 있는 법률상 지위에 있는 자가 관할청으로부터 폐기물처리업허가를 받기 위해서는 당해 부동산에 대한 용도지역을 '농림지역 또는 준농림지역'에서 '준도시지역'으로 변경하는 국토이용계획변경이 선행되어야 하고, 원고의 위 계획변경신청을 피고가 거부한다면 이는 실질적으로 원고에 대한 폐기물처리업허가신청을 불허하는 결과가 되므로, 이러한 경우에는 계획변경을 신청할 법규상 또는 조리상 권리를 가진다.

㈑ 제3자의 이익을 침해하는 경우

변경신청권을 인정하지 않는다면 제3자의 이익을 침해한다는 등의 특별한 사정이 있는 경우에는 변경신청권을 인정하는 경우도 있다. 예컨대, 건축주가 토지 소유자로부터 토지사용승낙서를 받아 그 토지 위에 건축물을 건축하는 대물적 성질의 건축허가를 받았다가 착공에 앞서 건축주의 귀책사유로 해당 토지를 사용할 권리를 상실한 경우, 건축허가의 존재로 말미암아 토지에 대한 소유권 행사에 지장을 받을 수 있는 토지 소유자로서는 건축허가의 철회를 신청할 수 있다는 것이다.306)

㈒ 처분의 재심사제도와의 관계

행정쟁송의 제소기간이 도과되었거나 쟁송절차를 모두 거친 경우라고 하더라도 추후에 처분의 기초가 된 사실관계 또는 법률관계가 변경되어 당초 처분의 근거가 된 사실관계와 법률관계가 사회적 관념이나 법질서와 충돌하는 때에는 당초 처분을 재고할 수 있도록 하여 당사자의 권리를 보호할 필요가 있다. 이에 따라 행정기본법 제37조에서는 처분의 재심사에 관하여 규정하고 있다.307)

제재처분 및 행정상 강제를 제외한 처분에 불가쟁력이 발생하여 다툴 수 없게 된 경우라도 ① 처분의 근거가 된 사실관계 또는 법률관계가 추후에 당사자에게 유리하게 바뀐 경우, ② 당사자에게 유리한 결정을 가져다주었을 새로운 증거가 있는 경우, ③ 민사소송법 제451조에 따른 재심사유에 준하는 사유가 발생한 경우 등 대통령령으로 정하는 경우에 해당하면 당사자는 해당 처분을 한 행정청에 대하여 처분을 취소·철회하거나 변경할 것을 신청할 수 있다. 여기에서 "대통령령으로 정하는 경우"란 ① 처분 업무를 직접 또는 간접적으로 처리한 공무원이 그 처분에 관한 직무상 죄를 범한 경우, ② 처분의 근거가 된 문서나 그 밖의 자료가 위조되거나 변조된 것인 경우, ③ 제3자의 거짓 진술이 처분의 근거

306) 대법원 2017. 3. 15. 선고 2014두41190 판결. 이 판례를 행정행위의 재심사와 연관지워 설명한 평석은 「신상민, "처분의 변경신청권과 행정행위의 재심사", 행정판례연구 XXIII-1, 박영사(2018)」 참조.
307) 더 자세한 사항은 앞에서 살펴본 처분의 재심사에 관한 설명부분 참조.

가 된 경우, ④ 처분에 영향을 미칠 중요한 사항에 관하여 판단이 누락된 경우 등을 말한다(행정기본법 시행령 제12조).

한편, 앞에서 본 것처럼 처분의 상대방 등이 당초에 있었던 처분에 하자가 있다고 하거나 사후에 사정변경 또는 공익상 필요가 발생하였다는 이유로 행정청에게 당초 처분의 취소·철회·변경을 신청하였는데, 장래 일정한 기간 내에 관계 법령이 규정하는 시설 등을 갖추어 일정한 처분을 구하는 신청을 할 수 있는 법률상 지위에 있는 자가 한 도시계획의 변경신청에 대한 행정청의 거부가 결과적으로 해당 처분 자체를 거부하는 셈이 되는 경우, 제3자의 이익을 침해한다는 특별한 사정이 있는 경우 등에는 그 신청인에게 조리상의 신청권이 인정될 수 있다는 것이 판례이다.

그런데, 처분의 재심사제도가 도입됨으로써 위와 같은 처분의 변경신청에 따른 권리구제가 더 이상 인정되지 않는 방향으로 해석될 수 있다. 행정기본법 제정과정에서도 위와 같은 우려에 대해서도 논의가 되었는데, 재심사제도는 법령이나 판례에 따라 인정되는 권리구제수단에 더하여 추가되는 제도라는 점을 전제로 도입되었다. 이러한 입법과정과 입법취지를 감안하면, 행정기본법이 시행되어 정착되더라도 재심사제도와 기존에 판례에서 인정되어오던 조리상의 신청권에 기한 처분의 취소·철회·변경과는 전혀 별개라고 보아야 할 것이다.

나. 재량행위

기속행위는 법이 정한 요건이 충족되면 법이 정한 효과로서의 일정한 행위를 반드시 하거나 해서는 안 되는 경우의 행정행위를 말하고, 재량행위는 법이 정한 요건이 충족되었다고 하더라도 행정법규가 행정청에 법적 효과를 스스로 결정할 수 있는 권한을 위임한 경우를 말한다(결정재량과 선택재량).

재량행위는 해당 처분이 재량의 테두리 내에서 행사된 이상 당·부당의 문제만 발생할 뿐 위법의 문제는 생기지 않는다. 그러나 재량권의 한계를 넘거나 그 남용이 있을 때에는 그 행위는 위법하므로 행정소송법 제27조에 따라 취소할 수 있다는데 의문이 없다.

다. 권력적 사실행위

사실작용 중 공무원에 의한 무허가건물의 철거작용과 같은 '권력적 사실행위'는 처분으로 볼 수 있어 항고소송의 대상이 될 수 있다. 강제격리, 미결수용인 자의 이송,[308] 교도소장이 특정 수형자를 '접견내용 녹음·녹화 및 접견 시 교도관 참여대상자'로 지정한 행위,[309] 유치나 예치, 영업소 폐쇄, 단수처분,[310] 대집행의 실행 등은 권력적 사실행위로서

308) 대법원 1992. 8. 7.자 92두30 결정.
309) 대법원 2014. 2. 13. 선고 2013두20899 판결.

처분에 해당한다.

권력적 사실행위에 대하여 행정쟁송을 제기할 경우 소 제기 당시에는 집행 완료로 인하여 소의 이익이 흠결되어 각하되는 경우가 많을 것이다. 다만 처분의 취소로 회복되는 이익이 없더라도 동일한 소송 당사자 사이에서 동일한 사유로 위법한 처분이 반복될 위험성이 있어 처분의 위법성 확인 내지 불분명한 법률문제에 대한 해명이 필요하다고 판단되는 경우 소의 이익을 인정한 판례가 있다.311) 한편, 권력적 사실행위에 대한 헌법소원의 경우에도 간혹 헌법적 해명의 필요성이라는 명목으로 개인의 권리구제와 관련 없이 본안판단을 하는 경우가 있다.

라. 부 관

판례에 의하면, 부관은 그 자체로 직접 법적 효과를 발생시키는 처분이 아니므로, 독립하여 행정쟁송의 대상이 되지 않고 본체인 행정행위와는 독립적으로 취소될 수 없다.312) 그러나 부담은 다른 부관과는 달리 본체인 행정행위의 불가분적인 요소가 아니고 그 자체가 하나의 처분이 되므로, 본체인 행정행위와 별도로 부담 그 자체의 독립취소가 가능하다. 따라서 행정청이 재건축조합에 대하여 주택재건축정비사업시행인가처분을 하면서 정비사업의 시행으로 인하여 용도폐지되는 지방자치단체 소유의 정비기반시설을 유상으로 매입하도록 하는 부담을 붙였는데 그 부관이 위법한 경우 그 부관만의 취소도 가능하다.313)

대법원 판례에 따르면 위법한 부담 이외의 부관으로 인하여 권리를 침해당한 자는 결국 ① 부관부 행정행위 전체의 취소를 구하거나314) ② 먼저 행정청에 부관 없는 또는 부관의 내용을 변경하는 처분으로 변경해 줄 것을 신청한 다음 그것이 거부된 경우 거부처분 취소소송을 제기할 수밖에 없다.315)

---

310) 대법원 1979. 12. 28. 선고 79누218 판결.

311) 대법원 2007. 7. 19. 선고 2006두19297 전원합의체 판결.

312) 기간: 대법원 1986. 8. 19. 선고 86누202 판결, 대법원 2001. 6. 15. 선고 99두509 판결. 효과의 일부배제: 대법원 1991. 12. 3. 선고 90누8503 판결, 대법원 1993. 10. 8. 선고 93누2032 판결.

313) 대법원 2007. 6. 28. 선고 2007두1699 판결.

314) 대법원은 "어업면허처분을 함에 있어 그 면허의 유효기간을 1년으로 정한 경우 …… 위 어업면허처분 중 그 면허유효기간만의 취소를 구하는 청구는 허용될 수 없다."(대법원 1986. 8. 19. 선고 86누202 판결)라고 판시하여 부담을 제외한 나머지 부관에 대해서는 부관만의 취소는 구할 수 없고, 부관이 붙은 행정행위 전체의 취소를 통해서만 부관을 다툴 수 있다는 태도를 취하고 있다. 이에 따라 대법원은 "도로점용허가의 점용기간은 행정행위의 본질적인 요소에 해당한다고 볼 것이어서 부관인 점용기간을 정함에 있어서 위법사유가 있다면 이로써 도로점용허가처분 전부가 위법하게 된다 할 것이다."(대법원 1985. 7. 9. 선고 84누604 판결)라고 판시하여 위법부관이 중요부분이면 전부취소의 판결을, 그렇지 않으면 기각판결을 내림으로써 부담 이외의 위법부관에 대해서는 일부취소를 인정하지 않는다.

315) 그러한 사례로 대법원 1990. 4. 27. 선고 89누6808 판결이 있다. 다만 법규에 처분의 변경에 관한 신청절차가 없다면, 일반적으로 처분을 변경하여 달라는 조리상 신청권이 인정되지는 않을 것이므로, 행

마. 경정처분(변경처분)

(1) 의 의

행정청이 일정한 처분을 한 후 감축 또는 확장하는 것을 경정처분(변경처분)이라 한다. 여기에서 말하는 경정처분(변경처분)은 당초의 처분을 그대로 유지한 채 수정하는데 불과하므로, 당초의 처분을 취소하거나 철회하고 새로운 처분을 하는 등 당초 처분과의 동일성을 상실하는 경우와 구별된다. 절차위배 등을 이유로 처분을 취소한 후 절차를 갖추어 다시 처분을 하는 것도 별개의 처분이고 경정처분은 아니다. 또한, 기존의 위법한 부분을 제거하기 위하여 행한 감액경정처분이라고 하더라도 성립 당시에 적법한 요건을 갖추지 못한 흠을 사후에 보완하여 처음부터 적법한 행정행위로 효력을 발생하게 하는 '하자의 치유'와는 개념적으로 구별된다.[316)]

이 문제는 소제기 전에 처분이 변경된 경우 제소기간과 관련하여 주로 논의가 된다.[317)] 또한 경정처분은 징계처분이나 영업정지처분 등 제재적 처분에서도 찾아볼 수 있으나, 주로 과세처분 등 각종 부담금 부과처분의 경우에 나타나므로, 그것을 중심으로 살펴본다.

(2) 조세소송에서 당초처분과 경정처분 상호간의 관계

당초처분과 경정처분과의 법률관계에 관하여 다음과 같은 견해의 대립이 있다.[318)] 각 견해에 따라서 항고소송의 대상, 제소기간의 기산점이 달라질 수 있다.

(가) 학 설

① **병존설(단계설)**: 당초처분과 경정처분은 서로 독립하여 별개로 병존하고 경정처분의 효력은 그 처분에 의하여 추가로 확정된 과세표준 및 세액부분에만 미친다는 견해

② **흡 수 설**: 당초처분은 경정처분에 흡수되어 소멸하고 경정처분의 효력은 처음부터 다시 조사 결정한 과세표준 및 세액전체에 미친다는 견해

③ **흡수병존설**: 당초처분은 경정처분에 흡수 소멸되지만 그 효력은 그대로 존속하며 경정처분의 효력은 그 경정결정에 의하여 증감된 과세표준 및 세액부분에만 미친다는 견해

④ **역흡수설**: 경정처분은 당초처분에 흡수 소멸되나 당초처분에 의하여 확정된 과세표준과 세액을 그 경정된 내용에 따라 증감시키는 효력을 발생한다는 견해

정청이 처분변경을 거부한 경우 그것이 거부처분이 되기는 어려울 것으로 생각된다.

316) 대법원 2019. 1. 17. 선고 2016두56721, 56738 판결. 따라서 하자의 치유에서와는 다르게 행정쟁송이 제기된 이후에도 허용된다.

317) 소제기 후 처분을 변경한 때에는 원고가 처분변경이 있음을 안 날로부터 60일 이내에 신청에 의하여 법원의 결정으로 소를 변경할 수 있고 이 경우 제소기간 준수의 요건을 갖춘 것으로 보게 된다(행정소송법 제22조).

318) 더 자세한 내용은 정해남, "당초의 과세처분과 경정처분의 법률관계", 재판자료 제60집, 법원도서관(1993), 84-95면 참조.

⑤ **역흡수병존설**: 경정처분은 당초처분과 결합되어 일체로서 병존하면서 당초처분에 의하여 확정된 과세표준과 세액을 증감시키는 효력을 가진다는 견해

(나) 판 례

1) 감액경정처분의 경우

감액경정처분의 경우에는 당초 처분의 일부 취소에 해당하고 소송의 대상이 되는 것은 일부 취소되고 남은 당초 처분이고(역흡수설),[319] 제소기간의 준수 여부도 당초의 처분을 기준으로 판단한다.[320] 당초처분이 있은 뒤 감액경정처분이 행해진 경우에는 당초처분의 전부를 취소한 다음 새롭게 잔액에 대하여 구체적 조세채무를 확정시키는 처분이 아니라 당초처분의 일부를 취소하는 효력을 갖는 것에 불과하며, 감액경정처분은 그에 의하여 감소된 세액부분에 관해서만 법적 효과를 미치는 것으로서 이는 당초처분과 별개 독립된 것이 아니고 실질적으로 당초처분의 변경이라는 것이다.[321]

따라서 감액경정처분은 세액의 일부 취소라는 납세자에게 유리한 효과를 가져오는 처분으로서 그 취소를 구할 이익이 없고, 항고소송의 대상이 되는 것은 당초처분 중 경정결정에 의하여 취소되지 않고 남아 있는 부분인 감액된 당초처분이므로, 당초처분 중 감액부분에 대한 취소청구는 소의 이익이 없다. 또한 당초의 과세처분이 있은 후 이를 증액하는 경정처분을 하였다가 다시 감액하는 재경정처분이 있은 경우, 당초처분은 경정처분에 흡수되어 독립된 존재가치를 상실하고 재경정처분은 감액된 세액부분에 대해서만 그 효력이 미치므로, 소송의 대상과 전심절차의 이행여부는 경정처분을 대상으로 판단하게 된다. 이러한 법리는 국세심판원이 심판청구를 일부 인용하면서 정당한 세액을 명시하여 취소하지 않고 경정기준을 제시하여 해당 행정청으로 하여금 구체적인 과세표준과 세액을 결정하도록 하거나 해당 행정청으로 하여금 재조사하게 한 다음 구체적인 과세표준과 세액을 결정하도록 함에 따라 해당 행정청이 감액경정결정을 하는 경우에도 마찬가지로 적용된다.[322]

다만 해당 행정청이 감액경정결정을 할 때 심판결정의 취지에 어긋나게 결정하거나 그 결정 자체에 위법사유가 존재하여 그에 대하여 별도의 쟁송수단을 인정하여야 할 특별한 사정이 있는 경우에는 예외적으로 감액경정결정을 항고소송의 대상으로 삼을 수 있다.[323]

319) 대법원 1983. 4. 12. 선고 82누35 판결, 대법원 1995. 8. 11. 선고 95누351 판결.
320) 대법원 1997. 10. 24. 선고 96누10768 판결.
321) 대법원 1997. 10. 24. 선고 96누10768 판결 등.
322) 대법원 2007. 10. 26. 선고 2005두3585 판결, 대법원 1998. 5. 26. 선고 98두3211 판결, 대법원 1997. 10. 24. 선고 96누10768 판결, 대법원 1996. 7. 30. 선고 95누6328 판결, 대법원 1983. 4. 12. 선고 82누35 판결.
323) 대법원 1996. 7. 30. 선고 95누6328 판결.

2) 증액경정처분의 경우

종래의 판례는 증액경정의 경우에는 당초의 처분이 나중의 증액경정처분에 흡수되므로 증액경정처분만 소송의 대상이 되고(흡수설),[324] 제소기간의 준수 여부도 증액경정처분을 기준으로 판단하였다.

그런데, 국세기본법 제22조의3 제1항은 "세법의 규정에 의하여 당초 확정된 세액을 증가시키는 경정은 당초 확정된 세액에 관한 이 법 또는 세법에서 규정하는 권리·의무관계에 영향을 미치지 아니한다."라고 규정하고 있다.

대법원은 2002. 12. 18. 개정된 위 조항의 시행 이후에도 증액경정처분이 있는 경우 당초 신고나 결정은 증액경정처분에 흡수된다고 판시하였다.[325] 다만 당초처분에 관하여 불가쟁력이 발생한 경우에 취소되는 세액의 범위는 증액경정된 범위에 한정된다는 입장에 있다(흡수병존설).

(3) 그 밖의 경우

판례는 행정청이 식품위생법령에 따라 영업자에게 행정제재처분을 한 후 그 처분을 영업자에게 유리하게 변경하는 처분을 한 경우,[326] 행정청이 과징금 부과처분을 하였다가 감액처분을 한 경우[327] 등에 관해서도 조세소송에서 감액경정처분이 있었던 경우와 같은 방식으로 해결하고 있다.

바. 반복된 행위

계고나 독촉이 수차례에 걸쳐 이루어졌다고 하더라도 최초의 계고와 독촉만 처분이다. 대법원은 보험자 또는 보험자단체가 부당이득금 또는 가산금의 납부를 독촉한 후 다시 동일한 내용의 독촉을 하는 경우 최초의 독촉만 징수처분으로서 처분이 되며 소멸시효 중단사유가 되고, 그 후에 한 동일한 내용의 독촉은 민법상의 단순한 최고에 불과하여 처분이라 할 수 없다고 판시하였다.[328] 마찬가지 이유에서 지방병무청장이 공익근무요원 소집통지를 한 후 소집대상자의 원에 의하여 또는 직권으로 그 기일을 연기한 다음 다시 한 공익근무요원 소집통지는 독립된 처분에 해당하지 않는다고 판시하였다.[329]

한편, 거부처분의 경우 신청횟수의 제한이 없는 한 같은 내용의 신청을 수차례 할 수

---

324) 대법원 1987. 12. 22. 선고 85누599 판결, 대법원 1999. 5. 11. 선고 97누13139 판결, 대법원 2005. 6. 10. 선고 2003두12721 판결 등.

325) 대법원 2009. 5. 14. 선고 2006두17390 판결.

326) 대법원 2007. 4. 27. 선고 2004두9302 판결. 위 판결의 사안은 영업정지 3개월 처분을 2개월의 영업정지에 갈음하는 과징금부과처분으로 변경한 경우이다.

327) 대법원 2008. 2. 15. 선고 2006두3957 판결.

328) 대법원 1999. 7. 13. 선고 97누119 판결.

329) 대법원 2005. 10. 28. 선고 2003두14550 판결.

있고 각각의 거부처분이 별개로 취급되므로, 각각 항고소송의 대상이 된다.[330] 이때 신청의 제목과 관계없이 그 내용이 새로운 신청을 하는 취지라면 새로운 거부처분으로 본다.[331]

사. 신고수리행위

행정절차법 제40조 제2항에서는 법령 등에서 행정청에 대하여 일정한 사항을 통지함으로써 의무가 끝나는 신고를 규정하고 있는 경우,[332] 그 신고가 ① 신고서의 기재사항에 하자가 없을 것, ② 필요한 구비서류가 첨부되어 있을 것, ③ 그밖에 법령 등에 규정된 형식상의 요건에 적합할 것을 갖춘 경우에는 신고서가 접수기관에 도달된 때에 신고의 의무가 이행된 것으로 본다고 규정하고 있다. 따라서 위와 같은 요건을 갖춘 신고만 하면 의욕한대로의 법률효과가 발생하는 것이고, 행정청으로서도 형식적 하자가 없으면 이를 수리하여야 하며, 실체적인 사유를 이유로 신고수리를 거부할 수 없다.

설령 행정청이 실체적 사유에 기하여 그 신고 수리를 거부하더라도 그러한 거부행위가 신고인의 법률상 지위에 직접적인 법률적 변동을 일으키지 않으므로, 처분이 아니어서 불수리처분, 반려처분 또는 거부처분의 취소소송으로 다툴 수 없고, 실무도 처분성을 부인하는 것이 주류였다.

그러나 수리를 요하지 않는 신고의 수리에 관하여 처분성을 부인한다면, 당사자는 수리를 거부당하였다고 하더라도 그 상태만으로는 소송을 통하여 행정구제를 받을 수 없게 된다. 예컨대, 건축주 등이 건축신고가 반려되더라도 수리와 관계없이 적법한 신고에 의하여 건축을 할 수 있다고 믿고 건축을 개시하면 시정명령, 이행강제금, 벌금의 대상이 되거나 해당 건축물을 사용하여 행할 행위의 허가가 거부될 수 있고, 그에 대한 항고소송과 같

---

330) 대법원 1992. 12. 8. 선고 92누7542 판결.

331) 대법원 2019. 4. 3. 선고 2017두52764 판결에서는 원고가 감염병예방법상 예방접종 피해에 대한 손실보상청구를 하였는데 거부되자, 위 법령에 이의신청에 관한 규정이 없고 민원 처리에 관한 법률상 이의신청 기간이 도과되었음에도 불구하고, 이의신청이라는 제목으로 다시 제기한 손실보상청구를 거부한 사안에서, 위 이의신청을 기존의 거부처분에 대한 불복이 아니라 새롭게 제기한 손실보상신청이라고 보고 그에 대한 거부행위의 처분성을 인정하였다. 참고로 행정기본법 제36조 제4항에서는 이의신청에 대한 결과를 통지받은 후 90일 이내에 행정심판 또는 행정소송을 제기할 수 있고, 제6항에 의하여 개별법에서 이의신청 제기 후 행정심판이나 행정소송을 제기하는 경우 제소기간에 대하여 아무런 규정을 두고 있지 않은 경우에도 제4항이 적용된다. 따라서 행정기본법 제36조가 2023. 3. 24. 시행 이후에는 위 사안의 경우에 위 판례와 관계없이 이의신청이 기각된 날로부터 90일 이내에 행정심판이나 행정소송을 제기할 수 있다.

332) 신고는 신고서가 행정청에 도달하면 효력이 발생하는 '수리를 요하지 않는 신고'와 행정청이 수리하여야 효력이 발생하는 '수리를 요하는 신고'로 나누어져 있다. 전자에 관해서는 행정절차법 제40조에서 규율하고, 후자에 관해서는 행정기본법 제34조에서 규율하고 있다. 행정기본법 제34조에 의하면, 법률에 신고의 수리가 필요하다고 명시되어 있는 경우에 행정청이 수리하여야 효력이 발생하는 것으로 하고 있다(2023. 3. 24. 시행). 그밖에 신고의 법리에 대한 더 자세한 내용은 행정법통론 중 관련 설명부분 참조.

은 불복은 건축행위 후에 이루어지는 공사 중지나 철거명령 또는 대집행인 철거행위를 대상으로 할 수밖에 없게 된다. 이렇게 되면, 당사자의 법적 지위를 매우 불안정하게 되고, 철거명령이 사실상의 철거행위가 종료된 경우에는 소의 이익이 없게 되며 경제적으로도 당사자에게 불합리한 부담을 줄 염려가 있다.

그리하여 신고납부방식의 조세의 경우 수리행위 자체에 대한 불복소송은 허용되지 않지만 경정 등의 청구를 행하게 한 후 그 청구를 거부한 처분에 대하여 항고소송을 제기할 수 있게 하였다(국세기본법 제45조의2, 지방세기본법 제50조).

위와 같은 입법적 배려가 없는 경우에도 수리가 거부된 단계에서 항고소송을 통하여 다툴 기회를 줄 필요가 있다는 관점에서 쟁송법적 처분개념에 따라 처분성을 확대하여 수리를 요하지 않는 신고에서의 수리에 관해서도 항고소송으로 다툴 수 있게 하자는 견해가 제기되기도 하였고, 실제로 판례 중에는 처분성을 인정한 경우도 있었다.

그러다가, 대법원은 건축신고에 관하여 기존의 입장을 변경하고, 건축신고 반려행위가 항고소송의 대상이 된다고 판시하였다.[333] 한편, 토지변경허가를 수반하는 건축신고와 같이 건축법상 인허가의제 효과를 가지는 건축신고의 경우에는 아예 수리를 요하는 신고라고 판시하였다.[334]

Ⅲ. 재 결

1. 개 설

행정심판의 재결은 처분과 함께 항고소송의 대상이 된다(행정소송법 제2조 제1항 제1호, 제3조 등). 행정소송법은 '처분'에 '재결'이 포함된 의미로서 '처분 등'이라는 용어를 사용하고 있고(제2조, 제18조, 제22조 등), 그 '처분 등'이 항고소송의 대상이므로(제4조), 결국 처분과 재결은 모두 항고소송의 대상이 된다.

행정심판법의 규정에 의한 형식적 의미의 행정심판뿐만 아니라 행정기관이 행하는 행정쟁송으로서의 심판도 '재결'에 포함된다.

2. 원처분주의와 재결주의

재결은 준사법적 행정행위로서 그 자체로 처분에 해당한다. 따라서 원처분과 이에 대한 재결은 모두 항고소송의 대상이 될 수 있다. 그런데 원처분과 재결이 모두 소송의 대상이 된다고 할 경우 원고는 같은 결과를 얻기 위하여 양자에 대한 항고소송을 모두 제기할

333) 대법원 2010. 11. 18. 선고 2008두167 전원합의체 판결, 대법원 2011. 6. 10. 선고 2010두7321 판결.
334) 대법원 2011. 1. 20. 선고 2010두14954 전원합의체 판결.

수도 있고 그 소송들이 동시에 다른 재판부에서 진행될 수도 있어 소송경제에 반하거나 저촉되는 판결이 발생하는 등의 문제가 생길 수 있다. 따라서 원처분이나 재결 중 어느 하나만 선택하여 소를 허용하게 하는 등의 제한이 필요하게 된다. 이 중 어느 것을 선택하느냐에 따른 구분이 원처분주의와 재결주의이다.

원처분주의는 원처분과 재결 모두에 대하여 소를 제기할 수 있지만, 원처분의 위법에 대해서는 원처분에 대한 항고소송에서만 주장할 수 있고, 재결에 대한 항고소송에서는 원처분의 하자를 주장할 수 없고 재결의 고유한 하자에 대해서만 주장할 수 있도록 하는 제도를 말한다. 이에 비하여 재결주의는 오로지 재결에 대해서만 소를 제기할 수 있도록 하되 재결 자체의 위법뿐만 아니라 원처분의 위법도 주장할 수 있도록 하는 제도를 말한다.

행정소송법 제19조 단서는 재결도 취소소송의 대상이 된다고 하면서도 재결 자체에 고유한 위법이 있음을 이유로 하는 경우에 한하고 있으므로 원처분주의를 채택하고 있다. 무효등 확인소송 및 부작위위법확인소송도 마찬가지이다(행정소송법 제38조). 그 이유는 재결이 위법하더라도 원처분을 대상으로 취소소송을 제기하는 것이 간편하고도 직접적인 구제방법이 되기 때문이다. 그러나 개별법 중에는 재결주의를 택하고 있는 경우가 있다.

3. 재결 자체에 고유한 위법

가. 의 의

재결에 대한 항고소송은 재결 자체에 고유한 위법이 있는 경우에만 가능하다. 재결 자체에 고유한 위법이 있는 경우란 재결의 주체,[335] 재결의 절차나 형식,[336] 내용[337] 등에 관하여 위법이 있는 경우이다.

나. 각하재결

심판청구가 부적법하지 않음에도 실체심리를 하지 않은 채 각하한 재결은 실체심리를 받을 권리를 박탈당한 것으로 원처분에 없는 재결에 고유한 하자이므로, 재결취소소송의 대상이 된다. 따라서 청구인이 '원처분취소의 소'를 제기할 수 있다 하더라도 각하재결에 고유한 위법이 있는 경우에는 '재결취소의 소'도 제기할 수 있다.

다. 기각재결

원처분이 정당하다고 하면서 심판청구를 기각한 재결에 대해서는 내용상 위법을 주장하

---

335) 권한이 없는 기관이 재결하거나 재결청의 구성원에 결격사유가 있는 경우 등.

336) 서면에 의하지 않은 재결이나 재결서에 주요 기재사항이 누락된 경우 등.

337) 행정심판청구가 적법함에도 실체 심리를 하지 않은 채 각하하거나(대법원 2001. 7. 27. 선고 99두2970 판결) 부당하게 사정재결을 하여 기각한 경우 또는 제3자의 행정심판청구에서 위법 · 부당하게 인용재결을 한 경우(대법원 1997. 9. 12. 선고 96누14661 판결) 등.

면서 제소할 수 없다. 원처분에 있는 하자와 동일한 하자를 주장하는 것이 되기 때문이다.

재결이 그 자체에 고유한 하자가 있어서 항고소송 대상이 되는 경우를 상정해보면 다음과 같다. 행정심판법 제47조에 위반하여 심판청구의 대상이 되지 않은 사항에 대하여 한 재결이나 원처분보다 청구인에게 불리하게 한 재결은 심판범위를 위반한 재결고유의 하자가 있으므로 그 취소를 구할 수 있다. 심판청구가 이유 있다고 인정하면서도 이를 인용하는 것이 현저히 공공복리에 적합하지 않는다 하면서 기각한 사정재결에 대해서는 원처분을 취소하더라도 현저히 공공복리에 적합하지 않는 것이 아니라는 등의 이유를 들어 재결취소의 소를 제기할 수 있다. 또한, 대법원은 항고쟁송이 제기된 이후에는 처분 당시에 근거로 삼은 처분사유와 기본적 사실관계가 동일한 한도 내에서만 다른 사유를 추가하거나 변경할 수 있다는 입장에 있으므로, 원처분사유와 기본적 사실관계를 달리하는 사유로 원처분을 유지한 재결에 대해서는 원처분의 위법 여부와 관계없이 위법한 재결이다.

라. 인용재결

행정심판 청구를 인용하는 재결에 대해서는 불복할 이유도 그 취소 등을 구할 이익도 없는 것이 보통이다. 하지만 제3자효를 수반하는 행정행위에 대하여 인용재결이 있는 경우에는 사정이 다르다. 특정인에게는 이익이 되고 다른 이에게는 불이익이 되는 제3자효 행정행위의 특성상 원처분의 상대방이 피해를 입거나(제3자가 행정심판을 청구하여 인용재결을 하는 경우) 제3자가 피해를 입을 수 있다(상대방이 행정심판을 청구하여 인용재결을 하는 경우). 이러한 경우 원처분의 상대방이나 제3자는 자신에게 불리한 인용재결에 대한 항고소송을 제기할 수밖에 없다.[338] 이때 소송이 대상이 된 인용재결은 원처분과 내용을 달리 하는 것이므로, 그 인용재결에 대한 항고소송은 원처분에 없는 재결 자체의 고유한 위법을 주장하는 것이 되기 때문이다.

행정심판위원회는 취소심판의 청구가 이유가 있다고 인정하면 처분을 취소 또는 다른 처분으로 변경하거나 처분을 다른 처분으로 변경할 것을 피청구인에게 명한다(행정심판법 제43조 제3항). 즉, 인용재결에는 행정심판위원회가 직접 처분을 취소 또는 변경하는 '형성재결'과 처분청에 대하여 변경을 명하는 '이행재결'이 있는 것이다.

형성재결의 경우 그 재결의 형성력에 의하여 해당 처분은 별도의 후속 조치를 기다릴 것 없이 당연히 취소되어 소멸되고, 행정청이 그 재결에 따라 변경된 처분의 내용을 이해관계인에게 통지하더라도 그 통지는 사실 또는 관념의 통지에 불과하여 처분이 아니다.[339]

---

338) 대법원 1995. 6. 13. 선고 94누15592 판결, 대법원 1997. 12. 23. 선고 96누10911 판결, 대법원 1998. 4. 24. 선고 97누17131 판결, 대법원 2001. 5. 29. 선고 99두10292 판결.
339) 대법원 1998. 4. 24. 선고 97누17131 판결.

따라서 형성재결에 대한 항고소송은 재결 그 자체를 대상으로 하여야 하지 통지와 같은 후속 조치를 대상으로 삼을 수 없다.

다만 거부처분이 재결로 취소된 경우에는 재결에 따른 후속처분이 아니라 그 재결의 취소를 구하는 것은 소의 이익이 없다는 것이 판례이다.[340] 거부처분이 재결에 의하여 취소되더라도 행정청으로서는 종전의 거부처분 또는 재결 후에 발생한 새로운 사유를 내세워 다시 거부처분을 할 수도 있고, 행정청이 재결에 따라 이전의 신청을 받아들이는 후속처분을 한다면 곧바로 후속처분에 대한 항고소송을 제기할 수 있으며, 거부처분의 취소재결과 그에 따른 후속처분 사이에는 제3자의 권리나 이익에 변동이 없고 후속처분을 할 때에 비로소 제3자의 권리나 이익에 변동이 생기고, 재결에 대한 항고소송을 제기하여 재결을 취소하는 판결이 확정되더라도 그와 별도로 후속처분이 취소되지 않으면 후속처분으로 인한 제3자의 권리나 이익에 대한 침해 상태는 여전히 유지되기 때문이다.

이행재결의 경우에도 재결 외에 그에 따른 행정청의 후속처분이 있게 되므로, 어느 것을 항고소송의 대상으로 삼아야 하는지에 관하여 견해의 대립이 있다. 재결에 따른 처분이 있어야 법률관계의 변동이 생기므로 행정청의 후속처분을 항고소송의 대상으로 삼아야 한다고 볼 수 있다. 반면에 행정청의 후속처분은 재결의 기속력에 의하여 발령되는 것으로 법률관계 변동의 근원적인 원인은 재결이고, 그와 같은 후속처분을 하게 된 것이 행정심판위원회의 의사이지 행정청의 의사가 아니므로, 그에 대한 다툼의 방어도 행정심판위원회가 수행하는 것이 적절하다고 보면 재결을 소송의 대상으로 하여야 한다고 볼 수도 있다. 판례는 이행재결과 그 재결에 따른 후속처분 모두를 항고소송의 대상으로 인정하고 있는 듯하다.[341]

마. 일부 인용재결과 수정재결

원처분주의를 채택하는 이상 일부 인용재결이나 수정재결(변경재결 포함)의 경우에도 재결 고유의 하자가 있는 경우에만 항고소송의 대상이 된다. 재결자체에 하자가 없는 이상 재결에 의하여 일부 취소되고 남은 원처분이나 수정된 원처분만 소송의 대상이 된다.

특히 원처분이 재결에 의하여 수정된 경우 수정재결 그 자체를 새로운 처분으로 볼 여지가 있어 수정된 원처분이 소송의 대상이 되는 것인지 아니면 수정재결 자체가 소송의 대상이 되는 것인지 여부가 문제된다. 수정재결을 새로운 처분으로 보는 경우에는 재결청을 상대로 수정재결을 대상으로 삼아야 하고, 수정재결로 인하여 원처분이 변경되어 존속하는 것으로 보는 경우에는 처분청을 상대로 수정된 원처분을 다투어야 한다.

대법원은 공무원법상 징계처분으로서의 견책 · 강등 · 감봉 · 정직 · 해임 · 파면은 모두

340) 대법원 2017. 10. 31. 선고 2015두45045 판결.
341) 대법원 1993. 8. 24. 선고 92누17723 판결, 대법원 1993. 9. 28. 선고 92누15093 판결.

공무원의 위법행위에 대하여 과해지는 징계처분이라는 점에서는 기본적으로 동질적이고, 징계권자가 관계 공무원의 비위행위에 대하여 어느 조치를 취할 것인가는 재량에 속한다는 점을 고려하면, 재결청이 원처분청과 다른 종류의 징계처분을 하더라도 이를 새로운 처분으로 볼 수는 없고 원처분이 여전히 감축된 형태로 존속하고 있다고 보아야 한다는 입장에 있다.[342)]

다만 일부 인용재결이나 수정재결로 인하여 원처분보다 더욱 불리하게 된 경우라면 수정재결로 인하여 비로소 권익을 침해받게 되는 것이므로, 이 경우에는 수정재결을 소송의 대상으로 하여야 할 것이다.

4. 행정소송법 제19조 단서에 위반한 소송의 처리

재결 자체에 고유한 위법이 있어야 한다는 것은 본안에서 판단할 사항이지 소송요건은 아니다. 따라서 재결 자체에 고유한 위법을 주장하지 않고 제기한 재결에 대한 항고소송은 각하하여야 할 것이 아니라 기각하여야 한다는 것이 판례이다.[343)]

5. 원처분주의에 대한 예외

행정소송법은 원처분주의를 취하고 있으나 개별법에서 예외적으로 재결주의를 채택하고 있는 경우가 있다. 재결주의가 채택되어 있는 경우에는 원처분은 취소소송의 대상이 아니고 행정심판의 재결만 소송의 대상이 된다.[344)] 이때 원고는 재결취소의 소에서 재결 고유의 하자뿐만 아니라 원처분의 하자도 주장할 수 있다.[345)]

다만 재결주의가 적용되는 경우라고 하더라도, 원처분이 무효인 경우에는 그 효력은 처음부터 당연히 발생하지 않는 것이므로, 원처분에 대한 무효확인소송은 제기할 수 있다.[346)]

재결주의가 채택되어 있는 예로서, 노동위원회의 처분은 행정심판의 재결에 해당하는 중앙노동위원회의 재심판정,[347)] 감사원의 변상판정도 재심의판결[348)] 등이 있다. 국·공립학교 교원에 대한 교원소청심사위원회의 결정은 교원의 지위 향상 및 교육활동 보호를 위한 특별법 제10조 제4항의 해석과 관련하여 논란이 있을 수 있다. 같은 법 제9조 제1항은 교원이 징계처분 등 그 의사에 반하는 불리한 처분에 대하여 불복이 있을 때에는 심사위원

342) 대법원 1984. 8. 21. 선고 84누399 판결, 대법원 1993. 8. 24. 선고 93누5673 판결 참조.
343) 대법원 1994. 1. 25. 선고 93누16901 판결.
344) 재결주의가 채택되어 있음에도 불구하고 원처분의 취소를 구하면 부적법하다.
345) 대법원 1991. 2. 12. 선고 90누288 판결 참조.
346) 대법원 1993. 1. 19. 선고 91누8050 전원합의체 판결.
347) 대법원 1995. 9. 15. 선고 95누6724 판결 등.
348) 대법원 1984. 4. 10. 선고 84누91 판결.

회에 소청을 청구할 수 있다고 규정하고, 제10조 제4항은 심사위원회의 결정에 대하여 행정소송을 제기할 수 있다고 규정하고 있다. 판례는 국·공립학교 교원의 불이익처분에 대한 소의 대상은 사립학교 교원과는 달리 원래의 징계처분 등 불이익처분이고, 심사위원회의 결정은 고유한 위법이 있을 때만 소송의 대상이 될 수 있다고 함으로써 원처분주의를 관철하고 재결주의에 해당하지 않는다고 보고 있다.[349)]

Ⅳ. 부작위위법확인소송의 대상

1. 부 작 위

부작위위법확인소송은 행정청의 부작위를 대상으로 한다. 행정소송법 제2조 제1항 제2호는 부작위를 "행정청이 당사자의 신청에 대하여 상당한 기간 내에 일정한 처분을 하여야 할 법률상 의무가 있음에도 불구하고 이를 하지 않는 것"이라고 정의하고 있다.

2. 부작위의 성립요건

가. 법규상·조리상 신청권이 있는 자의 신청

행정소송법에서의 '부작위'는 당사자의 신청을 전제로 한다. 판례에 의하면, 부작위가 처분이 되기 위해서는 국민이 행정청에 대하여 그 신청에 따른 행정행위를 해줄 것을 요구할 수 있는 법규상 또는 조리상 신청권이 있어야 한다.[350)] 그러한 신청권이 없는 자의 신청은 단지 행정청의 직권발동을 촉구하는 데 지나지 않는 것으로서 그 신청에 대한 무응답은 부작위위법확인소송의 대상이 될 수 없다.

나. 행정청에 대한 처분의 신청

부작위위법확인소송의 대상인 부작위는 처분을 전제로 한다.[351)] 판례는 이를 전제로 "국세환급금결정은 항고소송의 대상이 되는 행정처분이 아니므로 국세환급금결정이 행정처분임을 전제로 그 결정을 하지 않고 있는 부작위의 위법 확인을 구하는 소송은 부적법하다."라고 판시하였다.[352)]

또한, 비권력적 사실행위나 사경제적 계약체결 등을 구하는 신청을 하였는데 행정청이 이에 대해 아무런 응답을 하지 않았다고 하더라도 이는 부작위위법확인소송의 대상이 될

349) 대법원 1994. 2. 8. 선고 93누17874 판결. 사립학교 교원의 경우 징계처분 등 불이익처분은 민사소송의 대상일 뿐 처분이 아니므로, 심사위원회의 결정이 원처분에 해당하게 되기 때문에 심사위원회의 결정이 행정소송의 대상인 것은 분명하다.

350) 대법원 1990. 5. 25. 선고 89누5768 판결, 대법원 1992. 10. 27. 선고 92누5867 판결.

351) 대법원 1991. 11. 8. 선고 90누9391 판결.

352) 대법원 1989. 7. 11. 선고 87누415 판결.

수 없다. 예컨대, 무죄가 확정된 경우 압수물에 대한 환부의무는 당연히 발생하는 것이지 검사의 환부결정 등에 의하여 발생하는 것이 아니므로, 이 경우 검사가 피압수자 등의 환부신청에 대하여 아무런 응답을 하지 않더라도 그것은 부작위위법확인소송의 대상이 되지 않는다.[353)]

행정소송법 제2조 제1항 제2호는 부작위의 개념을 정의하면서 '처분'을 하지 않은 것만 부작위라고 규정하고 있다. 그러나 재결도 처분의 일종이고 재결주의를 취하고 있는 처분에서 행정청이 재결신청에 대하여 아무런 응답을 하지 않는 경우 구제 수단이 전혀 없게 되므로, 재결신청에 대한 부작위도 부작위위법확인소송의 대상이 된다고 보아야 할 것이다.

다. 상당한 기간의 경과

당사자의 신청에 대한 행정청의 무응답이 '상당한 기간' 경과하여야 한다. '상당한 기간'이란 사회통념상 그 신청에 따르는 처분을 하는데 소요될 것으로 인정되는 기간을 말한다. 이에 대해서는 일률적으로 판단하기 어렵지만, 법령에 신청에 따르는 처분을 할 기간이 정해져 있는 경우에는 그에 따르고, 그 밖의 경우에는 민원사무처리에 관한 법률에 의거한 처리기간도 참고할 수 있을 것이다.

그런데 부작위위법확인소송의 적법여부는 사실심 변론종결시를 기준으로 판단하는데, 통상 변론종결시까지는 상당한 기간이 경과할 것이므로, 현실적으로 이 요건이 문제되지는 않을 것이다.

라. 처분의 부존재

부작위위법확인소송은 당사자의 신청에 대한 행정청의 처분이 존재하지 않는 경우에 허용되는 것이고, 처분이 존재하는 이상 그 처분이 무효이더라도 부작위위법확인소송의 대상이 될 수 없다.[354)]

법령이 일정기간의 부작위에 대하여 인용처분이나 거부처분으로 의제하는 특별 규정을 두고 있는 경우[355)] 그 의제되는 처분에 대해서는 그 결과에 대한 항고소송을 제기하여야 하는 것이고, 부작위위법확인소송을 제기할 수는 없다.

한편, 당사자가 신청절차를 위반하였거나 신청의 방식이 잘못되는 등의 이유로 그 신

---

353) 대법원 1995. 3. 10. 선고 94누14018 판결.

354) 대법원 1990. 12. 11. 선고 90누4266 판결, 대법원 1992. 6. 9. 선고 91누11278 판결, 대법원 1992. 9. 14. 선고 91누8807 판결.

355) 신청이 있은 뒤 일정기간 내 행정청의 결정이 없으면 신청이 인용된 것으로 본다고 하거나 반대로 기각된 것으로 본다는 등으로 규정된 경우를 말한다. 예컨대 구 국토계획법 제118조 제5항은 토지거래 허가신청서 받은 날부터 15일 이내에 처분이 없으면 허가로 의제하고, 구 정보공개법 제11조 제5항은 20일 지나면 비공개로 의제하도록 규정되어 있었으나, 위 법률들은 모두 개정되어 위 조항들이 삭제되었다.

청이 부적법하더라도 행정청은 보정을 명하거나 각하하여야 하는 것이지 그 신청을 무시하고 응답하지 않을 수는 없다. 또한 행정청이 당사자의 신청에 대하여 응답하지 않은 이상 응답하지 않은 이유는 부작위위법확인소송의 대상성 여부에 아무런 영향이 없다.

제6절 항고소송의 제기

Ⅰ. 제소기간

1. 의 의

공법상 법률관계는 공익과 관련된 것이므로 장기간 불안정한 상태에 두게 되면 불특정 다수의 국민이 피해를 입을 우려가 있다. 따라서 행정법관계를 조속히 안정시키기 위하여 처분의 하자를 다툴 수 있는 기간을 제한할 필요가 있다. 제소기간은 이러한 취지에서 규정된 것으로서 제소기간이 도과하게 되면 처분 등의 효력을 더 이상 다툴 수 없게 된다. 제소기간을 어떻게 정하느냐는 입법정책의 문제이고 이에 관해서는 행정소송법 제20조와 개별법에 규정되어 있다.

제소기간의 준수여부는 소송요건으로서 직권조사사항이므로, 그 기간이 도과된 이후에 제기한 소송은 부적법하여 각하를 면치 못한다. 또한 제소기간의 성질은 불변기간으로서 법원이 임의로 늘리거나 줄일 수 없는 기간으로 통상기간과 다르나, 당사자가 책임질 수 없는 사유로 말미암아 불변기간을 지킬 수 없었던 경우에는 추후보완이 허용되어 사유가 없어진 날부터 2주 이내에 게을리 한 소송행위를 보완할 수 있다(민사소송법 제173조, 예; 상소기간).

제소기간이 도과했다고 하더라도 당사자가 더 이상 처분의 효력을 다툴 수 없는 효력(불가쟁력)만 발생할 뿐 위법한 처분 등이 적법한 것으로 되는 것은 아니다.

2. 소송유형에 따른 제소기간 제한 여부

제소기간의 준수여부는 원칙적으로 취소소송에 적용된다. 무효등 확인소송에는 제소기간의 제한이 없다(행정소송법 제38조 제1항). 제소기간을 둔 입법취지가 행정법관계를 조속히 안정시킬 필요성에 있다고 하더라도 처음부터 효력이 없는 무효인 행정행위에까지 제소기간을 두어 이를 준수하라고 강요하는 것은 법치행정의 원칙상 허용되지 않기 때문이다.

부작위위법확인의 소의 경우에는 행정소송법 제38조 제2항에 의하여 제소기간에 관한 같은 법 제20조가 준용되므로 제소기간 규정이 적용된다. 그러나 부작위 상태가 계속되는 한 언제든지 소제기가 가능하고 부작위 상태가 해소되면 소의 이익이 없으므로, 제소기간의 준수 여부는 무의미한 것이 된다. 다만 필요적 전치주의가 적용되는 처분에서 재결을 거친 경우는 취소소송과 마찬가지로 재결서 정본을 송달받은 날부터 제소기간이 진행되므로 주의를 요한다. 임의적 전치가 적용되는 처분의 부작위위법확인의 소에서도 위 경우와 같이 제소기간의 적용을 받는 것인지에 대하여 견해가 나뉠 수 있으나, 임의적 전치인 이상 전치절차를 거친 경우를 거치지 않은 경우보다 불리하게 취급할 수는 없으므로, 제소기간의 제한이 없다고 생각된다.

3. 취소소송의 제소기간

가. 개 설

취소소송의 제소기간은 행정소송법 제20조에 따라 처분이 있음을 안 날로부터 90일, 처분이 있은 날로부터 1년이다.[356] 위 두 기간 중에 먼저 도래한 날이 경과되면 제소기간은 도과되는 것이다. 기간의 계산은 민법이 준용되므로, 초일은 산입되지 않고, 기간이 끝나는 날이 토요일 또는 공휴일에 해당하면 그 다음날에 만료하게 된다. 행정심판을 거친 경우 위 각 기간의 기산일은 재결서 정본을 송달 받은 날로 한다. 한편 개별법에서 제소기간에 관하여 특별규정을 두고 있는 경우 개별법의 해당규정이 행정소송법 제20조 보다 우선 적용된다.

나. 행정심판을 청구하지 않은 경우의 제소기간

(1) 처분이 있은 날부터 1년

㈎ 처분이 있은 날의 의미

처분이 주체 · 절차 · 형식 · 내용상의 요건을 갖추면 적법하게 성립하게 되고, 그런 다음 외부에 표시되면 효력이 발생하게 된다. 여기에서 '처분이 있은 날'이란 "처분의 효력이 발생한 날"을 말한다. 행정절차법 제15조 제1항에서는 "송달은 다른 법령 등에 특별한 규정이 있는 경우를 제외하고는 송달받을 자에게 도달됨으로써 효력이 발생한다."라고 규정하여 도달주의를 채택하고 있다. 따라서, 상대방이 특정되어 있는 처분의 경우에는 처분의 내용이 단순히 행정기관 내부적으로 결정된 것만으로는 부족하고 외부에 표시되어 상대방

---

356) 행정심판법에서는 행정소송법과 달리 행정청이 청구기간을 행정심판법에 규정된 기간보다 긴 기간으로 잘못 알린 경우(오고지)에는 잘못 알린 기간 내에 행정심판을 청구할 수 있고, 행정청이 심판청구기간을 알리지 않은 때(불고지)에는 처분이 있은 날로부터 180일 이내에 행정심판의 청구가 가능하도록 규정하고 있다. 그러나 오고지 · 불고지에 관한 행정심판청구기간의 특례는 행정소송의 제기에는 적용되지 않는다는 것이 판례이다(대법원 2001. 5. 8. 선고 2000두6916 판결).

에게 도달하는 것까지 요구한다.

한편, 일반처분과 같이 불특정 다수인에 대한 처분의 경우에는 통상 관보·신문에의 고시 또는 게시판의 공고의 방법 등으로 외부에 그 의사를 표시함으로써 효력이 발생한다. 이 경우 효력발생일은 근거법규에 의하여 정해지게 되고 근거법규에서 효력발생일을 정하지 않았다면 대통령령인 행정업무의 운영 및 혁신에 관한 규정 제6조 제3항에 따라 공고 후 5일이 경과한 날 효력이 발생하게 된다.

(나) 송 달

행정심판법 제57조, 국세기본법 제8조 내지 제12조와 같이 처분의 근거법규에 송달방법 및 장소, 수령인 등에 대하여 특별한 규정을 두고 있는 경우에는 그에 따라야 한다. 이러한 경우 외에는 행정절차법 제14조, 제15조의 송달에 관한 규정이 적용되고, 행정절차법이 적용되지 않는 부분은 민법의 일반원칙에 따르게 된다.[357)]

송달장소는 송달받을 자의 주소·거소·영업소·사무소 또는 전자우편주소로 한다. 송달장소가 아니면 다른 곳에서 가족이나 친족이 송달받았다고 하더라도 그 가족이나 친족이 수령권한을 위임받지 않은 이상 적법한 송달이라고 할 수 없다. 반대로 가족이나 친족이 아니더라도 본인으로부터 수령권한을 위임받은 자가 송달장소가 아닌 다른 장소에서 송달받은 경우에는 적법한 송달이 된다. 다만 송달받을 자의 주소불명이나 송달이 불가능한 경우에는 관보·공보·게시판·일간신문 중 하나 이상에 공고하고 인터넷에도 공고하는 방법이 허용되고(행정절차법 제14조 제4항), 이때에는 공고일로부터 14일이 경과하여야 송달의 효력이 발생한다(행정절차법 제15조 제3항). 이러한 방법에 의한 송달은 적법한 송달이기는 하나 처분의 상대방이 그 날에 처분을 알았다고 의제하거나 그에 대한 추정도 하지 않는다.[358)]

민사소송법 제181조에서는 군사용의 청사 또는 선박에 속하여 있는 사람에게 할 송달은 그 청사 또는 선박의 장에게 하도록 규정하고, 같은 법 제182조에서는 교도소·구치소 또는 국가경찰관서의 유치장에 체포·구속 또는 유치된 사람에게 할 송달은 교도소·구치소 또는 국가경찰관서의 장에게 하도록 규정하고 있다. 그러나 위 민사소송법의 특별규정은 처분의 송달에 적용되는 것이 아니므로, 상대방의 주소지로 송달해도 무방하다.[359)]

송달을 받을 자는 본인, 대리인, 수령권한을 명시적·묵시적으로 위임받은 자이므로 동거가족이나 고용인이 수령한 경우 적법한 송달로 볼 수 있다. 따라서 가족이라도 별거하는 경우에는 적법한 수령인이라 할 수 없으나, 가족이 아니더라도 생계를 같이 하면서 동거하는 경우에는 적법한 수령인이 될 수 있다. 수령인은 성년일 필요는 없으나 사리를 변

357) 법원실무제요(행정), 211-212면.
358) 대법원 2006. 4. 28. 선고 2005두14851 판결 참조.
359) 대법원 1999. 3. 18. 선고 96다23184 전원합의체 판결, 대법원 1995. 8. 11. 선고 95누351 판결 참조.

별할 지능은 있어야 한다.[360)]

㈐ 도 달

도달은 상대방 있는 처분에서의 효력발생요건인 동시에 제소기간의 기산점으로서의 의미를 가진다. 도달이라 함은 “상대방이 알 수 있는 상태 또는 양지할 수 있는 상태”를 말한다. 사회관념상 피통지자가 통지의 내용을 알 수 있는 객관적 상태를 의미하므로, 그가 이를 현실적으로 수령하였다거나 그 통지의 내용을 알았을 것까지는 필요로 하지 않는다. 도달은 본인에게 전달되는 것이 원칙적인 모습일 것이나 우편함 투입, 동거의 친족, 가족, 고용인 등에 대한 교부, 본인의 세력범위 내 또는 생활지배권 범위 내에 들어간 경우도 도달로 볼 수 있다. 그러나 사망한 자를 송달받을 자로 한 경우 상속인에 대한 송달로서의 효력은 없다.

우편법 제31조는 우편물은 그 표면에 기재된 곳에 배달한다고 규정하고 있다. 그러나 이는 우편물이 배달되면 우편물이 정당하게 교부된 것으로 인정하여 국가의 배달업무를 다 하였다는 것을 의미할 뿐 우편물의 송달로써 달성하려고 하는 법률효과까지 발생하게 하는 것은 아니므로, 위 규정에 따라 우편물이 배달되었다고 하더라도 언제나 상대방 있는 의사표시의 통지가 상대방에게 도달하였다고 볼 수는 없다.[361)] 우편물이 내용증명우편이나 등기우편과 같이 등기취급의 방법으로 발송된 경우 그것이 도중에 유실되었거나 반송되었다는 등의 특별한 사정에 대한 반증이 없으면, 그 무렵 수취인에게 배달되었다고 추정할 수 있다.[362)] 내용증명우편이나 등기우편과는 달리 보통우편의 방법으로 발송되었다는 사실만으로는 그 우편물이 상당한 기간 내에 도달하였다고 추정할 수 없고, 송달의 효력을 주장하는 측에서 증거에 의하여 이를 증명하여야 한다.[363)]

㈑ 예외-정당한 사유가 있는 때

행정소송법 제20조 제2항은 “취소소송은 처분이 있은 날부터 1년을 경과하면 이를 제기하지 못하나, 정당한 사유가 있는 때에는 그러하지 아니하다.”라고 규정하고 있다. 여기에서 ‘정당한 사유’는 불확정 개념으로서 그 존부는 사안에 따라 개별적 · 구체적으로 판단하여야 하나, 민사소송법 제173조의 “당사자가 그 책임을 질 수 없는 사유”나 행정심판법 제27조 제2항 소정의 “천재, 지변, 전쟁, 사변 그밖에 불가항력적인 사유”보다는 넓은 개념이라고 풀이되므로, 제소기간 도과의 원인 등 여러 사정을 종합하여 지연된 제소를 허용하

360) 당사자와 동거하는 만 8세 1개월 남짓의 딸에 대하여 소송서류의 영수와 관련한 사리를 분별할 지능이 있다고 보기 어렵다고 한 사례가 있다(대법원 2011. 11. 10. 선고 2011재두148 판결).
361) 대법원 1993. 11. 26. 선고 93누17478 판결.
362) 대법원 1992. 3. 27. 선고 91누3819 판결, 대법원 2017. 3. 9. 선고 2016두60577 판결.
363) 대법원 2009. 12. 10. 선고 2007두20140 판결.

는 것이 사회통념상 상당하다고 할 수 있는지에 의하여 판단하여야 한다.[364)]

이러한 예로 특정인에 대한 처분이 공고 등의 방법으로 송달된 경우를 들 수 있다. 제3자는 처분이 있음을 알았을 경우에는 90일의 제소기간을 준수하여야 하나, 1년의 제소기간이 적용될 때에는 제3자가 처분이 있는 것을 바로 알 수 있는 처지에 있지 않으므로 특별한 사유가 없으면 정당한 사유가 있는 것이 된다.

(2) 처분이 있음을 안 날로부터 90일

'처분이 있음을 안 날'이란 "통지·공고 그 밖의 방법으로 해당 처분이 있음을 현실적·구체적으로 안 날"을 의미한다. 현실적인 인식이 필요하다는 점에서 처분이 있은 날(처분을 알 수 있는 상태에 놓인 날)과 구별된다. 그러나, 어떠한 처분이 있었다는 것을 알면 되는 것이지 그 처분의 구체적인 내용이나 그 처분에 위법성이 존재한다는 것까지 알아야 하는 것은 아니다.

'처분이 있음을 안 날'은 당사자가 해당 처분이 있었다는 사실을 추상적으로 알 수 있었던 날을 의미하는 것이 아니다. 따라서, 처분에 관한 서류가 당사자의 주소지에 적법하게 송달되었다 하더라도 바로 처분이 있음을 알았다고 볼 수는 없다. 그러나, 사회통념상 처분이 있음을 당사자가 알 수 있는 상태에 놓여진 때에는 그 처분이 있음을 알았다고 사실상 추정할 수 있다. 그러므로, 적법한 송달이 있었음에도 알지 못하였다는 것을 원고가 반증하여야 한다.

처분의 상대방이나 정당한 수령권자가 합리적인 이유 없이 처분서의 수령을 거절하거나 반환한 경우에는 적법하게 송달된 것과 같은 효력이 발생하고,[365)] 그때부터 '처분이 있음을 안 날'의 제소기간이 기산된다고 보아야 할 것이다. 이때 수령의 거절 또는 반환에 정당한 사유가 있는지에 관해서는 이를 행한 상대방 등에게 증명할 책임이 있다.

처분에 대한 처리권한이나 수령권한이 명시적이든 묵시적이든 제3자에게 위임되어 있는 경우에는 그 수임인이 처분을 수령한 때 제소기간이 개시된다. 예컨대, 처분의 상대방이 장기간 여행 중인 경우 그 처분에 대한 처리 권한을 묵시적으로 위임받은 것으로 볼 수 있는 가족이 처분을 수령한 경우이다.

처분의 상대방이 아닌 제3자가 취소소송을 제기하는 경우, 제3자는 처분 당시에 그러한 처분이 있었음을 바로 알 수는 없을 것이다. 따라서, 처분이 있음을 안 날로부터 진행되는 제소기간의 준수여부는 생각할 수 없다. 다만 그 제3자가 처분이 있음을 알았거나 쉽게 알 수 있었던 경우와 같이 제소기간 내에 취소소송의 제기가 가능하였다는 사정이 있는 경우에는 그때로부터 90일 이내에 소를 제기하여야 하고, 제3자가 그 제소기간을 지키지 못

364) 대법원 1991. 6. 28. 선고 90누6521 판결.

365) 대법원 2020. 8. 20. 선고 2019두34630 판결 참조.

하였음에 정당한 사유가 있는지 여부는 문제가 되지 않는다.[366] 이 경우 제3자가 어떠한 경로로 처분이 있었음을 알았거나 알 수 있었는지에 대해서는 묻지 않는다.

불특정 다수인에 대한 처분으로서 관보·신문에의 고시 또는 게시판의 공고의 방법 등으로 외부에 그 의사를 표시함으로써 효력이 발생하는 처분에 대해서는 처분의 상대방 개개인이 공고 등이 있었다는 점을 현실로 알았는지를 불문하고 근거법규가 정한 효력발생일에 처분이 있음을 알았다고 보고 그때부터 제소기간이 개시된다.[367] 근거법규에 효력발생일을 정하지 않았다면 행정업무의 운영 및 혁신에 관한 규정 제6조 제3항에 의하여 공고 후 5일이 경과한 날 효력이 발생하게 되고, 그때 처분이 있음을 알았다고 보게 된다.

다. 행정심판 청구를 한 경우의 제소기간

(1) 제소기간

행정심판을 거친 경우에는 재결서의 정본을 송달받은 날로부터 90일, 재결이 있은 날로부터 1년 이내에 소를 제기하여야 한다. 여기에서의 행정심판은 필요적 전치주의 하에서의 행정심판은 물론 임의적 전치주의 하에서의 행정심판도 포함된다. 비록 법령상으로는 행정심판의 청구가 금지되어 있으나 행정청이 행정심판을 청구할 수 있다고 잘못 알린 경우에 거친 행정심판도 포함된다.[368] 그러나 이의절차만 거치면 되는데 법령상 근거 없는 행정심판을 거친 경우와 같이 행정심판의 제기라는 불필요한 절차를 거치느라 제소기간을 도과한 경우 제소기간이 도과된 것으로 보는 것이 판례임을 유의하여야 한다.

한편, 행정심판에서의 서류의 송달은 민사소송법 중 송달에 관한 규정을 준용한다(행정심판법 제57조).

또한, 재결이 있은 날은 재결의 효력이 발생한 날을 의미한다. 그런데 재결의 효력은 재결서 정본이 송달되어야 발생하는 것이므로, 실제로는 재결서 정본을 송달받은 날로부터 90일만 의미가 있고, 재결이 있은 날로부터 1년은 거의 무의미하다.

(2) 적법한 행정심판

재결을 기준으로 한 제소기간은 행정심판청구 자체가 부적법한 경우에는 기산할 수 없다. 따라서 처분이 있음을 안 날부터 90일을 넘겨 행정심판을 청구하였다가 부적법하다는 이유로 각하재결을 받은 후 재결서를 송달받은 날부터 90일 내에 원래의 처분에 대하여

---

366) 행정심판의 청구기간에 관한 대법원 2002. 5. 24. 선고 2000두3641 판결 참조.

367) 대법원 2007. 6. 14. 선고 2004두619 판결, 대법원 2001. 7. 27. 선고 99두9490 판결 등 다수.

368) 그러나 이미 제소기간이 지남으로써 불가쟁력이 발생하여 불복청구를 할 수 없었던 경우에는 그 이후에 행정청이 행정심판청구를 할 수 있다고 잘못 알렸다고 하더라도 그 때문에 처분 상대방이 적법한 제소기간 내에 취소소송을 제기할 수 있는 기회를 상실하게 된 것은 아니므로 이러한 경우에 잘못된 안내에 따라 청구된 행정심판 재결서 정본을 송달받은 날부터 다시 취소소송의 제소기간이 기산되는 것은 아니다(대법원 2012. 9. 27. 선고 2011두27247 판결).

취소소송을 제기한 경우 취소소송의 제소기간을 준수한 것으로 볼 수 없다.[369)]

행정심판청구의 적법 여부에 대한 판단은 행정심판위원회가 내린 결론(각하재결이나 본안판단으로 나아간 것)에 구애받음이 없이 법원이 독자적으로 판단한다. 개별법에서 특별행정심판절차를 규정하고 있는 경우에는 그에 따라야만 적법한 행정심판의 청구라 할 수 있다.

행정심판의 청구는 서면행위이기는 하나 엄격한 요식행위라고 보기 어렵고 청구인들이 법에 무지한 경우가 보통이므로, 진정서, 청원서, 이의신청서, 답변서 등 형식 여하를 불문하고 불비한 사항의 보정이 가능하다면 적법한 행정심판의 청구로 본다.[370)] 처분청이나 재결청이 아닌 다른 행정기관에 제기한 진정서나 민원서 등도 그것이 행정심판 청구기간 내에 처분청이나 재결청에 송부되어 왔다면 이를 적법한 행정심판청구로 볼 수 있을 것이다. 아울러 행정청이 처분시 행정심판청구서의 제출기관을 잘못 알린 경우에는 심판청구기간의 계산은 최초의 행정기관에 심판청구서가 제출된 때를 기준으로 한다(행정심판법 제23조 제4항).

개별법에서 행정심판이 임의적 전치이지만 2단계 특별행정심판을 거치도록 규정하고 있는 경우 원고는 임의로 행정심판 자체를 거치지 않고 바로 소송을 제기할 수도 있고, 2단계 모두를 거쳐도 되며 1단계만 거쳐도 무방하다.[371)]

여기에서 이의신청과 같이 넓은 의미의 행정심판에는 포함되지만 행정심판법상 행정심판이나 특별행정심판에는 포함될 수 없는 행정쟁송절차를 행정심판의 개념에 포함시키느냐 아니냐에 따라 제소기간의 기산점이 달라지는 것인지가 문제된다. 즉, 행정심판을 넓은 의미로 해석한다면 처분청에 제기하는 약식의 행정쟁송인 이의신청도 행정심판이 되어 이의신청의 결과가 나온 시점부터 제소기간을 기산하게 되나, 만일 행정심판을 좁은 의미로 파악하게 된다면 이의신청은 불필요한 절차가 되어 그 결과를 기다리다가 원래의 처분이 있음을 안 날로부터 90일이 지나면 제소기간이 도과된다는 결과가 된다.

대법원 2014. 4. 24. 선고 2013두10809 판결에서는, 취소소송의 제소기간의 기산점이 되는 행정심판은 행정심판법상 행정심판과 특별행정심판을 뜻한다고 전제하고, "공공감사법상의 재심의신청 및 이 사건 감사규정상의 이의신청은 자체감사를 실시한 중앙행정기관 등의 장으로 하여금 감사결과나 그에 따른 요구사항의 적법·타당 여부를 스스로 다시 심사하도록 한 절차로서 행정심판을 거친 경우의 제소기간의 특례가 적용된다고 할 수 없다고 보고, 이의신청에 대한 결과통지일이 아니라 원고가 이 사건 처분이 있음을 알았다고 인정되는 날"부터 제소기간을 기산하여야 한다고 판시하였다. 아울러 대법원 2012. 11. 15. 선고 2010두8676 판결에서는 민원처리에 관한 법률 제35조 제1항에서 정한 거부처분에 대

369) 대법원 2011. 11. 24. 선고 2011두18786 판결.
370) 대법원 2000. 6. 9. 선고 98두2621 판결.
371) 대법원 2002. 11. 26. 선고 2002두6811 판결.

한 이의신청에도 같은 논리를 적용하였다.[372]

대법원의 이러한 해석은 행정심판이라는 용어를 적용되는 국면에 맞게 해석하였어야 하는데 행정심판이라는 문구에만 치우쳐 법률해석을 단순하게 한 데에서 비롯된 오류라고 생각한다. 행정심판법을 적용할 때에는 그 절차가 행정심판법상 행정심판을 대체하는 것에 해당하는지의 관점에서 파악되어야 하고, 헌법과 행정소송법에서 행정심판을 해석할 때에는 해당 절차가 행정소송의 전심으로 볼 수 있는지의 관점에서 파악되어야 한다.[373]

만일 대법원과 같은 해석을 한다면, 법적 지식이 부족한 일반 국민의 입장에서는 입법자가 이의신청절차를 법률에 규정하여 그 기회를 활용했음에도 불구하고, 법원이 불필요한 이의신청을 거쳤다고 하면서 행정소송을 기회를 주지 않겠다는 것이 되므로 불의타가 된다. 이는 재판청구권을 최대한 보장하고자 하는 대법원의 그간의 태도와도 모순되는 것이다.

위 대법원 판결은 제소기간을 두게 된 입법취지인 법적 안정성을 확보하기 위하여 위와 같이 해석한 것이라고 선해할 수는 있다. 행정심판은 행정절차이자 행정소송의 전심절차라는 이중적 성격을 가지고 있고, 그중에서 이의신청은 행정절차적 성격이 더 강한 것으로 인식된다. 따라서, 법률에서 이의신청을 제기할 수 있다고 규정하고 있다면, 이해당사자 그리고 행정청 스스로도 이의신청이 제기될 경우 자신의 선행적 결정이 종결된 것이 아니라 그에 대한 후속절차가 진행되고 있다고 인식하고 있을 것이므로, 대법원과 달리 판단하여도 법적 안정성을 크게 해하는 것은 아닐 것이다.

대법원도 위와 같은 문제점을 인식하였는지, 사안에 따라서는 이의신청에 대한 기각결정을 독립한 처분으로 볼 수 있는 경우도 있다고 판시하기도 하였다. 한국토지주택공사가 택지개발사업의 시행자로서 일정 기준을 충족하는 손실보상대상자들에 대하여 생활대책을 수립·시행하였는데, 직권으로 생활대책대상자에 해당하지 않는다는 부적격통보를 한 다음 그 이의신청에 대한 재심사 결과로서 생활대책대상자로 선정되지 않았다는 통보를 한 사안에서, 부적격통보는 한국토지주택공사가 신청을 받지 않은 상태에서 자체적으로 가지고 있던 자료를 기초로 일정 기준을 적용한 결과를 일괄하여 통보한 것에 불과하고 그 안에 각 당사자의 개별·구체적 사정을 이의신청을 통하여 추가로 심사하여 고려하겠다는 취지가 포함되어 있다면, 상대방은 이의신청을 통하여 비로소 생활대책대상자 선정에 관한 의견서

372) 나아가 위와 같은 이의신청을 받아들이지 않는 취지의 기각 결정 또는 그 취지의 통지는 종전의 거부처분을 유지함을 전제로 한 것에 불과하다고 하면서 처분성을 부인하였다. 위 판례에 따르면, 위와 같은 이의신청을 받아들이지 않는 취지의 기각결정 또는 그 취지의 통지는 당초의 거부처분에 대한 행정심판이나 행정소송의 제기에 아무런 영향을 주지 못하고, 위 기각결정 또는 그 취지의 통지 그 자체에 대한 항고소송도 처분성이 부인되어 제기할 수 없다.

373) 제정 행정소송법 제2조 제1항에서는 행정심판의 필요적 전치를 규정하면서 다른 법률의 규정에 의하여 소원, 심사의 청구, 이의의 신립 기타 행정청에 대한 불복의 신립을 소원이라고 부르고 그 소원을 거치도록 규정하여, 이를 명확히 하고 있었다.

제출 등의 기회를 부여받게 되었고 한국토지주택공사도 그에 따른 재심사과정에서 당사자들이 제출한 자료 등을 함께 고려하여 생활대책대상자 선정기준의 충족 여부를 심사하여 재심사통보를 한 것이라고 볼 수 있으므로, 재심사 결과 통보가 독립한 처분으로서 항고소송의 대상이 된다고 하였다.[374)]

한편, 대법원은 행정심판법상 행정심판이나 특별행정심판에 포함될 수 없는 이의신청의 결과가 나온 시점이 제소기간의 기산점이 될 수 없다는 판례의 적용범위를 스스로 한정하는 판결을 선고하기도 하였다. 앞에서 의문이 제기되었던 판결들은 이의신청에 대한 기각결정에 대하여 행정쟁송을 제기할 수 있다는 불복방법 안내를 하지는 않았던 사안에 관한 것이라고 전제하고, 만일 이의신청의 기각결정에 대하여 행정절차법 제26조에 따라 행정심판이나 항고소송을 제기할 수 있다고 불복방법을 안내하였다면, 상대방은 그 결정을 처분이라고 인식할 수밖에 없었을 것이고, 그에 따라 제기된 항고소송에서 행정청이 태도를 바꾸어 처분성이 없다고 본안전항변을 한다면 이는 행정절차법 제4조에서 정한 신의성실의 원칙에 어긋난다는 것이라고 하였다. 그렇게 되면 이 경우 그 기각결정을 처분으로 취급하게 될 수밖에 없으므로, 이의신청의 결과가 나온 시점으로부터 제소기간이 진행되는 결과가 된다.[375)]

그런데, 이러한 문제는 행정기본법이 제정되면서 입법적으로 해결되었다. 행정기본법 제36조 제4항에서는 이의신청에 대한 결과를 통지받은 후 행정심판 또는 행정소송을 제기

---

374) 대법원 2016. 7. 14. 선고 2015두58645 판결. 또한, 피고(지방자치단체장)가 원고 소유 토지의 경계확정에 대한 지적재조사위원회의 의결에 따라 지적공부상 면적이 감소되었다는 이유로 조정금 수령 통지(1차 통지)를 하였고, 원고가 소명자료를 첨부하여 이의신청을 하자 피고가 지적재조사위원회의 심의·의결을 거쳐 종전 가격과 동일한 조정금 수령 통지(2차 통지)를 한 사안에서, 원고가 이의신청을 하기 전에는 조정금 산정결과 및 수령을 통지한 1차 통지만 있었고 원고가 신청 자체를 한 적이 없는데, 2차 통지는 단순히 이의신청을 받아들이지 않는다는 내용에 그치는 것이 아니라 조정금에 대하여 1차 통지와 별도로 다시 심의·의결하여 재산정한 결과 그 조정금이 종전 금액과 동일하게 산정되었다는 내용을 알리는 것이어서 새로운 조정금의 통지에 해당하므로, 2차 통지는 1차 통지와 별도로 성립한 처분에 해당한다는 것이다(대법원 2022. 3. 17. 선고 2021두53894 판결). 그리고, 엄밀히 말하면 여기에서 논의하고 있는 쟁점에 관한 판시라고 할 수는 없지만 궤를 같이 하는 판결로서, 같은 내용의 신청을 수차례 할 수 있고 각각의 거부처분이 별개로 성립하므로, 감염병예방법상 예방접종 피해에 대한 손실보상 청구가 거부된 후 위 법령에 이의신청에 관한 규정이 없고 민원 처리에 관한 법률상 이의신청 기간이 도과되었음에도 불구하고, 이의신청이라는 제목으로 다시 제기한 손실보상 청구가 거부되었다면, 위 이의신청은 기존의 거부처분에 대한 불복이 아니라 새롭게 제기한 손실보상의 신청이고 그에 대한 거부행위는 별개의 거부처분이라고 하였다(대법원 2019. 4. 3. 선고 2017두52764 판결). 따라서 위 사안에서는 새로운 거분처분(이의신청에 대한 거부행위)이 있는 때로부터 제소기간이 진행하게 된다.

375) 대법원 2021. 1. 14. 선고 2020두50324 판결. 같은 맥락에서 행정기본법이 제정된 이후에 선고되었지만 그 시행 전에 제기된 정보공개 거부처분 취소소송에서 청구인이 공공기관의 비공개 결정 등에 대한 이의신청을 하여 공공기관으로부터 이의신청에 대한 결과를 통지받은 후 취소소송을 제기하는 경우 그 제소기간은 이의신청에 대한 결과를 통지받은 날부터 기산한다고 판시하였다(대법원 2023. 7. 27. 선고 2022두52980 판결).

하려는 자는 통지받은 날 또는 결과를 통지받지 못한 경우 통지기간 만료일 다음 날로부터 90일 이내에 행정심판 또는 행정소송을 제기할 수 있다고 규정하고, 같은 조 제6항에서 개별법에서 이의신청 제기 후 행정심판이나 행정소송을 제기하는 경우 제소기간에 대하여 아무런 규정을 두고 있지 않은 경우에는 행정기본법 제36조가 적용된다고 규정하고 있다. 이는 대법원 판례의 위와 같은 문제점을 인식하고 입법적인 해결을 시도한 것으로서, 이의신청제도를 행정기본법에 도입하는 핵심적인 사항이고, 바람직한 입법이라고 평가된다.

4. 제소기간과 관련된 특수문제

가. 소제기 전 처분의 변경과 제소기간

처분에 대하여 소를 제기하기 전 행정청이 처분을 변경한 경우 제소기간의 기산점은 행정소송의 대상이 되는 처분을 어느 것으로 볼 것이냐에 따라 달라지게 된다. 처분을 정정한 경우[376]에는 당초의 처분을 기준으로 하고, 변경처분을 한 경우에는 당초의 처분과 변경된 처분의 동일성 유지 여부에 따라 동일성이 유지되는 경우에는 당초의 처분을, 동일성이 유지되지 않은 경우에는 변경처분을 기준으로 제소기간의 준수 여부를 판단하여야 할 것이다.

다만 선행처분의 내용을 변경하는 후행처분이 있다고 하더라도 그것이 선행처분의 주요 부분을 실질적으로 변경하는 것이 아니라 일부만 소폭으로 변경하는 정도에 불과한 경우 선행처분은 후행처분에 의하여 변경되지 않은 범위 내에서 존속하고 후행처분은 선행처분의 내용 중 일부를 변경하는 범위 내에서 효력을 가진다는 것이 판례이다.[377] 이 경우 원고가 선행처분의 취소를 구하는 소를 제기한 후 후행처분의 취소를 구하는 청구를 추가하여 청구를 변경하였다면 후행처분에 관한 제소기간 준수 여부는 후행처분의 발령시점과 청구변경 시점을 기준으로 판단하여야 하고, 이때 선행처분에만 존재하는 취소사유를 이유로 후행처분의 취소를 구할 수는 없다.

나. 소의 변경과 제소기간

(1) 원칙: 변경시

소송계속 중에 민사소송법에 의한 소변경이 이루어진 경우 소변경은 원칙적으로 제소기간 내에 하여야 한다. 따라서, 취소소송 계속 중에 청구취지를 변경하여 구 소가 취하되고 새로운 소가 제기된 것으로 변경된 경우 새로운 소에 대한 제소기간의 준수 여부는 소

---

376) 행정절차법 제25조에서는 "행정청은 처분에 오기·오산 기타 이에 준하는 명백한 잘못이 있는 때에는 직권 또는 신청에 의하여 지체없이 정정하고 이를 당사자에게 통지하여야 한다."라고 규정하고 있다.
377) 대법원 2012. 12. 13. 선고 2010두20782, 20799 판결.

의 변경이 있은 때를 기준으로 하여야 한다.[378] 소송계속 중 관련청구의 병합으로 취소소송을 제기한 경우에도 병합 제기된 때를 기준으로 제소기간을 계산한다.

(2) 예 외

행정소송에서 제소기간이 도과되었다는 이유로 소가 부적법하다고 각하하면 당사자에게 너무나 가혹한 결과를 초래하게 된다. 따라서 행정소송법은 제소기간의 소급을 인정하는 명문의 규정을 두고 있고, 그밖에 해석상 제소기간의 소급을 인정할 수 있는 경우도 있다. 이때에는 소의 변경 기간에 제약이 없으므로 사실심 변론종결시까지 소의 변경이 가능하게 된다.

첫째, 피고의 경정과 추가의 경우이다. 행정소송법 제14조 제4항은 피고를 잘못 지정한 소에 관하여 피고를 경정하면 새로운 피고에 대한 소송은 처음 소를 제기한 때에 제기된 것으로 보아 제소기간의 소급을 인정하고 있다. 한편 민사소송법 제68조 제3항에도 필수적 공동소송인의 추가의 경우 처음의 소제기시를 기준으로 제소기간 준수여부를 판단한다.

둘째, 소의 종류의 변경의 경우이다. 무효등 확인소송이나 부작위위법확인소송을 취소소송으로 변경하거나 당사자소송을 취소소송으로 변경하는 경우 처음 소를 제기한 때로 소급하여 제소기간의 준수여부를 판별한다. 이때의 소의 변경에 교환적 변경이 포함된다는 것에는 이론이 없다. 추가적 변경도 포함되는지 여부에 대해서는 논란이 있을 수 있으나 판례는 이를 긍정한다.[379]

나아가, 대법원은 행정소송법상 항고소송으로 제기하여야 할 사건을 민사소송으로 잘못 제기하였는데, 그 소송이 수소법원이 그 항고소송에 대한 관할을 가지고 있지 아니하여 관할법원으로 이송된 후 원고가 취소소송으로 소를 변경한 경우, 그 제소기간의 준수 여부는 원칙적으로 처음에 소를 제기한 때를 기준으로 판단하여야 한다고 판시하였는데,[380] 이는 행정소송법상 소송종류의 변경의 경우를 감안한 것으로 보인다. 그렇다면, 처음부터 수소법원이 관할을 가지고 있는 경우에도 같은 법리가 적용되어야 한다고 생각된다.

---

378) 대법원 2004. 11. 25. 선고 2004두7023 판결.

379) 대법원은 행정심판 재결 후 제소기간 내에 부작위위법확인소송을 제기하였다가 이후 소송과정에서 거부처분 취소소송으로 소를 교환적으로 변경한 후 다시 거부처분 취소소송을 주위적 청구로 하고 부작위위법확인소송을 예비적 청구로 하여 청구취지를 추가적으로 변경한 경우에 뒤에 추가된 부작위위법확인소송도 제소기간 내 제소된 것으로서 적법한 소송에 해당한다는 취지로 판시하였다(대법원 2009. 7. 23. 선고 2008두10560 판결).

380) 대법원 2022. 11. 17. 선고 2021두44425 판결. 이 사건의 사안은 토지보상법에 따라 공장이주대책용지의 공급대상자로 선정된 원고는 피고로부터 2019. 1. 16.자로 공장이주대책용지 매매계약을 해제한다는 취지의 이 사건 처분을 통보받고 2019. 2. 26. 이를 다투는 취지의 소를 민사소송으로 잘못 제기한 후, 이 사건 소가 행정소송에 해당하여 관할위반이라는 이유로 관할법원으로 이송하는 결정이 확정된 다음, 원고가 주위적으로 이 사건 처분의 무효확인을, 예비적으로 이 사건 처분의 취소를 구하는 항고소송으로 소를 변경한 것이었다.

셋째, 해석상 제소기간의 소급을 인정하는 경우로서 변경 전후의 청구가 밀접한 관련이 있는 경우이다. 변경 전의 청구에 이미 변경 후의 청구까지 포함되어 있다고 볼 수 있는 경우에는 당초의 소제기시를 기준으로 제소기간의 준수여부를 해석하여야 한다. 감액처분이나 증액처분이 소송계속 중에 있는 경우 당초의 소제기가 제소기간 내에 이루어졌다면 변경된 처분으로의 소변경이 늦었어도 무방할 것이고,[381] 환지예정지지정처분과 그 처분대로 환지처분이 이루어진 경우 비록 환지처분으로의 소변경이 늦었어도 적법한 소변경으로 보아야 할 것이다. 또한, 변경 전의 처분에 대한 취소소송이 적법하게 계속되던 중에 행정청이 처분서면상의 일부 오기를 정정할 수 있었음에도 불구하고 직권으로 취소하고 실질적으로 동일한 내용의 처분을 하였는데, 변경 전후의 처분 사이에 밀접한 관련이 있고 변경 전의 처분에 존재한다고 주장되는 위법사유가 변경 후의 처분에도 그대로 존재할 수 있는 관계라면, 변경 후 처분의 취소를 구하는 소변경의 제소기간 준수 여부는 따로 따질 필요가 없다.[382]

Ⅱ. 소장의 작성 및 답변서의 제출과 청구의 병합·변경

1. 소장의 작성

행정소송법은 제소의 방식에 관하여 특별히 정한 것이 없으므로, 민사소송법에 따라 소장을 작성하여 법원에 제출하는 방법에 의한다(행정소송법 제8조 제2항, 민사소송법 제248조). 다만, 소액사건심판법에 의한 구술제소는 비록 소가가 소액사건심판법의 적용대상이 되는 소액에 해당하는 당사자소송이라 하더라도 허용되지 않는다.

소장의 필요적 기재사항 및 임의적 기재사항, 그 기재 양식, 첨부서류 등도 대체로 민사소송의 경우와 같다. 당사자도 민사소송에서와 마찬가지로 '원고', '피고'라고 부른다. 그리고 원고의 표시는 민사소송과 같으나, 항고소송에서의 피고는 '처분을 행한 행정청'이 된다.

청구취지의 기재도 민사소송의 경우와 다르지 않다. 다만 형성소송인 취소소송의 경우에는 '하라'로 표시해서는 안 된다(올바른 예; 피고가 2013. 3. 2. 원고에 대하여 한 해임처분을 취소한다). 가집행 선고는 항고소송에서는 성질상 가능하지 않다. 당사자소송에서는 가집행을 구하는 것이 보통이다. 과거 행정소송법 제43조에서는 국가를 상대로 한 당사자소송의 경우 가집행선고를 할 수 없다고 규정하고 있었지만, 헌법재판소의 위헌결정으로 이제는 국가를 상대로 한 당사자소송에서도 가집행선고가 가능하다.[383]

청구원인은 간결·명료하게 기재하여야 한다. 침익적 처분의 취소소송에서와 같이 처분

---

381) 대법원 2018. 11. 15. 선고 2016두48737 판결 참조.
382) 대법원 2019. 7. 4. 선고 2018두58431 판결.
383) 헌재 2022. 2. 24. 선고 2020헌가12 결정.

의 적법성에 대한 주장·증명책임이 피고 행정청에게 있는 경우라 하더라도, 원고는 청구원인에서 단순히 그 처분이 위법하다는 점만 기재해서는 안 되고, 구체적인 위법사유를 기재하여야 한다. 판례는 행정소송에서 직권주의적인 요소가 있다고 하더라도 여전히 당사자주의, 변론주의를 기본구조로 하고 있기 때문이라고 한다.[384] 원고가 청구원인에서 주장한 위법사유가 심리의 주된 쟁점이 되고, 원고가 주장하지 않는 사유는 심리대상이 되지 않는다.

2. 답변서의 제출

항고소송은 행정의 원활한 수행과 행정법관계의 조속한 안정을 위하여 신속한 재판의 진행과 심리의 적정을 도모할 필요가 있다. 그리하여, 행정소송규칙 제8조 제1항은 취소소송에서 피고가 원고의 청구를 다투는 경우에 민사소송법 제256조 제1항과 같이 소장의 부본을 송달받은 날부터 30일 이내에 답변서를 제출할 의무를 부과하고 있다. 이러한 내용의 답변서 제출의무는 무효등 확인소송, 부작위위법확인소송 및 당사자소송에도 준용된다(행정소송규칙 제18조, 제20조).

3. 청구의 병합

가. 병합의 여러 형태와 그 허용성

행정소송법 제10조 제2항에서는 관련청구소송의 병합에 관하여 규정하고 있고, 같은 법 제15조에서는 "수인의 청구 또는 수인에 대한 청구가 처분 등의 취소청구와 관련되는 청구인 경우에 한하여 그 수인은 공동소송인이 될 수 있다."라고 규정하고 있다. 이렇게 행정소송법은 청구의 객관적·주관적 병합에 관하여 특별 규정을 두어 민사소송법과는 다른 요건과 절차를 정하고 있다.

그러나 행정소송의 성질상 허용될 수 없는 특별한 경우를 제외하고는 민사소송법의 준용에 의한 청구의 병합을 금할 이유가 없으므로, 위와 같은 행정소송법의 규정에 의한 병합의 요건을 갖추지 못한 경우라도 민사소송법에 의한 청구의 병합도 허용된다.

따라서, 행정소송에서도 민사소송법이 준용되므로 청구의 객관적 병합의 여러 형태인 단순 병합·선택적 병합·예비적 병합이 허용된다. 또한 소송중의 소인 중간확인의 소도 허용된다. 반소에 관해서는 항고소송과 당사자소송의 경우에 그 허용 여부가 달라진다. 항고소송에서는 피고인 행정청은 항고소송의 피고가 되는 경우에만 행정소송법이 특별히 당사자능력을 부여한 것에 불과하고 원고가 되는 경우에는 당사자능력이 없으므로, 반소가 허용될 수 없다. 그러나 당사자소송에서는 행정주체가 피고가 되는 것인데, 행정주체는 그

---

384) 대법원 1995. 11. 21. 선고 94누15684 판결, 대법원 1996. 6. 25. 선고 96누570 판결, 대법원 2000. 5. 30. 선고 98두20162 판결 등.

자체로서 소송의 당사자능력 및 당사자적격이 있어 반소가 허용된다. 항고소송에서 관련청구로 민사상의 청구나 당사자소송이 병합된 경우에도 반소가 허용될 수 있다.

공동소송에 관해서도 통상의 공동소송과 필수적 공동소송이 허용된다. 주관적 · 예비적 병합도 개정 민사소송법(2002. 1. 26. 법률 제6626호로 개정된 것)이 허용하고 있으므로(민사소송법 제70조), 행정소송에서도 이를 허용하여야 할 것이다. 국가 · 공공단체와 같은 행정주체(주위적 피고)를 상대로 소를 제기하고자 하는데 그 청구가 각하되거나 기각될 경우를 대비하여 그 소속 행정기관(예비적 피고)에 대하여 소를 제기할 필요성이 있는 경우에 주관적 · 예비적 병합을 허용할 실익이 있다. 한편, 행정소송법 제28조 제3항은 사정판결의 경우 주관적 · 예비적 병합의 허용을 예정하고 있으므로, 행정청을 피고로 한 처분의 취소청구가 사정판결에 의하여 기각될 것에 대비하여 예비적으로 국가 · 지방자치단체를 피고로 한 손해배상청구를 병합할 수 있다.[385)]

나. 관련청구소송의 병합(행정소송법 제10조 제2항)

(1) 요 건

㈎ 주된 청구인 행정사건에 관련청구소송의 병합

행정사건에다가 관련 민사사건이나 행정사건을 병합하는 방식이어야 한다. 반대로 민사사건에다가 관련 행정사건을 병합할 수는 없다. 행정소송 상호간에는 어느 쪽에 병합해도 상관없다. 관련청구소송의 이송에서처럼 주된 청구가 어느 것인지를 가려야 할 필요가 없다.

㈏ 주된 청구의 사실심 계속(후발적 병합의 경우)

관련청구소송의 병합은 원시적 또는 후발적으로 병합이 가능하다. 그런데 후발적으로 병합할 때는 주된 청구가 사실심 변론종결전이어야 한다(행정소송법 제10조 제2항). 항소심에서의 병합에 대해서는 심급의 이익과 관련하여 상대방의 동의를 요하는지가 문제되나, 명문규정이 없는 이상 동의는 불필요하다고 할 것이다.[386)]

㈐ 적법한 각각의 청구

주된 청구소송이 소송요건을 갖춘 적법한 소이어야 관련청구소송을 병합할 수 있다. 여기에서 주된 청구소송이 부적법하여 각하되는 경우 관련청구소송을 어떻게 처리하여야 하는지에 관하여 견해의 대립이 있을 수 있다.[387)] 관련청구소송의 병합을 인정하는 것은 심리의 중복이나 모순을 제거하기 위한 것이므로 부적법한 주된 청구소송에 관련청구소송을 병합하는 것은 허용될 수 없다고 생각할 수 있다. 그러나 관련청구소송의 병합의 입법

---

385) 대법원 1997. 11. 11. 선고 95누4902, 4919 판결.
386) 주석 행정소송법, 311면.
387) 이에 관하여 일본에서 엇갈리는 재판례에 관한 자세한 설명은 주석 행정소송법, 308-309면 참조.

취지는 그뿐 아니라 당사자의 부담을 경감시키고 편의를 제공하기 위한 것에도 있고, 후자가 오히려 주된 목적이라고 생각된다. 따라서 주된 청구소송이 부적법하다고 해서 관련청구소송을 각하해버리는 것보다는 관련청구소송이 독립하여 적법한 요건을 구비하고 있다면 별개의 독립한 소송으로 취급하여 재판하거나 관할 법원으로 이송하여야 하는 편이 바람직하다고 생각한다.[388] 그런데, 판례는 이 경우 관련청구소송을 각하하고 있다.[389]

다만 취소소송 등을 제기한 당사자가 해당 처분 등에 관계되는 사무가 귀속되는 국가 또는 공공단체에 대한 당사자소송을 관련청구소송으로서 병합한 경우 위 취소소송 등이 부적법하다면 당사자는 위 당사자소송의 병합청구로서 행정소송법 제21조 제1항에 의한 소의 종류의 변경을 할 의사를 아울러 가지고 있었다고 보아야 하므로, 이 경우 법원은 청구의 기초에 변경이 없는 한 당초의 청구가 부적법하다는 이유로 병합된 청구까지 각하할 것이 아니라 병합청구 당시 유효한 소변경청구가 있었던 것으로 받아들여 이를 허가하여야 한다.[390]

한편 주된 청구와 병합하는 관련청구도 전치절차, 제소기간의 준수, 당사자적격 등의 소송유형에 따라 소송요건을 갖추어야 한다.

㈑ 피고의 동일성 여부

병합된 관련청구소송의 피고는 원래의 소송의 피고와 동일할 필요는 없다. 행정청을 피고로 하는 취소소송에 국가를 피고로 하는 손해배상청구소송을 병합하는 경우를 예로 들 수 있다. 원고는 민사소송의 경우와는 달리 원시적으로 수인의 피고를 상대로 한 관련청구를 병합제소할 수 있을 뿐만 아니라, 후발적으로 사실심 변론종결시까지 피고 이외의 자를 상대로 한 관련청구를 병합하여 제소할 수 있다.

그러나 행정소송법 제10조 제2항에 의하더라도 원고가 피고를 추가할 수 있을 뿐, 제3자가 후발적으로 원고로 추가되는 병합청구는 허용되지 않는다.[391]

---

388) 관련청구소송이 민사소송인 경우 행정법원에서 민사소송을 처리할 수 있다는 견해를 취하면 스스로 독립된 소송으로 취급하여 처리하여야 한다는 결론에 도달하고, 그 반대의 견해를 취한다면 관할이 있는 지방법원으로 이송하여야 할 것이다.

389) 대법원 2001. 11. 27. 선고 2000두697 판결. 대법원은 위 판결에서 주된 청구인 압류처분에 대한 취소소송에 관련청구소송으로 병합된 압류등기의 말소청구소송에 대하여 위와 같은 판시를 하였다. 이외에도 주한 미군에 근무하면서 특수업무를 수행하는 한국인 군무원이 국방부장관을 상대로 주된 청구소송으로 직권면직처분 부존재·무효확인의 소에 관련청구소송으로 같은 피고를 상대로 면직일 이후의 보수지급을 구하는 금원지급청구의 소를 병합하여 제기한 사안에서, 대법원은 주된 청구소송은 처분이 아닌 것을 대상으로 한 소송으로서 부적법한 이상 관련청구로서 당사자소송인 금원지급청구소송도 부적법하다고 판시하였다(대법원 1997. 11. 11. 선고 97누1990 판결). 또한, 원고들이 사업시행자를 상대로 주된 청구인 영업손실보상금 청구의 소에 관련청구소송으로서 생활대책 대상자 선정신청 거부처분 취소소송, 생활대책 대상자 지위확인소송 등을 병합하여 제기한 사안에서 주된 청구소송인 영업손실보상금 청구의 소가 부적법하여 각하되는 이상 생활대책대상자 선정 관련청구소송 역시 각하되어야 한다고 판시하였다(대법원 2011. 9. 29. 선고 2009두10963 판결).

390) 대법원 1992. 12. 24. 선고 92누3335 판결.

(2) 청구절차 및 심리

애초부터 관련청구를 병합하여 제기할 경우는 소장에 관련청구까지 포함하여 작성하면 되므로 특별히 어려운 것은 없다. 관련청구소송을 추가적으로 제기하는 경우에는 일종의 소송중의 소에 해당하므로 소변경서와 같은 서면을 제출하는 방식에 의한다. 새로운 피고가 추가되는 경우에도 동일하다.

행정사건에 관련청구로서 민사사건인 손해배상청구소송이나 부당이득반환청구소송이 병합될 경우 그 민사사건의 심리에 적용될 법률은 처분의 위법성 부분과 같이 주된 청구와 심리가 공통되는 부분에는 행정소송법이 적용되어야 하지만, 손해배상액이나 부당이득액의 산정과 같이 민사소송 고유의 심리방법에 의하여야 하는 부분은 민사소송법이 적용된다.[392]

취소소송에 관련 청구로 병합된 해당 처분의 취소를 선결문제로 하는 부당이득반환청구가 인용되기 위해서는 그 소송절차에서 판결에 의하여 해당 처분이 취소되면 충분하고 그 처분의 취소가 확정되어야 하는 것은 아니다.[393]

4. 소의 변경

가. 개　　설

소의 변경은 소송이 계속된 뒤에 원고가 같은 피고에 대한 본래의 청구를 변경하는 것을 말한다. 소의 변경에는 종래의 청구를 그대로 두고 별개의 청구를 추가하는 형태의 '추가적 변경'과 구 청구에 갈음하여 새로운 청구에 대한 심판을 구하는 형태의 '교환적 변경'이 있다.

민사소송에서는 소의 변경은 소송절차를 현저히 저해하지 않는 경우 청구의 기초의 변경이 없는 범위 내에서 소송물의 변경만 허용된다. 그러나 행정소송에서는 민사소송법이 준용됨에 따라 민사소송법에서 인정되고 있는 소의 변경뿐만 아니라 행정소송법이 특별히 인정하고 있는 소의 변경인 피고의 변경을 포함한 소의 종류의 변경(행정소송법 제21조)과 소송목적물의 변경이 따르는 처분변경으로 인한 소의 변경(행정소송법 제22조)도 허용된다.

나. 소의 종류의 변경

(1) 의　　의

행정소송은 그 종류가 다양하고 각 소송 유형별로 특유한 소송요건이 있으므로 원고가 소의 종류를 잘못 선택할 가능성이 높다. 이 경우에 소의 종류의 변경을 허용하지 않는

---

391) 민사소송법 제70조의 준용에 의하여 원고를 예비적 또는 선택적으로 추가 병합하는 것은 가능할 것이다.
392) 법원실무제요(행정), 274면.
393) 대법원 2009. 4. 9. 선고 2008두23153 판결.

다면 행정소송의 권리구제기능은 제대로 발휘되기 힘들 것이다. 이와 같이 행정소송에서도 소의 변경을 허용할 필요가 있고 이 경우 피고의 변경이 수반되는 경우도 있으므로, 행정소송법에서는 민사소송법에 없는 소변경에 대한 특례를 인정하고 있다. 이렇게 소의 종류의 변경을 허용함으로써 같은 목적을 달성하기 위하여 신소를 추가적으로 병합함과 동시에 구소를 취하[394]하는데 따르는 번거로움을 덜 수 있다.

소의 종류의 변경에는, ① 항고소송과 당사자소송 사이의 변경과 ② 동일한 항고소송 내에서의 취소소송, 무효등 확인소송, 부작위위법확인소송 사이의 변경이 있다(행정소송법 제21조 제1항, 제37조, 제42조).

(2) 요 건

㈎ 사실심에 계속되고 변론종결 전일 것

소의 종류의 변경은 소송이 부적법하더라도 각하되기 전이면 가능하다. 제1심과 항소심을 포함하나 법률심인 상고심에서는 허용되지 않는다.

㈏ 청구의 기초의 동일성

변경 전 소와 변경 후 소 사이에 청구의 기초에 변경이 없어야 한다. 청구의 기초에 변경이 있는지 여부에 관한 구체적인 판단기준은 판례가 형성되면서 밝혀질 일이나 청구의 대상인 처분 등이나 부작위 자체가 다른 경우는 청구의 기초가 같다고 할 수 없다.[395] 변경 전의 소로써 달성하려던 권리구제와 동일한 기반에서 다른 청구로 변경하는 경우 청구의 기초가 같다고 할 수 있을 것이다.[396]

㈐ 소변경의 상당성

민사소송에서 소의 변경은 '소송절차를 현저하게 지연시키지 않을 것'을 요구하나, 행정소송에서 소의 종류의 변경은 법원이 상당하다고 인정하면 허용된다. 상당한지 여부는 일률적인 기준을 제시하기 곤란하나 소송자료의 이용가능성, 당사자의 이익, 소송경제(소송의 지연 여부), 새로운 피고에게 입히는 불이익의 정도 등을 종합적으로 고려하여 각 사건마다 구체적으로 판단하여야 할 것이다.[397]

㈑ 변경되는 신소의 적법성

변경되는 신소 그 자체도 적법한 소송요건을 갖추어야 한다. 예컨대, 당사자소송을 취소소송으로 변경하고자 하는 경우에는 행정심판전치주의, 대상적격 등의 소송요건을 구비하여야 한다. 다만 제소기간에 관해서는 당사자의 불이익을 회피하기 위하여 행정소송법은 처

394) 구소가 취하되어도 병합된 신소에 대하여 해당 법원이 심리·재판할 수 있다.
395) 대법원 1963. 2. 21. 선고 62누231 판결.
396) 공무원지위확인청구에서 파면취소청구로 변경하는 것을 예로 들 수 있다.
397) 법원실무제요(행정), 278면.

음의 당사자소송을 제기한 때에 항고소송을 제기한 것으로 본다(행정소송법 제42조, 제21조, 제14조 제4항).

(3) 절 차

소의 종류의 변경은 일종의 소송 중의 소제기이므로 소변경서의 제출로써 한다(민사소송법 제248조). 피고의 변경을 포함한 소변경의 신청이 있는 경우에는 허가결정에 앞서 새로 피고로 될 사람의 의견을 들어야 한다(행정소송법 제21조 제2항). 한편, 원고가 소송유형을 오해하여 소를 제기하였다면, 법원으로서는 권리구제나 소송경제의 측면에 비추어 원고에게 소를 변경할 수 있는 기회를 갖도록 석명권을 적절하게 행사하여야 한다.[398]

소의 종류의 변경은 결정으로 허가할 수 있다(행정소송법 제21조 제1항). 피고의 변경이 수반되는 소변경 허가결정이 있게 되면, 구 피고는 소송에서 탈퇴된다. 위 허가결정은 피고에게 고지하여야 하고, 피고가 변경되는 소변경의 경우에는 허가결정의 정본을 새로운 피고에게 송달하여야 한다(행정소송법 제21조 제4항, 제14조 제2항). 소변경의 신청요건을 직권으로 조사하여 요건이 인정되지 않으면 불허가결정을 하여야 한다. 이는 민사소송법의 준용에 의한 소변경에 대한 허가의 경우 법원의 허가결정이 불필요하고 불허가의 경우에만 불허가결정을 하는 것(민사소송법 제262조, 제263조)과 다르다.

소변경 허가결정에 대하여 신·구 청구의 피고 모두 즉시항고가 가능하나(행정소송법 제21조 제3항), 불허가결정에 대해서는 독립하여 항고할 수 없고 종국판결에 대한 상소로써 다툴 수 있을 뿐이다.[399]

다. 처분변경으로 인한 소의 변경

(1) 의 의

행정소송이 제기된 후 소송의 대상이 된 처분이 변경되어 청구를 변경할 경우 소송의 목적물 및 청구의 기초에 변경이 있게 될 수 있으므로, 민사소송법의 이론에 따르면 청구의 변경이 허용되지 않을 수 있다.

그러나 이러한 경우에 소의 변경을 인정하지 않으면 원고는 그에게 책임 없는 사유로 무용한 절차를 반복하게 되어 번거로울 뿐만 아니라 소송경제에도 어긋나 행정소송의 권리구제기능이 저하되는 문제가 발생한다. 이러한 점을 고려하여 행정소송법은 처분의 변경으로 인한 소의 변경을 특별히 인정하고 있다(행정소송법 제22조). 처분변경으로 인한 소의 변경은 취소소송 외에 무효등 확인소송 및 당사자소송에서도 인정된다(행정소송법 제38조 제1항, 제44조 제1항).

---

398) 대법원 2016. 5. 24. 선고 2013두14863 판결, 대법원 2021. 12. 16. 선고 2019두45944 판결 참조.
399) 대법원 1992. 9. 25. 선고 92누5096 판결.

(2) 요 건

㈎ 사실심 계속 중 처분의 변경

해당 소송의 대상인 처분이 처분청 등의 직권으로 변경되거나 소송계속 중에 재결에 의하여 당초의 처분이 일부 취소되거나 적극적으로 변경된 경우이다.

㈏ 소변경기간 내일 것

원고가 해당 처분의 변경이 있는 것을 안 날로부터 60일 이내에 소변경을 신청하여야 한다(행정소송법 제22조 제2항). 만약 그 기간을 놓쳤다면 제소기간 내에 별소를 제기하는 수 밖에 없다.

㈐ 그 밖의 요건

소변경의 일반적 요건으로서 구 청구가 사실심 변론종결 전이어야 한다. 또한 변경되는 신청구가 적법하여야 한다. 이와 관련하여 변경전의 처분에 대한 행정심판절차를 거쳤으면 변경된 처분에 대해서도 행정심판 전치요건을 갖춘 것으로 본다는 전치요건의 특례가 있다(행정소송법 제22조 제3항).

(3) 절 차

소의 종류의 변경에서와 마찬가지로 법원은 결정으로써 소의 변경을 허가할 수 있다(행정소송법 제22조 제1항). 피고변경에 따른 의견청취 및 정본송달 등에 관한 것 외에는 소의 종류의 변경에서와 같다. 위 허가결정에 대해서는 소의 종류의 변경에서와는 달리 독립하여 불복할 수 없고, 소의 변경신청이 부적법한 경우 소의 변경을 불허한다는 결정을 할 수도 있으며, 결정을 별도로 하지 않고 종국판결 이유 중에서 그 취지를 밝혀도 된다.[400]

라. 민사소송법의 준용에 의한 소변경

소의 변경에도 민사소송법이 준용되므로, 민사소송법상의 소변경도 허용된다.[401] 따라서 행정소송에서도 청구의 기초에 변경이 없을 것, 소송절차를 현저하게 지연시키지 않을 것, 사실심의 변론종결 전일 것 등의 민사소송법이 정한 요건을 갖춘다면 청구의 취지 또는 원인을 변경할 수 있다(행정소송법 제8조 제2항, 민사소송법 제262조, 제263조).[402] 민사소송법의 준용에 의한 소변경의 경우 원칙적으로 행정소송법상의 제소기간 특례가 적용되지 않으므로, 청구취지를 변경하여 구소가 취하되고 새로운 소가 제기된 것으로 변경되었을 경우 새로운 소에 대한 제소기간의 준수 등은 소의 변경이 있은 때를 기준으로 하여야 한다.[403]

---

400) 법원실무제요(행정), 286면.
401) 대법원 1999. 11. 26. 선고 99두9407 판결.
402) 대법원 2004. 11. 25. 선고 2004두7023 판결 참조.
403) 이 경우에도 앞에서 본 것처럼 변경 전후의 청구가 밀접한 관련이 있어서 해석상 제소기간의 소급을

이와 관련하여 행정소송법상 소의 종류의 변경과 같이 행정소송법상 항고소송으로 제기하여야 할 사건을 민사소송으로 잘못 제기하였는데, 항고소송을 민사소송으로, 민사소송을 항고소송으로 변경하는 것이 가능한 것인지 문제가 된다. 당사자의 권리구제의 충실을 위하여 허용된다고 해석할 필요가 있고, 대법원도 같은 입장에 있는 것으로 이해된다.[404] 나아가 대법원은 이 경우 행정소송법상 소의 종류의 변경과 마찬가지로 그 제소기간의 준수 여부는 원칙적으로 처음에 소를 제기한 때를 기준으로 판단하여야 한다고 판시하였다.[405]

Ⅲ. 행정심판의 전치

1. 개　설

위법한 처분으로 인하여 권리·이익을 침해받은 자는 행정심판을 청구할 수도 있고 행정소송을 제기할 수도 있는데, 행정심판과 행정소송의 관계를 어떻게 조화시킬 것인가의 문제로서 필요적 전치주의와 임의적 전치주의가 있다.

필요적 전치주의에서는 항고소송을 제기하기 위해서는 반드시 행정심판을 거쳐야 하고, 임의적 전치주의에서는 행정심판을 거칠 것인지 여부가 당사자의 선택에 맡겨져 있어 행정심판을 거치지 않아도 항고소송을 제기할 수 있다.

2. 임의적 전치주의(원칙)

임의적 전치주의 하에서 원고는 행정심판을 거칠지 여부를 선택할 수 있다. 따라서 처분에 의하여 권익을 침해받은 사람은 행정심판을 거쳐 행정소송을 제기할 수 있고, 행정심판을 거치지 않고 바로 행정소송을 제기할 수도 있으며, 행정심판과 행정소송을 동시에 청구할 수도 있다. 행정소송법 제18조 제1항 본문과 이를 준용하는 제38조 제2항에서는 취소소송과 부작위위법확인소송에서 원칙적으로 임의적 전치주의를 채택하고 있다는 점을 분명히 하고 있다.[406]

임의적 전치주의 하에서는 행정심판의 청구여부가 소송요건이 아니므로, 법원은 이를 심리할 필요가 없다. 그러나 행정심판의 재결에 의하여 처분이 취소되거나 변경되는 경우가 있을 수 있으므로, 그에 따라 소를 변경하거나 소의 이익의 흠결을 이유로 각하하여야

인정하여야 하는 경우가 있을 수 있다.

404) 대법원 2023. 6. 29. 선고 2022두44262 판결에서는 민사소송에서 항고소송으로의 소 변경이 허용된다는 전제하에서, 공법상 당사자소송과 민사소송 사이의 소 변경을 허용하고 있다.

405) 대법원 2022. 11. 17. 선고 2021두44425 판결.

406) 행정소송법 제18조 제1항 본문에서는 "취소소송은 법령의 규정에 의하여 당해 처분에 대한 행정심판을 제기할 수 있는 경우에도 이를 거치지 아니하고 제기할 수 있다."라고 규정하고 있다.

할 경우는 있을 수 있다.

3. 필요적 전치주의(예외)

가. 의 의

행정소송법은 원칙적으로 임의적 전치주의를 채택하고 있으나, 다른 법률에서 행정심판을 거치지 않으면 행정소송을 제기할 수 없다는 규정을 두는 것까지 막는 것은 아니다. 행정소송법도 예외적으로 필요적 전치주의가 적용되는 사건이 있음을 염두에 두고 있다(행정소송법 제18조 제1항 단서, 제38조 제2항).[407] 여기에서의 필요적 전치주의는 행정심판의 청구로 충족되는 것이 아니라 재결까지 거칠 것을 요구한다는 점에 유의할 필요가 있다.

개별법에서 필요적 전치주의를 규정하는 경우는 두 가지로 나누어 볼 수 있다. 첫 번째는 전문기술적 성질을 가지는 처분에 대한 것으로서, 이 경우의 행정심판은 행정청이 전문지식을 활용하여 자율적이고 능률적으로 행정작용을 하도록 사법기능을 보충하는 것이 주된 기능이다. 두 번째는 대량적으로 이루어지는 처분에 대한 것으로서, 이 경우의 행정심판은 법원의 부담을 경감시키는 것이 주된 기능이다.

나. 적용대상과 범위

(1) 필요적 전치를 요하는 처분

필요적 전치주의는 헌법상 보장된 재판청구권의 제한을 의미하므로, 헌법 제37조 제2항에 따라 형식적 의미의 법률에 의한 근거를 요한다. 법률 이외의 법규명령이나 조례·규칙의 규정만으로는 필요적 전치의 근거가 될 수 없다.

법률에서 행정심판의 재결을 거치지 않으면 취소소송을 제기할 수 없다는 식으로 명시적인 규정이 있어야 한다. 필요적 전치주의는 예외적인 제도이어서 그 근거규정은 엄격히 해석하여야 하므로, 행정심판의 제기에 관한 근거규정만 둔 경우에는 임의적 전치로 해석하여야 할 것이다.[408]

현행법상 필요적 전치주의가 적용되는 처분을 예시하면 다음과 같다.

① 공무원에 대한 징계 및 기타 불이익처분(국가공무원법 제16조 제1항, 교육공무원법 제53조 제1항, 지방공무원법 제20조의2)

② 조세법상 처분(국세기본법 제56조 제2항, 관세법 제120조 제2항, 지방세기본법 제98조 제3항)

③ 운전면허취소처분 등 도로교통법에 의한 각종 처분(도로교통법 제142조, 다만 과태료

407) 행정소송법 제18조 제1항 단서에서는 "다른 법률에 당해 처분에 대한 행정심판의 재결을 거치지 아니하면 취소소송을 제기할 수 없다는 규정이 있는 때에는 그러하지 아니하다."라고 규정하고 있다.
408) 대법원 1999. 12. 20.자 99무42 결정.

처분과 통고처분 제외)

④ 해양수산부장관 등의 선박검사 등 처분(선박안전법 제72조 제3항)

⑤ 재결주의를 채택한 결과 행정심판을 거치는 것이 불가피한 경우: 노동위원회의 결정과 특허청의 거절사정

(2) 필요적 전치가 적용되는 소송

개별법에서 필요적 전치주의를 채택하였다 하더라도 그 처분의 취소소송과 부작위위법확인소송을 제기할 경우에만 적용되는 것이다. 무효확인소송은 애초부터 법률적으로 아무런 효력이 없는 처분에 대하여 공적으로 그 무효를 확인받기 위한 소송에 불과하여 행정심판을 제기할 필요가 없기 때문에 필요적 전치주의가 적용될 여지가 없다.

필요적 전치주의가 적용되는 처분에서 제3자가 소송을 제기할 경우에도 행정심판을 거쳐야 하는지 문제된다. 판례는 행정소송법 소정의 행정심판을 제기하지 않고 제소할 수 있는 사건에 포함되어 있지 않아서 전치주의와 제척기간의 규정을 배제할 수는 없지만, 제3자는 처분이 있음을 곧바로 알 수는 없는 처지이므로, 행정심판법 제27조 제3항 소정의 심판청구의 제소기간 내에 처분이 있음을 알았다는 특별한 사정이 없다면, 그 제소기간의 적용을 배제하는 같은 조항 단서 소정의 정당한 사유가 있는 때에 해당한다는 입장에 있다.[409] 따라서, 행정심판 청구기간의 준수 여부에서 이러한 사정을 감안하는 것은 별론으로 하고 전치주의의 적용 자체를 배제할 수는 없다.

이행재결에 따른 처분의 경우에도 필요적 전치주의가 적용되는지 여부가 문제될 수 있다. 심판청구에 대한 재결이 있는 경우에는 해당 재결 및 동일한 처분 또는 부작위에 대하여 다시 심판청구를 제기할 수 없다는 행정심판법 제51조의 취지를 감안하면, 이미 스스로 시정할 기회가 주어졌으므로, 행정심판을 거칠 필요가 없다고 해석된다.

다. 내 용

(1) 소송요건

필요적 전치주의가 적용되는 경우 행정심판의 청구와 재결의 존재는 소송요건이므로, 법원은 당사자의 주장 여부와 관계없이 직권으로 조사하여야 하고(직권조사사항), 그것들이 흠결되면 소가 부적법하여 각하를 면치 못한다.

그러나, 소송요건의 판단시점은 변론종결시이므로, 그 전에 재결이 있으면 하자가 치유된다. 결국 행정심판의 청구조차 하지 않고 제기된 소송도 변론종결시까지 전치의 요건을 충족하면 각하할 수 없게 되는 결과가 된다.

---

409) 대법원 1989. 5. 9. 선고 88누5150 판결.

(2) 적법한 행정심판의 청구

필요적 전치주의는 행정청이 스스로 처분에 존재하는 위법·부당을 시정할 기회를 주기 위하여 인정된 것이기 때문에 행정심판의 청구는 적법한 것이어야 한다.

행정심판의 청구가 적법한지 여부는 행정심판의 결과와는 상관없이 법원이 독자적으로 판단하여야 할 문제이다. 따라서, 행정심판위원회가 보정요구를 할 수 없는 심판청구의 실질적인 내용에 대하여 보정요구를 하고 이에 응하지 않았다는 이유로 그 청구를 각하하는 결정을 하였다면 그 결정이 위법한 것이므로, 그 경우 심판청구에 대한 기각결정이 있었던 것으로 보고 그 다음의 구제수단인 행정소송을 제기할 수 있다.[410)]

(3) 2단계 이상의 행정심판절차가 있는 경우

필요적 전치주의를 채택하였는데 두 단계 이상의 행정심판절차가 있는 경우 이를 모두 이행하여야 하는지에 관하여 의문이 있을 수 있다. 명문의 규정이 있는 경우에는 그 규정의 취지에 따르면 될 것이므로 큰 문제는 없는데, 통상 2단계 모두 이행하도록 요구하는 것이 보통이다. 명문의 규정이 없는 경우에는 1차의 행정심판으로 족하다고 해석되고, 2단계 모두 거칠 필요는 없다고 본다. 다만 2단계 모두를 거친 경우 제소기간에서 불이익을 줄 수 없음은 당연하다.

(4) 행정심판과 행정소송의 관련성

(가) 인적 관련성

행정심판의 청구인과 행정소송의 원고는 원칙적으로 동일인이어야 할 것이다. 다만 행정소송의 원고가 행정심판 청구인과 동일한 지위에 있거나 그 지위를 실질적으로 승계한 경우나 동일한 처분에 의하여 공동의 법률적 이해관계를 갖는 공동권리자의 1인이 이미 적법한 소원을 제기한 경우 등에는 행정심판을 경유하지 않고 행정소송을 제기할 수 있다.[411)]

(나) 물적 관련성

행정심판의 대상이 되는 처분과 행정소송의 대상이 되는 처분은 동일하여야 한다. 다만 서로 내용상 관련되는 처분 또는 같은 목적을 위하여 단계적으로 진행되는 처분 중 어느 하나가 이미 행정심판의 재결을 거친 때에는 행정심판을 경유하지 않고 행정소송을 제기할 수 있다(행정소송법 제18조 제3항 제2호).

(다) 주장의 공통여부

항고소송에서 원고는 전심절차에서 주장하지 않은 공격방어방법을 소송절차에서 주장할 수 있고 법원은 이를 심리하여 행정처분의 적법 여부를 판단할 수 있는 것이므로, 원고

---

410) 대법원 1988. 9. 27. 선고 88누3758 판결 참조.
411) 대법원 1986. 10. 14. 선고 83누584 판결.

가 전심절차에서 주장하지 않은 처분의 위법사유를 소송절차에서 새롭게 주장하였다고 하더라도 다시 그 처분에 대하여 별도의 전심절차를 거쳐야 하는 것은 아니다.[412] 따라서 행정심판에서는 처분의 절차적 하자만 주장하였다 하더라도 소송단계에서 실체적 위법을 주장할 수 있다.

라. 필요적 전치의 완화

필요적 전치주의가 적용되는 사건이라고 하더라도 일률적으로 전치를 요구하는 것이 오히려 국민의 권리구제에 불필요한 장애가 되는 경우에는 그 예외를 인정할 필요가 있다. 그리하여 행정소송법 제18조 제2항에서는 행정심판의 청구는 요하나 재결까지 기다릴 필요가 없는 경우를 규정하고, 같은 조 제3항에서는 행정심판의 청구 자체가 필요 없는 경우를 규정하고 있다.

행정심판 재결을 기다릴 필요가 없는 경우로는 ① 행정심판청구가 있은 날로부터 60일이 지나도 재결이 없는 때, ② 처분의 집행 또는 절차의 속행으로 생길 중대한 손해를 예방하여야 할 긴급한 필요가 있는 때, ③ 법령의 규정에 의한 행정심판기관이 의결 또는 재결을 하지 못할 사유가 있는 때, ④ 그 밖의 정당한 사유가 있는 때 등이 있다.

한편, 행정심판을 청구할 필요조차 없는 경우로는, ① 동종사건에 관하여 이미 행정심판의 기각재결이 있은 때, ② 서로 내용상 관련되는 처분 또는 같은 목적을 위하여 단계적으로 진행되는 처분 중 어느 하나가 이미 행정심판의 재결을 거친 때, ③ 행정청이 사실심의 변론종결 후 소송의 대상인 처분을 변경하여 그 변경된 처분에 관하여 소를 제기하는 때, ④ 처분을 행한 행정청이 행정심판을 거칠 필요가 없다고 잘못 알린 때 등이 있다.

이러한 예외는 어디까지나 취소소송의 원고의 이익을 위한 것이므로 위 각 조항에 해당하여 행정심판을 거칠 필요가 없음에도 불구하고 이를 거쳤다 하더라도 제소기간의 기산점은 재결서 정본의 송달일로 삼아야 한다.

Ⅳ. 행정소송에서의 임시구제

1. 개 설

당사자가 행정소송에서 승소하더라도 그 사이에 분쟁의 대상이 되고 있는 법률관계의 내용이 실현된다거나 처분의 공정력과 집행력으로 인하여 판결을 받기도 전에 집행이 종료된다면, 당사자는 많은 시일과 비용을 들였을 뿐 실질적인 권리구제가 이루어지지 않게 된다. 따라서 판결에 이르기 전이라도 잠정적인 조치로서 임시적인 구제제도가 필요한데, 행

412) 대법원 1996. 6. 14. 선고 96누754 판결.

정소송법은 항고소송이 제기된 경우 처분의 효력을 정지시킬 수 있는 집행정지제도를 특별히 규정하고 있다. 이와 관련하여 항고소송에서 위와 같은 집행정지 외에도 가처분을 인정할 수 있는지 여부가 논란이 된다.

항고소송이 제기된 경우 처분의 효력을 정지시킬 것인지 여부는 입법정책의 문제이다. 독일과 같이 항고소송이 제기되면 원칙적으로 그 처분의 효력이 정지되고 예외적으로 특별한 성질의 처분에 대해서만 처분청 등의 명령으로 집행이 정지되지 않도록 하는 입법례(집행정지의 원칙)가 있는 반면 프랑스나 일본과 같이 집행부정지의 원칙을 채택하는 나라도 있다. 집행부정지의 원칙을 취할 것인지 집행정지의 원칙을 취할 것인지 여부는 입법정책상 행정의 신속성·실효성을 우선시할 것인지 국민의 권리보호를 우선시할 것인지에 의하여 결정된다.

우리나라 행정소송법 제23조 제1항은 취소소송의 제기로 처분 등의 효력이나 그 집행 또는 절차의 속행에 영향을 주지 않도록 규정하고 있어 집행부정지의 원칙을 채택하고 있다.

2. 행정소송법상 집행정지제도

가. 의 의

취소소송이 제기된 경우 처분 등이나 그 집행 또는 절차의 속행으로 인하여 생길 회복하기 어려운 손해를 예방하기 위하여 긴급한 필요가 있다고 인정할 때 법원은 당사자의 신청이나 직권에 의하여 집행정지결정을 할 수 있다(행정소송법 제23조 제2항).

집행정지는 본안소송이 종결될 때까지 잠정적으로 처분 등의 효력이나 그 집행 또는 절차의 속행을 정지시키는 것이므로, 민사집행법상의 가처분과 같은 성질을 가진 것이라 할 수 있다. 그러나 적극적으로 임시의 지위를 정하는 것이 아니라 소극적으로 계쟁처분 등의 효력 내지 집행을 정지시키는 데 불과하므로 소극적인 가처분적 성질과 내용을 갖는다.[413]

나. 적용대상과 범위

집행정지에 관한 행정소송법의 규정은 본안소송이 취소소송인 경우에 적용되고, 이 규정은 본안소송이 무효등 확인소송인 경우에도 준용된다(행정소송법 제23조, 제38조 제1항). 그러나 부작위위법확인소송에서는 집행정지결정을 할 수 없다. 위 소송은 행정청의 적극적인 처분을 대상으로 하는 것이 아니라 소극적으로 부작위상태의 위법성을 확인받으려는 것이므로 집행정지의 대상으로 삼을 처분이 없는 것이어서 성질상 집행정지와는 친하지 않기 때문이다.

한편, 거부처분의 경우 그 효력을 정지하더라도 단지 거부처분이 없는 신청 당시의 상

---

413) 대법원 1985. 7. 30.자 85프4 결정.

태로 돌아가는 것에 불과하여, 집행정지가 되더라도 당사자의 법적 지위에 아무런 변동이 없다. 즉, 당사자가 허가를 받은 것과 같은 상태가 되는 것은 아니다. 따라서 거부처분에 대한 집행정지결정은 신청의 이익이 흠결되어 부적법하다는 것이 판례의 입장이다. 대법원은 국립학교 불합격처분,[414] 투전기업소허가 갱신불허처분,[415] 교도소장의 접견허가 거부처분,[416] 사단법인 한국컴퓨터게임산업중앙회의 점검필증교수거부처분[417] 등에 대한 집행정지신청을 모두 부적법하다고 판시하였다.

그러나 거부처분이 없는 상태를 유지하는 것만으로도 법적인 이익이 있다면 거부처분의 집행정지를 부적법하다고 보는 것은 옳지 않다. 그리하여 하급심에서는 응시원서접수거부처분의 경우 집행정지가 있으면 일단 시험을 볼 수 있다는 사고 하에서 집행정지를 허용한 경우도 있다. 또한 외국인의 체류기간갱신허가의 거부처분 같은 것은 집행정지의 대상이 된다고 볼 수도 있다.[418]

다. 형식적 요건

(1) 집행정지의 이익의 존재

이미 집행이 완료되어 회복이 불가능한 경우 집행정지신청은 신청의 이익이 없어 부적법하게 된다. 예컨대, 철거집행이 완료된 뒤 계고처분에 대한 집행정지를 신청한 것과 같은 경우이다. 그러나 집행이 완료된 경우라도 위법상태가 계속 중이거나 처분의 효력정지로 사실상태를 원상으로 복구할 수 있는 경우에는 집행정지가 가능하다. 교도소장의 이송명령,[419] 국립요양원의 퇴원명령 등이 여기에 해당한다.

(2) 적법한 본안소송의 계속

집행정지 결정을 하기 위해서는 법원에 본안소송이 적법히 계속 중이어야 한다(행정소송법 제23조 제2항). 이 요건을 구체적으로 살펴보면 다음과 같다.

첫째, 본안소송이 계속 중이어야 한다. 집행정지제도는 행정청의 침익적 행정행위의

---

414) 대법원 1963. 6. 29.자 62두9 결정.

415) 대법원 1992. 2. 13.자 91두47 결정, 대법원 1993. 2. 10.자 92두72 결정.

416) 대법원 1991. 5. 2.자 91두15 결정.

417) 대법원 1995. 6. 21.자 95두26 결정.

418) 일본의 하급심 판결 중에는, 체류기간갱신불허가처분의 효력정지로 인하여 허가 없이 체류하는 권리를 취득하는 것은 아니지만, 신청인이 체류기간이 경과한 후에도 불법체류자로서 당장 추방되지는 않게 되므로 집행정지의 요건을 충족한다고 판시한 것도 있다.

419) 미결수용중 다른 교도소로 이송된 피고인이 그 이송처분의 취소를 구하는 행정소송을 제기하고 아울러 그 효력정지를 구하는 신청을 제기하여 법원이 위 이송처분의 효력정지신청을 인용하는 결정을 하였고, 이에 따라 신청인이 다시 이송되어 현재 위 이송처분이 있기 전과 같은 교도소에 수용중이라 하여도, 이는 법원의 효력정지 결정에 의한 것이어서 그로 인하여 효력정지 신청이 그 신청의 이익이 없는 부적법한 것으로 되는 것은 아니다(대법원 1992. 8. 7.자 92두30 결정).

취소를 구함과 동시에 그 효력이나 집행 또는 절차의 속행을 일시 정지함으로써 신청인의 손해발생가능성을 방지하기 위한 것이므로, 이미 취소소송이 제기되어 본안에 계속 중인 경우에 가능하다. 이 점에서 민사소송법상의 가처분과 차이가 있다. 이는 집행정지만 받아 놓고 본안소송을 제기하지 않을 경우 처분의 효력이 장기간 불안정하게 되어 행정법관계의 안정성을 해할 우려가 있기 때문이다. 그런데 본안소송의 계속이라는 요건이 집행정지신청의 요건이지만 본안소송보다 집행정지신청이 먼저 있다고 하더라도 기각결정 전에 본안소송을 제기하면 하자가 보완된다고 보는 것이 실무이다.

둘째, 본안소송은 소송요건을 모두 갖춘 적법한 것이어야 한다. 실무에서는 본안소송 및 집행정지의 신청, 필요적 전치주의가 적용되는 경우 행정심판의 청구를 한꺼번에 동시에 제기하는 경우도 많다.

셋째, 본안소송의 대상과 집행정지 신청의 대상은 원칙적으로 동일하여야 한다. 그러나 예외적으로 하자의 승계가 인정되는 경우와 같이 연속된 일련의 절차를 구성하는 선행처분과 후행처분이 동일한 법률효과의 발생을 목적으로 하는 경우(예; 집행절차 내에서의 개개의 처분) 또는 목적을 달리하는 별개의 처분이더라도 속행처분이 선행처분의 집행으로서의 성질을 갖는 경우(예; 의무부과처분과 그 집행에 관계된 처분) 등과 같이 선행처분과 후행처분이 밀접한 관련을 맺고 있는 때에는 선행처분의 취소소송을 본안으로 하여 후행처분의 효력, 집행 또는 절차의 속행을 정지할 수 있다. 그러한 예로 체납처분절차 내에서 압류처분취소를 본안으로 한 공매절차의 속행정지, 과세처분 취소를 본안으로 한 체납처분절차의 속행정지 등을 들 수 있다.

라. 실체적 요건

(1) 본안청구가 이유 없는 것이 명백하지 않을 것(소극적 요건: 피신청인 소명)

일본 행정사건소송법은 집행정지의 소극적 요건으로서 본안에 대하여 이유가 없다고 보일 때에는 집행정지를 할 수 없다고 규정하고 있다. 반면에 우리 행정소송법은 이에 대하여 명시적으로 규정하고 있지 않아 본안의 이유 유무(승소가능성)가 집행정지의 요건인지는 해석에 맡겨져 있다.

판례는 본안에 관한 이유 유무는 원칙적으로 집행정지 결정단계에서 판단될 것은 아니라고 하면서도 집행정지사건 자체에 의해서도 신청인의 본안청구가 이유 없음이 명백한 때에는 집행정지를 명할 수 없다는 입장에 있다. 집행정지는 집행부정지의 원칙의 예외로 인정되는 것이고, 본안에서 원고가 승소할 수 있는 가능성을 전제로 한 권리보호수단이라는 점을 근거로 한다.[420)]

---

420) 대법원 1999. 11. 26.자 99부3 결정, 대법원 1997. 4. 28.자 96두75 결정, 대법원 1994. 10. 11.자 94두

그러나 판례와 같은 태도를 취할 경우 자칫 집행정지절차의 본안소송화를 초래함으로써 집행정지제도의 취지가 몰각될 우려가 있다. 본안청구의 승소가능성이 명백히 없다는 판단은 신청인의 주장 자체에 의하더라도 처분이 위법하다고 볼 수 없거나 행정청의 적극적인 소명에 의하여 피보전권리가 없음이 밝혀진 경우에만 하여야 할 것이다. 따라서 본안소송의 승소가능성은 신청인이 소명책임을 지는 적극적 요건이 아니라 피신청인이 소명책임을 지는 소극적 요건이다.

(2) 회복하기 어려운 손해를 예방하기 위하여 긴급한 필요가 있을 것(적극적 요건)

여기에서 '회복하기 어려운 손해'라고 함은 집행부정지의 원칙을 계속 관철할 경우 당사자의 권리구제의 의미가 심각하게 훼손되어 본안판결에 의한 권리구제가 무색하게 되는 정도에 이르는 무형·유형의 손해를 말한다.421) 따라서 사회통념상 금전보상이나 원상회복이 불가능하거나 금전보상으로는 처분을 받은 당사자가 참고 견딜 수 없거나 참고 견디기가 현저히 곤란한 정도에 이르러야 한다.422)

입영명령, 교도소장의 이송명령, 외국인퇴거 강제처분, 학생의 퇴학, 정학, 전학 등과 같은 비재산적 처분이 여기에 해당될 가능성이 높으나 비재산적 처분으로 인한 손해라 하더라도 원상회복 또는 금전적 배상이 가능한 손해는 여기에 해당하지 않을 것이다.423)

한편, 과세처분, 토지수용 등 재산적 손해는 금전배상 가능하여 원칙적으로 위와 같은 요건을 충족하지 못할 것이다.424) 그러나 재산적 처분이라 하더라도 경제적 손실이나 기업이미지 및 신용의 훼손으로 인하여 사업자의 자금사정이나 경영 전반에 미치는 파급효과가 매우 중대하여 사업 자체를 계속할 수 없거나 중대한 경영상의 위기를 맞게 될 것으로 보이는 등의 사정이 존재하는 경우에는 집행정지가 인정될 수 있다.425)

---

23 결정.

421) 참고도 행정심판에서는 '회복하기 어려운 손해'가 아니라 '중대한 손해'로 요건이 완화되어 있다.

422) 대법원 1992. 4. 29.자 92두7 결정.

423) 대법원 1999. 12. 20.자 99무42 결정.

424) 대법원 1982. 7. 24.자 80두5 결정에서는 자동차압류처분의 집행정지신청을 기각하였다. 대법원 2011. 4. 21.자 2010무111 전원합의체 결정에서는 환경영향평가대상지역 및 근접 지역에 거주하거나 소유권 기타 권리를 가지고 있는 사람들이 '4대강 살리기 마스터플랜'사업으로 인하여 토지 소유권 기타 권리를 수용당하고 이로 인하여 정착지를 떠나 타지로 이주하여야 하며 더 이상 농사를 지을 수 없게 되고 팔당지역의 유기농업이 사실상 해체될 위기에 처하게 된다고 하더라도 그러한 손해는 금전으로 보상할 수 있는 손해일 뿐 아니라, 사회관념상 금전보상으로는 참고 견디기가 어렵거나 현저히 곤란한 경우의 유·무형의 손해에 해당한다고 보기 어렵다고 하였다.

425) 대법원 2001. 10. 10.자 2001무29 결정, 대법원 2003. 4. 25.자 2003무2 결정 등. 최근 이에 관하여 시장이 도시환경정비구역을 지정하였다가 해당구역 및 주변지역의 역사·문화적 가치 보전이 필요하다는 이유로 정비구역을 해제하고 개발행위를 제한하는 내용을 고시함에 따라 사업시행예정구역에서 설립 및 사업시행인가를 받았던 도시환경정비사업조합에 대하여 구청장이 조합설립인가를 취소하자, 위 조합이 해제 고시의 무효확인과 인가취소처분의 취소를 구하는 소를 제기하고 판결 선고 시까지 각 처분의 효력 정지를 신청한 사안에서, 각 처분의 효력을 정지하지 않을 경우 위 조합에 특별한 귀책사유가

손해는 개인(법인, 단체 포함)적인 것이어야 하고, 공익상의 것이나 제3자의 것은 포함되지 않는다. 영업정지처분 또는 영업과 관련된 위법행위에 대한 과징금부과처분으로 인하여 그 영업소를 이용하는 고객이나 인근주민에게 회복할 수 없는 손해를 입힐 우려가 있다는 이유로 한 집행정지신청은 허용되지 않는다. 또한 공무원 해임처분에 대한 집행정지에서 자신의 해임으로 인하여 공무수행의 지장이 초래된다는 사유는 허용되지 않는다.

'긴급한 필요'라 함은 집행정지의 필요성이 절박하다는 것, 즉 회복하기 어려운 손해의 발생이 절박하여 본안판결을 기다릴 여유가 없다는 것을 의미한다. "처분 등이나 그 집행 또는 절차의 속행으로 인하여 생길 회복하기 어려운 손해를 예방하기 위하여 긴급한 필요"가 있는지 여부는 처분의 성질과 태양 및 내용, 처분상대방이 입는 손해의 성질·내용 및 정도, 원상회복·금전배상의 방법 및 난이 등은 물론 본안청구의 승소가능성의 정도 등을 종합적으로 고려하여 구체적·개별적으로 판단하여야 한다.[426]

(3) 공공복리에 중대한 영향을 미칠 우려가 없을 것(소극적 요건)

'공공복리에 중대한 영향을 미칠 우려'는 단순히 공익목적 실현에 지장이 있거나 지연될 가능성에 그치지 않고 개인에게 회복할 수 없는 손해가 발생하더라도 그것을 수인하게 할 수밖에 없다는 사정으로서 매우 예외적인 것이라고 해석하여야 한다.[427] 이는 집행정지가 공공에 미치는 영향과 처분의 집행이 신청인에게 가하는 손해를 비교형량하여 결정할 일이다.

처분의 위법함이 명백한 경우에 이 요건을 들어서 집행정지신청을 배척하는 것은 매우 어려울 것이다. 위법한 처분을 집행하는 것 자체가 공공복리에 부합하지 않기 때문이다.

마. 신청 및 심리

(1) 신청 또는 직권

집행정지는 당사자의 신청 또는 법원의 직권에 의하여 행해진다. 집행정지신청의 형식에 관하여 행정소송법에 특별한 규정이 없으므로, 서면 또는 구술로 할 수 있으나 서면에 의하는 것이 보통이다.

(2) 관 할

집행정지의 관할법원은 본안이 계속된 법원이다(행정소송법 제23조 제2항). 상소된 경우 원칙적으로 상소심이 관할법원이 되겠으나 소송기록이 원심법원에 있을 때에는 원심법원

없는데도 정비사업의 진행이 법적으로 불가능해진다는 이유로 집행정지를 인정한 사례가 있다(대법원 2018. 7. 12.자 2018무600 결정).

426) 대법원 2011. 4. 21.자 2010무111 전원합의체 결정.

427) 교육부장관의 의대증원배정 처분이 집행됨으로 인하여 의대 재학 중인 신청인들이 입을 수 있는 손해에 비하여 증원배정의 집행이 정지됨으로써 공공복리에 중대한 영향이 발생할 우려가 크다는 이유로 증원배정에 대한 집행정지는 허용되지 않는다고 한 사례가 있다(대법원 2024. 6. 19.자 2024무689 결정).

이 관할한다.

(3) 심 리

처분의 효력정지나 집행정지를 구하는 신청사건에서 심리의 대상은 처분 자체의 적법 여부가 아니고 처분의 효력이나 집행 등을 정지시킬 필요가 있는지 여부(행정소송법 제23조 제2항에서 정한 요건의 존부)이다.428)

신청인은 신청의 이유에 대하여 소명하여야 한다(행정소송법 제23조 제4항). 집행정지의 적극적 요건의 존재는 신청인이 소명하여야 하고, 집행정지로 인한 '공공복리에 중대한 영향을 미칠 우려의 존재'와 같은 소극적 요건은 피신청인인 행정청이 소명하여야 한다.

집행정지에 관한 결정을 하기 위하여 변론을 거치느냐는 법원의 재량인데, 통상 집행정지절차의 긴급성에 비추어 서면심리에 그치거나 심문을 하는 정도가 실무례이다.429)

한편, 법원이 「학교폭력예방 및 대책에 관한 법률」 제17조의4 제1항에 따라 집행정지 결정을 하기 위하여 피해학생 또는 그 보호자의 의견을 청취하여야 하는 경우에는 심문기일을 지정하여 의견을 청취하는 방법으로 하되, 특별한 사정이 있는 경우에는 기한을 정하여 피해학생등에게 의견의 진술을 갈음하는 의견서를 제출하게 하는 방법으로 할 수 있다(행정소송규칙 제10조의2 제1항).

바. 결 정

(1) 각하 · 기각결정

집행정지신청이 본안의 계속, 당사자적격 등의 요건을 불비한 경우, 주장자체로 이유 없는 경우, 적극요건의 소명이 없는 경우, 소극요건의 소명이 있는 경우에는 결정으로 이를 기각한다. 이론상 형식적인 요건이 흠결된 경우에는 각하하여야 할 것이나 법문은 기각만 규정하고 있어, 이를 구별하지 않고 모두 기각하는 실무례도 있고,430) 각 사유를 구별하여 해당 사유에 따라 각하하거나 기각하는 실무례도 있다.

(2) 인용결정

집행정지의 요건을 구비한 경우 신청 또는 직권에 의하여 결정으로 처분 등의 효력이나 그 집행 또는 절차의 속행의 전부 또는 일부를 정지할 수 있다(행정소송법 제23조 제2항). 집행정지의 대상은 '처분 등의 효력', '처분 등의 집행' 또는 '절차의 속행'이다.

① **효력정지**: 처분의 효력을 정지시킴으로써 처분의 효력이 존속하지 않은 상태에 놓는

428) 대법원 2011. 4. 21.자 2010무111 전원합의체 결정.

429) 법원실무제요(행정), 301면.

430) 대법원 1995. 6. 21.자 95두26 결정에서는 집행정지신청을 각하할 것을 기각하더라도 위법한 것이 아니라고 하였다.

것을 말한다. 주로 별도의 집행행위가 필요 없이 의사표시만으로 완성되는 처분(예; 영업취소 또는 공무원면직처분) 등에 대하여 행하는 집행정지이다.

② 집행정지: 처분의 효력에 영향을 미치지 않은 채 그 집행절차만 정지시켜 그 내용을 실현하는 행위를 금지하는 것을 말한다. 주로 대집행이나 출국 강제집행 등에 대하여 행하는 집행정지이다.

③ 절차의 속행정지: 유효한 처분을 전제로 후속의 법률관계가 진전되어 다른 처분이 행해지는 경우에 그 기초가 되는 처분의 효력을 정지시켜 절차의 속행이나 법률관계의 진전을 금지하는 것을 말한다. 체납처분의 속행정지가 그 예이다.

집행정지는 신청에 의할 뿐만 아니라 직권으로도 결정할 수 있으므로, 처분권주의의 적용이 없다는 것이 통설과 판례의 태도이다. 또한, 효력정지와 집행정지 모두 소급효가 없고 종국적인 효력을 가지는 것이므로 구별의 실익이 없다. 따라서 법원은 재량으로 정지의 시기, 기간, 방법, 범위 등을 적절하게 한정할 수 있고 신청인이 집행정지 또는 절차의 속행정지를 신청하였음에도 법원이 효력정지를 결정할 수도 있다. 다만 처분의 집행 또는 절차의 속행을 정지함으로써 목적을 달성할 수 있는 경우에는 효력정지는 허용되지 않는다(행정소송법 제23조 제2항 단서).

처분의 내용이 가분적인 경우 그 일부에 대하여 정지하는 것도 가능하다. 따라서 본안에서는 권력분립의 원칙상 허용되지 않는 압류재산의 일부에 대한 압류의 집행정지나 영업정지처분 중 일정기간에 대한 정지도 가능하다. 그러나 공무원 면직처분에 대하여 급료에 대한 부분과 그 밖의 공무원으로서의 지위에 관한 부분으로 나누어 급료에 대한 부분만 정지가 가능한지에 관하여, 공무원의 지위는 불가분적인 것이므로 위와 같은 일부정지는 허용되지 않는다는 것이 실무의 태도이다.

집행정지에는 처분권주의가 적용되지 않으므로 법원은 집행정지의 시기와 종기를 자유롭게 정할 수 있다. 신청인이 구하는 정지기간에 구속되지 않는다. 실무상 집행정지의 시기(始期)는 별도로 정하지 않는데, 이 경우 집행정지 결정이 고지된 때부터 효력이 발생한다. 종기(終期)에 대해서는 법원이 당사자의 의사, 회복하기 어려운 손해의 내용 및 그 성질, 본안 청구의 승소가능성 등을 고려하여 임의로 정할 수 있다(행정소송규칙 제10조 단서). 따라서, 법원은 본안판결선고시나 판결확정시 또는 결정시로부터 7일간 등 구체적인 사건에 따라 적절한 기간을 선택할 수 있다. 실무에서는 집행정지결정을 한 후 본안에서 기각판결이 선고될 경우 신청인이 상소를 남발할 것을 우려하여 본안판결 선고일부터 30일까지로 정하는 경우가 많으므로, 행정소송규칙 제10조 본문에서는 이를 반영하여 법원이 집행정지를 결정하는 경우 그 종기는 원칙적으로 본안판결 선고일부터 30일 이내의 범위에서 정하도록 규정하고 있다. 그 효력은 결정주문에 정하는 시기까지 존속하는 것이나 종기의 정함이 없으면 본안판결 확정시까지 정지의 효력이 존속한다.

(3) 집행정지결정의 효력

(가) 형 성 력

집행정지결정에는 형성력이 부여되어 있기 때문에, 그 결정이 고지되면 효력정지의 통지 등 별도의 후속조치가 없더라도 결정의 내용대로 처분의 효력 등이 정지된다. 한편 행정청은 해당 처분이 유효함을 전제로 한 후속처분 등을 할 수 없다.

집행정지결정은 잠정적 · 일시적인 성질을 갖는 것이지만 그 효력 자체는 종국적인 것이므로, 본안이 원고 승소확정될 것을 조건으로 하는 것이 아니다. 따라서 영업정지처분에 대한 집행정지결정이 있은 뒤 본안에서 원고가 패소하여 그 판결이 확정되었다 하더라도 위 정지기간 중의 영업이 위법한 것은 아니다.

(나) 기 속 력

집행정지결정은 해당 사건에 관하여 당사자인 행정청과 그 밖의 관계행정청을 기속한다(행정소송법 제23조 제6항, 제30조 제1항). 따라서 행정청은 동일한 내용으로 새로운 처분을 하거나 그와 관련된 처분을 반복할 수 없다. 이에 위반한 처분은 중대 · 명백한 하자가 있다고 보아 무효로 취급한다. 그리고 집행정지의 효력은 제3자에게도 미치나 기판력은 없다. 왜냐하면 집행정지 결정은 판결이 아니기 때문이다.

(다) 장 래 효

집행정지결정의 효력은 장래에 향하여 작용할 뿐이지 소급효를 갖지 않는다. 그리하여 국립대학생의 퇴학처분이 정지되어도 정지결정 이전의 기간은 수업일수에 산입되지 않고 정지결정 이후의 기간만 수업일수에 산입될 뿐이다.

(라) 집행정지결정과 본안청구의 소의 이익

시기와 종기가 특정일자로 표시되어 기간을 정한 제재적 처분에서 처분의 집행을 본안판결확정시까지 정지한다는 내용의 집행정지결정이 있는 경우, 본안사건의 심리도중 위 제재기간의 종기가 경과하게 되면 그로써 본안사건의 소의 이익이 소멸하는 것이 아닌지에 관하여 의문이 있을 수 있다. 그러나 통상의 제재적 처분은 비록 시기와 종기가 표시되어 있다고 하더라도 어디까지나 제재기간에 중점이 있는 것이기 때문에, 집행정지결정에 의하여 처분에서 정한 제재기간의 진행이 정지되면, 그 집행정지된 기간만큼 제재기간이 연장되는 것에 불과하다. 따라서 처분시에 기재한 종기가 경과하였다 하더라도 그 처분의 취소를 구할 소의 이익이 소멸하였다고 할 수 없다.431)

---

431) 대법원 1999. 2. 23. 선고 98두14471 판결 참조. 마찬가지로 납부기한을 정한 과징금부과처분에 대하

그러나 공물점용 허가기간 중의 허가취소처분에 대하여 집행정지결정이 있은 뒤 점용허가기간이 만료된 경우에는 집행정지결정과 관계없이 점용허가기간의 경과로써 위 허가취소처분의 취소를 구할 소의 이익은 소멸한다.[432]

(마) 본안청구와 집행정지결정과의 관계

처분의 집행정지결정은 본안소송이 법원에 계속중이라는 점을 전제로 하므로, 집행정지결정을 한 후에라도 본안소송이 취하되어 소송이 계속되지 않게 되면, 별도로 취소하는 조치가 없어도 집행정지결정의 효력은 당연히 소멸한다.[433]

한편, 집행정지결정을 받아 유리하게 형성된 지위나 이익은 본안에서 패소판결이 확정되면 유지될 수 없을 뿐만 아니라 그러한 지위나 이익을 박탈하는 것이 허용된다. 집행정지는 행정쟁송절차에서 실효적 권리구제를 확보하기 위한 잠정적 조치일 뿐이므로, 집행정지결정이 없었던 경우와 비교하여 부당한 특혜를 주는 결과가 되어서는 안 되기 때문이다.

그리하여, 보조금 교부결정과 같은 금전급부결정을 취소한 처분에 대하여 법원이 집행정지결정을 하면서 주문에서 그 법원에 계속 중인 본안소송의 판결선고시까지 효력을 정지한다고 선언한 경우, 본안소송의 판결선고에 의하여 그 집행정지결정의 효력이 소멸함과 동시에 당초 취소처분의 효력이 당연히 되살아나므로, 행정청으로서는 집행정지기간 동안 교부된 보조금의 반환을 명할 수 있다.[434]

또한, 본안에서 패소판결이 확정되어 해당 제재적 처분이 적법하다고 확정됨으로써 그 제재적 처분을 다시 집행할 수 있게 되었다면, 처분청으로서는 집행정지결정이 없었던 경우와 같은 수준으로 해당 처분이 집행되도록 필요한 조치를 취하여야 한다.[435] 반대로, 상대방이 집행정지결정을 받지 못했으나 본안소송에서 해당 제재적 처분이 위법하다는 것이 확인되어 취소하는 판결이 확정되면, 처분청은 그 제재적 처분으로 처분상대방에게 초래된 불이익한 결과를 제거하기 위하여 필요한 조치를 취하여야 한다(취소판결의 기속력으로 인한 결과제거의무).

여 집행정지결정이 내려진 경우 그 집행정지기간 동안 납부기간은 판결확정시까지 진행되지 않고 그 집행정지결정의 주문에 표시된 시기의 도래로 실효되면 그때부터 당초 과징금부과처분에서 정한 기간이 다시 진행된다(대법원 2003. 7. 11. 선고 2002다48023 판결). 이러한 법리는 행정심판위원회가 행정심판법 제30조에 따라 행한 집행정지결정에도 그대로 적용되므로, 행정심판위원회가 행정심판 청구사건의 재결이 있을 때까지 처분의 집행을 정지한다고 결정하였다면, 재결의 효력발생일인 재결서 정본이 청구인에게 송달된 때 집행정지결정의 효력이 소멸함과 동시에 처분의 효력이 부활한다(대법원 2022. 2. 11. 선고 2021두40720 판결).

432) 대법원 1991. 7. 23. 선고 90누6651 판결 참조.

433) 대법원 1975. 11. 11. 선고 75누97 판결.

434) 대법원 2017. 7. 11. 선고 2013두25498 판결.

435) 대법원 2020. 9. 3. 선고 2020두34070 판결.

사. 결정의 불복-즉시항고

집행정지결정 또는 기각결정에 대하여 즉시항고를 할 수 있다(행정소송법 제23조 제5항 전문). 따라서 결정고지가 있은 날부터 1주일 내에 원결정법원에 항고장을 제출하여야 하고, 이 경우 집행정지의 결정에 대한 즉시항고에는 집행정지의 결정의 집행을 정지하는 효력이 없다(행정소송법 제23조 제5항 후문).

아. 집행정지결정의 취소

집행정지결정이 확정된 후 취소사유가 발생한 때에는 해당 집행정지결정을 한 법원은 당사자의 신청 또는 직권에 의하여 결정으로써 집행정지결정을 취소할 수 있다(행정소송법 제24조 제1항). 여기에서 취소사유는 집행정지결정이 고지 이전부터 집행정지의 요건을 갖추지 못했었던 경우와 집행정지결정이 확정된 후 집행정지가 공공복리에 중대한 영향을 미치거나 그 정지사유가 없어진 때와 같이 사정변경이 생겨 더 이상 처분 등의 효력이나 그 집행 또는 절차의 속행을 잠정적으로 정지시킬 필요가 없어진 경우 등이다.

집행정지는 본안계속법원이 당사자의 신청 또는 직권에 의하여 취소할 수 있다(행정소송법 제24조 제1항). 취소의 재판도 정지의 재판과 마찬가지로 결정의 형식으로 하고, 법원은 재량에 따라 정지된 처분 등의 전부 또는 일부를 취소할 수 있으며, 이유가 없으면 기각한다. 이 결정은 형성력을 가지고 고지됨으로써 당연히 효력을 발생하고, 집행정지결정에 의하여 정지되었던 처분 등의 효력을 다시 장래에 향하여 회복시키며, 제3자에 대해서도 효력을 갖는다(행정소송법 제29조 제2항). 이 결정도 불복이 있는 경우 즉시항고를 제기할 수 있다.

3. 행정소송에서의 가처분

가. 현행 행정소송법에서 가구제의 체계

현행 행정소송법은 가구제로서 집행정지제도만 규정하고 있다. 그 연혁을 살펴보면, 1951. 8. 24.부터 시행된 제정 행정소송법은 제10조에서 집행정지에 대하여 규정하고, 그 밖의 가구제에 대해서는 아무런 규정을 두지 않으면서 제14조에서 "본법에 특별한 규정이 없는 사항은 법원조직법과 민사소송법의 정하는 바에 의한다."라고만 규정하였을 뿐이다. 1984. 12. 15. 전부개정된 행정소송법에서도 제23조에서 집행정지를 규정하고 제8조 제2항에서 "행정소송에 관하여 이 법에 특별한 규정이 없는 사항에 대하여는 법원조직법과 민사소송법의 규정을 준용한다."라고 규정하였고, 현행 행정소송법 제8조 제2항은 그 내용 중 민사집행법이 민사소송법에서 분리된 것만 반영하고 있을 뿐 나머지 내용은 같다.

한편, 행정소송법 제44조 제1항에서는 당사자소송에서 준용되어야 할 항고소송에 관한 규정 중 집행정지에 관한 제23조를 배제하고 있다. 그런데, 판례는 항고소송에 대해서는

"(구) 행정소송법 제14조의 규정에 불구하고 민사소송법의 규정 중 가처분에 관한 규정은 준용되지 않는다."라는 입장에 있고,436) 당사자소송에 대해서는 "행정소송법 제23조 제2항의 집행정지에 관한 규정이 준용되지 아니하므로, 이를 본안으로 하는 가처분에 대하여는 행정소송법 제8조 제2항에 따라 민사집행법상의 가처분에 관한 규정이 준용되어야 한다."라고 판시하고 있다.437) 즉, 집행정지 규정이 있고 없음에 따라 행정소송법 제8조 제2항을 달리 해석하여 항고소송에는 민사집행법상의 가처분 규정이 준용되지 않고 당사자소송에는 준용된다는 것이다.

나. 항고소송과 가처분

항고소송에서 가처분의 허용여부를 논할 때 주로 제기되는 문제는 이행을 명하는 것과 같은 적극적 가처분을 허용할 수 있는지이다. 집행정지제도는 처분의 효력 등을 정지시키는 것을 내용으로 하는 침익적 행정행위에 대한 현상유지적 효력금지가처분에 해당한다. 따라서 현행법상 수익적 행정행위의 신청에 대한 부작위나 거부에 대한 잠정적인 허가 또는 급부 등을 명하여 적극적으로 잠정적인 법률상태를 정하는 조치는 행해질 수 없다. 그리하여 민사집행법 제300조의 가처분에 관한 규정을 행정소송에도 준용하여 집행정지제도가 갖는 한계를 보충할 수 있는지 여부가 논의되어 왔다.

그런데, 앞에서 본 것처럼 판례는 별다른 설명 없이 소극설을 취하고 있다. 아마도 판례는 행정소송법상 집행정지제도에 관한 규정이 민사집행법상 가처분제도에 대한 특별규정이라는 점을 논거로 한 듯하다. 그렇다고 하더라도 민사집행법상 많은 규정 중 유독 가처분 규정만 준용을 배제하여야 하는지에 관한 논거로는 부족하다. 우리 행정소송법은 일본에서 1948. 7. 15. 시행된 행정사건소송특례법을 참조하여 1951. 8. 24. 제정되었고, 1984. 12. 15. 전부개정된 행정소송법은 일본의 1962. 5. 16. 제정된 행정사건소송법을 참조한 것으로 알려져 있다. 현행 일본의 행정사건소송법은 의무이행소송과 예방적 금지소송을 도입하면서 그에 대한 가구제로서 가이행·가금지 규정을 신설하였다. 그런데, 위 개정전 행정사건소송법 제7조에서는 "행정사건소송에 관하여 이 법률에 규정이 없는 사항에 대해서는 민사소송의 예에 의한다."라고 규정하면서, 제44조에서는 "행정청의 처분 그 밖의 공권력의 행사에 당하는 행위에 대해서는 민사소송법에서 규정하고 있는 가처분을 할 수 없다."라고 규정하고 있었다. 이렇게 명문으로 가처분의 배제규정을 두고 있지 않은 이상 우리의 행정소송법에서 민사소송법의 준용규정을 배제할 수 있는지는 의문이라 하지 않을 수 없다.

다음으로 추측할 수 있는 판례의 논거로는 행정소송법 제8조 제2항에서 민사집행법을

---

436) 대법원 1980. 12. 22.자 80두5 결정.
437) 대법원 2015. 8. 21.자 2015무26 결정.

준용하겠다는 것은 성질상 허용되는 경우에 한하는 것이고 권력분립의 원칙 등의 이유로 항고소송에서 가처분규정을 준용하는 것은 성질상 허용되지 않는 경우에 해당한다는 것이다. 그런데, 앞에서 본 것처럼 서울행정법원의 결정례 중에는 응시원서접수거부처분의 경우 집행정지가 있으면 일단 시험을 볼 수 있다는 사고 하에서 집행정지를 허용한 것이 있다. 이는 집행정지결정의 형식을 빌리기는 하였지만 잠정적으로 시험을 응시할 수 있는 자격을 부여한 적극적 가처분을 행한 것과 다르지 않다. 이러한 점을 감안하면 현행법체제 하에서도 성질상 위와 같은 가처분이 허용되고 나아가 그것이 바람직한 경우가 있을 수 있다.

다. 당사자소송 및 객관소송과 가처분

당사자소송은 항고소송의 집행정지규정이 적용되지 않으므로(행정소송법 제44조 제1항), 민사집행법상의 가처분이 준용되지 않을 이유가 없다.[438] 따라서 행정처분과 관계없는 공법상 금전채권에 대한 가처분 등은 가능하다.

객관소송에서는 개별 법률에서 규정하는 바에 따른다(국회의원입후보등록공고의 가처분을 부인한 예; 대법원 1963. 11. 23.자 63주1 결정).

라. 행정청을 제3채무자로 한 민사상의 가처분

각종 허가영업을 양수한 자들이 허가명의자를 상대로 허가명의변경절차이행청구권을 피보전권리로 하여 허가명의변경금지를 구하는 민사상 가처분신청을 하면서, 그 실효성의 확보를 위하여 그 허가를 담당하는 행정청이나 국가를 제3채무자로 하여 허가명의를 변경하여 주지 말 것을 함께 구할 수 있을지 의문이다.

제3채무자에 대하여 허가명의를 변경하지 말 것을 명하지 않는다면 가처분의 실효를 거둘 수 없다는 이유로 제3채무자에 대한 신청도 인용하여야 한다는 적극설과 명의변경행위가 행정처분에 해당함을 전제로 이 부분은 민사집행법상의 보전처분의 대상이 되지 않는다는 소극설이 대립하고 있으나, 소극설이 대체적인 실무이다.[439]

438) 대법원 2015. 8. 21.자 2015무26 결정.
439) 대법원 1973. 6. 29. 선고 73다23 판결, 대법원 2000. 4. 25. 선고 98두7923 판결 참조.

제 7 절 행정소송의 심리

Ⅰ. 서 론

소송의 심리라 함은 "법원이 소에 대한 응답(판결)을 하기 위하여 그 기초가 되는 소송자료(주로 사실과 증거)를 수집하는 것"을 말하고, 소송절차에서 핵심적 위치를 차지한다. 공정한 재판을 확립하는 것은 근대국가가 가지는 가장 중요한 임무 중에 하나이다. 이를 위하여 우리 헌법도 공개심리주의, 쌍방심리주의 등의 원칙을 천명하고 있다. 아울러 민사소송법은 민사소송에서의 심리방식에 관하여 절차상의 합목적성의 관점에서 구술심리주의, 직접주의, 적시제출주의, 집중심리주의 등에 입각하고 있다.

행정소송에서의 심리에도 민사소송법의 여러 규정이 준용되므로, 변론 및 그 준비, 증거조사 등에서 민사소송과 크게 다르지 않다. 다만 행정소송은 공법상의 법률관계를 대상으로 하기 때문에 민사소송의 경우보다 법원이 직권으로 관여하는 영역이 상대적으로 넓다.

Ⅱ. 심리의 진행

1. 처분권주의

처분권주의란 소송절차의 개시, 심판의 대상과 범위 및 소송절차의 종료 등에 대하여 당사자가 처분권을 가지고 이들에 관하여 자유롭게 결정할 수 있는 원칙을 말한다(민사소송법 제203조). 행정소송에서도 민사소송법상 처분권주의가 준용되므로(행정소송법 제8조 제2항), 소의 제기 및 종료, 심판의 대상은 당사자에 의하여 결정된다.

그리하여 행정사건을 담당하는 법원은 원고가 소를 제기하지 않는 이상 사건에 대하여 심리 판결할 수 없음은 물론 소제기가 있는 사건에 대해서도 원고의 청구범위를 넘어서 심리하거나 재판할 수 없다. 그러나 뒤에서 보는 것처럼 행정소송의 대상인 공법상의 권리관계는 당사자가 자유롭게 처분할 수 없으므로 그에 관한 화해나 인낙은 허용되지 않는 것이 원칙이다.

2. 변론주의

민사소송법상 심리의 원칙과 관련하여 '변론주의'와 '직권탐지주의'의 대립이 있다. 전자는 재판의 기초가 되는 자료인 사실과 증거(소송자료)의 수집 · 제출을 당사자의 권능과 책임으로 하는 것을 말하고, 후자는 소송자료의 수집 · 제출이 법원의 직책으로 되어 있는 것을 가리킨다. 민사소송법은 변론주의를 채택하고 있으므로, ① 당사자가 주장하지 않은 사실을 판결의 기초로 삼아서는 안 되고, ② 당사자 사이에 다툼이 없는 사실은 그대로 판결의 기초로 삼아야 하며, ③ 당사자 사이에 다툼이 있는 사실을 인정할 때 반드시 당사자가 제출한 증거에 의하여야 한다. 그런데 행정소송법은 소송자료의 수집 · 제출의 책임에 관한 명문의 규정을 두지 않고 단지 같은 법 제26조에 "법원은 필요하다고 인정할 때에는 직권으로 증거조사를 할 수 있고, 당사자가 주장하지 아니한 사실에 대하여도 판단할 수 있다."라는 규정을 두고 있을 뿐이다. 이 규정의 해석과 관련하여 다음과 같은 견해의 대립이 있다.

① 직권탐지주의설: 행정소송은 사적자치의 원칙이 지배하지 않는 공법상 법률관계를 그 대상으로 할 뿐만 아니라 행정소송법 제26조의 규정취지상 직권탐지주의가 적용된다는 견해이다.

② 변론주의보충설: 변론주의의 본질은 사적자치의 원리와 함께 진실발견을 위한 합목적적 수단이라는 점에도 있는 것이고, 가사소송법 제17조처럼 명문으로 직권주의를 채택하는 규정이 없는 이상 행정소송의 경우에도 원칙적으로 변론주의가 적용된다는 견해이다.

판례는 변론주의보충설의 입장에 있다. 행정소송도 변론주의가 적용되기 때문에 법원은 당사자 쌍방의 청구나 주장의 범위를 넘어서 심리 · 재판할 수 없다는 것이 원칙이나(변론주의의 원칙), 행정소송의 기능이 개인의 권리구제에 한정되는 것이 아니라 공익의 실현과도 밀접한 관련을 가지므로 전적으로 변론주의에만 의존할 수 없기 때문에, 민사소송법상 변론주의에 대한 예외로서 직권심리가 가미되고 있다는 것이다(직권심리의 가미).

결국 행정소송법 제26조는 변론주의의 원칙을 부분적으로 보완하기 위한 예외조문에 불과하므로, 판결의 기초가 되는 사실과 그에 대한 자료는 당사자가 변론에 현출시켜야 하고, 법원은 변론에 나타나지 않는 사실에 대해서는 판단할 수 없으며 판단할 필요도 없다.

3. 예외적 직권주의

가. 소송요건

직권조사란 당사자의 신청 또는 이의에 의하여 지적되지 않더라도 법원이 반드시 직권으로 조사하여 적당한 조치를 취하는 것을 말하고,440) 그 대상을 직권조사사항이라 한다. 소송요건의 대부분은 분쟁의 합리적 · 효과적 해결을 꾀하기 위하여 공익상 인정되는 것이므로 직권조사사항이다. 행정소송에서 당사자능력 · 적격, 제소기간, 전심절차, 처분의 존재

440) 직권탐지주의와 변론주의가 소송자료의 수집에 관한 책임이 누구에게 있는지에 관하여 대립하는 관념이고 직권조사는 심리의 개시와 심판대상의 결정에 관하여 처분권주의와 대립하는 관념이다.

등 소송요건은 공익적 성질을 가지는 것으로서 직권조사사항에 속한다.[441]

한편 소송요건 중에서 공익성이 매우 높은 제소기간이나 전치절차의 준수 여부, 처분의 존재 등은 직권탐지주의가 적용된다. 이러한 사항은 당사자의 자백에 구속되지 않고 법원이 직권으로 그 적법 여부를 살펴보아야 한다.

나. 본 안

행정소송은 공법상의 법률관계를 대상으로 하므로 민사소송보다 직권으로 관여하여야 할 필요가 더 크다. 이러한 점을 고려하여 행정소송법 제26조는 법원이 직권으로 증거조사를 할 수 있고, 당사자가 주장하지 않은 사실에 대해서도 판단할 수 있다고 규정하고 있다. 그러나 판례가 취하고 있는 변론주의보충설에 의하면, 이 규정은 법원이 반드시 직권으로 증거를 조사하여야 한다거나 아무런 제한 없이 당사자가 주장하지 않은 사실을 판단할 수 있다는 의미는 아니다. 단지 처분권주의·변론주의에 대하여 행정소송의 특수성에 연유한 예외를 부분적으로 인정하여 법원이 필요하다고 인정할 때에 한하여 청구의 범위 내에서, 일건 기록에 현출되어 있는 사항에 관하여 당사자가 주장하지 않았더라도 직권으로 증거조사를 하고, 이를 기초로 판단할 수 있음을 허용하는 것에 불과하다.[442]

다만 판례에 의하더라도 당사자의 주장이나 주장하는 사실에 대한 증명활동이 충분하지 않은 경우에 예외적으로 법관이 직권으로 증거조사를 할 수 있다. 따라서, 소송수행능력 등이 부족한 당사자가 기록상 나타나 있거나 합리적 의심이 있는 사항임에도 불구하고, 이를 변론에서 주장하지 않음으로써 현저히 정의에 반하는 결론이 될 우려가 있을 때, 법원이 이러한 사실을 직권으로 조사하여 사실관계를 보다 명백히 하고, 석명권을 적절히 행사하는 등의 방법으로 주장을 명확히 하도록 하여 구체적 타당성 있는 판결을 내릴 수 있게 된다.[443]

Ⅲ. 증거조사

1. 자백의 구속력

행정소송에서도 변론주의의 원칙이 적용되는 이상 자백의 구속력이 인정되므로,[444] 주

441) 예컨대, 해당 처분을 다툴 법률상 이익이 있는지 여부는 직권조사사항이어서, 이에 관한 당사자의 주장은 직권발동을 촉구하는 의미밖에 없으므로, 이에 관하여 판단하지 않더라도 판단유탈의 상고이유가 되는 것은 아니다(대법원 2017. 3. 9. 선고 2013두16852 판결).

442) 대법원 1987. 11. 10. 선고 86누491 판결, 대법원 1992. 3. 10. 선고 91누6030 판결, 대법원 1994. 10. 11. 선고 94누4820 판결, 대법원 1997. 10. 28. 선고 96누14425 판결 등 다수.

443) 대법원 2010. 2. 11. 선고 2009두18035 판결 등 참조.

444) 대법원 1992. 8. 14. 선고 91누13229 판결.

요사실 중 당사자 사이에 다툼이 없는 것은 그대로 판결의 기초로 삼아야 한다. 또한 상대방의 동의가 있거나, 자백이 제3자의 형사상 처벌할 행위에 의하여 이루어진 때, 종전의 주장이 진실에 어긋나고 착오로 말미암은 것임을 증명한 때가 아니면 자백한 사실을 취소할 수 없다.

자백의 대상이 되는 사실은 주요사실에 한하고,[445] 간접사실, 보조사실에 대해서는 자백의 구속력이 인정되지 않는다. 다만 서증의 진정성립에 관해서는 민사소송과 같이 구속력이 인정된다. 한편, 직권탐지주의가 적용되는 소송요건 등 공익적 사항은 자백의 대상이 되지 않는다.

2. 증명책임

가. 증명책임의 의미

법원의 판단작용이 법규를 대전제로, 구체적 사실을 소전제로 하여 삼단논법에 따라 법률효과를 판단하는 과정을 거친다고 할 때, 소송상 어느 사실이 진위불명이 되면 법규를 적용할 수 없게 되어 그 사실을 요건으로 하는 법률효과가 생기지 않는다. 그 결과 법원에 대하여 어떠한 법률효과의 발생을 주장하는 당사자는 그 사실의 진위불명으로 인하여 불이익을 입게 된다.

이 때 진위불명으로 인한 법규부적용에 의하여 당사자가 입을 불이익 또는 불이익의 위험을 증명책임이라고 한다. 따라서 증명책임은 법관이 자유심증주의에 의하여 증거를 자유롭게 평가하더라도 주요사실의 존부에 관하여 확신을 가질 수 없을 때 비로소 작동하게 된다.

나. 소송요건

소송요건은 행정소송에서도 직권조사사항이지만 그 존부가 불명일 때에는 부적법한 소로서 취급되어 원고에게 불이익하게 판단되므로 그 증명책임은 원고가 부담하는 셈이 된다.

다. 본안사항

(1) 원 칙

행정소송에서의 증명책임은 민사소송과 마찬가지로 법률요건분류설[446]이 통설·판례

---

445) 대법원 1995. 2. 24. 선고 94누9146 판결(청문절차의 준수 여부), 대법원 1991. 1. 29. 선고 90누5054 판결(과세요건사실).

446) 법률요건분류설에 따르면, 다른 사람에게 일정한 권리를 주장하는 자는 법이 그 권리의 성립요건으로 규정한 사실에 관하여 증명책임을 진다(권리근거사실: 매매사실). 또한 일단 발생한 권리의 소멸을 주장하는 사람은 권리소멸사실에 관한 증명책임을 진다(권리소멸사실: 변제사실). 한편 적극적·소극적

이다.[447] 이에 의하면, 권한행사규정의 요건사실의 존재는 그 권한행사의 필요 또는 적법성을 주장하는 자가 증명책임을 부담하므로, 적극적 처분에 대해서는 그 처분을 한 처분청이,[448] 거부처분에 대해서는 원고가 각 증명책임을 부담하고,[449] 권한불행사규정이나 상실규정의 요건사실의 존재는 처분권한의 불행사나 상실을 주장하는 자가 증명책임을 부담하게 된다.[450]

그러나, 행정법규 중에는 해당 규정이 권한행사규정인지 권한불행사규정인지 구별하기 어려워 법률요건분류설을 그대로 적용할 수 없는 경우가 있고, 법규의 형식만 기준으로 증명책임을 분배하는 경우 당사자의 공평에 어긋나는 부당한 결과를 야기할 수도 있기 때문에 모든 사건에 대하여 법률요건분류설만 적용할 수는 없다. 따라서 법률요건분류설을 원칙으로 하되 구체적인 사건에서의 증명의 어려움(증명자료가 누구의 지배영역 내에 있는지, 소극적 사실인지 적극적 사실인지 여부 등), 사실 존재의 개연성 등을 종합하여 양 당사자에게 공평하게 증명책임 내지 증명의 필요를 분배할 필요가 있다.

(2) 취소소송의 경우

① 침익적 행정행위의 적법성에 대해서는 원칙적으로 처분청에게 주장·증명책임이 있다. 예를 들면, 징계처분, 영업정지·취소처분 등에 대한 취소소송에서 처분청은 위 각 행정행위가 적법하다는 사실에 대한 증명책임을 부담한다.

② 수익적 행정행위의 발급신청에 대한 거부처분 취소소송에서 수익적 행정행위의 발급요건이 충족되었다는 사실은 신청인에게 주장·증명책임이 있다. 따라서, 각종 사회보장 급부청구에 대한 거부처분에 대해서는 그 거부사유가 원래 급부요건을 갖추지 못하였음을 이유로 하는 경우에는 급부를 청구한 자에게,[451] 급부청구권 발생에 장애 사유가 있거나 일단 발생한 급부청구권이 소멸하였음을 이유로 하는 경우(사업시행자로부터 손해배상을 받았다는 등의 사유)에는 처분청에게 각 증명책임이 있다.[452]

법률효과를 방해하는 권리장애사실을 주장하는 사람은 그 사실에 관한 증명책임을 부담한다(본문·단서의 형식규정에서의 단서 규정: 통정허위표시에 의한 매매계약의 무효).

447) 대법원 1984. 7. 24. 선고 84누124 판결, 대법원 2016. 10. 27. 선고 2015두42817 판결.

448) 대법원 1995. 11. 21. 선고 94누15684 판결, 대법원 1999. 5. 11. 선고 97누3194 판결, 대법원 2000. 5. 30. 선고 98두20162 판결.

449) 특허신청에 대한 거부처분에서는 타당하지만, 허가신청에 대한 거부처분에서는 그 허가기준에 미달하였다는 점은 여전히 피고가 증명하여야 한다고 하는 판례(대법원 1986. 4. 8. 선고 86누107 판결)가 있다.

450) 적극적 처분의 적법성에 대한 증명책임이 원칙적으로 피고(행정청)에게 있음에도 불구하고, 위임법률과 합하여 법규적 효력을 가지는 법령보충적인 행정규칙(표시·광고에 관한 공정거래지침)이 모법의 위임한계를 넘어서 증명책임을 원고에게 전환하는 규정을 두었다면 그 행정규칙은 무효이다(대법원 2000. 9. 29. 선고 98두12772 판결).

451) 대법원 1997. 2. 28. 선고 96누14883 판결, 대법원 2004. 4. 9. 선고 2003두12530 판결, 대법원 2021. 9. 9. 선고 2017두45933 전원합의체 판결(업무상 재해임을 원고가 증명) 등.

③ 처분의 절차적 적법성에 대해서는 적극적 처분, 소극적 처분을 불문하고 행정청이 그 절차가 적법하다는 사실을 증명하여야 한다. 따라서 처분이 피고지자에게 적법히 고지되었다는 사실이나 공시송달이 적법하게 이루어졌다는 사실은 행정청이 증명하여야 한다.[453] 그러나 등기우편으로 발송한 경우 반송되지 않았다면 그 무렵 수취인에게 송달되었다고 추정되고,[454] 처분서의 필요적 기재사항이 누락되었다는 것이 다투어진 경우 관계법규상 그 부본을 행정청이 따로 보관하게 되어 있지 않다면, 그 처분서 원본을 소지한 원고가 이를 제출함으로써 필요적 기재사항의 누락을 증명할 필요가 있다.[455]

④ 행정법률 중에는 특히 세법영역에서 간주 또는 추정규정을 두는 경우가 종종 있다. 과세처분에 대한 취소소송에서도 법률요건분류설이 적용되므로, 과세처분의 적법성은 과세관청에게 증명책임이 있어 과세표준 산정의 기준이 되는 소득뿐만 아니라 비용에 대해서도 처분청이 증명하여야 한다는 것이 판례이다.[456] 반대로 비과세 또는 면세요건에 대해서는 납세의무자가 증명하여야 한다.[457]

그러나 과세처분은 과세자료의 대부분을 납세의무자가 보유하고 있음에도 과세관청이 그 자료들을 일일이 수집할 수 없는 특성상 세법 자체에 어떤 특정사실이 있으면 과세요건을 갖춘 것으로 간주하거나 추정하는 특별규정을 둔 경우가 있다.[458] 추정하는 특별규정이

---

452) 위와 같은 법리가 모든 거부처분에 일률적으로 적용될 수 있는지는 의문이다. 최근 대법원은 결혼이민[F-6 (다)목] 체류자격을 신청한 외국인에 대하여 행정청이 그 요건을 충족하지 못하였다는 이유로 거부처분을 하는 경우, 처분사유인 '혼인파탄의 주된 귀책사유가 국민인 배우자에게 있지 않다는 판단'에 대한 증명책임은 행정청에게 있다고 판시하였다(대법원 2019. 7. 4. 선고 2018두66869 판결). 다만 위 사례에서는 가정법원에서 국민인 배우자에게 귀책사유가 있다는 확정판결이 있는 경우이고, 부가적으로 출입국관리행정청이나 행정소송의 수소법원은 결혼이민[F-6 (다)목] 체류자격 부여에 관하여 가정법원이 이혼확정판결에서 내린 판단을 존중하여야 한다는 판시도 함께 설시되어 있다.

453) 대법원 1994. 10. 14. 선고 94누4134 판결.

454) 대법원 1992. 3. 27. 선고 91누3819 판결, 대법원 1992. 12. 11. 선고 92누13217 판결 참조. 다만 수취인이나 그 가족 등이 송달장소에 실제 거주하지 않으면서 전입신고만 해둔 경우에는 등기우편이 반송되지 않았더라도 수취인에게 도달되었다고 추정할 수 없다(대법원 1998. 2. 13. 선고 97누8977 판결).

455) 대법원 1986. 10. 28. 선고 85누555 판결, 대법원 1992. 6. 9. 선고 91누11933 판결.

456) 대법원 2013. 3. 28. 선고 2010두20805 판결 참조. 따라서 구 상속세 및 증여세법 제35조 제2항에 의한 증여세 부과처분이 적법하기 위해서는 양도자가 특수관계에 있는 자 외의 자에게 시가보다 현저히 높은 가액으로 재산을 양도하였다는 점뿐만 아니라 거래의 관행상 정당한 사유가 없다는 점도 과세관청이 증명하여야 한다(대법원 2011. 12. 22. 선고 2011두22075 판결). 또한 이혼을 할 때 위자료 부분, 재산분할 부분, 자녀양육비 부분이 특정되지 않은 채 자산이 이전된 경우, 양도소득세의 과세대상이 되는 위자료 및 자녀양육비 부분의 증명책임은 과세관청에 있다(대법원 2002. 6. 14. 선고 2001두4573 판결).

457) 대법원 1994. 10. 21. 선고 94누996 판결, 대법원 1994. 11. 18. 선고 93누20160 판결, 대법원 1996. 4. 26. 선고 94누12708 판결.

458) 상속세 및 증여세법 제15조, 제33조 내지 제45조의2(상속추정, 증여추정 또는 의제), 법인세법 시행령 제106조 제1항 제1호 단서(익금귀속) 등.

있는 경우에는 납세의무자가 과세요건사실이 존재하지 않는다는 사실을 증명하여야 한다. 이와 같은 규정에 의하여 과세요건을 간주 또는 추정하는 경우 외에도 구체적인 소송과정에서 경험칙에 비추어 과세요건사실이 추정되는 사실이 밝혀지면 납세의무자가 문제된 해당 사실이 경험칙 적용의 대상적격이 못되는 사정을 증명하지 않는 한 과세요건을 충족한 것으로 인정하여야 할 경우가 있다.[459]

⑤ 앞에서 본 것처럼 처분의 적법성에 대한 증명책임은 원칙적으로 처분청에게 있지만, 처분청이 주장하는 해당 처분의 적법성에 관하여 합리적으로 수긍할 수 있는 정도로 증명이 있는 경우, 이와 상반되는 예외적인 사정에 대한 주장·증명책임은 상대방에게 돌아간다. 따라서, 국민건강보험법 제57조 제1항에 따라 국민건강보험공단이 환수처분 또는 징수처분을 하는 경우, 요양기관이 속임수나 그 밖의 부당한 방법으로 요양급여비용을 지급받았다는 점을 증명할 책임은 국민건강보험공단에 있지만,[460] 이른바 '임의 비급여 진료행위'는 원칙적으로 '속임수나 그 밖의 부당한 방법으로 가입자 등으로부터 요양급여비용을 받거나 가입자 등에게 이를 부담하게 한 때'에 해당하므로, 국민건강보험공단이 이를 이유로 부당이득환수결정을 한 경우, 해당 행위가 '임의 비급여 진료행위'라고 하더라도 그것을 두고 부당한 방법이라고 볼 수 없다는 사정은 이를 주장하는 측인 요양기관이 증명하여야 한다.[461]

⑥ 재량행위가 재량권을 일탈·남용함으로써 위법하다고 다투어지는 경우[462] 그 증명책임은 이를 주장하는 자에게 있다는 것이 판례이다.[463] 그러나 그 주장사유에도 여러 가

459) 대법원 2002. 11. 13. 선고 2002두6392 판결.
460) 대법원 2011. 11. 24. 선고 2011두16025 판결.
461) 대법원 2012. 6. 18. 선고 2010두27639, 27646 전원합의체 판결. 또한, 국민건강보험공단이 요양기관에게 국민건강보험법상 서류제출명령을 위반하였다는 이유로 한 업무정지처분의 취소를 구하는 사건에서, 급여 관계 서류의 보존행위가 요양기관 등의 지배영역 안에 있고 요양기관 등이 서류보존의무기간 내에 이를 임의로 폐기하는 것 자체가 이례적이므로, 요양기관 등이 서류제출명령의 대상인 급여 관계 서류를 생성·작성하였다고 볼 만한 사정에 대하여 처분청이 합리적으로 수긍할 수 있는 정도로 이를 증명하였다면, 처분청의 서류제출명령과 무관하게 급여 관계 서류가 폐기되었다는 사정은 이를 주장하는 측인 요양기관 등이 증명하여야 한다(대법원 2023. 12. 21. 선고 2023두42904 판결).
462) 대법원 2001. 7. 27. 선고 99두2970 판결(계획재량행위에서의 재량권 일탈·남용의 기준), 대법원 2002. 9. 24. 선고 2000두1713 판결(내부 행정규칙상의 기준보다 2배의 과징금을 부과한 것은 비례의 원칙에 위배되어 재량권의 일탈·남용이라고 한 예), 대법원 2017. 10. 12. 선고 2017두48956 판결(국토계획법상 용도지구 안에서 형질변경행위·농지전용행위를 수반하는 건축허가에서의 재량권 일탈·남용에 관한 판단) 참조.
463) 대법원 1987. 12. 8. 선고 87누861 판결. 따라서, 행정청은 국민건강보험법상 업무정지처분의 요건을 충족한다는 객관적 사정을 증명하는 것으로 족하고, 해당 요양기관이 '속임수'를 사용하지 않았다는 사정은 행정청의 처분양정 단계에서 그리고 이에 대한 법원의 재량권 일탈·남용 여부 심사 단계에서 고려할 사정이므로, 이를 자신에게 유리한 사정으로 주장하는 원고가 증명하여야 한다(대법원 2020. 6. 25. 선고 2019두52980 판결). 한편, 대법원은 학설상 '판단의 여지'라고 여겨지는 행정청의 전문적인 정성적 평가를 재량행위로 보고 거기에서의 재량권을 일탈·남용한 사정은 위와 같은 증명책임 분배의

지가 있을 수 있어 일률적으로 판단할 수는 없다. 행정청이 원고에 대해서만 특별히 무거운 처분을 하였다면 그 사유의 정당성에 대한 증명책임은 행정청에게 있고, 반대로 원고가 처분이 일반적인 기준에 따라 행해졌다는 점을 인정하면서도 원고에 대해서는 특수한 사정 때문에 특별히 취급하여야 함에도 그렇게 하지 않은 것이 위법하다고 주장하는 때에는 원고에게 그 증명책임이 있다고 보아야 할 것이다.

⑦ 수익적 처분에 관한 직권취소사유 및 취소하여야 할 필요성에 대한 증명책임은 행정청에게 있다.[464] 반면에 직권취소의 예외사유에 대한 증명책임은 그 사유를 주장하는 측에 있다.[465]

(3) 무효확인소송의 경우

판례는 처분의 무효사유가 예외적인 사정이라는 이유로 취소소송에서의 취소사유에 대한 경우와는 달리 주장하는 자에게 증명책임이 있다고 한다.[466]

그러나 취소소송과 무효확인소송은 모두 처분의 적법 여부가 쟁점이고 처분의 적법성에 대한 증명책임은 처분청에게 있다고 보아야 한다. 피고가 적법성의 증명에 실패하였다면 그 처분은 위법한 것으로 취급되어야 하고 하자가 취소사유인지 무효사유인지 여부는 상대적인 것이며 하자의 중대·명백성 여부는 사실인정의 문제가 아니라 법률판단의 문제이기 때문이다. 따라서 취소소송이든 무효확인소송이든 처분의 적법성에 대한 증명책임은 피고가 부담하고 그 하자가 중대·명백한지 여부는 증명책임과 무관한 법원의 판단사항에 불과하다고 보아야 한다.

3. 행정소송에서 증거조사절차

가. 개 관

행정소송도 행정소송법 제8조 제2항에 따라 성질에 반하지 않는다면 민사소송법이 준용되므로, 민사소송절차에서의 증거조사절차를 따른다. 다만 행정소송 중에는 민사소송에서 나타나지 않는 특수성이 있는 사건유형이 있기 때문에, 행정소송법과 행정소송규칙에서는 다음과 같은 특칙을 두고 있다.

원칙에 따라 이를 주장하는 자가 증명하여야 한다는 입장에 있다(대법원 2016. 1. 28. 선고 2013두21120 판결, 대법원 2018. 6. 15. 선고 2016두57564 판결, 대법원 2020. 7. 9. 선고 2017두39785 판결).

464) 대법원 2012. 3. 29. 선고 2011두23375 판결.

465) 대법원 2003. 7. 22. 선고 2002두11066 판결(처분의 성립과정에서 뇌물이 수수되었다고 하더라도 그 처분이 기속행위이고 그 처분의 요건이 충족되었음이 객관적으로 명백하여 다른 선택의 여지가 없었던 경우에는 직권취소의 예외가 될 수 있을 것이지만, 그 경우 이에 대한 증명책임은 이를 주장하는 측에게 있다).

466) 대법원 1984. 2. 28. 선고 82누154 판결, 대법원 1992. 3. 10. 선고 91누6030 판결, 대법원 2000. 3. 23. 선고 99두11851 판결.

나. 행정심판기록 제출명령

행정소송법은 특수한 증거조사방법으로서 행정심판기록 제출명령이라는 제도를 두고 있다. 법원은 당사자의 신청이 있는 때에는 결정으로써 재결을 행한 행정청에 대하여 행정심판에 관한 기록의 제출을 명할 수 있고, 이러한 제출명령을 받은 행정청은 지체 없이 해당 행정심판에 관한 기록을 법원에 제출하여야 한다(행정소송법 제25조). 행정소송에서도 민사소송법에 의한 문서제출명령이 허용되지 않는 것은 아니다. 그러나 민사소송법상 문서제출명령으로는 제출대상으로 할 수 없는 행정심판위원회의 내부문서에 관해서도 행정심판기록 제출명령으로써 제출시킬 수 있다. 이러한 점에서 원고 측의 증거수집의 곤란을 덜어주고 전심심리를 적극적으로 활용하기 위한 것이 행정심판기록 제출명령제도의 입법취지이다.

행정소송법 제25조에 의하면 행정심판기록 제출명령을 신청할 수 있는 자는 당사자이므로 원고와 피고 모두 신청할 수 있다. 법원도 직권증거조사를 하게 되는 범위에서 직권으로 행정심판기록 제출명령을 할 수 있다.

행정심판기록 제출명령신청에 대하여 법원은 증거결정으로서 채부결정을 하여야 하고, 행정심판기록 제출명령을 받은 행정청은 지체 없이 해당 행정심판에 관한 기록을 법원에 제출하여야 한다(행정소송법 제25조 제2항). 원본을 송부하는 것이 원칙이지만 정본 또는 인증등본을 송부할 수도 있다(민사소송법 제355조 제1항).

다. 행정소송규칙상의 특칙

정보공개법 관련 취소소송에서는 정보의 공개가능성과 비공개대상정보와 그렇지 않은 정보의 분리가능성 등을 심리하기 위하여 위와 같은 비공개 심리제도(in camera inspection)를 사용할 수도 있다. 그리하여, 행정소송규칙 제11조에서는 재판장은 청구인이 제기한 정보비공개처분 취소소송, 제3자가 제기한 정보공개결정 취소소송이나 이를 본안으로 하는 집행정지신청 사건의 심리를 위하여 비공개 열람·심사를 하는 경우 피고에게 공개청구된 정보의 원본 또는 사본·복제물의 제출을 명할 수 있도록 하고, 그에 따른 비공개정보의 열람·심사제도를 구체적으로 규정하고 있으며, 이를 무효등 확인소송과 부작위위법확인소송에도 준용하고 있다(제18조).

다음으로, 행정소송은 민사소송보다 비공개가 요구되는 개인정보 등을 많이 취급하므로, 행정청 등이 법원에 개인정보 등이 포함된 문서를 제출할 때 해당 부분에 직접 비공개 처리를 할 수 있어야 한다. 그리하여, 행정소송규칙 제12조에서는 취소소송에서 피고 또는 관계행정청이 ① 당사자의 사생활에 관한 중대한 비밀로서 제3자에게 비밀 기재부분의 열람 등을 허용하면 당사자의 사회생활에 지장이 클 우려가 있는 정보, ② 당사자가 가지는

「부정경쟁방지 및 영업비밀보호에 관한 법률」 제2조 제2호에 규정된 영업비밀과 ③ 법령에 따라 비공개 대상인 정보 등이 적혀 있는 서면 또는 증거를 제출·제시하는 경우에는 해당 정보가 공개되지 않도록 비실명 또는 공란으로 표시하거나 그 밖의 적절한 방법으로 제3자가 인식하지 못하도록 처리할 수 있도록 하고, 그에 따른 행정청의 비공개처리절차를 구체적으로 규정하고 있으며, 이를 무효등 확인소송과 부작위위법확인소송 및 당사자소송에도 준용하고 있다(제18조, 제20조).

한편, 징계처분 등 사건의 성희롱 피해자·성폭력 피해자, 학교폭력 사건의 피해학생 또는 그 보호자는 행정소송의 당사자가 아니지만 해당 처분사유와 밀접한 연관성이 있으므로, 피해자들이 증인신문에 의하지 않고서도 소송절차에서 피해의 정도, 처분에 대한 의견, 그 밖에 해당 사건에 관한 의견을 구술·서면으로 자유롭게 진술할 수 있어야 한다. 그리하여, 행정소송규칙 제13조에서는 취소소송에서 법원이 징계처분 등 해당 처분의 처분사유와 관련하여 피해자로부터 그 처분에 관한 의견을 기재한 서면을 제출받는 등의 방법으로 피해자의 의견을 청취할 수 있도록 하고, 그에 따른 피해자의 의견청취절차를 구체적으로 규정하고 있으며, 이를 무효등 확인소송과 당사자소송에도 준용하고 있다(제18조 제1항, 제20조).

Ⅳ. 심리판단의 기준시

1. 소송요건

소송요건은 변론종결시까지 갖추면 된다는 점은 민사소송과 마찬가지이므로 적법한 소인지 여부는 변론종결시를 기준으로 판단하면 된다. 필요적 전치사건의 경우에도 변론종결시까지 전심절차를 거치거나 재결을 거치지 않고 제소할 수 있는 요건을 갖추게 되면 그 소는 적법하게 된다.

2. 본안사항

가. 취소소송과 무효확인소송

행정기본법 제14조(법 적용의 기준) ① 새로운 법령 등은 법령 등에 특별한 규정이 있는 경우를 제외하고는 그 법령 등의 효력 발생 전에 완성되거나 종결된 사실관계 또는 법률관계에 대해서는 적용되지 아니한다.

② 당사자의 신청에 따른 처분은 법령 등에 특별한 규정이 있거나 처분 당시의 법령 등을 적용하기 곤란한 특별한 사정이 있는 경우를 제외하고는 처분 당시의 법령 등에 따른다.

③ 법령 등을 위반한 행위의 성립과 이에 대한 제재처분은 법령 등에 특별한 규정이 있는 경우를 제외하고는 법령 등을 위반한 행위 당시의 법령 등에 따른다. 다만, 법령 등을 위반한 행위 후 법령 등의 변경에 의하여 그 행위가 법령 등을 위반한 행위에 해당하지 아니하거나 제재처분 기준이 가벼워진 경우로서 해당 법령 등에 특별한 규정이 없는 경우에는 변경된 법령 등을 적용한다.

(1) 처분의 위법판단의 기준시점

처분이 행해진 뒤에 해당 처분의 근거가 되는 사실상태나 법률이 변경된 경우 어느 때를 기준으로 위법여부를 판단할 것인지에 관한 문제로서 처분시설과 판결시설이 대립하고 있다.

① **처분시설(판례)**: 처분의 위법 여부의 판단은 처분시의 법령 및 사실상태를 기준으로 하여야 한다는 견해이다.[467] 판결시설에 따라 법원이 처분 후의 변화한 사정을 참작하여 처분의 위법성을 판단하게 되면 법원이 행정감독적 기능을 수행하는 것처럼 되고, 그것은 행정청의 제1차적 판단권을 침범하는 것이 되므로, 권력분립원칙에 반한다는 것 등을 논거로 하고 있다.

② **판결시설**: 취소소송의 목적은 해당 처분이 현행법규에 비추어 유지될 수 있는가 여부를 판단·선언하는데 있으므로, 처분의 위법 여부는 판결시(변론종결시)를 기준으로 판단하여야 한다는 입장이다.

판결시설에 따를 경우 처분시에 위법한 행위가 후일의 법령개폐에 의하여 적법하게 되거나 반대로 적법한 행위가 사후에 위법하게 될 수 있어 법치주의에 반하고, 판결의 지연에 따라 불균형한 결과를 초래할 수 있어 처분시설이 타당하다. 판례도 같고,[468] 행정기본법 제14조 제1항도 법 적용의 시적 기준에 관하여 처분시설에 입각하고 있다.

처분시설에 의한다고 하더라도 이는 처분당시의 사실관계와 법령을 기준으로 처분이 적법한지 여부를 판단을 하라는 의미이지 처분당시에 존재하였던 자료나 행정청에 제출되었던 자료만으로 위법여부를 판단하라는 뜻은 아니다. 따라서 처분당시 행정청이 알고 있었던 자료뿐만 아니라 사실심 변론종결시까지 제출된 모든 자료를 종합하여 처분당시 존재하였던 객관적 사실을 확정하고 나서 그 사실에 기초하여 처분의 적법여부를 판단할 수

467) 대법원 2005. 4. 15. 선고 2004두10883 판결. 따라서, 처분의 위법 여부는 처분 후 법령의 개폐나 사실상태의 변동에 의하여 영향을 받지 않으므로, 원고가 영업정지처분 이후에 영업정지 예외사유가 발생하였다고 하더라도 처분 당시 적법하였던 영업정지처분이 다시 위법하게 된다고 볼 수 없다(대법원 2022. 4. 28. 선고 2021두61932 판결).

468) 그러나, 판결시설은 어차피 변경된 사정에 따른 재처분을 하게 될 것이므로, 소송 또는 행정경제의 입장에서 판결시를 기준으로 하여야 한다고 주장한다.

있고,[469] 당사자는 사실심 변론종결시까지 처분 당시 존재하였던 사실에 대한 증명을 자유롭게 할 수 있다.

다만 행정청이 재량의 범위 내에서 처분시 참작할 자료제출의 시한을 정한 경우 그 시한을 도과함으로써 불이익한 처분을 받은 후 행정소송에서 새로운 자료를 제출하여 위 처분의 취소를 구할 수는 없다.[470]

(2) 신청에 의한 처분의 위법 판단 기준시점

신청에 의한 처분에서도 행정청은 신청시가 아닌 처분당시의 법령과 사실관계를 기초로 위법 여부를 판단하여 처분을 할지 여부를 결정한다(행정기본법 제14조 제2항). 따라서 신청시 허가요건 갖추었으나 법령이 개정되어 허가해 줄 수 없게 되었으면 행정청은 거부처분을 하여야 한다.

이 경우 행정청이 새로운 사유를 인위적으로 작출한 다음 이를 이유로 거부처분을 하는 등 부당한 이유로 거부처분을 하는 것은 제한되어야 한다. 행정기본법 제14조 제2항에서도 원칙적으로 처분시법주의를 채택하고 있으나, 법령 등에 특별한 규정이 있거나 처분당시의 법령 등을 적용하기 곤란한 특별한 사정이 있는 경우에는 예외를 인정하고 있다. 한편, 대법원은 ① 적법한 신청이 있었음에도 불구하고 합리적인 이유 없이 정당한 기간 내에 처리를 하지 않고 처리를 지연하다가 새로운 법령 및 허가기준이 설정되어 그에 따라 거부처분을 한 경우에는 개정전의 법령이나 허가기준을 적용할 수 있는 여지를 두고 있다.[471] 그밖에도 ② 행정청이 스스로 작출한 새로운 거부사유에 기인하여 거부처분을 한 경우, ③ 실질적으로 보아 종전의 거부처분을 답습한 것으로 권리남용으로 볼 수 있는 경우 등에서도 같은 법리가 적용될 수 있다.

구 법령에 따라 신청을 하였는데 그 이후 법령이 개정된 경우 특히 신뢰보호의 원칙과

---

469) 대법원 2010. 1. 14. 선고 2009두11843 판결, 대법원 2019. 7. 25. 선고 2017두55077 판결.

470) 그리하여, 대법원 1995. 11. 10. 선고 95누8461 판결에서는 "'1993년도 개인택시운송사업면허지침'에서 운전경력을 산정함에 있어서 경력증명의 추가보완을 금하고 제출된 서류만으로 심사하도록 하였음에도 불구하고 개인택시운송사업면허를 신청함에 있어서 택시 운전경력을 주장하였거나 그 운전경력증명서를 제출하지 아니한 운전자가 행정소송에서 면허신청시 제출되지 아니한 운전경력에 관한 새로운 자료를 제출하여 개인택시운송사업면허 제외처분이 위법하다고 주장할 수는 없다."라고 판시하였다. 그러나 법령에서 자료의 제출기한을 규정하고 그 제출을 게을리한 자에게 과태료를 부과하는 규정을 두고 있다고 하더라도, 그 취지는 행정의 원활한 수행을 보장하고자 하는 데 불과하여 그 규정의 존재만으로 증명자료의 제출 범위를 제한하려는 것이라고 할 수 없다(대법원 2023. 12. 28. 선고 2020두49553 판결).

471) 대법원 2005. 7. 29. 선고 2003두3550 판결. 대법원은 '정당한 이유 없이 처리를 지연하였는지'를 판단할 때 법정 처리기간이나 통상적인 처리기간을 기초로 해당 처분이 지연되게 된 구체적인 경위나 사정을 중심으로 살펴 판단하되, 개정 전 법령의 적용을 회피하려는 행정청의 동기나 의도가 있었는지, 처분지연을 쉽게 피할 가능성이 있었는지 등도 아울러 고려할 수 있다고 판시하였다(대법원 2023. 2. 2. 선고 2020두43722 판결).

관련하여 문제가 발생한다. 개정 전 허가기준의 존속에 대한 국민의 신뢰가 개정된 허가기준의 적용에 관한 공익보다 더 클 경우 개정 전 법령이 적용될 수 있다. 이 경우 신법을 적용하게 하는 법규정에 대한 규범통제가 있게 된다.

(3) 제재적 처분의 대상행위에 대한 위법판단의 기준시점

제재적 처분의 대상행위에 대한 위법판단의 기준시점은 법령에 특별한 규정이 있는 경우를 제외하고는 행위시가 된다(행정기본법 제14조 제3항 본문). 소급입법금지의 원칙에 따라 제재여부와 제재기준은 행위시를 기준으로 판단하여야 하고 도중에 법령이 개정되었다고 하더라도 개정된 법령에 의할 수 없다.[472)]

그런데, 위반행위자에게 유리하게 개정된 경우에도 개정법령이 아니라 행위시의 법령을 적용하여야 하는지 논란이 될 수 있다.[473)] 판례는 이 경우에도 법률의 적용에 관한 특별한 규정이 없다면 행위시를 기준으로 하여야 한다는 입장에 있었다.[474)] 그러나, 행정기본법 제14조 제3항 단서에서는 법령 등이 변경되어 그 행위가 법령 등을 위반한 행위에 해당하지 않게 되거나 제재처분 기준이 가벼워진 경우에는 법령 등에 특별한 규정이 없다면 변경된 법령 등을 적용하는 것으로 하고 있다. 따라서 행정기본법의 제정으로 이에 관한 대법원 판결은 더 이상 유지되기 어려울 것이라고 생각된다.

한편, 제재적 처분 그 자체의 위법판단의 기준시점은 앞에서 본 것처럼 처분시가 된다. 따라서, 과징금 납부명령이 재량권을 일탈·남용하여 위법한지 여부는 처분 당시의 사실상태를 기준으로 판단하여야 한다.[475)]

(4) 확정된 법률관계를 확인하는 처분에서 위법판단의 기준시점

확정된 법률관계를 확인하는 처분을 하는 경우에는 해당 법률관계가 확정될 때의 법령과 사실관계를 기준으로 처분의 발령 여부를 판단하게 되므로, 그 위법 판단 기준시점도 그와 같다. 예를 들면, 장애연금 지급을 위한 장애등급 결정은 치료종결 후 신체 등에 장애가 있게 되어 장애연금 지급청구권을 취득할 당시의 법령에 따른다.[476)]

---

472) 대법원 1987. 1. 20. 선고 86누63 판결 등 참조.

473) 형벌은 형법 제1조 제2항과 제3항에 의하여 행위자에게 유리하게 적용한다.

474) 대법원 1983. 12. 13. 선고 83누383 판결에 의하면, 행위시에는 필요적 영업취소사유이었는데 위반행위 이후 영업정지사유로 위반행위자에게 유리하게 법령이 변경되었더라도 법령의 적용에 관한 특별한 규정이 없다면 행위시의 법령을 적용하여 처분을 하여야 한다고 판시하였다.

475) 대법원 2015. 5. 28. 선고 2015두36256 판결 참조.

476) 대법원 2014. 10. 15. 선고 2012두15135 판결. 나아가 위 판결에서는 기존의 장애등급이 변경되어 장애연금액을 변경하여 지급하는 경우에도 마찬가지이므로, 장애등급 변경결정 역시 변경사유 발생 당시인 장애등급을 다시 평가하는 기준일인 '질병이나 부상이 완치되는 날'의 법령에 따르는 것이 원칙이라고 한다.

나. 부작위위법확인소송

부작위위법확인소송의 경우에는 아무런 처분이 존재하지 않으므로 처분시설과 판결시설의 대립이 생길 여지가 없다. 부작위위법확인소송의 경우 부작위가 위법하다는 판결이 확정되면 행정청은 그 판결에 따라 처분을 하여야 하는 것이므로, 그 판단의 대상은 변론종결 당시의 처분의무의 존재라 할 것이다. 따라서 변론종결 당시를 기준으로 부작위상태의 위법 여부를 판단하여야 한다.

Ⅴ. 처분사유의 추가·변경

1. 의 의

행정청은 구체적인 사실을 확정하고 법령을 적용하여 처분을 발령하므로, 모든 처분은 사실상의 기초와 법령상의 근거를 구비하고 있어야 한다. 이와 같은 사실상의 기초와 법령상의 근거를 합쳐서 처분사유라고 한다. 그런데 처분청이 처분을 할 당시에 내세우는 처분사유는 처분청이 주관적으로 인식한 것에 불과한 것이어서, 객관적으로는 처분청이 내세운 사실상의 기초가 흠결되어 있기도 하고 법령의 적용을 그르친 경우도 있을 수 있다. 나아가 처분 후에 보다 적절한 처분사유가 발견되는 경우도 있다. 이와 같이 처분 당시에 내세운 주관적인 처분사유와 객관적인 사실상태 등이 다른 경우 처분청이 사후에 보다 적절한 처분사유를 추가하거나 또는 기존의 처분사유를 변경할 수 있는지의 문제가 발생한다.477)

2. 처분사유의 추가·변경을 둘러싼 기본적인 사고체계

취소소송에서의 모든 주장은 소송의 대상이 되는 처분과의 동일성을 해하지 않는 범위 내에서만 허용된다는 점에 대해서는 이견이 없다. 그 범위 내에서의 처분사유는 공격방어방법에 불과하게 되나, 그 범위를 벗어나는 소송상의 주장이 허용된다면 법원이 새로운 처분을 행하는 것과 같이 되어 사법권의 한계를 넘게 되므로, 처분의 동일성은 실체법상의 개념이기는 하지만 취소소송에서 소송물의 외연을 결정하는 요소로도 작용하게 된다.

통설과 판례와 같이 취소소송의 소송물을 처분의 위법성 일반으로 본다면, 그 처분은 무엇을 가리키는 것인지가 중요한 문제가 된다. 일반적으로 처분은 주체, 상대방, 처분일시에 의하여 특정되므로, 이러한 요소들은 처분의 동일성을 정하는 요소로 된다는 점에 대하여 이견이 없고, 처분의 주문이 동일성의 요소로 되는 점에 대해서도 의문이 없다. 따라서 처분의 주체, 상대방, 처분일시, 주문 등이 다르면 별개의 처분으로 보게 된다.

---

477) 피고가 당초 처분의 근거로 제시한 사유가 실질적인 내용이 없다면 소송단계에서 처분사유를 추가할 수 없는 것은 당연하다(대법원 2017. 8. 29. 선고 2016두44186 판결).

그런데, 처분사유는 동일성의 요소가 아니라는 견해가 전통적으로 통설의 지위에 있었다. 이와 같은 견해를 고지식하게 관철하고, 취소소송의 소송물을 위법성 일반으로 보는 통설에 의하면, 처분사유의 추가 · 변경이 처분의 동일성을 해하거나 소송물의 범위를 벗어난다는 이유로 제한되는 일은 없게 된다. 그러나, 현실의 소송에서 심리의 대상으로 되는 것은 해당 처분의 추상적인 위법성 일반이 아니라 구체적인 개개의 위법사유이다. 따라서, 처분사유 추가 · 변경을 무제한적으로 허용한다면 원고의 방어권 보장에 커다란 장애가 될 것이기 때문에 피고의 주장에 관한 제한이라는 소송법적인 문제가 발생한다.

처분사유의 추가 · 변경의 문제는 결국 피고인 처분청이 취소소송에서 처분사유에 관한 주장을 할 때 어떠한 제한을 받는지에 관한 것이다. 만일 처분사유의 추가 · 변경이 허용되지 않는다면, 원고는 당초 제시되었던 처분사유에 집중하여 취소소송에서의 방어권을 두텁게 보장받는 대신 취소판결의 기속력이 위법한 것으로 판단된 개개의 처분사유에 대해서만 미치는 결과,[478] 처분청은 원고가 승소판결을 받고 그 판결이 확정되더라도 다른 처분사유를 들어 동일한 결론의 처분을 다시 행할 수 있게 된다. 반대로 처분사유의 추가 · 변경이 제한 없이 허용된다면, 소송경제 내지 분쟁의 일회적 해결에는 도움이 될 것이나 원고의 방어권 보장이라는 절차적 가치는 반감될 것이다.

이처럼 처분사유의 추가 · 변경의 허용여부에 관한 기본적인 사고는 소송경제 내지 분쟁의 일회적 해결이라는 가치와 행정의 절차적 보장이라는 가치의 선택하기 어려운 충돌문제로서, 그 조화로운 해결이 요청된다.

3. 허용 여부에 관한 학설

가. 긍 정 설

취소소송에서 처분사유의 추가 · 변경은 원칙적으로 제한 없이 허용된다는 견해로서 취소소송의 소송물을 '위법성 일반'으로 보는 데에서 출발한다. 이 견해에 의하면, 행정청은 소송에서 처분의 위법 여부에 관한 모든 주장이나 항변을 제출할 수 있기 때문에, 행정청은 처분시에 간과하고 있던 새로운 사유를 취소소송 진행 중에 주장하는데 제한이 없다. 처분의 공정성, 공익성 내지 합목적성에 중점을 두고 있다.

이 견해에 대해서는 실질적 법치주의 및 상대방의 신뢰보호라는 관점에서 비판이 제기된다. 또한 행정절차법 제23조는 행정청이 처분을 할 때 신중을 기하고 국민으로 하여금 자신의 권리를 스스로 방어할 수 있도록 하기 위하여 행정청의 이유제시의무를 부과하고 있는데 처분사유의 추가 · 변경을 제한 없이 허용할 경우 이유제시제도가 형해화된다는 비판도 있다.

---

478) 대법원 1991. 8. 9. 선고 90누7326 판결.

나. 부 정 설

행정청은 처분시 그 처분의 이유를 한번 명시한 이상 그 이유에 구속되어 새로운 사유를 추가 또는 변경하여 주장할 수 없다는 견해로서, 취소소송의 소송물을 개개의 구체적인 처분사유의 존부라고 보는 입장과 밀접한 관련이 있다. 실질적 법치주의의 요청과 국민에 대한 신뢰보호의 원칙에 중점을 두고 있다.

이 견해에 대해서는 동일한 내용의 처분을 둘러싸고 수회에 걸쳐 재판이 반복될 수 있어 소송경제에 반한다는 비판이 있다.

다. 개별적 결정설

기속행위, 재량행위, 제재처분, 거부행위 등 행위의 유형 및 취소소송, 의무이행소송 등 소송의 유형에 따라 허용범위가 달라질 수 있다는 견해이다. 이 견해에 따르면 의무이행소송에서는 판결시를 기준으로 처분의 적법 여부를 판단하므로 처분사유의 추가 · 변경이 자유롭게 인정되어야 하고, 거부처분 취소소송에서는 분쟁의 일회적 해결을 위하여 제재처분 취소소송에서보다 처분사유의 추가 · 변경이 넓게 인정될 필요가 있다. 또한 법원의 심사권이 넓게 인정되는 기속행위에서도 분쟁의 일회적 해결을 위하여 재량행위에서보다 처분사유의 추가 · 변경이 넓게 인정되어야 한다.

라. 제한적 긍정설

절충적인 견해로서 원래의 처분사유와 기본적 사실관계가 동일한 범위 내에서만 처분사유의 추가 또는 변경이 허용된다. 분쟁의 일회적 해결 및 소송경제의 요청과 원고의 실질적인 방어권의 보장 및 이유제시제도의 취지를 모두 고려하자는 것으로서, 다수설이자 대법원 판례의 기본적인 입장이다.

4. 처분사유의 추가 · 변경의 한계

가. 판례에 의한 판단기준: 기본적 사실관계의 동일성

대법원은 처분의 상대방의 방어권을 보장함으로써 실질적 법치주의를 구현하고 처분에 대한 국민의 신뢰를 보호하기 위하여 원칙적으로 처분사유의 변경을 허용하지 않고 있다. 다만 처분청은 당초 처분의 근거로 삼은 이유와 기본적 사실관계가 동일하다고 인정되는 한도 내에서만 다른 사유를 추가하거나 변경할 수 있을 뿐이라고 한다.[479] 나아가 행정

479) 한편 행정소송이나 행정심판과 같은 쟁송과정이 아닌 처분청이 스스로 해당 처분의 적법성과 합목적성을 확보하고자 행하는 자신 내부의 시정절차에서는 당초 처분의 근거로 삼은 사유와 기본적 사실관계의 동일성이 인정되지 않는 사유라고 하더라도 이를 처분의 적법성과 합목적성을 뒷받침하는 처분사유로 추가 · 변경할 수 있다는 것이 판례이다. 대법원 2012. 9. 13. 선고 2012두3859 판결에서는 근로복

소송규칙 제9조에서는 "행정청은 사실심 변론을 종결할 때까지 당초의 처분사유와 기본적 사실관계가 동일한 범위 내에서 처분사유를 추가 또는 변경할 수 있다."라고 규정하여, 위와 같이 확립된 대법원 판례의 법리를 명문화하였다.

여기에서 추가 또는 변경된 사유가 처분 당시에 그 사유를 명기하지 않았을 뿐 이미 존재하고 있었고 당사자도 그 사실을 알고 있었다는 사정은 기본적 사실관계의 동일성 여부를 판별하는 데 아무런 영향이 없다.[480] 그리고 기본적 사실관계의 동일성 여부는 처분사유를 법률적으로 평가하기 이전의 구체적인 사실에 착안하여 그 기초가 되는 사회적 사실관계가 기본적인 점에서 동일한지 여부에 따라 결정된다고 한다.[481]

다만, 처분사유를 추가 · 변경하는 것으로 보이는 경우에도 구체적 사실을 변경하지 않는 범위 내에서 단지 그 처분의 근거법령만을 추가 · 변경하는 경우와[482] 당초의 처분사유를 구체화하는 것에 불과한 경우는[483] 새로운 처분사유를 추가 · 변경하는 것에 해당하지 않는다고 보고 있다.

종래 대법원은 처분의 근거법령만 추가 · 변경하는 경우 중 처분의 근거법령이 변경됨으로써 처분의 성질이 기속행위에서 재량행위로 변경된 경우에도 기본적 사실관계가 동일하다는 이유로 처분사유의 추가 · 변경을 허용하고 있었다.[484] 그러나, 이 경우에도 처분사유의 추가 · 변경을 허용하는 것은 ① 근거법령의 변경으로 인하여 위반행위가 있더라도 그 처분의 유무나 처분의 정도는 행정청의 재량이어서 재량고려사항도 청문절차에서 다루어졌어야 할 것이나 그럴 기회가 없었다는 점, ② 원고는 소송에 이르기까지 기속행위의 요건부분에 관한 방어에만 주력하였을 것인데, 처분사유의 변경으로 말미암아 지금까지 아무런 준비가 되어 있지 않던 재량판단의 문제에 대하여 방어를 하여야 하므로 방어권의 실질적 침해가 발생하였다는 점, ③ 피고가 하지 않았던 재량판단을 법원이 대신 하는 것이 되어 권력분립의 원칙에 위반된다는 점 등의 문제가 있다. 그리하여, 최근 대법원은 기존의 태도와 달리 기속행위로 규정되어 있는 조례의 조항을 근거로 보조금 지원 대상 제외처분을 하였다가 그에 대한 취소소송에서 재량행위로 규정되어 있는 지방재정법 관련 조항을 처분사유로 추가하는 것은 허용되지 않는다고 판시하기도 하였다.[485]

지공단이 '우측 감각신경성 난청'으로 장해보상청구를 한 근로자에 대하여 소멸시효 완성을 이유로 장해보상급여부지급결정을 하였다가 심사청구의 단계에서 위 근로자의 상병이 업무상 재해인 소음성 난청으로 보기 어렵다는 상당인과관계 부존재를 처분사유로 추가할 수 있다고 판시하였다.

480) 대법원 2014. 5. 16. 선고 2013두26118 판결, 대법원 2011. 10. 27. 선고 2011두14401 판결.

481) 대법원 1999. 3. 9. 선고 98두18565 판결, 대법원 2004. 11. 26. 선고 2004두4482 판결 등.

482) 대법원 1987. 12. 8. 선고 87누632 판결, 대법원 1988. 1. 19. 선고 87누603 판결, 대법원 1998. 4. 24. 선고 96누13286 판결 등.

483) 대법원 1989. 7. 25. 선고 88누11926 판결.

484) 대법원 2005. 3. 10. 선고 2002두9285 판결.

〈기본적 사실관계가 동일하다고 본 사례〉

대법원 1987. 12. 8. **선고** 87**누**632 **판결**: 개인택시운송사업면허의 취소사유로 그 기본요건인 원고의 자동차운전면허가 취소되었음을 들면서 그 근거법령을 처음에는 자동차운수사업법 제31조 제1항 제3호 소정의 면허취소사유(즉 공공복리에 반하는 행위를 한 때)에 해당한다고 하였다가 처분 후에 같은 법 시행규칙 제15조(개인택시운송사업면허의 요건규정)를 추가하여 원고에게 통보한 사안에서, 처분청이 처분 당시에 적시한 구체적 사실(원고의 자동차운전면허가 취소되었다는 사실)을 변경하지 아니하는 범위 안에서 단지 그 처분의 근거법령을 추가변경하는 것은 새로운 처분사유의 추가로 볼 수 없다고 한 사례.

대법원 1989. 7. 25. **선고** 88**누**11926 **판결**: 처분청이 당초에는 액화석유가스판매업의 허가기준에 맞지 않는다는 추상적인 사유만 기재하여 거부처분을 하였다가 그 취소소송에서 허가기준에 맞지 않는다는 것은 판매업소간의 이격거리에 미달된다는 의미라고 주장한 사안에서, 그 처분의 사유를 구체적으로 표시한 것이어서 새로운 처분사유의 추가로 볼 수 없다고 한 사례.

대법원 1992. 10. 9. **선고** 92**누**213 **판결**: 원고가 이 사건 버스 6대를 지입제로 운영하는 행위가 당초의 처분사유인 자동차운수사업법 제26조의 명의이용금지에 위반하는 행위라고는 할 수 없으나, 피고는 원고에게 이 사건 버스운송사업면허 및 증차인가처분을 함에 있어서 그 버스를 직영으로 운영하도록 하고 이를 위반하는 경우 그 면허 및 인가를 취소할 수 있다는 조건을 붙였는데 원고의 이 사건 버스 6대의 지입제 운영행위는 면허 및 인가조건에 위반한 것으로서 자동차운수사업법 제31조 제1항 제1호의 면허취소대상에 해당하고, 위 면허 및 인가조건 위반의 취소사유는 당초의 취소사유와 기본적 사실관계에 있어서 동일하므로 결국 이 사건 행정처분은 적법하다고 한 사례.

대법원 1998. 4. 24. **선고** 96**누**13286 **판결**: 피고가 원심 소송과정에서 이 사건 정기간행물의 제호에 노동조합법상 합법적인 노동조합이 아니면 사용할 수 없고 그 사용시에 형사처벌이 가해지는 "노동조합"이라는 명칭의 약칭이 사용되어 있고 또한 이 사건 정기간행물의 발행주체가 단체인데도 정간법 시행령 제6조 제2호 소정의 첨부서류(단체의 정관 규약과 설립을 증명하는 서류)가 제출되지 아니하였으므로 이 사건 등록거부처분이 적법하다고 주장하였는데도 원심은 이들이 모두 당초 처분시에 처분사유로 삼지 아니한 별도의 새로운 처분사유라는 이유로 그 적법여부를 판단하지 아니한 사안에서, 다른 법령에 의하여 금지·처벌되는 명칭이 제호에 사용되어 있다는 주장은 당초 처분시에 불법단체인 전국교직원노동조합의 약칭(전교조)이 제호에 사용되었다고 적시한 것과 비교하여 볼 때 당초에 적시한 구체적 사실을 변경하지 아니한 채 단순히

485) 대법원 2023. 11. 30. 선고 2019두38465 판결. 위 판결에서 근거 법령이 추가됨으로써 원고로서는 당초 위반행위의 존재 또는 근거 법령의 위헌·위법 여부만 다투면 되었던 것이 처분 당시 예상하지 못하였고 사전에 반론을 제기할 기회조차 갖지 못하였던 피고의 재량권 행사 여부 및 재량판단에 대하여 소송상 공방을 하여야 하는 문제가 발생하고, 피고가 이 사건 소송에 이르러 이 사건 제외처분의 근거 법령을 재량행위에 관한 규정으로 변경하거나 재량행위에 관한 규정을 추가하였다는 사정은 피고 스스로 이 사건 제외처분으로 달성하려는 공익과 그로써 원고가 입게 되는 불이익의 내용과 정도 등을 전혀 비교형량하지 않았다는 것을 의미하며, 이러한 재량권 불행사는 그 자체로 재량권 일탈·남용에 해당하여 해당 처분을 취소하여야 할 위법사유가 된다는 점 등을 처분사유의 추가를 허용하지 않는 근거로 제시하고 있다.

근거 법조만을 추가·변경한 주장으로서 이를 새로운 처분사유의 추가·변경이라고 할 수 없고, 또한 정간법령 소정의 첨부서류가 제출되지 아니하였다는 주장은 발행주체가 불법단체라는 당초의 처분사유와 비교하여 볼 때 발행주체가 단체라는 점을 공통으로 하고 있어 기본적 사실관계에 동일성이 있는 주장으로서 소송에서 처분사유로 추가·변경할 수 있다고 본 사례.

대법원 2000. 5. 12. **선고** 98**두**15382 **판결**: 농지전용불허가처분취소사건에서, 이 사건 농지는 과수원으로 이용되고 있고 원주시지역의 유일한 마을관리관광지로서 원주시민의 휴식처로 제공되고 있으며 국립공원 인접지여서 자연경관의 훼손이 우려된다는 처분사유는, 이 사건 농지전용허가신청을 불허가할 국토 및 자연의 유지와 환경의 보전 등 중대한 공익상 필요가 있는 경우에 해당하는 사유가 있다는 취지로 이해할 수 있고, 피고가 이 사건 소송에서 추가하여 주장하는 이 사건 농지의 인접 임야들이 산림훼손 제한지역으로 지정되어 있다는 사유는 이 사건 농지에 인접하여 있는 주위 토지의 상황에 관한 구체적인 사정으로서 피고가 당초 이 사건 처분의 근거로 삼은 위와 같은 공익상 필요라는 사유와 기본적 사실관계에 있어서 동일성이 인정된다고 보아야 한다고 한 사례.

대법원 2018. 12. 13. **선고** 2016**두**31616 **판결**: 외국인 갑이 법무부장관에게 귀화신청을 하였으나 법무부장관이 심사를 거쳐 '품행 미단정'을 불허사유로 국적법상의 요건을 갖추지 못하였다며 신청을 받아들이지 않는 처분을 하였는데, 법무부장관이 갑을 '품행 미단정'이라고 판단한 이유에 대하여 제1심 변론절차에서 자동차관리법위반죄로 기소유예를 받은 전력 등을 고려하였다고 주장하였다가 원심 변론절차에서 불법 체류한 전력이 있다는 추가적인 사정까지 고려하였다고 주장한 사안에서, 법무부장관이 처분 당시 갑의 전력 등을 고려하여 갑이 국적법 제5조 제3호의 '품행단정' 요건을 갖추지 못하였다고 판단하여 처분을 하였고, 그 처분서에 처분사유로 '품행 미단정'이라고 기재하였으므로, '품행 미단정'이라는 판단 결과를 위 처분의 처분사유로 보아야 하는데, 법무부장관이 원심에서 추가로 제시한 불법 체류 전력 등의 제반 사정은 불허가처분의 처분사유 자체가 아니라 그 근거가 되는 기초 사실 내지 평가요소에 지나지 않으므로, 법무부장관이 이러한 사정을 추가로 주장할 수 있다고 한 사례.

대법원 2019. 10. 31. **선고** 2017**두**74320 **판결**: 피고는 '해당 토지가 건축법상 도로에 해당하여 건축을 허용할 수 없다'는 이유로 건축신고수리 거부처분을 하였는데, 제1심이 해당 토지가 건축법상 도로에 해당하지 않는다는 이유로 거부처분을 취소하는 판결을 선고하자, 피고가 항소심에서 '이 사건 토지가 인근 주민들의 통행에 제공된 사실상의 도로인데, 원고가 이 사건 토지에 주택을 건축하여 인근 주민들의 통행을 막는 것은 사회공동체와 인근 주민들의 이익에 반하므로 원고의 주택 건축은 허용되어서는 안 되며, 따라서 이 사건 처분은 공익에 부합하는 적법한 처분이라고 보아야 하고, 원고의 건축신고나 이 사건 행정소송 제기는 권리남용이라고 보아야 한다'는 주장을 추가한 사안에서, 당초의 처분사유와 추가된 처분사유는 이 사건 토지상의 사실상 도로의 법적 성질에 관한 평가를 다소 달리하는 것일 뿐, 모두 이 사건 토지의 이용현황이 '도로'이므로 거기에 주택을 신축하는 것은 허용될 수 없다는 것이므로, 기본적 사실관계의 동일성이 인정된다고 보아야 한다고 한 사례.

대법원 2020. 6. 11. **선고** 2019**두**49359 **판결**: 환경부 중앙환경사범수사단은 2017년 전국의 폐기물소각업체들에 대한 일제 단속을 벌여 과다소각 업체들을 적발하였으나, ① 소각시설의 물리적 증설 후 과다소각한 경우와 ② 소각시설의 물리적 증설 없이 1일 가동시간을 늘리는 등의 방법으로 과다소각한 경우를 구분하지 않고 모두 '변경허가절차를 거칠 의무위반'으로 입건하였는데, 피고가 처분사유로 '과다소각'이라고만 기재하고 어떤 방법으로 과다소각을 한 경우인지를 구체적으로 기재하지 않은 사안에서, 원고가 '무단 증설하여 과다소각하였다'는 '당초 처분사유'를 알면서도 그 자체는 시인하고 처분양정이 과중하다는 주장만 하자, 이에 대응하여 피고가 '원고가 변경허가를 받지 않은 채 소각시설을 무단 증설하여 과다소각하였다'라고 한 소송상 주장은 처분서에 다소 불명확하게 기재하였던 '당초 처분사유'를 구체적으로 설명한 것에 불과하다고 한 사례.

〈기본적 사실관계가 동일하지 않다고 본 사례〉

대법원 1987. 7. 21. **선고** 85**누**694 **판결**: 원고가 이 사건 출원 당시 불석을 채굴하고 있지 아니하였으며, 이 사건 광구에는 이미 소외인들에 의하여 광업권설정등록이 필하여져 있어서 광업법의 규정상 원고에 대하여 새로운 광업권의 설정을 허가할 수 없다는 원심인정의 불허가 사유는, 문제의 광구가 도시계획지구 등에 해당하여 광물을 채굴함이 공익을 해하므로 광업법 제29조에 의하여 광업권설정출원을 불허가하였다는 당초의 처분사유와 그 기본적 사실관계가 동일하다고 볼 수 없다고 한 사례.

대법원 1989. 12. 8. **선고** 88**누**9299 **판결**: 공유수면점용허가 및 공작물설치허가에 부가한 부관(관리청이 이 사건 공유수면을 점용할 필요가 생긴 경우의 취소권유보 및 관리청이 허가를 철회할 필요가 있을 때의 취소권 유보)에 의하여 피고에게 유보된 취소권을 행사하여 각 허가를 취소한 당초의 처분사유와 위 각 허가가 원고측의 탈법행위에 기한 것이어서 취소되어야 한다거나 이 사건 공유수면이 수도권정비기본계획 대상구역이어서 실질적으로 위 공유수면의 매립을 수반하게 되는 위 각 허가는 위법부당하는 주장은 기본적 사실관계를 달리한다고 본 사례.

대법원 1991. 11. 8. **선고** 91**누**70 **판결**: 피고는 석유판매업허가신청에 대하여 당초 사업장소인 토지가 군사보호시설구역 내에 위치하고 있는 관할 부대장의 동의를 얻지 못하였다는 사유로 이를 불허가하였다가, 소송에서 위 토지는 탄약창에 근접한 지점에 위치하고 있어 공공의 안전과 군사시설의 보호라는 공익적 측면에서 보아 허가신청을 불허한 것은 적법하다는 것을 불허가사유로 추가한 경우, 양자는 기본적 사실관계에 있어서 동일성이 인정되지 아니한다고 한 사례.

대법원 1992. 8. 18. **선고** 91**누**3659 **판결**: 원고의 이 사건 토석채취허가신청에 대하여 피고는 인근 주민들의 동의서를 제출하지 않았음을 들어 이를 반려하였는바, 피고가 새로이 추가하는 사유, 즉 토석채취를 하게 되면 자연경관이 심히 훼손되고 각종 소음, 먼지의 발생, 토석채취장에서 흘러내리는 토사로 인하여 부근의 농경지가 매몰될 우려가 있는 등 공익에 미치는 영향이 지대하고 이는 산림내토석채취사무취급요령 제11조 소정의 제한사유에도 해당한다는 사유와는 기본적 사실관계에 있어서 동일성이 없다고 한 사례.

대법원 1992. 11. 24. **선고** 92**누**3052 **판결**: 온천발견신고수리거부처분 취소청구사건에서, 규정온도가 미달되어 온천에 해당하지 않는다는 당초의 처분사유와 온천으로서의 이용가치, 기존의 도시계획 및 공공사업에의 지장여부 등을 고려하여 온천발견신고를 거부한 것은 적법하다고 주장하는 사유는 기본적 사실관계가 동일하지 않다고 본 사례.

대법원 1995. 11. 21. **선고** 95**누**10952 **판결**: 이 사건 처분사유인 기존 공동사업장과의 거리제한규정에 저촉된다는 사실과 피고 주장의 최소 주차용지에 미달한다는 사실은 기본적 사실관계를 달리하는 것임이 명백하여 피고가 이를 새롭게 처분사유로서 주장할 수는 없는 것이므로 원심이 피고의 위 주장에 대하여 명시적인 판단을 하지 아니하였다고 하여 원심판결에 아무런 영향이 없는 것이라고 한 사례.

대법원 1996. 9. 6. **선고** 96**누**7427 **판결**: 피고는 이 사건 주류면허에 붙은 지정조건 제6호에 따라 원고의 무자료 주류 판매 및 위장거래 금액이 부가가치세 과세기간별 총 주류판매액의 100분의 20 이상에 해당한다는 이유로 피고에게 유보된 취소권을 행사하여 위 면허를 취소하였음이 분명한바, 피고가 이 사건 소송에서 위 면허의 취소사유로 새로 내세우고 있는 위 지정조건 제2호 소정의 무면허 판매업자에게 주류를 판매한 때 해당한다는 것은 피고가 당초 위 면허취소처분의 근거로 삼은 사유와 기본적 사실관계가 다르다고 한 사례.

대법원 1999. 3. 9. **선고** 98**두**18565 **판결**: 피고가 지방재정법 제63조에 의하여 준용되는 국가를 당사자로 하는 계약에 관한 법률 제27조 제1항에 의하여 원고의 입찰참가자격을 제한시킨 이 사건 처분을 함에 있어서 그 처분사유로 단지 정당한 이유 없이 계약을 이행하지 아니한 사실과 그에 대한 법령상의 근거로 법시행령 제76조 제1항 제6호를 명시하고 있음이 분명하고, 피고가 이 사건 소송에서 비로소 이 사건 처분사유로 내세우고 있는 같은 조항 제10호 소정의 "계약의 이행과 관련하여 관계 공무원에게 뇌물을 준 것"은 피고가 당초 이 사건 처분의 근거로 삼은 위 구체적 사실과는 그 기초가 되는 사회적 사실관계의 기본적인 점에서 다르다고 한 사례.

대법원 2011. 11. 24. **선고** 2009**두**19021 **판결**: 경제개혁연대와 소속 연구원 갑이 금융위원회위원장 등에게 금융위원회의 론스타에 대한 외환은행 발행주식의 동일인 주식보유한도 초과보유 승인과 론스타의 외환은행 발행주식 초과보유에 대한 반기별 적격성 심사와 관련된 정보 등의 공개를 청구하였으나, 금융위원회위원장 등이 현재 대법원에 재판 진행 중인 사안이 포함되어 있다는 이유로 공공기관의 정보공개에 관한 법률 제9조 제1항 제4호에 따라 공개를 거부한 사안에서, 금융위원회위원장 등이 당초 거부처분사유로 위 정보가 대법원 2007두11412호로 진행 중인 재판에 관련된 정보였다는 취지를 명기하였다면 이와 전혀 별개 사건인 서울중앙지방법원 2006고합1352, 1295, 1351호로 진행 중인 재판에 관련된 정보에도 해당한다며 처분사유를 추가로 주장하는 것은 당초의 처분사유와 기본적 사실관계가 동일하다고 할 수 없는 사유를 추가하는 것이어서 허용될 수 없다고 한 사례.

대법원 2013. 8. 22. **선고** 2011**두**26589 **판결**: 공무수행으로 상이를 입었는지 여부와 그 상이가 불가피한 사유 없이 본인의 과실이나 본인의 과실이 경합된 사유로 입은 것인지 여부는 처분의 상대방의 입장에서 볼 때 방어권 행사의 대상과 방법이 서로 다른 별개의 사실이고, 그에 대한 방어권을 어떻게 행사하는지 등에 따라 국가유공자에 해당하는지 지원대상자에 해당하는지에 관한 판단이 달라져 법령상 서로 다른 처우를 받을 수 있는 점 등을 종합해 보면, 같은 국가유공자 비해당결정이라도 그 사유가 공무수행과 상이 사이에 인과관계가 없다는 것과 본인 과실이 경합되어 있어 지원대상자에 해당할 뿐이라는 것은 기본적 사실관계의 동일성이 없다고 보아야 한다.

대법원 2017. 5. 17. **선고** 2016**두**53050 **판결**: 명의신탁등기 과징금과 장기미등기 과징금은 위반행위의 태양, 부과 요건, 근거 조항을 달리하므로, 각 과징금 부과처분의 사유는 상호 간에 기본적 사실관계의 동일성이 있다고 할 수 없으므로, 그중 어느 하나의 처분사유에 의한 과징금 부과처분에 대하여 당해 처분사유가 아닌 다른 처분사유가 존재한다는 이유로 적법하다고 판단하는 것은 행정소송법상 직권심사주의의 한계를 넘는 것으로서 허용될 수 없다고 한 사례.

대법원 2023. 11. 30. **선고** 2019**두**38465 **판결**: 시외버스(공항버스) 운송사업을 하는 甲 주식회사가 청소년요금 할인에 따른 결손 보조금의 지원 대상이 아님에도 청소년 할인 보조금을 지급받음으로써 '부정한 방법으로 보조금을 지급받은 경우'에 해당한다는 이유로, 관할 시장이 보조금을 환수하고 경기도 여객자동차 운수사업 관리 조례 제18조 제4항을 근거로 보조금 지원 대상 제외처분을 하였다가 처분에 대한 취소소송에서 구 지방재정법 제32조의8 제7항을 처분사유로 추가한 사안에서, 도 보조금 지원 대상에 관한 제외처분을 재량성의 유무 및 범위와 관련하여 위 조례 제18조 제4항은 기속행위로, 구 지방재정법 제32조의8 제7항은 재량행위로 각각 달리 규정하고 있는 점, 근거 법령의 추가를 통하여 위 제외처분의 성질이 기속행위에서 재량행위로 변경되고, 그로 인하여 위법사유와 당사자들의 공격방어방법 내용, 법원의 사법심사방식 등이 달라지며, 특히 종래의 법 위반 사실뿐만 아니라 처분의 적정성을 확보하기 위한 양정사실까지 새로 고려되어야 하므로, 당초 처분사유와 소송 과정에서 시장이 추가한 처분사유는 기초가 되는 사회적 사실관계의 동일성이 인정되지 않는 점, 시장이 소송 도중에 위와 같이 제외처분의 근거 법령으로 위 조례 제18조 제4항 외에 구 지방재정법 제32조의8 제7항을 추가하는 것은 甲 회사의 방어권을 침해하는 것으로 볼 수 있는 점을 종합하면, 관할 시장이 처분의 근거 법령을 추가한 것은 기본적 사실관계의 동일성이 인정되지 않는 별개의 사실을 들어 주장하는 것으로서 처분사유 추가 · 변경이 허용되지 않는다고 한 사례.

대법원 2024. 11. 28. **선고** 2023**두**61349 **판결**: 건설폐기물 수집 · 운반업 허가를 받은 법인인 원고는 피고에게 기존 건축물의 용도를 자원순환관련시설(사무실)로 변경하고, 기존 건축물이 있는 대지에 자원순환관련시설인 임시보관소와 휴게소를 각 신축하겠다는 내용의 건축물용도변경 허가 및 건축허가를 신청한 사안에서, 당초의 처분사유는 ① 원고는 건설폐기물 수집 · 운반업체인데, 원고의 사업계획서에 의하면 이 사건 건축물에서 건설폐기물을 분리 · 선별 · 파쇄하는 중간처리업을 하겠다는 것이어서 원고의 업무영역이 아니고, ② 인근에 이미 다수의 건설폐기물 중간처리업체가 존재하여 더 이상의 건설폐기물 중간처리업체가 필요하지 않다는 것이며, 추가된 처분사유는 이 사건 건축물 인근에는 초 · 중 · 고등학교와 대단지 아파트가 존재하여 임시보관장소 설치로 인하여 야기될 수 있는 생활상 · 환경상 피해가 크다는 것이므로, 이는 원고의 방어권을 침해하는 것으로 허용된다고 보기 어렵다고 한 사례.

나. 판례이론의 평가와 보완의 필요성

(1) 판례이론에 대한 평가

처분사유의 추가 · 변경을 허용할 것인가의 문제는 결국 절차적 정의를 중시할 것인지 소송경제를 도모할 것인지의 가치판단 내지 소송정책의 문제로 귀결되고, 허용한다면 어느 범위에서 허용할 것인가의 문제는 절차적 정의와 소송경제라는 양가치의 조화점의 획정문제이다.

판례와 같이 처분사유의 추가·변경을 극히 제한적으로 허용하게 되면, 기속력이 처분사유에 미치는 결과 행정청은 취소소송에서 패소(청구인용판결)한 후에도 처분시 이전에 존재한 다른 사유들을 들어 몇 번이고 동일한 처분을 되풀이 할 수 있게 되고 처분 당시에 행정청이 파악하고 있던 사유 중 어느 하나만 들어 처분을 하였다가 나중에 패소하면 또다시 다른 사유를 들어 동일한 처분을 되풀이하여도 무방하다는 해석을 할 수도 있게 된다. 이러한 결론은 실질적 법치주의와 국민의 신뢰보호를 보장하기 위해 처분사유와 동일성이 있는 범위 내에서만 처분사유의 추가·변경을 인정한데서 나온 이론적 귀결로서, 판례는 소송경제를 희생해서라도 절차적 정의를 실현하고자 하는 것이라고 평가할 수 있다.

(2) 처분유형에 따른 새로운 기준의 제시

절차적 정의를 더 중시할 것인지 아니면 행정의 효율성 및 소송경제를 더 중시할 것인지 판단의 문제는 이론적인 완결성만의 문제는 아니다. 위와 같은 판례이론은 나름의 일관성과 의미를 가지고 있지만, 향후에는 처분사유의 추가·변경을 제한 없이 허용하고 기속력과 기판력의 객관적 범위를 일치시켜서 분쟁의 신속하고 일회적 해결을 도모하는 방향으로 나아갈 것을 신중히 검토할 필요가 있다. 특히 과거보다 국민의 법률서비스에 대한 접근 편의성이 대폭 향상되었다는 점을 고려하면, 판례이론이 취하고 있는 취소소송에서 절차적 정의와 분쟁의 일회적 해결의 조화를 위한 기준이 조정될 필요가 있다고 생각된다.[486] 이하에서 이에 관한 새로운 기준을 제시해보겠다.[487]

취소소송의 소송물은 '처분의 위법성 일반'이라고 할 수 있지만, 그 의미는 구체적인 생활사실관계를 전제로 내려진 행정작용으로서의 처분에 대한 실체적·절차적 위법성 일반이라고 생각된다. 그렇게 보면, 규율의 대상이 되는 생활사실관계에 따라 처분의 동일성이 미치는 범위가 달라질 수 있다. 따라서, 처분의 동일성을 파악하고 심리범위를 확정하

486) 대법원도 이를 의식하였는지 처분사유의 확정을 통하여 분쟁의 일회적 해결이라는 가치를 도모하는 판시를 하기도 하였다. 즉, 처분요건이 불확정개념으로 규정되어 있는 경우에 불확정개념의 포섭 여부에 대한 판단 그 자체가 처분사유이고 그 포섭에 이르게 되는 사정들은 처분사유의 근거가 되는 기초사실 내지 평가요소에 지나지 않으므로, 이에 대한 추가·변경은 처분사유를 구체화하는 경우에 해당하여, 처분사유의 추가·변경의 법리가 적용되지 않는다는 것이다. 예컨대, 법무부장관이 자동차관리법위반죄로 기소유예처분을 받은 것을 '품행 미단정'이라고 하면서 국적법상의 귀화요건을 갖추지 못하였다는 이유로 귀화불허가처분을 한 경우, 처분사유를 국적법상의 귀화요건을 갖추지 못하였다는 것으로 볼 것인지, 아니면 자동차관리법위반죄로 기소유예처분을 받은 전력이 있다는 것으로 볼 것인지에 따라 결론이 달라질 수 있다. 대법원은 위 사안에서 '귀화요건 중 일부를 갖추지 못하였다는 판단' 그 자체가 처분사유라고 하면서, 법무부장관이 소송계속 중에 불법 체류 전력 등을 추가로 제시하였다고 하더라도 이는 처분사유의 근거가 되는 기초 사실 내지 평가요소에 지나지 않는다는 이유로 이를 허용하였다(대법원 2018. 12. 13. 선고 2016두31616 판결).

487) 이에 관한 자세한 사항은 하명호, 행정쟁송법, 406-411면 참조.

는 데 있어서 처분의 유형에 따른 속성을 반영하지 않을 수 없다. 처분은 상대방과의 관계에 국한하면 대략 불이익 처분의 경우에는 직권형 처분으로 규율되고, 수익적 처분의 경우에는 신청형 처분의 형식을 가진다. 물론 불이익 처분이면서 신청형 처분이 되거나 수익적 처분이면서 직권형 처분이 되는 경우가 없다고 단정할 수는 없겠지만, 현실 세계에서 그러한 예를 찾아보기는 쉽지 않다.

다음으로, 불이익 처분(직권형 처분)과 수익적 처분(신청형 처분)에 따라 행정절차법이 요구하는 절차적 통제의 강도가 다르다는 점도 고려하여야 한다. 따라서 절차적 정당성이 심리범위를 결정하는데 고려요소가 되므로, 논리필연적으로 처분의 유형은 심리범위를 결정하는데 고려되어야 한다. 이러한 점을 감안하여 불이익 처분(직권형 처분)과 수익적 처분(신청형 처분)을 나누어서 심리범위를 논의할 필요가 있다.

직권형 처분의 경우에는 행정청이 징계나 제재에 이르게 된 구체적인 사실에 포착하여 그에 대한 징계나 제재를 행하는 것이므로, 처분의 동일성은 징계처분이나 제재처분에 이르게 된 사실관계에 주목하여 판단하여야 한다. 따라서, 다른 비위사실이나 위법행위를 주장하면서 처분의 정당성의 근거로 삼는 것은 처분의 동일성을 해하는 것이 되므로, 원칙적으로 판례와 같이 기본적 사실관계와 동일성이 미치는 범위 내에서 심리범위가 확장될 수 있다고 볼 수 있다. 그렇지만, 처분사유는 '사실상의 기초'와 '법령상의 근거'라는 두 개의 요소로 구성되어 있는데, 기본적 사실관계의 동일성이라는 기준은 처분사유의 사실적 측면만 반영한 것으로서 적용법령의 변경만으로도 상대방의 방어권을 침해하는 경우가 있을 수 있다는 점을 간과할 수 없다. 따라서, 처분사유의 추가 · 변경의 허용은 "상대방의 방어권 등 절차적 권리의 보장을 실질적으로 해하는지 여부"의 관점에서 기존의 판례에서 제시된 기본적 사실관계의 동일성뿐만 아니라 처분의 법적 측면의 변경이라고 하더라도 상대방의 방어권 등 절차적 권리를 보장하는데 들일 노력 · 시간 · 비용 등의 여러 요소를 종합하여 판단할 필요가 있고, 그 점에서 대법원 판례의 보완이 필요하다. 이렇게 함으로써 원고의 방어권을 보장하게 되고, 설령 동일한 재처분이 예정되어 있더라도 원고로서는 적어도 제재지연의 이익을 향유할 수 있게 된다.

한편, 신청형 처분(거부처분)의 경우에는 상대방이 특정한 행정행위의 발급을 신청하였는데 행정청이 이를 조사 · 검토한 결과 거절하였다는 것이 구체적 사실관계가 되어, 해당 거부사유가 무엇이든지 간에 처분의 동일성을 해하지 않으므로, 심리범위는 처분의 동일성이 미치는 범위로 확장되어 판례가 인정하는 것보다 훨씬 넓어지게 된다. 따라서, 행정청이 처분이유로 내세우지 않았던 다른 거부사유를 주장하는 것이 허용되고, 그것이 분쟁의 일회적 해결의 요청에 부응하는 것이 된다. 이로써 원고는 방어권의 보장보다는 적시의 권리구제라는 이익이 더 크고, 설령 패소하더라도 원고는 비용과 노력을 절약하게 된다.

(3) 판례에 의한 절차적 개선

최근 대법원은 상대방의 절차적 권리를 보장하면서도 신속한 권리구제와 분쟁의 일회적 해결을 도모하기 위하여, 상대방이 기존의 처분사유와 기본적 사실관계가 동일하지 않은 추가·변경된 처분사유의 실체적 당부를 해당 소송과정에서 심리·판단하는 것에 명시적으로 동의한다면, 법원으로서는 그 처분사유를 예외적으로 추가·변경할 수 있다고 판시하였다.[488] 상대방으로서는 처분청이 별개의 사실을 바탕으로 새롭게 주장하는 처분사유까지 동일 소송절차 내에서 판단을 받음으로써 분쟁을 한꺼번에 해결하는 것을 유효·적절한 수단으로서 선택할 수도 있으므로, 상대방의 그러한 절차적 선택을 존중하는 것이 처분사유의 추가·변경을 제한하는 기본취지에 오히려 부합하기 때문이다.

다만 법원이 기본적 사실관계가 동일하지 않은 사유의 실체적 당부에 관한 상대방의 명시적인 동의 없이 추가·변경된 처분사유를 심리·판단하여 이를 근거로 거부처분이 적법하다고 판단하는 것은 행정소송법상 직권심리주의의 한계를 벗어난 것으로 허용될 수 없다고 하면서, 법원으로서는 처분청이 기존의 처분사유와 기본적 사실관계의 동일성이 인정되지 않는 다른 처분사유를 주장하는 것에 대하여 상대방에게 적절히 석명권을 행사하여, 처분사유의 추가·변경 제한에 관한 법리가 그대로 적용될 것을 주장할 것인지, 아니면 추가·변경된 처분사유의 실체적 당부에 관한 법원의 판단을 구할 것인지에 관하여 의견을 진술할 수 있도록 기회를 주어야 한다는 것이다. 만일 상대방의 명시적인 동의가 없다면, 법원으로서는 처분사유 추가·변경에 관한 판례이론으로 돌아가 처분사유 추가·변경을 허용하여서는 안 된다.

제 8 절 행정소송의 종료

Ⅰ. 소송의 종료사유

1. 종국판결의 확정

종국판결의 확정은 가장 보편적인 소송의 종료사유이다. 판결의 확정은 상소기간의 도과, 상소권의 포기 등에 의한다.

---

488) 대법원 2024. 11. 28. 선고 2023두61349 판결. 그 결과 추가·변경된 처분사유도 실체적으로 위법하여 처분을 취소하는 판결이 선고·확정되는 경우 추가·변경된 처분사유에 관한 판단에까지 취소판결의 기속력이 미친다.

2. 당사자의 행위로 인한 종료

가. 소의 취하

'소의 취하'란 원고가 제기한 소의 전부 또는 일부를 철회하는 법원에 대한 일방적 의사표시를 말한다. 행정소송은 행정의 적법성확보를 그 목적의 하나로 하기 때문에 개인의 일방적 의사에 따라 소를 종료시킬 수 있는지 여부가 문제되기도 한다. 그러나, 행정소송에서도 처분권주의가 지배하므로, 이를 부인할 수는 없을 것이다. 행정소송에서 소를 취하하려면 피고가 본안에 관하여 준비서면을 제출하거나 변론준비기일에서 진술하거나 변론을 한 후에는 피고의 동의를 얻어야 하는 것은 민사소송과 같다. 그러나, 행정소송에 관한 부제소의 합의는 당사자가 임의로 처분할 수 없는 공법상의 권리관계를 대상으로 한 소권을 당사자의 합의로 포기하는 것이므로 허용될 수 없다는 것이 판례이다.[489] 그밖에 쌍방불출석으로 인한 소취하나 상소취하의 간주에 관한 민사소송법 제268조의 규정은 행정소송에도 준용된다.

나. 청구의 포기와 인낙

'청구의 포기'란 원고가 자기의 소송상의 청구가 이유 없다는 것을 자인하는 법원에 대한 일방적 의사표시를 말하고, '청구의 인낙'이란 피고가 원고의 소송상의 청구가 이유 있음을 자인하는 법원에 대한 일방적 의사표시를 말한다. 민사소송법 제220조는 "화해, 청구의 포기 · 인낙을 변론조서 · 변론준비기일조서에 적은 때에는 그 조서는 확정판결과 같은 효력을 가진다."라고 규정하고 있다. 민사소송에서는 당사자에게 소송물인 권리관계를 자유롭게 처분할 수 있는 권리가 인정되기 때문이다.

그러면 행정소송에서도 청구의 포기 · 인낙을 인정할 수 있을까? 행정소송의 심리에서도 변론주의와 처분권주의를 기본으로 하고 행정소송법에 이를 배제하는 명시적 규정이 없으며 분쟁의 자율적 · 종국적 해결이라는 현실적 필요가 있으므로, 민사소송법상의 청구의 포기 · 인낙에 관한 규정이 준용될 수 있다고 볼 수도 있다. 그러나, 행정청이나 개인이 소송물인 처분을 임의로 취소 · 변경할 수 있는 것은 아니고, 취소소송에서는 청구의 포기나 인낙에 대하여 확정판결과 동일한 효력을 인정하기 어려우며, 청구의 포기나 인낙을 인정할 경우 공무원의 부정과 편법을 조장할 우려가 있으므로, 청구의 포기 · 인낙은 허용되지 않는다고 보아야 할 것이다.

---

489) 대법원 1998. 8. 21. 선고 98두8919 판결.

다. 화해와 조정

소송상의 화해란 소송계속 중 당사자 쌍방이 소송물인 권리관계의 주장을 서로 양보하여 소송을 종료시키기로 하는 변론기일에서의 합의를 말한다. 민사소송에서의 화해조서는 확정판결과 같은 효력이 있다(민사소송법 제220조).

그런데, 행정소송법에서는 소송상 화해에 대해 명문규정을 두고 있지 않으므로, 민사소송법상의 소송상 화해가 준용될 것인지가 문제가 된다. 일반적으로 청구의 포기 · 인낙에서와 같은 이유로 화해에 의한 취소소송의 종료는 부정되어야 한다는 것이 다수설이다.[490]

한편, 행정소송에서 조정은 행정소송법이 민사조정법을 준용하지 않고 있기 때문에 허용되지 않는다고 해석된다.[491] 그러나, 항고소송에서도 신속하고 공정한 해결 및 분쟁의 일회적 해결을 통한 국민의 권익구제를 위하여 조정이 필요한 경우가 있고, 그에 따라 실무에서는 행정청이 직권으로 처분을 취소 또는 변경하고 원고가 소를 취하하는 방법으로 사실상의 조정이 이루어지고 있는 것이 현실이다. 그리하여, 행정소송규칙 제15조에서는 그러한 필요와 현실을 반영하여 조정권고제도를 도입하였다. 이에 따르면, 재판장은 소송계속 중인 사건에 대하여 직권으로 소의 취하, 처분등의 취소 또는 변경, 그 밖에 다툼을 적정하게 해결하기 위하여 필요한 사항을 서면으로 권고할 수 있고(제1항), 그 경우 권고의 이유나 필요성 등을 기재할 수 있으며(제2항), 필요한 경우에는 당사자, 이해관계인, 그 밖의 참고인을 심문할 수 있다(제3항).

3. 그 밖의 종료사유

원고가 사망하고 소송물인 권리관계의 성질상 이를 승계할 자가 없는 경우에는 소송은 종료된다. 예컨대, 면직처분에 대한 무효확인소송 계속중 해당 공무원이 사망하면 그 소송은 종료된다.[492]

그러나, 행정청의 폐지와 같이 피고가 없게 된 경우에는 행정소송법 제13조 제2항에 의하여 그 처분의 사무가 귀속되는 국가 또는 공공단체가 승계하므로 소송의 종료는 생각할 수 없다.

---

490) 박정훈, 행정소송의 구조와 기능, 613-642면에서는 소송상의 화해를 긍정하고 그 제도가 도입될 경우 요건과 절차 및 효과를 구체적으로 제시하고 있다.

491) 참고로 행정심판에서는 조정제도가 도입되어 있다는 것은 앞에서 살펴보았다.

492) 대법원 2007. 7. 26. 선고 2005두15748 판결.

Ⅱ. 판결의 종류

1. 개 설

행정소송에서의 판결도 민사소송과 같이 종국판결과 중간판결, 소송판결과 본안판결, 전부판결과 일부판결, 기각판결과 인용판결로 나눌 수 있다.

소송판결은 소가 소송요건(전심절차 · 당사자적격 · 관할권 등)을 결하고 있는 경우 부적법 각하하는 것을 말한다. 소가 처음부터 소송요건을 결하는 경우뿐만 아니라 소송계속 중에 처분의 효력이 소멸하여 소의 이익이 없어지는 것과 같이 소제기 후에 소송요건을 결하게 된 경우에도 행해진다.

본안판결은 청구의 당부를 판단한 결과로서, 청구인용 · 청구기각의 판결이 있다. 그런데 취소소송에서는 기각판결의 일종으로서 사정판결이 인정된다는 점에서 민사소송에서와 다른 특색이 있다.

2. 취소판결

처분의 취소 · 변경을 구하는 청구가 이유 있어 그 청구의 전부 또는 일부를 인용하는 형성판결을 말한다. 취소판결은 처분의 위법성을 확인하는 효과 외에 처분의 효력을 소멸시키는 형성력을 수반한다.

행정소송법 제4조 제1호는 취소소송에 관하여 "행정청의 위법한 처분 등을 취소 또는 변경하는 소송"이라고 규정하고 있는데, 여기에서의 변경은 적극적 변경이 아니라 소극적 변경인 일부취소를 의미한다. 일부취소는 해당 처분이 가분성이 있거나 그 처분대상의 일부가 특정될 수 있는 경우 청구의 일부가 이유 있을 때 행할 수 있으나, 불가분처분에 대해서는 할 수 없고 재량처분에 대해서도 할 수 없다.

① 조세부과처분, 국유재산 사용료 · 변상금 부과처분, 개발부담금 부과처분, 환지청산금 부과처분, 산업재해보상보험료 부과처분의 경우와 같이 납부하여야 할 액수가 법령에 의하여 추상적으로 정해지고 행정청에게 처분의 부과 여부에 대한 재량의 여지가 없는 처분에 대해서는, 기록상 정당한 액수를 산정할 수 있다면 그 정당한 액수를 초과하는 부분만 취소하여야 하고 그 처분의 전부를 취소할 수 없다. 다만 이러한 처분도 절차상 하자를 이유로 하는 경우 또는 실체상 위법하기는 하지만 기록상 정당한 납부액의 산정이 불가능한 경우에는 처분의 전부를 취소할 수 있다.[493)]

---

493) 처분청이 정당한 부과금액이 얼마인지 주장 · 증명하지 않고 있는 경우 법원이 적극적으로 직권증거조사를 하거나 처분청에게 증명을 촉구하는 등의 방법으로 정당한 부과금액을 산출할 의무까지 부담하는 것은 아니다(대법원 2016. 7. 14. 선고 2015두4167 판결).

② 처분의 유무 및 정도에 관하여 재량이 인정되는 징계처분이나 영업정지처분 또는 과징금 부과처분과 같은 경우, 법원으로서는 처분이 재량권을 일탈·남용하였는지 여부만 판단할 수 있을 뿐이고 재량권의 범위 내에서 어느 정도가 적정한 처분인지에 관해서는 판단할 권한이 없으므로 일부취소가 허용되지 않는다(판례). 예컨대, 과징금의 산정은 피고의 재량권에 속하는 사항이므로 법원이 과징금을 정하는 것은 사법심사의 범위를 벗어나는 것이다.[494]

③ 재량행위라고 하더라도 해당 처분이 가분성이 있거나 그 처분대상의 일부가 특정될 수 있는 경우에는 일부취소를 할 수 있다. 공정거래위원회가 여러 개의 위반행위에 대하여 외형상 하나의 과징금 납부명령을 발령하였으나 그중 일부 위반행위에 대한 과징금 부과만 위법하고 소송상 그 일부 위반행위를 기초로 한 과징금액을 산정할 수 있는 자료가 있는 경우에는 하나의 과징금 납부명령일지라도 그 일부 위반행위에 대한 과징금액에 해당하는 부분만 취소하여야 하고,[495] 공정거래위원회가 광고행위와 표시행위에 관한 법위반사실을 이유로 공표명령을 발령하였고 그 법위반사실이 각각 별개로 특정될 수 있는데, 그중 하나의 법위반사실이 인정되지 않는다면 그 부분에 대한 공표명령의 효력만 취소할 수 있을 뿐 법위반사실 공표명령 전부를 취소할 수 없다.[496] 마찬가지로 여러 개의 상이에 대한 국가유공자요건 비해당처분에 대한 취소소송에서 일부의 상이는 국가유공자요건에 해당하고 나머지는 해당하지 않는 경우, 국가유공자요건 비해당처분 중 위 요건이 인정되는 상이에 대한 부분만 취소하여야 하고 위 처분 전부를 취소할 수 없다.[497] 또한, 세 가지 처분사유에 관하여 각각 1개월의 영업정지를 결정한 다음 이를 합산하여 3개월의 영업정지를 명하는 처분을 하였는데, 제2처분사유, 제3처분사유는 인정되나 제1처분사유가 인정되지 않는다면, 제1처분사유에 관한 1개월의 영업정지 부분만 취소하여야 한다.[498] 한편, 한 사람이 취득한 여러 종류의 자동차운전면허를 취소 또는 정지하는 경우 각각을 별개의 것으로 취급하여야 하는 것이 원칙이다. 다만 취소사유가 특정 면허에 관한 것이 아니라 다른 면허와 공통된 것이거나 운전면허를 받은 사람에 관한 것일 경우에는 여러 면허를 전부 취소

494) 대법원 2009. 6. 23. 선고 2007두18062 판결; 대법원 1998. 4. 10. 선고 98두2270 판결; 대법원 2007. 10. 26. 선고 2005두3172 판결 등 참조.

495) 대법원 2019. 1. 31. 선고 2013두14726 판결. 같은 취지에서 하천관리청이 하천점용허가를 받지 않고 무단으로 하천을 점용·사용한 자에 대하여 변상금을 부과하면서 여러 필지 토지에 대하여 외형상 하나의 변상금부과처분을 하였으나, 여러 필지 토지 중 일부에 대한 변상금 부과만 위법한 경우에는 변상금부과처분 중 위법한 토지에 대한 부분만 취소하여야 하고, 그 부과처분 전부를 취소할 수 없다(대법원 2024. 7. 25. 선고 2024두38025 판결).

496) 대법원 2000. 12. 12. 선고 99두12243 판결.

497) 대법원 2012. 3. 29. 선고 2011두9263 판결.

498) 대법원 2020. 5. 14. 선고 2019두63515 판결.

할 수 있다.[499]

3. 확인판결

확인판결은 주로 당사자소송에서 찾아 볼 수 있다. 항고소송 중에는 무효등 확인소송과 부작위위법확인소송의 인용판결이 확인판결이다.

4. 이행판결

이행판결은 국가나 공공단체에 대하여 일정한 급부를 명하는 판결로서 당사자소송(금전급부판결)에서 나타난다. 항고소송에서 의무이행판결은 허용되지 않으므로 거부처분 취소판결이나 부작위위법확인판결에 따르는 판결의 기속력과 간접강제에 의하여 유사한 효과를 얻을 수 있을 뿐이다.

5. 사정판결

가. 의 의

취소소송에서 심리의 결과 계쟁처분이 위법하다고 판명되면 당연히 그 처분을 취소하여야 한다. 그러나 이미 그 처분을 기초로 하여 다수의 이해관계가 걸린 법률관계가 형성되거나 공공사업이 상당히 진행된 경우와 같이 위법한 처분을 취소하여 기존의 법률관계를 뒤집는 것이 오히려 공공복리에 어긋나는 경우가 있다. 이러한 경우를 예상하여 행정소송법은 원고의 청구에 이유가 있더라도 해당 처분 등을 취소·변경하는 것이 현저하게 공공복리에 적합하지 않다고 인정되는 때에는 법원이 기각판결을 할 수 있도록 하고 이를 특히 사정판결이라 한다(행정소송법 제28조 제1항).

사정판결제도는 원고의 청구가 이유 있다고 인정됨에도 불구하고 원고의 청구를 기각한다는 점이 특징이다. 청구가 이유 있다는 것은 쟁송의 대상인 처분 등이 위법하다는 것을 말하는데, 이 점만 보게 되면 사정판결제도는 법치주의에 반하는 부당한 제도인 것으로 비난받을 수 있다. 그러나 사정판결제도는 공공복리를 이유로 하여 원고에게 일방적인 희생을 강요하는 제도가 아니라, '처분 등의 취소'라고 하는 원고의 본래의 청구에 갈음하여

499) 주취상태로 이륜자동차를 운전하였다는 이유로 제1종 대형, 제1종 보통, 제1종 특수, 제2종 소형 자동차운전면허 모두를 취소한 대법원 2018. 2. 28. 선고 2017두67476 판결 참조. 반면에 제1종 대형, 제1종 보통 자동차운전면허를 가지고 있는 사람이 오토바이를 절취한 사안에서 도로교통법령상 취소사유가 훔치거나 빼앗은 해당 자동차 등을 운전할 수 있는 특정 면허에 관한 것이고 제2종 소형면허 이외의 다른 운전면허를 가지고는 오토바이를 운전할 수 없어 위 취소사유가 다른 면허와 공통된 것도 아니라는 이유로 위 자동차면허들을 취소할 수 없다고 한 사례가 있다(대법원 2012. 5. 24. 선고 2012두1891 판결).

손해배상 등 기타의 방법으로 원고의 청구를 수용하면서(행정소송법 제28조 제3항) 그것을 통해 공공복리에도 이바지하려는 제도라 할 수 있다. 따라서 사정판결제도를 법치주의에 반한다고만 볼 일은 아니다.

나. 사정판결의 요건

(1) 취소소송일 것

사정판결은 취소소송에서 인정되는 것이다. 무효와 취소의 구별은 상대적인 것에 불과하고, 처분이 무효로 확인되는 경우에도 공공복리에 현저하게 반하는 결과를 초래할 수도 있으므로, 무효등 확인소송에서도 사정판결이 허용되어야 한다는 주장이 있다. 그러나 처분 등이 무효이거나 부존재인 경우에는 존치시킬 효력이 있는 행정행위가 없고, 행정소송법이 취소소송에서만 사정판결을 허용하고 있을 뿐, 사정판결에 관한 규정을 무효등 확인소송에는 준용하고 있지 않으므로, 무효등 확인소송에는 사정판결이 허용되지 않는다.

(2) 청구인용판결의 선고가 현저히 공공복리에 적합하지 않을 것

사정판결은 원고의 청구가 이유 있음에도 불구하고 해당 처분 등을 유지시킨다는 점에서 법치주의에 대한 예외로 볼 수 있다. 따라서 개인의 권익구제라는 사익과 공공복리를 비교형량하여 극히 불가피한 경우에만 사정판결을 하여야 한다. 이러한 취지에서 행정소송법 제28조 제1항은 "처분등을 취소하는 것이 현저히 공공복리에 적합하지 아니하다고 인정하는 경우"에만 사정판결을 허용하고 있다.

청구인용의 판결을 하는 것이 현저히 공공복리에 적합하지 않는지에 관한 구체적인 기준을 제시하기는 어렵다. 다만 위법한 처분의 효력을 유지하는 것 그 자체로 당연히 공공복리는 저해되는 것으로 볼 수 있으므로, 그러한 위법한 처분을 취소하지 않고 방치함으로써 침해되는 공익의 정도보다 위법한 처분을 취소함으로써 새롭게 침해되는 공익의 정도가 월등하게 큰 경우이어야 한다.

이와 같은 사정들은 결국 법원이 구체적인 사건에 관하여 개별적으로 결정하여야 한다. 구체적으로, ① 해당 처분에 이르기까지의 경과 및 처분 상대방의 관여 정도, ② 위법사유의 내용과 발생원인 및 전체 처분에서 위법사유가 관련된 부분이 차지하는 비중, ③ 해당 처분을 취소할 경우 예상되는 결과, 특히 해당 처분을 기초로 새로운 법률관계나 사실상태가 형성되어 다수 이해관계인의 신뢰 보호 등 처분의 효력을 존속시킬 공익적 필요성이 있는지 여부 및 그 정도, ④ 해당 처분의 위법으로 인해 처분 상대방이 입게 된 손해 등 권익 침해의 내용, ⑤ 행정청의 보완조치 등으로 위법상태의 해소 및 처분 상대방의 피해 전보가 가능한지 여부, ⑥ 해당 처분 이후 처분청이 위법상태의 해소를 위해 취한 조치 및 적극성의 정도와 처분 상대방의 태도 등 제반 사정을 종합적으로 고려하여야 한다.[500)]

사정판결이 허용된 경우로서, 재개발조합설립 및 사업시행인가처분,[501] 법학전문대학원의 예비인가처분[502] 등에 관한 사례가 있다.

다. 심 판

사정판결에 대한 주장·증명의 책임은 사정판결의 예외성에 비추어 피고인 행정청이 부담하여야 할 것이다. 그러나 당사자의 명백한 주장이 없는 경우에도 기록에 나타난 여러 사정을 기초로 직권으로 석명권을 행사하거나 증거조사를 하여 사정판결을 할 수 있다.[503]

취소소송에서 위법판단은 처분시의 사실 내지 법상태를 기준으로 판단하여야 하는 것이지만, 위법처분에 대하여 사정판결을 할 때 공공복리를 판단하는 기준시기는 변론종결시를 기준으로 하여야 한다(행정소송규칙 제14조).

사정판결을 할 때 미리 원고가 그로 인하여 입게 될 손해의 정도와 배상방법 그 밖의 사정을 조사하여야 한다(행정소송법 제28조 제2항). 이는 사정판결의 요건으로서 공익을 비교형량을 위한 심리가 되는 동시에 사정판결의 효과로서의 부수조치를 하기 위한 심리로도 의미가 있다. 명문의 규정이 없는 이상 법원이 직권으로 부수조치 청구를 명할 수는 없으나 당사자가 구제방법청구를 간과하였음이 분명하다면 적절하게 석명권을 행사하여 그에 관한 의견을 진술할 수 있는 기회를 주어야 한다.[504]

사정판결은 청구기각판결이므로, 비록 해당 소송의 대상인 처분 등이 위법하여 원고의 청구가 이유 있더라도 원고의 청구는 배척되는 결과를 가져온다. 그러나, 해당 처분 등은 그 위법성이 치유되어 적법하게 되는 것이 아니라 공공복리를 위하여 위법성을 가진 채로 그 효력을 지속하는 것에 불과하다. 사정판결을 하는 경우 법원은 판결의 주문에서 그 처분 등이 위법하다는 점을 명시하여야 하며(제28조 제1항 후단), 그 처분 등의 위법성에 대하여 기판력이 발생하게 된다. 사정판결은 기각판결임에도 불구하고 소송비용은 피고의 부담으로 하는데(제32조), 원고의 청구가 이유 있음에도 불구하고 공공복리를 위하여 원고의 청구를 기각하는 것이기 때문이다.

라. 구제방법청구의 병합

원고는 피고인 행정청이 속하는 국가 또는 공공단체를 상대로 손해배상, 재해시설의 설치 그밖에 적당한 구제방법의 청구를 해당 취소소송 등이 계속된 법원에 병합하여 제기할 수 있다(제28조 제3항). 원고로서는 사정판결에 대비하여 예비적으로 손해배상 등의 청구

500) 대법원 2016. 7. 14. 선고 2015두4167 판결.
501) 대법원 1995. 7. 28. 선고 95누4629 판결.
502) 대법원 2009. 12. 10. 선고 2009두8359 판결.
503) 대법원 1992. 2. 14. 선고 90누9032 판결, 대법원 2006. 9. 22. 선고 2005두2506 판결 등 참조.
504) 대법원 2016. 7. 14. 선고 2015두4167 판결.

를 추가할 수도 있고(주관적 · 예비적 경합), 사정판결 후에 별소를 제기할 수도 있다.

사정판결로 인하여 피해를 입을 처분의 상대방 등에게 하여야 할 손해배상의 성질에 관하여 종래에는 특별한 손실보상이라는 견해, 무과실배상책임이라는 견해, 일반적 국가배상청구권이라는 견해, 국가배상과 손실보상의 청구가 모두 가능하다는 견해로 나누어졌으나, 명문으로 규정된 이상 논의의 실익은 없다.

마. 불 복

사정판결 역시 일반적인 기각판결과 본질상 동일하므로, 그에 불복하는 당사자는 상소할 수 있다. 이때 원 · 피고 모두 불복이 가능하다. 원고는 사정판결을 할 사정이 없음에도 사정판결을 하여 청구가 기각되었다는 이유로 불복할 수 있다. 피고도 청구가 기각된 것에는 불만이 없지만 처분이 적법함에도 위법하다고 선언하였다는 점에서 다툴 수 있다.

Ⅲ. 판결의 효력

1. 자박력(선고법원에 대한 구속력 · 불가변력)

행정소송에서도 판결이 일단 선고되면 선고법원 자신도 자신의 판결에 구속되어 그 판결을 스스로 취소하거나 변경할 수 없다. 이를 판결의 자박력, 구속력 또는 불가변력이라고 부른다. 다만 법원은 판결의 내용에 관한 실질적인 변경 없이 판결에 잘못된 계산이나 기재, 그밖에 이와 비슷한 잘못이 있음이 분명한 때에는 직권으로 또는 당사자의 신청에 따라 경정결정을 할 수 있다(민사소송법 제211조 제1항).

2. 형식적 확정력(당사자에 대한 구속력)

판결이 당사자의 상소로써 취소 · 변경될 가능성이 없게 된 때 소송은 확정적으로 종료된다. 이렇게 상소기간의 도과 기타 사유로 상소할 수 없는 때 판결은 형식적 확정력을 가진다. 이 형식적 확정력은 판결내용과 관계는 없으나 판결의 효력발생요건이 된다.

3. 기판력(소송법적 효력, 법원과 양당사자에 대한 구속력)

가. 의 의

기판력이라 함은 확정된 판결의 내용이 가지는 규준력으로서, 전소에서 판단한 소송물을 다시 소송의 대상으로 삼을 수 없고 적어도 후소절차에서 전소판결을 기초로 삼아야 하는 구속력을 말한다.

행정소송법 제8조 제2항에 의하여 민사소송법이 준용되므로, 항고소송에서도 기판력이 인정된다. 민사소송법 제216조 제1항에서는 "확정판결은 주문에 포함된 것에 한하여 기판력을 가진다.", 제218조 제1항에서는 "확정판결은 당사자, 변론을 종결한 뒤의 승계인(변론없이 한 판결의 경우에는 판결을 선고한 뒤의 승계인) 또는 그를 위하여 청구의 목적물을 소지한 사람에 대하여 효력이 미친다."라고 규정하고 있다.

나. 범 위

(1) 주관적 범위

기판력은 대립하는 당사자 사이에서만 미치는 것이 원칙이지만, 분쟁해결의 실효성을 높이기 위하여 당사자와 동일하게 볼 수 있을 정도로 밀접한 관계가 있는 승계인에게도 미친다. 행정소송법 제16조에 의하여 소송참가를 한 제3자에게도 미친다. 그러나 해당 소송과 관계가 없는 제3자에게는 미치지 않는다.

항고소송에서는 편의상 권리주체인 국가·공공단체가 아닌 처분을 행한 행정청을 피고로 하기 때문에, 그 기판력은 피고 행정청이 속하는 국가나 공공단체에도 미친다. 따라서 세무서장을 피고로 하는 과세처분 취소소송에서 패소한 원고가 국가를 상대로 과세처분의 무효를 주장하면서 과오납금반환청구소송을 제기하면 기판력에 저촉된다.[505)]

(2) 객관적 범위

기판력은 판결의 주문에 포함된 판단에 미치는 것이 원칙이다. 그런데 판결의 주문은 소송물에 관한 판단이므로, 기판력의 객관적 범위는 소송물이 된다. 취소소송의 소송물은 처분의 위법성 일반이므로 처분이 적법하다는 것 또는 처분이 위법하다는 것에 대하여 기판력이 미치게 된다.

항고소송에서 처분의 취소 또는 무효확인판결이 확정되면, 처분이 위법하다는 점에 대하여 기판력이 미치므로 원고나 피고 모두 처분이 유효하다는 주장을 할 수 없다. 그러나 행정청이 종전의 처분과는 별개의 새로운 처분을 하게 되면 종전처분에 대한 기판력이 새로운 처분에는 미치지 않는다. 다만 뒤에서 보는 판결의 기속력에 의하여 행정청은 판결의 내용에 저촉되는 처분을 할 수 없고, 그러한 처분을 하였다면 무효이다.

취소소송이나 무효확인소송에서 기각판결이 확정된 경우에는 앞의 경우와는 달리 그 처분이 적법하다거나 무효가 아니라는 점에 대하여 기판력이 발생하고 개개의 위법사유는 공격방어방법에 지나지 않는다. 따라서 원고가 전소에서 주장한 것과 다른 사유를 들어 그 처분이 위법하다고 주장하더라도 그것은 받아들여질 수 없다. 한편 무효확인소송에서의 패소판결은 취소소송에 기판력이 미치지 않으므로 원고는 새로운 취소소송을 제기할 수 있으

505) 대법원 1998. 7. 24. 선고 98다10854 판결 참조.

나, 취소소송에서 패소판결(처분이 적법하다는 판결)은 무효확인소송이나 무효를 전제로 한 부당이득금 반환청구소송 등 민사소송에도 미친다.

기판력은 판결주문 중에 표시된 소송물에 관한 판단에 대해서만 발생하는 것이 원칙이다. 그러므로 판결이유 중에서 설시된 사실인정, 선결적 법률관계, 항변 등에는 기판력이 미치지 않는다.506)

항고소송의 본안판결이 있은 후 동일한 사유로 국가배상을 제기한 경우 전소의 기판력이 후소에 미치는지 여부가 문제된다. 이는 취소소송에서 처분의 위법성과 국가배상책임의 성립요건으로서 위법성의 관계를 어떻게 설정할 것인지와 관련이 있다.507)

① 양자를 같은 개념으로 보는 협의의 행위위법설에서는 취소판결의 기판력이 인용판결이든 기각판결이든 불문하고 국가배상청구소송에 미치게 된다. ② 국가배상책임요건으로서의 위법 개념이 취소소송에서의 그것보다 넓은 개념으로 보는 광의의 행위위법설에 의하면 취소소송의 인용판결의 기판력만 국가배상청구소송에 미치고, 기각판결의 기판력은 국가배상청구소송에 미치지 않는다. ③ 양자를 다른 개념으로 보는 결과불법설, 상대적 위법성설, 직무의무위반설을 취하면 취소소송의 본안판결의 기판력이 국가배상청구소송에 미치지 않는다.

판례가 어느 견해를 취하는지 명확하지 않다. 그렇지만, 행위의 위법성을 판단할 때에는 엄격한 의미의 법령위반뿐 아니라 인권존중, 권력남용금지, 신의성실과 같이 공무원으로서 마땅히 지켜야 할 준칙이나 규범을 지키지 않고 위반한 경우를 포함하여 널리 그 행위가 객관적인 정당성을 결여하고 있음을 뜻한다고 판시하여, 그 의미를 넓게 보고 있다.508) 한편, 판례 중에는 객관적 정당성을 상실한 것이 국가배상법상의 위법이라고 보는 것이 상당히 많이 있으므로,509) 기본적인 입장은 상대적 위법성설에 있는 듯하다. 위 논의와 관련하여 기판력이 미치는지 여부는 위법성에 대한 판단에 한정되고 고의와 과실의 인정 여부와는 관련이 없다는 점에 유의하여야 한다.

(3) 시간적 범위

종국판결은 변론을 종결할 때까지 소송에 현출된 자료를 기초로 행해지고 당사자도 변론을 종결할 때까지 소송자료를 제출할 수 있으므로, 그 시점을 기준으로 법률관계가 확정된다고 보는 것이 합리적이다. 따라서 기판력은 변론종결시를 표준시로 하여 발생한다.

---

506) 대법원 1987. 6. 9. 선고 86다타2756 판결.

507) 이에 관한 자세한 사항은 국가배상법에서 이미 살펴보았다.

508) 대법원 2009. 12. 24. 선고 2009다70718 판결. 따라서, 헌법상 과잉금지의 원칙 내지 비례의 원칙을 위반하여 국민의 기본권을 침해한 것도 법령위반이 될 수 있다(대법원 2022. 9. 29. 선고 2018다224408 판결).

509) 대법원 2000. 5. 12. 선고 99다70600 판결 등.

4. 형성력(승소판결)

가. 의 의

판결의 형성력이란 “판결의 취지에 따라 법률관계의 발생 · 변경 · 소멸을 가져오는 효력”을 말한다. 따라서 처분이나 재결을 취소하는 판결이 확정되면 그 처분이나 재결의 효력이 당연히 소멸하게 되므로, 그 처분이나 재결에 기하여 형성된 기존의 법률관계는 변동하게 된다. 따라서 처분이나 재결의 효력을 소멸시키기 위하여 처분청의 취소행위나 취소통지 등 별도의 행위는 필요 없다. 예컨대, 과세처분의 취소판결이 확정된 후 경정처분을 하였다면 이미 없어진 과세처분을 경정한 것으로서 무효이다.510)

나. 소 급 효

형성력은 소급효를 가지므로 취소판결이 확정되면 해당 처분은 처분 당시부터 효력이 없었던 것으로 된다(집행정지와 비교). 파면처분을 받은 공무원은 그 파면처분 취소소송에서 승소하면 파면처분이 효력을 상실함으로써 소급하여 공무원의 신분을 회복하게 된다. 또한 영업허가 취소처분에 대한 취소판결이 확정되었다면 영업허가 취소처분 이후의 영업행위를 무허가영업이라고 할 수 없고,511) 취소판결에 의하여 취소된 운전면허 취소처분 이후의 운전행위를 무면허운전이라 할 수 없다.512)

다. 제3자효

제3자효 행정행위에 대한 취소소송에서 비록 피고는 처분청으로 되어 있으나, 분쟁의 실질적 상대방은 경락인, 신규업자 등 제3자인 경우가 많으므로, 취소판결의 효과를 실질적 상대방인 제3자에게 미치게 할 필요가 있다. 행정소송법은 바로 이러한 점을 고려하여 취소판결에 형성력을 인정하고 있는 것이다.

그리하여 행정소송법 제29조에 따라 처분 등을 취소하는 확정판결은 제3자에 대해서도 효력이 있다. 예컨대, 체납처분절차의 하나로서 공매처분의 취소판결이 있은 경우 그 효력이 제3자인 경락인에게 미치지 않는다면, 체납자에게 청구인용의 판결은 의미가 없다. 여객자동차운수사업의 기존업자가 신규업자를 상대로 한 신규면허처분의 취소소송(경업자소송)에서도 마찬가지이다.

한편, 소송에 참가하여 자기의 이익을 방어하거나 주장할 기회를 가지지 않은 제3자에 대하여 판결의 효력을 미치게 한다는 것은 소송법의 원칙에 어긋나고, 자칫 국민의 재판

---

510) 대법원 1989. 5. 9. 선고 88다카16096 판결.
511) 대법원 1993. 6. 25. 선고 93도277 판결.
512) 대법원 1999. 2. 5. 선고 98도4239 판결.

청구권을 침해할 수도 있다. 취소판결의 제3자효가 가지는 이와 같은 양면성을 조화시키기 위하여 마련된 제도가 행정소송법상의 제3자의 소송참가(제16조) 및 제3자의 재심청구(제31조)이다.

5. 기속력(승소판결, 행정기관에 대한 구속력)

가. 의의 및 취지

취소소송을 심리한 법원이 처분이나 재결을 취소 또는 변경하는 판결을 선고하여 확정된 경우 소송당사자와 관계 행정청은 그 판결 내용에 따라 행동하여야 할 실체법적 의무를 지게 된다. 이러한 당사자에 대한 실체법적 구속력을 기속력이라 한다(행정소송법 제30조). 기속력은 무효등 확인소송과 부작위위법확인소송 및 당사자소송에도 인정된다(제38조 제1항, 제2항, 제44조 제1항).

해당 처분의 취소를 구한 개인에게 실효성 있고 실질적인 권익구제를 도모하기 위해서는 그 판결의 직접적인 효과를 넘어 행정청이 취할지도 모를 실질적으로 같은 내용의 반복적 조치를 저지할 필요가 있다. 이것이 기속력 제도의 취지이다.

나. 성 질

취소판결의 기판력, 형성력, 기속력의 성격과 관계에 관하여 다양한 견해가 전개되고 있는데, 주로 기판력과 기속력의 관계에 관하여 논의되고 있다.

특수효력설은 기속력의 취지를 해당 처분의 취소를 구한 개인에게 실효성 있고 실질적인 권익구제를 도모하기 위해서는 그 판결의 직접적인 효과를 넘어 행정청이 취할지도 모를 실질적으로 같은 내용의 반복적 조치를 저지할 필요가 있으므로, 이는 소송법적 효력이 아니라 "취소판결의 실효성을 담보하기 위하여 실정법이 부여한 특수한 효력"으로서 행정소송법 제30조가 창설한 실체법적 효력이라고 설명한다.[513)]

기판력설은 기속력 중 특히 반복금지효에 대하여 취소판결 이후 행해진 동일한 내용의 재처분은 다시 제기된 취소소송에서 그 판결의 기판력이 미침으로써 실체에 관한 심사 없이 바로 취소된다고 주장하면서, 기속력은 소송법적 효력인 기판력의 존중의무나 집행의무 정도로 인식한다.[514)]

통설·판례는 취소판결 이후 반복된 재처분은 종전의 처분과 처분일시가 달라 형식적으로는 다른 처분이므로 기판력이 미칠 수 없다는 점을 들어 기속력을 기판력의 내용으로 볼 수 없다는 점을 주된 논거로 특수효력설에 있다.

---

513) 가령 김남진·김연태, 행정법Ⅰ, 1,019면.
514) 박정훈, 행정소송의 구조와 기능, 450-457면 참조.

기속력을 기판력의 속성으로 보고 실체법적 효력을 부인하는 견해에는 찬성하기 어렵다. 기판력설은 반복금지효의 구체적인 실현은 어차피 재처분에 대한 소송에서 이루어진다고 하나, 원고가 아직 후소를 제기하기 전이라든가 여러 가지 사유로 후소를 제기하지 않으면, 이때 행정청이 동일 오류의 재처분을 발령하지 말아야 할 의무는 무엇으로 설명하여야 하는지 의문이 든다. 또한, 기판력설에 의하면 기속력은 기판력의 속성에 불과하므로, 기판력과 기속력의 주관적 범위가 같아야 한다. 그러나 기속력의 경우 처분청과 그밖의 관계행정청에 미치는데, 여기에서 관계행정청이 아니면 동일한 행정주체 내에서도 미치지 않고 관계행정청이면 다른 행정주체에 속하더라도 미친다고 해석된다. 그렇게 보지 않으면 취소판결의 효력이 부당하게 축소되고 그 불이익을 상대방이 부담하게 되기 때문인데, 이때 기판력설은 이 문제를 논리적으로 설명하지 못한다.[515)]

다. 내 용

(1) 소극적 효력(반복금지효)

취소소송에서 청구인용판결이 확정되면, 행정청은 동일한 사실관계 아래에서 동일 당사자에 대하여 동일한 내용의 처분을 해서는 안 되는 의무를 진다. 다만 취소판결의 사유가 절차 또는 형식의 흠인 경우에는 그 확정판결이 행정청을 기속하는 효력은 취소사유로 된 절차나 형식의 위법에만 미치므로, 행정청은 적법한 절차 또는 형식을 갖추어 다시 동일내용의 처분을 할 수 있다.[516)]

청구기각판결에 대해서도 부작위의무가 인정되는지가 문제된다. 그러나 행정소송법 제30조 제1항이 '처분 등을 취소하는 확정판결'이라 하더라도 기속력이 발생하는 판결의 범위를 '인용판결(취소판결)'이라고 명시하고 있으므로 부정적으로 해석하여야 한다. 따라서 청구기각판결이 있더라도 행정청은 직권으로 해당 처분을 취소할 수 있다.

(2) 적극적 효력(거부처분에 대한 재처분의무)

거부처분이 취소되면 해당 처분은 없어지게 되어 거부처분이 있기 전의 상태로 돌아가게 된다. 이 경우 원래의 신청이 계속되어 있는 상태가 되나, 이것만으로는 신청인이 종국적 만족을 얻을 수 없다. 따라서 행정청에게 판결의 취지에 따라 원래의 신청에 대하여 새로운 처분을 할 적극적인 의무를 부과하여 실질적인 권리구제를 기하도록 할 필요가 있다.

다만 "판결의 취지에 따라야 한다."라고 하더라도 언제나 원고가 신청한 내용대로 하여야 한다는 의미는 아니다. 처분의 적법 여부는 처분 당시를 기준으로 하고, 재판 도중 처

---

515) 자세한 사항은 하명호, 행정쟁송법, 438-439면 참조.
516) 대법원 1987. 2. 10. 선고 86누91 판결.

분사유의 추가·변경을 사실관계의 동일성이 인정되는 범위 내로 제한하고 있는 판례이론에 비추어 보면, 처분 당시 존재하지 않았거나 처분사유와 동일성이 인정되지 않는 사유는 소송에서 처분사유를 추가·변경할 수 없다. 그럼에도 불구하고 당초의 소송에서 행정청이 주장할 수 없었던 사유를 재처분사유로도 삼을 수 없게 하는 것은 타당하지 않을 뿐만 아니라 행정청에게 당초 처분에서 존재하는 모든 사유를 찾아내어 처분사유로 삼도록 강요하는 결과가 된다.

따라서 ① 처분 이후에 발생한 사유이거나 ② 처분 당시에 이미 발생하였다 하더라도 당초의 처분사유와 기본적 사실관계의 동일성이 인정되지 않는 사유 등 동일성 없는 새로운 거부처분사유를 내세워 다시 거부처분을 하였다면, 이는 종전 거부처분과 결론이 동일하다 하더라도 기속력에 반하여 허용되지 않는다고 할 수 없다. 기속력은 구체적으로 나타난 '해당 처분사유에 따른 처분'의 반복을 방지하고자 하는 것이지, 처분결과가 같은 것은 어떠한 처분사유를 내세우더라도 안 된다는 의미는 아니기 때문이다.

그렇다고 하더라도 '새로운 사유'에 의한 재처분을 무제한으로 인정하게 되면, 행정청이 새로운 사유를 인위적으로 작출할 수 있을 때까지 무한정 재처분을 연기하다가 스스로 그와 같은 사유를 작출한 다음 이를 이유로 거부처분을 하는 것을 허용하게 되어 행정청의 자의에 의하여 판결의 기속력이 잠탈되는 불합리한 결과가 초래될 수 있다. 따라서 재처분이 ① 합리적인 기간 내가 아니라 기속력 회피를 위하여 처리를 지연하다가 새로운 법령 및 허가 기준에 따라 이루어진 경우, ② 행정청이 스스로 작출한 새로운 거부사유에 기한 경우, ③ 실질적으로 보아 종전의 거부처분을 답습한 것으로 권리남용으로 볼 수 있는 경우 등은 재처분의무를 충족하였다고 볼 수 없는 것이 아닌가 하는 논의가 있다.[517)]

(3) 결과제거의무(원상회복의무)

행정청은 처분의 취소판결이 있게 되면 그 판결의 기속력으로 인하여 위법한 처분에 의하여 초래된 상태를 제거하여야 한다. 따라서 그 판결에서 확인된 위법사유를 배제한 상태에서 다시 처분을 하거나 그밖에 위법한 결과를 제거하는 조치를 취하여야 한다.[518)] 예컨대, 자동차의 압류처분이 취소되면 행정청은 그 자동차를 원고에게 반환하여야 한다. 그럼에도 불구하고 행정청이 그에 따른 의무를 이행하지 않을 경우 공법상의 결과제거청구권에 입각하여 자동차의 반환을 청구할 수밖에 없을 것이다.

대법원 판결을 살펴보면, 결과제거의 내용은 ① 위법한 처분으로 인하여 발생한 효과

517) 위와 같은 경우에 재처분의무를 충족한 것으로 볼 수 없다는 입장에 관한 자세한 내용은 김의환, "거부처분취소확정판결의 기속력과 간접강제의 요건", 경기법조 제11호, 수원지방변호사회(2004. 11), 445-448면 참조.

518) 대법원 2019. 10. 17. 선고 2018두104 판결.

또는 그 집행의 제거와 ② 부정합처분의 취소 등이다. ①에 해당하는 사례로서, 병무청장의 병역기피자 인적사항 공개결정에 대하여 취소판결이 선고되면 그 기속력에 따라 위법한 결과를 제거하는 조치를 할 의무가 있다는 판결,[519] 주민소송에서 도로점용허가를 취소하는 판결이 확정되면 그 기속력에 따라 도로점용자에 대하여 도로의 점용을 중지하고 원상회복할 것을 명하고 이를 이행하지 않을 경우 행정대집행이나 이행강제금 부과 조치를 할 수 있다는 판결,[520] 학교폭력 관련 처분에 대한 집행정지결정에 따라 그 효력이 정지되어 처분이 없는 상태가 되면, 행정청은 그 즉시 학교생활기록부에 기재된 학교폭력 관련 조치사항을 삭제하여야 한다는 결정[521] 등을 들 수 있다. ②에 해당하는 사례로서, 근로복지공단의 사업종류 변경결정을 취소하는 판결이 확정되면 그 사업종류 변경결정을 기초로 이루어진 국민건강보험공단의 산재보험료 부과처분을 취소하거나 변경하여야 할 의무가 있다는 판결,[522] 시정명령의 위법을 이유로 이행강제금 부과처분을 취소하는 판결이 확정된 경우 시정명령을 직권으로 취소하는 처분을 할 의무가 있다는 판결[523] 등이 있다.

더 나아가 ③ 위법한 처분으로 상실한 행정청으로부터 수익적 조치를 받을 수 있었던 기회의 제공까지 기속력의 효과인 결과제거의무의 내용으로 인정할 수 있는지에 대해서는 향후의 논의가 더 필요하다고 생각되는데, 이와 관련하여 대법원 판결 중에는 직업능력개발훈련과정 인정제한처분에 대한 취소판결이 선고된 경우 사업주가 위 제한처분 때문에 관계 법령이 정한 기한 내에 하지 못했던 훈련과정 인정신청과 훈련비용 지원신청을 사후적으로 할 수 있는 기회를 주어야 한다고 판시한 사례가 있다.[524]

라. 범 위

(1) 주관적 범위

기속력은 당사자인 행정청뿐만 아니라 그 밖의 모든 관계행정청에도 미친다(행정소송법 제30조 제1항 참조).[525] 여기에서 '관계행정청'이란 피고 행정청과 동일한 행정주체에 속하는

---

519) 대법원 2019. 6. 27. 선고 2018두49130 판결.

520) 대법원 2019. 10. 17. 선고 2018두104 판결.

521) 대법원 2025. 9. 9. 자 2025무565 결정에 의하면, 학교생활기록부 기재를 유지한 채 '집행정지 중' 등의 문구를 부기하는 것만으로는 가해자로 기재된 학생에게 실질적인 불이익이 발생할 가능성이 크고 신청인의 재판청구권을 유명무실하게 할 소지가 있어 삭제에 준하는 조치로 볼 수 없다.

522) 대법원 2020. 4. 9. 선고 2019두61137 판결.

523) 대법원 2020. 12. 24. 선고 2019두55675 판결.

524) 대법원 2019. 1. 31. 선고 2016두52019 판결.

525) 기속력은 처분 등을 취소하는 경우에 그 피고인 행정청에 대해서만 미치는 것이므로, 교원소청심사위원회가 사립학교 교원에 대한 징계처분에 대하여 징계사유 자체가 인정되지 않는다는 이유로 취소하는 결정을 한 경우, 법원으로서는 징계사유 중 일부 사유가 인정된다면 위 결정을 취소하여야 하고, 설령 인정된 징계사유를 기준으로 볼 때 당초의 징계양정이 과중한 것이어서 그 징계처분을 취소한 위원회 결정이 결론에 있어서는 타당하다고 하더라도 마찬가지이다. 위와 같은 경우 법원이 위원회 결정이 결

행정청인지 또는 동일한 행정사무계통을 이루는 상·하의 행정청인지 여부와 관계없이, 취소된 처분 등과 관련하여 여하한 처분권한을 가진 모든 행정청을 망라하는 개념이다.

(2) 객관적 범위

기속력은 판결의 주문 및 그 전제가 된 처분 등의 구체적 위법사유에 관한 이유 중의 판단에 대하여 인정되고,[526] 판결의 결론과 직접 관계없는 방론이나 간접사실에는 미치지 않는다.

기속력은 기판력과 달리 위법성 일반에 대하여 생기는 것이 아니라 판결에서 위법한 것으로 판단된 개개의 처분사유에 대해서만 생긴다.[527] 따라서 면허취소처분의 취소판결이 있은 뒤에 당초의 위반사유 이외의 사유를 들어 다시 면허취소처분을 할 수 있고, 거부처분의 취소판결 후 기존의 거부사유 외에 새로운 사유를 들어 다시 거부처분을 할 수 있다.[528] 위와 같은 법리는 계획재량 영역의 취소판결에도 마찬가지로 적용되는데, 주민 등의 도시관리계획 입안 제안을 거부한 처분을 이익형량에 하자가 있어 위법하다고 판단하여 취소하는 판결이 확정되었더라도 행정청이 원고의 입안 제안을 그대로 수용하지 않고 다시 새로운 이익형량을 하여 적극적으로 도시관리계획을 수립하였다면 취소판결의 기속력에 따른 재처분의무를 이행한 것이 아니라고 볼 수 없다.[529]

론에 있어서 타당하다고 하여 학교법인 등의 청구를 기각하게 되면 결국 행정소송의 대상이 된 위원회 결정이 유효한 것으로 확정되어 학교법인 등도 이에 기속되므로, 위원회 결정의 잘못은 바로잡을 길이 없게 되고 학교법인 등도 해당 교원에 대한 적절한 재징계를 할 수 없게 되기 때문이다(대법원 2013. 7. 25. 선고 2012두12297 판결). 다만 학교법인 등이 해당 교원에 대한 재징계가 불가능한 경우와 같이 위와 같은 염려 없는 때에는 법원이 교원소청심사위원회의 결정을 취소할 필요 없이 학교법인 등의 청구를 기각할 수 있다(대법원 2018. 7. 12. 선고 2017두65821 판결).

526) 대법원 2001. 3. 23. 선고 99두5238 판결.

527) 대법원 1991. 8. 9. 선고 90누7326 판결.

528) 대법원 2011. 10. 27. 선고 2011두14401 판결에서는, 고양시장이 갑 주식회사의 공동주택 건립을 위한 주택건설사업계획승인 신청에 대하여 미디어밸리 조성을 위한 시가화 예정지역이라는 이유로 거부하자, 갑 회사가 거부처분의 취소를 구하는 소송을 제기하여 승소판결을 받았고 위 판결이 그대로 확정되었는데, 이후 고양시장이 해당 토지 일대가 개발행위허가 제한지역으로 지정되었다는 이유로 다시 거부하는 처분을 한 사안에서, 재거부처분은 종전 거부처분 후 해당 토지 일대가 개발행위허가 제한지역으로 지정되었다는 새로운 사실을 사유로 하는 것으로, 이는 종전 거부처분 사유와 내용상 기초가 되는 구체적인 사실관계가 달라 기본적 사실관계가 동일하다고 볼 수 없다는 이유로, 행정소송법 제30조 제2항에서 정한 재처분에 해당하고 종전 거부처분을 취소한 확정판결의 기속력에 반하는 것은 아니라고 판시하였다.

529) 대법원 2020. 6. 25. 선고 2019두56135 판결. 위 판결의 사안은 다음과 같다. 원고가 학교시설로 도시계획시설이 결정되어 있는 부지를 취득한 후 그 지상에 가설건축물 건축허가를 받고 옥외골프연습장을 축조하여 이를 운영하여 오고 있던 중, 피고에게 위 부지에 관하여 도시계획시설(학교)결정을 폐지하고 가설건축물의 건축용도를 유지하는 내용의 지구단위계획안을 입안 제안하였는데, 피고가 이를 거부하는 처분을 하자, 원고는 피고를 상대로 한 항고소송을 제기하여 위 거부처분의 취소판결을 확정받았다. 이후 피고가 새로운 재량고려사유를 들어 도시계획시설(학교)결정을 폐지하고, 위 부지를 특별계획구역으로 지정하는 내용의 도시관리계획결정을 하였는데, 대법원은 위 판결에서 이러한 새로운 내용의 도

한편, 최근 대법원은 절차적 정의와 분쟁의 일회적 해결이라는 가치를 조화시키기 위한 절차적 개선을 도모한다는 관점에서, 법원이 기존의 사실관계와 동일성이 인정되지 않는 추가 · 변경된 처분사유의 실체적 당부에 대하여 상대방에게 석명하여 해당 소송과정에서 심리 · 판단하는 것에 명시적으로 동의한다면 이를 심리 · 판단할 수 있다고 판시하였다는 점은 앞에서 설명하였다. 그 결과 추가 · 변경된 처분사유도 실체적으로 위법하여 처분을 취소하는 판결이 선고 · 확정되는 경우에는 추가 · 변경된 처분사유에 관한 판단에까지 취소판결의 기속력이 미친다.[530]

(3) 시간적 범위

기속력의 시간적 범위의 문제는 결국 처분의 위법판단의 기준시를 '처분시'로 할 것인지 아니면 '사실심 변론종결시'로 할 것인지의 문제이다. 처분의 위법판단의 기준시를 처분시로 보는 통설 · 판례에 의하면 기속력은 처분시까지의 법률관계 · 사실관계를 판단의 대상으로 한다고 하여야 논리적인 일관성이 있다. 따라서 처분시 이후에 발생한 사유로 동일한 처분 또는 동일한 거부처분을 하더라도 기속력에 반하는 것은 아니라고 해석하여야 한다.

마. 기속력 위반의 효과

기속력의 법적 성질과 관련하여 기판력설에 의하면 기속력에 위반한 경우를 무효로 보겠으나, 특수효력설에 의하면 기속력 위반도 실체법 위반의 일종이 되는 것에 불과하므로 중대 · 명백설에 따라 해결될 것이다. 판례는 이 경우 무효라고 보는 듯하다.[531]

6. 집행력 또는 간접강제(행정기관에 대한 구속력)

집행력이란 판결 등으로 명한 의무이행을 강제집행절차에 의하여 실현할 수 있는 효력을 말한다. 이 경우의 집행력을 좁은 의미의 집행력이라고 하고 이행판결에 한하여 인정된다. 한편 넓은 의미의 집행력은 강제집행 이외의 방법에 의하여 판결의 내용에 적합한 상태를 실현할 수 있는 수단(간접강제)까지도 포함하는데, 이러한 의미의 집행력은 확인판결과 형성판결에도 인정될 수 있다.

비록 현행법이 의무이행소송을 명시적으로 채택하고 있지는 않으나, 거부처분에 대한 취소판결 및 부작위위법확인판결이 확정되면 판결의 기속력에 의하여 행정청은 해당 판결의 취지에 따르는 처분을 행할 의무를 지게 된다는 것은 앞에서 본 것과 같다(행정소송법 제30조 제2항, 제3조 제2항). 그럼에도 불구하고 행정청이 그 적극적 처분의무를 이행하지 않

시관리계획결정이 피고가 원고의 입안 제안을 그대로 수용하지 않은 것이더라도 기존 취소판결의 기속력에 반하지 않는다고 판시하였다.

530) 대법원 2024. 11. 28. 선고 2023두61349 판결.

531) 대법원 1982. 5. 11. 선고 80누104 판결, 대법원 1990. 12. 11. 선고 90누3560 판결.

는 경우에는 그 판결의 집행력이 문제가 된다. 이 경우에 대비하여 행정소송법 제34조는 판결의 실효성을 확보하기 위하여 간접강제에 관하여 규정하고 있다.

[참고] 취소소송에서 소송물, 처분사유의 추가 · 변경, 기판력 · 기속력과의 관계

이상의 논의를 판례이론에 따라 정리하면 다음과 같다. 취소소송의 소송물은 처분의 위법성 일반이므로, 소송물의 동일성 여부는 처분의 동일성이 전제된다. 처분의 동일성 요소는 처분의 주체, 상대방, 처분일시, 주문 등이나 처분사유는 아니다.

그런데 현실의 소송에서 심리대상으로 되는 것은 해당 처분의 추상적인 위법성 일반이 아니라 구체적인 개개의 위법사유이다. 논리적으로만 본다면 취소소송의 피고는 처분의 동일성을 해하지 않는 범위 내에서 처분의 적법하다는 것을 뒷받침하는 모든 처분사유를 주장할 수 있게 된다. 그런데, 처분사유의 추가 · 변경에 관한 피고의 주장을 제한하지 않는다면 원고의 방어권에 심각한 장애가 될 수 있다. 그리하여 실제의 심리에서 심리대상의 확정과 피고주장의 제한이라는 문제가 발생한다.

이에 대하여 대법원은 기본적 사실관계의 동일성이 인정되는 범위에서 처분사유의 추가 · 변경을 허용하고, 예외적으로 ① 구체적 사실을 변경하지 않은 범위 내에서 단지 그 처분의 근거법령만 추가 · 변경하는 것과 ② 당초의 처분사유를 구체화하는 것에 불과한 경우에는 새로운 처분사유의 추가 · 변경에 해당하지 않는다고 보고 있다.

위와 같이 취소소송에서 당사자는 모든 주장을 다할 수 있는 것은 아니고 일정한 제한을 받게 되므로, 판결이 선고되어 확정되면 당사자는 취소소송에서 주장할 수 없었던 사유를 내세워 새로운 항고소송을 제기하거나 새로운 처분을 하는 것은 허용되지 않는가라는 의문이 생긴다. 이는 판결의 효력 중 특히 기판력과 기속력과 관련된 것이다.

먼저 기판력과의 관계를 살펴본다. 기판력의 객관적 범위는 소송물의 범위와 일치하는 것이 원칙이므로, 통설인 취소소송의 소송물을 위법성 일반으로 보는 견해에 의할 경우 기판력은 해당 처분의 위법성 일반에 미치게 된다. 따라서 청구기각판결이 확정되면(처분이 적법하다고 확정되면) 당사자는 사실심 변론종결 이전에 생긴 사유를 내세워 해당 처분이 위법하다는 주장을 할 수 없게 되고, 청구인용판결이 확정되면(처분이 위법하다고 확정되면) 행정청이 사실심 변론종결 이전에 발생한 사유를 내세워 새로운 처분을 하더라도 새로운 처분이 종전 처분과 처분일시를 달리하는 관계로 종전 처분과 동일한 것으로 볼 수 없는 이상 기판력에 저촉되는 것으로 볼 수 없게 된다.

따라서 이 문제는 기속력과의 관계에서 해결되어야 한다. 기판력의 효력 범위가 위와 같다면 법원에서 처분이 위법하다고 아무리 선언하더라도 행정청의 새로운 처분에 의하여 법원의 청구인용판결이 언제든지 무력화될 수 있기 때문에 행정소송법 제30조 제1항에서는 행정청에 대하여 처분이 위법하다는 확정판결의 내용을 존중하여 판결의 취지에 따라 행동할 의무를 부과하는 효력을 부여하였다. 다만 처분사유가 위법하다는 것을 이유로 한 취소판결의 기속력은 해당 판결에서 위법한 것으로 판단한 사유에 한하여 미치므로, 종전의 처분사유와 기본적 사실관계의 동일성이 없는 새로운 처분사유를 내세울 경우 행정청은 동일한 사실관계 하에서 동일한 당사자에 대하여 재처분을 할 수 있다.

기속력과 기판력의 효력범위에 관한 위와 같은 해석상의 차이의 결과, 행정청은 취소소송에서 패소(청구인용판결)한 후에도 처분시 이전에 존재한 다른 사유들을 들어 몇 번이고 동일한 처분을 되풀이 할 수 있게 되고 처분 당시에 행정청이 파악하고 있던 사유 중 어느 하나만 들어 처분을 하였다가 나중에 패소하면 또다시 다른 사유를 들어 동일한 처분을 되풀이하여도 무방하다는 해석을 할 수도 있게 된다.

반면에 처분의 상대방은 해당 처분이 위법하다고 하는 사유가 여러 개 있더라도 해당 소송에서 주장을 하지 않고 소송이 종료되어 버리면 기판력에 의하여 해당 처분이 위법하다는 사유는 기본적 사실관계의 동일성 여부를 불문하고 더 이상 주장할 수 없게 된다.

이러한 결과는 국민이 취소소송에서 승소하였음에도 그 종국적인 목적을 달성하지 못하는 결과가 되어 신뢰보호에 어긋나고, 행정청에게 일방적으로 유리한 것으로서 합리성이 없는 것이 아닌가라는 의문이 제기된다. 그러나 그러한 해석이 처분의 상대방인 국민에게 반드시 불이익하게만 작용하는 것은 아니다. 만약 처분사유에 관해서 처분시 이전에 존재하는 것에는 무한정 기속력이 미친다고 하게 되면 처분사유의 추가·변경도 무한정 인정하여야 할 것이므로, 행정청은 처분사유 이외의 다른 여러 사유를 내세워 처분의 적법성을 주장할 수 있게 되어 소송절차에서 당사자인 국민의 공격방어는 매우 어려워질 것이고 소송의 진행방향이 예측 불가능하게 되어 지나친 부담을 지우게 될 것이다. 이러한 결론은 실질적 법치주의와 국민의 신뢰보호를 보장하기 위하여 처분사유와 동일성이 있는 범위 내에서만 처분사유의 추가·변경을 인정한데서 나온 논리적 귀결인 것이다.

Ⅳ. 종국판결의 부수적 재판

1. 가집행선고

취소소송의 인용판결이 확정되면 형성력이 생기므로 가집행을 생각할 필요가 없고, 무효확인소송, 부작위위법확인소송은 성질상 가집행선고가 불가능하다.

그러나 당사자소송 및 행정소송사건에 관련청구로 병합된 민사소송에서는 재산상의 청구에 관한 한 가집행선고가 가능하다(민사소송법 제213조 제1항). 행정소송법 제43조는 국가를 상대로 한 당사자소송에서 가집행선고를 할 수 없도록 규정하고 있었지만, 헌법재판소의 위헌결정으로 이제는 국가를 상대로 한 당사자소송에서도 가집행선고가 가능하다.[532]

2. 소송비용의 재판

가. 소송비용의 부담

민사소송법의 원칙상 소송비용은 패소자 부담의 원칙이 적용되고, 일부승소시 원고와

532) 헌재 2022. 2. 24. 선고 2020헌가12 결정.

피고가 분담하게 된다. 사정판결, 행정청이 처분 등을 취소 또는 변경함으로 인하여 청구가 각하 또는 기각된 경우에는 소송비용은 피고의 부담으로 한다(행정소송법 제32조). 부작위위법확인소송 계속 중 행정청이 당사자의 신청에 대하여 상당한 기간이 지난 후 처분 등을 함에 따라 소를 각하하는 경우에도 소송비용의 전부 또는 일부를 피고가 부담할 수 있다(행정소송규칙 제17조).

나. 소송비용에 관한 재판의 효력

소송비용에 관한 재판이 확정된 때에는 피고 또는 참가인이었던 행정청이 소속하는 국가 또는 공공단체에 그 효력을 미친다(행정소송법 제33조). 피고 행정청은 법인격이 없으므로, 소속 행정주체에게 효력이 미쳐야 소송비용에 대한 청구가 가능하기 때문이다.

Ⅴ. 상소와 재심

1. 상소(항소와 상고)

제1심 법원의 판결에 대해서는 상급법원에 항소할 수 있고, 항소심의 종국판결에 대해서는 대법원에 상고할 수 있다.

다만 행정소송에도 상고심절차에 관한 특례법 제4조(심리의 불속행)이 적용되어 대법원은 상고이유에 관한 주장이 ① 원심판결이 헌법에 위반하거나 헌법을 부당하게 해석한 때, ② 원심판결이 명령 · 규칙 또는 처분의 법률위반 여부에 대하여 부당하게 판단한 때, ③ 원심판결이 법률 · 명령 · 규칙 또는 처분에 대하여 대법원 판례와 상반되게 해석한 때, ④ 법률 · 명령 · 규칙 또는 처분에 대한 해석에 관하여 대법원 판례가 없거나 대법원 판례를 변경할 필요가 있는 때, ⑤ 그 밖의 중대한 법령위반에 관한 사항이 있는 때, ⑥ 민사소송법이 정한 절대적 상고이유(제424조 제1항 제1호 내지 제5호)가 있는 때를 포함하지 않는다고 인정되는 때에는 심리를 하지 않고 판결로 상고를 기각할 수 있다.

2. 항고와 재항고

항고는 판결 이외의 재판인 결정 · 명령에 대해서 하는 독립된 상소이다. 행정소송에서도 소송절차에 관한 신청을 기각한 결정이나 명령에 대하여 불복이 있으면 항고할 수 있고, 항고법원 또는 항소법원의 결정 및 명령에 대하여 재판에 영향을 미친 헌법 · 법률 · 명령 또는 규칙의 위반이 있음을 이유로 재항고할 수 있다. 또한 법률에 규정이 있는 경우에는 즉시항고할 수 있는데, 재판의 고지가 있은 날부터 1주일 내에 하여야 하고, 즉시항고에는 원재판의 집행을 정지하는 효력이 있다.

3. 재　　심

가. 개　　관

재심은 "확정된 종국판결에 재심사유에 해당하는 하자가 있는 경우에 판결을 한 법원에 대하여 그 판결의 취소와 사건의 재심사를 구하는 비상의 불복신청방법"을 말한다. 취소소송의 판결에 대해서도 민사소송법에 따라 재심 또는 준재심(결정 · 명령에 대한 재심)이 인정된다. 법률상 그 재판에 관여할 수 없는 법관이 관여한 때 등의 재심사유는 민사소송법 제451조 등에 규정되어 있다.

나. 제3자에 의한 재심

취소소송의 판결에 대한 재심과 관련하여 중요한 것은 행정소송법 제31조 제1항이 취소판결에 대한 '제3자에 의한 재심청구'에 관하여 "처분 등을 취소하는 판결에 의하여 권리 또는 이익의 침해를 받은 제3자는 자기에게 책임 없는 사유로 소송에 참가하지 못함으로써 판결의 결과에 영향을 미칠 공격 또는 방어방법을 제출하지 못한 때에는 이를 이유로 확정된 종국판결에 대하여 재심의 청구를 할 수 있다."라고 규정하고 있다는 점이다. 이를 '제3자에 의한 재심'이라 부르는데, 이는 '취소판결의 제3자효'로 인하여 피해를 입을지도 모르는 제3자를 보호하기 위한 것이다.

제3자에 의한 재심청구는 확정판결이 있음을 안 날로부터 30일 이내, 판결이 확정된 날로부터 1년 이내에 제기하여야 한다(제31조 제2항). 이 기간은 불변기간이다(제3항). 그 밖의 사항에 관해서는 재심에 관한 민사소송법의 규정이 준용된다.

Ⅵ. 행정소송의 강제집행

1. 개　　관

행정소송법은 강제집행에 관하여 특별한 규정을 두고 있지 않다. 따라서 당사자소송의 이행판결의 경우에는 민사집행법에 따라 그 판결을 집행권원으로 하여 국가나 공공단체의 재산 등에 강제집행을 하면 된다. 취소판결의 경우에는 행정청이나 법원의 특별한 행위를 기다리지 않고 판결이 확정되면 바로 처분의 효력이 소멸되므로, 강제집행의 문제가 생기지 않는다. 또한 무효확인판결의 경우에도 기속력과 기판력에 의하여 후속의 처분 등이 금지될 뿐 집행의 문제가 발생하지는 않는다.

그런데 거부처분 취소판결과 부작위위법확인판결에서는 처분청은 기속력에 따라 판결의 취지에 따른 처분을 할 의무를 부담하므로, 이를 이행하지 않을 경우 강제로 집행할 수 있는 제도가 필요하게 된다.

2. 간접강제

가. 의의 및 적용범위

행정소송법 제34조 제1항에서는 "행정청이 제30조 제2항의 규정에 의한 처분을 하지 아니하는 때에는, 제1심 수소법원은 당사자의 신청에 의하여 결정으로써 상당한 기간을 정하고, 행정청이 그 기간 내에 이행하지 아니하는 때에는 지연기간에 따라 일정한 배상을 할 것을 명하거나 즉시 손해배상을 할 것을 명할 수 있다."라고 규정하여 거부처분 취소판결 등에 대하여 간접강제의 방법으로 집행력을 확보하고 있다.[533)]

거부처분 취소판결이나 부작위위법확인판결이 확정되었음에도 판결의 취지에 따른 처분을 하지 않을 경우에 간접강제가 적용된다는 것은 행정소송법의 규정상 당연하다. 그런데, 판례는 행정소송법 제34조가 무효확인판결에 준용된다는 규정이 없으므로 거부처분에 대하여 무효확인판결이 내려진 경우에 처분청은 이전의 신청에 대하여 판결의 취지에 따라 재처분할 의무를 지나, 이에 대한 간접강제는 허용되지 않는 것으로 본다.[534)] 그러나 거부처분 무효확인판결에도 기속력이 인정되기 때문에 행정청은 판결의 취지에 따라 다시 이전의 신청에 대한 처분을 하여야 할 의무가 있는데(행정소송법 제38조 제1항, 제30조 제2항), 행정청이 그 의무를 이행하지 않을 경우 이를 강제할 필요가 있다는 점에서 취소판결과 다르지 않다. 따라서 거부처분 무효확인판결에서도 간접강제가 가능하다고 해석할 필요가 있다.

나. 요 건

(1) 거부처분 취소판결 등의 확정

거부처분 취소판결, 부작위위법확인판결이 확정되어야만 간접강제를 할 수 있다. 거부처분 무효확인판결에는 적용되지 않는다는 것이 판례이나, 이 경우에도 간접강제의 대상이라고 보아야 할 것이다. 이 판결들은 모두 성질상 가집행선고를 할 수 없는 경우이다.

(2) 상당한 기간 내 판결의 취지에 따른 처분의 부존재

거부처분 취소판결, 거부처분 무효확인판결, 부작위위법확인판결이 확정되었음에도 행정청이 상당한 기간 내에 판결의 취지에 따른 처분을 하지 않은 경우이어야 한다. 행정소송법은 새로운 처분을 하여야 할 기간에 관해서는 규정하고 있지 않으나, 특별한 사정이

---

533) 행정심판의 재결에 대해서는 간접강제 외에도 직접처분제도로 기속력을 확보하고 있다는 점은 뒤에서 살펴본다.

534) 대법원 1998. 12. 24.자 98무37 결정.

없는 한 판결이 확정시로부터 새로운 처분을 하는데 필요한 상당한 기간 내라고 볼 수밖에 없다. 따라서 그 기간 내에 새로운 처분이 없을 경우 간접강제를 할 수 있다.

재처분은 판결의 취지를 존중하는 내용이어야 한다.[535] 재처분이 종전 거부처분 취소판결의 기속력에 반하여 무효인 경우에는 재처분을 하지 않은 것과 마찬가지이다.[536] 그렇지만 행정청이 재처분으로써 반드시 원고의 신청을 받아들여야 하는 것은 아니고 종래의 거부사유와 다른 사유를 들어 다시 거부처분을 할 수도 있다.

한편 원심판결의 이유는 위법하지만 결론이 정당하다는 이유로 상고가 기각되어 원심판결이 확정된 경우 행정소송법 제30조 제2항에서 규정하고 있는 '판결의 취지'는 상고심판결의 이유와 원심판결의 결론을 의미한다.[537]

거부처분의 위법여부 판단은 변론종결시가 아닌 처분시를 기준으로 하므로 취소된 거부처분이 있은 이후 사실관계나 법령에 변동이 있을 경우 동일한 사유로 다시 거부처분을 하더라도 이러한 거부처분은 새로운 처분이므로 간접강제가 허용되지 않는다.[538]

다. 결 정

간접강제결정은 변론을 거치지 않더라도 할 수 있다. 다만 변론을 열지 않고 결정을 하는 경우에도 처분을 할 의무가 있는 행정청을 심문하여야 한다(행정소송법 제34조 제2항, 민사집행법 제262조).

법원의 심리 결과 당사자의 신청이 이유 있다고 인정되면 법원은 간접강제 결정을 하게 된다. 법원은 상당한 기간을 정하고 행정청이 그 기간 내에 이행하지 않는 때에는 그 지연기간에 따라 일정한 배상을 할 것을 명하거나 즉시 손해배상을 할 것을 명할 수 있다(행정소송법 제34조 제1항).

행정청은 반드시 본안판결의 원고 등이 본래 신청하였던 취지의 처분을 하여야 하는 것은 아니다. 다만 확정된 거부처분 취소판결이나 부작위위법확인판결의 취지에 따른 처분을 하면 족하다.

간접강제 결정에 명시할 '상당한 기간'은 법원의 재량에 속하는 문제이다. 다만 법원이 임의의 기간을 정하는 것이 아니라 처분의 내용, 판결이 확정된 때로부터의 기간 등 여러 객관적인 사정을 종합하여 행정청이 간접강제명령이 발해진 후 새로운 처분 등을 함에

---

535) 피신청인이 신청인의 광주광역시 지방부이사관 승진임용신청에 대하여 아무런 조치를 취하지 않은 것 자체가 위법하다는 것을 확인하는 확정판결이 있는 경우, 피신청인이 신청인을 승진임용하는 처분을 하였을 때는 물론이고, 승진임용을 거부하는 처분을 하였더라도 위 확정판결의 취지에 따른 처분을 한 것으로 볼 것이다(대법원 2010. 2. 5.자 2009무153 결정).

536) 대법원 2002. 12. 11.자 2002무22 결정.

537) 대법원 2004. 1. 15. 선고 2002두2444 판결.

538) 대법원 1998. 1. 7.자 97두22 결정.

필요한 기간을 합리적으로 정하여야 할 것이다.

라. 간접강제결정의 변경

간접강제결정이 있은 후 사정의 변경이 있을 때에는 법원은 당사자의 신청에 의하여 그 결정내용을 변경할 수 있다(민사집행규칙 제191조 제1항). 원고나 피고 모두 신청이 가능하고, 후발적 사정이 아니라 간접강제결정 당시 존재하였던 사정이라도 그것이 후에 밝혀진 경우에는 변경결정을 할 수 있다. 변경결정을 할 때에는 사전에 상대방을 심문하여야 한다(민사집행규칙 제191조 제2항).

변경결정에 의하여 변경할 수 있는 주된 내용으로는 처분을 할 기간을 연장 또는 단축하거나 배상금액을 증액 또는 감액하거나 즉시 일정금액의 배상을 명하던 것을 지연기간에 따른 일정 비율에 의한 배상으로 변경하는 것 등이다. 이와 같은 법원의 변경결정이 있으면, 그 효력은 장래에 향하여 생기며 소급효는 없다.

마. 배상금의 추심

배상금 지급명령을 받은 행정청이 간접강제결정에서 정한 상당한 기간 내에 확정된 판결의 취지에 따른 처분을 하지 않는 경우에는 신청인은 그 결정 자체를 집행권원으로 하여 집행문을 부여 받아 집행할 수 있다. 그런데, 간접강제결정에서 정한 상당한 기간이 경과한 후에 확정판결의 취지에 따른 재처분이 행해진 경우 배상금을 추심할 수 있는지에 관하여 논란이 있을 수 있다. 행정소송법 제34조 소정의 간접강제결정에 기한 배상금은 확정판결의 취지에 따른 재처분의 지연에 대한 제재나 손해배상이 아니고 재처분의 이행에 관한 심리적 강제수단에 불과한 것이다. 따라서 배상금을 추심함으로써 심리적 강제를 꾀한다는 당초의 목적은 소멸한 것이므로, 이 경우 배상금을 추심하는 것은 허용되지 않는다고 보는 것이 판례이다.[539)]

간접강제결정은 소송비용의 부담에 관한 재판과 마찬가지로 금전지급의무의 주체가 될 수 없는 행정청에게 금전배상을 명하므로, 그 배상의무는 해당 행정청이 속한 국가나 지방자치단체가 부담하게 된다. 피신청인이었던 행정청이 소속하는 국가 또는 공공단체에 간접강제결정의 효력이 미치므로 이들 소유의 재산에 대하여 집행한다(행정소송법 제34조 제

---

539) 대법원 2010. 12. 23. 선고 2009다37725 판결. 다만 판례는 민사집행법 제261조 제1항의 간접강제결정에 기한 배상금은 채무자에게 이행기간 이내에 이행을 하도록 하는 심리적 강제수단이라는 성격뿐만 아니라 채무자의 채무불이행에 대한 법정 제재금이라는 성격도 아울러 가진다고 하면서, 민사집행에서의 간접강제에 관해서는 이행기간이 지난 후에 채무를 이행하더라도 채권자가 채무 이행이 지연된 기간에 상응하는 배상금의 추심을 위한 강제집행을 할 수 있고(대법원 2013. 2. 14. 선고 2012다26398 판결), 채권자가 채무자로부터 추심한 간접강제 배상금은 채무자의 의무 불이행에 따른 손해의 전보에 충당된다고 판시하였다(대법원 2022. 11. 10. 선고 2022다255607 판결). 따라서 판례는 행정소송법상의 간접강제와 민사소송법상의 간접강제를 다소 달리 보고 있다.

2항, 제33조).

바. 불복절차

간접강제신청에 관한 기각결정이나 인용결정에 대해서는 즉시항고를 할 수 있다(민사집행법 제261조 제2항).

제 9 절 당사자소송 · 민중소송 · 기관소송

Ⅰ. 당사자소송

1. 의 의

행정소송법 제3조 제2호는 당사자소송을 "행정청의 처분 등을 원인으로 하는 법률관계에 관한 소송 그밖에 공법상의 법률관계에 관한 소송으로서 그 법률관계의 한쪽 당사자를 피고로 하는 소송"이라고 정의한다. 공법상의 당사자소송도 민사소송의 경우와 같이 이행소송, 형성소송, 확인소송 등 다양한 형태의 소송유형이 허용된다는 점에 대하여 이론이 없다.

우리나라에서 당사자소송을 대하는 관점으로서, ① 되도록 민사소송 방식으로 다루려는 경향(민사소송지향형)과 ② 항고소송이나 민사소송으로 분류하기 어려운 행정에 관한 소송을 널리 당사자소송에 수용하여 적극적으로 활용하기를 바라는 경향(행정소송지향형)이 있다. 그동안 실무는 민사소송지향형에 치우친 경향이 있었다.

그러나 공법과 사법의 이원적 체계를 인정한다면 공법상의 법률관계를 사법상의 법률관계와 다르게 규율하는 것은 당연하다. 또한 오늘날 급부행정을 비롯하여 비권력적 공행정작용이 널리 행해지고 있음을 감안할 때, 항고소송 이외에 행정의 공익적 활동을 대상으로 하는 당사자소송을 적극적으로 활용하는 것이 바람직하다.

2. 형식적 당사자소송

가. 의 의

형식적 당사자소송은 처분 등의 효력 그 자체에 관한 다툼으로서 항고소송의 실질을 가지지만, 처분청을 피고로 하는 것이 아니라 법률관계의 한쪽 당사자를 피고로 하는 특수한 소송유형이다. 실질적으로 항고소송의 성질을 가지나 소송경제 등의 필요에 의하여 당사자소송의 형식을 취한다는 점이 특색이다.[540)]

540) 뒤에서 보는 보상금증감에 관한 소송은 형식적 당사자소송의 일종으로서 항고소송의 실질을 가지고

예컨대, 토지수용에 대한 토지수용위원회의 재결과 관련하여 토지소유자가 보상금액에 대해서만 불복이 있는 경우, 형식적 당사자소송을 인정하지 않는다면 행정청인 토지수용위원회를 상대로 재결취소소송을 제기한 후 또는 그와 동시에 사업시행자를 상대로 보상금 증감에 관한 당사자소송을 제기하여야 하는 등의 부담이 있다. 또한 이해당사자 사이의 재산상 분쟁에 행정청이 피고가 되는 불합리한 점도 있다. 형식적 당사자소송은 바로 이러한 불편과 불합리를 제거하기 위한 소송기술적 고려에 의하여 인정되는 것이다.

나. 형식적 당사자소송의 법적 근거에 관한 논의

개별법의 근거 없이 행정소송법의 규정(제3조 제2호, 제39조 이하)에만 근거하여 바로 형식적 당사자소송을 제기할 수 있는지에 관해서는 논란이 있다.

행정소송법이 민중소송과 기관소송에서와 같이 법정주의를 채택하는 명문의 규정이 없으므로, 개별법의 근거 없이도 형식적 당사자소송을 제기할 수 있다는 견해도 있다. 그러나, 개별법의 규정이 없으면 형식적 당사자소송의 원고·피고의 적격성, 소송제기기간 등 소송요건이 불분명하여 현실적으로 소송을 진행하기 어렵다. 또한, 원인이 되는 처분 등은 그대로 둔 채 해당 처분의 결과로서 형성된 법률관계에 관하여 소송을 제기하고, 그에 대하여 법원이 심리·판단한다는 것은 행정행위의 공정력 및 구성요건적 효력에 반한다고 볼 수도 있다. 결국 현행법 하에서 형식적 당사자소송을 제기하기 위해서는 개별법에 별도의 규정이 있어야 할 것이다.[541]

다. 개별법상의 근거규정

토지보상법 제85조 제2항에서는 보상금의 증감에 관한 소송을 제기하는 경우 "그 소송을 제기하는 자가 토지소유자 또는 관계인일 때에는 사업시행자를, 사업시행자일 때에는

있다. 대법원은 이러한 특색에 착안하여, 토지소유자의 손실보상금 채권에 관한 압류 및 추심명령을 받은 제3자라고 하더라도 토지수용위원회의 재결을 다툴 법률상의 이익이 있다고 할 수 없으므로, 토지소유자의 손실보상금 채권에 관한 압류 및 추심명령에 의하여 추심채권자가 재결을 다툴 지위까지 취득할 수 없고, 보상금증감에 관한 소송의 당사자가 될 수도 없다는 입장에 있다(대법원 2022. 11. 24. 선고 2018두67 전원합의체 판결). 즉, 토지소유자에 대하여 추심채권자가 있다고 하더라도 사업시행자를 상대로 하는 보상금 증감소송의 당사자적격자는 소유자이지 추심채권자가 아니라는 것이다. 이는 "채권에 대한 압류 및 추심명령이 있으면 제3채무자에 대한 이행의 소는 추심채권자만 제기할 수 있고 채무자는 피압류채권에 대한 이행소송을 제기할 당사자적격을 상실한다."라는 민사소송에서의 판례(대법원 2000. 4. 11. 선고 99다23888 판결)와 다른 결론이었다. 참고로 대법원은 전원합의체 판결로 민사소송에서 채무자의 제3채무자에 대한 채권에 관하여 추심명령이 있더라도 채무자가 제3채무자를 상대로 피압류채권에 관한 이행의 소를 제기할 당사자적격을 상실하지 않고 국가가 국세징수법에 의한 체납처분으로 채무자의 제3채무자에 대한 채권을 압류한 경우에도 마찬가지라고 판시하고 위와 같은 판례를 변경하였다(대법원 2025. 10. 23. 선고 2021다252977 전원합의체 판결).

541) 일본 행정사건소송법 제4조에서는 개별법에 근거가 있는 경우에만 형식적 당사자소송을 제기할 수 있다는 취지를 명시하고 있다.

토지소유자 또는 관계인을 각각 피고로 한다."라고 규정하면서 재결청(토지수용위원회)을 피고로부터 제외시킴으로써 순수한 '형식적 당사자소송'을 명문화하고 있다.542)

한편, 특허청장이나 방위산업청장 또는 심판관이 행한 보상금 및 대가에 관한 결정·재정 또는 심결을 받은 자가 그 보상금 또는 대가에 대하여 불복이 있을 때에는 '보상금 또는 대가에 대한 불복의 소'를 제기할 수 있다(특허법 제190조). 이때 특허법 제191조에 의하여 보상금을 지급할 관서 또는 출원인·특허권자 등을 상대로 보상금 또는 대가의 증감을 청구하게 된다. 따라서 이 경우의 소송의 성질은 형식적 당사자소송이 된다.543)

3. 실질적 당사자소송

가. 의 의

실질적 당사자소송은 행정청의 처분 등의 효력 그 자체에 관한 다툼이 아니라 '행정청의 처분 등을 원인으로 하는 법률관계에 관한 소송 그 밖의 공법상의 법률관계에 관한 소송(형식적 당사자소송 제외)'을 말한다. 통상 수식어 없이 당사자소송이라 하면 실질적 당사자소송을 가리키는 것이다.

나. 민사소송과의 관계

(1) 구별의 필요성

민사소송과 항고소송은 대상적격 및 피고적격을 비롯한 여러 가지 면에서 그 차이가 확연히 드러나지만, 당사자소송은 대등한 당사자 사이의 소송이라는 점에서 외관상 민사소송과 다르지 않다. 그렇다고 하더라도 우리의 현행 법질서는 공법관계인가 사법관계인가에 따라 적용될 법규나 법원칙을 달리하기 때문에, 사인 사이의 사적분쟁의 해결을 목적으로 하는 민사소송을 당사자소송과 같은 평면에서 논할 수는 없다.

또한 행정사건의 처리에 전문성이 요구된다는 의미에서 별도의 행정법원이 설치되어 있는 관계로 당사자소송사항인지 민사소송사항인지에 따라 관할문제가 발생할 뿐만 아니라 심리절차에서도 행정소송법상의 특칙이 적용될 수 있는 등 구별의 실익이 있다.

(2) 구별방법

당사자소송은 사인 사이의 법적 분쟁에 관한 소송이 아니라 '사인과 행정주체 사이'의

542) 다만 대법원은 세입자들의 주거이전비 보상청구소송의 소송형태는 원칙적으로 실질적 당사자소송이라고 판시하였다(대법원 2008. 5. 29. 선고 2007다8129 판결). 토지보상법 시행규칙에 정해진 요건만 충족하면 소정의 주거이전비를 바로 청구할 수 있기 때문이라고 생각된다. 이 경우에도 재결을 거친 다음, 보상금의 증감 이외의 부분을 다투는 경우에는 토지보상법 제85조 제1항에 규정된 항고소송으로, 보상금의 증감 부분을 다투는 경우에는 같은 법 제85조 제2항에 규정된 형식적 당사자소송으로 권리구제를 받을 수 있다.

543) 정상조·박성수 공편, 특허법주해Ⅱ, 박영사, 2010, 896면.

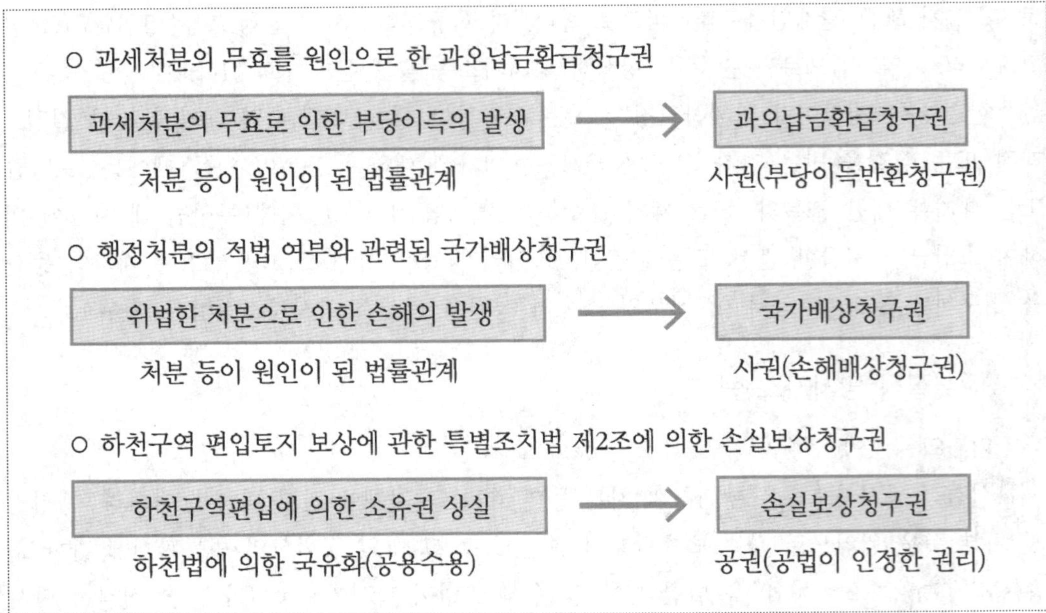

공법상 법률관계에 관한 소송이므로, 적어도 한쪽 당사자는 행정주체이어야 한다.

다음으로, 당사자소송과 민사소송을 구별하기 위해서는 '행정청의 처분 등을 원인으로 하는 법률관계에 관한 소송 그밖에 공법상의 법률관계에 관한 소송'이라는 의미를 분석하여야 한다. 그 의미를 어떻게 파악하는가에 따라서 개개의 사건에서 민사소송과의 구별문제를 해결하는 기준이 될 것이다. 이에 대해서는 학설과 판례의 대립이 있다.

단순하게 도식적으로 말하자면, 판례는 소송물을 기준으로 그것이 공법상의 권리이면 당사자소송이고, 사법상의 권리이면 민사소송이라고 한다(아래의 그림에서 오른쪽 네모를 기준으로 한다). 반면에 통설은 소송물의 전제가 되는 법률관계를 기준으로 그것이 공법상 법률관계면 당사자소송이고, 사법상 법률관계면 민사소송이라고 한다(아래의 그림에서 왼쪽 네모를 기준으로 한다).[544)]

생각건대, 행정소송법 제3조 제2호에서 "행정청의 처분 등을 원인으로 하는 법률관계에 관한 소송"은 "공법상의 법률관계에 관한 소송"의 대표적인 예시에 해당하게 되므로, 후자는 공법상 원인에 의하여 발생하는 법률관계에 관한 소송이라고 해석하는 것이 타당하

544) 안철상, "공법상 당사자소송의 본질과 유형에 관한 일고찰", 사법논집, 제29집, 법원행정처(1998. 12), 257-258면에 의하면, 위와 같은 견해의 대립은 일본의 구 행정사건소송특례법 시대에 나온 것으로서, 그 후 행정사건소송법이 제정되면서 처분에 대한 무효확인소송이 명문으로 규정되고 쟁점소송에 관한 규정이 신설되어 행정청의 소송참가 및 출소의 통지, 직권증거조사, 소송비용에 관한 재판 등에 관한 규정을 쟁점소송에 준용하게 됨에 따라, 행정사건소송법이 소송물을 기준으로 양자를 구별하는 견해를 취하였다고 한다.

다. 따라서, 당사자소송과 민사소송의 구별은 소송물의 전제가 되는 법률관계를 기준으로 공법상 법률관계면 당사자소송이고, 사법상 법률관계면 민사소송이라는 견해를 취할 수밖에 없고, 이러한 해석이 애초의 입법의도에도 부합한다. 이렇게 당사자소송을 넓게 해석하는 것이 전문법관으로 구성된 행정법원에서 당사자소송사건을 심리하게 되고, 소의 종류의 변경과 피고경정 및 그에 수반하는 제소기간의 소급적용 등 행정소송법상의 특칙이 적용되어 국민의 권리구제에 더 효과적이다.

다. 구체적인 사례

(1) 확인소송의 경우

① 공법상 채무의 존재 여부의 확인을 구하는 경우에는 공법상 당사자소송절차에 의하여야 한다. 그 예로서, 과세처분의 무효를 전제로 한 조세채무부존재확인소송,[545] 고용보험 및 산재보험의 보험료 납부의무 부존재확인소송,[546] 도시정비법상 정비기반시설의 소유권 귀속에 관한 국가 또는 지방자치단체와 정비사업 시행자 사이의 유상매수의무부존재확인소송[547] 등이 있다.

② 공법상 신분이나 지위, 자격 등의 확인을 구하는 경우도 공법상 당사자소송절차에 의한다. 그 예로서, 임용처분이 무효가 아님을 다투면서 제기되는 공무원의 지위확인의 소송,[548] 국가나 지방자치단체의 계약직공무원의 채용계약 해지 등의 효력에 관한 소송,[549] 도시재개발법에 의한 조합원자격유무에 관한 확인소송,[550] 재개발·재건축사업의 사업시행자가 신탁업자인 경우 신탁업자와 토지등소유자 사이의 위탁자 지위확인소송[551] 등이 있다.

③ 권리의 존재 확인청구가 당사자소송에 해당한다는 것으로 훈장종류의 확인소송,[552]

---

545) 대법원 2000. 9. 8. 선고 99두2765 판결.

546) 대법원 2016. 10. 13. 선고 2016다221658 판결.

547) 대법원 2018. 7. 26. 선고 2015다221569 판결.

548) 대법원 1998. 10. 23. 선고 98두12932 판결.

549) 서울대공전술연구소 연구원에 대한 대법원 1993. 9. 14. 선고 92누4611 판결, 서울시립무용단원에 대한 대법원 1995. 12. 22. 선고 95누4636 판결, 공중보건의사에 대한 대법원 1996. 5. 31. 선고 95누10617 판결, 광주시립합창단원에 대한 대법원 2001. 12. 11. 선고 2001두7794 판결, 국방홍보원장에 대한 대법원 2002. 11. 26. 선고 2002두5948 판결. 다만 대법원 1995. 10. 13. 선고 95다184 판결에서는 창덕궁관리소장의 1년 단위 비원안내원 채용계약을 사법상 계약으로 보았다.

550) 대법원 1996. 2. 15. 선고 94다31235 전원합의체 판결, 대법원 1997. 11. 28. 선고 95다43594 판결.

551) 대법원 2025. 2. 20. 선고 2024두52427 판결. 도시정비법상 재개발·재건축사업의 사업시행자가 신탁업자인 경우에는 사업시행을 위한 조합이 설립되지 않아 조합원의 지위가 예정되어 있지 않으나, 도시정비법 관련 조항의 해석상 토지등소유자는 사업시행자인 신탁업자를 상대로 당사자소송에 의하여 '위탁자' 지위의 확인을 구하는 소를 제기할 수 있다는 취지이다.

552) 대법원 1990. 10. 23. 선고 90누4440 판결은 훈기부상 화랑무공훈장을 수여받은 것으로 기재되어 있는 원고가 태극무공훈장을 수여받은 자임을 확인하라는 소였다. 다만 위 소송은 당사자소송이기 때문에 권리주체인 국가를 피고로 삼았어야 하는데 원고가 총무처장관을 상대로 위 소송을 제기하였다가 각하되었다. 마찬가지로 대법원 1991. 1. 25. 선고 90누3041 판결은 영관 생계보조기금 권리자 확인소송을

연금수혜대상자의 확인소송[553] 등이 있다. 그밖에 권리범위의 확인에 관한 소송으로, 항만시설 무상사용기간의 확인소송[554]이 있다.

④ 처분에 이르는 절차적 요건의 존부나 효력 유무에 관한 소송으로서 그 소송결과에 따라 행정처분의 위법 여부에 직접 영향을 미치는 법률관계에 관한 소송으로 도시정비법상 관리처분계획안에 대한 조합 총회결의 무효확인소송이 있다.[555]

(2) 이행소송의 경우

㈎ 법령이 정한 지급요건을 갖추면 당연히 발생하는 공법상의 금전급부청구

판례에 의하면, ① 석탄사업법령에 의한 석탄가격안정지원금,[556] 재해위로금,[557] 폐광대책비[558] 지급청구소송, ② 법령의 개정에 따른 연금감액에 불복하여 감액된 연금의 지급청구소송,[559] ③ 광주민주화운동 관련자 보상 등에 관한 법률상의 보상금 지급청구소송,[560] ④ 공무원의 연가보상비청구소송,[561] 초과근무수당지급소송,[562] 법관의 명예퇴직수당청구소송,[563] ⑤ 토지보상법상 세입자들의 주거이전비 보상청구소송,[564] ⑥ 근로복지공단의 평균임금결정에 관하여 차액의 지급을 구하는 소송[565] 등은 당사자소송절차에 의하여야 한다.

토지보상법상 환매대금 증감소송은 민사소송절차에 의하여야 한다.[566] 환매권의 법적

당사자소송으로 보았으나 원고가 권리주체가 아닌 재향군인회장과 국방부장관을 상대로 제기하였다는 이유로 위 소를 각하하였다.

553) 대법원 1991. 9. 24. 선고 90누9292 판결.

554) 대법원 2001. 8. 24. 선고 2001두2485 판결, 대법원 2001. 9. 4. 선고 99두10148 판결.

555) 대법원 2009. 9. 17. 선고 2007다2428 전원합의체 판결. 재건축조합을 상대로 한 사업시행계획안에 대한 조합 총회결의 무효확인소송에 관해서는 대법원 2009. 10. 15. 선고 2008다93001 판결.

556) 대법원 1997. 5. 30. 선고 95다28960 판결, 대법원 2001. 2. 23. 선고 99두8411 판결, 대법원 2001. 7. 10. 선고 99두6378 판결.

557) 대법원 1999. 1. 26. 선고 98두12598 판결, 대법원 1998. 12. 23. 선고 97누5046 판결, 대법원 2002. 3. 29. 선고 2001두9592 판결.

558) 대법원 1993. 10. 12. 선고 93누13209 판결.

559) 연금지급에 관한 소송이 항고소송인지 당사자소송인지의 문제에 관한 사항은 뒤에서 더 자세히 살펴보겠다. 여기에서 중요한 점은 연금수급권은 사법상의 권리가 아니라 공법상의 권리라는 점에 있다.

560) 대법원 1992. 12. 24. 선고 92누3335 판결에서는 위 보상금청구소송을 당사자소송으로 보았으나, 항고소송으로 보았어야 하지 않나 하는 의문을 제기하는 견해도 있다. 한편, 뒤에서 보는 것처럼 2000. 1. 12. 법률 제6223호로 제정된 민주화운동 관련자 명예회복 및 보상 등에 관한 법률 소정의 보상금 등을 청구하는 소송도 항고소송인지 당사자소송인지이 다툼이 있었는데, 대법원 2008. 4. 17. 선고 2005두16185 전원합의체 판결에서는 이를 항고소송으로 보았다.

561) 대법원 1999. 7. 23. 선고 97누10857 판결.

562) 대법원 2013. 3. 28. 선고 2012다102629 판결.

563) 대법원 2016. 5. 24. 선고 2013두14863 판결.

564) 대법원 2008. 5. 29. 선고 2007다8129 판결. 주거이전비 보상청구소송의 경우 토지보상법 시행규칙에 정해진 요건만 충족하면 소정의 주거이전비를 바로 청구할 수 있기 때문에 재결을 거칠 필요가 없다고 판시한 것으로 생각된다.

565) 대법원 2003. 3. 28. 선고 2002두11028 판결.

566) 대법원 2013. 2. 28. 선고 2010두22368 판결.

성질에 관하여 다툼이 없는 것은 아니지만 사권으로 보아야 할 것이고, 토지보상법 제91조 제4항에서는 구 공공용지의 취득 및 손실보상에 관한 특례법 제9조 제3항과는 달리 토지수용위원회에 재결을 거칠 필요 없이 "그 금액의 증감을 법원에 청구"하도록 규정하고 있기 때문이다.[567)]

(나) 손실보상청구소송

현행법상 손실보상금의 결정 및 불복절차는 크게 ① 토지보상법 제34조, 제83조 내지 제85조에 규정된 절차 및 방법에 의하도록 한 경우(국토계획법 제131조 제4항, 도시개발법 제65조 제4항, 공유수면 관리 및 매립에 관한 법률 제32조, 하천법 제76조 제4항, 도로법 제99조 등), ② 사업주체인 행정청 또는 토지수용위원회 등 제3의 행정청이 일방적으로 보상금액을 결정하도록 하면서(당사자간에 협의를 거친 후 협의 불성립시 재결신청에 의하여 토지수용위원회 등이 재결하도록 한 경우 포함) 그 결정이나 재결에 대한 불복방법을 특별히 규정하고 있지 않은 경우, ③ 전심절차를 거쳐 보상금지급청구의 소를 제기하도록 되어 있는 경우(징발법 제24조의2), ④ 법률에서 재산권 침해와 그에 대한 보상의무에 관해서만 규정하고 보상금 결정방법 및 불복절차에 관하여 아무런 규정을 두지 않은 경우(문화재보호법 제46조, 수산업법 제88조, 광업법 제34조 제3항)의 4가지로 나누어 볼 수 있다.

위 ①의 경우는 토지보상법 제85조 제2항에 따라 지방 또는 중앙토지수용위원회의 재결에 대하여 보상금을 지급할 자를 피고로 형식적 당사자소송인 보상금증감의 소를 제기하여야 하고, ②의 경우는 행정청 또는 토지수용위원회의 보상금 결정 또는 재결의 취소를 구하는 항고소송을 제기하여야 한다. ③의 경우에는 전심절차를 거친 후에 보상금지급청구소송을 제기할 수 있고, ④의 경우는 곧바로 보상금지급청구소송을 제기할 수 있다. 그런데 ③, ④의 경우 소송의 형태가 문제이다.

종래의 대법원 판례에 따르면, 징발법상 손실보상청구권,[568)] 수산업법상 손실보상청구권,[569)] 특정다목적댐법 제41조상의 손실보상청구권[570)] 등을 사법상의 권리로 보고, 그에 관

567) 공익사업 용지의 취득과 손실보상에 관한 제도는 과거에 토지수용법과 공공용지의 취득 및 손실보상에 관한 특례법(공특법)으로 이원적으로 운용되고 있었는데, 위 두 법은 2003. 1. 1.부터 토지보상법으로 통합되었다. 구 공특법 제9조 제3항에서 환매대금의 증감을 청구하기 위해서는 토지수용위원회의 재결을 거치도록 규정하고 있었기 때문에, 판례는 그 소송유형을 공법상 당사자소송이라고 해석하였던 것이다(대법원 2002. 6. 14. 선고 2001다24112 판결). 반면에 구 토지수용법 제71조 제5항에서는 환매대금의 증감을 바로 법원에 청구할 수 있도록 규정하고 있어서 명백히 선언하지는 않았지만 민사소송으로 취급하였다(대법원 1992. 6. 23. 선고 92다7832 판결 참조).

568) 대법원 1969. 6. 10. 선고 68다2389 판결, 대법원 1970. 3. 10. 선고 69다1886 판결, 대법원 1981. 5. 26. 선고 80다2542 판결.

569) 대법원 1996. 7. 26. 선고 94누13848 판결, 대법원 1998. 2. 27. 선고 97다46450 판결, 대법원 2000. 5. 26. 선고 99다37382 판결, 대법원 2001. 6. 29. 선고 99다56468 판결.

570) 대법원 1997. 9. 5. 선고 96누1597 판결.

한 소송을 민사소송으로 처리하고 있었다.

대법원은 법률 제3782호 하천법 중 개정법률 부칙 제2조와 하천구역 편입토지 보상에 관한 특별조치법 제2조에 따라 개정 하천법의 시행일인 1984. 12. 31. 전에 하천구역으로 편입된 토지에 관한 손실보상청구권의 법적 성질도 사법상의 권리로 보고 그에 대한 쟁송을 민사소송절차에 의하여야 한다는 입장을 취해 왔었다.[571] 그런데, 전원합의체 판결로 위 손실보상청구권은 하천법 본칙이 원래부터 규정하고 있던 하천구역에의 편입에 의한 손실보상청구권과 전혀 다르지 않은 것이어서 공법상의 권리임이 분명하고, 그 손실보상금의 지급을 구하거나 손실보상청구권의 확인을 구하는 소송은 당사자소송에 의하여야 할 것이라고 판시하여 입장을 변경하였다.[572]

손실보상은 재산권에 대한 적법한 공권적 침해로 인하여 발생한 특별한 희생을 전보하기 위하여 행하는 공법에 특유한 제도이므로, 손실보상청구권은 개인의 공권력주체에 대한 권리로서 공권으로 보아야 한다. 위 전원합의체 판결은 이러한 견해를 받아들인 것으로 평가되므로, 위 전원합의체 판결을 계기로 다른 손실보상청구소송에 관해서도 대법원의 입장이 조만간 변경될 것이라고 기대한다.

(다) 공법상 부당이득반환청구

공법상 부당이득반환청구권의 성질에 관하여 사권설과 공권설의 대립이 있다. 사권설은 비록 공법상의 원인에 의하여 급부되어진 것이라고 할지라도 그 원인이 무효이거나 취소됨으로써 부당이득이 되는 것이므로, 부당이득의 문제가 발생한 때에는 아무런 법률상 원인이 없는 것이고 부당이득반환제도는 사법상의 제도이니, 그 반환청구권은 사권이라는 견해이다. 이에 대하여 공권설은 공법상의 부당이득반환청구권도 공법상의 원인에 기하여 생긴 결과를 조정하기 위한 제도로서 공법적인 것이므로 공권의 성질을 가진다는 견해이다.

판례는 사권설의 입장에서 민사소송으로 처리하고 있었다.[573] 그런데, 최근 전원합의체 판결로 잘못 납부된 국세환급금의 반환청구권의 성질을 부당이득반환적 성질에서 기인하는 사권이 아니라 공법상 의무에서 도출되는 공권으로 보고, 부가가치세 환급세액의 지급을 구하는 소송은 민사소송이 아닌 공법상 당사자소송으로 제기하여야 한다고 판시하였다.[574]

국세환급금 중 납부 또는 징수의 기초가 된 신고 또는 부과처분이 부존재하거나 무효

---

571) 대법원 1990. 12. 21. 선고 90누5689 판결, 대법원 1991. 4. 26. 선고 90다8978 판결, 대법원 1996. 1. 26. 선고 94누12050 판결, 대법원 2002. 11. 8. 선고 2002다46065 판결, 대법원 2003. 5. 13. 선고 2003다2697 판결.

572) 대법원 2006. 5. 18. 선고 2004다6207 전원합의체 판결.

573) 대법원 1969. 12. 9. 선고 69다1700 판결을 비롯하여, 대법원 1984. 12. 26. 선고 82누344 판결, 대법원 1989. 6. 15. 선고 88누6436 판결, 대법원 1990. 2. 13. 선고 88누6610 판결, 대법원 1991. 2. 6.자 90프2 결정, 대법원 1995. 4. 28. 선고 94다55019 판결, 대법원 2004. 3. 25. 선고 2003다64435 판결 등 다수.

574) 대법원 2013. 3. 21. 선고 2011다95564 전원합의체 판결.

임에도 불구하고 납부 또는 징수된 오납액의 경우에는 처음부터 법률상 원인이 없으므로 납부 또는 징수시에 바로 확정된다. 또한, 신고 또는 부과처분이 무효는 아니나 사후에 취소 또는 경정됨으로써 그 전부 또는 일부가 감소된 초과납부액의 경우에는 신고 또는 부과처분의 취소 또는 경정에 의하여 조세채무의 전부 또는 일부가 소멸한 때에 확정된다. 한편, 적법하게 납부 또는 징수되었으나 그 후 국가가 보유할 정당한 이유가 없게 되어 각 개별세법에서 환부하기로 정한 환급세액은 각 개별 세법에서 규정한 환급요건에 따라 확정된다.

위 전원합의체 판결은 위와 같은 환급규정에 의한 환급금 반환청구의 경우에는 기존의 판례를 변경하여 공법상 당사자소송을 제기하여야 한다고 하였으나, 그것이 아닌 조세의 과오납에 의한 과오납금 반환청구의 경우에는 민사소송으로 본 기존의 판결을 변경하지는 않았다.[575] 오히려 그 후에 선고된 판결에서는 과오납금의 반환을 민사소송으로 구할 수 있다고 판시하였다.[576]

판례의 위와 같은 태도는 공법상의 부당이득반환청구권이 민법상의 부당이득반환청구권과 다르지 않다는 입장에 입각한 것이다. 그러나, 독일에서는 이를 공법상의 권리로 파악하는 것이 통설과 판례의 입장이고,[577] 그 지도원리는 행정의 법률적합성의 원칙에서 찾는 견해가 유력하다.[578] 뿐만 아니라 민법과 비교할 때 세법에서의 부당이득반환청구는 ① 비채변제의 법리가 적용되지 않고,[579] 국세기본법이 적용되는 결과 ② 소멸시효도 5년이며, ③ 민법과 달리 과세주체의 선의·악의를 불문하고 납세자가 과다납부한 금액 전액과 이에 대한 일정한 법정이자를 지급하도록 하고 있는 점 등의 특수성이 있다. 따라서, 판례와 같이 당사자소송인지 민사소송인지 여부를 소송물을 기준으로 판단하더라도 과오납금 반환청구권을 포함한 공법상 부당이득반환청구권은 공권으로 보아야 할 것이므로, 민사소송으로 다루는 판례는 변경될 필요가 있다.

(라) 국가배상청구

대법원은 공무원의 불법행위나 공공시설의 하자로 인한 국가배상청구사건에 관해서도, "국가 또는 공공단체에 대하여 그의 불법행위를 이유로 손해배상을 구함은 국가배상법이

---

575) 대법원 1988. 2. 23. 선고 87누438 판결(방위세), 대법원 1989. 6. 15. 선고 88누6436 전원합의체 판결(소득세), 대법원 1990. 2. 13. 선고 88누6610 판결(양도소득세), 대법원 2009. 3. 26. 선고 2008다31768 판결(부가가치세), 대법원 1991. 2. 6.자 90프2 결정(증여세).

576) 대법원 2015. 8. 27. 선고 2013다212639 판결.

577) Kuhla · Hüttenbrink, Der Verwaltungsprozess, 3.Auflage, Vertrag C.H.Beck, 2002, S.35. 독일의 조세소송에 대해서는 소순무, "조세환급청구소송의 성질론 – 민사소송인가 당사자소송인가 –", 조세법연구 Ⅳ, 세경사(1998), 60면 참조.

578) Maurer, Allgemeines Verwaltungsrecht, S.783. 한편 민법상 부당이득반환청구권의 지도원리는 공평의 이념이라는 것이 다수설이다(지원림, 민법강의, 제22판, 홍문사, 2025, 1,390면).

579) 대법원 1995. 2. 28. 선고 94다31419 판결.

정한 바에 따른다 하여도 이 역시 민사상의 손해배상책임을 특별법인 국가배상법에 정한데 불과하다."라고 판시하였다.580) 국가배상사건은 실무상으로도 민사소송으로 취급되고 있다.

그러나, 공법적 원인으로 인한 손해배상을 규율하는 국가배상법은 사경제작용을 규율하는 민법과는 근본적으로 성격을 달리하므로, 민법과 국가배상법 사이에는 일반법과 특별법의 관계가 성립될 수 없다.

(마) 행정주체 상호간의 비용상환청구 등

법규에 의하여 관리주체와 비용부담주체가 다르게 정해져 있는 때 관리주체가 비용을 구하는 소나 비용부담주체가 과불금의 반환을 구하는 소, 국가와 지방자치단체 중 공무원을 선임·감독한 자와 비용부담자가 다른 때 어느 하나가 국가배상을 시행하고 내부관계에서 그 손해를 배상할 책임이 있는 자에게 행사하는 구상금청구소송(국가배상법 제6조 제2항) 등에 관하여 판례는 민사소송사항으로 보고 있다.581) 그러나 이러한 판례의 태도 역시 의문이다.

(바) 공법상 계약에 관한 소송

공법상 계약은 행정주체 상호간, 또는 행정주체와 사인간에 공법적 효과의 발생을 내용으로 하는 계약이다. 그중 행정주체와 사인간의 계약은 대등한 관계를 전제로 하기 때문에 공법상 계약인지 사법상 계약인지 구별하기 매우 어려운 경우가 많다. 이러한 경우에는 그 계약으로 취해지는 업무의 목적 및 계약의 전체적 성격에 비추어 공법상 계약인지 여부를 결정할 수밖에 없을 것이다. 이에 대하여, 대법원은 "어떠한 계약이 공법상 계약에 해당하는지는 계약이 공행정 활동의 수행 과정에서 체결된 것인지, 계약이 관계 법령에서 규정하고 있는 공법상 의무 등의 이행을 위해 체결된 것인지, 계약 체결에 계약 당사자의 이익만이 아니라 공공의 이익 또한 고려된 것인지 또는 계약 체결의 효과가 공공의 이익에도 미치는지, 관계 법령에서의 규정 내지 그 해석 등을 통해 공공의 이익을 이유로 한 계약의 변경이 가능한지, 계약이 당사자들에게 부여한 권리와 의무 및 그 밖의 계약 내용 등을 종합적으로 고려하여 판단하여야 한다."라고 판시하고, 공법상 계약의 한쪽 당사자가 다른 당사자를 상대로 그 이행을 청구하는 소송 또는 이행의무의 존부에 관한 확인을 구하는 소송은 공법상 법률관계에 관한 분쟁이므로, 분쟁의 실질이 공법상 권리·의무의 존부·범위에 관한 다툼이 아닌 손해배상액의 구체적인 산정방법·금액에 국한되는 등의 특별한 사정이 없다면, 공법상 당사자소송으로 제기하여야 한다는 입장에 있다.582)

---

580) 대법원 1972. 10. 10. 선고 69다701 판결, 대법원 1971. 4. 6. 선고 70다2955 판결.
581) 대법원 1998. 7. 10. 선고 96다42819 판결.
582) 대법원 2023. 6. 29. 선고 2021다250025 판결. 위 판결에서 산업기술혁신 촉진법 제11조 제2항에 의한 산업기술개발사업에 관한 협약은 공법상 계약에 해당하고 그에 따른 계약상 정산의무의 존부·범위에 관한 분쟁은 공법상 당사자소송의 대상이라고 판시하였다.

한편, 국가나 지방자치단체가 사인과 물품매매계약 · 건물임대차계약 · 공사도급계약 등을 체결하거나 국 · 공유 일반재산을 대부 · 매각 · 교환 · 양여하는 행위는 국가나 지방자치단체가 사경제주체로서 행하는 사법상 계약이다. 판례에 의하면, 공공사업의 시행자가 그 사업에 필요한 토지를 협의취득하는 행위도 토지수용의 경우와는 달리 사법상 법률행위에 지나지 않는다.[583] 또한, 국가를 당사자로 하는 계약에 관한 법률에 따라 국가나 지방자치단체가 당사자가 되는 공공계약도 사법상 계약관계로 보기 때문에 민사소송사항이 된다.[584]

(3) 행정소송규칙에 예시된 당사자소송의 대상

이상에서 살펴본 것처럼 당사자소송의 개념이 일의적이지 않고 행정의 발전에 따라 당사자소송이 확대되는 경향 등으로 소송유형을 잘못 선택함으로써, 이송이나 심리의 중복 등의 절차적 낭비나 지연이 발생할 현실적인 염려가 있다. 그리하여, 행정소송규칙 제19조에서는 이러한 낭비나 지연을 줄이기 위하여 그간의 논의와 실무를 고려하여 당사자소송의 유형을 예시하고 있다.

1. 손실보상금에 관한 소송
   가. 「공익사업을 위한 토지 등의 취득 및 보상에 관한 법률」 제78조 제1항 및 제6항에 따른 이주정착금, 주거이전비 등에 관한 소송
   나. 「공익사업을 위한 토지 등의 취득 및 보상에 관한 법률」 제85조 제2항에 따른 보상금의 증감에 관한 소송
   다. 「하천편입토지 보상 등에 관한 특별조치법」 제2조에 따른 보상금에 관한 소송
2. 그 존부 또는 범위가 구체적으로 확정된 공법상 법률관계 그 자체에 관한 소송
   가. 납세의무 존부의 확인
   나. 부가가치세법 제59조에 따른 환급청구
   다. 석탄산업법 제39조의3 제1항 및 같은 법 시행령 제41조 제4항 제5호에 따른 재해위로금 지급청구
   라. 「5 · 18민주화운동 관련자 보상 등에 관한 법률」 제5조, 제6조 및 제7조에 따른 관련자 또는 유족의 보상금 등 지급청구
   마. 공무원의 보수 · 퇴직금 · 연금 등 지급청구
   바. 공법상 신분 · 지위의 확인

583) 대법원 1991. 1. 29. 선고 90다카25017 판결, 대법원 1992. 10. 13. 선고 91다34394 판결, 대법원 1994. 12. 13. 선고 94다25209 판결, 대법원 1995. 10. 13. 선고 95다25497 판결, 대법원 1996. 6. 25. 선고 95다6601 판결.

584) 대법원 2001. 12. 11. 선고 2001다33604 판결, 대법원 2006. 4. 28. 선고 2004다50129 판결, 대법원 2006. 6. 19.자 2006마117 결정.

3. 처분에 이르는 절차적 요건의 존부나 효력 유무에 관한 소송
  가. 「도시 및 주거환경정비법」 제35조 제5항에 따른 인가 이전 조합설립변경에 대한 총회결의의 효력 등을 다투는 소송
  나. 「도시 및 주거환경정비법」 제50조 제1항에 따른 인가 이전 사업시행계획에 대한 총회결의의 효력 등을 다투는 소송
  다. 「도시 및 주거환경정비법」 제74조 제1항에 따른 인가 이전 관리처분계획에 대한 총회결의의 효력 등을 다투는 소송
4. 공법상 계약에 따른 권리 · 의무의 확인 또는 이행청구 소송

라. 항고소송과 관계

(1) 항고소송과 당사자소송의 구별

공법상 급부청구권은 행정청의 심사 · 결정의 개입 없이 법령의 규정에 의하여 직접 구체적인 권리가 발생하는 경우와 관할 행정청의 심사 · 인용결정에 따라 비로소 구체적인 권리가 발생하는 경우로 나눌 수 있다. 이러한 두 가지 유형 중 어느 것에 해당하는지는 관계 법령에 구체적인 권리의 존부나 범위가 명확하게 정해져 있는지, 행정청의 거부결정에 대하여 불복절차가 마련되어 있는지 등을 종합하여 살펴보아야 한다.

특히 산업재해보상보험법, 공무원연금법 등 각종 사회보장 관련 법률에 의한 급부청구권을 둘러싼 분쟁을 해결하는 소송의 유형이 항고소송인지 당사자소송인지가 문제이다. 예를 들면, 원고가 퇴직연금과 퇴직수당 모두 그 지급액이 부족하다고 주장하면서 각각의 부족분의 지급을 청구할 때, 급여결정의 취소를 구하는 취소소송 형태를 취하지 않고 당사자소송의 형태로 바로 그 부족분의 이행을 청구할 수 있는지의 문제이다.

판례가 항고소송과 당사자소송을 구분 짓는 가장 결정적인 징표는 청구권 발생에 행정청의 인용결정이 필요한지 여부이다. 어떤 급부청구권이 법령의 요건에 해당하는 것만으로 바로 구체적인 청구권이 발생하는 것이 아니라 행정청의 인용결정에 의하여 비로소 구체적 청구권이 발생하는 경우에는 신청에 대한 행정청의 거부결정이나 일부 거부결정을 대상으로 항고소송을 제기하여야 하고, 행정청의 제1차적 판단이 필요 없이 법령에 의하여 곧바로 구체적 청구권이 발생하는 경우에는 행정청을 상대로 항고소송을 제기함이 없이 곧바로 그 법률관계의 한쪽 당사자를 상대로 급부의 이행을 청구하는 당사자소송을 제기하여야 한다는 것이다.[585] 다시 말하면 행정청의 선결적인 판단이 있어야 되는지, 법령의 규정에 따라 당연히 급여액이 확정되는지 여부에 따라 당사자가 제기하여야 할 소송의 유형을 구분하고 있다.

---

585) 급부청구권의 요건사실의 확인과 급부액의 인정에 행정청의 조사 · 확인이나 재량의 여지가 있는 경우라면 항고소송으로, 그렇지 않다면 당사자소송으로 해석할 여지가 높다.

사회보장수급권의 경우에는 법령에서 실체적 요건을 규정하면서 수급권자 여부, 급여액 범위 등에 관하여 행정청이 1차적으로 심사하여 결정하도록 정하고 있는 경우가 많다. 통상 사회보장수급권은 관계 법령에서 정한 실체법적 요건을 충족시키는 객관적 사정이 발생하면 추상적인 급부청구권이 발생하고, 신청인이 관계 법령에서 정한 절차·방법·기준에 따라 관할 행정청에게 지급을 신청하여 관할 행정청이 지급결정을 하면 그때 비로소 구체적인 수급권으로 전환되기 때문이다.[586)]

판례에 따르면, 공무원연금법이나 군인연금법상 각종 급여는 법령의 요건에 해당하는 것만으로 바로 구체적인 청구권이 발생하는 것이 아니라 행정청의 급여결정에 의하여 비로소 구체적 청구권이 발생하는 경우에 해당하므로, 급여신청에 대한 행정청의 거부결정이나 일부거부결정을 대상으로 항고소송을 제기하여야 한다.[587)] 급여사유의 발생, 기여금의 납부, 재직기간의 계산에 필요한 이력사항 기타 공무원 또는 공무원이었던 자의 신분에 관한 사항 등에 대하여 소속 기관장의 확인이 필요하고 그에 따라 공무원연금공단이 급여대상자인지 여부와 급여액을 결정하는 것이므로, 법령의 규정에 따라 당연히 급여액이 확정되는 것이 아니기 때문이다. 따라서 항고소송을 제기하지 않고 곧바로 당사자소송으로 권리의 확인이나 급여의 지급을 구할 수는 없다.[588)]

다만 퇴직연금에 대하여 최초의 급여결정이 있고 그 이후 법령의 개정에 의하여 연금액의 증감이 있는 경우에는 공무원연금공단의 선결적인 판단 없이 기계적으로 그 수액이 확정되는 것이므로, 이 경우에는 당사자소송을 제기하여야 한다. 퇴직연금은 최초의 급여결정 당시에 이미 요건사실이 모두 확인되었기 때문에 법률이 개정되어 퇴직연금이 감액되더라도 공무원연금공단은 당초에 확인된 급여청구의 요건을 다시 확인하는 것이 아니라 단지 법률의 개정내용에 따라 비율이나 보수월액 등을 기초로 향후 지급될 퇴직연금을 산정하는 것에 불과하기 때문이다.[589)]

그러나 아래의 사례에서는 당사자의 신청에 따른 행정청의 거부결정이나 일부 거부결

586) 대법원 2021. 3. 18. 선고 2018두47264 전원합의체 판결.

587) 대법원 1995. 9. 15. 선고 93누18532 판결(군인연금법상 상이연금), 대법원 1996. 12. 6. 선고 96누6417 판결(퇴직일시금), 대법원 1999. 11. 26. 선고 97다42250 판결(의료보호법상 진료기관의 보조비용), 대법원 2008. 2. 1. 선고 2005두12091 판결 등(산업재해보상보험법상 각종 급여), 대법원 1991. 2. 12. 선고 90다10827 판결(국가유공자법상 각종 급여), 대법원 1996. 4. 23. 선고 95다53775 판결(조세범처벌절차법 제16조에 의한 포상금), 대법원 2021. 3. 18. 선고 2018두47264 전원합의체 판결(고용보험법상 육아휴직급여), 대법원 2021. 12. 16. 선고 2019두45944 판결(군인연금법상 사망보상금) 등.

588) 이러한 법리는 구체적인 급여를 받을 권리의 확인을 구하기 위하여 소를 제기하는 경우뿐만 아니라, 구체적인 급여수급권의 전제가 되는 지위의 확인을 구하는 경우에도 마찬가지로 적용된다는 것이 판례이다(대법원 2017. 2. 9. 선고 2014두43264 판결).

589) 대법원 2004. 12. 24. 선고 2003두15195 판결(공무원연금법상 퇴직연금이 법률의 개정에 의하여 감액된 경우), 대법원 2003. 9. 5. 선고 2002두3522 판결(군인연금법상 퇴역연금이 법률의 개정에 의하여 감액된 경우) 등.

정이 있더라도 이를 항고소송의 대상으로 보지 않았다. 즉, '광주 민주화운동 관련자 보상 등에 관한 법률'에 의한 보상금 등의 지급에 관한 소송,[590] 피재근로자의 석탄합리화사업단에 대한 재해위로금의 지급소송,[591] 공무원의 연가보상비 청구소송,[592] 법관의 명예퇴직 수당청구소송,[593] 평균임금결정에 관한 근로복지공단의 사무착오로 장해연금선급금을 과소 지급 받은 당사자가 근로복지공단을 상대로 막바로 그 차액의 지급을 구하는 소송[594] 등은 당사자소송으로 보았다. 위 사안들에서 행정청이 법률요건이 충족되어 해당 급부를 이행할 것인지 여부를 결정하는 것처럼 보이지만, 이때의 결정은 상대방의 법률상 지위에 직접적인 법률적 변동을 일으키지 않는 것으로서 처분이 아니라고 본 듯하다.[595]

한편, '민주화운동 관련자 명예회복 및 보상 등에 관한 법률'에 의한 심의위원회의 보상금 등의 지급 대상자에 관한 결정 및 위 법률에 따른 보상금 등의 지급을 구하는 소송의 형태에 관하여 대법원은 광주민주화운동 보상금 소송에서와는 다른 결론을 내렸다.[596] 또한, 기반시설부담금에 관한 법률상의 기반시설부담금 납부 후 환급사유가 발생하였다고 주장하면서 환급신청을 하였으나, 이를 거부당한 경우 그 거부결정에 대해서는 항고소송을 제기하여야 한다.[597]

---

590) 대법원 1992. 12. 24. 선고 92누3335 판결: 보상심의위원회의 결정을 받은 후에 제기함을 원칙으로 하고 있기는 하나 신청 후 일정기간 내에 지급에 관한 결정을 하지 않는 경우에는 바로 소송을 제기할 수 있도록 하고 있는 점에 비추어 위 소송을 제기함에 있어 지급신청을 반드시 하여야 함은 별론으로 하고 보상심의위원회의 보상에 관한 결정을 필수적 요건으로 하고 있다고 보여지지 아니하며, 동 법률의 다른 조항을 살펴보아도 보상심의위원회의 보상에 관한 결정에 불복하여 행정심판을 제기할 수 있다거나 동 결정에 불복하여 그 취소 등을 구하는 소송의 제기를 예상하고 있는 조항을 찾아 볼 수 없으니, 위 법률 제15조 본문의 규정에서 말하는 보상심의위원회의 결정을 거치는 것은 보상금 지급에 관한 소송을 제기하기 위한 전치요건에 불과하다고 할 것이므로 위 보상심의위원회의 결정은 항고소송의 대상이 되는 처분이라고 할 수 없다.

591) 대법원 1999. 1. 26. 선고 98두12598 판결: 재해위로금의 지급청구권은 위 규정이 정하는 지급요건이 충족되면 당연히 발생함과 아울러 그 금액도 확정되는 것이지 위 사업단의 지급결정 여부에 의하여 그 청구권의 발생이나 금액이 좌우되는 것이 아니다.

592) 대법원 1999. 7. 23. 선고 97누10857 판결.

593) 대법원 2016. 5. 24. 선고 2013두14863 판결.

594) 대법원 2003. 3. 28. 선고 2002두11028 판결. 이 판결에서 문제가 된 장해보상연금 선급금이라 함은 장해보상연금을 받게 된 근로자가 청구하는 경우에 해당 장해보상연금의 최초의 일정금액을 미리 지급받을 수 있도록 하는 것을 말한다. 당시의 산업재해보상보험법에 의하면, 장해보상연금은 수급권자의 신청이 있는 경우에는 그 연금의 최초의 1년분 또는 2년분을 선급할 수 있으나, 노동능력을 완전히 상실한 장해등급(제1급 내지 제3급)의 근로자에게는 그 연금의 최초의 1년분 내지 4년분을 선급할 수 있다.

595) 하명호, "사회보장행정에서 권리의 체계와 그 구제", 고려법학 제64호, 고려대학교 법학연구원(2012. 3), 183면 참조.

596) 대법원 2008. 4. 17. 선고 2005두16185 전원합의체 판결. 특수임무수행자 보상에 관한 법률에 따라 보상금을 청구하는 경우에도 항고소송을 제기하여야 한다고 판시하였다(대법원 2008. 12. 11. 선고 2008두6554 판결).

597) 나아가 행정청의 환급 거부대상이 납부지체로 발생한 지체가산금인 경우에도 마찬가지다(대법원 2018. 6. 28. 선고 2016두50990 판결).

(2) 당사자소송과 항고소송의 관계

(가) 취소소송과 관계

처분은 비록 하자가 있더라도 그 하자가 중대·명백하여 무효가 아니라면 권한 있는 기관에 의하여 취소될 때까지는 일단 유효한 것으로 취급되는 것이므로(공정력), 처분에 취소사유의 흠이 있는 경우 취소소송 이외의 방법으로 그 효력을 부인할 수 없다.

그러므로, 파면처분을 당한 공무원은 그 처분에 비록 하자가 있더라도 그 하자가 무효사유가 아닌 취소사유에 불과한 것이라면 파면처분 취소소송 대신 공무원지위확인소송을 제기하는 것은 불가능하다. 위법한 과세처분에 의하여 세금을 납부한 자도 그 과세처분이 당연무효가 아닌 이상 과세처분 취소소송을 제기하여야 하고, 취소소송을 제기하지 않고 납부한 세금의 반환을 구하는 소송을 제기할 수 없다.[598] 이상의 경우 위 각 청구는 기각될 수밖에 없다.

(나) 무효확인소송과 관계

처분이 무효인 경우에는 공정력이 없으므로, 항고소송으로서 공무원 파면처분 무효확인의 소와 당사자소송으로 공무원지위확인소송 모두 가능하고, 항고소송으로서 과세처분무효확인의 소와 당사자소송으로 조세채무부존재확인의 소 역시 모두 가능하다.

이미 살펴본 것처럼 종래의 판례는 과세처분에 따라 세금을 이미 납부한 경우 민사소송인 과세처분 무효를 원인으로 한 부당이득반환청구소송을 제기할 수 있음에도 불구하고 과세처분 무효확인소송을 제기하는 것은 확인의 이익이 흠결되어 부적법하다고 하였다. 그런데, 대법원 2008. 3. 20. 선고 2007두6342 판결에서는 처분의 근거 법률에 의하여 보호되는 직접적이고 구체적인 이익이 있는 경우에는 행정소송법 제35조에 규정된 '무효확인을 구할 법률상 이익'이 있는 것이고 이와 별도로 무효확인소송의 보충성이 요구되는 것은 아니라고 입장을 변경하였다. 따라서 당사자는 부당이득반환청구소송을 제기할 수 있는지 여부와 관계없이 처분에 관한 무효확인소송을 바로 제기할 수 있게 되었다.

4. 당사자소송의 절차

가. 소송요건

(1) 원고적격

행정소송법에 특별한 규정이 없으므로, 민사소송법의 원고적격에 관한 규정이 준용된

598) 수용재결에 불가쟁력이 생긴 후에는 그것이 무효이거나 취소가 되지 않는다면, 사업시행자는 이미 보상금을 지급받은 자에게 민사소송으로 부당이득반환을 청구할 수 없다(대법원 2001. 1. 16. 선고 98다58511 판결, 대법원 2001. 4. 27. 선고 2000다50237 판결).

다(행정소송법 제8조 제2항 참조).

(2) 피고적격

항고소송에서 행정청이 피고가 되는 것과는 달리 당사자소송에서는 국가 · 공공단체 그 밖의 권리주체가 피고가 된다(제39조). 여기에서 '그 밖의 권리주체'로는 공무수탁사인을 예로 들 수 있다.

(3) 재판관할

항고소송에서와 마찬가지로 행정법원이 제1심 관할법원이 된다. 다만 국가 또는 공공단체가 피고인 경우에는 관계행정청의 소재지를 피고의 소재지로 한다(제40조).

(4) 제소기간

당사자소송에 관한 제소기간이 법령에 정해져 있는 경우에는 그에 의하고, 그 기간은 불변기간으로 한다(제41조). 따라서 취소소송의 제소기간의 규정(제20조)은 당사자소송에는 적용되지 않는다.

(5) 소의 변경

소의 변경에 관한 행정소송법 제21조는 당사자소송을 항고소송으로 변경하는 경우에 준용한다(제42조). 따라서 법원은 사실심 변론종결시까지 원고의 신청에 의하여 결정으로 소의 변경을 허가할 수 있다. 한편, 당사자소송과 민사소송 사이의 소의 변경이 가능한 것인지에 관하여 논란이 될 수 있는데, 대법원은 청구의 기초가 바뀌지 않는 한도 안에서 공법상 당사자소송과 민사소송이 사이의 소 변경을 허용하고 있다.[599]

(6) 관련청구의 이송 · 병합

당사자소송과 이에 관련된 소송이 각각 다른 법원에 계속되어 있는 경우, 법원은 당사자의 신청 또는 직권에 의하여 이를 당사자소송이 계속된 법원으로 이송하여 병합할 수 있다(제44조 제2항).

(7) 그 밖의 사항

취소소송에 관한 행정소송법 제14조(피고경정), 제15조(공동소송), 제16조(제3자의 소송참가), 제17조(행정청의 소송참가) 등이 당사자소송에도 준용된다(제44조 제1항).

599) 대법원 2023. 6. 29. 선고 2022두44262 판결에서는 단지 소의 변경에 따라 소송절차가 달라진다는 이유만으로 이미 제기한 소를 취하하고 새로 민사상의 소를 제기하도록 하는 것은 당사자의 권리구제나 소송경제의 측면에서도 바람직하지 않기 때문이라고 한다.

나. 심리절차

(1) 행정심판기록 제출명령

법원은 당사자의 신청이 있는 때에는 결정으로써 재결을 행한 행정청에 대하여 행정심판에 관한 기록의 제출을 명할 수 있다. 그 제출명령을 받은 행정청은 지체 없이 해당 행정심판에 관한 기록을 법원에 제출하여야 한다(제25조, 제44조 제1항). 여기에서의 '행정심판'은 행정심판법상의 행정심판뿐만 아니라, 다른 법률에서 규정된 행정심판까지 포함하는 것이다.

(2) 직권심리

법원은 필요하다고 인정할 때에는 직권으로 증거조사를 할 수 있고, 당사자가 주장하지 아니한 사실에 대해서도 판단할 수 있다(제26조, 제44조 제1항). 판례에 따르면 변론주의를 보충하는 한도에서 직권탐지주의가 당사자소송에도 적용된다.

(3) 그 밖의 사항

그밖에 처분권주의, 변론주의, 구술심리주의, 직접심리주의, 쌍방심문주의, 법관의 석명의무, 증명책임분배에 관한 원칙(법률요건분류설) 등이 당사자소송에도 적용된다.

다. 소송의 종료

(1) 판결의 효력

당사자소송에서도 판결이 확정되면 기판력이 발생하므로, 당사자는 그에 모순된 주장을 할 수 없고, 법원 역시 확정된 판결에 모순·저촉되는 판단을 할 수 없다. 판결의 기판력은 원칙적으로 판결의 주문에 포함된 사항(객관적 범위)과 변론종결시 확정된 법률관계에 한하여(시간적 범위), 그 소송의 당사자 및 그의 승계인에 대해서만(주관적 범위) 발생된다(민사소송법 제216조 제1항, 제218조 제1항 등 참조). 취소소송에서와 같은 판결의 제3자효(행정소송법 제29조 제1항)는 당사자소송에는 인정되지 않는다.

그러나 취소판결에서의 판결의 기속력 조항(제30조 제1항)은 당사자소송에 준용된다(제44조 참조). 당사자소송에서는 국가, 공공단체 등 행정주체만 당사자가 되는데, 그 행정주체를 위하여 직접 행정권을 행사하는 것은 관계행정청이므로 판결의 구속력을 직접 이들에게 미치게 함으로써 판결의 실효성을 확보하기 위한 것이다.

(2) 가집행선고

당사자소송 중에서 재산권의 청구에 관한 사건에서는 가집행선고가 가능하다. 그런데, 과거 행정소송법 제43조에서는 국가를 상대로 하는 당사자소송의 경우에는 가집행을 선고할 수 없다고 규정하고 있었다. 이 조항에 대하여 국가를 지방자치단체 등과 같은 다른 공공단체와 합리적 이유 없이 우대하는 것으로써 위헌이라는 주장이 끊임없이 제기되었는데, 헌법재판소는 이를 수용하여 위헌결정을 함으로써 이제는 국가를 상대로 한 당사자소송에서도 가집행선고가 가능하다.600)

(3) 소송비용

소송비용에 관한 행정소송법 제32조 및 제33조의 규정은 당사자소송에 준용된다(제44조).

Ⅱ. 민중소송

1. 의 의

민중소송은 "국가 또는 공공단체의 기관이 법률에 위반되는 행위를 한 때에 직접 자기의 법률상 이익과 관계없이 그 시정을 구하기 위하여 제기하는 소송"이다(행정소송법 제3조 제3호). 민중소송은 기관소송과 함께 1984. 12. 15. 행정소송법이 전부개정될 때 신설된 소송유형으로서, "자기의 법률상 이익과 관계없이" 국가 또는 공공단체의 기관이 행한 위법행위를 시정하는 객관소송의 성질을 갖는다.

2. 법정주의

행정소송법은 객관소송인 민중소송에 관하여 주관소송인 항고소송이나 당사자소송과는 달리 법정주의를 채택하고 있다. 즉, 행정소송법 제45조에서는 "법률이 정한 경우에 법률에 정한 자에 한하여 제기할 수 있다."라고 규정하고 있다.

그리하여, 대법원은 행정청이 행한 여론조사에 대하여 무효확인을 구하는 소송,601) 시행규칙인 부령의 일부조항에 대하여 무효확인을 구하는 소송,602) 행정청의 고시 중 일부조항에 대하여 무효확인을 구하는 소송603) 등이 부적법하다고 판시하였다.

현행법상 법정되어 있는 민중소송은 ① 선거에 관한 소송, ② 투표에 관한 소송, ③ 주민소송 등이 있다.

---

600) 헌재 2022. 2. 24. 선고 2020헌가12 결정. 헌법재판소는 위 결정에서 당사자소송은 국가 · 공공단체 그 밖의 권리주체를 피고로 하는데 심판대상조항에 의하여 피고가 국가인 경우에만 가집행선고를 할 수 없다면 피고가 누구인지에 따라 승소판결과 동시에 가집행 선고를 할 수 있는지 여부가 달라지므로, 행정소송법 제43조는 재산권의 청구에 관한 당사자소송 중에서도 피고가 공공단체 그 밖의 권리주체인 경우와 국가인 경우를 다르게 취급하여, 평등의 원칙에 위배된다고 판시하였다. 참고로 국가를 상대로 하는 재산권의 청구에 관하여 가집행의 선고를 할 수 없다고 규정하고 있었던 소송촉진 등에 관한 법률 제6조 제1항 단서는 헌재 1989. 1. 25. 선고 88헌가7 결정으로 위헌으로 선고되었었다.

601) 대법원 1996. 1. 23. 선고 95누12736 판결.

602) 대법원 1987. 3. 24. 선고 86누656 판결.

603) 대법원 1991. 8. 27. 선고 91누1738 판결.

3. 심리절차

민중소송으로써 처분 등의 취소를 구하는 소송에는 취소소송에 관한 규정을, 처분 등의 효력 유무 또는 존재 여부나 부작위의 위법의 확인을 구하는 소송에는 각각 무효등 확인소송 또는 부작위위법확인소송에 관한 규정을, 위에서 규정된 소송외의 소송에는 당사자소송에 관한 규정을 그 성질에 반하지 않는 한 준용한다(행정소송법 제46조).

따라서 민중소송의 심리절차는 객관소송으로서의 성질에 반하지 않고 개별법에서 정한 특칙이 없다면 각각 해당하는 항고소송과 당사자소송에 관한 규정에 따른다.

Ⅲ. 기관소송

1. 의 의

기관소송은 "국가 또는 공공단체의 기관 상호간에 권한의 존부 또는 그 행사에 관한 다툼이 있을 때에 이에 대하여 제기하는 소송"이다(행정소송법 제3조 제4호). 그런데 헌법 제111조 제1항 제4호, 헌법재판소법 제61조, 제62조에 따라, 국가기관 상호간의 권한쟁의심판·국가기관과 지방자치단체간의 권한쟁의심판, 그리고 지방자치단체 상호간의 권한쟁의 심판은 헌법재판소의 관장사항에 해당하고, 행정소송법 제3조 제4호 단서에서는 헌법재판소법 제2조의 규정에 따라 헌법재판소의 관장사항으로 되는 소송은 행정소송으로서의 기관소송에서 제외하고 있다.

기관소송은 1984. 12. 15. 행정소송법이 전부개정될 때 신설된 소송의 유형이다. 그 당시에는 기관소송에서 말하는 국가 또는 공공단체의 기관은 동일한 행정주체 내의 기관뿐만 아니라 다른 행정주체 사이의 기관도 포함하는 것으로 해석하였다.[604] 그런데 헌법재판소가 출범하고 권한쟁의를 관장함에 따라 기관소송과 권한쟁의 사이의 쟁송법적 한계를 명확하게 하기 위하여 1988. 8. 5. 행정소송법이 개정되어 제3조 제4호 단서가 신설되어 기관소송에서 헌법재판소의 관장사항이 배제되었다. 그 이후부터는 여기에서의 기관은 동일한 행정주체 내의 기관으로 해석하는 것이 통설이 되었다.

2. 존재이유

국가 또는 공공단체의 기관 상호간의 관계는 권리의무의 관계가 아니라 직무권한·기관권한의 행사 관계로서의 성질을 가지고, 권리주체 사이의 대립을 해소하는 것이 아니라

604) 우리와 유사한 규정을 두고 있지만 헌법재판소가 없는 일본의 경우에도 마찬가지로 해석하고 있다(김상태, "일본 기관소송의 새로운 유형", 법학논총 제24집 제1호, 한양대학교 법학연구소, 2007, 5면).

행정의사의 통일성을 확보하는 것을 목적으로 한다. 이러한 내부법관계는 행정의 일원성의 원칙 하에서 행정조직의 계층구조의 원칙에 지배되므로, 기관들 사이의 분쟁은 공통되는 상급감독청의 개입과 지시에 의하여 해결되게 된다. 따라서 법원은 원칙적으로 취소소송은 물론 주관소송으로서의 행정소송절차로 개입할 수 없는 것이다(행정내부 불개입의 원칙).

다만 국가 또는 공공단체의 기관 상호간의 관계가 계층구조에 따른 행정의 통일성을 확보하지 못하거나 상급기관의 지시의 기속성이 지배되지 않는 행정영역이 있을 수 있다. 이렇게 분쟁을 해결할 수 있는 적절한 기관이 없는 경우나 특별히 공정한 제3자의 판단을 구하는 것이 적절한 경우에 법원의 공정한 판단과 소송절차에 의한 해결방법으로서 기관소송을 인정할 여지가 있게 된다.[605]

3. 객관소송으로서의 성질

행정기관 상호간의 분쟁은 대립하는 당사자 사이의 권리의무에 관한 다툼이 아니어서 법률상의 쟁송이 아니고, 행정기관은 권리주체로서의 법인격도 가지고 있지 않기 때문에 당사자능력도 없으며, 행정주체와 국민 사이의 관계에 이루어지는 외부법관계도 아니어서 처분성도 없고, 행정기관의 권리 침해를 상정할 수도 없다.

이렇게 기관소송은 개인의 구체적인 권리구제와 관계없이 국가 또는 공공단체의 기관이 행한 행위가 법률에 위반되는지 여부를 심사함으로써 적법성보장기능을 수행하는 객관소송으로서의 성질을 갖는다고 할 수 있다.[606] 따라서 주관소송인 항고소송과 당사자소송과 여러 가지 면에서 성질상의 차이가 있다.

4. 권한쟁의와의 관계

기관소송과 권한쟁의 사이에는 다음과 같은 차이가 있다. 첫째, 심판기관과 관련하여, 기관소송은 법원이고 권한쟁의는 헌법재판소이다. 둘째, 심판의 당사자와 관련하여, 기관소송은 권한쟁의의 대상이 되지 않은 범위 내에서 국가 또는 공공단체의 기관으로서 동일한 행정주체 내의 기관이고 법률이 정한 자에 한정된다(행정소송법 제45조). 반면에 권한쟁의는 국가기관 상호간, 국가기관과 지방자치단체간 및 지방자치단체 상호간이다.[607] 셋째, 제소

605) 김병기 · 김동균, "현행 기관소송제도에 관한 소고", 법학논문집 제37집 제1호, 중앙대학교 법학연구원(2013), 239면, 신봉기, "기관소송", 행정소송(1), 한국사법행정학회(2008), 428-429면 참조.

606) 김병기 · 김동균, "현행 기관소송제도에 관한 소고", 240면. 한편, 신봉기, "기관소송", 433면에서는 기관소송이 기본적으로 객관소송에 해당한다고 하면서도 어느 정도 주관소송의 측면도 가지고 있다는 설명을 하고 있다.

607) 따라서, 지방자치단체의 의결기관과 지방자치단체의 집행기관 사이의 내부적 분쟁과 관련된 심판청구는 헌법재판소가 관장하는 권한쟁의심판에 속하지 않아 부적법하다(헌재 2018. 7. 26. 선고 2018헌라1 결정).

요건과 관련하여, 기관소송은 법정주의를 채택한 결과 법률이 정한 때에 한하여 제기할 수 있지만, 권한쟁의는 "피청구인의 처분 또는 부작위가 헌법 또는 법률에 의하여 부여받은 청구인의 권한을 침해하였거나 침해할 현저한 위험이 있는 경우"에 제기할 수 있다(헌법재판소법 제61조 제2항). 넷째, 심판대상과 관련하여, 기관소송은 "권한의 존부 또는 그 행사에 관한 다툼"이고, 권한쟁의는 "권한의 존부 또는 범위에 관한 다툼"이다.

이상에서 보는 것처럼 기관소송과 권한쟁의는 심판기관, 당사자, 제소요건, 심판대상과 관련하여 커다란 차이가 있지만, 현실적으로 양자는 권한의 획정과 관련된 분쟁을 해결한다는 점에서 쟁송대상이 서로 유사하여 법원과 헌법재판소의 관할을 둘러싸고 갈등의 요인이 되고 있다.

그런데, 기관소송은 행정소송법이 법정주의를 채택한 나머지 법률의 규정이 있는 경우에만 허용된다. 반면에 권한쟁의는 심판대상과 범위에 관한 헌법재판소법 관련규정을 유연하게 해석할 수 있는 여지가 있다. 실제로 헌법재판소는 국가기관 상호간의 권한쟁의심판에서의 당사자를 헌법재판소법 제62조 제1항 제1호에서 규정하고 있는 "국회, 정부, 법원 및 중앙선거관리위원회"로 한정적으로 해석하였다가,[608] 예시적인 것이라고 해석을 바꾸어 국회의장과 국회의원 등으로 확대하고 있다.[609] 게다가 권한쟁의의 대상인 "권한의 존부 또는 범위에 관한 다툼"에 관해서도, 처분 또는 부작위를 공권력의 행사로 넓게 보아,[610] 추상적인 권한의 소재 또는 범위에 관한 분쟁을 넘어서 개별사안에서 피청구인의 처분 또는 부작위 그 자체가 위법한 경우를 포함하는 것으로 해석하고 있는 듯하다.[611] 그리하여 기관소송은 그 대상이 고정될 수밖에 없는 반면 권한쟁의는 헌법재판소의 해석에 따라 점차 확대되는 경향에 있다.[612]

608) 헌재 1995. 2. 23. 선고 90헌라1 결정.

609) 헌재 1997. 7. 16. 선고 96헌라2 결정, 헌재 2000. 2. 24. 선고 99헌라1 결정, 헌재 2008. 3. 27. 선고 2006헌라1 결정). 다만 헌법재판소는 권한쟁의의 당사자가 되는 국가기관을 "헌법에 의하여 설치되고 헌법과 법률에 의하여 독자적인 권한을 부여받은 국가기관"이라고 해석함으로써, 국가인권위원회는 헌법상 국가에게 부여된 임무 또는 의무를 수행하고 그 독립성이 보장되어 있더라도 국가인권위원회법에 의하여 비로소 설립된 국가기관으로서 국회의 법률개정행위에 의하여 존폐 및 권한범위 등이 좌우되므로, 권한쟁의심판의 당사자가 될 수 없다고 판시하였다(헌재 2010. 10. 28. 선고 2009헌라6 결정). 또한 지방자치단체장은 국가위임사무에 대하여 처분을 행한 경우 외에는(헌재 2006. 8. 31. 선고 2003헌라1 결정) 지방자치단체에 포함되지 않는다고 해석하였다(헌재 1999. 7. 22. 선고 98헌라4 결정, 헌재 2004. 9. 23. 선고 2000헌라2 결정).

610) 법률 제정과 개정행위까지 포함되는 것으로 본다(헌재 2006. 5. 25. 선고 2005헌라4 결정).

611) 헌법재판실무제요 제1개정증보판, 헌법재판소, 2008, 345면 참조. 권한의 유무와 범위에 관한 다툼은 권한 행사를 전제 또는 매개로 발생하기 때문에 그 다툼은 서로 혼재되고 중첩될 수밖에 없다는 것이 논거이다(전학선, "공법상 권한분쟁에 대한 통합적 관할의 필요성", 유럽헌법연구 제19호, 유럽헌법학회, 2015, 385면 참조). 반대 견해와 그 논거는 박정훈, 행정소송의 구조와 기능, 346면 참조.

612) 헌법재판소의 이러한 적극적인 해석은 권한쟁의심판 청구건수가 늘어나는 계기가 되었다고 한다(전학선, "공법상 권한분쟁에 대한 통합적 관할의 필요성", 362면).

이러한 현상은 지방자치제도가 정착되었지만 행정소송이 지방자치단체의 자치권을 제대로 보장하지 못함에 따라 마침 출범한 헌법재판소가 권한쟁의심판으로 그 기능을 대신 수행하면서 나타난 것으로,[613] 권한쟁의와 기관소송 사이만의 문제는 아니다. 권한쟁의는 지방자치단체가 국가기관이나 광역지방자치단체장의 처분에 대하여 자치권의 침해를 이유로 다툴 경우 항고소송과 경합될 수도 있고, 행정주체 사이의 비용상환청구소송의 선결문제로 당사자소송과의 관계에서도 논란이 생길 수 있다.

기관소송과 권한쟁의를 둘러싼 갈등은 기관소송이 1984. 12. 15. 행정소송법의 개정으로 신설된 후 1988년 헌법재판소가 출범할 때 이미 예견된 일이었다. 그리하여 1988. 8. 5. 행정소송법 개정으로 제3조 제4호 단서를 신설하여 기관소송에서 권한쟁의를 제외시켰으나 이는 미봉책에 불과한 것이었다. 향후의 입법적인 개선이 필요한 대목이다.

5. 법정주의

행정소송법은 주관소송인 항고소송에서는 개괄주의를 채택하고 있으나 객관소송인 기관소송에서는 법정주의를 채택하고 있다. 즉, 항고소송은 행정소송법 제12조에 의하여 그 대상이 처분이기만 하면 '법률상 이익'이 있는 자는 누구나 제기할 수 있으나, 기관소송은 행정소송법 제45조에 의하여 국가 또는 공공단체의 기관 상호간에 권한의 존부 또는 그 행사에 관한 다툼이 있을 때에도 법률이 정한 경우에 한하여 법률이 정한 자만 제기할 수 있다.[614] 그리하여 이론상 기관소송에 해당함에도 개별법령에서 그러한 소송을 규정하고 있지 않는 경우(법정외 기관소송)에는 법원에 소송을 제기할 방법이 없다.

이러한 기관소송 법정주의는 분쟁해결의 공백상태를 초래할 우려가 크다. 현행법상 인정되고 있는 기관소송은 지방의회의 재의결에 대한 지방자치단체장의 소송(지방자치법 제120조 등)과 교육·학예에 관한 시·도의회의 재의결에 대한 교육감의 소송(지방교육자치에 관한 법률 제28조 제3항) 밖에 없다. 그러나 지방자치단체의 기관 사이에 생기는 그 밖의 분쟁이나 공공조합 및 영조물법인의 기관 사이에 생기는 분쟁도 법원이 해결하여야 할 필요가 있다.

---

613) 박정훈, 행정소송의 구조와 기능, 345면 참조.
614) 대법원 1999. 10. 22. 선고 99추54 판결 참조.

제 4 장 행정심판

제 1 절 행정심판의 의의

Ⅰ. 행정심판의 개념

1. 실질적 의미의 행정심판

행정작용으로 인하여 권리·이익을 침해받은 국민이 국가기관에게 원상회복, 손해전보, 해당 행정작용의 취소·변경, 기타 피해구제, 예방조치 등을 요구하여 이를 심리·판정하는 일련의 절차를 행정구제라고 한다면, 행정소송 전단계에서 행정기관에 의한 권리구제 수단으로는 행정심판법상 행정심판뿐만 아니라 비전형적인 수단인 고충민원의 처리, 청원, 진정, ADR 등과 사전적 구제수단이라 할 수 있는 행정절차도 포함될 수 있다.

그중에서 행정사건에 관한 사후적 권리구제수단이라는 점(불복절차), 행정기관에 의한 구제라는 점, 쟁송적 성격을 가진다는 점 등의 요소를 갖춘 것을 실질적 의미의 행정심판이라고 할 수 있다. 실질적 의미의 행정심판은 행정심판, 이의신청, 재결신청, 심사청구, 심판청구 등을 포괄하는 넓은 의미의 행정심판으로서 여러 가지 이름으로 불릴 수 있다.

전통적으로 행정심판과 이의신청은 심판기관을 기준으로 구별하여 왔다. 행정심판법이 1984. 12. 15. 제정되기 전인 소원법 시대에서는 심판기관이 해당 행정청의 직근 상급행정기관에 의하여 심리·판단이 이루어지는 쟁송절차를 소원이라고 부르고, 처분청에 대하여 재심사를 구하는 쟁송절차를 이의신청이라고 불렀다. 그 후 소원에 미국식 행정심판위원회를 가미하고 권리구제기능을 강화한 것이 오늘날의 행정심판이다. 그러므로, 이러한 구분기준은 넓은 의미의 행정심판의 범주 내에서 심판기관이 처분청이냐 상급청 또는 행정심판위원회와 같은 제3의 행정기관이냐를 기준으로 구분하는 정도의 의미만 있었다.[1] 그런데, 행정기본법이 제정되어 제36조에서 처분청에 대한 이의신청을 규율하고 있고, 그에 대해서는 이미 앞에서 살펴보았다.

한편, 헌법 제107조 제3항이 행정심판절차를 사법절차에 준하도록 한 것을 근거로 심판기관과 관계없이 준사법절차가 보장되어 있는지 여부를 가지고 이의신청과 행정심판을

---

1) 2013. 9. 26. 기준으로 이의신청을 규정하고 있는 47개 법률 64개의 이의신청을 분석한 결과에 의하면, 처분청과 결정기관이 동일한 기관인 경우는 44개(약 69%), 전혀 다른 경우는 15개(약 23%), 같을 수도 같지 않을 수도 있는 경우는 5개(약 8%)라고 한다[유광해, "개별행정법상 '이의신청제도'의 현황 검토", 법조 통권 제689권, 법조협회(2014. 2), 165면 참조]. 따라서 위와 같은 구분기준은 실정법상의 용어례를 포섭하지도 못한다.

구분하자는 견해도 있다.[2] 그러나, 이 구분기준도 넓은 의미의 행정심판의 범주 내에서 행정심판법상 행정심판을 대체할 수 있는 자격을 가진 행정심판(특별행정심판)인지 아닌지를 구별하는 기준일 뿐이다.

요컨대, 행정심판은 행정상의 불복절차, 행정기관에 의한 구제절차, 쟁송절차라는 요소를 포괄하는 개념이다. 다만 그 작용하는 국면에 따라 그 넓이가 달라질 수 있다. 가령 행정소송과의 관계에서의 행정심판의 개념과 '행정심판법상 행정심판'을 대체할 수 있는 행정심판의 개념은 그 폭이 다르고, 행정심판이 헌법 제107조 제3항에서 사용될 때, 행정소송법에서 사용될 때, 행정심판법에서 사용될 때에도 각각의 범주가 달라질 수 있다.

2. 형식적 의미의 행정심판

형식적 또는 제도적 의미의 행정심판은 행정심판법의 적용을 받는 행정심판을 말한다. 즉, "위법 또는 부당한 처분이나 부작위로 침해된 인한 국민의 권리 또는 이익을 구제"하기 위한 행정기관에 의한 심판절차를 가리킨다(행정심판법 제1조).

Ⅱ. 행정심판의 범위

1. 행정심판법에서의 개념범주: 행정심판 내에서 상호간의 관계

행정심판법은 "다른 법률에 특별한 규정이 있는 경우" 외에는 행정심판을 청구할 수 있고(제3조 제1항), "심판청구에 대한 재결이 있으면 그 재결 및 같은 처분 또는 부작위에 대하여 다시 행정심판을 청구할 수 없다."(제51조)라고 규정하고 있다. 요컨대, 행정심판에 해당하거나 행정심판을 대체하는 것으로 인정받게 되면 행정심판법상 행정심판을 중복해서 청구할 수 없고, 그렇지 않으면 그 절차를 거치고도 행정심판의 제기가 가능하다는 것이다. 이 문제는 개별법에서 이의신청이라는 용어를 사용하고 있을 때 주로 발생한다.

이 문제를 해결하는 가장 중요한 준거점은 역시 법률의 규정일 것이다. 이의신청은 개별법에 명시된 일정한 처분 등에 대해서만 인정되는데, ① 이의신청 여부와 관계없이 행정심판을 제기할 수 있다고 명시한 경우,[3] ② 이의신청 외에 행정심판을 제기할 수 없다고 규정한 경우,[4] ③ 이의신청에 대한 결정 후 행정소송을 제기하여야 한다고 명시한 경우,[5]

---

2) 박균성, 행정법론(상), 1,216면.

3) 운전면허 처분에 대한 이의신청(도로교통법 제94조 제3항), 자동차등록에 관한 이의신청(자동차관리법 제28조 제4항), 공공기관의 비공개 또는 부분공개결정에 대한 이의신청(정보공개법 제18조 제4항), 품목등록 또는 품목변경등록신청 거부처분 등에 관한 이의신청(농약관리법 제26조 제4항).

4) 난민인정거부 또는 난민인정취소처분에 대한 이의신청(난민법 제21조 제2항).

5) 사용료 등의 부과처분에 대한 이의신청(지방자치법 제157조 제4항), 국민건강보험공단 또는 건강보험

④ 아무런 규정도 두지 않은 경우[6] 등 그 입법형식이 다양하다.[7] 앞의 입법형식 중 ①의 경우는 행정심판을 제기할 수 있고, ②, ③의 경우는 행정심판을 제기할 수 없다는 것이 명백하다. 결국 ④의 경우처럼 아무런 규정이 없는 경우가 문제된다.

이에 관하여 대법원은 개별 법률에서 이의신청제도를 두고 있기는 하나 행정심판과의 관계에 관하여 아무런 규정을 두고 있지 않은 경우 개별법에 의한 이의신청과 행정심판법에 따른 행정심판청구 중 어느 하나만 거쳐 행정소송을 제기할 수 있을 뿐 아니라 이의신청 후 다시 행정심판을 거쳐 행정소송을 제기할 수도 있다고 해석한다.[8] 행정기본법 제36조 제3항에서도 처분청에 대한 이의신청은 행정심판이나 항고소송의 필요적 전치절차가 아니라는 의미에서 이의신청의 제기와 관계없이 행정심판이나 항고소송을 제기할 수 있다고 규정하고 있다.

이 국면에서 논의되는 행정심판의 개념은 넓은 의미의 행정심판 내에서 행정심판법상 행정심판을 대체할 수 있는 것과 아닌 것을 가려내는 관점에서 해석되어야 한다. 그러므로, 행정심판법에서 규정된 것처럼 어느 정도 독립적이고 중립적인 심판기관이 갖추어져 있고 그 심판절차가 행정심판절차에 필적할 만큼 당사자에게 절차적 권리가 보장되어 있는지 등을 기준으로 하여야 할 것이다.

2. 헌법과 행정소송법에서의 개념범주: 행정소송과 행정심판과의 관계

가. 헌법 제107조 제3항의 해석과 적용범위

헌법 제107조 제3항 전문에서는 재판의 전심절차로서 행정심판의 근거를 명시하였다. 한편, 같은 조 후문에서 "행정심판의 절차는 법률로 정하되 사법절차가 준용되어야 한다." 고 규정하고 있다.

"사법절차의 준용"의 의미에 관하여 헌법재판소는 판단기관의 독립성과 공정성, 대심적 심리구조, 당사자의 절차적 권리보장 등의 면에서 사법절차의 본질적 요소를 현저히 결여하고 있다면 "준용"의 요청에마저 위반된다고 하지 않을 수 없다고 판시하였다.[9] 이러한 준용의 요청을 위반하면 위헌이라는 것으로서, 헌법재판소는 도로교통법상 이의신청제도,[10] 산업재해보상보험법상의 보험급여결정에 대한 심사청구 · 재심사청구제도,[11] 교원에

심사평가원의 처분에 대한 이의신청(국민건강보험법 제90조).

6) 개발공시지가에 대한 이의신청(부동산 가격공시에 관한 법률 제11조).

7) 참고로 앞에서 본 64개의 이의신청절차를 조사한 결과에 의하면, 행정심판과의 관련규정만 둔 경우가 9개(14%), 행정소송과의 관련규정만 둔 경우가 12개(19%), 행정심판 및 행정소송과의 관련 규정을 둔 경우가 11개(17%)이나 행정소송이나 행정심판에 관하여 관련 규정이 없는 경우가 32개(50%)에 달하는 것으로 나타났다(유광해, "개별행정법상 '이의신청제도'의 현황 검토", 171면).

8) 대법원 2010. 1. 28. 선고 2008두19987 판결.

9) 헌재 2000. 6. 1. 선고 98헌바8 결정.

대한 징계처분에 관하여 재심청구를 거치지 않고 행정소송을 제기할 수 없도록 한 국가공무원법 제16조 제1항 중 교원에 대한 부분[12]은 합헌이라고 하였고, 구 지방세법상 이의신청과 심사청구제도는 위헌이라고 하였다.[13]

여기에서 주의할 점은 헌법 제107조 제3항 후단의 적용범위에 관하여 헌법재판소는 필요적 전치주의가 적용되는 행정심판에만 사법절차가 준용된다고 해석한다는 점이다.[14] 필요적 전치주의 하에서는 행정심판절차가 불필요하고 형식적인 전심절차가 되지 않도록 사법절차에 준하는 절차로서 형성하여야 할 의무를 입법자에게 부과한 것이라고 해석하고, 임의적 전치제도 하에서는 행정심판을 거치지 않고 곧바로 행정소송을 제기할 수 있는 선택권이 보장되어 있기 때문에 그러한 의무가 부과되지 않는다는 것이다. 즉, 헌법재판소는 헌법 제107조 제3항 후단의 적용범위를 철저하게 재판청구권과의 관계 하에서 해석하고 있다.

나. 행정소송과 관계에서 행정심판의 범위

행정소송법은 행정심판을 행정소송과 행정심판의 관계라는 관점에서 규율하고 있다. 즉, 행정소송법은 행정소송을 제기하기에 앞서 반드시 행정심판을 제기하여야 하는지, 행정심판을 제기한 경우 행정소송의 대상은 원래의 처분인지 행정심판의 결과인지, 행정심판을 거친 경우 행정소송의 제소기간의 기산점은 어떻게 되는지 등에 관하여 규정하고 있다.

이 때의 행정심판은 행정쟁송 중에서 행정소송과 대비되는 개념으로서 행정심판을 말하는 것이므로, 행정쟁송 중에서 행정소송을 제외한 나머지인 넓은 의미의 행정심판을 의미하는 것이다. 만일 이를 행정심판법상 행정심판으로 좁게 해석한다면, 행정소송의 전치절차에는 행정심판법상 행정심판만 있는 것이 아니므로 행정소송과의 관계에서 이의신청이나 특별행정심판에 관한 규율에 흠결이 있다는 것을 의미하여 부당하다. 그러나, 대법원은 행정심판의 개념을 그 작용 국면에 따라 달리 해석해야 함에도 불구하고 특히 제소기간의 기산점과 관련하여 이를 오인한 나머지 국민의 재판청구권을 침해하는 방향으로 해석하는 오류를 범하고 있다.[15]

이러한 문제점을 해결하기 위하여 행정기본법 제36조 제4항에서는 이의신청에 대한 결과를 통지받은 후 행정심판 또는 행정소송을 제기하려는 자는 통지받은 날 또는 결과를 통지받지 못한 경우 통지기간 만료일 다음 날로부터 90일 이내에 행정심판 또는 행정소송을 제기할 수 있다고 규정하고, 같은 조 제6항에서 개별법에서 이의신청 제기 후 행정심판

---

10) 헌재 2002. 10. 31. 선고 2001헌바40 결정.
11) 헌재 2000. 6. 1. 선고 98헌바8 결정.
12) 헌재 2007. 1. 17. 선고 2005헌바86 결정.
13) 헌재 2001. 6. 28. 선고 2000헌바30 결정.
14) 헌재 2000. 6. 1. 선고 98헌바8 결정, 대법원 2012. 11. 15. 선고 2010두8676 판결도 같은 취지이다.
15) 이에 관해서는 행정소송에서 제소기간에 대한 설명부분 참조.

이나 행정소송을 제기하는 경우 제소기간에 대하여 아무런 규정을 두고 있지 않은 경우에는 행정기본법 제36조가 적용된다고 규정하고 있다. 다만 행정기본법 제36조로 말미암아 행정소송법 제20조에서 말하는 재결에는 처분청에 대한 이의신청의 결과가 제외된다고 해석될 수밖에 없다.

Ⅲ. 행정소송과 행정심판의 차이점

1. 쟁송기관

행정심판의 심판기관은 행정기관이나 행정소송은 법원이 이를 관장한다. 행정심판법 제6조에 의하면, 원칙적으로 해당 행정청의 직근 상급행정기관 소속으로 행정심판위원회를 두고, 거기에서 행정심판을 담당한다.

2. 쟁송사항

행정심판은 위법성뿐만 아니라 부당성도 그 심판대상이 된다(행정심판법 제1조,[16] 제5조 등 참조). 이에 비하여 행정소송은 적법성(위법성)만 심판대상이 된다(행정소송법 제1조, 제4조 등 참조).

3. 심리방식

행정심판법 제40조 제1항에서는 “행정심판의 심리는 구술심리 또는 서면심리로 한다. 다만, 당사자가 구술심리를 신청한 때에는 서면심리만으로 결정할 수 있다고 인정되는 경우 외에는 구술심리를 하여야 한다.”라고 규정하고 있다. 따라서 행정심판은 원칙적으로 구술 또는 서면심리로 진행되나, 행정소송은 구술심리주의에 입각하고 있다.

4. 의무이행심판의 허용

행정청이 당사자의 신청에 대하여 응답하지 않거나 거부한 경우 행정소송의 경우에는 부작위위법확인소송과 거부처분 취소소송으로 다투어야 한다. 그러나 행정심판에서는 의무이행심판이 인정되고 있다. 행정심판에서는 행정의 책임성과 권력분립의 원칙과 관계에서 문제되지 않으므로, 이를 허용하고 있는 것이다.

---

16) 행정심판법 제1조에서는 “이 법은 행정심판절차를 통하여 행정청의 위법 또는 부당한 처분이나 부작위로 침해된 국민의 권리 또는 이익을 구제하고, 아울러 행정의 적정한 운영을 꾀함을 목적으로 한다.” 라고 규정하고 있다.

Ⅳ. 행정심판의 기능

행정심판은 행정의 적법성 확보를 행정권 스스로 자율적으로 보장하는 기능(자율적 행정통제기능)을 가진다. 한편 행정심판은 행정소송에 비하여 전문적 · 기술적인 문제를 처리하는데 적합한 구조를 가지고 있는 경우가 많고, 대량의 처분에 관한 다툼에 관하여 신속한 처리가 가능하다. 이 경우 행정심판은 법원의 능력을 보충하고, 법원 및 당사자의 시간 · 노력을 절약하여 그 부담을 덜어주는 기능(사법기능의 보완기능)을 수행한다. 또한 행정심판은 행정소송에 비하여 신속 · 간편한 처리가 가능하므로 행정능률의 향상에 기여할 수도 있다(행정능률의 보장기능).

제2절 행정심판법상 행정심판의 종류

Ⅰ. 취소심판

취소심판이란 "행정청의 위법 또는 부당한 처분을 취소하거나 변경하는 행정심판"을 말한다(제5조 제1호). 행정심판 중 가장 대표적인 유형으로서, 행정심판법은 취소심판을 중심으로 관련 규정을 두고 있다.

취소심판은 청구기간의 제한이 있다. 또한 집행부정지의 원칙이 채택되어 행정심판이 제기되더라도 집행정지결정을 받지 않는 한 처분의 효력은 지속된다. 한편 심판청구가 이유 있다고 하더라도 현저히 공공복리에 적합하지 않은 경우에는 행정심판위원회의 의결에 의하여 심판청구가 기각될 수 있다(사정재결).

Ⅱ. 무효등 확인심판

무효등 확인심판이란 "행정청의 처분의 효력 유무 또는 존재 여부를 확인하는 행정심판"을 말한다(제5조 제2호). 여기에는 무효확인심판, 유효확인심판, 부존재확인심판, 존재확인심판, 실효확인심판이 있을 수 있다.

무효등 확인심판은 취소심판과 달리 청구기간의 제한이 없고, 사정재결에 관한 규정의 적용이 없다. 그러나 처분이 무효라면 처음부터 효력이 발생하지 않는 것이기 때문에 집행정지결정을 받을 필요가 없다는 것이 논리적일 것이나 행정청 또는 관계인이 무효인 행정행위를 사실적으로 유효하다고 우길 수도 있고, 무효인 행정행위의 실행으로 인하여 손해를 입을 수도 있기 때문에 무효등 확인심판에도 집행정지신청은 허용된다.

Ⅲ. 의무이행심판

의무이행심판이란 "당사자의 신청에 대한 행정청의 위법 또는 부당한 거부처분이나 부작위에 대하여 일정한 처분을 하도록 하는 행정심판"을 말한다(제5조 제3호). 취소심판에서는 잘못된 거부처분의 효력을 소멸시키는 효력 밖에는 없으나 의무이행심판을 제기하면 적극적 행위를 재결할 수 있다는 실익이 있다.

거부처분에 대한 의무이행심판에는 청구기간의 제한이 있지만 부작위에 대한 의무이행심판에는 그러한 제한이 없다. 그리고 의무이행심판에는 성질상 집행정지에 관한 규정이 적용되지 않지만, 행정청의 거부처분이나 부작위 때문에 발생할 수 있는 당사자의 불이익이나 급박한 위험을 막기 위하여 당사자에게 임시 지위를 부여할 필요가 있는 경우에는 행정심판위원회는 임시처분을 할 수 있다(행정심판법 제31조).

제 3 절 행정심판위원회

개정전 행정심판법은 재결의 객관적 공정을 도모함으로써 행정심판의 실효성을 확보하기 위하여 심판청구사건에 대한 심리 · 의결기능과 재결기능을 분리시켜 심리 · 의결기능은 행정심판위원회에 부여하고, 재결청은 행정심판위원회의 의결내용에 따라 재결하여야 할 의무를 부여하였었다.

그러나 현행 행정심판법은 사건 처리기간 단축을 통해 신속한 권리구제를 기하기 위해 재결청의 개념을 없애고 행정심판위원회에서 심리를 마치면 직접 재결을 하도록 규정하고 있다. 행정심판위원회는 원칙적으로 해당 행정청의 직근 상급행정기관 소속으로 설치되는데, 구체적으로는 다음과 같다(제6조, 시행령 제2조, 제3조).

i) 처분청 소속의 행정심판위원회: ① 감사원, 국가정보원장, 대통령비서실장, 국가안보실장, 대통령 경호처장 및 방송통신위원회, ② 국회사무총장 · 법원행정처장 · 헌법재판소사무처장 및 중앙선거관리위원회사무총장, ③ 국가인권위원회, 고위공직자범죄수사처장

ii) 국민권익위원회 소속 중앙행정심판위원회: ① 처분청 소속의 행정심판위원회에서

관할하는 것 외의 국가행정기관의 장 또는 그 소속 행정청, ② 특별시장 · 광역시장 · 특별자치시장 · 도지사 · 특별자치도지사(특별시 · 광역시 · 특별자치시 · 도 또는 특별자치도의 교육감 포함) 또는 특별시 · 광역시 · 특별자치시 · 도 · 특별자치도의 의회(의장, 위원회의 위원장, 사무처장 등 의회 소속 모든 행정청 포함), ③ 지방자치법에 따른 지방자치단체조합 등 관계 법률에 따라 국가 · 지방자치단체 · 공공법인 등이 공동으로 설립한 행정청(아래의 시 · 도지사 소속 행정심판위원회가 관할하는 ③의 경우 제외)

iii) 시 · 도지사 소속 행정심판위원회: ① 시 · 도 소속 행정청, ② 시 · 도의 관할구역에 있는 시 · 군 · 자치구의 장, 소속 행정청 또는 시 · 군 · 자치구의 의회(의장, 위원회의 위원장, 사무국장, 사무과장 등 의회 소속 모든 행정청 포함), ③ 시 · 도의 관할구역에 있는 둘 이상의 시 · 군 · 자치구 · 공공법인 등이 공동으로 설립한 행정청

iv) 직근 상급행정기관 소속 행정심판위원회: 법무부 및 대검찰청 소속 특별지방행정기관(직근 상급행정기관이나 소관 감독행정기관이 중앙행정기관인 경우 제외)

제 4 절 행정심판의 제기

Ⅰ. 청구기간

1. 원 칙

심판청구는 무효등 확인심판과 부작위에 대한 의무이행심판을 제외하고는 "처분이 있음을 안 날로부터 90일 이내, 처분이 있은 날로부터 180일 이내"에 제기하여야 한다(제27조). 초일은 산입하지 않고, 말일이 토요일 또는 공휴일이면 그 다음날이 말일이 되며, 기간 중 공휴일도 계산에 포함된다.

2. 예 외

가. 90일에 대한 예외(행정심판법 제27조 제2항)

청구인이 천재 · 지변 · 전쟁 · 사변 그밖에 불가항력으로 인하여 처분을 알았음에도 불구하고 90일 이내에 심판청구를 할 수 없었을 때에는 그 사유가 소멸한 날로부터 14일 이내에 심판청구를 제기할 수 있다. 다만 국외에서의 심판청구에 있어서는 30일로 한다.

나. 180일에 대한 예외(행정심판법 제27조 제3항 단서)

처분이 있은 날로부터 180일이 경과하더라도 그 기간내에 심판청구를 제기하지 못한

정당한 사유가 있는 경우에는 심판청구를 할 수 있다. '정당한 사유'에 해당하는 것이 무엇인지가 문제되는데, 이는 처분이 있은 날로부터 180일 이내에 심판청구를 하지 못한 것을 정당화할 만한 객관적인 사유를 의미한다.

다. 청구기간의 불고지 등의 경우

행정청이 처분을 서면으로 하는 경우에는 그 상대방에게 처분에 관하여 행정심판을 제기할 수 있는지의 여부, 제기하는 경우의 심판청구절차 및 청구기간을 알려야 한다. 그러나 행정청이 고지 자체를 하지 않았거나 고지는 하였지만 청구기간을 제외하거나(불고지), 착오로 법정의 청구기간보다 긴 기간으로 잘못 고지한 경우(오고지)가 생길 수 있다. 이때 심판청구기간을 고지하지 않은 때에는 상대방이 처분이 있음을 알았을지라도 해당 처분이 있은 날로부터 180일 이내에, 심판청구기간을 착오로 법정기간보다 장기로 잘못 고지한 때에는 그 잘못 고지된 기간 내에 심판청구를 할 수 있다.

라. 처분의 상대방이 아닌 제3자의 경우

처분의 상대방이 아닌 제3자가 행정심판을 청구하는 경우 그 제3자가 처분이 있음을 알 수는 없을 것이므로, 원칙적으로 이 경우 처분이 있음을 안 날로부터 진행되는 청구기간의 준수 여부는 생각할 수 없고, 180일의 기간 내에 청구를 제기하지 않더라도 정당한 사유가 인정되는 경우가 많다.[17] 다만 그 제3자가 어떤 경로든 처분이 있음을 알았거나 쉽게 알 수 있었던 경우와 같이 청구기간 내에 행정심판의 제기가 가능하였다는 사정이 있는 경우에는 그 때로부터 90일 이내에 제기하여야 한다.

Ⅱ. 심판청구의 방식과 절차

1. 심판청구서의 제출(서면주의)

행정심판의 청구는 일정한 사항을 기재하여 서면으로 하여야 하고(제28조 제1항), 심판청구서는 피청구인 또는 행정심판위원회에 제출하여야 한다(제23조 제1항). 처분에 대한 심판청구의 경우에는 ① 청구인의 이름과 주소 또는 사무소, ② 피청구인과 행정심판위원회, ③ 심판청구의 대상이 되는 처분의 내용, ④ 처분이 있음을 알게된 날, ⑤ 심판청구의 취지와 이유, ⑥ 피청구인의 행정심판 고지 유무와 그 내용을 기재하여야 한다. 부작위에 대한 심판청구의 경우에는 해당 부작위의 전제가 되는 신청의 내용과 날짜를 기재하여야 한다.

---

17) 대법원 2002. 5. 24. 선고 2000두3641 판결.

2. 행정심판의 청구절차

심판청구서를 접수하거나 송부받은 피청구인은 10일 이내에 심판청구서를 행정심판위원회에 보내야 한다(제24조 제1항). 주의할 점은 피청구인적격이 없거나 심판요건을 갖추지 못한 경우라도 접수를 거부하거나 반려할 수 없다는 것이다. 행정심판위원회가 재결을 거쳐 각하할 사항이기 때문이다. 반대로 심판청구서나 답변서를 받은 행정심판위원회는 각각의 부본을 피청구인과 청구인에게 보내야 한다(제26조).

피청구인은 심판청구서를 받고 검토해 본 결과 심판청구가 이유 있다고 인정되는 경우에는 더 이상의 절차와 시간을 허비할 것이 아니라 그 단계에서 심판청구의 취지에 따라 직권으로 처분을 취소 · 변경하거나 확인을 하거나 신청에 따른 처분을 할 수 있다(제25조 제1항).

행정심판의 청구는 서면행위이기는 하나 엄격한 요식행위라고 보기 어렵고, 청구인들이 법에 무지한 경우가 보통이므로, 진정서, 청원서, 이의신청서, 답변서 등 형식 여하를 불문하고 불비한 사항의 보정이 가능한 한 적법한 행정심판의 청구로 본다. 처분청이 아닌 다른 행정기관에 제기한 진정서나 민원서 등도 그것이 행정심판 청구기간 내에 처분청에 송부되어 왔다면 이를 적법한 행정심판청구로 볼 수 있을 것이다. 아울러 행정청이 처분을 할 때 행정심판청구서의 제출기관을 잘못 알린 경우에는 심판청구기간의 계산은 최초의 행정기관에 심판청구서가 제출된 때를 기준으로 한다(제23조 제4항).

행정청이 고지를 하지 않거나 잘못 알려서 청구인이 심판청구서를 다른 행정기관에 제출한 때에는 해당 행정기관은 그 심판청구서를 지체 없이 정당한 권한 있는 행정청에 송부하여야 한다(제23조 제2항). 심판청구서에 행정심판위원회가 표시되지 않았거나 잘못 표시된 경우에도 정당한 권한 있는 행정심판위원회에 송부하여야 한다(제24조 제3항).

피청구인은 심판청구서를 접수한 때에는 그 접수일로부터 10일내에 답변서를 첨부하여 행정심판위원회에 송부하여야 한다. 그 답변서에는 해당 처분이나 부작위의 근거와 이유를 명시하고 심판청구의 취지와 이유에 대응하는 답변을 기재하여야 하며, 이 경우 청구인의 수에 따른 답변서부본을 첨부하여야 한다.

3. 대리인의 선임 및 국선대리인제도

청구인은 대리인을 선임하여 심판청구를 제기할 수 있다. 대리인이 될 수 있는 사람은 ① 법정대리인, ② 청구인의 배우자, 청구인 또는 배우자의 사촌 이내의 혈족, ③ 청구인이 법인이거나 청구인 능력이 있는 법인이 아닌 사단 또는 재단인 경우 그 소속 임직원, ④

변호사, ⑤ 다른 법률에 따라 심판청구를 대리할 수 있는 자, ⑥ 그밖에 위원회의 허가를 받은 자 등이다(제18조).

최근 행정심판도 사실관계가 복잡하고 법리검토가 난해한 사건이 많아짐에 따라 변호사를 대리인을 선임하는 비율도 지속적으로 증가하고 있다. 그런데, 경제적 사정 등의 사유로 전문가의 도움을 받지 못하는 청구인에 대한 법적·제도적 지원제도는 마땅치 않았다. 그리하여 행정심판법이 개정되어 국선대리인제도가 도입되었다.[18] 행정심판위원회는 경제적 능력으로 인하여 대리인을 선임할 수 없는 청구인을 위하여 신청에 의하여 결정으로 국선대리인을 선정할 수 있다. 다만 심판청구가 명백히 부적법하거나 이유 없는 경우 또는 권리의 남용이라고 인정되는 경우에는 국선대리인을 선정하지 않을 수 있다(제18조의2).

Ⅲ. 행정심판에서의 임시구제

1. 집행정지

가. 집행부정지의 원칙

심판청구는 처분의 효력이나 그 집행 또는 절차의 속행에 영향을 주지 않는다. 이를 '집행부정지의 원칙'이라 한다. 집행정지의 원칙을 채택할 것인지 아니면 집행부정지의 원칙을 취할 것인지는 행정의 신속성·실효성을 중시할 것인지 아니면 국민의 권리구제를 중시할 것인지라고 하는 입법정책의 문제이다.

나. 집행정지결정의 요건

행정심판위원회는 처분, 처분의 집행 또는 절차의 속행 때문에 중대한 손해가 생기는 것을 예방할 필요성이 긴급하다고 인정할 때에는 직권으로 또는 당사자의 신청에 의하여 처분의 효력, 처분의 집행 또는 절차의 속행의 전부 또는 일부의 정지를 결정할 수 있다(제30조 제2항). 행정소송에서 집행정지의 요건이 '회복하기 곤란한 손해'라고 규정되어 있는 것과 달리, 행정심판에서는 '중대한 손해'로 완화되어 있다. 그럼으로써 재산적인 손해나 사회적 신용의 훼손을 이유로 한 집행정지를 인정할 수 있는 여지를 남겨두고 있다.

다만 처분의 효력정지는 처분의 집행 또는 절차의 속행을 정지함으로써 그 목적을 달성할 수 있을 때에는 허용되지 않는다. 또한, 집행정지는 공공복리에 중대한 영향을 미칠

18) 국선대리인제도는 2017. 10. 31. 법률 제15025호로 개정된 행정심판법에 신설되어 2018. 5. 1.부터 시행되고 있다. 이미 특별행정심판기구인 노동위원회의 판정·결정·승인·인정 및 차별적 처우 시정 등에 관한 사건에서 변호사나 공인노무사로 하여금 사회취약계층을 위한 권리구제 대리제도를 시행하고 있고(노동위원회법 제6조의2), 국세에 관한 이의신청, 심사청구 또는 심판청구에 관해서도 변호사, 세무사 또는 세무사법에 따라 등록한 공인회계사를 대리인으로 선정하여 줄 수 있는 국선대리인제도를 시행하고 있다(국세기본법 제59조의2).

우려가 있는 경우에는 허용되지 않는다.

다. 집행정지결정의 절차

행정심판위원회는 직권으로 또는 당사자의 신청에 의하여 집행정지를 결정할 수 있다. 그러나 행정심판위원회의 심리 · 결정을 기다릴 경우 중대한 손해가 생길 우려가 있다고 인정될 때에는 행정심판위원회의 위원장은 직권으로 심리 · 결정에 갈음하는 결정을 할 수 있다. 이 경우에 위원장은 행정심판위원회에 그 사실을 보고하고 추인을 받아야 하며, 행정심판위원회의 추인을 받지 못한 때에는 행정심판위원회는 집행정지결정을 취소하여야 한다.

라. 집행정지결정의 내용과 효력

집행정지결정은 처분의 효력이나 그 집행, 절차의 속행의 전부 또는 일부를 정지하는 것을 내용으로 한다. 다만 '처분의 효력정지'는 처분의 집행 또는 절차의 속행을 정지함으로써 목적을 달성할 수 있는 경우에는 허용되지 않는다.

마. 집행정지결정의 취소

행정심판위원회는 집행정지의 결정을 한 후에 집행정지가 공공복리에 중대한 영향을 미치거나 그 정지사유가 없어진 때에는 당사자의 신청 또는 직권에 의하여 집행정지결정을 취소할 수 있다. 집행정지결정의 취소 역시 행정심판위원회의 심리 · 결정을 거치면 중대한 손해가 생길 우려가 있다고 인정될 때에는 행정심판위원회의 위원장은 직권으로 심리 · 결정에 갈음하는 결정을 할 수 있다.

2. 행정심판에서의 임시처분

행정심판에서는 집행정지 이외에도 행정청의 처분이나 부작위 때문에 발생할 수 있는 당사자의 불이익이나 급박한 위험을 막기 위해 당사자에게 임시 지위를 부여할 수 있는 임시처분제도가 마련되어 있다(제31조).

임시처분이 행해지기 위해서는 ① 처분 또는 부작위가 위법 · 부당하다고 상당히 의심되는 경우일 것, ② 처분 또는 부작위 때문에 당사자에게 중대한 불이익이나 급박한 위험이 생길 우려가 있을 것, ③ 당사자의 중대한 불이익이나 급박한 위험을 막기 위한 임시지위를 정할 필요가 있을 것, ④ 임시처분이 공공복리에 중대한 영향을 미칠 우려가 없을 것 등의 요건이 갖추어져야 한다.

임시처분은 직권으로 또는 당사자의 신청에 의하여 행정심판위원회가 결정을 한다. 임시처분은 집행정지로 목적을 달성할 수 있는 경우에는 허용되지 않는다.

제5절 행정심판의 심리

Ⅰ. 개 설

행정심판의 심리란 "재결의 기초가 될 사실관계 및 법률관계를 명백히 하기 위하여 행정심판위원회가 당사자 및 관계인의 주장과 반박을 듣고 증거 기타의 자료를 수집·조사하는 일련의 절차"를 말한다. 행정심판법은 심리절차의 객관적 공정을 보장하기 위하여 당사자주의적 구조(대심주의)를 취하고 있다. 그리하여 청구인과 피청구인인 행정청을 당사자로 하여 이들이 공격·방어방법으로 제출한 의견진술과 증거 등을 바탕으로 행정심판위원회가 제3자적 입장에서 심리를 진행하게 된다.

Ⅱ. 심리의 내용과 범위

1. 내 용

가. 요건심리

요건심리는 행정심판의 형식적인 요건에 관한 충족 여부에 대한 심리를 말한다. 그 형식적인 요건에 해당하는 것으로는 ① 행정심판의 대상(처분 또는 부작위)의 존재 여부, ② 권한 있는 행정심판위원회에의 제기 여부, ③ 청구인적격의 유무, ④ 행정심판의 청구기간의 준수 여부, ⑤ 심판청구서의 기재사항의 구비 등이 있다. 위와 같은 형식적 요건을 충족하지 않는 심판청구는 부적법한 심판청구로서 각하되나, 그 하자가 보정할 수 있다고 인정하는 때에는 행정심판위원회는 상당한 보정기간을 정하여 그 보정을 명하여야 하며, 보정할 사항이 경미한 것인 때에는 직권으로 보정할 수 있다.

행정심판에서의 청구요건에 관해서는 행정소송에서의 소송요건에 관한 설명이 그대로 통용되므로, 그에 관한 설명으로 갈음한다. 다만 행정심판법은 항고소송과 마찬가지로 "법률상 이익이 있는 자"에게만 청구인적격을 인정하고 있는데, 이것이 입법상의 과오인지에 관하여 의문이 제기되어 왔다. 즉, 행정심판은 행정소송과 달리 위법성뿐만 아니라 부당성에 관해서도 심판을 할 수 있으므로, '법률상 이익이 있는 자'에게만 행정심판의 청구인적격을 인정한다면, 결과적으로 '부당한 처분'은 행정심판의 대상에서 제외되는 결과를 초래한다는 것이다. 과오설의 당부를 떠나서 행정심판은 행정소송과 달리 행정부 내부에서의 자율적인 통제제도로서 행정소송보다 적법성보장기능이 강조된다는 점을 고려하면, 입법정책적으로 과오설의 결론을 경청해야 할 필요가 있다고 생각된다. 참고로 독일과 일본의 입법례에 의하면, 행정소송의 원고적격에서는 일정한 요건을 요구하고 있지만, 우리나라와 달리 행정심판의 청구인적격에 관해서는 특별한 규정을 두지 않고 있다.

나. 본안심리

본안심리는 "청구인의 청구의 당부에 대하여 심리하는 것"을 말한다. 본안심리는 요건심리의 결과 행정심판의 청구가 형식적 요건을 충족하고 있다는 것을 전제로 하지만, 요건심리가 언제나 본안심리에 시간적으로 선행하는 것은 아니다. 따라서 본안심리의 도중에도 형식적 요건의 흠결이 판명될 때에는 언제든지 각하를 할 수 있다.

2. 범 위

가. 불고불리 및 불이익변경금지의 원칙

행정심판위원회는 심판청구의 대상이 되는 처분 또는 부작위 외의 사항에 대해서는 재결하지 못하고, 심판청구의 대상이 되는 처분보다 청구인에게 불이익한 재결을 하지 못한다.

나. 심판대상

행정심판은 행정소송과 달리 위법한 처분이나 부작위뿐만 아니라 부당한 처분이나 부작위에 대해서도 제기할 수 있다. 따라서 행정심판위원회는 처분의 위법성 여부뿐만 아니라 부당성 여부에 대해서도 심리할 수 있다.

Ⅲ. 심리의 절차

1. 당사자주의적 구조(대심주의)

행정심판법은 행정심판의 심리를 전체적으로 당사자주의적 구조(대심주의)에 입각하고 있다. 따라서 행정심판위원회는 공정 · 중립적인 제3자적 입장에서 청구인과 피청구인이 제출한 공격 · 방어방법을 바탕으로 심리를 진행한다.

2. 구술심리주의와 서면심리

행정심판의 심리는 구술심리 또는 서면심리로 한다. 다만 당사자가 구술심리를 신청한 때에는 서면심리만으로 결정할 수 있다고 인정하는 경우 외에는 구술심리를 하여야 한다.

3. 직권탐지주의의 가미

행정심판위원회는 사건의 심리를 위하여 필요하면 직권으로 증거조사를 할 수 있고,

당사자가 주장하지 않은 사실에 대해서도 심리할 수 있다(행정심판법 제36조 제1항, 제39조). 이는 행정심판이 개인의 권리구제뿐만 아니라 행정의 적법성과 타당성 보장이라는 기능도 수행하기 때문이다. 그러나, 불고불리의 원칙이 적용되기 때문에, 행정심판위원회의 직권심리도 심판청구의 대상이 되는 처분 또는 부작위 외의 사항에는 미칠 수 없다.

제 6 절 재결과 조정

Ⅰ. 재결의 의의

재결은 심판청구사건에 대한 심리의 결과에 따라 최종적인 법적 판단을 하는 행위로서, 심판청구사건에 대한 종국적 판단으로서의 의사표시이다. 재결은 공법상 법률관계에서 발생한 분쟁에 대하여 일정한 절차를 거쳐서 판단·확정하는 행위이므로 확인행위로서의 성질을 가지고, 심판 청구에 대하여 반드시 어떠한 내용의 재결을 해야 한다는 의미에서 재량이 허용되지 않는 기속행위이다. 그리고 재결은 심판청구의 제기를 전제로 한 판단작용이라는 점에서 법원의 판결과 성질이 비슷하므로 준사법행위에 해당한다.

Ⅱ. 재결의 종류

1. 각하재결

행정심판위원회는 심판청구가 청구요건을 갖추지 못하여 부적법한 때에는 그 심판청구를 각하하는 재결을 한다(제43조 제1항). 청구기간이 도과되었다는 이유로 한 각하재결이 전형적인 예이다. 다만 부적합한 심판청구에 대해서도 행정심판위원회에 의한 보정제도(제32조)가 인정되고 있다는 점에 주의를 요한다.

2. 기각재결

행정심판위원회는 심판청구가 이유 없다고 인정할 때에는 그 심판청구를 기각한다(제43조 제2항). 기각재결이란 "심판청구가 이유 없다고 인정하여 청구를 배척하고 원처분을 지지하는 재결"을 말한다.

3. 사정재결

행정심판위원회는 심판청구가 이유 있다고 인정하는 경우에도 이를 인용하는 것이 현저히 공공복리에 적합하지 않는 때에는 그 심판청구를 기각하는 재결을 할 수 있는데(제44조 제1항), 이를 사정재결이라 한다. 이 경우 행정심판위원회는 그 재결의 주문에서 그 처분 또는 부작위가 위법 또는 부당하다는 점을 명시하여야 한다. 심판청구가 이유 있다고 인정되는 경우에는 청구인의 권익보호를 위하여 인용재결을 하는 것이 원칙이지만, 그로 인하여 공공복리가 현저히 침해되는 경우가 있을 수 있기 때문에 공익과 사익의 합리적인 조정을 도모하기 위하여 예외적으로 인정되는 것이 사정재결이다.

4. 인용재결

인용재결은 본안심의의 결과 심판청구가 이유 있다고 인정하여 청구인의 청구의 취지를 받아들이는 내용의 재결이다. 인용재결은 심판청구의 내용에 따라 다음과 같이 구분된다.

가. 취소 · 변경재결

취소 · 변경재결이란 취소심판의 청구가 이유 있다고 인정할 때에 행정심판위원회가 스스로 처분을 취소 또는 변경하거나 처분청에 대하여 해당 처분의 변경을 명하는 재결을 말한다(제43조 제3항). 이러한 취소 · 변경재결로는 처분취소재결, 처분변경재결, 처분변경명령재결을 생각할 수 있다. 처분취소재결과 처분변경재결은 형성재결의 성질을 가지는데 반하여 처분변경명령재결은 이행재결의 성질을 가진다. 형성재결과 이행재결 중 실무상 형성재결이 대다수라고 한다.

취소재결에는 처분을 전부 취소하는 경우뿐만 아니라 일부 취소하는 재결도 있을 수 있다. 한편 변경재결에서 '변경'의 의미는 행정심판법이 '취소'와 함께 '변경'을 따로 인정한 점과 의무이행재결을 인정한 점에 비추어 볼 때, 일부취소가 아니라 '적극적 변경', 즉 원처분에 갈음하는 다른 처분으로의 변경을 의미한다.

나. 확인재결

확인재결이란 "행정심판위원회가 무효등 확인심판의 청구가 이유 있다고 인정할 때에 처분의 효력 유무 또는 존재 여부를 확인하는 재결"을 말한다(제43조 제4항). 이러한 확인재결에는 처분무효확인재결, 처분유효확인재결, 처분부존재확인재결, 처분존재확인재결, 처분실효확인재결이 있을 수 있는데 형성적 효과는 발생하지 않는다.

다. 의무이행재결

의무이행재결이란 “행정심판위원회가 의무이행심판의 청구가 이유 있다고 인정할 때에 지체 없이 신청에 따른 처분을 하거나 처분청에게 그 신청에 따른 처분을 할 것을 명하는 재결”을 말한다(제43조 제5항).[19] 전자의 재결을 ‘처분재결’이라고 하고 후자의 재결을 ‘처분명령재결’이라 하는데, 전자는 형성재결의 성질을 가지고 후자는 이행재결의 성질을 가진다.

Ⅲ. 재결의 효력

1. 불가쟁력

재결에 대해서는 다시 심판청구를 제기하지 못하고, 재결 자체에 고유한 위법이 있는 경우에 한하여 행정소송을 제기할 수 있다. 이 경우에도 청구기간이 경과하면 누구든지 그 효력을 다툴 수 없는데, 이와 같은 구속력을 재결의 불가쟁력이라고 한다.

2. 불가변력

재결은 행정기관이 공법상 분쟁을 엄격한 절차에 의하여 해결하는 심판행위이므로, 그 재결은 분쟁을 종결시키는 것이 되어야 한다. 그런데, 행정심판위원회가 재결을 한 후 스스로 그것을 취소 · 변경할 수 있다고 한다면, 법적 안정성을 깨트리고 오히려 분쟁을 재연시키는 결과를 초래하게 된다. 따라서, 일단 재결이 행해지면 비록 그것이 위법 또는 부당하다고 생각되는 경우에도 행정심판위원회가 스스로 그 재결을 취소 또는 변경할 수 없다. 이러한 구속력을 재결의 불가변력이라고 한다.

3. 형 성 력

재결의 형성력이란 재결의 내용대로 새로운 법률문제의 발생이나 종래의 법률관계의 변경 · 소멸을 가져오는 효과(구속력)를 말한다. 재결에 의하여 청구가 인용되어 원처분의 전부 또는 일부가 취소된 때에는 원처분의 해당 부분의 효력은 그 즉시 소멸되고, 처음부터 존재하지 않는 것으로 된다.[20] 또한, 변경재결에 의하여 원처분이 취소되고 그에 갈음하는 별개의 처분이 행해진 경우 및 의무이행심판에서의 처분재결이 행해진 경우의 구속력도 형성력의 성질을 가진다.

---

19) 의무이행재결이 행해지는 사건의 대부분은 정보공개사건이다.
20) 대법원 1998. 4. 24. 선고 97누17131 판결 참조.

한편, 모든 재결에 형성력이 인정되는 것은 아니다. 행정심판위원회가 재결로서 직접 처분의 취소·변경 등을 하지 않고 처분변경명령재결, 처분명령재결을 한 경우 해당 재결은 형성력을 발생시키지 않는다.

재결의 형성력은 제3자에게도 미치는데, 이 경우의 효력를 '대세적 효력'이라고 한다.

4. 인용재결의 기속력

가. 의 의

재결의 기속력은 피청구인인 행정청과 그 밖의 관계행정청이 그 재결의 취지에 따라 행동하여야 하는 의무를 발생시키는 효과(구속력)를 말한다(제49조 제1항).[21] 재결의 기속력은 인용재결에만 인정되고, 각하·기각재결에는 인정되지 않는다. 각하·기각재결은 청구인의 심판청구를 배척하는데 그칠 뿐, 피청구인인 행정청과 그 밖의 관계행정청에 대하여 원처분을 유지하여야 할 의무를 지우지 않으므로, 처분청은 재결 후에라도 정당한 사유가 있으면 직권으로 원처분을 취소·변경·철회할 수 있다.

행정심판의 결과와 행정소송의 결과가 상충되는 경우, 즉 동일한 사건에서 행정심판에서는 인용재결이 있고 행정소송에서는 기각판결된 경우 처분청은 어느 것을 따라야 하는지 의문이 생길 수 있다. 실무상으로는 양제도가 서로 다른 경로의 구제절차라는 점에 착안하여 재결에 따른 처분을 하고 있다.[22]

나. 내 용

(1) 부작위의무

처분의 취소·변경재결, 처분의 무효등 확인재결이 있는 경우 관계행정청은 재결에 저촉되는 행위를 할 수 없다. 즉, 동일한 사실관계 아래에서 동일한 내용의 처분을 반복할 수 없다.

(2) 적극적 처분의무

당사자의 신청을 거부하거나 부작위로 방치한 처분에 대하여 인용재결이 있더라도, 당사자가 신청한 원래의 상태로 돌아가게 될 뿐이므로, 이것만으로는 신청인이 종국적 만족을 얻을 수 없다. 따라서 행정청에게 재결의 취지에 따라 원래의 신청에 대하여 새로운 처분을 할 적극적인 의무를 부과하여 실질적인 권리구제를 기하도록 할 필요가 있다.

이와 관련하여, 개정 전의 행정심판법 제49조 제2항에서는 의무이행재결에 대해서만

---

21) 그러나 재결에 기판력까지 인정되는 것은 아니므로 행정심판의 재결이 확정되더라도 국가배상소송 등에서 당사자들이나 법원이 처분의 기초가 된 사실관계나 법률적 판단에 모순되는 주장이나 판단을 할 수 없게 되는 것은 아니다(대법원 2015. 11. 27. 선고 2013다6759 판결).

22) 행정심판의 이론과 실제, 법제처, 2003, 406면 참조.

재처분의무를 규정하고 있어서, 거부처분에 대한 취소재결, 무효 · 부존재 확인재결이 있는 경우 행정청의 재처분의무가 있는지에 관하여 약간의 논란이 있었다. 그런데, 행정심판법에 제49조 제2항이 신설되어, 이 문제는 입법적으로 해결되었다.[23] 따라서 거부처분 취소심판 등에서 거부처분취소재결 등이 있는 경우에는 행정심판법 제49조 제2항, 의무이행심판에서 처분명령재결이 있는 경우에는 같은 조 제3항에 의하여 재처분의무가 부과된다. 한편, 같은 조 제4항에서는 신청에 따른 처분이 절차의 위법 또는 부당을 이유로 재결로써 취소된 경우에도 제2항을 준용하고 있다.

(3) 결과제거의무 등

행정청은 처분의 취소 또는 무효확인 등의 재결이 있으면, 결과적으로 위법 또는 부당으로 판정된 처분에 의하여 초래된 상태를 제거하여야 할 의무를 진다.

다. 기속력의 주관적 · 객관적 범위

기속력이 미치는 주관적 범위는 피청구인인 행정청뿐만 아니라 그 밖의 모든 관계행정청이다. 한편 기속력은 재결주문 및 그 전제가 된 요건사실의 인정과 효력의 판단에만 미치고, 재결의 결론과 직접 관계가 없는 간접사실에 대한 판단에는 미치지 않는다.

라. 기속력의 이행확보

(1) 의 의

당사자의 신청을 거부하거나 부작위로 방치한 처분에 대하여 인용재결이 있게 되면, 재결의 기속력에 의하여 행정청은 해당 재결의 취지에 따르는 처분을 행할 의무를 지게 된다는 것은 앞에서 본 것과 같다. 그럼에도 불구하고 행정청이 그 적극적 처분의무를 이행하지 않는 경우에는 그 재결의 집행력이 문제가 된다.

이 경우 재결의 실효성을 확보하기 위하여 행정심판법에서는 직접처분과 간접강제에 관하여 규정하고 있다. 원래 행정심판법에서는 기속력의 이행확보방법으로써 직접처분만 규정하고, 그것은 처분청의 직근 상급기관인 재결청이 행사하도록 되어 있었다. 그런데, 2008. 2. 29. 행정심판법이 개정되면서 재결청이 폐지되고 제3의 기관인 행정심판위원회가 재결을 하도록 하면서, 상급기관이 아닌 행정심판위원회가 처분권한을 직접 행사하는데 현실적 어려움이 발생하였다. 그리하여, 행정심판법이 2017. 4. 18. 법률 제14832호로 개정되면서, 직접처분제도의 한계를 보완하고 행정심판 재결의 실효성을 높일 수 있도록 간접강제제도가 도입되었다.

---

23) 위 제49조 제2항은 2017. 4. 18. 법률 제14832호로 개정된 행정심판법에 신설되어 2017. 10. 19.부터 시행되고 있다.

(2) 직접처분

직접처분이란 당사자의 신청을 거부하거나 부작위로 방치한 처분의 이행을 명하는 재결이 있었음에도 불구하고 처분청이 처분을 하지 않는 경우에 행정심판위원회가 직접 해당 처분을 발령하는 것을 말한다(행정심판법 제50조).

직접처분을 행하기 위해서는 ① 의무이행심판에서 처분명령재결이 있었음에도 불구하고 행정청이 처분을 하지 않은 경우(제49조 제3항에 의한 재처분의무 불이행의 경우), ② 청구인의 신청에 의하여, ③ 행정심판위원회가 기간을 정하여 서면으로 시정을 명했음에도 불구하고, ④ 행정청이 그 기간에 시정명령을 이행하지 않았어야 한다. 위원회는 직접처분을 하였을 때에는 그 사실을 해당 행정청에 통보하여야 하고, 그 통보를 받은 행정청은 위원회가 한 처분을 자기가 한 처분으로 보아 관계 법령에 따라 관리·감독 등 필요한 조치를 하여야 한다.

그런데, 직접처분은 그 처분의 성질이나 그 밖의 불가피한 사유로 위원회가 직접 처분을 할 수 없는 경우는 제외되는 한계가 있다(같은 조 제1항 단서). 처분의 성질상 행할 수 없는 경우로는 위원회가 정보를 보유한 행정청이 아니어서 직접처분을 할 수 없는 정보공개처분을 생각할 수 있고, 그 밖의 불가피한 경우로는 과도한 예산이 수반되는 이주대책의 수립을 예로 들 수 있다.

(3) 간접강제

간접강제란 재결의 기속력에 따른 재처분의무를 이행하지 않은 경우 재결의 실효성을 확보하기 위하여 위원회가 행정청에게 일정한 배상을 명령하는 제도를 말한다(행정심판법 제50조의2).

간접강제는 직접처분과는 달리 거부처분 취소심판 등에서 거부처분취소재결 등이 있는 경우, 의무이행심판에서 처분명령재결이 있는 경우, 절차의 하자를 이유로 처분을 취소하는 재결이 있는 경우 등 재결의 기속력에 따라 재처분의무가 있는 모든 경우에 적용된다.[24]

간접강제는 청구인의 신청에 따라 행정심판위원회가 결정한다. 행정심판위원회는 간접강제 결정을 하기 전에 신청 상대방의 의견을 들어야 한다.

위원회는 상당한 기간을 정하고 피청구인이 그 기간 내에 이행하지 않는 경우에는 그 지연기간에 따라 일정한 배상을 하도록 명하거나 즉시 배상을 할 것을 명할 수 있다. 그리고 위원회는 사정의 변경이 있는 경우에는 당사자의 신청에 의하여 간접강제 결정의 내용

---

24) 또한 행정청이 재처분을 하였다고 하더라도 재결의 취지에 따르지 않고 기본적 사실관계가 동일한 사유로 다시 거부처분 등을 한 경우 그러한 거부처분은 재결의 기속력을 위반하여 무효이므로, 이 경우에도 간접강제를 할 수 있다. 자세한 내용은 행정소송에서의 간접강제에 관한 설명 참조.

을 변경할 수 있다. 청구인은 간접강제의 신청 또는 변경신청에 따른 결정에 불복하는 경우 그 결정에 대하여 행정소송을 제기할 수 있다.

간접강제결정의 효력은 피청구인인 행정청이 소속된 국가·지방자치단체 또는 공공단체에 미치고, 결정서 정본은 간접강제결정에 불복하는 행정소송의 제기와 관계없이 민사집행법상 강제집행에 관한 집행권원과 같은 효력을 가진다. 이 경우 집행문은 위원장의 명에 따라 위원회가 소속된 행정청 소속 공무원이 부여한다. 간접강제 결정에 기초한 강제집행에 관하여 이 법에 특별한 규정이 없는 사항에 대해서는 민사집행법의 규정을 준용한다. 다만 민사집행법 제33조(집행문부여의 소), 제34조(집행문부여 등에 관한 이의신청), 제44조(청구에 관한 이의의 소) 및 제45조(집행문부여에 대한 이의의 소)에서 관할법원은 피청구인의 소재지를 관할하는 행정법원으로 한다.

Ⅳ. 조 정

조정은 법원이나 심판기관이 판결이나 재결 대신에 독자적으로 분쟁해결을 위한 타협방안을 마련하여 당사자의 수락을 권고하는 분쟁해결방식을 말한다. 오늘날 행정의 역할이 증대되고 공공갈등이 격화되는 상황에서 공익성에 반하지 않는다면 당사자 사이에 양보를 토대로 한 조정제도가 판결이나 재결보다 유익할 수 있다. 그러나 행정소송에서는 행정청과의 관계에서 권력분립의 문제가 발생할 수 있고 행정소송법이 민사조정법을 준용하지 않기 때문에 허용되지 않는다는 것이 일반적인 해석이다.[25)]

그런데, 행정심판에서는 행정소송과는 달리 권력분립의 문제가 발생할 여지가 없고, 처분의 위법뿐만 아니라 부당도 통제할 수 있으므로, 행정소송보다 조정에 친하다. 그리하여 행정심판법에 제43조의2가 신설되어 조정제도가 도입되었다.[26)]

행정심판위원회는 공공복리에 적합하지 않거나 해당 처분의 성질에 반하지 않는다면, 당사자의 권리 및 권한의 범위에서 당사자의 동의를 받아 심판청구의 신속하고 공정한 해결을 위하여 조정을 할 수 있다. 행정심판위원회는 조정절차에서 심판청구된 사건의 법적·사실적 상태와 당사자 및 이해관계자의 이익 등 모든 사정을 참작하고, 조정의 이유와 취지를 설명하여야 한다. 조정은 당사자가 합의한 사항을 조정서에 기재한 후 당사자가 서명 또는 날인하고 위원회가 이를 확인함으로써 성립한다.

조정이 성립하면 재결에 관한 효력을 정한 행정심판법의 규정이 준용되는 결과 재결

25) 조정권고제도는 행정소송규칙이 2023. 8. 31. 제정되면서 도입되었다는 것은 이미 앞에서 보았다.
26) 조정제도는 2017. 10. 31. 법률 제15025호로 개정된 행정심판법에 도입되어, 2018. 5. 1.부터 시행되고 있다.

과 같이 기속력과 같은 효력이 발생하고, 그에 대한 이행확보수단으로 직접처분과 간접강제이 인정된다. 또한 그 조정의 결과 및 같은 처분 또는 부작위에 대하여 다시 행정심판을 청구할 수 없다.

위와 같은 조정제도는 행정법규 위반에 대한 제재처분의 변경, 징계처분의 감경, 행정상 강제집행 시기의 연기, 거부처분이나 부작위에 대하여 원래 신청된 내용보다 축소된 처분으로 변경 등과 관련된 사건에서 주로 활용될 것으로 기대된다.

제 7 절 재결에 대한 불복

Ⅰ. 재심판청구의 금지

행정심판법은 심판청구에 대한 재결이 있는 경우에는 해당 재결 및 동일한 처분 또는 부작위에 대하여 다시 심판청구를 제기할 수 없다(행정심판법 제51조). 다만 다른 법률에 다단계의 행정심판을 인정하는 특별한 규정이 있는 경우에는 그에 따라야 한다.

Ⅱ. 재결에 대한 행정소송

재결의 취소소송 및 무효등 확인소송은 재결 자체에 고유한 위법이 있는 경우에만 제기할 수 있다. 행정소송법이 '원처분주의'를 택하기 때문에 행정심판의 재결을 거쳐 행정소송을 제기하는 경우에도 행정소송의 대상은 원칙적으로 재결이 아니라 원처분이다.

재결에 불복하는 행정소송은 청구인만 할 수 있는 것이지 행정청은 제기할 수 없다. 대법원은 "국가가 행정감독적인 수단으로 통일적이고 능률적인 행정을 위하여 중앙 및 지방행정기관 내부의 의사를 자율적으로 통제하고 국민의 권리구제를 신속하게 할 목적의 일환으로 행정심판제도를 도입하였는데, 심판청구의 대상이 된 행정청에 대하여 재결에 관한 항쟁수단을 별도로 인정하는 것은 행정상의 통제를 스스로 파괴하고, 국민의 신속한 권리구제를 지연시키는 작용을 하게 될 것이다. 그리하여 행정심판법 제37조 제1항은 재결은 피청구인인 행정청과 그 밖의 관계행정청을 기속한다고 규정하였고, 이에 따라 처분행정청은 재결에 기속되어 재결의 취지에 따른 처분의무를 부담하게 되므로 이에 불복하여 행정소송을 제기할 수 없다."라고 판시하였다.[27]

---

27) 대법원 1998. 5. 8. 선고 97누15432 판결.

그런데, 지방자치단체가 그 사무에 속하는 자치사무나 단체위임사무와 같은 지방자치단체의 사무를 처리한 결과 지방자치단체의 기관이 행정심판의 피신청인이 된 경우에도 국가나 광역지방자치단체에 설치되어 있는 행정심판위원회의 재결에 불복할 수 없다면, 평등의 원칙이나 헌법상 보장된 자치권을 침해하는 것은 아닌지 생각해볼 점이 있다. 그러나 헌법재판소는 위와 같은 해석의 근거가 되는 행정심판법 제49조 제1항이 헌법에 위반되지 않는다고 판시하였다.[28] 마찬가지 논리로 도시정비상 재개발조합이 공법인의 지위에서 처분의 주체가 되는 경우에는 기본권의 주체가 아니고 인용재결의 기속력을 인정하는 것에 합리성이 인정되므로, 평등의 원칙에 위반되지 않는다고 판시하였고,[29] 국립대학법인 서울대학교 총장도 정보공개의무를 부담하는 경우 기본권의 주체가 아니라 기본권의 수범자의 지위에 있고 기본권 수범자들 사이의 의견충돌에 대하여 사법부가 최종적으로 판단할 권한을 가져야 한다거나 국민에 대한 공권력 행사자에게까지 사법부의 판단을 받을 권리를 보장해야 한다고 볼 수도 없으므로, 행정심판의 인용재결에 기속되도록 정한 것이 헌법 제107조 제3항에 위반된다고 볼 수 없다고 판시하였다.[30]

헌재 2014. 6. 26. **선고** 2013**헌바**122 **결정**: ① 이 사건 법률조항은 행정청의 자율적 통제와 국민 권리의 신속한 구제라는 행정심판의 취지에 맞게 행정청으로 하여금 행정심판을 통하여 스스로 내부적 판단을 종결시키고자 하는 것으로서 그 합리성이 인정되고, 반면 국민이 행정청의 행위를 법원에서 다툴 수 없도록 한다면 재판받을 권리를 제한하는 것이 되므로 국민은 행정심판의 재결에도 불구하고 행정소송을 제기할 수 있도록 한 것일 뿐이므로, 평등원칙에 위배되지 않는다. ② 행정심판제도가 행정통제기능을 수행하기 위해서는 중앙정부와 지방정부를 포함하여 행정청 내부에 어느 정도 그 판단기준의 통일성이 갖추어져야 하고, 행정청이 가진 전문성을 활용하고 신속하게 문제를 해결하여 분쟁해결의 효과성과 효율성을 높이기 위해 사안에 따라 국가단위로 행정심판이 이루어지는 것이 더욱 바람직할 수 있다. 이 사건 법률조항은 다층적 · 다면적으로 설계된 현행 행정심판제도 속에서 각 행정심판기관의 인용재결의 기속력을 인정한 것으로서, 이로 인하여 중앙행정기관이 지방행정기관을 통제하는 상황이 발생한다고 하여 그 자체로 지방자치제도의 본질적 부분을 훼손하는 정도에 이른다고 보기 어렵다. 그러므로 이 사건 법률조항은 지방자치제도의 본질적 부분을 침해하지 않는다.

28) 헌재 2014. 6. 26. 선고 2013헌바122 결정.
29) 헌재 2022. 7. 21. 선고 2019헌바543등 결정.
30) 헌재 2023. 3. 23. 선고 2018헌바385 결정.

제8절 특별행정심판

특별행정심판은 행정기관이 심판기관이 되는 행정쟁송절차라는 점에서는 행정심판법에서 정하고 있는 행정심판과 성질을 같이 하나, 특별법에 의한 심판이 행해진다는 점에서 일반적인 행정심판과 구별된다. 특별행정심판의 예로는 특허심판(특허법 제7장, 제8장), 조세심판(국세기본법 제7장 이하), 중앙노동위원회의 재심(노동위원회법 제26조), 감사원에 의한 심사청구(감사원법 제3장), 공무원재해보상연금위원회의 심사청구(공무원연금법 제87조)[31] 등을 들 수 있다.

행정심판법은 특별행정심판의 남설을 억제하기 위하여, 사안의 전문성과 특수성을 살리기 위하여 특히 필요한 경우 이외에는 행정심판법상의 행정심판에 갈음하는 특별행정심판을 정할 수 없고(제4조 제1항), 관계 행정기관의 장이 특별행정심판 또는 행정심판법상의 심판절차에 대한 특례를 신설하거나 변경하는 법령을 제정 · 개정할 때에는 미리 중앙행정심판위원회와 협의하도록 규정하고 있다(제4조 제3항).

특별행정심판의 경우에도 개별법에 필요적 전치로 규정되어 있을 수도 있고 임의적 전치로 규정되어 있을 수 있으므로 그 해석이 중요하다. 조세소송에서의 전치절차, 공무원 징계처분에 대한 행정심판, 노동위원회 결정에 대한 행정심판, 해양수산부장관 등의 검사 · 확인 · 검정처분에 관한 행정심판이 특히 문제된다.

개별법이 필요적 전치주의를 취하면서 특별행정심판절차를 규정한 경우 그 특별전치절차를 거쳐야 하는 것이지 행정심판법상의 전치절차만 거치게 되면 전치절차를 거쳤다고 할 수 없게 된다. 이때 불필요한 전치절차를 거치다가 제소기간이 도과될 수 있음에 특히 유의하여야 한다.[32]

31) 대법원 2019. 8. 9. 선고 2019두38656 판결에서는 공무원재해보상연금위원회의 전신인 공무원연금급여재심위원회의 심사청구를 특별행정심판으로 인정하였다.
32) 대법원 1994. 6. 24. 선고 94누2497 판결 참조.

| 제 6 편 |

행정조직법

제 1 장 행정조직법 통론

제 1 절 행정기관

Ⅰ. 의 의

1. 개 념

행정기관을 조직법적 관점에서 정의하면, "행정사무의 분배단위"라고 할 수 있다. 이러한 관점에서 정부조직법 제2조 제2항에서는 "중앙행정기관은 …… 부 · 처 · 청으로" 한다고 규정하고 있다.

작용법적 또는 쟁송법적 관점에서의 행정기관이라고 함은 "권한의 귀속자"를 말한다. 권한의 위임 · 위탁과 관련된 규정에서의 행정기관(정부조직법 제6조), 행정청으로서 행정기관(행정기본법 제2조 제2호, 행정심판법 제2조 제2항, 행정소송법 제2조 제2항) 등이 여기에 해당한다.

2. 행정기관의 성질

국가와 지방자치단체 등과 같은 행정주체는 행정기관을 통해 활동하고, 행정기관이 행한 행위의 법률효과는 행정주체에게 귀속한다. 이렇게 행정기관은 행정주체의 기관에 불과하고 권리능력을 가지지 않아 권리주체가 될 수 없다.

다만 행정소송법 제13조에 의하여 행정청이 항고소송의 피고가 되는 것과 같이, 행정기관은 법률관계의 당사자로서의 지위를 부여받기도 한다. 또한 행정청이 권한을 위임하거나 기관소송의 당사자가 되는 것과 같이, 자기 명의로 행위를 하고 그에 따르는 법률효과를 귀속받기도 한다.

이렇게 행정기관이 아니라 행정주체에게 법률효과가 귀속되는 것이지만, 행정기관의 구성원인 행위자는 처벌을 받거나 손해배상 또는 그 밖의 책임을 부담하기도 한다.

Ⅱ. 행정기관의 종류

1. 행정청 · 행정관청

행정청은 국가 또는 공공단체의 기관으로서 직접 대외적 구속력 있는 의사를 결정 · 표시할 수 있는 권한을 가진 기관을 말한다. 국가의 행정청을 특히 행정관청이라고 부르기도 하고, 행정기본법 제2조 제2호, 행정심판법 제2조 제4호나 행정소송법 제2조 제2항에서처럼 행정관청과 행정청, 그밖에 행정권한을 위임받을 자를 합쳐서 행정청이라고 부르기도 한다. 한편, 정부조직법 제7조는 행정청을 '행정기관' 또는 '행정기관의 장'이라고 표현하고 있다. 그밖에도 관청은 관서의 의미로 사용되기도 한다.

행정청은 행정관서의 장과 같은 독임제 행정기관(예; 행정안전부장관 · 지방자치단체장 등)인 경우가 많지만, 합의제 행정기관(예; 토지수용위원회 · 소청심사위원회 · 국가배상심의회, 한국저작권위원회 등)인 경우도 있다.

2. 보조기관 · 보좌기관

행정청의 권한행사를 보조하는 기관을 보조기관이라 하고, 차관 · 차장 · 실장 · 국장 등이 여기에 해당한다(정부조직법 제2조 제3항). 이러한 보조기관 중에서 정책의 기획 · 연구 · 조사 등 참모적 기능을 담당하는 기관을 보좌기관이라고 하고, 차관보 · 정책관 · 기획관 · 담당관 등이 여기에 속한다(제2조 제5항).

3. 자문기관

자문기관은 행정청의 자문에 응하거나 스스로 행정청의 권한행사에 대하여 의견을 제시하는 기관을 말하고, 조사연구, 심의, 연락조정 등을 임무로 하는 경우도 있다. 합의제로서 각종 위원회 · 심의회와 단독기관으로서 고문 등이 여기에 해당한다. 자문기관의 의견 · 권고는 행정청을 구속하지는 않는다.

자문기관은 구성방법에 따라 전문기술적 심의회와 이익대표제적 심의회로 나눌 수 있는데, 후자는 국민의 행정에의 참가나 행정의 민주화를 위한 수단이 될 수 있다.

4. 의결기관

의결기관은 행정청이 의사결정을 위한 전제요건으로서 의결을 하는 기관을 말한다. 의결기관의 의결이 없으면 행정주체가 유효한 의사결정을 할 수 없으므로, 행정주체의 의사를 결정 · 표시할 수 있는 권한을 가지지는 않지만, 단순히 행정청을 보조하고 그의 자문에 응하는 권한을 가지는 것에 그치지는 않는다. 징계위원회, 경찰위원회, 지방의회 등이 의결기관이라고 할 수 있다.

5. 집행기관

집행기관은 행정청의 명을 받아 실력으로 그것을 집행하는 기관을 말한다. 경찰공무원 · 세무공무원 · 무허가건물철거반원 등이 여기에 해당한다. 지방의회를 의결기관이라 부르고 지방자치단체의 장 및 그 소속기관을 집행기관이라 부를 때에는 '넓은 의미의 행정기관'을 의미하게 된다.

제 2 절 행정청의 권한

Ⅰ. 권한의 의의

행정청의 권한은 행정청이 유효하게 직무를 수행할 수 있는 범위를 말한다. 정부조직법 제7조에서는 이를 '직무권한'이라고 표현하고 있다.

권한은 권리와 구별되어야 한다. 행정청은 권한을 가지지만 권리는 가지지 않는다. 권리는 '자기의 이익을 위하여 다른 사람에게 작위 · 부작위 · 급부 · 수인 등을 요구할 수 있는 법적인 힘'이라고 정의되고, 권리능력을 가진 국가 · 지방자치단체 등 행정주체에 귀속되는 것이지 그 기관에 불과한 행정청에 귀속되는 것이 아니다. 행정청이 권한을 행사한 효과도 행정주체에게 귀속할 뿐이지 행정청 자신에게 귀속하는 것이 아니다.

Ⅱ. 권한의 획정(행정권한 법정주의)

권한의 획정은 국민의 권익에 중대한 영향을 미치므로, 법률로 정하는 것이 원칙이고 세부적인 사항에 관해서만 법규명령에 위임할 수 있다. 헌법 제96조는 "행정각부의 설치 · 조직과 직무범위는 법률로 정한다."라고 규정하여 행정권한 법정주의를 천명하고, 정부조직법, 감사원법, 경찰법, 지방자치법 등의 행정조직법에서 이를 구체화하고 있다.

Ⅲ. 권한의 한계

행정청의 권한은 다음과 같은 일정한 한계를 가진다.

① 사항적 한계: 행정권은 그 목적과 종류에 따라 개개의 행정청에 배분되어 있으므로, 그에 따라 행정청의 권한은 사항적으로 일정한 한계를 가진다.

② 지역적 한계: 지방산림청장 · 세무서장 · 경찰서장 등 지방행정청에서 보는 것처럼 권한이 지역적으로 한계를 가지는 경우가 있다.

③ 대인적 한계: 국립대학교총장의 권한이 그 대학의 학생과 직원에게만 미치는 것처럼 권한이 미치는 인적 범위가 제한되어 있는 경우가 있다.

④ 형식적 한계: 행정청이 권한을 행사하는데 형식이 제한되는 경우가 있다.

⑤ 시간적 한계: 행정청의 권한행사가 시간적으로 제한되어 있는 경우가 있다.

Ⅳ. 권한행사의 효과

1. 일반적 효과

행정청이 그 소관사무에 관하여 권한을 행사한 경우 국가 등 행정주체의 행위로서 효과가 발생한다. 위와 같은 효과가 발생하면 그 이후 행정청의 구성원인 자연인이 바뀌더라도 그 효과가 소멸되거나 변경되지 않는다.

행정청이 권한을 행사하면 행정주체에게 그 효과가 귀결되는 행위에는 의사표시를 요소로 하는 법률행위뿐만 아니라 대집행의 실시와 같은 사실행위도 포함된다. 심지어 공무원의 직무상 불법행위도 경우에 따라서는 행정주체의 행위로 효과가 발생할 수 있다.

2. 위법한 권한행사의 효과

행정청이 권한의 한계를 넘어서 그 권한을 행사한다면 그 행위는 위법하게 된다. 위법한 권한행사의 효과는 행정작용의 형식에 따라 다르게 나타날 수 있다. 행정행위의 경우에는 공정력이 부여되어 있어서 하자의 정도에 따라 취소할 수 있는 행정행위가 될 수도 있고 무효인 행정행위가 될 수도 있다. 그러나 법규명령과 같이 행정행위라고 볼 수 없는 행정작용의 경우에는 무효가 될 뿐이다.

제3절 권한의 대리

Ⅰ. 의 의

1. 개 념

행정청의 권한의 대리라고 함은 '다른 행정기관이 피대리청의 권한의 전부 또는 일부를 피대리청을 위한 것이라고 표시하고 자기의 이름으로 행사하되, 그 행위의 효과는 피대리청에게 귀속하는 것'을 말하고, 직무대리라고도 한다. 통상 행정청과 그 보조기관 사이에 이루어진다.

2. 유사개념과의 구별

① 대 표: 대리 · 피대리의 관계에 있는 것이 아니라 행정청의 행위가 직접 행정주체의 행위가 된다. 국가를 당사자로 하는 소송에 관한 법률 제2조에서는 법무부장관이 국가소송에서 국가를 대표하도록 되어 있다.

② 보 조: 보조에 대리권한이 당연히 포함되어 있는 것은 아니다. 다만 차관이 장관의 식사를 대독하는 경우와 같이 행정청의 사실행위를 대신하는 경우는 있다.

③ 위 임: 위임은 행정청의 권한의 일부를 다른 기관에 부여하는 것이고, 그 한도 내에서 위임청의 권한이 소멸된다는 점에서 대리와 다르다.

④ 서 리: 서리는 피대리청의 구성원이 궐위되어 있는 경우의 대리로서, 피대리청이 없다는 점에서 대리와 다르다. 그러나 피대리청의 지위에 있지 않는 자의 행위가 피대리청의 행위로서의 효과를 발생한다는 점에서는 대리와 같다.

⑤ 전결 · 내부위임: 보조기관 또는 하급행정청에게 소관사무의 처리를 사실상 위임하면서 그 업무에 관한 대외적인 권한행사는 행정청의 이름으로 하는 경우를 말한다. 통상 내부위임은 상 · 하급 행정청 사이에 이루어지나 전결은 행정청과 보조기관 사이에 이루어진다.

⑥ 대 결: 대결은 행정청이나 결재권자가 없는 때 또는 사고가 있는 때에 그 직무를 대리하는 자가 대신 결재한 다음 중요한 사항에 관해서는 사후에 결재권자에게 보고하게 하는 것을 말한다. 대외적인 권한행사는 여전히 원래의 행정청의 이름으로 행하는 점에서 대리와 다르고, 일시적이라는 점에서 전결 및 내부위임과 구별된다.

3. 사법상의 대리와의 비교

사법상의 대리는 사적자치의 원칙에 기하여 사적자치의 확장 또는 보충을 목적으로 하는 제도로서, 본인 · 대리인 · 제3자 사이의 이해조정이 쟁점이 된다. 반면에 행정청의 권한의 대리는 행정권한 법정주의와 관련하여 원래 권한을 부여받은 행정청이 아닌 행정기관에게 권한을 행사할 수 있게 하는 제도이다. 또한 사법상의 대리는 권리능력이 있는 자 사이에서의 대리이나 행정청의 권한의 대리는 그렇지 않다. 이렇게 양자는 제도의 배경, 발생이유 내지 기반을 달리하기 때문에 권한의 대리에서 사법규정의 유추는 제한될 수 있다.

Ⅱ. 대리의 종류

1. 임의대리(수권대리)

임의대리는 수권에 의하여 성립하고 그 수권행위는 동의를 요하지 않으며, 일반에 공시할 필요도 없다. 통상 보조기관이 대리한다. 임의대리가 권한획정의 변경을 가져와 법적 근거가 필요하다는 견해가 있을 수 있으나, 대리만으로는 권한이 이전되는 것이 아니고 대리 그 자체도 권한행사의 하나의 방법이며 대리관계는 표시되므로, 법적 근거까지 필요하다고 생각되지 않는다.

2. 법정대리

법정대리는 법령의 규정에 의하여 법정사실의 발생과 동시에 당연히(좁은 의미의 법정대리) 또는 일정한 자의 지정에 의하여(지정대리) 성립하는 대리를 말한다. 좁은 의미의 법정대리는 별도의 지정행위 없이 발생한다는 점에서 지정대리와 다르다.

Ⅲ. 표시방법

행정청의 대리는 다른 행정기관이 피대리청의 권한을 행사하는 것이므로, 대리행위를 하는 경우에 당연히 그 뜻을 명시할 것이 필요하다(현명주의). 현명의 방법으로 통상 피대리청의 직무대리, 사무대리 등의 직함을 붙인다.

Ⅳ. 대리권의 범위

임의대리에서 권한의 일반적이고 포괄적인 대리는 권한을 포기하는 것을 의미하므로 허용되지 않는다. 반면에 법정대리는 피대리청이 궐위되어 있거나 사고가 있는 경우를 전제하는 것이므로 피대리청의 권한 전부에 미친다.

Ⅴ. 피대리청의 지위

1. 처리권의 유무

임의대리는 이미 대리사무의 처리가 효과를 발생한 경우를 제외하고는 피대리청에게 처리권이 존속하고, 법정대리는 사고의 원인에 따라 다르다.

2. 지휘감독권

임의대리는 일반적으로 피대리청의 대리자에 대한 지휘 · 감독이 허용된다. 법정대리는 사고의 원인에 따라 다르다. 예컨대, 출장을 이유로 한 법정대리에서는 지휘감독권이 인정될 수 있다.

Ⅵ. 대리의 효과

대리가 수권의 범위 내에서 행해진다면 그 행위의 효과는 피대리청에게 귀속된다. 쟁송법상으로도 동일하다. 따라서 대리기관이 대리관계를 표시하고 피대리청을 대리하여 처분을 한 때에는 피대리청이 피고가 되어야 한다.[1] 한편, 수권의 범위를 넘는 대리의 경우에는 민법상 표현대리의 규정이 유추될 수 있다.

Ⅶ. 대리행위에 관한 책임

대리행위에 관해서는 대리를 한 자가 공무원법상, 사법상, 형사법상의 모든 책임을 진다. 피대리청은 대리행위에 관하여 직접적으로 책임을 부담하지는 않지만, 대리자의 선임 및 지정 또는 지휘 · 감독상의 책임을 질 수는 있다.

Ⅷ. 복 대 리

법령에 규정이 있는 경우에는 그에 따르면 될 것이다. 그에 관한 규정이 없는 경우 임의대리에서는 피대리청과 대리자와의 관계가 신임관계를 바탕으로 맺어져 있으므로 복대리가 허용되지 않을 것이고, 법정대리에서는 신임관계와는 관계없이 법정사실의 발생에 따라 성립하므로 복대리가 허용될 것이다.

Ⅸ. 대리관계의 종료

임의대리에서 대리관계는 종기의 도래, 해제조건의 성취 등 수권행위의 실효, 수권행위의 해제, 대리자의 사망이나 신분의 상실 등에 의하여 종료된다. 법정대리에서는 피대리청의 사고 해소, 피대리청을 구성하는 자의 선임 등에 의하여 당연히 종료한다.

1) 대법원 2018. 10. 25. 선고 2018두43095 판결.

제 4 절 권한의 위임 · 위탁

I. 개 설

1. 의 의

'권한의 위임'이라 함은 "행정청이 법령에 근거하여 자기의 의사로써 권한의 일부를 이전하고, 수임기관이 그 위임받은 권한을 자기의 이름과 책임으로 행사할 수 있게 하는 것"을 말한다. 통상 위임청은 하급행정청 또는 보조기관이나, 다른 행정청이나 사인에게도 권한을 위임할 수 있고 이를 권한의 위탁이라 한다.

2. 유사개념과 구별

가. 대 리

행정권한의 대리와 위임은 행정청의 행위를 다른 기관이 대신 행사한다는 점에서 같다. 그러나 대리는 ① 권한을 이전하는 것은 아니라는 점, ② 법적 근거가 필요하지 않다는 점, ③ 현명주의를 따라야 한다는 점에서 위임과 다르다.

나. 내부위임 · 전결

행정권한의 위임은 법령에서 확정된 권한의 귀속을 변경하는 것이므로, 법령이 허용하고 있는 경우에만 인정된다. 반면에 행정권한의 내부위임 또는 전결은 내부적인 사무처리의 편의를 위하여 하급행정청 또는 보조기관에게 권한을 사실상 행사하게 하는 것이다. 따라서 권한의 위임은 수임청이 자기 이름으로 권한을 행사하지만, 내부위임 또는 전결은 수임청이 위임청의 이름으로 그 권한을 행사할 수 있을 뿐이다.[2)]

한편, 내부위임이나 전결은 법령의 근거가 필요하지 않으므로, 전결규정과 같은 행정청 내부적인 사무처리규정에 위반하여 위임되었다고 하더라도 그 하급행정청이나 보조기관이 처분권자인 행정청의 이름으로 행정행위를 하였다면 위법하다고 할 수 없다.[3)]

다. 대 행

대행은 행정청이 다른 법인 · 단체 또는 그 기관이나 개인에게 행정청의 명의로 소관

---

2) 대법원 1995. 11. 28. 선고 94누6475 판결.

3) 대법원 1998. 2. 27. 선고 97누1105 판결. 태안군 사무전결 처리규칙상 공유재산의 사용허가는 부군수의 전결사항이었는데, 마침 부군수에게 직무를 담당할 수 없는 사정이 생겨서 재무과장이 태안군직무대리규칙에 따라 직무대행자로 지정되어 전결권자로서 군수의 이름으로 처분을 한 사안이다.

하는 사무를 사실상 수행하게 하는 것을 말한다. 통상 행정사무를 사실상 수행하게 하는 것을 가리키지만,[4] 국세징수법 제103조에서 규정하고 있는 한국자산관리공사의 공매대행과 같이 권한의 위임과 같은 뜻으로 쓰이기도 하는 등 그 의미가 일의적으로 분명한 것은 아니라는 점에 유의하여야 한다.

라. 촉 탁

등기 · 소송에 관한 사무의 처리를 위탁하는 것을 특별히 '촉탁'이라고 한다. 이러한 촉탁도 행정청의 권한의 이전을 수반하는 것이 아니므로 권한의 위임과 구별된다.

마. 민법상의 위임

행정법상의 위임은 권리주체 사이의 관계가 아니고, 위임관계가 계약에 의해서가 아니라 법령 또는 위임청의 일방적 행위에 의하여 발생한다는 점에서 민법상 위임과 다르다.

바. 권한의 이관 또는 민간화

권한의 이관은 법령에 의하여 특정한 행정기관의 권한이 다른 행정기관의 권한으로 변동되는 것을 말하고, 위임의 법리가 통용되지 않는다. 국가사무의 자치사무화는 '권한의 위임'이 아니라 '권한의 이관'에 해당한다.

한편, 행정사무의 민간화 또는 사화(私化)는 국가 또는 지방자치단체가 담당하고 있던 사무 또는 업무를 민간에게 넘기는 것이므로, 이 역시 위임의 법리가 적용되지 않는다.

Ⅱ. 법적 근거

위임은 법령에서 획정한 권한의 법적인 귀속을 변경하는 의미를 가지므로 법령에서 위임을 허용하고 있는 경우에만 인정된다. 권한의 위임에 관하여 개별 법령의 규정이 있다면 그에 따르면 되므로, 문제는 개별 법령에 규정이 없을 때 발생한다. 그런데, 정부조직법 제6조 제1항에서는 행정기관이 법령으로 정하는 바에 따라 그 소관사무의 일부를 위임할 수 있고, 위임을 받은 기관은 특히 필요한 경우에는 법령으로 정하는 바에 따라 그 사무의 일부를 재위임할 수 있다고 규정하고 있다. 또한, 행정권한의 위임 및 위탁에 관한 규정 제4조에서는 지방자치단체장은 행정의 능률향상과 주민의 편의를 위하여 필요하다고 인정될 때 수임사무의 일부를 그 위임기관의 장의 승인을 받아 규칙으로 정하는 바에 따라 다시 위임할 수 있다고 규정하고 있다. 여기에서 정부조직법 제6조 제1항, 행정권한의 위임 및 위탁에 관한 규정이 개별적인 위임의 근거가 될 수 있는지에 관하여 논란이 있다.

---

4) 법령 입안 · 심사기준, 법제처, 2012, 446면 참조.

긍정설은 권한의 위임은 국민의 권리의무와 직접적인 관계가 없으므로 포괄적인 위임이 가능하고, 중앙행정기관의 권한을 지방자치단체에 이전할 필요도 있는데 이를 일괄하여 이전하고자 하는 입법적 배경도 고려하자는 견해이고, 판례도 긍정설에 있다. 부정설은 위 각 규정은 권한의 위임기준을 정하지 않고 위임 또는 재위임이 가능하다는 원칙만 선언한 것이고, 만일 긍정설을 취하게 되면 행정권한 법정주의에 반하는 포괄적인 수권이 된다고 한다.

대법원 1995. 7. 11. **선고** 94누4615 **전원합의체 판결**: 구 건설업법 제57조 제1항, 같은 법 시행령 제53조 제1항 제1호에 의하면 건설부장관의 권한에 속하는 같은 법 제50조 제2항 제3호 소정의 영업정지 등 처분권한은 서울특별시장 · 직할시장 또는 도지사에게 위임되었을 뿐 시 · 도지사가 이를 구청장 · 시장 · 군수에게 재위임할 수 있는 근거규정은 없으나, 구 정부조직법 제5조 제1항과 이에 기한 행정권한의 위임 및 위탁에 관한 규정 제4조에 재위임에 관한 일반적인 근거규정이 있으므로 시 · 도지사는 그 재위임에 관한 일반적인 규정에 따라 위임받은 위 처분권한을 구청장 등에게 재위임할 수 있다.

생각건대, 정부조직법 제6조 제1항으로부터 위임받아 제정된 대통령령인 행정권한의 위임 및 위탁에 관한 규정 제3조에서는 "허가 · 인가 · 등록 등 민원에 관한 사무, 정책의 구체화에 따른 집행사무와 일상적으로 반복되는 사무로서 행정청이 직접 시행하여야 할 사무를 제외한 권한의 일부"를 위임하도록 규정되어 있다. 그 범위 내에서는 정부조직법 제6조 제1항이 위임의 근거가 될 수 있을 것이다.

Ⅲ. 위임의 방식

위임은 권한의 소재를 대외적으로 변경시키는 것이므로, 상대방뿐만 아니라 일반에게도 알려져야 한다. 공시사항은 위임청, 위임의 상대방, 위임기간 등이고, 관보 · 공보에 공시하는 경우가 많다.

Ⅳ. 위임의 상대방

위임은 위임의 상대방 또는 태양에 따라 ① 하급행정청에 대한 위임(예; 국세청장이 세무서장에게 권한을 위임하는 경우), ② 보조기관에 대한 위임(예; 장관이 국장에게 위임하는 경우), ③ 대등행정청 또는 다른 행정청에 대한 위임(권한의 위탁), ④ 지방자치단체 또는 그 기관에 대한 위임(단체위임 또는 기관위임), ⑤ 지방자치단체 이외의 법인 · 단체 또는 개인에 대한 위임(민간위탁) 등으로 구분할 수 있다.

Ⅴ. 재 위 임

행정청 그 밖의 권한을 위임받은 기관은 그 권한의 일부를 보조기관 또는 하급행정청에게 재위임할 수 있다(정부조직법 제6조 제1항, 행정권한의 위임 및 위탁에 관한 규정 제4조 참조). 위 규정 제4조에 의하면 위임받은 권한을 재위임할 때에는 그 위임기관의 장의 승인을 받아 규칙이 정한 바에 따르도록 하고 있으므로, 규칙에서 근거규정을 따로 정해야 할 것이다.

대법원 1995. 8. 22. **선고** 94**누**5694 **전원합의체 판결**: 관리처분계획의 인가 등에 관한 사무는 국가사무로서 지방자치단체의 장에게 위임된 이른바 기관위임사무에 해당하므로, 시·도지사가 지방자치단체의 조례에 의하여 이를 구청장 등에게 재위임할 수는 없고, 행정권한의 위임 및 위탁에 관한 규정 제4조에 의하여 위임기관의 장의 승인을 얻은 후 지방자치단체의 장이 제정한 규칙이 정하는 바에 따라 재위임하는 것만이 가능하다. 서울특별시장이 건설부장관으로부터 위임받은 관리처분계획의 인가 등 처분권한을 행정권한의 위임 및 위탁에 관한 규정 제4조에 의하여 규칙을 제정해서 구청장에게 재위임하지 아니하고, 서울특별시 행정권한위임조례(1990.10.8. 서울특별시 조례 제2654호) 제5조 제1항 [별표]에 의하여 구청장에게 재위임하였다면, 서울특별시 행정권한위임조례 중 위 처분권한의 재위임에 관한 부분은 조례제정권의 범위를 벗어난 국가사무(기관위임사무)를 대상으로 한 것이어서 무효이다.

Ⅵ. 위임사항

위임사항에 관하여 개별 법령에 명시적인 규정이 없거나 단순히 '사무 또는 권한의 일부'라고만 규정된 경우라고 하더라도, 권한의 전부 또는 주요부분의 위임은 권한을 획정하는 법률을 사실상 폐지하는 효과를 가져오므로 허용되지 않는다.

Ⅶ. 위임의 효과와 항고소송에서의 피고적격

권한의 위임에 따라 위임청은 위임사항을 처리할 수 있는 권한을 상실하고, 그 사항은 위임을 받은 수임기관의 권한으로 이전된다. 이 점에서 대리·전결·대결 등과 다르다. 수임기관은 자기의 이름으로 권한을 행사하고, 그 효과는 수임기관에게 귀속되며, 행정쟁송에서의 피고도 위임된 사항에 관하여 처분을 행한 수임청이 된다. 한편, 행정청의 위임과 내부위임에 따른 권한 관계를 무시한 행정행위는 주체의 하자(무권한의 행위)가 있는 것이 된다(행정행위의 하자 부분 참조).

그런데, 행정소송법 제13조 제1항에 따라 항고소송에서의 피고적격은 처분을 한 행정청이라고 규정하고 있으므로, 처분을 외부적으로 그 명의로 행한 행정청이 피고가 된다. 이렇게 피고적격자가 누구인지의 문제와 정당한 권한의 행사자가 누구이어야 하는 지의 문제를 혼동해서는 안 된다. 예컨대, 적법하게 권한이 위임되었음에도 불구하고 위임청이 권한을 행사하였다면, 처분을 행한 위임청을 항고소송의 피고로 삼아야 하고, 위임의 법리에 의하여 권한이 상실된 위임청이 처분을 행한 것이 주체의 하자인지 여부는 본안에서 판단될 문제이다.[5)]

Ⅷ. 위임청의 지휘 · 감독과 비용부담

하급행정청이나 보조기관이 수임기관인 경우 위임청은 원래 그 기관을 지휘 · 감독할 수 있는 지위에 있으므로, 위임에 따른 지휘 · 감독권의 유무를 논할 실익이 없다. 위 기관들 이외의 기관이 수임기관인 경우에는 행정권한의 위임 및 위탁에 관한 규정 제6조에 따라 위임기관 및 위탁기관은 지휘 · 감독권 및 위법 · 부당한 사무처리의 취소 · 정지권을 갖는다.

위임청이 사무처리의 취소 · 정지 여부를 결정할 때에는 위임 및 위탁의 취지, 수임 및 수탁기관 사무처리의 부당한 정도, 취소 · 정지되는 사무의 성격과 내용, 취소 · 정지로 이익이 제한 · 침해되는 제3자의 존재 여부 및 제한 · 침해의 정도 등을 종합적으로 고려하여야 하고, 이러한 취소 · 정지에 재량권 일탈 · 남용이 인정된다면 그 취소처분은 위법하다고 판단될 수 있다.[6)]

한편, 행정청의 권한의 위임에는 그에 따르는 비용변상에 대한 조치를 아울러 행하여야 한다. 국가사무를 지방자치단체 또는 그 기관에 위임하는 경우에는 그 소요되는 경비의 전부를 국가가 해당 지방자치단체에 교부할 것을 규정하고 있다(지방재정법 제21조 제2항).

Ⅸ. 위임의 종료

위임기간은 한정되어 있지 않는 것이 일반적이다. 위임은 위임행위의 실효 및 위임의 해제에 의하여 종료된다. 위임의 해제는 위임의 경우에서와 마찬가지로 공시를 요한다. 위임의 종료와 함께 위임사항에 관한 수임기관의 권한은 소멸하고 그 사항은 다시 위임청의 권한에 귀속된다.

---

5) 대법원 1994. 6. 14. 선고 94누1197 판결 참조.
6) 대법원 2017. 9. 21. 선고 2016두55629 판결.

제 5 절 행정청 상호간의 관계

Ⅰ. 개 설

행정조직은 행정부의 수반인 대통령을 정점으로 한 피라미드형의 계서조직이다. 그 구조하에서 행정청은 다른 행정청과 상 · 하 또는 대등한 관계를 맺고 있다.

한편, 행정청들은 서로 권한을 존중하여야 하고, 전체적인 통일을 기하여야 한다. 또한, 행정청은 업무의 효율성을 높이고 행정서비스에 대한 국민의 만족도를 높이기 위하여 필요한 경우 행정협업의 방식으로 적극적으로 협조하여야 하고, 행정협업을 활성화하기 위한 시책을 마련하고 그 추진에 필요한 행정적 · 재정적 지원방안을 마련하여야 한다(행정절차법 제7조).

Ⅱ. 상 · 하 행정청 사이의 관계

1. 권한의 위임

권한의 위임이란 행정청이 자기의 권한의 일부를 하급행정청에 위임하여 수임청의 이름과 책임 하에 처리하게 하는 것을 말하고, 이에 대해서는 이미 앞에서 살펴보았다.

2. 권한의 감독

권한의 감독이란 상급행정청이 하급행정청의 권한행사를 지휘하여 적법성과 타당성을 확보하기 위한 작용을 말한다. 상급행정청은 하급행정청의 권한행사를 감독함으로써 행정의 통일을 기하게 된다. 감독권은 그 시기에 따라 예방감독과 교정감독으로 구분되고, 그 범위는 행정청의 종류와 사무의 성질에 따라 다르다. 통상적인 감독방법 및 수단은 다음과 같다.

가. 감 시 권

감시권이라 함은 상급행정청이 하급행정청의 사무를 감사하고 보고를 받는 권한을 말한다. 상급행정청은 필요한 때에는 하급행정청의 집무상황을 시찰하고, 서류 · 장부 등을 검열하며, 하급행정청에게 집무상의 보고를 하게 할 수 있다. 감시권의 행사는 일반적으로 법적 근거를 요하지 않는다.

나. 인가(승인 · 동의)권

인가권이라 함은 하급행정청이 명령을 발하거나 처분을 하기 전에 미리 상급행정청의 동의를 구하게 하는 권한을 말한다. 법령에서 인가권을 규정하는 경우도 있지만, 법령에 근거가 없더라도 상급행정청은 감독권의 일환으로 하급행정청의 일정한 권한행사에 미리 인가를 받게 할 수 있다.

인가라는 용어가 사용된다고 하더라도 그것은 행정의 내부행위에 불과하여 행정행위(처분)라고 보기 어렵다. 따라서 하급행정청은 상급행정청의 인가거부에 대하여 항고쟁송으로 다툴 수 없고, 법률에 근거가 있는 경우에만 기관소송을 제기할 수 있다(행정소송법 제45조 참조). 다만 법령이 정한 상급행정청의 인가를 받지 않은 하급행정청의 처분은 하자 있는 행위로서, 그 처분에 관하여 법률상 이익을 가지는 사람은 항고쟁송으로 그 효력을 다툴 수 있을 것이다.

다. 훈 령 권

훈령권이라 함은 상급행정청이 하급행정청이나 그 밖의 기관에 대한 권한행사를 지휘하는 권한을 말하고, 이를 위하여 발하는 명령을 훈령이라고 한다.

(1) 훈령의 법규성 여부

훈령 중 일반·추상적 내용을 가진 것은 행정규칙에 해당한다. 그에 해당하는 훈령은 법규성이 없어서 대외적 구속력을 가지지 않고 재판규범이라고 할 수 없다.[7] 그러나 법령의 위임을 받은 훈령은 경우에 따라서 법규적 효력을 가지는 경우가 있다(행정규칙 형식의 법규명령의 문제).

(2) 훈령과 직무명령

훈령은 '행정기관'에 대한 명령이라는 점에서 '공무원'에 대한 명령인 직무명령과 구별된다.

첫째, 훈령은 행정기관의 기관의사를 구속하는 것이지만, 직무명령은 공무원 개인을 구속한다. 따라서 훈령은 행정기관의 구성원인 해당 공무원이 전보되거나 지위를 상실하더라도 의연히 효력을 유지한다.

둘째, 훈령은 하급행정청의 직무사항을 대상으로 하지만, 직무명령은 직무수행에 필요하다고 인정된다면 공무원의 생활행동에 대해서도 규율한다.

훈령은 동시에 직무명령으로서의 성질을 가진다. 공무원이 권한을 훈령에 따라 행사하는 것은 공무원 개인의 의무이기도 하기 때문이다. 그러나 직무명령은 훈령으로서의 성질을 당연히 가지는 것은 아니다.

---

7) 대법원 1994. 8. 9. 선고 94누3414 판결, 대법원 1997. 1. 21. 선고 95누12941 판결, 대법원 1999. 9. 21. 선고 97누5114 판결 참조.

(3) 훈령의 종류

상급행정청의 하급행정청의 권한행사에 관한 명령인 넓은 의미의 훈령은 행정효율과 협업 촉진에 관한 규정 제4조 제2호를 토대로 다음과 같이 분류된다.

① 좁은 의미의 훈령: 상급행정청이 하급행정청에게 권한의 행사를 일반적으로 지시하기 위하여 발하는 명령이다. 예컨대, 재량준칙과 같은 행위유도규칙이 이에 해당한다.

② 지　　시: 상급행정청이 하급행정청에 대하여 개별 · 구체적으로 발하는 명령이다. 지시는 일반 · 추상적이지 않아 엄밀히 말하면 행정규칙이라고 보기 어렵다.

③ 예　　규: 행정사무의 통일을 기하기 위하여 반복적 행정사무의 처리기준을 제시하기 위하여 발하는 명령이다.

④ 일일명령: 당직 · 출장 · 시간외 근무 · 휴가 등 일일업무에 관하여 발하는 명령이다. 일일명령도 일반성과 추상성이 없으므로 행정규칙이라고 보기 어렵다.

(4) 훈령의 형식

훈령은 원래 특별한 형식을 요하지 않으나, 행정효율과 협업 촉진에 관한 규정 시행규칙은 좁은 의미의 훈령과 예규에 관하여 조문형식으로 작성하도록 하고, 일련번호를 붙이도록 하고 있다(제2조, 제8조 제2호 참조).

(5) 훈령의 요건과 하급기관의 심사권

훈령의 내용은 확정될 수 있어야 하고 실현이 가능하여야 한다. 그밖에 훈령이 일반적으로 갖추어야 할 요건으로서는 다음과 같은 것이 있다.

① 지휘권을 가지는 상급행정청으로부터 발해질 것, ② 하급행정청의 권한사항에 관한 것일 것, ③ 하급행정청의 권한에 관한 것일지라도 권한행사의 독립성이 보장되어 있는 사항에 관한 것이 아닐 것, ④ 내용이 적법하고 공익에 적합할 것 등이다. 위의 네 가지 요건 중 ① 내지 ③은 형식적 요건이고 ④는 실질적 요건이다.

하급행정청이 훈령의 하자에 대하여 어느 정도의 심사권을 가지는지에 관해서는 논란이 있을 수 있다. 하급행정청은 훈령의 형식적 요건은 심사할 수 있으나 실질적 요건에 대해서는 심사권을 가지지 않으므로 훈령의 내용이 위법할지라도 그에 복종하여야 한다는 견해가 있다. 그러나 요건의 형식과 실질을 불문하고 하급행정청은 훈령이 객관적으로 위법한 것이 명백하다면 그에 대한 복종을 거부하여야 할 것이다.

법령에 위반되는 행위를 명하는 위법한 훈령에 복종하여 행위를 한 공무원이 징계책임이나 형사책임을 지는지의 문제가 발생한다. 이 문제는 해당 공무원에게 위법한 행위를 하지 않을 수 있는 기대가능성이 있었는지 여부에 따라 결정되어야 할 것이다.

대법원 1999. 4. 23. **선고** 99**도**636 **판결**: 공무원이 그 직무를 수행함에 즈음하여 상관은 하관에 대하여 범죄행위 등 위법한 행위를 하도록 명령할 직권이 없는 것이며, 또한 하관은 소속상관의 적법한 명령에 복종할 의무는 있으나 그 명령이 대통령 선거를 앞두고 특정후보에 대하여 반대하는 여론을 조성할 목적으로 확인되지도 않은 허위의 사실을 담은 책자를 발간·배포하거나 기사를 게재하도록 하라는 것과 같이 명백히 위법 내지 불법한 명령인 때에는 이는 벌써 직무상의 지시명령이라 할 수 없으므로 이에 따라야 할 의무가 없다.

(6) 훈령에 위반한 법률적 행위의 효력

훈령은 하급행정청의 소관사무이기만 하면 인·허가 등과 같은 법률행위뿐만 아니라 사실행위도 규율할 수 있다. 하급행정청의 법률행위가 훈령에 위반하여 행해졌다는 점만으로는 그 효력에 영향을 미칠 수 없다. 다만 어떠한 소관사무에 대하여 훈령이 존재한다면, 그 내용과 같은 행정선례가 있다고 사실상 추정될 수 있으므로, 훈령에 위반한 행정행위는 헌법상 평등의 원칙이나 신뢰보호의 원칙을 위반하여 결과적으로 위법하다고 할 수 있는 경우가 있다(행정의 자기구속).

라. 취소·정지권

취소·정지권은 상급행정청이 하급행정청의 위법·부당한 행위를 취소 또는 정지할 수 있는 권한을 말한다. 취소는 그 행위의 효과를 소급하여 또는 장래에 향하여 완전히 소멸시키는 것을 말하고, 정지는 그 행위의 효과를 일시적으로 소멸시키는 것이다.

법령에 근거가 있는 경우에 상급행정청이 취소·정지권을 행사할 수 있다는 것은 당연하다[정부조직법 제11조 제2항(대통령)·제18조 제2항(국무총리) 및 지방자치법 제188조(지방자치단체장에 대한 주무부장관의 취소·정지권)]. 그러한 근거규정이 없는 경우에도 상급행정청이 감독권의 일환으로 취소·정지권을 행사할 수 있는지에 대해서는 견해가 나뉜다. 취소·정지권은 감독의 목적을 달성하기 위한 불가결한 수단이라는 이유로 이를 긍정하는 견해도 있으나, 감독청의 감독권에는 하급행정청의 권한을 직접 행사할 수 있는 권한까지 포함되는 것은 아니므로 감독권에 취소·정지권이 당연히 포함되지는 않는다고 생각된다.

처분에 대한 취소·정지에 법률상 이익을 가지는 사람은 행정쟁송으로 그의 효력을 다툴 수 있을 것이다. 그러나 특별한 규정이 없다면 하급행정청은 감독청의 취소·정지를 기관소송 등으로 다툴 수는 없다.

마. 주관쟁의결정권

주관쟁의결정권이라 함은 행정청 사이에 관할이나 권한에 대하여 다툼이 있는 경우에 쌍방 행정청에 공통되는 상급행정청이 그것을 정해주는 권한을 말한다. 주관쟁의에는 서로 자기의 권한이라 주장하는 '적극적 주관쟁의'와 서로 자기의 권한이 아니라는 '소극적 주관쟁의'가 있다.

주관쟁의가 있는 경우 일차적으로 해당 행정청을 공통으로 감독하는 상급행정청이 결정하고, 그러한 기관이 없을 때에는 쌍방의 상급행정청이 협의하여 결정하며(행정절차법 제6조 제2항), 최종적으로는 국무회의의 심의를 거쳐 대통령이 결정하게 된다(헌법 제89조 제10호).

Ⅲ. 대등 행정청 사이의 관계

1. 권한의 상호존중·협조

대등행정청 상호간에서는 서로 권한을 존중하여야 하고, 자기의 권한이 다른 기관에 의하여 침해된다면 그것을 배제할 수 있고 마찬가지로 다른 행정청의 권한을 침범하지 않도록 배려하여야 한다.

따라서 행정청이 그 관할에 속하지 않은 사안을 접수하였거나 이송 받은 경우에는 지체 없이 이를 관할 행정청에 이송하여야 하고 그 사실을 신청인에게 통지하여야 한다(행정절차법 제6조 제1항).

2. 행정청 사이의 협의

하나의 사항이 둘 이상의 행정청의 권한과 관련되는 경우 행정청 사이의 협의에 따라 결정한다. 협의의 개략적 유형은 다음과 같다.

① 자문 또는 의견을 구하는 협의: 행정권한을 행사하기 전에 그 업무와 관련하여 관계 행정기관의 전문적인 지식이나 경험을 빌림으로써 주된 행정기관이 행정권한의 행사 전에 그 권한행사의 타당성과 적법성 등을 충분히 확보하도록 하기 위한 경우이다. 이에 관한 사례로 구 택지개발촉진법에서 건설부장관이 택지개발예정지구를 지정할 때 미리 관계중앙행정기관의 장과 협의하도록 한 경우가 있다.[8)]

② 합의 또는 동의를 구하는 협의: 일정한 권한행사에 관계행정기관의 소관사무가 관련되어 그 권한행사에 의사의 합치가 필요하거나 이해관계인들의 이익을 고르게 반영하기 위한 경우이다. 판례에 의하면, 구 군사시설보호법상 관계 행정청이 군사시설보호구역 안에서 가옥 기타 축조물의 신축 또는 증축, 입목의 벌채 등을 허가하고자 할 때 미리 관할 부대장과 협의를 하도록 한 경우,[9)] 국가지정문화재 보존에 영향을 미치는 행위에 대하여 문화재청장이 허가권을 가지되 지역특성을 고려하여 시·도지사와 협의하여 조례로 정하도

8) 대법원 2000. 10. 13. 선고 99두653 판결.
9) 대법원 1995. 3. 10. 선고 94누12739 판결.

록 하는 경우,[10] 자율형 사립고등학교의 지정을 취소하려고 하는 때에 교육감이 미리 교육부장관과 협의하도록 한 경우[11] 등이 여기에 속한다.

③ **인 · 허가의제에서의 협의**: 하나의 인허가(주된 인허가)를 받으면 법률로 정하는 바에 따라 그와 관련된 여러 인허가(관련 인허가)를 받은 것으로 보는 경우가 있다. 주된 인허가 행정청은 주된 인허가를 하기 전에 관련 인허가에 관하여 미리 관련 인허가 행정청과 협의하여야 하고, 협의가 된 사항에 대해서는 주된 인허가를 받았을 때 관련 인허가를 받은 것으로 본다(행정기본법 제25조 제1항).

④ **면허 또는 허가 등에 상당하는 협의**: 행정기관이 대규모개발사업 등을 실시하는 경우에는 그 사업이 공익적 목적을 띤 점, 사업주체가 국가나 지방자치단체인 점 등을 고려하여 면허, 허가 등을 받도록 하는 대신에 협의로 가능하도록 규정하고 있는 경우도 있다.[12]

⑤ **법령 제 · 개정과정에서의 협의**: 입법 또는 정책추진과정에서 주무부처가 해당 법령안에 대하여 그 내용과 관련이 있는 다른 부처와 협의를 거치는 경우이다.

협의는 행정청 사이에서 해당 사항의 처리를 위한 논의를 뜻하므로, 자문 또는 의견을 구하기 위한 것이거나 입법 또는 정책추진과정에서 의견을 교환하는 절차를 의미한다. 따라서 협의가 법령상 요구됨에도 협의 없이 행한 행위는 위법하기는 하나, 협의절차를 거쳤다고 하더라도 협의의 내용에 구속되는 것은 아니어서 관계행정청의 의사에 반하는 행위를 하더라도 그 자체로 위법한 것은 아니다. 또한, 법령에 근거하지 않고 내부규율로 협의하도록 한 경우에도 행정조직 내부에서의 문제에 불과하므로, 협의 없이 행한 행위를 위법하다고 할 수도 없다. 다만 협의결과에 기속력을 부여하는 법적인 근거가 있거나 협의대상의 사무에 법령상의 권한을 가진 경우에는 동의로도 해석될 수 있다(②의 협의).

3. 사무의 촉탁

사무의 촉탁이라 함은 대등한 행정청 사이에서 어느 행정청의 직무상 필요한 사무가 다른 행정청의 관할에 속하는 경우 그 행정청에 위탁하여 처리하게 하는 것을 말한다. 예컨대, 세무서장이 체납처분을 재산소재지의 세무서장에게 위탁하는 경우이다. 세무관청이 압류한 부동산의 등기를 법원에 촉탁하는 것과 같이 행정청 상호간에서는 물론 사법관청과 행정관청 사이에도 행해진다.

---

10) 대법원 2006. 3. 10. 선고 2004추119 판결.
11) 대법원 2018. 7. 12. 선고 2014추33 판결.
12) 참고로 지방자치단체의 장이 다른 지방자치단체를 상대로 제기한 건축허가의 실질을 갖는 건축협의 취소처분의 취소소송이 허용된다고 한 판례가 있다(대법원 2014. 2. 27. 선고 2012두22980 판결).

4. 행정응원

가. 의의 및 종류

좁은 의미의 행정응원(행정상의 공조)은 재해 · 사변 기타 비상시에 해당 행정청의 고유기능만으로는 행정목적을 달성할 수 없을 때 다른 행정청의 청구에 따라 또는 자발적으로 그 기능의 전부 또는 일부로써 다른 행정청을 원조하는 제도를 말한다. 경찰응원, 소방응원, 군사응원 등이 있다. 통상 행정응원이라고 하면 좁은 의미의 행정응원을 의미한다.

그밖에도 평상시의 대등행정청 사이에 서류의 제출, 의견의 진술 또는 보고 및 파견근무 등과 같이 행정청의 직무수행상 필요한 일정한 행위를 요구하고 다른 행정청이 이에 응하는 제도가 있다. 이 경우까지 포함하여 넓은 의미의 행정응원이라 한다. 좁은 의미의 행정응원을 '근무응원', 넓은 의미의 행정응원을 '협조응원'이라고 부르기도 한다.

나. 행정응원의 요청 · 거부 · 방법 · 비용 등(행정절차법 제8조)

행정청은 ① 법령 등의 이유로 독자적인 직무수행이 어려운 경우, ② 인원 · 장비의 부족 등 사실상의 이유로 독자적인 직무수행이 어려운 경우, ③ 다른 행정청에 소속되어 있는 전문기관의 협조가 필요한 경우, ④ 다른 행정청이 관리하고 있는 문서 · 통계 등 행정자료가 직무수행을 위하여 필요한 경우, ⑤ 다른 행정청의 응원을 받아 처리하는 것이 보다 능률적이고 경제적인 경우 등에 다른 행정청에 행정응원을 요청할 수 있다.

행정청은 행정응원의 요청에 응하여야 한다. 다만 ① 다른 행정청이 보다 능률적이거나 경제적으로 응원할 수 있는 명백한 이유가 있는 경우, ② 행정응원으로 인하여 고유의 직무수행이 현저히 지장받을 것으로 인정되는 명백한 이유가 있는 경우에는 행정응원을 거부할 수 있고, 그 경우에는 그 사유를 응원을 요청한 행정청에 통지하여야 한다.

행정응원을 위하여 파견된 직원은 다른 법령 등에 특별한 규정이 없다면 응원을 요청한 행정청의 지휘 · 감독을 받는다. 한편, 행정응원에 소요되는 비용은 응원을 요청한 행정청이 부담하고, 그 부담금액 및 부담방법은 요청한 행정청과 응원을 행하는 행정청이 협의하여 결정한다.

제 2 장 지방자치법

제 1 절 총 설

Ⅰ. 의 의

1. 정치조직원리로서 지방분권

오늘날 지방자치는 '주민근거리행정'의 실현이라는 의미를 넘어 '정치적 다원주의'와 '기능적 권력통제'를 실현하기 위한 불가결한 제도적 장치로 이해된다. 중앙집권적인 정치조직원리가 권력의 집중과 업무의 과부하로 인하여 국가의 기능저하를 초래하자 지방분권적인 조직원리가 새로운 정치조직원리로 부각되고 있는 것이다.

2. 지방자치제도의 의의

가. 개 념

지방자치라 함은 "일정한 지역을 단위로 일정한 지역의 주민이 그 지방에 관한 여러 사무를 자신들의 책임 하에 자신들이 선출한 기관을 통하여 직접 처리하게 하는 것"을 말한다. 지방자치제도는 지방자치행정의 민주성과 능률성 제고, 지방의 균형 있는 발전과 국가의 민주적 발전 도모, 기본권실현에 이바지하고 기능적 권력통제를 가능하게 하는 기능이 있다.

나. 주민자치와 단체자치

'주민자치'는 지역의 고유사무에 관한 자율적 처리가 지역주민의 고유권한이라는 점에서 착안된 개념이다. 연혁적으로 국가의 지방행정청이 지방주민(명예직 공무원)의 참여 아래 자치사무를 처리하였던 영국의 전통에서 유래한다. 그런데, 지방자치단체의 업무가 양적으로 증가되고 전문화·복잡화됨에 따라 전문적인 직업관료를 채용하고 관료체계를 구성하는 것이 요구되었다. 따라서 오늘날 주민자치의 취지는 지방의회를 두는 제도적 의미로 받아들여지고 있다.

'단체자치'는 지역의 고유사무에 관한 자율적 처리가 지역단체의 고유권한이라는 점에서 착안된 개념이다. 중세 유럽대륙에서 도시의 자치권에서 유래하는 것으로서, 자치사무의 처리를 위하여 국가로부터 독립된 자치단체를 두는 것을 말한다. 이렇게 보면, 지방자치는 지방분권주의를 기초로 국가 내의 일정한 지역을 기반으로 하는 독립단체의 의회와 기관이 그 단체의 사무를 처리하는 것이 된다.

다. 지방자치의 현대적 의미

위와 같은 단체자치나 주민자치의 개념적 구별은 오늘날 큰 의미는 없다. 현대의 지방자치는 민주주의를 실현하기 위한 수단으로서, 단체자치적인 요소와 주민자치적인 요소가 적절한 조화 속에서 통합된 민주적인 지방자치를 의미한다.

즉, 주민자치와 단체자치는 서로 대립적인 요소가 아니라 보완적인 성격을 갖는 제도로서, 주민자치는 자치개념의 본질적인 요소이고 그 법기술적인 표현이 단체자치라고 할 수 있다. 다만 그 결합의 정도와 내용은 각 나라의 사정에 따라 다르게 나타날 수 있다.

3. 지방자치제도의 본질

가. 고유권설과 전래설

지방자치단체와 국가와의 관계를 어떻게 볼 것인지에 관하여 과거에는 고유권설과 전래설이 대립하고 있었다.

고유권설(독립설)은 지방자치단체가 자생적 단체로서 고유의 인격과 지배권을 가진다는 견해이고, 자치권의 보장을 기본권의 경우와 동일하게 이해한다. 자치권은 천부의 고유권으로서 국가권력에 의해서도 침해될 수 없는 절대권이라는 것이다.

전래설(자치위임설)은 국가만 통치권을 갖는다는 전제 하에서 그 통치권의 일부가 전래되어 지방자치단체에게 이양된 것이라고 본다. 국가권력의 단일성을 전제로 주권은 국가에 통합되어 있고 모든 권력은 국가로부터 연원한다는 것을 근거로 한다.

오늘날 지방자치단체 상위의 행정단위들이 존재하고 국가를 중심으로 한 국가법질서의 통일성이 요구되는 상황 하에서 국가의사로부터 완전히 독립된 고유권을 가진 지방자치단체를 상정하기는 어려우므로, 기본적으로는 전래설의 입장이 타당하다. 다만 지방자치를 직접 헌법에서 보장하고 있는 체제하에서의 '전래'는 '헌법적' 전래를 의미한다. 따라서 지방자치권의 근거 및 그 내용에 대한 기준에 관한 사항은 헌법조항 및 헌법상 기본원리의 문제일 뿐이다.

나. 제도적 보장과 그 현대적 의미

우리나라와 독일에서 통설적 지위에 있는 제도적 보장설은 헌법적 보장을 전제로 현실적이고 규범적인 관점에서 지방자치권을 인식한다. 원래 제도적 보장은 자유권과는 달리 국법질서에 의하여 인정된 제도이어서, 입법자에 의한 제한이 가능하지만, '제도 그 자체'를 폐지할 수는 없으며, 실질적 내용을 침해하거나 그 본질적 부분을 박탈하는 것과 같은 법률은 헌법에 위반된다는 정도의 의미이었다.

그러나 오늘날 지방자치제도가 헌법적으로 보장되어 있고 그 본질이 제도적 보장이라고 이해하더라도 전통적 제도적 보장론이 의미하는 것과 같이 본질적 내용의 침해금지라는 소극적 의미에만 한정되는 것은 아니다. 현대 민주적 법치국가에서 제도적 보장론이 가지는 의미는 헌법상의 기본권보장과 구별되는 보장의 형태를 의미한다. 따라서, 지방자치제도를 헌법이 직접 보장하고 있는 헌법구조 하에서 지방자치권의 구체적 보장내용은 바로 헌법규범으로부터 직접 도출되는 것이고, 그것이 지방자치제도의 헌법적 보장이 가지는 의미라 할 것이다. 통상 지방자치제도의 보장 내용으로서 자치단체의 보장, 자치사무의 보장, 자치기능의 보장(자치고권)이 거론된다.

한편, 헌법재판소는 지방자치제도의 헌법적 보장이 국민주권의 기본원리에서 출발하여 주권의 지역적 주체인 주민에 의한 자기통치의 실현으로 요약할 수 있으므로, 이러한 지방자치의 본질적 내용인 핵심영역은 입법 그밖의 중앙정부의 침해로부터 보호되어야 한다는 것이라는 헌법상의 요청이라고 전제한 다음, "중앙정부와 지방자치단체 간에 권력을 수직적으로 분배하는 문제는 서로 조화가 이루어져야 하고, 이 조화를 도모하는 과정에서 입법 또는 중앙정부에 의한 지방자치의 본질의 훼손은 어떠한 경우라도 허용되어서는 안 되는 것이다."라고 판시하였다.[1] 이러한 헌법재판소의 입장은 지방자치도 국가적 법질서의 테두리 안에서만 인정되는 것이고 지방행정도 중앙행정과 마찬가지로 국가행정의 일부이므로, 지방자치단체가 어느 정도 국가적 감독이나 통제를 받는 것은 불가피하다는 것을 기본 전제로 하고 있다. 따라서, 입법과 같은 국가작용에 의하여 지방자치단체의 존재 자체를 부인하거나 각종 권한을 말살하는 것과 같이 그 본질적 내용을 침해하지 않는다면 법률에 의한 통제는 가능하다.[2]

4. 헌법적 보장내용

가. 지방자치단체의 자치권(단체자치)의 보장

헌법 제117조 제1항에서는 "지방자치단체는 주민의 복리에 관한 사무를 처리하고 재산을 관리하며, 법령의 범위 안에서 자치에 관한 규정을 제정할 수 있다."라고 규정하고 있다. 이는 지방자치를 제도적으로 보장하면서 지방자치단체의 포괄적인 자치권을 보장한다는 의미이다.

헌법은 지방자치단체의 '전권한성'을 인정하고 있다(전권한성의 원칙⇒활동영역의 전면성). 헌법이나 법률이 국가나 그 밖의 공공단체의 사무로 유보하지 않는다면, 지방자치단체는 지방적 공공사무에 대한 포괄적인 자치권을 가진다. 헌법에 규정된 주민의 복리사무처리, 재산관리 및 자치입법권은 예시적인 것으로 해석하여야 하므로, 지방자치단체는 그것

---

1) 헌재 1991. 3. 11. 선고 91헌마21 결정, 헌재 1998. 4. 30. 선고 96헌바62 결정 등 참조.
2) 헌재 2001. 11. 29. 선고 2000헌바78 결정, 헌재 2009. 5. 28. 선고 2006헌라6 결정 참조.

들뿐만 아니라 자주적 조직권, 자주적 인사권, 자주적 계획권 등도 향유한다고 보아야 할 것이다.

헌법은 지방자치단체에 대하여 전권한성을 인정하는 한편, 지방자치단체에 대한 '자기책임의 원칙'에 입각하고 있다. 따라서, 지방자치단체는 자치사무를 국가의 지시나 후견적 감독을 받지 않고 법의 테두리 안에서 자주적으로 처리할 수 있다.

헌법에 의하여 보장되어 있는 지방자치단체의 자치권도 광의의 공권에 해당한다. 그런데 국가가 자치권을 침해하는 경우 항고소송으로 법적인 구제를 받을 수 있는 것인지에 대해서는 논의가 필요하다. 지방자치단체의 자치권이 행정소송법 제12조 등이 규정하고 있는 '법률상 이익'에 포섭될 수 있는지 의문이기 때문이다. 자치권의 침해는 지방자치단체의 고유한 법률적 이익의 침해에 해당하므로, 법률상의 쟁송성과 처분성, 법률상 이익 등을 모두 충족하는 것으로 볼 수 있기 때문에, 항고소송으로 다툴 수 있다고 생각한다. 다만 지방자치단체의 자치권이 기본권의 성격을 가지는 것은 아니므로, 헌법소원을 통한 구제를 받을 수는 없을 것이다.

나. 주민자치의 보장

헌법 제118조 제1항은 "지방자치단체에 의회를 둔다."라고 규정하고 있다. 지방의회는 주민이 선출한 대표에 의하여 구성되므로 헌법이 주민자치를 보장한다는 의미가 된다.

Ⅱ. 지방자치의 이념과 제약요인

1. 지방자치의 이념과 가치

지방자치의 이념과 가치로서 다음과 같은 점이 거론되고 있다. 첫째, 지방자치의 이념 내지 목적은 무엇보다도 지역주민에게 친근하며 지역의 실정에 맞는 행정을 확보하려는 데 있다(친근한 행정). 둘째, 지방자치에서 자유의 보장이 강조된다(자유의 보장). 셋째, 지방자치는 민주정치의 훈련장으로서 풀뿌리 민주주의를 실현하는 살아있는 민주주의의 구성요소이다(민주주의의 실현). 넷째, 지방자치의 실시로 주민의 공공심이 함양된다(공공심의 함양).

2. 지방자치의 제약요인과 활성화방안

지방자치의 이념을 현실화하는 데에는 많은 장애와 어려움이 있다. ① 산업화에 따르는 개인의 의식 및 생활방식의 변화, ② 주민의 행정수요 증대에 따르는 지방자치단체의 행정 · 재정능력의 부족, ③ 정당의 발달 등이 지방자치제도의 장애요인으로 지적되고 있다. 따라서 지방자치제도가 정착되고 활성화되기 위해서는 위와 같은 장애요인을 제거하고, 주민의 행정수요에 대응할 수 있는 제도의 정비가 필요하다.

Ⅲ. 지방자치법의 법원

헌법은 제117조 제1항에서 "지방자치단체는 주민의 복리에 관한 사무를 처리하고 재산을 관리하며, 법령의 범위 안에서 자치에 관한 규정을 제정할 수 있다."라고 규정하고, 제118조 제2항에서 "지방의회의 조직 · 권한 · 의원선거와 지방자치단체의 장의 선임방법 기타 지방자치단체의 조직과 운영에 관한 사항은 법률로 정한다."라고 규정하여 지방자치단체의 조직과 운영에 관한 사항 등은 법률에 위임하고 있다.

지방자치의 기본법으로서 지방자치법이 있고, 주요법률로서 지방교육자치에 관한 법률, 지방공무원법, 공직선거법, 지방재정법, 공유재산법, 지방세법, 지방공기업법, 지방자치분권 및 지방행정체제 개편에 관한 특별법, 국가균형발전 특별법, 서울특별시 행정특례에 관한 법률, 제주특별자치도 설치 및 국제자유도시 조성을 위한 특별법, 강원특별자치도 설치 등에 관한 특별법 등이 있다.

제 2 절 지방자치단체의 종류 · 성질

지방자치단체는 그의 조직 및 권능의 일반성 여부에 따라 보통지방자치단체와 특별지방자치단체로 나뉘고, 보통지방자치단체이든 특별지방자치단체이든 모두 법인이다(지방자치법 제3조 제1항, 제199조 제3항). 따라서 지방자치단체는 권리 · 의무의 주체가 될 수 있고, 그 점에서 행정기관과 구별된다.

보통지방자치단체는 광역지방자치단체로서 특별시 · 광역시, 특별자치시, 도 및 특별자치도와 기초지방자치단체인 시 · 군 및 구가 있다(지방자치법 제2조 제1항). 지방자치단체인 구(자치구)는 특별시와 광역시의 관할구역 안의 구만을 말하고, 자치구의 자치권의 범위는 법령이 정하는 바에 따라 시 · 군과 다르게 할 수 있다(같은 조 제2항). 특별시와 광역시, 특별자치시 및 도와 특별자치도(시 · 도)는 정부의 직할로 두고, 시는 도의 관할구역 안에, 군은 광역시, 특별자치시나 도의 관할구역 안에 두며, 자치구는 특별시와 광역시, 특별자치시의 관할구역 안에 둔다(제3조 제2항). 특별시 · 광역시 또는 특별자치시가 아닌 인구 50만 이상의 시에는 자치구가 아닌 구를 둘 수 있고, 군에는 읍 · 면을 두며, 시와 구(자치구 포함)에는 동을, 읍 · 면에는 리를 둔다(제3항). 도농복합 형태의 시에는 도시의 형태를 갖춘 지역에는 동을, 그 밖의 지역에는 읍 · 면을 두되, 자치구가 아닌 구를 둘 경우에는 그 구에 읍 · 면 · 동을 둘 수 있다(제4항).

특별지방자치단체라 함은 특정한 목적을 수행하기 위하여 설치되는 지방자치단체를 말한다(제2조 제3항). 특별지방자치단체는 2개 이상의 지방자치단체가 광역행정수요에 효과적으로 대응하기 위하여 설치되는 것으로, 구성 지방자치단체는 상호 협의에 따른 규약을 정하여 구성 지방자치단체의 지방의회 의결을 거쳐 행정안전부장관의 승인을 받아 설치한다(제199조).

제 3 절 지방자치단체의 주민

Ⅰ. 주민의 의의

1. 일반 주민

지방자치법에는 '주민'의 개념을 구체적으로 정의하는 규정이 없다. 지방자치법 제16조에서는 주민의 자격요건을 "지방자치단체의 구역 안에 주소를 가진 자"로 정하고 있는데, 대법원은 위 조항이 지방선거 참여권, 주민투표 참여권, 조례의 제정 · 개폐 청구권, 감사청구권, 주민소송 제기권, 주민소환 청구권 등의 참여권을 행사할 수 있는 자격을 명확하게 하기 위하여 규정된 것이므로, 자연인인 주민의 경우에만 적용되는 것이라고 해석하고 있다.3) 한편, 민법 제18조 제1항에서는 자연인의 주소를 "생활의 근거가 되는 곳"이라고 정의하고, 주민등록법 제6조 제1항에서는 "시장 · 군수 또는 구청장은 30일 이상 거주할 목적으로 그 관할구역에 주소나 거소를 가진 사람(주민)을 이 법의 규정에 따라 등록하여야 한다."라는 취지로 규정하고 있으므로, 주민등록법에 의한 주소 또는 거소등록은 주민으로서 권리 · 의무의 발생요건이 되고, 사망이나 관할 지방자치단체 밖으로의 주소 이동 등에 의하여 주민의 자격은 상실된다.

법인의 경우에도 공공시설이용권, 균등하게 행정의 혜택을 받을 권리와 비용분담의무 등의 주체로서의 주민은 될 수 있다. 그런데, 지방자치법에는 그 입법목적, 요건과 효과를 달리하는 다양한 제도들이 내재되어 있으므로, 누가 지방자치법상 주민에 해당하는지 여부는 제도별로 제도의 목적과 특성, 지방자치법뿐만 아니라 관계 법령에 산재해 있는 관련 규정들의 문언, 내용과 체계 등을 고려하여 개별적으로 판단하여야 한다. 따라서, 민법 제36조가 법인의 주소를 '주된 사무소의 소재지'로, 상법 제171조가 회사의 주소를 '본점 소재지'라고 규정하고 있다고 하더라도 그에 따라 일률적으로 법인인 주민의 자격요건이 정

---

3) 대법원 2021. 4. 29. 선고 2016두45240 판결.

해지는 것이 아니라 제도별로 개별적으로 판단하여 '사무소'를 두고 있는 경우에도 주민이 될 수 있다. 따라서, 주된 사무소 또는 본점을 두고 있지 않은 법인이라도 해당 지방자치단체에서 인적 · 물적 설비를 갖추고 계속적으로 사업을 영위하면서 해당 지방자치단체의 재산 또는 공공시설의 설치로 특히 이익을 받는 경우에는 지방자치법상의 분담금 납부의무자가 될 수 있다.[4)]

2. 참정권의 주체로서의 주민(공민)

'참정권의 주체로서의 주민'이란 지방자치단체에서 선거권과 피선거권을 가지는 주민을 말하고, 공민이라고 부르기로 한다. 공민은 주민 중에서 일정한 자격을 가진 자만 될 수 있다. 첫째, 대한민국 국민만 공민이 될 수 있다. 따라서 외국인은 주민은 될 수 있으나 공민은 될 수 없다. 다만 공직선거법 제15조 제2항 제3호에서는 일정한 자격을 갖춘 외국인에게도 지방자치단체의 의회의원 및 장의 선거권을 부여하고 있다. 둘째, 연령 · 거주기간 등의 제한이 있다. 셋째, 참정권은 자연인에게만 부여된다.

Ⅱ. 주민의 권리

1. 공공시설이용권

가. 재산 및 공공시설의 의의

주민은 법령으로 정하는 바에 따라 소속 지방자치단체의 재산과 공공시설을 이용할 권리를 가진다(지방자치법 제17조 제2항). 공공시설이란 주민의 이용에 제공되는 시설을 말한다. 주민의 복리증진을 위하여 지방자치단체가 설치 · 관리하는 일체의 시설이므로, 주민의 이용에 제공된다면 공물 · 영조물 · 공기업 등이 모두 공공시설에 포함되고, 공공시설의 조직형태나 소유권의 소재는 따지지 않는다. 한편, 여기에서 말하는 재산은 주민의 이용에 제공되어 있는 것만 의미하므로 결국 '공공시설'과 같게 된다.

나. 이용주체

이용권의 주체는 주민(일반주민)이다. 도로 등의 보통사용에서와 같이 공공시설의 이용이 모든 사람에게 개방되어 있는 경우를 제외하고, 지방자치단체는 공공시설의 이용을 주민에게 한정시키거나 주민과 비주민 사이의 차등을 둘 수도 있다.

법인도 주민이므로 공공시설이용권을 가진다. 지방자치단체의 주민은 아니나 지방자치단체의 구역내에 토지나 영업소를 가지고 있는 자는 그 토지나 영업소 유지 · 관리와 관

4) 대법원 2021. 4. 29. 선고 2016두45240 판결.

계되는 범위에서 주민과 동등한 공공시설이용권을 가진다.

다. 이용권의 범위와 한계

첫째, 이용권의 내용과 한계는 법령이나 자치법규에 의하여 정해진다. 도로법, 하천법, 도시공원법, 하수도법, 도서관법, 초·중등교육법, 유아교육법, 지방공기업법, 지방재정법, 공유재산법 및 공공시설에 관한 해당 지방자치단체의 자치법규는 공공시설이용에 관한 중요한 법원이 된다.

둘째, 주민의 공공시설이용권은 공공시설의 공용지정으로 정해진 공공시설의 목적에 의하여 한정된다. 같은 공설운동장이라더라도 축구장, 야구장 등의 구분에 따라 그의 이용이 제한될 수 있는 것이다.

셋째, 주민의 공공시설이용권은 그 공공시설의 수용능력, 정원과 같은 사실상의 한계를 갖는다.

넷째, 지방자치단체는 위험을 방지하기 위하거나 공공시설에 대한 훼손을 방지하기 위하여 공공시설의 전부 또는 일부의 이용을 거절할 수 있다.

라. 이용형태

주민의 공공시설의 이용형태에는 여러 가지가 있을 수 있다. 보통사용(자유사용), 허가사용, 특허사용, 관습법상의 사용, 공법계약에 의한 사용, 사법계약에 의한 사용이 있을 수 있고, 이단계 형태에 의한 사용도 있을 수 있다.

2. 그 밖의 권리

그밖에도 지방자치법에는 주민의 권리로서 지방자치단체의 정책의 결정 및 집행과정에 참여할 권리(제17조 제1항), 지방자치단체로부터 균등하게 행정의 혜택을 받을 권리(제17조 제2항), 선거에 참여할 권리(제17조 제3항), 주민투표권(제18조), 조례의 제정 및 개폐청구권(제19조), 규칙의 제정 및 개폐에 대한 의견제출권(제20조), 주민의 감사청구권(제21조), 주민소송제기권(제22조), 주민소환권(제25조), 청원권(제85조) 등이 규정되어 있다.

위와 같은 여러 권리 이외에도 주민은 법령(조례 포함)이 정하는 바에 따라 청문권, 지방의회방청권, 공문서열람권, 각종 행정절차에 참여할 권리 등을 향유한다.

Ⅲ. 의 무

지방자치법 제27조는 "법령이 정하는 바에 의하여 주민은 그 소속 지방자치단체의 비용을 분담하는 의무를 진다."라고 비용분담의무를 규정하고 있다. 지방자치단체의 주민이 분담하는 비용에는 ① 조세로서의 '지방세', ② 공공시설의 '사용료', ③ 개인을 위한 사무처리에 대한 대가로서의 '수수료', ④ 지방자치단체의 재산 또는 공공시설로 인하여 주민의 일부가 특히 이익을 받은 때 그 이익을 받은 범위에서 부담하게 되는 '분담금' 등이 있다.

제4절 지방자치단체의 사무와 그 배분

Ⅰ. 사무배분의 원칙

지방자치법 제11조에서는 국가와 지방자치단체 사이에 사무배분에 있어서 고려되어야 할 기본원칙을 선언하고 있다.[5)]

첫째, 불경합성의 원칙이다(제1항). 국가는 지방자치단체가 사무를 종합적·자율적으로 수행할 수 있도록 국가와 지방자치단체 간 또는 지방자치단체 상호 간의 사무를 주민의 편익증진, 집행의 효과 등을 고려하여 서로 중복되지 않도록 배분하여야 한다.

둘째, 보충성의 원칙이다(제2항). 국가는 사무를 배분하는 경우 지역주민생활과 밀접한 관련이 있는 사무는 원칙적으로 시·군 및 자치구의 사무로, 시·군 및 자치구가 처리하기 어려운 사무는 시·도의 사무로, 시·도가 처리하기 어려운 사무는 국가의 사무로 각각 배분하여야 한다.

셋째, 사무배분의 포괄성의 원칙이다(제3항). 국가가 지방자치단체에 사무를 배분하거나 지방자치단체가 사무를 다른 지방자치단체에 재배분할 때에는 사무를 배분받거나 재배분받는 지방자치단체가 그 사무를 자기의 책임하에 종합적으로 처리할 수 있도록 관련 사무를 포괄적으로 배분하여야 한다.

한편, 제12조에서는 사무처리의 기본원칙을 선언하고 있는데, 그 내용으로 주민의 편의와 복리증진에 대한 노력의무, 합리적인 조직과 운용 및 적절한 규모의 유지 의무, 법령 등 상위 규범 준수 의무 등을 규정하고 있다.

Ⅱ. 국가사무

국가는 시원적인 행정주체로서, 국가사무는 지방자치단체가 수행하는 사무를 제외한

---

5) 지방자치법은 주민중심의 지방자치를 구현하고 지방자치단체의 자율성 강화와 이에 따른 투명성 및 책임성을 확보하기 위하여 2021. 1. 12. 전부개정되었는데, 이 조항은 그 주요내용 중의 하나로 신설되었다.

모든 것을 의미한다. 지방자치법 제15조에서는 지방자치단체가 처리할 수 없는 국가사무를 열거하고 있다. 그럼으로써 다음과 같은 국가사무의 일반적 성격을 제시하고 있다.

그러나 위 규정은 매우 추상적이고 포괄적인 반면 그러한 성격을 가지는 사무의 구체적인 예시는 제한적일 뿐만 아니라 지방자치법 제15조 단서에서 법률에 이와 다른 규정을 두고 있는 경우에는 그렇지 않다고 규정하고 있다. 그리하여 위 규정만 가지고 국가사무와 지방자치단체의 사무를 구분하는 데에는 한계가 있다.

① **국가의 존립에 필요한 사무**: 외교, 국방, 사법, 국세 등(제1호)
② **전국적으로 통일적 처리를 요하는 사무**: 물가정책, 금융정책, 수출입정책 등(제2호)
③ **전국적 규모 또는 이와 비슷한 규모의 사무**: 농산물 · 임산물 · 축산물 · 수산물 및 양곡의 수급조절과 수출입 등(제3호), 국가종합경제개발계획, 국가하천, 국유림, 국토종합개발계획, 지정항만, 고속국도 · 일반국도, 국립공원 등(제4호), 우편, 철도 등(제6호)
④ **전국적으로 기준의 통일 및 조정을 요하는 사무**: 근로기준, 측량단위 등(제5호)
⑤ **지방자치단체의 기술 및 재정능력으로 감당하기 어려운 사무**: 고도의 기술을 요하는 검사 · 시험 연구, 항공관리, 기상행정, 원자력 개발 등(제7호)

Ⅲ. 지방자치단체의 사무

1. 사무구분

지방자치단체 또는 그 기관이 처리하는 사무는 자치사무, 단체위임사무 및 기관위임사무로 구분된다. 지방자치법 제13조 제1항에서는 "지방자치단체는 관할 구역의 자치사무와 법령에 따라 지방자치단체에 속하는 사무를 처리한다."라고 규정하고 있는데, 전단은 자치사무를, 후단은 단체위임사무를 규정한 것이라고 해석된다. 그리고 지방자치단체가 사실상 처리하는 사무로 '기관위임사무'가 있다. 기관위임사무는 실제로는 지방자치단체의 기관이 처리하지만, '지방자치단체의 사무'가 아니다.

2. 각각의 사무

가. 자치사무(고유사무, 지방자치법 제13조 제1항 전단)

자치사무는 지방자치단체의 본래의 목적으로 예정되어 있는 사무를 말한다. 지방자치단체가 그의 업무를 수행할 때 국가나 다른 지방자치단체로부터 간섭 받지 않고 자기의 의사와 책임으로 '주민의 복리증진을 위하여' 처리하는 자치단체 본래의 업무를 말하고 고유사무라고도 한다.

자치사무는 해당 지방자치단체의 지역적인 이해관계가 있는 사무이어야 하고, 초지역적 이해관계를 바탕으로 하거나 국가적 일반이익에 관계되는 사무는 자치사무로 볼 수 없다(위 국가사무 참조). 한편 지방자치단체가 그의 존립목적인 주민의 복리증진에 관한 사무를 처리하기 위해서는 조직을 갖추고 재산을 관리하며 자치에 관한 규정을 제정할 수 있어야 하므로, 이와 같은 사무도 자치사무에 속한다.

자치사무는 그 처리가 재량에 맡겨져 있는지 여부에 따라 수의사무와 필요사무로 나눌 수 있다. 수의사무(임의적 사무)는 지방자치단체의 전권한성으로부터 유래하는 것으로 사무의 수행여부와 그 수행방식에 관하여 지방자치단체가 재량을 가지는 사무를 말한다. 필요사무(의무적 사무)는 그 사무를 수행할 의무가 법률로 규정되어 있는 사무를 말하는 것으로서, 초·중등학교의 설치·운영(초·중등교육법 제12조 제2항), 폐기물처리시설의 설치 및 관리(폐기물관리법 제4조 제1항) 등이 여기에 속한다.

나. 단체위임사무(지방자치법 제13조 제1항 후단)

자치사무가 지방자치단체에 고유한 사무로서 헌법에 근거한 사무인데 반하여, 단체위임사무는 국가나 다른 공공단체가 법령에 근거하여 지방자치단체에 구체적으로 위임한 사무를 말한다. 업무의 실체는 수권자인 국가 또는 다른 공공단체의 사무이나, 업무의 수행이라는 측면에서 보면 지방자치단체의 사무가 되는 것이다.

그런데 단체위임사무인지 자치사무인지 여부가 개별법의 규정에 의하여 분명하게 식별되지 않기 때문에, 학설은 통일적인 견해를 제시하지 못하고 단체위임사무를 현실적으로 찾아보기 어렵다는 견해부터 몇몇의 예를 드는 견해 등 다양하다.[6] 판례가 단체위임사무로 본 사례는 시·도지사의 지역별 가스공급시설의 공사계획 수립·공고나 도시가스의 요금 및 기타 공급조건에 관한 공급규정의 승인에 관한 사무,[7] 시·도지사가 국가하천의 하천구역에서 점용료나 부당이득금 등의 징수권을 행사하는 사무[8] 등이 있다.

단체위임사무는 국가 또는 다른 공공단체로부터 위임받은 사무이므로, 처리비용은 위임자가 부담하는 것이 원칙이고, 사무의 처리에서 국가 등의 지시와 감독을 받으며, 감사를 받는 경우에는 적법성뿐만 아니라 합목적성도 심사받는다(자치사무와의 차이).

그러나 지방자치법 제13조 제1항이 지방자치단체의 사무를 예시하면서도 자치사무와 위임사무(법령에 의하여 지방자치단체에 속하는 사무)를 구별하지 않는 점과 지방자치법 제28

6) 학설에서 거론되는 단체위임사무는 국가하천 점용료 징수사무(하천법 제37조), 도 또는 특별자치도에 일반국도의 유지·관리사무(도로법 제31조 제2항) 및 국도 점용료 징수사무(도로법 제66조 제1항) 등이 있다.

7) 대법원 2001. 11. 27. 선고 2001추57 판결.

8) 대법원 2006. 9. 8. 선고 2004두947 판결에서는 지방자치단체의 사무라 하였으나 그중에서도 특히 단체위임사무로 본 듯하다.

조 제1항이 자치사무와 단체위임사무에 관하여 지방자치단체가 조례를 제정할 수 있다고 규정한 점 등을 비추어 볼 때 그 구별은 상대화되고 있다(자치사무와 단체위임사무 구별의 상대화).

다. 기관위임사무

기관위임사무란 법령에 근거하여 지방자치단체의 집행기관에 위임된 국가 등 다른 행정주체의 사무를 말한다. 기관위임사무는 지방자치단체 자체에 위임된 단체위임사무와 구별되고, 단체위임사무와 자치사무를 포함하는 지방자치단체의 사무와도 구분된다.

기관위임사무는 위임자를 기준으로 ① 국가의 사무와 ② 다른 지방자치단체의 사무로 구분할 수 있고, 수임자를 기준으로 ① 장의 기관위임사무와 ② 그 밖의 행정기관의 기관위임사무로 구분할 수 있다. 그 중 가장 많고 중심이 되는 것은 '지방자치단체의 장에게 위임된 국가사무(국가기관위임사무)'이다.

이때 기관위임사무를 처리하는 지방자치단체의 기관은 국가 등의 행정기관으로서의 지위(상급행정기관과 하급행정기관의 관계)를 갖게 되고, 그 사무는 국가 등의 직접적인 행정에 속하게 된다.

기관위임의 법적근거로서 지방자치법 제115조에서는 "시 · 도와 시 · 군 및 자치구에서 시행하는 국가사무는 시 · 도지사와 시장 · 군수 및 자치구의 구청장에게 위임하여 수행하는 것을 원칙으로 한다."라고 국가사무의 위임에 관하여 규정하고, 제116조에서는 "지방자치단체의 장은 그 지방자치단체의 사무와 법령에 따라 그 지방자치단체의 장에게 위임된 사무를 관리하고 집행한다."라고 규정하고 있다. 또한 지방자치법 제117조 제2항은 "지방자치단체의 장은 조례나 규칙으로 정하는 바에 따라 그 권한에 속하는 사무의 일부를 관할 지방자치단체나 공공단체 또는 그 기관(사업소 · 출장소를 포함한다)에 위임하거나 위탁할 수 있다."라고 규정하고 있다.[9] 한편, 지방자치단체장이 위임받거나 위탁받은 사무의 일부를 다시 위임하거나 위탁하려면 미리 그 사무를 위임하거나 위탁한 기관의 장의 승인을 받아야 한다(지방자치법 제117조 제4항).

3. 공관사무(공동관리사무)의 문제

가. 공관사무의 의의

앞에서 본 것처럼 지방자치단체 또는 그 기관이 처리하는 사무는 자치사무와 단체위임사무 및 기관위임사무로 구분된다. 그밖에도 국가와 지방자치단체가 공동으로 사무를 수

---

9) 여기에서 '그 권한에 속하는 사무'에는 국가사무가 포함되지 않을 것이므로, 지방자치단체의 장에게 위임된 국가기관위임사무에는 적용이 없다고 생각된다.

행하는 경우도 있을 수 있는데, 그와 같은 사무를 공관사무(공동관리사무)라고 부른다. 지방재정법 제21조는 공관사무의 존재를 전제로 지방자치단체 또는 그 기관이 법령에 의하여 처리하여야 할 사무로서 '국가와 지방자치단체 상호간에 이해관계가 있는 경우'에 사무처리의 경비를 국가가 전부 또는 일부를 부담하도록 규정하고 있다.

나. 승인유보

공관사무와 관련하여 승인유보의 문제가 있다. 자치사무와 달리 공관사무에 대해서는 국가 또는 다른 감독기관 등에 의한 사전승인이 허용되고, 그와 관련하여 합법성은 물론 합목적성에 대한 감독도 허용된다.

대법원 1996. 6. 14. **선고** 96**추**22 **판결**: 지방세법 제9조에서 지방자치단체가 과세면제 · 불균일과세 또는 일부과세를 하고자 할 경우에 내무부장관의 허가를 받도록 한 취지는, 과세면제 등 제도의 무분별한 남용으로 국민의 조세부담의 불균형 또는 지방자치단체간의 지방세과세체계에 혼란을 초래할 우려가 있을 뿐 아니라 지방세법 본래의 취지에도 맞지 않는 결과가 발생할 수가 있고, 과세면제 등으로 인한 세수입손실의 결과는 결국 다른 지방자치단체의 지방교부세 감소라는 결과를 가져올 가능성도 있으므로, 내무부장관이 지방자치단체의 과세면제 등 일정한 사항에 관한 조례제정에 한하여 사전허가제도를 통하여 전국적으로 이를 통제 · 조정함으로써 건전한 지방세제를 확립하기 위하여 마련한 제도인 것으로 이해되고, 따라서 위 규정이 지방자치단체의 조례제정권의 본질적 내용을 침해하는 규정이라고 할 수 없다.

Ⅳ. 사무구별의 실익

1. 경비부담

자치사무는 지방자치단체 자신의 사무이므로 그 처리비용을 지방자치단체 스스로 부담한다(지방자치법 제158조 본문, 지방재정법 제20조). 반면에 단체위임사무와 기관위임사무는 그 사무를 위임한 국가 또는 다른 지방자치단체가 그 비용을 부담하는 것이 원칙이다(지방자치법 제158조 단서).

2. 감독권의 소재

자치사무는 행정안전부장관 또는 광역자치단체장의 감독을 받는다(지방자치법 제190조). 단체위임사무와 기관위임사무는 위임되는 사무가 국가사무인 경우에는 위임자(주무부장관) 또는 광역지방자치단체장이, 다른 자치단체의 사무인 경우에는 위임자인 지방자치단체장이 지도 · 감독권을 갖는다(지방자치법 제185조).

3. 감독권 행사의 내용 또는 그 방법

자치사무에 대한 감독은 교정감독 및 합법성감독에 그치나, 단체위임사무 및 기관위임사무에 대한 감독은 예방적 감독 및 합목적성 감독까지 행할 수 있다.

특히 기관위임사무의 경우 지방자치단체의 장이 법령의 규정에 의하여 그 의무에 속하는 국가위임사무 또는 시 · 도위임사무의 관리 및 집행을 명백히 해태하고 있다고 인정되는 때에는 직무이행명령 및 대집행으로 그 의무이행을 강제할 수 있다(제189조).

4. 지방의회의 관여

자치사무와 단체위임사무는 지방의회가 의결 · 감사 및 조사 등으로 관여할 수 있으나, 기관위임사무는 지방자치단체의 사무가 아니기 때문에 지방의회의 관여는 배제된다. 다만 기관위임사무라 하더라도 국회와 시 · 도의회가 직접 감사하기로 한 사무 외의 것에 대해서는 지방의회가 감사를 할 수 있으므로(지방자치법 제49조 제3항), 그 범위 내에서는 지방의회의 관여가 허용된다.

한편, 자치사무와 단체위임사무에 속하는 사항에 대해서는 조례를 제정할 수 있으나, 기관위임사무에 관한 사항은 해당 지방자치단체와 무관하므로 법령이 위임한 경우를 제외하고는 조례의 대상으로 삼을 수 없다.

5. 배상책임의 귀속

공무원의 위법한 직무집행으로 인한 손해배상책임의 주체는 국가 · 지방자치단체인데, 각각의 사무의 귀속주체에 따라 배상책임을 지는 것이 원칙이다. 따라서 지방자치단체의 사무(자치사무와 단체위임사무)의 위법한 처리 또는 자치단체가 설치 · 관리하는 공공시설의 하자로 인하여 발생한 손해에 대해서는 지방자치단체가 그 손해를 배상하고, 국가사무(기관위임사무 포함)는 국가가 책임을 부담한다.

그런데, 국가배상법 제6조 제1항은 사무귀속주체 외에 비용부담자도 배상책임을 지도록 규정하고 있다. 여기에서 비용부담자는 대외적으로 비용을 지출한 자라는 의미의 '형식적 비용부담자'뿐만 아니라 궁극적으로 비용을 부담하는 자라는 의미의 '실질적 비용부담자'를 포함한다(병합설). 그런데, 지방자치법 제158조 본문에서는 "지방자치단체는 그 자치사무의 수행에 필요한 경비와 위임된 사무에 관하여 필요한 경비를 지출할 의무를 진다." 라고 규정하고 있으므로, 지방자치단체는 자치사무는 물론 위임받은 사무를 집행할 때에도 그 비용을 지출할 법적의무가 있게 되어 형식적 비용부담자가 된다. 다만 같은 조 단서에서는 "국가사무나 지방자치단체사무를 위임할 때에는 이를 위임한 국가나 지방자치단체에서 그 경비를 부담하여야 한다."라고 규정하고 있으므로, 국가는 단체위임사무와 기관위임사무의 실질적 비용부담자가 된다.

이렇게 보면, 단체위임사무의 경우 국가는 실질적 비용부담자로서, 지방자치단체는 사무귀속주체 겸 형식적 비용부담자로서 부진정연대책임을 지고, 기관위임사무의 경우 국가는 사무귀속주체 겸 실질적 비용부담자로서, 지방자치단체는 형식적 비용부담자로서 부진정연대책임을 진다는 결론이 된다.

한편, 자치사무는 지방자치단체만 배상책임을 지게 되나, 자치사무 중 필요사무는 국가와 지방자치단체 상호간에 이해관계가 있어 국가가 경비의 전부 또는 일부를 부담하므로, 국가도 실질적 비용부담자로서 책임을 지는 경우가 있을 수 있다.

6. 권한위임의 형식

지방자치단체의 사무(자치사무와 단체위임사무)는 조례 또는 규칙으로 권한을 위임한다(지방자치법 제117조 제2항). 한편, 국가사무 중 기관위임사무는 지방자치단체의 장이 제정한 규칙으로 권한을 재위임을 하여야 할 뿐 아니라 위임기관의 장의 승인을 받아야 한다(정부조직법 제6조 제1항, 행정권한의 위임 및 위탁에 관한 규정 제4조).

따라서, 시·도지사가 지방자치단체의 조례로 기관위임사무를 시장·군수·구청장 등에게 재위임하였다면, 조례 중 재위임에 관한 부분은 무효이다. 그리하여, 위와 같은 법리에 따라 무효인 권한위임조례의 규정에 근거하여 구청장이 건설업영업정지처분을 하였다면, 그 처분은 주체의 하자가 있어서 위법하지만 명백하지는 않아 무효는 아니라는 것이 판례이다.[10)]

Ⅴ. 사무의 구별기준

1. 구별의 어려움

지방자치단체의 자치권은 헌법 제117조 제1항과 제118조 제2항에 따라 법률유보 하에 있으므로, 입법자는 어떤 사무를 자치사무로 할 것인지 단체위임사무나 기관위임사무로 할 것인지를 결정할 수 있다. 어떤 사무가 어느 유형의 사무에 속하는지는 사무의 유형에 따라 당연히 결정되는 것이 아니라 입법자의 결정에 따른 입법정책의 문제일 뿐이다. 그런데, 입법자가 지방자치단체가 처리하는 사무의 성격을 명시하지 않은 경우가 대부분이어서

---

10) 대법원 1995. 7. 11. 선고 94누4615 전원합의체 판결.

해석상의 어려움을 낳는다.

지방자치법은 제13조 제2항에서 지방자치단체의 사무를 예시하는 한편 제15조에서 지방자치단체가 처리할 수 없는 국가사무를 규정하고 있으므로, 법령에서 지방자치법 제15조에서 규정한 사무를 지방자치단체의 장이 처리할 수 있는 것으로 규정하고 있으면 위임형식을 취하고 있지 않더라도 그 사무는 기관위임사무라고 볼 수 있다. 지방자치법 제15조는 ① 국가의 존립에 필요한 사무, ② 전국적 규모이거나 전국적으로 통일적 처리를 요하는 사무, ③ 지방자치단체의 기술이나 재정능력으로 감당하기 어려운 사무 등을 국가사무로 예시하고 있으므로, 이는 곧 기관위임사무에 대한 일응의 기준을 제시하고 있는 셈이다. 그럼에도 불구하고 행정실무에서 그 실제적 구별은 모호하고, 지방자치단체의 자치사무로 분류되는 것마저도 국가의 적극적인 지도와 감독을 받는 경우가 빈번하다(국가사무와 지방자치단체의 사무 구별의 어려움).

한편, 지방자치법 제13조 제1항에서는 자치사무와 단체위임사무를 합쳐서 지방자치단체의 사무라고 하면서 양자를 나누어 규정하지 않고, 개별법령에서는 자치사무의 경우에도 그 사무의 법적 근거를 규정함으로써 양자를 모두 '법령에 따라 지방자치단체에 속하는 사무'로 만들어 그 형식적 구별을 어렵게 하고 있다(자치사무와 단체위임사무의 구별의 어려움). 또한, 제2항 각호의 예시적 규정에도 불구하고 제2항 단서의 규정에 따라 다른 개별법령에서 이러한 사무를 국가사무라고 규정하는 경우 위 규정의 의미가 상실된다.

그리고, 실정법에서 단체위임사무의 시행주체를 지방자치단체장으로만 규정한 경우도 많아 시행주체라는 구별표지만으로 단체위임사무와 기관위임사무를 현실적으로 구별할 수 없다(단체위임사무와 기관위임사무의 구별의 어려움).

특히 개별법령에서 위임형식을 취하지 않고 바로 시·도지사 등 지방자치단체장의 권한으로 규정하고 있는 경우 그 사무가 지방자치단체의 사무(자치사무와 단체위임사무)인지 기관위임사무인지를 가리는 것은 쉬운 문제가 아니다. 통상 기관위임사무인 경우가 많겠지만 지방자치단체의 사무를 대표자로서 '장'이 행한다는 의미로 쓰일 때도 있기 때문이다.

2. 구별기준

기관위임사무와 단체위임사무 및 자치사무의 구별은 그들 사무의 형식적 표지와 실질적 표지 등을 종합하여 고려하여 판단할 수밖에 없다. ① 해당 법령의 전체 취지, ② 규정의 방식, ③ 해당 사무의 성질, ④ 해당 사무의 최종적 책임의 귀속, ⑤ 경비부담 등을 검토하여 자치사무나 단체위임사무인가 기관위임사무인가를 판정할 필요가 있다.[11] 대략의

11) 대법원 2001. 11. 27. 선고 2001추57 판결 참조.

구별기준을 제시하면 아래와 같다.

① **권한규정**: 개별법에서 대통령과 국무총리, 각 중앙부처의 장관으로 권한을 규정하고 있으면 국가사무이고, 국가사무 중 지방자치단체장에게 위임한 경우는 기관위임사무이며, 지방자치단체 자체에 위임한 경우에는 단체위임사무로 볼 수 있다.[12)]

② **권한규정이 불명확한 경우**: 개별법상 비용부담, 수입규정, 감독규정 등을 고려하여 판단할 수밖에 없다.[13)] 지방자치단체가 비용을 부담하고 수입도 귀속되는 경우에는 일단 자치사무로 볼 수 있을 것이다.

③ **보충적 규정**: 지방자치단체의 사무를 구별할 때 지방자치법 제13조 제2항과 제15조의 예시규정을 보충적으로 고려하면 판단의 실마리를 찾을 수 있다.[14)]

---

12) 수산업법에서 어업면허가 시장 · 군수 · 구청장의 권한임을 명시하고 있는 점, 시장 · 군수 · 구청장이 면허한 어업을 제한 · 정지하거나 어업면허를 취소할 수 있는 점 등을 종합하면 어업면허사무는 지방자치단체의 사무에 해당한다(헌재 2015. 7. 30. 선고 2010헌라2 결정).

13) 교육공무원 징계사무의 성격, 권한의 위임에 관한 교육공무원법령의 규정 형식과 내용 등에 비추어 보면, 국가공무원인 도교육청 교육국장 및 그 하급자인 장학관, 장학사에 대한 징계는 국가사무이고, 그 일부인 징계의결요구의 신청도 국가사무에 해당하므로, 교육감이 담당 교육청 소속 국가공무원인 도교육청 교육국장 및 그 하급자들에 대한 징계의결요구 신청사무는 기관위임사무라는 것이 판례이다(대법원 2015. 9. 10. 선고 2013추517 판결).

14) 대법원은 "학기당 2시간 정도의 인권교육의 편성 · 실시는 지방자치법 제9조 제2항 제5호가 지방자치단체의 사무로 예시한 교육에 관한 사무로서 초등학교 · 중학교 · 고등학교 등의 운영 · 지도에 관한 사무에 속한다."라고 판시하였고(대법원 2015. 5. 14. 선고 2013추98 판결), 같은 이유로 교육감으로 하여금 서울특별시교육청 기초학력 보장 시행계획을 수립 · 시행하도록 하는 한편 기초학력의 내용과 수준을 정할 수 있는 권한, 기초학력진단검사의 지역 · 학교별 결과 등을 공개할 수 있는 권한 등을 부여하는 등의 기초학력 보장 관련 사무는 지방자치단체의 사무라고 판시하였으며(대법원 2025. 5. 15. 선고 2023추5054 판결), 지방자치단체장이 민간위탁 관련 사업비용의 낭비와 행정서비스의 질적 저하를 방지하기 위하여 수탁기관의 사업비 집행이 적정하였는지 여부를 검토하는 업무는 지방자치법 제13조 제2항 제1호 다목에서 규정한 '산하 행정기관 및 단체의 지도 · 감독'에 해당하는 사무로서 자치사무라고 판시하였다(대법원 2024. 10. 25. 선고 2022추5125 판결). 또한, 사립초등학교 · 중학교 · 고등학교 및 이에 준하는 각종 학교를 설치 · 경영하는 학교법인의 임시이사 선임에 관한 교육감의 사무는 자치사무라고 하였고(대법원 2020. 9. 3. 선고 2019두58650 판결), 묘지 등의 허가사무는 도의 자치사무이므로, 도지사가 시장 · 군수에게 묘지 등의 허가권을 위임하였다면 그 사무는 시 · 군의 기관위임사무가 된다고 하였다(대법원 1995. 12. 22. 선고 95추32 판결). 한편, 전국적으로 통일적 처리를 요하는 사무라는 것을 이유로 기관위임사무라고 판시한 사례로서, 서울신용보증재단의 사무 중 업무감독과 감독상 필요한 명령에 관한 사무(대법원 2003. 4. 22. 선고 2002두10483 판결), 골재채취법에서 골재채취업등록 및 골재채취허가 사무(대법원 2004. 6. 11. 선고 2004추34 판결), 교육감의 학교생활기록의 작성에 관한 사무에 대한 지도 · 감독사무(대법원 2015. 9. 10. 선고 2013추517 판결), 교원의 지위에 관한 사무(대법원 2017. 1. 25. 선고 2016추5018 판결, 법률의 근거 없이 학교 안에 교원의 인사에 관한 사항을 심의하기 위한 교원인사자문위원회를 설치하게 하고 학교장에게 자문결과를 수용하도록 규정한 조례안은 무효이다), 도로교통법상 주정차위반행위에 대한 과태료 부과 관련 사무(대법원 2022. 4. 28. 선고 2021추5036 판결, 법률의 근거 없이 납품도매업차량에 대한 주정차위반행정처분의 자동유예를 광역시장이 구청장 등과 협의하도록 한 조례안은 무효이다), 정당의 현수막 설치 등을 규율하는 사무(대법원 2024. 7. 25. 선고 2023추5177 판결) 등이 있다. 참고로, 국가하천에 관한 사무는 국가사무에 해당하지만, 지방자치단체가 국가하천에 대한 수중보 건설사업을 요청하였고 그 사업이 지방자치단체와 그 주민들에게 경제적으로 이익이 되는 사무라는 점을 들어, 국가와 지방자치단체 사이에 수중보 건설비용 일부와 운영 ·

Ⅵ. 기관위임사무의 문제점과 폐지론

1. 기관위임사무의 문제점

올바른 지방자치의 정착을 위해서는 지방자치단체의 중앙행정기관으로부터의 자주성, 자율성이 확보되는 것과 아울러 국정의 통합성도 유지되는 방향으로 지방자치제도가 운영되어야 할 것이고, 특히 양적으로 확대되고 질적으로 고도화된 행정기능의 효율적 수행을 위해서는 국가와 지방자치단체간의 조화로운 분업과 이상적인 기능배분이 필요하다. 이러한 기능배분과 관련하여 특히 문제되는 것이 기관위임사무인데, 기관위임사무는 국가의 사무이고 지방자치단체의 기관이 국가의 하부기관이 되어 그 사무를 대신 처리하는 것이므로, 지방자치의 본래 의미와는 동떨어진 것이지만, 행정실무상 지방자치단체가 처리하는 사무 중 압도적인 비율을 차지하고 있다. 그에 따른 문제점으로 다음과 같은 점이 거론된다.

① 지방자치단체를 국가의 감독 및 통제의 대상이 되게 함으로써 지방자치의 발전을 억제할 수 있다.

② 지방행정의 창의성, 자율성, 특수성을 저해할 수 있다.

③ 국가와 지방자치단체간의 상호보완적 협력관계의 정립을 저해하여 중앙과 지방간의 행정적 책임의 소재를 불명확하게 할 수 있다.

④ 지방자치단체를 국가의 하급기관으로 전락시키고 전국적으로 획일화된 행정을 통하여 지방행정을 희생시킬 수 있다.

⑤ 기관위임사무의 처리에 필요한 경비를 국가가 모두 부담하여야 함에도 불구하고 사무처리의 의무만을 부과하고 실제로 소요경비를 부담하지 않는 경우가 많아 지방자치단체의 재정적 어려움을 가중시키는 원인이 될 수 있다.

2. 일본에서 기관위임사무의 폐지

일본에서도 우리나라와 마찬가지로 기관위임사무를 규정하고 있었는데, 2000. 12. 6. 지방자치법을 개정하여 기관위임사무를 폐지하고 자치사무와 법정수탁사무로 구분하는 사무분류제도를 채택하였다.

법정수탁사무는 기존의 기관위임사무와는 달리 지방자치단체의 장이 아닌 지방자치단체 자체를 위임의 상대방으로 하고, 상하의 행정조직관계에 근거하는 위임이 아니라 반드시 법률에 근거하여야 하는 위탁과 수탁관계로서 지방자치단체의 사무이다. 법정수탁사무와 기관위임사무의 차이점은 ① 기관위임사무와 달리 법정수탁사무는 지방자치단체의 사

유지비용 전부를 지방자치단체가 부담하기로 한 협약이 무효가 아니라고 하였다(대법원 2020. 12. 30. 선고 2020두37406 판결).

무라는 점, ② 기관위임사무의 경우에는 뚜렷한 정의규정이나 배분기준이 존재하지 않았으나 법정수탁사무의 경우에는 명문의 규정을 두고 있다는 점, ③ 기관위임사무에는 주무부장관에게 무제한적인 지휘감독권이 인정되었으나 법정수탁사무에 대한 주무부장관의 관여는 그 수단과 유형이 한정된다는 점 등이다. 다만 법정수탁사무도 기존의 기관위임사무의 경우처럼 법률이나 정령의 위임이 없으면 조례제정을 할 수 없다.[15)]

제5절 지방자치단체의 권한

Ⅰ. 자치입법권

1. 조례제정권

가. 조례의 의의

조례라 함은 지방자치단체가 지방의회의 의결을 거쳐 제정하는 법규를 말한다. 지방의회의 의결을 거쳐 제정된다는 점에서, 같은 자치법규이지만 자치단체장이 제정하는 규칙과 다르다.

나. 조례의 종류

(1) 자치조례

헌법 제117조 제1항에서는 “지방자치단체는 주민의 복리에 관한 사무를 처리하고 재산을 관리하며, 법령의 범위 안에서 자치에 관한 규정을 제정할 수 있다.”라고 규정하고, 지방자치법 제28조 제1항 본문에서도 “지방자치단체는 법령의 범위에서 그 사무에 관하여 조례를 제정할 수 있다.”라고 규정하고 있다.

여기에서 ‘그 사무’는 제13조 제1항 소정의 그 관할에 속하는 자치사무와 법령에 의하여 지방자치단체에 속하는 단체위임사무이고(지방자치단체의 사무),[16)] 기관위임사무는 조례의 규율대상이 아니다. 지방자치단체의 사무에 관해서는 법령의 개별적인 위임 없이 비교적 폭넓게 조례를 제정할 수 있고, 국가의 행정기관이 제정하는 행정입법과는 그 성질이 다르며, 지방자치단체의 자주입법이다.

---

15) 다만, 기관위임사무와 법정수탁사무에서 조례제정권 배제의 논리는 다르다. 기관위임사무의 경우에는 상급기관에 의하여 자치단체의 기관에게 위임이 되는 것이므로 지방의회가 관여할 수 없기 때문인 반면, 법정수탁사무의 경우에는 그 자체가 이미 법률이나 정령에 의하여 명확하게 범위를 한정하여 위탁되는 것이므로 조례에 의한 규율이 배제된다는 것이다.

16) 대법원 2021. 9. 16. 선고 2020추5138 판결에서는 “시·도교육청의 직속기관을 포함한 지방교육행정기관의 행정기구의 설치는 기본적으로 법령의 범위 안에서 조례로써 결정할 사항이다.”이라고 판시하였다.

(2) 위임조례

지방자치단체의 사무가 아닌 기관위임사무는 조례의 규율대상이 아니나, 기관위임사무라 하더라도 개별법에서 업무의 공정한 처리 등을 위하여 조례로 정하도록 하였으면 조례의 제정이 가능하다.[17] 이렇게 상위법령의 위임에 따라 제정된 조례를 위임조례라고 한다. 이 경우 법령에서 조례로 정하도록 위임한 사항은 그 법령의 하위 법령에서 그 위임의 내용과 범위를 제한하거나 직접 규정할 수 없다(제28조 제2항).

건축법, 부동산중개법, 폐기물관리법 등 많은 법률은 기관위임사무의 처리에 건폐율, 부동산수수료, 폐기물처리방법, 수수료 등을 그 지역의 실정에 맞게 법률의 범위 내에서 조례로 정하도록 개별적으로 위임하고 있고, 이를 처리하는 지방자치단체의 장은 국가의 하급행정기관의 지위에 서게 되나 위 각 법률에 근거하여 건축조례 등을 제정한다.

다. 조례제정권의 범위와 한계

(1) 법령우위의 원칙

㈎ 법령의 범위에서 조례의 제정

여기에서 법령우위의 원칙이란 자치입법인 조례도 국법체계의 일부이므로 상부구조에 속해 있는 기존의 국가법령에 모순·저촉되어서는 안 된다는 원칙이다. 이는 법치주의의 이념 아래에서 국법질서의 통일성을 유지한다는 차원에서도 필요불가결한 것이다. 이에 따라 헌법 제117조 제1항과 지방자치법 제28조 제1형 본문에서는 지방자치단체는 "법령의 범위에서" 조례를 제정하여야 한다고 규정하고 있는 것이다.

㈏ 법령 범위에서의 의미

지방자치법 제28조 제1항 본문 소정의 법령이라 함은 헌법, 법률 및 그에 근거한 법규명령을 말하고, 법령의 개별적인 특정조항은 물론 법령의 여러 조항들을 종합적으로 고려한 경우도 포함된다. 판례에 따르면, 위임고시와 같은 법령보충적 행정규칙도 여기에 포함된다.

한편, "법령의 범위"라는 의미는 '법령에 위반되지 않는 범위'라는 의미로 풀이되므로, 지방자치단체가 제정한 조례가 법령에 위반되는 경우에는 효력이 없다.[18] 조례가 법령에 위반되는지 여부는 법령과 조례의 각각의 규정 취지, 규정의 목적과 내용 및 효과 등을 비교하여 양자 사이에 모순·저촉이 있는지 여부에 따라서 개별적·구체적으로 결정하여야

---

17) 대법원 2000. 5. 30. 선고 99추85 판결.

18) 대법원 2000. 11. 24. 선고 2000추29 판결. 따라서, 법령의 범위를 벗어나 효력이 없는 조례를 개정 절차를 통해 삭제하는 것은 적법한 조례 제·개정 권한의 행사로써 특별한 사정이 없다면 유효하다(대법원 2025. 11. 6. 선고 2023추5160 판결).

한다.[19)]

(다) 판례에 나타난 구체적인 사례

판례에 의하면, 지방자치단체가 그 자치사무에 관하여 조례로 제정할 수 있다고 하더라도 ① 상위 법령을 위반할 수 없고, ② 지방자치법이 규정하고 있는 지방자치단체의 집행기관과 지방의회의 고유권한은 조례로도 침해할 수 없으며, ③ 지방의회가 지방자치단체장의 고유권한이 아닌 사항에 대해서도 그 사무집행에 관한 집행권을 본질적으로 침해하는 것은 지방자치법의 관련 규정에 위반되어 허용될 수 없다.[20)] 그에 따라 조례가 무효라고 한 사례는 다음과 같다.

대법원 1992. 7. 28. **선고** 92**추**31 **판결**: 동정자치위원회를 구성하는 위원의 위촉과 해촉에 관한 권한을 동장에게 부여하면서 그 위촉과 해촉에 있어서 당해 지역 구의원과 협의하도록 한 조례규정, 동정자치위원회의 자문 심의사항을 동장 외에 당해 지역 구의원도 심의를 요구할 수 있도록 한 조례규정은 모두 무효이다.

대법원 1995. 6. 30. **선고** 93**추**83 **판결**: 지방의회에서의 사무감사·조사를 위한 증인의 동행명령장제도도 증인의 신체의 자유를 억압하여 일정 장소로 인치하는 것으로서 헌법 제12조 제3항의 "체포 또는 구속"에 준하는 사태로 보아야 하고, 거기에 현행범 체포와 같이 사후에 영장을 발부받지 아니하면 목적을 달성할 수 없는 긴박성이 있다고 인정할 수는 없으므로, 헌법 제12조 제3항에 의하여 법관이 발부한 영장의 제시가 있어야 함에도 불구하고 동행명령장을 법관이 아닌 지방의회 의장이 발부하고 이에 기하여 증인의 신체의 자유를 침해하여 증인을 일정 장소에 인치하도록 규정된 조례안은 영장주의원칙을 규정한 헌법 제12조 제3항에 위반된 것이다.

대법원 1994. 4. 26. **선고** 93**추**175 **판결**: 지방자치단체의 일반 집행기관인 도지사가 교육감의 고유업무에 대한 행정불만처리사무까지 관장하도록 한 것은 정부조직법 제3조, 행정기관의 조직과 정원에 관한 통칙 제18조, 지방자치법 제112조, 지방교육자치에 관한 법률 제25조, 제26조, 제27조 등에 규정된 교육감의 고유권한을 침해하는 것으로서 위법하다.

대법원 1996. 5. 14. **선고** 96**추**15 **판결**: 지방의회가 집행기관의 장의 인사권에 사전에 개입하는 것은 허용되지 않는다.

대법원 1997. 3. 28. **선고** 96**추**60 **판결**: 당해 지방자치단체의 주민을 상대로 한 모든 행정기관의 행정처분에 대한 행정심판청구를 지원하는 것을 내용으로 하는 조례안은 지방자치단체의 사무에 관한 조례제정권의 한계를 벗어난 것일 뿐 아니라, 가사 그 조례안이 당해 지방자치단체의 행정처분에 대한 행정심판청구만을 지원한다는 의미로 이해한다고 하더라도, 그 지원 여부를 결정하기 위한 전제로서 당해 행정처분의 정당성 여부를 지방의회에서 판단하도록 규정하고 있다면 이는 결국 지방의회가 스스로 행정처분의 정당성 판단을 함으로써 자치단체의 장을 견제하려

19) 대법원 2009. 10. 15. 선고 2008추32 판결, 대법원 2004. 4. 23. 선고 2002추16 판결 참조.
20) 대법원 2001. 11. 27. 선고 2001추57 판결 참조.

는 것으로서 이는 법률에 규정이 없는 새로운 견제장치를 만드는 것이 되어 지방자치단체의 장의 고유권한을 침해하는 것이 되어 효력이 없다.

대법원 2000. 2. 23. **선고** 2000**추**67 **판결**: 지방자치단체의 장의 고유권한에 속하는 소속 지방공무원에 대한 임용권 행사에 대하여 지방의회가 동의절차를 요하도록 하는 것은 단순한 견제의 범위를 넘어 적극적으로 관여하는 것을 허용하는 것으로 법령에 위반된다.

대법원 2000. 11. 10. **선고** 2000**추**36 **판결**: 구청장이 주민자치위원회 위원을 위촉함에 있어서 동장과 당해 지역 구의원 개인과의 사전협의절차가 필요하다고 규정한 것은 지방의회 의원 개인이 구청장의 고유권한인 인사권 행사에 사전 관여할 수 있도록 한 것으로서 허용되지 아니한다.

대법원 2001. 11. 27. **선고** 2001**추**57 **판결**: 시장으로 하여금 가스사업자에 대하여 가스공급계획에 의한 가스공급시설의 미설치 승인시 일정 규모 이상의 가스공급시설을 추가 설치할 수 있도록 가스공급계획을 변경하도록 하고, 가스공급시설 설치지역의 우선 순위도 민원을 제기한 지역의 주민의 수만으로 결정하도록 규정한 지방자치단체의 조례안이 시장의 집행권을 본질적으로 침해하는 것으로 법령에 위배된다.

대법원 2003. 9. 23. **선고** 2003**추**13 **판결**: 지방의회로 하여금 시정뿐만 아니라 관계자의 문책 등까지 요구할 수 있도록 한 개정조례안은 지방의회가 법령에 의하여 주어진 권한의 범위를 넘어 집행기관의 행정작용에 대하여 직접 간섭하는 것으로서 법령에 없는 새로운 견제장치를 만드는 것이 되어 결국 상위법령인 지방자치법시행령 제19조 제2항에 위반된다.

대법원 2004. 7. 22. **선고** 2003**추**51 **판결**: 행정사무조사특별위원회가 비회기 중에 회의 등 활동할 경우 그 활동에 참석한 위원에게 참석 일수에 따라 수당을 지급할 수 있도록 한 조례안은 헌법 제117조, 지방자치법 제15조, 제32조 제1항 제3호의 규정에 위반되어 위법하고 이와 같은 경우에는 이 조례안에 대한 재의결은 전부 효력이 부인되어야 한다.

대법원 2005. 8. 19. **선고** 2005**추**48 **판결**: 지방의회의원이 지방자치단체의 장이 조례안으로서 제안한 행정기구를 종류 및 업무가 다른 행정기구로 전환하는 수정안을 발의하여 지방의회가 의결 및 재의결하는 것은 허용되는지 않는다.

대법원 2007. 2. 9. **선고** 2006**추**45 **판결**: 정부업무평가기본법 제18조에서 지방자치단체의 장의 권한으로 정하고 있는 자체평가업무에 관한 사항에 대하여 지방의회가 견제의 범위 내에서 소극적·사후적으로 개입하는 정도가 아니라 사전에 적극적으로 개입하는 내용을 지방자치단체의 조례로 정하는 것은 허용되지 아니한다고 할 것이라고 전제한 다음, 정부업무평가기본법 소정의 자체평가업무는 지방자치단체의 장의 고유권한에 속하고, 정부업무평가기본법령에 이러한 사항을 조례로 정할 수 있다는 명시적인 규정도 없으므로, 정부업무평가기본법 제18조 제5항에서 정하고 있는 사항을 지방자치단체의 조례로 정하는 것은 허용되지 않는다고 한 사례.

대법원 2009. 4. 9. **선고** 2007**추**103 **판결**: 지방의회가 선임한 검사위원이 결산에 대한 검사 결과, 필요한 경우 결산검사의견서에 추징, 환수, 변상 및 책임공무원에 대한 징계 등의 시정조치에 관한 의견을 담을 수 있고, 그 의견에 대하여 시장이 시정조치 결과나 시정조치 계획을 의회에 알리도록 하는 내용의 개정조례안은, 사실상 지방의회가 단체장에 대하여 직접 추징 등이나 책임공무원에 대한 징계 등을 요구하는 것으로서 지방의회가 법령에 의하여 주어진 권한의 범위를 넘어서 집행기관에 대하여 새로운 견제장치를 만드는 것에 해당하여 위법하다고 한 사례.

대법원 2009. 9. 24. **선고** 2009**추**53 **판결**: 지방자치법 제116조에 그 설치의 근거가 마련된 합의제 행정기관은 지방자치단체의 장이 통할하여 관리 · 집행하는 지방자치단체의 사무를 일부 분담하여 수행하는 기관으로서 그 사무를 독립하여 수행한다 할지라도 이는 어디까지나 집행기관에 속하는 것이지 지방의회에 속한다거나 집행기관이나 지방의회 어디에도 속하지 않는 독립된 제3의 기관에 해당하지 않는 점, 행정기구규정 제3조 제1항의 규정에 비추어 지방자치단체의 장은 집행기관에 속하는 행정기관 전반에 대하여 조직편성권을 가진다고 해석되는 점을 종합해 보면, 지방자치단체의 장은 합의제 행정기관을 설치할 고유의 권한을 가지며 이러한 고유권한에는 그 설치를 위한 조례안의 제안권이 포함된다고 봄이 상당하므로, 지방의회가 합의제 행정기관의 설치에 관한 조례안을 발의하여 이를 그대로 의결, 재의결하는 것은 지방자치단체장의 고유권한에 속하는 사항의 행사에 관하여 지방의회가 사전에 적극적으로 개입하는 것으로서 위 관련 법령에 위반되어 허용되지 아니한다.

대법원 2017. 12. 13. **선고** 2014**추**644 **판결**: 전라북도지사가 도지사 임명 출연기관장 등에 대한 도의회의 인사검증을 내용으로 하는 '전라북도 출연기관 등의 장에 대한 인사검증 조례안'에 대하여 상위 법령에 반하여 자신의 인사권한 행사를 침해한다는 이유를 들어 재의결을 요구하였으나 전라북도의회가 원안대로 재의결한 사안에서, 위 조례안 중 인사검증에 관한 조례 규정에 따른 출연기관 등의 장에 대한 도의회의 인사검증은 상위 법령의 근거 없이 조례로써 도지사의 임명 · 위촉권을 제약하는 것이므로 허용되지 않고, 자료제출에 관한 조례 규정은 법률의 위임 없이 주민의 의무부과에 관한 사항을 조례로 규정한 것이므로 지방자치법 제22조 단서에 위반되어 허용되지 않으며, 이와 같은 것이 허용되지 않는 이상 개인정보제출에 관한 조례 규정은 개인정보 보호법 제15조 제1항 제3호, 지방자치법 제40조 제1항 및 제41조 제4항의 허용범위를 벗어난다는 이유로, 위 조례안 중 인사검증, 자료제출, 개인정보제출에 관한 조례 규정이 위법하여 조례안에 대한 재의결은 전부의 효력이 부정된다고 한 사례.

대법원 2022. 10. 27. **선고** 2022**추**5026 **판결**: 공유재산 및 물품을 보호하고 그 취득 · 유지 · 보존 및 운용과 처분의 적정을 도모하기 위한 공유재산법의 입법목적, 공유재산 사유화에 따른 사회적 형평의 문제, 공유재산 사용 · 수익 제한 규정의 취지 등을 종합하면, 제3자에게 행정재산의 사적 이용을 허용할 것인지 여부는 각 지방자치단체의 자율적 규율에 맡겨져 있다고 보기 어려우므로 지방자치단체가 조례 제정을 통해 공유재산법에 반하는 내용으로 행정재산의 제3자 사용 · 수익을 허용하는 것은 위법하다고 전제한 다음, 이에 따라 행정재산인 지하도 상가의 제3자 사용 · 수익을 금지하면서 마련한 '2년'의 유예기간 규정을 '5년'으로 연장하도록 하는 '지하도상가 관리 운영 조례 일부개정 조례안'에 대하여, 유예기간 연장은 공유재산법에 위반된다고 한 사례.

대법원 2023. 3. 9. **선고** 2022**추**5118 **판결**: 지방자치단체장이 임명 또는 추천하는 공공기관의 장에 대하여 임명 후 지방의회의 인사검증을 거치도록 하는 '공공기관의 인사검증 운영에 관한 조례안' 중 ① 인사검증에 관한 규정들은 비록 사후적인 인사검증절차에 관하여 규정하고 있다고 하더라도 그 제도의 취지와 목적이 지방자치단체장이 임명 · 위촉하는 공공기관의 장에 대한 문제점을 지적하려는 데 있어서 사전적인 인사청문 절차를 거치도록 한 것과 실질적으로 동일한 효과를 가지므로, 법령에 의하여 지방자치단체장에게 부여된 임명 · 위촉권을 상위법령의 근거 없이 본질적으로 제약하여 위법하고, ② 인사검증대상자, 증인 및 참고인 등에게 진술 및 자료제출 등의 의무를 부과하는 규정들은 법률의 위임 없이 주민의 의무 부과에 관한 사항을 조례로 규정하여 위법하며, ③ 인사검증 관련 자료를 제출하게 하거나 인사검증회의를 공개하도록 하는 규정들은 개인정보 보호법 제15조 제1항 제3호의 '적법한 법령에서 정하는 소관 업무의 수행을 위하여 불가피한 경우'에 해당하지 않아 개인정보 수집 · 이용 요건을 갖추었다고 볼 수 없으므로 위법하다.

대법원 2023. 7. 13. **선고** 2022**추**5149 **판결**: 경상남도의회가 재의결하여 확정한 '경상남도 업무협약 체결 및 관리에 관한 조례안' 중 도지사가 업무협약에 비밀유지조항을 둔 경우라도 지방자치법상의 안건 심의에 관련된 서류제출 요구권(제48조)과 행정사무 감사권 · 조사권에 기한 서류제출 요구권(제49조 제4항)에 따라 도의회가 자료요구를 하는 경우 이를 거부할 수 없도록 하는 규정은 직무상 비밀이 공개됨으로써 지방자치단체의 기능에 현저한 장애가 초래되거나 경영상 · 영업상 비밀이 공개됨으로써 법인 등의 정당한 이익이 현저히 저해될 우려가 있는 경우 등의 예외없이 서류를 제출하도록 하고 있으므로, 이는 공무원의 비밀유지의무를 규정한 지방공무원법 제52조, 정보공개법 제9조 제1항 제7호, 「사회기반시설에 대한 민간투자법」 제51조의3 제1항 등에 위반된다.

지방자치법상 지방자치단체의 집행기관과 지방의회는 서로 분립되어 각기 그 고유권한을 행사하되 상호 견제의 범위 내에서 상대방의 권한 행사에 대한 관여가 허용될 뿐이다. 특히 인사권과 관련하여 위 판결들에서 보는 것처럼, 법령에서 정한 지방자치단체장의 인사권은 지방의회가 원칙적으로 관여할 수 없고,[21] 법령 또는 그로부터 위임받은 조례에서 관여권을 인정한 경우에는 예외가 된다. 지방자치단체의 조례에 근거한 인사의 경우에도 집행기관의 인사권을 지방의회가 독자적으로 행사하거나 집행기관과 동등한 지위에서 합의하여 행사하는 것은 지방자치법의 기본취지에 위배된다.

다만 지방의회는 집행기관의 고유 권한에 속하는 사항의 행사에 관하여 사전에 적극적으로 개입하는 것은 허용되지 않으나, 견제의 범위 내에서 사후적 · 소극적으로 개입하는 것은 허용된다.[22] 그러므로, 조례에 근거한 집행기관의 인사권에 대하여 동의권을 행사하는 정도의 개입은 조례의 제정으로 가능하다.[23]

21) 따라서, 조례로 지방자치단체의 장의 임명 · 위촉권을 제약할 수 없고, 지방의회의 지방자치단체 사무에 대한 감사 및 조사권의 행사의 일환으로 위와 같은 제약을 규정하는 조례를 제정할 수도 없다(대법원 2023. 3. 9. 선고 2022추5118 판결).

22) 대법원 2021. 9. 16. 선고 2020추5138 판결에서는 이에 입각하여, "지방의회는 교육감의 지방교육행정기구 설치권한과 조직편성권을 견제하기 위하여 조례로써 직접 교육행정기관을 설치 · 폐지하거나 교육감이 조례안으로써 제안한 기구의 축소, 통폐합, 정원 감축의 권한을 가진다."라고 판시하였다.

23) 참고로 지방자치단체장이 그 소속 공무원에 대하여 가지는 징계권은 인사권의 일부로서 집행기관의 고유권한에 속하는 것이지만, 지방자치단체장의 소속 공무원에 대한 징계처분의 수위가 적정한지, 지방

대법원 1997. 4. 11. **선고** 96**추**138 **판결**: 합의제 행정기관인 옴부즈맨(Ombudsman)을 집행기관의 장인 도지사 소속으로 설치하는 데 있어서는 지방자치법 제107조 제1항의 규정에 따라 당해 지방자치단체의 조례로 정하면 되는 것이지 헌법이나 다른 법령상으로 별도의 설치근거가 있어야 되는 것은 아니다. 집행기관의 구성원의 전부 또는 일부를 지방의회가 임면하도록 하는 것은 지방의회가 집행기관의 인사권에 사전에 적극적으로 개입하는 것이어서 원칙적으로 허용되지 않지만, 지방자치단체의 집행기관의 구성원을 집행기관의 장이 임면하되 다만 그 임면에 지방의회의 동의를 얻도록 하는 것은 지방의회가 집행기관의 인사권에 소극적으로 개입하는 것으로서 지방자치법이 정하고 있는 지방의회의 집행기관에 대한 견제권의 범위 안에 드는 적법한 것이므로, 지방의회가 조례로써 옴부즈맨의 위촉(임명) · 해촉시에 지방의회의 동의를 얻도록 정하였다고 해서 집행기관의 인사권을 침해한 것이라 할 수 없다.

대법원 2021. 9. 16. **선고** 2020**추**5138 **판결**: 전라북도의회가 의결한 '전라북도교육청 행정기구설치 조례 일부 개정조례안'에 대하여 전라북도 교육감이 재의를 요구하였으나 전라북도의회가 위 조례 개정안을 원안대로 재의결함으로써 확정한 사안에서, 위 조례 개정안은 직속기관들이 전라북도교육청 소속임을 분명하게 하기 위하여 해당 직속기관의 명칭에 '교육청'을 추가하거나 지역 명칭을 일부 변경하는 것에 불과한데, 관계 법령의 규정 내용에 따르면, 직속기관의 명칭을 결정하는 것이 교육감의 고유 권한에 해당한다고 볼 만한 근거가 없는 반면, 지방의회가 '이미 설치된 교육청의 직속기관'의 명칭을 변경하는 것은 사후적 · 소극적 개입에 해당하므로, 위 조례 개정안이 자치사무에 관하여 법령의 범위 안에서 조례를 제정할 수 있는 '지방의회의 포괄적인 조례 제정 권한'의 한계를 벗어난 것이라고 보기는 어렵다는 이유로, 위 조례 개정안이 교육감의 지방교육행정기관 조직편성권을 부당하게 침해한다고 볼 수 없다고 한 사례(전라북도교육연수원을 전라북도교육청교육연수원 등으로 명칭을 변경한 사안).

한편, 자치사무의 민간위탁에 관하여 지방의회의 사전 동의를 받도록 함과 아울러 지방자치단체장이 동일한 수탁자에게 위탁사무를 재위탁하거나 기간연장 등 기존 위탁계약의 중요한 사항을 변경하고자 할 때 지방의회의 동의를 받도록 한 조례안은 지방자치단체장의 집행권한을 본질적으로 침해하는 것이라고 볼 수 없다고 판시하여, 앞에서 설명한 인사권의 경우와 다른 태도를 보인 듯한 판결들도 있다.[24] 민간위탁은 여러 가지 순기능도 있지만 보조금의 교부 등으로 인하여 비용이 더 드는 경우가 있고, 공평성의 저해 등에 의한 행정서비스의 질적 저하를 불러 올 수 있으며, 위탁기관과 수탁자 사이에 책임의 한계가 불명확하게 될 우려가 있고, 행정의 민주화와 종합성이 손상될 가능성도 있다. 위 판결들은 위와 같은 단점을 최대한 보완하여 민간위탁이 순기능적으로 작용하게 할 필요가 있

자치단체장이 비위행위에 관여하였는지 등을 조사하기 위한 지방의회의 행정사무조사는 지방자치단체장의 인사권에 관하여 견제의 범위 내에서 소극적 · 사후적으로 개입하는 것에 불과하다고 본 사례가 있다(대법원 2025. 12. 24. 선고 2025추5020 판결).

24) 대법원 2009. 12. 24. 선고 2009추121 판결, 대법원 2011. 2. 10. 선고 2010추11 판결.

다는 점을 반영하여, 위와 같은 조례안이 지방자치단체장의 민간위탁에 대한 일방적인 독주를 제어하여 민간위탁의 남용을 방지하고 그 효율성과 공정성을 담보하기 위한 장치라고 본 것이다.

㈑ 초과조례 · 추가조례의 문제

법률우위의 원칙과 관련하여, 국가의 법령이 이미 제정되어 있는 사항에 관하여 중복하여 규정된 조례는 그 자체로 위법한 것인지 문제가 된다.

일본에서는 종래 엄격한 법률선점론에 입각하여 동일 대상에 대하여 법령이 있는 경우에 조례가 중복하여 규정하는 것 자체를 허용하지 않았다. 그러다가 점차 양자를 모두 적용할 경우 상호 모순 · 저촉이 생긴다고 볼 수 있는 경우에만 조례의 효력을 부정함으로써 조례제정의 폭을 넓히게 되었다.[25]

우리나라의 경우에도 법률선점론을 완화시켜 보는 일본의 경우와 같다. 판례에 의하면, 조례와 법령이 별도의 목적에 기하여 규율하는 것을 의도한 것으로 서로 목적과 효과를 저해하지 않는 경우, 양자가 동일한 목적에서 출발하였더라도 국가의 법령이 전국에 걸쳐 일률적으로 동일한 내용을 규율하려는 취지가 아니라 지방자치단체가 그 지방의 실정에 맞게 별도로 규율하는 것을 용인하는 경우에는 조례가 국가의 법령에 위반되는 것은 아니다.

대법원 1997. 4. 25. **선고** 96**추**244 **판결**: 조례가 규율하는 특정사항에 관하여 그것을 규율하는 국가의 법령이 이미 존재하는 경우에도 조례가 법령과 별도의 목적에 기하여 규율함을 의도하는 것으로서 그 적용에 의하여 법령의 규정이 의도하는 목적과 효과를 전혀 저해하는 바가 없는 때, 또는 양자가 동일한 목적에서 출발한 것이라고 할지라도 국가의 법령이 반드시 그 규정에 의하여 전국에 걸쳐 일률적으로 동일한 내용을 규율하려는 취지가 아니고 각 지방자치단체가 그 지방의 실정에 맞게 별도로 규율하는 것을 용인하는 취지라고 해석되는 때에는 그 조례가 국가의 법령에 위반되는 것은 아니다.

이러한 문제는 주로 추가조례와 초과조례에서 발생한다. 추가조례는 국가의 법령과 동일한 목적으로 규제하는 것으로서 그 규제대상만 추가하여 적용범위를 확대하는 것을 말한다. 예컨대, 수질환경보전법상의 수질기준에서 규제대상이 아닌 특정항목에 관하여 조례로 필요한 규제를 하는 것이다. 초과조례는 법령과 조례가 동일한 사항을 동일한 목적으로 규율하고 있는 경우에 조례가 법령이 정한 기준을 초과하여 보다 강화되거나 보다 약화된 기준을 정하는 조례를 말한다. 이것은 법령보다 강하게 국민의 권익을 보장하는 조례(수익초과조례)와 법령보다 강하게 국민의 권익을 제한하는 조례(침익초과조례)로 나누어지는데, 침

25) 일본 최고재판소 1975. 9. 10. 판결(德島市公安條例事件 上告審 判決). 이 판결에서는 집단행진 및 집단시위운동에 관한 조례가 도로교통법 및 그 시행세칙에 위배되는지 여부가 쟁점이 되었다.

익조례도 아니고 수익조례도 아닌 것도 있을 수 있다.

[허용된다는 사례]

대법원 1997. 4. 25. **선고** 96**추**244 **판결**: 2년 이상 당해 지방자치단체의 관내에 거주하는 자로서 법률상 부양의무자가 있으나 부양의무를 이행할 수 없는 자로 인정되어 사실상 생활에 어려움이 있는 자활보호대상자 중 65세 이상의 노쇠자 · 18세 미만의 아동 · 임산부 · 폐질 또는 심신장애로 인하여 근로능력이 없는 자를 보호대상자로 결정하여 그들에게 생활보호법 소정의 생계비 수준에 준하여 당해 지방자치단체 예산의 범위 내에서 생계비를 지원하도록 하는 내용의 저소득주민생계보호지원조례안을 의결한 경우, 생활유지의 능력이 없거나 생활이 어려운 자에게 보호를 행하여 이들의 최저생활을 보장하고 자활을 조성함으로써 구민의 사회복지의 향상에 기여함을 목적으로 하는 것으로서 생활보호법과 그 목적 및 취지를 같이 하는 것이나, 보호대상자 선정의 기준 및 방법, 보호의 내용을 생활보호법의 그것과는 다르게 규정함과 동시에 생활보호법 소정의 자활보호대상자 중에서 사실상 생계유지가 어려운 자에게 생활보호법과는 별도로 생계비를 지원하는 것을 그 내용으로 하는 것이라는 점에서 생활보호법과는 다른 점이 있고, 당해 조례안에 의하여 생활보호법 소정의 자활보호대상자 중 일부에 대하여 생계비를 지원한다고 하여 생활보호법이 의도하는 목적과 효과를 저해할 우려는 없다고 보여지며, 비록 생활보호법이 자활보호대상자에게는 생계비를 지원하지 아니하도록 규정하고 있다고 할지라도 그 규정에 의한 자활보호대상자에게는 전국에 걸쳐 일률적으로 동일한 내용의 보호만을 실시하여야 한다는 취지로는 보이지 아니하고, 각 지방자치단체가 그 지방의 실정에 맞게 별도의 생활보호를 실시하는 것을 용인하는 취지라고 보아야 할 것이라는 이유로, 당해 조례안의 내용이 생활보호법의 규정과 모순 · 저촉되는 것이라고 할 수 없다.

대법원 2006. 10. 12. **선고** 2006**추**38 **판결**: 군민의 출산을 적극 장려하기 위하여 세 자녀 이상의 세대 중 세 번째 이후 자녀에게 양육비 등을 지원할 수 있도록 하는 내용의 '정선군세자녀이상세대양육비등지원에관한조례안'이 법령에 위반되지 않는다(저출산 · 고령사회기본법 관련).

대법원 2000. 11. 24. **선고** 2000**추**29 **판결**: 일반적으로 공유재산의 관리가 그 행위의 성질 등에 있어 그 취득이나 처분과는 달리 지방자치단체장의 고유권한에 속하는 것으로서 지방의회가 사전에 관여하여서는 아니되는 사항이라고 볼 근거는 없는 것이므로, 지방자치법과 지방재정법 등의 국가 법령에서 위와 같이 중요재산의 취득과 처분에 관하여 지방의회의 의결을 받도록 규정하면서 공유재산의 관리행위에 관하여는 별도의 규정을 두고 있지 아니하더라도 이는 공유재산의 관리행위를 지방의회의 의결사항으로 하는 것을 일률적으로 배제하고자 하는 취지는 아니고 각각의 지방자치단체에서 그에 관하여 조례로써 별도로 정할 것을 용인하고 있는 것이라고 보아야 한다.

[허용되지 않는다는 판례]

대법원 1997. 4. 25. **선고** 96**추**251 **판결**(**침익초과조례로서 상위법령의 제한범위를 초과한 경우**): 차고지확보 대상을 자가용자동차 중 승차정원 16인 미만의 승합자동차와 적재정량 2.5t 미만의 화물자동차까지로 정하여 자동차운수사업법령이 정한 기준보다 확대하고, 차고지확보 입증서류의 미제출을 자동차등록 거부사유로 정하여 자동차관리법령이 정한 자동차 등록기준보다 더 높은 수준의 기준을 부가하고 있는 차고지확보제도에 관한 조례안은 비록 그 법률적 위임근거는 있지만 그 내용이 차고지 확보기준 및 자동차등록기준에 관한 상위법령의 제한범위를 초과하여 무효이다.

대법원 2007. 12. 13. **선고** 2006**추**52 **판결(침익초과조례로서 상위법령에 위임이 없는 경우)**: 제주특별자치도에서 자동차대여사업을 하고자 하는 사람의 영업활동을 제한하는 내용의 '제주특별자치도 여객자동차 운수사업에 관한 조례안' 제37조 제3항과 제4항은 그 수권규정인 '제주특별자치도 설치 및 국제자유도시 조성을 위한 특별법' 제324조 제2항이 조례로 정할 수 있도록 한 사항에 해당하지 아니하여 법률의 위임 없이 국민의 권리제한 또는 의무부과에 관한 사항을 규정한 것으로 무효이다.

대법원 2024. 7. 25. **선고** 2023**추**5177 **판결(침익초과조례로서 상위법령에 위임이 없는 경우)**: 정당 현수막의 표시 · 설치는 정당과 국민의 정치적 기본권과 밀접하게 연관되어 있다는 점에서, 정당 현수막에 대한 규율을 통하여 정당활동의 자유를 제한할 필요성이 있더라도 그 제한은 원칙적으로 국민의 대표자인 입법자가 스스로 형식적 법률로써 규정하여야 할 사항이다. 따라서, 정당 현수막에 관한 규율은 그 본질상 지방자치단체가 법령의 위임 없이도 조례로 규율할 수 있는 사항으로 평가하기 어렵고, 입법자 역시 정당 현수막의 보장과 제한을 직접 규정함으로써 전국에 걸쳐 일률적으로 동일한 내용을 규율하는 취지이며, 달리 조례로 정당 현수막의 표시 · 설치에 관한 사항을 정할 수 있도록 위임하고 있지도 않으므로, 하위법령인 조례로서 개정 옥외광고물법령이 정당 현수막의 표시 · 설치에 관하여 정한 것보다 엄격하게 규정하고 있는 이 사건 조례안 규정은 옥외광고물법령에 위반되어 위법하다.

(2) 광역자치단체조례 우위의 원칙

지방자치법 제30조는 "시 · 군 및 자치구의 조례나 규칙은 시 · 도의 조례나 규칙에 위반하여서는 아니 된다."라고 규정하고 있다. 광역과 기초지방자치단체는 상하관계가 아니라서 조례사이의 우열을 정할 수는 없으나, 위 조항은 행정의 전체적인 통일성을 확보하고 기초자치단체가 광역자치단체의 관할구역 안에 있다는 점을 고려한 것이다.

다만 시 · 군 및 자치구의 조례가 규율하는 특정사항에 관하여 그것을 규율하는 시 · 도의 조례가 이미 존재하는 경우에도 시 · 군 및 자치구의 조례가 시 · 도의 조례와 별도의 목적에 기하여 규율함을 의도하는 것으로서 그 규정을 적용하더라도 시 · 도의 조례의 규정이 의도하는 목적과 효과를 저해하는 바가 없는 때에는 그 조례가 시 · 도의 조례 등에 위반된다고 볼 수 없다.[26)]

---

26) 대법원 2007. 12. 13. 선고 2006추52 판결, 대법원 2014. 2. 27. 선고 2012두15005 판결 등 참조. 이에 따라, 보은군 농업인 공익수당 지원에 관한 조례안은 보은군이 충청북도의 농업인 공익수당 지원에 관한 조례 제정 후 충청북도에 재원분담 동의서를 제출하지 않아 충청북도로부터 농업인 공익수당을 지급받을 수 없게 될 것으로 예상되자 보은군 자체적으로 농업인 공익수당 지원사업을 시행하도록 하기 위하여 마련된 것으로서, 이 사건 충북조례와 구별되는 별개의 독자적인 농업인 공익수당 사업을 목적

(3) 법률유보의 원칙

(가) 주민의 권리제한 또는 의무부과에 관한 사항이나 벌칙을 정하는 경우가 아닌 경우

조례가 주민의 권리제한 또는 의무부과에 관한 사항, 벌칙을 정하는 경우가 아니라면, 법률유보의 원칙이 적용되지 않는다. 헌법 제117조 제1항과 지방자치법 제28조 제1항 본문 소정의 "법령의 범위에서"라고 함은 법령에 위반되지 않는 범위 내에서라고 풀이됨에 불과하고, 지방자치단체의 조례제정권은 헌법의 규정에 의하여 포괄적으로 위임받은 지방자치단체의 자주입법권이라 할 것이므로, 지방자치단체는 법령에 구체적인 위임근거가 없더라도 조례를 제정할 수 있는 것이다.[27]

(나) 주민의 권리제한 또는 의무부과에 관한 사항이나 벌칙을 정하는 경우

1) 의 의

지방자치법 제28조 제1항 단서에 의하면, 주민의 권리제한 또는 의무부과에 관한 사항 및 벌칙을 정하는 경우에는 별도로 법률상 위임근거가 필요하다.[28] 조례는 원칙적으로 법령에 위반되지만 않으면 법률의 위임이 없어도 제정될 수 있는데, 주민의 권리를 제한하거나 주민에게 의무를 부과하는 조례 등은 기존의 법령에 위반되어서는 안 될 뿐만 아니라 헌법 제37조 제2항과의 관계에서 법률의 위임이 있는 경우에만 제정할 수 있게 한 것이다.

2) 지방자치법 제28조 제1항 단서의 위헌 여부

① 위헌설(자주입법권의 침해를 강조): 헌법 제117조 제1항에서는 지방자치단체의 자치입법권을 최대한 보장하기 위하여 국가행정기관의 위임입법과는 달리 법령에 위반되지만 않으면 법령의 위임 없이도 조례를 제정할 수 있게 하였는데, 지방자치법 제28조 제1항 단서가 이에 대한 추가적인 제한을 가하여 포괄적인 자치입법권을 침해하고 있다는 견해이다.

② 합헌설(기본권제한 법률주의를 강조): 국민의 전체의사로서의 법률과 제한적 지역단체 주민 의사의 표현인 조례와의 사이에는 민주적 정당성에 차이가 있고, 국민의 자유나 권리를 제한하는 규율은 전국민적인 민주적 정당성이 있는 법률에 의해서만 할 수 있으므로, 이러한 사항을 정하는 조례에 대해서는 법률의 위임이 있어야 한다는 견해이다.

③ 검 토: 헌법 제37조는 모든 공권력을 기속하는 조항이라 할 것이므로 조례제정작용도 기본권 제한의 한계 내에서만 가능하고(헌법상 기본권 제한의 한계의 관점), 헌법 제117

으로 하는 것이므로, 비록 이 사건 조례안이 이 사건 충북조례보다 그 지급대상 요건을 완화하고 있더라도, 이는 보은군 자체의 농업인 공익수당 지원사업을 시행할 때 적용되는 것으로서 이 사건 충북조례에 따른 농업인 공익수당의 지급 여부에는 영향을 미치지 않으므로, 이 사건 조례안을 적용하더라도 이 사건 충북조례가 의도하는 목적과 효과를 저해하는 바가 없다고 한 사례가 있다(대법원 2024. 6. 27. 선고 2022추5132 판결).

27) 대법원 1992. 6. 23. 선고 92추17 판결(청주시행정정보공개조례).

28) 이 경우 법률의 위임 없이 제정된 조례는 효력이 없다(대법원 2018. 11. 29. 선고 2016두35229 판결).

조는 지방자치단체의 자주입법권을 보장하고 있으나 이를 어느 범위까지 인정할 것인지는 입법정책의 문제이다. 헌법 제117조 제1항은 법령의 범위 안에서 지방자치단체의 자치입법권을 보장한다는 원칙을 정한 것에 불과하고 자치입법권이 절대적으로 보장된다는 것을 의미하는 것은 아니라고 해석하여야 한다. 대법원과 헌법재판소도 합헌설에 입각하고 있다.[29)]

3) 포괄위임금지의 원칙 적용 여부

조례의 제정권자인 지방의회는 선거를 통하여 그 지역적인 민주적 정당성을 지니고 있는 주민의 대표기관이고, 헌법이 지방자치단체에 대하여 포괄적인 자치권을 보장하고 있으며, 지방자치제도를 공허하게 만드는 조례제정권에 대한 지나친 제약은 바람직하지 않으므로, 조례제정에 법률의 위임을 요구한다고 하더라도 그 위임은 포괄적인 것으로 족하다는 것이 학설과 판례의 일치된 입장이다.[30)]

㈐ 위임조례의 범위와 한계 문제

법령에서 조례로 정하도록 위임한 사항은 그 법령의 하위 법령에서 그 위임의 내용과 범위를 제한하거나 직접 규정할 수 없다(지방자치법 제28조 제2항).

또한, 위임조례도 다른 위임입법의 경우와 같이 그 내용은 개별 법령이 위임하고 있는 사항에 관한 것으로서 개별 법령의 취지에 부합하는 것이어야 하고, 그 범위를 벗어난 경우에는 위임조례로서의 효력을 인정할 수 없다.[31)] 따라서 위임의 한계를 준수하고 있는지를 판단할 때에는 해당 법령 규정의 입법 목적과 규정 내용, 규정의 체계, 다른 규정과의 관계 등을 종합적으로 살펴야 하고, 위임 규정 자체에서 그 의미 내용을 정확하게 알 수 있는 용어를 사용하여 위임의 한계를 분명히 하고 있는데도 그 문언적 의미의 한계를 벗어났는지, 수권 규정에서 사용하고 있는 용어의 의미를 넘어 그 범위를 확장하거나 축소하여 위임 내용을 구체화하는 정도를 벗어나 새로운 입법을 하였는지 등도 아울러 고려하여야 한다.[32)]

한편, 위임조례에 수권한 법령에 대해서도 포괄위임금지의 원칙이 적용되는지에 관하여 다음과 같은 견해의 대립이 있다.

① 법규명령 동위설: 헌법 제117조 및 지방자치법 제28조 제1항이 지방자치단체의 사무에 대해서만 조례를 제정할 권한을 부여하고 있는 취지에 비추어 볼 때, 위임조례의 법적 성격은 법규명령과 같은 것이므로, 법규명령에 관한 법리가 적용되어 그에 대한 위임도 구체적이어야 한다는 견해이다.

---

29) 대법원 1995. 5. 12. 선고 94추28 판결, 대법원 2009. 5. 28. 선고 2007추134 판결(보육시설 종사자의 정년을 정하는 조례), 헌재 1995. 4. 20. 선고 92헌마264, 279 결정(담배자동판매기 설치 조례).
30) 대법원 1991. 8. 27. 선고 90누6613 판결, 헌재 1995. 4. 20. 선고 92헌마264, 279 결정.
31) 대법원 1999. 9. 17. 선고 99추30 판결.
32) 대법원 2017. 4. 7. 선고 2014두37122 판결.

② 조례 동위설: 위임조례에 대한 법률의 위임은 각 지방의 특수성을 고려하도록 하는 것으로서, 위임조례를 국가행정기관이 제정하는 법규명령과 동일하게 보는 것은 타당하지 않다는 견해이다.

③ 판 례: 아직 이에 관한 명확한 판시는 없다. 다만 조례가 지방자치법 제28조 제1항 단서에 따라 주민의 권리제한 또는 의무부과에 관한 사항을 법률로부터 위임받은 후, 이를 다시 지방자치단체장이 정하는 규칙이나 고시 등에 재위임하는 경우에는 법규명령의 제정범위와 한계에 관한 법리가 마찬가지로 적용된다.[33]

(4) 벌칙의 제정

조례의 실효성을 확보하기 위해서는 조례위반자에 대하여 일정한 벌칙을 부과할 필요가 있다. 과거에는 조례로 3월 이하의 징역 등 형벌을 가할 수 있었으나, 현행법에서는 조례로 형벌을 정할 수 있는 경우를 모두 삭제하였다.

다만 조례를 위반한 행위에 대하여 1천만원 이하의 과태료를 정할 수는 있다(지방자치법 제34조). 또한, 사기나 그 밖의 부정한 방법으로 사용료·수수료 또는 분담금의 징수를 면한 자에 대해서는 그 징수를 면한 금액의 5배 이내의 과태료를, 공공시설을 부정사용한 자에 대해서는 50만원 이하의 과태료를 부과하는 규정을 조례로 정할 수 있다(지방자치법 제156조 제2항).

(5) 사무의 범위

조례는 자치사무와 단체위임사무를 그 대상으로 한다. 기관위임사무는 원칙적으로 조례의 규율대상이 아니나, 개별법에서 조례로 정하도록 위임한 경우(위임조례)에는 허용될 수 있다는 점은 앞에서 이미 살펴보았다.

라. 조례제정의 규준: 형량명령

조례의 제정은 단순한 상위법령의 집행이 아니므로, 조례제정권자에게 광범위한 형성의 자유가 인정되는 경우가 많다. 이러한 영역에서 조례제정권자가 가지는 재량은 조건프로그램 하에서의 재량이 아니라 목적프로그램 하에서의 재량에 가깝다. 따라서 계획재량에서와 같이 관련된 제반이익을 정당하게 형량하여야 한다.

마. 조례의 제정절차

지방자치법 제47조 제1항 제1호은 '조례의 제정·개정 및 폐지'를 지방의회의 의결사항으로 정하고 같은 법 제32조에서 조례의 제정과 효력 발생의 절차를 규정하고 있다.

① 발의(지방자치법 제76조 제1항, 지방교육자치에 관한 법률 제29조의2): 지방자치단체의 장이나 교육감(교육조례는 교육위원회의 의결을 거쳐야 함), 조례로 정하는 수 이상의 지방의원

33) 대법원 2015. 1. 15. 선고 2013두14238 판결.

의 찬성으로 발의한다.

② 입법예고(행정절차법 제41조)

③ 지방의회의 의결(지방자치법 제47조 제1항 제1호)

④ 이송과 공포(지방자치법 제32조 제1항, 제2항): 의장은 의결된 날부터 5일 이내에 그 지방자치단체의 장에게 이송하여야 하고, 지방자치단체의 장은 조례안을 이송받으면 20일 이내에 공포하여야 한다. 지방자치단체의 장이 위 기간에 공포하지 않거나 재의요구를 하지 않을 때에는 그 조례안은 조례로서 확정된다(제32조 제5항).

⑤ 재의요구와 확정

- 지방자치단체장의 재의요구와 확정(제32조 제3항, 제4항): 지방자치단체의 장은 이송받은 조례안에 대하여 이의가 있으면 20일 이내에 이유를 붙여 지방의회로 환부하고 재의를 요구할 수 있다.[34] 재의요구를 받은 지방의회가 재의에 부쳐 재적의원 과반수의 출석과 출석의원 3분의 2 이상의 찬성으로 전과 같은 의결을 하면 그 조례안은 조례로서 확정된다.
- 감독청의 재의요구와 확정(제192조 제1항, 제2항, 제3항): 지방의회에서 의결된 조례안이 법령에 위반되거나 공익을 현저히 해친다고 판단되면 시 · 도에 대해서는 주무부장관이, 시 · 군 및 자치구에 대해서는 시 · 도지사가 재의를 요구하게 할 수 있고, 재의요구를 받은 지방자치단체의 장은 의결사항을 이송받은 날부터 20일 이내에 지방의회에 이유를 붙여 재의를 요구하여야 한다. 만일 시 · 군 및 자치구의회의 의결이 법령에 위반된다고 판단됨에도 불구하고 시 · 도지사가 재의를 요구하게 하지 않는 경우 주무부장관이 직접 시장 · 군수 및 자치구의 구청장에게 재의를 요구하게 할 수 있고, 재의 요구 지시를 받은 시장 · 군수 및 자치구의 구청장은 의결사항을 이송받은 날부터 20일 이내에 지방의회에 이유를 붙여 재의를 요구하여야 한다. 재의의 결과 재적의원 과반수의 출석과 출석의원 3분의 2 이상의 찬성으로 전과 같은 의결을 하면 그 의결사항은 확정된다.

⑥ 지방의회 의장에 의한 공포(제32조 제6항): 지방자치단체의 장이 공포하지 않거나 재의요구를 하지 않아 확정된 후 또는 지방의회가 재의결에 의하여 확정된 조례가 지방자치단체의 장에게 이송된 후 5일 이내에 지방자치단체의 장이 공포하지 않으면 지방의회의 의장이 이를 공포한다.

⑦ 효력발생(제32조 제8항): 특별한 규정이 없으면 공포한 날부터 20일이 지나면 효력이 발생한다.

---

34) 이 경우 지방자치단체의 장은 조례안의 일부에 대하여 또는 조례안을 수정하여 재의를 요구할 수 없다.

⑧ 보고(지방자치법 제35조)와 사전승인의 요부: 조례 제정 · 개정 · 폐지의 경우 지방의회에서 이송된 날부터 5일 이내에 시 · 도지사는 행정안전부장관에게, 시장 · 군수 및 자치구의 구청장은 시 · 도지사에게 그 전문을 첨부하여 각각 보고하여야 하고, 보고를 받은 행정안전부장관은 이를 관계 중앙행정기관의 장에게 통보하여야 한다. 감독청의 승인을 요하지는 않는다.

❑ [참고] **조례 제정 절차의 흐름**

㈎ 통상적인 경우: ① 지방의회의 의결 → ② 5일 이내 지방자치단체장에 이송 → ③ 지방자치단체장의 20일 이내 공포 → ④ 공포일로부터 20일 경과로써 효력 발생

㈏ 예외 1: ① ②의 의결 및 이송 후, ③ 지방자치단체장 또는 주무부장관의 20일 이내 재의요구 → ④ 지방의회의 재의결(특별정족수: 과반수 출석, 2/3 찬성)과 그에 따른 조례 확정 → ⑤ 확정 조례에 대한 지방자치단체장의 지체 없는 공포 혹은 그 해태 시 지방의회 의장의 이송 후 5일 이내의 공포 → ⑥ 공포일로부터 20일 경과로써 효력 발생

㈐ 예외 2: ① ②의 의결과 이송 후, ③ 지방자치단체장의 20일 이내의 공포 및 재의 요구의 해태와 그로 인한 조례 확정 → ④ 확정 조례에 대한 지방자치단체 장의 지체 없는 공포 혹은 그 해태 시 지방의회 의장의 이송 후 5일 이내의 공포 → ⑤ 공포일로부터 20일 경과로써 효력발생

바. 조례안 의결 또는 재의결 무효확인소송

(1) 소송체계: 두 가지 쟁송절차

지방자치법에서는 지방의회의 조례안에 대하여 다툴 수 있는 절차를 두 가지로 규정하고 있다. 첫 번째는 지방자치단체장과 지방의회 사이의 관계 규율의 일환으로 정해진 쟁송절차(지방자치법 제120조 소정의 쟁송절차)이고, 두 번째는 국가 또는 시 · 도지사의 지도 · 감독의 일환으로 정해진 쟁송절차(지방자치법 제192조 소정의 쟁송절차)이다. 위 소송의 대상은 지방의회의 조례안 재의결 또는 의결이고 그 사유는 법령위반에 한정된다.

(2) 지방자치단체장이 원고가 되어 제소하는 경우

㈎ 독자적인 소제기(지방자치법 제120조)

① 재의요구(제1항): 지방자치단체장은 지방의회의 의결이 월권 또는 법령에 위반되거나 공익을 현저히 해한다고 인정되는 때에는 그 의결사항을 이송받은 후 20일 이내에 이유를 붙여 재의를 요구할 수 있다. 조례의 제정 · 개폐는 지방의회의 의결사항이므로, 지방자치단체장은 지방의회의 조례제정에 관한 의결에 대하여 지방자치법 제32조에 따른 재의요구를 할 수 있는 것 외에 제120조에 따른 재의요구도 할 수 있게 되어 있다.

② 지방의회의 재의결(제2항): 재의한 결과 재적의원 과반수의 출석과 출석의원 3분의 2

이상의 찬성으로 전과 같은 의결을 하면 그 의결사항은 확정된다.

③ 대법원에 제소(제3항): 지방의회가 재의결을 한 경우에 '재의결된 사항'에 법령위반의 사유가 있으면 지방자치단체장은 재의결이 된 날로부터 20일 이내에 대법원에 소를 제기할 수 있다.

④ 소송의 성격: 위 소송은 지방자치단체의 기관 상호간에 권한 행사에 관한 다툼이 있을 때에 제기하는 소송으로서 행정소송법 제3조 제4호에서 규정하는 기관소송에 해당한다.

㈏ 감독관청의 지시에 의한 소제기(지방자치법 제192조 제4항)

① 감독관청의 지시에 의한 재의요구(제1항, 제2항): 지방의회의 의결이 법령에 위반되거나 공익을 현저히 해친다고 판단되면 시 · 도에 대해서는 주무부장관이,[35] 시 · 군 및 자치구에 대해서는 시 · 도지사가 재의를 요구하게 할 수 있고, 재의요구를 받은 지방자치단체의 장은 의결사항을 이송받은 날부터 20일 이내에 지방의회에 이유를 붙여 재의를 요구하여야 한다.[36] 만일 시 · 군 및 자치구의회의 의결이 법령에 위반된다고 판단됨에도 불구하고 시 · 도지사가 재의를 요구하게 하지 않는 경우 주무부장관이 직접 시장 · 군수 및 자치구의 구청장에게 재의를 요구하게 할 수 있고, 재의 요구 지시를 받은 시장 · 군수 및 자치구의 구청장은 의결사항을 이송받은 날부터 20일 이내에 지방의회에 이유를 붙여 재의를 요구하여야 한다.

② 지방의회의 재의결(제3항): 재의한 결과 재적의원 과반수의 출석과 출석의원 3분의 2 이상의 찬성으로 전과 같은 의결을 하면 그 의결사항은 확정된다.

③ 대법원에 제소(제4항): 지방의회가 재의결을 한 경우에 '재의결된 사항'에 법령위반의 사유가 있으면 지방자치단체장은 재의결이 된 날로부터 20일 이내에 대법원에 소를 제기할 수 있다.

④ 소송의 성격: 당초의 재의요구가 감독관청 등의 지시에 의한 것이라는 점만 제120조의 경우와 다를 뿐 나머지 사항은 동일하므로, 그 법적 성격도 제120조의 경우와 마찬가지로 기관소송에 해당한다.[37]

(3) 감독관청이 원고가 되어 제소하는 경우

㈎ 지방자치단체장이 제소지시를 따르지 않은 경우(지방자치법 제192조 제5항, 제7항)

① 제소요건: 주무부장관이나 시 · 도지사는 재의결된 사항이 법령에 위반된다고 판단

35) 제1항 또는 제2항에 따른 지방의회의 의결이나 제3항에 따라 재의결된 사항이 둘 이상의 부처와 관련되거나 주무부장관이 불분명하면 행정안전부장관이 재의요구 또는 제소를 지시하거나 직접 제소 및 집행정지결정을 신청할 수 있다(지방자치법 제192조 제9항).

36) 다만 사유는 법령 위반과 공익침해로서, 제120조 제1항과 비교하면 월권이 포함되어 있지 않다.

37) 대법원 1993. 11. 26. 선고 93누7341 판결.

됨에도 불구하고 해당 지방자치단체의 장이 소를 제기하지 않으면 그 지방자치단체의 장에게 제소를 지시하거나 직접 제소 및 집행정지결정을 신청할 수 있고(제5항), 지방자치단체장이 제소지시를 따르지 않을 경우 직접 제소할 수 있다(제7항). 지방자치법이 개정되기 전에는 시 · 도에 대해서는 주무부장관이, 시 · 군 및 자치구에 대해서는 시 · 도지사가 지방의회 재의결에 대하여 제소를 지시하거나 직접 제소할 수 있는 권한을 가지는 것이고, 주무부장관이라고 하더라도 시 · 군 및 자치구 지방의회의 재의결에 대한 제소권이 인정되는 것은 아니라고 해석되었다.[38] 그런데, 지방자치법이 2021. 1. 12. 전부개정되어 시 · 도지사가 시 · 군 및 자치구의 위법행위에 관여하지 않는 경우 주무부장관은 시 · 도지사가 관여하도록 명령할 수 있고, 시 · 도지사가 이러한 명령에 따르지 않는 경우 주무부장관이 직접 제소할 수 있게 하였다.

② 소송의 성질: 특수한 형태의 항고소송이라는 견해와 기관소송이라고 보는 견해가 있다. 그런데, 기관소송에서의 기관을 통설과 같이 동일한 행정주체 내의 기관이라고 해석한다면 기관소송설을 취하기는 어렵다. 따라서, 위 소송은 감독청이 감독권 행사의 일환으로 지방의회의 재의결에 대하여 제기하는 일종의 감독소송으로서의 성격을 가진다고 볼 수밖에 없으므로, 취소소송 또는 무효확인소송의 형태를 취하는 지방자치법상 특수한 형태의 항고소송이라고 이해된다.

(나) 지방자치단체장이 재의요구를 따르지 않은 경우(지방자치법 제192조 제8항)

① 제소요건: 지방의회의 의결이 법령에 위반된다고 판단되어 주무부장관이나 시 · 도지사로부터 재의요구지시를 받은 지방자치단체의 장이 재의를 요구하지 않는 경우(법령에 위반되는 지방의회의 의결사항이 조례안인 경우로서 재의요구지시를 받기 전에 그 조례안을 공포한 경우 포함)에는 주무부장관이나 시 · 도지사가 대법원에 제소할 수 있다. 그러나, 주무부장관이 지방자치단체의 장에 대한 재의 요구 지시를 거치지 않고 직접 지방의회를 상대로 조례 그 자체의 효력을 다투는 소를 제기할 수 있는 지방자치법상의 근거는 없으므로, 그러한 소송은 허용되지 않는다.[39]

② 입법취지: 구법에서는 위 조항이 없었으므로, 위와 같은 경우에 그 의결을 다툴 수 있는 방법이 없었다.[40] 그리하여 2005. 1. 27. 법률 제7362호로 개정된 지방자치법에서 위 조항을 신설한 것이다.

38) 대법원 2016. 9. 22. 선고 2014추521 전원합의체 판결.
39) 대법원 2025. 11. 6. 선고 2023추5160 판결.
40) 대법원 1999. 10. 22. 선고 99추54 판결 참조.

(4) 심리대상과 범위

조례안의 일부조항이 법령에 위반되는 경우에 법원은 그 일부조항만 무효판결을 선고할 수 있는지 문제가 된다.

① **전부무효설**: 일부만의 효력배제는 지방의회의 고유권한을 침해하여 원래 의도한 것과는 다른 형태의 조례가 될 가능성이 있다는 점, 지방자치법 제32조도 이러한 취지에서 조례안의 일부에 대해서만 재의를 요구할 수 없게 하고 있다는 점을 근거로 한다.

② **일부무효설**: 지방자치법 제120조와 제192조가 이를 제한하고 있지 않다는 점, 재의결된 조례안에서 위법인 일부를 제거하더라도 조례안의 존속가치가 있을 수 있고 이 경우 일부 무효확인을 인정하는 것이 입법의 부담을 경감시켜 주고 그것이 오히려 지방의회의 고유권한을 존중하는 것이라는 점을 근거로 한다.

③ **판　례**: 전부무효설의 입장에 있다.[41)]

한편, 조례안재의결 무효확인소송에서의 심리대상은 지방자치단체의 장이 지방의회에 재의를 요구할 당시 이의사항으로 지적하여 재의결에서 심의의 대상이 된 것에 국한된다. 이는 주무부장관이 지방자치법 제192조 제8항에 따라 지방의회의 의결에 대하여 직접 제소한 경우의 조례안 의결 무효확인소송에도 마찬가지로 적용되므로, 조례안 의결 무효확인소송의 심리대상은 주무부장관이 재의요구 요청에서 이의사항으로 지적한 것에 한정된다.[42)]

(5) 조례의 개정과 협의의 소의 이익

판단대상이 되었던 조례안이 개정되었다 하더라도 개정된 조례안의 내용이 사실상 변경된 바 없이 동일하게 유지되고 있을 경우에는 개정 전 조례안에 대한 소의 이익은 소멸되지 않는다.[43)] 나아가 조례안의 개정 등으로 법률우위의 원칙 등에 따라 조례안의 위법성을 직접적으로 논할 여지가 소멸하게 되었다고 하더라도, 개정 전 조례안에 의하여 형성된 법률관계가 남아 있거나 다른 지방자치단체에서 해당 조례안과 유사한 내용으로의 조례로 제 · 개정될 가능성이 있거나 실제 그러한 조례가 여러 지방의회에서 의결된 바 있어 해당 조례안의 위법성 확인에 대한 해명이 필요한 경우에는 예외적으로 소의 이익을 인정할 수 있다.

(6) 위법성 판단시점

지방자치법상 조례안 의결 또는 재의결 무효확인소송은 조례가 헌법 및 법률 등 상위법규와의 관계에서 효력을 갖는지 여부를 다툴 수 있도록 마련된 것으로 일종의 추상적 규

41) 대법원 1992. 7. 28. 선고 92추31 판결, 대법원 1994. 5. 10. 선고 93추144 판결 등.
42) 대법원 2015. 5. 14. 선고 2013추98 판결.
43) 대법원 2024. 7. 25. 선고 2023추5177 판결.

범통제의 성격을 가지고, 그 취지는 '조례에 대한 관계에서 법령의 우위' 내지 '조례의 적법성'을 관철함으로써 헌법이 상정하고 있는 전체 법질서의 통일성을 확보하기 위한 것이다. 따라서, 위와 같은 소송에서 판단 기준이 되는 법령은 변론종결 당시 규범적 효력을 갖는 법령이라는 것이 판례이다.[44] 가령 조례안이 그 의결 당시의 법령에 위배된다고 보더라도 이후 법 개정으로 법령 위반의 여지가 사라지면 그런 이유를 들어 조례안의 유효를 선언하고, 반대로 의결 당시의 법령에 부합하는 조례안이더라도 이후 법 개정으로 법령에 위반된다고 평가되면 조례안의 무효를 선언하는 것이 지방자치법이 위와 같은 소송유형을 마련한 입법취지에 부합한다는 것이다.

사. 조례에 대한 통제수단

(1) 처분에 대한 항고소송에서의 구체적 규범통제

하자있는 조례에 근거한 처분에 대한 항고소송에서 선결문제로서 조례에 대한 위헌·위법심사를 할 수 있다. 이 소송에서 조례가 위법이고 무효라고 판단되더라도 해당 조례는 일반적으로 효력을 상실하는 것이 아니라 해당 사안에만 적용이 배제되나, 그 판례가 선례로써 작동하기 때문에 다른 사건에도 영향을 미치게 된다(개별적 효력설).[45]

(2) 처분적 조례에 대한 항고소송

조례가 그 자체로서 직접 국민의 권리의무에 영향을 미치는 경우(조례가 개별적·구체적 사항에 대한 규율인 경우) 해당 조례는 추상적 규범이 아니라 실질적으로는 처분에 해당하므로, 그 '처분적 조례'에 대하여 항고소송을 제기할 수 있다.[46]

(3) 조례안 의결 또는 재의결 무효확인소송

우리나라에서 구체적인 분쟁을 매개하지 않고 주민이 조례의 위법 여부의 심사를 법원에 청구할 수 있는 의미의 추상적 규범심사제도는 일반적으로 인정되지 않고 있다. 다만 앞에서 본 조례안 의결 또는 재의결 무효확인소송은 조례가 헌법 및 법률 등 상위 법규와의 관계에서 효력을 갖는지 여부를 다툴 수 있도록 마련된 것으로 일종의 추상적 규범통제의 성격을 가지고 있다.[47] 위와 같은 소송유형 중 지방의회를 상대로 지방자치단체장이 원고가 되어 제소하는 경우에는 기관소송에 해당하고, 감독관청이 원고가 되어 제소하는 경우에는 특수한 형태의 항고소송이라고 본다는 점은 앞에서 살펴본 것과 같다.

---

44) 대법원 2024. 7. 25. 선고 2023추5177 판결.
45) 자세한 사항은 법규명령에 대한 사법적 통제의 설명부분 참조.
46) 대법원 1996. 9. 20. 선고 95누8003 판결(두밀분교사건).
47) 대법원 2024. 7. 25. 선고 2023추5177 판결.

(4) 조례에 대한 헌법소원

조례가 국민의 기본권을 직접적으로 침해하는 경우에는 조례에 대한 헌법소원을 제기하는 방법을 고려해 볼 수 있다. 다만 이 문제에 관하여 헌법재판소와 대법원 사이에 견해의 대립이 있다는 점은 법규명령에서의 설명과 같다.

2. 규칙제정권

가. 의의 및 성질

규칙은 지방자치단체의 일반사무의 집행기관인 지방자치단체장이 법령이나 조례가 위임한 범위 안에서 그 권한에 속하는 사무에 관하여 제정하는 자치입법을 말한다(지방자치법 제23조). 규칙은 행정규칙과 달리 법규명령의 성질을 가진다. 지방자치단체의 장의 규칙 중에 법령이나 조례의 위임 없이 제정된 규칙의 경우에는 법규성(대외적 구속력)이 없다. 다만 이 경우에도 내부사무처리기준으로서 행정규칙으로서의 효력은 인정될 수는 있다.[48]

나. 제정근거

규칙의 제정에 반드시 법령이나 조례의 수권이 있어야 하는지 문제이다. 이에 대하여 규칙은 법령 또는 조례의 위임이 있는 사항에 관해서만 규율할 수 있다는 견해와 지방자치단체의 장도 독자적으로 규칙을 제정할 수 있다는 견해가 있다. 지방자치단체의 장도 행정기관(행정청)인 이상 다른 행정기관과 마찬가지로 자기의 권한에 속하는 사항에 대하여 법령에 위반되지 않는 한도 내에서 직권규칙(집행명령으로서의 규칙)을 제정할 권한을 가진다고 보지 않을 수 없다.

다. 규율사항

규칙은 지방자치단체의 장의 권한에 속하는 사무에 관하여 제정할 수 있고, 자치사무와 단체위임사무뿐만 아니라 기관위임사무도 그 권한으로 속하므로, 기관위임사무에 대해서도 규칙을 제정할 수 있다. 조례가 위임조례를 제외하고는 기관위임사무에 대하여 규율할 수 없다는 점과 다르다.

라. 규칙제정권의 범위와 한계

규칙도 법령우위의 원칙이 적용되는 결과 상위법령에 위반될 수 없고, 원칙적으로 법령이나 조례의 위임에 의하여 제정되는 것이므로 조례가 규칙보다 상위규범이라고 볼 수 있으며, 시·군 및 자치구의 규칙은 시·도의 조례나 규칙에 위반할 수 없다(지방자치법 제30조).

---

48) 대법원 1985. 7. 9. 선고 83누189 판결, 대법원 1985. 12. 24. 선고 84누343 판결.

규칙은 행정기관인 지방자치단체의 장이 제정하는 자치입법이므로 위임규칙에 대해서는 위임입법의 법리가 적용되어, 법령이나 조례가 규칙에 위임하는 경우 그 위임은 개별적이고 구체적이어야 한다. 이에 반하여 법령의 조례에 대한 위임은 포괄적이어도 무방한 데 그것은 조례가 민주적 정당성을 갖는 주민의 대표기관인 지방의회에서 의결되기 때문이다.

한편, 현행법에는 규칙에 벌칙을 위임하는 규정이 없고, 죄형법정주의의 원칙상 법률의 위임 없이 규칙이 독자적으로 벌칙을 규정할 수는 없다.

마. 제정절차

규칙은 지방자치단체장이 제정하되, 규칙을 제정하거나 개정하거나 폐지할 경우 공포예정 15일 전에 시 · 도지사는 행정안전부장관에게, 시장 · 군수 및 자치구의 구청장은 시 · 도지사에게 그 전문을 첨부하여 각각 보고하여야 하며, 보고를 받은 행정안전부장관은 이를 관계 중앙행정기관의 장에게 통보하여야 한다. 그리고 조례와 달리 상급기관의 사전승인을 받아야 하는 경우도 있다.

바. 효력발생

규칙은 특별한 규정이 없으면 공포한 날부터 20일이 지나면 효력을 발생한다.

3. 교육규칙의 제정권

교육규칙은 교육 · 학예에 관한 사무의 집행기관인 교육감이 법령 또는 조례의 범위 안에서 자신의 권한에 속하는 사무에 관하여 제정하는 법규이다. 그 성질 · 제정절차 · 공포 · 효력발생 등은 위에서 본 규칙의 경우와 유사하다.

4. 내부규칙(행정규칙)의 제정권

여기에서 내부규칙이란 지방자치단체의 기관이 상위법령의 위임이나 근거없이 그의 권한 범위 내에서 기관내부의 사항에 관하여 규율하는 규범을 말한다. 지방자치단체의 장이 정하는 훈령(행정규칙), 영조물규칙 등이 그의 대표적인 예이다.

Ⅱ. 자주조직권

헌법 제118조 제2항은 “지방의회의 조직 · 권한 · 의원선거와 지방자치단체의 장의 선임방법 기타 지방자치단체의 조직과 운영에 관한 사항은 법률로 정한다.”라고 규정하고 있다. 이에 따라 지방자치법 등에서 지방자치단체의 조직에 관하여 규정하고 있다.

Ⅲ. 기구 · 인사에 관한 자치권

지방자치단체는 그 사무를 분장하기 위하여 필요한 행정기구와 지방공무원을 둘 수 있다. 지방자치법 제4조에서는 지방의회 및 집행기관의 구성을 따로 법률로 정하는 바에 따라 주민투표를 거쳐 지방자치법과 달리 할 수 있도록 함으로써, 지방자치단체의 기관구성을 다양하게 할 수 있도록 하고 있다.

Ⅳ. 자주경영 · 관리권

지방자치단체는 주민의 복지를 증진하기 위하여 공공시설을 설치 · 관리할 수 있다(공공시설의 설치 · 운영). 또한, 주민의 복지증진과 사업의 효율적 수행을 위하여 지방공기업을 설립, 운영할 수 있다(지방공기업의 설치 · 운영).

Ⅴ. 자주재정권

1. 개 설

지방자치법 제158조 본문에서는 "지방자치단체는 그 자치사무의 수행에 필요한 경비와 위임된 사무에 관하여 필요한 경비를 지출할 의무를 진다."라고 규정하고 있다. 위와 같은 경비부담을 위하여 지방자치단체는 스스로 필요한 세입을 확보하고 지출을 관리하는 권한을 가진다. 지방자치의 발전을 위해서는 무엇보다도 건실한 지방 재정력을 확보하는 것이 중요한 과제이다.

2. 지방재정운영의 기본원칙

① 건전재정의 운영(지방자치법 제137조): 지방자치단체는 그 재정을 수지균형의 원칙에 따라 건전하게 운영하여야 하고, 국가는 지방재정의 자주성과 건전한 운영을 조장하여야 하며, 국가의 부담을 지방자치단체에 넘겨서는 안 된다. 또한, 국가는 국가행정기관 및 그 소속기관, 공공기관, 국가가 출자 · 출연한 기관, 국가가 설립 · 조성 · 관리하는 시설 또는 단지 등을 지원하기 위하여 설치된 기관의 신설 · 확장 · 이전 · 운영과 관련된 비용을 지방자치단체에 부담시켜서는 안 되고, 국가는 그 기관을 신설하거나 확장하거나 이전하는 위치를 선정할 경우 지방자치단체의 재정적 부담을 입지 선정의 조건으로 하거나 입지 적합성의 선정항목으로 이용해서는 안 된다.

② 국가시책의 구현(지방자치법 제138조): 지방자치단체는 국가시책을 달성하기 위하여 노력하여야 하고, 이를 위하여 필요한 경비에 대한 국고보조율과 지방비부담률을 법령으로 정한다.

3. 지방자치단체의 수입

지방자치단체의 수입으로 지방세, 협의의 세외수입, 지방교부세와 지방교육재정교부세, 국고보조금, 지방채 · 일시차입금 등이 있다.

지방자치단체의 재정확충을 위하여 자주재원의 근간이 되는 것은 지방세 수입이다(지방자치법 제152조). 지방세도 국세와 마찬가지로 조세법률주의가 적용된다.

협의의 세외수입으로는 ① 사용료, 수수료, 분담금,[49] ② 재산수입,[50] ③ 사업수입,[51] ④ 교부금,[52] ⑤ 이월금,[53] ⑥ 기부금,[54] ⑦ 잡수입[55] 등이 있다.

지방교부세와 지방교육재정교부세는 국가가 재정적 결함이 있는 지방자치단체에게 교부하는 금액을 말한다. 이는 도시지역 외의 지방재정이 빈곤한 지방자치단체의 사활을 좌우할 정도의 중요한 의미를 가진다.

국고보조금은 국가가 지방자치단체의 경비의 일부 또는 전부로 충당하게 하기 위하여 용도를 특정하는 자금을 말한다. 용도가 특정되어 있다는 점에서 지방교부세와 다르다.

지방채는 지방자치단체가 재정수입의 부족액을 메우기 위하여 증서차입 또는 채권발행의 방법에 의하여 자금을 조달하는 1회계연도를 넘는 장기차입금이고, 일시차입금은 해당 회계연도 내의 일시적인 자금부족을 메우기 위하여 빌리는 금전을 말한다.

4. 지방자치단체의 예산과 결산

지방자치단체의 장은 회계연도(매년 1월 1일부터 12월 31일까지)마다 예산안을 편성하여 시(특별시 · 광역시) · 도는 회계연도개시 50일 전까지, 시 · 군 및 자치구는 회계연도개시 40일 전까지 지방의회에 제출하여야 하고, 시 · 도의회에서는 회계연도개시 15일 전까지, 시 ·

---

49) 사용료는 공공시설의 이용 또는 재산의 사용에 대한 대가이고, 수수료는 역무에 대한 반대급부이며, 분담금은 재산 또는 공공시설의 설치로 주민의 일부가 특히 이익을 받으면 이익을 받는 자로부터 징수하는 수익자분담금이다.
50) 지방자체단체가 보유하는 재산 및 기금에서 얻어지는 수입을 말한다.
51) 지방공기업 또는 공공시설 등의 사업경영을 통해 얻어지는 수입을 말한다.
52) 국가가 스스로 행하여야 할 사무를 지방자치단체 또는 그 기관에 위임하여 수행하는 경우 국가가 해당 지방자치단체에 교부하게 되는 소요경비를 말한다.
53) 동일한 회계에서 전년도에 생긴 잉여금 중에서 현년도로 이월된 금액을 말한다.
54) 주민, 기업 등에 의한 기부채납을 통해 얻어지는 수입을 말한다.
55) 과태료, 체납처분비, 위약금, 불용품의 매각 등을 통하여 얻어지는 수입을 말한다.

군 · 자치구의회에서는 회계연도개시 10일 전까지 예산안을 의결하여야 한다.

지방자치단체의 장은 출납폐쇄 후 80일 이내에 결산서 및 증빙서류를 작성하고 지방의회가 선임한 검사위원의 검사의견서를 첨부하여 다음 연도 지방의회의 승인을 얻어야 하고, 지방자치단체의 장이 지방의회의 승인을 얻은 때에는 이를 5일 이내에 시 · 도는 행정안전부장관에게, 시 · 군 및 자치구는 시 · 도지사에게 각각 보고하고 그 내용을 고시하여야 한다.

제 6 절 지방자치단체의 기관

Ⅰ. 개 설

지방자치법은 수장주의를 채택하고 있고, 집행기관으로서 지방자치단체의 장과 의결기관으로서 지방의회를 두고 있다. 다만 교육, 과학 및 체육을 관장하는 기관은 별도로 설치되어 있는데, 교육위원회, 교육감, 교육장 등이 그것이다.

지방자치법상 지방자치단체의 집행기관과 지방의회는 서로 분립되어 각기 그 고유권한을 행사하되 상호 견제의 범위 내에서 상대방의 권한 행사에 대한 관여가 허용될 뿐이다. 지방의회는 집행기관의 고유 권한에 속하는 사항의 행사에 관하여 사전에 적극적으로 개입하는 것은 허용되지 않으나, 견제의 범위 내에서 사후적 · 소극적으로 개입하는 것은 허용된다.56)

Ⅱ. 지방의회

1. 의 의

지방의회는 대의민주제의 원칙에 따라 주민에 의하여 선출된 대표로써 구성되어야 하고, 그 지방의회에는 자치입법권(조례제정권)을 비롯하여 지방자치단체의 중요사항에 대한 의결권이 부여되어야 한다. 지방자치단체에 위와 같은 지위 내지 권한을 가지는 지방의회를 설치한다는 것은 헌법의 요청이다(헌법 제118조).

56) 대법원 2021. 9. 16. 선고 2020추5138 판결.

2. 지방의회의 행정기관성 여부

지방자치단체의 구성부분인 지방의회도 행정기관이라는 점을 부인하기 곤란하다. 다만 통상적인 행정기관과는 달리 민주적 정당성을 갖는 기관이므로 그 특성이 인정되어야 한다(자치조례에서 법률유보의 원칙의 예외 참조). 지방의회는 주민의 대표기관이다. 그렇지만, 지방자치단체의 대표기관은 지방의회가 아니라 지방자치단체의 장으로 보아야 한다.

3. 지방의회의 권한

지방의회의 권한으로 ① 의결권, ② 행정사무감사권 및 조사권, ③ 출석 · 답변요구권, ④ 서류제출요구권, ⑤ 선거권, ⑥ 자율권, ⑦ 청원의 심사 · 처리권 등이 있다.

Ⅲ. 집행기관

1. 지방자치단체장의 권한

지방자치단체장은 ① 통할 · 대표권, ② 규칙제정권, ③ 사무의 관리 및 집행권, ④ 사무의 위임권, ⑤ 직원의 임면 · 지휘 · 감독권, ⑥ 광역지방자치단체의 기초지방자치단체에 대한 행정지도 및 감독권,[57] ⑦ 주민투표 부의권, ⑧ 행정소송 제기권 등의 권한이 있다.

2. 지방자치단체의 장과 지방의회의 관계

가. 의 의

지방자치법은 의결기관과 집행기관의 분립원칙을 채택하여 상호간에 권한의 독립을 인정하면서 협력 · 견제관계를 유지하도록 하고 있다. 양 기관이 충돌하는 경우에 지방의회의 지방자치단체장에 대한 불신임이나 지방의회의 해산과 같은 제도는 인정되지 않고, 재의요구와 대법원에의 제소와 같은 방법만 인정되고 있다.

또한 지방자치법이 규정하고 있는 지방자치단체의 집행기관과 지방의회의 고유권한에 관해서는 조례로도 이를 침해할 수 없고, 일방의 고유권한을 타방이 행사하게 하는 내용의 조례는 지방자치법에 위반된다는 것은 앞에서 살펴보았다.

나. 지방의회의 지방자치단체장에 대한 권한

지방의회가 가지고 있는 ① 의결권,[58] ② 행정사무감사 및 조사, ③ 출석 · 답변요구권,

---

57) 위임사무의 지도 · 감독, 처분 등의 시정명령, 직무이행명령과 대집행, 감사권 등.

58) 지방자치법 제47조 제1항 제6호에 따라 지방의회 의결을 받아야 하는 중요 재산의 취득 · 처분에 해당

④ 청원의 이송과 처리보고, ⑤ 예산·결산에 대한 권한, ⑥ 지방의회의장의 조례공포권, ⑦ 서류제출요구권 등은 지방의회의 자치단체의 장 및 집행기관에 대한 견제수단이면서 협동을 위한 장치로도 볼 수 있다.

다. 지방자치단체장의 지방의회에 대한 권한

지방자치단체장은 지방의회에 대한 관계에서, ① 의회출석·진술권, ② 조례안의 공포권·거부권, ③ 재의요구권, ④ 선결처분권, ⑤ 지방의회 임시소집 요구권, ⑥ 지방자치단체장의 지방의회에 부의할 안건의 공고권, ⑦ 지방의회에서 의결할 의안의 발의권 등의 권한이 있다.

재의요구권은 ① 조례안에 이의가 있는 경우(제32조 제3항), ② 의결이 월권·법령위반 등인 경우(제120조), ③ 예산상 집행불가능한 의결인 경우(제121조 제1항), ④ 경비를 줄이는 의결인 경우(제121조 제2항), ⑤ 감독청의 요청에 의하는 경우(제192조 제1항) 등에 행사할 수 있다.

한편, 지방자치단체의 장은 지방의회가 성립되지 않는 때(의원이 구속되는 등의 사유로 제73조에 따른 의결정족수에 미달하게 될 때)와 지방의회의 의결사항 중 주민의 생명과 재산보호를 위하여 긴급하게 필요한 사항으로서 지방의회를 소집할 시간적 여유가 없거나 지방의회에서 의결이 지체되어 의결되지 않을 때에는 선결처분을 할 수 있다(지방자치법 제122조). 이 경우 지체 없이 지방의회에 보고하여 승인을 받아야 하고, 승인을 못 받은 경우 그 때부터 효력을 상실한다.

제 7 절 지방자치단체 상호간의 관계

지방자치단체 상호간의 관계는 행정청 상호간의 관계와 유사한 점이 있다. 그러나 행정청은 행정기관에 지나지 않지만 지방자치단체는 그 자체가 독립한 인격을 가진 행정주체라는 점에서 근본적인 차이가 있다.

함에도 지방의회의 의결을 받지 않은 채 중요 재산에 관한 매매계약을 체결하였다면 이는 강행규정인 지방자치법령에 위반된 계약으로서 무효가 된다(대법원 2024. 7. 11. 선고 2024다211762 판결).

Ⅰ. 지방자치단체 상호간의 협력과 분쟁조정

1. 협력관계

지방자치법 제164조 제1항에서는 "지방자치단체는 다른 지방자치단체로부터 사무의 공동처리에 관한 요청이나 사무처리에 관한 협의 · 조정 · 승인 또는 지원의 요청을 받으면 법령의 범위에서 협력하여야 한다."라고 규정하고 있다. 여기에서 협력의 대상사무는 지방자치단체의 사무를 말하고, 기관위임사무는 포함되지 않는다.

2. 분쟁조정

지방자치단체 상호간이나 지방자치단체장 상호간에 사무를 처리할 때 의견이 달라 다툼이 생긴 경우[59] 다른 법률에 특별한 규정이 없으면 행정안전부장관이나 시 · 도지사가 당사자의 신청에 따라 조정할 수 있고, 그 분쟁이 공익을 현저히 저해하여 조속한 조정이 필요하다고 인정되면 당사자의 신청이 없어도 직권으로 조정할 수 있다(제165조 제1항).

이러한 분쟁의 조정과 협의사항의 조정에 필요한 사항을 심의 · 의결하기 위하여 행정안전부에 지방자치단체중앙분쟁조정위원회와 시 · 도에 지방자치단체지방분쟁조정위원회를 둔다(제166조).

행정안전부장관이나 시 · 도지사는 지방자치단체가 위 분쟁조정결정을 성실히 이행하지 않으면 대집행하거나 행정상 · 재정상 필요한 조치를 명할 수 있다(제165조 제7항). 그 조치에는 지방자치법 제165조 제7항에 따라 제189조를 준용하여 지방자치단체장에게 조정결정사항의 이행을 위한 직무이행명령을 하는 것도 포함된다.[60]

이에 불복하는 관계 지방자치단체의 장은 행정안전부장관의 결정에 대하여 그 결과를 통보받은 날부터 15일 이내에 대법원에 소송을 제기할 수 있다(제189조 제6항). 이때 소송의 대상이 무엇인지에 관하여 논란이 있을 수 있으나, 대법원은 이행명령을 다투는 소를 제기한 후 그 사건에서 이행의무의 존부와 관련하여 분쟁조정결정의 위법까지 함께 다투는 것이 가능할 뿐 이행명령과 별도로 분쟁조정결정 자체의 취소를 구하는 소송을 제기하는 것은 허용되지 않는다는 입장에 있다.[61]

한편, 지방자치법이 개정되기 전에는 지방자치단체의 관할구역의 경계를 다투는 관할

---

59) 지방자치단체의 자치사무라도 해당 지방자치단체에 내부적인 효과만을 발생시키는 것이 아니라 그 사무로 인하여 다른 지방자치단체나 그 주민의 보호할 만한 가치가 있는 이익을 침해하는 경우에는 지방자치법 제148조에서 정한 분쟁조정의 대상사무가 될 수 있다(대법원 2016. 7. 22. 선고 2012추121 판결).

60) 대법원 2016. 7. 22. 선고 2012추121 판결.

61) 대법원 2015. 9. 14. 선고 2014추613 판결. 나아가 분쟁조정결정은 처분이 아니므로 항고소송을 제기할 수도 없다고 하였다.

분쟁은 헌법재판소의 권한쟁의심판으로 다루어져 왔는데, 헌법재판소가 사실확정이 필요한 이러한 분쟁을 해결하는 것이 바람직한 것인지에 대하여 논란이 있었다.[62] 그런데, 지방자치법 제5조가 2009. 9. 1. 법률 제9577호로 개정됨에 따라 위와 같은 분쟁 중 지방자치단체 상호 간에 공유수면의 매립지나 지적공부의 등록누락지를 둘러싼 관할구역에 대한 분쟁은 면허관청 또는 관련 지방자치단체장이 그 지역이 속할 지방자치단체의 결정을 행정안전부장관에게 신청하고, 이의신청기간 중에 이의신청이 없으면 행정안전부장관이 신청내용에 따라 결정하고, 이의신청이 있으면 지방자치단체중앙분쟁조정위원회의 심의 · 의결에 따라 관할구역을 결정하며, 이에 불복하는 관계 지방자치단체장은 행정안전부장관의 결정에 대하여 그 결과를 통보받은 날부터 15일 이내에 대법원에 소송을 제기할 수 있다.[63] 여기에서의 관계 지방자치단체장은 관할하는 지방자치단체로 결정될 가능성이 있는 광역지방자치단체장 뿐만 아니라 기초지방자치단체장을 포함한다.[64] 이에 따라 헌법재판소도 위와 같이 개정된 지방자치법 제5조가 시행된 이후로는 공유수면 매립지의 관할 귀속 문제는 권한쟁의심판의 대상에 속하지 않는다고 판시하였다. 다만 위 조항의 적용을 받지 않는 공유수면의 해상경계에 관한 관할분쟁은 여전히 헌법재판소가 권한쟁의심판을 행하고 있다.[65]

3. 사무위탁

지방자치단체나 그 장은 소관 사무의 일부를 다른 지방자치단체나 그 장에게 위탁하여 처리하게 할 수 있다(지방자치법 제168조).

지방자치단체나 그 장은 위와 같이 사무를 위탁 · 변경 · 해지하려면 관계 지방자치단체와의 협의에 따라 규약을 정하여 고시하여야 한다. 그 규약에는 ① 사무를 위탁하는 지방자치단체와 사무를 위탁받는 지방자치단체, ② 위탁사무의 내용과 범위, ③ 위탁사무의 관리와 처리방법, ④ 위탁사무의 관리와 처리에 드는 경비의 부담과 지출방법, ⑤ 그밖에 사무위탁에 관하여 필요한 사항이 포함되어야 한다.

사무가 위탁된 경우 위탁된 사무의 관리와 처리에 관한 조례나 규칙은 규약에 다르게 정하여진 경우 외에는 사무를 위탁받은 지방자치단체에 대해서도 적용한다.

4. 교류와 협력증진을 위한 지방자치단체장 등의 협의체 구성

① 시 · 도지사, ② 시 · 도의회의 의장, ③ 시장 · 군수 및 자치구의 구청장, ④ 시 · 군

---

62) 김하열, 헌법소송법, 제6판, 박영사, 2025, 627면 참조.
63) 헌재 2020. 7. 16. 선고 2015헌라3 결정.
64) 대법원 2021. 2. 4. 선고 2015추528 판결.
65) 헌재 2019. 4. 11. 선고 2016헌라8 결정.

및 자치구의회의 의장은 상호 간의 교류와 협력을 증진하고 공동의 문제를 협의하기 위하여 각각 전국적 협의체를 설립할 수 있고, 위 전국적 협의체는 그들 모두가 참가하는 지방자치단체 연합체를 설립할 수 있다(제182조).

Ⅱ. 광역지방자치단체의 기초자치단체에 대한 관여

광역지방자치단체의 기초자치단체에 대한 관여수단으로 입법적 관여, 행정적 관여, 행정심판을 통한 관여 등이 있다. 이에 관한 설명은 뒤에서 보는 지방자치단체에 대한 국가의 관여에서와 같다.

Ⅲ. 행정협의회

2개 이상의 지방자치단체에 관련된 사무의 일부를 공동으로 처리하기 위하여 관계 지방자치단체 사이의 행정협의회를 구성할 수 있다(지방자치법 제169조). 이 경우 지방자치단체의 장은 시·도가 구성원이면 행정안전부장관과 관계 중앙행정기관의 장에게, 시·군 또는 자치구가 구성원이면 시·도지사에게 이를 보고하여야 한다. 지방자치단체는 협의회를 구성하려면 관계 지방자치단체 간의 협의에 따라 규약을 정하여 관계 지방의회의 의결을 각각 거친 다음 고시하여야 한다.

협의회는 사무를 처리하기 위하여 필요하다고 인정하면 관계 지방자치단체의 장에게 자료 제출, 의견 개진, 그밖에 필요한 협조를 요구할 수 있다(지방자치법 제172조).

협의회에서 합의가 이루어지지 않은 사항에 대하여 관계 지방자치단체의 장이 조정을 요청하면 시·도 간의 협의사항에 대해서는 행정안전부장관이, 시·군 및 자치구 간의 협의사항에 대해서는 시·도지사가 조정할 수 있다(지방자치법 제173조). 다만, 관계되는 시·군 및 자치구가 2개 이상의 시·도에 걸치는 경우에는 행정안전부장관이 조정할 수 있다. 행정안전부장관이나 시·도지사가 위와 같은 조정을 하려면 관계 중앙행정기관의 장과의 협의를 거쳐 분쟁조정위원회의 의결에 따라 조정하여야 한다.

협의회를 구성한 관계 지방자치단체는 협의회가 결정한 사항이 있으면 그 결정에 따라 사무를 처리하여야 하고, 협의회가 관계 지방자치단체나 그 장의 명의로 한 사무의 처리는 관계 지방자치단체나 그 장이 한 것으로 본다(지방자치법 제174조).

Ⅳ. 지방자치단체조합

지방자치단체조합이란 2개 이상의 지방자치단체가 하나 또는 둘 이상의 사무를 공동으로 처리하기 위하여 설립한 법인을 말한다(지방자치법 제176조). 현재 수도권매립지운영관리조합이 김포매립지를 공동으로 운영하기 위하여 서울특별시, 인천광역시, 경기도에 의하여 설립되어 있다.

지방자치단체조합은 논란은 있지만 특정한 목적을 수행하기 위한 특별지방자치단체라고 볼 수 있다. 그 종류로는 일부사무조합과 전부사무조합이 있으나, 후자는 현행법에서 채택하지 않고 있다.

제 8 절 국가와 지방자치단체 사이의 관계

Ⅰ. 개 설

지방자치단체는 지방적 공공사무에 관한 한 전권한성과 자기책임의 원칙에 따라 포괄적인 자치권을 보장받고 있지만, 자치권도 헌법으로부터 전래된 것이므로, 지방자치단체의 활동은 국가의 법령에 부합하여야 하고, 국가적 이익과 조화를 이루어야 하며, 국가와 지방자치단체는 주민에 대한 균형적인 공공서비스 제공과 지역 간 균형발전을 위하여 협력하여야 한다(지방자치법 제183조). 여기에 "국가(광역지방자치단체 포함)의 자치단체에 대한 관여"의 필요성과 정당성의 근거가 있다.

그러나 지방자치단체에 대한 국가의 지도 · 감독이 지나치면 지방자치단체의 자치행정과 주민의 창의성이 억압되어 지방자치 본래의 뜻이 질식될 것이고, 반면에 지방자치단체의 자율성을 지나치게 강조하면 지방행정의 적정성을 기하기 어려워 국가행정 전체의 조화를 잃게 된다. 따라서 지방자치의 본질에 비추어 국가와 지방자치단체와의 관계를 어떻게 설정하느냐가 매우 중요하다.

국가의 지방자치단체에 대한 관여는 관여주체에 따라 ① 입법기관에 의한 관여, ② 행정기관에 의한 관여, ③ 사법기관에 의한 관여로 나눌 수 있다. 그중 '행정기관에 의한 관여'가 직접적이고 수단과 방법이 다양하기 때문에 가장 실효성이 있다. 그리하여 좁은 의미의 국가에 의한 관여란 행정기관에 의한 관여를 말한다.

한편, 국가가 실질적으로 지방에 관한 중요 입법이나 정책을 정하고 지방자치단체가 지방의 주요 현안을 단독으로 결정 · 처리할 수 없는 것이 현실이므로, 지방자치단체의 국정 참여도 매우 중요한 과제이다.

Ⅱ. 행정기관에 의한 관여

1. 관여의 수단과 방식

관여의 수단은 권력적 관여수단만 있는 것은 아니고, 비권력적 관여도 있다. 그리고 행정기관에 의한 관여는 지방자치단체가 처리하는 사무 내지는 계층 또는 기관에 따라 그 관여기관과 수단을 달리한다.

관여의 방식에 관하여, 지방자치단체의 사무는 지도와 지원을 하고(제184조), 국가사무에 대해서는 지도 · 감독을 행한다(제185조). 지도 · 감독은 시 · 도의 경우에는 주무부장관이, 시 · 군 및 자치구의 경우에는 1차로 시 · 도지사, 2차로 주무부장관이 행한다.

2. 자치사무와 위임사무에 공통된 관여수단

가. 지방자치단체의 사무에 대한 지도와 지원

지방자치법 제184조(지방자치단체의 사무에 대한 지도와 지원) ① 중앙행정기관의 장이나 시 · 도지사는 지방자치단체의 사무에 관하여 조언 또는 권고하거나 지도할 수 있으며, 이를 위하여 필요하면 지방자치단체에 자료 제출을 요구할 수 있다.

② 국가나 시 · 도는 지방자치단체가 그 지방자치단체의 사무를 처리하는 데 필요하다고 인정하면 재정지원이나 기술지원을 할 수 있다.

③ 지방자치단체의 장은 제1항의 조언 · 권고 또는 지도와 관련하여 중앙행정기관의 장이나 시 · 도지사에게 의견을 제출할 수 있다.

(1) 조언 · 권고 · 지도 등

지방자치법 제184조 제1항은 전문적 지식과 경험을 가지고 있는 국가가 필요한 지식과 정보를 지방자치단체에 제공함으로써 사무처리의 효율을 기하고 국가와 지방자치단체 사이의 마찰을 방지하려는 데 그 입법취지가 있다. 조언, 권고, 지도의 대상이 되는 사무는 문언상 지방자치단체의 사무(자치사무와 단체위임사무)에 한정되나 성질상 기관위임사무도 포함될 수 있을 것이다. 위와 같은 관여방법은 대표적인 비권력적 관여의 수단이고 사전적 관여수단의 성질을 가지지만, 과거의 위법한 행정작용에 대하여 사후적인 시정을 유도하기 위한 수단으로도 활용될 수 있다.

관여청의 자료제출요구가 있는 경우 지방자치단체는 이에 응하여야 할 의무가 있는지 여부에 관하여 의문이 들 수 있다. 자료제출 '요청'이 아닌 '요구'라고 규정되어 있기 때문이다. 그러나 위 조항이 지방자치단체의 의무를 인정하는 형식을 취하지 않고 있으므로 법문을 근거로 바로 그 의무가 있다고 보기 어렵다. 오히려 조언, 지도, 권고 등을 위해서만 자료제출요구를 할 수 있고, 조언 등을 할 수 있는 요건에 관하여 전혀 언급을 하지 않고 있다. 따라서 비권력적인 성질을 띠는 조언 등을 위한 수단에 불과한 자료제출요구에 응할 의무가 있다고 볼 수는 없다.

(2) 재정 · 기술지원

지방자치법 제184조 제2항에서 규정하고 있는 재정지원이나 기술지원은 지방자치단체의 행정능력과 재정능력이 충분하지 않고, 특히 재정에서 지역적 편차가 심하다는 점 등을 고려하여 마련된 것이다.

(3) 지방자치단체장의 의견제출

지방자치법 제184조 제3항에서는 지방자치단체장은 앞에서 본 지도와 지원에 대하여 중앙행정기관의 장이나 시 · 도지사에게 의견을 제출할 수 있다고 규정하고 있다. 국가의 지방자치단체에 대한 지도와 지원이 일방적인 시혜가 아니고 국가와 지방자치단체 사이의 협력을 강화하기 위한 것이므로, 지방자치단체도 국가에 대하여 의견을 제출할 수 있어야 한다. 그 취지에 따라 2021. 1. 12. 개정된 지방자치법에 신설된 제도이다.

나. 명령 · 처분의 시정명령

지방자치법 제188조(위법 · 부당한 명령이나 처분의 시정) ① 지방자치단체의 사무에 관한 지방자치단체의 장(제103조 제2항에 따른 사무의 경우에는 지방의회의 의장을 말한다. 이하 이 조에서 같다)의 명령이나 처분이 법령에 위반되거나 현저히 부당하여 공익을 해친다고 인정되면 시 · 도에 대해서는 주무부장관이, 시 · 군 및 자치구에 대해서는 시 · 도지사가 기간을 정하여 서면으로 시정할 것을 명하고, 그 기간에 이행하지 아니하면 이를 취소하거나 정지할 수 있다.

② 주무부장관은 지방자치단체의 사무에 관한 시장 · 군수 및 자치구의 구청장의 명령이나 처분이 법령에 위반되거나 현저히 부당하여 공익을 해침에도 불구하고 시 · 도지사가 제1항에 따른 시정명령을 하지 아니하면 시 · 도지사에게 기간을 정하여 시정명령을 하도록 명할 수 있다.

③ 주무부장관은 시 · 도지사가 제2항에 따른 기간에 시정명령을 하지 아니하면 제2항에 따른 기간이 지난 날부터 7일 이내에 직접 시장 · 군수 및 자치구의 구청장에게 기간을 정하여 서면으로 시정할 것을 명하고, 그 기간에 이행하지 아니하면 주무부장관이 시장 · 군수 및 자치구의 구청장의 명령이나 처분을 취소하거나 정지할 수 있다.

④ 주무부장관은 시 · 도지사가 시장 · 군수 및 자치구의 구청장에게 제1항에 따라 시정명령을 하였으나 이를 이행하지 아니한 데 따른 취소 · 정지를 하지 아니하는 경우에는 시 · 도지사에게 기간을 정하여 시장 · 군수 및 자치구의 구청장의 명령이나 처분을 취소하거나 정지할 것을 명하고, 그 기간에 이행하지 아니하면 주무부장관이 이를 직접 취소하거나 정지할 수 있다.

⑤ 제1항부터 제4항까지의 규정에 따른 자치사무에 관한 명령이나 처분에 대한 주무부장관 또는 시·도지사의 시정명령, 취소 또는 정지는 법령을 위반한 것에 한정한다.
⑥ 지방자치단체의 장은 제1항, 제3항 또는 제4항에 따른 자치사무에 관한 명령이나 처분의 취소 또는 정지에 대하여 이의가 있으면 그 취소처분 또는 정지처분을 통보받은 날부터 15일 이내에 대법원에 소를 제기할 수 있다.

(1) 의 의

지방자치단체의 사무에 관한 지방자치단체장의 명령이나 처분이 법령에 위반되거나 부당한 경우 감독기관이 기간을 정하여 시정을 명하는 사후적이며 부담적인 감독수단이다. 지방자치단체장이 행한 위법 또는 부당한 행위를 사후적으로 교정하는 기능을 수행한다.

(2) 시정명령의 주체

시·도에 대한 시정명령은 주무부장관이 행한다. 시·군 및 자치구에 대해서는 원칙적으로 시·도지사가 시정명령을 발령하는데, 시·도지사 시정명령을 행하지 않으면 1차로 주무부장관이 시·도지사에서 시정명령을 발령하도록 명하고, 주무부장관의 명령에도 불구하고 시·도지사가 이를 이행하지 않으면 7일 이내에 직접 시정명령을 발령할 수 있다. 주무부장관의 시·군 및 자치구에 대한 시정명령은 2021. 1. 12. 개정된 지방자치법에 신설된 제도이다.

(3) 시정명령의 대상

지방자치법 제188조에서 시정명령의 대상을 지방자치단체의 사무라고 규정하고 있으므로, 자치사무와 단체위임사무는 여기에 당연히 포함된다. 기관위임사무에 대해서는 견해가 나뉘지만 성질상 여기에 포함된다고 해석된다. 그런데, 판례는 기관위임사무에 대한 시정명령은 지방자치법 제188조에서 말하는 시정명령에 해당하지 않는다고 해석하고 있다.[66] 설령 판례와 같이 기관위임사무가 포함되지 않는다고 보더라도 이때의 지방자치단체장은 국가기관의 일반적인 지휘감독을 받기 때문에 명문의 규정이 없더라도 감독기관은 기관위임사무가 위법하거나 부당한 경우 시정명령을 발하고 취소 또는 정지할 수 있을 것이다.

지방자치단체장의 명령이나 처분은 각각 일반적 규율과 개별적 규율이라는 차이를 가지는 것이고, 자치입법으로서의 규칙과 행정행위가 각각의 예에 해당한다.[67] 그러나 시정명령의 대상이 되는 처분은 항고소송의 대상이 되는 처분과 반드시 일치하는 개념은 아니다. 행정소송법상 항고소송은 행정청이 행하는 구체적 사실에 관한 법집행으로서의 공권력의

66) 대법원 2013. 5. 23. 선고 2011추56 판결.
67) 지방의회 사무직원에 대한 임명 등의 사무에 대해서는 지방의회의 의장의 명령이나 처분을 말한다.

행사 또는 거부와 그밖에 이에 준하는 행정작용을 대상으로 위법상태를 배제함으로써 국민의 권익을 구제함을 목적으로 하는 반면, 지방자치법 제188조는 지방자치단체의 자치행정 사무처리가 법령 및 공익의 범위 내에서 행해지도록 감독하기 위한 규정이므로, 적용대상을 항고소송의 대상이 되는 처분으로 제한할 이유가 없기 때문이라는 것이 판례이다.[68)]

(4) 시정명령의 사유

위임사무에 관해서는 법령에 위반되거나 현저히 부당하여 공익을 해친다고 인정되는 경우이므로, 위법한 경우뿐만 아니라 부당한 경우도 포함된다. 이에 반하여 자치사무는 법령위반만 해당한다. 자치사무는 그 사무의 수행방법에서 자율성이 보장되기 때문에 위법성 여부만 검토대상이 되기 때문이다.

(5) 소제기의 가능여부

뒤에서 보는 취소 · 정지에 대해서는 대법원에 제소가 가능한데, 감독기관의 시정명령에 대해 지방자치단체가 다툴 수 있는지 여부에 대하여 명시적인 규정을 두지 않아 다음과 같이 견해가 대립한다.

① 부정하는 견해: 시정명령의 후속조치인 취소 · 정지권에 관한 감독청의 재량이 인정되고 있는 점, 시정명령은 직접적으로 처분이나 명령을 변경 · 취소 · 소멸하게 하는 대외적 효력을 갖지 않는 점, 그 후속조치인 취소나 정지행위를 대상으로 권리구제를 받더라도 당사자의 권리보호에 불이익이 생기지 않는 점 등을 논거로 한다.

② 긍정하는 견해: 시정명령이 주무부장관 또는 시 · 도와 지방자치단체장 사이의 외부관계에서 발동되는 점, 시정명령이 있으면 지방자치단체장은 그에 따른 법적의무를 부담하는 점 등을 논거로 한다.

③ 자치사무에 대한 시정명령에 대한 처분성은 인정하면서도 단체위임사무에 대한 처분성은 내부적 행위라는 이유로 부정하는 견해도 있다.

④ 판　　례: 지방자치법에서 시정명령에 대하여 대법원에 소를 제기할 수 있다는 규정을 두고 있지 않으므로, 시정명령의 취소를 구하는 소송은 허용되지 않는다는 입장에 있다.[69)]

---

68) 이에 따라 서울특별시제1인사위원회위원장이 2016. 4. 14. 한 서울특별시 시간선택제임기제공무원 40명의 채용에 관한 공고가 시정명령의 대상이 된다고 판시하였다(대법원 2017. 3. 30. 선고 2016추5087 판결).

69) 대법원 2014. 2. 27. 선고 2012추183 판결, 대법원 2017. 10. 12. 선고 2016추5148 판결.

다. 취소 · 정지권

(1) 의 의

지방자치단체가 위법한 처분에 대한 감독청의 시정명령을 정해진 기간 안에 이행하지 않으면, 감독청은 지방자치법 제188조에 의하여 당해 처분을 취소 또는 정지할 수 있다. 이는 형성적 성질을 가진다. 감독청의 취소처분은 해당 지방자치단체 기관의 별도의 취소처분을 거치지 않고 위법한 처분의 효력을 직접 상실시키기 때문이다. 여기에서 취소 · 정지의 대상은 시정명령의 대상과 같다.

(2) 취소 · 정지의 주체

시 · 도에 대한 취소 · 정지권은 주무부장관이 행한다. 시 · 군 및 자치구에 대해서는 시 · 도지사가 시정명령을 발령하는데, 주무부장관도 시 · 도지사가 시정명령을 발령하지 않아 직접 시정명령을 발령하였거나 시 · 도지사가 시정명령 불이행에 따른 취소 · 정지권을 행사하지 않은 경우에 직접 취소 · 정지권을 행사할 수 있다.

(3) 취소 · 정지의 요건

① 지방자치단체장의 명령이나 처분이 위법(자치사무)하거나 위법 또는 부당(위임사무)하여야 하고, ② 시정명령에서 정한 기간이 경과하였으나 지방자치단체가 이를 이행하지 않았으며, ③ 지방자치단체장의 명령이나 처분이 아직 집행되지 않은 경우뿐만 아니라 이미 집행되었더라도 그 결과를 제거하는 것이 사실상 법률상 가능한 경우이어야 한다.

(4) 취소 · 정지의 효과

취소 · 정지의 의사표시가 해당 지방자치단체에 도달함으로써 지방자치단체의 명령 · 처분은 효력을 상실하거나 정지되고, 효력의 상실 또는 정지를 위한 지방자치단체의 별도의 행위는 필요하지 않다.

(5) 취소 · 정지제도에 대한 위헌론

법령위반 여부에 대한 판단은 법률상 쟁송이어서 사법작용이지 행정작용이 아니므로, 주무부장관이나 시 · 도지사가 법령위반 여부를 판단하는 것은 권력분립주의의 이념에 어긋난다는 견해가 있다. 이에 대하여 감독청의 취소 · 정지제도는 지방자치단체가 국가의 한 부분이라는 데에서 나오는 것이고, 취소 · 정지처분에 대해서는 소송제기가 허용되므로, 그것이 지방자치제도의 본질을 해하는 것은 아니라고 생각된다.

취소 · 정지권은 민주적 정당성을 지닌 직선 자치단체장의 권한 행사에 관하여 게다가 자치사무에 대해서도 주무부장관이나 시 · 도지사에게 임의적인 위법판단에 의거한 직접개입권을 부여한 것이므로, 국가적 관여의 필요성에 따라 정당화될 수 있는 한도를 넘은 것이어서 헌법의 일반원칙인 비례의 원칙에 반할 뿐만 아니라 헌법상 지방자치의 제도적 보장을 침해하는 것으로 위헌의 소지가 있다는 견해도 있다. 그러나 최종적으로는 법원에 의한 적법성 통제를 확보하고 있으므로 위헌이라고 보기는 어렵다.

(6) 이의제기

지방자치단체장은 자치사무에 관한 명령이나 처분에 대하여 취소나 정지처분이 행해지고, 이에 대해 이의가 있으면 15일 이내에 대법원에 소송을 제기할 수 있다.

소송은 위법을 주장하는 자가 제기하는 것인데 위법을 주장하는 자가 일방적으로 취소·정지한 다음 이에 불복하는 지방자치단체장이 법원에 소를 제기하게 하는 것은 법의 상식에 어긋난다고 하면서 위 조항을 부정적으로 보는 견해가 있다. 반면에, 지방자치단체는 다수의 주민과 법률관계를 형성하므로 지방자치단체의 그릇된 법률관계를 되도록 조속히 바로잡는 것이 주민의 법률생활의 안정에 기여한다는 점, 지방자치가 지역주민의 자율을 기본으로 하지만 국가는 모든 지방자치단체간의 형평과 통합을 유도하여야 한다는 점에서 지방자치단체의 행위에 대한 사법부의 판단에 앞서 주무부장관의 판단을 선행시키는 것이 오히려 입법정책상 바람직하다는 견해가 대립한다.

한편, 관할을 대법원으로 하고 있다는 점에서 심급이익의 박탈과 현실적 소송제기를 서울에서만 하여야 한다는 소송수행상의 어려움이 있다는 비판도 있다.

❏ [참고] **대법원** 2007. 3. 22. **선고** 2005추62 **판결(법령위반의 의미)**

① 지방자치법의 규정내용과 문제의 소재: 지방자치법 제169조 제1항은 자치사무에 관해서 지방자치단체장의 명령이나 처분이 법령에 위반하는 경우에만 시정명령과 취소·정지권을 행사할 수 있도록 하고 있는 반면, 자치사무 이외의 위임사무에 관해서는 명령이나 처분이 법령에 위반하는 경우뿐만 아니라 현저히 부당하여 공익을 해한다고 인정될 때에도 시정명령과 취소·정지권의 행사가 가능하도록 규정하고 있다. 처분의 위법(법령 위반)과 부당을 엄격히 구분하는 것이 학설과 판례의 입장으로서 지방자치법 제169조 제1항도 이제껏 의문 없이 이에 따라 해석하여 왔으나 대상판례의 반대의견은 지방자치권의 보장이라는 측면에서 재량의 일탈·남용의 경우에도 과연 지방자치법 제169조 제1항의 '법령에 위반'하는 경우에 해당하는 것으로 볼 것인가에 대하여 근본적인 의문을 제기하고 있다.

② 다수의견의 요지: 구 지방자치법 제157조 제1항 전문 및 후문에서 규정하고 있는 지방자치단체의 사무에 관한 그 장의 명령이나 처분이 법령에 위반되는 경우라 함은 명령이나 처분이 현저히 부당하여 공익을 해하는 경우, 즉 합목적성을 현저히 결하는 경우와 대비되는 개념으로, 시·군·구의 장의 사무의 집행이 명시적인 법령의 규정을 구체적으로 위반한 경우뿐만 아니라 그러한 사무의 집행이 재량권을 일탈·남용하여 위법하게 되는 경우를 포함한다고 할 것이므로, 시·군·구의 장의 자치사무의 일종인 당해 지방자치단체 소속 공무원에 대한 승진처분이 재량

권을 일탈 · 남용하여 위법하게 된 경우 시 · 도지사는 지방자치법 제157조 제1항 후문에 따라 그에 대한 시정명령이나 취소 또는 정지를 할 수 있다.

③ **반대의견의 요지:** 헌법이 보장하는 지방자치제도의 본질상 재량판단의 영역에서는 국가나 상급 지방자치단체가 하급 지방자치단체의 자치사무 처리에 개입하는 것을 엄격히 금지하여야 할 필요성이 있으므로, (구) 지방자치법 제157조 제1항 후문은 지방자치제도의 본질적 내용이 침해되지 않도록 헌법합치적으로 조화롭게 해석하여야 하는바, 일반적으로 '법령위반'의 개념에 '재량권의 일탈 · 남용'도 포함된다고 보고 있기는 하나, (구) 지방자치법 제157조 제1항에서 정한 취소권의 행사요건은 위임사무에 관하여는 '법령에 위반되거나 현저히 부당하여 공익을 해한다고 인정될 때', 자치사무에 관하여는 '법령에 위반하는 때'라고 규정되어 있어, 여기에서의 '법령위반'이라는 문구는 '현저히 부당하여 공익을 해한다고 인정될 때'와 대비적으로 쓰이고 있고, 재량권의 한계 위반 여부를 판단할 때에 통상적으로는 '현저히 부당하여 공익을 해하는 경우'를 바로 '재량권이 일탈 · 남용된 경우'로 보는 견해가 일반적이므로, 위 법조항에서 '현저히 부당하여 공익을 해하는 경우'와 대비되어 규정된 '법령에 위반하는 때'의 개념 속에는 일반적인 '법령위반'의 개념과는 다르게 '재량권의 일탈 · 남용'은 포함되지 않는 것으로 해석하여야 한다. 가사 이론적으로는 합목적성과 합법성의 심사가 명확히 구분된다고 하더라도 '현저히 부당하여 공익을 해한다는 것'과 '재량권의 한계를 일탈하였다는 것'을 실무적으로 구별하기 매우 어렵다는 점까지 보태어 보면, (구) 지방자치법 제157조 제1항 후문의 '법령위반'에 '재량권의 일탈 · 남용'이 포함된다고 보는 다수의견의 해석은 잘못된 것이다.

라. 지방의회 의결에 대한 재의요구

지방자치법 제192**조(지방의회 의결의 재의와 제소)** ① 지방의회의 의결이 법령에 위반되거나 공익을 현저히 해친다고 판단되면 시 · 도에 대해서는 주무부장관이, 시 · 군 및 자치구에 대해서는 시 · 도지사가 해당 지방자치단체의 장에게 재의를 요구하게 할 수 있고, 재의 요구 지시를 받은 지방자치단체의 장은 의결사항을 이송받은 날부터 20일 이내에 지방의회에 이유를 붙여 재의를 요구하여야 한다.

② 시 · 군 및 자치구의회의 의결이 법령에 위반된다고 판단됨에도 불구하고 시 · 도지사가 제1항에 따라 재의를 요구하게 하지 아니한 경우 주무부장관이 직접 시장 · 군수 및 자치구의 구청장에게 재의를 요구하게 할 수 있고, 재의 요구 지시를 받은 시장 · 군수 및 자치구의 구청장은 의결사항을 이송받은 날부터 20일 이내에 지방의회에 이유를 붙여 재의를 요구하여야 한다.

③ 제1항 또는 제2항의 요구에 대하여 재의한 결과 재적의원 과반수의 출석과 출석의원 3분의 2 이상의 찬성으로 전과 같은 의결을 하면 그 의결사항은 확정된다.

④ 지방자치단체의 장은 제3항에 따라 재의결된 사항이 법령에 위반된다고 판단되면 재의결된 날부터 20일 이내에 대법원에 소를 제기할 수 있다. 이 경우 필요하다고 인정되면 그 의결의 집행을 정지하게 하는 집행정지결정을 신청할 수 있다.

⑤ 주무부장관이나 시·도지사는 재의결된 사항이 법령에 위반된다고 판단됨에도 불구하고 해당 지방자치단체의 장이 소를 제기하지 아니하면 시·도에 대해서는 주무부장관이, 시·군 및 자치구에 대해서는 시·도지사(제2항에 따라 주무부장관이 직접 재의 요구 지시를 한 경우에는 주무부장관을 말한다. 이하 이 조에서 같다)가 그 지방자치단체의 장에게 제소를 지시하거나 직접 제소 및 집행정지결정을 신청할 수 있다.

⑥ 제5항에 따른 제소의 지시는 제4항의 기간이 지난 날부터 7일 이내에 하고, 해당 지방자치단체의 장은 제소 지시를 받은 날부터 7일 이내에 제소하여야 한다.

⑦ 주무부장관이나 시·도지사는 제6항의 기간이 지난 날부터 7일 이내에 제5항에 따른 직접 제소 및 집행정지결정을 신청할 수 있다.

⑧ 제1항 또는 제2항에 따라 지방의회의 의결이 법령에 위반된다고 판단되어 주무부장관이나 시·도지사로부터 재의 요구 지시를 받은 해당 지방자치단체의 장이 재의를 요구하지 아니하는 경우(법령에 위반되는 지방의회의 의결사항이 조례안인 경우로서 재의 요구 지시를 받기 전에 그 조례안을 공포한 경우를 포함한다)에는 주무부장관이나 시·도지사는 제1항 또는 제2항에 따른 기간이 지난 날부터 7일 이내에 대법원에 직접 제소 및 집행정지 결정을 신청할 수 있다.

⑨ 제1항 또는 제2항에 따른 지방의회의 의결이나 제3항에 따라 재의결된 사항이 둘 이상의 부처와 관련되거나 주무부장관이 불분명하면 행정안전부장관이 재의 요구 또는 제소를 지시하거나 직접 제소 및 집행정지 결정을 신청할 수 있다.

(1) 재의요구의 주체

지방의회의 의결이 법령에 위반되거나 공익을 현저히 해친다고 판단되면 시·도에 대해서는 주무부장관이, 시·군 및 자치구에 대해서는 시·도지사가 재의를 요구하게 할 수 있고, 재의요구를 받은 지방자치단체의 장은 의결사항을 이송받은 날부터 20일 이내에 지방의회에 이유를 붙여 재의를 요구하여야 한다. 시·군 및 자치구의회의 의결이 법령에 위반된다고 판단됨에도 불구하고 시·도지사가 재의를 요구하게 하지 않는 경우 주무부장관이 직접 시장·군수 및 자치구의 구청장에게 재의를 요구하게 할 수 있고, 재의 요구 지시를 받은 시장·군수 및 자치구의 구청장은 의결사항을 이송받은 날부터 20일 이내에 지방의회에 이유를 붙여 재의를 요구하여야 한다.

(2) 재의요구의 대상

지방의회는 자치사무와 단체위임사무에 대해서는 의결권을 가지고 있으나, 기관위임사무에 대해서는 의결권을 가지지 않는 것이 원칙이므로, 여기에서 의결대상이 되는 사항에는 주로 자치사무와 단체위임사무를 말한다. 지방의회의 의결에는 조례안도 포함된다.

(3) 요건과 기간

지방의회의 의결이 법령에 위반되거나 공익을 현저히 해친다고 판단될 때이다. 지방자치법 제188조 제1항 소정의 시정명령의 대상에서는 '현저히 부당하여 공익을 해친다고 인정되면'이라는 표현을 사용하고 있다는 점에서 문구상의 차이점이 있다. 재의요구는 의결사항을 이송 받은 날로부터 20일 이내에 하여야 한다.

(4) 후속조치

재의의 요구에 대하여 지방의회가 재의의 결과 재적의원 과반수의 출석과 출석의원 3분의 2 이상의 찬성으로 전과 같은 의결을 하면 그 의결사항은 확정된다. 이 때 지방자치단체의 장은 재의결된 사항이 법령에 위반된다고 판단되면 재의결된 날부터 20일 이내에 대법원에 소를 제기할 수 있다. 이 경우 필요하다고 인정되면 그 의결의 집행을 정지하게 하는 집행정지결정을 신청할 수 있다.

마. 제소명령 및 제소

주무부장관이나 시·도지사는 재의결된 사항이 법령에 위반된다고 판단됨에도 불구하고 해당 지방자치단체의 장이 소를 제기하지 않으면 그 지방자치단체의 장에게 제소를 지시하거나 직접 제소 및 집행정지결정을 신청할 수 있다. 제소지시는 지방자치단체장이 제소할 수 있는 날(재의결이 있은 날로부터 20일 이내)이 지난 날부터 7일 이내에 하고, 해당 지방자치단체의 장은 제소지시를 받은 날부터 7일 이내에 제소하여야 한다. 위 기간 내에 지방자치단체장이 제소하지 않으면 주무부장관이나 시·도지사는 그 기간이 지난 날부터 7일 이내에 직접 제소할 수 있다.

과거에는 지방자치단체장이 재의 요구 지시에도 불구하고 조례안이 확정된 경우에 대하여 입법상 흠결이 존재하였고, 대법원은 관여청이 조례안 의결의 효력 혹은 그에 의한 조례의 존재나 효력을 다투는 소를 제기하는 것을 허용하지 않았다. 그리하여 2005. 1. 27. 법률 제7362호로 개정된 지방자치법에 제159조 제7항을 신설하여 직접 제소가 가능하도록 한 것이다(현행법 제192조 제8항).

[시·군·자치구 지방의회의 의결에 대한 재의요구와 제소 절차의 흐름]

① 시·도지사의 해당 시·군·자치구 지방자치단체장에 대한 재의요구지시

② (시·도지사가 재의요구지시를 하지 않는 경우) 주무부장관의 시·도지사에 대한 재의요구지시명령

③ (시·도지사가 주무부장관의 재의요구지시명령을 이행하지 않는 경우) 주무부장관의 해당 시·군·자치구 지방자치단체장에 대한 재의요구 직접 지시

④ (재의요구에 따른 재의결이 위법한 경우) 시·도지사 또는 주무부장관(직접 재의요구를 한 경우)의 해당 시·군·자치구 지방자치단체장에 대한 제소지시

⑤ (해당 시 · 군 · 자치구 지방자치단체장이 제소지시를 따르지 않는 경우) 시 · 도지사 또는 주무부장관의 직접 제소

바. 승인 · 승인유보(협력적 관여)

승인 또는 승인유보라 함은 지역적 이해와 국가적 이해가 상호 관련된 일정한 사안에 대하여, 사전에 국가(또는 감독기관)의 승인을 받음으로써 지방자치단체의 일정한 법적 행위가 효력을 가지게 하는 것을 말한다. 승인은 지방자치단체의 법적 행위에 대한 효력발생요건이 된다는 의미에서 사전적 통제수단이고, 지방자치단체의 자율권을 제한한다는 의미에서 법률유보의 원칙이 적용된다. 이에 관한 예로서 지방자치법 제7조 제1항(자치구가 아닌 구와 읍 · 면 · 동의 명칭과 구역의 폐지 등 승인), 제176조 제1항(지방자치단체조합의 설립승인), 지방재정법 제11조 제2항(외채발행 승인) 등이 있다.

3. 자치사무에만 적용되는 관여수단

지방자치법 제190조(지방자치단체의 자치사무에 대한 감사) ① 행정안전부장관이나 시 · 도지사는 지방자치단체의 자치사무에 관하여 보고를 받거나 서류 · 장부 또는 회계를 감사할 수 있다. 이 경우 감사는 법령위반사항에 대해서만 실시한다.

② 행정안전부장관 또는 시 · 도지사는 제1항에 따라 감사를 실시하기 전에 해당 사무의 처리가 법령에 위반되는지 등을 확인하여야 한다.

가. 보고를 받을 권리

(1) 의　　의

위 권리는 권력적 통제에 앞서 정보를 수집하고 지방자치단체에게 설명의 기회를 줌으로써, 다른 통제수단의 실시여부 및 그 통제수단으로 일어날 수 있는 반응 등을 미리 고려할 수 있도록 하는 감독청에 대한 배려로 이해된다.

(2) 대　　상

법문상 자치사무에 한정된다. 그러나 국가의 위임사무에 관해서는 개별법령과 정부조직법 제6조 및 그에 따른 행정권한의 위임 및 위탁에 관한 규정의 적용을 받게 되므로, 그것을 근거로 보고를 받을 수 있을 것이다.

(3) 사전적 · 사후적 보고 모두 포함

여기에서의 보고는 사후적 · 억제적 관여수단일 뿐 사전적 · 예방적 관여수단은 아니라는 견해가 있으나, 법문이 특별히 그 시기를 제한하고 있지 않다는 점에서 사전적 · 예방적

인 관여수단으로도 쓰일 수 있다.

(4) 개별적 보고

특별한 동기가 있는 경우 개별적인 사안과 관련하여 요구하여야 한다. 사무의 전반에 관하여 정기적으로 보고할 의무를 지우는 것은 자치권 침해의 문제가 발생한다.

(5) 지방자치단체가 보고요구에 응해야 할 의무가 있는지 여부

지방자치법은 조례·규칙의 제정 또는 개폐에 관한 보고(제35조), 예산의결의 보고(제149조 제2항), 결산승인의 보고(제150조 제2항), 행정협의회구성의 보고(제169조 제1항) 등에 관한 규정을 두면서 주체를 지방자치단체로 하여 "보고하여야 한다." 또는 "보고하고 ……하여야 한다."라는 식으로 규정하여 지방자치단체의 특정한 활동에 대한 보고의무를 부과하고 있다.

그런데 지방자치법 제190조에서는 보고를 받을 수 있다는 점을 규정하고 있을 뿐이므로, 보고의무가 있는지에 관하여 다툼의 여지가 있다. 다른 규정들은 법문에서 보고의무를 명시적으로 규정하고 있으나 제190조에서는 그러한 규정형식을 채택하지 않았고, 만일 보고의무를 인정한다면 국가 등의 보고요구에 관한 요건이 없는 현행법 하에서 자치권에 대한 지나친 침해를 야기할 우려가 있는 점 등을 감안하면, 제190조의 보고요구에 따른 보고의무를 인정할 수 없다.

나. 감 사 권

지방자치법 제190조에서의 감사권은 지방자치단체의 자치사무에 대하여 행정안전부장관 또는 시·도지사가 감사를 하되, 법령위반사항에 한한다. 내용적으로 행정감사(서류·장부에 대한 감사)와 회계감사로 나뉜다.

위 감사권은 사전적·일반적인 포괄감사권이 아니라 그 대상과 범위가 한정적인 제한된 감사권이라고 해석하여야 한다.[70] 중앙행정기관이 감사에 착수하기 위해서는 자치사무에 관하여 특정한 법령위반행위가 확인되었거나 위법행위가 있었으리라는 합리적 의심이 가능한 경우이어야 하고, 그 감사대상을 특정하여야 한다. 따라서 전반기 또는 후반기 감사와 같은 포괄적·사전적 일반감사나 위법사항을 특정하지 않고 개시하는 감사 또는 법령위반사항을 적발하기 위한 감사는 모두 허용될 수 없다.[71]

70) 헌법재판소는 그 이유에 관하여, 지방자치제 실시를 유보하던 개정전 헌법 부칙 제10조를 삭제한 현행헌법 및 이에 따라 자치사무에 관한 감사규정은 존치하되 '위법성 감사'라는 단서를 추가하여 자치사무에 대한 감사를 축소한 구 지방자치법 제158조 신설경위, 자치사무에 관한 한 중앙행정기관과 지방자치단체의 관계가 상하의 감독관계에서 상호보완적 지도·지원의 관계로 변화된 지방자치법의 취지, 중앙행정기관의 감독권 발동은 지방자치단체의 구체적 법위반을 전제로 하여 작동되도록 제한되어 있는 점, 그리고 국가감독권 행사로서 지방자치단체의 자치사무에 대한 감사원의 사전적·포괄적 합목적성 감사가 인정되므로 국가의 중복감사의 필요성이 없는 점 등을 들고 있다(헌재 2009. 5. 28. 선고 2006헌라6 결정).

4. 위임사무에만 인정되는 관여수단

가. 직무이행명령

지방자치법 제189**조(지방자치단체의 장에 대한 직무이행명령)** ① 지방자치단체의 장이 법령에 따라 그 의무에 속하는 국가위임사무나 시 · 도위임사무의 관리와 집행을 명백히 게을리하고 있다고 인정되면 시 · 도에 대해서는 주무부장관이, 시 · 군 및 자치구에 대해서는 시 · 도지사가 기간을 정하여 서면으로 이행할 사항을 명령할 수 있다.

② 주무부장관이나 시 · 도지사는 해당 지방자치단체의 장이 제1항의 기간에 이행명령을 이행하지 아니하면 그 지방자치단체의 비용부담으로 대집행 또는 행정상 · 재정상 필요한 조치(이하 이 조에서 "대집행등"이라 한다)를 할 수 있다. 이 경우 행정대집행에 관하여는 「행정대집행법」을 준용한다.

③ 주무부장관은 시장 · 군수 및 자치구의 구청장이 법령에 따라 그 의무에 속하는 국가위임사무의 관리와 집행을 명백히 게을리하고 있다고 인정됨에도 불구하고 시 · 도지사가 제1항에 따른 이행명령을 하지 아니하는 경우 시 · 도지사에게 기간을 정하여 이행명령을 하도록 명할 수 있다.

④ 주무부장관은 시 · 도지사가 제3항에 따른 기간에 이행명령을 하지 아니하면 제3항에 따른 기간이 지난 날부터 7일 이내에 직접 시장 · 군수 및 자치구의 구청장에게 기간을 정하여 이행명령을 하고, 그 기간에 이행하지 아니하면 주무부장관이 직접 대집행등을 할 수 있다.

⑤ 주무부장관은 시 · 도지사가 시장 · 군수 및 자치구의 구청장에게 제1항에 따라 이행명령을 하였으나 이를 이행하지 아니한 데 따른 대집행등을 하지 아니하는 경우에는 시 · 도지사에게 기간을 정하여 대집행등을 하도록 명하고, 그 기간에 대집행등을 하지 아니하면 주무부장관이 직접 대집행등을 할 수 있다.

⑥ 지방자치단체의 장은 제1항 또는 제4항에 따른 이행명령에 이의가 있으면 이행명령서를 접수한 날부터 15일 이내에 대법원에 소를 제기할 수 있다. 이 경우 지방자치단체의 장은 이행명령의 집행을 정지하게 하는 집행정지결정을 신청할 수 있다.

(1) 입법의 배경

직무이행명령은 부작위 또는 의무불이행 등과 같은 위법한 소극적 행위를 대상으로 하는 것으로서 위법한 적극적 행위를 대상으로 하는 시정명령 등과 짝을 이루고 있다. 이 제도는 1995. 6. 27. 민선시장 선거를 계기로 지방자치가 본격화되기 전인 1994. 3. 16. 지방자치법개정을 통해 신설된 제도로서, 지방자치가 활성화되면 국가와 지방자치단체간의 마찰 · 갈등경향이 나타날 것이라는 우려로 인하여 국가의 통제 · 감독권을 사전에 강화하려는 의도에서 도입된 것이다.

따라서 국가위임사무나 시 · 도위임사무의 관리 · 집행에서 위임기관과 수임기관 사이

71) 헌재 2009. 5. 28. 선고 2006헌라6 결정.

의 지위와 권한, 상호관계 등을 고려하여, 수임기관인 지방자치단체장이 해당 사무에 관한 사실관계의 인식이나 법령의 해석·적용에서 위임기관과 견해를 달리하여 해당 사무의 관리·집행을 하지 않을 경우에 그 사무집행의 실효성을 확보하기 위하여, 위임기관에게 수임기관인 지방자치단체장에 대한 직무이행명령과 그 불이행에 따른 후속 조치를 할 권한을 부여하는 데에 그 제도적 취지가 있다.[72)]

일본의 경우에는 「기관위임사무 집행의 위법·태만 등→위반의 시정·개선조치 등의 '권고'→권고 불이행시 직무집행명령→국가에 의한 직무집행명령 소송의 제기→대집행」의 일련의 절차를 규정하고 있는데, 우리의 경우와 다른 점은 권고절차를 두고 있다는 점, 그 이행명령은 재판을 통해서만 할 수 있는 점 등이다. 독일의 경우에는 자치사무도 이행명령·대집행의 대상이 된다는 점에서 우리와 다르다.

(2) 직무이행명령의 주체

직무이행명령은 시·도에 대해서는 주무부장관이 발령한다. 시·군 및 자치구에 대해서는 원칙적으로 시·도지사가 발령하지만, 시·도지사가 이를 해태하면 주무부장관은 시·도지사에게 직무이행명령의 발령을 지시하고 그 명령도 이행하지 않으면 직접 직무이행명령을 발령하고 대집행을 할 수 있다.

(3) 대 상

감독청의 이행명령의 대상은 법문상 국가위임사무나 시·도위임사무이다. 그리하여 그 위임사무가 단체위임사무인지 기관위임사무인지 다음과 같은 견해의 대립이 있다. 기관위임사무라고 보는 견해가 일반적인 견해이고 타당하다.

① **단체위임사무라고 보는 견해**: 기관위임사무는 위임자인 국가나 상급지방자치단체의 포괄적인 지도·감독권이 인정되므로 수임기관이 그러한 기관위임사무를 불이행하는 경우 국가 등은 행정감독권에 기하여 의무이행을 명할 수 있어서 별도로 직무이행명령제도를 도입할 필요가 없다는 점, 제3항은 지방자치단체의 장에게 제소권을 인정하고 있는데 기관위임사무로 본다면 기관위임사무 처리에서 국가행정기관에 속하는 지방자치단체장에게 상급관청에 대한 제소를 인정하는 것이 되어 법리상 맞지 않다는 점 등을 논거로 한다.

② **기관위임사무라고 보는 견해**: '지방자치단체'가 아닌 '장'이 '그' 의무에 속한 사무라는 조문상의 표현을 고려하여야 하고 단체위임사무로 해석한다면 관여청의 지방자치단체에 대한 과도한 침해를 야기할 여지가 있는 점, 기관위임사무에 위임자인 국가나 상급지방자치단체의 포괄적인 지도·감독권이 인정된다 하더라도 그것만으로 관여청에게 직무이행명령을 발할 수 있다고 보는 것은 지방자치단체장이 민선인 현실에서 논란의 여지가 있기

72) 대법원 2020. 3. 27. 선고 2017추5060 판결.

때문에 명문의 규정이 필요하다는 점, 지방자치단체장이 민선인 것을 고려하여 기관위임사무의 경우에도 특별히 대법원에의 제소를 인정한 점 등을 논거로 한다.

(4) 요 건

직무이행명령의 요건 중 '법령의 규정에 따라 지방자치단체의 장에게 특정 국가위임사무나 시 · 도위임사무를 관리 · 집행할 의무가 있는지' 여부의 판단대상은 문언 그대로 법령상 의무의 존부이지, 지방자치단체의 장이 사무의 관리 · 집행을 하지 않은 것에 합리적 이유가 있는지 여부가 아니다.[73] 그리고, 지방자치단체의 장이 기관위임사무의 관리 및 집행을 명백히 해태하고 있다고 인정되어야 한다.

따라서 기관위임사무를 관리 · 집행할 수 없는 법령상 장애사유 또는 지방자치단체의 재정상 능력이나 여건의 미비, 인력의 부족 등 사실상의 장애사유가 있는 경우에는 직무이행명령을 발할 수 없을 것이나, 주무부장관과 다른 견해를 취하여 이행하고 있지 않은 사정은 이에 해당하지 않는다는 것이 판례이다.[74]

(5) 소송의 성격

지방자치단체장은 직무이행명령에 이의가 있는 경우 대법원에 소송을 제기할 수 있다. 이때 그 소송의 성격이 문제가 된다. 지방자치단체의 장이라는 행정기관이 감독청이라는 행정기관을 상대로 소를 제기한다는 관점에서 보면 기관소송이라고 볼 수도 있다. 그런데 기관소송은 동일한 행정주체 내부의 기관 사이의 소송이라고 보는 것이 통설적 견해이므로, 그 견해에 따르면 위 소송은 기관소송이 될 수 없다. 따라서 법이 인정한 특수한 형태의 항고소송이라고 볼 수밖에 없다.

나. 대집행과 행정상 · 재정상 필요한 조치

직무이행명령이 발해지면, 지방자치단체의 장은 법령상의 위임사무에 대한 관리 · 집행의무를 재차 부담하게 되고, 이때 소정의 기간 내에 여전히 그 이행을 하지 않는 경우 해당 직무이행명령을 발령한 주무부장관이나 시 · 도지사가 해당 지방자치단체의 비용으로 대집행하거나 행정상 · 재정상 필요한 조치를 할 수 있고, 시 · 군 및 자치구에 대해서는 주무부장관은 시 · 도지사가 직무이행명령에 대한 발령지시에 따라 이행명령을 하기는 하였으나 대집행을 하지 않으면 대집행을 하도록 명하고 그 명령을 이행하지 않으면 직접 대집행을 할 수 있게 하여, 그 실효성 확보수단을 마련하고 있다.

여기에서 대집행은 성질상 대체가능성 있는 작위의무의 경우에 할 수 있을 것이고, 최

73) 대법원 2020. 3. 27. 선고 2017추5060 판결. 법령상 의무의 존부는 원칙적으로 직무이행명령 당시의 사실관계에 관련 법령을 해석 · 적용하여 판단하되, 직무이행명령 이후의 정황도 고려할 수 있다.
74) 대법원 2015. 9. 10. 선고 2013추517 판결.

후의 수단으로 활용되어야 할 것이며, 비례의 원칙을 준수하여 집행되어야 할 것이다.

행정·재정상의 필요한 조치가 무엇인지 불분명하지만, 지방자치법, 지방재정법 등의 관계법령에서 관여청에게 부여된 지방자치단체에 대한 행정·재정상의 감독·지원 등과 같은 권한의 범위 내에 속하는 것에 한정된다고 보아야 할 것이다. 이와 관련하여 교육부장관은 교육감의 신청이 있어야만 교육장 및 시·도 교육청에 근무하는 국장 이상인 장학관 등에 대하여 징계의결을 요구할 수 있는데, 이러한 교육감의 징계의결요구신청은 의사의 진술에 해당하고 의사의 진술을 명하는 직무이행명령을 이행하지 않았다고 하더라도 법령의 근거 없이 의사의 진술이 있는 것으로 의제할 수는 없으므로, 교육부장관이 할 수 있는 행정상 필요한 조치에 교육감의 징계의결요구신청 없이 곧바로 징계의결요구를 하는 것은 포함되지 않는다는 판례가 있다.[75]

Ⅲ. 사법기관의 관여

1. 법원에 의한 관여

가. 주민이 당사자가 되는 경우

지방자치법 제22조 소정의 주민소송을 제기하는 경우, 지방자치단체를 상대로 손해배상소송, 손실보상소송을 청구하는 경우, 지방자치단체장의 처분의 위법성을 이유로 행정소송을 제기하는 경우 법원은 그에 대한 재판으로 지방자치단체에 관여하게 된다.

나. 지방자치단체가 당사자가 되는 경우

법원은 지방자치단체가 공법상의 당사자소송이나 민사소송의 당사자가 되는 경우 그에 대한 재판으로써 관여하게 된다. 문제는 지방자치단체가 국가나 다른 지방자치단체의 행정청의 처분에 대하여 자치권을 침해받았음을 이유로 항고소송을 제기할 수 있는지에 있다. 이에 관해서는 이미 행정쟁송법의 해당 부분에서 자세히 다루었으므로, 여기에서는 간략히 설명하기로 한다.

국고관계에서 국가 또는 공공단체는 사법상의 권리주체로서 사법의 규율을 받고 사법상 법인과 같은 사인으로 취급되기 때문에 공권력과 공법의 규율을 받는다. 따라서 행정청이 국고관계에서의 국가 또는 공공단체에게 처분을 발령한 경우 사인으로서의 국가 또는 공공단체는 사법상 권리·이익의 침해를 배제하기 위하여 취소소송을 비롯한 항고소송을 제기할 수 있을 것으로 본다.

문제는 공권력 주체로서의 국가와 지방자치단체 상호간의 관계에서 발생한다. 국가는

75) 대법원 2015. 9. 10. 선고 2013추524 판결.

자치사무 · 단체위임사무 · 기관위임사무를 가리지 않고 시정명령 및 취소 · 정지권을 행사할 수 있고, 기관위임사무에 대해서는 직무이행명령과 대집행 및 직접조치권이라는 두 가지 축의 감독권을 행사하여 자신의 의사를 관철할 수 있으므로, 지방자치단체가 한 처분을 스스로 취소하면 되는 것이지 항고소송을 제기할 필요나 실익이 없다. 이러한 관점에서 대법원은 기관위임사무에서 국가가 지방자치단체장을 상대로 한 취소소송의 제기는 허용되지 않는다고 판시하였다.76)

다음으로, 국가가 지방자치단체에 감독권을 행사하는 경우 지방자치단체가 그에 불복하는 소송을 제기할 수 있는지 문제가 된다. 지방자치법은 제188조 제6항에서 자치사무에 대한 시정명령 등의 불복소송, 제189조 제6항에서 정한 기관위임사무에 대한 직무이행명령의 불복소송을 허용하고 있다.

문제는 국가의 감독권의 행사와 그에 대한 지방자치단체의 불복소송을 허용하는 법률의 규정이 없는 경우에 발생한다. 이 문제는 지방자치단체의 장에게 내려진 국가기관이나 상급지방자치단체장의 처분이 어느 사무에 속하는지에 따라 나누어 살펴보아야 한다고 생각된다. 기관위임사무에 대한 감독처분에서 지방자치단체의 장은 국가기관의 하부기관의 지위에 있고, 그 법률효과도 지방자치단체에 귀속되는 것이 아니므로, 행정조직 내부관계에서의 분쟁과 같은 성격을 가지고, 내부적인 절차에 따라 그 분쟁이 해결되어야 하는 관계로 새길 수 있다. 자치사무나 단체위임사무에 관해서는 지방자치단체장은 형식적으로는 감독처분의 상대방이지만 실질적으로는 지방자치단체의 대표자의 지위에서 상대방이 된 것이니 그 법률효과도 지방자치단체에 귀속되고, 자치권의 침해는 지방자치단체의 고유한 법률적 이익의 침해에 해당하므로, 법률상의 쟁송성과 처분성, 법률상 이익 등을 모두 충족하는 것으로 볼 수 있기 때문에, 항고소송으로 다툴 수 있다고 볼 수 있다.

다. 지방자치단체의 기관이 당사자가 되는 경우

① 지방자치단체의 장이 지방의회를 상대로 대법원에 제소하는 경우이다. 이때 소송의 성격은 기관소송이다.

② 지방자치법상 감독청의 감독처분에 불복하여 제소하는 경우이다(취소 · 정지와 직무이행명령에 대한 불복). 이러한 소송의 법적성격에 대하여 기관소송이라는 소수설과 외관상 기관소송과 유사하지만 성질상 기관소송과 구별하여야 하고 이는 항고소송으로 보아야 한다는 다수설이 대립한다. 지방자치단체의 장과 감독청 사이의 분쟁은 동일한 법주체의 기관 사이의 소송이 아니고(기관소송이 아님), 헌법이나 법률이 부여한 권한의 존부 또는 범위

---

76) 대법원 2007. 9. 20. 선고 2005두6935 판결.

에 관한 다툼이 아니라 감독청의 시정명령, 처분의 취소, 정지를 심사하는 것으로서 권한쟁의심판으로도 다룰 수 없는 것이다(권한쟁의 아님). 따라서 특수한 형태의 항고소송으로 볼 수밖에 없다(항고소송과는 원고적격, 관할법원, 제소기간 등이 다름).

③ 지방의회에서 의결 또는 재의결된 사항에 대하여 감독청이 직접 대법원에 제소하는 경우 그 소송도 특수한 형태의 항고소송이다.

2. 헌법재판소에 의한 관여

국가기관과 지방자치단체 사이의 권한쟁의 및 지방자치단체 상호간의 권한쟁의에 대한 심판으로써 헌법재판소는 지방자치단체에 관여한다. 그리고 지방자치단체장의 처분의 근거가 되는 법률의 위헌심사도 관여수단이 된다.

기본권을 침해 받은 주민이 제기하는 헌법소원으로도 관여할 수 있다. 다만 지방자치단체나 그 기관이 국가나 다른 지방자치단체 및 그 기관의 공권력 행사로 자치권이 침해되었음을 이유로 헌법소원심판을 제기할 수는 없을 것이다(공법인의 기본권 향유주체성 문제).

Ⅳ. 국회의 관여

지방자치단체의 사무, 지방의회의 조직 · 권한 · 의원선거와 지방자치단체의 장의 선임방법 및 기타 지방자치단체의 조직과 운영에 관한 사항이 모두 법률사항이므로 이에 관한 입법을 통해 사전적으로 관여할 수 있게 되고, 법률유보, 법률우위의 원칙에 따라 국회는 그의 법률제정권을 통해 지방자치단체를 규율 · 통제할 수 있다.

한편 국회가 가지고 있는 예산심의, 조세와 관한 권한 등 재정에 관한 권한 역시 지방자치단체에 대한 중요한 관여수단이 된다.

아울러 국정조사 및 국정감사권도 일정한 한도에서 지방자치단체에 대한 관여수단이 된다. 지방자치단체 중 특별시 · 광역시 · 도의 국가위임사무와 국가가 보조금 등 예산을 지원하는 사업이 국회의 국정조사 및 감사의 대상이 된다.

Ⅴ. 지방자치단체의 국정참여

1. 국가와 지방자치단체 사이의 협력

오늘날 지방의 중요 입법이나 정책이 중앙에 의하여 결정되는 경우가 많기 때문에, 지방에 관련되는 국가의 입법 · 정책의 결정에 관계 지방자치단체가 참여할 필요가 있는데,

이를 둘러싼 논의가 지방자치단체의 국정참여의 문제이다.

이와 관련하여 지방자치법 제186조에서는 국가와 지방자치단체 간의 협력을 도모하고 지방자치 발전과 지역 간 균형발전에 관련되는 중요 정책을 심의하기 위하여 중앙지방협력회의를 두고, 그 구성 및 운영에 관한 사항은 따로 법률로 정하도록 하고 있다. 또한, 지방재정법 제27조의2에서는 지방재정 부담에 관한 주요 안건을 심의하기 위하여 국무총리 소속으로 지방재정부담심의위원회를 두도록 하고 있다. 그밖에도 지방자치단체장 등의 협의체와 연합체는 지방자치에 직접적인 영향을 미치는 법령 등에 관한 의견을 행정안전부장관에게 제출할 수 있고(지방자치법 제182조 제4항), 대통령이 주재하는 시도지사 간담회도 지방자치단체가 국정에 참여하는 통로로 이용될 수 있다.

한편, 지방자치법 제184조 제3항에 규정된 국가의 지도와 지원에 대한 지방자치단체장의 의견제출제도는 개별 사안에서 지방자치단체가 국정에 참여하는 수단으로 활용될 수 있다.

2. 행정협의조정위원회의 설치

중앙행정기관의 장과 지방자치단체의 장이 사무를 처리할 때 의견을 달리하는 경우 이를 협의 · 조정하기 위하여 국무총리 소속으로 행정협의조정위원회를 둔다(지방자치법 제187조). 협의 · 조정의 신청은 당사자의 쌍방 또는 일방이 서면으로 행정협의조정위원회의 위원장에게 신청하여야 한다. 행정협의조정위원회의 위원장은 협의 · 조정사항에 관한 결정을 하면 지체없이 서면으로 국무총리에게 보고하고 행정안전부장관 · 관계 중앙행정기관의 장 및 해당 지방자치단체의 장에게 통보하여야 하며, 통보를 받은 관계 중앙행정기관의 장과 그 지방자치단체의 장은 그 협의 · 조정 결정사항을 이행하여야 한다.

제3장 공무원법

제1절 개 설

Ⅰ. 공무원의 개념

공무원은 넓은 의미로 '국가 또는 공공단체의 공무를 담당하는 일체의 자'로서, 헌법 제7조 제1항에서 규정하고 있는 국민 전체의 봉사자로서의 공무원을 말한다. 여기에는 대통령, 국회의원 등과 같이 선거에 의하여 취임하거나 임명할 때 국회의 동의를 거쳐 임명되는 공무원(정무직공무원)은 물론 계약직, 고용직 및 임시직 등 모든 공무담당자가 포함된다.

좁은 의미로는 '국가 또는 지방자치단체와 공법상의 근무관계에 있는 자'로서, 국가공무원법, 지방공무원법 및 각종 공무원법상의 공무원을 말한다.

Ⅱ. 공무원의 종류

1. 국가공무원과 지방공무원

국가공무원이란 국가에 의하여 임용되어 주로 국가기관에 근무하고 국가로부터 보수를 받는 공무원을 말한다. 한편, 지방공무원이란 지방자치단체에 의하여 임용되어 주로 지방자치단체에 근무하며 지방자치단체로부터 보수를 받는 공무원을 말한다. 국가공무원이면서 지방자치단체에 근무하는 경우도 종종 있고 그 반대의 경우도 있다. 국가공무원은 국가공무원법의 적용을 받고, 지방공무원은 지방공무원법의 적용을 받는다.

2. 경력직공무원과 특수경력직공무원

국가공무원법 제2조 및 지방공무원법 제2조에 의하면, 공무원의 임용자격 및 신분보장의 유무와 직무내용의 정치성 및 전문성 유무를 기준으로 경력직공무원과 특수경력직공무원으로 구별된다. 경력직은 일반직 · 특정직으로, 특수경력직은 정무직 · 별정직으로 나누어진다.

경력직은 국가공무원법 또는 지방공무원법이 적용되나, 특수경력직공무원은 보수 및 복무에 관한 규정(대통령령으로 정하는 특수경력직공무원에 대해서는 예외가 있다) 외에는 국가공무원법과 지방공무원법이 원칙적으로 적용되지 않는다(국가공무원법 제3조, 지방공무원법 제3조).

○ **경력직공무원**: 실적과 자격에 따라 임용되고 그 신분이 보장되며 평생 동안(근무기간을 정하여 임용하는 공무원의 경우에는 그 기간 동안) 공무원으로 근무할 것이 예정되는 공무원

▸ **일반직공무원**: 기술 · 연구 또는 행정 일반에 대한 업무를 담당하며, 직군[1](학예 · 공안 · 행정직 등 15개) · 직렬[2](행정직군에서의 일반행정 · 재무 · 교육 · 사회 · 문화 · 홍보)별로 분류되는 공무원(고위공무원단에 속하는 공무원 제외)

▸ **특정직공무원**: 법관, 검사, 외무공무원, 경찰공무원, 소방공무원, 교육공무원, 군인, 군무원, 헌법재판소 헌법연구관, 국가정보원의 직원, 경호공무원과 특수 분야의 업무를 담당하는 공무원으로서 다른 법률에서 특정직공무원으로 지정하는 공무원

○ **특수경력직공무원**: 경력직공무원 외의 공무원

▸ **정무직공무원**: ① 선거로 취임하거나 임명할 때 국회의 동의가 필요한 공무원, ② 고도의 정책결정 업무를 담당하거나 이러한 업무를 보조하는 공무원으로서 법률이나 대통령령(대통령실 및 국가안보실의 조직에 관한 대통령령)에서 정무직으로 지정하는 공무원

▸ **별정직공무원**: 비서관 · 비서 등 보좌업무 등을 수행하거나 특정한 업무를 담당하기 위하여 법령에서 별정직으로 지정하는 공무원

Ⅲ. 우리나라 공무원제도의 기본원칙

1. 민주적 공무원제

헌법 제7조 제1항에 따라 공무원은 국민전체에 대한 봉사자이지 특정인 또는 집권당에 대한 봉사자가 아니다. 공무원은 주권자인 국민으로부터 위임된 임무를 충실히 수행하지 않거나 위법행위를 하는 경우에는 정치적 · 법적 책임을 지지 않으면 안 된다. 정치적 책임은 주로 선거에 의하고, 법적 책임에는 공무원법상의 책임, 민사책임, 형사책임 등이 있다.

한편, 헌법 제25조는 국민의 공무담임권을 국민의 기본권으로 보장하고, 제11조 제1항에 따라 성별 · 종교 또는 사회적 신분에 의하여 차별받지 않는다.

2. 직업공무원제

가. 신분보장

직업공무원제는 공무원이 집권세력의 논공행상의 제물이 되는 엽관제도를 지양하고 정권교체에 따른 국가작용의 중단과 혼란을 예방하며 일관성 있는 공무수행의 독자성을 유지하기 위하여 헌법과 법률에 따라 공무원의 신분이 보장되는 공직구조에 관한 제도로서,

---

1) 직군이란 직무의 성질이 유사한 직렬의 군을 말한다.
2) 직렬이란 직무의 종류가 유사하고 그 책임과 곤란성의 정도가 서로 다른 직급의 군을 말한다.

이는 공무원의 신분보장을 통해서만 달성될 수 있다.[3] 헌법 제7조 제2항에서는 공무원의 신분보장을 규정하고 있고, 국가공무원법을 비롯한 각종의 공무원법에서 그 내용을 구체화하고 있다.

나. 정치적 중립성

헌법은 공무원의 신분보장과 아울러 '정치적 중립성'도 보장하고 있다. 정권의 교체에도 불구하고 공무원의 지위가 안정되기 위해서는 공무원의 정치적 중립이 전제되어야 하기 때문이다. 따라서 공무원에게는 정치운동이나 집단행위가 원칙적으로 금지되어 있다.

다. 성적주의

성적주의 또는 성적제(merit system)는 능력주의를 핵심적 요소로 하고 있다. 국가공무원법 제26조에서는 "공무원의 임용은 시험성적 · 근무성적 그밖의 능력의 실증에 따라 행한다."라고 규정하고 지방공무원법 제25조에서도 이와 유사하게 규정함으로써 성적주의를 명시하고 있다.[4]

현행법이 예정하고 있는 직위분류제(국가공무원법 제3장, 지방공무원법 제3장)도 성적주의를 실현하는데 기여할 것이다.[5] 직위분류제란 모든 직위를 직무의 종류와 곤란성 및 책임도에 따라 계급 및 직급별로 분류하고, 동일직급에 속하는 직위에 대해서는 동일한 자격요건을 필요로 함과 동시에 동일한 보수를 지급하는 인사제도를 말한다(국가공무원법 제22조, 지방공무원법 제22조 제2항 참조).[6] 이러한 직위분류제는 사회적 출신성분이나 학력과의 관련성이 적고, 특정 직무수행능력을 중시하는 제도라는 점에서 성적주의와 관련이 많다.

---

3) 대법원 2023. 1. 4. 선고 2022두65092 판결.

4) 이와 대조적으로 엽관제(spoils system)는 공무원의 임용이 선거에 승리한 집권당의 임의적 의사로 행해지는 공무원제도를 말한다. 공무원의 임면을 선거의 결과에 의존케 함으로써 공무원의 특권화를 방지하는 장점도 있으나, 공무원의 부패를 초래하고 전문화의 요청에 부응하지 못한다는 단점이 있다.

5) 우리나라는 1963년 직위분류법을 제정하였다가 1973년에 폐지하였으나, 공무원의 채용 · 승진 · 전직 등에서 직위분류제의 원칙이 부분적으로 이용되고 있다. 현행법상으로는 실시하기 쉬운 것부터 단계적으로 직위분류제를 실시하도록 되어 있다(국가공무원법 제24조 등 참조).

6) 이와 대조적으로 계층제(계서제)는 사람을 중심으로 학력 · 경력 · 능력을 기준으로 하여 공무원을 계급으로 분류하는 제도로서, 신분상의 자격 · 지위에 중점을 둔다.

제 2 절 공무원관계의 발생 · 변경 · 소멸

Ⅰ. 발 생

1. 임명의 의의 및 성질

가. 임명의 의의

공무원관계의 발생원인으로는 임명 · 선거 · 법률에 의한 강제설정 등이 있다. 이 중 '임명'이 가장 보편적인 형태로서, 특정인에게 공무원으로서의 신분을 부여하고, 공법상의 근무관계를 설정하는 행위를 말한다.

임명은 실정법상으로는 '임용'으로 표시되기도 한다(국가공무원법 제26조, 지방공무원법 제25조). 그러나 임용은 신규채용 · 승진임용 · 전직 · 전보 · 겸임 · 파견 · 강임 · 휴직 · 직위해제 · 정직 · 복직 · 면직 · 해임 및 파면을 포괄하므로(공무원임용령 제2조 제1호), 임명보다 넓은 개념이다.

나. 임명의 성질

대부분의 공무원은 임명처분이라는 행정행위로써 신분을 취득한다. 그렇지만 계약직 공무원과 같이 국가나 지방자치단체와 사이의 공법상 계약에 의하여 임용되는 경우도 있는데, 그 채용계약에 대한 해지의 의사표시의 효력에 관한 다툼은 공법상 당사자소송에 의하여야 한다.[7]

한편, 정무직공무원에는 ① 선거에 의하여 취임하는 공무원(대통령, 지방자치단체장 등), ② 국회의 동의를 받아 임명되는 공무원(국무총리 · 감사원장 등), ③ 국회에서 선출하는 공무원(중앙선거관리위원회위원 3인 등), ④ 지명에 의하여 취임하는 공무원(헌법재판소 재판관 중 3인 등) 및 ⑤ 국무총리의 제청으로 대통령이 임명하는 공무원(장관급 공무원)이 있다.

2. 임명의 요건

가. 능력요건

① 피성년후견인, ② 파산선고를 받고 복권되지 아니한 자, ③ 금고 이상의 실형을 선고받고 그 집행이 끝나거나(집행이 끝난 것으로 보는 경우 포함) 집행이 면제된 날로부터 5년

---

7) 대법원 1993. 9. 14. 선고 92누4611 판결(서울대공전술연구소 연구원), 대법원 1995. 12. 22. 선고 95누4636 판결(서울시립무용단원), 대법원 2001. 12. 11. 선고 2001두7794 판결(광주시립합창단원), 대법원 1996. 5. 31. 선고 95누10617 판결(공중보건의사), 대법원 2002. 11. 26. 선고 2002두5948 판결(국방홍보원장), 대법원 2012. 10. 25. 선고 2010두18963 판결(이장).

이 지나지 아니한 자, ④ 금고 이상의 형의 집행유예를 선고받고 그 유예기간이 끝난 날부터 2년이 지나지 아니한 자, ⑤ 금고 이상의 형의 선고유예를 받은 경우에 그 선고유예 기간 중에 있는 자, ⑥ 법원의 판결 또는 다른 법률에 따라 자격이 상실되거나 정지된 자, ⑦ 공무원으로 재직기간 중 직무와 관련하여 형법 제355조 및 제356조에 규정된 죄를 범한 자로서 300만원 이상의 벌금형을 선고받고 그 형이 확정된 후 2년이 지나지 아니한 자, ⑧「성폭력범죄의 처벌 등에 관한 특례법」 제2조에 따른 성폭력범죄,「정보통신망 이용촉진 및 정보보호 등에 관한 법률」 제74조 제1항 제2호(음란한 부호·문언·음향·화상 또는 영상을 배포·판매·임대하거나 공공연하게 전시한 자) 및 제3호(공포심이나 불안감을 유발하는 부호·문언·음향·화상 또는 영상을 반복적으로 상대방에게 도달하게 한 자)에 규정된 죄,「스토킹범죄의 처벌 등에 관한 법률」 제2조 제2호에 따른 스토킹범죄를 범한 사람으로서 100만원 이상의 벌금형을 선고받고 그 형이 확정된 후 3년이 지나지 아니한 사람, ⑨ 미성년자에 대한「성폭력범죄의 처벌 등에 관한 특례법」 제2조에 따른 성폭력범죄와「아동·청소년의 성보호에 관한 법률」 제2조 제2호에 따른 아동·청소년대상 성범죄에 해당하는 죄를 저질러 파면·해임되거나 형 또는 치료감호를 선고받아 그 형 또는 치료감호가 확정된 사람(집행유예를 선고받은 후 그 집행유예기간이 경과한 사람 포함), ⑩ 징계로 파면처분을 받은 때부터 5년이 지나지 아니한 자, ⑪ 징계로 해임처분을 받은 때부터 3년이 지나지 아니한 자는 공무원에 임용될 수 없다(국가공무원법 제33조, 지방공무원법 제31조). 그밖에 대한민국의 국적이 없는 자는 외무공무원이 될 수 없다(외무공무원법 제9조 제2항 제2호).

한편, 공무원관계는 국가공무원법 제38조, 공무원임용령 제11조의 규정에 의한 채용후보자 명부에 등록한 때가 아니라 국가의 임용이 있는 때 설정되는 것이므로, 공무원임용 결격사유가 있는지의 여부는 채용 후보자 명부에 등록한 때가 아닌 임용 당시에 시행되던 법률을 기준으로 판단하여야 한다.[8)]

임용결격사유에 해당하는 자에 대한 임용행위는 무효이므로,[9)] 이 경우 공무원의 신분을 취득하거나 근로고용관계가 성립하지 않는다. 따라서 임용결격사유로 인한 임용취소의 통지는 임용처분의 무효를 공적으로 확인하여 알려주는 사실의 통지에 불과할 뿐 공무원 신분을 상실시키는 형성적 행위가 아니므로 처분이라고 볼 수 없다.[10)]

임명이 무효인 공무원이 행한 행위의 효력은 외관상 공무원으로서 행동한 사람을 신

8) 대법원 1987. 4. 14. 선고 86누459 판결.

9) 설령 과실로 임용결격자임을 밝혀내지 못하였다 하더라도 마찬가지이다(대법원 1987. 4. 14. 선고 86누459 판결). 다만 결격사유가 있었음에도 이를 알지 못하고 근무하던 공무원이 특별임용된 경우 결국 소정의 경력을 갖추지 못한 자를 임용을 한 하자가 있으나 그 하자가 중대·명백하지 않아 특별임용의 취소사유가 된다는 사례가 있다(대법원 1998. 10. 23. 선고 98두12932 판결).

10) 대법원 2001. 4. 10. 선고 2000두10472 판결.

뢰하여 법적 관계가 형성되어 있을 경우 상대방의 신뢰보호와 법적 안정성을 이유로 공무원으로서 사실상 유효하게 행위를 한 것으로 인정된다(사실상 공무원 이론). 아울러 그가 임용행위라는 외관을 갖추어 실제로 공무를 수행한 이상 공무 수행의 공정과 그에 대한 사회의 신뢰 및 직무행위의 불가매수성은 여전히 보호되어야 하므로, 수뢰죄의 주체가 될 수 있다.[11]

나. 자격요건

공무원이 되기 위해서는 위와 같은 결격사유가 없을 뿐 아니라 일정한 자격을 갖추어야 한다. 별정직인 비서와 같은 예외도 있으나, 공무원의 임명은 공개경쟁시험(신규임명의 경우), 특별채용시험(퇴직공무원의 재임용 등의 경우) 등 시험 또는 근무성적, 경력평정 등 실증을 통하도록 되어 있고, 공개시험합격자를 우선적으로 임용하도록 되어 있다(국가공무원법 제26조 · 제28조 · 제31조, 지방공무원법 제25조 · 제27조 · 제30조).

다. 임명권자 · 임명절차

국가공무원의 임명권은 대통령에게(헌법 제78조), 지방공무원의 임명권은 지방자치단체의 장에게 있다. 5급 이상 국가공무원은 소속 장관의 제청으로 인사혁신처장과 협의를 거친 후에 국무총리를 거쳐 대통령이 임용하고, 그 밖의 소속 공무원에 대해서는 소속장관이 임용권을 가지되, 그 일부를 소속기관장에게 위임할 수 있게 되어 있다(국가공무원법 제32조, 공무원임용령 제5조). 지방자치단체의 장도 조례에서 정해진 대로 임용권의 일부를 소속 기관장 등에게 위임할 수 있다(지방공무원법 제6조 제2항).

한편, 5급공무원을 신규채용하는 경우에는 1년, 6급 이하 공무원을 신규채용하는 경우에는 6개월간 시보로 임용하고, 그 기간 중의 근무성적이 양호한 경우에 정규공무원으로 임용하는 것이 원칙이다(국가공무원법 제29조 제1항, 지방공무원법 제28조 제1항). 시보임용기간 중의 공무원이 근무성적 또는 교육훈련성적이 나쁘거나 공무원법령을 위반하여 공무원으로서의 자질이 부족하다고 판단되는 경우에는 면직시키거나 면직을 제청할 수 있다(국가공무원법 제29조 제3항, 지방공무원법 제28조 제3항).

라. 고위공무원임용심사위원회의 심사

임용권자 또는 임용제청권자는 고위공무원단에 속하는 공무원의 채용 또는 고위공무원단 직위로 승진임용하고자 하는 경우 임용대상자를 선정하여 행정안전부에 설치된 고위공무원임용심사위원회의 심사를 거쳐 임용 또는 임용제청하여야 한다(국가공무원법 제28조의 6 제3항).

---

11) 대법원 2014. 3. 27. 선고 2013도11357 판결.

마. 형식적 요건

임명은 임용장(사령서)의 교부에 의하는 것이 원칙이다. 다만, 임명(임용)은 요식행위가 아니므로 임용장의 교부가 유효요건은 아니다.

바. 임명의 효력발생시기

공무원은 임용장에 기재된 일자에 임명된 것으로 보며(공무원임용령 제6조 제1항, 지방공무원임용령 제5조),[12] 소급임명은 원칙적으로 금지된다. 다만, ① 재직 중 공적이 현저한 자가 공무로 사망한 경우(재직 중 사망한 경우: 사망일의 전날, 퇴직 후 사망한 경우: 퇴직일의 전날), ② 휴직기간의 만료 또는 휴직사유가 소멸된 후에도 직무에 복귀하지 않거나 직무를 감당할 수 없을 때에 해당하여 직권면직하는 경우(휴직기간의 만료일 또는 휴직사유의 소멸일), ③ 시보임용이 될 사람이 공무원의 직무수행과 관련된 실무수습 중 사망한 경우(사망일의 전날)에는 예외이다(공무원임용령 제7조, 지방공무원임용령 제6조).

Ⅱ. 공무원관계의 변동

1. 승진 · 전직 · 전보 · 복직

가. 승 진

승진이란 동일직렬 내의 상위직급에 임용되는 것을 말한다. 계급간 승진임용은 근무성적평정 · 경력평정 기타 능력의 실증에 의한다. 1급 내지 3급 공무원에의 승진임용은 능력과 경력 등을 고려하여 임용하고, 5급 공무원에의 승진임용은 승진시험을 거쳐야 한다(국가공무원법 제40조 제1항, 지방공무원법 제38조 제1항). 국가공무원의 승진임용 또는 제청은 사전에 승진심사위원회의 심사를 거쳐야 하고(국가공무원법 제40조의3), 지방공무원의 승진임용은 해당 인사위원회의 사전심의를 거쳐야 한다(지방공무원법 제39조 제4항). 우수공무원 등에 대해서는 특별승진이 인정되고 있다(국가공무원법 제40조의4, 지방공무원법 제39조의3).

임용권자는 승진임용에 관하여 매우 광범위한 재량이 부여되어 있으므로, 승진후보자명부의 높은 순위에 있는 후보자를 반드시 승진임용하여야 하는 것은 아니다.[13] 그렇지만, 승진후보자명부의 작성 또는 승진임용 여부를 심사 · 결정하는 과정에서 법령상 근거 없이 직무수행능력과 무관한 요소로서 근무성적평정 · 경력평정 및 능력의 실증에 해당한다고 보기 어려운 사정을 주된 평정사유로 반영하였거나 이러한 사정을 승진임용에 관한 일률적

---

12) 만일에 임용장이 기재된 일자보다 늦게 도달된 때에는 임용장이 도달된 일자에 임용된 것으로 보아야 할 것이다(대법원 1962. 11. 15. 선고 62누165 판결 참조).
13) 대법원 2018. 3. 27. 선고 2015두47492 판결 등 참조.

인 배제사유 또는 소극요건으로 삼았다면, 이는 임용권자가 법령상 근거 없이 자신의 주관적 의사에 따라 임용권을 자의적으로 행사한 것이므로, 헌법상 직업공무원제도의 취지·목적과 능력주의 원칙 및 지방공무원법령 규정에 반하는 것이어서 허용될 수 없다는 것이 판례이다.[14)]

나. 전 직

전직이란 직렬을 달리하는 임용을 말한다. 이를 위해서는 시험을 거치는 것이 원칙이지만, 시험의 일부 또는 전부를 면제할 수 있다(국가공무원법 제28조의3, 공무원임용령 제29조·제30조, 지방공무원법 제29조의2, 지방공무원임용령 제28조·제29조).

다. 전 보

전보란 동일직급 내의 직위변경을 말한다(국가공무원법 제5조 제6호). 전보는 해당 직위에 임용된 날로부터 3년 내에는 할 수 없는 것이 원칙이다(공무원임용령 제45조). 전보가 행정행위(처분)의 성질을 가지는지에 대하여 논란이 있지만, 긍정설이 타당하다.

라. 전 입

전입이란 국회·법원·헌법재판소·선거관리위원회 및 행정부 사이에 다른 기관 소속 공무원을 시험을 거쳐 임용하는 것을 말한다(국가공무원법 제28조의2). 또한 지방자치단체 사이에 그 장의 동의를 얻어 전입하는 경우도 있다(지방공무원법 제29조의3). 이때 본인의 동의가 필요하다.[15)]

마. 인사교류

소속 장관을 달리하는 행정기관 상호간, 행정안전부 또는 교육부와 지방자치단체 상호간, 광역지방자치단체 및 관할구역 안의 기초지방자치단체 상호간에 인사교류계획에 따라 행해지는 인사이동을 인사교류라고 한다(국가공무원법 제32조의2, 지방공무원법 제30조의2 제1항, 공무원임용령 제48조 이하 참조). 또한, 인사교류는 시·도 및 관할구역 안의 지방자치단체, 교육·연구기관, 공공기간 사이에 해당 시·도에 두는 인사교류협의회에서 정한 인사교류기준에 따라 행해지기도 한다(지방공무원법 제30조의2 제2항).[16)]

---

14) 이에 따라 대법원 2023. 1. 4. 선고 2022두65092 판결에서는 공무원의 '주택보유현황' 자체가 공무원의 직무수행능력과 관련되는 도덕성·청렴성 등을 실증하는 지표에 해당한다고 볼 수는 없으므로, 법령상 근거 없이 '다주택 보유 여부'를 4급 공무원으로의 승진임용 심사에서 일률적인 배제사유 또는 소극요건으로 반영할 수 없다고 판시하였다.

15) 동의 없는 전출명령은 위법하다는 것이 판례이다(대법원 2001. 12. 20. 선고 99두1823 판결).

16) 지방자치단체 상호간의 인사교류도 임명권자를 달리하는 지방자치단체로의 이동이므로 반드시 해당 공무원 본인의 동의를 요한다(대법원 2008. 9. 25. 선고 2008두5759 판결).

바. 복 직

복직이란 휴직 · 직위해제 또는 정직 중에 있는 공무원을 직위에 복귀시키는 임용행위를 말한다(국가공무원법 제73조, 공무원임용령 제2조 제3호). 휴직 중인 공무원은 휴직기간 중 그 사유가 소멸된 때에는 이를 30일 이내에 임용권자 또는 임용제청권자에게 신고하여야 하고, 임용권자는 지체없이 복직을 명하여야 한다. 휴직기간이 만료된 공무원이 30일 이내에 복귀신고를 한 때에는 당연히 복직된다(국가공무원법 제73조 제2항 · 제3항). 직위해제 중인 공무원의 직위해제사유가 소멸된 때에는 곧 복직시켜야 한다(국가공무원법 제73조의3 제2항).

2. 휴직 · 직위해제 · 강임

가. 휴 직

휴직이란 공무원으로서의 신분은 보유하게 하면서 직무담임을 일시적으로 해제하는 행위를 말하고, 제재적 성격을 가지지는 않는다.

나. 직위해제

직위해제란 공무원에게 해당 직무수행을 계속하게 할 수 없는 사유가 발생한 경우 그 보직을 해제하여 직무담임을 하지 못하게 하는 것을 말한다. 직위해제는 일시적으로 해당 공무원에게 직무에 종사하지 못하도록 하는 잠정적인 조치로서 보직의 해제를 말하므로 과거의 비위행위에 대하여 가해지는 징벌적 제재로서의 징계와는 그 성질이 다르다.[17)]

임용권자 또는 임용제청권자는 ① 직무수행능력이 부족하거나 근무성적이 극히 나쁜 자, ② 파면 · 해임 · 강등 또는 정직에 해당하는 징계의결이 요구중인 자, ③ 형사사건으로 기소된 자(약식명령이 청구된 자는 제외), ④ 고위공무원단에 속하는 일반직공무원으로서 근무성적평정 등이 나쁘다는 등의 사유로 적격심사를 요구받은 자, ⑤ 금품비위, 성범죄 등 대통령령으로 정하는 비위행위[18)]로 인하여 감사원 및 검찰 · 경찰 등 수사기관에서 조사나 수사 중인 자로서 비위의 정도가 중대하고 이로 인하여 정상적인 업무수행을 기대하기 현저히 어려운 자 등에 대해서는 직위를 부여하지 않을 수 있다(국가공무원법 제73조의3 제1항, 지방공무원법 제65조의2). 직위해제 중에는 담당직무가 없으므로 직무수행의무가 없고 직무수

17) 대법원 2003. 10. 10. 선고 2003두5945 판결. 직위해제는 '직무수행의 보호'라는 관점에서 이루어지는 조치이고 징계는 공무원법상 의무위반에 대한 제재라는 점에서 양자는 구별되므로, 공무원이 비위행위를 저질러서 징계사유에는 해당하지만 직위해제사유에 해당하는 사실이 없다면 직위해제처분은 위법하다.

18) ① 금전, 물품, 부동산, 향응 등과 같은 재산상 이익을 취득하거나 제공한 경우이거나 예산 및 기금, 국고금, 보조금, 국 · 공유재산 및 물품 등을 횡령, 배임, 절도, 사기 또는 유용하는 등 징계부가금의 대상이 되는 행위, ②「성폭력범죄의 처벌 등에 관한 특례법」 제2조에 따른 성폭력범죄, ③「성매매알선 등 행위의 처벌에 관한 법률」 제4조에 따른 금지행위, ④ 공무원으로서의 품위를 크게 손상하여 그 직위를 유지하는 것이 부적절하다고 판단되는 행위 등을 말한다(공무원임용령 제60조).

행을 전제로 한 출근의무도 없다.

직위해제의 효과는 해제의 사유에 따라 차이가 있다. 직무수행의 능력부족과 근무성적 불량이 이유가 되어 직위해제된 자에 대해서는 임용권자 또는 임용제청권자는 능력회복이나 근무성적의 향상을 위한 교육훈련 또는 특별한 연구과제의 부여 등 필요한 조치를 하여야 한다(국가공무원법 제73조의3 제3항 · 제4항, 지방공무원법 제65조의2 제4항). 직위해제사유가 소멸한 때에는 임용권자 또는 임용제청권자는 지체 없이 직위를 부여하여야 한다.[19] 대기명령을 받은 자가 그 기간 중 능력 또는 근무성적의 향상을 기대하기 어렵다고 인정된 때에는 징계위원회(지방공무원의 경우는 인사위원회)의 동의를 얻어 직권으로 면직시킬 수 있다(국가공무원법 제70조 제1항 제5호, 제70조 제2항, 지방공무원법 제62조 제1항 제7호, 제62조 제2항).

다. 강 임

강임이란 동일한 직렬 내에서의 하위의 직급에 임명하거나 하위의 직급이 없어 다른 직렬의 하위직급으로 임명하는 것을 말한다(국가공무원법 제5조 제4호, 지방공무원법 제5조 제4호). 임용권자는 직제 또는 정원의 변경이나 예산의 감소 등으로 인하여 직위가 폐직되거나 강등되어 과원(過員)이 된 때 또는 본인이 동의한 경우에는 소속 공무원을 강임할 수 있다. 강임된 공무원은 상위직급 또는 고위공무원단 직위에 결원이 생긴 때에는 통상적인 승진임용 절차와 방법에도 불구하고 우선적으로 임용된다. 나아가 본인의 동의를 얻어 강임된 공무원은 경력과 해당 기관의 인력사정 등을 고려하여 우선 임용될 수 있다(국가공무원법 제73조의4, 지방공무원법 제65조의4).

3. 정직 · 감봉

이에 관해서는 징계책임에서 살펴보기로 한다.

Ⅲ. 공무원관계의 소멸

1. 퇴 직

퇴직이란 일정한 사유의 발생과 더불어 공무원의 신분이 당연히 상실되는 경우를 말

---

19) 대법원은 위와 같이 '중징계의결이 요구 중인 자'의 경우에는 징계의결이 이루어질 때까지로 한정된다고 해석하고 있다(대법원 2022. 10. 14. 선고 2022두45623 판결). 만일 징계의결에 따라 곧바로 징계처분이 이루어진 경우와 달리 징계의결에 대하여 징계의결 요구권자가 심사 · 재심사를 청구한 경우에는 직위해제의 효력이 심사 · 재심사 청구에 관한 결정 시까지 미루어지게 되어 해당 공무원의 신분 상태가 장기간 불안정하게 되고, '중징계의결이 요구 중인 자'에 해당하여 직위해제처분을 받은 대상자에 대하여 '경징계의결'이 이루어지면 재심사 청구에 의한 변경 가능성을 고려하더라도 '중징계처분을 받을 고도의 개연성'이 있다고 쉽게 인정하기 어려운 상태가 되기 때문이다.

한다. 퇴직사유는 ① 결격사유의 발생(국가공무원법 제69조, 지방공무원법 제61조), ② 사망·임기만료, ③ 정년 등이 있고, 외무공무원의 경우 국적상실이 공무원의 신분상실의 원인이 된다. 다만, 결격사유 중 파산선고를 받은 사람은 신청기한 내에 면책신청을 하지 않았거나 면책불허가결정 또는 면책취소가 확정된 경우만 해당하고, 금고 이상의 형의 선고유예를 받은 사람은 형법 제129조부터 제132조까지, 「성폭력범죄의 처벌 등에 관한 특례법」 제2조, 「정보통신망 이용촉진 및 정보보호 등에 관한 법률」 제74조 제1항 제2호·제3호, 「스토킹범죄의 처벌 등에 관한 법률」 제2조 제2호, 「아동·청소년의 성보호에 관한 법률」 제2조 제2호 및 직무와 관련하여 형법 제355조 또는 제356조에 규정된 죄를 범한 사람으로서 금고 이상의 형의 선고유예를 받은 경우만 해당한다. 한편, 공무원이 금고 이상의 형의 집행유예를 받은 경우에는 그 이후 형법 제65조에 따라 형의 선고가 효력을 잃게 되었다 하더라도 이미 발생한 퇴직의 효력에는 영향이 없다.[20]

위와 같은 퇴직사유가 발생하면 당연히 퇴직하는 것이지 공무원관계를 소멸시키기 위한 별도의 처분이 필요하지 않으므로, 당연퇴직의 인사발령은 퇴직사실에 대한 관념의 통지에 불과하고 공무원의 신분을 상실시키는 독립한 처분이 아니다.[21] 따라서 이에 대한 불복은 항고소송이 아니라 공무원의 지위확인을 구하는 당사자소송에 의한다.

정년에는 일정연령을 기준으로 하는 '연령정년' 외에도 '계급정년'과 '근속정년'이 있다. 계급정년이란 동일계급에서 일정기간 내에 승진을 하지 못하면 자동으로 퇴직하여야 하는 경우를 말하고,[22] 근속정년이란 연령에 관계없이 공직임용 후의 기간을 통산하여 장기근무자를 퇴직시키는 경우를 의미한다. 공무원이 정년에 달한 날(생일)이 1월과 6월 사이에 있는 경우에는 6월 30일에, 7월에서 12월 사이에 있는 경우에는 12월 31일에 각각 퇴직된다.

---

20) 대법원 2011. 3. 24. 선고 2008다92022 판결.

21) 대법원 2004. 5. 13. 선고 2004두3205 판결, 대법원 1995. 11. 14. 선고 95누2036 판결.

22) 계급정년의 적용을 받는 공무원이 직권면직처분이나 파면 등 징계, 전역명령 등 신분상 불이익처분을 받았다가 그 처분이 무효임이 확인되거나 취소되어 복귀한 경우, 그 직권면직처분 때문에 사실상 직무를 수행할 수 없었던 기간 동안 승진심사를 받을 기회를 실질적으로 보장받지 못하였다고 하더라도 원칙적으로 그 직권면직기간은 계급정년기간에 포함될 것이나, 그 직권면직처분이 법령상의 직권면직사유 없이 오로지 임명권자의 일방적이고 중대한 귀책사유에 기한 것이고 그러한 직권면직처분으로 인해 줄어든 직무수행기간 때문에 해당 공무원이 상위 계급으로 승진할 수 없었다는 등의 특별한 사정이 인정되는 경우에까지 직권면직기간을 계급정년기간에 포함한다면 헌법 제7조 제2항 소정의 공무원신분보장 규정의 취지를 근본적으로 훼손하게 되므로, 그러한 경우에는 예외적으로 직권면직기간이 계급정년기간에서 제외된다(대법원 2007. 2. 8. 선고 2005두7273 판결 참조). 이 경우 '연령'이라는 기준의 불가역적인 성질에 비추어, 위와 같은 경위로 진급심사에 필요한 실질적인 직무수행의 기회를 상실한 기간만큼 연령정년이 연장된다(대법원 2023. 3. 13. 선고 2020두53545 판결).

2. 면 직

가. 의원면직(依願免職)

의원면직이란 사직의 의사표시에 의하여 공무원관계가 소멸하는 것을 말한다. 공무원관계는 사직의 의사표시가 아니라 면직처분에 의하여 소멸하는 것이므로, 면직처분이 있을 때까지는 공무원관계가 유지된다. 따라서, 사직원만 제출하고 직장을 무단이탈하면 징계 및 형사책임을 받을 수 있다. 다만 임용권자는 후임의 보충 그 밖의 업무의 공백을 막기 위한 조치를 취할 수 있는 상당한 기한 내에 면직처분을 발령할 의무가 있다. 또한, 공무원이 공직선거의 후보자가 되기 위하여 공직선거법 제53조 제1항 소정의 기한 내에 사직원을 제출하였다면 같은 조 제4항에 의하여 그 수리 여부와 관계없이 사직원 접수 시점에 그 직을 그만둔 것으로 간주된다.[23)]

한편, 공무원이 한 사직의 의사표시는 면직처분이 있을 때까지는 철회할 수 있지만, 사직의 의사표시를 철회하는 것이 신의칙에 반하는 특별한 사정이 있는 경우에는 철회가 허용되지 않는다.[24)]

판례에 의하면, 공무원의 사직의 의사표시는 그 법률관계의 특수성에 비추어 외부적·객관적으로 표시된 것을 존중하여야 하고 표시된 대로 효력을 발한다는 것이므로, 진의 아닌 의사표시에 관한 민법 제107조는 적용이 없다. 강박에 의한 의사표시의 경우에는 그 정도가 의사결정의 자유를 박탈할 정도에 이르렀는지 아닌지에 따라 다르다.[25)]

나. 명예퇴직

명예퇴직도 의원면직의 일종으로서, 인사적체를 해소하기 위하여 도입된 제도이다. 공무원으로서 20년 이상 근속한 자가 정년 전에 자진하여 퇴직하는 경우, 20년 미만 근속하였다고 하더라도 직제와 정원의 개폐 또는 예산의 감소 등에 의하여 폐직 또는 과원(過員)이 되었을 때에 정년 전에 자진하여 퇴직하는 경우에는 예산의 범위 안에서 명예퇴직수당을 지급할 수 있다(국가공무원법 제74조의2, 지방공무원법 제66조의2).

다. 일방적 면직(강제면직)

일방적 면직은 본인의 의사와는 상관없이 일방적으로 행해지는 면직처분으로서, 징계면직과 협의의 직권면직이 있다. 징계면직에는 파면과 해임이 있는데, 이는 추후에 살펴보기로 한다.

---

23) 대법원 2021. 4. 29. 선고 2020수6304 판결. 따라서 그 이후로는 공무원이 해당 공직선거와 관련하여 정당의 추천을 받기 위하여 정당에 가입하거나 후보자등록을 할 수 있고, 후보자등록 당시까지 사직원이 수리되지 않았다고 하더라도 그 후보자등록에 무효사유가 있다고 볼 수 없다.

24) 대법원 1993. 7. 27. 선고 92누16942 판결, 대법원 2001. 8. 24. 선고 99두9971 판결.

25) 이상에 관한 자세한 내용은 사인의 공법행위에 관한 설명부분 참조.

직권면직은 징계면직과는 다른 사유로 일방적으로 행해지는 면직이다. 직권면직의 사유는 ① 직제와 정원의 개폐 또는 예산의 감소 등에 따라 폐직 또는 과원이 되었을 때, ② 휴직 기간이 끝나거나 휴직 사유가 소멸된 후에도 직무에 복귀하지 않거나 직무를 감당할 수 없을 때, ③ 직위해제에 따라 대기명령을 받은 자가 그 기간에 능력 또는 근무성적의 향상을 기대하기 어렵다고 인정된 때, ④ 전직시험에서 세 번 이상 불합격한 자로서 직무수행 능력이 부족하다고 인정된 때, ⑤ 병역판정검사 · 입영 또는 소집의 명령을 받고 정당한 사유 없이 이를 기피하거나 군복무를 위하여 휴직 중에 있는 자가 군복무 중 군무를 이탈하였을 때, ⑥ 해당 직급 · 직위에서 직무를 수행하는데 필요한 자격증의 효력이 없어지거나 면허가 취소되어 담당 직무를 수행할 수 없게 된 때, ⑦ 고위공무원단에 속하는 공무원이 적격심사 결과 부적격 결정을 받은 때 등 그 요건이 법률에 정해져 있다(국가공무원법 제70조 제1항, 지방공무원법 제62조 제1항). 이는 직접적으로 해당 공무원들의 신분에 중대한 위협이 되므로, 직제 폐지 후 실시되는 직권면직조항이 위헌인지 여부가 문제되었으나 헌법재판소는 합헌이라고 하였다.[26)]

한편, 공무원을 직권면직시킬 경우에는 국가공무원은 '관할 징계위원회'의, 그리고 지방공무원은 '해당 인사위원회'의 의견을 들어야 한다. 대기발령을 받은 자가 그 기간 중 능력 또는 근무성적의 향상을 기대하기 어렵다고 인정된 때에 해당한다는 이유로 직권면직을 하는 경우에는 '징계위원회' 또는 '인사위원회'의 동의를 얻어야 한다(국가공무원법 제70조 제2항, 지방공무원법 제62조 제2항). 또한 직권면직을 행할 때에는 임용 형태, 업무 실적, 직무수행 능력, 징계처분 사실 등을 고려하여 면직기준을 정하여야 하고, 임용권자 또는 임용제청권자 별로 심사위원회를 구성하여 그 심사위원회의 심의 · 의결을 거쳐야 한다.

직위해제를 받은 끝에 직권면직을 당한 자가 직위해제의 위법성을 이유로 직권면직의 위법성을 주장할 수 있는지에 관하여, 판례는 하자승계론에 따라 이를 부정하고 있다.[27)]

Ⅳ. 권익의 보장 및 행정구제

1. 처분사유설명서의 교부

공무원에 대하여 징계처분을 행할 때나 강임 · 휴직 · 직위해제 또는 면직처분을 행할 때에는 그 처분권자 또는 처분제청권자는 처분의 사유를 기재한 설명서를 교부하여야 한다. 다만 본인의 원에 의한 강임 · 휴직 또는 면직처분은 그렇지 않다(국가공무원법 제75조, 지방공무원법 제67조).

---

26) 헌재 2004. 11. 25. 선고 2002헌바8 결정.
27) 대법원 1984. 9. 11. 선고 84누191 판결.

2. 후임자 보충발령의 유예

공무원이 의사에 반하여 파면 또는 해임된 경우 또는 근무성적의 불량, 대기발령 받은 자의 능력 또는 근무성적의 불향상 등이 이유가 된 직권면직(국가공무원법 제70조 제1항 제5호, 지방공무원법 제62조 제1항 제5호)의 경우 그 처분을 한 날로부터 40일 이내에는 후임자의 보충발령을 하지 못한다. 그러나 면직처분을 원인으로 이루어진 파면 또는 해임 등에 대하여 보충발령 유예의 임시결정이 이루어진 경우를 제외하고, 인력관리상 불가피한 사유가 있는 경우에는 후임자를 보충발령을 할 수 있다(국가공무원법 제76조 제2항 · 제3항, 지방공무원법 제67조 제3항 · 제4항). "후임자의 보충발령의 유예제도"는 불이익처분을 받은 자가 후임자의 발령으로 인하여 입게 될 불이익을 미연에 방지하기 위한 것으로, 공무원의 권익보장을 위한 제도의 하나이다.

3. 소　　청

가. 의　　의

소청이란 징계처분 그 밖의 본인의 의사에 반하는 불이익처분을 받은 자가 관할 소청심사위원회에 심사를 청구하는 특별행정심판절차이다. 소청심사위원회는 공무원의 징계처분 기타 불리한 처분에 관한 소청을 심사하는 합의제 행정청이다. 교육공무원 및 사립학교교원은 '교원의 지위 향상 및 교육활동 보호를 위한 특별법'에 의하여 교육부에 설치되어 있는 교원소청심사위원회에 불이익처분에 대한 재심청구를 할 수 있다(제7조 이하).[28]

나. 소청사항

소청의 대상은 징계처분 기타 본인의 의사에 반하는 불리한 처분이나 부작위이다(국가공무원법 제9조 제1항, 소청절차규정 제2조 제1항). "본인의 의사에 반하는 불리한 처분"에는 처분이 아닌 것이 명백한 훈계, 권고, 내부적 결정 등은 포함되지 않는다. 그러나 의원면직 형식에 의한 면직, 전직 · 전보, 대기명령, 불리한 경력평정 등은 여기에 해당할 것이다.

다. 소청절차

징계 · 강임 · 휴직 · 직위해제 또는 면직처분의 경우에는 처분사유설명서를 받은 날로부터, 그 밖의 불리한 처분을 받았을 때에는 그 처분이 있은 것을 안 날로부터 30일 이내에 소청심사위원회에 심사를 청구할 수 있다. 이 경우에 변호사를 대리인으로 선임할 수 있다(국가공무원법 제76조 제1항, 지방공무원법 제67조 제2항).

---

28) 위 특별법의 제정으로 사립학교교원은 신분상 불이익을 받은 경우 민사소송을 제기할 수도 있고 위 특별법이 정한 구제제도를 활용할 수도 있다.

라. 소청의 심사

소청심사위원회는 소청을 접수하였을 때 지체 없이 이를 심사하여야 하고, 심사할 때 위원회는 검정·감정 등을 할 수 있다. 소청인 또는 대리인에게 진술의 기회를 부여하여야 하며, 진술의 기회를 부여하지 않은 결정은 무효이다.

마. 소청심사위원회의 결정 및 재심요구

소청심사위원회의 결정은 ① 각하, ② 기각, ③ 취소 또는 변경 및 취소 또는 변경명령, ④ 효력 유무 또는 존재 여부의 확인, ⑤ 직접 처분 또는 처분이행명령 등으로 구분된다(국가공무원법 제14조 제6항, 지방공무원법 제19조 제6항). 소청심사위원회의 결정은 처분행정청을 기속한다.

소청심사위원회가 징계처분을 받은 자의 청구에 따라 소청을 심사할 경우에는 원징계처분에서 부과한 징계보다 무거운 징계를 부과하는 결정을 하지 못한다(불이익변경금지의 원칙). 다만 절차적 하자를 이유로 소청을 받아들이는 경우에는 그 이후 하자를 보완하여 다시 불이익처분을 할 수 있고 그 후속처분은 소청에서의 취소결정과 별개이므로 불이익변경금지의 원칙이 적용되지 않는다.[29]

4. 행정소송

소청을 제기한 자가 소청심사위원회의 결정에 불복이 있거나 위원회가 60일이 지나도 결정을 하지 않는 경우 등에는 관할 법원에 행정소송을 제기할 수 있다(행정소송법 제18조 참조). 징계처분이나 불이익처분에 대한 행정소송은 소청심사위원회의 심사·결정을 거치지 않으면 제기할 수 없다(국가공무원법 제16조 제1항).

5. 고충심사청구

공무원은 누구나 인사, 조직, 처우 등 각종 직무조건과 기타 신상문제에 대하여 인사상담이나 고충의 심사를 청구할 수 있고, 이를 이유로 불이익한 처분이나 대우를 받지 않는다. 청구를 받은 중앙인사관장기관의 장, 임용권자 또는 임용제청권자는 이를 고충심사위원회에 부의하여 심사하게 하거나 소속공무원으로 하여금 상담하게 하고 그 결과에 따라 고충의 해소 등 공정한 처리를 위하여 노력하여야 한다(국가공무원법 제76조의2 제1항·제2항, 지방공무원법 제67조의2 제1항).

---

29) 대법원 2008. 10. 9. 선고 2008두11853, 11860 판결.

제3절 공무원의 권리와 의무

Ⅰ. 공무원의 권리

1. 공무원의 기본권

공무원도 당연히 국민 또는 근로자로서 기본권을 향유한다. 다만 공무원 신분으로 인하여 기본권의 행사가 제한될 수는 있다. 예컨대, 헌법 제33조 제2항에서는 공무원의 단결권·단체교섭권 및 단체행동권을 제한하고 있다.

2. 신분상의 권리

공무원의 신분상의 권리로서, ① 신분보유권, ② 직위보유권, ③ 직무수행권, ④ 직명사용권·제복착용권, ⑤ 행정구제청구권·고충심사청구권, ⑥ 노동운동에 관한 권리, ⑦ 공무원직장협의회를 설립·운영할 수 있는 권리 등이 있다.

공무원은 노동운동을 하여서는 안 되지만, 사실상 노무에 종사하는 공무원은 단결권·단체교섭권은 물론 단체행동권까지 보장받고 있다.[30] 또한, 교원의 노동조합설립 및 운영 등에 관한 법률과 공무원의 노동조합설립 및 운영 등에 관한 법률에 따라 초중등교원과 6급 이하의 공무원은 단결권 및 단체교섭권이 보장된다.

3. 재산상의 권리

가. 보수청구권

공무원의 보수는 봉급과 수당으로 나누어진다. 봉급이란 직무의 곤란성 및 책임의 정도에 따라 직책별로 지급되는 기본급여 또는 직무의 곤란성 및 책임의 정도와 재직기간 등에 따라 계급(직위 포함)별·호봉별로 지급되는 기본급여를 말한다. 수당은 공무원에게 지급되는 봉급 이외에 직무여건 및 생활여건에 따라 지급되는 부가급여를 말한다.

공무원의 보수는 근무조건 법정주의에 따라 국가공무원법이나 지방공무원법에서 규정

---

30) 국가공무원법 제66조에 따른 사실상 노무에 종사하는 공무원은 과학기술정보통신부 소속 현업기관의 작업 현장에서 노무에 종사하는 우정직공무원을 말한다(국가공무원 복무규정 제28조). 한편, 과거에 지방공무원법 제58조 제2항에서는 조례로 노동운동이 허용되는 사실상의 노무에 종사하는 공무원의 구체적 범위를 정하도록 하고 있으나 서울특별시 등 지방자치단체는 해당하는 공무원이 존재하지 않는다는 이유로 해당 조례를 제정하지 않고 있었다. 헌법재판소는 사실상의 공무원의 범위를 정하는 조례를 제정하지 않은 이러한 부작위가 헌법상 보장된 노동3권을 침해하여 위헌이라고 결정하였었다(헌재 2009. 7. 30. 선고 2006헌마358 결정).

하고 있고, 국회가 심의 · 확정하는 예산에 따라 결정된다. 국가공무원법은 제46조 제5항에서 "이 법이나 그 밖의 법률에 따른 보수에 관한 규정에 따르지 아니하고는 어떠한 금전이나 유가물도 공무원의 보수로 지급할 수 없다."라고 규정하고, 제47조 제1항에서 "공무원의 보수에 관한 다음 각 호의 사항은 대통령령으로 정한다."라고 규정하고 있다. 그리고, 그 구체적인 항목에 관해서는 그로부터 위임받은 「공무원 보수규정」과 「공무원수당 등에 관한 규정」에서 정하고 있고, 예산의 범위에서 해당 조항에 정해진 방식으로 산출하여 지급하도록 규정하고 있다. 이는 사법상 근로관계에 있는 근로자의 경우에는 취업규칙이나 단체협약에 따라 근로조건이 결정된다는 점에서 다르다.

대법원은 공무원의 보수 등에 관하여 위와 같이 '근무조건 법정주의'를 채택한 이유에 관하여, "공무원이 헌법 제7조에 정한 직업공무원제도에 기하여 국민 전체에 대한 봉사자로서의 특수한 지위를 가지므로 국민 전체의 의사를 대표하는 국회에서 그 근무조건을 결정하도록 함이 타당할 뿐 아니라, 공무원의 보수 등은 국가예산에서 지급되는 것이므로 헌법 제54조에 따라 예산안 심의 · 확정 권한을 가진 국회로 하여금 예산상의 고려가 함께 반영된 법률로써 공무원의 근무조건을 정하도록 할 필요가 있기 때문"이라고 밝히고 있다.[31]

이상에서 본 것처럼 공무원관계에서 지급되는 공무원의 보수와 사법상 근로관계에서 지급되는 근로자의 급여는 큰 차이가 있기 때문에, 대법원은 공무원의 보수청구권이 사법상의 근로자들의 그것과 공무원 지위의 특수성, 근무조건의 결정방식, 공무원 보수의 성격 등의 관점에서 차이가 있으므로, 국가기관인 지방국토관리청장과 기간의 정함이 없는 근로계약을 체결하고 도로의 유지 · 보수 업무 또는 과적차량을 단속하는 업무를 수행하는 근로자(국도관리원)가 유사한 업무를 수행하는 국토교통부 소속 운전직 및 과적단속직 공무원들과 다르게 가족수당과 성과상여금 등을 지급받지 못하더라도 근로기준법 제6조를 위반하는 차별적 처우에 해당하지 않는다고 판시하였다.[32]

나. 연금청구권

(1) 연금의 의의 및 성질

공무원의 연금이란 공무원의 퇴직 또는 사망과 공무로 인한 부상 · 질병 · 장애의 경우에 공무원 및 그 유족의 생활안정과 복리향상에 기여함을 목적으로 지급하는 급여를 말한다(공무원연금법 제1조). 연금제도는 공무원의 복지를 증진시키는 것과 아울러 공무원의 세계에서의 신진대사를 원활하게 하는 기능도 가진다.

연금의 성질에 관해서는 사회보장설, 보험금설, 거치보수설 또는 봉급연불설 등이 있

31) 대법원 2016. 8. 25. 선고 2013두14610 판결.
32) 대법원 2023. 9. 21. 선고 2016다255941 전원합의체 판결.

다. 연금은 공무원의 봉급에서 매월 납부되는 기여금과 국가 또는 지방자치단체의 부담금을 기금으로 하여 지급되는 것이므로, 위 각 견해의 성질을 아울러 가진다.

(2) 급여의 종류

연금은 단기급여와 장기급여로 나누어진다. 전자는 ① 요양비, ② 요양일시금, ③ 재해부조금, ④ 사망위로금으로 구분되고, 후자는 ① 퇴직급여, ② 장해급여, ③ 유족급여, ④ 퇴직수당으로 나뉜다.

(3) 급여의 결정 등

각종 급여는 그 급여를 받을 권리를 가진 사람의 신청에 따라 인사혁신처장이 결정하고 공무원연금공단이 지급하는 것을 원칙으로 하는데, 인사혁신처장의 결정권은 공단에 위탁되어 있다(공무원연금법 제29조).

연금수급권자가 예컨대 퇴직연금의 지급액이 부족하다고 주장할 경우 그 소송형태는 공무원연금공단의 급여결정의 취소를 구하는 항고소송 형태를 취해야 하는지 당사자소송의 형태로 막바로 그 부족분의 이행을 청구하여야 하는지 문제된다.

원칙적으로 공무원연금법이나 군인연금법상 각종 급여는 법령의 요건에 해당하는 것만으로 바로 구체적인 청구권이 발생하는 것이 아니라 행정청의 인용결정에 의하여 비로소 구체적 청구권이 발생하는 경우에 해당하므로, 행정청의 거부결정을 대상으로 항고소송을 제기하여야 하는 것이다.[33] 급여사유의 발생, 기여금의 납부, 재직기간의 계산에 필요한 이력사항 기타 공무원 또는 공무원이었던 자의 신분에 관한 사항 등에 관한 소속 기관장의 확인이 필요하고 그에 따라 공무원연금공단이 급여대상자인지 여부와 급여액을 결정하는 것이므로, 법령의 규정에 따라 당연히 급여액이 확정되는 것이 아니기 때문이다.

다만 퇴직연금이 최초의 급여결정이 있었고 그 이후 법령의 개정에 의하여 연금액의 증감이 있는 경우에는 공무원연금공단의 선결적인 판단 없이 기계적으로 그 수액이 확정되는 것이므로, 이 경우는 당사자소송으로 다투어야 한다.[34] 퇴직연금은 최초의 급여결정 당시에 이미 요건사실이 모두 확인이 되었고 법률이 개정되어 감액되더라도 공무원연금공단은 당초에 확인된 급여청구의 요건을 다시 확인하는 것은 아니라 단지 법률의 개정 내용에 따른 비율이나 보수월액 등을 기초로 향후 지급될 퇴직연금을 산정하는 것이기 때문이다.

---

33) 대법원 1996. 12. 6. 선고 96누6417 판결, 대법원 2010. 5. 27. 선고 2008두5636 판결(공무원연금법), 대법원 1995. 9. 15. 선고 93누18532 판결(군인연금법).

34) 대법원 2004. 12. 24. 선고 2003두15195 판결(공무원연금법상 퇴직연금이 법률의 개정에 의하여 감액된 경우), 대법원 2003. 9. 5. 선고 2002두3522 판결(군인연금법상 퇴역연금이 법률의 개정에 의하여 감액된 경우).

4. 실비변상을 받을 권리

공무원은 보수를 받는 외에 대통령령이 정한 대로 직무수행에 소요되는 실비(여비 등)를 변상 받을 권리를 가진다.

5. 보상을 받을 권리

공무원은 소속 기관의 장의 허가를 받아 본래의 업무수행에 지장이 없는 범위 안에서 담당직무 외의 특수한 연구과제를 위탁받아 처리한 경우에는 그 보상을 지급받을 권리를 가진다.

Ⅱ. 공무원의 의무

국가공무원법과 지방공무원법에서는 공무원의 의무로 ① 선서의 의무, ② 성실의 의무, ③ 법령준수의 의무, ④ 복종의 의무, ⑤ 직무에 전념할 의무(직장이탈금지와 영리업무 및 겸직금지), ⑥ 친절공정의 의무, ⑦ 종교중립의 의무, ⑧ 비밀유지의 의무, ⑨ 청렴의 의무, ⑩ 품위유지의 의무, ⑪ 영예 등의 제한, ⑫ 정치운동의 금지, ⑬ 집단행위의 금지 등을 규정하고 있다. 그밖에 「공직자윤리법」, 「부패방지 및 국민권익위원회의 설치와 운영에 관한 법률」, 「공직자의 이해충돌 방지법」, 「공직자 등의 병역사항 신고 및 공개에 관한 법률」, 「부정청탁 및 금품 등 수수의 금지에 관한 법률」 등에서도 공무원의 청렴의무 등을 구체화한 규정들이 있다.

성실의 의무는 공무원에게 부과된 가장 기본적이고 중요한 의무로서, 최대한으로 공공의 이익을 도모하고 그 불이익을 방지하기 위하여 전인격과 양심을 바쳐 성실히 직무를 수행하여야 하는 공무원의 의무를 말한다.[35] 위 의무는 경우에 따라서는 근무시간 외에 근무지 밖에까지 미칠 수도 있다.[36]

---

35) 대법원 2017. 12. 22. 선고 2016두38167 판결. 현장출동 경찰관이 신고접수 당시 사건종별 코드가 '가정폭력'으로 분류된 사건 또는 신고접수 단계에서 '가정폭력'으로 분류되지는 않았지만 신고내용의 실질이 가정폭력에 해당할 가능성이 있다는 점이 현장에서 확인되었음에도 불구하고 가정폭력 사건임을 전제로 한 적절한 후속조치를 취할 기회를 놓치게 하였다면, 이는 국가공무원법 제56조에서 정한 성실의무를 위반한 것으로 평가할 수 있다(대법원 2025. 1. 23. 선고 2024두33556 판결).

36) 전국기관차협의회가 주도하는 집회가 적법한 절차를 거쳐 개최되었고 근무시간 외에 사업장 밖에서 개최되었다고 하더라도 철도의 정상적인 운행을 수행하여야 할 철도기관사로서의 성실의무는 철도의 정상운행에 지장을 초래할 가능성이 높은 집회에 참석하지 않을 의무에까지도 미치므로, 철도기관사에 대하여 그 집회에 참석하지 못하도록 한 지방철도청장의 명령은 정당한 직무상 명령이라고 본 사례가 있다(대법원 1997. 2. 11. 선고 96누2125 판결).

법령준수의 의무와 관련하여, 공무원이 상위법에 위배되는 법령까지 준수할 의무가 있는지가 문제된다. 법관은 법률의 위헌 여부가 재판의 전제가 되는 경우에 헌법재판소에 제청할 수 있고, 명령·규칙의 위법 여부가 재판의 전제가 되는 경우에는 스스로 심판할 수 있는 권한을 가지고 있다. 그런데, 공무원에게도 법령의 위법 여부를 스스로 심사하고 나아가 위법하다고 판단되는 법령의 적용을 배제할 권한이 있는지 의문이 들기 때문이다.

공무원은 법령의 형식적 요건에 대한 심사권을 가지나 법령의 실질적 심사 내지 적용배제권은 가지지 않는다는 견해와 공무원이 법령에 대한 전반적 심사 및 적용배제권을 가진다는 견해, 공무원이 법령의 위법 여부에 대한 실질적 심사권은 가지되 적용배제권은 가지지 않는다는 견해(독일의 통설·판례) 등이 대립한다.

공무원은 일련의 절차를 거쳐 효력을 발생한 법령에만 구속되고, 입법예고 단계에 있는 법령안, 공포는 되었지만 아직 시행되지 않은 법령에는 구속되지 않으므로, 법령의 형식적 요건에 대한 심사권을 가지는 것은 당연하다. 또한 공무원이 법령에 대한 실질적 심사를 행하여 어떤 법령이 상위법에 저촉된다고 생각하는 경우 그에 대한 의견을 상관에게 제시하는 등 필요한 조치를 취할 수는 있다고 생각된다. 그렇다고 하더라도 독자적인 판단에 따라 그의 적용을 배제할 수는 없을 것이다. 다만 법령의 위헌·위법이 명백한 경우에는 공무원에게도 해당 법령에 대한 심사권은 물론 적용배제의 권리·의무가 있다고 보아야 할 것이다.

복종의 의무와 관련하여, 공무원이 상급행정기관이나 감독권자의 직무상 명령을 위반하였다는 점에 관하여 징계사유로 삼으려면 직무상 명령이 상위법령에 반하지 않는 적법·유효한 것이어야 한다.[37] 상관의 직무명령이 위법함이 명백한 경우에는 오히려 복종을 거부하여야 하고, 위법함을 알고도 복종하였으면 그에 대한 징계책임·민사책임·형사책임 등을 면할 수 없다.[38] 그밖에 법령해석상 견해 차이에 불과한 경우, 부당하다고 인정되는 경우 등에는 공무원은 자기의 의견을 진술할 수 있으나 복종을 거부할 수는 없다(지방공무원법 제49조 단서 참조). 그리고 상하관계에 있는 2 이상의 상관으로부터 서로 모순되는 직무명령을 받았을 때에는 직근상관의 명령에 복종하여야 한다는 것이 통설이다.

한편, 상관의 지시나 명령을 따르지 않는 행위와 상관의 지시나 명령은 준수하면서도 그것이 위법·위헌이라는 이유로 재판청구권을 행사하는 행위는 구별되어야 하므로, 설령 군인이라고 하더라도 상관의 지시와 명령에 대하여 헌법소원 등 재판청구권을 행사하는 것은 원칙적으로 군인의 복종의무에 위반되는 것이 아니다.[39]

---

37) 대법원 2020. 11. 26. 선고 2020두42262 판결.

38) 대법원 1999. 4. 23. 선고 99도636 판결(대통령 선거를 앞두고 특정후보에 대하여 반대하는 여론을 조성할 목적으로 확인되지도 않은 허위의 사실을 담은 책자를 발간·배포하거나 기사를 게재하도록 하라는 명령에 관한 사안).

39) 대법원 2018. 3. 22. 선고 2012두26401 전원합의체 판결.

비밀유지의 의무와 관련하여, 여기에서의 직무상 비밀이라 함은 국가 공무의 민주적·능률적 운영을 확보하여야 한다는 이념에 비추어 볼 때 해당 사실이 일반에 알려질 경우 그러한 행정의 목적을 해할 우려가 있는지 여부를 기준으로 판단하여야 하고, 구체적으로는 행정기관이 비밀이라고 형식적으로 정한 것에 따를 것이 아니라 실질적으로 비밀로서 보호할 가치가 있는지, 즉 그것이 통상의 지식과 경험을 가진 다수인에게 알려지지 아니한 비밀성을 가졌는지, 또한 정부나 국민의 이익 또는 행정목적 달성을 위하여 비밀로서 보호할 필요성이 있는지 등이 객관적으로 검토되어야 한다는 것이 판례이다.[40] 공무원은 재직 중은 물론 퇴직 후에도 직무상 알게 된 비밀을 엄수하여야 한다.

청렴의 의무와 관련하여, 공직자윤리법에서는 일정한 공직자의 재산등록의무 및 공개의무, 재산신고의무, 선물신고의무 및 퇴직공직자의 취업제한 등에 관하여 정하고 있다.

품위유지의 의무와 관련하여, 그 의미는 공무원이 직무의 내외를 불문하고, 국민의 수임자로서의 직책을 맡아 수행해 나가기에 손색이 없는 인품에 걸맞게 본인은 물론 공직사회에 대한 국민의 신뢰를 실추시킬 우려가 있는 행위를 하지 않아야 할 의무라는 것이다.[41] 따라서, 공무원의 기본권은 적정한 공무수행을 목적으로 사적인 생활영역에서도 일정한 제한을 받을 수 있다.

집단행위의 금지의무와 관련하여, 공무원의 노동운동 및 집단행위를 금지하는 것은 공무원이 헌법과 국가공무원법에서 규정하는 책임을 부담하고 이를 위하여 신분과 지위가 보장되는 것을 전제로 한다. 따라서, 위와 같은 정도의 책임과 신분 및 지위 보장을 받는 정도가 아닌 경우에는 일률적으로 위와 같은 의무를 부담한다고 볼 수 없다.[42]

공무원법령에서 금지하는 '노동운동'은 헌법 및 노동법적 개념으로서 단결권, 단체교

---

40) 대법원 1996. 10. 11. 선고 94누7171 판결. 따라서 기업의 비업무용 부동산 보유실태에 관한 감사원의 감사보고서의 내용이 직무상 비밀에 해당하지 않는다고 판시하였다.

41) 대법원은 "공무원이 외부에 자신의 상사 등을 비판하는 의견을 발표하는 행위는 그것이 비록 행정조직의 개선과 발전에 도움이 되고, 궁극적으로 행정청의 권한행사의 적정화에 기여하는 면이 있다고 할지라도, 국민들에게는 그 내용의 진위나 당부와는 상관없이 그 자체로 행정청 내부의 갈등으로 비춰져, 행정에 대한 국민의 신뢰를 실추시키는 요인으로 작용할 수 있고, 특히 발표 내용 중에 진위에 의심이 가는 부분이 있거나 표현이 개인적인 감정에 휩쓸려 지나치게 단정적이고 과장된 부분이 있는 경우에는 그 자체로 국민들로 하여금 공무원 본인은 물론 행정조직 전체의 공정성, 중립성, 신중성 등에 대하여 의문을 갖게 하여 행정에 대한 국민의 신뢰를 실추시킬 위험성이 더욱 크므로, 그러한 발표행위는 공무원으로서의 체면이나 위신을 손상시키는 행위에 해당한다."라고 판시하였다(대법원 2017. 4. 13. 선고 2014두8469 판결).

42) 대법원 2023. 4. 13. 선고 2021다254799 판결. 따라서, 법률구조법 제32조에서 "공단의 임직원은 형법이나 그 밖의 법률에 따른 벌칙을 적용할 때에는 공무원으로 본다."라고 규정하고 있다고 하더라도, 대한법률구조공단 소속 변호사들에게 집단행위를 하지 않을 의무가 있다고 할 수 없으므로, 위 변호사들이 위 공단의 정책에 반대하는 집회에 참석하였다는 사유 등으로 한 불문경고의 징계처분은 위법하다는 것이다.

섭권, 단체행동권 등의 노동3권을 의미하고, 제한되는 단결권은 종속근로자들이 사용자에 대하여 근로조건의 유지, 개선 등을 목적으로 조직한 경제적 결사인 노동조합을 결성하고 그에 가입·활동하는 권리를 말한다.[43] 다만 앞에서 본 것처럼 사실상 노무에 종사하는 공무원은 노동3권이 보장되고, 초중등교원과 6급 이하의 공무원은 단결권 및 단체교섭권이 보장된다.

한편, '공무 외의 일을 위한 집단행위'라고 함은 공무가 아닌 어떤 일을 위하여 공무원들이 하는 모든 집단행위를 의미하는 것이 아니라 '공익에 반하는 목적을 위한 행위로서 직무전념의무를 해태하는 등의 영향을 가져오는 집단적 행위'를 말하고, 그 행위가 반드시 같은 시간·장소에서 행해져야 하는 것은 아니지만, 공익에 반하는 어떤 목적을 위한 다수인의 행위로서 집단성이라는 표지를 갖추어야만 한다.[44] 따라서 여럿이 같은 시간에 한 장소에 모여 집단의 위세를 과시하는 방법으로 의사를 표현하거나 여럿이 단체를 결성하여 그 단체 명의로 의사를 표현하는 경우, 실제 여럿이 모이는 형태로 의사표현을 하는 것은 아니지만 발표문에 서명날인을 하는 등의 수단으로 여럿이 가담한 행위임을 표명하는 경우 또는 일제 휴가나 집단적인 조퇴, 초과근무 거부 등과 같이 정부활동의 능률을 저해하기 위한 집단적 태업 행위로 볼 수 있는 경우에 속하거나 이에 준할 정도로 행위의 집단성이 인정되어야 국가공무원법 제66조 제1항에 해당한다고 볼 수 있다.

제4절 공무원의 책임

공무원의 책임이란 공무원이 자기의 행위로 인하여 받게 되는 법률상의 제재 또는 불이익을 말한다. 협의로는 공무원으로서의 의무를 위반함으로써 국가 또는 지방자치단체에 대하여 지는 책임을 말하고(공무원법상의 책임 또는 협의의 공무원의 책임), 징계책임과 변상책임이 여기에 해당한다. 광의로는 공무원의 의무위반이 동시에 일반법익을 침해하는 경우에 지는 형사책임과 민사책임을 포함한다.

43) 대법원 2005. 4. 15. 선고 2003도2960 판결.
44) 대법원 2017. 4. 13. 선고 2014두8469 판결. 따라서 릴레이 1인 시위, 릴레이 언론기고, 릴레이 내부 전산망 게시는 모두 후행자가 선행자에 동조하여 동일한 형태의 행위를 각각 한 것에 불과하여 집단행위라고 보기 어렵다.

Ⅰ. 징계책임

1. 개 설

가. 의 의

징계란 공무원의 의무위반 또는 비행이 있는 경우 공무원관계의 질서를 유지하기 위하여 임용권자에 의하여 과해지는 제재를 말하고, 그 제재로서의 벌을 징계벌이라고 한다.

특별권력관계이론은 공무원의 신분이 헌법 제7조 제2항에 따라 보장되고 있는 오늘날에는 통용되지 않으므로, 공무원의 징계에는 법률의 근거가 필요하다. 다만 징계권의 발동에는 공무원사회의 특수성·전문성으로 말미암아 어느 정도의 재량 또는 판단의 여지가 인정될 수는 있을 것이다.

나. 징계벌과 형벌

징계벌과 형벌은 제재로서의 공통점을 가지면서도, ① 징계벌이 직접적으로 특별신분관계에 입각한 특별권력에 기초하고 있으나 형벌은 국가의 통치권에 근거하여 과해진다는 점(권력의 기초), ② 징계벌이 특별신분관계로서의 공무원관계 내부의 질서를 유지하는 것을 목적으로 하나 형벌은 일반사회에서의 질서유지를 목적으로 한다는 점(목적), ③ 징계벌이 공무원의 신분적 이익의 전부 또는 일부를 박탈하는 것을 내용으로 하나 형벌은 자유형, 재산적 이익의 박탈을 내용으로 한다는 점(내용), ④ 징계벌이 공무원법상의 의무위반을 대상으로 하나 형벌은 형법상의 비행(형사범)을 대상으로 한다는 점(대상), ⑤ 징계벌에서 고의·과실의 유무와 같은 주관적 요건은 형벌보다 완화되어 있다는 점 등의 차이가 있다.

징계벌과 형사벌은 위에서 본 것처럼 많은 차이가 있으므로 양자를 병과할 수 있고, 이는 일사부재리의 원칙에 저촉되지 않는다.[45)]

2. 징계사유

징계사유로는 ① 공무원법 및 공무원법에 의한 명령에 위반하였을 때, ② 직무상의 의무에 위반하거나 직무를 태만한 때,[46)] ③ 직무의 내외를 불문하고 그 체면 또는 위신을 손상하는 행위를 한 때 등이 있다(국가공무원법 제78조 제1항, 지방공무원법 제69조).

위와 같은 징계사유의 발생에서 행위자의 고의·과실은 불문한다는 것이 판례[47)]와 다

45) 대법원 1986. 11. 11. 선고 86누59 판결.
46) 교육감이 학교생활기록 작성 사무에 대한 지도·감독 사무의 성격에 관한 선례 등이 확립되지 않은 상황에서 이를 자치사무로 보아 사무를 집행하였는데 사후에 기관위임 국가사무임이 밝혀진 경우, 기존에 행한 사무의 구체적인 집행행위를 징계사유로 볼 수 없다(대법원 2015. 9. 10. 선고 2013추517 판결).
47) 대법원 1979. 11. 13. 선고 79누245 판결 등.

수설의 입장이나, '고의 · 과실의 유무'는 징계의 양정에서 고려사항이 될 수는 있다.

징계사유는 공무원의 재직 중에 일어난 것이어야 하나, 재직 전의 것이라도 그것이 공무원의 위신을 손상하는 것이 되는 때에는 임명의 취소사유 내지는 징계사유가 될 수 있다.[48)]

국가공무원, 지방공무원 및 특수경력직공무원이었던 사람이 다시 공무원으로 임용된 경우에 재임용 전에 적용된 법령에 따른 징계 사유는 그 사유가 발생한 날부터 해당 공무원법에 따른 징계 사유가 발생한 것으로 본다(국가공무원법 제78조 제2항, 지방공무원법 제69조 제2항).

3. 징계 및 징계부과금 부과사유의 시효

징계의결 등의 요구는 징계 등 사유가 발생한 날부터 「성매매알선 등 행위의 처벌에 관한 법률」 제4조에 따른 금지행위, 「성폭력범죄의 처벌 등에 관한 특례법」 제2조에 따른 성폭력범죄, 「아동 · 청소년의 성보호에 관한 법률」 제2조 제2호에 따른 아동 · 청소년대상 성범죄, 「양성평등기본법」 제3조 제2호에 따른 성희롱에 해당하는 경우에는 10년, 징계 등 사유가 금전, 물품, 부동산, 향응 등과 같은 재산상 이익을 취득하거나 제공한 경우이거나 예산 및 기금, 국고금, 보조금, 국 · 공유재산 및 물품 등을 횡령, 배임, 절도, 사기 또는 유용한 경우에는 5년, 그 밖의 징계 등 사유에 해당하는 경우에는 3년이 지나면 하지 못한다(국가공무원법 제83조의2 제1항, 지방공무원법 제73조의2 제1항).

여기에서 징계시효의 기산점은 원칙적으로 징계사유가 발생한 때이고, 징계권자가 징계사유의 존재를 알게 되었을 때가 아니다.[49)] 다만, 감사원이나 수사기관에서의 조사 또는 수사기간 동안의 조사 · 수사의 종료통보시까지 시효의 진행이 유예되는 것으로 본다.[50)]

4. 징계의 종류와 효력

징계에는 파면 · 해임 · 강등 · 정직 · 감봉 · 견책의 6종이 있고(국가공무원법 제79조, 지방공무원법 제70조), 그 효력은 다음과 같다(국가공무원법 제80조, 지방공무원법 제71조). 강등은 1계급 아래로 직급을 내리고 공무원신분은 보유하나 3개월간 직무에 종사하지 못하며 그 기간 중 보수의 전액을 감한다. 정직은 1월 이상 3월 이하의 기간으로 하고 정직처분을 받

---

48) 뇌물을 공여한 행위는 공립학교 교사로 임용되기 전이었더라도 그 때문에 임용후의 공립학교 교사로서의 체면과 위신이 크게 손상되었다고 하지 않을 수 없으므로 이를 징계사유로 삼을 수 있다(대법원 1990. 5. 22. 선고 89누7368 판결).

49) 대법원 2021. 12. 16. 선고 2021두48083 판결. 대법원은 징계시효를 둔 취지가 징계사유에 해당하는 비위가 있더라도 일정기간 징계절차를 진행하지 않았거나 못하였다면 그 적법 · 타당성 등을 묻지 않고 그 상태를 존중함으로써 직무의 안정성을 보장하려는 데 있다는 것을 전제로 위와 같이 판시하고 있다.

50) 대법원 1981. 7. 28. 선고 80누515 판결.

은 자는 그 기간 중 공무원의 신분은 보유하나 직무에 종사하지 못하며 보수의 전액을 감한다. 감봉은 1월 이상 3월 이하의 기간 동안 보수의 3분의 1을 감한다. 견책은 전과에 대하여 훈계하고 회개하게 한다. 파면과 해임은 공무원관계를 해제하는 점에서는 같으나, 파면을 당한 자는 이후 5년간, 해임을 당한 자는 이후 3년간 공무원에 임용될 수 없다(국가공무원법 제33조, 지방공무원법 제31조). 한편, 징계처분의 실효성을 높이기 위하여 휴직기간과 강등(3개월간 직무에 종사하지 못하는 효력 및 그 기간 중 보수의 전액을 감하는 효력)·정직·감봉의 징계처분 집행기간이 겹치는 경우 휴직기간 중에는 징계처분의 집행을 정지한다(국가공무원법 제80조 제6항, 지방공무원법 제71조 제6항).

징계사유가 ① 금전, 물품, 부동산, 향응 등과 같은 재산상 이익을 취득하거나 제공한 경우이거나 ② 예산 및 기금, 국고금, 보조금, 국·공유재산 및 물품 등을 횡령, 배임, 절도, 사기 또는 유용한 경우에는 해당 징계 외에 위와 같은 행위로 취득하거나 제공한 금전 또는 재산상 이득(금전이 아닌 재산상 이득의 경우에는 금전으로 환산한 금액)의 5배 내에서 징계부과금을 부과할 수 있다(국가공무원법 제78조의2 제1항). 다만 다른 법률에 따라 형사처벌을 받거나 변상책임 등을 이행한 경우(몰수나 추징을 당한 경우 포함) 또는 다른 법령에 따른 환수나 가산징수 절차에 따라 환수금이나 가산징수금을 납부한 경우에는 벌금, 변상금, 몰수, 추징금, 환수금 또는 가산징수금에 해당하는 금액과 징계부가금의 합계액이 금품비위금액 등의 5배를 초과하지 않는 범위에서 징계부가금을 조정하여 부과하여야 하고(제2항), 징계부가금 부과 의결을 한 후에 형사처벌을 받거나 변상책임 등을 이행한 경우 또는 환수금이나 가산징수금을 납부한 경우에는 이미 의결된 징계부가금의 감면 등의 조치를 하여야 한다(제3항). 징계부가금 중 금품비위금액에 해당하는 부분은 비위행위로 인한 부당이득 환수의 성격을 가지는 것이고, 나머지 부분은 제재로서의 성격을 가지는 것으로서, 결국 「부당이득의 환수+금전적 제재」의 성격을 가진다. 징계부가금 부과처분을 받은 사람이 납부기간 내에 그 부가금을 납부하지 않는 때에는 처분권자는 국세 체납처분의 예에 따라 징수할 수 있다.

징계처분을 받은 자는 원칙적으로 그 징계처분을 받은 날 또는 그의 집행이 종료된 날로부터 대통령령, 국회규칙 등이 정하는 기간 동안 승진임용 또는 승급되지 않는다(국가공무원법 제80조 제6항, 지방공무원법 제71조 제5항). 징계에 관하여 다른 법률의 적용을 받는 공무원이 국가공무원법·지방공무원법의 적용을 받는 공무원이 된 경우 다른 법률에 의하여 받은 징계처분은 그 처분일부터 국가공무원법·지방공무원법에 의한 징계처분을 받은 것으로 본다(국가공무원법 제80조 제7항, 지방공무원법 제71조 제6항).

행정의 현실에서는 이상과 같은 공무원법상의 징계처분에 속하지 않는 '(불문)경고'가 행해지는 경우가 종종 있다. 이에 불복하여 항고소송을 제기할 수 있는지는 그 경고가 공무원으로서의 지위, 신분이나 권리의무관계에 불이익을 초래하는 법적인 효과를 가지는 것으로 인정할 수 있는지 여부에 달려있다. 통상 위와 같은 경고는 근무충실에 관한 권고행위 내지 지도행위로서 신분에 불이익을 초래하는 법률상의 효과가 발생하지 않으므로 처분이라고 볼 수 없을 것이다.[51] 그러나 그 경고로 인하여 다른 징계처분이나 경고를 받게 될 경우 징계감경사유로 사용될 수 있었던 표창공적의 사용가능성을 소멸시키는 효과, 1년 동안 인사기록카드에 등재됨으로써 그 동안은 장관표창이나 도지사표창 대상자에서 제외시키는 효과 등이 발생한다면 처분으로 볼 수 있다.[52]

5. 징계에서 재량 및 판단여지(징계양정)

징계사유가 발생하면 징계권자는 반드시 징계를 요구하여야 한다는 점에서 결정재량은 부인된다. 그러나 징계종류 중 어느 것을 선택할 것인지에 관한 선택재량은 인정된다.[53] 이때 징계양정이 행정규칙으로 정해져 있는 경우 그 규칙위반은 평등의 원칙, 행정의 자기구속의 원칙 등을 매개로 위법하게 될 수 있다. 또한 징계사실의 인정과 관련해서는 판단의 여지가 인정될 수 있다.

징계양정에 있어서 징계권을 부여한 목적에 반하거나 비례의 원칙 또는 평등의 원칙에 위반되는 경우 재량권의 한계를 벗어난 것으로 위법하게 된다. 그중 비례의 원칙의 위반 여부는 징계사유, 비행의 내용과 정도, 직무의 내용, 직무성적, 징계처분의 불이익 등을 종합하여, 공익침해의 정도와 그 처분으로 인하여 개인이 입게 될 불이익 등을 비교형량하여 판단한다.[54]

6. 징계절차

징계권은 임용권의 내용에 포함되므로 특별한 규정이 없다면 징계권자는 임용권자가 된다. 징계권자는 해당 공무원의 징계사유를 발견하면 징계 의결을 요구하여야 한다(국가공무원법 제78조 제1항). 이 경우 공무원이 적극행정을 추진한 결과에 대하여 해당 공무원의 행위에 고의 또는 중대한 과실이 없다고 인정되는 경우와 같이 징계 등의 면제 사유가 있

---

51) 대법원 1991. 11. 12. 선고 91누2700 판결, 대법원 2004. 4. 23. 선고 2003두13687 판결.

52) 대법원 2002. 7. 26. 선고 2001두3532 판결.

53) 대법원 2002. 9. 24. 선고 2002두6620 판결.

54) 경찰공무원이 그 단속의 대상이 되는 신호위반자에게 먼저 적극적으로 돈을 요구하고 다른 사람이 볼 수 없도록 돈을 접어 건네주도록 전달방법을 구체적으로 알려주었으며 동승자에게 신고시 범칙금 처분을 받게 된다는 등 비위신고를 막기 위한 말까지 하고 금품을 수수한 경우, 비록 그 받은 돈이 1만 원에 불과하더라도 위 금품수수행위를 징계사유로 하여 해당 경찰공무원을 해임한 것이 징계재량권의 일탈·남용이 아니라고 한 사례가 있다(대법원 2006. 12. 21. 선고 2006두16274 판결).

는지를 사전에 검토하여야 한다(제5항). 이와 관련하여, 대법원은 징계권자가 해당 공무원의 징계사유를 발견한 경우 징계의결을 요구하여야 할 의무가 있는 것으로 해석하는 듯하다.[55] 그러나 특정한 지방자치단체에서 가벼운 징계사유가 상당수의 공무원에게 발생한 경우 그 공무원들에 대하여 모조리 징계의결요구를 하여야 한다면 해당 지방자치단체의 운영이 마비될 수도 있으므로, 징계의결요구를 반드시 의무적이고 기속적이라고 할 수 있는지는 의문이다.

더 나아가 징계권자가 공무원의 징계사유를 발견하였음에도 불구하고 징계의결요구를 행하지 않은 경우 직무유기죄가 성립하는지도 의문이다. 대법원은 "직무유기죄는 공무원이 법령·내규 등에 의한 추상적 충근의무를 태만히 하는 일체의 경우에 성립하는 것이 아니라, 직장의 무단이탈이나 직무의 의식적인 포기 등과 같이 국가의 기능을 저해하고 국민에게 피해를 야기시킬 구체적 위험성이 있고 불법과 책임비난의 정도가 높은 법익침해의 경우에 한하여 성립하므로, 어떠한 형태로든 직무집행의 의사로 자신의 직무를 수행한 경우에는 그 직무집행의 내용이 위법한 것으로 평가된다는 점만으로 직무유기죄의 성립을 인정할 것은 아니다."라고 판시하였다.[56]

공무원의 징계는 관할 징계위원회의 의결을 거쳐 행해져야 한다. 국무총리 소속하에 설치된 징계위원회(국회·헌법재판소 및 선거관리위원회에서는 해당 중앙인사관장기관에 설치된 상급징계위원회)에서 행한 징계의결에 대해서는 중앙행정기관의 장이 행한다. 다만, 파면과 해임은 징계위원회의 의결을 거쳐 각 임용권자 또는 임용권을 위임한 상급감독기관의 장이 행한다(국가공무원법 제82조 제1항, 공무원징계령 제7조 참조). 지방공무원의 징계는 인사위원회의 의결을 거쳐 임용권자가 행한다(지방공무원법 제72조).

한편, 징계의결을 요구한 기관의 장은 징계위원회 또는 인사위원회의 의결이 가볍다고 인정한 때에는 그 처분을 하기 전에 직근상급기관에 설치된 징계위원회(국무총리 소속하에

---

55) 대법원 2007. 3. 22. 선고 2005추62 전원합의체 판결 참조. 나아가 대법원은 사립학교 교원의 경우에도 그 임용권자가 충분한 조사를 거친 결과 소속 교원의 구체적인 행위가 징계사유에 해당하는 것이 명백한 경우에 징계의결을 요구할 의무가 있다고 판시하였다(대법원 2025. 9. 11. 선고 2025두30721 판결).

56) 대법원 2007. 7. 12. 선고 2006도1390 판결. 따라서, "지방자치단체장인 피고인으로서는 당시 징계에 관한 행정안전부의 지침에 다소 과한 측면이 있다고 보고 지방자치단체장으로서 소속 직원의 절반이 넘는 파업참가 공무원 전원에 대하여 징계의결 요구를 할 경우 발생할 혼란과 그에 따른 부작용을 우려하였다는 것이고, 나아가 위 파업 참가 행위가 동일사건에 해당하지 아니한다고 평가할 여지가 있다고 판단하고 나름대로 사안의 경중을 가려 가담 정도가 중한 일부 대상자에 대하여는 북구 인사위원회에 징계의결 요구를 하고 가담 정도가 가벼운 나머지 대상자에 대하여는 훈계처분을 하도록 지시한 이상, 피고인의 위와 같은 직무집행행위가 위법하게 평가되는 것은 별론으로 하고 직장의 무단이탈이나 직무의 의식적인 포기에 준하는 것으로 평가할 수는 없을 뿐 아니라, 적어도 피고인으로서는 자신이 취한 일련의 조치가 직책에 따른 정당한 직무 수행 방식이라고 믿었던 것으로 볼 수가 있으므로, 직무유기죄가 성립하는 것은 아니다."라는 것이다.

설치된 징계위원회의 의결에 대해서는 그 징계위원회)에 심사 또는 재심사를 청구할 수 있다(국가공무원법 제82조 제2항, 지방공무원법 제72조 제2항).

징계위원회가 징계사건을 심의할 때 해당 공무원 또는 대리인(변호사)에게 진술의 기회를 주어야 하고, 이를 거치지 않은 징계는 무효이다(국가공무원법 제81조 제3항).[57] 징계권자는 징계의결서를 받은 날로부터 15일내에 이를 집행하여야 하는데, 징계권자가 징계의결을 집행한 때에는 징계의결서의 사본을 첨부하여 징계처분사유설명서를 교부하여야 한다.

징계처분에도 일사부재리의 원칙이 적용된다. 다만 징계처분과 직위해제는 그 성질을 달리하므로 직위해제와 같은 사유로 징계처분을 할 수 있다.[58]

7. 징계에 대한 불복

징계처분을 받은 자는 처분사유설명서를 받은 날로부터 30일 이내에 소청심사위원회에 심사를 청구할 수 있다.

Ⅱ. 변상책임

1. 국가배상법에 의한 변상책임

공무원이 그 직무를 집행하면서 고의 또는 과실로 법령에 위반하여 타인에게 손해를 가한 경우에는 국가 또는 지방자치단체가 손해를 배상하도록 되어 있다. 이 경우 가해공무원에게 고의 또는 중대한 과실이 있으면 국가 또는 지방자치단체는 가해공무원에게 구상할 수 있게 되어 있으므로, 이에 의하여 그 공무원은 국가 또는 지방자치단체에 대하여 변상책임을 지게 된다(국가배상법 제2조 제1항).

한편 도로 · 하천 등 공공의 영조물의 설치 · 관리의 하자로 인하여 타인에게 손해를 발생하게 한 경우에도 국가 또는 지방자치단체가 그 손해를 배상하도록 하고, 다만 공무원에게 책임이 있는 경우 그에게 구상할 수 있도록 되어 있는데, 이에 의해서도 공무원은 국가 또는 지방자치단체에 대하여 변상책임을 지게 된다(제5조 제2항).

---

57) 따라서 징계심의대상자가 선임한 변호사가 징계위원회에 출석하여 필요한 의견을 진술하는 것을 거부할 수 없으므로, 이를 막았다면 징계위원회 심의 · 의결의 절차적 정당성이 상실되어 그 징계의결에 따른 징계처분은 취소되어야 한다(대법원 2018. 3. 13. 선고 2016두33339 판결). 다만 위 사안은 징계심의대상자의 대리인이 관련된 행정절차나 소송절차에서 이미 실질적인 증거조사를 하고 의견을 진술하는 절차를 거쳐서 징계심의대상자의 방어권 행사에 실질적으로 지장이 초래되었다고 볼 수 없는 경우이었고, 이 경우에는 징계위원회 심의에 절차적 정당성이 상실되었다고 볼 수 없어서 징계처분을 취소할 수 없다고 하였다.

58) 대법원 1984. 2. 28. 선고 83누489 판결.

2. 회계관계직원 등의 책임에 관한 법률에 의한 책임

공무원인 회계관계직원은 위 법률이 정한 바에 따라 ① 고의 또는 중대한 과실로 법령 기타 관계규정 및 예산에 정해진 바에 위반하여 국가의 재산에 대하여 손해를 끼친 때, ② 특히 현금 또는 물품을 출납·보관하는 자가 그 보관에 속하는 현금 또는 물품을 망실·훼손하였을 경우에 선량한 관리자의 주의를 태만히 하지 않은 증명을 못하였을 때에는 변상책임을 진다.

변상책임의 유무 및 변상액은 감사원이 판정한다(감사원법 제31조). 따라서 소속 장관 또는 감독기관의 장은 변상사유가 발생한 경우에는 지체없이 기획재정부장관과 감사원에 통지하여야 하는데, 감사원의 판정전이라도 해당 회계관계직원에 대하여 변상을 명할 수 있다(제6조 제1항).

Ⅲ. 형사상의 책임

1. 협의의 형사책임

협의의 형사책임은 공무원이 형법상의 공무원의 직무에 관한 죄(형법 제122조 내지 135조)를 범한 경우에 받게 되는 책임을 말한다. 내용적으로 직무범과 준직무범으로 나눌 수 있다. 전자는 공무원이 직권을 남용하는 등 직무행위와 직결되는 범죄를 말하는 것으로서, 직무유기죄(제122조), 직권남용죄(제123조), 불법체포·감금죄(제124조), 폭행·가혹행위죄(제125조), 피의사실공표죄(제126조), 공무상 비밀누설죄(제127조), 선거방해죄(제128조) 등이다.

준직무범은 직무행위 자체가 범죄를 구성하는 것이 아니라 행위자가 공무원의 신분을 가졌기 때문에 또는 공무원의 직무와 관련이 있기 때문에 일정한 행위가 형사상의 범죄를 구성하는 경우를 말한다. 수뢰죄(제129조), 제3자뇌물제공죄(제130조), 사후수뢰죄(제131조), 알선수뢰죄(제132조), 뇌물공여죄(제133조) 등이다. 공무원이 수뢰죄 등을 범한 경우에 그 가액이 일정한도를 넘는 경우 가중처벌하도록 되어 있다(특정범죄 가중처벌 등에 관한 법률 제2조).

2. 행정형벌책임

행정형벌책임은 공무원이 행정법규를 위반한 경우 형법이 정한 벌을 받게 되는 경우를 말한다. 공무원이 국가공무원법 제44조(시험 또는 임용의 방해행위 금지), 제45조(인사에 관한 부정행위의 금지), 제65조(정치운동의 금지), 제66조(집단행위의 금지)를 위반함으로써 1년 이하의 징역 또는 500만원 이하의 벌금에 처해지는 경우(제84조) 등이다.

Ⅳ. 민사상의 배상책임(사인에 대한 배상책임)

공무원이 직무상 불법행위로 타인에게 손해를 가한 경우 가해공무원이 국가 또는 지방자치단체의 구상을 통해 국가나 지방자치단체에 대하여 변상책임을 지게 된다. 이와는 별개로 가해공무원이 피해자에게 직접 배상책임을 지는지에 관해서는 판례가 엇갈렸다. 현재에는 공무원 개인도 고의 또는 중과실이 있는 경우에는 불법행위로 인한 손해배상책임을 진다고 할 것이지만, 경과실뿐인 경우에는 손해배상책임을 부담하지 않는다고 해석하고 있다.[59)]

제 5 절 임용결격과 당연퇴직의 법률관계

Ⅰ. 임용결격과 당연퇴직

1. 임용결격

국가공무원법 제33조, 지방공무원법 제31조에서는 임용결격사유를 규정하고 있고, 임용의 결격사유에 해당하는 자에 대한 임용행위는 무효이므로,[60)] 위와 같은 임용행위에 의하여 공무원의 신분을 취득하거나 근로고용관계가 성립하게 되지는 않는다. 따라서 임용결격사유로 인한 임용취소통지도 임용행위가 당초부터 무효이었다는 사실을 공적으로 확인하여 알려주는 사실의 통지에 불과할 뿐 처분이 될 수 없다.

그리하여, ① 하자의 치유라든가 형의 실효에 따른 결격사유의 소멸, ② 장기간 사실상 근무하도록 하고 임용취소를 하지 않았다는 사정 등에 따른 신의칙이나 신뢰보호 또는 금반언의 원칙에 의한 공무원 신분의 보유,[61)] ③ 실권의 법리에 의한 임용취소의 배제, ④ 결격사유가 소멸된 때로부터 유효한 행위로의 전환,[62)] ⑤ 무효인 임용행위의 추인·묵시적 또는 장래에 향한 새로운 임용처분의 의제,[63)] ⑥ 당초 임용행위에 대한 취소권의 시효소멸

59) 대법원 1996. 2. 15. 선고 95다38677 판결.
60) 대법원 2019. 2. 14. 선고 2017두62587 판결.
61) 대법원 1987. 4. 14. 선고 86누459 판결.
62) 대법원 1998. 1. 23. 선고 97누16985 판결. 공무원의 임용결격에 관한 사안은 아니지만, 대법원 2022. 7. 14. 선고 2021두62287 판결에서는 같은 맥락에서, 국민체육진흥법은 '금고 이상의 형의 집행유예를 선고받고 그 유예기간 중에 있는 사람'은 체육지도자가 될 수 없고 체육지도자 자격증을 발급받은 사람이 위 사유에 해당하면 그 자격을 취소하여야 한다고 규정하고 있는데, 그 해석과 관련하여, "체육지도자가 금고 이상의 형의 집행유예를 선고받은 경우 행정청은 원칙적으로 체육지도자의 자격을 취소하여야 하고, 집행유예기간이 경과하는 등의 사유로 자격취소처분 이전에 결격사유가 해소되었다고 하여 이와 달리 볼 것은 아니다."라고 판시하였다.
63) 대법원 1996. 2. 27. 선고 95누9617 판결.

등과 같은 효과는 발생할 수 없다. 따라서 임용결격 상태에 있는 철도청 소속 고용원에서 일반직공무원으로의 환직,[64] 직위부여행위,[65] 복직처분,[66] 승진임용[67] 등도 모두 무효이다.

2. 당연퇴직

국가공무원법상 당연퇴직은 결격사유가 있을 때 당연히 공무원관계가 소멸되는 것이다. 따라서 당연퇴직의 인사발령은 공무원관계의 소멸을 공적으로 확인하여 알려주는 관념의 통지에 불과하고 처분이 아니다.

당연퇴직은 임용결격사유에 해당하게 된 시점에 당연히 공무원의 신분을 상실하게 된다.[68] 당연퇴직사유에 해당하는 유죄판결 등에 대하여 사후에 사면이 되었다 하더라도 결론이 달라지는 것도 아니고,[69] 형의 실효 등에 관한 법률에 따라 해당 결격사유가 임용결격사유에 해당하지 않게 되었다 하더라도 이미 발생한 당연퇴직의 효력에는 영향이 없다.[70]

Ⅱ. 사실상 공무원으로서 한 행위의 효력

임용결격자에 대한 임용은 무효이고 별도의 처분 없이 당연퇴직하게 된다면, 임용결격자나 당연퇴직사유 발생자가 기왕에 행한 행위는 무효라고 하여야 논리적이다. 그러나 결격자의 행위를 정당한 권한을 가진 자의 행위라고 믿은 제3자의 이익은 보호되어야 한다. 사실상 또는 외관상 공무원으로서 행위한 기간이 길면 길수록 제3자의 수는 많아지고 법률관계가 계속해서 이어지므로, 이러한 점에 대한 배려가 있어야 한다.

이 경우 국가 또는 지방자치단체는 임용결격자의 행위에 대하여 무효를 확인하고 소급하여 취소하는 것은 피해야 하고, 취소를 한다고 하더라도 제3자 보호의 관점에서 필요한 조치를 취해야 한다. 따라서 구체적인 사정을 고려하여 객관적으로 공무원의 행위라고 믿을 만한 상태에서 이루어진 행위는 상대방의 신뢰보호, 법적 안정성의 요청으로부터 사실상 공무원의 행위로서 유효하다고 해석해야 할 필요가 있다. 이러한 사실상의 행위의 효력을 인정하기 위하여 나온 이론이 사실상 공무원 이론이다. 사실상 공무원 이론은 해당 공무원의 지위를 보호하기 위한 것이 아니라 제3자의 신뢰보호를 위한 이론인 것이다.

---

64) 대법원 1980. 10. 14. 선고 79누12 판결.
65) 대법원 1995. 11. 21. 선고 95누9914 판결.
66) 대법원 1997. 7. 8. 선고 96누4275 판결.
67) 대법원 1996. 7. 12. 선고 96누3333 판결.
68) 대법원 1995. 10. 12. 선고 95누5905 판결, 대법원 1998. 12. 23. 선고 98두16118 판결.
69) 대법원 1996. 2. 27. 선고 95누9617 판결.
70) 대법원 1995. 10. 12. 선고 95누5905 판결.

Ⅲ. 봉급 기타 급여의 반환문제

사실상 공무원으로서 근무하면서 지급받은 봉급 그 밖의 급여는 법률상 원인 없는 부당이득이므로 이를 반환하여야 할 것이나 국가 또는 지방자치단체도 법률상 원인없이 노무를 제공받은 부당이득이 있다.

이 경우 급여 중 근무의 대가는 받은 노무에 의한 이익과 상계한 후 서로 받은 이익을 엄밀하게 비교하여야 할 것이나, 사실상 공무원으로서 제공한 근무에 따라 국가나 지방자치단체가 어떠한 이익을 받았는지를 정확하게 계량하는 것은 쉽지 않고, 그 직위에 임명된 자와 실제로 동일한 근무를 했을 것이라고 추정된다. 따라서 그 근무에 대한 급여와 노무의 제공 사이에는 정당한 균형이 있다고 볼 수 있으므로, 국가나 지방자치단체가 부당이득반환청구권의 행사를 하지 않았다 하더라도 위법하다고 할 수는 없을 것이다.

Ⅳ. 퇴직급여의 제한

1. 공무원연금법 퇴직급여 등의 제한사유와 감액

공무원연금법 제65조 제1항은 ① 재직 중의 사유로 금고이상의 형을 받은 때, ② 탄핵 또는 징계에 의하여 파면된 때, ③ 금품 및 향응수수, 공금의 횡령·유용으로 징계 해임된 때에는 대통령령이 정하는 바에 따라 퇴직급여 및 퇴직수당의 일부를 감액하여 지급한다고 규정하고 있다. 다만 위 사유 중 '재직 중의 사유로 금고 이상의 형을 받은 때'에서 직무와 관련이 없는 과실로 인한 경우 및 소속 상관의 정당한 직무상의 명령에 따르다가 과실로 인한 경우는 제외한다.[71]

퇴직급여 및 퇴직수당을 감액하여 지급하는 범위는 공무원연금법 시행령 제61조에 정해져 있다. 퇴직급여는 후불적 임금의 성격을 가지는 공무원 본인의 기여금에 해당하는 부분과 공로보상 또는 사회보장적 성격을 가지는 국가 또는 지방자치단체의 부담금으로 조성되는 부분으로 구성되어 있다. 그중에서 후불적 임금의 성격을 갖는 공무원 본인의 기여금 해당부분을 제외한 나머지에 해당하는 공로보상 또는 사회보장적 성격을 갖는 부분을 지급하지 않는 것이다.[72]

71) 공무원 또는 공무원이었던 자가 재직 중의 사유로 금고 이상의 형을 받은 모든 경우를 퇴직급여 및 퇴직수당의 감액사유로 하는 것은 재산권을 침해하고 평등의 원칙에 위배된다는 헌재 2007. 3. 29. 선고 2005헌바33 결정에 따라 공무원연금법이 개정된 결과이다.

72) 대법원 1997. 4. 25. 선고 95누14046 판결, 대법원 1997. 2. 28. 선고 96누6189 판결.

2. 임용결격자의 경우

공무원연금법에 의한 퇴직급여 등은 적법한 공무원으로서의 신분을 취득하여 근무하다가 퇴직하는 경우에 지급되는 것이고, 무효인 임용결격자에 대한 임용행위에 의하여 공무원의 신분을 취득할 수는 없으므로, 임용결격자가 공무원으로 임용되어 사실상 근무하여 왔다고 하더라도 공무원연금법 소정의 퇴직급여 등을 청구할 수 없고, 임용결격자에 대하여 퇴직급여청구를 거부한 것을 두고 근로기준법이나 신의칙에 위반되는 행위라 할 수 없다.[73]

그러나 임용결격자라고 하더라도 퇴직급여 중 적어도 근로자퇴직급여 보장법 제8조에서 정한 퇴직금에 상당하는 금액은 그가 재직기간 중 제공한 근로에 대한 대가로써 지급되어야 한다.[74] 퇴직금에 상당하는 금액은 임용기간 중 공무원연금법상 기여금 관련 금액과 근로자퇴직급여 보장법상 퇴직금 상당액의 합계가 된다. 그런데, 부당이득은 손해액과 이득액 중 적은 범위 내에서 반환하는 것이므로, 그 합계액이 국가 또는 지방자치단체의 이득액에 해당하는 공무원연금법상 퇴직급여 상당액을 넘는 경우에는 그 범위로 제한된다.[75]

73) 대법원 1996. 7. 12. 선고 96누3333 판결 등 다수.
74) 대법원 2004. 7. 22. 선고 2004다10350 판결.
75) 대법원 2017. 5. 11. 선고 2012다200486 판결.

| 제 7 편 |

개별행정법

제1장 경찰행정법

제1절 의 의

Ⅰ. 경찰의 개념

1. 실질적 의미의 경찰과 형식적 의미의 경찰

실질적 의미의 경찰이란 "공공의 안녕·질서를 유지하기 위하여 일반통치권에 근거하여 국민에게 명령·강제함으로써 자연적 자유를 제한하는 작용"을 말한다.[1)]

그런데, 실질적 의미의 경찰개념과 국가경찰과 자치경찰서 조직 및 운영에 관한 법률(경찰법), 경찰공무원법, 경찰관직무집행법 등 실정법상의 경찰개념(형식적 의미의 경찰개념)은 반드시 일치하지는 않는다. 가령 경찰관직무집행법 제2조는 경찰관의 직무범위를 ① 국민의 생명·신체 및 재산의 보호, ② 범죄의 예방·진압 및 수사, ③ 범죄피해자 보호, ④ 경비·주요인사 경호 및 대간첩·대테러 작전 수행, ⑤ 공공안녕에 대한 위험의 예방과 대응을 위한 정보의 수집·작성 및 배포, ⑥ 교통의 단속과 교통 위해의 방지, ⑦ 외국 정부기관 및 국제기구와의 국제협력, ⑧ 그밖에 공공의 안녕과 질서 유지라고 규정하고 있다.

실질적 의미의 경찰은 경찰기관에 의한 공공의 안녕·질서유지작용(보안경찰) 이외에도 위생·산업 등 분야에서의 질서유지작용까지 포함한다. 그러나 실정법상으로는 위생이나 산업·노무 등에 관련한 질서유지작용은 다른 행정기관의 권한으로 되어 있는 반면, 범죄의 수사 및 피의자의 체포 등의 사법작용(사법경찰)은 조직법상 경찰의 직무로 되어 있다.

2. 경찰개념의 요소

가. 경찰의 목적

경찰의 목적은 '공공의 안녕과 질서'를 유지하는 것이다. 여기에서 '공공의 안녕'이라고 함은 개인의 생명·신체·건강·자유·재산과 같은 개인적 법익과 국가의 존속 및 기능과 같은 국가적 법익이 침해되지 않는 상태를 말한다. '공공의 질서'라고 함은 지배적인 사회·윤리관에 비추어 그것을 준수하는 것이 원만한 공동생활을 위한 전제로 간주되는 법규범 이외의 규범의 총체를 말한다. 법규범을 제외하는 이유는 그것이 침해되지 않는 상태가 공공의 안녕에 속한다고 할 수 있기 때문이다. 위와 같은 공공의 안녕과 질서에 대한 위험

---

1) 김남진·김연태, 행정법Ⅱ, 제28판, 법문사, 2024, 351면.

을 예방하고, 장해를 제거하는 것(위해의 방지)이 경찰의 목적 또는 직무이다.

나. 경찰의 수단

경찰은 국민에게 명령 · 강제 등의 권력을 행사하는 경우가 많은데, 경찰명령 · 경찰처분 · 경찰허가 · 경찰강제 등이 주요 수단이 된다. 그밖에도 확인 · 공증 · 통지 · 수리 등 준법률행위적 행정행위를 하기도 하고, 비권력적 작용으로서의 행정지도(계몽 · 권고, 비공식적 행정작용)를 하는 경우도 있다.

다. 경찰의 내용

경찰은 개인의 자연적 자유를 제한하는 경우가 많다. 그렇지만 경찰작용으로 인하여 직접 법률효과를 형성 · 변경 · 소멸시키는 효과를 발생시키지는 않는다. 예컨대, 불량식품의 판매를 금지하는 경찰작용이 '매매'라는 법률행위의 효력을 무효로 만들지는 않는다. 다만 개인의 자연적 자유가 제한되는 결과 부수적으로 법률효과에 영향을 미치는 경우가 있다. 예컨대, 유해식품을 폐기할 의무를 부담함으로써 그 물건에 대한 소유권이 소멸될 수 있다.

라. 경찰의 권력적 기초

경찰은 일반권력관계에 기초를 둔 작용이다. 일반통치권에 복종하는 자는 자연인 · 법인 · 내국인 · 외국인을 막론하고 경찰권에 복종하여야 한다. 그 점에서 특별권력에 기초하고 있는 의원(議院)경찰, 법정(法廷)경찰 등과 구별된다.

Ⅱ. 경찰의 종류

첫째, 행정경찰과 사법경찰로 구분할 수 있다. 행정경찰은 공공의 안녕 · 질서에 대한 위험의 방지작용으로서 행정작용의 일부이다. 사법경찰은 범죄의 수사, 피의자의 체포 등을 목적으로 하는 형사사법작용을 말하는데, 이러한 직무는 본래 사법작용으로서의 성질을 가지는 것이지만, 공공의 안녕 · 질서의 유지를 임무로 하는 기관에 담임시키는 것이 편리하기 때문에 행정경찰기관에 위탁되어 있는 것이다. 형사소송법과 검찰청법이 2020. 2. 4. 개정됨에 따라 경찰의 수사권이 독립하고 경찰과 검사의 관계가 협력관계로 전환됨으로써, 경찰에게 독립적인 수사주체로서의 지위가 부여되고 경찰권력이 확대되었다. 이에 대응하는 조치로, 2020. 12. 22. 전부개정된 경찰법에는 경찰청 내에 국가수사본부를 신설하여 사법경찰에 관한 부분을 분리하여, 국가수사본부장으로 하여금 형사소송법에 따른 경찰의 수사에 관하여 각 시 · 도경찰청장과 경찰서장 및 수사부서 소속 공무원을 지휘 · 감독하도록 하고, 개별사건의 수사에 대한 경찰청장의 지휘 · 감독을 원칙적으로 배제하였다.

둘째, 예방경찰과 진압경찰로 구분할 수 있다. 위해의 발생을 예방하기 위한 권력작용을 예방경찰이라고 하고, 위해가 이미 발생한 후에 그것을 제거하는 권력작용을 진압경찰이라고 한다.

셋째, 행정경찰은 다시 보안경찰과 협의의 행정경찰로 구분할 수 있다. 보안경찰은 공공의 안녕 · 질서를 유지하기 위하여 다른 종류의 행정작용에 수반되지 않고 그 자체로 독립하여 행해지는 경찰작용이고, 협의의 행정경찰은 경찰이라는 이름이 붙지 않은 행정기관에 의한 위해방지작용이다.

넷째, 고등경찰(정치경찰)과 보통경찰로 구분할 수 있다. 고등경찰은 개인의 안전을 보호하는 통상의 경찰(보안경찰)과 달리 '국가의 안전을 보호하는 경찰'(정치경찰)을 말한다.

다섯째, 평시경찰과 비상경찰로 구분할 수 있다. 일반경찰기관이 일반경찰법규에 의하여 행하는 공공의 안녕 · 질서유지작용을 평시경찰이라고 하고, 병력에 의한 안녕 · 질서유지작용을 비상경찰이라고 부르기도 한다.

여섯째, 국가경찰과 자치경찰은 경찰의 권한이나 책임의 소재가 국가 또는 지방자치단체 중 어디에 있는지의 관점에서 하는 분류이다. 경찰은 지금까지 중앙집권적인 권력구조와 남북대치 상황이라는 특수한 여건을 반영하여 국가경찰체제로 운영되어 왔고, 「제주특별자치도 설치 및 국제자유도시 조성을 위한 특별법」에 따라 제주특별자치도에만 자치경찰단이 설치되어 있을 뿐이었다. 그런데, 경찰법이 2020. 12. 22. 전부개정되어 자치경찰이 전면적으로 시행되기에 이르렀다. 이에 따르면, 자치경찰사무는 관할지역의 생활안전 · 교통 · 경비 · 수사 등에 관한 사무, 국가경찰사무는 경찰의 임무 중에서 자치경찰사무를 제외한 것으로 구분된다(제4조).

Ⅲ. 경찰의 조직

1. 보통경찰기관

보통경찰기관이란 직접 보안경찰을 담당하고 있는 경찰기관을 말하는데, 그 권한 및 기능에 따라 경찰행정청과 경찰집행기관으로 나눌 수 있다.

경찰행정청이란 직접 대외적 구속력 있는 의사를 결정 · 표시할 수 있는 권한을 가진 경찰기관(행정청)을 말한다. 국가경찰사무에 관해서는 경찰청장을 정점으로 시 · 도경찰청장으로 구성되고, 자치경찰사무에 관해서는 시 · 도자치경찰위원회를 정점으로 시 · 도경찰청장 및 경찰서장으로 구성되는 계층제를 이루고 있다(제14조, 제28조).[2)]

2) 다만 수사에 관한 사무에 대해서는 국가수사본부장의 지휘 · 감독을 받는다.

경찰의결기관으로 경찰행정에 관하여 일정한 사항을 심의 · 의결하기 위하여, 국가경찰사무에 관해서는 행정안전부에 국가경찰위원회가 설치되어 있고, 자치경찰사무에 관해서는 시 · 도자치경찰위원회가 설치되어 있다. 협의기관으로는 지방행정과 치안행정의 업무협조 그 밖의 필요한 사항을 협의 · 조정하기 위하여 시 · 도지사 소속 하에 치안행정협의회가 설치되어 있다.

보통경찰기관 중 실력으로써 행정의사를 실현하는 집행기관을 경찰집행기관이라고 한다. 이러한 경찰집행기관은 직무의 일반성 여부에 따라 일반경찰집행기관과 특별경찰집행기관으로 나눌 수 있다. 일반경찰집행기관에는 치안총감 · 치안정감 · 치안감 · 경무관 · 총경 · 경정 · 경감 · 경위 · 경사 · 경장 · 순경 등이 있다. 특별경찰집행기관에는 소방공무원, 의무경찰대, 군사경찰 등이 있다.

2. 특별경찰기관

협의의 행정경찰기관은 위생경찰, 산림경찰, 관세경찰 등과 같이 다른 행정작용에 부수하여 그 영역에서 일어나는 공공의 안녕 · 질서에 대한 위해를 방지하는 임무를 담당하고 있는 기관이다.

한편, 비상경찰기관은 계엄사령관과 같이 보통경찰기관의 힘만으로는 치안을 유지할 수 없는 비상시에 병력으로써 치안을 담당하는 기관을 말한다.

3. 청원경찰과 경비업

청원경찰은 ① 국가기관 또는 공공단체와 그 관리 하에 있는 중요시설 또는 사업장, ② 국내주재 외국기관, ③ 그밖에 행정안전부령으로 정하는 중요시설 · 사업장 또는 장소의 기관의 장 또는 시설 · 사업자 등의 경영자가 소요경비(청원경찰경비)를 부담할 것을 조건으로 경찰의 배치를 신청하는 경우 그 기관 · 시설 또는 사업장 등의 경비를 담당하게 하기 위하여 배치하는 경찰을 말한다. 청원경찰은 관할 경찰서장의 감독을 받아 그 경비구역 안에서만 경찰관직무집행법에 의한 경찰관의 직무를 행한다.

경비업이라 함은 ① 시설경비업무, ② 호송경비업무, ③ 신변보호업무, ④ 기계경비업무, ⑤ 특수경비업무의 전부 또는 일부를 도급받아 행하는 영업을 말한다.

제 2 절 경찰권발동의 근거와 한계(요건과 효과)

Ⅰ. 개별적 수권조항과 개괄적 수권조항

법치국가에서 행정은 헌법과 법률에 의한 기속을 받으므로, 어떠한 경우에도 법률에 위반되는 조치를 취해서는 안 되고(법률우위의 원칙), 법률의 수권에 의하여 행해져야 한다(법률유보의 원칙). 법률유보의 원칙과 관련하여, 행정이 어느 범위 내에서 법률에 근거가 있어야 행해질 수 있는지 문제가 된다. 이에 대하여, ① 행정이 개인의 자유나 권리를 침해·제한하거나 새로운 의무를 부과하는 경우에는 반드시 법률의 수권이 있어야 하지만 수익적 행정 등 그 밖의 영역에는 법률유보의 원칙이 적용되지 않는다는 견해(침해유보설), ② 직접 시민을 향해 행해진 행정작용 전부에 대하여 법률의 유보를 요구하는 견해(전부유보설), ③ 개인의 생활이 상당부분 국가로부터 급부에 의존하고 있는 현대사회에서 국가적 급부의 공정한 확보가 중요하므로 전통적인 침해행정 이외의 급부행정 영역에서도 법률유보의 원칙이 적용되어야 한다는 견해(급부행정유보설, 사회유보설), ④ 일반권력관계든 특별권력관계든 불문하고 중요사항은 반드시 법률적 근거를 요하지만, 비중요사항에 대해서는 법률의 근거 없이도 행정권을 발동할 수 있다는 견해(중요사항유보설, 본질사항유보설 또는 본질성설) 등이 있다. 중요사항유보설이 오늘날의 통설과 헌법재판소의 판례이고, 그에 의하면 문제가 되는 작용이 기본권의 실현을 위하여 중요한 것인지 여부가 법률유보사항의 판단기준이 된다. 행정기본법 제8조에서도 침해유보에 해당하는 것으로서 국민의 권리를 제한하거나 의무를 부과하는 경우와 중요사항유보에 해당하는 것으로서 국민생활에 중요한 영향을 미치는 경우에 법률에 근거하도록 "법률유보의 원칙"을 명시하고 있다. 이는 전통적인 침해유보설과 판례로 확립된 중요사항유보설에 입각한 것이라고 볼 수 있다.

경찰은 '공공의 안녕·질서를 유지하기 위하여 일반통치권에 근거하여 국민에게 명령·강제함으로써 자연적 자유를 제한하는 작용'이므로, 행정영역 중 가장 대표적인 침익적 행정이다. 따라서 위에서 언급한 어느 견해에 취하더라도 경찰작용은 법률의 근거가 있어야 하는 것은 당연하다.

법률유보의 원칙이 충실히 수행되기 위하여 경찰권 발동의 근거법규를 되도록 요건과 유형을 상세히 규정하는 것이 바람직하다. 경찰권 발동에 대하여 개개의 요건과 유형을 구체적·개별적으로 규정한 근거법규를 '개별적 수권조항'이라 한다. 그런데, 공공의 안녕과 질서에 대한 위해는 사회생활의 복잡성과 과학기술의 발달로 일일이 그 유형을 법률로 규정하기 어렵게 되었다. 그리하여 경찰권을 발동할 수 있는 일반조항을 둘 필요가 있고 그러한 일반조항을 '개괄적 수권조항'이라고 한다.

Ⅱ. 개괄적 수권조항에 의한 경찰권 발동

1. 개괄적 수권조항에 의한 경찰권 발동의 허용 여부와 존재 여부

가. 허용 여부

독일에서는 개괄적 수권조항에 근거한 경찰권 발동을 일찍부터 인정하여 왔고, 오늘날 각 주(Land)의 경찰법에 이에 대한 명문의 규정을 두고 있다.[3] 그러나 우리나라에서는 개괄적 수권조항을 근거로 경찰권의 발동을 허용할 수 있는지를 둘러싸고 다음과 같은 견해의 대립이 있다.

① **전면적 부정설:** 가장 전형적인 권력작용인 경찰권의 발동을 개괄적 수권조항에 근거하여 허용한다면, 법률유보의 원칙과 명확성의 원칙을 형해화시킨다는 견해이다.

② **긍 정 설:** 개괄적 수권조항은 보충적으로 적용되는 것이고, 사회사정의 부단한 변화에 따른 경찰권의 발동근거를 개별적으로 규정하는 것이 현실적으로 어려우며, 조리상의 한계 등 경찰권발동에 대한 통제수단이 발달되어 있으므로, 개괄적 수권조항에 의한 경찰권 발동을 허용하더라도 문제가 없다는 견해이다.

오늘날 뒤에서 보는 경찰권 발동의 원칙들이 충분히 발달되어 있고 경찰권의 남용에 대한 통제수단이 마련되어 있다. 거기에다가 위험방지의 효율성 등을 고려할 때 개괄적 수권조항의 필요성을 부인할 수 없으므로, 개괄적 수권조항에 의한 경찰권 발동을 부인하기 어렵다.

나. 현행법상 개괄적 수권조항의 존재여부

개괄적 수권조항에 의한 경찰권 발동이 허용된다는 입장을 취한다면, 과연 현행법상 개괄적 수권조항은 존재하는지, 존재한다면 어디에서 찾을 수 있는지도 문제가 된다.

(1) 학 설

① **경찰관직무집행법 제2조 제8호에서 찾는 견해:** 경찰관직무집행법 제2조에서는 "경찰관은 다음 각호의 직무를 수행한다."라고 하면서, ① 국민의 생명·신체 및 재산의 보호, ② 범죄의 예방·진압 및 수사, ③ 범죄피해자 보호, ④ 경비·주요인사 경호 및 대간첩·대테러 작전 수행, ⑤ 공공안녕에 대한 위험의 예방과 대응을 위한 정보의 수집·작성 및

---

3) 서정범, "비책임자에 대한 경찰권 발동에 관한 법적 고찰", 안암법학 제25호(상), 안암법학회(2007. 11), 281면.

배포, ⑥ 교통의 단속과 교통 위해의 방지, ⑦ 외국 정부기관 및 국제기구와의 국제협력, ⑧ 그밖에 공공의 안녕과 질서 유지를 경찰관의 직무범위로서 규정하고 있다. 위 규정 중 "공공의 안녕과 질서유지"에 관한 규정을 불충분하나마 실정법상의 개괄적 수권조항으로 볼 수 있다는 것이다.4)

② **입법적 조치가 필요하다는 견해**: 위 규정은 경찰조직법상의 직무규범에 불과하고 작용법상의 권한규범으로 보기는 어렵다고 하면서, 현행법상 개괄적 수권조항을 찾아볼 수 없으므로, 이를 인정하기 위하여 입법상의 조치가 필요하다는 것이다. 직무규범은 조직법상의 권한분장관계를 규율하기 위한 규범으로서 다른 행정청과의 직무의 한계를 설정하는 것이고, 권한규범은 행정청에 부여된 임무를 전제로 그 범위 내에서 개인의 권리를 제한하는 조치를 발할 수 있는 권한을 부여하는 규범인데, 경찰관직무집행법 제2조 제8호는 직무규범에 불과할 뿐 권한규범이 아니라는 것이다.

(2) 판　　례

㈎ 대법원의 입장

대법원이 이 문제를 정면으로 다룬 판결을 찾아보기 어렵다. 다만 아래의 판결을 비추어보면, 대법원은 개괄적 수권조항에 의한 경찰권 발동을 긍정하고 경찰관직무집행법 제2조 제8호를 개괄적 수권조항으로 보는 듯하다.

> **대법원** 1986. 1. 28. **선고** 85**도**2448 **판결**: 청원경찰법 제3조는 청원경찰은 청원주와 배치된 기관, 시설 또는 사업장등의 구역을 관할하는 경찰서장의 감독을 받아 그 경비구역 내에 한하여 경찰관직무집행법에 의한 직무를 행한다고 정하고 있고 한편 경찰관직무집행법 제2조에 의하면 경찰관은 범죄의 예방, 진압 및 수사, 경비요인, 경호 및 대간첩작전 수행, 치안정보의 수집작성 및 배포, 교통의 단속과 위해의 방지, 기타 공공의 안녕과 질서유지 등을 그 직무로 하고 있는 터이므로 경상남도 양산군 도시과 단속계 요원으로 근무하고 있는 청원경찰관들이 원심판시와 같이 1984. 12. 29. 경상남도 양산군 장안면에 있는 피고인의 집에서 피고인의 형이 허가 없이 창고를 주택으로 개축하는 것을 단속한 것은 그들의 정당한 공무집행에 속한다고 할 것이므로 이를 폭력으로 방해한 피고인의 판시 소위를 공무집행방해죄로 다스린 원심조치는 정당하고 이에 소론과 같은 위법이 있다고 할 수 없다.

㈏ 헌법재판소의 입장

헌법재판소도 이 문제를 법정의견으로 다룬 사례는 찾아보기 어렵다. 그런데 비록 보충의견과 반대의견이긴 하지만 서울특별시 서울광장 통행저지 위헌확인사건에서 주목할

---

4) 김남진 · 김연태, 행정법Ⅱ, 370면.

만한 결정이 있었다.[5] 위 결정의 쟁점은 경찰청장이 2009. 6. 3. 경찰버스들로 서울특별시 서울광장을 둘러싸 통행을 제지한 행위가 위헌인지 여부였고, 그 결론은 위 통행제지행위가 과잉금지의 원칙을 위반하여 청구인들의 일반적 행동자유권을 침해하여 위헌이라는 것이었다. 위 결정의 법정의견은 위 통행제지행위가 법률상 근거가 있는지 여부에 대한 명시적 판시를 생략한 채, 곧바로 과잉금지의 원칙 위배 여부에 대한 판단에 나아갔다. 그러나 위 결정의 보충의견과 반대의견은 경찰관직무집행법 제2조 제8호 및 경찰법 제3조가 경찰권 발동의 근거가 될 수 있는지에 관하여 판단을 하고 있다.

재판관 김종대, 재판관 송두환의 보충의견: 위 규정들은 경찰의 임무 또는 경찰관의 직무 범위를 규정한 조항들이다. 즉, 경찰법 제3조는 국가기관으로서의 경찰 조직을 두는 목적과 그에 따른 경찰 임무의 개요를 밝히는 조항이고, 경찰관직무집행법 제2조는 경찰관에게 직무수행의무를 부과하는 전제로서 경찰관의 직무 범위를 개괄적으로 한정하여 표시해 주는 조항이다. 이러한 성격과 내용을 갖는 위 조항들을 이른바 '일반적 수권조항'이라 하여 국민의 기본권을 구체적으로 제한 또는 박탈하는 행위의 근거조항으로 삼을 수는 없다고 할 것이다.

① 우리 헌법은 국민의 자유와 권리를 제한하는 경우 반드시 '법률'에 근거하도록 하였는바, 여기에서 말하는 '법률'은 조직의 설치 목적, 지위, 임무 또는 직무의 범위 등을 일반적으로 밝히는 조직법적 규정을 가리키는 것이 아니고, 개별적 또는 구체적 사안에 적용할 작용법적 조항을 의미하는 것이라고 보아야 한다. 따라서, 경찰조직의 임무 또는 경찰관의 직무 범위를 개괄적으로 규정한 조직법적 규정인 위 법률조항들을 가져다가, 경찰이 국민의 기본권을 구체적으로 제한할 수 있는 실체법적 근거로 삼을 수는 없다고 할 것이다.

② 위 조항들을 이른바 일반적 수권조항이라 하여 개별적, 구체적 기본권제한의 근거가 될 수 있다고 보는 것은 경찰작용에 관한 개별적 수권조항을 자세히 규정한 입법자의 의도에도 어긋나는 해석이다. 즉, 경찰관직무집행법 제3조 이하에서는 불심검문, 보호조치 등 각 경찰작용의 요건과 한계에 관하여 엄격한 규정을 두고 있는바, 그러한 경찰작용은 모두 국민의 생명 · 신체 및 재산의 보호와 범죄의 예방 · 진압 및 수사, 공공의 안녕과 질서유지라는 경찰의 임무 또는 직무의 수행을 목적으로 하는 작용들임이 분명하므로, 일반적 수권규정과는 중복되는 규정이 되고 말 것이다. 또한, 이런 해석 아래에서는 심지어 개별적 수권조항들의 요건을 갖추지 못하여 위법한 경찰작용이 일반적 수권조항을 근거로 한 경찰작용으로서 적법하다고 인정될 여지도 있게 될 것이다. 이렇게 광범위한 경찰권 발동을 허용하는 것은, 개별적 수권조항을 자세하게 규정함으로써 엄격한 요건 아래에서만 경찰권의 발동을 허용하려는 입법자의 의도를 법률해석으로 뒤집는 것이 될 것이다.

③ 나아가, 국가기관의 조직에 관한 다른 법률들에서도 임무 또는 직무에 관한 조항을 둔 예는 무수히 찾아볼 수 있으나, 임무 또는 직무 범위를 규정한 법률조항을 가지고 구체적 기본권

5) 헌재 2011. 6. 30. 선고 2009헌마406 결정.

제한의 근거로 삼는 사례는 찾아볼 수 없다. 예를 들면, 검찰청법은 제4조(검사의 직무)에서 '범죄수사에 필요한 사항'(위 법 제4조 제1항 제1호)을 규정하고 있는바, 이로써 검사가 '범죄수사에 필요한 행위라면 어떤 것이든 할 수 있다는 법률적 근거'가 된다고 해석하는 사람은 아무도 없다. 검찰청법의 위 조항이 존재함에도 불구하고, 검사는 강제수사를 하는 경우에 형사소송법에서 규정한 강제수사를 형사소송법에 규정된 절차에 따라서만 할 수 있는 것으로 엄격하게 해석하고, 검사가 그 절차에 위반하거나 형사소송법에 규정되지 않은 강제수사방법에 의하여 수집한 증거는 '위법'수집증거라고 하여 그 증거능력을 부인하고 있다. 이는 직무범위에 관한 검찰청법의 위 조항을 기본권 제한의 일반적 수권조항이 된다고는 보지 않기 때문이다. 그럼에도 불구하고, 유독 경찰법 제3조, 경찰관직무집행법 제2조에 대하여만 예외를 인정하여 이른바 '일반적 수권조항'이라는 개념을 동원하여 법치행정의 실질을 허물어서는 아니 될 것이다.

④ 가사 경찰법 제3조, 경찰관직무집행법 제2조가 기본권 제한의 일반적 수권조항에 해당한다고 보는 경우에는 명확성의 원칙 위반이라는 또 다른 위헌성을 피할 수 없어서, 결국 합헌적인 법률적 근거로는 볼 수 없게 된다. 위 법률조항들이 일반적 수권조항에 해당한다고 보는 것은, 위 법률조항들을 '경찰관은 공공의 안녕과 질서유지를 위하여 필요한 행위를 할 수 있다'라는 규정으로 받아들인다는 의미인바, 만약 그렇게 본다면, 경찰관이 구체적으로 어떠한 경우에 어떠한 행위를 할 것인지에 관하여 전혀 예측할 수 없게 만드는 법률조항으로서, 명확성의 원칙을 위반하여 위헌이라고 볼 수밖에 없을 것이다.

재판관 이동흡, 재판관 박한철의 반대의견: 경찰법 제3조 및 경찰관직무집행법 제2조는……경찰의 임무 또는 경찰관의 직무에 관한 규정들이면서, 동시에 경찰의 임무의 하나로서 '기타 공공의 안녕과 질서유지'를 규정한 일반적 수권조항으로 해석할 수 있다.

이러한 일반적 수권조항이 경찰권 발동의 법적인 근거가 되는지에 관하여 보건대, 복잡다기하고 변화가 많은 현대사회에서는 경찰권 발동의 요건이나 효과를 빠짐없이 개별적 수권조항으로 규정하는 것이 입법기술상 불가능한 점, 사회·경제적인 제반여건에 따라 경찰이 사전에 예측하지 못한 돌발적인 상황이 언제든지 발생할 수 있으므로, 시의적절하고 효율적인 경찰권 행사가 가능하기 위해서는 일반적 수권조항의 현실적 필요성을 부인할 수 없는 점, 일반적 수권조항은 개별적 수권조항이 없는 경우에 한하여 보충적으로 적용되는 것이고, 오늘날에는 경찰소극목적의 원칙, 경찰공공의 원칙, 경찰비례의 원칙, 경찰책임의 원칙, 경찰평등의 원칙 등 경찰권 발동에 관한 조리상의 원칙이 충분히 발달되어 있어 일반적 수권조항이 남용될 우려가 크지 않은 점, 설령 일반적 수권조항의 확대 해석이나 이에 기한 권력남용이 발생하더라도 이는 법원에 의해 충분히 억제될 수 있다는 점 등에 비추어 보면, 일반적 수권조항 역시 경찰권 발동의 법적 근거가 된다고 봄이 상당하다. 비록 경찰법 제3조 및 경찰관직무집행법 제2조가 '공공의 안녕과 질서유지'라는 다소 추상적인 개념을 사용하고 있더라도, 경찰권 행사의 주체인 피청구인으로서는 제반 사정을 종합하여 그 의미를 충분히 판단할 수 있으므로, 경찰권 발동의 구체적인 요건이 법률조항에서 세세히 나열되어 있지 않다는 사정만으로 위 조항이 불명확하여 공권력 주체에게 아무런 한계규범으로 작용하지 못하거나, 과잉제재를 필연적으로 초래한다고 보기도 어렵다.

그렇다면, 경찰법 제3조 및 경찰관직무집행법 제2조는 단순히 경찰의 임무나 직무에 관한 법률조항이 아니라, 개별적 수권조항이 없는 경우 경찰권 행사의 법적 근거로서 기능한다고 봄이 상당하다.

(3) 소 결

소방기본법 제24조 제1항 본문에서 "소방본부장 · 소방서장 또는 소방대장은 화재, 재난 · 재해 그 밖의 위급한 상황이 발생한 현장에서 소방활동을 위하여 필요한 때에는 그 관할구역 안에 사는 사람 또는 그 현장에 있는 사람으로 하여금 사람을 구출하는 일 또는 불을 끄거나 불이 번지지 아니하도록 하는 일을 하게 할 수 있다."라고 규정하고 있다. 이처럼 직무규범과 권한규범을 명확히 구별하는 것이 입법론적으로 바람직할 것이다. 그러나 경찰관직무집행법 제2조 제8호는 양자를 포함한 것으로 이해할 수 있고 직무규범과 권한규범이 명확하게 구분될 수 있는 것인지도 의문이므로, 일단은 경찰관직무집행법 제2조 제8호를 현행법상 개괄적 수권조항으로 보기로 한다.

다만 이렇게 해석하는 경우에도 개괄적 수권조항은 개별적 수권조항이 없는 경우에 이차적 · 보충적 수권조항으로 이해되어야 한다. 즉, ① 경찰의 본래적 위험방지와 장해제거의 영역에서만 적용되어야 하고, ② 개별적 수권규정이 없는 경우에만 보충적으로 적용되는 것이다.

2. 개괄적 수권조항에 의한 경찰권 발동의 요건

가. 공공의 안녕 · 질서에 대한 위해의 존재

경찰관직무집행법 제2조 제8호에 의하여 경찰권을 발동하기 위해서는 공공의 안녕 · 질서에 대한 위해가 있어야 한다. 여기에서 '공공의 안녕' · '질서' · '위해'라고 하는 불확정개념의 해석이 중요하다.

(1) 공공의 안녕

'공공의 안녕'이란 개인의 생명 · 신체 · 자유 · 재산과 같은 개인적 법익이 침해되지 않고, 국가적 공동체의 존속과 기능이 방해받지 않고 정상적으로 활동하는 상태를 말한다.

그런데 개인적 법익의 보호는 법원의 주된 임무이다. 따라서 경찰권의 발동은 권리자의 신청이 있는 경우 그리고 법원에 의한 보호가 제때 행해질 수 없고 경찰이 개입하지 않으면 권리의 실현이 불가능하거나 현저히 곤란한 경우에만 허용된다(보충성의 원칙). 또한 경찰에 의한 개인적 법익의 보호는 그것이 공공의 이익과 관련성이 있어야 한다.

(2) 공공의 질서

'공공의 질서'란 사회의 지배적인 가치관을 준수하는 것이 원만한 공동생활을 위한 전제요건이 되는 법규범 이외의 규범의 총체를 말한다. 법규범을 위반하다는 것은 국가적 공동체 내에서 공동생활의 질서와 형성에 관한 국가의 의사를 부정한 것이 되므로, 법규범의 위반은 공공의 안녕에 대한 위해에 포섭된다. 따라서 공공의 질서라는 개념 하에서의 규범은 풍속과 도덕 등 사회규범을 의미한다.

입법자가 입법을 행하기 전에는 새로운 위험에 대처할 필요가 있고, 공공의 안녕까지는 아니지만 사회적으로 수인할 수 없는 위험도 방지되어야 하므로, 공공의 질서라는 개념이 필요하다고 생각할 수 있다. 그러나 가치관과 윤리관의 다양성으로 인하여 그 내용이 명확하지 않아 예측하기 곤란하므로, 경찰상의 보호이익에서 공공의 질서를 포함시키는 것에는 의문이 제기될 수 있다.[6]

(3) 위 해

(가) 의 의

경찰권을 발동하기 위해서는 공공의 안녕 · 질서에 대한 위해(위험 또는 장해)가 있어야 한다. '위험'은 그것을 방치하면 가까운 장래에 공공의 안녕과 질서에 손해를 가져올 개연성(구체적 위험)이 있는 상태를 의미하고, '장해'는 위험이 현실적으로 발생한 상태를 말한다.

위험의 존재는 손해발생의 단순한 추정이나 약간의 가능성만으로는 인정되지 않고 손해가 발생할 것이라는 충분한 개연성이 있어야 한다. 그러나 손해의 발생이 확실하거나 목전에 급박할 것을 요구하는 것은 아니다. 결국 손해발생의 개연성은 손해발생의 확실성과 단순한 최소한의 가능성 사이의 광범위한 중간영역에 있다. 개연성의 정도는 예견되는 손해의 범위와 개입을 하지 않는 경우 위협받게 되는 경찰상 보호법익의 중요성 및 보호의 필요성 등에 따라 달라질 수 있다. 발생가능한 손해가 중대할수록 손해발생의 개연성은 덜 요구될 것이다.

(나) 위험과 리스크의 구별

위험은 손해발생의 충분한 개연성을 전제로 하는 것인 반면, 리스크는 손해발생에 단순한 개연성이 있는 경우를 말한다.[7] 우리나라에서는 독일의 전통적인 3단계모델에 따라, 위험은 그 발생이 충분한 개연성이 있는 경우로서 국가에 대하여 위험방지의무가 부과되고, 리스크는 단순한 개연성으로서 사전배려의 대상이 되며, 잔존리스크는 가능성의 문제

6) 김남진 · 김연태, 행정법Ⅱ, 374면 참조.
7) 이하에서는 독일에서 'Gefahr'로 불리는 것은 위험, 'Risiko'는 리스크, 'Restrisiko'는 잔존리스크라고 부르기로 한다.

로서 법적 규율대상이 아니고 수인되어야 한다는 인식이 통용되고 있다.[8)]

현대와 같은 위험사회에서 위험에 대한 방어능력은 개인의 능력범위를 벗어난 경우가 많아서 온전히 개인에게 위험을 부담하게 하는 것은 사회국가의 이상에 맞지 않을 뿐만 아니라 개인의 안전의 확보는 국가의 존립의 전제이자 목표로서 국가의 당연한 의무가 된다. 이러한 국가의 기본권보호의무로부터 리스크로부터의 보호의무가 도출될 수 있다.[9)] 그러나, 리스크로부터의 보호의무가 인정된다고 하더라도 위험영역에서 국가의 위험방지의무와 같은 정도로 리스크를 완전히 배제하라고 요구할 수는 없으므로, 리스크는 현재의 인식수준에 따라 대비되는 사전배려의 대상이 될 뿐이다.

㈐ 개연성에 대한 판단

위험의 존재여부는 구체적 상황에 따라 사회통념에 비추어 판단하여야 하고, 그러한 판단은 행정예측을 전제로 한다. 그 예측은 경찰이 개입하는 시점에서의 사실상태와 인식가능성이 기준이 된다. 따라서 경찰이 개입하는 시점에서 상황을 정당하게 평가하였다면, 사건의 전개가 시간의 흐름에 따라 예측한 것과 달리 진행된다 하더라도 경찰이 위험의 존재를 이유로 개입한 것은 위법하지 않다고 하여야 할 것이다.[10)] 위와 같은 요건사실이 존재하느냐 여부에 대한 판단에는 재량이 아니라 판단의 여지의 문제이다.[11)]

경찰이 잘못된 상황판단이나 장래예측에 따라 '주관적으로' 위험하다고 판단하였으나 '객관적으로' 실재하지 않은 위험(예; 영화촬영을 실제 살인으로 오해한 경우)에 대한 경찰의 개입은 위법한 것으로 허용되지 않는다(오상위험). 반면에 경찰이 개입하는 시점에서는 위험을 인정할 수 있는 합리적 · 객관적인 근거가 존재하나 사후에 위험이 실재하지 않은 것으로 판명되는 경우와 같이 객관적으로 인정되는 위험은 경찰법상의 위험이고 그에 대한 경찰의 개입은 적법하다(외관상 위험).[12)]

나. 경찰공공의 원칙

경찰공공의 원칙은 경찰권의 조리상의 한계를 획정하기 위한 법원칙의 하나로서, 경찰

---

8) 윤익준, "환경리스크 관리와 피해구제에 관한 연구", 한양법학 제26권 제1집, 한양법학회(2015. 2), 157면 참조.

9) 대법원 1998. 10. 13. 선고 98다18250 판결에서는, 소음 진동과 같은 불이익이 행정에 의하여 직접 초래되는 것이 아니라 허가와 같은 행정을 매개로 이후 사업자의 조업 등에 의하여 비로소 주민에게 미치는 경우는 리스크의 영역이 되고 인허가자로서 행정이 주민의 이해를 어디까지 배려하여야 하는지 문제가 된다고 하면서, 제3자인 주민을 그러한 피해를 입을 위험상태에 두지 않을 의무를 도출하고 있다.

10) 대법원 2024. 7. 18. 선고 2022두43528 전원합의체 판결 참조.

11) 재량이란 '복수행위 사이의 선택의 자유'를 의미하므로, 경찰기관에게 '위험이 존재한다는 판단'과 '위험이 존재하지 않는다는 판단' 사이의 선택의 자유(재량)가 존재하는 것이 아니라, '법원이 경찰기관의 판단을 그대로 받아들일 수밖에 없는 영역'으로서 판단의 여지가 있을 수 있다.

12) 이상의 설명에 대한 자세한 내용은 김남진 · 김연태, 행정법Ⅱ, 375-376면 참조.

권발동의 요건을 예시적으로 설명해준다. 경찰공공의 원칙이란 '경찰권은 공공의 안녕 · 질서를 유지하기 위해서만 발동될 수 있고, 그와 직접 관련이 없는 사생활 · 사주소 및 민사관계에는 원칙적으로 관여할 수 없다는 원칙'을 말한다.

(1) 사생활 불가침의 원칙

'사생활'이란 일반사회와 직접적인 교섭이 없는 개인의 생활행동을 말한다. 그러나 개인의 사생활일지라도 공중이 보는 앞에서 문란행위와 같이 공공의 안녕 · 질서에 위해를 미치는 경우에는 경찰권이 발동될 수 있다.

(2) 사주소 불가침의 원칙

'사주소'란 일반사회와 직접적인 접촉이 없는 개인의 거주장소를 말한다. 일반공중에게 개방되어 있는 개인의 거주장소(영업장소)는 여기에서의 '사주소'에 해당되지 않는다. 사주소 안에서의 행동이라도 이웃에 불편을 주는 소음발생행위와 같이 공공의 안녕 · 질서에 위해를 미치는 경우에는 경찰권이 발동될 수 있다. 예를 들면, 경찰관이 신고를 받고 세 차례의 현장출동으로 '가정폭력'에 해당할 가능성이 있고 동거인들 사이의 다툼이 가정폭력범죄로 이어질 위험성이 있음을 인지할 수 있었음에도 불구하고 '가정폭력 위험성 조사표'를 작성하지 않고 피해자의 진술을 제대로 청취할 수 없는 상태에서 가정폭력범죄의 재발 위험성을 판단하는 데 필요한 고려요소들에 대한 조사 및 평가를 충실히 하지 않았으며 피해자의 안전을 확보하기 위한 적극적 조치를 강구하는 데에도 소홀하였고 112시스템상의 사건종별 코드를 '가정폭력'으로 변경하지 않음으로써, 순찰팀으로 하여금 가정폭력 사건임을 전제로 적절한 후속조치를 취할 기회를 놓치게 하였다면, 국가공무원법 제56조에서 정한 성실의무를 위반한 것으로 징계사유가 될 수 있다.[13]

(3) 민사관계(경제관계) 불간섭의 원칙

재산권의 행사와 같이 민사영역에서는 공공의 안녕 · 질서에 대한 위해가 일어날 개연성이 적고, 이러한 영역에서 일어나는 분쟁은 민사소송과 같은 쟁송으로 해결되기 때문이다. 그렇지만 이 영역에서도 당사자 사이의 개인적 이해에 그치는 것이 아니라 공공의 안녕 · 질서에 영향을 미치는 때에는 경찰권 발동의 대상이 된다.

3. 경찰권발동의 대상(경찰책임의 원칙)

가. 경찰책임자에 대한 경찰권의 발동

경찰위해가 존재하는 경우 경찰은 스스로의 인력으로 그 위해를 방지 · 제거할 수 있

13) 대법원 2025. 1. 23. 선고 2024두33556 판결.

다. 그러나 경찰위해자에게 작위·부작위·급부·수인 등의 의무를 부과하는 등 경찰권을 발동함으로써 목적을 달성할 수 있는 경우에는 먼저 그 방법을 택해야 한다.[14] 경찰위해의 발생에 대한 책임은 행위책임과 상태책임이 있다.

(1) 행위책임의 의의와 귀속

행위책임이란 '자기의 행위 또는 자기의 보호·감독 하에 있는 자의 행위로 경찰위해가 발생한 경우에 지는 책임'을 말한다. 이는 해당 행위가 공공의 안녕·질서에 대한 위해의 원인이 되고 있다는 객관적인 사실에 기하여 지는 책임이므로, 위해발생에 대한 고의·과실의 유무는 묻지 않는다.

행위책임을 귀속시키기 위해서는 행위와 공공의 안녕·질서에 대한 위해 사이의 인과관계가 있어야 한다. 인과관계의 결정기준으로 다음과 같은 견해가 있는데, 직접원인설이 다수설이다.

① 조 건 설: 그것이 없었다면 위험이 발생하지 않았을 것이라고 고려되는 모든 조건을 결과에 대한 원인으로 본다. 그러나 조건설은 경찰책임의 범위가 무한히 확장되는 결과를 가져올 수 있어 경찰법에서는 타당하지 않다.

② 상당인과관계설: 경험칙에 따라 위해를 야기하기에 적합한 조건만 경찰책임에서의 원인으로 본다. 그러나 경험칙에서 벗어난 이례적인 위험에 대해서도 경찰권을 발동할 수 있어야 하고, 상당성 유무의 판단이 어려워서 경찰책임의 귀속을 결정하는데 부적당하다.

③ 직접원인설 : 경찰위해를 야기한 직접적인 원인을 행위책임의 원인으로 본다. 여기에서 '직접적'이란 원인과 결과 사이의 특별한 근접성을 의미한다(시간적 접근성 + 결정적으로 위험을 구체화시킨 행위자).

(2) 상태책임의 의의 및 귀속

상태책임이란 '어떤 물건이 경찰위해를 조성하고 있는 경우에 그 물건에 대한 현실적인 지배권을 가지고 있는 자가 부담하는 책임'을 말한다. 상태책임은 물건을 사실상 지배하여 그 효용을 누리는 자가 그 물건으로부터 일반 공중에게 발생될 수 있는 위험을 제거할 의무도 진다는 것에서 근거를 찾을 수 있다(재산권의 사회적 제약). 여기에서도 고의·과실의 유무는 불문한다. 상태책임에서도 그 책임의 귀속 및 범위를 정하는 것이 중요하다.

첫째, 책임의 귀속에 관하여, 누가 물건에 대한 실질적인 지배권 내지는 처분권을 가지고 있는지가 문제된다. 지배권의 권원의 적법성 여부는 묻지 않는다. 소유권자나 그밖의 정당한 권리자가 상태책임을 지는 것이 원칙일 것이나, 이들의 의사에 관계없이 사실상 지배권을 행사하는 자가 있는 경우에는 그가 책임자가 될 것이다. 예컨대, 절취당한 물건이

14) 김남진·김연태, 행정법Ⅱ, 378면.

경찰장해를 조성하고 있는 경우 소유권자에게 경찰책임을 귀속시킬 수는 없을 것이다.

둘째, 상태책임의 범위를 어디까지로 한정할 것인지가 때때로 문제된다. 상태책임은 현재의 위해상태만 문제 삼아 책임을 귀속시키는 것이므로, 그 책임이 무한정 확대될 수 있기 때문에 이를 제한할 필요가 있다. 상태책임을 묻기에 너무 가혹한 경우(폭격으로 가옥이 무너져 위해를 조성하는 경우), 소유자 등의 책임으로 돌릴 수 없는 위험영역에서 발생된 비정상적인 경찰위반상태(적법한 주차 후 설치된 주차금지표지로 인한 경찰위반상태)에 대하여 상태책임을 제한하자는 논의가 있다. 그러나 상태책임을 제한할지 여부에 관한 판정기준이 모호하고 평등의 원칙과 관련하여 문제가 있기 때문에 이를 부정하는 견해가 일반적이다. 다만 일반적인 원칙에 따라 책임을 제한할 수는 있을 것이다(재량권 일탈남용, 상대방의 수인가능성 등).

(3) 다수자책임

행위책임과 상태책임이 경합하는 경우(책임의 경합) 또는 다수인의 행위나 다수인의 물건이 합쳐져서 경찰위해를 일으키고 있는 경우(책임의 복합) 누구에게 경찰위해에 대한 책임을 부여하여야 할 것인가?

이는 경찰기관이 의무에 합당한 재량으로 결정할 문제이다. 행위책임과 상태책임이 경합하는 경우에는 행위책임자에게 우선 책임이 부여되어야 한다거나, 행위책임과 상태책임을 동시에 지는 자가 있으면 그가 먼저 경찰책임을 부담하여야 한다고 할 수는 없다. 경찰은 위험방지 또는 위해제거를 위하여 가장 효과적인 방법을 선택하여야 하기 때문이다(효과적인 위험방지의 원칙). 따라서 경찰은 일반적으로 위험방지 또는 경찰위해를 제거하는 데 가장 적합한 상황에 있는 자에게 경찰상의 의무를 부과하여야 한다. 이때 경찰은 무엇이 합목적적인지 스스로 판단하여야 한다.

나. 공권력 주체에 대한 경찰책임의 문제

국가와 같은 공권력 주체가 소유·관리하는 건물이 노후하여 위험을 조성한다든가, 군대의 기동연습이 타인에게 위해를 일으키는 식으로 공권력 주체의 행위나 물건이 경찰위해를 일으킬 수 있다. 이때 그 공권력 주체에 대하여 경찰권을 발동할 수 있는 것인가?

(1) 공권력 주체로서의 경찰책임

공권력 주체 및 그 기관에 대한 경찰책임의 문제는 실질적 경찰책임과 형식적 경찰책임으로 나누어 살펴보아야 한다. 전자는 공권력 주체 및 그 기관이 공공의 안녕·질서의 유지에 관한 법령을 지킬 의무가 있는지의 문제이다. 후자는 공권력 주체 및 그 기관에게 맡겨진 고권적 과제를 수행하는 과정에서 공공의 안녕 또는 질서에 대한 위험을 야기한 경우 경찰이 명령이나 금지로 개입할 수 있는지의 문제이다.

공권력 주체 및 그 기관도 실질적 경찰책임을 부담하여야 한다.15) 모든 공권력 주체 및 그 기관은 헌법과 법률에 기속되어야 하고, 모든 국가작용은 실질적 경찰법을 포함하여 법질서에 합치되어야 하기 때문이다. 다만 공권력 주체 및 그 기관이 공권력을 행사하는 특수성을 고려하여 경찰책임이 제한될 수 있다. 사인에게는 금지되는 특정한 행위가 법령에 따라 허용될 수 있고, 명문의 규정이 없는 경우에도 공공의 안녕을 포함한 국가기능의 수행이라는 관점에서 실질적 경찰책임이 제한될 수 있다.

그러나 형식적 경찰책임은 부인되어야 할 것이다.16) 공권력 주체 및 그 기관은 제3자로부터 자신의 활동에 대한 장해가 발생하는 것을 방지할 권한을 가질 뿐만 아니라 그 권한영역에서 발생하는 위험을 스스로 방지하여야 한다. 그렇지 않다고 한다면 경찰행정청이 다른 공권력 주체 및 그 기관에 대하여 감독을 행사하는 결과가 되고, 그것은 다른 공권력 주체 내지 동일한 공권력 주체 내의 다른 기관에 대한 경찰행정청의 우위를 뜻하게 되므로, 경찰행정청은 원칙적으로 공권력 주체 및 그 기관에 대하여 개입권한을 가지지 않는다고 보아야 한다.17) 다만 공권력 주체 및 그 기관이 경찰조치에도 불구하고 그 고권적 기능의 수행에 아무런 지장을 받지 않는 경우에는 형식적 경찰책임이 있을 수 있다. 또한 경찰상의 긴급권한이 문제되는 경우에는 논의를 달리한다.

(2) 국고영역에서의 경찰책임

공권력 주체 및 그 기관이 사법적 활동을 하는 영역에서 위험을 야기한 경우에는 사인과 똑같이 경찰행정청에 의한 경찰권 발동의 대상이 될 수 있다. 국가의 영리적 작용과 보조적 작용과 관련해서는 사인과 공권력 주체 및 그 기관의 형식적 경찰책임을 달리 취급할 이유가 없기 때문이다.18)

다만 공권력 주체 및 그 기관의 형식적 경찰책임은 행정사법적 작용에서 부정될 수 있다.19) 비록 사법적 수단을 사용하고는 있지만 특별한 공법적 과제를 수행하고 있기 때문이다. 따라서 경찰행정청은 지방자치단체가 수도공급이나 쓰레기 처리와 같은 생존배려업무를 사법적 수단을 사용하여 수행할 때에는 실질적으로 위험을 야기하였다고 하더라도 경찰권

---

15) Senke(서정범역), 독일경찰법론, 세창출판사, 1998, 126면.

16) Linken · Denninger, Handbuch Des Polizeirechts 3.Auflage, Verlag C.H.Beck, 2001, S.240.

17) Senke(서정범역), 독일경찰법론, 128면에서는, 그 결과 공립학교 근처에 거주하는 이웃주민은 학교수업으로 인하여 야기되는 소음에 대하여 경찰이 개입하여 줄 것을 요구할 수 없는데, 학교의 운영이라는 공권력 행사의 주체에게 형식적인 경찰책임이 없기 때문이라고 한다.

18) Senke(서정범역), 독일경찰법론, 130면에서는 그 예로서 국가가 경영하는 맥주공장의 이웃주민은 야간에 맥주상자를 적재하는 것으로 인하여 자신의 건강이 침해받은 경우 권한 있는 경찰청의 개입을 요구할 수 있게 된다.

19) Senke(서정범역), 독일경찰법론, 129면.

을 발동할 수 없는 경우가 있을 수 있다.

다. 경찰비책임자에 대한 경찰권의 발동

(1) 문제의 소재

경찰위해가 존재하는 경우 경찰이 스스로의 인력으로 또는 경찰책임자에 대한 명령·강제를 통하여 경찰위해를 제거할 수 있다. 그러면 경찰책임이 없는 자(비책임자)에 대해서도 필요한 경우 경찰권발동으로서의 위해의 방지 내지는 제거의 명령을 할 수 있는 것인가?

(2) 경찰책임의 근거에 대한 검토

개별적 수권조항이 존재하는 경우 그에 근거한 경찰권의 발동은 당연히 인정된다. 경찰관직무집행법 제5조 제1항 제3호에서는, "경찰관은 사람의 생명 또는 신체에 위해를 끼치거나 재산에 중대한 손해를 끼칠 우려가 있는 천재, 사변, 인공구조물의 파손이나 붕괴, 교통사고, 위험물의 폭발, 위험한 동물등의 출현, 극도의 혼잡, 그밖에 위험한 사태가 있을 때에는 그 장소에 모인 사람, 사물의 관리자 그밖의 관계인에게 위해를 방지하기 위하여 필요하다고 인정되는 조치를 하게 할 수 있다."라고 규정하고 있다.

문제는 개별적 수권조항이 없는 경우이다. 이 문제는 앞에서 살펴본 개괄적 수권조항에 의한 경찰권 발동의 허용 여부와 우리나라 실정법에서 그 존재 여부와 관련되어 있다.

개괄적 수권조항에 의한 경찰권발동을 허용하고 이를 경찰관직무집행법 제2조 제8호에서 찾는 입장에서는 위 조항을 근거로 비책임자에 대한 경찰권발동을 인정하게 될 것이다. 그러나 이에 반대하는 입장에서는 경찰권발동의 필요성에도 불구하고 그 근거가 없으므로 경찰권발동이 어렵다는 결론에 도달할 것이다. 다만 경찰관직무집행법 제2조 제8호가 개괄적 수권조항이 아니라는 입장에서도, 경찰관직무집행법 제5조 제1항, 경범죄처벌법 제3조 제1항 제29호를 근거로 비경찰책임자에 대한 경찰권발동을 제한적으로 허용할 수 있다는 견해도 있다.[20] 그러나 아주 예외적이고 구체적인 상황에서 엄격한 요건 아래에서나 인정될 수 있는 경찰비책임자에 대한 경찰권 발동을 위와 같은 경범죄처벌조항에서 근거를 구할 수 있는지는 의문이다.

(3) 비책임자에 대한 경찰권 발동의 요건(개괄적 수권조항을 인정할 경우)

첫째, '현재의 중대한 위험'이 존재하여야 한다(긴급성과 중대성). 여기에서 현재의 위험이란 고도의 개연성을 가진 긴급한 손해의 발생이 예견되는 상태를 의미하므로, 손해발생

20) 홍정선, 행정법원론(하), 제32판, 박영사, 2024, 547면. 참고로 경범죄처벌법 제3조 제1항 제29호에서는 "눈·비·바람·해일·지진 등으로 인한 재해, 화재·교통사고·범죄, 그 밖의 급작스러운 사고가 발생하였을 때에 현장에 있으면서도 정당한 이유 없이 관계 공무원 또는 이를 돕는 사람의 현장출입에 관한 지시에 따르지 아니하거나 공무원이 도움을 요청하여도 도움을 주지 아니한 사람"은 10만원 이하의 벌금, 구류 또는 과료의 형으로 처벌한다고 규정하고 있다.

의 시간적 근접성과 고도의 개연성을 구성요소로 한다. 또한 비책임자에 대한 경찰권의 발동은 한층 강화된 위험이 존재하여야 하는데, 중대성은 예견되는 손해와 손해를 예방하기 위하여 침해되는 법익을 고려하여 판단하여야 한다. 이처럼 비책임자에 대한 경찰권 발동이 경찰책임자에 대한 것보다 엄격한 전제조건을 요구하는 것은 경찰권 발동에서 책임이라는 요건이 결여되어 있기 때문이다.[21)]

둘째, '다른 방법을 통한 위험방지가 불가능할 것'을 요건으로 한다(보충성). 경찰은 경찰책임자에게 경찰권을 발동하거나 자기 자신의 고유의 수단을 사용해서는 위험에 대처할 수 없을 때에만 비책임자에 대하여 경찰권을 발동할 수 있다. 비책임자에게 경찰권을 발동하는 것은 최후의 수단이 되어야 한다.

셋째, 비책임자에 대한 경찰권 발동은 '기대가능성'의 한계를 벗어나는 경우에는 허용되지 않는다(기대가능성). 경찰은 공공의 안녕과 질서의 유지를 위하여 국민에게 일정한 희생을 요구할 수는 있겠지만 이러한 경우에도 기대가능성의 한계를 넘어서는 희생을 요구할 수는 없다. 따라서, 비책임자에 대한 경찰권 발동은 그 자체로서 비책임자의 생명·신체 등에 대한 현저한 위험성을 갖지 않는 경우에만 허용될 수 있고, 비책임자의 다른 고차원의 의무이행에 장애를 가져오지 않을 때에만 가능하다.[22)]

(4) 비책임자에 대한 경찰의 조치

비책임자에 대한 경찰권 발동은 '현재의 위험'을 전제하고 있으므로 비책임자에 대한 경찰권 발동의 형식으로는 경찰처분만 고려된다. 경찰명령의 형식으로 비책임자에 대하여 의무를 부과하는 것은 곤란하다. 단순히 경찰명령[23)]을 발령함으로써 현재의 위험에 대하여 적시에 그리고 효과적으로 대처하기 어렵기 때문이다. 다만 특별한 위기상황에서는 비책임자를 수범자로 하는 경찰명령을 예외적으로 발할 수 있을 것이다.

경찰조치의 내용을 기준으로 할 때 ① 자신에게 과해지는 이익침해를 수인하도록 하는 수인의무가 부과되는 경우와 ② 작위의무 또는 부작위의무가 부과되는 경우로 나누어 볼 수 있다. 또한 경찰상의 긴급상태에서 비책임자에 대한 경찰의 조치는 물적·시간적 관점에서 필요한 최소한도에 국한되어야 한다. 특히 시간적 제약의 문제로서, 비책임자에 대한 경찰권 발동은 임시적인 조치로서의 성격을 가질 뿐이고, 전제조건이 소멸한 경우에는 행정청은 그 조치를 취소 또는 철회하여야 한다.

---

21) 서정범, "비책임자에 대한 경찰권 발동에 관한 법적 고찰", 274면.

22) 서정범, "비책임자에 대한 경찰권 발동에 관한 법적 고찰", 280면에서는 의사의 자동차를 압류함으로써 중환자에 대한 시급한 왕진을 저해하는 경우를 예를 들고 있다.

23) 경찰명령이라 함은 공공의 안녕·질서에 대한 위험방지라는 경찰목적을 위하여 발해진 법규명령을 말한다.

(5) 결과제거와 손실보상

비책임자는 방지되어야 할 위험의 발생에 대한 책임이 없기 때문에 위험방지의 부담을 영원히 수인하게 할 수 없다. 따라서 비책임자는 자기에게 발생한 손해의 전보를 경찰행정청에게 청구할 수 있는데, 그 수단으로 결과제거청구와 손실보상청구가 거론되고 있다.

비책임자에 대한 긴급한 처분은 그 전제조건이 소멸되면 폐지되어야 하나 그것만으로는 비책임자에게 아무런 도움을 주지 못하는 경우가 발생할 수 있다. 그 경우 비책임자는 경찰긴급권에 근거하여 자신에게 발해진 조치의 직접적인 결과의 제거를 경찰에게 요구할 수 있는 권리(결과제거청구권)를 행사하여 권리구제를 받을 수 있다.[24)]

한편, 비책임자에 대한 경찰권의 발동은 비책임자에게 특별한 희생을 요구하는 것이 되므로, 비책임자는 경찰행정청에게 손실보상을 청구할 수 있다. 경찰관직무집행법 제11조의2 제1항 제1호에서는 국가는 경찰관의 적법한 직무집행으로 인하여 "손실발생의 원인에 대하여 책임이 없는 자가 생명·신체 또는 재산상의 손실을 입은 경우(손실발생의 원인에 대하여 책임이 없는 자가 경찰관의 직무집행에 자발적으로 협조하거나 물건을 제공하여 생명·신체 또는 재산상의 손실을 입은 경우 포함)" 그 손실을 입은 자에 대하여 정당한 보상을 하여야 한다고 규정하고 있다.

라. 경찰책임의 승계

경찰책임자가 사망하거나 물건을 양도한 경우 경찰책임이 상속인이나 양수인에게 승계되는가? 경찰책임의 승계가 인정된다면 승계인에게 새로운 행정행위를 발하지 않아도 이미 피승계인에게 발해진 행정행위를 근거로 승계인에게 집행을 할 수 있게 된다. 반면에 승계가 부정된다면 피승계인에게 발한 행정행위는 승계인에게 효과가 없고 승계인에게 새로운 행정행위를 발한 후 집행할 수 있게 된다.

위험방지 또는 장해제거를 하는데 가장 적합한 상황에 있는 사람에게 경찰상의 의무를 부과하여야 하므로, 경찰책임 승계의 목적은 효과적인 경찰상 위해의 제거에서 찾아야 할 것이고, 행정의 효율성도 그 목적에 포함시킬 수 있다. 그러나 책임의 승계는 선의의 승계인에게 예측할 수 없는 손해를 가져올 수 있으므로, 승계인의 보호필요성이라는 관점에서 경찰책임 승계의 한계가 도출되어야 하고, 경찰책임의 승계가 부담스러운 경찰의무로부터 벗어나기 위한 수단으로 악용되어서는 안 된다.

법률의 규정이 있는 경우에는 그에 따르면 될 것이다. 문제는 법률에 명문의 규정이 없는 경우에 발생하고, 이에 관해서는 공의무의 승계와 관련이 있다. 공의무의 승계는 그 대상이 되는 권리 또는 의무가 일신전속적인 성질을 갖는지 여부에 따라 결론을 달리한다.

---

24) 이러한 결과제거청구권이 우리나라 행정법 체계상 인정될 수 있는 것인지 그리고 독자적인 의미가 있는 것인지에 관해서는 논란이 있을 수 있다.

관련규정의 목적에 비추어 그 권리나 의무의 존속 또는 수행에 당사자의 인적성격 내지 능력이 본질적이어서 타인에게 이전할 수 없는 것이라고 판단되는 경우에는 일신전속적일 것이다. 재산법상의 지위는 일신전속적이지 않을 가능성이 높으나 반드시 그 의미가 일치하지는 않는다.

경찰책임의 승계에 관하여 통설에 의하면, 행위책임은 위험을 야기한 사람에게만 문제되고 그 사람의 사망으로 책임문제는 끝난다. 경찰상의 행위책임을 특정인의 행위에 대한 법적 평가와 관련된 것으로 파악하기 때문이다. 한편, 상태책임은 물건의 상태와 관련된 책임이므로 승계가 원칙적으로 허용된다. 상태책임과 관련된 행정행위는 사람의 개성과 무관한 물적 행위라는 점과 절차상의 경제를 고려한 결과이다.

4. 경찰권발동의 효과

가. 경찰편의주의

'공공의 안녕 · 질서에 대한 위해'라고 하는 요건이 충족되면 그 효과로서 경찰권을 발동할 수 있다. 이 영역에서는 합법주의가 아니라 편의주의 또는 합목적성의 원칙이 적용된다. 따라서 경찰은 일반적으로 경찰권을 발동할 것인지에 관한 결정재량과 어떻게 발동할 것인지에 관한 선택재량을 가진다. 특히 개괄적 수권조항에 근거하여 경찰권을 발동하는 경우 그 재량의 폭이 넓기 때문에 경찰권 발동의 한계가 중요하다.

나. 경찰권발동의 의무화(경찰개입청구권)

(1) 재량권의 영으로의 수축

앞에서 본 것처럼 요건이 충족되더라도 경찰권의 발동은 경찰의 재량사항이다. 그러나 공공의 안녕 · 질서에 대한 위해가 중대하고 급박한 경우 경찰권의 발동이 의무로 변할 수도 있다. 이 경우 결정재량은 없어지고 경찰권의 발동이 의무가 된다. 이러한 상황을 '재량권의 영으로의 수축'이라고 한다.

(2) 경찰개입청구권의 발생

그러면 경찰상의 재량권(결정재량)이 영으로 수축된 상황에서 개인에게는 경찰권의 발동을 청구할 수 있는 권리가 인정될 수 있는 것인가? 개인적 공권이 성립하기 위해서는 최소한 ① 행정권의 발동이 기속행위에 해당하여야 하고(강행법규성), ② 그와 관련된 법규가 공익 이외에 사익을 보호하는 취지를 담고 있어야 한다(사익보호성). 그런데, 재량권의 영으로의 수축되는 상황 하에서는 재량행위가 기속행위로 변하게 되므로, ①의 요건은 충족하게 된다.

따라서, 관건은 개인에게 경찰권발동에 대한 청구권이 성립하기 위해서는 경찰법규에서 사익을 보호하는 취지를 읽을 수 있어야 한다. 과거에는 경찰은 오로지 공익을 위해서만 봉사하므로 경찰로부터 사인이 어떠한 이익을 향유하더라도 그것은 반사적 이익에 지나지 않는 것으로 보았으나, 오늘날에는 경찰법규에도 사익을 보호하는 취지가 포함되어 있다고 해석하는 경향이 강하다. 이와 관련하여 무장공비와 격투 중에 있는 청년의 가족의 요청을 받고도 경찰이 출동하지 않아 그 청년이 공비에 의해 사살된 사건에서 피해자 가족의 국가에 대한 배상청구권을 인정한 사례가 있다.[25)]

다. 경찰소극의 원칙

경찰의 임무는 공공의 안녕 · 질서에 대한 위해의 방지이다. 따라서 적극적으로 현상을 개선한다든가 나아가 국민의 복리를 증진한다든가 하는 것은 경찰 본래의 임무가 아니다. 경찰이 법령상의 근거 없이 위해방지라고 하는 본래의 임무 또는 목적을 벗어나서 행동하게 되면 목적일탈 또는 권한남용으로서 위법하게 된다.

5. 과잉금지의 원칙(경찰비례의 원칙): 경찰권 발동의 한계

가. 의 의

비례의 원칙의 내지 과잉금지의 원칙이란 행정주체가 구체적인 행정목적을 실현할 때 목적의 실현과 수단 사이에 합리적인 비례관계가 유지되어야 한다는 원칙이다. 이 원칙은 법치국가의 원리에서 파생된 원칙의 하나이므로 헌법차원의 법원칙으로서의 성질과 효력을 가진다.

비례의 원칙은 경찰행정 영역에서 경찰권의 한계를 설정해 주는 법원칙으로 출발하였으나 오늘날 개인의 자유와 권리영역에 대한 공권력의 침해로부터 개인을 보호하는 영역에서 모든 국가권력을 기속한다. 재량권 행사, 부관, 행정행위의 취소 · 철회, 공용침해 요건인 공공필요의 요건 충족 여부, 사정판결 요건인 현저한 공공복리 부적합 여부의 판단기준 등의 행정영역뿐만 아니라 기본권을 제한하는 법령에 대한 위헌 · 위법 여부에 대한 판단기준으로도 작용한다.

나. 법적 근거

비례의 원칙의 헌법적 근거로 "국민의 모든 자유와 권리는 …… 필요한 경우에 한하여 법률로써 제한할 수 있으며 ……"라는 제37조 제2항을 들 수 있고, 행정기본법 제10조에서도 학설과 판례에서 인정되어오던 비례의 원칙의 세 가지 파생원칙인 ① 적합성의 원칙(행정목적을 달성하는 데 유효하고 적절할 것), ② 필요성의 원칙(행정목적을 달성하는 데 필요한 최소한도에 그칠 것), ③ 상당성의 원칙(행정작용으로 인한 국민의 이익 침해가 그 행정작용이 의도

25) 대법원 1971. 4. 6. 선고 71다124 판결.

하는 공익보다 크지 아니할 것)을 나누어 규정하고 있다. "경찰관의 직권은 그 직무수행에 필요한 최소한도에서 행사되어야 하며 남용되어서는 아니 된다."라고 규정하고 있는 경찰관 직무집행법 제1조 제2항도 비례의 원칙의 근거가 된다.

다. 내 용

(1) 적합성의 원칙

적합성의 원칙은 경찰기관이 취한 조치 또는 수단이 그가 의도하는 목적을 달성하는데 적합하여야 한다는 것이다. 경찰기관의 조치 · 수단은 공공의 안녕 · 질서에 대한 위해를 방지하는데 적합하고, 그를 시행하는 것이 수범자에게 사실적으로 법적으로 가능하여야 한다. 위해방지의 목적을 달성할 수 없는 조치나 이미 멸실된 물건의 인도를 요구하는 것과 같이 사실상 불가능한 조치 및 수범자에게 위법한 행위를 할 것을 요구하거나 또는 수범자가 사법적으로 그것을 이행할 수 없는 명령을 내용으로 하는 조치와 같은 법적으로 불가능한 조치는 적합성의 원칙에 반한다.

다만 적합성의 원칙이 가장 적합한 수단일 것까지 요구하는 것은 아니다. 목적달성에 기여할 수 있으면 족하다. 어떠한 조치 하나만으로 목적을 달성할 수 있는 것이 아니고, 다른 조치 · 수단과 합쳐져서 목적을 달성할 수 있는 경우에도 위 원칙은 충족되는 것으로 볼 수 있다. 어떤 조치의 적합성 여부가 불확실한 경우에는 이미 알려져 있는 수단 또는 이론에 비추어 그 적합성 여부가 심사될 필요가 있으며, 그러한 심사가 행해졌다면 그 요건은 충족된 것으로 볼 수 있다.

(2) 필요성의 원칙

필요성의 원칙은 경찰조치(경찰권의 발동)는 의도하는 목적달성을 위하여 필요한 한도 이상으로 행해져서는 안 된다는 것이다. 일정한 목적달성을 위하여 적합한 수단이 여러 가지 있는 경우 경찰기관은 그 중에서 관계자에게 가장 적은 부담을 주는 수단을 선택하여야 한다는 의미이다. 따라서 필요성의 원칙은 "최소침해의 원칙"이라고도 한다.

예컨대, 위험한 건물에 대하여 개수명령으로써 목적을 달성할 수 있음에도 불구하고 철거명령을 발하는 것, 음식점영업허가의 신청이 있는 경우에 부관으로서의 부담을 붙이게 되면 행정목적을 달성할 수 있음에도 불구하고 그 허가를 거부하는 것, 공공시설의 사용료 등을 부과할 때 사용자의 수익을 상회하는 정도의 금액을 부과하는 것 등은 필요성의 원칙에 위배된다.

어떤 조치가 최소침해의 원칙을 충족하는가를 판단하는 것은 쉽지 않다. 경찰권의 발동에 대하여 위법성을 판단할 때 단순히 제반 상황을 사후적 · 회고적인 시각으로 판단하여 그 당시에 기대할 수 있었던 최선의 조치 또는 해당 처분보다 덜 침해적이면서도 행정목적을 유사하게 달성할 수 있는 대안이 있었을 것이라고 가볍게 여기고 이를 기준으로 처분의 위법성을 판단할 수 없다.[26] 한편, 행정청(경찰기관)이 의무자에게 어떤 작위 또는 급부를 명했는데 상대방이 대안을 제안하는 경우 그 대안이 적합성의 원칙을 충족하고, 공중에게 더 많은 부담이 과해지지 않는다면 그것을 받아들이는 것이 바람직하다. 상대방이 제안한 대안이 객관적으로 보아 행정청이 명한 조치보다 불리하다고 판단되는 경우에도 상대방의 의사를 존중하여야 한다.

(3) 상당성의 원칙

어떤 행정조치가 설정된 목적 실현을 위하여 필요한 경우라도 행정조치에 따른 불이익이 그것에 의하여 달성되는 이익 또는 효과보다 큰 경우에는 의도한 조치가 취해져서는 안 된다. 이러한 원칙을 상당성 또는 수인가능성의 원칙 또는 협의의 비례의 원칙이라고 부른다.

헌재 2011. 6. 30. **선고** 2009**헌마**406 **결정**: 경찰청장이 2009. 6. 3. 경찰버스들로 서울특별시 서울광장을 둘러싸 통행을 제지한 행위(이하 '이 사건 통행제지행위'라고 한다)는 서울광장에서 개최될 여지가 있는 일체의 집회를 금지하고 일반시민들의 통행조차 금지하는 전면적이고 광범위하며 극단적인 조치이므로 집회의 조건부 허용이나 개별적 집회의 금지나 해산으로는 방지할 수 없는 급박하고 명백하며 중대한 위험이 있는 경우에 한하여 비로소 취할 수 있는 거의 마지막 수단에 해당한다. 서울광장 주변에 노무현 전 대통령을 추모하는 사람들이 많이 모여 있었다거나 일부 시민들이 서울광장 인근에서 불법적인 폭력행위를 저지른 바 있다고 하더라도 그것만으로 폭력행위일로부터 4일 후까지 이러한 조치를 그대로 유지해야 할 급박하고 명백한 불법·폭력 집회나 시위의 위험성이 있었다고 할 수 없으므로 이 사건 통행제지행위는 당시 상황에 비추어 필요최소한의 조치였다고 보기 어렵고, 가사 전면적이고 광범위한 집회방지조치를 취할 필요성이 있었다고 하더라도, 서울광장에의 출입을 완전히 통제하는 경우 일반시민들의 통행이나 여가·문화 활동 등의 이용까지 제한되므로 서울광장의 몇 군데라도 통로를 개설하여 통제 하에 출입하게 하거나 대규모의 불법·폭력 집회가 행해질 가능성이 적은 시간대라든지 서울광장 인근 건물에의 출근이나 왕래가 많은 오전 시간대에는 일부 통제를 푸는 등 시민들의 통행이나 여가·문화활동에 과도한 제한을 초래하지 않으면서도 목적을 상당 부분 달성할 수 있는 수단이나 방법을 고려하였어야 함에도 불구하고 모든 시민의 통행을 전면적으로 제지한 것은 침해의 최소성을 충족한다고 할 수 없다. 또한 대규모의 불법·폭력 집회나 시위를 막아 시민들의 생명·신체와 재산을 보호한다는 공익은 중요한 것이지만, 당시의 상황에 비추어 볼 때 이러한 공익의 존

26) 대법원 2024. 7. 18. 선고 2022두43528 전원합의체 판결 참조. 위 판결의 사안은, 광주광역시장이 관내 코로나바이러스감염증-19 누적 확진자 수 급증과 특정 교회에서의 집단감염 사례 등 확진자 증가 사실을 알리면서, 사회적 거리두기를 2단계로 유지하되 사실상 3단계에 준하는 집합금지 확대 등의 조치를 취한다는 취지의 발표와 함께, 구 감염병의 예방 및 관리에 관한 법률 제49조 제1항 제2호에 따라 '관내 종교시설에 대한 집합금지' 등을 명하는 예방 조치를 하자, 관내 교회 및 그 대표자인 목사가 위 처분이 비례의 원칙 등을 위반하여 자신들의 종교의 자유를 침해한다며 처분의 취소를 구한 것이다.

> 재 여부나 그 실현 효과는 다소 가상적이고 추상적인 것이라고 볼 여지도 있고, 비교적 덜 제한적인 수단에 의하여도 상당 부분 달성될 수 있었던 것으로 보여 일반 시민들이 입은 실질적이고 현존하는 불이익에 비하여 결코 크다고 단정하기 어려우므로 법익의 균형성 요건도 충족하였다고 할 수 없다. 따라서 이 사건 통행제지행위는 과잉금지원칙을 위반하여 청구인들의 일반적 행동자유권을 침해한 것이다.

이 원칙에 의하면 행정조치의 목적과 관계자에 대한 불이익 사이에 적절한 비례관계가 있어야 한다. 즉, 상당성의 원칙은 관련된 이익 사이의 적정한 비교형량을 요구한다. 행정조치에 의한 불이익과 그를 정당화시키는 이유의 중요성을 비교형량할 때 기대가능성의 한계가 지켜져야 한다. 행정조치에 의하여 달성하려는 공익보다 관계자의 불이익이 크다면 상당성의 원칙에 위배되는 것으로 위법하다. 다만 비교형량을 할 때 행정기관에게 광범위한 결정의 여지가 있으므로 관련된 이익의 중요성을 명백하게 잘못 판단하였을 때에만 상당성의 원칙에 반한다고 보아야 한다.

6. 보충성의 원칙

경찰이 공공의 안녕 · 질서에 대한 위해방지의 직무를 맡고 있으나 현실적으로 그와 같은 직무와 권한이 형식적 의미의 경찰 이외의 기관에게 맡겨져 있는 경우가 많다(예; 위생경찰). 이 경우 형식적 의미의 경찰은 다른 행정기관의 관할영역에서 경찰위해가 일어나 있고 그에 대한 직접적인 권한을 가진 기관이 아직 권한행사를 하지 못하고 있는 동안 및 그 한도에서 경찰위해를 방지 · 제거할 수 있는 권한을 가진다. 이를 보충성의 원칙이라고 한다.

Ⅲ. 개별적 수권조항에 의한 경찰권 발동

1. 의 의

개별적 수권조항이란 개괄적 수권조항 이외의 일체의 경찰법상 수권조항을 의미한다. 여기에는 경찰관직무집행법 제3조(불심검문) 이하 제10조의4(무기의 사용)의 규정도 당연히 포함된다. 경찰관직무집행법상의 위 조항들은 실질적 의미의 경찰작용 중에서 표준적 · 전형적 직무집행에 해당하는 것들로서 특별한 의미를 가진다.

위와 같은 표준적 직무행위를 경찰상의 즉시강제라고 보는 것이 일반적이다. 경찰상의 즉시강제란 "목전의 급박한 위험 또는 장해를 제거하기 위하거나(즉시집행) 성질상 의무를 명해서는 목적을 달성할 수 없는 경우(직접시행)에 직접 개인의 신체 또는 재산에 실력을 가함으로써 행정상 필요한 상태를 실현하는 경찰작용"을 말한다. 그러나 표준적 직무행위들을 일률적으로 경찰상 즉시강제라고 할 수는 없을 것이다. 표준적 직무행위들 중에는 서로 성격이 다른 것들이 섞여있고, 그 행위들 중에는 의무부과를 명하는 작용과 사실작용이 합쳐진 합성적 처분의 성질을 가진 것도 있기 때문이다.

2. 유 형

가. 경찰관직무집행법에 의한 경찰권의 발동

(1) 불심검문(제3조)

경찰관은 ① 수상한 행동이나 그 밖의 주위 사정을 합리적으로 판단하여 볼 때 어떠한 죄를 범하였거나 범하려 하고 있다고 의심할 만한 상당한 이유가 있는 사람 또는 ② 이미 행해진 범죄나 행해지려고 하는 범죄행위에 관한 사실을 안다고 인정되는 사람을 정지시켜 질문할 수 있다.[27] 불심검문 대상자에 해당하는지 여부를 판단할 때에는 불심검문 당시의 구체적 상황은 물론 사전에 얻은 정보나 전문적 지식 등에 기초하여 불심검문 대상자인지를 객관적 · 합리적인 기준에 따라야 하나, 반드시 불심검문 대상자에게 형사소송법상 체포나 구속에 이를 정도의 혐의가 있을 것을 요하지는 않는다.[28]

이때 경찰관은 범행의 경중, 범행과의 관련성, 상황의 긴박성, 혐의의 정도, 질문의 필요성 등에 비추어 목적 달성에 필요한 최소한의 범위 내에서 사회통념상 용인될 수 있는 상당한 방법으로 불심검문을 하여야 한다.[29] 그 장소에서 질문을 하는 것이 당해인에게 불리하거나 교통의 방해가 된다고 인정되는 때에는 질문하기 위하여 부근의 경찰서 · 지구대 · 파출소 또는 출장소에 동행할 것을 요구할 수 있다. 이 경우 당해인은 경찰관의 동행요구를 거절할 수 있다. 경찰관은 질문할 때에 흉기의 소지여부를 조사할 수 있다.

경찰관은 질문하거나 동행을 요구할 경우 당해인에게 자신의 신분을 표시하는 증표를 제시하면서 소속과 성명을 밝히고 질문이나 동행 목적과 이유를 설명하여야 한다(제4항). 이와 관련하여, 대법원은 "불심검문을 하게 된 경위, 불심검문 당시의 현장상황과 검문을 하는 경찰관들의 복장, 피고인이 공무원증 제시나 신분 확인을 요구하였는지 여부 등을 종

---

27) 어떠한 죄를 범하려하고 있다고 의심할 만한 경우가 아니라, '범하였다'고 의심하여 불심검문하는 경우는 행정경찰(보안경찰)이 아니라 사법경찰의 성질을 가진다.

28) 대법원 2014. 2. 27. 선고 2011도13999 판결.

29) 대법원은 검문 중이던 경찰관들이, 자전거를 이용한 날치기 사건 범인과 흡사한 인상착의의 피고인이 자전거를 타고 다가오는 것을 발견하고 정지를 요구하였으나 멈추지 않아, 앞을 가로막고 소속과 성명을 고지한 후 검문에 협조해 달라는 취지로 말하였음에도 불응하고 그대로 전진하자 따라가서 재차 앞을 막고 검문에 응하라고 요구하였는데, 이에 피고인이 경찰관들의 멱살을 잡아 밀치거나 욕설을 하는 등 항의하여 공무집행방해 등으로 기소된 사안에서, 경찰관들의 불심검문이 위법하다고 보아 피고인에게 무죄를 선고한 원심판결에 불심검문의 내용과 한계에 관한 법리오해의 위법이 있다고 하였다(대법원 2012. 9. 13. 선고 2010도6203 판결).

합적으로 고려하여, 검문하는 사람이 경찰관이고 검문하는 이유가 범죄행위에 관한 것임을 피고인이 충분히 알고 있었다고 보이는 경우에는 신분증을 제시하지 않았다고 하여 그 불심검문이 위법한 공무집행이라고 할 수 없다."라고 판시하였다.30)

한편, 경찰관이 동행을 요구하는 경우에는 동행장소를 밝혀야 한다. 동행을 한 경우 경찰관은 당해인의 가족이나 친지 등에게 동행한 경찰관의 신분, 동행장소, 동행목적과 이유를 알리거나 본인으로 하여금 즉시 연락할 수 있는 기회를 부여하여야 하며, 변호인의 도움을 받을 권리가 있음을 알려야 하고, 경찰관은 당해인을 6시간을 초과하여 경찰관서에 머물게 할 수 없다. 질문을 받거나 동행을 요구받은 사람은 형사소송에 관한 법률에 의하지 않고는 신체를 구속당하지 않고, 그 의사에 반하여 답변을 강요당하지 않는다.

서울지방법원 1997. 11. 13. **선고** 91**가소**316755 **판결**: 경찰은 불심검문에 수반하여 소지품검사를 할 수 있으나 그 소지품검사는 흉기소지를 조사하는 것에 한정되어 있으므로, 의복 또는 휴대품의 외부를 손으로 만져서 확인하는 검사(stop and frisk)로 흉기 소지 여부를 탐지하고 그 개연성이 있는 경우 가방 등을 열어 보여줄 것을 요구할 수 있을 뿐 그 개연성이 없는 한 일반소지품 검사는 허용되지 않는다. 전경들은 원고가 고분고분하지 않았다는 이유로 대중이 지나는 공공장소에서 불심검문과 관련없이 원고의 명예와 자존심을 훼손하는 말을 큰소리로 떠들어 원고를 모욕하였다. 그러므로 위 전경들은 직무집행과 관련하여 고의 또는 과실로 법령을 위배하여 원고에게 정신적 피해를 가하였다 할 것이고 피고(대한민국)는 공무원인 전경들의 행위로 말미암은 원고의 손해를 배상할 책임이 있다.

(2) 보호조치와 임시영치(제4조)

경찰관은 수상한 행동이나 그 밖의 주위 사정을 합리적으로 판단해 볼 때, ① 정신착란을 일으키거나 술에 취하여 자신 또는 다른 사람의 생명·신체·재산에 위해를 끼칠 우려가 있는 사람, ② 자살을 시도하는 사람, ③ 미아, 병자, 부상자 등으로서 적당한 보호자가 없으며 응급구호가 필요하다고 인정되는 사람(본인이 구호를 거절하는 경우 제외) 등 구호대상자를 발견하였을 때에는 보건의료기관이나 공공구호기관에 긴급구호를 요청하거나 경찰관서에 보호하는 등 적절한 조치를 할 수 있다. 긴급구호요청을 받은 보건의료기관 등은 정당한 이유 없이 구호를 거절할 수 없다.

경찰관이 보호조치를 한 때에는 지체 없이 구호대상자의 가족·친지 또는 그 밖의 연고자에게 그 사실을 알리고, 연고자가 발견되지 않을 때에는 적당한 공중보건의료기관이나 공공구호기관에 즉시 인계하여야 한다. 보호조치는 24시간을 초과할 수 없다.

---

30) 대법원 2014. 12. 11. 선고 2014도7976 판결.

한편, 구호대상자가 무기 · 흉기 등 위험을 야기할 수 있는 것으로 인정되는 물건을 소지하고 있는 경우 임시로 영치할 수 있고 그 기간은 10일을 초과할 수 없다.

(3) 위험발생의 방지(제5조)

경찰관이 사람의 생명 또는 신체에 위해를 끼치거나 재산에 중대한 손해를 끼칠 우려가 있는 천재, 사변, 인공구조물의 파손이나 붕괴, 교통사고, 위험물의 폭발, 위험한 동물 등의 출현, 극도의 혼잡, 그 밖의 위험한 사태가 있을 때 그 위해를 예방하기 위하여 취하는 조치를 말한다. 그 구체적인 수단에는 경고(그 장소에 모인 사람, 사물의 관리자, 그 밖의 관계인에게 필요한 경고를 하는 것), 억류조치나 피난조치(매우 긴급한 경우에는 위해를 입을 우려가 있는 사람을 필요한 한도에서 억류하거나 피난시키는 것), 직접적인 위험발생방지조치(그 장소에 있는 사람, 사물의 관리자, 그 밖의 관계인에게 위해를 방지하기 위하여 필요하다고 인정되는 조치를 하게 하거나 직접 그 조치를 하는 것)를 명하거나 스스로 필요한 조치를 취하는 것 등이 있다.

한편, 경찰관서의 장은 대간첩작전수행 또는 소요사태의 진압을 위하여 필요하다고 인정되는 상당한 이유가 있을 때에는 대간첩작전지역 또는 경찰관서 · 무기고 등 국가중요시설에 대한 접근 · 통행을 제한하거나 금지할 수 있다.

(4) 범죄의 예방 · 제지(제6조)

경찰관은 범죄행위가 목전에 행해지려고 하고 있다고 인정될 때에는 이를 예방하기 위하여 관계인에게 필요한 경고를 하고, 그 행위로 인하여 사람의 생명 · 신체에 위해를 끼치거나 재산에 중대한 손해를 끼칠 우려가 있는 긴급한 경우에는 그 행위를 제지할 수 있다.

대법원 2008. 11. 13. **선고** 2007**도**9794 **판결**: 비록 장차 특정 지역에서 구 집회 및 시위에 관한 법률에 의하여 금지되어 그 주최 또는 참가행위가 형사처벌의 대상이 되는 위법한 집회 · 시위가 개최될 것이 예상된다고 하더라도, 이와 시간적 · 장소적으로 근접하지 않은 다른 지역에서 그 집회 · 시위에 참가하기 위하여 출발 또는 이동하는 행위를 함부로 제지하는 것은 경찰관직무집행법 제6조 제1항에 의한 행정상 즉시강제인 경찰관의 제지의 범위를 명백히 넘어서는 것이어서 허용될 수 없으므로, 이러한 제지 행위는 공무집행방해죄의 보호대상이 되는 공무원의 적법한 직무집행에 포함될 수 없다.

(5) 위험방지를 위한 출입(제7조)

경찰관은 제5조 제1항 · 제2항 및 제6조에 따른 위험한 사태가 발생하여 사람의 생명 · 신체 또는 재산에 대한 위해가 임박한 때에 그 위해를 방지하거나 피해자를 구조하기 위하여 부득이하다고 인정하면 합리적으로 판단하여 필요한 한도에서 다른 사람의 토지 · 건물 · 배 또는 차에 출입할 수 있다. 또한, 흥행장 · 여관 · 음식점 · 역, 그밖에 많은 사람이 출입하는 장소의 관리자나 그에 준하는 관계인은 경찰관이 범죄나 사람의 생명 · 신체 · 재산에 대한 위해를 예방하기 위하여 해당 장소의 영업시간이나 해당 장소가 일반인에게 공개된 시간에 그 장소에 출입하겠다고 요구하면 정당한 이유 없이 그 요구를 거절할 수 없다. 한편, 경찰관은 대간첩작전수행에 필요한 때에는 작전지역 안에 있어서의 흥행장 · 여관 · 음식점 · 역 기타 다수인이 출입하는 장소 안을 검색할 수 있다.

경찰관이 이러한 출입을 할 때에는 그 신분을 표시하는 증표를 제시하여야 하며, 함부로 관계인의 정당한 업무를 방해하여서는 안 된다.

(6) 사실의 확인과 출석요구(제8조)

경찰관서의 장은 직무 수행에 필요하다고 인정되는 상당한 이유가 있을 때에는 국가기관이나 공사(公私) 단체 등에 직무 수행에 관련된 사실을 조회할 수 있으며, 긴급한 경우에는 소속 경찰관으로 하여금 현장에 나가 해당 기관 또는 단체의 장의 협조를 받아 그 사실을 확인하게 할 수 있다.

또한, 경찰관은 ① 미아를 인수할 보호자 확인, ② 유실물을 인수할 권리자 확인, ③ 사고로 인한 사상자 확인, ④ 행정처분을 위한 교통사고 조사에 필요한 사실 확인 등을 위하여 필요하면 관계인에게 출석하여야 하는 사유 · 일시 및 장소를 명확히 적은 출석 요구서를 보내 경찰관서에 출석할 것을 요구할 수 있다.

(7) 정보의 수집(제8조의2)

경찰의 정보활동은 예방경찰적 목적을 달성하기 위하여 사회 전반에 대한 치안정보의 수집 · 종합 · 분석 · 작성 및 배포 등을 하는 활동을 말한다. 이러한 정보경찰활동을 무제한적으로 허용하거나 방치한다면 국민의 기본권을 심각하게 침해할 우려가 있기 때문에, 2020. 12. 22. 개정된 경찰관직무집행법 제8조의2에서는 정보수집활동의 대상을 "범죄 · 재난 · 공공갈등 등 공공안녕에 대한 위험의 예방과 대응을 위한 정보의 수집 · 작성 · 배포와 이에 수반되는 사실의 확인"으로 제한하고 있다.[31)]

---

31) 「경찰관의 정보수집 및 처리 등에 관한 규정」(대통령령) 제3조에서 수집 · 작성 · 배포할 수 있는 정보를 ① 범죄의 예방과 대응에 필요한 정보, ② 「형의 집행 및 수용자의 처우에 관한 법률」 제126조의2 또는 「보호관찰 등에 관한 법률」 제55조의3에 따라 통보되는 정보의 대상자인 수형자 · 가석방자의 재범방지 및 피해자의 보호에 필요한 정보, ③ 국가중요시설의 안전 및 주요 인사의 보호에 필요한 정보, ④ 방첩 · 대테러활동 등 국가안전을 위한 활동에 필요한 정보, ⑤ 재난 · 안전사고 등으로부터 국민안전을 확보하기 위한 정보, ⑥ 집회 · 시위 등으로 인한 공공갈등과 다중운집에 따른 질서 및 안전 유지에 필요한 정보, ⑦ 국민의 생명 · 신체 · 재산의 보호와 공공안녕에 대한 위험의 예방과 대응을 위한 정책에 관한 정보(해당 정책의 입안 · 집행 · 평가를 위해 객관적이고 필요한 사항에 관한 정보로 한정하며, 이와 직접적 · 구체적으로 관련이 없는 사생활 · 신조 등에 관한 정보는 제외한다), ⑧ 도로 교통의 위해 방지 · 제거 및 원활한 소통 확보를 위한 정보, ⑨ 「보안업무규정」 제45조 제1항에 따라 경찰청장

(8) 경찰장비의 사용(제10조)

경찰관은 직무수행 중 무기, 경찰장구, 최루제와 그 발사장치, 살수차, 감식기구, 해안감시기구, 통신기기, 차량·선박·항공기 등 경찰이 직무를 수행할 때 필요한 경찰장비를 사용할 수 있다.[32)]

(9) 경찰장구의 사용(제10조의2)

경찰관은 ① 현행범이나 사형·무기 또는 장기 3년 이상의 징역이나 금고에 해당하는 죄를 범한 범인의 체포 또는 도주 방지, ② 자신이나 다른 사람의 생명·신체의 방어 및 보호, ③ 공무집행에 대한 항거 제지를 위하여 필요하다고 인정되는 상당한 이유가 있을 때에는 그 사태를 합리적으로 판단하여 필요한 한도 내에서 수갑·포승·경찰봉·방패 등 경찰장구를 사용할 수 있다.

(10) 분사기의 사용(제10조의3)

경찰관은 ① 범인의 체포 또는 범인의 도주 방지, ② 불법집회·시위로 인한 자신이나 다른 사람의 생명·신체와 재산 및 공공시설 안전에 대한 현저한 위해의 발생 억제하기 위하여 부득이한 경우 현장책임자가 판단하여 필요한 최소한의 범위에서 분사기 또는 최루탄을 사용할 수 있다.

(11) 무기의 사용(제10조의4)

경찰관은 범인의 체포, 범인의 도주 방지, 자신이나 다른 사람의 생명·신체의 방어 및 보호, 공무집행에 대한 항거의 제지를 위하여 필요하다고 인정되는 상당한 이유가 있을 때에는 그 사태를 합리적으로 판단하여 필요한 한도에서 무기를 사용할 수 있다. 경찰관의 무기사용 요건을 충족하는지 여부는 범죄의 종류, 죄질, 피해법익의 경중, 위해의 급박성, 저항의 강약, 범인과 경찰관의 수, 무기의 종류, 무기 사용의 태양, 주변의 상황 등을 고려하여 사회통념상 상당하다고 평가되는지 여부에 따라 판단하여야 하고, 특히 사람에게 위해를 가할 위험성이 큰 총기의 사용에 있어서는 그 요건을 더욱 엄격하게 판단하여야 한

이 위탁받은 신원조사 또는 「공공기관의 정보공개에 관한 법률」 제2조 제3호에 따른 공공기관의 장이 법령에 근거하여 요청한 사실의 확인을 위한 정보, ⑩ 그 밖에 위에 열거한 사항에 준하는 정보 등으로 열거하고 있다.

32) 위해성 경찰장비인 살수차와 물포는 필요한 최소한의 범위에서만 사용되어야 하고, 특히 인명 또는 신체에 위해를 가할 가능성이 더욱 커지는 직사살수는 타인의 법익이나 공공의 안녕질서에 직접적이고 명백한 위험이 현존하는 경우에 한해서만 사용이 가능하다고 보아야 한다. 또한, 위해성 경찰장비인 살수차와 물포는 집회나 시위 참가자들을 해산하기 위한 목적의 경찰장비이고 경찰관이 직사살수의 방법으로 집회나 시위 참가자들을 해산시키는 것은 집회의 자유나 신체의 자유를 침해할 우려가 있으므로, 적법절차의 원칙에 따라 먼저 집회 및 시위에 관한 법률에서 정한 해산 사유를 구체적으로 고지하는 적법한 절차에 따른 해산명령을 시행한 후에 직사살수의 방법을 사용할 수 있다(대법원 2019. 1. 17. 선고 2015다236196 판결).

다.[33] 다만, 다음의 경우에 해당할 때를 제외하고는 사람에게 위해를 끼쳐서는 안 된다.

① 형법에 규정된 정당방위와 긴급피난에 해당할 때

② 다음의 어느 하나에 해당하는 경우로서 그 행위를 방지하거나 그 행위자를 체포하기 위하여 무기를 사용하지 않고는 다른 수단이 없다고 인정되는 상당한 이유가 있을 때

ⓐ 사형·무기 또는 장기 3년 이상의 징역이나 금고에 해당하는 죄를 범하거나 범하였다고 의심할 만한 충분한 이유가 있는 사람이 경찰관의 직무집행에 항거하거나 도주하려고 할 때

ⓑ 체포·구속영장과 압수·수색영장을 집행하는 과정에서 경찰관의 직무집행에 항거하거나 도주하려고 할 때

ⓒ 제3자가 ⓐ 또는 ⓑ에 해당하는 사람을 도주시키려고 경찰관에게 항거할 때

ⓓ 범인이나 소요를 일으킨 사람이 무기·흉기 등 위험한 물건을 지니고 경찰관으로부터 3회 이상 물건을 버리라는 명령이나 항복하라는 명령을 받고도 따르지 아니하면서 계속 항거할 때

③ 대간첩 작전 수행 과정에서 무장간첩이 항복하라는 경찰관의 명령을 받고도 따르지 아니할 때

여기에서 무기란 사람의 생명이나 신체에 위해를 끼칠 수 있도록 제작된 권총·소총·도검 등을 말하고, 대간첩·대테러 작전 등 국가안전에 관련되는 작전을 수행할 때에는 개인화기 외에 공용화기를 사용할 수 있다.

나. 그 밖의 개별적 수권조항에 의한 경찰권 발동

(1) 대인적 강제

경찰관직무집행법 이외의 경찰법규가 인정하고 있는 대인적 강제의 수단은 여러 가지가 있는데, 대부분 공중위생에 관계되는 법규이다. 감염병환자나 마약중독자를 치료하기 위하여 일반사회로부터 격리·수용시킬 수가 있고(감염병 예방 및 관리에 관한 법률 제42조, 마약류 관리에 관한 법률 제40조), 수난구호를 위한 원조강제를 할 수도 있다(수상에서의 수색·구조 등에 관한 법률 제16조 제3항). 또한 범인의 체포를 위하여 17세 이상의 자에게 주민등록증의 제시를 요구할 수도 있다(주민등록법 제26조 제1항).

---

33) 이와 관련하여, 경찰관이 길이 40cm 가량의 칼로 반복적으로 위협하며 도주하는 차량 절도 혐의자를 추적하던 중, 도주하기 위하여 등을 돌린 혐의자의 몸 쪽을 향하여 약 2m 거리에서 실탄을 발사하여 혐의자를 복부관통상으로 사망케 한 경우, 경찰관의 총기사용은 사회통념상 허용범위를 벗어난 위법행위라고 본 사례가 있다(대법원 1999. 3. 23. 선고 98다63445 판결).

(2) 대물적 강제

불량식품이나 불량의약품 등 그 물건의 존재 자체가 사회적 장해를 발생시킬 우려가 있는 경우에는 그 물건의 존재를 소멸시키는 폐기처분을 내린다(식품위생법 제72조, 약사법 제71조). 또한 물건의 소지를 영구적으로 박탈함으로써 간접적으로 소유권을 소멸시키는 결과를 발생시키는 수거가 행해지기도 하는데, 수거는 경찰장해의 제거를 위하여 행해지거나 실험상 필요한 경우에 행해진다(식품위생법 제22조). 그밖에 광고물을 제거하기도 하고(옥외광고물법 제10조의2 제1항), 소화를 위한 강제처분을 하는 경우도 있으며(소방기본법 제25조), 물건 등에 대한 방역조치를 한다(감염병 예방 및 관리에 관한 법률 제47조 제4호).

(3) 대가택강제

소유자나 관리자의 의사에 반하여 타인의 가택 · 영업소 등에 대하여 실력을 가하여 행정상 필요한 상태를 실현하는 것을 말한다. 그런데, 종래 대가택강제로 인식되었던 식품 또는 영업시설 등의 출입 · 검사(식품위생법 제22조), 총포 · 화약류의 제작소 · 저장소의 출입 · 검사(총포 · 도검 · 화약류 등의 안전관리에 관한 법률 제44조) 등은 오늘날 대부분 행정조사의 영역에서 논의되고 있다.

3. 개별적 수권조항에 의한 경찰권발동의 한계

개별조항에 기한 경찰권 발동의 한계는 근거가 되는 개별조항으로부터 도출할 수 있다. 물론 이 경우에도 재량권의 한계을 판단할 때 '경찰권 발동의 조리상의 한계'가 고려될 수 있다. 그러나 개괄적 수권조항에 의거하여 경찰권을 발동하는 경우와 같은 법원칙들이 포괄적으로 적용되지는 않는다. 예를 들면, 불심검문의 한계는 일차적으로 경찰관직무집행법 제3조 제1항에서 정한 요건의 해석으로 정해지는 것이고, 경찰공공의 원칙, 경찰책임의 원칙, 보충성의 원칙 등을 포괄적으로 적용할 여지는 그다지 없다.

제 3 절 경찰상의 손해보전 · 비용상환

Ⅰ. 개 설

사인이 적법 또는 위법한 경찰작용으로 인하여 불이익을 입은 경우 그 보전방법으로 손실보상 또는 손해배상(국가배상)을 청구할 수 있다. 다만 경찰작용의 특수성으로 인하여 특별히 고려되어야 할 문제들이 있다. 반대로 사인이 경찰권 발동을 유발한 경우 그 사인에게 경찰권발동에 대한 비용을 청구할 수 있는지도 문제가 된다.

Ⅱ. 개인의 행정주체에 대한 청구권

1. 비위해발생자의 청구권

가. 손실보상청구권

경찰은 때로는 경찰위해에 행위책임이나 상태책임이 없는 제3자의 도움을 받아서라도 긴급사태를 수습하여야 할 경우도 있다(비책임자에 대한 경찰권 발동). 경찰관직무집행법 제5조 제1항은 위험발생의 방지를 위하여 "그 장소에 있는 사람, 사물의 관리자, 그 밖의 관계인에게 위해를 방지하기 위하여 필요하다고 인정되는 조치"를 하게 할 수 있다고 규정하고 있는 것처럼, 경찰비상사태에 비위해발생자에 대해서도 명령을 발하여 경찰상의 위해를 방지할 수 있게 하고 있다.

이러한 경우에 제3자는 어떠한 방법으로 손실보상을 청구할 수 있는 것인가? 2013. 4. 5. 개정 전의 경찰관직무집행법에는 이에 관한 명문의 규정이 없었기 때문에, 그에 대한 입법의 흠결 내지 공백을 메우기 위하여 수용유사침해나 수용적 침해 또는 희생보상청구권의 법리를 적용하려는 노력이 필요하였다. 헌법 제23조 제1항과 제3항, 제37조 제2항 및 평등원칙에 입각한 법리(해석론)에 입각하여 비책임자에 대한 경찰권의 발동은 통상 비책임자에게 특별한 희생을 요구하는 것이 되고, 그 결과 비책임자는 그로 인한 손실, 특히 원상회복이 불가능한 손실에 대하여 경찰행정청에 금전으로 손실보상을 청구할 수 있다고 해석하고자 하였던 것이다.

그런데, 경찰관직무집행법이 2013. 4. 5. 개정되어 2014. 4. 6.부터 시행된 제11조의2 제1항 제1호에 의하면, 국가는 재산상 손실에 대하여 정당한 보상을 하도록 규정하고 있다. 따라서 경찰특공대가 인질범을 검거하기 위하여 출입문을 부수고 진입한 경우와 같이,[34) 국가는 손실발생의 원인에 대하여 책임이 없는 사람이 재산상의 손실을 입은 경우에 손실보상을 하여야 한다. 여기에는 경찰관의 범인 추격을 도와주기 위하여 빌려준 차량이 손상된 경우와 같이, 손실발생의 원인에 대하여 책임이 없는 사람이 경찰관의 직무집행에 자발적으로 협조하거나 물건을 제공하여 재산상의 손실을 입은 경우를 포함한다.

한편, 경찰관직무집행법 제11조의2 제1항 제1호는 2018. 12. 24. 다시 개정되어 2019. 6. 25.부터 시행되고 있는데, 그 동안 논의되어 온 희생보상의 법리를 받아들인 것으로 평가된다. 따라서, 국가는 손실발생의 원인에 대하여 책임이 없는 자가 재산상의 손실을 입

---

34) 위 사례는 김용주, "경찰손실보상 심의사례의 경찰법적 검토", 공법학연구 제20권 제1호, 한국비교공법학회(2019), 269면에서 따온 것이다. 아래의 사례들도 마찬가지이다.

은 경우 뿐만 아니라 생명·신체상의 손실을 입은 경우에도 정당한 보상을 하여야 한다. 가령 경찰관이 적법하게 발사한 총알의 유탄을 맞고 지나가는 사람이 부상을 입은 경우와 같이, 국가는 손실발생의 원인에 대하여 책임이 없는 사람이 생명·신체상의 손실을 입은 경우에 손실보상을 하여야 한다. 뿐만 아니라 경찰관의 범인 검거를 도와주다가 부상을 입은 경우와 같이, 손실발생의 원인에 대하여 책임이 없는 자가 경찰관의 직무집행에 자발적으로 협조하거나 물건을 제공하여 생명·신체상의 손실을 입은 경우에도 손실보상을 하여야 한다.

손실보상 신청사건을 심의하기 위하여 손실보상심의위원회를 설치하고(제3항), 경찰청장 또는 지방경찰청장은 손실보상심의위원회의 심의·의결에 따라 보상금을 지급한다(제4항 전단). 손실보상절차의 투명하고 적정한 운영을 위하여 보상금 지급 후 심사자료 및 결과를 경찰위원회에 보고하도록 하고, 경찰위원회는 필요한 자료 등의 제출을 요구할 수 있도록 하는 견제장치를 마련하고 있다(제5항).

위와 같은 손실보상청구권은 손실이 있음을 안 날부터 3년, 손실이 발생한 날부터 5년간 행사하지 않으면 시효의 완성으로 소멸한다(제2항). 한편, 거짓 또는 부정한 방법으로 보상금을 받은 사람은 해당 보상금을 반환하여야 하고(제4항 후단), 만일 소정의 기간 내에 반환하지 않으면 경찰청장 또는 지방경찰청장은 국세 체납처분의 예에 따라 징수할 수 있다(제6항).

나. 손해배상의 청구

비위해발생자가 공무원의 직무상 불법행위로 인하여 손해를 받은 경우에는 국가 또는 지방자치단체에 대하여 손해배상을 청구할 수 있다.

2. 위해발생자의 청구권

자기의 행위 또는 물건 등으로 경찰위해를 일으킴으로써 경찰권이 발동되었고, 그로 인하여 재산상 손실을 입은 자에 대해서는 손실보상청구권이 인정되지 않는다. 외관적 위해발생자에 대한 경찰권발동의 경우도 마찬가지이다.

위해발생자에게 손실이 발생한 경우 보상이 주어지지 않는 이유는 재산권의 사회적 제약에서 찾을 수 있다. 물론 이 경우에도 입법자는 손실보상을 행하도록 법령을 제정할 수 있다. 감염병에 오염된 건물에 대한 감염병 예방조치로 인하여 손실을 입은 건물소유자에 대한 보상이 그 예이다.

한편, 경찰관직무집행법 제11조의2 제1항 제2호에서는 손실발생의 원인에 대하여 책임이 있는 자가 자신의 책임에 상응하는 정도를 초과하는 생명·신체 또는 재산상의 손실을 입은 경우에도 손실을 보상하도록 규정하고 있다. 따라서 유조차 사고로 기름이 유출되어 인근 토지의 지하수가 오염될 우려가 있는 경우 토지소유자(상태책임자)는 오염제거작업을 수인할 의무가 있기는 하지만, 과도하게 흙을 파내어 땅을 못쓰게 되면 그에 따른 손실보상을 받을 수 있다.

Ⅲ. 경찰행정주체의 비용상환청구권

1. 위해발생자에 대한 청구권

가. 대집행의 비용상환청구권

행정대집행법은 다른 사람이 대신할 수 있는 작위의무(대체적 작위의무)의 불이행이 있는 경우 행정기관 스스로 그 의무를 이행하거나 제3자로 하여금 행하게 한 다음 그 비용을 의무자로부터 징수할 수 있다고 규정하고 있다(제2조 · 제6조 참조). 한편, 도로교통법은 경찰이 정차 · 주차 위반차량을 이동하거나 보관한 경우에 그에 소요된 비용을 행정대집행법이 정한 바에 따라 징수할 수 있다고 규정하고 있다(제35조 참조).

나. 직접강제 · 즉시강제 등의 비용상환청구권

독일의 여러 주에서는 경찰비용징수법(Polizeikostenrecht)을 제정하여 경찰상의 직접강제 · 즉시강제에 소요된 비용상환에 관한 규정을 두고 있다고 한다.[35] 대규모 행사와 같이 관할경찰관서의 힘만으로는 위해방지의 직무를 완수하기 어렵고, 다른 경찰관서 등에 직무응원을 구할 수밖에 없는 경우가 많기 때문이다.

2. 비위해발생자에 대한 청구권

경찰이 경찰위해를 직접 일으키지 않은 자(비위해발생자)에 대하여 경찰비용을 청구한다는 것은 모순된 것처럼 보인다. 그러나 행사의 개최로 인하여 관할구역 밖으로부터의 경찰응원을 필요로 한 경우 그 비용을 개최자에게 청구할 필요가 있을 수는 있다.

이 때 의무 없이 타인을 위하여 사무를 관리한 경우 지출한 필요비 또는 유익비에 대한 상환을 청구할 수 있도록 하는 민법상의 사무관리의 법리를 유추할 수는 없을 것이다. 공공의 안녕 · 질서에 대한 위해방지는 경찰의 고유한 업무로서 '의무 없이 타인을 위하여 사무를 관리'하는 것이라고 보기 어렵기 때문이다. 이 문제를 규율하는 법령이 마련되어 있지 않은 현실에서는 상업적 행사의 주최자와 경찰과의 공법상 계약을 체결하여 특별히 소요된 경찰비용을 징수하는 것을 생각해 볼 수 있다.[36]

---

35) 김남진 · 김연태, 행정법Ⅱ, 463면 참조.

36) 독일의 바덴-뷔르템베르크주 경찰법 제81조에서는 그 근거를 마련하였다고 한다(김남진 · 김연태, 행정법Ⅱ, 463면 참조).

제 2 장 급부행정법

제 1 절 개 설

Ⅰ. 의 의

급부행정은 "주는 활동을 통해 공동체 구성원의 이익추구를 직접적으로 촉진하는 공행정"이라고 정의할 수 있다.

근대적 입헌국가에서 국가는 공공의 안녕과 질서의 유지라는 임무를 충실히 수행하고 시민의 일상적 생활은 개인의 자유와 창의에 맡기는 것을 이상으로 삼아왔다. 18세기 법치국가 사상의 영향 하에서는 공법의 주된 임무가 국가와 같은 공권력의 위법한 행사로부터 개인의 권리와 사유재산을 방어하고 분쟁상황에서 개인 사이의 정의를 배분하는 것으로 인식되었었다.

그러나 위와 같은 자유주의적 사상 하에서 사회가 발전함에 따라 계급적 소외 · 지역적 불균형 등의 심각한 부작용이 발생하게 되었다. 또한, 도시적 · 문화적 생활을 영위하는 개인은 남으로부터 도움이나 공급 없이는 하루도 생활하기 어려운 상황이 되었다. 그리하여 국가 등 행정주체가 위와 같은 부작용을 시정하고 개인에게 공공재를 공급하는 역할을 적극적으로 부여받게 되었다. 이에 발맞춰 공법의 역할도 국가 등 행정주체가 공공재를 적절한 범위에서 설정하여 준비하고 합리적으로 배분하는지를 조정하고 감시하는 것으로 그 중점이 옮겨가고 있다.

Ⅱ. 종 류

급부행정은 임무를 기준으로 공급행정 · 사회보장행정 · 조성행정 등으로 구분할 수 있다. 도시적 · 문화적 생활을 영위하는 개인은 남으로부터 도움이나 공급 없이는 하루도 생활하기 어려운 상황이 되면서 공급행정법이 주목받게 되었고, 자유주의적 사상 하에서 계급적 소외 · 지역적 불균형 등의 심각한 부작용이 발생함에 따라 사회보장행정법이 체계를 갖추게 되었으며, 국가의 발전전략에 따라 개인이나 기업을 구조적으로 개선시키는 것이 필요해지면서 그것을 직접 목적으로 하는 조성행정법이 성립하게 되었다.

공급행정법과 사회보장행정법, 조성행정법은 국가가 개인에게 재화나 서비스를 제공한다는 점에서는 공통된다. 그러나 공급행정법과 사회보장행정법은 수급의 대상과 범위를 정하는 원리와 기준이 다르고, 조성행정법은 개인생활의 편의를 제공하거나 생활을 돕는 공급행정법이나 사회보장행정법과는 결이 다르다. 이렇게 공급행정법과 사회보장행정법, 조성행정법은 매우 이질적이어서, 급부행정법의 영역 아래에서 설명되기는 하지만, 개개의 행정법영역으로 독립시켜 개별적으로 살펴볼 필요가 있다. 이하에서는 공급행정법을 중심으로 설명하기로 한다.

Ⅲ. 급부행정의 기본원칙

급부행정의 기본원리로서, ① 사회국가의 원리, ② 보충성의 원칙, ③ 법률적합성의 원칙, ④ 평등의 원칙, ⑤ 과잉금지의 원칙, ⑥ 신뢰보호의 원칙을 들 수 있다. 그러나 사회국가의 원리와 보충성의 원칙을 제외하고는 행정법 전반을 관통하는 헌법원리 또는 행정법의 지도원리일 뿐 특별히 급부행정법에 국한된 기본원리는 아니다.

1. 사회국가의 원리

우리나라 헌법이 사회국가의 원리를 헌법원리로 직접 명시하고 있지는 않다. 다만 헌법 전문에서의 "안으로는 국민 생활의 균등한 향상을 기하고"라는 문구, 헌법 제2장에서 규정된 사회적 기본권 조항, 제9장에서 규정된 경제헌법 조항 등으로부터 우리나라 헌법이 사회국가의 원리를 채택하고 있다고 해석하는 데 별다른 이의가 없다.

사회국가의 원리는 국가 및 그 밖의 행정주체에게 사회질서를 사회적 정의에 따라 형성할 권능과 의무를 부여한다. 여기에서 사회적 정의라고 함은 모든 국민에게 인간다운 생활을 보장하고 적당한 수준의 경제적 · 문화적 수요를 충족시켜 주는 상태를 말한다.

사회국가의 원리의 직접적인 효과는 생활능력이 없는 자에 대한 국가의 보호의무라 할 수 있다. 이것은 헌법 제34조가 보장하고, 이를 구체화한 법률이 사회보장기본법, 국민기초생활보장법, 국민연금법, 국민건강보험법, 노인복지법 등이다.

사회국가의 원리에 의하여, 국가적 공동체뿐만 아니라 그 구성원인 국민도 일정한 의무를 부담한다. 이것이 사회적 연대성과 우애성이다. 헌법에 규정된 재산권 행사의 공공복리 적합성(제23조 제2항), 근로의 의무부과(제32조 제2항) 등에서 국민의 사회국가적 의무를 발견할 수 있다.

2. 보충성의 원칙

보충성의 원칙은 사인의 생활수단 확보나 이익의 추구는 원칙적으로 사인 또는 관계되는 단위생활공동체에 맡겨져야 하고, 공적인 손은 사회적 힘이 스스로 과업을 수행하지 못할 때 비로소 개입한다는 원칙이다.

국민기초생활보장법 제3조 제1항에서는 "이 법에 의한 급여는 수급자가 자신의 생활의 유지·향상을 위하여…… 최대한 노력하는 것"을 전제로 자활을 기본원칙으로 하고 있는 것에서 보는 것처럼 보충성의 원칙은 급부행정에 적용되는 법원칙의 하나이다. 다만 이 원칙을 헌법원리로 볼 수 있는지는 의문이다.

3. 법률적합성의 원칙

법률적합성의 원칙 중에서 법률우위의 원칙이 급부행정에도 적용되는 것은 당연하나, 법률유보의 원칙이 적용되는지에 관해서는 다툼이 있다.

침해유보설, 전부유보설, 사회유보설 등의 대립이 있지만 행정기본법 제8조가 채택하고 있는 본질사항유보설에 따르면, 급부행정에서 그 급부가 상대방 또는 경쟁자에게 침해적 효과를 가져오거나 사회형성적 조치에 해당하는 것이 아니라면 반드시 법률에 의한 수권이 필요한 것은 아니고, 예산에 근거한 금전적 급부 등도 가능한 경우가 있다.

4. 평등의 원칙

평등의 원칙은 동일한 사실관계에 대하여 동일한 법적 효과를 부여하여야 하는 것을 의미한다(행정기본법 제9조). 질서행정에서는 '불평등한 부담의 금지'가 본질적 내용을 이루나, 급부행정에서는 '불공평한 수익의 금지', '평등한 분배의 제공'이 본질적 내용을 이룬다.

평등의 원칙은 조성행정의 영역에서 특히 중요한 의미를 가진다. 정부가 특정기업에게 자금지원을 한다면 이 기업은 다른 기업에 비해서 경쟁력을 가지게 되기 때문이다. 따라서 행정의 자의를 막고 경쟁자에게 권리구제의 기회를 줄 수 있도록 무하자재량행사청구권 및 행정의 자기구속의 법리가 발전되었다.

5. 비례의 원칙

급부행정의 영역에서도 비례의 원칙이 적용된다(행정기본법 제10조). 따라서 목적달성을 위하여 적합한 수단을 사용하여야 하고(적합성의 원칙), 국민에게 불이익이 가장 적게 돌아가게 되는 수단을 선택하여야 하며(필요성의 원칙 또는 최소침해의 원칙), 특정한 목적달성을 위하여 필요한 수단이 그로 인하여 달성되는 효과보다 더 큰 불이익을 초래하는 때에는 그 수단의 활용이 배제되어야 한다(상당성의 원칙 또는 협의의 비례의 원칙).

과잉금지의 원칙으로부터 급부와 내용적으로 직접 관련되지 않는 반대급부(부관 포함)를 요구해서는 안 된다는 부당결부금지의 원칙도 도출된다(행정기본법 제13조).

6. 신뢰보호의 원칙

신뢰보호의 원칙은 급부행정작용의 적법성이나 존속성을 정당하게 신뢰한 사람의 이익을 보호하여야 한다는 원칙이다(행정기본법 제12조). 이 원칙으로부터 급부행정에서 행정행위의 취소와 철회의 제한에 관한 법리가 도출되고, 행정기본법 제18조와 제19조에서는 이러한 법리를 명문화하고 있다.

제2절 공 물 법

Ⅰ. 공물의 의의

1. 공물의 개념

가. 정 의

통설에 의하면, 공물이라 함은 '행정주체에 의하여 직접 공적 목적에 제공된 개개의 유체물'을 말한다. 그러나 이러한 정의는 관습법에 의하여 성립하는 자연공물, 동력(에너지), 공간과 같은 무체물, 물건의 집합체인 각종의 시설(공공시설)을 포괄할 수 없다.

그리하여, 공물을 '국가 등 행정주체에 의하여 또는 관습법에 의하여 직접 공적 목적에 제공되어 공법적 규율을 받는 유체물과 무체물 및 물건의 집합체(시설)'로 정의하는 견해[1]가 유력하다.

나. 개념요소

첫째, 공물은 '개개의 유체물과 무체물 및 물건의 집합체'이다. 공물은 유체물이 대부분이겠지만, 동력(에너지)이나 유수 · 공간과 같은 무체물도 공물이 될 수 있다. 또한, 개개의 유체물만 공물이 되는 것이 아니라, 도로, 공원, 운동장 등과 같이 다수의 물건이 집합하여 단일한 가치를 이루고 있는 집합물 또는 시설도 공물이 될 수 있다.

둘째, 공물은 '직접' 공적 목적에 제공된 물건이다. 공물은 물건의 사용가치를 통하여

1) 김남진 · 김연태, 행정법Ⅱ, 474면.

공적 목적에 제공되는 것이다. 물건의 교환가치에 의하여 간접적으로 행정주체의 재정에 기여하는 것은 포함되지 않는다. 따라서 국가 또는 지방자치단체가 보유하는 일반재산은 공물이 아니다.

셋째, '행정주체 또는 관습법에 의하여' 공적 목적에 제공된 물건이다. 공물의 관리주체는 국가, 지방자치단체, 공공단체 등 행정주체에 한정되므로, 사인이 그 사유지를 도로용으로 제공하더라도 공물이 아니다. 공적 목적에 제공되는 방식은 행정주체의 공용지정에 의할 수 있고 관습법적으로 정해질 수도 있다(통설의 공물개념과 다름).

넷째, '공적 목적에 제공된 물건'이다. 공물은 어떠한 물건이 공적 목적에 제공됨으로써 공법적 규율을 받게 된다는 점에 착안한 개념이어서 그 물건의 소유권의 귀속과는 직접적인 관련이 없다. 따라서 사유재산이라도 공물이 될 수 있다. 공적 목적은 일반 공중의 이용에 제공된 것과 행정주체 자신의 이용에 제공된 것 등으로 구분될 수 있다.

다. 공물과 국 · 공유재산의 관계

공물은 소유권의 귀속과는 관계없이 공적 목적에 제공됨으로써 공법적 규율을 받게 된다는 점에 착안하여 수립된 것이므로, 국유재산법이나 공유재산법상 국유재산이나 공유재산과는 다른 개념이다. 즉, 사유재산이라도 공물이 될 수 있는 반면(사유공물) 국 · 공유재산이라도 공물이 아닐 수 있다(일반재산).

현행 국유재산법과 공유재산법의 규정에 의하면,[2] 국 · 공유재산은 행정재산과 일반재산의 2가지로 구분되고, 행정재산은 다시 공용재산, 공공용재산, 기업용재산, 보존용재산의 4가지로 분류된다.

행정재산 중 공용재산은 공용물에 해당하고, 공공용재산은 공공용물에 해당하며, 보존용재산은 보존공물에 해당한다. 다만 공물이라 하더라도 국가나 지방자치단체가 그 소유권을 취득하기 전에는 국 · 공유재산이라 할 수 없으므로, 곧바로 국유재산법이나 공유재산법을 적용할 수 없다.[3] 한편 일반재산은 행정재산 이외의 모든 국 · 공유재산을 의미하고, 공물의 개념 속에 포함되지 않고 국가나 공공단체의 사물에 해당한다.

2. 공물의 법적 특색

공물은 공적 목적에 제공된 물건이므로 그 목적을 달성하기 위하여 필요한 한도에서 공법적 규율을 받는다. 여기에서 어느 정도로 특수한 법적 규율이 가해질 수 있는지는 입법정책의 문제이다.

---

2) 국유재산법은 국가 소유의 재산, 공유재산법은 지방자치단체 소유의 재산에 관하여 규율하고 있다.
3) 대법원 1992. 11. 24. 선고 92다26574 판결.

우리나라와 독일은 공물에 대한 행정주체나 사인의 사법상 소유권을 일단 인정하면서 그 공물이 공적 목적에 제공되는 한도에서 소유권의 행사가 제한받게 되는 사소유권제(공물에 관한 이원적 구조)를 채택하고 있다.[4)]

가. 융통성의 제한

공물은 공용지정을 통해 공적 목적에 제공된 물건이므로, 공적 목적에 제공되고 있는 한도에서 그 사권의 행사는 제약을 받는다. 제한의 정도는 공물의 종류에 따라 다르다.

① 사소유권의 성립을 배제하는 공물: 구 하천법상의 하천구역

② 사소유권의 설정은 금지되나 사용 · 수익은 허용되는 공물: 국 · 공유의 행정재산

③ 사권의 설정은 허용되나 그 효용에 장애가 되는 사권의 설정이나 행사를 제한하고 있는 공물: 도로

④ 사권의 설정이나 이전은 허용되지만 소유권의 이전에 대한 보고의무 등을 부과하고 있는 공물: 지정문화재

나. 강제집행의 제한

공물에 대한 강제집행이 허용되는지 여부는 공물의 융통성 여부에 따라 결정된다. 민사집행법 제192조는 "국가에 대한 강제집행은 국고금을 압류함으로써 한다."라고 규정하고 있으므로, 국유공물에 대한 강제집행은 허용되지 않을 것이다. 그러한 경우를 제외하고는 융통성이 허용되는 한도에서 강제집행이 가능하다. 그렇더라도 공물에 대한 소유권을 취득하는 자는 그 물건을 계속 공용에 제공할 부담을 지게 된다.[5)]

다. 시효취득의 제한

공물을 시효로 취득할 수 있는지에 관하여 다음과 같은 견해가 있다.

① **부 정 설**: 공물 본래의 목적에 어긋나므로 인정할 수 없다는 견해이다.

② **제한적 시효취득설**: 공물은 융통성이 인정되는 한도에서 시효취득의 대상이 될 수 있으나 그 물건을 계속 공적 목적에 공용할 법적 제한이 붙은 채로 소유권을 취득한다는 견해이다.

③ **완전시효취득설**: 공물이 장기간 평온 · 공연하게 본래의 사용 목적이 아닌 다른 사적 목적으로 점유되었다면 묵시적 공용폐지가 있는 것으로 보아 완전한 시효취득의 대상이 된다고 보는 견해이다.

판례는 공물(행정재산)은 공용폐지가 되지 않는다면 사법상 거래의 대상이 될 수 없으

---

4) 그 밖의 입법례로서 무주물제(로마법), 공소유권제(프랑스)가 있다.
5) 대법원 1966. 7. 26. 선고 65다2105 판결 등 참조.

므로 시효취득의 대상이 되지 않는다는 입장에 있다.[6] 즉, 공공용물의 형체적 요소가 소멸되더라도 자연공물이든 인공공물이든 공용폐지가 없으면 공물의 성질을 잃지 않으므로, 공물은 공용폐지가 되지 않는다면 취득시효의 대상이 되지 않는다는 것이다.

한편, 국유재산법 제7조 제2항과 공유재산법 제6조 제2항에서는 국유재산과 공유재산 중 행정재산은 민법 제245조의 규정에 불구하고 시효취득의 대상이 되지 않는다고 규정하고 있다. 따라서 공물이 국유재산이거나 공유재산인 경우에는 위 각 규정에 따라 시효취득의 대상이 되지 않는다.[7] 애초에는 일반재산의 경우에도 시효취득이 불가능하도록 규정되어 있었으나, 헌법재판소의 위헌결정에 의하여 행정재산으로 한정되었다.[8]

라. 공용수용의 제한

공물은 공적 목적에 제공되어 있는 것이므로 공물 그 자체를 바로 수용할 수 없다. 토지 등 공물을 다른 공적 목적에 사용하기 위하여 수용할 필요가 있는 경우에는 먼저 그 공물에 대한 공용폐지를 하여야 한다. 대법원 판결 중에는 같은 견해를 취한 것도 있지만,[9] 토지보상법에 공물의 수용을 제한하는 아무런 규정이 없다는 이유로 지방문화재로 지정된 토지도 수용의 대상이 될 수 있다고 판시한 사례도 있다.[10]

마. 공물의 범위결정 · 경계사정

하천구간의 지정, 도로구역의 인정 · 고시, 공원구역의 지정 · 고시와 같이 공물의 범위결정이나 경계사정은 공물에 대한 소유권의 범위를 결정하는 것이 아니라 공적 목적에 제공됨으로써 공법적 규율을 받게 되는 공물의 구체적인 범위를 확정하는 행위이다. 통상 공용지정을 하면서 함께 결정된다.

바. 공물의 설치 · 관리의 하자로 인한 손해배상

도로 · 하천 기타 공물의 설치 또는 관리에 하자가 있기 때문에 타인에게 손해가 발생하였을 때에는, 공작물 등의 설치 · 보존의 하자로 인한 점유자 또는 소유자의 배상책임에 관한 민법 제758조가 적용되는 것이 아니라 국가배상법에 따라 국가 또는 지방자치단체가 그 손해를 배상할 책임을 진다(국가배상법 제5조 이하 참조).

---

6) 대법원 1996. 5. 28. 선고 95다52383 판결, 대법원 1995. 6. 16. 선고 94다42655 판결, 대법원 1994. 2. 8. 선고 93다54040 판결 등.

7) 따라서 국 · 공유재산에 대한 취득시효가 완성되기 위해서는 그 재산이 시효기간 동안 계속하여 일반재산이어야 하고, 이에 대한 증명책임은 시효취득을 주장하는 자에게 있다(대법원 2009. 12. 10. 선고 2006다19177 판결).

8) 국유재산에 관한 헌재 1991. 5. 13. 선고 89헌가97 결정, 공유재산에 관한 헌재 1992. 10. 1. 선고 92헌가6 등 결정 참조.

9) 요존국유림에 관한 대법원 2018. 11. 29. 선고 2018두51904 판결.

10) 대법원 1996. 4. 26. 선고 95누13241 판결 참조.

사. 공물과 상린관계

공물의 목적을 달성하기 위하여 공물 자체에 대한 공법상의 제한을 규정할 뿐만 아니라 공물의 인접구역을 지정하고 그 구역 내에서의 일정한 행위를 제한하는 규정을 두는 경우가 많다(예; 도로법상 접도구역, 하천법상 연안구역). 그러한 특별한 규정이 없으면 민법의 상린관계에 관한 규정이 유추될 것이다.

아. 공물의 등기

공물도 특별한 규정이 없으면 부동산등기법상 등기의 대상이 된다. 국유재산법 제14조 제2항에서는 "등기·등록이나 명의개서가 필요한 국유재산인 경우 그 권리자의 명의는 국(國)으로 하되 소관 중앙관서의 명칭을 함께 적어야 한다."라고 규정하고 있다.

3. 공물의 종류

가. 목적에 의한 분류

공물은 그 목적에 따라 공공용물, 공용물, 보존공물로 분류된다.

① 공공용물: 직접 일반공중의 이용에 제공한 물건(도로, 하천, 공원, 항만 등이나 그 부속물건), 국·공유재산 중에서는 공공용재산

② 공 용 물: 행정주체가 자신의 사용에 제공한 물건(행정기관의 건물, 집기, 비품이라든지 공무원의 주거용으로 제공된 건물 등), 국·공유재산 중에서는 공용재산과 기업용재산 대부분

③ 보존공물: 현실적으로 공용이나 공공용에 제공된 것이 아니고, 오직 공공의 목적을 위하여 그 물건 자체의 보존이 목적인 재산(국보와 같은 중요문화재)[11]

나. 성립과정에 의한 분류

공물은 성립과정에 따라 인공공물과 자연공물로 분류된다.

① 인공공물: 행정주체에 의하여 인공이 가해지고 그것이 공적목적에 제공됨으로써 공물이 되는 물건(도로, 공원 등)

② 자연공물: 자연 상태 그대로 공적 목적에 이용될 수 있는 실체를 가지는 물건(하천, 해변 등)

다. 소유권의 귀속주체에 의한 분류

공물은 소유권의 귀속주체에 따라, 국가 소유의 공물인 국유공물, 지방자치단체 소유인 공유공물, 사인의 소유인 사유공물로 분류된다.

---

11) 보존공물은 사유물인 경우도 많은데 보존공물로 지정됨으로써 그 목적달성에 필요한 한도에서 공용제한을 받게 된다.

Ⅱ. 공물의 성립 · 변경 · 소멸

1. 공물의 성립

가. 공공용물의 성립

(1) 의 의

공공용물이 성립하기 위해서는 일반공중의 이용에 제공될 수 있는 형체와 구조를 갖추어야 하고(형체적 요소), 일반공중의 이용에 제공한다는 행정주체의 의사적 행위(의사적 요소, 공용지정)가 필요하다. 무체물인 공물에서는 후자만 공물의 성립요소가 된다.

(2) 형체적 요소

자연공물은 자연적 상태에 의하여 공공용물로서의 형체를 갖추게 되므로 설치행위가 별도로 필요한 것이 아니다. 다만 그 부속물은 구조상 별도의 설치행위가 필요할 수도 있다. 반면에 인공공물은 행정주체에 의하여 형체적 요소를 갖춘 때에 비로소 공공용물이 될 수 있다(설치공사 등).

한편 하천예정지와 같이 장래에 공물로 할 것이 예정된 물건을 예정공물이라 한다. 예정공물은 장래에 공적 목적에 제공하는데 지장이 없도록 공물에 준하는 취급을 받는 경우가 많다.

(3) 공용지정(공용개시행위)

㈎ 의 의

공용지정은 어떤 물건이 특정한 공적 목적에 제공되고, 그로 인하여 그 물건에 대한 사권의 행사가 제한된다는 등 공법상의 특별한 지위를 갖게 된다는 것을 선언하는 법적 행위를 말한다. 이러한 행위를 '공용지정', '공용개시' 또는 '공용개시행위'라고 한다.[12]

통설과 판례에 의하면, 하천이나 해변과 같은 자연공물은 형체적 요소만 갖추면 공용지정이 필요하지 않다.[13] 이는 공용지정이 행정행위의 형식으로만 이루진다는 사고에서 비롯된 것이다. 그러나 공용지정은 행정행위뿐만 아니라 법령이나 관습법에 의해서도 가능하다.

㈏ 공용지정의 형식과 성질

공용지정의 법적 성질에 관하여, ① 법률상 특별한 효과를 갖는 행위가 아니라 사실상의 행위에 지나지 않는다는 사실행위라는 견해, ② 특정한 물건을 공물로서 일정한 제한에 따르게 하고 일반공중의 사용에 제공하려는 법적행위로서 행정행위라는 견해, ③ 공용지정

---

12) 공용개시 또는 공용개시행위는 준공식에서 테이프를 끊는 것과 같은 사실행위로 오해될 우려가 있으므로, 공용지정이라고 부르는 것이 바람직하다.

13) 대법원 2007. 6. 1. 선고 2005도7523 판결.

을 '법규에 의한 지정'과 '행정행위에 의한 지정'으로 구분하고 다양한 법적 형식을 통하여 행하여질 수 있다는 견해 등이 대립하고 있다. ③설에 따르면, 공용지정은 다음과 같은 형식으로 이루어질 수 있다.

① **법률에 의한 공용지정(구 하천법상 하천구역 법정주의)**: 구 하천법 제2조 제1항 제2호에 의하면, 매년 1회 이상 물이 흐른 흔적을 나타내고 있는 토지의 구역은 하천관리청의 지정행위가 없더라도 '하천구역'이 되어 국유로 되었다.[14] 이 경우는 법률에 의하여 공용지정이 된 예로 볼 수 있다. 그러나 통설은 공용지정이 행정행위의 형식으로만 가능하다는 견해에 입각하여, 이 경우를 자연공물의 성립에는 공용지정이 필요 없다는 예로 설명한다.

② **법규명령에 의한 공용지정**: 구 하천법 제7조 제1항에서는 국가하천 및 지방1급하천의 구간(하천구간)은 대통령령이 정하는 바에 의하도록 규정하고 있었다.[15] 이러한 구간지정의 법적성질에 관하여 특정지점으로부터 특정지점까지의 길이를 지정함에 불과한 확인행위로 보는 견해(확인행위설)와 대통령령의 지정행위가 있음으로써 비로소 공물로서 하천구간이 성립한다는 견해(창설행위설)가 대립하였다. 하천구간의 지정행위가 있어야 하천법의 적용을 받는 하천으로서 구체적인 구간이 확정되므로 창설행위설이 타당하고, 이 경우는 법규명령에 의하여 공용지정되는 예라 하겠다.

한편 공항시설법 제2조 제14호에서는 "장애물 제한표면이란 항공기의 안전운항을 위하여 공항 또는 비행장 주변에 장애물(항공기의 안전운항을 방해하는 지형 · 지물 등을 말한다)의 설치 등이 제한되는 표면으로서 대통령령으로 정하는 구역을 말한다."라고 규정하고 있는데, 이는 법규명령에 의한 비유체물인 공공용물의 공용지정의 예로 볼 수 있다.

③ **조례에 의한 공용지정**: 지방자치단체가 설치하는 공공시설 중에는 지방자치단체의 조례에 의하여 공용지정이 있을 수 있다.

④ **관습법에 의한 공용지정**: 해변은 관습법에 의하여 공용지정이 이루어지는 대표적인 예이다. 그러나 통설에 따르면, 이 경우에는 공용지정이 필요 없다고 설명하게 된다.

⑤ **행정행위에 의한 공용지정**: 공용지정을 내용으로 하는 행정행위는 직접적으로는 공물의 성질이나 상태를 규율하고 사람에게는 간접적으로 법적 효과를 미치게 하는 점에서 물적 행정행위의 성격을 가진다. 참고로 도로법상 도로는 ① 노선의 지정 또는 인정(도로의 종적 구간의 결정) ⇨ ② 도로구역의 결정고시(도로의 횡적 구역의 결정) ⇨ ③ 도로의 사용개시 공고(일반인에 대한 제공)의 순서로 이루어진다. 여기에서 어느 단계부터 도로법의 적용

---

14) 하천법은 2007. 4. 6. 법률 제8338호로 전문개정되어, 현재에는 하천관리청이 하천구역을 결정하도록 되어 있다(하천법 제2조 제2호 및 제10조).

15) 현행 하천법은 국가하천의 구간은 국토교통부장관이 지정하고 지방하천은 특별시장 · 광역시장 · 도지사가 지정하도록 규정하고 있다.

을 받게 되는지가 문제가 되고 이는 도로의 공용지정의 시점과 관련된다. 판례는 노선의 지정이나 인정이 있고난 다음 관리청에 의하여 도로구역의 결정고시가 있은 때에 공물로서의 성격이 부여되는 것으로 보고 있다.[16)]

㈐ **공용지정의 전제 · 과정**

공물 특히 인공공물에 대한 공용지정은 통상 「정책결정 ⇨ 권원의 취득 ⇨ 축조공사」의 과정을 거치게 된다.

① **정책결정**: 공용지정을 위해서는 위치결정 등 정책결정이 전제가 된다. 도로와 같이 국민생활이나 환경에 많은 영향을 미치는 공공용물의 건설이나 공용지정은 이해관계인의 의견청취 등 신중한 절차가 요구되기도 하고, 행정주체는 구체적인 위치선정에 비교적 광범위한 형성의 자유를 가지기도 한다.[17)]

② **권원의 취득**: 타인 소유의 토지에 공용지정을 하기 위해서는 소유권 · 지상권 · 임차권 그밖의 지배권을 취득하거나 소유권자의 동의를 얻어야 한다. 권원 없이 행한 공용지정으로 인하여 권리를 침해당한 자는 손해배상 · 부당이득반환을 청구할 수 있다. 다만 원상회복에 관하여, 도로법 제4조에서는 "도로를 구성하는 부지, 옹벽, 그 밖의 시설물에 대해서는 사권을 행사할 수 없다."라고 규정하고 있으므로,[18)] 원상회복의 인정 여부는 앞에서 본 것처럼 도로법의 도로로서 공물의 성격이 부여되는 도로의 노선인정 및 도로구역 결정절차의 이행여부에 좌우된다는 것이 판례이다.[19)] 위와 같은 사권의 행사를 제한하는 규정이 없는 경우에는 권리남용에 해당하지 않는다면 원상회복은 당연히 청구할 수 있다.[20)]

③ **축조공사**: 행정주체가 직접 시행할 수도 있고, 도급계약을 체결하여 사인이 행할 수도 있다.

---

16) 대법원 2009. 10. 15. 선고 2009다41533 판결, 대법원 2000. 4. 25. 선고 2000다348 판결. 노선의 지정이나 인정 또는 도로구역의 결정고시는 이미 도로로서의 형체적 요소를 갖춘 경우뿐만 아니라 그렇지 않은 경우에도 행해지기도 하는데, 후자는 예정공물로서의 도로로 취급된다.

17) 대법원 2015. 6. 11. 선고 2015두35215 판결.

18) 소유권을 이전하거나 저당권을 설정할 수는 있다(같은 조 단서).

19) 원상회복을 긍정한 사례로서 대법원 1999. 12. 28. 선고 99다39227, 39234 판결, 원상회복을 부정한 사례로서 대법원 1999. 11. 26. 선고 99다40807 판결.

20) 대법원 1987. 7. 7. 선고 85다카1383 판결. 어떤 토지가 그 개설경위를 불문하고 일반 공중의 통행에 공용되는 도로(공로)가 되면 그것은 소유자가 수인해야만 하는 재산권의 사회적 제약에 해당하므로, 공로 부지의 소유자가 이를 점유 · 관리하는 지방자치단체를 상대로 공로로 제공된 도로의 철거, 점유 이전 또는 통행금지를 청구하는 것은 법질서상 원칙적으로 허용될 수 없는 '권리남용'이라고 보아야 한다는 것이 판례이다(대법원 2021. 3. 11. 선고 2020다229239 판결, 대법원 2021. 10. 14. 선고 2021다242154 판결 등 참조). 아울러 특별한 사정이 없다면 그 도로 지하 부분에 매설된 시설(지방자치단체가 설치한 하수관과 오수맨홀)에 대한 철거 등의 청구도 '권리남용'이라고 한다(대법원 2023. 9. 14. 선고 2023다214108 판결).

㈑ 공용지정의 하자

공용지정에 하자가 있는 경우에 공용지정이 어떠한 형식으로 행해졌는지에 따라 그 효과가 다르다. 법규명령과 같이 법규에 의하여 공용지정이 이루어진 경우에는 무효이다. 행정행위로 공용지정이 이루어진 경우에는 하자가 중대 · 명백한지 여부에 따라 무효이거나 취소할 수 있는 행위가 된다.

나. 공용물의 성립

관공서의 청사와 같은 공용물은 공용물로서 형체를 갖추고 행정주체가 사실상 사용을 개시하면 성립하는 것이고, 별도로 공용지정이 필요한 것은 아니다. 공용물은 행정주체 스스로의 사용에 제공된 것이므로, 공공용물과 같이 일반인에게 그 물건의 공법적인 특성을 알릴 필요가 없기 때문이다.

다. 보존공물의 성립

보존공물은 특정한 물건 그 자체의 보존을 목적으로 하는 공물이다. 어떠한 물건이 보존공물이 되면 공물로서의 공법적 제약을 받기 때문에, 형체를 갖추는 외에 의사적 행위로서 공용지정이 필요하다. 보존공물의 지정은 관보에 고시함과 동시에 소유권자 또는 관리자에게 통지하여야 하고 그 고시가 있는 때로부터 공용지정의 효력이 발생하도록 되어 있다(문화재 보호법 제28조, 제30조).

한편 보존공물은 공용물 · 공공용물과는 달리 물건의 사용이 아니라 그 보존에 주안점이 있으므로, 행정주체는 그 물건 위에 권원을 취득할 필요가 없다는 점에서 공용물 또는 공공용물의 성립과 다르다.

2. 공물의 공용변경

공물의 공용변경이라 함은 공물의 성질을 유지하면서 그 법적 상태를 변경하는 것을 말하는데, 여기에는 등급변경과 부분공용폐지가 있다. 등급변경이란 도로를 예로 들면 교통상 중요도의 변경에 따라 해당 도로의 등급 또는 종류를 올리거나 내리는 것을 말한다. 당초 도로의 등급지정은 공용지정의 한 부분으로서 독립된 행정행위가 아니나, 등급변경은 독립된 별개의 행정행위로서의 성질을 가진다.

부분공용폐지란 사용종류 · 사용목적 · 사용범위와 관련하여 보통사용을 사후에 제한하는 것을 말한다. 부분공용폐지는 공물이 여전히 공물의 성질을 유지하는 점에서 공물의 공용폐지(소멸)와 다르다.

3. 공물의 소멸(형체적 요소의 소멸과 공용폐지)

가. 공공용물의 소멸

(1) 형체적 요소의 소멸

공공용물은 형체적 요소가 소멸되면 바로 공물로서의 성질을 잃게 되는지 아니면 별로도 공용폐지가 필요한 것인지에 관하여 견해가 대립한다.

① 긍 정 설: 공물은 공공의 사용에 제공될 수 있는 형체를 갖춤으로써 성립되는 것이기 때문에 공물의 형체가 소멸되고 사회통념상 회복을 기대할 수 없게 되면 해당 공물은 당연히 소멸된다는 견해이다.

② 제한적 긍정설: 자연공물의 경우에는 공용지정이 요구되지 않으므로 형체적 요소의 소멸에 의하여 당연히 공물의 성질이 상실되나, 인공공물의 경우에는 공용폐지의 사유는 될지언정 공물의 소멸사유는 되지 않는다는 견해이다.

공물은 형체적 요소와 의사적 요소(공용지정)를 갖춤으로써 성립하는 것이므로, 어느 하나만 소멸하더라도 공물의 성질을 상실한다고 보아야 할 것이다. 그러나 판례는 자연공물이든 인공공물이든 공용폐지가 없으면 여전히 공물이라는 입장에 있다. 자연공물인 공유수면의 일부가 사실상 매립되었다 하더라도 공용폐지를 하지 않은 이상 법률상으로는 여전히 공유수면으로서의 성질을 보유하고 있다고 판시하기도 하고,[21] 국유재산인 토지 중 일부의 지하에 대형하수관이 매설되어 그 일대의 공공하수도로 사용되고 있었다면, 공용이 폐지되지 않은 이상 거래의 대상이 될 수 없어 취득시효의 대상이 되지 않는다고 판시한 사례가 있다.[22]

(2) 공용폐지

공용폐지는 해당 공물에 대하여 공적 목적에 제공하는 것(공용)을 폐지시키는 행위를 말한다. 공용폐지는 명시적 뿐만 아니라 묵시적 공용폐지도 가능하다.[23] 그러나 단순히 사실상 용도에 사용되고 있지 않다는 사정만으로는 부족하고, 묵시적 공용폐지가 있었는지 여부는 의사해석의 문제가 된다.

사인이 교환약정에 기하여 종전에 도로였던 토지에 변소를 지어 이를 점유한 경우에 묵시적 공용폐지를 인정한 사례가 있다.[24] 반면에, 본래의 용도에 제공되고 있지 않다는 사정만으로는 묵시적 공용폐지를 인정하지 않은 사례,[25] 행정주체의 매도행위나 현물출자

21) 대법원 1999. 4. 9. 선고 98다34003 판결, 대법원 1996. 5. 28. 선고 95다52383 판결 등.
22) 대법원 1995. 6. 16. 선고 94다42655 판결, 대법원 1994. 2. 8. 선고 93다54040 판결 등.
23) 대법원 2009. 12. 10. 선고 2006다87538 판결.
24) 대법원 1993. 6. 22. 선고 92다29030 판결.
25) 대법원 1993. 7. 27. 선고 92다49973 판결, 대법원 1994. 3. 22. 선고 93다56220 판결.

가 있었다 하더라도 그것이 무효인 경우에는 묵시적 공용폐지가 있는 것으로 보지 않은 사례가 있다.[26] 한편, 토지가 해면에 포락됨으로써 사권이 소멸하여 해면 아래의 지반이 되었다가 매립면허를 초과한 매립으로 새로 생성된 사안에서, 국가가 그 토지에 대하여 자연공물임을 전제로 아무런 조치를 취하지 않았다거나 새로 형성된 지형이 기재된 지적도에 그 토지를 포함시켜 지목을 답 또는 잡종지로 기재하고 토지대장상 지목을 답으로 변경하였다 하더라도, 묵시적 공용폐지로 보기 어렵다고 한 사례가 있다.[27]

공용폐지는 공용지정에서와 마찬가지로 행정행위의 형식뿐만 아니라 법규에 의한 공용폐지도 가능하다. 공용폐지가 있으면 국·공유 행정재산은 국·공유 일반재산이 되고, 사유재산은 완전한 소유권이 회복된다. 사유공물인 도로의 공용폐지는 소유자에게 수익적이지만 일반공중과 인접주민에게는 불이익을 주므로 제3자효 행정행위의 성질을 가진다.

나. 공용물의 소멸

공용물의 성립에 공용지정이 필요한지에 관한 논의와 같이 공용폐지를 필요로 하지 않는다는 것이 통설이나 판례는 공용폐지를 요구한다. 다만 사용폐지를 묵시적 공용폐지로 해석한 사례가 있다.[28]

다. 보존공물의 소멸

보존공물은 행정주체의 지정해제행위에 의하여 공물의 성질이 상실된다(예; 문화재보호법 제31조의 지정해제). 보존공물의 형체적 요소가 멸실된 경우에 곧바로 공물로서의 성질을 상실하게 되는지에 관해서는 견해가 대립한다. 긍정설에 의하면 보존공물은 형체적 요소의 멸실로 인하여 당연히 공물로서의 성질을 상실하고 그러한 경우의 지정해제행위는 보존공물의 소멸의 확인행위에 지나지 않으나, 부정설에 의하면 보존공물의 형체적 요소가 멸실되더라도 공물지정의 해제사유는 되지만 그것만으로 공물의 성질을 상실하는 것은 아니게 된다. 공공용물의 소멸에서와 마찬가지로 긍정설이 타당하다.

Ⅲ. 공물의 사용관계

1. 개 설

공물의 사용관계는 공물주체와 사용자 사이에 발생하는 법률관계를 말한다. 성질상 공

---

26) 대법원 1983. 6. 14. 선고 83다카181 판결, 대법원 1994. 2. 8. 선고 93다54040 판결.

27) 대법원 2009. 12. 10. 선고 2006다87538 판결.

28) 대법원 1990. 11. 27. 선고 90다5948 판결(1949. 6. 4. 대구국도사무소가 폐지되고, 그 소장관사로 사용되던 부동산이 그 이후 공용으로 사용되지 않았다면 묵시적으로 공용이 폐지되었다고 한 사례).

공용물에 관하여 발생하고, 공용물에 대해서는 국 · 공립학교 운동장의 사용과 같이 목적달성에 지장이 없는 범위 내에서 제한적으로 인정된다.

공물의 사용관계는 그 사용방법에 따라 보통사용과 특별사용으로 구분되고, 특별사용은 성질에 따라 허가사용, 특허사용, 관습법에 의한 특별사용, 계약(공법계약과 사법계약을 포괄함)에 의한 사용, 공물의 영조물적 사용 등으로 나뉜다. 이하에서는 공공용물의 사용관계를 중심으로 살펴보기로 한다.

2. 보통사용(일반사용 · 자유사용)

가. 의 의

도로의 통행, 공원의 산책과 같이 공공용물의 보통사용은 누구든지 공공용물을 행정청의 허락을 받지 않고 그 사용목적에 따라 사용하는 것을 말하고, 자유사용 또는 일반사용이라고도 한다.

나. 법적 성질

보통사용의 법적 성질이 반사적 이익인지 공권(법률상 이익)인지에 관하여 견해가 대립한다. 이 문제는 행정주체가 공공용물의 구조를 변경하거나 공용폐지를 하거나 특허사용을 주는 등의 행위를 함으로써 특정인의 보통사용이 방해된 경우, 그 특정인에게 공법상의 구제수단을 인정할 것인지 여부와 관련이 있다.

① 반사적 이익설: 행정주체가 해당 공공용물을 일반공중의 평등한 자유로운 사용에 제공한 결과 발생하는 반사적 이익에 불과하므로, 행정주체의 보통사용에 대한 방해행위에 대한 공법적인 구제를 인정할 수 없다는 견해이다.

② 법률상 이익설: 공공용물의 사용자를 행정객체로만 보지 않고 공공용물 사용자의 주체성을 확립하여 그 사용에 권리성을 부여하려는 견해이다.

ⓐ 평등권적 구성론: 주민은 주민으로서의 지위에 의하여 공공용물을 평등하게 사용할 수 있는 권리가 있으므로, 그 침해에 대하여 구제를 인정하자는 것이다. 이 견해에 따르면, 공공용물의 사용할 이익을 권리로 보는 것이 아니라 공공용물의 사용에 대한 불평등한 취급을 평등권의 침해로 보기 때문에 구제범위가 좁다는 단점이 있다.

ⓑ 자유권적 구성론: 공공용물의 보통사용은 공공용물을 자유롭게 사용할 수 있는 자유권이라는 견해이다.

③ 보호이익설: 공물관계법은 사익의 보호를 직접 목적으로 하는 것은 아니기 때문에 공권은 아니지만, 공물이용관계 등이 복리행정작용의 일환으로 행해지고 국민이 공물급부에 의존하고 있다는 점에서 단순히 반사적 이익이라고 할 수 없으므로, 행정소송법상 원고

적격을 '권리를 침해당한 자'로부터 '법률상 보호되고 있는 이익 또는 법률상 보호할 가치가 있는 이익을 침해당한 자'로까지 확대하고 있는 경향에 따라 종래 반사적 이익에 그쳤던 공공용물의 보통사용권자의 이익을 '법률상 보호할 가치가 있는 이익'에 해당하는 것으로 보고, 행정주체에 의하여 보통사용이 방해된 경우 공법적인 구제수단을 인정하자는 견해이다.

공물의 보통사용의 법적 성질이 반사적 이익인지 공권인지의 구별문제는 공물의 사용관계에 특유한 것이 아니므로, 공권과 반사적 이익의 구별에 관한 일반론에 따라 관계법규의 강행성 여부 및 사익보호성 여부 등의 기준에 따라 결정되어야 한다. 그런데, 공공용물의 사용은 일상생활에 필수불가결한 것이므로 사용자의 개인적 이익이라 할 수 있고, 공공용물을 규율하는 법규는 당연히 공공용물의 보통사용을 보호하는 것도 목적의 하나로 하고 있다고 볼 수 있으므로, 공권으로 보는 것이 타당하다.

공물의 보통사용이 공권으로서의 성질을 가진다고 하더라도, 그것은 공물을 방해받지 않고 그 공용목적에 따라 자유롭게 사용할 수 있는 권리를 의미한다. 행정청이나 제3자에 대하여 자신의 정당한 보통사용을 수인할 것과 그 사용을 위법하게 제한·방해하지 않을 것을 구할 수 있는 권리(방해배제청구권이나 손해배상청구권)를 말한다.

그러나, 적법한 개발행위 등으로 인하여 공물의 보통사용이 제한받게 되더라도 특별한 사정이 없다면 그로 인한 불이익은 손실보상의 대상이 되는 특별한 희생에 해당한다고 볼 수 없다.[29] 또한, 공물이 변경 또는 폐지되지 않고 현상태를 유지할 것을 요구하거나 새로운 공물을 설치해 줄 것을 요구할 수 있는 권리로서의 성질을 가지는 것도 아니다. 다만 인접주민의 경우에는 기존의 도로 이외에 다른 통행수단이 없는 등의 특별한 요건 하에서 그 폐지에 대항할 수 있을 것이다.

대법원 1992. 9. 22. **선고** 91누13212 **판결(도로의 공용폐지 무효확인을 청구한 사안)**: 일반적으로 도로는 국가나 지방자치단체가 직접 공중의 통행에 제공하는 것으로서 일반국민은 이를 자유로이 이용할 수 있는 것이기는 하나, 그렇다고 하여 그 이용관계로부터 당연히 그 도로에 관하여 특정한 권리나 법령에 의하여 보호되는 이익이 개인에게 부여되는 것이라고까지는 말할 수 없으므로, 일반적인 시민생활에 있어 도로를 이용만 하는 사람은 그 용도폐지를 다툴 법률상의 이익이 있다고 말할 수 없지만, 공공용재산이라 하여도 당해 공공용재산의 성질상 특정개인의 생활에 개별성이 강한 직접적이고 구체적인 이익을 부여하고 있어서 그에게 그로 인한 이익을 가지게 하는 것이 법률적 관점으로도 이유가 있다고 인정되는 경우에는 그와 같은 이익은 법률상 보호되어야 할 것이고, 따라서 도로의 용도폐지처분에 관하여 이와 같은 이익을 가지는 사람이 그와 같은 이익을 침해당한 경우에는 그 취소를 구할 법률상의 이익이 있다.

---

29) 대법원 2002. 2. 26. 선고 99다35300 판결.

다. 보통사용의 내용과 한계

보통사용의 구체적인 내용은 해당 공물의 공용목적 내지 그에 관한 관계법규에 따라 결정된다. 같은 종류의 공물일지라도 때와 장소에 따라 사용방법에 다를 수 있다.

한편, 공용목적 범위내의 사용일지라도 구체적인 경우에 이해관계의 충돌을 조정하고, 공물의 보호와 유지, 공공의 안녕질서 등을 위하여 공물관리권이나 공물경찰권에 의하여 그 사용이 제한될 수 있다.

라. 사 용 료

보통사용은 통상 무료이지만, 법률 · 조례 등에 의한 사용료의 징수는 가능하고, 이러한 사용료의 징수가 보통사용의 성질과 모순되는 것은 아니다. 사용료의 지급이 공물사용에 대한 허락을 의미하는 것이 아니기 때문이다. 다만 사용료의 징수는 공물의 보통사용권을 제한하는 의미가 있으므로 법령의 근거가 있어야 하고, 보통사용권을 본질적으로 침해하여서는 안 된다. 예컨대, 도로의 통행료의 징수가 고액이어서 해당 도로를 이용하는 것이 사실상 곤란한데도 대체도로도 없는 경우에는 도로의 보통사용권을 침해하는 것이 되어 허용되지 않을 수 있다.

한편, 공공시설 및 재산 등의 사용료의 수액은 사전에 공개된 금액이나 기준에 따라야 하고(행정기본법 제35조 제2항), 지방자치단체의 경우에는 사용료의 징수조례에 의한다(지방자치법 제156조 제1항).

마. 인접주민의 고양된 보통사용

(1) 의 의

도로나 하천과 같은 공물에 인접하여 거주하거나 토지 등을 소유하고 있는 사람(인접주민)은 생활이나 경제활동에서 그 공물에 특히 의존되어 있고, 인접주민의 재산권, 생활권 등 기본권의 행사와 밀접한 관련을 가지고 있다. 따라서 이들에게는 일반인의 보통사용을 넘는 법률상 이익이 인정될 수 있다. 이는 행정주체의 특별한 허가를 받지 않고 공물을 사용할 수 있다는 점에서 일반인의 보통사용과 같으나, 인접주민에게만 인정되고 일반인의 보통사용을 넘어서는 사용이 허용될 수 있다는 점에서 다르다.

(2) 내용과 한계

① 양적으로 고양된 사용(일반인에 비하여 더 강화된 사용): 예컨대, 도로연도의 상점주민이 물건을 싣고 내리기 위하여 도로의 일부를 일시 사용하는 것을 말한다.

② 질적으로 고양된 사용(보통사용으로 인정되지 않는 사용): 예컨대, 인접주민이 건물을 건축 · 수리하기 위하여 일시적으로 도로의 일부에 건축자재를 쌓아 놓거나 건축장비를 설

치하는 것을 말한다.

특정인에게 어느 범위에서 고양된 보통사용권이 인정될 수 있는지 여부는 해당 공물의 목적과 효용, 보통사용관계, 고양된 보통사용권을 주장하는 자의 법률상 지위와 해당 공물의 사용관계의 인접성, 특수성 등을 종합적으로 고려하여 판단하여야 하고, 구체적으로 그 공물을 사용하지 않고 있다면 그 공물의 인접주민이라는 사정만으로 그러한 권리관계가 인정될 수는 없다.[30)]

한편, 인접주민의 고양된 보통사용은 ① 일상생활이나 경제활동에 필요한 한도 내에서 가능하고, ② 일반인의 보통사용을 현저히 제한해서는 안 된다.

(3) 권리구제

방해배제청구권과 손해배상청구권의 행사가 가능하다. 나아가 공용폐지를 다툴 원고적격이 인정될 가능성이 보통사용보다 높다. 또한 일반인에게는 수인한도 내일지라도 인접주민에게는 수인한도를 넘어서는 것이어서 손실보상청구권이 인정될 가능성도 있다.

3. 허가사용

가. 의의 및 성질

허가사용이라 함은 공물을 관리목적상 또는 경찰목적상 일정한 공물의 사용을 일반적으로 금지시킨 다음 행정청의 허가를 받아 사용하도록 하는 경우를 말한다. 허가사용은 일반적 사용금지의 해제를 의미하고 일시적이라는 데 특성이 있다. 따라서 공물사용의 특별한 권리를 설정하고, 계속적인 특성을 갖는 공물의 특허사용과 구별된다.

나. 형 태

① **공물관리권에 의한 허가사용:** 공물의 사용이 타인의 공동사용에 지장을 줄 우려가 있거나 공물을 해할 우려가 있다고 인정되는 경우 공물관리청의 허가를 받아 사용하도록 하는 것을 말한다.

② **공물경찰권에 의한 허가사용:** 공물의 사용관계에서 발생하는 공공의 안녕 · 질서에 대한 위해를 방지할 목적에서 공물경찰청의 허가를 받아 사용하도록 하는 경우를 말한다.

다. 사용료와 부담

공물관리권에 의한 허가사용에서 사용료를 부과 · 징수하거나 사용자에게 각종의 의무와 부담을 과하는 경우가 있다. 이때 사용료의 수액은 사전에 공개된 금액이나 기준에 따

---

30) 대법원 2006. 12. 22. 선고 2004다68311, 68328 판결(재래시장 내 점포의 소유자가 점포 앞의 도로에 대하여 일반사용을 넘어 특별한 이해관계를 인정할 만한 사용을 하고 있었다는 사정을 인정할 수 없다는 이유로 위 소유자는 도로에 좌판을 설치 · 이용할 수 있는 권리가 없다고 한 사례).

라야 하고(행정기본법 제35조 제2항), 지방자치단체의 경우에는 사용료의 징수조례에 의한다(지방자치법 제156조 제1항). 한편, 사용료 지급의무를 이행하지 않는 경우에는 행정상 강제징수절차에 의한 강제집행이 인정되는 경우가 많고(국유재산법 제73조 제2항), 그에 대한 불복은 행정쟁송이 된다.

4. 공물의 특허사용

가. 의 의

특허사용이라 함은 공물주체가 특정인에게 일정한 내용의 공물사용권을 설정하여 줌으로써 해당 공물을 독점적으로 이용하는 것을 말한다. 특허를 받은 사인으로 하여금 공물의 일반적인 목적 범위를 넘어 상당기간 사적으로 사용하게 한다면, 이는 특허사용에 해당한다.

특허사용은 사용권이라는 권리를 설정한다는 의미를 가지는 점, 계속적인 사용이라는 특성을 갖는다는 점에서 허가사용과 구별된다. 개별법에서 허가라는 용어를 사용하는 경우 강학상의 허가가 아니라 특허에 해당하는 경우가 많은데, 도로의 점용허가나 하천의 점용허가[31] 등은 강학상 특허로 해석된다.

나. 성 질

특허사용은 동의에 의한 행정행위로서, 당사자에게 공물을 독점적으로 사용할 수 있는 권리를 설정하여 준다는 의미에서 형성적 행정행위로서의 성격을 가지고 있다. 사용특허가 재량행위인지 여부는 재량행위와 기속행위의 구별에 관한 일반론(특히 문언설)에 따라 판단되어야 할 것이다. 통상 사용특허는 재량행위일 경우가 많을 것이나, 도로법 제64조에 규정된 공익사업을 위한 도로의 점용과 같이 기속행위로 규정한 경우도 있다.

다. 특허사용관계의 내용

(1) 공물사용권의 성격

① 공 권 성: 공물사용권의 성질에 관하여 공권이라는 견해, 사권이라는 견해, 공물관리자에 대한 관계에서는 공권이나 그 권리의 실질은 사법상 재산권의 성질을 가진다는 견해 등이 있다. 그러나 이는 공법에 근거하여 취득한 권리이고 사용자의 이익과 아울러 공익(공적목적을 위한 공물의 유지 및 관리)을 보호하려는 것으로서 공권으로 보아야 할 것이다. 따라서 공물관리주체와 사이에 제기되는 공물사용권에 관한 쟁송은 행정쟁송에 의하게 된다.

② 채 권 성: 공물사용권은 행정주체에 대하여 공공용물의 배타적·독점적인 사용을 청구할 수 있는 권리로서 공법상의 채권으로서, 제3자에게 대항할 수 있는 물권이 아니다.[32]

---

31) 대법원 2015. 1. 29. 선고 2012두27404 판결.

32) 하천의 점용허가에 관한 대법원 2015. 1. 29. 선고 2012두27404 판결. 따라서 하천점용허가가 관리대장

다만 개별법에서 공물사용권에 대하여 물권성을 부여한 경우도 있다.

③ **재산권성**: 공권설에 의하더라도 공물의 사용·수익으로 인한 재산권적 성질이 부인되는 것이 아니다. 따라서, 일신전속적이 아니면 관할관청의 허가 없이 양도할 수 있고, 강제집행도 가능하다.[33] 또한, 사용권이 제3자에 의하여 침해된 때에는 불법행위로 인한 손해배상청구 또는 부당이득반환청구가 가능하다.[34] 점유를 침해를 당한 경우 국가나 지방자치단체를 대위하여 목적물의 반환을 청구하는 것도 가능하고, 점유권에 기하여 직접 반환을 청구할 수도 있다.

(2) 공물사용권의 내용

공물사용권의 구체적인 내용은 개개의 공물의 특성에 따라 법령·조례·특허명령서 등에 의하여 정해진다. 통상 계속적 성질을 가진다. 공공용물의 경우 보통사용과 병존이 가능하다.

(3) 공물사용권자의 의무

① **사용료 납부의무**: 공물주체는 공물사용권자로부터 점용료나 사용료를 징수하는 경우가 대부분이다. 개별법에서 명문의 규정을 두고 있는 경우도 있으나 특별한 이익에 대한 대가의 징수이므로 법률의 규정이 없는 경우에도 징수할 수 있다는 것이 통설이다. 그렇다고 하더라도 그 수액은 사전에 공개된 금액이나 기준, 지방자치단체의 경우에는 사용료의 징수조례에 따라야 한다(행정기본법 제35조 제2항, 지방자치법 제156조 제1항). 사용료의 부과처분은 행정행위의 성질을 가지고,[35] 불이행시 강제징수절차에 의하며, 불복방법은 행정쟁송절차에 의한다.

② **공사 또는 비용납부의무**: 공물이 다른 공작물의 효용을 겸하는 경우 공물주체는 다른 공작물의 관리자(실질적인 공물의 이용자)로 하여금 공물을 위한 공사를 하게 하거나 그 유지를 담당하게 하는 경우가 있을 수 있다.

③ **재해시설 또는 손실보상의무**: 공물의 특허사용이 그 공물 위에 이미 존재하는 다른 사람의 권익을 침해하거나 공익에 장해를 미칠 우려가 있는 경우에는 장해의 예방 또는 제거를 위하여 필요한 시설을 설치할 의무 또는 기득권 침해에 대한 손실보상의무를 부담하는 경우도 있다.

은 허가가 있었음을 증명하는 문서로 행정상 편의를 위하여 작성하는 것에 불과하고, 하천의 점용허가권을 등기 또는 등록하는 것이 아니다.

33) 대법원 2014. 10. 10.자 2014마1404 결정(하천부지의 점용권).

34) 대법원 1994. 9. 9. 선고 94다4592 판결(하천부지의 점용권자가 하천부지를 무단점유하고 있는 자에 대한 부당이득반환청구).

35) 대법원 2004. 10. 15. 선고 2002다68485 판결.

라. 특허사용관계의 종료

특허사용관계의 종료사유로는 공물의 소멸, 공물사용권의 포기, 기한의 도래 또는 해제조건의 성취, 특허의 철회 또는 취소 등이 있다. 특허의 철회사유는 상대방의 의무위반, 공익상의 필요 등이나 비례의 원칙 등에 의한 제한이 있고 손실보상을 하여야 할 경우도 있다.

마. 권원 없는 특허사용: 변상금의 부과

국유재산법, 공유재산법, 하천법, 도로법 등에서 특허 없이 점용하는 경우 변상금 부과 규정을 두고, 그 변상금은 통상 점용료의 100분의 120을 부과하도록 되어 있다. 위 변상금 부과행위는 항고소송의 대상인 처분에 해당한다.

5. 관습법에 의한 특별사용

공물의 사용권은 지방적·민중적 관습법에 의하여 성립될 수 있다. 판례는 관습법적으로 취득한 하천으로부터의 용수권을 인정한 사례가 있다.[36)]

관습법에 의한 사용권이 성립하기 위해서는 ① 특정범위의 사람들이 공물을 평온·공연하게 장기간 사용한 사실이 있어야 하고, ② 그것이 관계인들에게 인정되어 법적 확신에 이르러야 한다.

관습법에 의한 특별사용은 공권성, 재산권성을 가지고, 물권성이 인정된다. 사용권의 내용은 관습법에 의하여 정해질 것이고, 성문법에 의하여 제한될 수 있다.

6. 계약에 의한 사용

국가 등 행정주체와 사인 사이의 공법상 또는 사법상 계약으로 공물사용권을 설정할 수 있다. 행정행위로써 사용관계를 설정하고, 그 이후 사용관계는 사법관계로 구성하는 이원적 법률관계의 설정도 가능하다.

7. 공물의 영조물적 사용

공물의 영조물적 사용이라 함은 공물이 영조물의 구성부분을 이루고 있는 경우 그것을 사용하는 것을 말한다.

---

36) 대법원 1972. 3. 31. 선고 72다78 판결.

❑ **[참고] 도로의 특별사용**

도로의 특별사용이란 도로를 교통목적 이외의 목적으로 사용하는 경우와 같이 보통사용을 능가하는 공물의 사용을 말한다. 영업목적의 도로사용(차량을 이용하여 도로상에서 영업하는 행위), 정치적 의사표현 목적의 도로사용(전단살포 등), 도로에서의 예술행위(도로상 연주행위), 도로상 포교행위, 그리고 도로에 접하여 거주하고 있는 자의 사용 등이다.

특별사용을 위해서는 사용허가가 필요하고 여기에서의 허가는 특허의 성질의 가지는 경우가 많다. 도로의 특별사용은 반드시 배타적 · 독점적인 것이 아니라 그 사용목적에 따라 도로의 보통사용과 병존이 가능한 경우도 있다(보통사용과 병존하는 특허사용의 가능성).[37] 도로의 점용을 특별사용으로 볼 것인지 아니면 보통사용으로 볼 것인지는 그 도로점용의 주된 용도와 기능이 무엇인지에 따라 가려지게 되는데,[38] 도로의 특별사용이 인정되면, 도로법 제66조에 따라 점용료가 부과된다.

대법원은 기부채납을 조건으로 적법한 허가를 받아 공작물을 설치한 경우에 도로의 특별사용 여부에 대한 가장 중요한 판단기준으로 일반공중의 통행이 방해되고 있는지의 여부로 보고, 공작물의 설치경위, 그로 인한 기존도로 시설의 변경 여부 및 그 설치로 인한 원고의 이득 여부 등을 부수적인 판단기준으로 삼고 있다. 한편 대법원은 무단으로 기존도로시설에 변경을 가하거나 공작물을 설치한 경우에 대해서는 예외 없이 도로의 특별사용에 해당하는 것으로 보는 것 같다.

〈특별사용을 긍정한 사례〉

대법원 1992. 7. 14. **선고** 91**누**6139 **판결**: 도로에 접한 대지 위에 버스공동주차장을 설치하면서 버스들이 그 도로의 차도에서 주차장에 출입하는 것을 편리하게 하기 위하여 인도에 설치되어 있던 구조물과 보도블록을 임의로 철거하고 시멘트콘크리트 포장을 하여 차도로 개조한 후 버스들이 위 인도를 빈번하게 출입하도록 하고 있기 때문에 일반시민의 인도사용이 불편하게 된 경우.

대법원 1992. 9. 8. **선고** 91**누**8173 **판결**: 신축건물지하출입구 바로 앞을 거쳐 지상으로 나가는 출입통로설치공사를 시행하고 이를 서울시에 기부채납하였는데, 위 새로운 출입통로의 완공과 함께 그 부근에 있던 기존의 지하보도와 지상을 연결하는 통로는 폐쇄된 경우.

대법원 1993. 5. 11. **선고** 92**누**13325 **판결**: 원고들 소유의 예식장 옆을 지나 인근주택지로 연결되어 있는 도로입구에 주차장간판과 차량출입통제소를 설치하여 이 사건 도로가 예식장부속의 주차장인 것 같은 시설을 해 놓은 경우.

대법원 1998. 9. 22. **선고** 96**누**7342 **판결**: 도로 상하의 공간에 설치된 상가아파트 건물의 소유자가 지상 1층 공간에 일정 간격으로 배열된 지주 사이로 난 터널형 도로의 양쪽에 주차장 및 옥외출입계단을 설치하고 사용하고 있는 경우.

37) 이러한 법리는 도로뿐만 아니라 공유수면의 점용도 마찬가지이다(대법원 2010. 11. 25. 선고 2010도12529 판결).

38) 대법원 1995. 2. 14. 선고 94누5830 판결.

〈특별사용을 부정한 사례〉

대법원 1992. 9. 8. **선고** 91**누**12622 **판결**: 지하철역에서 지상으로 통하는 통로인 기존의 출입계단에 에스컬레이터를 설치하여 기부채납하기로 하고, 그 설치공사 완료 후 이를 기부채납하려 하였으나 서울시의 거부로 이행되지 못하고 있다 하더라도 특별사용에 해당하지 않는다고 한 사례.

대법원 1992. 12. 22. **선고** 92**누**1223 **판결**: 원고가 지하철공사로부터 지하철역과 원고 소유 건물 사이의 지하연결통로 설치허가를 얻은 다음, 지하에 철근콘크리트벽 및 계단 등의 공작물을 설치하고 이와 연결하여 원고 소유의 건물의 1층까지 철근콘크리트벽 및 계단과 지붕 등의 공작물을 설치함으로써(지상의 보도에 연결되는 부분에는 외벽을 설치하지 않았음), 지하연결통로를 빠져 나온 사람들이 다시 통로 모양을 한 원고 소유 건물의 1층 부분을 통과하게 되었으나 그 통행에는 지장이 없는 경우에는 특별사용에 해당하지 않는다고 한 사례.

대법원 1993. 6. 11. **선고** 92**누**15426 **판결**: 원고가 지하 2, 3, 4층에 지하주차장을 설치하였으나 이를 사용하지 아니함으로써 실질적인 이득을 취하지 않고 있으며, 피고시에게 이를 점용할 의사가 없으므로 이 부분을 폐쇄하겠으니 이를 승인하여 달라는 신청까지 하였으나 피고시가 이를 불허한 경우, 도로법 제80조의2의 규정에 기하여 징수하는 도로부당이득금은 민사상의 부당이득금과 그 성질을 같이한다는 이유로 그 부과대상이 될 수 없다고 한 사례.

Ⅳ. 공물의 관리와 공물경찰

1. 공물의 관리

가. 의 의

공물의 관리라 함은 공물 본래의 목적을 달성하기 위한 공물주체의 활동을 말한다. 공물의 관리는 물건을 단순히 재산적 가치로만 보고 관리하는 것이 아니라 공적목적을 달성하기 위한 것이다.

공물의 관리는 공물 본래의 목적을 달성하기 위한 공행정작용이다. 따라서 명령, 행정계획, 행정행위, 공법상 계약, 사실행위, 사법작용 등 다양한 형식으로 행해질 수 있다.

나. 공물관리권

공물관리권의 성질에 관하여, 공물의 소유권에서 파생하는 물권적 지배권을 의미한다는 견해(공소유권설)도 없는 것은 아니나, 이 견해는 사유공물에 대한 공물관리권을 설명할 수 없다. 따라서 공물주체가 공물의 목적을 달성하기 위하여 행사하는 공법상 물권적 지배권으로 보아야 할 것이고(공법상 물권적 지배권설), 이는 소유권과 별개의 것이다.[39)]

공물관리권은 적극적으로는 공물의 목적을 달성하기 위한 작용으로서, 공물의 범위결

---

39) 따라서, 도로의 관리청은 도로부지에 대한 소유권을 취득하였는지 여부와는 관계없이 도로를 무단점용하는 자에 대하여 변상금을 부과할 수 있다(대법원 2005. 11. 25. 선고 2003두7194 판결).

정, 공물의 목적달성을 위한 공용부담, 공물의 사용 · 수익의 허가 등을 포함한다. 소극적으로는 공물에 대한 장해를 방지하기 위한 작용으로서, 공물의 유지 · 수선 · 보관, 공물의 목적에 대한 장해의 방지 및 제거 등이 여기에 해당한다.

다. 공물의 관리자

공물의 관리는 공물주체가 스스로 행하는 것이 원칙이다(직접관리의 원칙). 다만 일반국도의 일부 구간에 대한 도로공사와 도로의 유지 · 관리에 관한 업무를 도지사 또는 특별자치도지사에게 위임하는 것(도로법 제31조 제2항) 등과 같이 법령에 의하여 위임 · 위탁도 가능하다.

라. 공물의 관리와 비용부담

공물관리에 소요되는 비용은 공물주체가 부담하는 것이 원칙이다. 다만 도로법이나 하천법과 같은 개별법에서 국가가 관리하는 공물에 대한 관리비용의 전부 또는 일부를 관계 지방자치단체 또는 일정한 사인에게 부담시키거나 지방자치단체가 관리하는 공물의 관리비용의 전부 또는 일부를 다른 지방자치단체 또는 사인에게 부담시키는 경우 등이 있다.

마. 공물관리상 손해배상과 손실보상

도로 · 하천 그 밖의 공물의 설치 또는 관리에 하자가 있기 때문에 타인에게 손해를 발생하게 하였을 때에는 국가 또는 지방자치단체는 그 손해를 배상하여야 한다(국가배상법 제5조 제1항).

한편, 도로 · 하천 기타 공물의 유지 · 관리를 위하여 타인의 재산권을 침해한 경우 정당한 보상을 지급하여야 한다(헌법 제23조 제3항). 이에 따라 도로법이나 하천법에서는 손실보상에 관한 규정을 두고 있다.

2. 공물경찰

공물경찰이란 공물 그 자체나 이용관계로 인하여 발생할 수 있는 위해를 방지를 위한 행정작용을 말한다. 공물관리와 공물경찰의 대상은 모두 공물이라는 점에서 공통되나, 공물관리는 공물 자체의 목적달성을 위한 것이라는 점에서 공물경찰과 다르다.

공물관리는 공물이 갖는 기능을 달성하기 위한 적극적인 목적을 가지나 공물경찰은 공물상의 안녕과 질서에 대한 위해를 방지하기 위한 소극적인 목적을 가진다(목적). 또한, 공물관리는 공물주체의 공물에 대한 지배권이라는 성질을 가지나 공물경찰은 경찰권이라는 일반통치권으로 발동된다(성질). 한편, 공물관리권에 기하여 공물의 계속적이고 독점적인 사용권을 설정할 수 있으나, 공물경찰권에 기해서는 공물사용에서 질서를 유지하기 위한 관점에서 일시적 사용허가가 발동되는 것이 통상이다(발동범위). 공물관리권에 기해서는 위반자를 이용관계에서 배제하는 것이 최대의 제재수단이 될 것이나, 공물경찰권에 기해서는 행정벌이나 행정상의 강제집행을 할 수도 있다(위반에 대한 제재 · 강제방법).

공물관리권과 공물경찰권은 동일한 공물에 대하여 양자가 경합할 수도 있다. 이러한 경우 양자는 서로 독립적인 효력을 가진다.

V. 행정재산의 목적외 사용관계

1. 국 · 공유재산

가. 국 · 공유재산의 구분과 종류

국 · 공유재산이라 함은 국가 또는 지방자치단체 소유의 재산을 말하고, 행정재산과 일반재산의 2가지로 구분된다(국유재산법 제6조, 공유재산법 제5조). 행정재산은 국 · 공유 공물이고, 일반재산은 행정재산 이외의 모든 국 · 공유재산이다. 행정재산은 다시 공용재산, 공공용재산, 기업용재산, 보존용재산의 4가지로 분류된다.

① 공용재산: 국가 또는 지방자치단체가 직접 그 사무용 · 사업용 또는 공무원의 주거용으로 사용하거나 사용하기로 결정한 재산

② 공공용재산: 국가 또는 지방자치단체가 직접 일반공중에 제공하여 공공용으로 사용하거나 사용하기로 결정한 재산

③ 기업용재산: 정부기업이 직접 그 사무용 · 사업용 또는 해당 기업에 종사하는 직원의 주거용으로 사용하거나 사용하기로 결정한 재산(국유재산의 경우)과 지방자치단체가 경영하는 기업용 또는 그 기업에 종사하는 직원의 거주용으로 사용하거나 사용하기로 결정한 재산과 사용을 목적으로 건설중인 재산(공유재산의 경우)

④ 보존재산: 법령의 규정에 의하거나 그 밖의 필요에 의하여 국가 또는 지방자치단체가 보존하는 재산

나. 공물과의 관계

행정재산 중 공용재산은 공용물에 해당하고, 공공용재산은 공공용물에 해당하며, 보존용재산은 보존공물에 해당한다. 다만 공물이라 하더라도 국가나 지방자치단체가 그 소유권을 취득하기 전에는 국 · 공유재산이라 할 수 없으므로, 곧바로 국유재산법이나 공유재산법이 적용될 수는 없다.[40)]

한편, 일반재산은 행정재산 이외의 모든 국 · 공유재산으로서 공물의 개념 속에 포함되지 않고 국가나 지방자치단체의 사물(私物)에 해당한다.

---

40) 대법원 1992. 11. 24. 선고 92다26574 판결.

2. 행정재산의 목적외 사용의 허용성 여부

행정재산은 본래 행정목적에 제공된 것이므로 그 목적 또는 용도에 맞게 사용되어야 하는 것이고 그 목적 또는 용도 외로 사용되는 것은 원칙적으로 허용되지 않는다. 행정재산은 국가 또는 지방자치단체의 행정목적을 수행하기 위한 직접적인 물적 수단이거나 특별한 필요에 의하여 보존되는 재산이므로 그 본래의 용도 또는 목적을 저해할 우려가 있기 때문이다.

위 원칙을 역으로 말하면, 행정재산의 목적에 반하지 않는 한도 내에서 사용을 금지할 이유가 없다는 것이 된다(예; 청사 내 매점 또는 식당의 운영). 이는 간접적으로 행정에 기여하고, 국 · 공유재산의 효율적인 관리라는 측면에서 여유공간의 사용을 허가하여 사용료 수입을 얻는 것이 바람직할 수도 있기 때문이다.

국유재산법이나 공유재산법에서는 공용 · 공공용 · 기업용 재산의 경우 그 용도나 목적에 장애가 되지 않는 범위내에서, 보존용재산의 경우 보전목적의 수행에 필요한 범위내에서 행정재산의 목적외 사용을 허가할 수 있고(국유재산법 제30조 제1항, 공유재산법 제20조 제1항), 사용료, 사용 · 수익허가기간, 사용료, 사용 · 수익허가의 취소와 철회 등에 대하여 규정하고 있다. 하천법이나 도로법 등 개별법에서도 위와 같이 규정되어 있는 경우들이 있다.

3. 행정재산의 목적외 사용허가의 법적 성질

가. 학설의 대립

① 사법관계설(사법상 계약): 비록 국 · 공유재산법이 '사용 · 수익허가'라는 용어를 사용하고 있을지라도, 행정재산의 사용 · 수익은 오로지 사용 · 수익하는 자의 사적 이익을 도모하는 데 있는 점, 관리청과 사인 사이에 우열관계 내지 상하관계가 존재한다고 보기 어려운 점, 사용료 등의 강제징수가 가능하다는 것만으로 공법관계로 보아야 되는 것은 아니라는 점 등에 비추어 볼 때, 국 · 공유재산법에 의한 행정재산의 사용 · 수익허가는 사법상의 계약으로서의 성질을 갖는다는 견해이다. 이 견해에 의하면, 사용허가는 승낙이고, 사용허가의 취소 및 철회는 계약의 해제가 된다.

② 공법관계설(행정행위): 현행 국 · 공유재산법이 행정재산의 사용에 대하여 명문으로 '허가'를 받도록 규정하고 있고, 사용료의 징수에 관하여 행정상 강제징수를 인정하고 있으며, 일정한 사유가 있을 때에는 허가를 취소 또는 철회할 수 있다는 점에서 볼 때, 행정재산의 사용 · 수익허가는 행정행위의 성질을 가진다는 견해이다.

③ 이원적 법률관계설: 사용 · 수익관계의 발생 · 소멸과 사용료의 징수관계는 공법관계

이나, 행정재산의 사용 · 수익관계는 그 실질이 사법상의 임대차관계와 같으므로 특수한 공법적 규율이 있는 사항을 제외하면 사법관계이고, 허가에 의하여 발생하는 사용권도 사권이라는 견해이다.

나. 판 례

판례에 의하면, 당사자들 사이에 관리위탁계약 등의 계약이라는 용어를 사용하였다 하더라도 그 실질은 행정재산의 사용 · 수익에 대한 허가이거나 관리위탁과 사용 · 수익의 성질을 함께 가지고 있는 관계이므로, 형식과 관계없이 관리청이 공권력을 가진 우월적 지위에서 행하는 처분으로서 특정인에게 행정재산을 사용할 수 있는 권리를 설정하여 주는 강학상 특허에 해당한다.

① **사용허가(대법원** 2006. 3. 9. **선고** 2004**다**31074 **판결)**: 국유재산 등의 관리청이 하는 행정재산의 사용 · 수익에 대한 허가는 순전히 사경제주체로서 행하는 사법상의 행위가 아니라 관리청이 공권력을 가진 우월적 지위에서 행하는 행정처분으로서 특정인에게 행정재산을 사용할 수 있는 권리를 설정하여 주는 강학상 특허에 해당한다.

② **사용허가신청의 거부(대법원** 1998. 2. 27. **선고** 97**누**1105 **판결)**: 행정재산의 사용 · 수익허가처분의 성질에 비추어 국민에게는 행정재산의 사용 · 수익허가를 신청할 법규상 또는 조리상의 권리가 있다고 할 것이므로 공유재산의 관리청이 이러한 신청을 거부한 행위 역시 행정처분에 해당한다.

③ **사용허가의 취소(대법원** 1997. 4. 11. **선고** 96**누**17325 **판결)**: 국 · 공유재산의 관리청이 행정재산의 사용 · 수익을 허가한 다음 그 사용 · 수익하는 자에 대하여 하는 사용 · 수익허가 취소는 순전히 사경제주체로서 행하는 사법상의 행위라 할 수 없고, 이는 관리청이 공권력을 가진 우월적 지위에서 행한 것으로서 항고소송의 대상이 되는 행정처분이다.

다. 결 론

(1) 행정재산의 목적외 사용허가 = 행정행위

구 국유재산법과 구 지방재정법에서는 행정재산의 사용 · 수익허가에 대하여 잡종재산(현행 일반재산)의 대부에 관한 규정을 준용하고 있었고, 당시의 통설 · 판례는 행정재산의 목적외 사용을 사법상의 법률행위로서 처분이 아니라고 보았다.[41)]

그러나, 1976. 12. 31. 개정된 국유재산법은 행정재산의 사용 · 수익허가에 대하여 잡종재산의 대부에 관한 규정을 준용하지 않고, 독자적으로 허가, 사용료, 사용료의 행정상 강제징수, 허가기간, 허가의 취소 · 철회에 관하여 규정하고, 오히려 위 규정들을 잡종재산의 대부에 준용하고 있다. 그리하여 사법관계설의 실정법적인 근거가 상실되었다.

41) 대법원 1964. 9. 30. 선고 64누102 판결.

한편, 국유재산법 제36조 제2항과 공유재산법 제25조 제2항은 관리청이 사용·수익을 허가한 행정재산 등을 국가 또는 지방자치단체가 직접 공용 또는 공공용으로 사용하기 위하여 필요한 때 사용·수익자의 귀책사유와 관계없이 일방적으로 그 허가를 철회할 수 있도록 규정하고 있는 점, 국유재산법과 공유재산법은 행정재산의 본래의 목적달성의 보장을 위하여 사용·수익자에게 여러 의무를 부과하고 있는 점 등에 비추어 보면, 행정재산의 관리청에게 공권력적 지위를 부여하고 있다고 보아야 할 것이다.[42)]

(2) 일반재산의 사용관계=사법관계

일반재산을 대부하는 행위 등은 어디까지나 국가 또는 지방자치단체가 사경제적 주체로서 상대방과 대등한 입장에서 맺는 사법상의 계약일 뿐 공권력의 주체로서 행하는 공법상의 행위는 아니다.[43)] 따라서, 일반재산에 대한 대부의 거부행위는 처분이 아니어서 항고소송으로 다툴 수 없고,[44)] 사용료의 납입고지는 사법상 이행청구에 불과하다.[45)]

다만 계약당사자의 일방이 국가 또는 지방자치단체이고 그 목적물이 국·공유재산이라는 공적 특성으로부터 공법상의 규제를 받게 되며, 그러한 규제의 범위 내에서 계약체결의 자유가 인정된다는 점에 유의할 필요가 있다.

4. 사용·수익자의 권리와 의무

가. 권 리

사용허가에서 정해진 대로 해당 행정재산을 사용·수익할 수 있다(나머지는 특허사용에서 공물사용권에 관한 설명 참조). 사용·수익의 허가기간은 원칙적으로 5년 이내이다(국유재산법 제35조, 공유재산법 제21조 제1항).

나. 의 무

(1) 사용료 납부의무

행정재산을 사용허가한 때에는 소정의 요율과 산출방법에 따라 매년 사용료를 징수한다(국유재산법 제32조 제1항, 공유재산법 제22조 제1항). 사용료 부과는 일반재산에서와는 달리 사경제주체로서 행하는 사법상의 이행청구라 할 수 없고, 관리청이 행하는 처분이다.[46)]

사용료 납부의무에 대한 실효성 확보수단은 강제징수이고, 그에 대한 불복은 행정쟁송

---

42) 다만 사용허가를 받은 행정재산을 전대하는 경우 그 전대행위는 사인간의 임대차라는 것이 판례이다(대법원 2003. 10. 24. 선고 2001다82514, 82521 판결).
43) 대법원 1995. 5. 12. 선고 94누5281 판결, 대법원 2000. 2. 11. 선고 99다61675 판결 등.
44) 대법원 1998. 9. 22. 선고 98두7602 판결, 대법원 1984. 12. 11. 선고 83누291 판결.
45) 대법원 1995. 5. 12. 선고 94누5281 판결, 대법원 2000. 2. 11. 선고 99다61675 판결.
46) 대법원 1996. 2. 13. 선고 95누11023 판결.

이다. 이는 일반재산의 대부료 등의 징수에 관해서도 마찬가지이다. 이렇게 국세징수법 규정을 준용한 간이하고 경제적인 특별구제절차가 마련되어 있으므로, 특별한 사정이 없으면 민사소송의 방법으로 대부료 등의 지급을 구하는 것은 허용되지 않는다.[47)]

한편, 동일인이 같은 행정재산을 1년을 초과하여 계속 사용·수익하는 경우에는 사용료를 조정할 수 있다(국유재산법 제33조, 공유재산법 제23조). 행정재산으로 할 목적으로 기부를 받은 재산에 대하여 기부자나 그 상속인, 그 밖의 포괄승계인에게 사용허가를 하는 경우 등의 사유가 있을 때에는 사용료를 면제할 수 있다(국유재산법 제34조, 공유재산법 제24조).

(2) 행정재산의 본래 목적에의 제공에 장애가 되는 행위의 금지

사용의 허가를 받은 자는 해당 재산을 다른 사람으로 하여금 사용·수익하게 하여서는 안 된다.[48)] 다만, 기부를 받은 재산에 대하여 사용·수익의 허가를 받은 자가 해당 재산의 기부자이거나 그 사용·수익권의 상속인 기타 포괄승계자인 경우에는 중앙관서의 장이나 지방자치단체장의 승인을 얻어 다른 사람으로 하여금 이를 사용·수익하게 할 수 있다(국유재산법 제30조 제2항, 공유재산법 제20조 제3항).

(3) 원상회복의무

사용허가를 받은 자는 허가기간이 끝나거나 사용허가가 취소 또는 철회된 경우에는 원래 상태대로 반환하여야 한다(국유재산법 제38조, 공유재산법 제20조 제5항). 다만, 관리청이 미리 상태의 변경을 승인한 경우에는 변경된 상태로 반환할 수 있다.

5. 허가의 철회와 손실보상

관리청은 사용을 허가한 행정재산 등을 국가 또는 지방자치단체가 직접 공용 또는 공공용으로 사용하기 위하여 필요로 하게 된 때에는 그 허가를 철회할 수 있고(국유재산법 제36조 제2항, 공유재산법 제25조 제2항), 그 철회로 인하여 해당 허가를 받은 자에게 손해가 발생한 때에는 그 재산을 사용할 기관은 그 손실을 보상하여야 한다(국유재산법 제36조 제3항, 공유재산법 제25조 제3항).

---

47) 대법원 2014. 9. 4. 선고 2014다203588 판결.

48) 공유재산 및 물품을 보호하고 그 취득·유지·보존 및 운용과 처분의 적정을 도모하기 위한 공유재산법의 입법목적, 공유재산 사유화에 따른 사회적 형평의 문제, 공유재산 사용·수익 제한 규정의 취지 등을 종합하면, 제3자에게 행정재산의 사적 이용을 허용할 것인지 여부는 각 지방자치단체의 자율적 규율에 맡겨져 있다고 보기 어려우므로, 지방자치단체가 조례 제정을 통해 공유재산법에 반하는 내용으로 행정재산의 제3자 사용·수익을 허용하는 것은 위법하다(대법원 2022. 10. 27. 선고 2022추5026 판결).

6. 권원 없는 사용

가. 대 집 행

정당한 사유 없이 국 · 공유재산을 점유하거나 이에 시설물을 설치한 때에는 행정대집행법을 준용하여 철거 기타 필요한 조치를 할 수 있다(국유재산법 제74조, 공유재산법 제83조).

'정당한 사유 없는 점유'의 해석과 관련하여 애초부터 불법으로 점유한 경우만 말한다는 견해가 있으나, 판례는 처음에는 권원이 있었으나 사후에 권원이 없어진 경우도 포함하는 것으로 해석하고 있다.[49]

철거의 경우에는 행정대집행법을 적용하는데 문제가 없지만, 점유의 이전은 대체적 작위의무가 아니므로 행정대집행의 대상이 될 수 없다.[50] 판례는 토지의 인도 또는 그 지장물의 명도의무를 피보전권리로 하는 민사상의 명도단행가처분을 허용함으로써 이를 해결하고 있다.[51]

나. 변상금의 부과

(1) 의 의

국 · 공유재산을 대부 또는 사용 · 수익허가 등을 받지 않은 채 점유하거나 사용 · 수익하는 경우, 국가 또는 지방자치단체는 국 · 공유재산의 무단점유자를 상대로 민사적으로 소유권에 기하여 반환청구권을 행사하고 아울러 불법행위로 인한 손해배상청구권 또는 부당이득반환청구권을 행사할 수 있다.

그런데, 국유재산법 및 공유재산법은 국 · 공유재산의 무단점유자에 대하여 해당 재산에 대한 대부료 또는 사용료의 100분의 120에 상응하는 변상금을 징수하도록 규정하고 있다(국유재산법 제72조 제1항 본문, 공유재산법 제81조 제1항 본문). 변상금 부과대상이 되는 국 · 공유재산에는 행정재산뿐만 아니라 일반재산도 포함하고,[52] 여기에서의 무단점유에는 국 · 공유재산에 대하여 대부 등을 받아 점유 · 사용하다가 대부기간 만료 후 국가가 대부계약의 연장을 거절함에 따라 그때부터 새로운 계약을 체결하지 않은 채 계속 점유 · 사용한 경우

49) 대법원 2001. 10. 12. 선고 2001두4078 판결.

50) 대법원 1998. 10. 23. 선고 97누157 판결.

51) 대법원 2005. 8. 19. 선고 2004다2809 판결. 자세한 내용은 행정상 강제집행 해당부분 참조.

52) 일반재산이 공적 목적에 직접 제공된 것은 아니라고 하더라도, 그 경제적 가치를 통하여 국가 재정에 기여한다는 점에서 여전히 국유재산으로서 보호할 필요가 있고, 현재의 상태에서는 당장 공적 목적에 사용되지 않는다고 하더라도 행정 목적상 필요한 경우에는 언제든지 행정재산 등으로 전환될 수 있으므로, 그 유지 · 보호 및 운용의 적정이라는 공익상의 목적과 기능을 수행하기 위하여 필요한 경우에는 공법적 규율이 가능하다고 보아야 할 것이므로, 대부계약 등을 맺지 않고 일반재산을 무단점유한 사람에게 통상 대부료의 20%를 할증한 변상금을 부과하도록 정한 국유재산법 조항이 헌법상의 평등권과 재산권을 침해하지 않는다(대법원 2008. 5. 15. 선고 2005두11468 판결).

를 포함한다(국유재산법 제2조 제9호, 공유재산법 제2조 제9호).[53]

변상금 부과제도는 무단점유를 예방 · 근절하여 공공의 목적에 제공되는 국 · 공유재산의 적정한 보호와 관리를 도모하고, 국가나 지방자치단체가 국 · 공유재산을 통하여 추구하고자 하는 행정목적을 달성하며, 국 · 공유재산에 대한 점유나 사용 · 수익 자체가 법률상 아무런 권원 없이 이루어져서 정상적인 대부료나 사용료를 징수할 수 없는 경우에 사용료 또는 대부료에 해당하는 부당이득을 환수하고,[54] 그에 덧붙여 징벌적으로 추가 금액을 징수하여 지방재정을 확충하고자 하는 것에 그 취지가 있다.[55]

(2) 변상금부과의 법적 성질

(가) 행정행위의 성질

국 · 공유재산의 관리청이 그 무단점유자에 대한 변상금의 부과는 대부나 사용 · 수익 허가 등을 받은 경우에 납부하여야 할 대부료 또는 사용료 상당액 외에도 징벌적 의미에서 관리청이 일방적으로 20% 상당액을 추가로 징수하도록 하고, 변상금을 체납할 경우 강제징수할 수 있다.[56] 따라서, 변상금부과처분은 순전히 사경제 주체로서 행하는 사법상의 법률행위라고 할 수 없고, 관리청이 공권력을 가진 우월적 지위에서 행하는 처분이라고 할 것이다.[57]

한편, 국 · 공유재산의 무단점유로 인한 변상금의 부과관계는 공법상의 법률관계이므로 변상금징수권의 성립과 행사는 국유재산법 및 공유재산법의 규정에 의해서만 가능하고 제3자와 사이에 사법상 계약을 체결하여 변상금채무를 부담하게 함으로써 변상금징수권의 종국적 만족을 실현하는 것은 허용될 수 없다.[58]

(나) 기속행위

국 · 공유재산의 무단점유에 대한 변상금부과처분은 무단점유에 대한 징벌적인 의미가 있는 것으로 기속행위의 성질을 가진다는 것이 판례이다.[59]

---

53) 과거에 판례는 국유재산에 대한 점유개시 자체는 적법하게 이루어진 것이므로 변상금을 징수할 수 없다고 해석하였다. 그런데, 국유재산법이 1994. 1. 5. 법률 제4698호로 개정되고 지방재정법도 1999. 1. 21. 법률 제5647호로 개정되어, 종전과 같은 해석은 불가능해졌다(대법원 1998. 9. 22. 선고 98두7602 판결).
54) 대법원 2017. 2. 21. 선고 2015두677 판결 참조.
55) 헌재 2017. 7. 27. 선고 2016헌바374 결정 참조.
56) 따라서 민사소송의 방법으로 변상금을 청구할 수는 없다(대법원 2000. 11. 24. 선고 2000다28568 판결). 다만 뒤에서 보는 것처럼 부당이득반환청구는 가능하다.
57) 대법원 1988. 2. 23. 선고 87누1046, 1047 판결 등 다수.
58) 대법원 1989. 11. 24. 선고 89누787 판결.
59) 대법원 2000. 1. 14. 선고 99두9735 판결.

(3) 변상금부과 주체와 객체

(가) 부과권자

국유재산에 대한 변상금의 부과권자는 중앙관서의 장[60]과 총괄청(기획재정부장관)[61]으로부터 일반재산의 관리·처분에 관한 사무를 위임·위탁받은 자이다(국유재산법 제72조 제1항).[62] 공유재산의 경우에는 지방자치단체장이 부과권자이다(공유재산법 제81조 제1항).

(나) 부과대상자

변상금의 부과에서 점유에는 직접점유뿐만 아니라 간접점유도 포함되는 것이므로, 직접점유자뿐만 아니라 간접점유자도 변상금 부과대상자에 포함된다.[63] 한편, 행정재산을 유형적·고정적으로 특정한 목적을 위하여 사용·수익하거나 점유하면 여기에서 말하는 점유에 해당하고, 그 사용이 독점적·배타적일 필요는 없으며, 점유 부분이 동시에 일반공중의 이용에 제공되고 있다고 하더라도 점유가 아니라고 할 수 없다.[64]

그러나 국·공유재산에 대한 점유나 사용·수익 자체가 법률상 아무런 권원 없이 이루어진 경우에 정상적인 대부료나 사용료를 징수할 수 없기 때문에 그 대부료나 사용료 대신에 변상금을 징수하는 것이므로, 비록 국·공유재산에 대한 명시적인 사용허가가 없었다고 하더라도 구체적인 사정에 비추어 그 점유나 사용·수익을 정당화할 수 있는 법적 지위에 있는 자에 대해서는 변상금을 부과할 수 없다.[65] 나아가 위와 같은 법적 지위에 있는 자에 대하여 이루어진 변상금 부과처분은 무효라는 것이 판례이다.[66] 한편, 건물 등의 소유자가

---

60) 국가재정법 제6조에 따르면, 중앙관서는 헌법 또는 정부조직법 그 밖의 법률에 따라 설치된 중앙행정기관을 말한다. 그런데 중앙관서의 장인 관리청이 그 소관에 속하는 국유재산을 관리하게 되어 있으므로, 변상금 부과처분권자도 그 관리청이 된다(대법원 2000. 11. 24. 선고 2000다28568 판결).

61) 총괄청은 기획재정부장관을 말하고(제2조 제10호), 국유재산에 관한 사무를 총괄하고 그 국유재산을 관리·처분한다(제8조 제1항).

62) 대법원 2000. 11. 24. 선고 2000다28568 판결.

63) 대법원 1994. 10. 25. 선고 94누4318 판결.

64) 대법원 2019. 9. 9. 선고 2018두48298 판결. 위 판결에서는 서울광장조례 상의 광장사용신고 및 서울특별시장의 사용신고 수리를 거치지 않은 채 시위용품과 텐트를 상당기간 동안 서울광장에 둠으로써 특정공간을 지속적으로 물리적으로 차지하여 사용한 것을 여기에서 말하는 무단점유라고 판시하였다. 비록 서울광장의 이용자들이 위 시위용품이나 텐트 주변을 우회하여 통행할 수 있었고, 다른 행사 등에 방해가 되는 경우 위 시위용품을 옮겨 주었다는 사정이 있더라도 무단점유가 아니라고 할 수 없다는 것이다.

65) 대법원 2021. 11. 25. 선고 2020두47915 판결. 향교재산법에 따라 설립되어 향교를 소유·관리·운용하는 재단법인은 국유재산인 향교부지의 점유나 사용·수익을 정당화할 법적 지위에 있는 자에 해당한다(대법원 2023. 10. 18. 선고 2023두42584 판결). 또한, 사업시행계획상 정비구역에 포함된 일반재산이 사업시행자에게 양도되는 것으로 예정되어 있다면, 그 일반재산의 사용관계에 관하여 달리 정해진 내용이 있다는 등의 특별한 사정이 없는 한 사업시행자는 사업시행인가가 이루어진 때부터 그 일반재산의 소유권을 취득하기에 상당한 기간 동안 자신의 사용·수익을 정당화할 법적 지위에 있으므로, 대부료 상당의 부당이득반환을 구하는 것을 넘어 징벌적 의미의 변상금을 부과하는 것은 부당하다(대법원 2024. 10. 8. 선고 2023다210991 판결).

66) 대법원 2017. 2. 21. 선고 2015두677 판결, 대법원 2023. 10. 18. 선고 2023두42584 판결.

아닌 사람은 실제로 그 건물 등을 점유 · 사용하고 있다고 하더라도 그 건물 등의 부지를 점용하는 것으로 볼 수 없고 건물 등의 부지는 건물 등의 소유자가 이를 점용하고 있다고 보아야 하므로, 국 · 공유재산인 토지의 사용허가를 얻고 그 지상에 건물을 신축한 자로부터 그 건물을 임차하여 이를 점유 · 사용하는 자는 그 건물의 부지를 점유 · 사용하는 것으로 볼 수 없어 변상금처분의 부과대상자가 아니다.[67]

(4) 민사상의 부당이득반환청구와의 관계

판례는 국 · 공유재산의 관리청이 변상금부과처분 및 강제징수(체납처분)와 별도로 민사소송으로 부당이득반환청구소송을 제기할 수 있다는 입장에 있다.[68] 변상금은 공법상의 영역이고 민법상 부당이득은 사법상의 영역으로 서로 영역이 다르고, 그 요건이나 금액산정방법도 다르다. 따라서 공법상의 해결방법이 있더라도 민사소송을 제기할 이익이 있다는 것이다.

한편, 민사소송으로 부당이득반환청구소송을 제기한 경우 부당이득의 범위에 관하여, 반드시 감정평가에 따라야 하는 것인지 아니면 국 · 공유재산법 소정의 대부료 산정방식에 의하는 것인지도 문제가 된다. 판례에 의하면, 수익자가 반환하여야 할 이득은 손실자의 손해에 한정되므로, 국가 등이 무단점유로 입은 손해는 국 · 공유재산법에서 정한 대부료 상당액이다. 다만 공시지가가 급등하더라도 대부료가 일정비율 이상으로 오르지 못하게 하는 조정조항은 적용되지 않는다. 대부료 조정조항은 적법하게 대부받아 1년 이상 경과 한 사람을 전제로 하는데, 무단점유자에게 적용하여 우대할 수는 없기 때문이다.

주의할 것은 무단점유자에게는 변상금부과처분 및 강제징수(체납처분)와는 별도로 부당이득반환청구소송이 가능하지만, 대부계약자에게는 강제징수(체납처분)만 가능할 뿐 대부료청구소송은 제기할 수 없다. 전자의 경우에는 서로 다른 법률관계가 형성되지만, 후자의 경우에는 오로지 대부계약에 따른 대부료납부의무만 발생하고 그 의무는 체납처분이라는 간이하고 경제적인 특별구제절차가 마련되어 있으므로 민사소송으로 그 지급을 구하는 것이 허용되지 않기 때문이다.[69]

이상에서 살펴본 것처럼 변상금 부과 · 징수권과 민사상 부당이득반환청구권은 전혀 별개의 청구권이므로, 무단점유자에게 변상금을 부과하였다고 하더라도 이로써 부당이득반환청구채권의 소멸시효가 중단된다고 할 수 없다.[70] 다만 변상금 부과 · 징수권과 민사상

67) 대법원 2024. 6. 27 선고 2024두31284 판결.
68) 대법원 2014. 7. 16. 선고 2011다76402 전원합의체 판결. 이러한 법리는 일반재산의 관리 · 처분에 관한 사무를 위탁받은 한국자산관리공사에게도 마찬가지로 적용된다.
69) 대법원 2014. 9. 4. 선고 2014다203588 판결.
70) 대법원 2014. 9. 4. 선고 2013다3576 판결.

부당이득반환청구권은 동일한 금액 범위 내에서 경합하여 병존하므로, 민사상 부당이득반환청구권이 만족을 얻어 소멸하면 '그 범위 내에서' 변상금 부과 · 징수권도 소멸하는 관계에 있다.[71)]

대법원 2014. 7. 16. **선고** 2011**다**76402 **전원합의체 판결**: 국유재산의 무단점유자에 대한 변상금 부과는 공권력을 가진 우월적 지위에서 행하는 행정처분이고, 그 부과처분에 의한 변상금 징수권은 공법상의 권리인 반면, 민사상 부당이득반환청구권은 국유재산의 소유자로서 가지는 사법상의 채권이다. 또한 변상금은 부당이득 산정의 기초가 되는 대부료나 사용료의 120%에 상당하는 금액으로서 부당이득금과 액수가 다르고, 이와 같이 할증된 금액의 변상금을 부과 · 징수하는 목적은 국유재산의 사용 · 수익으로 인한 이익의 환수를 넘어 국유재산의 효율적인 보존 · 관리라는 공익을 실현하는 데 있다. 그리고 대부 또는 사용 · 수익허가 없이 국유재산을 점유하거나 사용 · 수익하였지만 변상금 부과처분은 할 수 없는 때에도 민사상 부당이득반환청구권은 성립하는 경우가 있으므로, 변상금 부과 · 징수의 요건과 민사상 부당이득반환청구권의 성립 요건이 일치하는 것도 아니다. 이처럼 구 국유재산법(2009. 1. 30. 법률 제9401호로 전부 개정되기 전의 것) 제51조 제1항, 제4항, 제5항에 의한 변상금 부과 · 징수권은 민사상 부당이득반환청구권과 법적 성질을 달리하므로, 국가는 무단점유자를 상대로 변상금 부과 · 징수권의 행사와 별도로 국유재산의 소유자로서 민사상 부당이득반환청구의 소를 제기할 수 있다.

7. 기부채납 받은 국 · 공유재산의 사용허가

기부채납 받은 국 · 공유재산의 사용허가는 사인이 공공시설을 건설하여 국가 등에 기부채납하여 공물로 지정하고, 그 대신 건설비용 및 일정한 이윤을 회수할 수 있도록 하기 위하여 기부채납한 자에게 일정기간 동안 무상으로 사용하게 허가하는 경우를 말한다.

이 경우 기부채납과 이에 따른 사용허가는 일체로 이루어지는 것으로서 기부채납이 사법상 계약이니 사용허가도 사법상 계약이라고 볼 여지가 있다. 그러나, 행정재산의 공익성을 보장하기 위해서는 기부채납과는 별도로 그 성질을 논하여야 할 것이므로, 이 경우도 일반적인 사용허가와 같은 차원에서 보아야 할 것이다. 판례도 같다.[72)]

71) 대법원 2014. 7. 16. 선고 2012두5688 판결.
72) 대법원 2001. 6. 15. 선고 99두509 판결.

제3절 영조물법

I. 개 설

1. 영조물의 개념

영조물이라 함은 넓은 의미로는 국가 등 행정주체가 그의 목적을 달성하기 위하여 제공한 인적·물적 시설의 종합체(조직체)를 말한다. 좁은 의미로는 국공립교육·연구기관, 교도소, 도서관, 박물관, 병원 등과 같이 넓은 의미의 영조물 중 주로 정신·문화적 또는 진료적 목적에 계속적으로 제공된 것만을 말한다. 이하에서는 좁은 의미의 영조물에 관하여 서술하기로 한다.

2. 다른 개념과의 구별

가. 공기업과의 구별

영조물과 공기업의 구별은 공기업을 어떻게 파악하느냐에 따라 달라진다. 공기업의 개념에 관해서는 다음과 같은 견해의 대립이 있다.

① 광의의 공기업(주체에 따른 정의): 국가 또는 공공단체가 경영하는 모든 사업을 말하게 된다. 여기에는 국가의 전매사업과 같이 재정적 수입을 직접목적으로 하는 순수한 영리사업도 포함된다.

② 협의의 공기업(주체+목적·수단에 따른 정의): 급부주체가 직접 국민에 대한 생활배려를 위하여 인적·물적 종합시설을 갖추어 경영하는 비권력적 사업체를 말한다. 이러한 개념에는 기업성이 공기업의 개념요소가 아니므로, 사회사업, 문화사업까지 포함된다.

③ 최협의의 공기업(주체+목적·수단+수익성에 따른 정의): 국가 또는 지방자치단체나 그에 의하여 설립된 법인이 직접적으로 사회적 공공복리를 위하여 경영하는 기업으로 정의한다. 여기에는 특허기업도 포함된다.

그러나 특허기업은 공기업에 적용되는 정부기업예산법, 공공기관운영법, 지방공기업법 등 주요 법률이 적용되지 않는다. 따라서 공기업은 "국가·지방자치단체 및 그에 의하여 설립된 법인이 사회공공의 이익을 위하여 직접 경영하거나 경영에 참가하는 기업"을 의미하는 최협의의 공기업을 말하되, 사기업의 특성을 가지고 공적 목적을 수행하는 특허기업은 배제되어야 한다.[73)]

---

73) 김남진·김연태, 행정법Ⅱ, 534면.

공기업을 위와 같이 정의하면 영조물과 공기업의 공통점은 ① 국가 또는 공공단체가 경영하거나 관리한다는 점(주체), ② 사회공공이익의 증진을 목적으로 한다는 점(목적), ③ 급부작용으로서 비권력적 작용을 수단으로 한 관리작용이라는 점(성질 · 수단) 등이다.

양자의 차이점은 ① 영조물은 사업을 주로 정태적으로 조직면에 착안하여 파악된 관념인 반면 공기업은 동태적 측면 · 작용적 측면에서 파악된 개념이라는 점(고려의 관점), ② 영조물은 정신적 · 문화적 사업으로서 의의를 가지는 반면 공기업은 수익성 · 교환경제성을 주된 요소로 한다는 점(내용), ③ 영조물은 계속적 존재로서의 성격을 가지는 반면 공기업은 반드시 계속적 사업일 필요는 없다는 점(계속성), ④ 영조물은 개인의 이용관계 설정이 당연히 전제된 반면 공기업은 일정한 역무나 재화를 개인 또는 일반인에게 제공하기는 하나 공기업 자체가 이용의 대상이 되지 않는 경우가 많다는 점(이용관계) 등이다.

나. 공공시설과의 구별

공공시설은 유체물의 집합체로서 공물의 일종이다. 이 점에서 인적 · 물적 시설의 종합체인 영조물과 구별된다.

3. 영조물의 종류

영조물은 개개의 구별기준에 따라 다음과 같이 구별된다.

① 주체에 의한 분류: 국영영조물, 공영영조물, 특수법인영조물(정신문화연구원, 한국과학원, 적십자병원, 서울대학교병원)

② 목적에 의한 분류: 문화 · 교육적 영조물, 연구영조물, 교도영조물, 의료 · 휴양 등 영조물

③ 독립성의 유무에 의한 분류: 직영영조물, 영조물법인

④ 이용성에 의한 분류: 행정주체에 소속한 직원만 이용하는 영조물, 일반공중이 이용할 수 있는 공공용 영조물

Ⅱ. 영조물의 이용관계

1. 이용관계의 의의 및 성질

영조물의 이용관계는 특별권력관계로 이해되기도 하였으나, 오늘날 전통적인 특별권력관계이론은 극복되었다. 따라서 법률유보의 원칙이 배제되지 않는다. 그렇다고 하더라도 영조물의 목적과 기능을 달성하는데 필요한 범위 내에서 영조물이용자에 대한 특수한 규율이 허용될 수는 있으므로, 영조물의 이용자는 일반국민보다 자유나 권리의 제한을 받고, 일반국민에게는 인정되지 않는 의무나 부담을 질 수도 있다.

영조물이용관계는 공법관계인 경우가 많겠으나, 사법관계이거나 양자가 혼합된 관계일

수도 있다. 또한 행정행위로 영조물의 이용관계가 설정되고 급부관계를 사법적으로 구성하는 것도 가능하다.

영조물 이용관계가 사법적으로 형성되었다 하더라도 이용목적의 공익성으로 인하여 다음과 같은 공법적인 제한이 따른다.

① 사법 자체에 의한 제약이다(신의성실, 권리남용, 반사회적 행위 등 민법상 일반조항).

② 행정사법의 법리가 적용된다. 국고작용(행정주체의 사법적 활동)도 헌법상의 평등조항, 생존권보장 등 기본권 규정에 의한 제약을 받는다.

③ 실정법상 제약이 있는 경우가 많다. 예컨대, 학교에 관련된 것으로서 교육기본법, 초·중등교육법, 고등교육법 등이 있다.

2. 영조물 이용자의 권리와 의무

이용자의 권리로서, ① 영조물이용권, ② 행정쟁송권, ③ 손해보전청구권 등이 있다. 영조물이용권은 이용관계의 형태에 따라 공권일 수도 있고 사권일 수도 있으며, 영조물 주체에 대한 채권적 성질을 갖는다.

이용자의 의무로서, ① 영조물에서의 질서준수의무, ② 이용대가납부의무 등이 있다.

3. 영조물 주체의 권능과 의무 및 영조물규칙

영조물 주체의 권능으로서 ① 이용조건설정권, ② 이용대가징수권, ③ 명령·징계권 등이 있고, 의무로서 ① 영조물의 계속적 유지관리의무, ② 이용자에게 영조물을 이용시킬 의무, ③ 이용자의 평등대우의무 등이 있다.

영조물 주체의 권능 중 영조물규칙의 제정권이 특히 문제가 되고 그렇게 제정된 영조물규칙의 법적 성질도 논란이 될 수 있다. 영조물이용관계를 특별권력관계의 일종으로 보았던 시대에는 영조물규칙으로써 학생·환자·교도소재소자 등 영조물 이용자의 권리를 제한하거나 의무를 부담시킬 수 있다고 생각하였다. 그러나 그러한 사항을 법률의 수권 없이 영조물 주체가 독자적으로 제정할 수 있다는 사고는 위헌적인 것으로 용납될 수 없다. 다만 영조물의 목적과 기능을 효과적으로 달성하기 위하여 상대적으로 개괄적인 수권이 허용되는 경우가 있을 수 있다.

4. 영조물 이용관계의 종료

영조물의 이용관계는 ① 이용목적의 완료(학교의 졸업 등), ② 이용관계로부터의 탈퇴(자진퇴학 등), ③ 이용관계의 배제(퇴학 등), ④ 영조물의 폐지(폐교 등) 등으로 종료된다.

Ⅲ. 이용자의 권리보호와 영조물책임

1. 이용자의 권리보호

과거에는 특별권력관계이론에 따라 영조물이용자는 영조물 주체를 상대로 소송으로 권리를 구제받을 수 없다고 본 적도 있다. 그러나 오늘날 그러한 견해는 극복되었다.[74] 예컨대, 학생에 대한 징계처분이 교육적 재량행위라는 이유만으로는 사법심사의 대상에서 당연히 제외되는 것이 아니다.[75]

2. 영조물책임

공공의 영조물의 설치 또는 관리에 하자가 있기 때문에 타인에게 손해를 발생하게 하였을 때에는 국가 또는 지방자치단체는 그 손해를 배상하여야 한다(국가배상법 제5조 제1항). 영조물의 설치 · 관리상의 하자로 손해를 입은 사람은 영조물의 설치 · 관리자 또는 영조물 설치 · 관리의 비용부담자에 대하여 손해배상을 청구할 수 있다(제6조 참조).

제 4 절 특허기업

Ⅰ. 의 의

1. 광의의 특허기업

넓은 의미의 특허기업에는 국가 또는 지방자치단체가 법령이나 조례에 의하여 설립한 특수법인기업(법규특허기업)과 사인이 행정주체로부터 특허를 받아 공익사업을 경영하는 기업인 특허처분기업을 포함한다. 그리고 특허처분기업도 공기업의 개념에 포함시킨다.

2. 협의의 특허기업(공익사업)

특허기업을 좁은 의미로 이해하면, 특수법인기업은 공기업으로 분류하고, 특허처분기업만 특허기업으로 보게 된다. 이러한 개념 하에서는 특허기업은 사기업이므로 국 · 공영공기업이나 특수법인 공기업과 구별된다. 특허기업에 관한 논의는 주로 공공성이 강한 사기업의 법적규제에 대한 필요성 때문에 제기된 것이므로, 협의의 특허기업 개념을 채택하는 것이 타당하다.

---

74) 대법원 1982. 7. 27. 선고 80누86 판결.
75) 대법원 1991. 11. 22. 선고 91누2144 판결.

특허기업에 대한 논의의 핵심은 특허기업에게 독점적인 경영권을 보장해 주되, 수요자에 대한 양질의 서비스를 확보하는 것에 있다. 그러한 의미에서 특허기업의 특허를 공익사업의 특허라고도 부른다. 한정된 지역의 고객 밖에는 기대할 수 없어 수요의 탄력성이 없는 반면에 사업을 위하여 거액의 자본이 소요되므로, 그들 사업을 완전경쟁상태에 두는 경우 수지악화를 초래하여 그 피해가 수요자에게 미치는 것(시장의 실패)을 방지하려는 것이다.

Ⅱ. 공익사업의 특허

1. 의 의

공익사업의 특허는 행정청이 사인에게 공익사업의 독점적 경영권을 설정하여 주는 형성적 행정행위이다. 특허행위에 의하여 설정되는 내용이 무엇인지에 관하여 다음과 같은 견해의 대립이 있다.

① **포괄적 법률관계 설정설**: 특정한 공익사업 경영에 관한 각종의 권리와 의무를 포괄적으로 설정하는 설권행위라고 보는 견해

② **독점적 경영권 설정설**: 공익사업의 경영에 관한 독점권을 부여하는 행위로 보는 견해

③ **허 가 설**: 특허와 허가의 성질상 구별을 부정하고 특허 역시 자유의 회복을 의미하는 허가의 일종이라는 견해

특허기업은 국민생활에 필수적인 물자나 역무(서비스)를 제공하는 사업이라는 이유로 특별한 보호와 통제를 받고 있다는 점이 허가영업과 다르고, 그 보호의 핵심을 이루는 것은 일정 범위 내에서 독점적 경영권의 보장이라 할 것이다(독점적 경영권 설정설). 독점적 경영권은 법령이 특허기업 허가요건의 하나로서 수급적합의 원칙을 정하는 방법에 의하여 특허기업자의 수지악화를 방지하는 것, 즉 경영상의 이익을 보호하는 정도면 족하다.

2. 특허기업의 특허와 영업허가의 비교

가. 공통점과 유사점

양자는 ① 행정청에 의한 법률행위적 행정행위, ② 수익적 행정행위, ③ 신청을 요하는 행정행위라는 점에서 공통점을 가지고, ① 사인의 영업행위의 적법요건이 되며, ② 사인의 영업행위에 대한 사전통제수단으로서의 의미를 가지고, ③ 특정인이 헌법상 직업선택의 자유라고 하는 자유권을 적법하게 행사할 수 있게 해준다는 유사성을 지닌다.

나. 차 이 점

① 대상사업: 영업허가의 대상은 식품접객업, 숙박업, 유기장업, 사행행위영업 등과 같이 행정주체의 관여영역이 보건위생, 선량한 풍속, 사회질서의 유지인 사업인 반면, 특허의 대상은 전기·수도·가스·운수 사업 등 국민생활에 필수적인 재화나 역무를 제공하는 사업으로서 고도의 공익성이 있는 사업(공익사업)이라는 특징이 있다. 그러나 양자의 차이는 상대적인 것으로 시대의 상황에 따라 상호 전환될 수 있고, 오늘날에는 허가와 특허의 구별이 점점 상대화되는 경향을 나타내고 있다.

② 규율목적: 허가는 소극적으로 사회공공의 안녕과 질서의 유지를 도모하려는 취지에서 인정된 제도인 반면, 특허는 적극적으로 사회공공의 복리를 증진시키려는 취지에서 인정되는 제도이다. 허가영업에 대해서는 사회공공의 안녕과 질서에 장해를 초래하지 않는 한 행정권이 개입하지 않으나, 특허기업에 대해서는 적극적인 육성을 위한 개입이 행해진다.

③ 성　　질: 종래 허가는 단지 자연적 자유를 회복하여 주는 명령적 행위이지만 특허는 권리·능력의 설정행위로서 형성적 행위라고 설명되어 왔다. 그러나 허가도 권리를 설정하는 형성적 성질이 포함되어 있다.

④ 법률상 이익인지 여부: 기존업자의 신규업자에 대한 관계에서 허가업자가 받는 이익은 원칙적으로 반사적 이익으로서 제3자에 대한 행정청의 신규허가로 인하여 불이익을 받더라도 쟁송으로 구제받을 수 없지만, 특허업자가 행정청의 제3자에 대한 신규허가로 인하여 침해받는 이익은 법률상 이익으로서 쟁송에 의하여 구제받을 수 있다. 그러나 반사적 이익인지 또는 법률상 이익인지는 관계법령의 목적·취지가 전적으로 공익만을 위한 것인지, 적어도 부수적으로 기존업자의 이익보호도 목적으로 하는 것인지에 따라 판단되어야 할 것이다. 허가에서의 해당 이익이 반사적 이익이라고 일률적으로 단언할 수 없고, 일정한 예외적인 경우 허가로 인하여 받는 이익도 법적 이익으로서 보호될 수 있다는 점에 유의하여야 한다.

⑤ 기속행위성 여부: 기속행위인지 여부는 원칙적으로 관련법규의 해석을 통하여 결정된다. 다만 관련법규의 표현이 불명확할 경우에는 영업허가는 기속행위의 성질을 가지나, 공익사업의 특허는 재량행위에 속하게 된다.

⑥ 요건(기준): 영업허가에서는 공공의 안녕과 질서에 대한 장해를 발생시킬 우려가 있는 영업행위를 배제할 목적으로 ① 일정한 자격, ② 결격사유, ③ 물적설비의 기준적합 등의 요건을 요구함에 따라 그 기준이 비교적 명확하다. 반면에 공익사업의 특허에서는 그러한 종류의 사업이 제공하는 역무가 국민의 일상생활상 필요불가결하다는 판단 아래 국민의 복리를 적극적으로 증진시킬 목적으로 ① 사업개시의 공익성, ② 사업경영능력, ③ 수급관

계의 균형 등을 심사하도록 규정함에 따라 불확정개념을 사용하는 경우가 상대적으로 많고 판단의 여지도 인정될 가능성이 있다.

⑦ 감독 · 보호: 영업허가의 경우에는 공공의 안녕과 질서유지를 해하지 않는다면 감독권을 통하여 개입하지 않지만 어떠한 보호 · 특전도 부여하지 않는다. 반면에 공익사업의 특허는 역무제공의 적절성, 계속성, 의무성, 대가의 타당성을 담보하기 위하여 ① 사업계획의 요구, ② 영업의 휴 · 폐지허가제, ③ 요금의 인가제, ④ 공급조건의 통제, ⑤ 사업자의 역무제공의무 등 적극적이고 강한 내용의 감독이 이루어지면서 공용부담특권 등 보호 · 특전이 부여된다.

3. 특허기업의 법률관계

가. 특허기업자의 권리와 특권

① 기업경영권: 공익사업의 특허는 영업허가와 달리 신규업자에 대한 관계에서 법률상 이익으로 평가되므로, 기존업자 등은 신규참여를 제지할 수 있는 법률상 이익을 가진다. 법령이 그 특허기준의 하나로서 수급적합의 원칙을 정하고 있으므로, 행정청은 적어도 과당경쟁으로 인한 특허기업의 수지악화를 방지할 의무를 부담하게 된다.

② 부수적인 특권: 구체적인 내용은 개별법에서 정해질 것이나, 통상 공용부담권, 공물사용권, 경제상 보호, 행정벌에 의한 보호 등이 인정된다.

나. 특허기업자의 의무와 부담

① 기업경영의무: 특허기업은 공익사업이므로 특허를 받은 자는 그것을 경영할 의무를 지고, 경영의무위반은 특허의 철회사유가 된다. 구체적으로 기업개시의무, 기업시행(계속) 의무, 이용제공의무 등이 있다.

② 지시 · 감독을 받을 의무: 특허기업은 허가영업과 달리 기업의 성공적인 운영 및 이용자의 편의를 위하여 행정청에 의한 적극적인 지시 · 감독을 받을 의무를 진다. 허가영업에 비해서는 적극적인 감독을 받는 경우가 많다. 감독의 구체적인 내용으로, 기업의 감시, 기업의 인적능력 · 구성 등에 대한 감독, 기업의 물적 기초에 대한 감독, 기업활동에 대한 감독 등이 있다.

③ 특허기업자의 부담: 기업물건의 융통성의 제한(예; 사업의 양도 · 양수 또는 합병에 인가를 받도록 규정되어 있는 경우), 특별부담(예; 저렴한 요금으로 물건이나 역무를 제공해야 할 의무, 다른 사람을 위하여 기업설비를 공용할 의무 등), 특권료의 납부의무, 매수에 응할 의무, 보험에 가입할 의무 등이 있다.

4. 특허기업의 이용관계

특허기업은 기본적으로 사인이 경영하는 사기업이다. 다만 특허기업이 공중의 일상생활에 필요한 물건이나 역무를 제공하기 때문에 국가 또는 지방자치단체가 적극적인 감독과 보호를 하게 된다. 따라서 국가 또는 지방자치단체와 특허기업과의 관계는 공법관계의 성질을 가지지만, 버스운수회사와 승객과의 관계, 도시가스공급회사와 가스수급자와의 관계 등 특허기업과 이용자와의 관계는 사법관계의 성질을 가진다. 다만 법률이 요금의 강제징수 등을 인정하면, 그 한도에서 공법관계로서의 성질을 가질 수 있다.

5. 특허기업의 이전 · 위탁 · 종료

① 특허기업의 이전(양도 · 합병 · 상속): 양수인도 특허에 필요한 요건을 갖추어야 하므로, 영업양도 등에 신고 또는 인가를 요구하는 경우가 대부분이다.

② 특허기업의 위탁(경영 · 관리의 위탁): 특허기업의 경영은 권리임과 동시에 의무이기 때문에 원칙적으로 허용되지 않으나, 개별법에서 신고 · 인가 하에 허용하는 경우도 있다.

③ 특허기업의 종료: 사업의 휴지나 폐지도 허가 또는 신고사항으로 규정하는 경우가 많고, 특허의 철회, 실효, 기한의 만료 등으로 특허기업은 종료될 수 있다.

제 3 장 공용부담법

제 1 절 개 설

Ⅰ. 공용부담의 의의 및 근거

1. 의 의

공용부담이라 함은 "공공의 필요, 특히 공익사업 또는 특정한 물건의 효용을 확보하기 위하여 개인에게 강제적으로 과해지는 공법상의 경제적 부담"을 말한다.

① 공공의 필요: 공용부담은 '공공의 필요', 특히 공익사업 또는 특정한 물건의 효용을 확보하기 위한 부담이다. 따라서 조세와 같은 재정목적을 위한 부담은 공용부담이 아니다.

② 개인에게 과해지는 부담: 공용부담은 개인에게 과해지는 부담이다. 따라서 국가가 지방자치단체에게 과하는 부담 등은 공용부담이 아니다.

③ 강제적인 부담: 공용부담은 공법상의 강제적인 부담이다. 따라서 개인의 사법상 계약에 의한 부담은 공용부담이 아니다.

④ 경제적 부담: 공용부담은 개인에게 강제적으로 부과된 경제적 부담이다. 따라서 국가에 대한 충성의무와 같은 윤리적 의무는 공용부담이 아니다.

2. 근 거

헌법 제23조 제3항은 "공공필요에 의한 재산권의 수용·사용 또는 제한 및 그에 대한 보상은 법률로써 하되, 정당한 보상을 지급하여야 한다."라고 규정하고 있다. 위 조항은 공용부담과 손실보상의 헌법적 근거가 된다.

법률적 차원에서 공용부담과 관련된 법률은 매우 많다. 예를 들면, 국토계획법, 토지보상법·도시개발법·도시 및 주거환경 정비법·도로법·하천법 등을 들 수 있다.

Ⅱ. 공용부담의 종류

공용부담은 목적에 따라 다양하게 분류할 수 있다. 공용부담을 부과하는 자를 기준으로, 국가에 의한 부담, 공공단체에 의한 부담, 사인에 의한 부담으로 나눌 수도 있다.[1] 공

1) 사인이 공용부담권을 행사할 때 그 사인은 공무수탁사인의 지위를 갖는다.

용부담을 내용에 따라 분류하면, 인적 공용부담, 물적 공용부담으로 분류할 수 있다.

1. 인적 공용부담

인적 공용부담이라 함은 특정인에게 작위 · 부작위 · 급부 등의 의무를 과하는 공용부담을 말한다. 내용에 따라 ① 부담금, ② 부역 · 현품, ③ 노역 · 물품, ④ 시설부담, ⑤ 부작위부담 등으로 나눌 수 있다.

2. 물적 공용부담

물적 공용부담이라 함은 특정한 재산권에 일정한 제한 또는 침해를 가하는 공용부담을 말한다. 내용적으로 ① 공용제한, ② 공용수용, ③ 공용환지 · 공용환권 등으로 분류된다.

가. 공용제한

공용제한이란 "공공필요, 특히 특정한 공익사업 또는 물건의 효용을 확보하기 위하여 재산권에 가해지는 공법상의 제한"을 말한다. 이에 대해서는 항을 나누어 좀 더 자세히 살펴보기로 한다.

나. 공용수용

공용수용이란 특정한 공익사업을 위하여 법률에 의거하여 타인의 토지 등의 재산권을 강제적으로 취득하는 것을 말한다. 이에 대해서는 항을 나누어 좀 더 자세히 살펴보기로 한다.

다. 공용환지 · 공용환권

공용환지라 함은 토지의 이용가치를 증진하기 위하여 일정한 지역 안에 있는 토지의 소유권이나 그 밖의 권리를 권리자의 의사와 관계없이 강제적으로 교환 · 분합하는 것을 말한다. 공용환지는 원래 토지구획정리사업의 일환으로 행해졌고, 구 토지구획정리사업법에 의하여 규율되었었다. 그러다가 위 법률은 도시개발법이 2000. 1. 28. 법률 제6242호로 제정되면서 폐지되었는데, 도시개발법에서는 도시개발사업을 "도시개발구역에서 주거, 상업, 산업, 유통, 정보통신, 생태, 문화, 보건 및 복지 등의 기능이 있는 단지 또는 시가지를 조성하기 위하여 시행하는 사업"이라고 정의하고(제2조 제1항 제2호), 도시개발의 방식으로서 ① 수용 또는 사용방식과 ② 환지방식을 채택하고 있다. 후자에 따라 환지처분이 있게 되면, 시행지구 내 기존 토지에 대한 소유권을 소멸시키고, 법률상 전혀 새로운 것으로 간주되는 토지(환지)상에 새로운 권리의무관계가 창설된다. 한편, 공용환지는 농어촌정비법상 농업생산기반 정비사업의 일환으로 행해질 수도 있다.

공용환권이라 함은 도시재개발사업의 일환으로 일정한 절차를 거쳐 토지와 건축시설에 관하여 권리자의 의사와 관계없이 강제적으로 교환·분합하는 것을 말하고, 도시정비법에 의하여 규율된다. 분양처분이 있으면 종래의 토지와 건축시설에 관한 권리가 새로운 토지와 건축시설에 대한 권리로 변경된다.

제 2 절 인적 공용부담

Ⅰ. 의 의

인적 공용부담이라 함은 "특정한 공익사업의 수요, 특정한 물건의 효용 등 공공의 필요를 위하여 법률에 따라 개인에게 과해지는 공법상의 작위·부작위 또는 급부의 의무"를 말한다. 사람에 대하여 부과하는 공용부담이라는 점에서 물적 공용부담과 구별된다.

Ⅱ. 종 류

1. 부과방법에 의한 분류

부과방법에 따라 개별부담과 연합부담으로 나눌 수 있다. 개별부담은 각 개인에게 개별적으로 과해지는 부담이고, 연합부담은 부담의무자인 개인의 총합체에 대하여 공동의 부담으로 과해지는 부담이다.

2. 부담근거에 의한 분류

부담근거에 따라 일반부담, 특별부담, 우발부담으로 나눌 수 있다.

일반부담은 일정 범위의 개인에게 그 능력에 따라 과해지는 부담이다. 대상의 일반성이라는 측면에서 국방의무나 납세의무와 유사하지만, 특정 공익사업의 수요를 충족시키기 위한 것이라는 점에서 병력의 유지를 위한 국방의무나 재원의 취득을 위한 납세의무와는 구별된다.

특별부담은 특정 공익사업과 특별한 관계에 있는 자에게 과해지는 것으로, 해당 관계의 성질과 내용에 따라 개발부담, 원인자부담, 손궤자(손상자)부담 등으로 분류된다.

우발부담은 우연히 해당 사업의 수요를 충족시킬 수 있는 자에게 과해지는 부담으로서, 그 정도는 사업의 필요에 따라 결정된다. 우발부담은 특별부담과는 달리 공익적 필요에 기하여 그 의무자에게 불평등하게 과해지는 것이므로, 그로 인한 '특별한 희생'은 보상되어야 한다.

3. 내용에 의한 분류

인적 공용부담은 그 내용에 따라 부담금, 부역 · 현품, 노역 · 물품, 시설부담, 부작위부담 등으로 분류된다.

① **부 담 금**: 특정 공익사업과 특별한 관계에 있는 자에 대하여 그 사업에 필요한 경비를 부담시키기 위하여 과해지는 금전지급의무를 말한다. 이에 대해서는 항을 나누어 좀 더 자세히 살펴보기로 한다.

② **부역 · 현품**: 노역 또는 물품이나 그에 상당하는 금전을 선택하여 지급할 의무를 말한다. 오늘날 인정되는 예를 찾아보기 어렵다.

③ **노역 · 물품**: 노역 또는 물품의 급부의무를 말한다. 비상재해의 복구 기타 목전에 급박한 필요가 있는 경우 달리 그 수요를 충족시킬 방법이 없을 때에만 예외적으로 인정된다.

④ **시설부담**: 공익사업의 수요를 충족하기 위하여 그 사업과 특별한 관계에 있는 사람 또는 우발적으로 그 수요를 충족시킬 수 있는 지위에 있는 사람에게 일정한 일 또는 공사를 완성시킬 공법상 의무를 말한다.

⑤ **부작위부담**: 특정한 사업을 독점하기 위하거나 특정한 사업에 대한 장해를 방지하기 위하여 부담하는 부작위의무를 말한다. 우편 등 국가의 독점사업을 경영하지 않을 의무가 전자의 예이고, 널리 공익사업에 장해가 될 행위를 하여서는 안 되는 부작위의무가 후자의 예에 해당한다.

Ⅲ. 부 담 금

1. 의 의

가. 우리나라의 공과금 체계

공과금을 공법상 급부의무의 이행으로 지급하여야 하는 금전이라고 정의한다면, 거기에는 조세를 비롯하여 사용료 및 수수료, 부담금, 사회보험료 그리고 준조세라고도 불리는 특별부담금 등이 포함된다. 위와 같은 공과금은 각각 그 산정원리를 달리하고 있는데, 조세는 담세능력의 원칙, 사용료 및 수수료, 부담금은 등가성의 원칙과 비용부담의 원칙, 사회보험료는 사회보험법상 연대적 배분원칙이 적용되고, 특별부담금은 특별한 재정책임이 그 원리가 된다.

일반적으로 국민의 금전상 급부의무는 적법한 행위에 대하여 부과하는 공과금과 위법한 행위에 대하여 제재로서 부과하는 제재금으로 나눌 수 있다.[2] 공과금에는 앞에서 본 것처럼 조세, 수수료 및 사용료, 부담금, 사회보험료 등이 여기에 속하고, 제재금으로는 흔히 벌금, 과태료, 과징금 등이 거론된다. 그러나 공과금이든 제재금이든 공법상 금전급부의무의 이행으로서 제공되는 금전이라는 점에서 같고 제재금도 부수적으로 재정목적에 기여한다는 점에서 양자의 구별은 상대적이다.

이에 따라 국세기본법 제2조 제8호에서는 공과금을 "국세징수법에서 규정하는 강제징수의 예에 따라 징수할 수 있는 채권 중 국세, 관세, 임시수입부가세, 지방세와 이와 관계되는 강제징수비를 제외한 것"이라고 조세 이외의 공법상 금전급부의무를 포괄하는 개념을 설정하고 있다.

나. 전통적인 부담금과 특별부담금

부담금과 특별부담금은 모두 부담금관리 기본법의 관리대상이지만, 개념상으로는 구분이 된다. 전통적인 부담금은 "특정 공익사업과 특별한 관계에 있는 자에게 그 사업에 필요한 경비를 부담시키기 위하여 과해지는 금전지급의무"를 말한다.[3] 즉, 국가나 지방자치단체 등의 행정주체가 특정한 공익사업과 관련이 있는 자에게 그 사업에 필요한 경비의 전부 또는 일부를 부담시키기 위하여 과하는 공법상의 금전급부의무로서, 분담금의 성격을 가진 인적공용부담 중 특별부담이다. 이에 대하여, 특별부담금은 특별한 과제를 위한 재정에 충당하기 위하여 특정집단에게 과업과의 관계 등을 기준으로 부과되고 공적기관에 의한 반대급부가 보장되지 않는 금전급부의무를 말한다.[4]

특별부담금을 포괄하는 부담금은 금전지급의무라는 점에서 조세와 같으나, 부담금은 특정 공익사업의 경제충당을 위한 것이지만 조세는 행정주체의 일반적 경비에 충당하기 위한 것이라는 점이 다르다. 또한, 전통적인 부담금은 특정 공익사업과 특별한 관계에 있는 자에게 그 관계되는 범위 내에서 과해지는 것이나 조세는 일반국민 또는 주민에 대하여 그 부담능력에 따라 과해진다는 점에서도 다르다. 한편, 사용료와 수수료는 재화의 사용대가나 용역의 이용대가로 지급하는 것이므로, 그와 관계없이 과해지는 부담금 및 특별부담금과 구별된다.

한편, 특별부담금은 아무런 반대급부도 요구하지 않는다는 점에서 납부의무자에게 특정한 경제적 이익이 발생하여야 한다는 점을 요구하는 부담금과 구별되고, 이러한 점에서

---

2) 박상희, "해양환경관리법상 해양환경개선부담금", 해사법연구 제21권 제3호, 한국해사법학회(2009. 11), 90면.

3) 헌재 2003. 12. 18. 선고 2002헌가2 결정.

4) 헌재 2003. 12. 18. 선고 2002헌가2 결정.

조세와 유사하다. 그러나 특별부담금은 특정 공익사업의 경제충당을 위한 것이라는 점에서 부담금과 같고, 행정주체의 일반적 경비에 충당하기 위한 조세와 구별된다.

다. 재정조달 목적 부담금과 정책실현 목적 부담금

전통적인 부담금은 공익사업과의 관계에 따라 수익자부담금, 원인자부담금 및 손상자부담금으로 분류하는 것이 보통이나, 특별부담금은 아무런 반대급부도 요구하지 않는다는 점에서 그러한 분류는 유용하지 않다. 헌법재판소의 판례를 참조하면, 특별부담금은 부과목적과 기능에 따라 재정조달 목적을 가지는 부담금(재정조달 목적 부담금), 부담금의 부과 자체로 추구되는 특정한 사회·경제적 정책실현을 목적으로 하는 부담금(정책실현 목적 부담금)으로 구분할 수 있다.[5] 후자는 부담금의 부과로서 국민의 행위를 일정한 정책적 방향으로 유도하는 수단이 되는 경우(유도적 부담금)와 특정한 공법적 의무를 이행하지 않은 사람과 그것을 이행한 사람 사이에 또는 공공의 출연으로부터 특별한 이익을 얻는 사람과 그밖의 사람 사이에 발생하는 형평성 문제를 조정하는 수단이 되는 경우(조정적 부담금)가 있다.

재정조달 목적 부담금은 추구되는 공적 과제가 부담금 수입의 지출단계에서 비로소 실현되는 반면, 정책실현 목적 부담금은 부담금의 부과 그 자체로 추구되는 공적 과제의 전부 또는 일부가 실현되는 된다는 점에서 양자는 구별된다.

2. 부담금의 헌법적 허용성 여부

부담금은 재정 목적을 수반하는 조세 외의 추가적 부담이라는 측면에서 헌법적 허용성 여부가 문제된다. 부담금은 특정집단에게만 부과된다는 점에서 일반 국민에 대한 차별대우를 하고, 부담금의 부과는 국민의 재산권을 추가적으로 제한하고 있기 때문이다.

특히 특별부담금은 납부의무자에게 추상적이기는 하지만 특정한 경제적 이익이 발생하여야 한다는 점을 요구하는 부담금과 달리, 아무런 반대급부도 요구하지 않는다는 점에서 조세와 유사하므로, 다음과 같은 점에서 특별한 헌법상의 정당화가 요구된다. 헌법 제38조에서는 납세의 의무를 국민의 기본의무로 정하고 제59조에서 "조세의 종목과 세율은 법률로 정한다."라고 규정하고 있는데, 국민의 조세저항이나 이중과세의 문제를 회피하기 위한 수단으로 특별부담금을 부과한다면, 이러한 헌법상의 재정질서를 교란할 우려가 있다. 그리고 이미 납세의무를 지고 있는 국민들 중 특정 집단에 대해서만 다시 조세 외적 공과금을 추가적으로 부담시킨다면, 조세평등의 원리가 실질적으로 침해될 수 있다. 또한, 부담금 수입은 일반회계예산에 편입되는 조세와는 달리 기금이나 특별회계예산에 편입되기 때문에 재정에 대한 국회의 민주적 통제기능을 상대적으로 약화시킬 우려가 있다.

---

5) 헌재 2004. 7. 15. 선고 2002헌바42 결정.

이러한 문제는 정책실현 목적 부담금보다 재정조달 목적 부담금에서 두드러진다. 그리하여, 헌법재판소는 독일 연방헌법재판소의 판례에 영향을 받아, 재정조달 목적 부담금의 경우 집단적 동질성, 사항적 근접성, 집단적 책임성 및 집단적 효용성 등 4가지 정당화 요건을 요구하고 있다.[6] 그런데, 정책실현 목적 부담금의 경우에는 위 4가지 정당화 요건을 모두 요구하지 않거나 완화하기도 하는데, 집단적 책임성과 집단적 효용성은 결정적 의미를 가지지 않는다거나[7] 사항적 근접성과 집단적 책임성이 관건이라는 결정이 있다.[8]

3. 부담금관리 기본법의 제정경위와 부담금의 정의

가. 부담금관리 기본법의 제정경위

IMF 경제위기 사태가 벌어진 1990년대 초반 이후 규제행정의 투명성을 제고하는 차원에서 규제완화가 지속적으로 진행되었는데, 그 일환으로 행정주체가 조세 이외의 손쉬운 재정조달방법으로 부담금, 분담금, 부과금, 예치금 등 각종 명목으로 부과되는 금전급부의무를 통일적으로 관리하여 부과행정의 투명성을 제고하여 달라는 요구가 있었다. 그리하여, 공과금 중에서 그 성격이 분명한 보조금에 관해서는 보조금관리기본법, 과태료에 관해서는 질서행위위반규제법 등을 제정하고, 그 나머지에 해당하는 각종 공법상 금전급부의무의 부과금을 부담금이라고 포괄적으로 정의하되 부담금을 한정열거하는 방식으로, 부담금관리 기본법은 2001. 12. 31. 법률 제6589호로 제정되었다.[9]

나. 부담금관리 기본법상의 부담금의 정의

부담금의 실질을 가지고 있으면서도 부담금이라는 용어를 사용하지 않는 것도 있고, 부담금의 실질을 가지고 있지 않으면서도 부담금이라는 용어를 사용하는 경우도 있었기 때문에, 부담금관리 기본법은 기존의 금전급부의무 중 공정성, 투명성, 명확성, 적정성 등의 요건을 갖추지 못한 것은 철폐하고 나머지를 가급적 부담금으로 묶어서 통합관리체계를 확립하고, 새로운 금전급부의무의 신설을 억제하기 위하여 엄격한 심사를 행하며, 국회의 지속적인 정당성 심사장치를 마련하기 위한 입법목적을 달성하기 위하여, 각종 공법상 금전급부의무를 가급적 포괄할 수 있도록 규율대상을 폭넓게 설정할 수밖에 없었다.

그리하여, 부담금관리 기본법 제2조에서는 부담금을 "중앙행정기관의 장, 지방자치단체의 장, 행정권한을 위탁받은 공공단체 또는 법인의 장 등 법률에 따라 금전적 부담의 부

6) 헌재 2003. 12. 18. 선고 2002헌가2 결정.
7) 헌재 2004. 7. 15. 선고 2002헌바42 결정.
8) 헌재 2007. 5. 31. 선고 2005헌바47 결정.
9) 이에 대한 설명은 오준근, 부담금을 종합적으로 관리하는 법률의 제정방안연구, 한국법제연구원, 1998, 37면 이하 참조.

과권한을 부여받은 자(부과권자)가 분담금, 부과금, 기여금, 그 밖의 명칭에도 불구하고 재화 또는 용역의 제공과 관계없이 특정 공익사업과 관련하여 법률에서 정하는 바에 따라 부과하는 조세 외의 금전지급의무(특정한 의무이행을 담보하기 위한 예치금 또는 보증금의 성격을 가진 것 제외)"라고 정의하고 있다. 이러한 정의에 의하면, 부담금관리 기본법상의 부담금은 전통적인 부담금뿐만 아니라 특별부담금을 포괄하는 개념이 된다.

4. 부담금의 법적 성격

부담금의 법적 성격에 대하여, 전통적으로 행정법학에서는 "특정한 공익사업의 수요, 특정한 물건의 효용 등 공공의 필요를 위하여 법률에 따라 개인에게 과해지는 공법상의 작위·부작위 또는 급부의 의무"를 인적 공용부담이라고 정의하고, 그중에서 부담금은 국민일반에 부과되는 것이 아니라는 점에서 특별부담이라고 설명하고 있다(인적 공용부담으로서 특별부담의 성격). 그리고, 부담금은 공법상 금전급부의무를 부과한다는 점에서 공과금의 성격을 가진다(공과금의 성격).

그런데, 부담금관리 기본법은 부담금을 넓게 설정하여 서로 이질적인 성격을 가지는 공법상 금전급부의무를 하나의 개념으로 통일하였기 때문에 모두를 같은 법원리로 정당화할 수 없고,[10] 통일적으로 적용될 수 있는 법원칙을 도출하기도 어렵다.[11] 따라서, 특정 공익사업과 관련하여 재정조달에 기여한다는 점에서 부담금관리 기본법상의 부담금에 포섭되어 있다고 하더라도, 그 법적 성격과 산정원리, 부과요건 등은 개개 부담금에 대하여 개별적으로 규명할 수밖에 없다.

위에서 본 정책실현 목적 부담금 중에는 각종 환경개선 관련 부담금과 같이 간접적으로 국가의 정책목적을 유도하는 것이 있다(유도적 기능). 나아가 국가가 특정한 집단에 속하는 사람들에게 일정한 공법상의 의무를 직접 부과하고 그 의무의 이행을 확보하기 위하여 의무위반자에 대하여 행정상의 제재로 부과되는 것이 있다(제재적 기능).[12]

5. 부담금의 유형

가. 전통적인 부담금

사업의 종류에 따라 개발부담금(개발이익환수에 관한 법률 제3조)·도로부담금(도로법 제91조)·하천부담금(하천법 제65조) 등으로 나뉘고, 부담원인에 따라 개발부담금, 원인자부담

10) 정호경, "소위 특별부담금 개념의 인정여부와 허용요건에 관한 소고", 행정법연구 제14호, 행정법이론실무학회(2005), 405면.
11) 임현, "현행 부담금 제도의 법적 쟁점", 토지공법연구 제48집, 한국토지공법학회(2010. 2), 408면.
12) 손상식, "부담금 관련 위헌심사기준", 공과금 부과와 위헌심사, 헌법재판연구원(2012), 130면 참조.

금, 손궤자부담금으로 구분된다. 현재 설치되어 있는 부담금은 부담금관리기본법 제3조에 열거되어 있다.

(1) 개발부담금

개발부담금이란 개발사업의 시행이나 토지이용계획의 변경, 그밖에 사회적 · 경제적 요인에 따라 정상지가 상승분을 초과하여 개발사업을 시행하는 자(사업시행자)나 토지소유자에게 귀속되는 토지가액의 증가분(개발이익)이 생긴 경우에 이를 일부 환수함으로써 경제정의를 실현하고 토지에 대한 투기를 방지하여 토지의 효율적인 이용의 촉진을 도모하기 위하여 부과하는 부담금이다(개발이익환수에 관한 법률 제2조 참조).

국가는 개발사업의 종류에 따라 부과기준에 의하여 산정된 개발이익의 20/100 또는 25/100을 개발부담금으로 징수하여야 하고, 징수된 개발부담금의 50/100에 해당하는 금액은 개발이익이 발생한 토지가 속하는 지방자치단체에 귀속되고 나머지는 「지방자치분권 및 지역균형발전에 관한 특별법」에 따른 지역균형발전특별회계에 귀속된다(개발이익환수에 관한 법률 제4조 · 제13조).

개발사업 시행자에게 부과 · 징수할 개발부담금 산정의 전제가 되는 개발이익을 산출할 때에는 되도록 합리적 방법으로 부과 대상자가 현실적으로 얻게 되는 이익을 실제에 가장 가깝게 공평하게 산정하여야 한다.[13)]

❑ [참고] **개발부담금의 산정방법**

○ 개발부담금 = 개발이익×부담률(20% 또는 25%)

○ 개발이익 = (부과종료시점의 지가) − (부과개시시점의 지가 + 정상지가상승분 + 개발비용)

○ 개발비용 = 순공사비 + 조사비 + 설계비 + 일반관리비 + 기부채납 시설과 토지의 가액 + 부담금 납부액 + 해당 토지의 개량비 + 제세공과금 + 보상비 + 양도소득세 또는 법인세 납부액

(2) 원인자부담금

특정한 공사의 시행을 필요하게 한 원인을 조성한 자에게 그 공사비용의 전부 또는 일부를 부담시키는 부담금을 말한다. 예를 들면, 하수도 원인자부담금은 공공하수도 건설사업을 필요하게 만든 원인을 제공한 자에게 그 비용을 부담시키거나 해당 공사를 시행하게 하는 자에게 부과한다.[14)] 그러한 점에서 공물인 공공하수도의 사용대가를 뜻하는 하수도

13) 대법원 1996. 1. 26. 선고 95다7451 판결.

14) 대법원 2015. 10. 29. 선고 2015두40712 판결 참조. 도시개발사업으로 조성된 토지에 그 개발계획에서 정해진 규모 및 용도에 따라 건축물이 건축된 경우에 수도법령에 따른 상수도 원인자부담금 납부의무와 관련하여, 대법원은 "도시개발사업이 시행되는 경우 '수도시설의 신설이나 증설 등의 원인'은 도시개발사업을 시행함으로써 발생하는 것이지, 도시개발사업으로 조성된 토지를 취득한 자가 주택 등의

사용료와 다르다. 하수도 사용료는 실제로 공공하수도를 사용하여 하수를 배출한 자만 납부의무를 부담하나, 원인자부담금은 하수발생이 예상되는 "건축물의 신축, 증축" 등에 대하여 예상되는 하수배출량에 따라 부담금 등이 부과되는 것일 뿐이고 실제로 하수를 배출하였는지 여부와는 직접적인 관계가 없다.[15] 그리고, 학교용지부담금은 개발사업이 진행되는 지역에서 증가한 취학 수요에 대응하기 위하여 학교를 신설·증축하여야 하는데, 그러한 학교시설 확보의 필요성이 개발사업으로 인하여 유발되었기 때문에, 개발사업지역에서 공동주택을 분양하는 자에게 부과하는 부담금을 말한다.[16]

(3) 손궤자(손상자)부담금

특정한 공익사업의 시설에 손상을 주는 행위를 한 자에게 그 시설의 유지 또는 수선에 필요한 비용의 전부 또는 일부를 부담시키는 것을 말한다(예; 도로손궤자부담금).

나. 특별부담금

특별부담금은 앞에서 본 것처럼 재정조달 목적 부담금과 정책실현 목적 부담금으로 구분되고, 후자는 다시 유도적 부담금과 조정적 부담금이 있다. 헌법재판소의 판례에 따르면, 전자에 속하는 것으로 학교용지부담금,[17] 관광진흥개발기금 납부금,[18] 교통안전기금 분담금,[19] 문예진흥기금 부담금[20] 등이 있고, 후자로는 폐기물부담금[21]이 있으며, 양자의 목적을 겸유하는 것으로서 국외여행자 납부금,[22] 해양환경개선부담금,[23] 수질개선부담금[24] 등이 있다. 이러한 부담금들은 서로 다른 특성과 기능을 수행하고 있지만, 특정 공익사업과 관련하여 재정조달 목적을 가지고 있다는 점에서 부담금관리 기본법상의 부담금으로 느슨하게 묶일 수 있다.

건축물을 건축하였을 때에 비로소 발생한다고 볼 것은 아니"므로, 도시개발사업의 사업시행자가 상수도 원인자부담금을 부담하는 것이 원칙이라고 판시하였다(대법원 2020. 7. 9. 선고 2017두40723 판결).

15) 같은 이치로 수도법 제71조 제1항은 '수도공사를 하는 데에 비용 발생의 원인을 제공'할 것을 요건으로 원인자부담금을 부과할 수 있도록 규정하고 있을 뿐이므로, 즉시 수도시설의 신설·증설이 이루어지지 않더라도 주택단지인 수돗물을 많이 쓰는 시설을 설치하여 수도시설의 신설·증설 등의 원인만 제공한 경우에도 원인자 부담금을 부과할 수 있다(대법원 2024. 7. 25. 선고 2022두48837 판결).

16) 대법원 2025. 6. 26. 선고 2023다252551 판결.

17) 헌재 2008. 9. 25. 선고 2007헌가1 결정.

18) 헌재 1999. 1. 28. 선고 97헌가8 결정.

19) 헌재 1999. 1. 28. 선고 97헌가8 결정.

20) 헌재 2003. 12. 28. 선고 2002헌가2 결정.

21) 헌재 2008. 5. 29. 선고 2005헌바48 결정.

22) 헌재 2003. 1. 30. 선고 2002헌바5 결정.

23) 헌재 2007. 12. 27. 선고 2006헌바25 결정.

24) 헌재 1998. 12. 24. 선고 98헌가1 결정, 헌재 2004. 7. 15. 선고 2002헌바42 결정.

6. 부과 · 징수

부담금의 부과권자는 해당 사업주체이다. 다만 사업주체와 비용부담자가 다른 경우(국영공비사업)에는 후자가 부담금의 부과 · 징수권을 갖는 것이 원칙이다.

부담금은 설치목적을 달성하기 위하여 필요한 최소한의 범위에서 공정성 및 투명성이 확보되도록 부과되어야 하며, 특별한 사유가 없으면 하나의 부과대상에 이중으로 부과할 수 없다(부담금관리기본법 제5조 제1항). 부과권자가 부담금을 부과하는 경우에는 납부의무자에게 ① 부담금 납부의무자, ② 부담금 부과의 법적 근거, 납부금액, 산출근거, 납부방법 및 미납 시의 조치사항, ③ 부담금의 감면 요건 및 방법, ④ 부담금의 용도, ⑤ 의견을 제출할 수 있다는 뜻과 의견을 제출하지 않은 경우의 처리방법, ⑥ 의견제출기관의 명칭과 주소, ⑦ 의견제출기한, ⑧ 그밖에 부담금의 부과 및 납부에 필요한 사항을 미리 알려야 한다(같은 조 제2항).[25]

납부의무자가 납부기한을 지키지 않는 경우에는 해당 법령에서 정하는 바에 따라 가산금 등을 부과 · 징수할 수 있다(부담금관리기본법 제5조의3 제1항).[26] 부담금의 불이행에 대해서는 통상 강제징수가 인정되고(도로법 제94조, 하천법 제67조, 지방자치법 제157조 등), 부담금의 부과 · 징수에 대하여 이의가 있는 때에는 행정쟁송절차에 의하여 다툴 수 있다.

제 3 절 공용제한

Ⅰ. 의 의

1. 개 념

공용제한이란 "공공의 필요, 특히 특정한 공익사업 또는 물건의 효용을 확보하기 위하여 재산권에 가해지는 공법상의 제한"을 말한다.

---

25) 다만 ① 공공의 안전 또는 복리를 위하여 긴급하게 처분할 필요가 있는 경우(해당 법령에서 정한 경우에만 해당), ② 해당 처분의 성질상 의견청취가 현저히 곤란하거나 명백히 불필요하다고 인정될 만한 타당한 이유가 있는 경우, ③ 해당 법령에서 부담금의 부과기준일, 부과기간 및 납부기한 등이 정해져 있고, 매년 정기적으로 부담금을 부과하는 경우(납부의무자에게 최초로 부과하는 경우와 부과요율 인상, 부과대상 변경 등 부담금의 부과요건이 변경되는 경우 제외)에는 통지를 하지 않을 수 있다(같은 조 제4항).

26) 가산금 등을 부과하는 규정을 해당 법령에서 정할 때 ① 부담금을 납부기한까지 완납하지 않은 경우 부과하는 가산금 등은 체납된 부담금의 100분의 3에 상당하는 금액, ② 체납된 부담금을 납부하지 않은 경우 위의 가산금 등에 더하여 부과하는 가산금 등은 체납기간 1일당 체납된 부담금의 10만분의 25에 상당하는 금액을 초과하지 않도록 하여야 한다(같은 조 제2항).

① 목 적: 공용제한은 공공의 필요를 위한 것이다. 특정한 공익사업을 목적으로 하는 것을 부담제한이라고 하고, 특정한 물건의 효용을 높이는 것을 목적으로 하는 것을 공물제한이라고 한다.

② 대 상: 통상 특정한 재산권에 과해지고, 특히 부동산물권이 중심이 된다. '사람'에게 의무를 과하는 것이 아니라 직접 '권리'에 대해 제한을 가하는 점에서 인적 공용부담과 구별된다.

③ 내 용: 공용제한은 권리에 대하여 제한을 가하는 것이다. 따라서 권리의 소멸을 가져오는 공용수용 및 공용환지 · 공용환권과 구별된다.

④ 공법상의 제한: 공용제한은 '공법상'의 제한이다. 이 점에서 재산권에 대한 사법상의 제한과 구별된다.

2. 근 거

공용제한은 공적인 목적을 위한 것이기는 하지만 사인의 기본권을 제한하는 의미도 있다. 따라서 공용제한은 법률상의 근거가 요구된다(헌법 제23조 제3항). 공용제한에 관한 일반법은 없고, 국토계획법, 도로법, 하천법, 개발제한구역의 지정 및 관리에 관한 특별조치법(개발제한구역법) 등 개별법에 그 근거를 두고 있다.

Ⅱ. 공용제한과 손실보상

1. 문제의 소재

헌법 제23조 제1항에서는 국민의 재산권은 보장하되, 그 내용과 한계를 법률로 정하도록 하고, 제2항에서는 재산권의 행사가 공공복리에 적합하여야 한다고 규정하고 있다. 왜냐하면 재산권은 그에 대한 사회적 제약이 미치지 않는 범위 내에서만 보장되기 때문이다. 그러나 공용제한으로 개인에게 특별한 희생 또는 사회적 제약을 넘어서는 손실을 가한 때에는 정당한 보상이 지급되어야 한다(헌법 제23조 제3항 참조).

그런데 공용제한에 관하여 공용수용과 달리 손실보상에 관한 실정법적 규정을 찾아보기 어렵다. 공용제한을 통한 재산권의 제한은 대체로 재산권에 내재하는 사회적 제약에 해당하여 보상이 필요 없다고 보기 때문일 것이라고 추측된다. 그러한 맥락에서 대법원은 군사시설보호법상의 군사시설보호구역 안에 있는 토지에 관한 재산권 제한을 사회적 제약 내에 있는 것이라고 판시하였다.[27)]

그러나 ① 개발제한구역의 지정으로 현저한 재산권의 침해를 입는 경우, ② 도로구역

27) 대법원 1992. 11. 24. 선고 92부14 판결.

등으로 고시된 채 장기간 방치됨으로써 재산권자에게 심대한 불이익이 발생한 경우 등과 같이 그렇지 않는 경우도 현실적으로 존재하고 있다.

이러한 경우의 구제방법과 관련하여, 학설상으로는 ① 국가배상법에 의거한 배상청구, ② 헌법 제23조 제3항에 의거한 손실보상청구, ③ 관계규정의 유추를 통한 손실보상청구 등의 방안이 제시되기도 한다.[28] 대법원은 개발제한구역의 지정과 그 구역 안에서 개발행위의 제한에 따른 재산권의 침해와 관련하여, 구 도시계획법 제21조가 위헌이라는 주장을 배척하였다. 그러나 헌법재판소는 오랜 침묵 끝에 헌법불합치결정을 내렸다.

2. 구 도시계획법 제21조에 관련된 판례

가. 대법원의 합헌판결

개발제한구역 내에 거주한다든가 토지를 가지고 있는 사람들 등 이해관계자는 개발제한구역의 지정으로 인한 권리의 침해를 행정소송을 제기하여 다툰 적이 있었다. 그런데, 대법원은 그러한 제한을 사회적 제약 내에 있는 것으로 보고 구 도시계획법 제21조 제1항을 합헌이라고 판시하였다.

대법원 1990. 5. 8.**자** 89**부**2 **결정**: 도시계획법 제21조 제1항, 제2항의 규정에 의하여 개발제한구역 안에 있는 토지의 소유자는 재산상의 권리행사에 많은 제한을 받게 되고, 그 한도 내에서 일반토지소유자에 비하여 불이익을 받게 되었음은 명백하지만 '도시의 무질서한 확산을 방지하고 도시주변의 자연환경을 보전하여 도시민의 건전한 생활환경을 확보하기 위하여, 또는 국방부장관의 요청이 있어 보안상 도시의 개발을 제한할 필요가 있다고 인정되는 때'(도시계획법 제21조 제1항)에 의하여 가하여지는 위와 같은 제한은 공공복리에 적합한 합리적인 제한이라고 볼 것이고, 그 제한으로 인한 토지소유자의 불이익은 공공의 복리를 위하여 감수하지 아니하면 안 될 정도의 것이라고 인정하므로 손실보상의 규정을 두지 아니하였다 하여 도시계획법 제21조 제1항, 제2항의 규정을 헌법 제23조 제3항이나 제37조 제2항에 위배되는 것이라고 할 수 없는 것이다.[29]

나. 헌법재판소의 헌법불합치결정

반면에 헌법재판소는 구 도시계획법 제21조에 대하여 헌법불합치 결정을 하였다.[30] 그 내용은 다음과 같다.

첫째, 이 사건 법률조항이 규정한 개발제한구역의 지정이라는 제도 그 자체는 토지재산권에 내재하는 사회적 기속성을 구체화한 것으로서 원칙적으로 합헌적인 규정인데, 구역

28) 이러한 문제에 관한 학설과 판례의 동향에 관해서는 손실보상 중 해당부분에서 이미 설명하였다.
29) 같은 취지 대법원 1994. 5. 10.자 93도2397 결정, 대법원 1996. 6. 28. 선고 94다54511 판결.
30) 헌재 1998. 12. 24. 선고 89헌마214, 90헌바16, 97헌바78 결정.

지정으로 말미암아 일부 토지소유자에게 사회적 제약의 범위를 넘는 가혹한 부담이 발생하는 예외적인 경우에도 보상규정을 두지 않은 것에 위헌성이 있는 것이므로, 불합치결정을 선고함으로써 입법자가 이 사건 법률조항을 헌법에 적합하게 개정할 때까지 그대로 유지해야 할 필요성이 있다는 것이다.

둘째, 개발제한구역의 지정에 따라 생기게 된 가혹한 부담의 유무와 정도 및 이에 따른 보상의 구체적인 기준과 방법은 헌법재판소가 일률적으로 확정할 수 없고, 개개의 토지에 대하여 구체적이고 객관적인 사정을 종합하여 입법자가 판단하여야 할 사항이라는 것이다.

다만 개발제한구역 내에서 건축물의 건축 및 용도변경 등의 개발행위를 원칙적으로 제한하는 개발제한구역법상의 규정 그 자체는 헌법에 위반되지 않는다고 판시하였다.[31)]

다. 개선입법

한편, 위 헌법불합치 결정으로 인하여 구 도시계획법은 2000. 1. 28. 전면개정이 이루어졌는데, 관계자의 손실을 구제하기 위하여 몇 가지 제도들이 새롭게 도입되었다. 그리고, 이러한 제도들은 도시계획법이 폐지되고 국토계획법이 새롭게 제정되면서 거기에도 규정되었다. 헌법재판소 결정의 영향으로 새롭게 도입된 제도들을 현행 국토계획법의 규정 내용을 통하여 살펴보면 다음과 같다.

① **도시 · 군계획시설의 공중 및 지하에의 설치기준과 보상 등:** 도시 · 군계획시설을 공중 · 수중 · 수상 또는 지하에 설치할 때 그 높이 또는 깊이의 기준과 그 설치로 인하여 토지나 건물에 대한 소유권의 행사에 제한을 받는 자에 대한 보상 등에 관해서는 따로 법률로 정한다(제46조).

② **도시 · 군계획시설 부지의 매수청구:** 도시 · 군계획시설에 대한 도시 · 군관리계획의 결정의 고시일부터 10년 이내에 해당 도시 · 군계획시설의 설치에 관한 도시 · 군계획시설사업이 시행되지 않는 경우(제88조의 규정에 의한 실시계획의 인가 또는 그에 상당하는 절차가 행해진

31) 헌재 2004. 2. 26. 선고 2001헌바80, 84, 102, 103, 2002헌바26 결정: 도시의 무질서한 확산을 방지하고 도시주변의 자연환경을 보전하여 도시민의 건전한 생활환경을 확보하기 위하여 도시의 개발을 제한할 필요가 있으므로 개발제한구역지정으로 인한 토지재산권의 제한은 그 목적의 정당성이 인정되고, 개발제한구역 내에서 그 구역지정의 목적에 위배되는 건축물의 건축, 공작물의 설치 등을 원칙적으로 그리고 전면적으로 금지하는 것은 위와 같은 개발제한구역의 입법목적을 달성하는데 기여하므로 수단의 적정성도 인정되며, 개발제한구역 내의 토지에 대한 선별적, 부분적, 예외적 이용제한의 수단만을 선택하여서는 목적의 효율적인 달성을 기대하기 어려우므로 전면적인 규제수단은 입법목적을 달성하기 위해 필요한 최소한의 조치인 것으로 인정된다. 그리고 같은 법이 개발제한구역의 지정으로 인하여 토지의 효용이 현저히 감소하거나 그 사용 · 수익이 사실상 불가능한 토지소유자에게 토지매수청구권을 인정하는 등 보상규정을 두고 있는 점에 비추어, 이 사건 특조법 조항이 토지재산권의 제한을 통하여 실현하고자 하는 공익의 비중과 이 사건 특조법 조항에 의하여 발생하는 토지재산권의 침해의 정도를 비교형량할 때 양자 사이에 적정한 비례관계가 성립한다고 보이므로 법익균형성도 충족된다. 따라서 개발제한구역내에서 건축물의 건축 및 용도변경 등의 행위를 제한하는 이 사건 특조법 조항이 비례의 원칙을 위반하여 청구인들의 재산권을 과도하게 침해한 것으로 보기 어렵다.

경우 제외) 해당 도시 · 군계획시설의 부지로 되어 있는 토지 중 지목이 대(垈)인 토지(해당 토지에 있는 건축물 및 정착물 포함)의 소유자는 대통령령이 정하는 바에 따라 특별시장 · 광역시장 · 시장 또는 군수에게 해당 토지의 매수를 청구할 수 있다(제47조).

③ **도시 · 군계획시설결정의 실효:** 도시 · 군계획시설결정이 고시된 도시 · 군계획시설에 대하여 그 고시일부터 20년이 경과될 때까지 해당 시설의 설치에 관한 도시 · 군계획시설사업이 시행되지 않는 경우 그 도시 · 군계획시설결정은 그 고시일부터 20년이 되는 날의 다음날에 그 효력을 상실한다(제48조).

또한, 위 헌법불합치결정에 따르기 위하여 특별법으로서 개발제한구역법이 제정되었는데, 동법이 손실구제 등을 위하여 새로 도입한 제도에는 다음과 같은 것이 있다.

① **존속중인 건축물에 대한 특례:** 시장 · 군수 또는 구청장은 법령의 개폐 기타 대통령령이 정하는 사유로 인하여 사유발생 당시의 대지 · 건축물 또는 공작물이 이 법의 규정에 적합하지 않게 된 경우 대통령령이 정하는 바에 따라 건축물의 건축 또는 공작물의 설치를 허가할 수 있다(제13조).

② **취락지구에 대한 특례:** 시 · 도지사는 개발제한구역 안에 주민이 집단적으로 거주하는 취락(제11조 제1항 제3호의 규정에 의한 이주단지 포함)을 국토계획법 제37조 제1항 제8호의 규정에 의한 취락지구로 지정할 수 있고(제15조), 시 · 도지사, 시장 · 군수 또는 구청장은 취락지구에서 주거환경을 개선하고 기반시설을 정비하기 위한 사업(취락지구정비사업)을 시행할 수 있다(시행령 제25조 제3항).

③ **주민지원사업:** 시장 · 군수 또는 구청장은 관리계획에 따라 개발제한구역 주민의 생활편익과 복지증진을 등을 위한 지원사업을 시행할 수 있다(제16조).

④ **토지매수의 청구:** 개발제한구역의 지정으로 인하여 개발제한구역안의 토지를 종래의 용도로 사용할 수 없어 그 효용이 현저히 감소된 토지 또는 해당 토지(매수토지)의 소유자로서 ㉠ 개발제한구역의 지정 당시부터 해당 토지를 계속 소유한 자, ㉡ 토지의 사용 · 수익이 사실상 불가능하게 되기 전에 해당 토지를 취득하여 계속 소유한 자, ㉢ ㉠, ㉡에 해당하는 자로부터 해당 토지를 상속받아 계속 소유한 자는 국토교통부장관에게 해당 토지의 매수를 청구할 수 있다(제17조).

3. 보상기준

공용제한과 관련하여 법률이 보상규정을 두고 있지 않는 경우, 그 보상 기준에 관하여 다음과 같은 견해가 제시되고 있다.

① **상당인과관계설:** 토지이용제한에 의하여 토지소유자 등이 입게 된 손실 중 해당 이용제한과 상당인과관계에 있는 모든 것이 보상되어야 한다는 이론이다.

② 지가저락설: 토지의 이용제한에 따르는 손실의 보상은 계속적인 이용제한에 의하여 발생하는 토지의 이용가치의 저하에 대하여 지급되어야 한다는 이론으로서, 독일의 건설법전(Baugesetzbuch) 등 실정법 및 판례 등이 취하는 이론이다.

③ 실손보전설: 토지의 이용제한에 의하여 현실적으로 발생한 손실이 보상되어야 한다는 이론이다.

④ 지 대 설: 공용사용의 성질을 가지는 것이므로, 지대 상당액이 보상의 기준이 되어야 한다는 이론이다.

⑤ 공용지역권설정설: 토지의 이용제한을 공용지역권의 설정으로 보아, 이에 대한 대상(代償)을 보상하여야 한다는 이론이다.

Ⅲ. 공용제한의 내용

공용제한은 그 목적에 따라 ① 공물제한, ② 부담제한, ③ 사용제한(공용사용)으로 분류된다.

1. 공물제한

공물제한은 제한되는 권리의 목적물 자체가 공익상 필요하기 때문에 공법상의 제한이 과해지는 경우이다. 이는 해당 물건이 행정주체에 의하여 공적 목적에 제공됨으로써 그 소유권에 제한이 과해지는 경우와 그 물건의 존재 자체가 공익상 필요하기 때문에 제한이 과해지는 경우로 구분된다. 사유공물 또는 특허기업재산에 대한 공물제한은 전자의 예이고, 보존공물에 대한 제한은 후자의 예에 속한다.

2. 부담제한

부담제한은 제한되는 권리의 목적물 이외의 도로 · 하천 · 사방사업과 같은 특정한 사업을 위하여 개인의 재산권에 과해지는 공법상의 제한을 말한다. 그 내용에 따라 부작위부담 · 작위부담(시설부담) · 수인부담 등으로 나누어진다.

3. 사용제한(공용사용)

공용사용은 공익사업의 주체가 타인의 재산권 위에 공법상의 사용권을 취득하고, 상대방은 그 사용을 수인할 의무를 지는 내용의 공용제한이다. 공용사용은 그 내용에 따라 일시적 사용과 계속적 사용으로 구분된다. 계속적 사용을 위해서는 토지보상법에 정한 절차에 따라 사용권을 설정하는 것이 원칙이다.[32]

제 4 절 공용수용

Ⅰ. 의 의

1. 개 념

공용수용이란 "특정한 공익사업을 위하여 법률에 의거하여 타인의 토지 등의 재산권을 강제적으로 취득하는 것"을 말한다.

① 목 적: 공용수용의 목적은 특정한 공익사업이다. '공익사업의 범위'는 법률로 정해진다(토지보상법 제4조 참조).

② 목 적 물: 특정한 재산권이다. 토지소유권은 물론 그 밖의 부동산 · 동산의 소유권 및 기타의 권리 이외에 광업권 · 어업권 · 무체재산권도 목적물이 될 수 있다.

③ 수 단: 공용수용의 수단은 법령에 의거한 강제적 취득이다. 상대방에게 재산권을 제공할 채무를 부과시키는 것이 아니라 수용권자가 직접 목적물의 권리 그 자체를 일방적으로 취득하는 것이다.

④ 주체: 공용수용의 주체는 해당 공익사업의 주체이다(사업시행자수용권설). 따라서 국가는 물론 공공단체나 사인도 공용수용의 주체가 될 수 있다.

⑤ 정당한 보상: 공용수용에 대해서는 정당한 보상이 지급되어야 한다(헌법 제23조 제3항, 토지보상법 제40조 등 참조).

2. 근 거

가. 헌법상의 근거

헌법 제23조 제3항에서는 "공공필요에 의한 재산권의 수용 및 그에 대한 보상은 법률로 하되, 정당한 보상을 지급하여야 한다."라고 규정하고 있다. 이는 공용수용의 헌법적 근거가 된다.

나. 일반법(토지보상법)

공익사업 용지의 취득과 손실보상에 관한 제도는 과거에 토지수용법과 공공용지의 취득 및 손실보상에 관한 특례법으로 이원화되어 운용되고 있었으나, 양법은 2003. 1. 1.부터

32) 대법원 1990. 4. 13. 선고 88누11247 판결에서는 지하철도용지로 사용되는 토지에 대해서는 토지보상법에 따른 수용 또는 사용절차에 의하여 그 토지의 소유권을 취득하거나 그 토지의 지상 또는 지하에 대하여 사용권을 설정하여야만 사용할 수 있다고 판시하였다.

공익사업을 위한 토지 등의 취득 및 보상에 관한 법률(토지보상법)로 통합되었다.

공용수용을 규율하는 개별법이 토지보상법의 적용을 명시적으로 배제하지 않는다면 개별법이 적용되는 범위에서는 토지보상법의 적용이 배제되는 특별법과 일반법의 관계에 있다고 할 수 없다. 예컨대, 전기사업자가 전선로 설치를 위하여 전기사업법에 입각하여 공용사용을 할 수도 있지만 토지보상법에 의할 수도 있다.[33)]

다. 개 별 법

토지보상법이 정하지 않은 특수한 사업, 특수한 재산권 및 특별한 절차 등에 관한 특별법으로 국토계획법 · 광업법 · 도로법 · 하천법 · 징발법 등 많은 법률이 있다. 이를 유형화하면 다음과 같다.

① 공용수용을 할 수 있는 공익사업의 종류를 새롭게 설정하기 위한 것: 도시정비법 등

② 공용수용을 할 수 있는 목적물을 새롭게 설정하기 위한 것: 특허법 등

③ 공용수용의 절차를 간소화 또는 강화하는 등 특별절차를 마련하기 위한 것: 도시개발법 등

Ⅱ. 공용수용의 당사자 및 목적물

1. 당 사 자

가. 수용권자(공용수용의 주체)

토지보상법 제2조 제3호에서 사업시행자를 공익사업을 수행하는 자로 정의하고, 제19조에서 사업시행자가 토지 등을 수용 또는 사용할 수 있다고 규정한 반면, 공용수용의 효과를 야기할 수 있는 자(수용재결을 할 수 있는 자)를 국가로 하기 때문에 수용권자가 국가인지 사업시행자인지 견해가 나뉠 수 있다.

① 국가수용권설: 공용수용의 본질을 수용의 효과를 야기할 수 있는 능력으로 본다. 그리하여 국가가 공용수용의 주체이고 사업시행자는 수용청구권을 갖는데 불과하다고 설명한다.

② 사업시행자수용권설(다수설): 공용수용의 본질을 수용의 효과를 향유할 수 있는 능력으로 본다. 그렇게 되면 사업시행자가 수용권자가 된다.

사업시행자수용권설이 타당하다. 수용행위는 재산권의 취득을 위한 원인행위에 불과하고 수용의 본질은 재산권의 취득에 있으므로, 그 효과를 향유할 수 있는 사업시행자가 공용수용의 주체가 된다고 보아야 할 것이다. 다만 사업시행자가 되기 위해서는 해당 공익사업을 수행할 의사와 능력이 있어야 한다.[34)]

---

33) 대법원 2005. 4. 29. 선고 2004두14670 판결 참조.

나. 피수용자(공용수용의 객체)

피수용자는 수용목적물의 소유권자 및 그 밖의 권리자이다. 피수용자는 보상청구권 등의 권리와 의무를 가지게 된다. 한편, 국토교통부장관의 사업인정의 고시가 있은 후에 권리를 취득한 자는 기존의 권리를 승계한 자를 제외하고 피수용자에 포함되지 않는다(토지보상법 제2조 제5호 단서).

2. 공용수용의 목적물

가. 목적물의 종류

토지보상법 제3조에 따르면 공용수용의 목적물은 ① 토지소유권, ② 토지 및 이에 관한 소유권 외의 권리, ③ 토지와 함께 공익사업을 위하여 필요로 하는 입목, 건물, 그밖에 토지에 정착한 물건 및 이에 관한 소유권 외의 권리, ④ 광업권 · 어업권 또는 물의 사용에 관한 권리, ⑤ 토지에 속한 흙 · 돌 · 모래 또는 자갈에 관한 권리 등이다. 한편, 개별법에 따라 토석 · 죽목 · 운반기구 · 기타의 동산에 관한 권리(도로법), 특허권 · 실용신안권 · 의장권과 같은 지적재산권(특허법, 실용신안법, 의장법) 등도 수용의 목적물이 될 수 있다.

나. 목적물의 제한

공용수용은 공익사업을 위하여 타인의 특정한 재산권을 법률의 힘에 의하여 강제적으로 취득하는 것이므로, 수용할 목적물의 범위는 비례의 원칙에 따라 사업을 위하여 필요한 최소한도에 그쳐야 한다.[35]

또한, 물건자체의 성질상 수용이 불가능하거나 제한되는 것도 있다. ① 공익사업에 수용 또는 사용되고 있는 토지 등은 특별히 필요한 경우가 아니면 이를 다른 공익사업을 위하여 수용 또는 사용할 수 없고(토지보상법 제19조 제2항), ② 치외법권을 가진 외국대사관 등의 부지 · 건물 및 ③ 토지 이외의 공물 등은 수용할 수 없다.

한편, 공물을 수용하여 다른 행정목적에 제공하는 것은 공물 본래의 행정목적에 배치되기 때문에 먼저 공용폐지가 선행되지 않으면 공용수용의 목적으로 할 수 없다. 대법원 판결 중에는 반대의 견해를 취한 것도 있으나,[36] 위와 같은 취지로 선고된 사례도 있다.[37]

---

34) 공익사업을 수행하여 공익을 실현할 의사나 능력이 없는 자에게 타인의 재산권을 공권력적 · 강제적으로 박탈할 수 있는 수용권을 설정하여 줄 수는 없기 때문이다(대법원 2019. 2. 28. 선고 2017두71031 판결).

35) 대법원 2005. 11. 10. 선고 2003두7507 판결.

36) 대법원 1996. 4. 26. 선고 95누13241 판결에서는 토지보상법에 수용을 제한하는 아무런 규정이 없다는 이유로 지방문화재로 지정된 토지도 수용의 대상이 될 수 있다고 판시하였다.

37) 대법원 2018. 11. 29. 선고 2018두51904 판결에서는 사업시행자가 행정재산인 요존국유림(要存國有林)을 국유림의 경영 및 관리에 관한 법률에서 정하는 절차와 방법에 따르지 않은 채, 토지보상법에 따른

다. 목적물의 확장

공용수용은 해당 공익사업에 필요한 최소한도에 그쳐야 하는 것이 원칙이나, 피수용자의 권리보호 및 사업의 목적달성을 위하여 공익사업에 필요한 한도를 넘어 수용하는 것이 필요한 경우가 있다.

(1) 확장수용

① 잔여지수용(토지보상법 제74조 제1항): 동일한 토지소유자에 속하는 일단의 토지의 일부가 협의에 의하여 매수되거나 수용됨으로 인하여 잔여지를 종래의 목적에 사용하는 것이 현저히 곤란한 때[38]

② 완전수용(토지보상법 제72조): 토지를 사용하는 기간이 3년 이상인 때, 토지의 사용으로 인하여 토지의 형질이 변경되는 때 및 사용하고자 하는 토지에 그 토지소유자의 건축물이 있는 때

③ 이전에 갈음하는 수용(토지보상법 제75조 제1항 단서): 수용 또는 사용할 토지에 건축물 등은 이전에 필요한 보상을 지급하고 이전하게 하는 것이 원칙이나, 건축물 등의 이전이 어렵거나 그 이전으로 인하여 건축물 등을 종래의 목적대로 사용할 수 없게 된 경우, 건축물 등의 이전비가 그 물건의 가격을 넘는 경우, 사업시행자가 공익사업에 직접 사용할 목적으로 취득하는 경우에는 해당 물건의 가격으로 보상한다.

(2) 지대수용

본래 사업에 필요한 토지 이외에 사업을 위한 건축, 토지의 조성 · 정리에 필요한 때 그 토지에 인접하는 일대의 토지를 수용하는 경우를 말한다. 이와 관련하여 현행법상으로는 국토계획법에 사업시행을 위하여 필요한 경우 인접한 토지 · 건축물 등의 일시적 사용에 대하여 규정한 것이 있다. 향후 이 제도의 도입에 관하여 입법론적으로 논의할 필요가 있다.

Ⅲ. 공용수용의 절차(토지보상법)

공용수용의 절차는 ① 공용수용권이 직접 법률에 의하여 성립하여 별다른 절차를 요하지 않는 경우와 ② 공용수용권이 법률에 정한 일련의 절차를 거쳐 설정되는 경우로 나누어진다. 전자는 국가 또는 공공단체가 수용권자인 경우로서 급박한 필요가 있는 경우 또는

재결을 통하여 요존국유림의 소유권이나 사용권을 취득할 수 없다고 판시하였다.

38) 잔여지 수용청구는 사업시행자와 사이에 매수에 관한 협의가 성립되지 않은 경우 일단의 토지의 일부에 대한 관할 토지수용위원회의 수용재결이 있기 전까지 하여야 하고, 잔여지 수용청구의 의사표시는 사업시행자가 아니라 관할 토지수용위원회에게 하여야 한다(대법원 2010. 8. 19. 선고 2008두822 판결).

그 수용을 정당화할 만한 명백한 사유가 있는 경우에만 예외적으로 인정되는데(도로법 제82조 등), 이러한 경우에는 수용자에 대한 통지 또는 보상금액의 결정을 조건으로 수용의 효과가 발생한다. 후자가 엄격한 의미의 공용수용절차이고, 소정의 절차를 다 거치는 보통절차와 그중의 일부를 생략하는 약식절차가 있다.

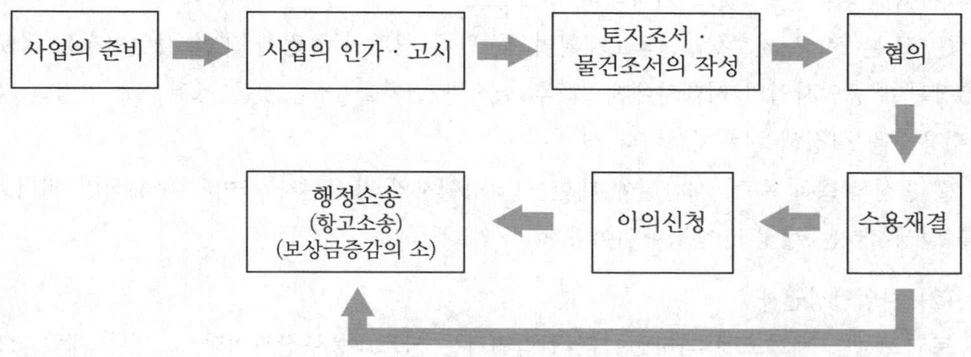

1. 보통절차

가. 사업의 준비

사업시행자는 공익사업의 준비를 위하여 특별자치도지사, 시장 · 군수 또는 구청장의 허가를 받아 다른 사람이 점유하는 토지에 출입하여 측량 또는 조사할 수 있고(제9조), 이 때 장해물의 제거 또는 토지의 시굴을 하여야 할 부득이한 사유가 있는 경우 그 소유자 및 점유자의 동의를 얻지 못한 때에는 특별자치도지사, 시장 · 군수 또는 구청장의 허가를 받아 장애물의 제거 등을 할 수 있다(제12조).

이는 사업인정에 선행하는 준비절차로서 공용제한에 해당하고, 수용을 위한 보통절차에는 해당되지 않는다. 그러나 이 경우에도 손실이 발생한 경우 보상을 하여야 한다.

나. 사업인정

(1) 의의와 성질

사업인정은 공익사업을 토지 등을 수용할 수 있는 사업으로 결정하는 것(제2조 제7호)으로서, 사업시행자에게 일정한 절차의 이행을 조건으로 특정한 재산권에 대한 수용권을 설정하여 주는 행위이다.

사업인정은 특정사업이 그 사업에 필요한 토지를 수용 또는 사용할 수 있는 공익사업에 해당한다는 것(공익사업)과 그 특정사업이 공공의 필요가 있다는 것(공공의 필요)을 인정하는 절차이다.

한편, 택지개발촉진법 제12조 제2항에 따라 택지개발지구의 지정 · 고시나 산업입지 및 개발에 관한 법률 제7조의4 제1항에 따른 산업단지의 지정 · 고시가 있으면 사업인정 및 사업인정의 고시가 있은 것으로 보는 것과 같이, 개별법에 의하여 사업인정이 의제되는 경우가 있다. 이는 인 · 허가 사업의 효율적인 운영을 위한 것이므로, 그와 관계없이 토지보상법상 사업인정을 받는 것도 가능하다.

① 처 분 성: 토지보상법, 국토계획법 등 관계 법령의 규정에 의한 사업인정은 국토교통부장관이 공익사업의 시행자에게 그 후 일정한 절차를 거칠 것을 조건으로 일정한 내용의 수용권을 설정해주는 처분이다.[39]

② 형성적 행위: 특정 재산권에 대한 사업시행자와 재산권자 사이의 구체적인 권리 · 의무를 발생시키는 형성적 행정행위이다.[40]

(2) 사업인정권자

토지보상법 제20조에 의하면 사업인정권자는 국토교통부장관이다. 그러나 개별법에서 그 밖의 자에게 사업인정권이 부여되는 경우도 있다(광업법 제72조: 산업통상자원부장관).

(3) 요 건

㈎ 사업인정의 대상이 되는 공익사업

토지보상법에 따라 토지 등을 취득 또는 사용할 수 있는 사업은 ① 국방 · 군사에 관한 사업, ② 관계 법률에 의하여 허가 · 인가 · 승인 · 지정 등을 받아 공익을 목적으로 시행하는 철도 · 도로 · 공항 · 항만 · 주차장 · 공영차고지 · 화물터미널 · 삭도 · 궤도 · 하천 · 제방 · 댐 · 운하 · 수도 · 하수도 · 하수종말처리 · 폐수처리 · 사방 · 방풍 · 방화 · 방조 · 방수 · 저수지 · 용수로 · 석유비축 및 송유 · 폐기물처리 · 전기 · 전기통신 · 방송 · 가스 및 기상관측에 관한 사업, ③ 국가 또는 지방자치단체가 설치하는 청사 · 공장 · 연구소 · 시험소 · 보건 또는 문화시설 · 공원 · 수목원 · 광장 · 운동장 · 시장 · 묘지 · 화장장 · 도축장 그 밖의 공공용 시설에 관한 사업, ④ 관계 법률에 의하여 허가 · 인가 · 승인 · 지정 등을 받아 공익을 목적으로 시행하는 학교 · 도서관 · 박물관 및 미술관의 건립에 관한 사업, ⑤ 국가 · 지방자치단체 · 정부투자기관 · 지방공기업 또는 국가나 지방자치단체가 지정한 자가 임대나 양도의 목적으로 시행하는 주택의 건설 또는 택지의 조성에 관한 사업, ⑥ ①~⑤의 사업을 시행하기 위하여 필요한 통로 · 교량 · 전선로 · 재료적치장 그 밖의 부속시설에 관한 사업, ⑦ ①~⑤의 사업을 시행하기 위하여 필요한 주택, 공장 등의 이주단지 조성에 관한 사업, ⑧ 그밖에 다른 법률에 의하여 토지 등을 수용 또는 사용할 수 있는 사업[41] 등이다(제4조).

---

39) 대법원 1995. 12. 5. 선고 95누4889 판결 등 다수.
40) 대법원 2005. 4. 29. 선고 2004두14670 판결.

토지보상법 제4조의 해당여부는 불확정개념의 판단문제이고 여기에 판단의 여지가 인정될 수 있다. 한편, 사업인정은 처음부터 공익사업을 실행하기 위한 경우뿐만 아니라 이미 실행된 공익사업을 유지하기 위해서도 할 수 있다.[42]

(나) 공공의 필요(수용의 정당화 사유)

공공의 필요 여부는 불확정개념의 판단문제이고 여기에서도 판단의 여지가 인정될 수 있다. 공공의 필요는 어떤 사업이 공공의 필요가 있는지에 대하여 일반적·추상적으로 판단하기 어렵고 구체적·개별적으로 판단되어야 한다.

사회정의의 실현과 공익 및 사익의 적절한 조절과 규제를 통하여 국민전체의 공공복리의 증진을 목적으로 하고 있는 사회국가의 원리에 따라 공공의 필요의 개념이 점차 확대되는 추세에 있다. 예컨대, 사업시행자가 시행한 개발사업이 완료된 후에 토지를 수익적·영리적 사업에 제공하거나 택지조성사업과 같이 사업시행자가 택지를 조성한 후 제3자인 사인에게 분양하는 경우 등도 인정될 수 있다. 공공의 필요에 대한 증명책임은 사업시행자에게 있다.[43]

행정청은 공공의 필요가 있는지 여부를 판단할 때 공권적 침해로 얻게 되는 공익과 재산권보장이라는 사익 상호간 뿐만 아니라 공익 상호간, 사익 상호간의 관계 이익을 정당하게 형량하여 판단되어야 한다(이익형량). 판례도 "해당 사업이 공용수용을 할 만한 공익성이 있는지의 여부와 공익성이 있는 경우에도 그 사업의 내용과 방법에 대하여 사업인정처분에 관련된 자들의 이익을 공익과 사익 간에서는 물론 공익 상호간 및 사익 상호간에도 정당하게 비교·교량하여야 한다."라는 입장에 있다.[44]

공공의 필요가 있는지에 관한 기준으로 비례의 원칙, 보충성의 원칙, 평등의 원칙 등이 적용된다. 그중에서 가장 관련이 많은 것은 역시 비례의 원칙이다. 토지수용의 필요성과 그 범위에 관한 판단에서 비례의 원칙 내지 과잉금지의 원칙이라 함은 토지수용의 목적이 헌법 및 법률의 체제상 그 정당성이 인정되어야 하고(목적의 정당성), 그 목적의 달성을 위하여 그 방법이 효과적이고 적절하여야 하며(방법의 적정성), 토지수용의 필요성이 있더라도 보다 피해가 적은 형태나 방법을 모색함으로써 재산권의 제한이 필요한 최소한도에 그

41) 토지보상법 [별표]에는 토지보상법 이외의 법률에 의하여 토지 등을 수용 또는 사용할 수 있는 사업을 열거하고 있다. 그 [별표]는 토지보상법 외의 다른 법률로 개정할 수 없고(제4조의2 제2항), 국토교통부장관은 [별표]에 규정된 법률에 따라 토지 등을 수용하거나 사용할 수 있는 사업의 공공성, 수용의 필요성 등을 5년마다 재검토하여 폐지, 변경 또는 유지 등을 위한 조치를 하여야 한다(같은 조 제3항).

42) 해당 공익사업이 적법한 절차를 거치지 않은 채 시행되었음을 이유로 이미 시행된 공익사업의 결과를 원상회복한 후 다시 사업인정처분을 거쳐 같은 공익사업을 시행하도록 하는 것은 사회·경제적으로 합리적이지 않기 때문이라는 것이 판례이다(대법원 2005. 4. 29. 선고 2004두14670 판결).

43) 대법원 2005. 11. 10. 선고 2003두7507 판결.

44) 대법원 2005. 4. 29. 선고 2004두14670 판결.

치도록 하여야 하고(피해의 최소성), 수용에 의하여 보호하려는 공익과 침해되는 사익을 비교형량할 때 보호되는 공익이 더 커야 한다(법익의 균형성)는 것을 말한다.

비례의 원칙이 적용되는 결과 수용할 목적물의 범위는 원칙적으로 사업을 위하여 필요한 최소한도에 그쳐야 하므로 그 한도를 넘는 부분은 수용대상이 아니어서 그 부분에 대한 수용은 위법하다.[45]

(4) 절 차

① 신 청: 사업시행자는 토지 등을 수용 또는 사용하고자 하는 때에는 국토교통부장관에게 사업인정을 신청하여야 한다(제20조).

② 협의 및 의견청취: 국토교통부장관은 사업인정을 하고자 하는 때에는 관계 중앙행정기관의 장 및 특별시장 · 광역시장 · 도지사 · 특별자치도지사와 협의하여야 하며, 미리 중앙토지수용위원회 및 사업인정에 관하여 이해관계가 있는 자의 의견을 들어야 한다(제21조).

③ 사업인정의 고시: 국토교통부장관은 사업인정을 한 때에는 지체 없이 그 뜻을 사업시행자, 토지소유자 및 관계인, 관계 시 · 도지사에게 통지하고 사업시행자의 성명 또는 명칭 · 사업의 종류 · 사업지역 및 수용 또는 사용할 토지의 세목을 관보에 고시하여야 하며, 사업인정의 사실을 통지받은 시 · 도지사(특별자치도지사 제외)는 관계 시장 · 군수 및 구청장에게 이를 통지하여야 한다(제22조 제1항, 제2항). 고시는 사업인정의 효력발생요건이므로, 사업인정은 고시한 날부터 효력이 발생한다(제22조 제3항).

(5) 사업인정의 효과

① 사업인정의 고시가 있게 되면 수용목적물이 확정된다. 그리하여 사업인정 후 설치된 지장물이나 건축물은 손실보상의 대상이 되지 않는다.[46]

② 이로써 피수용자(관계인)의 범위도 확정된다. 사업인정의 고시가 있은 후 권리를 취득한 자는 기존의 권리를 승계한 자를 제외하고는 관계인에 포함되지 않는다(제2조 제5호 단서).

③ 사업인정이 고시된 후 토지 등에 변경을 가하여 사업에 지장되는 행위가 금지된다. 고시된 토지에 사업에 지장을 초래할 우려가 있는 형질의 변경이나 그 토지 위의 물건을 손괴 또는 수거하는 것이 금지되고, 건축물의 건축 · 대수선, 공작물의 설치 또는 물건의 부가 · 증치를 하기 위해서는 특별자치도지사, 시장 · 군수 또는 구청장의 허가를 받아야 한다(제25조).[47]

---

45) 대법원 1994. 1. 11. 선고 93누8108 판결, 대법원 1987. 9. 8. 선고 87누395 판결, 대법원 2005. 11. 10. 선고 2003두7507 판결.

46) 대법원 2013. 2. 15. 선고 2012두22096 판결.

47) 건축허가를 받았으나 허가받은 건축행위에 착수하지 않고 있는 사이에 사업인정의 고시가 된 경우에도 고시된 토지에 건축물을 건축하려는 자는 토지보상법 제25조에 정한 허가를 따로 받아야 하고 그

④ 사업인정의 고시가 있은 후 사업시행자가 사업의 준비나 토지조서 및 물건조서를 작성하기 위하여 필요하거나 감정평가업자가 의뢰받은 감정평가를 위하여 필요한 경우 해당 토지나 물건에 출입하여 이를 측량하거나 조사할 수 있다(제27조). 이때 손실이 발생하면 보상하여야 한다.

(6) 사업인정에 대한 불복

사업인정에는 처분성이 인정되므로 항고소송의 대상이 된다. 판례는 고시 또는 공고에 의하여 처분을 하는 경우에는 이해관계를 갖는 자가 고시 또는 공고가 있었다는 사실을 현실적으로 알았는지 여부에 관계없이 고시가 효력을 발생하는 날에 처분이 있음을 알았다고 간주하는 것으로 해석한다.[48] 따라서 사업인정에 대한 제소기간의 기산점은 사업인정의 고시일이 된다는 점에 유의하여야 한다.

사업인정에 불가쟁력이 발생한 경우 사업인정이 위법하다는 것을 후행하는 재결처분의 취소소송에서 주장할 수 있는지 여부가 문제된다. 사업인정과 수용재결의 관계를 하자승계론에 따라 별개의 법적 효과를 가져오는 별개의 행위로 보는 견해(다수설)와 수용재결에 사업인정처분의 규준력이 미친다는 견해(규준력 이론)가 있다. 이와 같은 부정설과 달리 수용재결은 사업인정이 있다는 것을 전제로 구체적인 법적 효과를 발생시키는 것이므로 사업인정의 위법을 수용재결에 대한 쟁송에서 주장할 수 있다는 긍정설도 있다. 판례는 하자승계론에 따른 부정설에 있다.[49] 예를 들면, 환경영향평가를 거치지 않은 채 이루어진 재결이 위법하다는 주장은 환경영향평가가 사업인정 전에 이루어져야 한다는 점을 고려하면 사업인정의 하자를 다투는 것이 되어 허용되지 않는다.[50]

(7) 사업인정의 실효

① 재결신청 해태로 인한 실효: 사업시행자가 사업인정의 고시가 있은 날부터 1년 이내에 재결신청을 하지 않은 때에는 사업인정고시가 있은 날부터 1년이 되는 날의 다음날에 사업인정은 그 효력을 상실하고, 이 때 사업인정이 실효됨으로 인하여 토지소유자 또는 관계인이 입은 손실을 보상하여야 한다(제23조).

② 사업의 폐지 · 변경으로 인한 실효: 사업인정의 고시가 있은 후 사업의 전부 또는 일부를 폐지하거나 변경함으로 인하여 토지 등의 전부 또는 일부를 수용 또는 사용할 필요가 없게 된 때에는 사업시행자는 지체 없이 사업지역을 관할하는 시 · 도지사에게 신고하고,

---

허가 없이 건축된 건축물에 대해서는 손실보상이 인정되지 않는다(대법원 2014. 11. 13. 선고 2013두19738,19745 판결).

48) 대법원 2001. 7. 27. 선고 99두9490 판결.

49) 대법원 2000. 10. 13. 선고 2000두5142 판결, 대법원 2009. 11. 26. 선고 2009두11607 판결.

50) 대법원 2019. 6. 13. 선고 2018두42641 판결.

시 · 도지사는 신고가 있는 때에는 사업의 전부 또는 일부의 폐지나 변경이 있는 것을 관보에 고시하여야 하는데, 그 고시가 있은 날부터 그 고시된 내용에 따라 사업인정의 전부 또는 일부는 그 효력을 상실한다(제24조).

다. 토지조서 · 물건조서의 작성

(1) 조서의 의의

토지조서와 물건조서는 사업시행자가 공익사업을 위하여 수용 또는 사용할 필요가 있는 토지 및 그 토지 위에 있는 물건의 내용을 기재하여 작성하는 문서를 말한다. 작성이유는 이후에 진행되는 재결절차를 위하여 미리 사업시행자와 토지소유자 및 관계인에게 토지 · 물건의 필요사항을 확인시킴으로써, 토지수용위원회의 심리를 신속하고 원활하게 하려는데 있다.

(2) 조서의 작성

사업시행자는 공익사업의 수행을 위하여 토지조서 및 물건조서를 작성하여 서명 또는 날인을 하고, 토지소유자 및 관계인의 서명 또는 날인을 받아야 한다(제26조 제1항, 제14조 제1항). 조서작성에 필요한 경우 사업시행자는 해당 토지 또는 물건에 출입하여 이를 측량하거나 조사할 수 있다(제27조).

조서에 대하여 이의가 있는 토지소유자 또는 관계인은 사업시행자에게 서면으로 이의를 제기할 수 있고 사업시행자는 그 이의를 해당 조서에 부기하여야 한다(제27조 제2항, 제15조 제3항, 제4항).

(3) 조서의 효력

사업인정고시가 있은 후에는 토지소유자 또는 관계인이 토지조서 및 물건조서의 내용에 대하여 열람기간 이내에 이의를 제기하는 경우를 제외하고는 작성된 토지조서 및 물건조서의 내용에 대하여 이의를 제기할 수 없다(제27조 제2항). 적법하게 작성된 토지조서와 물건조서는 이의가 부기된 사항을 제외하고 거기에 기재된 내용이 진실하다고 추정된다. 다만 토지조서 및 물건조서의 내용이 진실에 반하는 것을 증명하는 때에는 추정이 복멸된다. 한편, 이의가 부기된 사항에 대해서는 토지수용위원회가 수용재결시 결정하게 된다.

작성절차상 하자 있는 조서에 근거하여 내려진 재결의 효력에 관하여, 판례는 하자 있는 조서는 추정력이 인정되지 않을 뿐이고 수용재결의 독립된 취소사유가 아니라는 입장에 있다.[51]

---

51) 대법원 1993. 9. 10. 선고 93누5543 판결.

라. 협 의

(1) 의 의

협의라 함은 "수용재결신청 전에 사업시행자로 하여금 수용대상 토지에 관하여 권리를 취득하거나 소멸시키기 위하여 토지소유자 및 관계인과 교섭하도록 하는 절차"를 말한다. 이는 의무적인 것으로 협의를 거치지 않고 재결을 신청하는 것은 위법이다. 다만 사업인정 이전에 협의에 의한 취득절차를 거쳤으나 협의가 성립되지 않아서 사업인정을 받은 사업으로서 토지조서 및 물건조서의 내용에 변동이 없는 때에는 협의절차를 거치지 않아도 된다(제26조 제2항). 이 경우에도 사업시행자 또는 토지소유자 및 관계인이 협의취득절차에 의한 협의를 요구하는 때에는 협의하여야 한다.

이렇게 협의는 수용재결을 신청하기 전에 하여야 하는 의무이기는 하나 수용재결이 있은 후에 협의에 의한 취득이 금지되는 것은 아니다.[52]

(2) 협의의 성질

사업시행자수용권설에 입각하면 협의의 법률적 성격은 공법상 계약으로 보게 된다. 협의는 사업시행자가 공권력의 주체로서 토지소유자 및 관계인에 대하여 수용권을 실행하는 절차 중의 하나이고 합의가 성립되지 않으면 재결로써 수용을 하게 되므로, 협의의 결과로 성립하는 합의는 수용계약이라고 할 수 있는 공법상 계약이다.

그러나 판례는 이와는 반대되는 입장에 있다(사법상 계약설). 따라서 당사자 사이의 합의로 손실보상금을 정할 수 있고 그에 따라 구속력이 발생하므로, 손실보상금에 관한 합의 내용이 토지보상법에서 정한 손실보상의 기준에 맞지 않더라도 그 합의가 착오 등을 이유로 적법하게 취소되지 않는다면 추가로 토지보상법상의 기준에 따른 손실보상금을 청구할 수 없다.[53] 아울러 협의과정에서 건물소유자가 매매대상 건물에 대한 철거의무를 부담하겠다는 취지의 약정을 하였다고 하더라도 이러한 철거의무는 공법상의 의무가 될 수 없으므로, 행정대집행법에 의한 대집행의 대상이 되지도 않는다.[54]

(3) 효 과

협의가 성립되면 공용수용절차는 종결되고 수용의 효과가 발생한다. 사업시행자는 수용개시일까지 보상금을 지급 또는 공탁하고 피수용자는 그 개시일까지 토지·물건을 사업시행자에게 인도 또는 이전한다.

재결에 의한 취득이 원시취득인 것과 달리, 사업시행자가 협의에 의하여 토지 등을 취

52) 대법원 2017. 4. 13. 선고 2016두64241 판결 참조.
53) 대법원 2013. 8. 22. 선고 2012다3517 판결.
54) 대법원 2006. 10. 13. 선고 2006두7096 판결.

득하는 것은 승계취득이다.[55] 따라서 법률행위로 인한 부동산 물권변동의 일반원칙에 따라 소유권이전등기를 마쳐야 하고, 이전 소유자의 권리 위에 존재하던 부담과 제한들은 그대로 승계된다.

(4) 협의성립의 확인

협의성립의 확인은 수용과 손실보상을 신속하게 실현시키기 위하여 도입된 제도이다. 사업시행자는 협의가 성립된 때에는 해당 토지소유자 및 관계인의 동의를 얻어 관할 토지수용위원회에 협의성립의 확인을 신청할 수 있다(제29조 제1항). 사업시행자가 협의가 성립된 토지의 소재지·지번·지목 및 면적 등에 대하여 공증을 받아 협의성립의 확인을 신청한 때에는 관할 토지수용위원회가 이를 수리함으로써 협의성립이 확인된 것으로 본다(같은 조 제3항). 공증에 의하여 당사자의 자발적 합의를 전제로 한 협의의 진정 성립이 객관적으로 인정되었다고 보아, 토지보상법상 재결절차에 따르는 공고 및 열람, 토지소유자 등의 의견진술 등의 절차 없이 관할 토지수용위원회의 수리만으로 협의 성립이 확인된 것으로 간주함으로써, 사업시행자의 원활한 공익사업 수행, 토지수용위원회의 업무 간소화, 토지소유자 등의 간편하고 신속한 이익실현을 도모하고 있는 것이다.

토지수용위원회의 협의의 확인 또는 협의확인신청서의 수리는 재결로 보며, 사업시행자·토지소유자 및 관계인은 그 확인된 협의의 성립이나 내용을 다툴 수 없다(같은 조 제4항). 따라서 사업시행자는 사법상 매매의 효력만을 갖는 협의취득과는 달리 확인대상 토지를 수용재결의 경우와 동일하게 원시취득하는 효과를 누리게 된다.[56]

마. 재 결

(1) 의 의

토지수용위원회의 재결(수용재결)이라 함은 "사업시행자로 하여금 토지의 소유권 또는 사용권을 취득하도록 하고 사업시행자가 지급하여야 하는 손실보상액을 정하는 결정"을 말한다. 재결이라는 명칭을 사용하고 있으나 행정심판의 재결이 아니고 원처분에 해당한다. 또한 준사법적 행정행위의 성질을 갖는다.

토지소유자가 재결절차를 거치지 않고 곧바로 사업시행자를 상대로 손실보상을 청구할 수는 없다. 이는 수용대상토지에 대하여 재결절차를 거친 경우에도 마찬가지이다. 이때 재결절차를 거쳤는지 여부는 보상항목별로 판단하여야 한다.[57] 다만 대법원은 세입자들의

55) 대법원 1997. 7. 8. 선고 96다53826 판결.

56) 대법원 2018. 12. 13. 선고 2016두51719 판결 참조.

57) 대법원 2008. 7. 10. 선고 2006두19495 판결[잔여지 가격감소 등으로 인한 보상, 이러한 보상은 잔여지 수용과는 별개의 제도이므로 잔여지 수용청구에 대한 재결절차를 거쳤더라도 마찬가지이다(대법원 2014. 9. 25. 선고 2012두24092 판결)], 대법원 2011. 9. 29. 선고 2009두10963 판결(영업손실에 대한 보

주거이전비 보상청구소송의 소송형태를 공법상 당사자소송이라고 판시하였다.[58] 이 경우에도 주거이전비를 사업시행자에게 바로 청구하지 않고 재결을 거친 다음 재결에 대한 항고소송이나 보상금의 증감소송을 제기할 수도 있다.

(2) 신청과 재결신청의 청구

① 신　청: 협의가 성립되지 않거나 협의를 할 수 없는 때에는 사업시행자는 사업인정의 고시가 있은 날부터 1년 이내에 관할 토지수용위원회에 재결을 신청할 수 있다(제28조 제1항).

② 재결신청의 청구: 재결신청은 사업시행자만 할 수 있으나 수용절차의 조속한 종결은 피수용자에게도 중요한 것이므로 재결신청의 청구제도를 두고 있다. 따라서 사업인정의 고시가 있은 후 협의가 성립되지 않은 때에는 토지소유자 및 관계인은 서면으로 사업시행자에게 재결신청을 청구할 수 있고, 사업시행자는 그 청구가 있은 날부터 60일 이내에 관할 토지수용위원회에 재결을 신청하여야 하며, 사업시행자가 위 기간을 넘겨서 재결을 신청하였을 때에는 그 지연된 기간에 대하여 「소송촉진 등에 관한 특례법」 제3조에 따른 법정이율을 적용하여 산정한 금액을 관할 토지수용위원회에서 재결한 보상금에 가산하여 지급하여야 한다(제30조).[59] 만일 재결신청의 청구가 있음에도 불구하고 사업시행자가 재결신청을 하지 않을 때에는 토지소유자나 관계인은 사업시행자를 상대로 거부처분 취소소송 또는 부작위 위법확인소송의 방법으로 다툴 수 있다.[60]

(3) 재결기관

중앙토지수용위원회는 국가 또는 시·도가 사업시행자인 사업과 수용 또는 사용할 토지가 2 이상의 시·도에 걸쳐 있는 사업에 대하여 재결을 하고, 그 밖의 사업의 재결에 관해서는 지방토지수용위원회가 재결을 한다.

상), 대법원 2015. 7. 9. 선고 2015두1595 판결[지장물(석축)에 대한 보상], 대법원 2024. 1. 25. 선고 2023두49172 판결(잔여 건축물 보수비에 관한 손실보상청구에 대한 재결절차를 거쳤다고 하더라도 잔여 건축물 가격감소에 관한 손실보상청구를 할 수 없다).

58) 대법원 2008. 5. 29. 선고 2007다8129 판결. 주거이전비의 경우에는 토지보상법 시행규칙에 정해진 요건만 충족하면 바로 청구할 수 있으므로, 실질적 당사자소송에 적합하기 때문인 것으로 보인다.

59) 위와 같은 재결신청 지연가산금은 사업시행자가 정해진 기간 내에 재결신청을 하지 않고 지연한 것에 대한 제재와 토지소유자 등의 손해에 대한 보전이라는 성격을 아울러 가진다(대법원 2020. 8. 20. 선고 2019두34630 판결). 따라서 토지소유자가 적법하게 재결신청을 청구하였다고 볼 수 없거나 사업시행자가 재결신청을 지연하였다고 볼 수 없는 사정이 있는 경우에는 그 기간 동안은 지연가산금이 발생하지 않는다.

60) 대법원 2019. 8. 29. 선고 2018두57865 판결. 이때 토지소유자나 관계인의 재결신청 청구가 적법하여 사업시행자가 재결신청을 할 의무가 있는지 여부는 본안에서 사업시행자의 거부처분이나 부작위가 적법한 것인지 여부를 판단하는 단계에서 고려할 요소이지 소송요건 심사단계에서 고려할 요소가 아니다.

(4) 재결의 절차

재결신청을 받은 토지수용위원회는 지체 없이 이를 공고하여야 하고, 공고한 날부터 14일 이상 관계서류의 사본을 일반에게 열람시키고 토지소유자 또는 관계인의 의견을 들은 다음 심리를 거쳐 재결을 하여야 한다(제31조·제32조). 재결은 심리를 개시한 날부터 14일 이내에 이루어져야 하는데, 특별한 사유가 있는 경우에는 1차에 한하여 14일의 범위 안에서 그 기간을 연장할 수 있다(제35조).

토지수용위원회가 재결할 내용은 수용할 토지의 구역 및 사용방법, 손실의 보상, 수용의 개시일과 기간 등의 사항이며,[61] 사업시행자·토지소유자 또는 관계인이 신청한 범위 안에서 재결하여야 한다(제50조).

토지수용위원회의 재결은 서면으로 하는데, 그 재결서에는 주문 및 그 이유와 재결의 일자를 기재하고, 위원장 및 회의에 참석한 위원이 기명날인한 후 그 정본을 사업시행자·토지소유자 및 관계인에게 송달하여야 한다(제34조).

(5) 재결의 효과

토지수용위원회의 재결이 있으면 공용수용의 절차는 종결되고, 일정한 조건 아래 수용의 효과가 발생한다.

① 사업시행자는 보상금의 지급 또는 공탁을 조건으로 수용의 개시일에 토지에 대한 권리를 원시취득하고(제40조·제45조), 피수용자가 의무를 이행하지 않는 경우에는 대집행신청권이 발생한다(제89조). 다만 사업시행자가 수용의 개시일까지 토지수용위원회가 재결한 보상금을 지급 또는 공탁하지 않은 때에는 해당 재결은 그 효력을 상실하게 된다(제42조). 이때 사업시행자의 재결신청도 효력을 상실하므로, 사업시행자는 다시 토지수용위원회에 재결을 신청하여야 한다.[62]

② 피수용자는 목적물을 인도 또는 이전할 의무를 지는 반면에, 손실보상청구권 및 환매권을 취득한다.

---

61) 토지보상법에서 '사용할 토지의 구역, 사용의 방법과 기간'을 재결사항의 하나로 규정한 취지는, 재결에 의하여 설정되는 사용권의 내용을 구체적으로 특정함으로써 재결 내용의 명확성을 확보하고 재결로 인하여 제한받는 권리의 구체적인 내용이나 범위 등에 관한 다툼을 방지하기 위한 것이다. 따라서 재결서에 사용할 토지의 위치와 면적, 권리자, 손실보상액, 사용 개시일 외에도 사용방법, 사용기간을 구체적으로 특정하여야 하므로, 토지 중 일부는 수용하고 일부는 사용하는 재결을 하면서 재결서에 수용대상 토지 외에 사용대상 토지에 관해서도 '수용'한다고만 기재하였다면, 위 재결 중 사용대상 토지에 관한 부분은 사용재결로서 적법하다고 볼 수 없다(대법원 2019. 6. 13. 선고 2018두42641 판결).

62) 그 신청은 재결실효 전에 토지 소유자 및 관계인이 이미 재결신청의 청구를 하였다면 재결실효일로부터 60일 내에 하여야 하고, 그 기간을 넘겨서 재결신청을 하면 지연된 기간에 대해서도 지연가산금을 지급하여야 한다(대법원 2017. 4. 7. 선고 2016두63361 판결 참조).

바. 재결에 대한 불복

(1) 개 관

재결에 대한 불복수단은 이의신청과 행정소송이다. 재결은 처분이므로 이의신청과 항고소송으로 불복하는 것이 원칙이나, 재결 중 손실보상액에 대해서만 불복이 있는 경우 재결 자체의 취소를 구하는 대신 토지보상법 제85조 제2항에 따라 보상금증감에 관한 소송으로 보상액의 증액 또는 감액을 청구할 수 있다. 어떤 보상항목이 손실보상의 대상임에도 불구하고 토지수용위원회가 사실을 오인하거나 법리를 오해함으로써 손실보상의 대상이 아니라는 내용의 재결을 한 경우에도 토지수용위원회를 상대로 재결에 대한 취소소송을 제기할 것이 아니라 사업시행자를 상대로 보상금증감에 관한 소송을 제기하여야 한다.[63]

토지보상법은 토지수용절차의 신속한 진행과 토지수용에 관한 법률관계의 안정을 위하여, 재결에 대한 불복으로 이의신청이나 행정소송이 제기되더라도 사업의 진행 및 토지의 수용 또는 사용이 정지되지 않는다고 규정하고 있다(제88조). 또한, 사업시행자가 보상금의 지급을 지연시킬 목적으로 행정소송을 남용하는 것을 방지하고 보상금을 수령하지 못하는 기간 동안 토지소유자의 손해를 보전하여 사업시행자와 토지소유자의 형평을 도모하기 위하여, 사업시행자가 재결에 불복하여 제기한 행정소송이 각하·기각 또는 취하된 경우 판결일 또는 취하일까지의 기간에 대하여 「소송촉진 등에 관한 특례법」 제3조에 따른 법정이율을 적용하여 산정한 금액을 보상금에 가산하여 지급하여야 하도록 규정하고 있다(제87조). 여기에서 지연가산금 기산일은 "재결이 있은 후 소송을 제기하였을 때에는 재결서 정본을 받은 날"(제1호)이고, "이의신청에 대한 재결이 있은 후 소송을 제기하였을 때에는 그 재결서 정본을 받은 날"(제2호)이다.[64]

(2) 이의신청

① 심판기관: 중앙토지수용위원회의 재결에 대하여 이의가 있는 자는 중앙토지수용위원회에, 지방토지수용위원회의 재결에 대하여 이의가 있는 자는 중앙토지수용위원회에 이의를 신청할 수 있다(제83조 제1항, 제2항).

② 신청기간: 재결서의 정본을 받은 날부터 30일 이내이다(제83조 제3항).

③ 이의재결: 중앙토지수용위원회는 재결이 위법 또는 부당하다고 인정하는 때에는 그 재결의 전부 또는 일부를 취소하거나 보상액을 변경할 수 있다.

④ 확정의 효력: 신청기간 이내에 소송이 제기되지 않거나 그 밖의 사유로 이의신청에 대한 재결이 확정된 때에는 민사소송법상의 확정판결이 있은 것으로 보며, 재결서 정본은

63) 대법원 2018. 7. 20. 선고 2015두4044 판결.
64) 따라서, 이의재결을 거친 후 행정소송을 제기한 경우에는 수용재결서 정본을 받은 날부터 이의재결서 정본을 받은 전날까지의 기간에 대해서는 지연가산금을 보상할 의무가 없다(대법원 2022. 4. 14. 선고 2021두57667 판결).

집행력 있는 판결의 정본과 동일한 효력을 가진다(제86조).

(3) 행정소송

(가) 제소기간

사업시행자 · 토지소유자 또는 관계인은 제34조의 규정에 의한 재결에 대하여 불복이 있는 때에는 재결서를 받은 날부터 60일 이내에, 이의신청을 거친 때에는 이의신청에 대한 재결서를 받은 날부터 30일 이내에 각각 행정소송을 제기할 수 있다(제85조 제1항). 이렇게 제소기간을 짧게 설정한 것은 공공사업을 신속하게 수행하여야 할 필요가 있기 때문이다.

(나) 행정소송의 대상 ⇨ 수용재결

구 토지수용법은 재결의 이의신청을 필요적 전치로 하고 이의재결에 대하여 행정소송을 제기하도록 규정하고 있었다(필요적 전치주의+재결주의).

그러나 현행 토지보상법 제85조 제1항의 취지와 행정소송법상 원처분주의[65]에 비추어 행정소송의 대상은 이의신청을 거친 경우에도 수용재결 그 자체로 보아야 한다(임의적 전치주의+원처분주의). 따라서, 수용재결에 불복하여 취소소송을 제기하는 때에는 이의신청을 거친 경우에도 수용재결을 한 토지수용위원회를 상대로 수용재결의 취소를 구하여야 한다. 다만 이의신청에 대한 재결 자체에 고유한 위법이 있음을 이유로 하는 경우에는 그 이의재결을 한 중앙토지수용위원회를 상대로 이의재결의 취소를 구할 수 있다.[66]

(다) 보상금의 증액 또는 감액만을 청구하는 소송의 경우

구 토지수용법에서는 보상금의 증감에 관한 소송에 관하여 보상금에 불복이 있는 자가 재결청 외에 토지소유자 또는 기업자도 공동피고로 하는 소송구조를 취하였다. 그 당시 대법원은 보상금의 증감에 관한 소송은 재결청 외에 기업자를 공동피고로 하여야 하는 필요적 공동소송이고 토지소유자와 재결청 및 기업자 사이에 승패가 합일적으로 확정되어야 한다는 필요적 공동소송설을 취하고 있었고, 학설은 여러 가지 견해로 나뉘어 있었다. 따라서 불복이 있는 사람은 판례에 따라 재결청에 대해서는 이의재결의 취소청구를, 사업시행자에 대해서는 추가 손실보상금의 지급청구를 하였다.

그런데, 현행 토지보상법 제85조 제2항에서는 해당 소송을 제기하는 자가 토지소유자 또는 관계인인 때에는 사업시행자를, 사업시행자인 때에는 토지소유자 또는 관계인을 각각 피고로 한다고 규정하여 소송의 구조에 대한 논란을 종식시켰다. 보상금증감에 관한 소송을 형식적 당사자소송에 의하도록 한 것이다. 형식적 당사자소송이란 행정청의 처분 등의 효력

65) 어떤 처분에 대하여 행정심판을 거치고 항고소송을 제기한 경우, 원처분주의는 원처분과 재결 모두 소제기 가능하나 원처분의 위법은 원처분취소소송에서만 가능하고 재결취소는 재결고유의 하자에 대해서만 주장이 가능한 입법례를 말한다. 우리나라 행정소송법 제19조는 원처분주의를 채택하고 있다.

66) 대법원 2010. 1. 28. 선고 2008두1504 판결.

그 자체에 관한 다툼으로서 항고소송의 실질을 가지지만 처분청을 피고로 하는 것이 아니라 그 법률관계의 한쪽 당사자를 피고로 하는 소송을 말하고, 항고소송의 실질이나 행정청을 피고로 하지 않고 실질적 이해관계를 가진 자를 피고로 한다. 따라서 사업시행자와 토지소유자 사이에 재결에서 정한 보상액과의 차액 상당액의 지급을 직접 청구하면 된다.

나아가 토지소유자의 사업시행자에 대한 손실보상금 청구권에 관하여 압류 및 추심명령이 있는 경우 채무자인 토지소유자가 사업시행자를 상대로 하는 보상금증감에 관한 소송의 당사자적격을 상실하는지 여부가 문제가 된다. 기존의 대법원 판례는 민사소송의 경우 채권자의 이익과 추심권능의 실효성 확보라는 관점에서 "채권에 대한 압류 및 추심명령이 있으면 제3채무자에 대한 이행의 소는 추심채권자만 제기할 수 있고 채무자는 피압류채권에 대한 이행소송을 제기할 당사자적격을 상실한다."라는 입장이었기 때문이다.[67] 따라서, 종래의 판례는 민사소송에서의 법리와 같이, 토지보상법상 손실보상금 채권에 관하여 압류 및 추심명령이 있는 경우 채무자가 보상금증감에 관한 소송을 제기할 당사자적격을 상실하고 그 소송 계속 중 추심채권자가 압류 및 추심명령 신청의 취하 등에 따라 추심권능을 상실하게 되면 채무자는 당사자적격을 회복한다는 입장에 있었다.[68] 그런데, 최근 전원합의체 판결로 판례를 변경하고, "토지소유자가 사업시행자를 상대로 보상금증감에 관한 소송을 제기한 경우 그 손실보상금 채권에 관하여 압류 및 추심명령이 있다고 하더라도 추심채권자가 그 절차에 참여할 자격을 취득하는 것은 아니므로, 토지소유자가 그 소송을 수행할 당사자적격을 상실한다고 볼 수 없다."라고 판시하였다.[69] 그 논거로서, 보상금증감에 관한 소송은 형식적 당사자소송의 일종으로서 항고소송의 실질을 가지고 있는데, 토지소유자에 대하여 금전채권을 가지고 있는 제3자라고 하더라도 토지수용위원회의 재결을 다툴 법률상의 이익이 있다고 할 수 없으므로, 토지소유자의 손실보상금 채권에 관한 압류 및 추심

67) 대법원 2000. 4. 11. 선고 99다23888 판결. 그런데, 대법원은 전원합의체 판결로 민사소송에서 채무자의 제3채무자에 대한 채권에 관하여 추심명령이 있더라도 채무자가 제3채무자를 상대로 피압류채권에 관한 이행의 소를 제기할 당사자적격을 상실하지 않고 국가가 국세징수법에 의한 체납처분으로 채무자의 제3채무자에 대한 채권을 압류한 경우에도 마찬가지라고 판시하고 위와 같은 판례를 변경하였다(대법원 2025. 10. 23. 선고 2021다252977 전원합의체 판결). 그리하여, "채권에 대한 압류 및 추심명령이 있으면 제3채무자에 대한 이행의 소는 추심채권자만 제기할 수 있고 채무자는 피압류채권에 대한 이행소송을 제기할 당사자적격을 상실한다."라는 민사소송에서의 판례(대법원 2000. 4. 11. 선고 99다23888 판결)와 다른 결론이었다. 참고로 대법원은 그 이후 전원합의체 판결로 민사소송에서 채무자의 제3채무자에 대한 채권에 관하여 추심명령이 있더라도 채무자가 제3채무자를 상대로 피압류채권에 관한 이행의 소를 제기할 당사자적격을 상실하지 않고 국가가 국세징수법에 의한 체납처분으로 채무자의 제3채무자에 대한 채권을 압류한 경우에도 마찬가지라고 판시하고 위와 같은 판례를 변경하였다(대법원 2025. 10. 23. 선고 2021다252977 전원합의체 판결).

68) 대법원 2013. 11. 14. 선고 2013두9526 판결.

69) 대법원 2022. 11. 24. 선고 2018두67 전원합의체 판결. 이 경우 추심채권자는 채무자인 토지소유자가 제기한 보상금증감에 관한 소송에 행정소송법 제16조에 따라 제3자의 소송참가를 하거나 민사소송법상 보조참가를 하여 관여할 수 있다.

명령에 의하여 추심채권자가 재결을 다툴 지위까지 취득하였다고 볼 수 없다는 점, 손실보상금은 토지소유자와 사업시행자가 협의절차를 거친 후 그 협의가 이루어지지 않으면 토지수용위원회의 재결을 거쳐 확정되고, 그에 관한 불복절차로서 보상금증감에 관한 소송을 제기할 수 있는데, 이러한 절차를 거칠 수 없는 토지소유자의 채권자가 곧바로 사업시행자를 상대로 손실보상을 청구할 수 없고, 보상금증감에 관한 소송의 당사자가 될 수도 없다는 점 등을 들고 있다.

한편, 위와 같은 보상금 증감소송에서 수용재결이나 이의재결에서 정한 손실보상금액보다 정당한 손실보상금액이 더 많거나 적다는 점에 대한 증명책임은 원고에게 있다.[70] 또한, 수용대상 토지의 이용상황이 일시적이라거나 불법형질변경토지이기 때문에 본래의 이용상황 또는 형질변경 당시의 이용상황에 의하여 보상액을 산정하기 위해서는 그와 같은 예외적인 보상액 산정방법의 적용을 주장하는 쪽에서 수용대상 토지가 불법형질변경토지라는 점을 증명하여야 한다.[71]

사. 화　　해

토지수용위원회는 그 재결이 있기 전에 위원 3인으로 구성되는 소위원회로 하여금 사업시행자 · 토지소유자 및 관계인에게 화해를 권고하도록 할 수 있고, 화해가 성립된 때에는 해당 토지수용위원회는 화해조서를 작성하여 화해에 참여한 위원 · 사업시행자 · 토지소유자 및 관계인이 이에 서명 또는 날인을 하도록 하여야 한다. 화해조서에 서명 또는 날인이 된 경우에는 당사자간에 화해조서와 동일한 내용의 합의가 성립된 것으로 본다(제33조).

2. 약식절차(공용사용)

가. 천재 · 지변시의 공용사용

천재 · 지변 그 밖의 사변으로 인하여 공공의 안전을 유지하기 위한 공익사업을 긴급히 시행할 필요가 있는 때에는 사업시행자는 시장 · 군수 또는 구청장의 허가를 받아 즉시 타인의 토지를 사용할 수 있다. 다만 사업시행자가 국가인 때에는 해당 사업을 시행할 관계 중앙행정기관의 장이, 사업시행자가 시 · 도인 때에는 시 · 도지사가 시장 · 군수 또는 구청장에게 각각 통지하고 이를 사용할 수 있다. 이 경우 토지의 사용기간은 6월을 넘지 못하며, 사업시행자는 타인의 토지를 사용함으로써 발생하는 손실을 보상하여야 한다(제38조).

나. 시급을 요하는 토지의 사용

재결의 신청을 받은 토지수용위원회는 그 재결을 기다려서는 재해를 방지하기 곤란하

70) 대법원 1997. 11. 28. 선고 96누2255 판결, 대법원 2004. 10. 15. 선고 2003두12226 판결.
71) 대법원 2012. 4. 26. 선고 2011두2521 판결.

거나 그밖에 공공의 이익에 현저한 지장을 줄 우려가 있다고 인정하는 때에는 사업시행자의 신청에 의하여 담보를 제공하게 한 후 즉시 해당 토지의 사용을 허가할 수 있다. 다만 국가 또는 지방자치단체가 사업시행자인 경우에는 담보를 제공하지 않을 수 있다. 이 경우에도 토지의 사용기간은 6개월을 넘지 못한다(제39조).

이러한 토지사용의 경우에도 토지수용위원회의 재결이 있기 전에 토지소유자 또는 관계인의 청구가 있는 때에는 사업시행자는 자기가 산정한 보상금을 토지소유자 또는 관계인에게 지급하여야 하고, 사업시행자가 보상금의 지급시기까지 이를 지급하지 않는 때에는 토지소유자나 관계인은 사업시행자가 제공한 담보의 전부 또는 일부를 취득한다(제41조).

Ⅳ. 공용수용의 효과

1. 개 관

공용수용이 있게 되면, 사업시행자는 보상금의 지급 또는 공탁을 조건으로 수용의 개시일에 수용목적물에 대한 권리를 원시취득하고, 이와 양립할 수 없는 그 토지·물건에 대한 일체의 권리가 소멸된다. 한편, 피수용자는 수용목적물의 인도·이전의무를 지고, 보상금을 받을 수 있는 권리와 수용된 토지가 사업에 불필요하게 되었을 때에는 환매권을 갖게 된다.

2. 사업시행자의 권리취득

가. 권리취득시기

권리의 취득은 재결일에 즉시 이루어지는 것이 아니라 수용의 개시일에 발생한다. 이는 협의의 성립 및 재결일로부터 수용의 개시일까지 보상금의 지급 또는 공탁과 수용목적물의 인도·이전을 준비하게 하려는 것에 그 취지가 있다.

나. 권리의 원시취득

사업시행자는 수용의 개시일에 토지나 물건의 소유권을 취득하고, 그 토지나 물건에 관한 다른 권리는 이와 동시에 소멸한다(제45조 제1항). 이는 승계취득이 아니라 원시취득으로 사업시행자가 취득하는 소유권은 아무런 부담이나 하자도 없는 완전한 소유권으로 민법상 하자담보책임과 같은 문제를 일으키지 않는다. 또한 이러한 권리취득의 효과는 모든 권리자에게 발생한다.

다. 등기를 요하지 않는 부동산 물권취득

민법 제187조에 따라 법률의 규정에 의한 부동산에 관한 물권의 취득에 해당하여 등기를 요하지 않는다. 그러나 등기를 하지 않으면 이를 처분하지 못한다.

3. 토지보상법상의 손실보상

가. 손실보상에 관한 원칙

① **사업시행자보상의 원칙(제61조):** 토지소유자나 관계인이 입은 손실은 사업시행자가 보상하여야 한다.

② **금전보상의 원칙(제63조):** 현금이 원칙이나 일정한 경우 그 공익사업의 시행으로 조성한 토지, 채권으로도 보상이 가능하다.

③ **개별불의 원칙(제64조):** 손실보상은 개인별로 하여야 한다.

④ **사전보상의 원칙(제62조):** 사업시행자가 수용개시일까지 재결한 보상금을 지급 또는 공탁하지 않는 경우 재결의 효력이 상실한다.

⑤ **시가보상 · 개발이익의 배제 및 공시지가제도:** 재결 당시의 가격을 손실보상액 산정의 기준으로 하고(제67조 제1항), 재결 당시의 토지가격은 사업인정고시일 전의 시점을 공시기준일로 하는 표준지공시지가[72] 중 사업인정 고시일에 가장 가까운 시점의 공시지가를 기준으로(제70조 제4항) 해당 토지의 위치 · 형상 · 환경 · 이용상황 등 가격형성에 영향을 미치는 요인들을 재결시를 기준으로 평가하도록 규정하고 있다(제70조 제1항). 이러한 사업인정고시일은 토지소유자 및 관계인에 대한 손실보상 여부 판단의 기준시점이 된다.[73]

ⓐ **보상기준:** 협의성립 당시의 가격(협의에 의한 경우), 수용 또는 사용 재결 당시의 가격(재결에 의한 경우)

ⓑ **평가방법:** 표준지공시지가×공시지가 기준일부터 재결시까지의 지가변동률×지역요인 비준치×개별요인 비준치×기타요인 비준치＝손실보상액[74]

ⓒ **공시지가제의 채택:** 부동산 가격공시에 관한 법률에 의한 표준지공시지가를 기준으로 보상[75]

---

72) 개별공시지가를 기준으로 하여 산정하여야 하는 것은 아니므로, 관계 법령에 따라 보상액을 산정한 결과 그 보상액이 해당 토지의 개별공시지가를 기준으로 산정한 지가보다 저렴하게 되었다는 사정만으로 그 보상액 산정이 잘못되어 위법한 것이라고 할 수는 없다(대법원 1993. 6. 8. 선고 92누18931 판결, 대법원 2002. 3. 29. 선고 2000두10106 판결).

73) 산업입지법에 따른 산업단지 지정고시일과 같이 사업인정고시일로 의제되는 경우에는 그 날이 토지소유자 및 관계인에 대한 손실보상 여부 판단의 기준시점이 된다(대법원 2019. 12. 12. 선고 2019두47629 판결).

74) 대법원은 표준지공시지가결정과 손실보상액 결정 사이의 하자승계와 관련하여 기존의 태도와는 달리 수용보상금의 증액을 구하는 소송에서 선행처분으로서 그 수용대상 토지 가격 산정의 기초가 된 비교표준지공시지가결정의 위법을 독립한 사유로 주장할 수 있다고 판시하였다(대법원 2008. 8. 21. 선고 2007두13845 판결).

75) 헌법재판소는 토지수용으로 인한 손실보상액의 산정을 공시지가를 기준으로 하되 그 공시기준일부터 가격시점까지의 시점보정을 지가상승률 등에 의하여 행하도록 규정한 것은 위헌이라고 볼 수 없다고

ⓓ 해당 공익사업의 시행으로 인하여 발생하는 개발이익의 배제: 사업인정 고시일에 근접한 시점의 공시지가를 기준으로 한 것, 해당 공익사업으로 인한 지가변동이 없는 지역의 지가변동률을 적용하도록 한 것, 해당 공익사업의 시행을 직접 목적으로 용도지역이나 용도지구가 변경된 경우에는 변경전의 용도지역이나 용도지구를 기준으로 평가하도록 한 것[76] 등

⑥ 사업시행이익과의 상계금지의 원칙(제66조): 해당 공익사업의 시행으로 인하여 잔여지의 가격이 증가하거나 그 밖의 이익이 발생한 경우에도 그 이익을 그 취득 또는 사용으로 인한 손실과 상계할 수 없다.

⑦ 생활보상의 원칙: 현행법에 채택되어 있는 보상원칙의 하나로서 생활보상의 원칙을 들 수 있는데, 생활보상은 공용침해로 인하여 생활근거를 상실하게 되는 재산권의 피수용자 등에 대하여 생활재건에 필요한 정도의 보상을 행하는 것을 말한다(예; 이주대책 등의 수립).

나. 직접손실의 보상

① 수용 토지 그 밖의 물건의 보상: 수용할 토지 및 물건에 대한 보상은 앞에서 살펴본 평가방법과 원칙이 적용된다.

② 부대적 손실의 보상: 헌법 제23조 제3항 소정의 정당한 보상이 되기 위해서는 수용재산의 객관적 재산가치를 완전하게 보상하여야 할 뿐만 아니라 수용으로 인하여 부수적으로 발생한 손실도 보상하여야 한다. 아래는 토지보상법에 규정된 내용이다.

ⓐ 사용토지에 대한 매수·수용청구(제72조)

ⓑ 수용으로 인한 잔여지 가격감소에 의한 손실과 공사비용의 보상(제73조)

ⓒ 잔여지 매수·수용청구(제74조)

ⓓ 지상물건의 이전비보상(제75조 제1항 본문)

판시하였다(헌재 2007. 11. 29. 선고 2006헌바79 결정).

76) 공법상 제한이 국토계획법상 용도지역·지구·구역의 지정 또는 변경과 같이 그 자체로 제한목적이 달성되는 일반적 계획제한으로서 구체적 도시계획사업과 직접 관련되지 않는 경우에는 그러한 제한을 받는 상태 그대로 평가하여야 하지만, 공법상 제한이 구체적 사업이 따르는 개별적 계획제한이거나 용도지역 등의 지정 또는 변경에 따른 제한이더라도 그 용도지역 등의 지정 또는 변경이 특정 공익사업의 시행을 위한 것일 경우에는 해당 공익사업의 시행을 직접 목적으로 하는 제한으로 보아 위 제한을 받지 않은 상태를 상정하여 평가하여야 한다. 그런데, 자연공원법에 의한 '자연공원 지정' 및 '공원용도지구계획에 따른 용도지구지정'은 그 이후에 별도의 '공원시설계획'에 의하여 시행 여부가 결정되는 구체적인 공원사업의 시행을 직접 목적으로 한 것이 아니므로 일반적 계획제한에 해당한다(대법원 2019. 9. 25. 선고 2019두34982 판결). 한편, 수용대상 토지에 관하여 특정 시점에서 용도지역 등의 지정 또는 변경을 하지 않은 것이 특정 공익사업의 시행을 위한 것일 경우에는 공익사업의 시행을 직접 목적으로 하는 제한으로 보아 용도지역 등의 지정 또는 변경이 이루어진 상태를 상정하여 토지가격을 평가하여야 한다(대법원 2015. 8. 27. 선고 2012두7950 판결). 이때 특정 공익사업의 시행을 위하여 용도지역 등의 지정 또는 변경을 하지 않았다고 볼 수 있으려면, 토지가 특정 공익사업에 제공된다는 사정을 배제할 경우 용도지역 등의 지정 또는 변경을 하지 않은 행위가 계획재량권의 일탈·남용에 해당한다는 것이 객관적으로 명백하여야 한다.

ⓔ 영업의 손실 등에 대한 보상(제77조)[77]

ⓕ 보충적 보상규정(제79조): 그 밖의 공익사업의 시행으로 인하여 발생하는 손실보상

위와 같은 부대적 손실에 대한 보상도 토지수용위원회의 재결절차를 거쳐야 하고, 그 재결에 대하여 불복이 있는 때에는 중앙토지수용위원회에 이의재결이나 행정소송으로 다투어야지 이러한 재결절차를 거치지 않은 채 곧바로 사업시행자를 상대로 손실보상을 청구하는 것은 허용되지 않는다.[78] 다만 잔여지 수용청구권은 잔여지를 수용하는 토지수용위원회의 재결이 없더라도 그 청구에 의하여 수용의 효과가 발생하는 형성권적 성질을 가지므로, 잔여지 수용청구를 받아들이지 않은 토지수용위원회의 재결에 대하여 토지소유자가 불복하여 제기하는 소송은 재결에 대한 취소소송이 아니라 보상금의 증감에 관한 소송에 해당하여 사업시행자를 피고로 하여야 한다.[79] 이러한 법리는 토지보상법 제72조에 의한 토지소유자의 사용토지에 대한 수용청구를 받아들이지 않은 토지수용위원회의 재결에 대해서도 마찬가지로 적용된다.[80]

다. 간접손실의 보상

공공사업의 사업시행지 밖에서 영업을 하던 중 공공사업이 시행됨으로써 손실을 입게 된 경우 제3자가 무엇을 근거로 보상을 받을 수 있는지가 문제가 된다(공공사업의 시행으로 인한 간접손실의 보상문제).

토지보상법은 직접손실의 보상규정 외에 제79조 제2항에서 '기타 공익사업의 시행으로 인하여 발생하는 손실'의 보상에 관하여 시행규칙이 정하는 기준에 따르도록 규정하고, 시행규칙 제59조 내지 제65조는 여러 가지 간접손실의 보상에 관한 규정을 두고 있다. 공익사업의 시행으로 인하여 발생하는 손실에는 공익사업의 시행 또는 시행 당시 발생한 사유로 인한 것뿐만 아니라 공익사업의 시행결과인 그 공익사업의 시행으로 설치되는 시설의 형태·구조·사용 등에 기인한 것도 포함된다는 것이 판례이다.[81]

---

77) 대법원은 영업의 손실 등에 대한 보상에 속하는 영농보상은 장래의 불확정적인 일실소득을 예측하여 보상하는 경우에 해당하여, 기존에 형성된 재산의 객관적 가치에 대한 '완전한 보상'과는 그 법적 성질을 달리한다고 전제한 후, 토지보상법 제77조 제4항의 위임을 받은 시행규칙 제48조 제2항 단서 제1호가 실제소득 적용 영농보상금의 예외로서, 농민이 제출한 입증자료에 따라 산정한 실제소득이 동일 작목별 평균소득의 2배를 초과하는 경우에 해당 작목별 평균생산량의 2배를 판매한 금액을 실제소득으로 간주하도록 규정함으로써 실제소득 적용 영농보상금의 '상한'을 설정하였다고 하더라도, 영농보상이 장래의 불확정적인 일실소득을 보상하는 것이자 농민의 생존배려·생계지원을 위한 보상인 점, 실제소득 산정의 어려움 등을 고려하여, 농민이 실농으로 인한 대체생활을 준비하는 기간의 생계를 보장할 수 있는 범위 내에서 실제소득 적용 영농보상금의 '상한'을 설정함으로써 나름대로 합리적인 적정한 보상액의 산정 방법을 마련한 것이므로, 헌법상 정당보상의 원칙, 비례의 원칙에 위반되거나 위임입법의 한계를 일탈한 것으로는 볼 수 없다고 판시하였다(대법원 2020. 4. 29. 선고 2019두32696 판결).

78) 대법원 2019. 8. 29. 선고 2018두57865 판결 참조.

79) 대법원 2010. 8. 19. 선고 2008두822 판결.

80) 대법원 2015. 4. 9. 선고 2014두46669 판결.

따라서 이제는 간접손실을 입은 사람도 보상에 관한 협의성립 여부를 불문하고 대지 등의 보상(제59조), 건축물보상(제60조), 소수잔존자에 대한 보상(제61조), 공작물 등의 보상(제62조), 어업피해보상(제63조), 영업손실보상(제64조),[82] 농업손실보상(제65조)을 청구할 수 있게 되었다.

다. 생활보상

(1) 개 설

공공사업의 규모가 커져 수용되는 면적도 점점 넓어짐에 따라 공공사업으로 인하여 피수용자가 생활기반을 상실하는 경우가 빈번하게 되었고, 그에 따라 생활상 이익상실에 대한 보상도 필요하게 되었다. 그리하여, 토지보상법과 그 시행령 및 시행규칙에는 이주정착금(법 제78조 제1항, 시행령 제41조, 시행규칙 제53조 제2항), 소유자 · 세입자의 주거이전비 · 이사비(법 제78조 제6항, 시행규칙 제54조, 제55조 제2항), 이농비 · 이어비(법 제78조 제7항, 시행규칙 제56조), 사업폐지 등 보상(시행규칙 제57조), 주거용 건축물의 최저보상액(시행규칙 제58조) 등 생활보상에 관한 규정을 두게 되었다.

(2) 이주대책

생활상의 이익상실에 대한 보상은 금전 보상만으로는 부족하다. 따라서 생활상의 이익을 상실한 자가 다른 지역에서 종전과 같은 생활을 유지할 수 있도록 이주대책과 같은 실질적인 생활재건조치가 보상내용에 포함되어야 한다. 토지보상법은 이러한 점을 고려하여

81) 대법원 2019. 11. 28. 선고 2018두227 판결 참조. 위 판결은 공익사업의 시행으로 설치된 노선에서 고속열차의 운행으로 인하여 발생하는 소음 · 진동 등으로 잠업사를 이전하게 된 사안에 관한 것이다.

82) 영업손실보상은 공익사업의 시행으로 인하여 사업구역 안에서 행하고 있는 영업의 폐업 · 휴업에 따른 손실을 보상하는 것으로서, 그 영업이 장래에도 계속 유지될 것임을 전제로 일정기간 동안의 합리적인 기대이익의 상실 등을 보상하는 것이다. 이에 따라 도시계획시설의 설치 장소로 결정된 토지에서 허가 대상 가설건축물을 건축한 토지소유자는 도시계획시설사업이 시행될 때까지 허가 대상 가설건축물을 건축하여 한시적으로 사용할 수 있는 대신 도시계획시설사업이 시행될 경우에는 자신의 비용으로 그 가설건축물을 철거하여야 할 의무를 부담할 뿐 아니라 가설건축물의 철거에 따른 손실보상을 청구할 수 없고, 보상을 청구할 수 없는 손실에는 가설건축물의 철거에 따른 영업손실도 포함되며, 소유자가 그 손실보상을 청구할 수 없는 이상 그의 가설건축물의 이용권능에 터 잡은 임차인 역시 그 가설건축물의 철거에 따른 영업손실의 보상을 청구할 수는 없다. 대법원은 이러한 법리에 입각하여, 적법하게 건축된 허가 대상 가설건축물에서 인적 · 물적시설을 갖추고 계속적으로 영업을 행하고 있던 영업자가 기존의 허가에 따른 존치기간 만료일 이후에 도시계획시설사업과 무관한 다른 공익사업으로 인하여 가설건축물에서 영업을 할 수 없게 되었다고 하더라도, 그 공익사업의 사업인정고시 당시에 영업자에게 해당 가설건축물에서 존치기간 만료일 이후의 시점에도 계속해서 영업을 할 수 있으리라는 정당한 기대가 있었다는 등의 특별한 사정이 없다면, 그 영업자는 특별한 희생 또는 손실을 입었다고 볼 수 없어 영업손실보상을 청구할 수 없다고 하면서, 영업자에게 그러한 정당한 기대가 있었는지는 가설건축물 허가나 존치기간 연장허가의 경위, 해당 공익사업의 사업인정고시 당시 가설건축물의 잔여 존치기간, 해당 도시계획시설사업 및 공익사업의 진행 경과, 해당 영업의 내용과 운영 경과 등 여러 사정을 종합적으로 고려하여 판단하여야 한다고 판시하였다(대법원 2025. 12. 11. 선고 2024두66136 판결).

"사업시행자는 공익사업의 시행으로 인하여 주거용 건축물을 제공함에 따라 생활의 근거를 상실하게 되는 자(이주대책대상자)를 위하여 이주대책을 수립·실시하거나 이주정착금을 지급하여야 한다."라고 규정하고 있다(제78조 제1항). 이때 사업시행자는 이주대책기준을 정하여 위 이주대책대상자 중에서 이주대책을 수립·실시하여야 할 자를 선정하거나 그들에게 공급할 주택 등의 내용이나 수량 등을 정하는 데 재량을 가지고, 이를 위하여 사업시행자가 설정한 기준은 객관적으로 합리적이 아니라거나 타당하지 않다고 볼만한 특별한 사정이 없다면 존중되어야 한다.[83]

이주대책은 협의매수의 경우는 물론 수용의 경우에도 적용된다. 이주대책의 내용에는 이주정착지에 대한 도로·급수시설·배수시설 등 생활기본시설이 포함되어야 하고 이에 필요한 비용은 사업시행자의 부담으로 한다(제78조 제4항).[84]

이주대책대상자는 사업시행자가 수립하는 이주대책상 택지분양권이나 아파트 입주권 등을 받을 수 있는 구체적인 권리(수분양권)를 취득하게 된다. 다만 이주대책의 실시에 따른 주택지 또는 주택을 공급받기로 결정된 권리는 소유권이전등기를 마칠 때까지 전매(매매, 증여, 그 밖에 권리의 변동을 수반하는 모든 행위를 포함하되, 상속은 제외)할 수 없다(제78조 제5항). 이주자는 사업시행자에게 이주대책대상자 선정신청을 하고 사업시행자가 이를 받아들여 이주대책대상자로 확인·결정하여야만 비로소 구체적인 수분양권(공법상의 권리)[85]이 발생한다는 것이 판례이다.[86] 이 경우 사업시행자가 하는 이주대책대상자 확인·결정은 구체적인 이주대책상의 수분양권을 취득하기 위한 요건이 되는 행정작용으로서 처분에 해당한다. 따라서 이주대책대상자 선정신청에 대한 사업시행자의 거부처분에 대하여 항고소송을 제기하여 다투어야 한다. 그렇지 않고 이주대책대상자 확인·결정이 있기 전에 구체적인 수분양권을 취득하지 못한 상태에서 곧바로 사업시행자를 상대로 민사소송이나 공법상 당사자소송을 제기하여 수분양권의 확인 등을 구하는 것은 허용될 수 없다.

4. 수용목적물의 인도·이전

토지소유자 및 관계인 그밖에 토지소유자나 관계인에 포함되지 않는 자로서 수용 또

83) 대법원 2009. 11. 12. 선고 2009두10291 판결, 대법원 2009. 3. 12. 선고 2008두12610 판결.

84) 이는 강행규정이므로 사업시행자가 이주정착지에 택지를 조성하여 개별 공급하는 내용의 이주대책에서 공공시설 설치비용을 이주대책대상자에게 전가할 수 없다(대법원 2002. 3. 15. 선고 2001다67126 판결).

85) 수분양권을 준공유하는 자들은 반드시 전원이 공동으로만 청약의 의사표시를 할 수 있다(대법원 2002. 2. 8. 선고 2001다17633 판결).

86) 대법원 1994. 5. 24. 선고 92다35783 전원합의체 판결. 구체적인 수분양권의 보유자가 이주택지에 대한 분양예정통보 및 분양공고에 따른 택지분양신청을 하지 않았더라도 분양예정통보 및 분양공고상의 공급조건에 강행법규 위반의 점이 있어 분양계약의 체결에 응하지 못하고 있다면 공급조건의 무효확인을 구할 법적 이익이 있다(대법원 2003. 7. 25. 선고 2001다57778 판결).

는 사용할 토지나 그 토지에 있는 물건에 관하여 권리를 가진 자는 수용 또는 사용의 개시일까지 해당 토지나 물건을 사업시행자에게 인도하거나 이전하여야 한다(제43조).

인도·이전의 권리자는 사업시행자이지만, 사업시행자가 수용목적물에 대한 권리를 취득하는 것은 수용의 개시일이므로, 사업시행자의 위 권리는 소유권에 기한 것이 아니라 재결의 효과로서 법률이 직접 부여한 권리라 할 것이다. 목적물의 인도·이전의 불이행 또는 불능시에는 사업시행자의 신청에 의한 대집행 및 대행이 이루어진다(제44조·제89조).

그러나, 사업시행자가 협의 또는 수용에 의하여 취득하지 않은 수목과 같은 지장물의 경우에는 그 소유자가 지장물의 이전의무를 부담하지 않고, 사업시행자는 수목의 소유자에게 수목의 이전 또는 벌채를 요구할 수 없다.[87]

5. 위험부담의 이전

토지수용위원회의 재결이 있은 후 수용 또는 사용할 토지나 물건이 토지소유자 또는 관계인의 고의나 과실 없이 멸실 또는 훼손된 경우 그로 인한 손실은 사업시행자의 부담으로 한다(제46조). 위험부담의 이전은 수용의 개시일이 아니라 재결시에 이전된다는 점을 유의하여야 한다.

6. 환 매 권

가. 의 의

환매권이라 함은 "공용수용의 목적물이 해당 공익사업에 불필요하게 되었거나 수용의 전제가 된 공익사업에 공용되지 않는 경우 원래의 피수용자가 일정한 요건 하에 다시 매수하여 소유권을 회복할 수 있는 권리"를 말한다. 이는 재산권의 존속보장 사상과 궤를 같이 하는 것이다.

나. 법적 근거

환매권이 헌법상 재산권 보장규정으로부터 직접 도출되는지 개별 법령상의 근거가 있어야 하는지에 대해서는 논란이 있다. 헌법재판소는 수용된 토지 등에 대한 환매권은 헌법상의 재산권 보장조항으로부터 직접 도출되는 것으로서 헌법이 보장하는 재산권의 내용에 포함되는 권리라고 판시하였다.[88] 반면에 대법원은 헌법상 재산권 보장조항으로부터 바로 행사 가능한 환매권이 도출될 수는 없다는 입장에 있다.[89]

재산권의 수용이 있은 후 그에 대한 손실보상금까지 지급되었다면 환매권을 인정하지

87) 대법원 2015. 4. 23. 선고 2014도15607 판결.
88) 헌재 1995. 10. 26. 선고 95헌바22 결정 등.
89) 대법원 1998. 4. 10. 선고 96다52359 판결.

않더라도 재산권에 대한 본질적 침해라고 볼 수 없다. 또한 환매의 행사요건, 기간, 방법 등은 다양하기 때문에 개별 법령에서 이를 구체적으로 형성되어야 행사할 수 있다. 따라서, 입법자가 법령을 제정하지 않고 있거나 이미 제정된 법령이 소멸하였다고 하더라도 피수용자가 헌법상 재산권 보장규정을 근거로 곧바로 환매권을 행사할 수는 없다고 할 것이다.[90)]

환매권에 대한 실정법적 근거로는 토지보상법 제91조 이하 및 택지개발촉진법 제13조 등을 들 수 있다.

다. 환매권의 법적 성질

사업인정 전 취득으로 인한 환매권의 경우에는 사업시행자가 사업인정 전 사법적 수단에 의하여 취득한 토지를 토지소유자가 환매하는 것이므로 사법상 권리라고 해석된다(통설). 문제는 사업인정 후 취득으로 인한 환매권의 법적 성질에 관하여 발생하고, 이에 대하여 견해의 대립이 있다.

① **공 권 설**: 환매권은 사업시행자가 공권력을 배경으로 취득한 토지에 관련된 것이고, 손실보상청구권을 공권으로 보는 이상 환매권도 공권이다.

② **사 권 설**: 환매권은 유효하게 성립된 수용이 사후에 발생한 환매요건이 충족됨으로써 순수하게 자신의 개인적 이익을 위하여 수용목적물을 다시 취득하기 위한 권리이므로 사법상 권리이다.

③ **판 례**: 대법원은 징발재산 정리에 관한 특별조치법상의 환매권은 "일종의 형성권으로서 그 존속기간은 제척기간으로 보아야 할 것이며, 위 환매권은 재판상이든 재판외이든 그 기간 내에 행사하면 이로써 매매의 효력이 생기고, 위 매매는 같은 조 제1항에 적힌 환매권자와 국가 간의 사법상의 매매라 할 것이다."라고 판시한 것으로 보아 사권설에 있다.[91)]

환매권 행사에 의하여 발생하는 법률관계에서 사업시행자가 공권력의 담당자로서 참가하고 있다고 보기 어렵고, 환매권자는 자신의 개인적인 이익을 실현하기 위하여 권리를 행사하고 있다. 그렇다면, 환매권에 의하여 발생하는 법률관계는 사법관계이고, 그 발생원인이 되는 환매권 또한 사권이라고 볼 수밖에 없다.

라. 환매권자

환매권자는 협의취득일 또는 수용의 개시일 당시의 토지소유자 또는 그 포괄승계인이다(제91조 제1항). 포괄승계인은 자연인인 상속인과 복수의 법인이 합병한 경우에는 합병 후의 새로운 법인을 말한다. 따라서 수용 당시 같은 필지였던 토지를 매매 등에 의하여 취득

---

90) 설령 토지가 위헌인 법률에 의하여 수용되었다 하더라도 마찬가지라는 것이 판례이다(대법원 1998. 4. 10. 선고 96다52359 판결).

91) 대법원 1992. 4. 24. 선고 92다4673 판결, 대법원 1989. 12. 12. 선고 88다카15000 판결.

한 특정승계인은 환매권자가 될 수 없다. 또한 토지의 소유권 이외의 권리자, 토지에 정착한 물건의 소유자, 그 정착물의 소유권 이외의 권리자 또는 그 포괄승계인은 환매권자가 될 수 없다. 한편 환매권은 양도될 수 없다.

마. 환매권의 대항력

환매권은 부동산등기법에 따라 공익사업에 필요한 토지의 협의취득 또는 수용의 등기가 된 때에는 이를 제3자에게 대항할 수 있다(제91조 제5항). 이러한 대항력으로 인하여 수용목적물이 제3자에게 양도되더라도 제3자는 환매권자에게 권리가 있음을 주장하지 못한다.[92)]

바. 환매의 목적물

환매의 목적물은 토지소유권에 한정되고(제91조 제1항), 그 이외의 권리 및 물건은 환매의 대상이 되지 않는다.

환매권의 행사는 환매의 요건에 해당하는 토지의 전부에 대하여 행하는 것이고, 그 일부에 대해서만 선택적으로 행사할 수 있는 것이 아니다. 따라서 수용된 토지의 일부만 환매의 요건을 갖춘 경우에는 그 일부의 전체에 대하여 환매권을 행사할 수 있는 것이고, 환매대상토지의 일부에 대해서만 환매권을 행사할 수는 없다.

사. 환매요건

(1) 공익사업의 폐지 · 변경 그 밖의 사유로 취득한 토지의 전부 또는 일부가 필요 없게 된 경우(제91조 제1항)

공익사업의 폐지 · 변경 또는 그 밖의 사유로 취득한 토지의 전부 또는 일부가 필요 없게 된 경우 토지의 협의취득일 또는 수용의 개시일 당시의 환매권자는 10년 이내에 그 토지에 대하여 받은 보상금에 상당하는 금액을 사업시행자에게 지급하고 그 토지를 환매할 수 있다.

여기에서 공익사업이라 함은 토지의 협의취득 또는 수용의 목적이 된 공익사업을 말한다. 통상 토지보상법에 의한 사업인정을 받을 때 구체적으로 특정된 공익사업을 말하고, 국토계획법에 따라 도시계획시설사업에 관한 실시계획의 인가를 토지보상법상 사업인정으로 보게 되는 경우에는 그 실시계획의 인가를 받을 때 구체적으로 특정된 공익사업을 말한다.[93)]

"필요 없게 된 경우"란 단순히 사업의 이용에 제공하지 않는 것에 그치지 않고, 사업의 이용에 제공할 필요가 없어진 경우를 말한다. 그중에는 수용 당시부터 이미 필요 없는 경우와 수용 후에 필요 없게 된 경우가 있다. 수용된 토지가 필요 없게 되었는지 여부는 사업시행자의 주관적인 의사가 아니라 객관적인 기준에 따라 해당 사업의 목적과 내용, 수

---

92) 대법원 2017. 3. 15. 선고 2015다238963 판결 참조.

93) 대법원 2010. 9. 30. 선고 2010다30782 판결.

용의 경위와 범위, 해당 토지와 사업과의 관계, 용도 등을 고려하여 합리적으로 판단하여야 한다.[94)]

이 경우의 환매권의 행사기간은 10년이다. 사업의 폐지 · 변경으로 취득한 토지의 전부 또는 일부가 필요 없게 된 경우에는 관계 법률에 따라 사업이 폐지 · 변경된 날 또는 시 · 도지사가 사업시행자로부터 신고를 받아 관보에 한 사업의 폐지 · 변경 고시가 있는 날로부터 기산하고, 그 밖의 사유로 취득한 토지의 전부 또는 일부가 필요 없게 된 경우에는 사업완료일로부터 기산한다.[95)]

(2) 토지의 협의취득일 또는 수용의 개시일부터 5년 이내에 취득한 토지의 전부를 해당 사업에 이용하지 않는 경우(같은 조 제2항)

토지의 협의취득일 또는 수용의 개시일로부터 5년 이내에 취득한 토지의 전부를 해당 사업에 이용하지 않은 경우에도 환매권을 행사할 수 있다. 이 경우 환매권은 취득일부터 6년 이내에 행사하여야 한다.

"사업에 이용하지 아니한 때"란 사실상 사업의 이용에 제공하지 않는 상태를 말하고, 토지의 전부가 사업에 제공되지 않는 경우에 한한다. 한편, 잔여지의 매수 또는 수용의 청구에 의하여 잔여지가 매수 또는 수용된 경우, 그 잔여지에 대해서는 잔여지에 접한 일단의 토지가 필요 없게 된 경우에만 환매할 수 있다(같은 조 제3항).

(3) 환매권 발생 여부에 관한 대법원 판례의 태도

대법원은 토지를 수용한 해당 특정사업이 폐지 · 변경되어 그 토지가 사용되지 않게 되는 경우 환매권의 발생을 인정한다. 그러나 특정사업이 폐지 · 변경되었는지 여부는 해당 사업의 전체를 놓고 판단하여야 하고, 그 사업 자체가 다른 사업으로 바뀌는 것이 아니라 동일한 사업의 사업계획이 당초와 다르게 변경되는데 불과한 경우 등에는 환매권의 발생을 인정하지 않는다. 특히 종합적이고 광범위한 분야에 걸친 공공사업을 위하여 취득한 토지의 일부에 설치가 예정된 부대시설이 다른 곳에 설치되었다고 하더라도 그와 같은 구체적인 토지이용계획의 변경만으로 해당 특정사업의 폐지 · 변경이라고 보지 않는다.[96)]

대법원 판례 중 환매권의 발생을 긍정한 예로, 공원조성 후 그 시설이 철거된 다음 택지개발사업이 시행된 경우,[97)] 도로개설 및 녹지조성사업 진행 중에 택지개발사업이 시행된

94) 대법원 1998. 3. 27. 선고 97다39766 판결 참조.

95) 헌법재판소는 2020. 11. 26. 구 토지보상법 제91조 제1항 중 환매권의 발생기간을 제한하고 있는 '토지의 협의취득일 또는 수용의 개시일부터 10년 이내에' 부분에 대한 헌법불합치결정을 하면서 입법자가 개정할 때까지 위 법률조항의 적용중지를 명하였다(헌재 2020. 11. 26. 선고 2019헌바131 결정). 이에 따라 토지보상법 제91조 제1항은 2021. 8. 10. 법률 제18386호로 개정되어 위와 같이 환매권 행사기간의 기산점을 규정하게 되었다.

96) 대법원 2009. 10. 15. 선고 2009다43041 판결.

경우,[98] 공공청사의 신축이 백지화된 경우,[99] 개발사업이 폐지된 경우,[100] 도로부지의 일부가 방치 후 용도폐지된 경우,[101] 미군부지가 반환된 경우[102] 등이 있다.

반면에 해당 특정사업이 폐지·변경된 것으로 볼 수 없다고 부정한 예로, 주택지조성사업을 산업기지개발사업에 포함되는 사업의 하나로 본 경우,[103] 상수도사업을 택지개발사업에 포함되는 사업의 하나로 본 경우,[104] 택지개발사업을 위하여 취득한 후 그 세부적인 용도가 변경된 경우,[105] 이주단지 조성사업 부지 중 일부를 관광호텔 신축을 위하여 임대한 경우,[106] 이주단지 조성사업 완료 전에 자연녹지지역으로 편입된 경우,[107] 경찰서 신축부지를 경찰 교육훈련장, 경찰버스 주차장으로 전용한 경우[108] 등이 있다. 그밖에도 수도권 신공항건설 촉진법에 따른 신공항건설사업의 시행자가 인천국제공항 2단계 건설사업을 시행하면서 그 부대공사로서 항공기 안전운항에 장애가 되는 구릉을 제거하는 공사를 하기 위하여 그 구릉 일대에 위치한 토지를 협의취득한 후 절토작업을 완료한 사안에서, 절토작업이 완료된 토지의 현황을 그대로 유지하는 것은 인천국제공항에 입·출항하는 항공기의 안전운행을 위하여 반드시 필요한 것이므로, 해당 사업의 목적은 장애구릉의 제거에 그치지 않고 그 현상을 유지하는 것까지 포함하는 것이어서, 절토작업이 완료되었다는 사정만으로 그 토지가 해당 사업에 필요 없게 되었다고 보기 어렵다고 한 사례가 있다.[109]

아. 환매요건의 특칙(공익사업의 변환)

토지보상법 제91조 제6항에서는 "국가·지방자치단체 또는 공공기관의 운영에 관한 법률 제5조 제3항 제1호의 공공기관이 사업인정을 받아 공익사업에 필요한 토지를 협의취득 또는 수용한 후 해당 공익사업이 제4조 제1호 내지 제5호에 규정된 다른 공익사업으로 변경된 경우 환매권의 행사기간은 관보에 당해 공익사업의 변경을 고시한 날부터 기산한다."라는 취지로 규정하고 있다.

특정 공익사업이 다른 공익사업으로 변경된 경우에도 환매권자에게 환매하도록 한 후

---

97) 대법원 1992. 4. 28. 선고 91다29927 판결.
98) 대법원 1995. 2. 10. 선고 94다31310 판결.
99) 대법원 1994. 1. 25. 선고 93다11760, 11777, 11784 판결.
100) 대법원 1995. 6. 30. 선고 94다13435 판결.
101) 대법원 1997. 11. 11. 선고 97다36835 판결.
102) 대법원 2009. 12. 24. 선고 2009다84493 판결.
103) 대법원 1993. 9. 14. 선고 92다56810, 56827, 56834 판결.
104) 대법원 2007. 1. 11. 선고 2006다5451 판결.
105) 대법원 1994. 5. 24. 선고 93다51218 판결.
106) 대법원 1995. 11. 28. 선고 94다61441 판결.
107) 대법원 1995. 11. 28. 선고 95다24845 판결.
108) 대법원 1996. 2. 9. 선고 94다46695 판결.
109) 대법원 2010. 5. 13. 선고 2010다12043, 12050 판결.

새로운 공익사업의 시행을 위하여 다시 수용하여야 할 것이지만, 토지보상법은 환매후 다시 같은 토지를 수용하는 번거로운 절차를 피하기 위하여 이러한 조항을 둔 것이다.[110]

공익사업의 변환은 처음 사업인정을 받은 공익사업에서 토지보상법 제4조 제1호 내지 제5호의 다른 공익사업으로 변경되는 경우에만 인정된다.[111] 예컨대, 공원조성사업(제4조 제3호)을 위해 수용된 토지를 그 사업을 시행하기 위하여 필요한 부속시설에 관한 사업택지개발사업(제4조 제6호)을 위하여 제공하는 경우에는 환매 후 다시 수용하는 절차를 거쳐야 한다.

또한 공익사업의 변환은 사업시행자가 국가·지방자치단체 또는 위와 같은 공공기관인 경우에 한하여 허용되는 것인지 문제가 된다. 이에 대하여 판례는 무용한 수용절차의 반복을 피하고자 한 제도의 취지를 강조하고 변환의 대상인 공익사업이 제한되어 남용의 우려가 없다는 점 등을 들어 사업시행자가 민간기업인 경우에도 이를 허용하고 있다.[112]

공익사업의 변환과 관련하여 또 한 가지 문제가 되는 것은 변경된 공익사업의 시행자가 변경되기 전의 사업시행자와 같아야 하는지이다. 판례는 사업시행자가 동일하지 않은 경우에도 공익사업의 변경을 인정하고 있다.[113]

공익사업의 변환을 인정하기 위해서는 적어도 변경된 사업의 사업시행자가 해당 토지를 소유하고 있어야 한다.[114] 만약 사업시행자가 협의취득하거나 수용한 해당 토지를 제3자에게 처분해 버린 경우에는 어차피 변경된 사업시행자는 그 사업의 시행을 위하여 제3자로부터 토지를 재취득하여야 하는 절차를 새로 거쳐야 하는데, 이러한 경우에도 공익사업의 변환을 인정하면 공익사업의 원활한 시행을 위한 무익한 절차의 반복 방지라는 입법취지에 반하기 때문이다.

자. 환매권행사의 제척기간

① 토지의 전부 또는 일부가 필요 없게 된 때에는 그 필요 없게 된 때로부터 1년, 그 협의취득일 또는 수용의 개시일로부터 10년 이내에 환매하여야 한다(제91조 제1항).

② 협의취득일 또는 수용의 개시일부터 5년 이내에 취득한 토지의 전부를 해당 사업에 이용하지 않았을 때에는 협의취득일 또는 수용의 개시일부터 6년 이내에 환매하여야 한다(같은 조 제2항).

위 제척기간들은 서로 그 요건을 달리하고 있으므로, 한쪽의 제척기간이 도과되었다

110) 대법원 1992. 4. 28. 선고 91다29927 판결.
111) 대법원 1992. 4. 28. 선고 91다29927 판결 참조.
112) 대법원 2015. 8. 19. 선고 2014다201391 판결.
113) 대법원 1994. 1. 25. 선고 93다11760, 11777, 11784 판결.
114) 대법원 2010. 9. 30. 선고 2010다30782 판결.

하더라도 다른 쪽에 규정에 의한 환매권을 행사를 할 수 있다.115)

차. 환매가격

환매가격은 원칙적으로 해당 토지에 대하여 지급받은 보상금에 상당하는 금액이다(제91조 제1항). 그런데, 그 토지의 가격이 협의취득일 또는 수용개시일 당시에 비하여 현저히 변동되었을 때에는 사업시행자 및 환매권자는 환매금액에 대하여 서로 협의하되, 협의가 성립되지 않은 때에는 그 금액의 증감을 법원에 청구할 수 있다(같은 조 제4항).

카. 환매의 절차

(1) 환매의 최고

사업시행자는 환매할 토지가 생긴 때에는 지체 없이 이를 환매권자에게 통지하여야 한다. 다만 사업시행자가 과실 없이 환매권자를 알 수 없는 때에는 이를 공고하여야 한다(제92조 제1항).

환매의 대상토지가 생겼을 경우 이를 환매권자에게 통지 또는 공고하는 것은 사업시행자의 의무이다. 그러나 환매권자는 그 통지 또는 공고에 의하여 환매권을 행사할 수 있는 것이 아니라, 그러한 통지 또는 공고가 없더라도 환매요건의 충족으로써 환매권을 행사할 수 있다. 다만 이러한 통지 또는 공고는 조기에 환매권을 소멸시킬 수 있는 효과를 발생시킨다.

(2) 환매권의 행사

환매권자는 사업시행자의 통지 또는 공고에 관계없이 환매의 의사표시와 함께 환매가격을 사업시행자에게 지급함으로써 환매권을 행사할 수 있다.

타. 환매권의 소멸

환매권은 ① 사업시행자의 통지 등이 없는 경우에는 토지보상법 제91조에 따른 제척기간이 경과하는 때에 소멸되고, ② 사업시행자의 통지 등이 있는 경우에는 제척기간에 관계없이 환매권자가 통지를 받은 날 또는 공고를 한 날부터 6월이 경과하면 소멸된다(제92조 제2항).

파. 환매권 행사로 인한 법률관계에 관한 소송

환매권 또는 환매권 행사로 인한 법률관계에 관한 소송을 공법상 당사자소송으로 다루어야 하는지, 민사소송으로 처리하여야 하는지와 관련하여 문제가 된다. 환매권의 성질을 공권으로 보게 되면, 공법상 당사자소송으로 다루어야 한다고 볼 수 있다. 그러나 이미

---

115) 대법원 1995. 2. 10. 선고 94다31310 판결, 대법원 2010. 9. 30. 선고 2010다30782 판결.

앞에서 본 것처럼 환매권은 피수용자가 자기의 이익을 위하여 일방적으로 행사함으로써 환매의 효과가 생기는 형성권이어서, 사업시행자의 동의를 요하지 않고 직접 매매의 효과를 발생시키는 사법상의 권리로 보아야 할 것이므로, 민사소송사항이다.

한편, 환매가격은 원칙적으로 해당 토지에 대하여 지급받은 보상금에 상당하는 금액이나 그 토지의 가격이 협의취득일 또는 수용개시일 당시에 비하여 현저히 변동되었을 때에는 사업시행자 및 환매권자는 환매금액에 대하여 서로 협의하되, 협의가 성립되지 않은 때에는 그 금액의 증감을 법원에 청구할 수 있다. 공익사업 용지의 취득과 손실보상에 관한 제도는 과거에 토지수용법과 공공용지의 취득 및 손실보상에 관한 특례법(공특법)으로 이원화되어 운용되고 있으나, 위 두 법은 2003. 1. 1.부터 토지보상법으로 통합되었는데, 과거의 토지수용법과 공특법은 환매대금의 증감청구에 관하여 달리 규정하고 있었다. 그리하여 환매대금 증감에 관한 소송이 민사소송인지 행정소송인지에 관하여 판례가 엇갈리는 것처럼 보였다. 그러나 현행 토지보상법 제91조 제4항에서는 과거의 공특법과 달리 환매금액의 증감을 토지수용위원회가 아니라 법원에 청구하도록 규정하고 있고 환매권의 법적 성질을 사권이라고 보아야 할 것이므로, 현행 토지보상법 제91조 제4항에 의한 환매대금 증감소송은 민사소송으로 다루어야 할 것이다. 대법원도 민사소송에 해당한다고 명확하게 입장을 밝혔다.[116)]

이에 부수하여 환매로 인한 소유권이전등기청구소송에서 사업시행자가 환매대금청구권을 가지고 선이행 또는 동시이행의 항변을 제기할 수 있는가? 토지보상법은 환매권자는 보상금 상당액만 지급하면 환매권을 행사하도록 규정하고 있고, 환매권의 행사에 의하여 사업시행자는 바로 소유권이전등기의무가 발생하며, 가격의 현저한 변동으로 그 보상금 상당액이 부당하게 된 경우에는 법원의 판결에 의하여 이를 조정하도록 되어 있다. 즉, 토지보상법은 보상금 상당액의 지급을 소유권이전등기의무에 대하여 선이행의 관계에 두고, 다시 소유권이전등기의무를 환매대금 증감조정액의 지급의무에 대하여 선이행의 관계에 둔 것이다. 따라서 환매권의 행사에 대하여 소유권이전등기의무를 지연한 채 법원에 환매대금의 증액을 청구하거나 환매로 인한 소유권이전등기청구소송에서 사업시행자가 환매대금청구권을 가지고 선이행 또는 동시이행의 항변을 제기할 수는 없다.[117)]

116) 대법원 2013. 2. 28. 선고 2010두22368 판결.
117) 대법원 2006. 12. 21. 선고 2006다49277 판결.

제 4 장 도시계획법

제 1 절 의 의

Ⅰ. 규율법률

법령상 '도시계획'이란 용어가 최초로 등장한 것은 1934년 조선 시가지 계획령이다. 조선 시가지 계획령은 해방 후 시가지 계획령으로 명칭만 변경되었다가 1962년 건축법과 도시계획법으로 분화되었다. '도시계획'을 규율하는 도시계획법은 1971. 1. 19. 법률 제2291호로 전문개정되었고, 2000. 1. 28. 법률 제6243호로 다시 한번 전문개정되었다. 한편 1972. 12. 30. 법률 제2408호로 제정된 국토이용관리법은 도시지역을 제외한 지역에서 토지의 합리적 사용에 관하여 규율하였다. 국토계획법이 제정되기 전에는 국토를 도시지역과 비도시지역으로 구분하고, 도시지역에는 도시계획법, 비도시지역에는 국토이용관리법을 적용하였던 것이다.

그러나 이러한 이원적 법체계로는 국토의 난개발 문제 등을 적절하게 대응할 수 없고, 21세기의 중요한 문제로 대두되는 환경문제에 기여하기 어렵다는 인식 하에서, 국토의 이용 및 개발을 보다 체계적이고 환경친화적으로 하자는 공감대가 형성되었다. 이러한 공감대에 기초하여 2002. 2. 4. 법률 제6655호로 국토계획법이 제정되었고, 위 법률이 2003. 1. 1. 시행되면서 국토이용관리법과 도시계획법이 폐지되었다. 그밖에 현행 개별법으로 개발이익 환수에 관한 법률, 개발제한구역법, 건축법, 도로법, 하천법, 도시개발법, 도시정비법, 주택법 등이 있다.

Ⅱ. 국토계획법상 도시계획

1. 도시계획의 분류

국토계획법상 광의의 도시계획은 광역도시계획과 도시 · 군계획으로 구분되고, 도시 · 군계획은 도시 · 군기본계획과 도시 · 군관리계획으로 분류된다.

광역도시계획은 2 이상의 특별시 · 광역시 · 특별자치시 · 특별자치도 · 시 또는 군의 공간구조 및 기능을 상호 연계시키고 환경을 보전하며 광역시설을 체계적으로 정비하기 위하여 필요한 경우 인접한 2 이상의 특별시 · 광역시 · 특별자치시 · 특별자치도 · 시 또는 군의 관할구역의 전부 또는 일부를 국토교통부장관이 지정한 광역계획권의 장기발전방향을 제시하는 계획(제2조 제1호)을 말한다. 한편, 도시 · 군계획은 특별시 · 광역시 · 특별자치시 · 특별자치도 · 시 또는 군(광역시의 관할구역 안에 있는 군 제외)의 관할구역에 대하여 수립하는 공간구조와 발전방향에 대한 계획으로서, 도시 · 군기본계획과 도시 · 군관리계획으로 구분한다(제2조 제2호).

도시 · 군기본계획은 특별시 · 광역시 · 특별자치시 · 특별자치도 · 시 또는 군의 관할구역에 대하여 기본적인 공간구조와 장기발전방향을 제시하는 종합계획으로서 도시 · 군관리계획수립의 지침이 되는 계획을 말하고(제2조 제3호), 도시 · 군관리계획은 특별시 · 광역시 · 특별자치시 · 특별자치도 · 시 또는 군의 개발 · 정비 및 보전을 위하여 수립하는 토지이용 · 교통 · 환경 · 경관 · 안전 · 산업 · 정보통신 · 보건 · 후생 · 안보 · 문화 등에 관한 ① 용도지역 · 용도지구의 지정 또는 변경에 관한 계획, ② 개발제한구역 · 도시자연공원구역 · 시가화조정구역 · 수산자원보호구역의 지정 또는 변경에 관한 계획, ③ 기반시설의 설치 · 정비 또는 개량에 관한 계획, ④ 도시개발사업 또는 정비사업에 관한 계획, ⑤ 지구단위계획구역의 지정 또는 변경에 관한 계획과 지구단위계획, 입지규제최소구역의 지정 또는 변경에 관한 계획과 입지규제최소구역계획을 말한다(제2조 제4호).

2. 도시 · 군기본계획과 도시 · 군관리계획과의 관계

국토계획법에서는 도시 · 군계획을 도시 · 군기본계획과 도시 · 군관리계획을 포섭하는 상위개념으로 설정하고 있다. 그중 도시 · 군기본계획은 행정내부적인 것이고, 도시 · 군관리계획은 구속적인 성질을 가지고 있다.

3. 도시 · 군계획과 실시계획과의 관계

용도지역 · 용도지구 또는 용도구역의 지정에 관한 도시 · 군계획결정이 있으면 각종 토지이용행위에 대한 제한이 가해지지만, 그 자체로 특정 개인에게 직접적이고 구체적인 권리의무관계를 발생시키는 것은 아니다. 그런데, 도시기반시설의 설치에 관한 도시 · 군계획은 도시 · 군계획시설결정을 한 후 이에 따라 도시 · 군계획시설사업을 시행하는 절차가 필요하고, 그 도시 · 군계획시설사업의 시행에 필요한 세부계획을 실시계획이라고 한다. 도시 · 군계획시설사업 외에도 도시 · 군계획사업의 경우에도 사업의 시행에 관한 세부계획을 수립하게 되는데, 도시개발사업에서는 실시계획이라고 부르고, 정비사업에서는 사업시행계획이라고 부른다.

실시계획은 실제로 사업을 시행하는데 필요한 사항을 정하는 것이므로 건축법 · 농지법 · 산지관리법 · 산림법 등 그 사업과 관련되는 법령의 규정에 적합하게 작성되어야 한다.

제 2 절 도시 · 군기본계획

Ⅰ. 의 의

1981. 3. 31. 법률 제3410호로 개정된 도시계획법은 도시기본계획제도를 도입하여 도시기본계획, 도시재정비계획, 도시사업시행계획이라는 3단계의 도시계획체제를 확립함으로써 선진도시계획의 특징이라고 불리는 도시계획의 종합성, 과정성, 집행성의 요소가 제도적으로 확립되어 오늘에 이르고 있다.

도시 · 군기본계획이란 도시의 기본적인 공간구조와 장기발전방향을 제시하는 종합계획으로서 도시 · 군계획수립의 지침이 되는 계획을 말한다. 도시 · 군기본계획은 장기적인 도시개발의 방향 및 하위 도시 · 군계획의 수립의 지침이 되는 장기도시계획으로서 5년 간격으로 그 타당 여부를 검토하여 도시 · 군계획 수립시에 반영하도록 하고 있다. 또한 그 내용은 물적 측면뿐만 아니라 인구, 산업, 사회개발, 재정 등의 사회경제적 측면을 포괄함으로써 종합계획으로서 면모를 갖추고 있다(국토계획법 제19조, 제23조 등 참조).

Ⅱ. 도시 · 군기본계획의 수립의무

특별시장 · 광역시장 · 특별자치시장 · 특별자치도지사 · 시장 또는 군수는 관할구역에 대하여 도시 · 군기본계획을 수립하여야 한다(국토계획법 제18조 제1항). 그러나 수도권에 속하지 않고 광역시와 경계를 같이하지 않는 시 또는 군으로서 인구 10만명 이하인 시 또는 군과 관할구역 전부에 대하여 광역도시계획이 수립되어 있는 시 또는 군으로서 해당 광역도시계획에 도시 · 군기본계획의 내용이 모두 포함되어 있는 시 또는 군에는 이 계획을 수립하지 않을 수 있다(시행령 제14조). 특별시장 · 광역시장 · 특별자치시장 · 특별자치도지사 · 시장 또는 군수는 지역여건상 필요하다고 인정되면 협의 하에 인접한 특별시 · 광역시 · 특별자치시 · 특별자치도 · 시 또는 군의 관할 구역 전부 또는 일부를 포함하여 도시 · 군기본계획을 수립할 수 있다(국토계획법 제18조 제2항).

Ⅲ. 도시 · 군기본계획의 내용

도시 · 군기본계획의 내용에는 국토계획법 제19조 제1항에 규정된 지역적 특성 및 계획의 방향 · 목표에 관한 사항, 공간구조, 생활권의 설정 및 인구의 배분에 관한 사항, 토지의 이용 및 개발에 관한 사항, 토지의 용도별 수요 및 공급에 관한 사항, 환경의 보전 및 관리에 관한 사항, 기반시설에 관한 사항, 공원 · 녹지에 관한 사항, 경관에 관한 사항, 기후변화 대응 및 에너지절약에 관한 사항, 방재 · 방범 등 안전에 관한 사항, 위 각 사항의 단계별 추진에 관한 사항과 도시 · 군기본계획의 방향 및 목표 달성과 관련된 사항으로서 시행령 제15조에 규정된 도심 및 주거환경의 정비 · 보전에 관한 사항, 다른 법률에 따라 도시 · 군기본계획에 반영되어야 하는 사항, 도시 · 군기본계획의 시행을 위하여 필요한 재원조달에 관한 사항, 도시 · 군기본계획 승인권자가 필요하다고 인정하는 사항 등이 포함되어야 한다(국토계획법 제19조 제1항).

Ⅳ. 도시 · 군기본계획의 수립과 승인

1. 도시 · 군기본계획의 수립을 위한 기초조사

특별시장 · 광역시장 · 특별자치시장 · 특별자치도지사 · 시장 또는 군수는 도시 · 군기본계획을 수립하거나 변경하려면 미리 인구 · 경제 · 사회 · 문화 · 교통 · 환경 · 토지이용 그밖에 대통령령이 정하는 사항 중 해당 도시 · 군기본계획의 수립에 관하여 필요한 사항을 조사하거나 측량하여야 한다(국토계획법 제20조, 제13조).

2. 도시 · 군기본계획수립을 위한 공청회

특별시장 · 광역시장 · 특별자치시장 · 특별자치도지사 · 시장 또는 군수가 도시 · 군기본계획을 수립할 때에는 미리 공청회를 열어 주민 · 관계전문가 등으로부터 의견을 청취하여야 한다(국토계획법 제20조, 제14조 제1항).

3. 지방의회의 의견청취

특별시장 · 광역시장 · 특별자치시장 · 특별자치도지사 · 시장 또는 군수는 도시 · 군기본계획을 수립하는 때에는 미리 해당 특별시 · 광역시 · 특별자치시 · 특별자치도 · 시 또는 군의 의회의 의견을 들어야 한다(국토계획법 제21조 제2항).

4. 도시·군기본계획의 확정과 승인

특별시·광역시·특별자치시 또는 특별자치도의 도시·군기본계획은 관계 행정기관의 장(국토교통부장관 포함)과 협의한 후 지방도시계획위원회의 심의를 거쳐 수립하거나 변경한다(국토계획법 제22조 제1항). 도시·군기본계획을 수립하거나 변경한 경우에는 관계 행정기관의 장에게 관계 서류를 송부하여야 한다(같은 조 제3항).

시·군의 도시·군기본계획의 경우에는 도지사의 승인을 받아야 한다(국토계획법 제22조의2 제1항). 이때 도지사는 관계 행정기관의 장과 협의한 후 지방도시계획위원회의 심의를 거쳐야 하고(같은 조 제2항), 승인 후에는 관계 행정기관의 장과 시장 또는 군수에게 관계 서류를 송부하여야 하며, 관계 서류를 받은 시장 또는 군수는 그 계획을 공고하고 일반인이 열람할 수 있도록 하여야 한다(같은 조 제3항).

5. 도시·군기본계획의 공고 및 공람

특별시장·광역시장·시장·군수는 도시·군기본계획이 확정되면 그 계획을 공고하고 일반인이 열람하게 하여야 한다(국토계획법 제22조 제3항). 한편, 시장 또는 군수는 도지사의 승인 후 관계 서류를 송부 받으면 그 계획을 공고하고 일반인에게 열람하게 하여야 한다(국토계획법 제22조의2 제4항).

6. 도시·군기본계획의 정비

특별시장·광역시장·특별자치시장·특별자치도지사·시장 또는 군수는 5년마다 관할 구역의 도시·군기본계획에 대하여 그 타당성 여부를 전반적으로 재검토하여 정비하여야 한다. 또한 도시·군기본계획의 내용에 우선하는 광역도시계획의 내용 및 도시·군기본계획에 우선하는 국가계획의 내용을 도시·군기본계획에 반영하여야 한다(국토계획법 제23조).

Ⅴ. 도시·군기본계획의 효력

도시·군기본계획은 도시의 기본적인 공간구조와 장기발전방향을 제시하는 종합계획으로서 도시·군계획수립의 지침이 되는 계획이므로, 도시·군관리계획은 도시·군기본계획에 부합되어야 하지만(국토계획법 제25조 제1항), 도시·군기본계획의 성질 및 효력은 해당 도시에 대한 장기적인 개발구상이고 도시계획을 수립하는데 기준과 방향을 제시하는 것이지 도시·군관리계획과 같이 그 자체로 구속력이 있는 것은 아니다.

즉, 도시·군기본계획은 도시의 정비·개발에 관한 각종 계획을 입안하는 행정기관을 구속하기는 하나, 일반 국민에 대하여 직접적인 구속력을 가지거나 권리의무를 발생시키지 않는다. 따라서 토지이용행위가 도시·군기본계획에 부적합하다는 이유만으로는 그 토지이용행위를 제한할 수 없고, 도시계획이 도시·군기본계획의 내용과 달리 수립되었다는 이유만으로 도시계획의 효력에 영향을 미치는 것은 아니다.[1] 예컨대, 도시·군계획시설결정 대상면적이 도시·군기본계획에서 예정했던 것보다 증가하였다 하더라도 위법한 것은 아니다.[2]

Ⅵ. 도시·군기본계획의 효력범위

1. 효력발생시기

도시·군기본계획은 대외적 구속력이 있는 것은 아니므로, 특별시·광역시·특별자치시 또는 특별자치도의 도시·군기본계획의 경우에는 수립절차가 완료되어 확정되면 효력이 발생하고, 시·군의 도시·군기본계획의 경우에는 도지사의 승인에 의하여 효력이 발생한다. 도지사가 조건을 붙여 승인하였을 때에는 승인에 붙은 조건을 완성하여 최종적으로 도시·군기본계획에 관한 도서를 작성하여 공고한 때에 그 효력이 발생할 것이다.

2. 효력범위

도시·군기본계획은 도시의 기본적인 공간구조와 장기발전방향을 제시하는 종합계획으로서 그 계획을 수립함에 있어 도시의 특성·지표 및 계획목표에 관한 사항 등과 함께 개괄적인 기본구상도만 첨부하도록 하고, 구체적인 도시·군계획결정의 경우와 같은 결정조서, 토지조서, 시설별편입면적조서 등을 작성하도록 되어 있지 않다. 이러한 도시·군기본계획의 성질 및 특성상 도시·군기본계획의 내용에 구체적인 언급이 없더라도 도시·군기본계획 구상도에 표시되어 있는 것만으로도 도시·군기본계획의 효력이 있다고 할 것이다.

---

1) 정태용, 국토계획법, 한국법제연구원, 2007, 149면.
2) 대법원 1998. 11. 27. 선고 96누13927 판결, 대법원 2002. 10. 11. 선고 2000두8226 판결 등 참조.

제 3 절 도시 · 군관리계획

Ⅰ. 의 의

도시 · 군관리계획이란 도시의 개발 · 정비 · 관리 및 보전을 위하여 수립하는 토지이용 · 교통 · 환경 · 안전 · 산업 · 정보통신 · 보건 · 후생 · 안보 · 문화 등에 관한 계획을 말한다. 국토계획법 제2조 제4호는 도시 · 군관리계획을 ① 용도지역 · 용도지구의 지정 또는 변경에 관한 계획, ② 개발제한구역 · 도시자연공원구역 · 시가화조정구역 · 수산자원보호구역의 지정 또는 변경에 관한 계획, ③ 기반시설의 설치 · 정비 또는 개량에 관한 계획, ④ 도시개발사업 또는 정비사업에 관한 계획, ⑤ 지구단위계획구역의 지정 또는 변경에 관한 계획과 지구단위계획, ⑥ 입지규제최소구역의 지정 또는 변경에 관한 계획과 입시규제최소구역계획 등으로 분류한다. 이 중 개발제한구역의 지정과 관리에 관해서는 개발제한구역법이, 도시개발사업에 관해서는 도시개발법이, 정비사업에 관해서는 도시정비법이 각각 제정되어 있다. 그에 따라 국토계획법은 개발법으로서의 성격이 점점 약해지는 반면 계획법으로서의 성격이 점점 강해지고 있다.

Ⅱ. 법적 성질

도시 · 군관리계획의 법적 성질 또는 효력(구속력)에 관하여 여러 가지 견해가 있다. 법적 성질에 관하여 입법행위설, 행정행위설(다수설), 혼합(복수)행위설, 독자성설 등의 견해가 있다. 효력에 관해서는 도시 · 군관리계획이 결정 · 고시되면 토지의 형질변경, 공작물의 설치 등의 행위가 제한되므로 구속적 계획이라는 견해와 포괄적 또는 일반적으로 판단할 성질의 것이 아니라 개별적으로 판단하여야 하고 도시 · 군관리계획이 처분에 해당하는 경우에도 일반처분 또는 물적 행정행위에 해당할 가능성이 크다는 견해가 있다.

대법원은 도시 · 군관리계획결정에 대하여 처분성을 인정하여 행정소송의 대상이 된다고 하는 확립된 견해(행정행위설)를 가지고 있고,[3] 헌법재판소도 마찬가지이다.[4]

---

3) 대법원 1978. 12. 26. 선고 78누281 판결, 대법원 1982. 3. 9. 선고 81누35 판결, 대법원 1982. 3. 9. 선고 80누105 판결, 대법원 1985. 7. 23. 선고 83누727 판결, 대법원 1990. 9. 28. 선고 89누8101 판결, 대법원 1991. 2. 26. 선고 90누5597 판결, 대법원 1991. 4. 23. 선고 90누2994 판결, 대법원 1993. 10. 8. 선고 93누10569 판결, 대법원 1993. 11. 9. 선고 93누8283 판결, 대법원 1995. 11. 10. 선고 94누12852 판결, 대법원 1995. 12. 22. 선고 95누3831 판결, 대법원 1997. 3. 14. 선고 96누16698 판결 등 참조.

4) 헌재 1991. 6. 3. 선고 89헌마46 결정, 헌재 1991. 7. 22. 선고 89헌마174 결정.

Ⅲ. 도시 · 군관리계획의 수립절차

1. 도시 · 군관리계획의 입안

특별시장 · 광역시장 · 특별자치시장 · 특별자치도지사 · 시장 또는 군수는 도시 · 군관리계획을 입안하여야 한다. 국토교통부장관도 ① 국가계획과 관련된 경우, ② 둘 이상의 시 · 도에 걸쳐 지정되는 용도지역 · 용도지구 또는 용도구역과 둘 이상의 시 · 도에 걸쳐 이루어지는 사업의 계획 중 도시 · 군관리계획으로 결정하여야 할 사항이 있는 경우, ③ 특별시장 · 광역시장 · 특별자치시장 · 특별자치도지사 · 시장 또는 군수가 소정의 기한까지 국토교통부장관의 도시 · 군관리계획 조정 요구에 따라 도시 · 군관리계획을 정비하지 않은 경우에는 직접 또는 관계 중앙행정기관의 장의 요청에 의하여 관할 시 · 도지사 및 시장 · 군수의 의견을 들은 후 도시 · 군관리계획을 입안할 수 있다(국토계획법 제24조, 제25조).

한편, 주민 및 이해관계자는 ① 기반시설의 설치 · 정비 또는 개량에 관한 사항과 ② 지구단위계획구역의 지정 및 변경과 지구단위계획의 수립 및 변경에 관한 사항, ③ 개발진흥지구 중 공업기능 또는 유통물류기능 등을 집중적으로 개발 · 정비하기 위한 개발진흥지구로서 대통령령으로 정하는 개발진흥지구(산업 · 유통개발진흥지구)와 용도지구 중 해당 용도지구에 따른 건축물이나 그 밖의 시설의 용도 · 종류 및 규모 등의 제한을 지구단위계획으로 대체하기 위한 용도지구의 지정 및 변경에 관한 사항, ④ 입지규제최소구역의 지정 및 변경과 입지규제최소구역계획의 수립 및 변경에 관한 사항에 관해서는 도시 · 군관리계획의 입안을 제안할 수 있다(국토계획법 제26조).

2. 도시 · 군관리계획의 수립을 위한 기초조사

국토교통부장관, 시 · 도지사, 시장 또는 군수가 도시 · 군관리계획을 수립하고자 하는 때에는 미리 인구, 경제, 사회, 문화, 토지이용, 환경, 교통, 주택, 그밖에 계획의 수립 또는 변경에 필요한 사항을 조사하거나 측량하여야 한다(국토계획법 제27조 제1항).

3. 주민의견의 청취

도시 · 군관리계획을 입안하는 때에는 주민의 의견을 청취하여야 하고, 타당하다고 인정되는 때에는 이를 도시 · 군관리계획안에 반영하여야 한다(국토계획법 제28조 제1항).[5]

---

5) 위와 같은 공고 · 열람의 취지는 다수 이해관계자의 이익을 합리적으로 조정하여 국민의 권리에 대한 부당한 침해를 방지하고 행정의 민주화와 신뢰를 확보하기 위하여 국민의 의사를 그 과정에 반영시키는 데 있고, 주민의견 청취절차의 의의와 필요성은 시장 또는 군수가 도시관리계획을 입안하는 과정에서뿐만 아니라 도시관리계획안이 도지사에게 신청된 이후에 내용이 관계 행정기관의 협의 및 도시계획위원회의 심의 등을 거치면서 변경되는 경우에도 마찬가지로 적용된다(대법원 2015. 1. 29. 선고 2012

4. 지방의회의 의견청취

도시 · 군관리계획을 입안하는 때에는 ① 용도지역 · 용도지구 또는 용도구역의 지정 및 변경지정, ② 광역도시계획에 포함된 광역시설의 설치 · 정비 또는 개량에 관한 도시 · 군관리계획의 결정 또는 변경결정, ③ 소정의 도시기반시설의 설치 · 정비 또는 개량에 관한 도시 · 군관리계획의 결정 또는 변경결정 등에 대하여 해당 지방의회의 의견을 들어야 한다(국토계획법 제28조 제5항, 시행령 제22조 제7항).

5. 도시 · 군관리계획의 결정

도시 · 군관리계획은 시 · 도지사가 직접 또는 시장이나 군수의 신청에 의하여 이를 결정한다(국토계획법 제29조). 다만 서울특별시와 광역시 및 특별자치시를 제외한 인구 50만 이상의 대도시의 경우에는 해당 대도시 시장이 직접 결정한다. 그리고 ① 시장 또는 군수가 입안한 지구단위계획구역의 지정 · 변경과 지구단위계획의 수립 · 변경에 관한 도시 · 군관리계획, ② 지구단위계획으로 대체하는 용도지구 폐지에 관한 도시 · 군관리계획(시장 또는 군수가 도지사와 미리 협의한 경우) 등은 시장 또는 군수가 직접 결정한다.

한편, 국토교통부장관은 ① 직접 입안한 도시 · 군관리계획, ② 개발제한구역의 지정 및 변경에 관한 도시 · 군관리계획, ③ 시가화조정구역의 지정 및 변경에 관한 도시 · 군관리계획 등을 결정한다. 해양수산부장관도 수산자원보호구역의 지정 및 변경에 관한 도시 · 군관리계획을 결정한다.

6. 도시 · 군관리계획의 고시 및 공람

국토교통부장관이나 시 · 도지사는 도시 · 군관리계획을 결정하면 그 결정을 고시하고, 국토교통부장관이나 도지사는 관계 서류를 관계 특별시장 · 광역시장 · 특별자치시장 · 특별자치도지사 · 시장 또는 군수에게 송부하여 일반이 열람할 수 있도록 하여야 하며, 특별시장 · 광역시장 · 특별자치시장 · 특별자치도지사는 관계 서류를 일반이 열람할 수 있도록 하여야 한다(국토계획법 제30조 제6항).

두11164 판결).

Ⅳ. 도시·군관리계획의 종류

1. 개 관

우리나라의 도시계획법령은 도시 전체를 주거·상업·공업·녹지지역으로 크게 구분하면서(용도지역), 그에 더하여 도시 내 특정 공간을 경관지구·미관지구 등의 지구로 다시 구획하여(용도지구), 그 영역 내에서 건축물에 대한 형태나 종류를 제한할 수 있도록 규정하고 있다. 한편, 토지의 이용 및 건축물의 용도·건폐율·용적률·높이 등에 대한 용도지역 및 용도지구의 제한을 강화 또는 완화하여 따로 정함으로써 시가지의 무질서한 확산방지, 계획적이고 단계적인 토지이용의 도모, 토지이용의 종합적 조정·관리 등을 위하여 도시·군관리계획으로 결정하는 지역(용도구역)을 지정할 수도 있다.

2. 용도지역

용도지역이라 함은 토지의 이용 및 건축물의 용도·건폐율·용적률·높이 등을 제한함으로써 토지를 경제적·효율적으로 이용하고 공공복리의 증진을 도모하기 위하여 서로 중복되지 않게 도시·군관리계획으로 결정하는 지역을 말한다.

용도지역은 국토는 토지의 이용실태 및 특성, 장래의 토지이용방향 등을 고려하여 다음과 같이 구분된다.

① 도시지역: 인구와 산업이 밀집되어 있거나 밀집이 예상되어 해당 지역에 대하여 체계적인 개발·정비·관리·보전 등이 필요한 지역

ⓐ 주거지역: 거주의 안녕과 건전한 생활환경의 보호를 위하여 필요한 지역

ⓑ 상업지역: 상업 그 밖의 업무의 편익증진을 위하여 필요한 지역

ⓒ 공업지역: 공업의 편익증진을 위하여 필요한 지역

ⓓ 녹지지역: 자연환경·농지 및 산림의 보호, 보건위생, 보안과 도시의 무질서한 확산을 방지하기 위하여 녹지의 보전이 필요한 지역

② 관리지역: 도시지역의 인구와 산업을 수용하기 위하여 도시지역에 준하여 체계적으로 관리하거나 농림업의 진흥, 자연환경 또는 산림의 보전을 위하여 농림지역 또는 자연환경보전지역에 준하여 관리가 필요한 지역

ⓐ 보전관리지역: 자연환경보호, 산림보호, 수질오염방지, 녹지공간 확보 및 생태계 보전 등을 위하여 보전이 필요하나, 주변의 용도지역과의 관계 등을 고려할 때 자연환경보전지역으로 지정하여 관리하기가 곤란한 지역

ⓑ 생산관리지역: 농업·임업·어업생산 등을 위하여 관리가 필요하나, 주변의 용도

지역과의 관계 등을 고려할 때 농림지역으로 지정하여 관리하기가 곤란한 지역

ⓒ **계획관리지역**: 도시지역으로의 편입이 예상되는 지역 또는 자연환경을 고려하여 제한적인 이용·개발을 하려는 지역으로서 계획적·체계적인 관리가 필요한 지역

③ **농림지역**: 도시지역에 속하지 않는 농지법에 의한 농업진흥지역 또는 산지관리법에 의한 보전산지 등으로서 농림업의 진흥과 산림의 보전을 위하여 필요한 지역

④ **자연환경보전지역**: 자연환경·수자원·해안·생태계·상수원 및 문화재의 보전과 수산자원의 보호·육성 등을 위하여 필요한 지역

3. 용도지구

용도지구라 함은 토지의 이용 및 건축물의 용도·건폐율·용적률·높이 등에 대한 용도지역의 제한을 강화 또는 완화하여 적용함으로써 용도지역의 기능을 증진시키고 미관·경관·안전 등을 도모하기 위하여 도시·군관리계획으로 결정하는 지역을 말하고, 국토교통부장관, 시·도지사 또는 대도시의 시장은 도시·군관리계획결정으로 경관지구·방재지구·보호지구·취락지구 및 개발진흥지구를 시행령이 정하는 지구로 세분하여 지정할 수 있다.

① **경관지구**: 경관의 보전·관리 및 형성을 위하여 필요한 지구

② **고도지구**: 쾌적한 환경 조성 및 토지의 효율적 이용을 위하여 건축물 높이의 최고한도를 규제할 필요가 있는 지구

③ **방화지구**: 화재의 위험을 예방하기 위하여 필요한 지구

④ **방재지구**: 풍수해, 산사태, 지반의 붕괴, 그 밖의 재해를 예방하기 위하여 필요한 지구

⑤ **보호지구**: 「국가유산기본법」 제3조에 따른 국가유산, 중요 시설물 및 문화적·생태적으로 보존가치가 큰 지역의 보호와 보존을 위하여 필요한 지구

⑥ **취락지구**: 녹지지역·관리지역·농림지역·자연환경보전지역·개발제한구역 또는 도시자연공원구역의 취락을 정비하기 위한 지구

⑦ **개발진흥지구**: 주거기능·상업기능·공업기능·유통물류기능·관광기능·휴양기능 등을 집중적으로 개발·정비할 필요가 있는 지구

⑧ **특정용도제한지구**: 주거 및 교육 환경 보호나 청소년 보호 등의 목적으로 오염물질 배출시설, 청소년 유해시설 등 특정시설의 입지를 제한할 필요가 있는 지구

⑨ **복합용도지구**: 지역의 토지이용 상황, 개발 수요 및 주변 여건 등을 고려하여 효율적이고 복합적인 토지이용을 도모하기 위하여 특정시설의 입지를 완화할 필요가 있는 지구

⑩ 그 밖의 대통령령으로 정하는 지구: 특별시 · 광역시 · 특별자치시 · 특별자치도 · 시 또는 군의 도시 · 군계획조례로 정하는 지구

4. 용도구역

용도구역은 도시주변의 개발을 제한하거나 도시의 무질서한 시가화를 방지하는 등 특별한 목적을 달성하기 위하여 각종 토지이용행위를 규제하기 위하여 지정된다. 용도지역 및 용도지구는 건축행위를 주로 규제대상으로 하나, 용도구역은 건축행위 외에 토석채취 · 토지형질변경 · 토지분할 등과 같은 토지이용행위까지 규제대상으로 하고 있다. 여기에는 개발제한구역, 도시자연공원구역, 시가화조정구역, 수산자원보전구역, 입지규제최소구역 등이 있다.

'개발제한구역'이란 국토교통부장관이 도시의 무질서한 확산을 방지하고 도시주변의 자연환경을 보전하여 도시민의 건전한 생활환경을 확보하기 위하여 도시의 개발을 제한할 필요가 있거나 국방부장관의 요청이 있어 보안상 도시의 개발을 제한할 필요가 있다고 인정되는 경우 국토교통부장관이 도시계획으로 결정한 구역을 말한다.

한편, '성장관리계획'이란 성장관리계획구역에서의 난개발을 방지하고 계획적인 개발을 유도하기 위하여 수립하는 계획을 말하는데(제2조 제5호의3), 특별시장 · 광역시장 · 특별자치시장 · 특별자치도지사 · 시장 또는 군수는 개발수요가 많아 무질서한 개발이 진행되고 있거나 진행될 것으로 예상되는 지역 등에 대해 성장관리계획구역을 지정할 수 있고(제75조의2), 성장관리계획구역에서 개발행위 또는 건축물의 용도변경을 하려면 그 성장관리계획에 맞게 하여야 한다(제75조의4).

V. 도시 · 군관리계획의 효력

1. 효력발생시기

국토계획법 제31조 제1항에서는 도시 · 군관리계획결정의 효력발생시기에 관하여, 지형도면을 고시한 날부터 그 효력이 발생한다고 명시하고 있다. 위 조문이 제정되기 전에는 도시 · 군관리계획의 효력발생시기에 관하여 논란이 있었고, 대법원은 도시 · 군관리계획결정의 고시시설을 취하고 있었다.[6)]

6) 대법원 1990. 1. 25. 선고 89누2936 판결.

2. 효력범위

판례에 의하면, 도시 · 군관리계획결정의 효력범위는 그 결정 및 공고내용과 그에 첨부된 지형도면에 의하여 확정된다.7) 그 결과 도시계획의 변경절차 없이 실질적으로 도시관리계획결정의 변경을 가져오는 지형도면의 경정 · 변경은 무효이다.8)

지형도면은 일반이 열람할 수 있어서 도시 · 군관리계획결정의 고시에 계획구역 안에 포함될 토지의 지번이나 지번별 면적 등을 표시하지 않았다고 하더라도 하자가 있다고 할 수 없고,9) 어떤 토지가 도시 · 군관리계획결정 및 그 공고에 대상지로 표시되어 있다면 구청에서 비치한 임야열람도상 대상지에서 벗어나 있다고 하더라도 도시 · 군관리계획구역에서 제외되는 것은 아니며,10) 지형도면에 의한 지적고시에 잘못이 있다면 이를 경정하거나 변경하는 절차를 취하여야 하고 그와 다른 내용의 도시관리계획열람도를 별도로 만들어 이로써 지형도면에 우선하거나 갈음할 수는 없다.11)

Ⅵ. 도시계획에서의 하자

도시계획의 하자에 대해서는 크게 두 가지 관점으로 나누어 살펴볼 수 있다. 우선 도시계획의 목표 지향적 · 과정적 성질과 그 관련된 도시계획의 특성상 절차상 하자가 도시계획의 효력에 어떠한 영향을 미치는지가 중요하다. 다음으로 도시계획에 존재하는 계획재량에 대한 내용적 통제로서 형량명령의 하자가 문제된다. 이에 관해서는 이미 행정작용법론에서 살펴보았다.12)

---

7) 대법원 1994. 7. 29. 선고 94누3483 판결, 대법원 1999. 2. 9. 선고 98두13195 판결, 대법원 2000. 3. 23. 선고 99두11851 판결 등 참조.
8) 대법원 1996. 3. 22. 선고 95누13920 판결. 예를 들면, 도시공원 및 녹지 등에 관한 법률상 공원조성계획은 도시공원의 설치에 관한 도시관리계획이 결정되어 있음을 전제로 하는데, 도시관리계획결정 · 고시와 그 도면에 특정 토지가 도시관리계획에 포함되지 않았음에도 불구하고 공원조성계획에서 그 토지가 도시관리계획에 포함된 것처럼 표시되어 있다면, 이는 실질적으로 도시관리계획결정을 변경하는 것에 해당하여 무효이다.
9) 대법원 1990. 1. 25. 선고 89누2936 판결.
10) 대법원 1992. 12. 24. 선고 92누3809 판결.
11) 대법원 1993. 2. 9. 선고 92누5607 판결.
12) 자세한 내용은 행정작용법 중 행정계획에 관한 설명부분 참조.

참 고 문 헌

[단행본]

개정 산업재해보상보험법해설, 근로복지공단, 2000.

김남진 · 김연태, 행정법Ⅰ, 제28판, 법문사, 2024.

김남진 · 김연태, 행정법Ⅱ, 제28판, 법문사, 2024.

김성수, 일반행정법: 행정법이론의 헌법적 원리, 제9판, 홍문사, 2021.

김철용 · 최광률 대표집필, 주석 행정소송법, 박영사, 2004.

김하열, 헌법소송법, 제6판, 박영사, 2025.

류지태 · 박종수, 행정법신론, 제18판, 박영사, 2021.

박균성, 행정법론(상), 제24판, 박영사, 2025.

박정훈, 행정소송의 구조와 기능, 박영사, 2006.

법령 입안 · 심사기준, 법제처, 2012.

법원실무제요(행정), 법원행정처, 2016.

오준근, 행정절차법, 삼지원, 1998.

정상조 · 박성수 공편, 특허법주해Ⅱ, 박영사, 2010.

정태용, 국토계획법, 한국법제연구원, 2007.

정형근, 행정법, 제12판, 정독, 2024.

지원림, 민법강의, 제22판, 홍문사, 2025.

하명호, 신체의 자유와 인신보호절차, 고려대학교 출판부, 2013.

하명호, 한국과 일본에서 행정소송법제의 형성과 발전, 경인문화사, 2018.

하명호, 행정쟁송법, 제7판, 박영사, 2024.

행정심판의 이론과 실제, 법제처, 2003.

홍정선, 행정법원론(하), 제32판, 박영사, 2024.

홍준형, 행정법, 제2판, 법문사, 2017.

南博方 · 高橋滋 編, 注釋 行政手續法, 第一法規, 2000.

Kopp · Ramsauer, VwVfG, Vertrag C.H.Beck, 2000.

Kuhla · Hüttenbrink, Der Verwaltungsprozess, 3.Auflage, Vertrag C.H.Beck, 2002.

Maurer, Allgemeines Verwaltungsrecht, 17.Auflage, Vertrag C.H.Beck, 2009.

Linken · Denninger, Handbuch Des Polizeirechts 3.Auflage, Verlag C.H.Beck, 2001.

Senke(서정범역), 독일경찰법론, 세창출판사, 1998.

[논문]

경 건, "정보공개청구권의 헌법적 근거와 그 제한", 행정판례연구Ⅴ, 박영사, 2000.

김문현, "재산권의 보장과 한계", 헌법논총 제19집, 헌법재판소, 2009.

김병기 · 김동균, "현행 기관소송제도에 관한 소고", 법학논문집 제37집 제1호, 중앙대학교 법학연구원, 2013.

김상국, "무죄판결과 국가배상책임-검사의 직무행위를 중심으로-", 판례연구 제15집, 부산판례연구회, 2003.

김상태, "일본 기관소송의 새로운 유형", 법학논총 제24집 제1호, 한양대학교 법학연구소, 2007.

김연태, "공용수용의 요건으로서의 '공용필요'", 고려법학 제48호, 고려대학교 법학연구원. 2007. 4.

김용섭, "행정법상 신고와 수리", 판례월보 제352호, 판례월보사, 1998. 4.

김용섭, "행정상 사실행위의 법적 문제", 인권과 정의 제283호, 대한변호사협회, 2000. 3.

김용섭, "행정행위의 부관에 관한 법리", 행정법연구 제2호, 행정법이론실무학회, 1998. 4.

김용주, "경찰손실보상 심의사례의 경찰법적 검토", 공법학연구 제20권 제1호, 한국비교공법학회, 2019.

김중권, "행정법상의 금지와 그것의 해제에 관한 소고", 헌법규범과 헌법현실: 권영성교수 정년기념논문집, 법문사, 2000.

김창석, "의무이행소송 도입의 행정소송에 대한 영향", 저스티스 제75호, 한국법학원, 2003. 10.

김창조, "행정절차법상 처분기준", 법학논고: 문연 김원주 교수 정년퇴임기념 제15집, 경북대학교 법학연구소, 1999.

김철용, "신청에 대한 거부처분과 처분의 사전통지 대상", 인권과 정의 제349호, 대한변호사협회, 2005. 9.

김철용, "학교법인임원취임승인취소처분과 행정절차법", 행정판례연구Ⅸ, 박영사, 2004.

김현준, "실체적 공권의 4유형과 행정소송법상 항고소송", 공법학연구 제13권 제2호, 한국비교공법학회, 2012.

김현준, "행정처분절차에 있어서 직권과 신청", 토지공법연구 제66집, 한국토지공법학회, 2014. 8.

김현철, "보상규정 없는 재산권제약법률에 대한 헌법적 심사", 헌법논총, 제15집, 헌법재판소, 2004.

김혜성, "행정상 공표의 법적 쟁점", 법제 통권 제664호, 법제처, 2014. 3.

백옥선, "행정기본법(안)의 이의신청 조항에 대한 검토 및 향후 법적 과제", 법제연구 제59호,

한국법제연구원, 2020.

백윤기, "전문직공무원 채용해지에 대한 쟁송", 재판의 한길-김용준 헌법재판소장 화갑기념, 김용준 헌법재판소장 화갑기념논문집 간행위원회, 1998. 11.

박균성, "행정상 인신구속에 대한 법적 통제", 공법학의 제문제: 현제 김영훈박사 화갑기념, 법문사, 1995.

박정훈, "처분사유의 추가 · 변경과 행정행위의 전환-제재철회와 공익상 철회-", 행정판례연구 VII, 박영사, 2002.

박종진, "공공정보공개제도와 알권리의 헌법적 근거", 헌법규범과 헌법현실: 권영성 교수 정년기념논문집, 법문사, 1999.

법원행정처 헌법재판연구반, "명령 · 규칙의 위헌심사권에 관한 연구보고서", 저스티스 제23권 제2호, 한국법학원, 1990. 12.

변동걸, "취소소송에 있어서 처분사유의 추가 및 변경", 대법원 판례해설 제8호, 법원도서관, 1987.

서정범, "비책임자에 대한 경찰권 발동에 관한 법적 고찰", 안암법학 제25호(상), 안암법학회, 2007. 11.

서태환, "실질적 청문절차의 하자와 행정처분의 효력", 행정재판실무편람Ⅱ, 서울행정법원, 2002.

소순무, "납세고지서 기재사항 하자의 치유", 대법원판례해설 제24호, 법원도서관, 1996.

소순무, "조세환급청구소송의 성질론-민사소송인가 당사자소송인가-", 조세법연구Ⅳ, 세경사, 1998.

손상식, "부담금 관련 위헌심사기준", 공과금 부과와 위헌심사, 헌법재판연구원, 2012.

송희성, "행정처분과 이유제시(이유부기)", 고시계 제45권 제5호, 국가고시학회, 2000. 5.

신봉기, "기관소송", 행정소송(1), 한국사법행정학회, 2008.

신상민, "처분의 변경신청권과 행정행위의 재심사", 행정판례연구ⅩⅩⅢ-1, 박영사, 2018.

안철상, "공법상 당사자소송의 본질과 유형에 관한 일고찰", 사법논집 제29집, 법원행정처, 1998. 12.

오준근, "부담금을 종합적으로 관리하는 법률의 제정방안연구", 한국법제연구원, 1998..

유광해, "개별행정법상 '이의신청제도'의 현황 검토", 법조 통권 제689권, 법조협회, 2014. 2.

윤익준, "환경리스크 관리와 피해구제에 관한 연구", 한양법학 제26권 제1집, 한양법학회, 2015. 2.

윤인태, "계고처분의 위법을 이유로 대집행영장에 의한 통지처분의 취소를 구할 수 있는가", 대법원판례해설 제26호, 법원도서관, 1996. 12.

윤형한, "사전통지의 대상과 흠결의 효과", 행정판례연구Ⅹ, 박영사, 2005.

이강국, "행정행위의 하자의 치유", 행정판례연구 제3집, 박영사, 1996.

이상덕, "행정대집행과 민사소송의 관계", 재판실무연구 2009년호, 광주지방법원, 2009. 1.

이상덕, "민간투자사업에서 법인세율 인하효과를 반영하는 방법에 관한 분쟁에서 법원의 역할", 대법원 판례해설 제12호, 법원도서관, 2019.

이상덕, "거부처분의 처분성 인정요건으로서의 '신청권'이론에 대한 비판적 고찰", 사법 제55호, 사법발전재단, 2021. 3.

이상학, "행정기본법 제정안의 평가와 주요쟁점 검토", 공법학연구 제21권 제4호, 한국비교공법학회, 2020.

이승훈, "공법상 당사자소송 중 확인소송에 관한 연구", 고려대학교 박사학위논문, 2020.

이재훈, "「행정기본법」(안)상 신고제에 대한 연구", 공법학연구 제21권 제4호, 한국비교공법학회, 2020.

임성훈, "인공지능행정이 행정절차 · 행정소송에 미치는 영향에 대한 시론적 고찰", 행정법연구 제62호, 행정법이론실무학회, 2020. 8.

임재홍, "행정절차법상 처분기준의 설정 및 공표", 행정법연구 제4호, 행정법이론실무연구회, 1999.

임현, "현행 부담금 제도의 법적 쟁점", 토지공법연구 제48집, 한국토지공법학회, 2010. 2.

전경운, "환경정책기본법 제31조에 의한 무과실책임의 문제점과 개정방향", 환경법연구 제31권 제2호, 한국환경법학회, 2009.

전학선, "공법상 권한분쟁에 대한 통합적 관할의 필요성", 유럽헌법연구 제19호, 유럽헌법학회, 2015.

정남철, "재산권의 사회적 구속과 수용의 구별에 관한 독일과 한국의 비교법적 고찰-이른바 조정적(조절적) 보상의무 있는 내용규정의 도입가능성-", 공법연구 제32집 제3호, 한국공법학회, 2004.

정종섭, "법률의 변경에 있어서 신뢰의 보호", 헌법연구 제3권, 박영사, 2004.

정해남, "당초의 과세처분과 경정처분의 법률관계", 재판자료 제60집, 법원도서관, 1993.

정호경, "소위 특별부담금 개념의 인정여부와 허용요건에 관한 소고", 행정법연구 제14호, 행정법이론실무학회, 2005.

조병선, "질서위반법과 행정형법", 형사정책연구 제2권 제4호, 한국형사정책연구원, 1992.

조성규, "인공지능에 기반한 자동화된 행정결정의 행정법적 쟁점", 동북아법연구 제16권 제4호, 전북대학교 동북아법연구소, 2023.

조성제, "의무경찰 징계영창제도의 개선방안에 관한 소고", 법학연구 제25권 제1호, 경상대학교 법학연구소, 2017. 1.

최승필, "공행정에서 AI의 활용과 행정법적 쟁점-행정작용을 중심으로-", 공법연구 제49집 제2

호, 한국공법학회, 2020. 12.

하명호, “개선입법의 소급효와 진정 소급입법 과세금지와의 관계”, 법조 제638호, 법조협회, 2009. 11.

하명호, “‘사회보장행정에서 권리의 체계와 그 구제”, 고려법학 제64호, 고려대학교 법학연구원, 2012. 3.

하명호, “재판행위에 대한 국가배상책임”, 재판실무연구 제3권, 수원지방법원, 2006.

하명호, “헌법재판과 행정법이론-진입규제의 수단으로서 허가 · 특허를 글감으로-”, 공법연구 제45집 제2호, 한국공법학회, 2016. 12.

하명호, “공법상 부당이득의 법리”, 인권과 정의 제490호, 대한변호사협회, 2020. 6.

한수웅, “법률개정과 신뢰보호-부진정소급효에 관한 헌법재판소 판례평석을 겸하여-”, 인권과 정의 제250호, 대한변호사협회, 1997. 6.

한수웅, “본질성이론과 입법위임의 명확성원칙”, 헌법논총 제14집, 헌법재판소, 2003.

홍강훈, “무하자재량행사의 독자적 청구권성”, 공법연구 제40집 제3호, 한국공법학회, 2012. 2.

홍준형, “행정절차법상 처분기준의 설정 · 공표”, 고시계 제47권 제7호, 국가고시학회, 1997. 7.

鹽崎勤, “警察權限の不行使”, 裁判實務大系18 國家賠償訴訟法, 青林書院, 1987.

판 례 색 인

[대법원]

[헌법재판소]

[기 타]

사 항 색 인

[ㅌ]

[ㅍ]

[ㅎ]

하명호(河明鎬)

고려대학교 법과대학 법학과 졸업
고려대학교 대학원 법학과 졸업(법학석사)
제32회 사법시험 합격
사법연수원 수료(제22기)
육군 법무관
대전, 천안, 인천, 수원 지방법원 판사
헌법재판소 헌법연구관 · 헌법연구위원
대법원 재판연구관
고려대학교 법학전문대학원 교수(행정법)
독일 Bonn대학, 일본 와세다대학, 나고야대학, 류큐국립대학 객원연구원

주요 저서

[단행본]
사회보장행정법(공저), 박영사
행정법대의(번역), 고려대학교 출판연구원
한국과 일본에서 행정소송법제의 형성과 발전, 경인문화사
행정쟁송법, 박영사
신체의 자유와 인신보호절차, 고려대학교 출판부

[논문]
'행정의 재량적 결정에 대한 사법심사방법의 정립', 고려법학
'지방자치단체의 사무구분체계에 관한 공법적 고찰', 지방자치법 연구
'행정소송법 개정의 필요성과 방향', 행정판례연구
'취소소송에서의 소송물과 심리범위 그리고 판결의 효력', 사법
'행정기본법의 제정과정과 주요내용', 법제연구
'처분기준의 설정 · 공표의무와 이를 위반한 처분의 효력', 행정판례연구
'공법상 부당이득의 법리', 인권과정의
'의무이행소송의 도입 필요성과 바람직한 도입 방안', 국가법연구
'제국일본의 행정재판법제와 식민지조선에의 시행 여부', 고려법학
'행정소송에서 가처분 규정의 준용', 행정판례연구
'위험사회에 대처하는 한국 행정소송제도의 문제점과 과제', 행정법연구
'헌법재판과 행정법이론', 공법연구
'목촌 김도창 박사의 복리행정법', 공법연구
'행정심판의 개념과 범위', 인권과 정의
'사회보장행정에서 권리의 체계와 그 구제', 고려법학
'처분사유의 추가 · 변경에 관한 판례의 평가와 보완점', 고려법학
'공법상 당사자소송과 민사소송의 구별과 소송상 취급', 인권과 정의
'韓國における憲法裁判所および行政法院の機能と役割', 早稲田大學 比較法學
등 다수

제8판
행정법

초판발행 2019년 3월 4일
제8판발행 2026년 2월 5일

지은이 하명호
펴낸이 안종만 · 안상준

편 집 장유나
기획/마케팅 조성호
표지디자인 BEN STORY
제 작 고철민 · 김원표

펴낸곳 (주) 박영사
서울특별시 금천구 가산디지털2로 53, 210호(가산동, 한라시그마밸리)
등록 1959. 3. 11. 제300-1959-1호(倫)
전 화 02)733-6771
f a x 02)736-4818
e-mail pys@pybook.co.kr
homepage www.pybook.co.kr
ISBN 979-11-303-9955-3 93360

정 가 59,000원